형법주해

[X]

각 칙 (7)

[제 307 조 ~ 제 322 조]

편집대표 조 균 석
편집위원 이 상 원
　　　　　김 성 돈
　　　　　강 수 진

박영사

머리말

「형법주해」는 법서 출판의 명가인 박영사의 창업 70주년을 기념하기 위하여 출간되는 형법의 코멘타르(Kommentar)로서, 1992년 출간된 「민법주해」에 이어 30년 만에 이어지는 기본법 주해 시리즈의 제2탄에 해당한다.

그런 점에서 「민법주해」의 편집대표인 곽윤직 교수께서 '머리말'에서 강조하신 아래와 같은 「민법주해」의 내용과 목적은 세월은 흘렀지만 「형법주해」에도 여전히 타당하다고 생각된다.

> "이 주해서는 각 조문마다 관련되는 중요한 판결을 인용해 가면서 확정된 판례이론을 밝혀주고, 한편으로는 이론 내지 학설을 모두 그 출전을 정확하게 표시하고, 또한 논거를 객관적으로 서술하여 민법 각 조항의 구체적인 내용을 밝히려는 것이므로, (중략) 그 목적하는 바는, 위와 같은 서술을 통해서 우리의 민법학의 현재수준을 부각시키고, 아울러 우리 민법 아래에서 생기는 법적 분쟁에 대한 올바른 해답을 찾을 수 있게 하려는 데 있다."

이처럼 법률 주해(또는 주석)의 기능은 법률을 해석·운용함에 있어 도움이 되는 정보를 제공함으로써 구체적 사건을 해결하는 실무의 법적 판단에 봉사하는 데 있다고 할 수 있다. 주해서를 통해서 제공되어야 할 정보는 1차적으로 개별 조문에 대한 문리해석이다. 이러한 문리해석에 더하여, 주해서에는 각 규정들의 체계적 연관관계나 흠결된 부분을 메우는 보충적 법이론은 물론, 법률의 연혁과 외국 입법례 및 그 해석에 대한 정보가 담겨 있어야 하고, 때로는 사회문제를 해결할 수 있는 입법론이 제시되어야 한다.

그러나 무엇보다도 실무에서 중요한 역할을 하는 것은 판례이므로, 판례의 법리를 분석하고 그 의미를 체계적으로 정리하는 일은 주해서에서 빠뜨릴 수 없는 중요한 과제이다. 다만 성문법주의 법제에서 판례는 당해 사건에서의 기속력을 넘어 공식적인 법원(法源)으로 인정되지는 않으며, 판례 자체가 변경되기도 한다. 이러한 점에서 주해서는 단순한 판례의 정리를 넘어 판례에 대한 비판을 통해 판례를 보충하고 대안을 제시함으로써 장래 법원(法院)의 판단에 동원될 수 있는 법적 지식의 저장고 역할도 하여야 한다.

그런데 형사판결도 결국 형법률에 근거하여 내려진다. 형법률에 대한 법관의 해석으로 내려진 판결 및 그 속에서 선광(選鑛)되어 나오는 판례법리는 구체적인 사안과 접촉된 법률이 만들어 낸 개별적 결과이다. 그러므로 또 다른 사안을 마주하는 법관은 개별 법리의 원천으로 돌아갈 필요가 있다. 법관이 형법률을 적용함에 있어, 개별 사안에 나타난 기존의 판결이나 판례를 넘어 그러한 판례를 만들어 내는 형법률의 체계인 형법을 발견할 때 비로소 개별 법리의 원천으로 돌아가는 광맥을 찾은 것이다. 「형법주해」는 이러한 광맥을 찾는 작업에도 도움이 되고자 하였다. 즉, 「형법주해」는 판례의 눈을 통해서 형법을 바라보는 것을 넘어 형법원리 및 형법이론의 눈을 통해서도 형법을 관찰하려고 하였다.

이러한 작업은 이론만으로 이룰 수 있는 것도 아니고, 실무만으로 이룰 수 있는 것도 아니다. 이 때문에 형사법 교수, 판사, 검사, 변호사 등 62명이 뜻을 함께하여, 오랜 기간 각자의 직역에서 형법을 연구·해석하고 또 실무에 적용해 오면서 얻은 소중한 지식과 경험, 그리고 지혜를 집약함으로써, 이론과 실무의 조화와 융합을 꾀하였다.

우리의 소망은 「형법주해」가 올바른 판결과 결정을 지향하는 실무가들에게 의미 있는 이정표가 되고, 형법의 원점을 찾아가는 형법학자들에게는 새로운 생각의 장을 떠올리게 하는 단초가 되며, 형법의 숲 앞에 막 도착한 예비법률가들에는 그 숲의 전체를 바라볼 수 있는 안목을 키울 수 있도록 도와주는 안내자가 되는 것이다.

「형법주해」가 이러한 역할을 다할 수 있도록 최선의 노력을 다하였지만 부족한 부분이나 흠도 있으리라 생각된다. 모자란 부분은 개정판을 거듭하면서 시정·보충할 예정이다. 또한, 장래에는 「형법주해」가 형법의 실무적 활용에 봉사하고 기여하는 데에서 한 걸음 더 나아가 보다 높은 학문적인 차원에서의 형법 이해, 예컨대 형법의 정당성의 문제까지도 포섭할 수 있는 방안을 모색해 나갈 것을 다짐해 본다.

「형법주해」는 많은 분들의 헌신과 지원으로 출간하게 되었다. 먼저, 충실한 옥고를 집필하고 오랜 기간 정성을 다해 다듬어 주신 집필자들에게 감사드린다. 그리고 책 전체의 통일과 완성도를 높이기 위하여 각칙의 일부 조문에 한정된 것이기는 하지만, 독일과 일본의 중요 판례를 함께 검토해 주신 김성규 한국외국어대학 교수(독일)와 안성훈 한국형사·법무정책연구원 선임연구위원(일본)에게도 고마움을 전한다. 그리고 창업 70

주년 기념으로 「형법주해」의 출간을 허락해 주신 안종만 회장님과 안상준 대표님, 오랜
기간 편집위원들과 협의하면서 시종일관 열정을 보여주신 조성호 이사님과 편집부 여러
분께도 깊은 감사의 말씀을 드린다.

2022년 12월

편집대표 **조 균 석**
위원 **이 상 원**
위원 **김 성 돈**
위원 **강 수 진**

범 례

I. 조 문

- 본문의 조문 인용은 '제○조 제○항 제○호'로 하고, 괄호 안에 조문을 표시할 때는 아래 (예)와 같이 한다. 달리 법령의 명칭 없이 인용하는 조문은 형법의 조문이고, 부칙의 경우 조문 앞에 '부칙'을 덧붙여 인용한다.

  예   §49②(iii)   ←   형법 제49조 제2항 제3호
       §12의2   ←   형법 제12조의2
       부칙 §10   ←   형법 부칙 제10조

II. 일 자

- 본문의 년, 월, 일은 그대로 표시함을 원칙으로 한다. 다만, 판례의 판시내용이나 인용문을 그대로 인용할 경우 및 ( )안에 법령을 표시하는 등 필요한 경우에는 년, 월, 일을 생략한다.

  예   (본문)   1990년 1월 1일
                     1953년 9월 18일 법령 제177호
  예   (판시 또는 괄호)   "피고인이 1991. 1. 1. 어디에서 … 하였다."
                     기본법(1953. 9. 18. 법령 제177호)

III. 재판례

1. 우리나라

대판 2013. 6. 27, 2013도4279
    ← 대법원 2013년 6월 27일 선고 2013도4279 판결
대판 2013. 2. 21, 2010도10500(전)
    ← 대법원 2013년 2월 21일 선고 2010도10500 전원합의체판결

대결 2016. 3. 16, 2015모2898

    ← 대법원 2016년 3월 16일 자 2015모2898 결정

대결 2015. 7. 16, 2011모1839(전)

    ← 대법원 2015 7월 16일 자 2011모1839 전원합의체결정

헌재 2005. 2. 3, 2001헌가9

    ← 헌법재판소 2005년 2월 3일 선고 2001헌가9 결정

서울고판 1979. 12. 19, 72노1208

    ← 서울고등법원 1979년 12월 19일 선고 72노1208 판결

* 재판례의 인용은 헌재, 대판(또는 대결), 하급심 순으로 하고, 같은 심급 재판례가 여럿인 경우 연도 순으로 인용하되, 가급적 최초 판결, 주요 판결, 최종 판결 등으로 개수를 제한한다.

2. 외 국

- 외국의 재판례는 그 나라의 인용방식에 따른다. 다만, 일본 판례의 경우에는 '연호'를 서기연도로 바꾸는 등 다음과 같이 인용한다.

  最判 平成 20(2008). 4. 25. 刑集 62·5·1559

      ← 最判平成20. 4. 25刑集62卷5号1559頁

- 판례집: 刑錄(대심원형사판결록), 刑集(대심원형사판례집, 최고재판소형사판례집), 裁判集(刑事)(최고재판소재판집형사), 高刑集(고등재판소형사판례집), 特報(고등재판소형사판결특보), 裁特(高等裁判所刑事裁判特報), 下刑集(하급심재판소형사재판례집), 刑月(형사재판월보), 高刑速(고등재판소형사재판속보집), 判時(判例時報), 判タ(판례타임즈), LEX/DB(TKC Law Library) 등

Ⅳ. 문헌 약어 및 인용방식

  * 같은 집필자라고 하여도 각주 번호는 조문별로 새로 붙인다.

1. 형법총칙/각칙 교과서

- 교과서 등 문헌은 가능한 한 최신의 판으로 인용한다.
- 각 조항의 주해마다 처음으로 인용하는 개소에서 판을 포함하는 서지사항을 밝히고, 그 후에 이를 다시 인용하는 경우에는 '저자, 면수'와 같은 형태로 한다.

범 례

[형법총칙]

김성돈, 형법총론(8판), 10

이재상·장영민·강동범, 형법총론(11판), §31/2

김성돈, 10(재인용인 경우)

[형법각칙]

이재상·장영민·강동범, 형법각론(12판), §31/2

이재상·장영민·강동범, §31/12(재인용인 경우)

2. 교과서 외 단행본

- 교과서 외 단행본은 각 조항마다 처음 인용하는 개소에서 제목, 판, 출판사, 연도를 포함하는 서지사항을 밝히고, 그 후에 이를 다시 인용하는 경우에는 '저자, 제목, 면수'와 같은 형태로 한다.

김성돈, 기업 처벌과 미래의 형법, 성균관대학교 출판부(2018), 259

양형위원회, 2022 양형기준(2022), 100

김성돈, 기업 처벌과 미래의 형법, 300(재인용인 경우)

3. 논 문

- 각 조항의 주해마다 처음으로 인용하는 개소에서 정기간행물 등의 권·호수 및 간행연도를 포함하는 서지사항을 밝히고, 그 후에 이를 다시 인용하는 경우에는 "필자(주 ○), 인용면수"와 같은 형태로 한다.

신양균, "과실범에 있어서 의무위반과 결과의 관련", 형사판례연구 [1], 한국형사판례연구회, 박영사(1993), 62

천진호, "금지착오사례의 논증과 정당한 이유의 구체적 판단", 비교형사법연구 2-2, 한국비교형사법학회(2000), 305

- 각 대학의 법학연구소 등에서 발간하는 정기간행물은 학교명의 약칭과 함께 인용하지만, 이미 학교명 내지 이에 준하는 표기를 포함하고 있는 경우에는 간행물 이름만으로 인용한다.

4. 정기간행물 약어

| 사논 | 사법논집 |
| 사연 | 사법연구자료 |

자료   재판자료
해설   대법원판례해설

5. 주석서

예   주석형법 〔각칙(1)〕(5판), 104(민철기)

6. 외국문헌

- 외국 문헌 등은 각국에서 통용되는 방식으로 인용하는 것을 원칙으로 한다.
- 외국 문헌의 경우 최초로 인용할 때에 간행연도 및 판수〔논문의 경우는, 정기간
  행물 및 그 권호수 등〕를 표시하고, 이후 같은 조항에서 인용할 때는 "저자〔또는
  필자〕, 인용면수"의 방법으로 인용하되〔같은 필자의 문헌을 여럿 인용하는 경우에
  는 '(주 ○)'를 필자 이름 아래 붙인다〕, 저자의 경우는 성만 표기하는 것을 원칙
  으로 한다.
- 자주 인용되는 문헌은 별도로 다음과 같이 인용한다.
  大塚 外, 大コン(3版)(9), 113(河村 博) ← 大塚 外, 大コンメンタール 第3版
  第9卷, 인용면수(집필자)

7. 학위논문 인용방식

예   이은모, "약물범죄에 관한 연구", 연세대학교 박사학위논문(1991), 2
       이은모, "약물범죄에 관한 연구", 10(재인용인 경우)

8. 다수 문헌의 기재 순서

- 교과서 등 같은 종류인 경우 '가, 나, 다' 순으로, 다른 종류인 경우 '교과서, 주
  석서, 교과서 외 단행본, 논문' 순으로 각 기재한다.

V. 법령 약어 및 인용방법

1. 법 률

(1) 본문

- 조항별로 처음 인용 시에는 법령의 제목 전체를 기재한다. 재차 인용 시에는
  법제처 법령에 약칭이 있는 경우는 그 약칭을 인용하되, 처음 인용 법령을 아

래와 같이 한다.

* 현재 효력을 가지는 법률을 기준으로 작성하고, 폐지된 법률의 경우 법률명 다음에 '(폐지)'를, 조문만 변경된 경우에는 법률명 앞에 '구'를 붙인다.

예 **교통사고 처리특례법(이하, 교통사고처리법이라 한다.)**

(2) 괄호

• **일반법령(예: 의료법)을 쓰되, 약어(예시)의 경우 약어만을 인용한다.**

약어(예시)

가폭	가정폭력범죄의 처벌 등에 관한 법률
경범	경범죄 처벌법
경직	경찰관 직무집행법
공선	공직선거법
교특	교통사고처리 특례법
군형	군형법
국보	국가보안법
도교	도로교통법
독점	독점규제 및 공정거래에 관한 법률
마약관리	마약류 관리에 관한 법률
마약거래방지	마약류 불법거래 방지에 관한 특례법
민	민법
민소	민사소송법
민집	민사집행법
범죄수익	범죄수익은닉의 규제 및 처벌에 관한 법률
법조	법원조직법
변	변호사법
보호소년	보호소년 등의 처우에 관한 법률
부경	부정경쟁방지 및 영업비밀보호에 관한 법률
부등	부동산등기법
부수	부정수표 단속법
부실명	부동산 실권리자명의 등기에 관한 법률
부재특조	부재선고 등에 관한 특별조치법
사면	사면법

사법경찰직무	사법경찰관리의 직무를 수행할 자와 그 직무범위에 관한 법률
상	상법
성폭방지	성폭력방지 및 피해자보호 등에 관한 법률
성폭처벌	성폭력범죄의 처벌 등에 관한 법률
소년	소년법
아청	아동·청소년의 성보호에 관한 법률
아학	아동학대범죄의 처벌 등에 관한 특례법
여전	여신전문금융업법
정통망	정보통신망 이용촉진 및 정보보호 등에 관한 법률
집시	집회 및 시회에 관한 법률
출관	출입국관리법
통비	통신비밀보호법
특가	특정범죄 가중처벌 등에 관한 법률
특경	특정경제범죄 가중처벌 등에 관한 법률
폭처	폭력행위 등 처벌에 관한 법률
헌	헌법
헌재	헌법재판소법
형소	형사소송법
형집	형의 집행 및 수용자의 처우 등에 관한 법률

2. 시행령 및 시행규칙은 법률의 예를 따르고, 괄호의 경우 일반법령(예: 의료법 시행령)을 쓰되, 법률약어의 경우 '령' 또는 '규'를 붙인다.

3. 부칙 및 별표는 법률명 뒤에 약칭 없이 '부칙', '별표'로 인용한다.

4. 외국법령의 조항 인용도 우리 법령의 인용과 같은 방식으로 한다.
   예　(괄호) 독형 §312-b①(iii) ← 독일형법 제312조의b 제1항 제3호

참고문헌

▉ 형법총론(총론·각론 통합 포함) 교과서

저자	서명	출판사	출판연도
강동욱	강의 형법총론	박영사	2020
	강의 형법총론(제2판)	박영사	2021
김성돈	형법총론(제5판)	성균관대학교 출판부	2017
	형법총론(제6판)	성균관대학교 출판부	2020
	형법총론(제7판)	성균관대학교 출판부	2021
	형법총론(제8판)	성균관대학교 출판부	2022
김성천	형법총론(제9판)	소진	2020
김성천·김형준	형법총론(제6판)	소진	2014
김신규	형법총론 강의	박영사	2018
김일수·서보학	새로쓴 형법총론(제11판)	박영사	2008
	새로쓴 형법총론(제12판)	박영사	2014
	새로쓴 형법총론(제13판)	박영사	2018
김태명	판례형법총론(제2판)	피앤씨미디어	2016
김형만	형법총론	박영사	2015
김혜정·박미숙·안경옥·원혜욱·이인영	형법총론(제2판)	정독	2019
	형법총론(제3판)	정독	2020
류전철	형법입문 총론편(제3판)	준커뮤니케이션즈	2020
박상기	형법강의	법문사	2010
	형법총론(제9판)	박영사	2012
	형법학(총론·각론 강의)(제3판)	집현재	2018
박상기·전지연	형법학(총론·각론 강의)(제4판)	집현재	2018
	형법학(총론·각론)(제5판)	집현재	2021
배종대	형법총론(제12판)	홍문사	2016
	형법총론(제13판)	홍문사	2017
	형법총론(제14판)	홍문사	2020
	형법총론(제15판)	홍문사	2021
성낙현	형법총론(제3판)	박영사	2020
손동권·김재윤	형법총론	율곡출판사	2011

저자	서명	출판사	출판연도
손해목	형법총론	법문사	1996
신동운	형법총론(제10판)	법문사	2017
	형법총론(제12판)	법문사	2020
	형법총론(제13판)	법문사	2021
안동준	형법총론	학현사	1998
오영근	형법총론(제4판)	박영사	2018
	형법총론(제5판)	박영사	2019
	형법총론(제6판)	박성사	2021
원형식	판례중심 형법총론	진원사	2014
유기천	형법학 총론강의(개정판)	일조각	1980
이상돈	형법강의	법문사	2010
	형법강론(제2판)	박영사	2017
	형법강론(제3판)	박영사	2020
이영란	형법학 총론강의	형설출판사	2008
이용식	형법총론	박영사	2018
이재상·장영민·강동범	형법총론(제10판)	박영사	2019
	형법총론(제11판)	박영사	2022
이정원	형법총론	신론사	2012
이주원	형법총론	박영사	2022
이형국	형법총론	법문사	2007
이형국·김혜경	형법총론(제6판)	법문사	2021
임웅	형법총론(제10정판)	법문사	2018
	형법총론(제12정판)	법문사	2021
	형법총론(제13정판)	법문사	2022
정성근·박광민	형법총론(전정판)	성균관대학교 출판부	2012
	형법총론(전정2판)	성균관대학교 출판부	2015
	형법총론(전정3판)	성균관대학교 출판부	2020
정성근·정준섭	형법강의 총론(제2판)	박영사	2019
정영석	형법총론(제5전정판)	법문사	1987
정영일	형법총론(제3판)	박영사	2010
	형법강의 총론(제3판)	학림	2017
	신형법총론	학림	2018
	형법총론(제2판)	학림	2020
	형법총론 강의(제3판)	학림	2020
	형법총론(신3판)	학림	2022
정웅석·최창호	형법총론	대명출판사	2019
조준현	형법총론(제4정판)	법문사	2012

참고문헌

저자	서명	출판사	출판연도
주호노	형법총론	법문사	2019
진계호	형법총론(제7판)	대왕사	2003
진계호 · 이존걸	형법총론(제8판)	대왕사	2007
천진호	형법총론	준커뮤니케이션즈	2016
최병천	판례중심 형법총론	피앤씨미디어	2017
최호진	형법총론	박영사	2022
하태훈	판례중심 형법총 · 각론	법문사	2006
	사례판례중심 형법강의	법원사	2021
한상훈 · 안성조	형법입문	피앤씨미디어	2018
	형법개론(제3판)	정독	2022
한정환	형법총론(제1권)	한국학술정보	2010
홍영기	형법(총론과 각론)	박영사	2022
황산덕	형법총론(제7정판)	방문사	1982

2 형법각론 교과서

저자	서명	출판사	출판연도
강구진	형법강의 각론 I	박영사	1983
	형법강의 각론 I (중판)	박영사	1984
권오걸	형법각론	형설출판사	2009
	스마트 형법각론	형설출판사	2011
김선복	신형법각론	세종출판사	2016
김성돈	형법각론(제5판)	성균관대학교 출판부	2018
	형법각론(제6판)	성균관대학교 출판부	2020
	형법각론(제7판)	성균관대학교 출판부	2021
	형법각론(제8판)	성균관대학교 출판부	2022
김성천 · 김형준	형법각론(제4판)	소진	2014
	형법각론(제6판)	소진	2017
김신규	형법각론	청목출판사	2015
	형법각론 강의	박영사	2020
김일수	새로쓴 형법각론	박영사	1999
김일수 · 서보학	새로쓴 형법각론(제8판 증보판)	박영사	2016
	새로쓴 형법각론(제9판)	박영사	2018
김종원	형법각론 상	법문사	1973
	형법각론 상(제3정판)	법문사	1978

저자	서명	출판사	출판연도
김태명	판례형법각론(제2판)	피앤씨미디어	2016
김혜정·박미숙· 안경옥·원혜욱·이인영	형법각론(제2판)	정독	2021
남흥우	형법강의(각론)	고려대학교 출판부	1965
도중진·박광섭·정대관	형법각론	충남대학교 출판문화원	2014
류전철	형법각론(각론편)	준커뮤니케이션즈	2012
빅강우	로스쿨 형법각론(제2판)	진원사	2014
박동률·임상규	판례중심 형법각론	경북대학교출판부	2015
박상기	형법각론(전정판)	박영사	1999
	형법각론(제8판)	박영사	2011
박찬걸	형법각론	박영사	2018
	형법각론(제2판)	박영사	2022
배종대	형법각론(제10전정판)	홍문사	2018
	형법각론(제11전정판)	홍문사	2020
	형법각론(제12판)	홍문사	2021
	형법각론(제13판)	홍문사	2022
백형구	형법각론	청림출판	1999
	형법각론(개정판)	청림출판	2002
서일교	형법각론	박영사	1982
손동권	형법각론(제3개정판)	율곡출판사	2010
손동권·김재윤	새로운 형법각론	율곡출판사	2013
	새로운 형법각론(제2판)	율록출판사	2022
신동운	형법각론(제2판)	법문사	2018
	판례백선 형법각론 1	경세원	1999
	판례분석 형법각론(증보판)	법문사	2014
심재무	형법각론강의 Ⅰ	신지서원	2009
오영근	형법각론(제3판)	박영사	2014
	형법각론(제4판)	박영사	2017
	형법각론(제5판)	박영사	2019
	형법각론(제6판)	박영사	2021
	형법각론(제7판)	박영사	2022
원형식	형법각론(상)	청목출판사	2011
	판례중심 형법각론	동방문화사	2016
원혜욱	형법각론	피데스	2017
유기천	형법학(각론강의 상·하) (전정신판)	일조각	1982

참고문헌

저자	서명	출판사	출판연도
이건호	형법학개론	고려대학교 출판부	1977
	신고형법각론	일신사	1976
	형법각론	일신사	1980
이영란	형법학 각론강의	형설출판사	2008
	형법학 각론강의(제3판)	형설출판사	2013
이용식	형법각론	박영사	2019
이재상·장영민·강동범	형법각론(제11판)	박영사	2019
	형법각론(제12판)	박영사	2021
이정원	형법각론(보정판)	법지사	1999
	형법각론	법지사	2003
	형법각론	신론사	2012
이정원·류석준	형법각론	법영사	2019
이형국	형법각론	법문사	2007
이형국·김혜경	형법각론(제2판)	법문사	2019
임웅	형법각론(제9정판)	법문사	2018
	형법각론(제10정판)	법문사	2019
	형법각론(제11정판)	법문사	2020
	형법각론(제12정판)	법문사	2021
정성근·박광민	형법각론(제4판)	삼영사	2011
	형법각론(전정2판)	성균관대학교 출판부	2015
	형법각론(전정3판)	성균관대학교 출판부	2019
정성근·정준섭	형법강의 각론	박영사	2017
	형법강의 각론(제2판)	박영사	2022
정영석	형법각론(제4전정판)	법문사	1980
	형법각론(제5전정판)	법문사	1992
정영일	형법각론(제3판)	박영사	2011
	형법강의 각론(제3판)	학림	2017
	형법각론	학림	2019
정웅석·최창호	형법각론	대명출판사	2018
정창운	형법학각론	정연사	1960
조준현	형법각론	법원사	2002
	형법각론(개정판)	법원사	2005
	형법각론(3판)	법원사	2012
조현욱	형법각론강의 (Ⅰ)	진원사	2008
진계호	신고 형법각론	대왕사	1985
	형법각론(제5판)	대왕사	2003

저자	서명	출판사	출판연도
진계호 · 이존걸	형법각론(제6판)	대왕사	2008
최관식	형법각론(개정판)	삼우사	2017
최호진	형법각론	준커뮤니케이션즈	2014
	형법각론 강의	준커뮤니케이션즈	2015
	형법각론	박영사	2022
한남현	형법각론	율곡출판사	2014
한정환	형법각론	법영사	2018
황산덕	형법각론(제6정판)	방문사	1986

3 특별형법

저자(편자)	서명	출판사	출판연도
김정환 · 김슬기	형사특별법	박영사	2021
	형사특별법(제2판)	박영사	2022
박상기 · 신동운 · 손동권 · 신양균 · 오영근 · 전지연	형사특별법론(개정판)	한국형사정책연구원	2012
박상기 · 전지연 · 한상훈	형사특별법(제2판)	집현재	2016
	형사특별법(제3판)	집현재	2020
이동희 · 류부곤	특별형법(제5판)	박영사	2021
이주원	특별형법(제5판)	홍문사	2018
	특별형법(제6판)	홍문사	2020
	특별형법(제7판)	홍문사	2021
	특별형법(제8판)	홍문사	2022

4 주석서 · 실무서 등

저자(편자)	서명	출판사	출판연도
김종원	주석형법 총칙(상 · 하)	한국사법행정학회	1988, 1990
박재윤	주석형법 총칙(제2판)	한국사법행정학회	2011
김대휘 · 박상옥	주석형법 총칙(제3판)	한국사법행정학회	2019
김윤행	주석형법 각칙(상 · 하)	한국사법행정학회	1982
박재윤	주석형법 각칙(제4판)	한국사법행정학회	2006
김신 · 김대휘	주석형법 각칙(제5판)	한국사법행정학회	2017
한국형사판례연구회	형사판례연구 (1) – (29)	박영사	1993 – 2021
법원행정처	법원실무제요 형사 〔Ⅰ〕·〔Ⅱ〕		2014

5 외국 문헌

저자(편자)	서명	출판사	출판연도
大塚 仁 外	大コンメンタール刑法 (第2版) (1) – (13)	青林書院	1999 – 2006
	大コンメンタール刑法 (第3版) (1) – (13)	青林書院	2013 – 2021
西田典之 外	注釈刑法 (1), (2), (4)	有斐閣	2010 – 2021

목 차

제33장 명예에 관한 죄

〔총설〕 ··· 〔한 제 희〕 ··· 1
제307조(명예훼손) ······································ 〔한 제 희〕 ··· 14
제308조(사자의 명예훼손) ·························· 〔한 제 희〕 ··· 105
제309조(출판물 등에 의한 명예훼손) ········ 〔한 제 희〕 ··· 112
제310조(위법성의 조각) ····························· 〔한 제 희〕 ··· 138
제311조(모욕) ··· 〔한 제 희〕 ··· 176
제312조(고소와 피해자의 의사) ················· 〔한 제 희〕 ··· 208
〔특별법〕 공직선거법 ·································· 〔한 제 희〕 ··· 211

제34장 신용, 업무와 경매에 관한 죄

〔총설〕 ··· 〔김 우 진〕 ··· 247
제313조(신용훼손) ······································ 〔김 우 진〕 ··· 250
제314조(업무방해) ······································ 〔김 우 진〕 ··· 262
제315조(경매, 입찰방해죄) ························· 〔강 수 진〕 ··· 409

제35장 비밀침해의 죄

〔총설〕 ··· 〔조 재 빈〕 ··· 427
제316조(비밀침해) ······································ 〔조 재 빈〕 ··· 441
제317조(업무상비밀누설) ··························· 〔조 재 빈〕 ··· 462
제318조(고소) ··· 〔조 재 빈〕 ··· 486

목 차

〔특별법 I〕통신비밀보호법 ·· 〔조 재 빈〕 ··· 490
〔특별법 II〕부정경쟁방지 및 영업비밀보호에 관한 법률 ·············· 〔조 재 빈〕 ··· 518

제36장 주거침입의 죄

〔총설〕··· 〔조 재 빈〕 ··· 545
제319조(주거침입, 퇴거불응) ·· 〔조 재 빈〕 ··· 561
제320조(특수주거침입) ·· 〔조 재 빈〕 ··· 646
제321조(주거·신체 수색) ··· 〔조 재 빈〕 ··· 652
제322조(미수범) ··· 〔조 재 빈〕 ··· 660

[부록] 제10권(각칙 7) 조문 구성 ·· 663

사항색인 ··· 667
판례색인 ··· 671

제33장 명예에 관한 죄

〔총 설〕

I. 규 정 ·· 1
II. 연 혁 ·· 4
III. 입법례 ·· 5
  1. 프랑스 ······································ 5
  2. 독 일 ······································ 6
  3. 영 국 ······································ 6
  4. 미 국 ······································ 7
  5. 일 본 ······································ 7

IV. 보호법익 ······························· 8
  1. 명예의 의의 ························· 8
  2. 명예훼손죄의 보호법익 ········· 9
  3. 모욕죄의 보호법익 ············· 10
  4. 보호의 정도 ······················ 11
V. 명예에 관한 죄의 특징 ········· 11
  1. 판단의 곤란성 ··················· 11
  2. 사회적 갈등의 배출구 역할 ······· 12

I. 규 정

본장은 공연히 어떠한 사실을 적시하여 사람의 명예를 훼손하는 범죄와 공   1
연히 경멸적인 표현으로 사람을 모욕하는 범죄, 즉 명예훼손죄와 모욕죄로 구성
되어 있다. 형법은 사람이 사회생활을 영위하면서 인격체로서 가지는 가치인 명
예를 보호하기 위해 이러한 유형의 행위를 범죄로 규정하고 있는 것이다.

명예권은 성명권, 초상권과 함께 인격권의 한 내용을 구성한다. 헌법 제10   2
조는 "모든 국민은 인간으로서의 존엄과 가치를 가지며, 행복을 추구할 권리를
가진다."라고 하여 모든 기본권의 종국적 목적이자 기본이념이라 할 수 있는 인
간의 존엄과 가치를 규정하고 있다. 인간의 존엄과 가치는 인간의 본질적이고도
고유한 가치로서 모든 경우에 최대한 존중되어야 하는데, 바로 이 헌법 제10조
에 의하여 인격권이 헌법상의 보장을 받게 되는 것이다.[1]

그리고 헌법 제21조 제1항은 언론의 자유와 출판의 자유를 국민의 권리로   3

---

1 헌재 2001. 7. 19, 2000헌마546.

서 보장하면서, 제21조 제4항에서 "언론·출판은 타인의 명예나 권리 또는 공중도덕이나 사회윤리를 침해하여서는 아니된다. 언론·출판이 타인의 명예나 권리를 침해한 때에는 피해자는 이에 대한 피해의 배상을 청구할 수 있다."라고 규정하여 언론·출판의 자유의 한계로서 타인의 명예를 침해하는 행위를 금지하고 있다. 이에 따라 민법은 제750조에서 손해배상을 위한 불법행위의 일반적인 요건을 규정한 데 이어, 제751조 제1항에서 특히 "타인의 신체, 자유 또는 명예를 해하거나 기타 정신상고통을 가한 자는 재산 이외의 손해에 대하여도 배상할 책임이 있다."라고 함으로써 명예를 침해하는 행위에 대한 손해배상의 근거를 별도로 마련하고 있다.

4   아울러 헌법의 일반적 법률유보조항인 제37조 제2항은 "국민의 모든 자유와 권리는 국가안전보장, 질서유지 또는 공공복리를 위하여 필요한 경우에 한하여 법률로써 제한할 수 있다."고 규정하고 있는데, 본장이 사람의 명예를 보호하고자 하는 것은 이러한 규정에 근거를 두고 있는 것이다.[2]

5   본장에서 명예에 관한 죄로는, 단순 명예훼손죄(§ 307), 사자명예훼손죄(§ 308), 출판물 명예훼손죄(§ 309), 모욕죄(§ 311) 등 네 가지 범죄가 규정되어 있다.[3] 사자명예훼손죄와 출판물 명예훼손죄는 기본 구성요건인 단순 명예훼손죄의 특별구성요건이므로, 본장의 죄는 크게 ① 명예훼손죄와 ② 모욕죄로 나누어 볼 수 있다. 단순 명예훼손죄와 출판물 명예훼손죄는 다시 ① 사실을 적시한 경우(§ 307①, § 309①)와 ② 허위사실을 적시한 경우(§ 307②, § 309②)로 구분할 수 있으나, 사자명예훼손죄는 허위사실을 적시한 경우에만 성립한다.

6   본장에는 이 네 가지 범죄의 구성요건을 정한 규정 외에, 명예훼손죄에 특유한 위법성조각사유에 대한 규정(§ 310)과, 사자명예훼손죄와 모욕죄는 친고죄로, 단순 명예훼손죄와 출판물 명예훼손죄는 반의사불벌죄로 하는 규정(§ 312)을 각각 두고 있다.

---

2 김성돈, "진실사실적시명예훼손죄 폐지론", 형사정책연구 27-4, 한국형사정책연구원(2016), 96.
3 「공소장 및 불기소장에 기재할 죄명에 관한 예규」(개정 대검예규 제1264호, 2022. 1. 27)에 따른 죄명은 각각 '명예훼손죄'(§ 307), '사자명예훼손죄'(§ 308), '출판물에의한명예훼손죄' 또는 '라디오에의한명예훼손죄'(§ 309), '모욕죄'(§ 311)이다. [총설]에서는 이들 죄명을 각각 '단순 명예훼손죄', '사자명예훼손죄', '출판물 명예훼손죄', '모욕죄'로 표시하기로 한다.

본장의 조문 구성은 아래 [표 1]과 같다.   7

[표 1] 제33장 조문 구성

조 문		제 목	구성요건	죄 명	공소시효
§307	①	명예훼손	ⓐ 공연히 ⓑ 사실을 적시하여 ⓒ 사람의 명예를 ⓓ 훼손	명예훼손	5년
	②		ⓐ 공연히 ⓑ 허위의 사실을 적시하여 ⓒ 사람의 명예를 ⓓ 훼손		7년
§308		사자의 명예훼손	ⓐ 공연히 ⓑ 허위의 사실을 적시하여 ⓒ 사자의 명예를 ⓓ 훼손	사자명예훼손	5년
§309	①	출판물 등에 의한 명예훼손	ⓐ 사람을 비방할 목적으로 ⓑ 출판물에 의하여 ⓒ §307①의 명예훼손	(출판물, 라디오)에 의한명예훼손	5년
	②		ⓐ 사람을 비방할 목적으로 ⓑ 출판물에 의하여 ⓒ §307②의 명예훼손		7년
§310		위법성의 조각	ⓐ §307①의 명예훼손 ⓑ 진실한 사실로서 ⓒ 오로지 공공의 이익에 관한 때		
§311		모욕	ⓐ 공연히 ⓑ 사람을 ⓒ 모욕	모욕	5년
§312	①	고소와 피해자의 의사	§308, §311(친고죄)		
	②		§307, §309(반의사불벌죄)		

한편, 명예에 관한 죄는 형법뿐만 아니라 특별형법에도 별도의 구성요건이   8
있다. 즉, 정보통신망 이용촉진 및 정보보호 등에 관한 법률(이하, '정보통신망법'이
라 한다.)에서는 비방할 목적으로 정보통신망을 이용하여 공연히 사실 또는 거짓
의 사실을 드러내어 명예를 훼손한 죄(§70)[4]를, 공직선거법에서는 선거에 관하

---

4 「공소장 및 불기소장에 기재할 죄명에 관한 예규」(개정 대검예규 제1264호, 2022. 1. 27)에 따

여 허위사실을 공표한 허위사실공표죄(§ 250)와 공연히 사실을 적시하여 비방한 후보자비방죄(§ 251)[5]를, 군형법에서는 상관을 모욕하거나 상관의 명예를 훼손한 죄(§ 64)[6]를 각각 규정하고 있다.

II. 연 혁

9 　　명예에 관한 죄의 역사는 고대 로마법과 게르만법에서 유래한다. 로마법의 명예에 관한 죄는 객관적 관점에서 법적·도덕적 생활에서의 인격침해를 중시한 것인 반면, 게르만법의 명예에 관한 죄는 주관적 관점에서 순수한 인격적 명예감정을 침해하여 피해자를 모욕하는 것을 의미하였다. 이와 같은 로마법의 객관적 관점과 게르만법의 주관적 관점은 18세기 독일의 입법에 의해 정리되었고, 일본형법이 명예에 관한 죄로 명예훼손죄와 모욕죄를 규정하면서 우리 형법에 계수된 것이다.[7]

10 　　대한민국 정부 수립 후 1953년 9월 18일 공포된 제정형법(1953. 10. 3. 시행)은 제33장에 명예에 관한 죄 항목을 신설하였는데, 이는 구법과 비교할 때 각 범죄의 형기를 인상하는 한편, 단순 명예훼손죄와 모욕죄 외에 사자명예훼손죄와 출판물 명예훼손죄를 추가하고 제310조의 위법성조각사유를 신설한 점에 차이가 있다.[8]

11 　　이와 같은 제정형법의 내용은, 1995년 12월 29일 일부개정(1996. 7. 1. 시행)을 통하여 각 처벌규정의 벌금형을 현실화하고 제307조 제2항과 제309조 제2항에 종전에 없던 벌금형을 선택형으로 추가한 것 외에는, 사실상 변경된 내용 없이 현재까지 그대로 이어져오고 있다.

른 죄명은 '정보통신망이용촉진및정보보호등에관한법률위반(명예훼손)죄'이다. 본장에서는 '정보통신망법위반(명예훼손)죄'로 표시하기로 한다.

5 허위사실공표죄와 후보자비방죄에 대해서는 「공소장 및 불기소장에 기재할 죄명에 관한 예규」에 별도로 죄명을 정하고 있지 않으므로, 이들 범죄의 공식 죄명은 '공직선거법위반죄'이다. 본장에서는 '허위사실공표죄'와 '후보자비방죄'로 표시하기로 한다.

6 「공소장 및 불기소장에 기재할 죄명에 관한 예규」에 따른 죄명은, 제1항과 제2항의 경우 '상관모욕죄', 제3항과 제4항의 경우 '상관명예훼손죄'이다.

7 이재상·장영민·강동범, 형법각론(12판), § 12/2.

8 이재상·장영민·강동범, § 12/3.

Ⅲ. 입법례

1. 프랑스

프랑스의 명예훼손죄에는 '공연한 명예훼손죄(la diffamation publique)'와 '비공   **12**
연 명예훼손죄(la diffamation non publique)'의 두 종류가 있다.

공연한 명예훼손죄는 형법이 아니라 1881년 7월 29일 제정된 「언론의 자유   **13**
에 관한 법률(la loi du 29 juillet 1881 sur la liberté de la presse. 이하, '언론법'이라 한
다.)」 제29조 이하에 규정되어 있다. 공연한 명예훼손죄는 언론매체 등을 통해
공연하게 타인의 명예 또는 평판을 훼손하는 구체적 사실을 주장하거나 비방하
는 행위를 말하는데(언론법 § 29①), 그 형벌은 피해자의 특성 또는 동기에 따라
각각 다르게 규정되어 있다.[9]

언론법은 기본적으로 언론과 표현의 자유를 충분히 보장하기 위해 마련된   **14**
법이다. 다만 그에 대한 최소한의 통제장치로서 명예훼손죄와 모욕죄라는 형사
처벌 규정을 함께 두고 있는 것으로, 언론과 표현의 자유를 충분히 보장하기 위
한 취지에서 일반 형법상의 범죄와는 달리 3개월의 짧은 공소시효, 언론사 압
수·수색의 제한, 언론인 구속의 금지, 친고죄 등 수사와 재판절차상의 특별한
제한장치들을 두고 있다.

비공연 명예훼손죄는 비교적 경미한 위경죄에 해당하는데, 형법전에 부속되   **15**
어 있는 법률명령인 「국사원령(Décrets en Conseil d'Etat)」 제R621-1조와 제R624-3
조에 규정을 두고 있다. 국사원령 제R621-1조는 '비공연 명예훼손죄'를, 제
R624-3조는 '비공연 차별적 명예훼손죄'를 각각 정하고 있다.

한편, 구체적인 사실을 적시하지 않은 채 경멸적인 표현을 사용하여 사람을   **16**
모욕하는 행위에도 '공연한 모욕죄(l'injure publique)'와 '비공연 모욕죄(l'injure non
publique)'가 있다. 공연한 모욕죄는 공연한 명예훼손죄와 같이 언론법 제29조
이하에 규정되어 있고, 비공연 모욕죄는 역시 비공연 명예훼손죄와 마찬가지로
형법전 내의 국사원령 제R621-2조와 제R624-4조에 규정을 두고 있다.[10]

---

9 서보학, "제2장 Ⅴ. 명예에 관한 죄 규정의 개정방안", 형사법개정연구(Ⅳ): 형법각칙 개정안, 한
국형사정책연구원(2009), 218.
10 서보학(주 9), 218.

2. 독 일

17   독일형법에서 명예훼손죄와 모욕죄 규정은 제14장에 '모욕죄'라는 표제로 마련되어 있다. 사실 적시 명예훼손죄는 제186조(Üble Nachrede), 허위사실 적시 명예훼손죄는 제187조(Verleumdung)에 각각 규정되어 있고, 제188조(Üble Nachrede und Verleumdung gegen Personen des politischen Lebens)는 정치인에 대한 명예훼손 죄를 규정하고 있다. 사자에 대한 추모감정을 모독하는 행위를 처벌하는 규정으로 제189조(Verunglimpfung des Andenkens Verstorbener)가 있다.[11]

18   한편 제186조[12]는 주장되거나 유포된 사실이 진실임이 증명되면 처벌하지 않는다고 규정하고 있는데, 이는 명예의 보호와 표현의 자유 사이의 조화를 고려한 규정이다. 제193조[13]도 정당한 이익 옹호 등을 목적으로 하는 의사표현에 대해 이익형량에 의한 정당화를 규정하고 있는데, 이 역시 명예의 보호와 표현의 자유 사이의 조화를 고려한 것이다.[14]

3. 영 국

19   영국은 언론과 출판의 발달과 더불어 형사법원에서 1488년부터 명예훼손 사건의 재판관할권을 행사하면서 정부, 정부의 법령, 공직자들에 대한 공공의 평가를 저하시키는 정치적 발언을 명예훼손죄로 처벌하여 오다가 2010년 1월에 이르러 명예훼손죄를 폐지하였다.[15]

20   즉 보통법상 명예훼손(defamation)은 크게 문서에 의한 명예훼손인 'libel'과 구두에 의한 명예훼손인 'slander'로 구분되는데, 구두에 의한 명예훼손은 원칙

---

11 윤해성·김재현, "사실적시 명예훼손죄의 비범죄화 논의와 대안에 관한 연구", 한국형사정책연구원(2018), 57.
12 독일형법 제186조 "타인에 대한 관계에서 타인을 경멸하거나 또는 세평을 저하시키기에 적합한 사실을 주장하거나 유포한 자는 이러한 사실이 증명할 만한 진실이 아닌 경우에는 1년 이하 자유형 또는 벌금형에 처하고, 그 행위가 공연히 또는 문서의 반포(§ 11③)를 통해 이루어진 경우에는 2년 이하의 자유형 또는 벌금형에 처한다."
13 독일형법 제193조 "학문적, 예술적 또는 영업적 업적에 대한 비판, 권리의 행사나 방어 또는 정당 이익의 주장 등을 목적으로 하는 비판적인 의사표명, 상관의 부하에 대한 징계와 견책, 공무원의 직무상 지적 또는 평가 및 기타 이에 준하는 경우에는, 의사표명의 형식이나 의사표명이 행하여진 상황에 비추어 모욕이 인정되는 경우에 한하여 처벌된다."
14 이희경, "명예훼손죄에 관한 연구 - 명예보호의 한계", 이화여자대학교 박사학위논문(2009), 36.
15 윤해성·김재현, 사실적시 명예훼손죄의 비범죄화 논의와 대안에 관한 연구, 66.

적으로 민사상 불법행위만 성립하고 형사처벌 대상인 명예훼손죄는 에드워드 1세가 'de Scandalis Magnatum'이라는 최초의 명예훼손법을 제정함으로써 비로소 등장하였다. 이 법은 '특별손해의 증명 없이도 영국 국왕과 위대한 사람들에 관한 명예를 훼손하는 뉴스나 이야기를 공표'하는 행위를 범죄로 규정하였는데, 명예훼손죄에는 '명예훼손죄(criminal libel)', '반역죄(treasonous libel)', '음란죄(obscene libel)', '선동죄(seditious libel)', '신성모독죄(blasphemous libel)' 등 5개 유형이 있었다.[16]

그러나 이러한 명예훼손죄가 주로 사회적 지위가 높은 사람들에 의해 공적인   21
사안에 관한 자유로운 토론을 제약하여 온 측면이 있고, 유럽인권협약(European Convention on Human Rights) 제10조가 보호하는 언론의 자유와도 조화되기 어려워 150여년 가까이 사실상 사문화되어 왔다는 등의 비판이 있어왔다. 결국 영국의회는 '검시관 및 사법법(Coroners and Justice Act 2009)'을 통해 2010년 1월 1일부터 잉글랜드, 웨일즈, 북아일랜드에서 명예훼손죄를 폐지하기에 이르렀다.[17]

4. 미 국

미국 대부분의 주가 명예훼손행위를 처벌하는 보통법 또는 실정법상의 근   22
거를 갖고 있음에도 불구하고, 20세기에 들어와서는 실제로 명예훼손행위가 형사문제화된 경우는 거의 없었고, 대부분 불법행위로 인한 손해배상으로 해결하는 것이 보편화되었다.[18]

현재는 4개의 주(매사추세츠, 미네소타, 몬타나, 뉴햄프셔)에서만 명예훼손행위에   23
대한 형사처벌 규정을 두고 있는 상황이다.[19]

5. 일 본

일본형법은 제230조(명예훼손)에서 "① 공연하게 사실을 적시하여 사람의 명   24
예를 훼손한 자는 그 사실의 유무에 관계없이 3년 이하의 징역이나 금고 또는

---

16 허순철, "영국의 명예훼손법 개정과 그 의미", 공법학연구 16-4, 한국비교공법학회(2015), 126.
17 허순철(주 16), 129.
18 이희경, "명예훼손죄에 관한 연구 - 명예보호의 한계", 94.
19 윤해성·김재현, 사실적시 명예훼손죄의 비범죄화 논의와 대안에 관한 연구, 66.

50만 엔 이하의 벌금에 처한다. ② 사자의 명예를 훼손한 자는 허위의 사실을 적시함으로써 한 경우가 아니면 벌하지 아니한다."라는 내용으로 명예훼손죄에 관해 규정하고 있다.[20] 그리고 위법성조각사유 특례를 규정하고 있는데, 제230조의2 제1항에 의하면 이러한 행위가 공공의 이해에 관한 사실과 관련되고 그 목적이 오로지 공익을 도모하는 것이었다고 인정되는 경우에는, 사실의 진부(眞否)를 판단하여 진실하다는 것을 증명한 때에는 벌하지 않는다고 하고 있다.

25   모욕죄는 제231조에서 규정하고 있는데, 사실을 적시하지 않더라도 공연히 사람을 모욕한 자는 1년 이하의 징역이나 금고 또는 30만 엔 이하의 벌금이나 구류 또는 과료에 처한다.[21] 제321조는 이를 친고죄로 정하고 있다.

Ⅳ. 보호법익

1. 명예의 의의

26   명예에 관한 죄의 보호법익은 '명예'이다. 우리 학설은 이 '명예'를 내적 명예, 외적 명예, 명예감정 등 세 가지 개념으로 구분하고, 명예에 관한 죄의 보호법익을 말할 때의 '명예'란 이 세 가지 개념 중 어느 것에 해당하는가에 대해 논의한다.

27   먼저, 내적 명예란 사람이 가지고 있는 인격의 내부적 가치를 의미하는데,[22] 이는 인간이 평가할 수 있는 것이 아니고 외부 사람에 의해 침해될 수도 없는 것을 말한다.[23] 이러한 인격의 내부적 가치는 사람이면 누구나 태어나면서부터 갖고 있고 자기 자신 또는 타인의 평가와 무관하게 절대적 가치로서 존재

---

20 참고로 2022년 6월 17일 일본형법 개정(법률 제67호)으로 징역형과 금고형이 '구금형'으로 단일화되어 형법전의 '징역', '구금', '징역 또는 구금'은 모두 '구금형'으로 개정되었고, 부칙에 의하여 공포일로부터 3년 이내에 정령으로 정하는 날에 시행 예정이다. 그러나 현재 정령이 제정되지 않아 시행일은 미정이므로, 본장에서 일본형법 조문을 인용할 때는 현행 조문의 '징역' 등의 용어를 그대로 사용한다.
21 일본 구 형법상 모욕죄의 법정형은 '구류 또는 과료'였으나, 날로 심각해지고 있는 인터넷상의 비방·중상에 대처하기 위하여 2022년 6월 17일 형법을 개정하여(2022년 7월 7일 시행) 법정형을 "1년 이하의 징역이나 금고 또는 30만 엔 이하의 벌금이나 구류 또는 과료"로 상향하였다.
22 이재상·장영민·강동범, § 12/4.
23 오영근, 형법각론(7판), 167.

하는 것이므로, 유아, 정신병자, 범죄자 등의 구분 없이 모든 사람은 내적 명예를 갖고 있다고 설명된다.[24]

28

외적 명예의 의미에 대해서는, 사람의 인격적 가치와 그의 도덕적·사회적 행위에 대한 사회적 평가,[25] 인격에 대해 외부의 타인들에게서 주어지는 사회적 평가 내지 타인에 의한 평판[26] 등으로 설명된다.

29

명예감정은 사람의 인격적 가치에 대한 자기 자신의 주관적 평가나 감정을 의미하는 것으로,[27] 자존심을 말한다고 볼 수도 있다.[28] 다만 이는 예컨대 유아, 정신병자, 법인과 같이 주관적인 명예감정이 없는 경우도 있고, 얼마든지 자신의 주관에 따라 과대 또는 과소평가될 수 있는 것이므로 형법의 보호대상이라고 보기 어렵다고 해석한다.[29]

2. 명예훼손죄의 보호법익

30

명예에 관한 죄 중, 우선 명예훼손죄의 보호법익에 대해서는 판례[30]와 통설[31] 모두 위 세 가지 명예의 개념 중 외적 명예라고 본다.[32] 이는 내적 명예 내지 명예감정은 그 개념 자체가 타인이나 사회 등 외부와의 관계를 상정하지 않는 것, 즉 타인에 의해 침해될 수 없다는 것을 전제하는 개념이고, 따라서 형법이 이러한 사람의 내면적인 부분이나 주관적인 감정까지 보호할 필요는 없다

---

24 배종대, 형법각론(13판), §47/2.
25 이재상·장영민·강동범, §12/4.
26 주석형법 [각칙(4)](5판), 449(심담).
27 이재상·장영민·강동범, §12/3.
28 오영근, 167.
29 배종대, §47/3.
30 대판 1987. 5. 12, 87도739. 「명예훼손죄와 모욕죄의 보호법익은 다같이 사람의 가치에 대한 사회적 평가인 이른바 외부적 명예인 점에서는 차이가 없으나 다만 명예훼손은 사람의 사회적 평가를 저하시킬 만한 구체적 사실의 적시를 하여 명예를 침해함을 요하는 것으로서 구체적 사실이 아닌 단순한 추상적 판단이나 경멸적 감정의 표현으로서 사회적 평가를 저하시키는 모욕죄에 비하여 그 형을 무겁게 하고 있다.」
31 김성돈, 형법각론(5판), 204; 김신규, 형법각론 강의, 231; 박상기·전지연, 형법학(총론·각론 강의)(4판), 520; 박찬걸, 형법각론(2판), 251; 배종대, §47/5; 손동권·김재윤, 새로운 형법각론, §14/1; 신동운, 형법각론(2판), 695; 임웅, 형법각론(9정판), 233; 정성근·박광민, 형법각론(전정2판), 211; 정영일, 형법강의 각론(3판), 86; 정웅석·최창호, 형법각론, 431; 최호진, 형법각론, 224.
32 일본에서는 보호법익이 내적 명예라고 하는 규범설과 외적 명예라고 하는 사실설이 대립되는데, 판례는 사실설의 입장이다[大判 大正 5(1916). 5. 25. 刑錄 22·816; 大判 大正 15(1926). 7. 5. 刑集 5·303].

고 보기 때문이다.

31   다만 내적 명예 역시 인간의 존엄성과 가치의 한 측면으로서 공공연한 사
실 폭로나 모욕행위에 의해 훼손될 수 있는 성질을 가지고 있다는 점을 감안하
여, 주관적 명예를 배제한 내적 명예와 외적 명예를 합한 것이 명예훼손죄의 보
호법익이라고 보는 견해[33]도 있다.

3. 모욕죄의 보호법익

32   모욕죄 역시 '명예'를 보호하기 위해 처벌규정을 두고 있는 범죄이다. 다만,
여기서의 명예가 앞서 본 세 가지 개념의 명예 중 어떠한 것인가에 대해서는 다
소의 이견이 있다.

33   판례[34]와 통설[35]은 모욕죄의 보호법익 역시 명예훼손죄와 마찬가지로 사람
이 스스로에 대해 갖고 있는 내적 명예나 명예감정이 아닌 외적 명예라고 해석
한다. 형법이 모욕죄에 대해서도 공연성 요건을 두고 있는 것을 감안할 때, 사
람의 외적 명예가 침해되는 것을 보호하려는 게 아니라면 굳이 불특정 또는 다
수인에게 모욕행위의 내용이 노출될 것을 요구할 필요가 없기 때문이라는 점[36]
을 이유로 든다.[37]

34   이와 달리, 모욕죄의 경우 누군가가 있는 자리에서뿐만 아니라 다른 사람
없이 가해자와 피해자 단 둘이 있는 자리에서도 피해자의 입장에서는 모욕행위

---

33 김일수 · 서보학, 새로쓴 형법총론(9판), 155.

34 대판 1987. 5. 12, 87도739.

35 김성돈, 204; 박상기 · 전지연, 520; 손동권 · 김재윤, § 14/50; 신동운, 695; 이재상 · 장영민 · 강동범,
  § 12/6; 정성근 · 박광민, 211; 정영일, 86; 정웅석 · 최창호, 431; 한상훈 · 안성조, 형법개론(3판),
  477.

36 박경신 · 김가연, "모욕죄의 보호법익 및 법원의 현행 적용방식에 대한 헌법적 평가", 언론과 법
  10-2, 한국언론법학회(2011), 450.

37 독일에서는 모욕 내지 명예훼손의 죄에 관한 보호법익으로서의 명예의 개념에 관하여, 내적 명
  예와 외적 명예를 포함하는 일종의 이중적 명예 개념이 지배적이다. 판례 가운데는 모욕죄에 관
  하여, 그 공격 객체, 즉 당해 형법법규의 보호법익은 정신적 · 윤리적 가치를 지니는 인간에 귀속
  되는 내적 명예와 더불어 이에 근거하는 사회적 명망 내지 세평이라고 본 것이 있다. 이에 따르
  면, 내적 명예의 본질적 기초, 따라서 명예의 핵심은 천부적인 인간 존엄이며, 이로부터 내적 명
  예 및 외부적 평가가 과소평가되지 않고 전적으로 무시되지 않는 것에 대한 권리적 요청, 외부
  적 평가가 내적 명예에 상응해서 이루어지는 것에 대한 권리적 요청이 도출된다(BGH, 18.11.1957
  - GSSt 2/57).

로 인해 경멸감을 느낄 수 있다는 점이 명예훼손의 경우와는 다른 측면이 있다는 점에 착안하여, 이 경우 침해를 당한 것은 피해자의 외적 명예가 아니라 피해자 자신이 스스로에 대해 갖고 있는 명예감정이므로 이를 모욕죄의 보호법익으로 보아야 한다는 견해[38]도 있다. 이러한 견해에서는, 본래 공연하지 않은 상황에서도 모욕행위가 있을 수 있는 것이나, 공연한 상황에서 모욕을 당하는 경우에는 피해자의 명예감정 침해가 더욱 극심해질 것이므로, 이러한 극심한 침해를 법이 보호하기 위해 공연성이라는 요건을 요구하는 것이라고 설명한다.[39]

4. 보호의 정도

명예훼손죄와 모욕죄의 보호법익이 보호받는 정도에 대하여 판례[40]와 통설은 추상적 위험범으로 보고 있는데, 구체적인 내용은 각 죄의 기수시기와 관련하여 뒤에서 자세히 살펴본다.   35

V. 명예에 관한 죄의 특징

1. 판단의 곤란성

명예에 관한 죄의 특징 중 하나는, 개개 사안마다 공연성, 사실의 적시, 사실의 허위성, 고의, 비방 목적, 진실성, 공익성 등 각 범죄구성요건과 위법성조각사유의 존부에 관한 판단이 매우 어렵다는 점이다. 관련 판례들을 살펴보면, 한 사안을 두고 각 심급별로 서로 다른 결론을 내는 경우가 비일비재하고, 유사한 표현이 등장한 여러 사건에서 그 판단결과가 제각각인 경우를 흔히 볼 수 있다.[41] 한 마디   36

---

38 김두상, "사이버 공간에서의 명예훼손 및 모욕에 관한 규정 검토", 법학연구 21-1, 경상대 법학연구소(2013), 181; 박경신·김가연(주 36), 445.

39 박경신·김가연(주 36), 450.

40 대판 2020. 11. 19, 2020도5813(전)(추상적 위험범으로서 명예훼손죄는 개인의 명예에 대한 사회적 평가를 진위에 관계없이 보호함을 목적으로 한다); 대판 2016. 10. 13, 2016도9674(모욕죄는 피해자의 외부적 명예를 저하시킬 만한 추상적 판단이나 경멸적 감정을 공연히 표시함으로써 성립하므로, 피해자의 외부적 명예가 현실적으로 침해되거나 구체적·현실적으로 침해될 위험이 발생하여야 하는 것도 아니다).

41 같은 내용을 가진 명예훼손 또는 모욕 사례들이 형사사건과 민사사건 양쪽 모두에서 다투어지기도 한다. 다만, 유사한 내용을 가진 사례라도 형사사건에서의 판단과 민사사건에서의 판단은 엄격히 구분되어야 한다. 왜냐하면 형벌을 부과하기 위해 진행하는 형사절차와 그에 따른 형사책

로, 어떤 사안에 대해 유죄인지 무죄인지 그 결론을 가늠하기가 매우 어렵다.[42]

37   이는 비슷한 표현이 등장한 사안들이라도 구체적으로는 각 사안마다 범행에 이르게 된 경위와 범행 동기, 범행이 이루어질 당시의 상황, 피해자에게 미치는 결과 등이 서로 같지 않음은 둘째로 치고, 명예에 관한 죄의 각 구성요건과 위법성조각사유의 판단기준을 명확하게 제시한다는 것이 사실상 곤란하고, 명예에 관한 죄를 떠받치는 양대 산맥인 표현의 자유와 명예의 보호 사이에 적정한 균형을 도모하는 해석이 그만큼 쉽지 않기 때문이다.

2. 사회적 갈등의 배출구 역할

38   현재 우리 사회에서는 명예에 관한 죄라는 통로를 통해 형사사법절차가 사회적 갈등의 배출구 역할을 매우 활발히 하고 있는데, 과연 그러한 현상이 바람직한 것인가에 대해서는 적지 않은 의문이 있다.

39   언제부터인가 우리 사회에 존재하는 다양한 분야의 주장과 논란거리들이 사회 안에서의 대화와 타협은 생략된 채 명예훼손 내지 모욕이라는 이름의 고소, 고발, 소 제기 등의 형식으로 사법절차로 넘어오는 현상이 계속되고 있다. 우리 사회가 낳고 있는 온갖 주장과 논란들을 다양한 해석의 여지를 인정하는 공론의 장이 아닌, 일도양단(一刀兩斷)식의 결론이 있을 수밖에 없는 사법절차 속으로 몰아넣고 있는 것이다.

40   그리고는 정치적 논의와 결단에 따라 결정되어야 할 정책의 당부를 사법기관이 심판하고, 연구와 토론에 따라 탐구되어야 할 학문적·예술적 사실을 사법

임은 국가권력이 그 행위자에 대해 공권력의 행사로써 기본권을 제한하는 것이기 때문에 최후수단으로서의 성질을 갖는 것인 반면, 민사절차와 민사책임은 원칙적으로 개인 간의 권리구제를 위한 것으로서 일방의 권리침해가 있다면 인정될 수 있는 것이므로 형사책임을 묻는 경우와 민사책임을 묻는 경우 사이에는 그 위법성의 정도에 차이가 있고, 민주주의 사회에서 어떠한 표현행위를 이유로 형사책임을 묻는 것은 가능한 한 억제되는 것이 바람직하겠으나 민사책임을 묻는 것은 일방이 위법하게 명예를 훼손당하거나 모욕을 당했다면 인정될 필요성이 있기 때문이다〔대판 2018. 10. 30, 2014다61654(전) 중 반대의견〕. 따라서 같은 사안이라도 민사사건에서의 결론을 형사사건의 판단에 그대로 적용하는 데는 신중하여야 한다.
42 본장에서 소개하는 판례들 중 각 심급별로 결론이 상이한 사례가 적지 않은 것을 보면서, 명예에 관한 죄 사건에는 '정답이 없다는 정답'을 발견할 필요가 있다. 이에 우스갯소리로, 명예에 관한 죄의 유·무죄는 법리에 따라 좌우되는 것이 아니라, 가해자와 피해자 중 누가 더 좋고 누가 더 나쁜 사람인가에 따라 좌우되는 것이라는 말을 하기도 한다.

기관이 확정하고 평가하고 있다. 사법기관이 이러한 사안에 대해 판단자로서의 능력이 있는지 여부는 차치(且置)하고, 본래 임무에 맞지 않는 역할을 하게 된다는 문제점이 있다. 사회 구성원들이 각자 가지고 있는 여러 이견과 그에 따른 갈등들은 오로지 수사나 재판으로만 풀 수 있는 것이 아닐 뿐더러 수사나 재판이 그러한 일에 적합한 수단도 아니기 때문이다.

〔한 제 희〕

제307조(명예훼손)

① 공연히 사실을 적시하여 사람의 명예를 훼손한 자는 2년 이하의 징역이나 금고 또는 500만원 이하의 벌금에 처한다. 〈개정 1995. 12. 29.〉

② 공연히 허위의 사실을 적시하여 사람의 명예를 훼손한 자는 5년 이하의 징역, 10년 이하의 자격정지 또는 1천만원 이하의 벌금에 처한다. 〈개정 1995. 12. 29.〉

I. 취 지 ································ 14
II. 입법론 ······························ 15
  1. 진실 적시 명예훼손죄 폐지론 ·········· 15
  2. 헌법재판소 결정 ····················· 17
III. 객관적 구성요건 ······················ 21
  1. 공연성 ···························· 21
  2. 사실의 적시 ······················· 39
  3. 사실의 허위성 ····················· 66
  4. 사람의 명예의 훼손 ················· 75
IV. 주관적 구성요건 ······················ 86

  1. 고 의 ···························· 86
  2. 착 오 ···························· 93
V. 위법성 ······························ 94
  1. 제310조의 위법성조각사유 ·········· 94
  2. 형법총칙의 위법성조각사유 ·········· 94
VI. 죄수 및 다른 죄와의 관계 ············ 101
  1. 죄 수 ··························· 101
  2. 다른 죄와의 관계 ················· 102
VII. 처 벌 ···························· 104

I. 취 지

1   본죄(명예훼손죄)는 공공연한 상황에서 특정인에 관한 어떠한 사실을 적시하여 그의 명예를 훼손하는 행위를 처벌함으로써, 사람의 외적 명예를 보호하기 위한 범죄이다.

2   이에는 단순히 어떠한 사실을 적시하여 명예를 훼손하는 구성요건(제1항)을 기본으로 하여, 특히 허위의 사실을 적시하여 명예를 훼손하는 행위에 대하여 가중처벌하는 구성요건(제2항) 등 두 가지의 죄가 규정되어 있다.[1]

---

1 본조에서는 이를 각각 '사실 적시 명예훼손죄', '허위사실 적시 명예훼손죄'라고 한다.

II. 입법론

1. 진실 적시 명예훼손죄 폐지론

특정한 개인의 명예를 보호하기 위해 마련된 명예훼손죄는 헌법이 보장하 **3**
는 표현의 자유 및 언론의 자유와 서로 충돌할 위험을 항상 갖고 있다. 자유민
주주의 사회를 떠받치는 중요한 축인 표현의 자유 및 언론의 자유가 행사되는
과정에서 필연적으로 어떤 개인에 대한 공개적인 언급이나 언론보도가 있을 수
밖에 없고, 이러한 행위는 그 개인의 명예를 훼손하는 결과를 가져올 소지가 다
분하기 때문이다. 이와 같은 경우에 개인적 측면에서의 명예 보호에 보다 주안
점을 둘 것인가, 아니면 사회적 측면에서의 표현의 자유 및 언론의 자유 보장에
보다 주안점을 둘 것인가는, 그 어느 한 쪽으로만 치우칠 수는 없고 둘 사이에
적정한 균형의 지점을 고민하여야 하는 문제이다.

이러한 고민을 감안하면서도 그래도 표현의 자유와 언론의 자유가 보다 충 **4**
분히 보장되어야 한다는 입장에서, 진실한 사실을 적시한 명예훼손죄에 대해서
는 이를 폐지하여야 한다는 견해가 꾸준히 제기되고 있다. 명예훼손죄 중 허위사
실을 적시하는 행위에 대한 해악과 그에 대한 형사처벌 필요성은 인정할 수 있
더라도, 진실한 사실을 적시한 행위까지 명예훼손죄로 처벌하는 것은 형벌의 최
후수단성 및 보충성 원칙에 비추어 과잉형벌이라는 비난이 가능하기 때문이다.[2]

진실 적시 명예훼손죄 규정의 폐지를 주장하는 논거로는, ① 표현의 자유 **5**
의 가장 큰 가치는 자유민주주의 사회에서 강제력을 독점하고 있는 국가 및 그
국가를 운영하는 공직자들에 대한 비판과 감시라고 할 것인데 감시와 비판의
대상이 되어야 할 국가가 명예훼손 형사처벌 제도의 운영자가 될 경우 국민은
국가를 상대로 한 비판을 제어할 수밖에 없다는 견해,[3] ② 허위사실이 아닌 단
순한 사실을 적시하는 행위에 대해 형벌을 부과하는 것은 헌법상 표현의 자유
와의 관계에 비추어 민사적인 손해배상으로 대응하는 것이 적합성 및 최소침해

---

2 이러한 견해들은 대개 본조 제1항의 사실 적시 명예훼손죄 중에서도 특히 '진실한 사실'을 적시
한 사안에 대한 형사처벌의 부당성을 주장한다. 다만, 이러한 견해가 '진실한 사실'에서 더 나아
가, 진실인지 허위인지 알 수 없는 단순한 '사실'을 적시하여 명예를 훼손하는 죄에 대해서까지
형사처벌 규정을 폐지하여야 한다는 취지는 아닌 것으로 보인다.
3 박경신, "명예의 보호와 형사처벌제도의 폐지론과 유지론", 서강법학 11-1(2009), 370.

성 요구에 부합하고 이를 형사처벌하는 외국의 입법례도 드물므로 비범죄화하는 것이 바람직하다는 견해,[4] ③ 진실한 사실을 적시하더라도 명예훼손죄가 성립한다는 것은 형법이 사회적으로 잘못 평가되어 있는 허위의 명성(즉, 虛名)도 보호한다는 취지(예를 들어, 훌륭한 자선사업가로 알려진 사람의 정체를 밝히기 위하여 공연히 진실한 사실을 적시하는 것도 명예훼손행위가 된다)라거나,[5] ④ 개인에 대한 진정한 사회적 평가의 범주에 속해 있지 않은 허명의 보호는 형벌로 보호할 가치가 있는 이익이라고 할 수 없어 형법의 보충성 원칙 및 최후수단성 등에 비추어 볼 때 타당하지 않다는 견해[6] 등이 주장된다.

6   이와 입장을 달리하여, 진실한 사실을 적시한 경우의 명예훼손죄 규정을 현행대로 존치하는 것이 입법론적으로 바람직하다는 견해도 존재한다.

7   즉, ① 사람의 진가(眞價)와 외부적 평가 사이에는 차이가 있게 마련이어서 명예훼손죄가 사람의 진가와 일치하는 명예만을 보호할 수는 없고 우리 형법이 진실한 사실이 공익적 목적을 위해 적시될 경우 개인의 명예 보호와 언론의 자유를 조화시키기 위한 규정인 제310조(위법성의 조각)를 두고 있으므로 현 단계보다 더 나아가 언론의 자유를 확대하기 위해 개인의 명예 보호를 희생할 필요는 없다는 견해,[7] ② 인격권의 일종인 명예권은 생명권이나 재산권과 마찬가지로 사회적 동물인 사람의 인간답고 행복한 삶을 위해 반드시 보호되어야 하는 중요한 기본권으로서 특히 각종 SNS(Social Networking Service)의 발달에 따른 명예훼손의 전파범위와 파급효과 확대로 '정신적 살인' 등 그 피해가 심각한 점을 고려할 때 명예훼손행위를 피해구제가 미흡한 민사적 해결에만 맡기고 완전히 형사처벌 영역 밖에 두는 것은 바람직하지 않다는 견해,[8] ③ 인격권의 핵심인 개인의 사생활 보호권이 공연한 사실의 적시로 침해될 수도 있고 더욱이 미국과

---

4 김성돈, 형법각론(5판), 206·221; 김성돈, "진실사실적시명예훼손죄 폐지론", 형사정책연구 27-4, 한국형사정책연구원(2016), 108.

5 임웅, 형법각론(11정판), 245.

6 윤해성·김재현, "사실적시 명예훼손죄의 비범죄화 논의와 대안에 관한 연구", 한국형사정책연구원(2018), 153.

7 서보학, "제2장 V. 명예에 관한 죄 규정의 개정방안", 형사법개정연구(IV): 형법각칙 개정안, 한국형사정책연구원(2009), 237.

8 박정난, "사실적시 명예훼손죄의 비범죄화에 관한 입법론적 검토", 법학논총 31-3, 국민대 법학연구소(2019), 277.

같이 형벌을 대체할 만한 징벌적 손해배상 제도가 없어 현재로서는 유효하고 적절한 대체수단이 충분하게 확보되었다고 볼 수 없으므로 진실 적시 명예훼손죄의 폐지는 법적 안정성 및 치안유지 측면에서도 신중하게 접근할 필요가 있다는 견해[9] 등이 그것이다.

2. 헌법재판소 결정

진실 적시 명예훼손죄의 존폐 여부가 헌법재판소에서 다투어진 사례가 두 차례 있고, 허위사실 적시 명예훼손죄 위헌 여부가 다투어진 사례가 한 차례 있었는데, 헌법재판소는 모두 합헌으로 결론지었다.　　　　　　　　　　8

(1) 헌재 2016. 2. 25, 2013헌바105 등(진실 적시)

첫 번째 사례는 구 정보통신망 이용촉진 및 정보보호 등에 관한 법률(2008.　9
6. 13. 법률 제9119호로 개정되고, 2014. 5. 28. 법률 제12681호로 개정되기 전의 것) 제70조 제1항[10]에 대한 헌법소원 사건이었다.

이 사건에서 청구인들은 "진실한 사실에 대하여도 명예훼손으로 처벌하는　10
것은 공론의 장으로서 인터넷이 가지는 자정적 기능을 마비시키는 것이므로 수단의 적합성이 인정되지 않고, 민사상 손해배상이나 정보통신망법에 의한 임시조치, 명예훼손 분쟁조정 등 덜 제약적인 방법이 있음에도 형벌권을 행사하는 것은 침해의 최소성 원칙에 위배되며, 진실에 기반을 두지 않은 허위의 명예를 보호하기 위하여 진실한 사실에 대한 표현을 억제하는 것은 법익균형성 원칙에도 위배"되므로, 결국 위 제70조 제1항이 과잉금지원칙에 위배되어 표현의 자유를 침해한다고 주장하였다. 이 사건에서 2명의 재판관이 위헌의견을 제시하였는데, 이는 청구인들의 주장과 동일한 취지이다.

이에 대하여 합헌 취지의 다수의견은 인터넷과 모바일 SNS 등 정보통신망　11
에서의 신속한 정보 전파력과 광범위한 파급효과에 따라 개인의 명예에 대해

---

9 배상균, "사실적시 명예훼손행위의 규제 문제와 개선방안에 관한 검토", 형사정책연구 2-3, 한국형사정책연구원(2018), 185.
10 현행 정보통신망 이용촉진 및 정보보호 등에 관한 법률(이하, '정보통신망법'이라 한다.) 제70조 제1항과 동일한 내용이다.
　제70조(벌칙) ① 사람을 비방할 목적으로 정보통신망을 통하여 공공연하게 사실을 드러내어 다른 사람의 명예를 훼손한 자는 3년 이하의 징역 또는 3천만원 이하의 벌금에 처한다.

심각한 위험과 피해가 발생할 수 있고 더구나 이러한 피해의 회복이 곤란하다는 정보통신망의 특성을 감안하여 표현의 자유보다는 개인의 명예 보호에 보다 주안점을 두는 입장에서, 진실 적시 명예훼손행위에 대한 형사처벌의 불가피성을 인정하였다.

(2) 헌재 2021. 2. 25, 2017헌마1113 등(진실 적시)

12   본조 제1항에 대한 헌법소원 사건으로, 앞의 사례와 쟁점은 동일하다. 이번에는 재판관 5명의 합헌의견과 재판관 4명의 위헌의견이 엇갈렸다.

13   합헌 취지의 다수의견은 사실 적시 매체가 다양해짐에 따라 명예훼손적 표현의 전파속도와 파급효과가 광범위해지고 있고 일단 훼손되면 완전한 회복이 어렵다는 외적 명예의 특성상 명예훼손적 표현행위를 제한해야 할 필요성이 더 커지게 되었다는 점을 지적하면서, 본조 제1항에 대한 수단의 적합성, 침해의 최소성, 법익의 균형성이 인정된다고 보았다.[11]

---

11 다수의견의 요지를 인용하면 다음과 같다.
　「오늘날 매체가 매우 다양해짐에 따라 명예훼손적 표현의 전파속도와 파급효과는 광범위해지고 있으며, 일단 훼손되면 완전한 회복이 어렵다는 외적 명예의 특성상, 명예훼손적 표현행위를 제한해야 할 필요성은 더 커지게 되었다. 형법 제307조 제1항은 공연히 사실을 적시하여 사람의 명예를 훼손하는 자를 형사처벌하도록 규정함으로써 개인의 명예, 즉 인격권을 보호하고 있다. 명예는 사회에서 개인의 인격을 발현하기 위한 기본조건이므로 표현의 자유와 인격권의 우열은 쉽게 단정할 성질의 것이 아니며, '징벌적 손해배상'이 인정되는 입법례와 달리 우리나라의 민사적 구제방법만으로는 형벌과 같은 예방효과를 확보하기 어려우므로 입법목적을 동일하게 달성하면서도 덜 침익적인 수단이 있다고 보기 어렵다. 형법 제310조는 '진실한 사실로서 오로지 공공의 이익에 관한 때에 처벌하지 아니'하도록 정하고 있고, 헌법재판소와 대법원은 형법 제310조의 적용범위를 넓게 해석함으로써 형법 제307조 제1항으로 인한 표현의 자유 제한을 최소화함과 동시에 명예훼손죄가 공적인물과 국가기관에 대한 비판을 억압하는 수단으로 남용되지 않도록 하고 있다.
　만약 표현의 자유에 대한 위축효과를 고려하여 형법 제307조 제1항을 전부위헌으로 결정한다면 외적 명예가 침해되는 것을 방치하게 되고, 진실에 부합하더라도 개인이 숨기고 싶은 병력·성적 지향·가정사 등 사생활의 비밀이 침해될 수 있다. 형법 제307조 제1항의 '사실'을 '사생활의 비밀에 해당하는 사실'로 한정하는 방향으로 일부위헌 결정을 할 경우에도, '사생활의 비밀에 해당하는 사실'과 '그렇지 않은 사실' 사이의 불명확성으로 인해 또 다른 위축효과가 발생할 가능성은 여전히 존재한다. 헌법 제21조가 표현의 자유를 보장하면서도 타인의 명예와 권리를 그 한계로 선언하는 점, 타인으로부터 부당한 피해를 받았다고 생각하는 사람이 법률상 허용된 민·형사상 절차에 따르지 아니한 채 사적 제재수단으로 명예훼손을 악용하는 것을 규제할 필요성이 있는 점, 공익성이 인정되지 않음에도 불구하고 단순히 타인의 명예가 허명임을 드러내기 위해 개인의 약점과 허물을 공연히 적시하는 것은 자유로운 논쟁과 의견의 경합을 통해 민주적 의사형성에 기여한다는 표현의 자유의 목적에도 부합하지 않는 점 등을 종합적으로 고려하면, 형법 제307조 제1항은 과잉금지원칙에 반하여 표현의 자유를 침해하지 아니한다.」

이에 반해 4명의 재판관은 본조 제1항은 침해의 최소성과 법익의 균형성을 　14
충족하지 못한 것으로서 과잉금지원칙에 반하여 표현의 자유를 침해하므로 일
부 위헌으로 결정해야 한다는 의견을 제시하였다.[12]

(3) 헌재 2021. 2. 25, 2016헌바84(허위사실 적시)

본조 제2항의 허위사실 적시 명예훼손죄에 대한 헌법소원 사건으로, 재판　15
관 1인의 보충의견 외에 재판관들의 일치된 의견으로 합헌으로 결정되었다.

이 사건에서 청구인은 본조 제2항의 명예훼손죄로 기소되어 제1심에서 벌　16
금 500만 원을 선고받고 항소하여 항소심에서 본조 제2항에 대하여 위헌법률심
판제청 신청을 하였으나 기각되자, 위 조항은 "발언자들이 완전히 진실로 규명

---

12 위헌의견의 요지를 인용하면 다음과 같다.
「다양한 사상과 의견의 교환을 보장하고 국민의 알권리에 기여하는 표현의 자유는 우리 헌법상
민주주의의 근간이 되는 핵심적 기본권이므로, 표현의 자유에 대한 제한이 불가피하더라도 그
제한은 최소한으로 이루어져야 한다. 헌법 제21조 제4항 전문은 '타인의 명예'를 표현의 자유의
한계로 선언하고 있으나 같은 항 후문에서 명예훼손의 구제수단으로 민사상 손해배상을 명시할
뿐이므로, 헌법이 명예훼손에 대한 구제수단으로 형사처벌을 당연히 예정하고 있다고 보기 어렵
다. 표현의 자유의 중요한 가치는 공직자에 대한 감시와 비판인데, 감시와 비판의 객체가 되어
야 할 공직자가 진실한 사실 적시 표현행위에 대한 형사처벌의 주체가 될 경우 국민의 감시와
비판은 위축될 수밖에 없다. 형사처벌이 정당화되기 위해서는 행위반가치와 결과반가치가 있어
야 하는데, 진실한 사실을 적시하는 것은 행위반가치와 결과반가치를 인정하기 어렵다. 사실 적
시 표현행위로부터 외적 명예를 보호할 필요성이 있더라도, 피해자는 형사처벌이 아니더라도 정
정보도와 반론보도 청구, 손해배상 청구와 명예회복에 적당한 처분을 통해 구제받을 수 있다. 형
법 제307조 제1항은 친고죄가 아닌 반의사불벌죄이므로, 제3자가 이 점을 이용하여 공적인물·공
적사안에 대한 감시·비판을 봉쇄할 목적으로 고발을 남용함으로써 진실한 사실 적시 표현에 대
해서도 형사절차가 개시되도록 하는 '전략적 봉쇄소송'마저 가능하게 되었다. 향후 재판절차에서
형법 제310조의 위법성조각사유에 해당된다는 판단을 받을 가능성이 있겠지만, 일단 형법 제
307조 제1항의 구성요건에 해당되는 것이 확실한 이상, 자신의 표현행위로 수사·재판절차에 회
부될 수 있다는 사실만으로 위축효과는 발생할 수 있으며, 이후 수사·재판절차에서 마주하게
될 공익성 입증의 불확실성까지 고려한다면 표현의 자유에 대한 위축효과는 더욱 커지게 된다.
진실한 사실이 가려진 채 형성된 허위·과장된 명예가 표현의 자유에 대한 위축효과를 야기하면
서까지 보호해야 할 법익이라고 보기 어려운 점을 고려하면, 형법 제307조 제1항은 과잉금지원
칙에 반하여 표현의 자유를 침해한다.
진실한 사실은 공동체의 자유로운 의사형성과 진실발견의 전제가 되므로, '적시된 사실이 진실인
경우'에는 허위 사실을 바탕으로 형성된 개인의 명예보다 표현의 자유 보장에 중점을 둘 필요성
이 있다. 헌법 제17조가 선언한 사생활의 비밀의 보호 필요성을 고려할 때, '적시된 사실이 사생
활의 비밀에 관한 것이 아닌 경우'에는 허위 사실을 바탕으로 형성된 개인의 명예보다 표현의 자
유 보장에 중점을 둘 필요성이 있다. 법률조항 중 위헌성 있는 부분에 한하여 위헌선언하는 것이
입법권에 대한 자제와 존중에 부합하는 점을 종합적으로 고려하면, 형법 제307조 제1항 중 '진실
한 것으로서 사생활의 비밀에 해당하지 아니한' 사실 적시에 관한 부분은 헌법에 위반된다.」

〔한 제 회〕　　　　　　　　　　　　　　　　　　　　　　　　　　　**19**

된 사항에 대해서만 발언하게 하여 표현의 자유를 위축시키고, 명예훼손의 심각성 등 국가 형벌권의 작동 기준이 마련되어 있지 않아 국가 형벌권이 남용될 위험성이 크며, 정정보도청구나 민사상 손해배상청구 등 명예를 보호하고 회복하기 위한 다른 수단이 마련되어 있음에도 형사처벌을 하도록 규정하고 있어, 명확성의 원칙 및 과잉금지원칙에 위배된다."는 취지로 헌법소원심판을 청구하였다.

17   이에 대하여 헌법재판소는, "명예훼손적 표현이 '허위'라면 타인의 가치에 대한 사회적 평가로서 외적 명예가 근거 없이 부당하게 훼손될 수 있고, 그로 인한 인격권 침해의 정도가 심각할 수 있으며, 사안에 따라 여론의 형성을 왜곡하여 공론의 장에 대한 신뢰를 무너뜨릴 우려가 있다. 오늘날은 매체의 급속한 발달로 개인의 명예를 훼손할 만한 허위의 사실이 적시되거나 공개되는 순간 통제 불가능할 정도로 빠르게 전파될 가능성이 높고, 이미 허위사실적시로 인하여 개인의 사회적 가치 내지 평가가 부당하게 침해된 후에는 반론과 토론을 통한 자정작용이 사실상 무의미한 경우도 적지 않다. 개인의 외적 명예는 일단 훼손되면 완전한 회복이 어렵다는 특성상 때로는 피해자의 인격을 형해화하여 회복불능의 상태에 이르게 하는 경우도 발생하고 있다. 따라서 개인의 인격권을 충실히 보호하고 민주사회의 자유로운 여론 형성을 위한 공론의 장이 제 기능을 다 할 수 있도록 하기 위하여 허위사실을 적시하여 타인의 명예를 훼손하는 표현행위를 형사처벌을 통해 규제할 필요가 있다. '적시된 사실이 객관적으로 허위'이고 피고인이 적시한 사실이 '허위임을 인식'하였는지에 대한 증명책임은 원칙적으로 검사에게 있고, 적시된 사실의 내용 전체의 취지를 살펴볼 때 중요한 부분이 객관적 사실과 합치되는 경우에는 세부에서 진실과 약간 차이가 나거나 다소 과장된 표현이 있다 하더라도 이를 허위의 사실이라고 볼 수 없다는 법원의 판례가 확립되어 있어 표현의 자유에 대한 위축을 최소화하고 있다. 위의 사실임을 인식하면서도 이를 적시하여 타인의 명예를 훼손하는 행위는 표현의 자유의 보장을 통하여 달성하고자 하는 개인적 가치인 인격 실현과 사회적 가치인 자치정체(自治政體) 이념의 실현에 기여한다고 단정할 수 없을 뿐만 아니라, 오히려 신뢰를 바탕으로 한 비판과 검증을 통하여 형성되어야 할 공적 여론에 부정적인 영향을 끼치게 될 것이므로 형법 제307조 제2항으로 인한 표현의 자유의 제한 정도가 지나치게 크다고 볼 수 없다. 그러므로 형법 제307조 제2항은 과잉금

지원칙에 반하여 표현의 자유를 침해하지 아니한다."고 합헌결정을 하였다.[13]

Ⅲ. 객관적 구성요건

1. 공연성

우리 형법이 명예에 관한 죄에서 공연성을 구성요건으로 요구하는 이유는, 명예훼손적 사실이 직접적으로 외부에 유포된 경우, 즉 사회적 유해성을 가진 중대한 명예훼손행위만을 처벌함으로써 개인의 표현의 자유가 지나치게 제한되는 일이 없도록 하기 위해서라고 설명된다.[14]

18

공연성에 관한 외국 입법례를 살펴보면, 일본형법의 경우 우리와 마찬가지로 명예훼손죄와 모욕죄의 성립에 공연성을 요구하고,[15] 프랑스의 명예훼손죄는 공연성을 요구하는 것과 공연성을 요구하지 않는 것의 두 종류가 있다.[16] 스위스형법과 오스트리아형법은 명예훼손죄의 성립에 공연성을 요구하지는 않지만, 오스트리아형법의 모욕죄는 공연성을 요구한다.[17] 독일형법의 명예훼손죄는 원칙적으로 공연성을 요구하지는 않지만 명예훼손행위가 공연히 이루어진 경우에는 형을 가중하는 구조를 취하고 있는데, 독일 판례와 다수설은 공연성의 의미

19

---

13 보충의견의 요지을 인용하면 다음과 같다.

　「적시된 사실이 허위라는 점은 형법 제307조 제2항의 구성요건이므로, 검사가 이를 증명하여야 하는데 대법원은 일정한 경우에는 피고인이 사실의 존재를 수긍할 만한 소명자료를 제시할 부담을 지고, 소명자료의 제시가 없거나 그 자료의 신빙성이 탄핵된 때에는 형법 제307조 제2항이 적용된다고 판시한 바 있다. 피고인이 소명자료를 제시하지 않는 경우 검사는 '허위의 사실'이라는 점에 대하여 어떠한 증명책임도 지지 않게 되고, 피고인이 소명자료를 제시하더라도 검사의 증명책임은 그 소명자료의 신빙성을 탄핵하는 것으로 축소되는바, 이는 실질적으로 '허위의 사실'이라는 점에 대한 증명책임을 피고인에게 전가하고, '허위인지 진실인지 증명되지 아니한 사실'이어서 사실적시 명예훼손죄가 적용될 수 있는 사안에 허위사실적시 명예훼손죄가 적용되는 결과를 초래하게 된다. 이와 같은 결과는 발화자가 허위의 사실이라는 점을 인식하면서 이를 적시하였기 때문에 비난가능성이 크다는 점을 고려하여 무거운 형으로 처벌하고자 하는 형법 제307조 제2항의 입법취지에 반하고, 피고인에게 행위 이상의 책임을 물어서는 안 된다는 책임주의원칙에도 반한다. 그러므로 형법 제307조 제2항은 '허위인지 진실인지 증명되지 아니한 사실'에는 적용되지 아니하고, '허위임이 증명된 사실'에만 적용된다는 점을 형법에서 명확히 규정하여 법치주의와 책임주의원칙을 충실히 실현할 수 있도록 입법을 개선하는 것이 바람직하다.」

14 서보학(주 8), 224.
15 서보학(주 8), 224.
16 서보학(주 8), 219.
17 서보학(주 8), 225.

를 '불특정이면서 다수인'이 인식할 수 있는 상태로 이해하고 있어 '불특정 또는 다수인'이 인식할 수 있는 상태로 보는 우리에 비해 공연성을 인정하는 범위가 좁은 편이다.[18] 다만, 독일의 모욕죄는 공연성을 요구하지 않는다.[19]

20　　　이와 같이 입법례에 따라서는 명예훼손죄나 모욕죄의 성립에 공연성을 요구하기도 하고 요구하지 않기도 하는 등 그 구성요건이 제각각이다. 즉, 명예훼손죄나 모욕죄가 논리적으로 반드시 그 구성요건으로서 공연성을 필요로 하는 것이 아니라, 각국의 입법적 연혁과 필요에 따라 공연성을 구성요건으로 삼을 수도 있고 그렇지 않을 수도 있다는 것이다.

21　　　'공연성'의 의미에 대해서는, 판례[20]와 통설[21] 모두 '불특정 또는 다수인이 인식할 수 있는 상태'라고 해석하고 있다.[22] 여기서 '불특정 또는 다수인'의 의미에 대해서는 대체적으로 의견이 일치하지만, '인식할 수 있는 상태'의 의미에 대해서는 여러 견해가 주장되고 있다.

(1) 불특정 또는 다수인

(가) 의의

22　　　우선 '불특정인'이란, 명예훼손행위 당시에 명예훼손적 표현을 보고 듣는 상대방이 구체적으로 특정되어 있지 않다는 의미가 아니라, 특수한 관계로 인하여 한정된 범위에 속하는 사람만이 아니라는 것을 뜻한다.[23] '특수한 관계로 인하여 한정된 범위에 속하는 사람만이 아니라는 것'의 의미는, 거리의 통행인이나 광장의 사람들과 같이, 명예훼손적 표현을 보고 듣는 상대방이 특수한 관계, 예를 들어 가족이나 친척관계, 친구관계, 동업관계, 애인관계, 사제관계 등에 의해 한정된 사람이 아니라는 것이다.[24] 따라서 피고인이 자신의 아들 등으로부터 폭

18 서보학(주 8), 224; 안경옥, "명예훼손죄의 '공연성' 해석의 재검토", 법조 575, 법조협회(2004), 95.
19 윤해성, "형법 체계상의 공연성", 형사정책연구 20-1, 한국형사정책연구원(2009), 425.
20 대판 2000. 5. 16, 99도5622. 본 판결 평석은 김우진, "명예훼손죄에 있어서의 공연성", 형사판례연구 [9], 한국형사판례연구회, 박영사(2001), 257-278; 안경옥, "명예훼손죄의 '공연성' 해석의 재검토", 형사판례연구 [13], 한국형사판례연구회, 박영사(2005), 236-253.
21 박상기·전지연, 형법학(총론·각론 강의)(4판), 522; 손동권·김재윤, 새로운 형법각론, § 14/7; 이재상·장영민·강동범, 형법각론(12판), § 12/13; 임웅 235; 한상훈·안성조, 형법개론(3판), 466.
22 最判 昭和 36(1961). 10. 13. 刑集 15·9·1586
23 김성돈, 209; 손동권·김재윤, § 14/7; 이재상·장영민·강동범, § 12/13. 일본 판례도 같은 입장이다[大判 明治 45(1912). 6. 27. 刑錄 18·927; 大判 大正 12(1923). 6. 4. 刑集 2·486].
24 김일수·서보학, 새로쓴 형법총론(9판), 158; 정영일, 형법강의 각론(3판), 88.

행당하여 입원한 피해자의 병실로 찾아가 피해자의 어머니 A와 대화하던 중 A
의 이웃인 B 및 같은 가해학생의 부모이자 피고인의 일행인 C가 있는 자리에서
피해자에 관한 허위사실을 적시한 경우, 이는 불특정인이 인식할 수 있는 상태
라고 볼 수 없다.[25] 다만, '불특정인'이란 수의 많고 적음과 상관없이 사실 적시
를 행한 곳이 공개된 장소여서 상대방이 한정되어 있지 않다는 것을 의미한다
고 설명하는 견해[26]도 있다.

다음으로 '다수인'이란, 단순히 2명 이상이나 복수의 사람이라는 것만으로는   23
충분하지 않고, 사회적이라고 할 수 있는 정도[27] 또는 피해자의 명예가 훼손되
었다고 볼 수 있는 정도[28]의 다수의 사람임을 의미한다. 판례는 다수인이란 2-3
명 내지 6-7명으로는 부족하고,[29] 10여명 정도는 되어야 한다고 본다.[30] 다만, 다
수인일지라도 국무회의나 중역회의 등과 같이 참여자나 모임의 성격상 어느 정
도의 비밀이 유지될 수 있는 상황이라면 공연성이 인정된다고 볼 수 없다.[31]

불특정인 '또는' 다수인임을 요하므로, 불특정인인 경우에는 다수인이든 소   24
수인이든 상관없고, 다수인인 경우에는 불특정인이든 특정인이든 상관없다.[32]
따라서 진정서와 고소장을 특정한 사람들에게 개별적으로 우송하였다 하더라
도, 그 특정인이 다수인(각각 19명, 193명)이고 그 내용이 그 외의 다른 사람들에
게 전파될 가능성도 있으므로 공연성이 인정된다.[33]

---

25 대판 2011. 9. 8, 2010도7497.
26 배종대, 형법각론(13판), §48/3.
27 김성돈, 209; 손동권·김재윤, §14/7; 이재상·장영민·강동범, §12/13.
28 김일수·서보학, 158; 박상기·전지연, 522; 정영일, 88.
29 대판 1990. 7. 24, 90도1167(피고인이 3명이 있는 자리에서 또는 1명에게 전화로 허위사실을 유
포하였다 하여도, 그 사람들에 의하여 외부에 전파될 가능성이 있는 이상 범죄의 성립에는 영향
이 없다고 본 사례); 대판 1994. 9. 30, 94도1880(피고인이 비록 2명 또는 3명이 있는 자리에서
허위사실을 유포하였으나, 그 장소가 거리 또는 식당 등 공공연한 장소일 뿐만 아니라, 그 이야
기를 들은 사람들과 피해자의 친분관계를 고려하여 볼 때 이러한 피고인의 이야기를 전파하지
않고 비밀로 지켜줄 사정이 전혀 엿보이지 않으며, 결과적으로 피해자에 대한 이와 같은 허위사
실이 동네 여러 사람들에게 유포되어 피해자가 이 사실을 듣고 피고인을 고소하기에 이르게 된
사정에 비추어 공연성이 인정된다고 본 사례).
30 대판 1990. 12. 26, 90도2473(피고인이 사단법인 A 회의 이사장으로서 이사회 또는 임시총회를
진행하다가 회원 10여명 또는 30여명이 있는 자리에서 허위사실을 말한 경우 공연성이 인정된
다고 본 사례).
31 정성근·박광민, 형법각론(전정2판), 216.
32 이재상·장영민·강동범, §12/13.
33 대판 1991. 6. 25, 91도347.

(나) 불특정 또는 다수인으로 인정된 사례

25   ① 피고인들이 출판물 15부를 그들이 소속된 교회의 교인 15인에게 배부한 이상 공연성의 요건은 충족된 것이고, 배부받은 사람 중 일부가 위 출판물 작성에 가담한 사람들이라고 하여도 결론은 동일하다.[34]

26   ② 피고인이 사단법인 A 회의 이사장으로서 이사회 또는 임시총회를 진행하다가 회원 10여 명 또는 30여 명이 있는 자리에서 허위사실을 말하였다면 공연성이 있다고 할 것이다.[35]

(다) 불특정 또는 다수인으로 인정되지 않은 사례

27   ① 피고인이 그의 집에서 피해자와 서로 다투다가 피해자에게 한 욕설을 피고인의 남편 외에 들은 사람이 없다면, 그 욕설을 불특정 또는 다수인이 인식할 수 있는 상태였다고 할 수는 없으므로 공연성을 인정하기 어렵다.[36]

28   ② 피고인이 집에서 그의 처로부터 전날 피고인이 외박한 사실에 대하여 추궁당하자, 이를 모면하기 위하여 처에게 피해자와 여관방에서 동침한 사실이 있다고 말한 사실만으로는 공연성이 있다고 할 수 없다.[37]

(2) 인식할 수 있는 상태

(가) 의의

29   공연성은 불특정 또는 다수인이 '인식할 수 있는 상태'를 의미한다. '인식할 수 있는 상태'의 의미에 대해서는, ① 명예훼손 행위자의 명예훼손적인 표현을 불특정 또는 다수인이 '직접적으로' 인식할 수 있는 상태여야 한다는 견해와, ② 단지 '간접적으로' 인식할 수 있는 상태이면 충분하다는 견해가 대립된다.

30   전자는 이른바 직접인식상태설로서, 판례의 전파가능성 이론을 비판하는 대부분의 학설이 취하고 있는 견해이다.[38] 이는 불특정 또는 다수인이 직접적으로 인식할 수 있는 상태여야 하므로, 명예훼손적 표현을 듣는 불특정 또는 다수인이 명예훼손행위 현장에 실재할 것을 요하는 견해라고 볼 수 있다.

---

34 대판 1984. 2. 28, 83도3124. 일본 판례도 같은 입장이다[大判 大正 5(1916). 5. 25. 刑錄 22·816].
35 대판 1990. 12. 26, 90도2473.
36 대판 1985. 11. 26, 85도2037.
37 대판 1984. 3. 27, 84도86.
38 김신규, 형법각론 강의, 235; 오영근, 형법각론(7판), 169; 원혜욱, 형법각론, 131; 이재상·장영민·강동범, § 12/15; 이정원·류석준, 형법각론, 199; 이형국·김혜경, 형법각론(2판), 241; 임웅, 242.

후자는 판례의 일관된 입장인 전파가능성 이론에 따른 해석으로서, 이 경우 31
명예훼손적 표현을 듣는 불특정 또는 다수인이 명예훼손행위 현장에 실재할 필
요는 없고, 행위 당시의 객관적인 상황에 비추어 이들이 장차 그 내용을 듣거나
알 가능성만 있으면 충분하다고 보는 견해이다.[39]

이와 같은 대표적인 두 견해와는 다소 달리, ③ 특정이든 불특정이든 적어 32
도 다수인이 직접 인식할 수 있는 상태여야 한다는 견해[40]도 주장되고 있다.

(나) 판례의 전파가능성 이론

(a) 의의

전파가능성 이론 또는 전파성 이론은 '불특정 또는 다수인이 인식할 수 있 33
는 상태'라는 공연성의 의미와 관련하여, 명예훼손행위 당시 그 자리에서 명예
훼손의 표현을 들은 사람이 1명 또는 소수에 불과한 경우라 하더라도 그가 이
를 불특정 또는 다수인에게 전파할 가능성이 있다면 공연성이 인정된다고 보는
이론을 말한다.[41]

전파가능성 이론은 일본 대심원이 제국헌법 시절인 1919년 4월 18일 "공연 34
히는 반드시 사실을 적시한 장소에 있던 인원이 다중일 것을 요하는 것이 아니
고, 관계없는 두세 사람에 대하여 사실을 고지한 경우라 하더라도 다른 다수인
에게 전파될 사정이 있으면 이를 공연히라고 칭하는 데 방해가 되지 않는다."라
고 판시한 이래, 현재의 일본 최고재판소가 채택[42]하고 있는 이론이다.[43] 우리
대법원도 대판 1968. 12. 24, 68도1569[44]에서 최초로 전파가능성에 따라 공연성

---

39 김성천·김형준, 형법각론(6판), 248; 박상기, 형법각론(8판), 176; 박찬걸, 형법각론(2판), 262.
　　일본 판례도 같은 입장이다[大判 大正 6(1917). 7. 3. 刑錄 23·782; 東京高判 昭和 28(1953). 6.
　　29. 特報 36·134].
40 안경옥(주 18), 99.
41 이재상·장영민·강동범, §12/14; 주석형법 〔각칙(4)〕(5판), 454(심담).
42 大判 大正 8(1919). 4. 18. 法律新聞 1556·25; 最判 昭和 34(1959). 5. 7. 刑集 13·5·641.
43 주석형법 〔각칙(4)〕(5판), 454(심담); 오영근, "명예훼손죄의 공연성", 형사판례연구 〔1〕, 한국형
　　사판례연구회, 박영사(1993), 143; 윤해성(주 19), 427; 이인호·이구현, "명예훼손죄의 공연성 구
　　성요건에 관한 비판적 고찰", 언론과 법 12-2, 한국언론법학회(2013), 80.
44 이는 피고인이 같은 동리에 거주하는 A에게 'B가 C와 약혼하기 전에 나와 가까운 사이였다'라고
　　말한 데 이어 D에게도 '내가 B와 동침한 사실이 있다'라고 말한 사안으로, 대법원은 "비밀이 잘
　　보장되어 외부에 전파될 염려가 없는 경우가 아니면 비록 개별적으로 한 사람에 대하여 사실을
　　유포하였더라도 본건과 같이 연속하여 수인에게 사실을 유포하여 그 유포한 사실이 외부에 전파
　　될 가능성이 있는 이상 공연성이 있다."라고 판시하였다.

여부를 판단한 이후 현재까지 공연성 여부의 해석과 관련하여 일관되게 판시하
여 공연성에 관한 확립된 판례로 정착하였고, 최근에 전원합의체 판결[45]로 이를

─────────

45 대판 2020. 11. 19, 2020도5813(전). 「공연성에 관한 전파가능성 법리는 대법원이 오랜 시간에
   걸쳐 발전시켜 온 것으로서 현재에도 여전히 법리적으로나 현실적인 측면에 비추어 타당하므로
   유지되어야 한다. 대법원 판례와 재판 실무는 전파가능성 법리를 제한 없이 적용할 경우 공연성
   요건이 무의미하게 되고 처벌이 확대되게 되어 표현의 자유가 위축될 우려가 있다는 점을 고려
   하여, 전파가능성의 구체적·객관적인 적용 기준을 세우고, 피고인의 범의를 엄격히 보거나 적시
   의 상대방과 피고인 또는 피해자의 관계에 따라 전파가능성을 부정하는 등 판단 기준을 사례별
   로 유형화하면서 전파가능성에 대한 인식이 필요함을 전제로 전파가능성 법리를 적용함으로써
   공연성을 엄격하게 인정하여 왔다. 구체적으로 살펴보면 다음과 같다.
   (가) 공연성은 명예훼손죄의 구성요건으로서, 특정 소수에 대한 사실적시의 경우 공연성이 부정
   되는 유력한 사정이 될 수 있으므로, 전파될 가능성에 관하여는 검사의 엄격한 증명이 필요하
   다. 나아가 대법원은 '특정의 개인이나 소수인에게 개인적 또는 사적으로 정보를 전달하는 것과
   같은 행위는 공연하다고 할 수 없고, 다만 특정의 개인 또는 소수인이라고 하더라도 불특정 또
   는 다수인에게 전파 또는 유포될 개연성이 있는 경우라면 공연하다고 할 수 있다'고 판시하여
   전파될 가능성에 대한 증명의 정도로 단순히 '가능성'이 아닌 '개연성'을 요구하였다.
   (나) 공연성의 존부는 발언자와 상대방 또는 피해자 사이의 관계나 지위, 대화를 하게 된 경위와
   상황, 사실적시의 내용, 적시의 방법과 장소 등 행위 당시의 객관적 제반 사정에 관하여 심리한
   다음, 그로부터 상대방이 불특정 또는 다수인에게 전파할 가능성이 있는지 여부를 검토하여 종
   합적으로 판단하여야 한다. 발언 이후 실제 전파되었는지 여부는 전파가능성 유무를 판단하는
   고려요소가 될 수 있으나, 발언 후 실제 전파 여부라는 우연한 사정은 공연성 인정 여부를 판단
   함에 있어 소극적 사정으로만 고려되어야 한다. 따라서 전파가능성 법리에 따르더라도 위와 같
   은 객관적 기준에 따라 전파가능성을 판단할 수 있고, 행위자도 발언 당시 공연성 여부를 충분
   히 예견할 수 있으며, 상대방의 전파의사만으로 전파가능성을 판단하거나 실제 전파되었다는 결
   과를 가지고 책임을 묻는 것이 아니다.
   (다) 추상적 위험범으로서 명예훼손죄는 개인의 명예에 대한 사회적 평가를 진위에 관계없이 보
   호함을 목적으로 하고, 적시된 사실이 특정인의 사회적 평가를 침해할 가능성이 있을 정도로 구
   체성을 띠어야 하나, 위와 같이 침해할 위험이 발생한 것으로 족하고 침해의 결과를 요구하지
   않으므로, 다수의 사람에게 사실을 적시한 경우뿐만 아니라 소수의 사람에게 발언하였다고 하더
   라도 그로 인해 불특정 또는 다수인이 인식할 수 있는 상태를 초래한 경우에도 공연히 발언한
   것으로 해석할 수 있다.
   (라) 전파가능성 법리는 정보통신망 등 다양한 유형의 명예훼손 처벌규정에서의 공연성 개념에
   부합한다고 볼 수 있다. 인터넷, 스마트폰과 같은 모바일 기술 등의 발달과 보편화로 SNS, 이메
   일, 포털사이트 등 정보통신망을 통해 대부분의 의사표현이나 의사전달이 이루어지고 있고, 그
   에 따라 정보통신망을 이용한 명예훼손도 급격히 증가해 가고 있다. 이러한 정보통신망과 정보
   유통과정은 비대면성, 접근성, 익명성 및 연결성 등을 본질적 속성으로 하고 있어서, 정보의 무
   한 저장, 재생산 및 전달이 용이하여 정보통신망을 이용한 명예훼손은 '행위 상대방' 범위와 경
   계가 불분명해지고, 명예훼손 내용을 소수에게만 보냈음에도 행위 자체로 불특정 또는 다수인이
   인식할 수 있는 상태를 형성하는 경우가 다수 발생하게 된다. 특히 정보통신망에 의한 명예훼손
   의 경우 행위자가 적시한 정보에 대한 통제가능성을 쉽게 상실하게 되고, 빠른 전파성으로 인하
   여 피해자의 명예훼손의 침해 정도와 범위가 광범위하게 되어 표현에 대한 반론과 토론을 통한
   자정작용이 사실상 무의미한 경우도 적지 아니하다. 따라서 정보통신망을 이용한 명예훼손 행위
   에 대하여, 상대방이 직접 인식하여야 한다거나, 특정된 소수의 상대방으로는 공연성을 충족하

유지하였다.[46]

판례에 따르면, 비록 개별적으로 한 사람에 대하여 사실을 유포하였다 하더라도 그로부터 불특정 또는 다수인에게 전파될 가능성이 있다면 공연성의 요건을 충족한다.[47] 따라서 피고인이 A, B, C에게 자신이 경찰관으로부터 고문을 받았다는 사실을 각각 말한 경우, 비록 개별적으로 한 사람씩에 대하여 순차 유포한 것이라 하더라도 그들 각각으로부터 불특정 또는 다수인에게 충분히 전파될 가능성이 있던 경우이므로 공연성이 인정된다고 본다.[48]   35

판례가 전파가능성을 인정한 사례를 들어보면 다음과 같다.   36

① 비록 피고인이 세 사람이 있는 자리에서 또는 한 사람에게 전화로 허위사실을 유포하였다 하여도, 그 사람들에 의하여 외부에 전파될 가능성이 있는 이상 범죄의 성립에는 영향이 없다.[49]   37

② 피고인이 A의 집 앞에서 B 및 피해자의 시어머니가 있는 자리에서 피해   38

지 못한다는 법리를 내세운다면 해결 기준으로 기능하기 어렵게 된다. 오히려 특정 소수에게 전달한 경우에도 그로부터 불특정 또는 다수인에 대한 전파가능성 여부를 가려 개인의 사회적 평가가 침해될 일반적 위험성이 발생하였는지를 검토하는 것이 실질적인 공연성 판단에 부합되고, 공연성의 범위를 제한하는 구체적인 기준이 될 수 있다. 이러한 공연성의 의미는 형법과 정보통신망법 등의 특별법에서 동일하게 적용되어야 한다.

(마) 독일 형법 제193조와 같은 입법례나 유엔인권위원회의 권고 및 표현의 자유와의 조화를 고려하면, 진실한 사실의 적시의 경우에는 형법 제310조의 '공공의 이익'도 보다 더 넓게 인정되어야 한다. 특히 공공의 이익관련성 개념이 시대에 따라 변화하고 공공의 관심사 역시 상황에 따라 쉴 새 없이 바뀌고 있다는 점을 고려하면, 공적인 인물, 제도 및 정책 등에 관한 것만을 공공의 이익관련성으로 한정할 것은 아니다. 따라서 사실적시의 내용이 사회 일반의 일부 이익에만 관련된 사항이라도 다른 일반인과의 공동생활에 관계된 사항이라면 공익성을 지닌다고 할 것이고, 이에 나아가 개인에 관한 사항이더라도 그것이 공공의 이익과 관련되어 있고 사회적인 관심을 획득한 경우라면 직접적으로 국가·사회 일반의 이익이나 특정한 사회집단에 관한 것이 아니라는 이유만으로 형법 제310조의 적용을 배제할 것은 아니다. 사인이라도 그가 관계하는 사회적 활동의 성질과 사회에 미칠 영향을 헤아려 공공의 이익에 관련되는지 판단하여야 한다.

46 이러한 다수의견에 대하여, 전파가능성 법리는 본죄의 가벌성 범위를 지나치게 확대하여 죄형법정주의에서 금지하는 유추해석에 해당하고, 수범자의 예견가능성을 침해하여 행위자에 대한 결과책임을 묻게 된다는 등의 이유로 전파가능성 법리를 적용하여 공연성을 긍정해 온 기존의 대법원 판례 전부 폐기되어야 한다는 반대의견이 있다. 위 2020도5813 전원합의체 판결의 평석은 윤지영, "명예훼손죄의 '공연성' 의미와 판단 기준", 형사판례연구 〔29〕, 한국형사판례연구회, 박영사(2021), 231-260.

47 대판 1985. 12. 10, 84도2380.

48 대판 1985. 12. 10, 84도2380. 일본 판례도 마찬가지이다〔大判 大正 8(1919). 4. 18. 法律新聞 1556·25〕.

49 대판 1990. 7. 24, 90도1167.

자의 명예를 훼손하는 말을 한 경우, 전파가능성이 인정된다.[50]

39   ③ 비록 피고인이 2명 또는 3명이 있는 자리에서 허위사실을 유포하였으나, 그 장소가 거리 또는 식당 등 공공연한 장소일 뿐만 아니라, 그 이야기를 들은 사람들과 피해자의 친분관계를 고려할 때 이러한 피고인의 이야기를 전파하지 않고 비밀로 지켜줄 사정이 전혀 엿보이지 않으며, 결과적으로 피해자에 대한 이와 같은 허위사실이 동네 여러 사람들에게 유포되어 피해자가 이 사실을 듣고 피고인을 고소하기에 이른 사정을 참작하여 볼 때, 공연성이 인정된다.[51]

40   ④ 피해자들이 전과가 많다는 말을 들은 사람들이 피해자들과는 일면식이 없다거나 이미 피해자들의 전과사실을 알고 있었다고 하더라도, 공연성, 즉 발언이 전파될 가능성이 있다.[52]

41   다만, 특정 종교단체 신도인 피고인이 자신과 같은 종교단체의 신도인 피해자에게 귀엣말로 피해자가 A와 부적절한 성적 관계를 맺었다는 이야기를 하였고 이를 피해자로부터 전해들은 A의 고소로 기소된 사안의 경우, 어느 사람에게 귀엣말 등 그 사람만 들을 수 있는 방법으로 그 사람 본인의 사회적 가치 내지 평가를 떨어뜨릴 만한 사실을 이야기하였다면, 그와 같은 이야기가 불특정 또는 다수인에게 전파될 가능성이 있다고 볼 수 없어 명예훼손의 구성요건인 공연성을 충족하지 못하는 것이며, 그 사람이 들은 말을 스스로 다른 사람들에게 전파하였더라도 그와 같은 결론에는 영향이 없다.[53]

(b) 전파가능성의 인정범위 제한 법리

42   판례는 명예훼손 행위자로부터 이 발언을 들은 사람을 기준으로 하여 이 발언 상대방이 발언자 또는 피해자와 일정한 친분관계 또는 특수한 신분을 갖고 있는 경우에는, 전파가능성의 인정범위를 제한하는 법리를 취하고 있다.

43   즉 판례는, "공연성은 명예훼손죄의 구성요건으로서, 특정 소수에 대한 사실적시의 경우 공연성이 부정되는 유력한 사정이 있다고 볼 수 있으므로, 전파가능성에 관해서는 검사의 엄격한 증명이 필요하다. 발언 상대방이 발언자나 피

---

50 대판 1983. 10. 11, 83도2222.
51 대판 1994. 9. 30, 94도1880.
52 대판 1993. 3. 23, 92도455.
53 대판 2005. 12. 9, 2004도2880.

해자의 배우자, 친척, 친구 등 사적으로 친밀한 관계에 있는 경우 또는 직무상 비밀유지의무 또는 이를 처리해야 할 공무원이나 이와 유사한 지위에 있는 경우에는 그러한 관계나 신분으로 비밀의 보장이 상당히 높은 정도로 기대되는 경우로서 공연성이 부정된다. 위와 같이 발언자와 상대방, 그리고 피해자와 상대방이 특수한 관계에 있는 경우 또는 상대방이 직무상 특수한 지위나 신분을 가지고 있는 경우에 공연성을 인정하려면 그러한 관계나 신분에도 불구하고 불특정 또는 다수인에게 전파될 수 있다고 볼 만한 특별한 사정이 존재하여야 한다."고 한다.[54]

1) 발언 상대방이 발언자와 특별한 친분관계가 있는 사례

① 피고인이 평소 친한 사이인 초등학교 동창 A에게 피해자에 대한 험담을 한 사안에서, 판례는 피고인과 A 사이의 친밀관계를 고려할 때 둘 사이의 비밀보장이 상당히 높은 정도로 기대되므로 전파가능성을 인정하기 어렵다고 보았다.[55]   **44**

② 피고인이 서로의 가족들과 함께 여행을 가기도 하고 서로 '너'라는 호칭을 쓰며 말을 놓을 정도로 사적인 친분이 있는 직장 동기에게 피해자에 관한 소문을 언급한 사안에서도, 이들 사이의 친분관계에 비추어 피고인의 발언이 다른 사람들에게 전파될 가능성이 인정되지 않는다고 판단하였다.[56]   **45**

③ 피고인이 평소 피해자의 소개로 친하게 지내던 A와 B에게 피해자의 명예를 훼손하는 취지의 말을 하였고, A와 B는 피고인으로부터 그와 같은 말을 듣고도 10개월여가 지날 때까지는 그 사실을 피해자에게 알리거나 제3자에게 전파하지 않고 있던 중, 피고인과 A 사이의 분쟁으로 인해 이들의 관계가 악화되자 A가 피해자에게 그와 같은 사실을 알림으로써 비로소 피고인의 행위가 문제화된 사안이라면, 피고인이 적시한 사실이 불특정 또는 다수인에게 전파될 가능성이 있었다고 보기는 어렵다.[57]   **46**

---

54 대판 2020. 11. 19, 2020도5813(전); 대판 2021. 4. 29, 2021도1677; 대판 2021. 10. 14, 2020도 11004; 대판 2022. 7. 28, 2020도8336.
55 대판 2020. 12. 30, 2015도12933. 이와 달리 원심은 전파가능성이 인정된다고 판단하였다(청주지판 2015. 7. 29, 2015노131).
56 대판 2021. 4. 29, 2021도1677.
57 대판 2006. 9. 22, 2006도4407.

2) 발언 상대방이 피해자와 특별한 친분관계가 있는 사례

47　　① 피고인이 피해자의 남편과 단둘이 있는 장소에서 피해자의 비리를 지적하는 말을 한 경우, 이는 부부 사이인 피해자의 남편과 피해자 사이의 특별한 관계에 비추어 볼 때 피해자의 남편이 피고인으로부터 들은 피해자의 비리를 다른 불특정 또는 다수인에게 전파할 가능성이 없으므로, 특별한 사정이 없는 한 공연하다고 볼 수 없다.[58]

48　　② 남편과 이혼소송 계속 중인 처가 남편의 친구에게 남편의 명예를 훼손하는 내용의 편지를 보낸 경우, 그 친구가 그 편지를 남편에게 전달하였을 뿐 그 내용을 불특정 또는 다수인에게 전파하지 않았고, 그 친구와 남편의 관계에 비추어 볼 때 처가 적시한 사실이 불특정 또는 다수인에게 전파될 가능성이 없으므로 공연성이 인정되지 않는다.[59]

49　　③ 피고인이 전 여자친구인 피해자와 10-20년 동안 알고 지낸 A와 B에게 피해자의 명예를 훼손하는 내용의 문자메시지를 각각 보낸 사안에서, A와 B의 피해자와의 관계에 비추어 볼 때 전파가능성을 인정할 수 없다.[60]

50　　이와는 달리 전파가능성이 인정되는 경우도 있다.

51　　① 명예훼손 행위자의 발언을 들은 사람과 피해자 사이에 부부관계 등과 같은 특별한 신분관계가 없다면 전파가능성이 인정될 수 있다. 예를 들어, 명예훼손 범행 당시 피고인의 말을 들은 사람은 한 사람씩에 불과하였으나 그들은 피고인과 특별한 친분관계가 있지 않으며, 그 범행의 내용도 지방의회 의원선거를 앞둔 시점에 현역 시의회 의원이면서 다시 그 후보자가 되고자 하는 사람을 비방한 것이어서 피고인이 적시한 사실이 전파될 가능성이 많을 뿐만 아니라, 결과적으로 그 사실이 피해자에게 전파되어 피해자가 고소를 제기하기에 이른 것이라면 전파가능성이 인정된다고 볼 수 있다.[61]

52　　② 피고인이 피해자의 집 뒷길에서 피고인의 남편 A와 피해자와 친척관계

---

58 대판 1989. 7. 11, 89도886. 이와 달리 원심은 전파가능성이 인정된다고 판단하였다(전주지판 1989. 4. 19, 89노34).
59 대판 2000. 2. 11, 99도4579. 이와 달리 원심은 전파가능성이 인정된다고 판단하였다(서울지판 1999. 10. 6, 99노7560).
60 대판 2020. 12. 30, 2018도11720.
61 대판 1996. 7. 12, 96도1007.

에 있는 B가 듣는 가운데 피해자에게 "저것이 징역 살다 온 전과자다." 등으로 큰 소리로 말한 경우, B가 피해자와 같은 집성촌에 살기는 하지만 전과자라는 말은 처음 듣는 등 가까운 사이가 아닌 점에 비추어 위 발언은 피해자의 공개하기 꺼려지는 개인사에 관한 것으로 주변에 회자될 가능성이 큰 내용이라는 점을 고려할 때, B가 피해자와 친척관계에 있다는 이유만으로 전파가능성이 부정된다고 볼 수 없다.[62]

③ 명예훼손 행위자의 명예훼손 발언을 들은 사람과 피해자가 같은 교회의 교인이라는 정도의 관계만으로는 전파가능성을 부정하기에 부족하다. 따라서 행정서사인 피고인이 자신의 사무실에서 자신의 사무원과 사무원의 처가 듣는 가운데 피해자에 대한 명예훼손적 사실을 적시한 경우, 그 사무원과 그의 처가 모두 피해자와 같은 교회에 다니는 교인들일 뿐 피해자에 관한 소문을 비밀로 지켜줄 만한 특별한 신분관계는 없으므로, 피고인이 그들에게 적시한 사실은 그들을 통하여 불특정 또는 다수인에게 전파될 가능성이 있다.[63]   53

④ 같은 동네 주민 또는 같은 정당의 당원이라는 정도의 관계도 전파가능성이 있다고 보아야 하는 관계이다. 피고인이 자신과 관련된 선거사범의 제보자가 피해자라는 사실을 두 사람에게 각각 적시하였는데, 이들은 피해자와 같은 동네에 거주하거나 피해자와 같은 정당의 당원인 관계에 불과하다면, 비록 피고인이 이 두 사람에게 개별적으로 위 사실을 알렸다고 하더라도 이는 불특정 또는 다수인에게 전파될 가능성이 있다.[64]   54

⑤ 도급인인 피고인이 수급인인 피해자로부터 공사대금 일부 미지급에 대하여 항의를 받자 피해자의 소개로 공사현장에서 일한 A에게 '지급할 노임 일부를 피해자가 수령한 후 유용하였다'는 문자메시지를 보낸 경우, 피고인과 A 및 피해자 사이의 관계, 피고인이 위 문자메시지를 보내게 된 경위, 위 문자메시지의 내용 등에 의할 때 전파가능성을 섣불리 부정할 수 없다.[65]   55

---

62 대판 2020. 11. 19, 2020도5813(전).
63 대판 1985. 4. 23, 85도431.
64 대판 2006. 5. 25, 2005도2049.
65 대판 2021. 4. 8, 2020도18437.

〔한 제 희〕

3) 발언 상대방이 직무상 비밀유지의무 또는 이를 처리해야 할 공무원이나 이
와 유사한 지위에 있는 경우

56   이는 그러한 관계나 신분으로 인하여 비밀의 보장이 상당히 높은 정도로
기대되는 경우여서 공연성이 부정되고, 공연성을 인정하기 위해서는 그러한 관
계나 신분에도 불구하고 불특정 또는 다수인에게 전파될 수 있다고 볼 만한 특
별한 사정이 존재하여야 한다.

57   예를 들어, 골프장 캐디인 피고인들이 캐디 자율규정을 위반한 동료 캐디인
피해자를 자체 징계한 후 피해자를 징계하였으니 골프장 출입을 금지시켜 달라
는 내용의 요청서를 골프장 운영사 비서실에 제출하여 피해자의 명예를 훼손하
였다는 사안의 경우, 피고인들이 적시한 사실이 비서실 담당자를 통하여 불특정
또는 다수인에게 전파될 가능성이 있다고 볼 수 없어 공연성이 부정된다.[66]

4) 그 밖에 판례가 전파가능성을 부정한 사례[67]

58   ① 중학교 교사에 대하여 '전과범으로서 교사직을 팔아가며 이웃을 해치고
고발을 일삼는 악덕 교사'라는 취지의 진정서를 그가 근무하는 학교법인 이사장
에게 제출한 경우, 진정서의 내용 및 그 수취인인 학교법인 이사장과 위 교사의
관계 등에 비추어 볼 때 이사장이 진정서 내용을 타에 전파할 가능성이 있다고
보기 어려우므로 공연성이 없다.[68]

59   ② 피고인이 피해자 A의 친척 한 사람에게 A와 피해자 B가 불륜관계에 있
다는 말을 한 경우, 위 친척은 피고인으로부터 그와 같은 말을 들은 즉시 A를 찾
아가 이를 힐책하고 이러한 힐책을 받은 A가 다시 이를 B에게 알린 것이라면,
그 친척과 A 사이의 신분관계로 보아 피고인이 한 말이 전파될 가능성이 없다.[69]

---

66 대판 2020. 12. 30, 2015도15619.
67 일본 판례가 전파가능성을 부정한 사례로는, ① 8명이 참석한 임원회에서 참석자에게 비밀유지책
  임이 있었던 경우[大判 昭和 12(1937). 11. 19. 刑集 16·1513], ② 검사실에서 담당 검사 및 검
  찰사무관의 면전에서 피고소인이 고소인에게 명예훼손적인 발언을 한 경우[最決 昭和 34(1959).
  2. 19. 刑集 13·2·186], ③ 피해자 외 동인의 모와 처 및 가정부가 한자리에 있었던 피해자의
  자택 현관 안에서 모욕적인 발언을 한 경우[最決 昭和 34(1959). 12. 25. 刑集 13·13·3360],
  ④ 교사의 비행에 관한 편지를 3명에게 발송하였으나 한정된 사람 이외에는 전파될 가능성이
  없었던 경우[東京高判 昭和 58(1983). 4. 27. 高刑集 36·1·27] 등이 있다.
68 대판 1983. 10. 25, 83도2190.
69 대판 1981. 10. 27, 81도1023. 이와 달리 원심은 전파가능성이 인정된다고 판단하였다(대전지판
  1981. 2. 10, 80노1233).

〔한 제 희〕

③ 피고인이 자신의 아들 등으로부터 폭행당하여 입원한 피해자의 병실로 **60** 찾아가 그의 어머니 A와 대화하던 중 A의 이웃인 B 및 같은 가해학생의 부모이 자 피고인의 일행인 C가 있는 자리에서 피해자에 관한 허위의 사실을 말한 경 우, 이는 불특정 또는 다수인이 인식할 수 있는 상태라고 할 수 없고, 또 그 자 리에 있던 사람들의 관계 등 여러 사정에 비추어 피고인의 발언이 불특정 또는 다수인에게 전파될 가능성이 있다고 보기도 어려우므로 공연성이 없다.[70]

④ 피고인이 다방에서 A와 단둘이 대화하면서 피해자의 명예를 훼손하는 **61** 발언을 한 경우, 그 다방 안에는 몇 사람의 손님이 피고인과 자리를 멀리하여 떨어져 있었으며, A와 피해자는 사업관계로 친한 사이이고, A는 피고인에게 왜 그러한 말을 하느냐고 힐책까지 하였으며, 실제로 A가 위 사실을 전파한 사실 도 없었던 사안이라면, 피고인의 발언이 전파될 가능성이 있다고 볼 수 없다.[71]

⑤ 조합의 긴급이사회에서 불신임을 받아 피해자가 조합장직을 사임한 후 **62** 새로 조합장으로 취임한 피고인이 조합의 원만한 운영을 위하여 피해자의 측근 이자 피해자의 불신임을 적극 반대하였던 A에게 조합 운영에 대한 협조를 구하 고자 A와 단둘이 있는 자리에서 이사회가 피해자를 불신임하게 된 사유를 설명 하는 과정에서 피해자의 여자관계에 대한 소문이 돌고 있다는 취지의 말을 한 것이라면, 이는 전파될 가능성이 있다고 할 수 없다.[72]

⑥ 피고인이 근무하는 교육청 소속 남녀장학사들인 피해자와 A 사이에 불 **63** 미스러운 소문이 돈다는 사실을 자신은 물론 A와도 친분이 있는 B에게 말하였 는데, B가 다시 C에게 피고인으로부터 들은 소문의 내용을 전달한 경우, 피고인 이 발언한 경위와 동기, 피고인 및 A와 B의 관계와 교육청 내 지위 등을 고려 할 때, 피고인의 사실적시에 공연성이 있었다고 인정하기 어려울 뿐만 아니라, 명예훼손의 고의, 전파가능성에 대한 인식과 그 위험을 용인하는 내심의 의사가 있었다고 보기 어렵다.[73]

---

70 대판 2011. 9. 8, 2010도7497. 이와 달리 원심은 피고인의 말을 들은 사람은 특정 소수인이나 피고인의 말이 불특정 다수인에게 전파될 가능성이 있어 공연성이 인정된다고 판단하였다(대전 지판 2010. 5. 27, 2010노354).
71 대판 1984. 2. 28, 83도891.
72 대판 1990. 4. 27, 89도1467.
73 대판 2021. 4. 29, 2021도1677.

64   ⑦ 피고인이 관련 민사소송에서 피해자의 주장에 부합하는 확인서를 작성해 준 A를을 찾아가 방문 경위를 설명하고 A로부터 기존 확인서와 상반되는 취지의 사실확인서를 다시금 교부받는 과정에서 A에게 "피해자가 상해사고 사례가 많은 사람이다 보니 B 시 정형외과에서 받아주는 병원이 없을 정도다. 늑골 골절의 부상과정을 확인해 간 확인서를 악용해 어떤 짓을 할지 모르며, 자동차 교통사고로 위장하여 손해보험사에 치료비와 보험금을 청구하는 범죄를 막으려 한다."라고 말한 경우, 실제 위 발언을 들은 상대방은 A가 유일하고, 위 발언이 달리 전파된 바 없으므로 공연성이 없다.[74]

(c) 특수한 사례에서의 전파가능성 이론

① 인터넷 블로그, SNS, 모바일 메신저 단체대화방 등에서의 비공개 대화

65   최근 들어 명예훼손 여부가 자주 문제되는 사례로는, 인터넷 블로그, SNS, 모바일 메신저 단체대화방 등에서 벌어지는 1:1 또는 소수의 사람들 사이의 비공개 대화의 경우를 들 수 있다. 이러한 사례에서도 판례는 전파가능성 이론에 의해 공연성 여부를 판단하고 있다.

66   따라서 인터넷 개인 블로그의 비공개 대화방에서 대화 상대방으로부터 비밀을 지키겠다는 말을 듣고 1:1로 대화하였다고 하더라도, 그 사정만으로 대화 상대방이 대화 내용을 불특정 또는 다수에게 전파할 가능성이 있으므로, 공연성을 인정할 여지가 있다.[75]

67   오피스텔 관리인 후보로 출마한 피해자에 대한 비위사실을 같은 관리인 후보로 출마한 후보자의 지지자에게 카카오톡 메시지로 발송한 사안,[76] 페이스북 등에서 활발히 활동하며 다수의 팔로워가 있는 사람에게 페이스북 메신저를 통해 피해자에 대한 허위사실을 전송한 사안[77]에서도, 비록 피고인이 한 사람에게

---

74 대판 2021. 10. 14, 2020도11004.
75 대판 2008. 2. 14, 2007도8155. 이와 달리 원심은 피고인이 상대방과 나눈 대화는 피고인의 인터넷 블로그에서 이루어진 1:1 비밀대화이므로 공연성이 인정되지 않는다고 판단하였다(의정부지판 2007. 8. 30, 2007노579).
    본 판결 평석은 한제희, "모바일 단체대화방에서의 대화와 공연성", 형사판례연구 〔25〕, 한국형사판례연구회, 박영사(2017), 257-283.
76 서울서부지판 2019. 5. 2, 2018노1635(대판 2019. 7. 5, 2019도6916으로 확정). 이와 달리 한 사람에게 카카오톡 메시지를 발송하였으나 전파가능성이 부정된 사례로는, 대판 2018. 3. 29, 2017도20409.
77 수원지판 2018. 12. 19, 2018노199(대판 2019. 2. 22, 2019도790으로 확정).

만 전달한 발언임에도 불특정 또는 다수에게 전파할 가능성이 있다는 이유로 공연성이 인정되었다.

② 언론사 기자에 대한 제보

판례는 전파가능성 유무를 판단할 때, 명예훼손 행위자가 일반인에게 사실을 적시한 경우와 언론사 기자에게 적시한 경우를 각기 다른 기준으로 보고 있다. 　68

즉 판례에 따르면, "통상 기자가 아닌 보통 사람에게 사실을 적시할 경우에 는 그 자체로서 적시된 사실이 외부에 공표되는 것이므로 그때부터 곧 전파가 능성을 따져 공연성 여부를 판단하여야 할 것이지만, 그와는 달리 기자를 통해 사실을 적시하는 경우에는 기사화되어 보도되어야만 적시된 사실이 외부에 공 표된다고 보아야 할 것이므로, 기자가 취재를 한 상태에서 아직 기사화하여 보 도하지 아니한 경우에는 전파가능성이 없다고 할 것이어서 공연성이 없다고 봄 이 상당하다."[78] 따라서 피고인이 언론사 기자와의 전화 인터뷰를 통해 피해자 에 관한 명예훼손적인 사실을 말하였으나 그 기자가 이러한 피고인의 진술을 기사화하여 보도하지는 않았다면, 이는 전파가능성이 인정되지 않아 공연성이 없다고 본다.[79] 　69

이와 같은 판례의 논리에 따르면, 기자가 명예훼손 행위자로부터 들은 말을 그대로 보도한 경우에는 전파가능성이 인정될 가능성이 있다. 따라서 A 대학교 의 사무처장인 피고인이 인터넷신문 기자에게 총장의 성추행 사건 등으로 복잡 한 학교 측 입장을 이야기하면서 총장을 성추행 혐의로 고소한 A 대학교 소속 교수인 피해자들에 대하여 "피해자들이 이상한 남녀관계인데, 치정 행각을 가리 기 위해 개명을 하였고, 나아가 이를 확인해 보면 알 것이다."라는 취지의 말을 하고 그 기자가 이를 보도한 사안에서 판례는, 피고인이 당시 위 기자가 이에 관한 기사를 작성하도록 의도하였거나 이를 용인하는 내심의 의사가 있었다고 보는 것이 타당하고, 실제로 위 기자는 피해자 등에 대한 사실확인을 거쳐 피고 인의 발언이 기재된 기사를 작성·게재하였으므로 전파가능성이 인정되며, 설령 피고인이 당시 위 기자에게 보도하지 말아 달라는 취지의 말을 하였다고 하더 라도 그러한 사정만으로 위 기자가 피고인의 발언을 기사화하여 불특정 또는 　70

---

78 대판 2000. 5. 16, 99도5622.
79 대판 2000. 5. 16, 99도5622.

다수인에게 전파할 가능성이 없다고 할 수는 없다고 보았다.[80]

71   이와 같이 일반인을 상대로 사실을 적시한 경우와 기자를 상대로 한 경우 사이에 전파가능성의 판단기준을 달리하는 판례의 논리에 대해서는, 비록 보도되지 않았더라도 취재 및 보도가 임무인 기자에게 명예훼손적 사실을 적시한 것만으로도 전파가능성은 인정되는 것이고, 특히 일반인에 대한 경우에는 전파가능성을 기준으로 판단하는 데 반해 전파가능성이 높은 기자에 대해서는 현실적인 전파 여부를 기준으로 삼는 것은 균형이 맞지 않는다는 이유로 비판하는 견해[81]가 있다.

(다) 전파가능성 이론을 지지하는 견해

72   판례는 이와 같이 전파가능성 이론에 따라 공연성 유무를 판단하는 입장을 확고히 유지하고 있다. 최근에도 대법원은 전원합의체 판결에서, "공연성에 관한 전파가능성 법리는 대법원이 오랜 시간에 걸쳐 발전시켜 온 것으로서 현재에도 여전히 법리적으로나 현실적인 측면에 비추어 타당하므로 유지되어야 한다"고 하면서, "대법원 판례와 재판 실무는 전파가능성 법리를 제한 없이 적용할 경우 공연성 요건이 무의미하게 되고 처벌이 확대되게 되어 표현의 자유가 위축될 우려가 있다는 점을 고려하여, 전파가능성의 구체적·객관적인 적용 기준을 세우고, 피고인의 범의를 엄격히 보거나 적시의 상대방과 피고인 또는 피해자의 관계에 따라 전파가능성을 부정하는 등 판단 기준을 사례별로 유형화하면서 전파가능성에 대한 인식이 필요함을 전제로 전파가능성 법리를 적용함으로써 공연성을 엄격하게 인정하여 왔다."고 판시하였다.[82]

73   학설 중에는 다음과 같이 판례를 지지하는 견해들도 있다.

74   즉, ① 형법은 궁극적으로는 사람의 사회적 가치 내지 평가를 저하시키는

---

80 대판 2017. 9. 7, 2016도15819. 이와 달리 원심은 피고인이 전파가능성을 인식하면서도 그 위험을 용인하는 내심의 의사를 가지고 이러한 행위를 하였다는 점이 증명되지 않아 전파가능성이 인정되지 않는다고 판단하였다(광주지판 2016. 9. 21, 2016노127). 한편, 일본 판례는 신문지에 명예훼손 기사를 게재한 경우에는 신문지의 배포에 의해 본죄의 기수에 달한다고 판시하여, 신문지의 배포 시점에서 전파가능성을 인정하고 있다[大判 大正 12(1923). 5. 24. 刑集 2·437].
81 박상기·전지연, 524.
82 대판 2020. 11. 19, 2020도5813(전). 이후 같은 취지의 판결로는, 대판 2020. 12. 10, 2019도12282; 대판 2020. 12. 30, 2015도12933; 대판 2021. 4. 8, 2020도18437; 대판 2021. 4. 29, 2021도1677 등.

결과를 염두에 두고 있으므로 명예훼손적 사실이 결국은 불특정 또는 다수인에게 전파될 가능성이 있다면 공연성 요건은 충족되었다고 보는 것이 타당하고, 공연성 여부는 법원이 판단하는 것이지 상대방의 전파의사에 따라 좌우되는 것이 아니므로 공연성의 범위가 지나치게 확대될 염려는 없다는 견해,[83] ② 불특정 또는 다수인에 의한 '직접'적인 인식가능성만을 고집하고 전파에 의한 '간접'적인 인식가능성을 부인하게 되면 타인의 명예 보호에 심각한 법적 흠결상태를 야기할 수 있다는 견해,[84] ③ 명예훼손죄나 모욕죄의 성립에 반드시 현장성, 즉 범죄현장에 불특정 또는 다수인이 실재하여 있어야 한다는 의미가 포함되어 있다고 볼 수 없고, ④ 외적 명예의 침해라는 결과가 불특정 또는 다수인이 그 범죄현장에서 문제의 표현을 직접 보고 들음으로써 이루어지는 것과 이들이 범죄현장에 있지는 않았으나 순차적으로 이를 전해들음으로써 이루어지는 것은 그 발언내용이 알려지는 과정이 다를 뿐이지 결과 면에서는 사실상 동일하다는 견해[85] 등이 그것이다.

또한 ⑤ 기본적으로 전파가능성 이론은 표현의 자유를 과도하게 제한하는 75
것이어서 타당하지 않다고 보면서도, 피해자 보호라는 형사정책적 목적은 고려되어도 무방하므로 여러 사람에게 사실을 적시한 경우 그것이 공연성의 개념에 들어가는 불특정 또는 다수에 해당할 것인가를 해석할 때 전파가능성을 중요한 판단기준으로 고려할 필요가 있다는 견해[86]도 주장되고 있다.

(라) 전파가능성 이론을 비판하는 견해

그러나 대부분의 학설은 판례와 전파가능성 이론에 대해 부정적인 입장을 76
취하고 있다.[87]

즉, ① 전파가능성 이론은 공연성을 법률구성요건으로 함으로써 가벌적 행 77
위의 범위를 축소시키고자 하는 형법의 근본취지를 무시하고 부당한 유추해석을 통해 표현의 자유를 지나치게 제한하게 된다거나,[88] ② '공연히'라는 명문규정의

---

83 박상기 · 전지연, 524.
84 김우진(주 20), 266.
85 한제희(주 75), 273.
86 손동권 · 김재윤, § 14/12.
87 김성돈, 210; 임웅, 235; 정웅석 · 최창호, 436.
88 김일수 · 서보학, 159; 정성근, 217.

의미에 반하여 처벌대상이 부당하게 확대될 수 있는 해석이라는 견해,[89] ③ 전파가능성의 판단기준이 매우 자의적이고 유추해석을 허용하게 되어 죄형법정주의 원칙에 반한다는 견해,[90] ④ 상대방인 특정인이 실제로 다른 사람들에게 전파하지 않은 경우에도 명예훼손죄의 기수를 인정하여야 하므로 불합리하다는 견해,[91] ⑤ 전파가능성 이론은 명예훼손죄의 보호법익에 대한 보호 정도와 그 행위의 태양을 혼동한 결과라는 견해,[92] ⑥ 전파가능성 이론에 의하면 거의 모든 사실 적시가 공연성이 인정될 수 있는 위험성을 안게 되고 적시된 사실이 결과 면에서 전파될 가능성이 있는가를 공연성의 기준으로 삼음으로써 수범자의 법치국가적 예견가능성을 벗어나게 된다는 견해,[93] ⑦ 특히 모욕죄의 경우 명예훼손죄와는 달리 전파될 '사실' 자체가 없으므로 전파가능성 이론을 논할 필요조차 없다는 견해[94] 등이 그것이다.

78   앞서 살펴본 2020도5813(전) 판결에서 3명의 대법관도 전파가능성 이론의 부당성을 지적하는 취지의 반대의견을 제시하였다.[95]

79   다만 판례가 전파가능성 여부를 주관적인 전달의사가 아니라 발언자와 상대방 사이의 '특별한 신분관계' 등을 기준으로 엄격하게 판단하고 있고, 다수설에 의하더라도 상대방이 불특정이면 그 수의 다소를 묻지 않기 때문에 사실상 양자의 입장에 큰 차이가 있는 것은 아니라고 보는 견해[96]도 있다.

---

89 김상호, "형법상 모욕과 비방", 저스티스 103, 한국법학원(2008), 58; 오영근(주 43), 144; 윤해성 (주 19), 426·436.

90 오영근, 형법각론(7판), 170; 오영근(주 43), 145.

91 정영일, 89; 홍영기, 형법(총론과 각론), §65/14.

92 이재상·장영민·강동범, §12/15.

93 배종대, §48/5.

94 오영근(주 43), 147; 윤해성(주 19), 427; 이성기, "경찰관에 대한 모욕죄의 성립과 처벌에 관한 형사법적 검토", 한양법학 25-4(2014), 429.

95 반대의견의 요지는 다음과 같다.
「다수의견은 명예훼손죄의 구성요건인 '공연성'에 관하여 전파가능성 법리를 유지하고자 한다. 그러나 명예훼손죄에서 말하는 공연성은 전파가능성을 포섭할 수 없는 개념이다. 형법 제307조 제1항, 제2항에 규정된 공연성은 불특정 또는 다수인이 직접 인식할 수 있는 상태를 가리키는 것이고, 특정 개인이나 소수에게 말하여 이로부터 불특정 또는 다수인에게 전파될 가능성이 있다고 하더라도 공연성 요건을 충족한다고 볼 수 없다. 다수의견은 범죄구성요건을 확장하여 적용함으로써 형법이 예정한 범주를 벗어나 형사처벌을 하는 것으로서 죄형법정주의와 형법해석의 원칙에 반하여 찬성할 수 없다. 전파가능성 법리를 이유로 공연성을 인정한 대법원판결들은 변경되어야 한다.」

96 김일수·서보학, 159.

2. 사실의 적시

본죄의 행위는 '사실을 적시'하는 것이다. 사실의 적시는 모욕죄의 영역인   80
의견 표현, 추상적 판단이나 경멸적 감정의 표시 등과 구별되어야 하기 때문에,
어떠한 표현이 '사실의 적시'인지는 매우 중요한 쟁점이다.[97]

어떤 명예훼손 사안을 판단할 때는 공연성이 인정되는지를 먼저 검토하는   81
데, 명예훼손죄와 모욕죄 모두 공연성을 요건으로 하므로 만약 공연성이 인정되
지 않는다면, 이 사건은 이 첫 단계에서 그대로 종결된다. 만약 공연성이 인정
된다면, 그 다음 단계로 사실의 적시에 해당하는지 여부를 판단하여 명예훼손죄
나 모욕죄 중 어느 죄로 의율할 것인지를 정한다. 만약 사실을 적시한 것으로
인정된다면, 이제는 그 적시된 사실이 구체적으로 어떠한 내용인지 정리한 후,
그것이 허위내용인지 아닌지를 판단하는 단계로 나아가게 된다.

(1) '사실'의 개념요소

'사실의 적시'란 일반적으로 '현실적으로 발생하고 증명할 수 있는 과거와   82
현재의 상태로서 사람의 사회적 가치 내지 평가를 저하시키는 데 충분한 사실
을 적시하는 것'을 의미한다. 판례도 같은 맥락에서 "명예훼손죄에서 '사실의 적
시'란 가치판단이나 평가를 내용으로 하는 '의견표현'에 대치되는 개념으로서 시
간과 공간적으로 구체적인 과거 또는 현재의 사실관계에 관한 보고 내지 진술
을 의미하며, 표현내용이 증거에 의해 증명이 가능한 것을 말한다."고 판시하고
있다.[98]

그렇다면 '사실의 적시'에서의 '사실'을 구성하는 개념요소로는, ① 의견 표   83
현이 아닌 것, ② 시간과 공간적으로 구체적인 것, ③ 과거 또는 현재의 사실관
계에 관한 것, ④ 증거에 의해 증명이 가능한 것, ⑤ 사람의 사회적 가치 내지
평가를 저하시키는 것 등을 들 수 있겠다.

다만 주의할 것은, '사실'의 의미를 확대해석하는 경우 자칫 의견을 표현할   84
자유를 위축시킬 위험이 있다는 점이다. 이는 사람이 자신의 의견을 말할 때
'사실'은 전혀 말하지 않은 채 막연히 추상적인 의견만을 말하는 경우는 현실적

---

97 大判 大正 15(1926). 7. 5. 刑集 5·303.
98 대판 1998. 3. 24, 97도2956; 대판 2011. 9. 2, 2010도17237.

으로 별로 없을 것이기 때문이다. 따라서 표현의 자유나 언론의 자유를 염두에 둔다면, '사실'의 개념은 가급적 제한적으로 해석할 필요가 있다.[99]

(가) 의견 표현이 아닌 것

85   사실 적시는 의견 표현과 구별하여야 한다. 여기서 '의견 표현'이란 어떠한 사실관계를 행위자의 입장에 따라 판단한 결과를 표현하는 것을 의미한다. 개개의 사건에서 '사실 적시'와 '의견 표현'을 구분하는 것은 매우 어려운 일이다. 특히, 사실 적시와 의견 표현 등이 혼합되어 있는 경우가 일반적이고 흔하기에 더욱 그러하다.

86   경우에 따라서는 일견 의견 표현처럼 보이는 것이라도 실제로는 사실 적시로 인정되기도 한다. 판례도 "타인에 대한 명예훼손은 사실을 적시하는 방법으로 행해질 수도 있고 의견을 표명하는 방법으로 행해질 수도 있는바, 어떤 의견의 표현이 그 전제로서 사실을 직접적으로 표현한 경우는 물론 간접적이고 우회적인 방법에 의하더라도 그 표현의 전취지에 비추어 어떤 사실의 존재를 암시하고 또 이로써 특정인의 사회적 가치 내지 평가를 침해할 가능성이 있으면 명예훼손으로 되는 것이다."라고 한다.[100]

87   반면, 사안에 따라서는 일견 사실을 적시한 것처럼 보이지만 실제로는 의견 표현에 해당하는 경우도 있다. 판례도 "다른 사람의 말이나 글을 비평하면서 사용한 표현이 겉으로 보기에 증거에 의해 입증 가능한 구체적인 사실관계를 서술하는 형태를 취하고 있다고 하더라도, 글의 집필의도, 논리적 흐름, 서술체계 및 전개방식, 해당 글과 비평의 대상이 된 말 또는 글의 전체적인 내용 등을 종합하여 볼 때, 평균적인 독자의 관점에서 문제된 부분이 실제로는 비평자의 주관적 의견에 해당하고, 다만 비평자가 자신의 의견을 강조하기 위한 수단으로 그와 같은 표현을 사용한 것이라고 이해된다면 명예훼손죄에서 말하는 사실의 적시에 해당한다고 볼 수 없다."고 한다.[101] 이는 말이나 글의 표현이 외견상 사실관계를 서술하는 형태를 갖고 있더라도, 전체적인 맥락이나 의도 등에 비추어

---

99 한제희, "명예훼손 사건에서 '사실'의 의미와 입증", 형사판례연구 〔27〕, 한국형사판례연구회, 박영사(2019), 271.
100 대판 2002. 1. 22, 2000다37524 등.
101 대판 2017. 5. 11, 2016도19255; 대판 2017. 12. 5, 2017도15628.

그 실질은 의견 표현에 해당하는 경우가 있으니 주의해야 한다는 것이다.[102]

결국, 판단할 진술이 사실인가 또는 의견인가를 구별함에 있어서는 언어의 88 통상적 의미와 용법, 입증가능성, 문제된 말이 사용된 문맥, 그 표현이 행하여진 사회적 상황 등 전체적 정황을 고려하여 판단하여야 한다.[103]

또한, 어떤 표현이 명예훼손적인지는 그 표현에 대한 사회통념에 따른 객관 89 적 평가에 따라 판단하여야 한다.[104] 즉, 적시된 사실이 허위인 경우는 물론 진실한 것이라 하더라도 피해자의 입장에서는 자신의 외적 명예가 훼손되었다고 느낄 수도 있는 내용인 경우, 이는 피해자 자신이 아니라 통상의 건전한 상식을 가진 '사회적 평균인'을 기준으로 그 당시의 사회통념과 상황 등을 고려하여 합리적이고 객관적으로 평가하여야 한다.

사실 적시와 의견 표현의 구별과 관련된 사례를 살펴보면 다음과 같다. 90

① 피고인이 피해자 A가 운영하는 B 성형외과에서 턱 부위 고주파시술을 91 받았다가 부작용이 발생하여 피해자를 찾아가 항의하였으나 피해자가 시술 전 부작용에 대하여 충분한 설명을 해 주었으니 자신은 아무런 잘못이 없다면서 별다른 조치를 취해주지 않은 데 불만을 품고, 인터넷 포털 사이트의 '지식검색 질문&답변' 게시판에 "아.. A씨 가슴전문이라..눈이랑 턱은 그렇게 망쳐놨구나...몰랐네..."라는 글을 게시한 사안(사실 적시)

위 글의 내용은 사용된 어휘의 통상적 의미, 기존 댓글과의 관계 등 게시물 92 의 전체적인 흐름, 문구의 연결방법 등을 기준으로 볼 때, '피고인이 피해자로부터 눈과 턱 부위의 수술을 받았으나 수술 후 결과가 좋지 못하다', '피고인이 피

---

102 이와 같은 법리를 제시하고 있는 위 2016도19255, 2017도15628 판결에 대해서는, 사실 적시 여부를 판단하기 위한 추가 고려요소인 '글의 집필의도, 논리적 흐름, 서술체계 및 전개방식, 해당 글과 비평의 대상이 된 말 또는 글의 전체적인 내용 등'은 법관으로 하여금 주관적이고 가치평가적인 판단을 하게 하는 것이고, 이로 인해 사회구성원들은 특정 표현이 본죄에 있어 사실의 적시에 해당하는지 여부를 쉽게 판단할 수 없게 되어 개별 사안에 관해 누구나 적용할 수 있는 명확하고 객관적인 판단기준을 제시하지 못한다는 이유로 비판적으로 보는 견해(공일규, "명예훼손죄에 있어 '사실의 적시' 해당 여부 판단에 관한 판례의 검토", 2018. 5. 21.자 법률신문)가 있다. 반면, 이 판결들이 사실 적시에 관한 법리를 적용하여 표현의 자유의 범위를 넓게 해석하고 법원 판결에 대한 자유로운 견해 개진과 비판, 토론도 폭넓게 허용하는 태도를 보여준 것이라며 긍정적인 평가를 하는 견해(양철한, "2017년 분야별 중요판례분석 19. 언론법", 2018. 7. 12.자 법률신문) 역시 주장되고 있다.
103 대판 1998. 3. 24, 97도2956; 대판 2011. 9. 2, 2010도17237; 대판 2022. 5. 13, 2020도15643.
104 대판 2008. 11. 27, 2008도6728; 대판 2022. 4. 28, 2021도1089.

해자 운영의 B 성형외과에서 눈 수술을 받았으나 지방제거를 잘못하여 모양이 이상해졌고, 다른 병원에서도 모두 이를 인정한다'라는 취지로서, 이는 단순한 의견 표명이 아니라 피해자의 명예를 훼손할 만한 구체적인 사실을 적시한 것이다.[105]

93   ② X 군 Y 면의 면장인 피고인이 X 군의회 의장인 피해자 A를 비방할 목적으로 '안하무인의 A 의장 축사 등 작태'라는 제목으로 "A 의장의 축사가 꼴불견이었다. 먼저 'X 군민의 대표이신 B 군수님이 여러분께 서 계신 것이 불편하실 테니 앉으시라는 선물을 주셨으니 나도 여러분들에게 선물을 드리겠습니다. 이 세상에서 제일 편한 자세인 누워서 들으십시오'라고 하였는데, 이러한 언행이 X 군의회의 대표인 의장의 축사인가? 정말 되고 말고 식의 A 의장의 작태다. 마을의 대표가 모두 모인 뜻 깊은 자리이기에 자중하고 겸손했어야 하는데 어찌 안하무인으로 마을의 대표들을 유치원 원생 다루는 식으로 할 수 있는가. 앞으로는 군민 앞에서 되고 말고 식의 껍데기 연설은 하지 말고 진정 깊이 있고 주민이 공감할 수 있는 연설문을 작성하여(공부하고) 연설할 것을 충고한다."라는 글을 인터넷 X 군청 홈페이지에 게시한 사안(의견 표현)

94   게시물 내용 중 피고인이 피해자의 연설내용을 적시한 부분은 객관적인 사실에 부합하는 것으로 그 내용이 그 자체로써 피해자의 사회적 가치 내지 평가가 침해될 가능성이 있을 정도로 구체성이 있는 것이라고 할 수 없고, 게시물 내용 중 피고인의 의견을 표명한 부분은 의견의 기초가 되는 사실을 함께 기술하면서 의견을 표명한 것으로서 간접적으로 증거에 의하여 그 진위를 결정하는 것이 가능한 타인에 관한 특정의 사항을 주장하는 경우에 해당하지 않는 순수한 의견 또는 논평이라고 할 것이므로 그 부분에 간접적이고 우회적인 표현에 의한 사실의 적시가 있었다고 볼 수도 없다.[106]

95   ③ 언론사 기자인 피고인이 일장기를 배경으로 시장인 피해자가 두 손을 앞으로 모아 힘껏 쥐고 있는 모습이 합성된 사진의 하단에 '친일매국'이라고 기입하고 사진 중앙 부분에는 'A(피해자) 역사관 확인수순', '향토사학자 해직' 등의 문구를 기재한 기사를 작성한 사안(의견 표현)

---

105 서울중앙지판 2008. 9. 11, 2008노1719.
106 대판 2003. 6. 24, 2003도1868.

위 기사는 시장인 피해자의 정책을 반대하는 향토사학자들의 입장에 전적   96
으로 찬동한다는 의견 내지 논평을 표명하면서, 위 합성사진의 영상과 '친일매
국'이라는 일종의 구호를 동원함으로써 시각적이고 압축적이며 상징적인 표현
수법으로 이러한 의견 내지 논평을 강조하는 구조를 취하고 있으므로, 그 문맥
및 구조에 비추어 위 합성사진의 영상이나 '친일매국'이라는 문구가 위 기사에
서 적시된 사실을 기초로 의견 내지 논평을 표명하는 것 외에 별도의 사실, 즉
피해자가 일장기 앞에서 실제로 충성을 맹세한 일이 있었다거나 피해자가 과거
에 친일매국 행위를 한 바 있다는 등의 사실 자체를 적시하거나 암시하는 것으
로 볼 여지는 없다.[107]

④ ○○(본관) △(성)씨 종중의 사무총장인 피고인이 '○○ △씨의 적통'이   97
라는 제목으로 'A가 B의 맏형 또는 C의 장자가 될 수 없다는 사실이 입증된다',
'A가 실존인물이라고 볼 확실한 근거가 없는데도 그 후손들이 실존성을 조작하
였다'라는 등의 내용이 기재된 책자를 위 종중의 각 계파 회장과 임원들에게 배
포하였는데, A가 B의 맏형이라는 사실이 종원지위부존재확인 사건의 민사판결
에 의해 확인되었으므로 피고인이 허위사실을 적시하여 위 종중 종원의 명예를
훼손한 것이라고 기소된 사안(의견 표현)

A에 대해서는 위 종중의 족보와 관련 문헌 등에도 일부는 C의 아들로, 일   98
부는 다른 사람의 아들로 서로 다르게 기재되어 있는 등 그 계보에 관하여 계속
논쟁이 있어 왔기에 그에 관한 내용은 어느 것이 진실이라고 확실히 단정할 수
없는 과거의 역사적 사실관계에 관한 것이고, 위 종중이 제기한 민사재판에서도
법원은 양측이 근거로 내세우는 족보 중 보다 여러 파의 후손들이 참여하여 작
성한 ○○ △씨 5대 대동보의 기재가 증명력이 높다고 보아 이를 근거로 A가
C의 아들로 보인다는 사실인정을 하였을 뿐이다. 위 책자의 내용은 A의 계보
논쟁에 관한 양측의 서로 다른 주장내용과 그 근거인 각종 족보 등 문헌을 소개
하고 왜 A가 C의 아들이 될 수 없는지를 구체적으로 분석하여 논증하는 형식으
로 근거를 제시하고 구체적인 자료 등을 첨부·인용하고 있는 등 논문 등과 유
사한 연구물의 형태로 집필되었음을 알 수 있으므로, 위 책자를 수령한 사람들
은 책자의 글과 표현 등이 족보 등 문헌에 기초한 연구를 통해 어떠한 주관적

---

107 대판 2000. 2. 25, 98도2188.

의견을 개진하고자 하는 것임을 충분히 파악할 수 있을 것으로 보인다. 물론 피고인이 별다른 근거를 밝히지 않은 채 'A의 후손들이 이를 조작하였다'라는 등의 단정적인 표현을 함께 사용한 것은 사실이나, 그러한 표현 역시 'A의 후손들의 주장은 별다른 근거가 없는 주장이다'라는 내용을 감정적·과장적으로 표현한 것으로 볼 여지가 상당하다. 특히, 피고인이 위 책자에서 자신의 주장과 반대되는 다른 계파의 입장과 그 주장내용, 근거 등을 상세하게 소개하고 있는 것은 물론 그간 진행되어 온 민사소송의 경과 및 판결 내용 등에 대하여도 있는 그대로 밝히고 있는 것으로 보인다. 이에 비추어 살펴보면, 위 책자에서 문제된 표현은 결국 피고인의 주관적 의견이나 견해 또는 주장에 해당하고 다만 이를 강조하거나 달리 표현하기 위해 구체적인 사실관계를 단정하는 형태로 서술한 것에 불과하다고 할 것이고, 평균적인 독자의 관점에서 그와 같은 사정을 충분히 알 수 있었을 것으로 보이므로, 위 책자에서 문제된 표현이 본죄에서 말하는 사실의 적시에 해당한다고 보기 어렵다.[108]

99   ⑤ X 기독교연합회 이단사이비대책위원회의 위원장과 위원인 피고인들이 특정 종교집단의 목사인 A를 이단이라고 비난하는 내용의 유인물을 배포한 사안 (의견 표현)

100   'A는 Y 파 계열의 이단이다', 'A는 체계적으로 신학을 공부한 적이 없다'라는 기재부분은 그 의견의 기초가 되는 사실을 함께 기술하면서 의견을 표명한 것으로서 피고인들의 주관적인 종교적·교리적 분석에 기초한 순수한 의견 또는 논평에 해당하는 것이고, 'A가 기성교회를 공격하고 폄하하며 자기들을 드러내 기만을 고집하려고 시도하였다' 또는 'A의 시도를 막아 우리 고장이 이단들이 발호하는 도시라는 불명예를 씻어내고 우리 고장과 우리 가정 및 자녀를 지켜내자'라는 등의 기재부분이나 '성경 위에 활동하는 마귀나 벌레 등을 젓가락으로 집어내는 형상'을 희화한 그림부분 역시 전체적인 맥락에서 피고인들의 의견

---

108 대판 2017. 12. 5, 2017도15628. 이와 달리 원심은 위 책자에 기재된 내용이 허위사실 적시에 해당하고 피고인이 그 허위성을 인식하고 있었다고 판단하였다(수원지판 2017. 9. 7, 2017노1270).
    본 판결 해설은 지귀연, "과거의 역사적 사실관계 등에 대하여 민사판결을 통하여 어떠한 사실인정이 있었다는 이유만으로, 이후 그와 반대되는 사실의 주장이나 견해의 개진 등을 형법상 명예훼손죄 등에서 '허위의 사실 적시'라는 구성요건에 해당한다고 단정할 수 있는지 여부", 해설 114, 법원도서관(2018), 513-534.

을 표명하고 있는 것일 뿐 이를 사실의 적시에 해당한다고 보기는 어렵다.[109]

⑥ X 그룹의 건설업체가 편법으로 X 콘도사업 승인을 받았다는 소문이 돌   101
아 X 콘도사업 승인과 관련하여 감사원이 건설교통부에 대한 감사를 진행하다
그 감사가 사실상 중단되자, 감사원 감사관인 피고인이 기자들에게 '양심선언'이
라는 제목의 유인물을 배포하여 'X 콘도사업 특혜의혹 사건에 대한 감사원의 감
사는 감사원 국장 A가 뚜렷한 이유 없이 중단하도록 지시하여 중단되었고, 감
사중단은 당시 국장의 지시로 이루어졌지만 그 윗선에서 이 방침이 결정된 것
으로 알고 있으나 그 구체적인 압력의 지시자나 내용은 밝힐 수 없다. 당시 국
장 A 등에게 감사중단의 부당성에 대해 의견을 제시했으나 무시됐으며, 감사원
이 청와대의 직속기관인 만큼 청와대 측의 압력이 있으리라고 추측했다. 특히,
청와대 실장 B가 X 그룹 회장 C로부터 뇌물을 받은 시점과 콘도사업 신청시점
이 일치하는 것으로 미루어 B가 관련되었을 가능성이 크다'라고 발표한 다음,
기자들과 기자회견을 하면서도 'A가 외부의 압력을 받아 피고인의 감사를 이유
없이 중단시켰다'라는 취지로 주장한 사안(사실 적시)

피고인은 양심선언 당시 '감사 도중 A의 지시에 의하여 뚜렷한 이유 없이   102
감사가 중단되었다', 'X 그룹의 실제 사주인 C가 B에게 뇌물을 준 것이 밝혀졌
다'라는 등의 사실을 적시하면서 '청와대에서 감사원 상부에 압력을 행사하여
감사가 중단된 것이라는 의혹을 가지게 되었다'라는 취지로 공표한 사실을 알
수 있는데, 여기서 '청와대에서 감사원 상부에 압력을 행사하였다'라는 의미는
'청와대에서 건설교통부에 대한 감사원의 일반감사 도중 부당한 방법으로 감사
원 상부에 감사를 중단하라는 지시를 하였다'라는 사실을 의미하는 것으로 보이
고, 이와 같이 피고인이 의혹의 내용으로 공표한 사실은 그 입증이 가능할 뿐만
아니라, 피고인이 위와 같은 발언을 한 것은 '피고인이 그러한 의혹을 가지고 있
다'라는 사실을 알리기 위한 것이 아니라, '청와대가 감사원 상부에 압력을 행사
하여 감사가 중단되었다'라는 사실을 간접적이고 우회적인 표현에 의하여 암시
하려는 것으로 보이며, 이로 인하여 A가 외압에 의한 감사원 상부의 감사중단
결정에 무비판적으로 따르는 사람이라는 인상을 줌으로써 A의 명예를 훼손하는

---

109 대판 2007. 10. 26, 2006도5924. 본 판결 평석은 김시철, "종교의 자유와 명예훼손의 법리", 헌법
판례해설 I, 사법발전재단(2010), 388-394.

것이라고 할 수 있으므로, 피고인이 의혹으로 공표한 내용은 단순한 의견 표현이 아니라 구체적인 사실을 적시한 것이라고 보아야 한다.[110]

103   ⑦ 부산 A 구 B 동장인 피고인이 A 구 주민자치위원인 C에게 전화를 걸어 "어제 열린 B 동 마을제사 행사에 남편과 이혼한 피해자도 참석을 하여, 이에 대해 행사에 참여한 사람들 사이에 안 좋게 평가하는 말이 많았다."고 말하고, B 동 주민들과 함께한 저녁식사 자리에서 "피해자는 이혼했다는 사람이 왜 마을제사에 왔는지 모르겠다."고 말한 사안(의견 표현)

104   피고인이 피해자의 이혼 경위나 사유, 혼인관계 파탄의 책임 유무를 언급하지 않고 이혼 사실 자체만을 언급한 것은 피해자의 사회적 가치나 평가를 떨어뜨린다고 볼 수 없고, 위 발언 배경과 내용 등에 비추어 보면, 위 발언은 피해자에 관한 과거의 구체적인 사실을 진술하기 위한 것이 아니라 피해자의 당산제 참석에 대한 부정적인 가치판단이나 평가를 표현하고 있을 뿐이므로, 위 발언은 피해자의 사회적 가치나 평가를 침해하는 구체적인 사실의 적시에 해당하지 않고 피해자의 마을제사 참여에 관한 의견표현에 지나지 않아 '사실의 적시'에 해당하지 않는다.[111]

      (나) 시간과 공간적으로 구체적인 것

105   사실의 적시로 인정받기 위해 판례가 요구하는 핵심적인 개념요소는 '구체성'이다.[112] 판례는 종래부터 "명예훼손죄에 있어서 '사실의 적시'라 함은 사람의 사회적 평가를 저하시키는 데 충분한 구체적 사실을 적시하는 것을 말한다."라고 판시하여 왔다.[113] 사실 적시에서의 '사실'은 특정인의 가치가 침해될 수 있

---

110 대판 2008. 11. 13, 2006도7915. 이와 달리 원심은 피고인이 양심선언문에서 밝힌 것은 'X 그룹의 실제 사주인 C가 B에게 뇌물을 준 것이 밝혀짐에 따라 감사중단에 B가 관련되어 있는 것이 아닌가 하는 의혹을 가지게 되었다'라는 취지이고, 양심선언문을 배포하면서 가진 기자회견 내용도 '감사중단은 윗선에서 결정된 것으로 알고 있고, 감사원이 청와대의 직속기관인 만큼 청와대의 압력이 있으리라고 추측했다'라는 내용이며, 피고인이 'A가 고위층으로부터 압력을 받아 감사중단을 지시하였다'라는 사실을 단정적으로 표현한 바 없으므로, 피고인이 그러한 사실을 적시하였다고 인정하기 어렵다고 판단하였다(서울중앙지판 2006. 10. 18, 2002노8743).
      본 판결 평석은 강경구, "출판물에 의한 명예훼손", 특별법연구 10, 사법발전재단(2012), 1098-1116.
111 대판 2022. 5. 13, 2020도15642.
112 한제희(주 99), 268.
113 대판 1981. 11. 24, 81도2280; 대판 2022. 5. 13, 2020도15643.

을 정도로 구체적인 사실이어야 하고, 구체적인 사실을 지적함이 없이 단순히 추상적인 판단이나 경멸적인 감정을 표시하는 것만으로는 부족하다는 것이다. 시간이나 장소가 특정되지 않더라도 사실 자체는 구체성을 띠어야 한다.[114]

구체성과 관련된 판례 중 사실 적시가 아니라 추상적 판단이나 경멸적 감 　　106
정의 표시에 해당한다고 본 표현으로는, "도둑놈, 죽일놈",[115] "저 망할 년 저기
오네",[116] "너 공무원 맞어, 이거 또라이 아냐",[117] "듣보잡, 함량미달, 함량이 모
자라도 창피한 줄 모를 정도로 멍청하게 충성할 사람",[118] "야 이 개같은 잡년
아, 시집을 열두 번을 간 년아, 자식도 못 낳는 창녀같은 년",[119] "늙은 화냥년의
간나, 너가 화냥질을 했잖아",[120] "애꾸눈, 병신"[121] 등이 있다.

비록 사실 적시에 해당하는 표현이더라도 그 추상성이 높은 경우, 즉 사실 　　107
자체에 포함된 가치판단이 더 높은 비중을 차지하는 경우에는 가치판단과 동일
한 평가를 받는다. 예를 들어, "빨갱이 계집년", "만신(무당)", "첩년" 등의 표현은
그것이 비록 사실을 적시한 표현일지라도 높은 추상성 때문에 단지 모욕행위에
불과하다고 본다.[122]

한편, 피고인이 자신의 명의로 가입한 인터넷 커뮤니티의 닉네임을, 피해자 　　108
가 다른 인터넷 사이트에서 사용하는 닉네임인 'ㅇㅇㅇ'으로 변경한 후 피해자
를 사칭하여 마치 피해자가 직접 작성한 글인 것처럼 가장하여 위 커뮤니티 게
시판에 글을 게시함으로써 공연히 허위의 사실을 적시하여 피해자의 명예를 훼
손하였다는 사안의 경우에는, 본죄에서의 사실의 적시가 인정되기 위해서는 그

---

114 大判 昭和 7(1932). 7. 11. 刑集 11·1250.
115 대판 1961. 2. 24, 4293형상864. 이와 달리 원심은 이를 사실 적시에 해당한다고 판단하였다.
116 대판 1990. 9. 25, 90도873. 이와 달리 원심은 위와 같이 말한 사실만으로는 모욕행위에 해당하
　　지 않는다고 판단하였다(대구지판 1990. 2. 2, 89노1711).
117 대판 2011. 3. 9, 2010도16215.
118 대판 2011. 12. 22, 2010도10130.
119 대판 1985. 10. 22, 85도1629. 이와 달리 원심은 이를 사실 적시에 해당한다고 보아 본죄의 성
　　립을 인정하였다(전주지판 1985. 6. 26, 85도216).
120 대판 1987. 5. 12, 87도739. 이와 달리 원심은 이를 사실 적시에 해당한다고 보아 본죄의 성립
　　을 인정하였다(춘천지판 1987. 3. 5, 86노382).
121 대판 1994. 10. 25, 94도1770. 이와 달리 원심은 이를 사실 적시에 해당한다고 보아 본죄의 성
　　립을 인정하였다(서울형사지판 1994. 5. 24, 94노660).
122 대판 1981. 11. 24, 81도2280. 이와 달리 원심은 이를 사실 적시에 해당한다고 보아 본죄의 성
　　립을 인정하였다(서울형사지판 1981. 7. 14, 80노8212).

글이 특정한 사람에 대한 구체적인 사실관계를 보고하거나 진술하는 내용이어야 하고, 단순히 그 사람을 사칭하여 마치 그 사람이 직접 작성한 글인 것처럼 가장하여 글을 올리는 행위는 그 사람에 대한 사실을 드러내는 행위에 해당하지 않으므로 본죄가 성립하지 않는다.[123]

　　(다) 과거 또는 현재의 사실관계에 관한 것

109　　　사실의 적시는 원칙적으로 과거 또는 현재의 사실관계를 적시하는 것을 의미한다. 장래의 사실을 지금 기준에서 미리 예상하여 적시하는 경우도 있을 텐데, 원칙적으로 이는 본죄에서의 사실 적시에는 해당되지 않는다. 장래에 예상되는 사실을 적시하는 것은 사실상 의견의 진술에 가까운 성격을 갖고 있기 때문이다.[124]

110　　　그런데 판례는 장래에 예상되는 사실을 적시하더라도 그것이 과거 또는 현재의 사실을 기초로 하거나 이에 대한 주장을 포함하는 경우에는 사실의 적시에 해당될 수 있다고 본다.[125] 예를 들어, 사실은 피고인이 경찰관인 피해자들을 상대로 직무유기 등의 진정을 제기하였으나 혐의가 인정되지 않아 내사종결되었을 뿐 피해자들에 대해 구속영장이 청구된 사실이 없음에도 "피해자들이 내일부로 A 지방검찰청에서 구속영장이 떨어진다."라고 말한 사안에서, 판례는 피고인이 이와 같은 말을 한 전체적인 취지나 내용, 이에 이르게 된 경위나 전후 상황 등에 비추어 보면 피고인이 이와 같은 말을 한 것은 단순히 피고인의 희망이나 의견을 진술한 것이라거나 또는 피고인의 가치판단을 나타낸 것에 불과하다고 볼 수 없고, 피해자들에 대한 사건이 수사 중이라거나 검사가 구속영장을 청구하였다는 현재의 사실을 기초로 하거나 이에 대한 주장을 포함하고 있다고 할 것이어서 이는 본죄에서의 사실의 적시에 해당한다고 판단하였다.[126]

---

123 대판 2018. 5. 30, 2017도607. 이와 달리 원심은 이를 사실 적시에 해당한다고 보아 본죄의 성립을 인정하였다(서울북부지판 2016. 12. 20, 2016노1395).
124 김일수·서보학, 160; 이재상·장영민·강동범, § 12/16.
125 大判 昭和 8(1933). 2. 15. 刑集 12·120.
126 대판 2003. 5. 13, 2002도7420. 이와 달리 원심은 피고인이 장래의 사실을 적시한 것으로 보이고 그것이 현재 검사가 구속영장을 청구하였다거나 현재 수사 중이라는 의미로 파악될 수는 없다고 보이므로 이에 현재의 사실에 대한 주장이 포함되어 있다고 보기 어렵고, 이는 피고인이 피해자들에 대한 구속영장이 떨어질 것을 바라거나 이를 예견하고 자신의 의견을 진술한 것일 뿐이거나 피해자들이 형사처벌을 받을 가능성이 있는 사람이라는 가치판단을 나타낸 것이므로 사실의 적시가 될 수 없다고 판단하였다(대구지판 2002. 12. 6, 2002노634).

이에 대해서는, 판례의 논리와 마찬가지로 장래의 사실 적시가 현재의 사실   111
에 대한 주장을 포함할 때는 사실에 해당할 수 있다는 견해[127]가 있는가 하면,
장래의 사실은 본조 제1항의 진실한 사실에 속하는지 아니면 본조 제2항의 허
위사실에 속하는지를 현재의 시점에서는 확정할 수 없으므로 본조의 '사실'에서
제외하고 모욕죄의 문제로 판단하여야 한다는 견해[128]도 있다.

(라) 증거에 의하여 증명이 가능한 것

판례를 통해 드러난 '사실'의 개념요소 중 '구체성'만큼 주요한 요소는 바로   112
'입증가능성'이다.[129]

모욕죄의 영역인 의견 표현은 어떠한 사실관계를 행위자의 입장에 따라 판   113
단한 결과를 표현하는 것을 의미하는데, 이는 그 내용 자체만 보면 구체적인 내
용의 서술이라 볼 수 있다 하더라도 증거로써 입증할 수는 없는 성격의 것이다.
따라서 어떠한 명예훼손적 말이나 글이 증거로써 입증이 불가능한 경우, 이는
사실 적시의 개념에서 배제되어야 한다.

입증가능성이 문제된 사례들을 들어보면 다음과 같다.   114

① 피해자에 대해 '마귀새끼, 교만마귀, 음란마귀, 허위 거짓 증거 마귀'라   115
고 지칭한 사안

이러한 표현은 그 자체로 입증이 가능한 단순한 사실이 아니라, 표현자의   116
인식, 평가, 판단을 표현한 것이어서 사실 적시가 아니다.[130]

② '주사파', '종북', '공산주의자'라는 표현이 문제된 사안들   117

시사월간지가 한 방송사의 다큐멘터리 프로그램에 대해 'TV가 좌익세력의   118
선전도구가 되었고, 공영방송사가 대한민국의 정통성과 자유민주주의 체제를
부정하고 북한정권을 찬양하면서 북한 주장에 동조하였다. 이러한 역사왜곡을
자행하는 범죄를 저질렀던 것이 당시 이 프로그램을 연출했던 PD의 자의적 해
석이었다면 그는 분명히 주사파이다'라는 취지의 기사를 게재한 사안에서, 과거

본 판결 해설은 이태섭, "명예훼손죄에 있어서 적시의 대상이 되는 사실의 범위", 해설 45, 법
    원도서관(2004), 816-826.
127 박상기·전지연, 525; 이재상·장영민·강동범, §12/16.
128 임웅, 245.
129 대판 2022. 5. 13, 2020도15643.
130 수원지판 2019. 1. 18, 2018노4842.

대법원은 이 기사에 등장하는 '주사파'라는 표현이 사실 적시에 해당한다고 판단하였다.[131] 대법원은 이 기사는 특정인의 정치사상을 분석, 평가하고자 한 것이 아니라, 우리나라의 언론 특히 방송에 좌익세력이 대거 침투해 있으면서 방송을 통하여 대한민국의 정통성과 자유민주주의 가치를 훼손하고 국민들을 세뇌시키고 있다는 사실을 주장하면서 이를 고발하는 데 그 취지가 있고, 그 사실주장에 대한 하나의 근거로서 위 방송사가 제작한 프로그램 내용을 들어 위 방송사도 주사파임이 분명하다고 지적한 것으로서, 기사 전체의 취지와 연관하여 보면 위 기사부분은 그 진위를 가릴 수 있는 사실의 적시로 보는 것이 타당하다는 점을 이유로 들었다.[132]

119   그런데 대법원은 2018년 민사사건의 전원합의체 판결에서, "'종북'이라는 용어에 대해 느끼는 감정 또는 감수성도 가변적일 수밖에 없으므로 '종북'의 의미를 객관적으로 확정하기가 어렵다.", "'종북', '주사파' 등 용어가 사용됐지만 표현행위 의미를 객관적으로 확정할 경우 사실 적시가 아니라 의견 표명으로 볼 여지가 있다."라는 등의 이유로, '종북'이나 '주사파'라는 표현은 사실의 적시가 아니라고 판단하였다.[133]

---

131 대판 2002. 12. 24, 2000다14613. 원심도 남북이 대치하고 있고 국가보안법이 시행되고 있는 우리나라의 현실에서 특정인이 '주사파' 또는 '친북세력'으로 지목당하는 경우 그 특정인은 수사기관의 현실적인 수사의 대상이 될 가능성이 있을 뿐만 아니라 일반인 사이에서도 반사회세력으로 낙인찍혀 그 사회활동의 폭이 현저히 위축되는 등 심각한 피해를 입을 수밖에 없는 상황이므로, '주사파'라는 발언은 단순한 모욕적 언사를 넘어 충분히 사람의 사회적 평가를 저하시킬 구체적인 사실의 적시에 해당한다고 판단하였다(서울고판 2000. 2. 10, 98나56579).

132 다만 이 사건에 등장하는 방송사의 PD가 북한정권을 찬양하고 북한 주장에 동조한다고 해서 그를 주사파라고 단정한다는 것은 지나친 논리의 비약이고, 이 PD가 주체사상을 신봉하는지 아니면 다른 이념을 신봉하는지를 과연 어떤 증거로써 어떻게 입증할 수 있을 것인가라는 문제가 있을 수 있다. 이를 감안한 듯 이 대법원 판결도 그 뒷부분에서 "그런데 이 사건 기사부분이 비록 사실적시에 해당한다 하더라도 이는 특정인의 정치적 이념에 관한 사실적시이고, 그 특정인의 지위가 원고와 같이 공적인 존재인 경우에는 그의 정치적 이념이 국가사회에 미치는 영향이 지대하여 이에 대한 의혹이 있으면 널리 문제제기가 허용되고 공개토론을 받아야 할 필요가 있는 반면, 특정인의 정치적 이념은 위장가능성이 있는데다가 그 성질상 이를 정확히 증명해 낸다는 것은 극히 어려우므로, 이에 대한 의혹의 제기나 주장이 진실에 부합하는지 혹은 진실하다고 믿을 만한 상당한 이유가 있는지를 따짐에 있어서는 일반의 경우에 있어서와 같이 엄격하게 입증해 낼 것을 요구해서는 안되고 그러한 의혹의 제기나 주장을 할 수도 있는 구체적 정황의 제시로 족하다고 해야 할 것이다."고 판시하며, 원고에게 완화된 입증책임을 부여하면서 사람의 정치적 신념을 입증하기는 쉽지 않음을 인정하고 있기도 하다.

133 대판 2018. 10. 30, 2014다61654(전). 이와 달리 원심은 '종북'이나 '주사파'라는 표현이 사실 적시에 해당한다고 판단하였다(서울고판 2014. 8. 8, 2013나38444).

한편 대법원은 보수성향 시민단체의 신년하례회에서 대선 후보(후에 대통령 당선)를 가리켜 "공산주의자이고, 이 사람이 대통령이 되면 우리나라가 적화되는 것은 시간문제"라고 발언하여 본죄로 기소된 사안에서, "개인이 공산주의자인지 여부는 그가 가지고 있는 생각에 대한 평가일 수밖에 없고, 공산주의자로서의 객관적·구체적 징표가 존재하는 것도 아닌 이상, 그 평가는 판단하는 사람의 가치관에 따라 상대적이어서 이를 증명 가능한 구체적 사실이라고 보기 어렵고, 누군가를 공산주의자라고 표현했다는 이유만으로 명예를 훼손할만한 구체적 사실을 적시했다고 단정할 수 없으며, 위 발언은 개인적인 견해를 축약해 밝힌 것에 불과하고, 사실의 적시라 볼 수 없고, 위 발언 경위 등 제반사정을 종합하면 공적 인물인 피해자의 정치적 이념에 대한 의견교환과 논쟁을 통한 검증과정의 일환으로 보아야 한다. 피해자의 사회적 평가에 대한 부정적인 측면만을 부각해 표현의 자유의 한계를 일탈했다고 볼 수 없다."는 취지로 판시하였다.[134]

120

이와 관련하여, '종북'이나 '주사파'라는 표현은 사실의 영역에 해당하는 문제가 아니라 특정인의 행위 내지 경향 등을 개괄적으로 지칭하는 의견의 영역에 해당하고, 이러한 표현들은 사전적·확정적 개념이 아니어서 이를 사실이라고 입증해줄 수 있는 공신력 있는 기관이나 기구도 존재하지 않아 입증가능성이 없으므로 사실의 적시로 보아서는 안 된다는 견해[135]도 주장되고 있다.

121

(마) 사람의 사회적 가치 내지 평가를 저하시키는 것

적시된 사실은 사람의 외적 명예, 즉 사회적 가치 내지 사회적 평가를 저하시킬 만한 내용을 담고 있어야 하고,[136] 피해자에게 직접적으로 관련된 사항이어야 한다.[137] 따라서 인터넷 게시판에 피해자가 동성애자라는 내용의 글을 7회

122

---

134 대판 2021. 9. 16, 2020도12861. 위 판결의 제1심은 위 발언은 "악의적으로 모함하거나 인격적인 모멸감을 주려는 의도는 보이지 않고, 오히려 자유민주주의 체제라고 믿어 온 체제의 유지에 집착하는 것"으로 보여, 명예훼손의 고의를 인정하기 어렵다."며 무죄를 선고하였으나, 항소심은 이와는 달리 "공산주의자라는 발언은 단순한 의견표명이 아니라, 전체적으로 검증이 가능한 구체화된 허위 사실의 적시에 해당한다."고 판단하여 징역 10개월에 집행유예 2년을 선고하였다. 위 판결의 파기환송심은 이후 무죄를 선고하였다(서울중앙지판 2022. 2. 11, 2021노2393).

135 박범영, "명예훼손에 있어 사실과 의견의 구별론", 법조 716, 법조협회(2016), 326.

136 경제적 가치를 저하하는 사실을 적시한 경우에는 별도로 신용훼손죄(§313)가 성립하므로, 여기서의 가치에는 포함되지 않는다.

137 김일수·서보학, 161; 정성근·박광민, 218. 어떤 여성의 간통사실을 적시하더라도 이것이 곧바로 그 남편의 명예훼손이 되는 것은 아니다. 일본 판례도 마찬가지이다〔大判 大正 5(1916). 6.

에 걸쳐 게시한 경우, 현재 우리 사회에서 자신이 스스로 동성애자라고 공개적
으로 밝히는 경우 사회적으로 상당한 주목을 받는 점, 피고인이 피해자를 괴롭
히기 위하여 위 글을 게재한 점 등을 고려할 때, 이는 피해자의 명예를 훼손한
행위에 해당한다.[138]

123   가치중립적인 표현을 사용한 경우, 사회통념상 그로 인하여 특정인의 사회
적 평가가 저해되지 않았다고 판단된다면 본죄가 성립하지 않는다. 따라서 '(주)
A가 일본 B 맥주사에 지분이 50% 넘어가 일본 기업이 됐다'라는 발언은 가치중
립적인 표현으로서, 우리나라와 일본의 특수한 역사적 배경과 소주라는 상품의
특수성 때문에 X 소주를 생산하는 (주) A의 대주주 내지 지배주주가 일본 회사
라고 적시하는 경우 일부 소비자들이 X 소주의 구매에 소극적이 될 여지가 있
다 하더라도, 이를 사회통념상 (주) A의 사회적 가치 내지 평가가 침해될 가능
성이 있는 명예훼손적 표현이라고 볼 수 없다.[139]

124   적시된 사실은 이로써 특정인의 사회적 가치 내지 평가가 침해될 가능성이
있을 정도로 구체성을 띠어야 한다.[140] 따라서 피고인이 피해자로부터 고발당한
사건과 관련하여 "고발당해서 경찰서에 갔다 왔다. 년놈이 신고해서 경찰서에
갔다 왔다. 년은 안 나오고 놈만 나왔다."라고 말한 경우, 피고인의 발언내용은
그 자체가 피해자의 사회적 가치나 평가를 저하시킬 만한 구체적 사실의 적시
라기보다는 자신이 경찰서에서 조사를 받고 왔다는 처지를 알리면서 이에 부수
하여 피해자가 피고인을 고발한 것으로 오해한 나머지 피해자에 대하여 가지고
있던 분한 감정을 다소 과격하게 표현한 것에 불과한 것으로 보이고, 누구든지
범죄가 있다고 생각하는 때에는 고발할 수 있는 것이므로 어떤 사람이 범죄를
고발하였다는 사실이 주위에 알려졌다고 하여 그 고발사실 자체만으로 고발인
의 사회적 가치나 평가가 침해될 가능성이 있다고 볼 수 없다.[141]

125   특정인의 사회적 가치나 평가를 저하시키기에 충분한 구체적인 사실의 적

1. 刑錄 22·854].
138 대판 2007. 10. 25, 2007도5077.
139 대판 2008. 11. 27, 2008도6728.
140 東京高判 昭和 33(1958). 7. 15. 高刑集 11·7·394.
141 대판 1994. 6. 28, 93도696. 이와 달리 원심은 본죄의 성립을 인정하였다(서울형사지판 1993. 2. 16, 92노7095 등).

시가 있다고 하기 위해서는, 반드시 그러한 구체적인 사실이 직접적으로 명시되어 있을 것을 요구하는 것은 아니지만, 적어도 적시된 내용 중의 특정 문구에 의하여 그러한 사실이 곧바로 유추될 수 있을 정도는 되어야 한다. 따라서 지방선거에서 군수로 당선된 A 후보의 운전기사 B가 공직선거법위반으로 구속되었다는 소문을 듣고 마치 관할 지방검찰청 X 지청에서 B에 대한 수사상황이나 피의사실을 공표하는 것처럼 A를 비방하는 내용의 문자메시지를 기자들에게 발송함으로써 해당 지청장 또는 지청 구성원의 명예를 훼손하였다는 사안의 경우, 위 문자메시지는 'X 지청에서 B를 구속하고 A를 조사하고 있다'라는 취지의 내용으로 보일 뿐 'X 지청장 또는 X 지청 구성원이 그와 같은 내용을 알린다'라는 내용으로 볼 수는 없고, 피고인이 X 지청 지청장실의 전화번호 끝자리를 생략한 허위의 발신번호를 게재한 사정까지 함께 고려하더라도 위 문자메시지의 내용에서 'X 지청장 또는 X 지청 구성원이 그와 같은 내용을 알린다'라는 사실이 곧바로 유추될 수 있다고 보이지 않으므로, 위 문자메시지를 받은 상대방들이 발신번호의 유사성에 근거하여 X 지청장 또는 X 지청 구성원이 위 문자메시지를 발송하였다고 추측할 가능성 자체를 배제할 수는 없다고 하더라도 그와 같은 가능성만으로 위 문자메시지에 의하여 X 지청장 또는 X 지청 구성원의 사회적 가치나 평가를 저하시키기에 충분한 구체적인 사실의 적시가 있다고 볼 수는 없다.[142]

또한, 월간지 기자가 '대통령민정수석 작성 노무현 인사파일'이란 제목으로 민정수석비서관인 피해자가 민정수석비서관 내정 당시 '부·처별 고려대상자 명단'이라는 인사 관련 문건을 작성하여 대통령 당선자에게 보고함으로써 장관급 인사에 부적절하게 깊이 관여하였다는 내용의 기사를 작성하여 위 월간지에 게재함으로써 피해자가 중요문서 관리소홀 등 공직자로서의 보안의식 등에 문제가 있는 것처럼 보이게 하여 피해자의 명예를 훼손하였다는 사안의 경우, 위 기사의 내용에 의하면 위 월간지가 '부·처별 고려대상자 명단'이라는 '극비 보고서'를 단독 입수했다는 부분은 자신의 기사가 '특종'임을 과시하려는 문구에 불

126

---

142 대판 2011. 8. 18, 2011도6904. 이와 달리 원심은 X 지청장 또는 X 지청 구성원의 사회적 가치
    나 평가를 저하시키기에 충분한 구체적인 사실의 적시가 있다고 판단하였다(부산고판 2011. 5.
    24, 2011노5).

과한 것으로 보이고, 이로써 피해자가 중요문서를 소홀하게 관리하고 있다는 사실을 암시하는 내용이라고 보기는 어렵다.[143]

127   한편, 명예훼손 행위자가 허위사실을 적시하였음에도 불구하고 제반 사정에 비추어 사실상 사람의 명예를 훼손할 만한 내용이 아닌 경우도 있다. 예를 들어, 라디오 생방송 프로그램의 인터넷 게시판에 마치 자신이 전경인 것처럼 가장하여 '서울특별시 경찰청 소속 제2기동대 전경 일동은 시민진압명령을 거부하기로 결정하였다'라는 내용의 글을 게시함으로써 위 기동대 소속 전경들의 명예를 훼손하였다는 사안의 경우, 이 글은 허위의 사실을 근거로 삼아 마치 위 기동대 소속 어느 누군가가 작성한 것처럼 되어 있으나 그 전체적인 내용은 경찰 상부에서 내린 진압명령이 불법적이어서 이에 불복하기로 결정하였다는 취지로서 이러한 진압명령에 집단적으로 거부행위를 하겠다는 것이 위 기동대 소속 전경들의 사회적 가치나 평가를 객관적으로 저하시키는 표현에 해당한다고 보기 어렵고, 피고인이 위 글을 게시한 목적은 집회를 진압하려는 전경들의 명예를 훼손하려는 데 있다기보다는 일반인들의 집회 참여를 독려하기 위해 진압 전경들도 동요하고 있다는 뜻을 나타내기 위한 것으로 보이고, 위 글을 접하게 된 일반인들의 인식이나 사회통념 등에 비추어 보더라도 위 글로 인하여 위 기동대 소속 전경 개개인에 대한 기존의 사회적 가치나 평가가 근본적으로 변동될 것으로 보이지 않는 등 이와 같은 글의 내용과 취지, 게시 목적 및 일반인의 인식 등 여러 가지 사정을 고려할 때, 위 글이 비록 허위사실을 적시한 것이기는 하나 위 기동대 소속 전경들의 사회적 가치나 평가를 침해하는 명예훼손적 표현에 해당한다고 보기 어렵다.[144]

128   그밖에 사회적 가치나 평가 침해 여부와 관련된 사례를 더 살펴보면 다음과 같다.

129   ① 피해자와 같은 교회의 교인인 제3자에게 "피해자가 처자식이 있는 남자와 살고 있다는데 아느냐."라고 말한 사안(긍정)

---

143 대판 2007. 6. 15, 2004도4573. 본 판결 해설은 정태학, "특정인의 사회적 가치 내지 평가를 침해하지 아니하는 허위 사실의 적시와 명예훼손죄의 성부", 해설 70, 법원도서관(2008), 209-221.
144 대판 2014. 3. 27, 2011도11226. 이와 달리 원심은 위 글에서 적시한 사실은 허위로서 그로 인하여 위 기동대 소속 전경들의 사회적 가치 내지 평가가 침해되었다고 판단하였다(서울중앙지판 2011. 8. 12, 2009노164).

이와 같은 피고인의 언동은 그 내용이 피해자의 사회적 평가를 저하시킬 가   130
능성이 있는 불륜관계를 유포한 것이어서 구체성 있는 사실 적시에 해당한다.[145]

② 특정 종교집단 X 파의 목사인 A를 이단이라고 비난하는 내용의 유인물   131
을 배포한 사안(부정)

위 유인물 내용 중 'X 파는 성경세미나라는 모임을 통하여 Y 시민에게 다   132
가간다'라는 기재 부분은 A의 사회적 가치 내지 평가를 침해할 수 있는 명예훼
손적 표현에 해당하지 않는다.[146]

③ 제3자에게 "피해자가 A를 선거법위반으로 고발하였다."라고 말한 사안   133
(부정)

누구든지 범죄가 있다고 생각하는 때에는 고발할 수 있는 것이므로, 어떤   134
사람이 범죄를 고발하였다는 사실이 주위에 알려졌다고 하여 그 고발사실 자체
만으로 고발인의 사회적 가치나 평가가 침해될 가능성이 있다고 볼 수는 없으
나, 그 고발의 동기나 경위가 불순하다거나 온당하지 못하다는 등의 사정이 함
께 알려진 경우에는 고발인의 명예가 침해될 가능성이 있는 것이므로, 피고인이
제3자에게 "피해자가 A를 선거법위반으로 고발하였다."라는 말만 하고 그 고발
의 동기나 경위에 관하여 언급하지 않았다면 그 자체만으로는 피해자의 사회적
가치나 평가를 침해하기에 충분한 구체적 사실이 적시되었다고 보기 어렵다.[147]

④ 인터넷 온라인 게임 '리니지'에서 닉네임 '촉'을 사용하는 피해자와 감정   135
이 좋지 않다는 이유로 리니지 게임 채팅창에 '촉, 뻐꺼, 대머리'라는 내용의 글
을 올린 사안(부정)

그와 같은 표현을 하게 된 경위와 의도, 피고인과 피해자가 직접 대면하거   136
나 사진이나 영상을 통해서라도 상대방의 모습을 본 적이 없이 단지 인터넷이
라는 사이버 공간의 게임 상대방으로서 닉네임으로만 접촉하였을 뿐인 점 등에
비추어 볼 때, '뻐꺼'나 '대머리'라는 표현은 피고인이 피해자에 대한 경멸적 감
정을 표현하여 모욕을 주기 위하여 사용한 것일 수는 있을지언정 객관적으로

---

145 대판 1985. 4. 23, 85도431.
146 대판 2007. 10. 26, 2006도5924.
147 대판 2009. 9. 24, 2009도6687. 이와 달리 원심은 사실을 적시한 것이라고 판단하였다(인천지판
    2009. 6. 26, 2009노1249).

그 표현 자체가 상대방의 사회적 가치나 평가를 저하시키는 것이라거나 그에 충분한 구체적 사실을 드러낸 것으로 보기는 어렵다.[148]

(2) 사실 적시의 유형

(가) 간접적이고 우회적인 표현에 의한 사실 적시

137 어떠한 사실을 간접적이고 우회적으로 표현하더라도 사실 적시로 인정될 수 있다. 즉 판례에 따르면, "명예훼손죄에 있어서의 사실의 적시는 사실을 직접적으로 표현한 경우에 한정될 것은 아니고, 간접적이고 우회적인 표현에 의하더라도 그 표현의 전취지에 비추어 그와 같은 사실의 존재를 암시하고, 또 이로써 특정인의 사회적 가치 내지 평가가 침해될 가능성이 있을 정도의 구체성이 있으면 족한 것이다."[149]

138 따라서 인터넷 포털 사이트에 게시되어 있는 피해자에 대한 언론기사에 피해자가 어느 재벌인사와의 사이에 아이를 낳거나 아이를 낳아준 대가로 수십억원을 받은 사실이 있다는 내용의 댓글이 붙어 있던 것에 추가하여 "지고지순이 뜻이 뭔지나 아니? 모 재벌님하고의 관계는 끝났나?"라는 내용의 댓글을 단 사안의 경우, 댓글이 이루어진 장소, 시기와 상황, 그 표현의 전취지 등에 비추어 보면 피고인의 행위는 간접적이고 우회적인 표현을 통하여 위와 같은 허위사실의 존재를 구체적으로 암시하는 방법으로 사실을 적시한 경우에 해당한다.[150]

(나) 의혹 제기 또는 소문 등의 인용에 의한 사실 적시

139 위 (가)에서 살펴본 것처럼 본죄에서 사실의 적시란 간접적이고 우회적인 표현에 의하더라도 그 표현 전체의 취지에 비추어 그와 같은 사실의 존재를 암시하고 이로써 특정인의 사회적 가치 내지 평가가 침해될 가능성이 있을 정도의 구체성이 있으면 충분하다.

---

148 대판 2011. 10. 27, 2011도9033. 이와 달리 원심은 통상의 일반인이 '대머리'라는 표현을 들었을 때 부정적인 의미로 받아들일 여지가 없지 않으므로 이를 두고 사회적 가치평가를 저하시키는 표현이 아니라고 할 수 없고, 또한 피고인이 피해자를 '대머리'로 지칭한 것은 단순한 가치판단이나 평가를 내용으로 하는 의견진술이 아니라 사실을 드러낸 것으로서 이 사건과 같은 사이버공간에서 상대방을 '대머리'로 지칭할 경우 당사자가 실제로는 대머리가 아님에도 대머리인 것으로 오인될 소지가 있어 거짓의 사실을 드러내었다고 볼 수 있다는 이유를 들어 구체적 사실을 적시한 것이라고 판단하였다(수원지판 2011. 6. 23, 2011노396).
149 대판 1991. 5. 14, 91도420(교수가 학생들 앞에서 피해자의 이성관계를 암시하는 발언을 한 데 대하여 본죄의 성립을 인정한 사례).
150 대판 2008. 7. 10, 2008도2422.

그와 같은 맥락에서, 특정인에 대해 어떠한 의혹을 제기하는 것도 사실 적 140
시의 한 형태로서 그 의혹 제기에 의해 시사된 사실이나 암시된 사실이 특정인
의 사회적 가치나 평가를 저하시키는 경우에는 본죄가 성립할 수 있다. 그런데
특정인에 대한 의혹 제기는 명예훼손 행위자가 자신이 직접 경험한 사실만을
근거로 하기보다는, 대개 시중의 소문이나 다른 사람의 말 또는 언론보도 등을
인용하고 여기에 행위자 자신의 추측을 곁들이는 방식으로 이루어지곤 한다. 따
라서 이와 같이 소문이나 다른 사람의 말 또는 언론보도 등을 인용하면서 행위
자의 추측을 곁들인 의혹을 제기하는 것이 사실의 적시에 해당할 것인지가 문
제될 수 있다.

판례는 명예훼손 행위자가 적시하는 사실은 행위자가 직접 경험한 사실 외 141
에 다른 사람으로부터 전문한 사실이나 행위자가 추측한 사실이어도 상관없다
고 본다.[151] 그리고 행위자가 직접 경험한 사실이 아니라 타인으로부터 전해듣
거나 소문 등을 인용하여 특정인에 관한 어떠한 의혹을 제기한 경우에는, 적시
된 사실의 허위성 여부를 판단할 때 그러한 이야기나 소문 등이 있다는 사실의
진위가 아니라 그러한 이야기나 소문 등에 인용되어 전달되고자 하는 사실 자
체의 진위를 기준으로 삼아야 한다.

명예훼손의 행위자가 추측한 사실이나 다른 사람으로부터 전문한 사실을 142
적시하는 사례는 언론보도의 경우에도 흔히 볼 수 있는데, 객관적으로 피해자의
사회적 평가를 저하시키는 사실에 관한 보도내용이 소문이나 제3자의 말, 보도
를 인용하는 방법으로 단정적인 표현이 아닌 전문 또는 추측한 것을 기사화한
형태로 표현되었더라도, 그 표현 전체의 취지로 보아 그 사실이 존재할 수 있다
는 것을 암시하는 이상 사실의 적시가 있는 것이고, 이러한 경우 특별한 사정이
없는 한 보도내용에 적시된 사실의 주된 부분은 암시된 사실 자체라고 보아야
하므로, 암시된 사실 자체가 허위라면 그에 관한 소문 등이 있다는 사실 자체는
진실이라 하더라도 허위의 사실을 적시한 것으로 보아야 한다.[152]

따라서 언론사 기자인 피고인이 제보자 A로부터 "B가 국회의원 C로부터 여 143

---

151 대판 1985. 4. 23, 85도431(피고인이 제3자에게 피해자가 처자식 있는 남자와 살고 있다는데 아
    느냐고 말한 사례). 일본 판례도 같은 취지이다[最決 昭和 43(1968). 1. 18. 刑集 22·1·7].
152 대판 2008. 11. 27, 2007도5312.

성 성기를 비유한 욕설을 들었고 심한 성적 모욕감을 느꼈다."라는 이야기를 전해 들고 이를 보도하였을 때 피고인의 보도내용이 허위사실이 아니기 위해서는, 위 기사에 인용된 A의 발언내용이 A의 실제 발언내용과 일치한다는 것으로는 충분하지 않고, A로부터 전해들었다는 이야기 자체가 진실한 사실이어야 한다.[153]

144   또 국회의원선거에 입후보한 피고인이 선거운동 과정에서 '박정희 대통령의 스위스 부패자금이 지금 쓰여지고 있는 것이 아닌지 검토가 필요하다. 박정희의 스위스 부패자금이 A에게 전달되었다는 이야기들이 있다'라는 의혹을 제기하여 상대 후보자인 A의 명예를 훼손하였다는 사안에서, 대법원은 이 발언이 의견 표현에 불과하다는 피고인의 주장을 배척하면서 이는 '박정희의 스위스은행 비자금이 피해자에게 전달되었다'라는 사실을 적시한 것에 해당한다고 보았다.[154]

145   다만 어떠한 사실의 존재를 의혹 제기 등 암시의 방식으로 적시한 경우라 하더라도, 공론의 장에 나선 전면적 공적 인물의 경우에는 비판과 의혹의 제기를 감수해야 하고, 그러한 비판과 의혹에 대해서는 해명과 재반박을 통해서 이를 극복해야 하며, 공적 관심사에 대한 표현의 자유는 중요한 헌법상 권리로서 최대한 보장되어야 하므로, 공적 인물과 관련된 공적 관심사에 관하여 의혹을 제기하는 형태의 표현행위에 대해서는 일반인에 대한 경우와 달리 암시에 의한 사실의 적시로 평가하는 데 신중해야 한다. 따라서 세월호 사건 관련 시민단체 간부가 기자회견 도중 '세월호 참사 당일 7시간 동안 대통령 A가 마약이나 보톡스를 했다는 의혹이 사실인지 청와대를 압수·수색해서 확인했으면 좋겠다'라는 취지로 발언한 사안의 경우, 이 발언은 'A가 마약을 하거나 보톡스 주사를 맞고 있어 직무를 수행하지 않았다'라는 구체적인 사실을 적시한 것이라 보기 어렵다.[155]

---

153 대판 2008. 11. 27, 2007도5312. 이와 달리 원심은 A가 피고인에게 한 이야기 자체가 사실인지 여부에 대해서는 심리·판단하지 않은 채, 피고인이 A와 인터뷰하거나 전화통화를 하면서 들은 것과는 다른 내용으로 위 기사를 작성하였다는 사실만을 토대로 하여 위 기사는 허위라고 판단하였다(서울고판 2007. 6. 13, 2006노2570).

154 대판 2005. 7. 22, 2005도2627. 원심은 '박정희의 스위스은행 비자금이 피해자에게 전달되었다.'라는 사실 외에, '피해자가 박정희의 스위스은행 비밀계좌에 입금한 부패자금을 지금 쓰고 있다.'라는 사실도 함께 적시된 것이라고 판단하였다(서울고판 2005. 4. 12, 2004노2483).
   본 판결 해설은 천대엽, "공직선거 및 선거부정방지법 제250조 제2항의 공표사실의 허위성에 관한 입증", 해설 59, 법원도서관(2006), 549-564.

155 대판 2021. 3. 25, 2016도14995. 이와 달리 원심은 이 발언은 'A가 세월호 참사 무렵 마약을 하거나 보톡스를 하였고, 이로 인하여 세월호 참사 발생 이후 7시간 동안 적절하게 직무를 수행하

(다) 학문적 견해, 문학작품이나 예술작품 등을 통한 사실 적시

학문적 견해, 그리고 문학작품이나 예술작품 속에 담겨있는 어떠한 표현이   146
본죄의 사실 적시에 해당하는지 여부에 대해서도 다투어지곤 한다.

이와 관련하여 판례는, 다른 사람의 말이나 글을 비평하면서 사용한 표현이   147
겉으로 보기에 증거에 의해 입증 가능한 구체적인 사실관계를 서술하는 형태를
취하고 있다고 하더라도, 글의 집필의도, 논리적 흐름, 서술체계 및 전개방식,
해당 글과 비평의 대상이 된 말 또는 글의 전체적인 내용 등을 종합하여 볼 때,
평균적인 독자의 관점에서 문제된 부분이 실제로는 비평자의 주관적 의견에 해
당하고, 다만 비평자가 자신의 의견을 강조하기 위한 수단으로 그와 같은 표현
을 사용한 것이라고 이해된다면 이는 본죄에서 말하는 사실의 적시에 해당한다
고 볼 수 없다고 한다.[156]

이러한 법리는 이른바 재야사학자인 피고인이 자신의 역사학 저서를 통해   148
강단사학자인 피해자의 역사학 저서에 기술된 한국고대사 관련 내용을 두고 식
민사관에 입각한 역사해석이라는 취지로 비판한 사안에서 비롯된 해석이다. 이
사건에서 판례는, "피고인의 저서에 기술된 내용이 겉으로는 증거에 의해 입증
가능한 구체적인 사실관계를 서술하는 형태를 취하고 있어 그 부분만을 놓고 보
면 사실의 적시로 오인될 소지가 없지 않으나, 이는 피해자의 저서의 특정부분을
인용한 후 그 부분의 논리구조를 설명하거나 피해자의 저서의 내용을 요약한 다
음 이에 대한 피고인의 해석을 제시하고 여기에 피고인 나름대로의 비판적 평가
를 덧붙이는 서술체계를 취하고 있다는 점 및 두 저서의 전체적인 내용 등을 종
합하여 볼 때, 피고인의 주장을 함축적이고 단정적인 문장으로 서술한 것으로서
피고인의 주관적 의견에 해당하고, 다만 피고인이 이러한 의견을 강조하기 위한
수단으로 공소사실 기재와 같은 표현을 사용한 것으로 이해된다."고 판단하였
다.[157] 아울러 이 사안에서 판례는, 피고인의 주장 내지 의견에 대해서는 그 내
용의 합리성이나 서술방식의 공정성 등과 관련하여 비판의 여지가 있다고 할지

지 못하였다'라는 사실을 암시하여 적시한 것이라고 판단하였다(서울고판 2016. 9. 8, 2016노
506).
156 대판 2017. 5. 11, 2016도19255.
157 대판 2017. 5. 11, 2016도19255.

라도 그러한 비판은 가급적 학문적 논쟁과 사상의 자유경쟁 영역에서 다루어지
도록 하는 것이 바람직하고, 본죄의 구성요건을 해석하면서 겉으로 드러난 표현
방식을 문제삼아 사실의 적시에 해당한다고 쉽사리 단정하여 형사처벌의 대상으
로 함부로 끌어들일 일은 아니라고 덧붙임으로써, 학문의 영역에 형사사법이 관
여하는 범위가 가급적 제한되어야 한다는 입장을 보이기도 하였다.

149   학문의 영역에서와 마찬가지로, 문학이나 예술의 영역에서도 본죄의 인정
은 한정적으로 해석되어야 한다.[158]

150   예를 들어, 1987년 안기부가 당시 집권당 후보자의 대통령 당선을 위하여
마치 북한이 자행한 테러인 것처럼 꾸며 대한항공 여객기를 폭파하고 이를 북
한의 소행인 것처럼 날조한 수사결과를 발표하였다는 내용의 소설을 집필하고
출간한 사안에서 판례는, 이 소설의 전체적 흐름은 작가가 위 여객기 폭파사건
에 관하여 가지고 있는 의혹과 맥락을 같이하고 있으나, 그 내용 중 대부분은
작가의 상상에 근거한 허구로 구성되어 있으므로 이 소설을 읽는 일반 독자들
로서는 위 여객기 폭파사건에 관한 의문을 갖게 될 수는 있어도 소설의 전체 내
용을 모두 진실한 것으로 받아들일 것이라고 보기는 어렵다는 점에서, 이 소설
이 일반 독자들에게 소설상의 내용을 직접 진실한 사실이라고 주장하는 것이라
고 보기는 어렵다고 판단하였다.[159]

151   이와 달리, 인터넷 사이트에 게시한 시(詩)를 통해 국회의원인 피해자의 의
정활동을 비난한 사안에서는, 인터넷 사이트에 게시한 어떠한 글의 표현행위가
명예훼손과 관련하여 문제가 되는 경우 그 표현이 사실을 적시하는 것인가, 아
니면 단순히 풍자를 하는 것에 불과한 것인가, 또는 풍자를 하는 것이라면 그와
동시에 묵시적으로라도 그 전제가 되는 사실을 적시하고 있는 것인가 그렇지
않은가의 구별은, 당해 글의 객관적인 내용과 아울러 일반 독자가 보통의 주의
로 글을 접하는 방법을 전제로 글에 사용된 어휘의 통상적인 의미, 글의 전체적
인 흐름, 문구의 연결 방법 등을 기준으로 판단하여야 하고, 여기에다가 당해
글이 게시된 보다 넓은 문맥이나 배경이 되는 사회적 흐름 등도 함께 고려하여
야 하는데, '민생법안이 널려 있어도 / 국회에 앉아 있으면 하품만 하는 년이지 /

---

158 大判 大正 12(1923). 5. 24. 刑集 2·437.
159 대판 2009. 6. 11, 2009도156.

아니지 국회 출석률 꼴찌이지'라는 피고인의 시 내용은 일반 독자에게 그 표현 자체로서 사실의 적시라고 이해될 여지가 충분하다고 보았다.[160]

(라) 질문에 대한 답변 형식의 사실 적시

명예훼손적 내용의 사실을 발설하게 된 경위가 그 사실에 대한 확인요구에 대답하는 과정에서 나오게 된 것이라면, 그 발설 내용과 동기에 비추어 명예훼손의 고의를 인정할 수 없는 것은 물론, 질문에 대한 단순한 확인대답이 명예훼손의 사실을 적시한 것이라고 할 수 없다.[161]

따라서 ① 피고인이 동네주민들이 모여 있는 자리에서 피해자 B의 부 A가 한국전쟁 당시 부역하여 수복 후 학살되는 등 B의 집안이 부역자 집안임을 은근히 시사하며 "B 그 자식이 죽으려고 환장했는지 글쎄 김일성이 밑에 김정일이가 있고, A 밑에 B가 있다고 말하고 다닌다."라고 말한 경우, 피고인이 그와 같은 말을 하게 된 경위는 피해자가 과거에 그와 같은 말을 하고 다닌 적이 있었느냐는 동네주민들의 확인요구에 대답을 하는 과정에서 나오게 되었다는 것이므로, 그 발설 내용과 동기에 비추어 피고인이 피해자의 명예를 훼손한다는 고의로 그와 같은 말을 하였다기보다는 피해자가 그런 말을 하고 다니는 것을 우려하는 뜻에서 한 것이라고 보는 것이 합리적일 뿐만 아니라, 질문에 대한 단순한 확인 대답이 본죄에서 말하는 사실 적시라고도 할 수 없다.[162] 또한, ② 회의에서 상급자로부터 경과보고를 요구받으면서 과태료 처분에 관한 책임을 추궁받게 되자 이에 대답하면서 피해자와 관련한 명예훼손적 언급(성추행 사건)을 한 경우, 발설의 내용과 경위·동기 및 상황에 비추어 명예훼손의 고의를 가지고 발언을 하였다기보다는 자신의 책임에 대한 변명을 겸하여 단순한 확인 취지의 답변을 소극적으로 하는 과정에서 '과태료 부과처분을 받게 된 상황이 억울하다'는 취지의 주관적 심경이나 감정을 표출한 것이어서 본죄에서 말하는 사실의 적시라고 단정할 수 없다.[163]

151

152

153

---

160 대판 2007. 5. 10, 2007도1307.

161 대판 1983. 8. 23, 83도1017; 대판 2008. 10. 23, 2008도6515; 대판 2022. 4. 14, 2021도17744.

162 대판 1983. 8. 23, 83도1017. 이와 달리 원심은 사실 적시에 해당한다고 판단하였다(대전지판 1983. 3. 16, 82노1316).

163 대판 2022. 4. 14, 2021도17744. 이와 달리 원심은 사실 적시에 해당한다고 판단하였다(춘천지법 강릉지판 2021. 12. 9, 2020노538).

154   다만 이에 대해서는, 질문에 대한 대답도 경우에 따라서는 사실의 적시가
될 수 있다고 보는 견해[164]도 있다.

(마) 공지의 사실 또는 이미 알려진 사실의 적시

155   공지의 사실,[165] 이미 상대방이 알고 있는 사실이나 사회의 일부에 알려져
있는 사실[166]을 적시한 경우에도 본죄가 성립할 수 있다.[167]

156   판례도 사회적으로 알려진 사건에 관하여 허위사실인 기사의 재료를 신문
기자에게 제공한 경우, 본죄가 성립한다고 본다. 즉 문제된 기사의 내용이 이미
민사소송을 통하여 주장되어 이에 대한 판결까지 선고된 상태에 있었고 다른
일간신문에도 소개되어 세인의 관심의 대상이 된 사안인 경우, 본죄가 성립하기
위해서는 반드시 숨겨진 사실을 적발하는 행위만에 한하지 않고 이미 사회의
일부에 잘 알려진 사실이라고 하더라도, 이를 적시하여 사람의 사회적 평가를
저하시킬 만한 행위를 한 때에는 본죄를 구성한다고 하였다.[168]

157   그러나 이에 대해서는, 이미 상대방이 알고 있는 사실을 적시한 경우에는
명예훼손의 가능성이 없어 본죄의 불능미수가 문제되나, 미수범 처벌규정이 없
으므로 불가벌로 보아야 한다는 견해[169]도 있다.

(바) 종교적 교리나 주장 등과 관련한 사실 적시

158   종교적 교리나 주장, 비판 등에서 명예훼손 사건이 비롯되는 경우도 흔히 볼
수 있다. 그런데 헌법상 종교의 자유가 보장되는 점에 비추어 다른 종교 또는 종
교집단을 비판할 자유 역시 최대한 보장되어야 하고, 종교의 자유에 관한 헌법
제20조 제1항은 표현의 자유에 관한 헌법 제21조 제1항에 대하여 특별규정의 성
격을 갖고 있으므로 종교적 목적을 위한 언론·출판의 자유는 일반적인 언론·출
판의 자유에 비하여 보다 고도의 보장을 받는다는 점이 감안되어야 한다.[170]

---

164 정웅석·최창호, 438.
165 배종대, §48/11; 신동운, 702; 임웅, 245-246.
166 대판 1993. 3. 23, 92도455(피고인으로부터 피해자들의 전과사실을 들은 사람들이 이미 피해자
    들의 전과사실을 알고 있었던 사례); 대판 2008. 7. 10, 2008도2422(피고인이 인터넷 게시판에
    게시한 내용이 연예정보를 다루는 모든 방송, 신문, 잡지 등에서 다루어진 내용이었던 사례).
167 大判 昭和 10(1935). 4. 1. 刑集 14·363.
168 대판 1994. 4. 12, 93도3535. 본 판결 평석은 박상기, "출판물에 의한 명예훼손죄", 형사판례연구
    〔3〕, 한국형사판례연구회, 박영사(1996), 157-169.
169 오영근, 172.
170 대판 2014. 9. 4, 2012도13718.「헌법 제20조 제1항은 '모든 국민은 종교의 자유를 가진다'고 규

이와 같이 다른 종교 또는 종교집단을 비판할 자유는 최대한 보장되어야 **159**
하는 자유이므로, 다른 종교의 신앙의 대상에 대한 모욕이 곧바로 그 신앙의 대
상을 신봉하는 종교단체나 신도들에 대한 명예훼손이 되는 것은 아니지만, 이는
다른 사람의 종교의 자유 보장을 위해 일정한 제약을 받는 자유이기도 하다.

판례에 따르면, ① 다른 종교의 신앙의 대상을 우스꽝스럽게 묘사하거나 **160**
모욕적이고 불쾌하게 느껴지는 표현을 사용함으로써 그 종교를 신봉하는 신도
들에 대한 증오의 감정을 드러내는 것이거나 그 자체로 폭행·협박 등을 유발할
우려가 있는 경우, ② 구체적 정황의 뒷받침도 없이 악의적으로 모함하는 경우,
③ 구체적 정황에 근거한 것이라 하더라도 그 표현방법에 있어서 상대방의 인격
을 무시하는 어휘나 모멸적인 표현으로 모욕을 가하는 경우는 허용될 수 없다.[171]

정하고 있는데, 종교의 자유에는 자기가 신봉하는 종교를 선전하고 새로운 신자를 규합하기 위
한 선교의 자유가 포함되고, 선교의 자유에는 다른 종교를 비판하거나 다른 종교의 신자에 대하
여 개종을 권고하는 자유도 포함되는바, 종교적 선전과 타 종교에 대한 비판 등은 동시에 표현
의 자유의 보호대상이 되는 것이기는 하나, 이 경우 종교의 자유에 관한 헌법 제20조 제1항은
표현의 자유에 관한 헌법 제21조 제1항에 대하여 특별규정의 성격을 갖는다 할 것이므로, 종교
적 목적을 위한 언론·출판의 경우에는 다른 일반적인 언론·출판에 비하여 고도의 보장을 받게
되고, 특히 그 언론·출판의 목적이 다른 종교나 종교집단에 대한 신앙교리 논쟁으로서 같은 종
파에 속하는 신자들에게 비판하고자 하는 내용을 알리고 아울러 다른 종파에 속하는 사람들에게
도 자신의 신앙교리 내용과 반대종파에 대한 비판의 내용을 알리기 위한 것이라면 그와 같은 비
판할 권리는 최대한 보장받아야 하며, 그로 인하여 타인의 명예 등 인격권을 침해하는 경우에
종교의 자유 보장과 개인의 명예 보호라는 두 법익을 어떻게 조정할 것인지는 그 비판행위로 얻
어지는 이익, 가치와 공표가 이루어진 범위의 광협, 그 표현방법 등 그 비판행위 자체에 관한 제
반 사정을 감안함과 동시에 그 비판에 의하여 훼손되거나 훼손될 수 있는 타인의 명예 침해의
정도를 비교 고려하여 결정하여야 한다.」

171 대판 2014. 9. 4, 2012도13718.「우리 헌법이 종교의 자유를 보장함으로써 보호하고자 하는 것
은 종교 그 자체나 종교가 신봉하는 신앙의 대상이 아니라, 종교를 신봉하는 국민, 즉 신앙인이
고, 종교에 대한 비판은 그 성질상 어느 정도의 편견과 자극적인 표현을 수반하게 되는 경우가
많으므로, 타 종교의 신앙의 대상에 대한 모욕이 곧바로 그 신앙의 대상을 신봉하는 종교단체나
신도들에 대한 명예훼손이 되는 것은 아니고, 종교적 목적을 위한 언론·출판의 자유를 행사하
는 과정에서 타 종교의 신앙의 대상을 우스꽝스럽게 묘사하거나 다소 모욕적이고 불쾌하게 느껴
지는 표현을 사용하였더라도 그것이 그 종교를 신봉하는 신도들에 대한 증오의 감정을 드러내는
것이거나 그 자체로 폭행·협박 등을 유발할 우려가 있는 정도가 아닌 이상 허용된다고 보아야
한다.」,「아무리 종교적 목적을 위한 언론·출판의 자유가 고도로 보장되고, 종교적 의미의 검증
을 위한 문제의 제기가 널리 허용되어야 한다고 하더라도 구체적 정황의 뒷받침도 없이 악의적
으로 모함하는 일이 허용되지 않도록 경계해야 함은 물론, 구체적 정황에 근거한 것이라 하더라
도 그 표현방법에 있어서는 상대방의 인격을 존중하는 바탕 위에서 어휘를 선택하여야 하고, 아
무리 비판을 받아야 할 사항이 있다고 하더라도 모멸적인 표현으로 모욕을 가하는 일은 허용될
수 없다.」

161   종교적 주장이나 표현이 본죄에 해당하는지 여부가 문제되는 대표적인 사례로는, 특정 교단이나 종교인에 대해 이단이라는 비난을 가한 경우를 들 수 있다. 이러한 사안에서 판례는, 이를 사실 적시가 아니라 주관적인 신학적 견해의 표명에 해당한다고 보는 경향이 있다.

162   예를 들어, 판례는 신학대 교수이자 목사인 피고인이 다른 교회 목사인 피해자에 대하여 '이단 중에 이단'이라고 비난한 사안에서, 어느 교리가 정통 교리이고 어느 교리가 여기에 배치되는 교리인지 여부는 교단을 구성하는 대다수의 목회자나 신도들이 평가하는 관념에 따라 달라지는 것이므로, 피고인이 사실을 적시한 것으로 보기 어렵다고 보았다.[172]

163   그리고 특정 종교집단의 목사인 A를 이단이라고 비난하는 내용의 유인물을 배포한 사안에서도, 유인물 내용 중 'A는 X 파 계열의 이단이다', 'A는 체계적으로 신학을 공부한 적이 없다'라는 기재부분은 그 의견의 기초가 되는 사실을 함께 기술하면서 의견을 표명한 것으로서 피고인들의 주관적인 종교적·교리적 분석에 기초한 순수한 의견 또는 논평에 해당하는 것이고, 'A가 기성교회를 공격하고 폄하하며 자기들을 드러내기만을 고집하려고 시도하였다' 또는 'A의 시도를 막아 우리 고장이 이단들이 발호하는 도시라는 불명예를 씻어내고 우리 고장과 우리 가정 및 자녀를 지켜내자'라는 등의 기재부분이나 '성경 위에 활동하는 마귀나 벌레 등을 젓가락으로 집어내는 형상'을 희화한 그림부분 역시 전체적인 맥락에서 피고인들의 의견을 표명하고 있는 것일 뿐 이를 사실의 적시에 해당한다고 보기 어렵다고 판단하였다.[173]

(사) 정부 정책에 대한 비판 형식의 사실 적시

164   민주주의 사회에서 정부의 정책에 대한 비판은 언론·출판의 자유와 표현의 자유에 비추어 충분히 보장될 필요가 있다. 설령 정부 정책에 대한 비판과정에서 명예훼손적이거나 모욕적인 사실을 적시하였더라도, 비판 내용의 전체적인 취지와 그 경위 등을 면밀히 확인함으로써 이것이 사실 적시가 아니라 의견 표현에 해당하는 것이 아닌지 유의하여야 한다.

165   한 방송 프로그램에서 미국산 쇠고기 수입협상과 관련하여 이 협상에 참여

---

172 대판 2008. 10. 9, 2007도1220.
173 대판 2007. 10. 26, 2006도5924.

한 공직자들이 미국 도축시스템에 대한 조사를 제대로 하였는지에 관한 의혹을 제기한 사안에서, 판례는 이 방송보도 중 이와 같은 의혹을 제기한 부분은 우리 정부가 미국 도축시스템의 실태 중 아무 것도 본 적이 없다는 구체적 사실을 적시한 것이 아니라, 우리 정부가 미국산 쇠고기 수입위생조건 협상에 필요한 만큼 미국 도축시스템의 실태를 제대로 알지 못하였다는 피고인의 주관적 평가를 내린 것이라고 봄이 상당하므로, 이는 사실 적시라기보다는 정부 정책에 대한 비판적인 평가에 해당한다고 판단하였다.[174]

(3) 사실 적시의 방법

166 사실을 적시하는 방법에는 제한이 없다. 언어에 의하건, 문서나 출판물에 의하건 상관없다. 진정서와 고소장을 우송하는 방법,[175] 유인물을 우송하는 방법,[176] 직장의 내부 전산망에 설치된 전자게시판에 글을 게시하는 방법[177]도 가능하다.

167 다만, 출판물을 이용한 경우에는 그 행위가 비방의 목적이 인정되면 별도로 출판물 등에 의한 명예훼손죄(§309)가 성립하고, 정보통신망을 이용한 행위는 정보통신망법위반(명예훼손)죄(§70)가 성립한다.

---

174 대판 2011. 9. 2, 2009다52649(전). 「방송보도는 그 내용 중 '본 적이 있는지'와 같이 사실적 주장으로 볼 여지가 있는 표현을 사용하기도 하였으나, 그 대상을 미국의 특정 도축장과 같은 구체적인 장소가 아니라 추상적인 '미국 도축시스템의 실태'로 삼고 있을 뿐만 아니라 곧이어 '보려는 노력을 했는지 그것도 의문입니다'라는 다의적이고 막연한 표현을 사용하여 우리 정부의 자세를 비판하고 있을 뿐이고, 특히 이 부분 방송보도와 관련된 이 사건 방송 부분의 전체적인 맥락에 비추어 보면, 이 부분 방송보도는 PD가 앞서 자신이 언급한 "정부에서는 국민들의 안전을 최우선으로 협상했다고 말을 했고 미국산 쇠고기는 99.9% 안전하다고 말을 했습니다. 하지만 협상결과를 보면 과연 국민들의 안전을 지키기 위해서 어떤 노력을 했을까 의문이 들지 않을 수 없습니다"라는 내용의 우리 정부에 대한 비판을 다시 한 번 강조한 것으로 보인다. 따라서 일반의 시청자가 보통의 주의로 보도를 접하는 방법을 전제로 이 부분 방송보도와 관련된 이 사건 방송 부분의 전체적 구성, 사용된 어휘 및 표현 방식, 전후 문맥 등을 종합적으로 고려하면, 이 부분 방송보도는 우리 정부가 미국 도축시스템의 실태 중 아무 것도 본 적이 없다는 구체적 사실을 적시한 것이 아니라, 우리 정부가 이 사건 미국산 쇠고기 수입위생조건 협상에 필요한 만큼 미국 도축시스템의 실태를 제대로 알지 못하였다는 피고인의 주관적 평가를 내린 것이라고 봄이 상당하다.」

175 대판 1991. 6. 25, 91도347.

176 대판 1981. 8. 25, 81도149.

177 대판 2000. 5. 12, 99도5734.

3. 사실의 허위성

(1) 허위사실의 의미

168   어떤 명예훼손죄 사건에서 1차적으로 '공연성'과 '사실 적시'가 인정된다면, 그 다음 단계로 본조 제1항 또는 제2항 중 어느 것으로 의율할지 및 제310조의 위법성조각사유에 해당하지는 않는지 등을 판단하기 위해 적시된 사실이 허위의 내용인지 여부를 입증하고 판단하여야 한다. 명예를 훼손당하였다고 주장하는 사람들이라면 누구나 명예훼손 행위자가 '허위사실'을 적시하였다고 주장한다. 허위사실이 아닌 단순한 '사실'이나 더 나아가 '진실'이 적시되었다고 주장하는 사람은 흔하지 않다. 따라서 대개의 명예훼손 사건은 그 적시된 사실이 허위인지 아닌지가 가장 첨예하게 다투어지는 지점이고, 이를 입증하고 판단하는 것이 가장 어려운 문제이기도 하다.

169   그런데 본조 제1항의 '사실'은 제2항의 '허위의 사실'과 반대되는 '진실한 사실'을 의미하는 것이 아니라, 가치판단이나 평가를 내용으로 하는 '의견'에 대치되는 개념으로 사용된 것이라고 보아야 한다.[178] 따라서 본조 제1항의 사실 적시 명예훼손죄는 적시된 사실이 진실한 사실이든 진실 여부가 불분명한 사실이든 모두 성립될 수 있고, 특히 적시된 사실이 허위라고 하더라도 행위자에게 허위성에 대한 인식이 없는 경우에는 제2항의 허위사실 적시 명예훼손죄가 아니라 제1항의 사실 적시 명예훼손죄가 성립될 수 있다. 본조 제1항의 법정형이 2년 이하의 징역 등으로 되어 있는 반면 제2항의 법정형은 5년 이하의 징역 등으로 되어 있는 것은, 적시된 사실이 객관적으로 허위일 뿐 아니라 행위자가 그 사실의 허위성에 대한 주관적 인식을 하면서도 명예훼손행위를 하였다는 점에서 가벌성이 높다고 본 것이다.[179]

170   허위사실 적시 명예훼손죄에서 적시된 사실이 허위내용인지 여부를 판단할 때는, 적시된 사실의 내용 전체의 취지를 살펴볼 때 세부적인 내용에서 진실과

---

178 손동권·김재윤, § 14/16; 임웅, 245. 이와는 달리 본조 제1항의 사실은 '진실한 사실'을 의미한다는 견해도 있으나(오영근, 171), 이 견해도 허위의 사실을 진실한 사실로 오인한 경우에는 제15조 제1항에 의하여 본조 제1항의 명예훼손죄가 성립한다고 하므로(오영근, 178), 법률적용에 있어서는 차이가 없다.

179 대판 2017. 4. 26, 2016도18024.

약간 차이가 나거나 다소 과장된 표현이 있는 정도에 불과하다면 이를 허위라고 볼 수 없으나, 중요한 부분이 객관적 사실과 합치하지 않는다면 이를 허위라고 보아야 한다.[180] 언론이 타인의 명예를 훼손하는 내용의 보도를 한 경우에는, 그 보도내용이 진실인가의 여부는 기사 본문의 내용뿐만 아니라 제목과 본문의 크기 및 배치, 본문의 길이 등도 종합적으로 참작하여 일반 독자들이 보통의 주의와 관심을 가지고 통상 기사를 읽는 방법에 의하여 기사로부터 받을 인상을 기준으로 판단하여야 한다.[181]

명예훼손 행위자가 여러 사실을 적시하였는데 그중 일부는 허위사실의 적시이고 일부는 허위사실의 적시가 아니라면, 그 전체에 대하여 본조 제2항을 적

171

180 대판 2017. 4. 7, 2016도11215(피해자 A가 운영하는 X 산부인과 병원과 피해자 B가 운영하는 Y 산부인과 병원에서 피고인의 처 C가 진료를 받고 출산하는 과정에서 과다출혈로 자궁적출수술을 받고 출산한 자녀의 쇄골이 골절되는 상황이 발생하자 피고인이 그와 같은 의료사고의 원인에 관한 아무런 확인과정을 거치지 않은 채 마치 병원 측의 의료과실에 기인한 것처럼 피해자들의 병원 앞에서 1인 시위를 벌여 피해자들의 명예를 훼손하였다는 사안에서, 피고인이 이른바 1인 시위를 하면서 들고 있던 피켓에는, C가 견갑난산으로 태아를 어렵게 출산하고 그 과정에서 태아가 5분 정도 자가 호흡을 못하다가 뒤늦게 울음을 터트린 사실, C가 과다출혈로 다른 병원으로 전원하였으나 절차가 지연되어 응급실에 도착한 지 4시간 20분 만에 자궁적출수술을 받은 사실, 출생한 아이가 걱정되어 Y 산부인과 측에 신경을 써달라고 하였으나 적절한 조치가 이루어지지 않다가 출산 후 만 28시간이 지난 뒤에야 쇄골 골절을 인정하고 Z 병원으로 전원조치한 사실, C가 수술 후에도 재출혈로 다시 수술을 받았고 그 과정에서 수혈을 50여 팩이나 받은 사실 등이 시간적 순서대로 적혀 있는 사실이 인정되고, X 산부인과의 초음파검사결과 등 진료기록에 태아의 어깨가 넓다고 기재되어 있지는 않으나 태아의 머리 크기가 일반적인 태아의 평균적인 크기보다 약 3주 이상 작았던 반면 대퇴골 길이, 체중 등은 정상이었으므로 의학에 전문지식이 없는 피고인으로서는 견갑난산이라는 진단명을 보고 태아가 머리에 비해 어깨는 상대적으로 크다고 생각할 수 있었을 것으로 보이고 나아가 결국에는 아이의 쇄골이 골절되었음이 확인되었으며, 출생 후 다른 병원으로 전원될 때까지 만 28시간이 지난 것도 사실인데다가 견갑난산의 경우 태아에게서 쇄골 골절 등이 일어날 수 있는 점 등까지 감안하면, '아이가 한쪽 팔을 사용하지 못한다는 이야기를 병원 측에 전달하였으나 무시당하였다거나 산후 태아관리를 철저히 한다던 말이 새빨간 거짓말이었다'라는 등의 기재가 다소 과장된 표현이라고 보는 것은 별론으로 하고, 그와 함께 적시된 내용 전체 취지가 중요한 부분에서 객관적 사실과 배치된다고 볼 수도 없다고 판단한 사례).
181 대판 1999. 1. 26, 97다10215. 「신문기사의 제목이 본문에 비하여 활자의 크기나 지면 면적이 훨씬 크고 피의자의 범행을 단정하는 듯한 문구를 사용하고 있으며 본문의 내용 또한 피의자의 범행동기와 그가 누설한 회사기밀의 내용을 구체적으로 적시하고 있고 피의자의 범행이 진실임을 전제로 수사당국이 수사의 범위를 확대할 예정인 것처럼 검찰관계자의 말을 그대로 인용하고 있는 경우, 그 보도가 "…혐의를 받고 있다"라는 형식으로 되어 있고 또 피의자가 그러한 혐의를 받고 있는 것이 사실이라 하더라도 피의자가 회사기밀을 누설한 것이 사실이라는 증명이 없는 이상 그 신문보도가 진실이라는 입증은 없는 것이다.」

〔한 제 희〕 **67**

용하여 허위사실 적시 명예훼손죄로 처벌하는 것은 허용될 수 없다.[182] 그리고 사회 평균인의 입장에서 허위의 사실을 적시한 발언을 들었을 경우와 비교하여 오히려 진실한 사실을 듣는 경우에 피해자의 사회적 가치 내지 평가가 더 크게 침해될 것으로 예상되거나, 양자 사이에 별다른 차이가 없을 것이라고 보는 것이 합리적인 경우라면 본조 제2항의 허위사실 적시 명예훼손죄로 처벌할 수는 없다.[183]

172   명예훼손의 행위자가 그 사항이 허위라는 것을 인식하였는지 여부는 성질상 외부에서 이를 알거나 증명하기 어려우므로, 공표된 사실의 내용과 구체성, 소명자료의 존재 및 내용, 피고인이 밝히는 사실의 출처 및 인지 경위 등을 토대로 피고인의 학력, 경력, 사회적 지위, 공표 경위, 시점 및 그로 말미암아 예상되는 파급효과 등의 여러 객관적 사정을 종합하여 판단할 수밖에 없다.[184]

173   적시된 사실의 허위성 여부와 관련된 사례를 살펴보면 다음과 같다.

174   ① A와 B의 관계에 관하여 A가 B의 '넷째부인' 내지 '첩'이라고 반복하여 말한 사안(허위성 긍정)

175   '넷째부인'이나 '첩'이라는 표현은 우리 사회의 일반관념상 부도덕한 성적 관계를 암시하는 단어이므로 A와 B가 그와 같은 부첩관계에 해당한다고 볼 만한 직접적인 증거가 없는 상황에서 피고인이 그와 같은 발언을 반복하였다면, 그 발언의 경위나 횟수, 표현의 구체적 방식과 정도 및 맥락, 피고인의 의사를 전달하기 위하여 반드시 위와 같은 어휘를 선택할 필요성이 없는 점 등을 고려해 볼 때, 이는 정당한 비판의 범위를 벗어나 A와 B의 부정한 성적 관계를 암

---

182 대판 2000. 2. 25, 99도4757.
183 대판 2014. 9. 4, 2012도13718[특정 교회의 목사를 비판하면서 그가 식당에서 냉면을 먹다가 갑자기 그 자리에서 쓰러져 사망하였다고 발언하였는데, 사실은 위 목사가 신도들과 함께 점심식사로 국수를 먹은 직후 지병인 뇌출혈이 발병하여 병원으로 이송되어 다음날 사망한 사안에서, 면과 국수는 사전적 의미에서 아무런 차이가 없으므로 냉면도 국수의 일종이라고 할 수 있고, 뇌출혈은 중풍(뇌졸중)의 원인이나 종류 중 하나로서 일반인들 사이에서는 모두 구분 없이 혼용되는 경우가 많으며, 질병으로 그 자리에서 곧바로 사망하였다는 사실과 병원으로 옮겨진 상태에서 다음날 사망하였다는 사실 사이에 허위사실 적시에 의한 명예훼손으로 처벌할 만큼 피해자의 사회적 가치 내지 평가의 침해 여부나 정도에 유의미한 차이가 발생한다고 할 수 없다고 판단한 사례]. 이와 달리 원심은 피고인이 위 목사를 우스꽝스럽게 묘사하여 비하함으로써 허위사실을 적시하여 위 종교단체의 명예를 훼손한 것이라고 판단하였다(수원지판 2012. 10. 18, 2012노566).
184 대판 2014. 3. 13, 2013도12430.

시함으로써 그들의 사회적 가치 내지 평가를 저하시키는 허위사실의 적시에 해당한다.[185]

②'A 개인택시신문 허위 기사 내용에 대해 조합원이 알아야 할 사실 내용'　176
이라는 제목으로 "2009. 4. 29.자 A 개인택시신문의 '대법원이 TIP사업 중단책임과 진실을 확인'이라는 제목의 기사 내용은 진실과 전혀 다른 개인적인 판단에 기초한 허위사실이다. 조합을 음해하려는 세력들의 흑색선전에 동요하는 일이 없도록 각별한 주의를 부탁한다. 허위 기사 내용을 게재하여 조합원들을 현혹하는 것은 큰 문제가 된다. 14,000여 조합원들께서도 주변의 일부 불순한 의도를 가진 사람들의 유언비어에 현혹되지 말아 달라"는 내용이 담긴 문서를 개인택시조합 조합원들에게 배포한 사안(허위성 부정)

위 기사의 주된 내용은 'TIP(Taxi Information Project. 택시정보화사업)사업 참여　177
업체들이 사업에 소요되는 비용 대다수 금액을 부담하는 조건으로 조합과 공동으로 사업을 추진하였는데, 피고인이 TIP사업에 따라 납품업체로부터 공급받은 택시부착용 전자단말기에 치명적 결함이 있다면서 사업을 중단시켰고, 그로 인하여 납품업체로부터 81억 원의 대금지급을 청구하는 민사소송을 당하게 되어 참여업체들이 부담하기로 한 비용을 조합이 부담하게 됨으로써 손해를 입게 되었으며, 피고인이 전자단말기에 결함이 있다고 주장하며 제시한 감정서는 가짜로 만들어진 것이다'라는 것으로, 이는 대법원 2006도5189 판결 및 부산지방법원 2007노2074 판결의 사실인정에 기초한 것이었고, 위 문서에 적시된 내용은 위 기사 내용 중 왜곡되거나 과장된 부분을 지적·반박한 것이므로 전체적으로 보아 진실에 부합한다.[186]

(2) 허위사실의 입증

(가) 입증책임

형사재판에서 공소가 제기된 범죄의 구성요건을 이루는 사실은 그것이 주　178
관적 요건이든 객관적 요건이든 그 입증책임이 검사에게 있다. 따라서 허위사실 적시 명예훼손죄로 기소된 사건에서도 사람의 사회적 평가를 떨어뜨리는 사실이 적시되었다는 점, 그 적시된 사실이 객관적으로 진실에 부합하지 않아 허위

185 대판 2014. 9. 4, 2012도13718.
186 부산지판 2011. 11. 18, 2011노166.

일 뿐만 아니라 그 적시된 사실이 허위라는 것을 피고인들이 인식하고 이를 적시하였다는 점은 모두 검사가 입증하여야 한다.[187]

179   이는 무죄추정원칙에 따른 입증책임 분배의 결과로서, 합리적 의심이 들지 않을 정도의 입증에 실패하면 그로 인한 불이익은 검사가 부담하게 된다는 것이다.

(나) 입증방법

180   검사의 입증책임과 관련하여, 명예훼손 행위자가 자신이 직접 경험한 사실을 적시하는 것이 아니라 타인으로부터 전해들은 의혹을 제기하거나 소문 등을 인용하는 방법으로 특정인의 사회적 평가를 저하시키는 어떠한 사실을 적시한 경우에는 주의할 점이 있다. 앞서 본 바와 같이 이러한 경우에는, 그 의혹이나 소문 등이 있었다는 사실의 진위가 아니라 의혹이나 소문 등에 실려 있는 암시하거나 전달하려는 사실 자체가 허위내용인가 아닌가에 따라 '사실의 허위성' 여부가 가려지게 된다. 이러한 경우에도 행위자가 제기한 의혹이나 인용한 소문 등을 통해 암시하거나 전달하려는 사실이 허위내용인지 여부에 대한 입증책임 역시 원칙적으로 검사에게 있다.

181   이때 대개 검사가 입증하여야 할 사실은, 행위자가 제기한 의혹이나 인용한 소문 등을 통해 암시하거나 전달하려는 사실이 사실무근이라는 점이 될 것이다. 그 암시되거나 전달하려는 사실이 사실무근이라는 점이 특정한 기간과 공간을 배경으로 하고 있는 어느 정도 구체화된 내용이라면, 검사가 그 특정한 기간과 공간을 수사대상으로 한정하여 그 구체화된 사실이 존재하지 않음을 입증할 수 있을 것이다.

182   그런데 만약 행위자가 제기한 의혹이나 인용한 소문 등의 내용이 너무나 막연하여, 특히 기간과 공간조차도 특정할 수 없는 추상적인 내용에 불과한 것이라면, 검사가 그 의혹이나 소문 등에 실려 있는 어떠한 사실이 사실무근이라는 점, 즉 그 사실의 부존재를 입증한다는 것은 사실상 불가능한 일이 될 것이다. 판례는 그와 같은 경우에 검사로 하여금 통상의 경우와는 다른 방식으로 의혹이나 소문 등에 실려 있는 사실의 부존재를 입증하도록 하고 있다. 즉, 의혹을 제기하거나 소문 등을 인용하여 명예훼손행위를 한 행위자는 그 의혹이나 소문 등에 실려 있는 사실의 존재를 수긍할 만한 소명자료를 제시할 부담을 지

---

187 대판 2008. 6. 12, 2008도1421; 대판 2014. 9. 4, 2012도13718; 대판 2017. 4. 7, 2016도11215 판결.

고, 검사는 제시된 자료의 신빙성을 탄핵하는 방법으로 허위사실임을 입증하도
록 한다는 것이다. 이때 행위자가 제시하여야 할 소명자료는 막연한 내용만으로
는 부족하고 적어도 검사의 입증활동이 가능할 정도의 구체성은 갖춘 것이어야
하며, 이러한 소명자료의 제시가 없거나 제시된 소명자료의 신빙성이 탄핵된 때
에는 명예훼손의 책임을 지게 된다.[188]

이 판시내용의 뒷부분, 즉 '특정되지 않은 기간과 공간에서의 구체화되지   183
않은 사실의 부존재를 증명하는 경우에 피고인이 사실의 존재에 관한 소명자료
를 제시하고 검사는 이 자료의 신빙성을 탄핵하는 방법으로 입증한다'라는 법리
는, 명예훼손에 따른 손해배상청구 소송에서도 원고에게 동일한 내용으로 인정
되고 있는 법리이고,[189] 최근 사회적 논란이 있었던 신앙에 따른 병역거부 사건
의 판결에서도 검사가 병역거부의 정당한 사유가 존재하지 않는다는 사실을 입

---

[188] 대판 2008. 11. 13, 2006도7915. 「형법 제309조 제2항의 출판물에 의한 명예훼손죄로 기소된 사
건에서, 공표된 사실이 허위라는 점은 검사가 이를 적극적으로 증명하여야 하고, 단지 공표된
사실이 진실이라는 증명이 없다는 것만으로는 허위사실공표에 의한 명예훼손죄가 성립할 수 없
다. 그런데 위 증명책임을 다하였는지 여부를 결정함에 있어서는, 어느 사실이 적극적으로 존재
한다는 것의 증명은 물론, 그 사실의 부존재의 증명이라도 특정 기간과 특정 장소에서의 특정행
위의 부존재에 관한 것이라면 적극적 당사자인 검사가 이를 합리적 의심의 여지가 없이 증명하
여야 할 것이지만, 특정되지 아니한 기간과 공간에서의 구체화되지 아니한 사실의 부존재를 증
명한다는 것은 사회통념상 불가능한 반면 그 사실이 존재한다고 주장·증명하는 것이 보다 용이
하므로 이러한 사정은 검사가 그 입증책임을 다하였는지를 판단함에 있어 고려되어야 하고, 따
라서 의혹을 받을 일을 한 사실이 없다고 주장하는 사람에 대하여 의혹을 받을 사실이 존재한다
고 적극적으로 주장하는 사람은 그러한 사실의 존재를 수긍할 만한 소명자료를 제시할 부담을
지며 검사는 제시된 자료의 신빙성을 탄핵하는 방법으로 허위사실임을 입증할 수 있을 것인데,
이 때 제시하여야 할 소명자료는 단순히 소문을 제시하는 것만으로는 부족하고 적어도 허위임을
검사가 입증하는 것이 가능할 정도의 구체성은 갖추어야 하며, 이러한 소명자료의 제시가 없거
나 제시된 소명자료의 신빙성이 탄핵된 때에는 허위사실공표로서의 책임을 져야 한다.」
      이는 공직선거법상 허위사실공표 사안인 대판 2005. 7. 22, 2005도2627에서 인정된 법리가
제309조 제2항 허위사실 적시에 의한 출판물 명예훼손죄 사안에도 그대로 원용된 것이다.
[189] 대판 2011. 9. 2, 2009다52649(전). 「사실적 주장이 진실한지 아닌지를 판단함에 있어서, 어떠한
사실이 적극적으로 존재한다는 것의 증명은 물론 어떠한 사실의 부존재의 증명이라도 그것이 특
정 기간과 특정 장소에서 특정한 행위가 존재하지 아니한다는 점에 관한 것이라면 피해자가 그
존재 또는 부존재에 관하여 충분한 증거를 제출함으로써 이를 증명할 수 있을 것이다. 그러나
그것이 특정되지 아니한 기간과 공간에서의 구체화되지 아니한 사실의 부존재의 증명에 관한 것
이라면 이는 사회통념상 불가능에 가까운 반면 그 사실이 존재한다고 주장·증명하는 것이 보다
용이한 것이어서 이러한 사정은 증명책임을 다하였는지를 판단함에 있어 고려되어야 하는 것이
므로 의혹을 받을 일을 한 사실이 없다고 주장하는 사람에 대하여 의혹을 받을 사실이 존재한다
고 적극적으로 주장하는 자는 그러한 사실의 존재를 수긍할 만한 소명자료를 제시할 부담을 지
고 피해자는 제시된 자료의 신빙성을 탄핵하는 방법으로 허위성의 입증을 할 수 있다.」

증하는 경우에 동일한 논리로 인정된다.[190]

184   이러한 불특정한 기간과 공간에서의 구체화되지 않은 사실의 부존재 입증
방법에 관한 판례 법리에 대해서는, 원칙적으로 검사에게 부과된 허위사실의 입
증책임이 사실상 소명자료의 신빙성에 대한 피고인의 탄핵책임으로 완화되고
결과적으로 사실의 허위 여부에 대한 직접적인 입증 없이도 범죄가 성립되게
되는 역설적 결과를 낳았다거나,[191] 피고인에게는 허위사실에 대한 입증책임을
부담지우고 검사에게는 단순히 탄핵의 방법으로 허위를 증명하도록 하고 있어
실질적으로 입증책임을 전환한 것[192]이라고 비판하는 견해도 제기되고 있다.

185   그러나 검사에게 불특정한 기간과 공간에서의 구체화되지 않은 사실의 부
존재까지 입증할 것을 요구하는 것은 합리적이지 못하고,[193] 판례의 법리는 어
디까지나 '특정되지 않은 기간과 공간에서의 구체화되지 않은 사실의 부존재를
입증하는 경우'에만 한정하여 적용되는 것으로서 사회통념상 도대체 입증할 수
있는 방법 자체가 없는 경우인 점을 감안하여 부득이하게 다른 입증방법을 제
시하고 있는 것에 불과하므로 무죄추정원칙 또는 검사의 입증책임원칙을 훼손
하거나 피고인에게 입증책임을 전환한 것이라 보기 어렵다.[194]

---

190 대판 2018. 11. 1, 2016도10912(전). 「구체적인 병역법위반 사건에서 피고인이 양심적 병역거부
   를 주장할 경우, 그 양심이 과연 위와 같이 깊고 확고하며 진실한 것인지 가려내는 일이 무엇보
   다 중요하다. 인간의 내면에 있는 양심을 직접 객관적으로 증명할 수는 없으므로 사물의 성질상
   양심과 관련성이 있는 간접사실 또는 정황사실을 증명하는 방법으로 판단하여야 한다. (중략)
   정당한 사유가 없다는 사실은 범죄구성요건이므로 검사가 증명하여야 한다. 다만 진정한 양심의
   부존재를 증명한다는 것은 마치 특정되지 않은 기간과 공간에서 구체화되지 않은 사실의 부존재
   를 증명하는 것과 유사하다. 위와 같은 불명확한 사실의 부존재를 증명하는 것은 사회통념상 불
   가능한 반면 그 존재를 주장·증명하는 것이 좀 더 쉬우므로, 이러한 사정은 검사가 증명책임을
   다하였는지를 판단할 때 고려하여야 한다. 따라서 양심적 병역거부를 주장하는 피고인은 자신의
   병역거부가 그에 따라 행동하지 않고서는 인격적 존재가치가 파멸되고 말 것이라는 절박하고 구
   체적인 양심에 따른 것이며 그 양심이 깊고 확고하며 진실한 것이라는 사실의 존재를 수긍할 만
   한 소명자료를 제시하고, 검사는 제시된 자료의 신빙성을 탄핵하는 방법으로 진정한 양심의 부
   존재를 증명할 수 있다. 이때 병역거부자가 제시해야 할 소명자료는 적어도 검사가 그에 기초하
   여 정당한 사유가 없다는 것을 증명하는 것이 가능할 정도로 구체성을 갖추어야 한다.」
191 김종철, "공직선거법 제250조 제2항 낙선목적 허위사실공표죄와 관련한 대법원 판결에 대한 헌
   법적 검토", 법학연구 22-1, 연세대 법학연구원(2012), 20.
192 이원상, "허위사실적시에 의한 명예훼손죄의 적용에서 전제사실의 미확정으로 인한 문제점 고
   찰", 형사판례연구 [22], 한국형사판례연구회, 박영사(2014), 125.
193 신동운, 717.
194 한제희(주 99), 286.

다만 '특정되지 않은 기간과 공간에서의 구체화되지 않은 사실의 부존재를 186
입증하는 경우'가 아님에도, 피고인이 진실이라는 점을 소명할 구체적이고 객관
적인 자료를 전혀 제시하지 못하였다는 이유만으로 피고인이 적시한 사실이 허
위이고 피고인이 이를 허위라고 인식하고 있었다고 판단하여서는 안 된다.[195]

(다) 관련 사례

① X 그룹의 건설업체가 편법으로 X 콘도사업 승인을 받았다는 소문이 돌 187
아 X 콘도사업 승인과 관련하여 감사원이 건설교통부에 대한 감사를 진행하다
그 감사가 사실상 중단되자 감사원 감사관인 피고인이 기자들에게 '양심선언'이
라는 제목의 유인물을 배포하여 "X 콘도사업 특혜의혹 사건에 대한 감사원의
감사는 감사원 국장 A가 뚜렷한 이유 없이 중단하도록 지시하여 중단되었고,
감사중단은 당시 국장의 지시로 이루어졌지만 그 윗선에서 이 방침이 결정된
것으로 알고 있으나 그 구체적인 압력의 지시자나 내용은 밝힐 수 없다. 당시
국장 A 등에게 감사중단의 부당성에 대해 의견을 제시했으나 무시됐으며, 감사
원이 청와대의 직속기관인 만큼 청와대 측의 압력이 있으리라고 추측했다. 특
히, 청와대 실장 B가 X 그룹 회장 C로부터 뇌물을 받은 시점과 콘도사업 신청
시점이 일치하는 것으로 미루어 B가 관련되었을 가능성이 크다."라고 발표한
다음, 기자들과 기자회견을 하면서 'A가 외부의 압력을 받아 피고인의 감사를
이유 없이 중단시켰다'라는 취지로 주장한 사안

이 사례에서 판례는, 피고인이 제시한 소명자료에 의하면 X 그룹이 X 콘도 188
사업의 승인을 받지 못하다가 우회적인 편법을 통하여 승인을 받은 것으로 보
이고 그 후 X 콘도사업 승인과 관련한 감사가 사실상 중단되었음에도 감사원에
서는 그에 관한 납득할 만한 사유를 제시하지 못하고 있는 사실, 피고인의 양심

---

195 대판 2010. 11. 25, 2009도12132. '지난 11월에 지인이 ○○에듀 설명회를 참석하였는데 그 이
후 ○○에듀는 돈부터 입금하라는 독촉이 있었다. 우리 아이를 맡긴 DR○○에듀는 운영이 잘
안 되다 보니까 실무책임자들과 직원들이 2년 사이에 100%라고 할 정도로 바뀌었고, 더더욱 학
부모들의 큰소리도 끊이지 않았었다. 유학원 대표가 미국이나 캐나다에 살다가 한국에 나와서
유학 사업을 하는 경우가 있다. 그들은 사고가 나면 바로 도망 갈 가능성이 농후하다'라는 취지
의 글을 인터넷에 게시한 사안에서, 원심은 피고인이 이러한 주장이 진실임을 소명할 구체적이
고 객관적인 자료를 전혀 제시하지 못하고 있어 위 글에서 적시한 내용은 허위라고 판단하였으
나(의정부지판 2009. 10. 22, 2009노1510), 이와 달리 대법원은 위 글에서 적시한 내용은 특정
기간과 특정 장소에서의 특정행위로 봄이 상당하므로 그 내용들이 허위사실이라는 점 및 피고인
이 그 허위성을 인식하고 있었다는 점에 대한 입증책임은 검사에게 있다고 판단하였다.

선언을 전후하여 청와대 실장 B가 X 그룹의 실제 사주인 C로부터 X 콘도 사업 계획 승인신청 무렵에 6,000만 원의 뇌물을 수수하였고 대통령 차남의 측근으로 알려진 D가 X 콘도 분양권 24억 원어치를 보유하고 있는 것이 밝혀진 사실, B의 뇌물수수 사건과 관련하여 피고인의 양심선언이 있기 전부터 청와대의 외압에 의하여 감사원의 감사가 중단되었다는 의혹이 각종 언론매체에 의하여 계속 제기되어 온 사실 등을 알 수 있으므로, 피고인으로서는 자신이 의혹으로 공표한 외압사실의 존재를 수긍할 만한 구체성 있는 소명자료를 제시하였다고 볼 수 있는데, 이에 반하여 검사는 피고인이 제시한 소명자료의 신빙성을 탄핵할 만한 실질적인 증거를 제시하지 못하고 있으므로, 피고인이 공표한 외압 의혹과 관련하여서는 공표된 사실이 허위라는 점에 대하여 검사의 적극적인 증명이 있다고 볼 수 없다고 판단하였다.[196]

189   ② 국회의원인 피해자 A가 북한의 간첩이라는 취지로, 'A가 어느 순간 등장하고 김정은이가 신문마다 나오는 이유가 궁금하다', 'A의 사사건건은 북의 지령인가', 'A를 3대째 간첩 대통령 만들기 공작에 돌입한 간첩언론들', 'A 간첩의 원내대표 등극의 의미, 3대 간첩 대통령 만들기에 조선일보 등 언론들이 수순을 밟고 있다'라는 제목의 동영상을 제작하여 유튜브에 게시함으로써 허위사실로 피해자의 명예를 훼손하였다는 사안

190   판례는 피고인의 '피해자가 간첩으로 북한의 지령을 받아 활동하고 있다'는 취지의 주장은 '특정되지 아니한 기간과 공간에서의 구체화되지 아니한 사실'의 주장에 해당한다 할 것인데, 피고인이 그 소명을 위하여 제출한 자료는 일부 언론의 보도 자료이고, 그 내용 역시 '일부 단체들이 피해자에 대하여 이런 주장을 하고 있다'는 취지의 내용이 대부분이고, 피고인의 주장과 유사한 내용의 기사 역시 '피해자가 북한에 유리한 활동을 하고 있다'는 취지에 불과하고 피고인의 주장과 같이 '피해자가 김정일이나 김정은 앞에서 충성을 맹세하고 왔다', '피해자가 언론에 무궁화호 탈선 사건 등의 불리한 기사를 없애라고 하여 기사가 삭제되었다', '간첩들에 의해 피해자 대통령 만들기 프로젝트가 착수되었다'거나 '피해자가 북한 김양건 지시에 따라 석촌동 땅굴에 관한 내용을 덮었다'거나 하

---

196 대판 2008. 11. 13, 2006도7915.

는 내용은 그 근거를 전혀 알 수 없는 점 등에 비추어 보면, 피고인의 피해자에 대한 주장은 허위사실로 판단할 수밖에 없다고 보았다.[197]

4. 사람의 명예의 훼손

본죄가 성립하기 위해서는, 공연히 사실을 적시하는 행위에 의하여 사람의 명예가 훼손될 위험이 발생하여야 한다.　　　　　　　　　　　　　191

(1) 사람

(가) '사람'의 의미

(a) 자연인

명예의 주체는 '사람'이다. 따라서 모든 자연인은 성인은 물론, 유아, 소년, 정신장애인 여부와 관계없이 누구든 명예의 주체가 된다.[198]　　　192

(b) 사자(死者)

본죄는 '사람'의 명예를 대상으로 하므로 살아있는 사람이 아닌 사망한 사람에 대해서는 본죄의 성립 여부가 문제되지 않을 듯하나, 우리 형법은 제308조에 사자명예훼손죄를 별도로 두고 있어 마치 사자도 명예의 주체로 여기는 듯 보이기도 한다. 만약 사자를 일반적인 명예의 주체로 볼 수 있다면, 사자에 대한 명예훼손적인 사실을 적시한 경우 허위사실이 아니어서 제308조를 적용할 수 없더라도 본조 제1항을 적용할 수 있다는 차이 정도가 있을 것이다.[199]　193

이와 관련하여, 사자 자신을 생존자에 준하여 명예의 주체로 보자는 견해[200]도 있으나, 대부분의 학설[201]은 사자는 '사람'이 아니므로 명예의 주체가 될 수 없다고 본다. 즉 사자를 명예의 주체로 보는 것은 죽은 사람이 직접 형법의 보호대상이 될 수 있는가 하는 근본적 문제점이 있고, 형법의 보호대상은 구체적 개인의 구체적 이익이어야 하므로 사자는 명예의 주체일 수 없으며,[202] 본죄는 사람의 인격적 가치에 대한 사회적 평가가 훼손되지 않도록 함으로써 법　194

---

197 의정부지판 2018. 7. 5, 2017고단5509.
198 오영근, 167; 이재상·장영민·강동범, § 12/8; 주석형법 [각칙(4)](5판), 498(심담).
199 最判 昭和 27(1952). 3. 7. 刑集 6·3·441.
200 김일수·서보학, 157.
201 김성돈, 209; 이재상·장영민·강동범, § 12/9.
202 배종대, § 47/9.

익주체의 정상적인 사회생활 관계가 방해받지 않도록 하는 데 그 보호목적이 있어 사망한 사람에 대해서는 이러한 보호가 불필요하므로 사자는 명예의 주체가 될 수 없다[203]고 해석한다.

(c) 법인[204] 및 법인격 없는 단체

195   본죄는 '사람'의 명예를 대상으로 하는데 우리 법상 '사람'에는 자연인뿐만 아니라 법인도 포함되므로, 법인 역시 명예의 주체가 된다는 견해[205]가 다수설이다. 또한, 비록 '사람'에는 해당하지 않는 법인격 없는 단체라 할지라도 법에 의하여 인정된 사회적 기능을 담당하고 통일된 의사를 형성할 수 있는 이상 명예의 주체가 된다고 보는 견해[206]가 다수설이다.

196   이와 달리, 본죄나 모욕죄의 '사람'에 법인이나 법인격 없는 단체 등을 포함시키는 것은 유추해석에 해당하고 명예의 주체가 될 수 있는 단체와 그렇지 않은 단체의 구별이 모호하므로 명예의 주체는 자연인에 한정하여야 한다는 견해,[207] 인간존엄으로부터 나오는 개인의 명예와 동등한 가치를 부여할 수 있는 단체의 명예는 법률이 정해야 할 문제이나 이러한 단체의 명예를 보호할 필요는 없으며 단체의 명예 보호가 문제되는 사안은 대부분 개인의 명예 보호 차원에서 해결 가능하다는 견해[208]도 주장되고 있다.

197   판례는 법인이 명예의 주체가 될 수 있는 것은 물론,[209] 법인격 없는 단체

---

203 박상기·전지연, 520.

204 참고로, 본죄의 행위 주체와 관련하여 법인도 범죄능력이 있어 본죄의 주체가 된다는 일부 견해 (김일수·서보학, 188; 정성근·박광민, 212)도 있으나, 일반적으로 법인의 범죄능력은 인정되지 않으므로 법인도 처벌한다는 양벌규정이 없는 한 법인을 처벌할 수 없음은 물론 본죄의 주체에 포함시킬 수도 없다고 보는 견해(김성돈, 206)가 타당하다.

205 김성돈, 207; 김일수·서보학, 157; 박상기·전지연, 520; 손동권·김재윤, § 14/5; 신동운, 697; 임웅, 247; 정성근·박광민, 213; 정영일, 87; 정웅석·최창호, 432.

206 김성돈, 207; 김일수·서보학, 157; 박상기·전지연, 520; 손동권·김재윤, § 14/5; 신동운, 697; 이재상·장영민·강동범, § 12/10; 임웅, 247; 정성근·박광민, 214; 정영일, 87; 정웅석·최창호, 432.

207 오영근, 168. 법인이나 단체에 대한 명예훼손은 대부분 그 업무에 관한 것이므로 업무방해죄의 문제로 다루거나, 구성원인 자연인에 대한 명예훼손으로 다루면 족하다고 한다.

208 배종대, § 47/14.

209 대판 2000. 10. 10, 99도5407(3.19 동지회 소속 교사). 「명예훼손죄는 어떤 특정한 사람 또는 인격을 보유하는 단체에 대하여 그 명예를 훼손함으로써 성립하는 것이므로 그 피해자는 특정한 것임을 요하고, 다만 서울시민 또는 경기도민이라 함과 같은 막연한 표시에 의해서는 명예훼손죄를 구성하지 아니한다 할 것이지만, 집합적 명사를 쓴 경우에도 그것에 의하여 그 범위에 속하는 특정인을 가리키는 것이 명백하면 이를 각자의 명예를 훼손하는 행위라고 볼 수 있다.」

역시 명예의 주체가 될 수 있다고 본다.[210]

　　단체가 공법상의 단체인가 사법상의 단체인가는 묻지 않지만, 개인적인 취 198
미생활을 위해 결합된 사교단체, 예컨대, 골프, 테니스, 낚시 또는 등산클럽 등
은 명예의 주체가 될 수 없다.[211] 가족이나 가문은 통일된 의사를 가진 주체로
서 대외적으로 활동하는 단체라고 할 수는 없으므로 명예의 주체가 될 수 없다.
다만, 가족의 모든 구성원의 명예가 집합명칭에 의하여 훼손될 수는 있다.[212]

　　(d) 국가 또는 지방자치단체

　　판례에 따르면 국가나 지방자치단체는 명예의 주체가 될 수 없다. 즉, "형 199
법이 명예훼손죄 또는 모욕죄를 처벌함으로써 보호하고자 하는 사람의 가치에
대한 평가인 외부적 명예는 개인적 법익으로서, 국민의 기본권을 보호 내지 실
현해야 할 책임과 의무를 지고 있는 공권력의 행사자인 국가나 지방자치단체는
기본권의 수범자일 뿐 기본권의 주체가 아니고, 그 정책결정이나 업무수행과 관
련된 사항은 항상 국민의 광범위한 감시와 비판의 대상이 되어야 하며 이러한
감시와 비판은 그에 대한 표현의 자유가 충분히 보장될 때에 비로소 정상적으
로 수행될 수 있으므로, 국가나 지방자치단체는 국민에 대한 관계에서 형벌의
수단을 통해 보호되는 외부적 명예의 주체가 될 수는 없고, 따라서 명예훼손죄
나 모욕죄의 피해자가 될 수 없다."[213]

　　대부분의 학설 역시 국가나 지방자치단체는 명예의 주체가 될 수 없다고 200

　　일본 판례도 같은 입장이다[最決 昭和 58(1983). 11. 1. 刑集 37·9·1341].

210　대판 2004. 11. 12, 2003다69942(단체의 임원들에 대한 명예훼손이라 할지라도, 그 내용이 임원
　　들의 업무에 관련된 것으로서 그 단체에 대한 사회적 평가를 저하시키기에 충분한 경우에는 그
　　단체의 명예나 신용 또한 손상되었다고 봄이 상당하다고 한 사례). 「피고가 위와 같이 세 차례
　　에 걸쳐 원고(A 리 어촌계)의 임원들에 관한 허위의 사실을 적시하여 원고의 임원들의 명예를
　　훼손하였다는 원심의 사실인정은 정당한 것으로 수긍되고, 비록 피고가 적시한 허위의 사실이
　　원고의 임원들에 관한 것이라고 하더라도 이는 원고의 임원들이 업무와 관련하여 활어납품업체
　　의 업주들로부터 금품을 수수하거나 술대접을 받았다는 것으로서 원고의 업무처리에 관한 불신
　　을 불러일으켜 원고에 대한 사회적 평가를 저하시키기에 족한 것이므로 원고의 명예나 신용 또
　　한 손상되었다고 봄이 상당하다고 할 것이다.」

211　이재상·장영민·강동범, §12/10; 정웅석·최창호, 433.

212　정웅석·최창호, 433.

213　대판 2016. 12. 27, 2014도15290[피고인이 인터넷 고흥군청 홈페이지에 고흥군을 비방할 목적
　　으로 허위내용의 글을 게시하거나 고흥군에 대한 경멸적인 표현의 글을 게시한 사례. 이와 달리
　　원심은 고흥군에 대한 본죄와 모욕죄의 성립을 인정하였다(서울중앙지판 2014. 10. 24, 2014노
　　2406)]; 대판 2021. 3. 25, 2016도14995.

해석한다.[214]

201   그렇다면 국가나 지방자치단체에 대해서는 본죄가 성립하지 않는다 하더라
도, 국가 또는 지방자치단체에 관한 어떠한 사실이 적시됨으로써 그 구성원 개
인에 대해서는 본죄가 성립할 수 있는지가 문제될 수 있다.

202   판례는 이에 대해서도 소극적인 입장이다. 즉, "정부 또는 국가기관의 정책
결정이나 업무수행과 관련된 사항은 항상 국민의 감시와 비판의 대상이 되어야
하고, 이러한 감시와 비판은 이를 주요 임무로 하는 언론보도의 자유가 충분히
보장될 때 비로소 정상적으로 수행될 수 있으며, 정부 또는 국가기관은 형법상
명예훼손죄의 피해자가 될 수 없으므로, 정부 또는 국가기관의 정책결정 또는
업무수행과 관련된 사항을 주된 내용으로 하는 언론보도로 인하여 그 정책결정
이나 업무수행에 관여한 공직자에 대한 사회적 평가가 다소 저하될 수 있더라
도, 그 보도의 내용이 공직자 개인에 대한 악의적이거나 심히 경솔한 공격으로
서 현저히 상당성을 잃은 것으로 평가되지 않는 한, 그 보도로 인하여 곧바로
공직자 개인에 대한 명예훼손이 된다고 할 수 없다."고 판시하였다.[215]

---

214 김성돈, 207; 김일수·서보학, 157; 박상기·전지연, 521; 신동운, 698.

215 대판 2021. 3. 25, 2016도14995[세월호 사건 관련 시민단체 간부인 피고인이 기자회견 도중 '세
월호 참사 당일 7시간 동안 대통령 A가 마약이나 보톡스를 했다는 의혹이 사실인지 청와대를 압
수·수색해서 확인했으면 좋겠다'라는 취지로 발언함으로써 허위사실을 적시하여 A의 명예를 훼
손하였다는 내용으로 기소된 사안에서, 이 발언은 피고인이 공적 인물과 관련된 공적 관심사항에
대한 의혹 제기 방식으로 표현행위를 한 것으로서 대통령인 A 개인에 대한 악의적이거나 심히
경솔한 공격으로서 현저히 상당성을 잃은 것으로 평가할 수 없어 본죄로 처벌할 수 없다고 한 사
례. 이와 달리 원심은, 피고인이 사용한 표현, 특히 '대통령 개인이 마약을 하였다'는 부분은, 우
리 사회에서 마약이 갖는 부정적인 이미지에 비추어 희화적인 묘사나 풍자에 해당한다고 도저히
볼 수 없고, 이를 넘어 악의적이고 심히 경솔한 표현에 해당하는 것으로서 현저히 상당성을 잃은
것이라 보고 본죄의 성립을 인정하였다(서울고판 2016. 9. 8, 2016노506)]; 대판 2011. 9. 2,
2010도17237(MBC 'PD수첩' 프로그램의 프로듀서 등 피고인들이 'PD수첩' 방송보도를 통하여 미
국산 쇠고기 수입 협상의 협상단 대표와 주무부처 장관이 협상을 졸속으로 체결하여 국민을 인간
광우병 위험에 빠뜨리게 하였다는 취지로 표현하는 등 그 자질 및 공직수행 자세를 비하하여 이
들의 명예를 훼손하였다는 내용으로 기소된 사안에서, 보도내용 중 일부가 객관적 사실과 다른
허위사실 적시에 해당한다고 보면서도, 위 방송보도가 국민의 먹을거리와 이에 대한 정부 정책에
관한 여론형성이나 공개토론에 이바지할 수 있는 공공성 및 사회성을 지닌 사안을 대상으로 하고
있는 점, 허위사실의 적시로 인정되는 방송보도 내용은 미국산 쇠고기의 광우병 위험성에 관한
것으로 공직자인 피해자들의 명예와 직접적인 연관을 갖는 것이 아닐 뿐만 아니라 피해자들에 대
한 악의적이거나 현저히 상당성을 잃은 공격으로 볼 수 없는 점 등의 사정에 비추어, 피고인들에
게 명예훼손의 고의를 인정하기 어렵고 달리 이를 인정할 증거가 없다고 본 사례).

(나) 피해자의 특정

(a) 일반적인 사안에서의 피해자 특정

본죄가 성립하기 위해서는 사실 적시 행위로 인해 외적 명예를 훼손당하는 **203**
피해자가 특정되어야 한다.[216] '서울시민' 또는 '경기도민'과 같은 막연한 표시에
의해서는 피해자가 특정되었다고 볼 수 없으나,[217] 집합적 명사를 쓴 경우에도
그것에 의하여 그 범위에 속하는 특정인을 가리키는 것이 명백하면 이를 각자
의 명예를 훼손하는 행위라고 볼 수 있다.[218]

피해자의 특정은 반드시 사람의 성명을 명시하여 사실을 적시하여야만 하 **204**
는 것은 아니므로, 사람의 성명을 명시하지 않더라도 그 표현의 내용을 주위 사
정과 종합적으로 판단하여 그것이 어느 특정인을 지목하는 것인가를 알아차릴
수 있는 경우에는 그 특정인에 대한 본죄를 구성한다.[219]

같은 이유로, 사람의 성명 등이 명시되지 않은 언론 기사나 영상 자체만으 **205**
로는 피해자를 인식하기 어렵게 되어 있다고 하더라도, 그 표현의 내용을 주위
사정과 종합해보면 기사나 영상이 나타내는 피해자가 누구인가를 알 수 있고,
또 그 사실을 아는 사람이 다수인 경우에는 피해자가 특정되어 있다고 본다.[220]

---

216 대판 2000. 10. 10, 99도5407; 대판 2018. 11. 29, 2016도14678.
217 대판 2000. 10. 10, 99도5407.
218 대판 2003. 2. 20, 2001도6138(전)(같은 선거구에 입후보한 사람들 중 충남 X 군에 Y 국가공단
   을 조성할 당시 민주정의당 소속 국회의원이던 사람은 피해자뿐인 상황에서, "Y 국가공단을
   만들 때 수십 억 원대의 정치자금을 만들어 당시 민주정의당 국회의원들이 그것을 나누어 썼다
   는 제보가 있었다."라는 발언을 한 경우, 이는 피해자가 특정된 것이라고 본 사례).
219 대판 1982. 11. 9, 82도1256(신씨 종중의 재산관리위원장이던 A와 피고인 사이에 종중재산의 관
   리에 관한 다툼이 있어 왔고 부락민 80세대 중 50세대가 신씨 종중원이었다면, "어떤 분자가 종
   중재산을 횡령 착복하였다."라는 피고인의 허위방송을 청취한 부락민 중 적어도 신씨 종중원들
   로서는 그 어떤 분자라는 것이 바로 A를 지목하는 것이라는 것쯤은 알아차릴 수 있는 상황이었
   다고 보기에 충분하므로, 피고인의 행위는 A에 대한 명예훼손에 해당한다고 본 사례); 대판
   2014. 3. 27, 2011도11226(공소사실에 피해자가 'A, B 등 서울경찰청 제2기동대 소속 전경들'이
   라고 기재된 경우, 피해자들 중 'A, B'만 그 성명이 명시되어 있을 뿐 나머지 피해자들의 구체적
   인 성명이 명시되어 있지는 않지만, 그 범행의 시기와 장소, 범행의 내용과 방법 등이 구체적으
   로 적시되어 있는 점, 피고인이 위 글을 인터넷에 게시할 당시의 위 기동대 소속 전경들을 명예
   훼손의 구체적인 피해자로서 특정하는 것이 반드시 불가능하지는 않다고 하더라도 그 피해자가
   다수인 점에 비추어 이를 개괄적으로 표시하는 것이 부득이한 측면이 있었던 점 등을 종합하면,
   공소사실 기재내용은 피해자가 특정된 것이라고 본 사례). 일본 판례도 같은 입장이다[最判 昭
   和 28(1953). 12. 15. 刑集 7·12·2436].
220 대판 1989. 11. 14, 89도1744(1969년 흑산도 대간첩작전에 참가한 피해자 등이 작전종료 후 사
   살한 무장공비 및 노획물을 모아놓고 그 앞에서 기념촬영한 사진을 1980년 광주민주화운동 당

206   또한 사람의 성명을 명시하지 않거나 머리글자나 이니셜만 사용한 경우라도, 그 표현내용을 주위 사정과 종합하여 볼 때 피해자를 아는 사람이나 주변 사람이 그 표시가 피해자를 지목하는 것을 알아차릴 수 있을 정도라면 피해자가 특정되었다고 할 수 있다.[221]

(b) 집합명칭 내지 집단표시에 의한 피해자 특정

207   피해자의 특정과 관련한 특수한 경우로서, 집합명칭 내지 집단표시에 의한 명예훼손의 문제가 있다. 법인이나 비록 법인은 아니라도 독자적으로 명예의 주체가 될 수 있는 집단이 어떠한 명예훼손적 사실의 적시 대상이 된 경우, 그 법인이나 집단 자체가 피해자로서 특정될 수 있는 것이고, 그 구성원 개개인이 피해자가 될 수 있는지는 별개의 문제에 불과하다. 그런데 독자적으로 명예의 주체가 될 수 없는 집단이 어떠한 명예훼손적 사실의 적시 대상이 된 경우에는, 이 집단 자체는 피해자가 될 수 없으므로 피해자가 특정되지 않았다고 볼 것인가, 아니면 그 구성원들이 피해자로서 특정된 것으로 볼 것인가가 이른바 집합

시 광주 현장에서 촬영한 것이라고 설명하며 월간지 기자에게 전달함으로써 이 사진이 월간지에 광주민주화운동 관련화보의 일부로 게재될 경우 마치 위 피해자들이 광주민주화운동 당시 공수부대원으로 광주에 출동하여 광주시민을 사살하고 사살된 시민들의 앞에서 기념촬영을 한 것처럼 보이게 된 사안의 경우, 비록 잡지에 게재된 사진을 일반독자들이 본다면 사진에 나와 있는 공수대원들이 피해자들이라는 것을 인식할 가능성은 희박하지만, 한편 이 사진이 1969년도에 언론매체에 의하여 보도되었을 뿐만 아니라 특전사 전시관 등에 전시되어 있었기 때문에 과거에 이 사진을 본 적이 있었던 사람 및 피해자들을 평소 잘 알고 있었던 사람들은 게재된 사진을 보더라도 그 속의 공수대원들이 피해자들이라는 것을 인식할 수 있으므로, 피해자들은 특정된 것이라고 본 사례).

221 대판 2020. 5. 28, 2019도12750[피고인이 초등학생인 딸 A에 대한 학교폭력을 신고하여 가해학생인 B에 대하여 '피해학생에 대한 접촉, 보복행위의 금지' 등의 조치가 이루어진 후 피고인의 카카오톡 계정 프로필 상태메시지에 "학교폭력범은 접촉금지!!!"라는 글과 주먹 모양의 그림말 3개를 게시함으로써 B의 명예를 훼손하였다고 기소된 사안에서, 위 상태메시지에 그 표현의 기초가 되는 사실관계가 드러나 있지 않고 특정인을 '학교폭력범'으로 지칭하지 않았으므로 피고인이 B의 학교폭력 사건이나 그 사건으로 B가 받은 조치에 대해 기재함으로써 B의 사회적 가치나 평가를 저하시키기에 충분한 구체적인 사실을 드러냈다고 볼 수 없다고 판단한 사례. 이와 달리 원심은 이 상태메시지 게시로써 B의 사회적 가치나 평가를 저하시키기에 충분한 구체적인 사실을 드러내 B의 명예를 훼손하였다고 판단(부산지판 2019. 8. 23, 2019노721)]; 대판 2018. 4. 12, 2015다45857('수도권 여당 C 의원실 유부남 보좌관, 미혼 여비서', '수도권 S 의원실 유부남 보좌관, 미혼 여비서'로 익명처리한 언론기사에서, 그들의 직업과 소속이 특정되어 있고, 그 무렵 여비서가 그만두었다는 사정까지 적시되어 있으며, 국회 근무자들이나 그 주변 사람들, 특히 수도권 여당 국회의원실 직원들 등은 그 무렵 국회의원실에서 그만둔 유일한 여비서가 누구인지 쉽게 알 수 있었고, 그 여비서와 같은 의원실에 근무한 '유부남 보좌관'이 결국 원고를 가리킨다는 사정도 알아차릴 수 있었으므로, 위 기사에서 언급된 '보좌관'은 원고로 특정된 것으로 본 사례).

명칭 내지 집단표시에 의한 피해자 특정의 문제이다.

집합명칭 내지 집단표시에 의한 피해자 특정 문제는, 어떤 집단 자체를 언 **208**
급하는 집합명칭 내지 집단표시에 의하여 그 구성원 전부의 명예가 훼손되는
경우, 그리고 사실은 집단의 구성원 전부를 언급한 것이 아니라 그 구성원 중
일부만을 언급한 것이지만 그것이 누구인지 명백하지 않아 결국 그 구성원 모
두의 명예가 훼손되는 경우 등 두 가지 유형으로 나눠볼 수 있다.[222]

먼저, ① 어떤 집단 자체를 언급하는 집합명칭 내지 집단표시에 의하여 그 **209**
구성원 전부의 명예가 훼손되는 경우에 대해 살펴보기로 한다.

이는 어떤 집단을 언급하는 사실 적시 행위가 구성원 개개인 전부에 대한 **210**
것으로 여겨질 정도로 그 집단의 구성원 수가 적거나 행위 당시의 주위 정황 등
으로 보아 그 개별구성원 전부를 지칭하는 것으로 여겨질 수 있는 경우에는 그
집단 내 개별구성원 전부가 피해자로서 특정된다고 보아야 할 것이고, 구체적인
기준으로는 집단의 크기, 집단의 성격과 집단 내에서의 피해자의 지위 등을 들
수 있다.[223] 그러한 판단은 구성원 전원에 대한 것이어야 하고, 예외를 인정하
는 평균적 판단이어서는 안 된다.[224]

따라서 피고인이 피해자의 이름을 직접적으로 적시하지는 않았으나 특정 **211**
고등학교의 '3.19 동지회' 소속 교사들이 학생들을 선동하여 무단하교를 하게 하
였다는 내용의 보도자료를 배포한 사안의 경우, 위 고등학교의 교사는 총 66명
으로서 그 중 약 37명이 '3.19 동지회' 소속 교사들이고 위 학교의 학생이나 학
부모, 교육청 관계자들은 '3.19 동지회' 소속 교사들이 누구인지 알고 있는 점을
감안하면, '3.19 동지회'는 그 집단의 규모가 비교적 작고 그 구성원이 특정되어
있으므로, 피고인이 '3.19 동지회' 소속 교사들에 대한 허위사실을 적시함으로써
그들 모두에 대한 명예가 훼손된 것이다.[225]

다만 명예훼손의 내용이 집단에 속한 특정인에 대한 것이라고 해석되기 힘 **212**
들고, 집단표시에 의한 비난이 개별구성원에 이르러서는 비난의 정도가 희석되

---

222 김성돈, 208; 이재상·장영민·강동범, §12/11-12.
223 대판 2003. 9. 2, 2002다63558.
224 오영근, 168; 이재상·장영민·강동범, §12/11. 이에 더하여, 집합명칭이 일반인과 명백히 구별
   될 수 있을 만큼 시간적·장소적으로 특정되어야 한다는 견해(배종대, §47/15)도 있다.
225 대판 2000. 10. 10, 99도5407.

어 구성원 개개인의 사회적 평가에 영향을 미칠 정도에 이르지 않는 것으로 평가되는 경우에는, 구성원 개개인에 대한 명예훼손은 성립하지 않는다.

213   이에 따라 대법원은, ⓐ 세월호 사건 당시 SNS 글과 언론 인터뷰를 통해 '해양경찰들이 민간잠수부들의 구조작업을 막았다. 현장구조대원들이 사고현장에는 희망도 기적도 없다는 말을 하였다'라는 취지로 해양경찰청장과 해양경찰청 소속 경찰관, 현장구조대원들의 명예를 훼손하였다는 사안에서, 당시 현장구조활동에 투입된 해양경찰과 다른 국가기관에서 투입된 인원이 수백 명에 이르고 어느 범위까지를 구조업무로 볼 것인지는 평가와 판단의 과정을 거쳐야만 가능한 것으로서 구조업무의 범위에 대해 여러 견해가 있을 수 있다는 이유로 피해자들의 범위가 명확히 특정되었다고 보기 어렵다고 판단하였고,[226] ⓑ 정치평론 인터넷 매체의 대표이사인 피고인이 인터넷 게시글, 인터뷰, 강의 등을 통해 지속적으로 국방부 장관, 해군참모총장, 합동조사단 위원 등이 천안함 침몰원인이 좌초라는 것을 규명하였으나 그 원인이 공개되는 것을 우려하여 사고 원인을 은폐 또는 조작하고 있다는 취지의 주장을 하여 위 국방부 강관 등의 명예를 훼손하였다고 기소된 사안에서, 피고인은 정부나 군 관계자를 추상적으로 지칭하였을 뿐 대부분의 게시글, 인터뷰 등에서는 표현의 상대방, 즉 피해자가 특정되었다고 보기 어렵다는 이유로 무죄를 선고한 원심판결을 확정하였다.[227]

214   ② 집합명칭 내지 집단표시에 의한 명예훼손의 두 번째 유형은, 명예훼손의 행위자가 사실은 집단의 구성원 전부를 언급한 것이 아니라 그 구성원 중 일부만을 언급한 것이지만 그것이 누구인지 명백하지 않아 결국 그 구성원 모두의 명예가 훼손되는 경우이다.

215   이 유형 역시 사실 적시의 대상이 된 집단의 규모가 작고 그 구성원이 쉽게 특정될 수 있는 경우에 피해자가 특정될 수 있다고 할 것이다.

---

226 대판 2018. 11. 29, 2016도14678.
227 대판 2022. 6. 9, 2020도14513. 정보통신망법위반(명예훼손)죄로 기소된 사안으로, 그 밖에도 ① 피고인의 게시글, 인터뷰 등의 전체적인 취지는 천안함 사고를 정치적으로 이용하지 말고 침몰원인에 관하여 제기되고 있는 의혹이 충분히 해소되어야 한다는 의견을 표명한 것으로 볼 수 있고, ② 설령 사실 적시에 해당한다고 하더라도 공적 관심 사안에 대한 공공의 이익을 위한 것으로서 공직자나 집단의 구성원 개인에 대한 비방의 목적이 있다거나 '악의적 공격'에 해당한다고 볼 수 없다는 원심의 판단을 수긍하였다.

이에 관해서는, 이른바 '대전 법조비리 사건'과 관련하여 대전 지역의 검사 216
들이 언론사를 상대로 제기한 손해배상청구 사건을 예로 들어볼 수 있다. 이는
원고인 전 대전지방검찰청 검사 4명이 'A 변호사(대전 법조비리 사건의 중심인물)에
게 사건을 소개한 대전 지역 검사들 중에는 그 사건을 수사했던 경우가 있었다'
라는 내용의 언론보도에 대하여, '대전지방검찰청 검사 25명, 대전고등검찰청
검사 6명 등 총 31명의 검사 중에서 자신이 수사했던 사건을 A 변호사에게 소
개한 검사가 있었던 것은 사실이나, 원고 4명은 그러한 사실이 없음에도 위 보
도에서 자신이 수사한 사건을 A 변호사에게 소개한 검사가 누구인지 밝히지 않
아 원고 4명도 혐의를 받게 되어 명예가 훼손되었다'라고 주장한 사안이다. 판
례는 이 보도에서 사용된 '대전 지역 검사들'이라는 표시는 그 구성원의 수가 적
고 한 달 여에 걸친 집중적인 관련 방송보도 등 당시의 주위 정황 등으로 보아
집단 내 개별구성원을 지칭하는 것으로 여겨질 수 있으므로, 원고인 4명의 검사
는 '대전 지역 검사들'이라는 집단표시에 의한 명예훼손의 피해자로 특정되었다
고 판단하였다.[228]

이와 달리 피해자 특정이 부정된 사례로는, 어느 단과대 학장의 취임을 반 217
대하는 '비상대책회의'가 그 단과대 소속 전임교수 41명 중 28명으로 구성되었
는데 피고인들이 비상대책회의 소속 일부 교수가 학장 취임에 찬성하는 교수와
학생들을 협박하였다고 주장한 사안을 들 수 있다. 이 비상대책회의 소속 교수
인 피해자는 피고인들을 명예훼손으로 고소하면서 비상대책회의라는 단체 자체
의 명예가 훼손되었다거나 비상대책회의 소속 교수 28명 모두가 각각 명예를
훼손당하였다고 주장하는 대신 피해자 자신의 명예가 훼손되었다고 주장하였
다. 즉, 피고인들이 그러한 협박 행위를 한 사람이 '비상대책회의 소속 일부 교
수'라고 하면서도 그것이 누구인가를 명백히 밝히지 않아, 피해자 자신도 그런
행위를 한 사람일 수 있다는 의심을 받을 수 있기에 자신에 대한 명예가 훼손당
하였다고 주장한 것이다. 당초 이 사건을 무혐의 처분한 검사와 그에 대한 재정
신청 사건을 심리한 재판부는, 피고인들이 '비상대책회의 소속 일부 교수들'의
언동을 적시하면서 언급한 일부 교수에 피해자가 포함된다고 볼 만한 표현이

---

228 대판 2003. 9. 2, 2002다63558.

발견되지 않고, 피고인들이 실제로 '비상대책회의 소속 일부 교수'로 지목한 당사자는 피해자가 아닌 다른 특정 교수들이어서 이 사건 게시물을 접하는 사람들이 '비상대책회의 소속 일부 교수'에 피해자가 포함되는 것으로 오인할 우려가 있다고 보기 어려우므로, 피해자가 이 사건 명예훼손의 피해자로 특정되었다고 볼 수 없다고 판단[229]하였다.[230]

(2) 명예

218   이미 **[총설]** 부분에서 살펴본 것처럼, 공연히 사실을 적시함으로써 훼손되는 피해자의 '명예'라 함은 사람의 인격적 가치와 그의 도덕적·사회적 행위에 대한 사회적 평가를 의미하는 외적 명예를 가리킨다.

219   이는 보호할 가치가 있는 적극적 가치여야 하고, 악명 등 소극적 가치는 제외된다.[231] 지불능력이나 지불의사에 대한 경제적 평가는 신용훼손죄(§313)의 보호법익이므로 본죄의 명예에서 제외된다.[232]

(3) 훼손

220   본조의 문언은 "공연히 사실을 적시하여 사람의 명예를 훼손한 자는"이라고 되어 있어, 마치 공연한 사실 적시 행위로 인해 실제로 명예가 훼손되는 결과까지 발생하여야만 기수에 이르는 것처럼 해석될 여지가 있다.

221   그러나 판례[233]와 다수설은 본죄를 추상적 위험범으로 해석하므로, 명예훼손적 발언을 불특정 또는 다수인이 실제로 인식하여 사람의 외적 명예가 반드시 침해되는 결과가 발생하여야만 하는 것이 아니라, 공연히 사실을 적시함으로써 불특정 또는 다수인이 인식할 수 있는 상태에 놓여 사람의 외적 명예가 침해

---

229 대결 2014. 10. 27, 2014모1107. 본 판결 평석은 안원하, "집합명칭에 의한 명예훼손과 피해자의 특정", 법학논총 35-3, 전남대 법학연구소(2015) 참조.
230 독일의 판례에 따르면, 개인의 집합은 법적으로 인정된 사회적·경제적 기능을 수행하고 통일적인 의사를 형성할 수 있는 한에서는, 형법상 명예보호를 향유한다(BGH, 08.01.1954 - 1 StR 260/53). 이른바 집합명칭 내지 집단표시에 의한 다수인에 대한 명예훼손이 가능한 것인지와 관련해서, 판례 가운데에는 연방군대(Bundeswehr)에 대한 모욕은 그 구성원 모두에 대해 미친다고 본 것이 있는데, 이에 따르면 연방군대라고 하는 집합명칭 내지 집단표시에 의해 지칭되는 것은 현역 군인이며, 과거 군인이었던 자는 여기에 포함되지 않는다고 한다(BGH, 19.01.1989 - 1 StR 641/88).
231 신동운, 697; 정웅석·최창호, 432.
232 大判 大正 5(1916). 6. 26. 刑錄 22·1153.
233 대판 2020. 11. 19, 2020도5813(전). 일본 판례도 마찬가지이다[大判 昭和 13(1938). 2. 28. 刑集 17·141].

당할 우려만 있으면 기수에 이른다고 본다.[234] 따라서 여기서의 '훼손'은 훼손이라는 결과라기보다는 훼손의 우려가 있는 상태라는 의미로 해석하여야 한다. 이런 점에서 훼손행위의 유형에 따라, 예컨대 구두의 사실 적시가 아닌 인터넷 게시에 의한 사실 적시의 경우에는 기수에 도달한 후에도 아직 범죄는 종료되지 않고 계속된다고 할 것이다.[235]

본죄에서 피해자의 면전성은 법문상 구성요건이 아니므로 명예훼손행위가 피해자의 면전에서 이루어질 필요는 없고,[236] 따라서 피해자가 행위자의 명예훼손행위가 있었음을 인지할 필요도 없다.[237] **222**

다만 어떠한 범죄를 추상적 위험범으로 확대하여 해석하는 것은 법치국가 형법에 어긋나고 적시한 사실을 인식한 사람이 전혀 없는 경우에도 본죄의 기수를 인정하는 것은 모순일 뿐만 아니라 그래야 할 필요도 없다는 이유로, 적시된 사실을 불특정 또는 다수인이 현실적으로 인식하여 최소한 명예가 훼손될 구체적 위험이 있어야 기수가 된다고 보아야 한다는 견해(구체적 위험범설)[238]도 주장되고 있다. **223**

---

234 김성돈, 204·214; 김일수·서보학, 155·162; 박상기·전지연, 522; 손동권·김재윤, §14/18; 신동운, 704; 이재상·장영민·강동범, §12/7; 이정원·류석준, 198; 이형국·김혜경, 244; 임웅, 248; 정성근·박광민, 211·219; 정영일, 86; 정웅석·최창호, 431·439. 일본 판례도 같은 입장이다[大判 大正 6(1917). 7. 3. 刑錄 23·782].

235 大阪高判 平成 16(2004). 4. 22. 高刑集 57·2·1(피고인이 인터넷에 피해자의 명예를 훼손하는 기사를 게재한 경우, 범죄의 종료시점은 피고인이 기사의 삭제를 의뢰하여 그 기사가 삭제된 시점이 아니라 삭제를 의뢰한 시점이라고 판시하였다).

236 대판 2004. 6. 25, 2003도4934(모욕죄에 관한 사안으로, "모욕죄는 사람의 외부적 명예를 저하시킬 만한 추상적 판단을 공연히 표시하는 것으로 족하므로, 표시 당시에 제3자가 이를 인식할 수 있는 상태에 있으면 되고 반드시 제3자가 인식함을 요하지 않으며, 피해자가 그 장소에 있을 것을 요하지도 않고 피해자가 이를 인식하였음을 요하지도 않으므로, 행위자가 피해자를 대면할 때만 모욕죄가 성립한다는 상고이유 주장은 받아들일 수 없다."라고 판시하였다).

237 이재상·장영민·강동범, §12/21.

238 배종대, §48/16; 홍영기, §65/1.

Ⅳ. 주관적 구성요건

1. 고 의

(1) 사실 적시 행위에 대한 고의

224   본죄가 성립하기 위해서는 타인의 명예를 훼손하는 사실을 적시한다는 고의가 있어야 한다.[239] 자신의 행위가 타인의 명예를 훼손할 수 있는 어떠한 사실을 적시하는 것이라는 사실을 인식하여야 하고, 자신의 행위로 인해 타인의 명예가 훼손될 우려가 있다는 사실 역시 인식하고 있음에도 이에 나아간다는 의사가 필요하다.[240]

225   일반적으로 범죄의 고의는 확정적 고의뿐만 아니라 결과 발생에 대한 인식이 있고 이를 용인하는 의사인 미필적 고의도 포함하므로, 본죄 역시 미필적 고의에 의해서도 성립할 수 있다.[241]

226   행위자가 명예훼손행위 당시 다소 흥분하고 있었다는 사실만으로는 명예훼손 사실의 인식을 부정할 수 없으므로, 피해자와 상호 언쟁하던 중 흥분하여 욕설과 함께 명예훼손행위에 이른 것이라도 명예훼손의 고의가 부정되지 않는다.[242]

227   다만, 특정인의 명예를 훼손하려는 의도가 아니라 단순히 어떠한 사실을 확인하고자 한 것이라면, 명예훼손의 고의가 있다고 볼 수 없다.[243] 같은 맥락에서, 불미스러운 소문의 진위를 확인하고자 질문을 하는 과정에서 타인의 명예를 훼손하는 발언을 하였다면, 그 동기에 비추어 명예훼손의 고의를 인정하기 어렵다.[244]

---

239 대판 2018. 6. 15, 2018도4200; 대판 2022. 4. 28, 2021도1089.

240 大判 昭和 13(1938). 7. 14. 刑集 17·608.

241 김일수·서보학, 162; 박상기·전지연, 526; 신동운, 717; 이재상·장영민·강동범, § 12/22. 판례도 마찬가지이다(대판 2014. 3. 13, 2013도12430).

242 대판 1956. 4. 22, 4287형상36.

243 대판 1985. 5. 28, 85도588(새로 목사로 부임한 피고인이 전임목사에 관한 교회 내의 불미스러운 소문의 진위를 확인하기 위하여 교회 집사들에게 이에 대해 물어본 것이라면, 이는 경험칙상 충분히 있을 수 있는 단순한 확인에 지나지 않으므로 명예훼손의 고의나 미필적 고의가 있다고 할 수 없다고 본 사례).

244 대판 2018. 6. 15, 2018도4200(피고인이 자신이 운영하는 마트의 직원인 피해자가 납품업체들로부터 입점비를 받아 개인적으로 착복하였다는 소문을 듣고 납품업체 직원인 A를 불러 소문의 진위를 확인하며 A도 입점비를 피해자에게 주었는지 질문하는 과정에서 "다른 업체에서는 마트에 입점하기 위하여 200만 원, 400만 원 등 입점비를 준다고 하던데, 아이스크림은 입점비를 얼마나 줬냐? 피해자가 여러 군데 업체에서 입점비를 돈으로 받아 해먹었고, 지금 뒷조사 중이다."

또한 명예훼손 내용의 사실을 발설하게 된 경위가 그 사실에 대한 확인요 **228**
구에 대답하는 과정에서 나오게 된 것이라면, 그 발설내용과 동기에 비추어 명
예훼손의 고의를 인정할 수 없다.[245]

(2) 공연성에 대한 고의

본죄의 고의로는 사실 적시 행위 자체에 대한 고의 외에, 공연성에 대한 고 **229**
의 또한 필요하다. 공연성에 대한 고의는 불특정 또는 다수인이 인식할 수 있는
상태에서 사실 적시 행위를 한다는 사실을 인식하고 그로 인한 위험을 의욕한
다는 의사가 필요하다.

그런데 실제 사례에서 공연성에 대한 고의는 특정 소수인에게 적시한 사실 **230**
이 불특정 다수인에게 전파될 가능성을 인식하였는지 여부가 문제되는 사안이
대부분이다. 전파가능성이 있다는 이유로 공연성이 인정되는 경우에는, 적어도
범죄구성요건의 주관적 요소로서 미필적 고의가 필요하므로 전파가능성에 대한
인식이 있음은 물론 나아가 그 위험을 용인한다는 내심의 의사가 있어야 한다.
일반적으로 전파가능성을 용인하고 있었는지 여부는, 외부에 나타난 행위의 상
황 등 구체적인 사정을 기초로 하여 일반인이라면 그 전파가능성을 어떻게 평가
할 것인가를 고려하면서 행위자의 입장에서 그 심리상태를 추인하여야 한다.[246]

친밀하고 사적인 관계뿐만 아니라 공적인 관계에서도 조직 등의 업무와 관 **231**
련하여 사실의 확인 또는 규명 과정에서 발언하게 된 것이거나, 상대방의 가해
에 대하여 대응하는 과정에서 발언하게 된 경우와 수사·소송 등 공적인 절차

라고 말한 경우, 이는 피해자의 사회적 평가를 저하시킬 의도를 가지거나 그러한 결과가 발생할
것을 인식한 상태에서 그와 같은 말을 한 것이 아니므로 명예훼손의 고의를 인정하기 어렵다고
본 사례). 이와 달리 원심은 피고인이 자신도 현금으로 입점비 명목의 돈을 받아서 유용하고자
하는 의도로 A에게 위와 같은 말을 한 것이라는 이유로 명예훼손의 고의를 인정하였다(인천지
판 2018. 2. 14, 2017노4452).

245 대판 1983. 8. 23, 83도1017[피고인이 B로부터 A가 과거에 어떠한 말을 하고 다닌 적이 있었느
냐는 확인요구를 받고 대답하면서, A가 그러한 말을 하고 다니는 것을 우려하는 뜻에서 공소사
실 기재와 같은 말을 한 사례. 이와 달리 원심은 명예훼손의 고의를 인정하였다(대전지판 1983.
3. 16, 82노1316)]; 대판 2010. 10. 28, 2010도2877(피고인에게 과거에 어떠한 말을 한 적이 있
는지 및 그에 관한 증거가 있는지 해명을 요구하자, 피고인이 대답을 하는 차원에서 공소사실
기재와 같은 발언을 한 사례); 대판 2022. 4. 14, 2021도17744(회의자리에서 상급자로부터 책임
을 추궁당하며 질문을 받게 되자, 이에 대답하는 과정에서 타인의 명예를 훼손하는 듯한 사실을
발설하게 된 사례).

246 대판 2004. 4. 9, 2004도340.

에서 당사자 사이에 공방을 하던 중 발언하게 된 경우 등이라면, 발언자의 전파가능성에 대한 인식과 위험을 용인하는 내심의 의사를 인정하는 것은 신중하여야 한다.[247] 이 경우 공연성의 존부는 발언자와 상대방 또는 피해자 사이의 관계나 지위, 대화를 하게 된 경위와 상황, 사실적시의 내용, 적시의 방법과 장소 등 행위 당시의 객관적 사정에 관하여 심리한 다음, 그로부터 상대방이 불특정인 또는 다수인에게 전파할 가능성이 있는지를 검토하여 종합적으로 판단해야 한다.[248]

232   공연성에 대한 고의 유무가 문제된 사례를 들어보면 다음과 같다.

233   ① 상가관리단 분쟁과 관련하여 전 관리인인 피고인이 새로운 관리인으로 선출된 피해자의 전과사실이 기재된 문서를 상가관리단 감사에게 팩스로 송부한 사안(고의 인정)

234   피고인과 감사 또는 감사와 피해자 사이의 관계 및 피고인이 팩스로 피해자의 전과사실을 전송할 당시 감사에게 이를 전파하지 않도록 요청한 바가 없는 점 등을 고려할 때 감사가 피해자의 전과사실을 전파하지 않고 비밀로 지켜줄 사정이 인정되지 않고, 오히려 피고인이 감사에게 위 문서를 팩스로 전송한 후 스스로 피해자의 전과사실을 상가 상인들에게 알리는 행동을 하였던 점에 비추어 보면, 비록 피고인이 감사 한 사람에게만 피해자의 전과사실을 유포하였다고 하더라도 그로부터 불특정 또는 다수인에게 전파될 가능성에 대한 인식이 있었음은 물론이고 내심으로도 전파가능성을 용인하고 있었다고 봄이 상당하므로 공연성이 인정된다.[249]

235   ② 피고인이 주식회사 A와의 사이에 발생한 분쟁을 야당 국회의원들을 통해 해결하기 위해 국회의원 B에게 주식회사 A의 비리를 조사해줄 것을 부탁하며 관련 자료를 넘겨주고 B로부터 이를 넘겨받은 다른 국회의원 C의 발표로 주식회사 A에 관한 사실이 언론보도된 사안(고의 인정)

236   피고인이 비록 B에게 허위사실을 적시하였다고 하더라도 피고인의 행위 형

---

[247] 대판 2022. 7. 28, 2020도8336.
[248] 대판 2020. 11. 19, 2020도5813(전); 대판 2022. 7. 28, 2020도8336.
[249] 대판 2008. 10. 23, 2008도6515. 이와 달리 원심은 피고인이 감사를 통한 전파가능성을 인식하면서도 그 위험을 용인하는 내심의 의사를 가지고 감사에게 위 문서를 전송하였다고 볼 수 없다는 이유로 공연성을 부정하였다(수원지판 2008. 7. 1, 2008노791).

태와 당시의 행위 상황 등에 비추어 보면, 피고인으로서는 B가 피고인으로부터 전해들은 허위사실들을 야당 국회의원 등을 통하여 공론화함으로써 불특정 또는 다수인에게 전파될 가능성이 있었음을 인식하면서 이를 용인하고 있었음이 인정된다.[250]

③ X 대학교 사무처장인 피고인이 인터넷신문 기자에게 총장의 성추행 사건 등으로 복잡한 학교 측 입장을 이야기하면서 총장을 성추행 혐의로 고소한 X 대학교 소속 교수인 피해자들에 대하여 '피해자들이 이상한 남녀관계인데, 치정 행각을 가리기 위해 개명을 하였고, 이를 확인해 보면 알 것이다'라는 취지의 발언을 한 사안(고의 인정)   237

피고인이 위와 같은 발언을 할 당시의 정황상 그가 위 기자에게 이에 관한 기사를 작성하도록 의도하였거나 이를 용인하는 내심의 의사가 있었다고 보는 것이 타당하고, 설령 피고인이 위 기자에게 이를 보도하지 말아 달라는 취지의 말을 하였다고 하더라도 그러한 사정만으로 위 기자가 피고인의 발언을 기사화하여 불특정 또는 다수인에게 전파할 가능성이 없다고 할 수는 없으므로, 피고인에게 그와 같은 발언의 전파가능성에 관한 인식 및 용인의 의사가 있었다고 보아야 한다.[251]   238

④ 신학대학교 교수인 피고인이 종교단체인 'X 파'를 이단으로 비판하면서 그 실질적 지도자인 피해자의 여자 문제 등 사생활에 관해 발언한 사안(고의 부정)   239

피고인으로부터 이러한 말을 들은 사람들은 위 X 파의 신자들로서 갑자기 피고인을 찾아와 피고인에게 신앙상담을 하러 왔다면서 X 파로 인해 자신들의 신상이나 가정에 큰 문제가 생겼다며 X 파에 대해 비판적으로 말하면서 X 파를 떠나고 싶다고 거짓말하여 피고인으로 하여금 위와 같은 발언을 하도록 유도한 것이라면, 이들이 수사기관 이외의 다른 사람들에게 피고인의 말을 전파할 가능성이 있다고 단정하기는 어려우므로, 당시 피고인은 적어도 위와 같은 발언이 위 사람들 이외의 불특정 또는 다수인에게 전파될 가능성이 있다는 점에 관하여는 인식이 없었던 것으로 봄이 상당하다.[252]   240

---

250 대판 2004. 4. 9, 2004도340.

251 대판 2017. 9. 7, 2016도15819. 이와 달리 원심은 당시 피고인이 전파가능성을 인식하면서도 그 위험을 용인하는 내심의 의사를 가지고 위와 같은 행위를 하였다는 점이 증명되었다고 볼 수 없다고 판단하였다(광주지판 2016. 9. 21, 2016노127).

252 대판 1996. 4. 12, 94도3309. 이와 달리 원심은 공연성이 인정된다고 판단하였다(대전지판 1994.

241   ⑤ 빌라 관리인인 피고인들이 누수 문제로 그 아랫집 거주자 A로부터 공사 요청을 받게 되자, 공사가 신속히 진행되지 못하는 이유를 빌라를 임차하여 거주하고 있는 피해자들의 탓으로 돌려 책임추궁을 피하기 위하여, A와 전화통화를 하면서 피해자들이 누수 공사 협조의 대가로 과도하고 부당한 금전 요구를 한다고 말하고(명예훼손), 나아가 '무식한 것들', '이중인격자' 라고 말한(모욕) 사안(고의 부정)

242   위 발언은 피고인들이 A에게 피해자들의 협조 문제로 공사가 지연되는 상황을 설명하는 과정에서 나온 것으로 전파가능성에 대한 인식과 위험을 용인하는 내심의 의사에 기하여 위 발언을 하였다고 단정하기 어렵고, A가 피고인들을 상대로 한 민사소송에 자료로 제출되게 하기 위하여 자신의 형과 변호사에게 위 발언의 녹음 사실을 알려준 것만으로는 위 발언이 불특정인 또는 다수인에게 전파되었다고 볼 수 없으며, 나아가 피해자 본인에게 전달될 가능성이 높다거나 실제 전달되었다는 사정만으로는 불특정인 또는 다수인에게 전파될 가능성이 있었다고 볼 수 없다.[253]

(3) 사실의 허위성에 대한 고의

243   허위사실 적시 명예훼손죄의 경우에는 적시한 사실이 허위의 내용이라는 데 대한 인식도 고의의 내용이 된다.[254] 다만 허위사실에 대해서만은 확실성 정도의 인식을 요하는 지정고의(知情故意)가 있어야 한다는 견해,[255] 적시사실의 허위성에 대한 적극적인 인식이 있어야 본죄가 성립한다는 견해[256]도 주장되고 있다.

244   사실의 허위성을 인식하고 있었는지 여부에 대한 판단은 명예훼손 행위자가 속한 집단의 평균인을 기준으로 한다. 따라서 피고인이 운영하는 회사의 특허발명에 대해 특허심판원의 무효심결이 내려진 후 확정되기 전에 피고인이 '피해자가 생산·판매한 제품은 피고인 회사의 특허권을 침해한 제품이다'라는 사실을 인터넷을 통하여 적시하고 피해자의 거래처들에도 같은 내용의 내용증명

---

11. 25, 94노381).
253 대판 2022. 7. 28, 2020도8336.
254 이재상·장영민·강동범, §12/23; 정웅석·최창호, 440.
255 김일수·서보학, 162.
256 손동권·김재윤, §14/39.

을 발송한 사안에서, 판례는 "통상의 기술자가 아닌 피고인으로서는 이 사건 각 범죄일시 당시 이미 이 사건 특허발명에 대한 무효심결이 있었다는 사유만으로 위 심결이 확정되지도 않은 상태에서 이 사건 특허발명에 무효사유가 있음을 알고 있었다고 단정하기는 어렵다."라고 판시함으로써 피고인에게 허위성에 대한 인식이 있었다고 볼 수 없다고 판단하였다.[257]

사실의 허위성에 대한 고의가 문제된 사례를 살펴보면 다음과 같다. 　245

① 피해자에 의해 제기된 지방자치단체의 택시회사 감독 소홀에 관한 주민 　246
감사청구에 대하여 해당 지방자치단체 택시운송사업조합과 전국택시노동조합연맹 지역본부가 공동으로 이의신청을 하면서 택시운송사업조합 이사장인 피고인이 이의신청서에 첨부하기 위하여 피해자의 행적을 비난하는 내용의 탄원서를 작성하여 택시기사들에게 교부한 사안(고의 부정)

위 탄원서가 택시운송사업조합 이사회의 결의에 의하여 작성된 것인 점, 그 　247
내용이 피해자의 행적을 다소 과장되게 표현하고 있으나 전반적으로 사실로 인정되는 점, 택시운송사업조합뿐만 아니라 전국택시노동조합연맹 지역본부도 위 탄원서의 작성에 참여하였고 위 지역본부의 구성원인 택시기사들의 연명으로 제출하기 위하여 택시기사들에게 위 탄원서가 교부된 것으로서, 교부의 목적이 단체적인 의사표현을 위하여 대표자가 문안을 작성하고 구성원들이 자유의사에 따라 서명 날인을 하도록 하기 위함이었던 점 등을 종합해 볼 때, 피고인에게 본죄의 고의를 인정할 수 없다.[258]

② 인터넷 커뮤니티 사이트를 운영하는 A 주식회사의 임직원인 피고인들이 　248
'전자상거래 쇼핑몰업체인 B 주식회사는 배송근로자들을 착취하는 비도덕적인 기업'이라는 취지로 제3자가 인터넷에 게시한 허위내용의 글을 옮겨와 다른 인터넷 사이트 게시판에 작성·게시한 사안(고의 인정)

인터넷에 제3자의 표현물을 게시한 행위가 전체적으로 보아 단순히 그 표 　249
현물을 인용하거나 소개하는 것에 불과한 경우에는 명예훼손의 책임이 부정되

---

257 대판 2010. 10. 28, 2009도4949. 이와 달리 원심은 특허무효심결이 확정되기 이전이라도 피고인은 피해자가 이 사건 특허권을 침해하지 않았음을 인식하였거나 인식할 수 있었다고 봄이 상당하므로 고의가 인정된다고 판단하였다(서울중앙지판 2009. 5. 22, 2009노551).
258 대구지판 2005. 2. 4, 2004노3525. 이와 달리 원심은 고의가 인정된다고 판단하였다(대구지판 2004. 9. 6, 2004고정1361).

나, 제3자의 표현물을 실질적으로 이용·지배함으로써 제3자의 표현물과 동일한 내용을 직접 적시한 것과 다름없다고 평가되는 경우에는 명예훼손의 책임이 인정된다.[259]

250   피고인들은 원 게시글의 출처를 정확히 밝히지 않은 채 글을 작성하였고, 원 게시글에 관한 인터넷 주소를 링크하거나 소개하는 방식이 아니라 원 게시물의 내용을 새로운 게시물의 형태로 작성하였으므로 설령 원 게시글을 전재한 것에 불과하더라도 피고인들의 행위는 원 게시글을 인용하거나 소개하는 것을 넘어서서 글을 직접 적시한 것과 다름없는 점, 피고인들은 국내 최대 인터넷 커뮤니티 사이트의 하나인 A 회사의 임직원으로서 업무상 인터넷에 허위 게시물이 적지 않게 있다는 사실을 충분히 인식하고 있었음에도 별도의 사실확인 없이 원 게시글의 출처도 생략한 채 글을 작성한 점, 피고인들이 글을 작성한 시점에는 그 내용에 관하여 B 회사에 대한 구체적인 의혹이 있거나 공식적인 언론보도도 있지 않았던 점 등을 종합하면, 피고인들에게 적어도 허위의 사실을 적시한다는 점에 대한 미필적인 고의가 있었고, B 회사를 비방할 목적도 있었다고 봄이 상당하다.[260]

251   ③ A 회사 소속 택시기사로 근무하다 해고된 피고인이 'A 회사 대표의 부가세 감면분 착복, 부당해고 규탄한다'라는 등의 내용이 기재된 현수막을 걸고 이를 마이크를 이용해 낭독한 사안(고의 인정)

252   '부가세 감면분 착복' 문구 부분에 대해서는 피고인이 고발한 A 회사 대표의 횡령 혐의가 검찰에서 혐의없음 처분되었고, '부당해고' 문구 부분에 대해서는 피고인이 제기한 구제신청과 해고무효 소송이 기각되어 그가 이러한 사실들을 인지하고 있었으므로, 피고인이 위와 같은 현수막 기재내용이 허위임을 인식하고 있었다고 봄이 타당하다.[261]

253   ④ 근로계약 해지를 통보받은 근로자인 피고인이 페이스북에 자신이 부당해고를 당하였다는 취지의 허위 글을 수회 게시하여 비방할 목적으로 그 사용자의 명예를 훼손하였다는 사안(고의 인정)

---

259 헌재 2013. 12. 26, 2009헌마747.
260 서울중앙지판 2017. 4. 14, 2016고정3950.
261 대판 2019. 4. 25, 2019도1162.

피고인은 페이스북에 글을 게시하는 것과 별도로 국가인권위원회에 사용자 254
의 부당해고 사실 등을 진정하였다가 사용자의 부당해고를 인정할 만한 객관적
증거가 없다는 이유로 기각결정을 받았는데, 국가인권위원회의 결정이 있기 전
의 페이스북 글 게시행위는 피고인이 부당해고를 당한 것으로 믿을 만한 상당
한 이유가 있는 것이지만, 국가인권위원회의 결정을 송달받고도 국가인권위원
회의 판단을 무시하고 그 결정에 배치되는 종전의 주장을 되풀이하는 내용의
페이스북 글을 게시한 때부터는 그 내용이 허위라는 사정을 인식하고서도 비방
의 목적으로 사용자의 명예를 훼손한 것이라고 인정된다.[262]

2. 착 오

앞에서 본 것처럼 사실의 허위성에 대한 인식도 고의의 내용에 포함되는데, 255
이러한 인식에 착오가 있는 상태에서 명예훼손행위에 이른 경우의 효과는 어떠
한지가 문제된다.

우선 허위의 사실을 진실한 사실로 오인하고 적시한 경우에는, 사실의 착오 256
에 관한 규정인 제15조 제1항(특별히 무거운 죄가 되는 사실을 인식하지 못한 행위는 무
거운 죄로 벌하지 아니한다)에 따라 본조 제1항의 고의만 인정되므로 사실 적시 명
예훼손죄의 죄책만을 지게 된다.[263]

반대로 진실한 사실을 허위의 사실로 오인하고 적시한 경우에는, 큰 고의는 257
작은 고의를 포함하므로 본조 제1항의 죄책을 지게 된다.[264] 다만, 이에 대해서
는 가벼운 기본범죄의 고의기수와 무거운 범죄의 미수의 상상적 경합으로 다루
어야 하지만 가중된 명예훼손죄의 미수는 처벌되지 않으므로 결국 단순 명예훼
손죄의 고의기수가 될 뿐이라는 견해,[265] 구성요건적 착오에 해당하므로 제15조
제1항에 의하여 본조 제1항의 죄만 성립한다는 견해[266]도 있다. 어느 경우이든
논리구성이 다를 뿐, 본조 제1항의 죄책을 지게 된다는 결론에는 차이가 없다.

---

262 대판 2019. 10. 17, 2019도10981.
263 김성돈, 215; 박상기·전지연, 526; 신동운, 705; 임웅, 249; 정웅석·최창호, 440.
264 김성돈, 215; 배종대, §48/17; 손동권·김재윤, §14/20; 임웅, 249.
265 김일수·서보학, 163.
266 신동운, 705.

〔한 제 희〕

V. 위법성

1. 제310조의 위법성조각사유

258   제310조에는 본조 제1항의 사실 적시 명예훼손죄에만 적용되는 특별한 위법성조각사유가 규정되어 있는데, 이에 대해서는 후술하는 **제310조** 부분에서 설명하기로 한다.

2. 형법총칙의 위법성조각사유

259   본죄도 다른 범죄와 마찬가지로 형법총칙에 규정된 일반적인 위법성조각사유가 인정되면 위법성이 조각될 수 있다. 형법총칙의 일반적 위법성조각사유 중 본죄에서 주로 문제될 수 있는 것으로는, 정당행위, 정당방위, 피해자의 승낙을 들 수 있다.

(1) 정당행위

(가) 업무로 인한 행위

260   형사재판에서 이루어진 검사의 공소사실 진술이나 증거 관련 주장 등 공소유지 활동, 증인의 증언, 피고인과 변호인의 방어권 행사 차원에서의 사실 주장 등은 형사소송법에 따른 정당한 행위로서 위법성이 조각될 수 있다.[267] 다만, 민사소송의 당사자가 변론에서 행한 상대방 또는 제3자에 대한 명예훼손적 사실의 진술은 그 내용이 허위라면 설령 그것이 공격방어의 일환으로 행해졌다고 하더라도 본죄의 성립을 조각하지 못한다.[268]

261   교사가 학생을 훈계하기 위해 행한 명예훼손행위도 업무로 인한 행위로서 위법성이 조각될 수 있다.[269] 학술작품이나 예술작품을 논평하는 과정에서 어떠한

---

267 김일수·서보학, 163; 배종대, § 48/20; 오영근, 173; 일본 판례 중에는 형사피고인의 방어활동이 위법하다고 보아 본죄의 성립을 인정한 사례[最判 昭和 27(1952). 3. 7. 刑集 6·3·441], 변호인의 변호활동에 대해서 본죄의 성립을 인정한 사례[最決 昭和 51(1976). 3. 23. 刑集 30·2·229]가 있다.

268 신동운, 706.

269 오영근, 173. 이와 관련하여, 초·중등교육법 시행령 제31조(학생의 징계 등) 제8항은 "학교의 장은 법 제18조제1항 본문에 따라 지도를 할 때에는 학칙으로 정하는 바에 따라 훈육·훈계 등의 방법으로 하되, 도구, 신체 등을 이용하여 학생의 신체에 고통을 가하는 방법을 사용해서는 아니 된다."고 규정하고 있다.

사실을 적시하는 경우에도, 업무로 인한 행위로서 위법성이 조각될 수 있다.[270]

언론보도의 경우, 사실을 보도하거나[271] 진지한 정보의 이익이 존재하고 국　　262
민의 알권리를 충족시키는 범위에서는 정당한 업무행위에 해당한다.[272]

　(나) 국회의원의 의정활동

헌법 제45조는 "국회의원은 국회에서 직무상 행한 발언과 표결에 관하여　　263
국회 외에서 책임을 지지 아니한다."라고 규정하여 국회의원의 면책특권 제도를
마련하고 있다. 국회의원의 면책특권은 국회의원이 국민의 대표자로서 국회 내
에서 자유롭게 발언하고 표결할 수 있도록 보장함으로써 국회가 입법 및 국정
통제 등 헌법에 의하여 부여된 권한을 적정하게 행사하고 그 기능을 원활하게
수행할 수 있도록 보장하는 데 그 취지가 있다.[273] 이러한 면책특권은 위법성이
나 책임조각사유가 아니라 인적 처벌조각사유에 해당한다.[274]

따라서 국회의원이 직무와 관련하여 특정인에 대한 명예훼손적 발언을 한　　264
경우, 대개는 1차적으로 면책특권 요건에 해당하는지 여부를 검토하여 공소권
유무를 판단하게 된다. 만약 면책특권이 인정되지 않는 사안이라면, 다음 단계
로 제310조의 진실성 및 공익성 요건을 검토하여 위법성이 조각되는지 여부를
판단하게 되고, 대부분은 이 단계에서 국회의원의 본죄 성립 여부는 결론에 이
르기 마련이다.

결국, 국회의원이 직무상 행한 발언에 대해서도 이론상으로는 법령에 의한　　265
행위나 업무로 인한 행위 등 정당행위에 해당한다는 이유로 위법성이 조각될
여지가 있으나, 실무상으로는 이러한 판단에까지 이르는 경우는 드물고 면책특
권 해당 여부 또는 제310조 위법성조각사유 해당 여부 등만 문제될 뿐이다.[275]

여기서는 국회의원의 면책특권에 대해서만 살펴보기로 한다.　　266

면책특권이 허용되기 위해서는, ① 국회의원일 것(주체 요건), ② 국회에서　　267
의 직무상 행위로서 발언과 표결일 것(장소 및 행위 요건)이 요구된다. 면책특권의

270　배종대, §48/20; 오영근, 173; 정성근·박광민, 220.
271　배종대, §48/20; 오영근, 173.
272　이재상·장영민·강동범, §12/26.
273　대판 2007. 1. 12, 2005다57752.
274　김성돈, 215; 오영근, 173; 임웅, 255; 정성근·박광민, 220.
275　大判 昭和 5(1930). 9. 1. 刑集 9·640.

대상이 되는 행위는 '직무상의 발언과 표결'이라는 의사표현 행위 자체에만 국한되지는 않고 이에 통상적으로 '부수하여 행하여지는 행위(직무부수행위)'까지 포함되며,[276] 이러한 '직무부수행위'에 해당하는지 여부는 구체적인 행위의 목적, 장소, 태양 등을 종합하여 개별적으로 판단해야 한다.

268　　　면책특권의 목적과 취지 등에 비추어 볼 때, 발언 내용 자체에 의하더라도 직무와는 아무런 관련이 없음이 분명하거나, 명백히 허위임을 알면서도 허위의 사실을 적시하여 타인의 명예를 훼손하는 경우까지 면책특권의 대상이 될 수는 없다. 그러나 발언 내용이 허위라는 점을 인식하지 못하였다면, 비록 발언 내용에 다소 근거가 부족하거나 진위 여부를 확인하기 위한 조사를 제대로 하지 않았다고 하더라도, 그것이 직무수행의 일환으로 이루어진 것인 이상 면책특권의 대상이 된다.[277]

269　　　국회의원의 면책특권에 속하는 행위에 대해서는 공소를 제기할 수 없으며, 공소가 제기된 경우에는 공소권이 없음에도 공소가 제기된 것이 되어 형사소송법 제327조 제2호의 '공소제기의 절차가 법률의 규정에 위반하여 무효인 때'에

---

276 대판 1992. 9. 22, 91도3317[국회의원인 피고인이 배포한 원고의 내용이 공개회의에서 행할 발언 내용이고(회의의 공개성), 원고의 배포시기가 당초 발언하기로 예정된 회의 시작 30분 전으로 근접되어 있으며(시간적 근접성), 원고 배포의 장소 및 대상이 국회의사당 내에 위치한 기자실에서 국회 출입기자들만을 상대로 한정적으로 이루어지고(장소 및 대상의 한정성), 원고 배포의 목적이 보도의 편의를 위한 것(목적의 정당성)이라면, 국회의원이 국회 본회의에서 질문할 원고를 사전에 배포한 행위는 면책특권의 대상이 되는 직무부수행위에 해당한다고 본 사례]; 서울중앙지판 2006. 11. 15, 2005가합76888(국회의원의 발언 등이 국회의원의 이른바 의정활동의 일환이라고 하더라도, 면책특권이 그 본질상 의회 내 토론과정에서의 자유로운 의견발표와 교환을 보장하기 위하여 헌법상 국회의원에게 인정된 특권이라는 점에서 볼 때 원칙적으로 국회 외에서 행하여진 발언 등의 경우는 면책특권으로서 보호되지 못한다고 할 것이므로, 국회의원이 국회에서 앞으로 행할 발언의 내용을 서면화하여 국회 외의 장소에서 언론에 배포하는 등의 행위는 직무수행에 반드시 필요한 행위였다거나 그 발언 내용이 기자들에게 배포된 자료와 동일하여 발언 직후 국회 출입기자들에 의하여 그 발언이 언론에 보도되는 것이 당연히 예상되었다는 등의 특별한 사정이 없는 한 면책특권의 범위에 포함될 수 있는 이른바 '직무부수행위'로 보기 어렵다고 본 사례); 대판 2011. 5. 13, 2009도14442(국회의원인 피고인이 배포한 보도자료는 피고인이 국회 법제사법위원회에서 발언할 내용을 정리한 것으로서 피고인이 당일 법제사법위원회가 개의되기 직전에 보도의 편의를 위하여 기자들에게 배포하였고, 그날 열린 법제사법위원회의 법무부 소관 현안보고 과정에서 위 보도자료의 주요 내용을 발언한 것이므로, 피고인이 국회 법제사법위원회에서 발언할 내용이 담긴 위 보도자료를 사전에 배포한 행위는 국회의원의 면책특권의 대상이 되는 직무부수행위에 해당하나, 위 보도자료와 동일한 내용을 인터넷 홈페이지에 게시한 행위에 대해서는 국회의원의 직무행위나 직무부수행위라고 볼 수 없어 면책특권이 적용되지 않는다고 본 사례).
277 대판 2007. 1. 12, 2005다57752.

해당되므로 공소를 기각하여야 한다.[278]

(다) 사회상규에 위배되지 않는 행위

본죄의 위법성에 대해서는 대개 제310조의 위법성조각사유에 해당하는지   270
여부가 다투어지고 또 판단된다. 제310조는 본죄를 위해서만 마련된 특별규정
이므로, 형법총칙의 일반적 위법성조각사유에 우선해서 적용되기 때문이다. 그
리고 그 판단 결과 제310조의 위법성조각사유가 적용될 수 없게 된 사안에 대
해서는, 다시 2차적으로 제20조로 돌아가 '사회상규에 위배되지 않는 행위'에는
해당되지 않는지를 검토하게 된다.[279]

제20조의 '사회상규에 위배되지 않는 행위'라 함은 법질서 전체의 정신이나   271
그 배후에 놓여 있는 사회윤리 내지 사회통념에 비추어 용인될 수 있는 행위를
말한다. 어떠한 행위가 사회상규에 위배되지 않는 정당한 행위로서 위법성이 조
각되는 것인지는 구체적인 사정 아래서 합목적적, 합리적으로 고찰하여 개별적
으로 판단되어야 한다. 따라서 이와 같은 정당행위가 인정되려면, 첫째 그 행위
의 동기나 목적의 정당성, 둘째 행위의 수단이나 방법의 상당성, 셋째 보호이익
과 침해이익의 법익 균형성, 넷째 긴급성, 다섯째 그 행위 이외의 다른 수단이
나 방법이 없다는 보충성 등의 요건을 갖추어야 한다.[280]

다만, 정당행위라고 하더라도 권리의 남용으로 인정되는 때에는 위법성이   272
조각되지 않는다.[281] 예를 들어 사단법인의 이사장이 이사회 또는 임시총회의
의장으로서 의안에 관하여 발언하다가 타인의 명예를 훼손하는 내용의 말을 하

---

278 대판 1992. 9. 22, 91도3317. 본 판결 평석은 유남석, "국회의원의 면책특권", 국민과 사법: 윤관
    대법원장 퇴임기념, 박영사(1999), 500-511.
279 대판 1989. 2. 14, 88도899(X 감리교회에서 담임목사인 피해자를 출교처분한다는 취지의 기독
    교대한감리회 재판위원회의 판결문을 복사하여 예배를 보러온 신도들에게 배포한 사안에서, 피
    고인들은 위 판결의 경위와 피해자가 그와 같은 판결을 받았음에도 계속 교회 담임목사로서의
    직무를 수행하는 것이 부당하다고 생각한 나머지 이러한 판결이 있었다는 사실을 신도들에게 널
    리 알리기로 하여 그와 같은 행위에 이른 것이고, 이와 같은 판결은 성질상 교회나 기독교대한
    감리회 소속 신자들 사이에서는 방법 여부를 불문하고 당연히 전파되고 고지될 수 있는 것이므
    로, 가령 피고인들의 행위에 의하여 피해자의 개인적인 명예가 훼손되는 점이 있다 할지라도 그
    것은 진실한 사실로서 오로지 기독교대한감리회 또는 그 산하 X 감리교회 소속 신자들의 이익
    에 관한 때에 해당하거나 적어도 사회상규에 위배되지 않는 행위에 해당하여 위법성이 없다고
    본 사례).
280 대판 2004. 6. 25, 2003도4934.
281 이재상·장영민·강동범, §12/26.

였다면, 이는 사회상규에 반하지 않는다고 할 수 없으므로 위법성이 조각되지 않는다.[282]

273   한편 이와 같이 사회상규에 위배되지 않는 행위라는 이유로 위법성이 조각될 수 있다고 보는 데 대해서는, 구성요건을 지나치게 확대해석하고 사회상규라는 일반조항을 이용해 위법성을 조각시키는 경향이 커질수록 법관에게 더욱 많은 명예훼손죄 운영의 재량권이 부여되는 결과를 가져오므로 바람직하지 않다는 견해[283]도 제기되고 있다.

274   사회상규에 위배되지 않는 행위 여부가 다투어진 사례를 살펴보면 다음과 같다.

275   ① 피고인 소유의 과수원에서 사과를 훔쳐간 피해자가 이를 꾸짖는 피고인에게 도리어 욕설을 하면서 행패를 부리자, 위 과수원의 관리책임자인 A 및 피해자의 남편 친구인 B에게 피해자의 위와 같은 행위를 알린 사안(긍정)

276   피고인이 자신의 과수원에서 피해자로부터 사과를 절취당한 입장에서, 앞으로 같은 일이 재발되지 않도록 예방하기 위해 과수원의 관리책임자와 피해자의 남편의 친구에게 각각 그들만이 있는 자리에서 개별적으로 피해자의 사과 절취사실을 말한 것이라면, 이는 통상적인 사회생활면으로 보나 사회통념상 위법하다고 말하기 어렵다.[284]

277   ② X 종교문제연구소장인 피해자가 피고인이 목사로 있는 Y 교회의 소속 교단협의회에 Y 교회의 이단성 여부를 조사해 달라고 요청하여 그 교단협의회에서 조사위원회를 구성하고 Y 교회의 이단성 여부에 대한 조사활동을 벌인 후 그 조사보고서를 Y 교회 사무국장에게 작성하도록 하자, 피고인이 기존에 자신이 피해자를 상대로 제기하였던 명예훼손 혐의 고소장의 사본을 위 조사보고서에 넣어 편집하라고 위 사무국장에게 지시함으로써 결국 위 고소장 사본이 추가되어 작성된 조사보고서가 교계 기자 등에게 배부되도록 한 사안(긍정)

278   위 조사보고서의 작성 목적에 비추어 위 조사보고서에 관련되는 자료는 위 Y 교회의 이단성 조사와 관련된 것이면 양측에서 어느 것이나 제출할 수 있는

---

282 대판 1990. 12. 26, 90도2473.
283 배종대, § 48/21.
284 대판 1986. 10. 14, 86도1341.

것이고, 또 조사보고서에 어떤 자료를 넣을 것인가 여부의 결정권은 최종적으로는 위 조사위원회에 있다고 보이는 점 등에 비추어 보면, 위 조사보고서에 첨부된 고소장의 내용에 다소 피해자의 명예를 훼손하는 내용이 들어있다 하더라도 이는 피고인이 자신의 주장이 정당함을 입증하기 위한 자료를 제출한 행위로서 사회상규에 위배되지 않는 행위이다.[285]

③ 신임 조합장인 피고인이 조합의 대의원총회에서 전임 조합장인 피해자 **279**
에 대해 긴급이사회에서 불신임을 받고 쫓겨나간 사람이라고 발언한 사안(긍정)

조합의 긴급이사회에서 불신임을 받아 조합장직을 사임한 피해자가 그 후 **280**
개최된 대의원총회에서 피고인 등의 음모로 조합장직을 박탈당한 것이라고 대의원들을 선동하여 회의 진행이 어렵게 되자, 신임 조합장이 되어 사회를 보던 피고인이 그 회의 진행의 질서유지를 위한 필요조치로서 이사회의 불신임결의 과정에 대한 진상보고를 하면서 피해자에 대해 긴급이사회에서 불신임을 받고 쫓겨나간 사람이라고 발언한 것이라면, 피고인에게 명예훼손의 고의가 있다고 볼 수 없을 뿐만 아니라 그러한 발언은 업무로 인한 행위이고 사회상규에 위배되지 않는 행위이다.[286]

④ 피고인이 동요 작곡가, 기자, 방송국 PD, 신문사 편집국장 등이 있는 자 **281**
리에서 피해자가 피고인으로부터 출판비나 제작비라는 명목으로 많은 돈을 가로챈 사기꾼이라고 말한 사안(부정)

피고인이 피해자를 비방하는 말을 들은 사람들이 기자, 방송국 PD, 신문사 **282**
편집국장 등 상당한 사회적 영향력과 전파력을 갖춘 사람들이거나 피해자와 같은 동요 작곡가들이어서 피고인의 행위에 따른 피해자에 대한 사회적 평가의 절하와 그로 인한 피해자의 정신적 고통이 심각할 것으로 보이는 점 등을 종합하면, 피고인의 행위는 그 수단이나 방법이 상당하다고 보이지 않고, 피고인의 행위로 인하여 피고인이 얻게 될 이익이 그로 인하여 심각하게 침해될 피해자의 사회적 평가와 균형을 이루지 못할 정도로 경미하다고 보이므로, 피고인의 행위는 제20조 소정의 정당행위에 해당하지 않는다.[287]

---

285 대판 1995. 3. 17, 93도923.
286 대판 1990. 4. 27, 89도1467.
287 대판 2004. 6. 25, 2003도4934.

283   ⑤ 'A 요법 피해대책위원회' 운영위원으로 활동하고 있는 피해자에게 불만
을 품고 피해자가 운영하는 인터넷 홈페이지에 피해자가 게시한 글들을 인터넷
카페의 게시판에 퍼온 뒤 '호로새끼', '견 같은 새끼' 등 피해자에 대한 모욕적인
표현을 사용하여 댓글을 달거나 '피해자가 A 요법학회를 마음대로 주물럭거리
고, 부당한 이익금을 챙기며, A의 지회체계를 무너뜨리려고 하였다'라거나 '당시
피해자가 A에 충성을 다할 것을 맹세하였다'라는 등의 내용을 기재한 사안(부정)

284   위 인터넷 카페는 A 요법 동호인들이 주된 회원이긴 하나 일반인들도 누구
나 접속하여 글을 볼 수 있도록 공개된 사이트이고, 피고인이 '유○○' 또는 '유
○근'이라고 지칭한 경우에도 이 사이트의 공지사항에 'B(피해자)의 정보를 수집
한다'라고 되어 있어 이 사이트를 이용하는 대부분의 사람들은 그것이 피해자를
가리키는 것임을 충분히 알 수 있는 점 등을 종합하여 보면, 비록 피고인이 위
댓글을 게시한 경위에 다소 참작할 만한 사정이 있다 하더라도 이를 사회상규
에 위배되지 않는 정당행위로 평가할 수는 없다.[288]

(2) 정당방위

285   명예훼손행위도 정당방위에 해당하여 위법성이 조각될 수 있다. 제21조의
정당방위가 성립하려면 침해행위에 의하여 침해되는 법익의 종류, 정도, 침해의
방법, 침해행위의 완급과 방위행위에 의하여 침해될 법익의 종류, 정도 등 일체
의 구체적 사정들을 참작하여 방위행위가 사회적으로 상당한 것이어야 한다.[289]

286   실제 사례에서 명예훼손행위가 정당방위에 해당하여 위법성이 조각되는 경
우는 흔하다고 볼 수 없고, 다만 앞서 사회상규 위배 여부와 관련하여 살펴본
한 사례에서 정당방위가 부정된 예를 찾아볼 수 있다.

287   즉 피고인이 동요 작곡가, 기자, 방송국 PD, 신문사 편집국장 등이 있는 자
리에서 피해자가 피고인으로부터 출판비나 제작비라는 명목으로 많은 돈을 가로
챈 사기꾼이라고 말한 사안에서, 판례는 앞에서 본 것과 같은 이유로 피고인의
행위가 제20조의 정당행위에 해당하지 않는 것은 물론, 사회적 상당성을 갖추었
다고 보기도 어려워 제21조의 정당방위에도 해당하지 않는다고 판단하였다.[290]

---

288 대판 2009. 10. 29, 2009도4783.
289 대판 2004. 6. 25, 2003도4934.
290 대판 2004. 6. 25, 2003도4934.

(3) 피해자의 승낙

명예는 그 법익 주체가 처분할 수 있는 개인적 법익이므로 피해자의 승낙   288
이 있는 때에는 위법성이 조각된다는 견해[291]가 대부분이나,[292] 명예훼손행위는
피해자의 의사에 반하는 행위만을 의미하므로 피해자의 승낙이 있으면 구성요
건해당성 자체가 조각된다는 견해[293]도 주장되고 있다.

VI. 죄수 및 다른 죄와의 관계

1. 죄 수

명예는 일신전속적 법익이므로, 그 죄수는 피해자의 수를 기준으로 판단하   289
여야 한다.[294] 따라서 1개의 행위로 여러 사람의 명예를 훼손한 경우에는 수죄
의 상상적 경합이 되고,[295] 여러 개의 행위로 사실을 적시하여 한 사람의 명예
를 훼손한 경우에는 연속범으로서 포괄일죄가 된다.[296]

집합명칭 내지 집단표시에 의하여 그 구성원들의 명예를 훼손한 경우에는   290
그 구성원 수만큼의 죄가 성립하고, 이는 수죄의 상상적 경합이 된다.[297]

본조 제2항의 허위사실 적시 명예훼손죄로 기소된 경우, 허위사실임이 인   291
정되지 않는다면 공소장변경이 없더라도 본조 제1항의 사실 적시 명예훼손죄의
성립을 인정할 수 있다.[298] 다만 허위사실 적시 명예훼손죄로 기소된 사안에 대
해 무죄를 선고하면서 사실 적시 명예훼손죄가 성립하는지 여부에 관하여 판단

---

291 김성돈, 215; 배종대, §48/22; 신동운 705; 이재상·장영민·강동범, §12/25; 임웅, 254; 정웅석·최
    창호, 441.
292 大判 昭和 9(1934). 6. 29. 刑集 13·904.
293 박상기·전지연, 530; 오영근, 173.
294 김일수·서보학, 167.
295 東京高判 昭和 35(1960). 8. 25. 下刑集 2·7=8·1023.
296 오영근, 177. 일본 판례도 기본적으로 포괄일죄를 인정하고 있다[大判 明治 45(1912). 6. 27. 刑
    錄 18·927]. 일본 판례 중에는 동시에 2명 내지 3명의 명예를 훼손하기 위하여 같은 취지의 기
    사를 4회에 걸쳐 2개의 잡지에 게재한 사안에서, 여러 사람의 명예를 훼손하였고, 범죄일시에
    간격이 있고, 잡지도 모두 동종이 아닌 점 등을 들어 실체적 경합을 인정한 것도 있으나[東京高判
    昭和 41(1966). 9. 30. 高刑集 19·6·683], 일반화할 판례는 아니라고 평가된다[大塚 外, 大コン(3
    版)(12), 35(中森喜彦)].
297 김성돈, 221.
298 대판 1997. 2. 14, 96도2234.

하지 않은 경우, 판례에 따르면 이를 위법이라고 볼 수는 없다고 한다.[299]

292 　　반대로 본조 제1항의 사실 적시 명예훼손죄로 기소된 사안에서 허위사실임이 인정되는 경우에는, 공소장변경 없이 그보다 형이 중한 본조 제2항의 허위사실 적시 명예훼손죄를 인정하는 것은 피고인의 방어권 행사에 불이익을 주는 것으로서 허용될 수 없다.[300]

2. 다른 죄와의 관계

(1) 모욕죄와의 관계

293 　　본죄와 모욕죄(§311)는 모두 사람의 외적 명예를 보호하고자 하는 것으로서 그 보호법익이 동일하다. 따라서 명예훼손행위 중 모욕적인 언사도 함께 사용한 경우에는 법조경합관계가 성립하므로, 모욕죄는 흡수되어 본죄만 성립한다.[301]

294 　　본죄로 기소되었는데 구체적인 사실을 적시한 경우에 해당하는 것으로 볼 수 없고 단지 모욕 사실만 인정된다고 하더라도, 불고불리의 원칙상 공소장변경 없이 모욕죄로 처벌할 수는 없다.[302]

295 　　다만 고소가 어떠한 사항에 관한 것인가의 여부는 반드시 고소인이 고소장에 적은 죄명에 구애될 것이 아니라 고소의 내용에 의하여 결정되어야 할 것이고, 본죄와 모욕죄는 각 그 구성요건에는 차이가 있으나 명예에 대한 죄인 점에 그 성질을 같이하므로, 고소장에 명예훼손죄라는 죄명을 붙이고 명예훼손에 관

---

299 대판 1997. 2. 14, 96도2234; 대판 2008. 10. 9, 2007도1220. 「형법 제307조 제2항의 허위사실 적시에 의한 명예훼손의 공소사실 중에는 같은 조 제1항의 사실 적시에 의한 명예훼손의 공소사실이 포함되어 있으므로, 위 허위사실 적시에 의한 명예훼손으로 기소된 사안에서 적시한 사실이 허위임에 대한 입증이 없다면 법원은 공소장변경절차 없이도 직권으로 위 사실 적시에 의한 명예훼손죄를 인정할 수 있다. 다만, 법원이 공소사실의 동일성이 인정되는 범위 내에서 공소가 제기된 범죄사실에 포함된 이보다 가벼운 범죄사실을 공소장변경 없이 직권으로 인정할 수 있는 경우라고 하더라도, 공소가 제기된 범죄사실과 대비하여 볼 때 실제로 인정되는 범죄사실의 사안이 중대하여 공소장이 변경되지 않았다는 이유로 이를 처벌하지 않는다면 적정절차에 의한 신속한 실체적 진실의 발견이라는 형사소송의 목적에 비추어 현저히 정의와 형평에 반하는 것으로 인정되는 경우가 아닌 한, 법원이 직권으로 그 범죄사실을 인정하지 아니하였다고 하여 위법한 것은 아니다.」
300 대판 2001. 11. 27, 2001도5008.
301 김일수·서보학, 167; 오영근, 177; 임웅, 255. 일본 판례도 같은 입장이다[大判 大正 3(1914). 11. 26. 刑錄 20·2265].
302 대판 1972. 5. 31, 70도1859.

한 사실을 적어 두었으나 그 사실이 본죄를 구성하지 않고 모욕죄만 구성하는 경우에는 이 고소는 모욕죄에 대한 고소로서의 효력을 갖는다고 해석함이 상당하므로, 본죄로 고소한 사건에서 모욕죄로의 공소장변경을 허가하여 모욕죄로 처벌한 조치는 정당하다.[303]

(2) 신용훼손죄와의 관계

허위사실을 적시하여 특정인의 경제적 지급능력이나 지급의사와 관련된 가 **296** 치나 평가를 훼손한 경우, 사람에 대한 사회적 평가 가운데 경제적 지급능력이나 지급의사는 '신용'이라는 별도의 법익으로 보호되어 '명예'는 따로 성립할 수 없고,[304] 따라서 허위사실 적시 명예훼손죄와 신용훼손죄(§313)는 법조경합관계에 있으므로 결국 신용훼손죄만 성립한다.[305]

다만 하나의 허위사실 적시 행위가 신용 이외의 영역에서 명예를 훼손하고 **297** 나아가 그 사람의 신용까지도 훼손한 상황이라면, 본죄와 신용훼손죄가 모두 성립하고, 두 죄는 상상적 경합관계가 된다.[306]

그리고 진실한 사실을 적시하여 명예와 신용을 모두 훼손한 경우에는, 허위 **298** 사실을 요하는 신용훼손죄가 따로 성립하지 않으므로 사실 적시 명예훼손죄만 성립한다.[307]

(3) 업무방해죄와의 관계

제314조 제1항의 업무방해죄는 허위의 사실을 유포하거나 기타 위계로써 **299** 사람의 신용을 훼손함으로써 사람의 업무를 방해한 행위, 또는 위력으로써 사람의 업무를 방해한 행위를 처벌하는데, 허위의 사실을 유포하여 업무를 방해함과 동시에 명예를 훼손한 경우에는 허위사실 적시 명예훼손죄와 업무방해죄의 상상적 경합이 된다.[308]

그리고 위력으로써 업무를 방해하면서 동시에 사실을 적시하여 명예를 훼 **300** 손한 경우, 예를 들어 피해자의 기념전시회에 참석한 손님들에게 피해자가 공

---

303 대판 1981. 6. 23, 81도1250.
304 신동운, 715.
305 김성돈, 221.
306 大判 大正 5(1916). 6. 1. 刑錄 22·854; 大判 大正 5(1916). 6. 26. 刑錄 22·1153.
307 김성돈, 221; 김일수·서보학, 167.
308 대판 2007. 11. 15, 2007도7140.

사대금을 주지 않는다는 취지로 소리를 치며 소란을 피웠다면 업무방해죄와 본
죄는 1개의 행위에 의하여 실현된 경우로서 상상적 경합관계에 있다고 보아야
한다.[309]

(4) 공직선거법위반죄와의 관계

301   공직선거운동을 하면서 상대 후보자의 명예를 훼손한 경우, 본죄와 공직선
거법위반죄는 보호법익과 구성요건 내용이 다른 별개의 범죄이므로 상상적 경
합이 된다.[310]

Ⅶ. 처 벌

302   공연히 사실을 적시한 자는 2년 이하의 징역이나 금고 또는 500만 원 이하
의 벌금(제1항)에, 공연히 허위의 사실을 적시한 자는 5년 이하의 징역, 10년 이
하의 자격정지 또는 1천만 원 이하의 벌금(제2항)에 각 처한다.

〔한 제 희〕

---

309 대판 2007. 2. 23, 2005도10233.
310 대판 1998. 3. 24, 97도2956(본죄와 공직선거법 제251조의 후보자비방죄가 상상적 경합관계에
    있다고 본 사례).

제308조(사자의 명예훼손)

공연히 허위의 사실을 적시하여 사자의 명예를 훼손한 자는 2년 이하의 징역이나 금고 또는 500만원 이하의 벌금에 처한다. 〈개정 1995. 12. 29.〉

Ⅰ. 취지 및 보호법익 ······················ 105
Ⅱ. 입법론 ·································· 106
Ⅲ. 객관적 구성요건 ······················ 107
　1. 공연성 및 허위사실 적시 ·········· 107
　2. 사자의 명예훼손 ················· 107
Ⅳ. 주관적 구성요건 ······················ 109
　1. 고　의 ························· 109
　2. 착　오 ························· 110
Ⅴ. 처　벌 ··························· 111

Ⅰ. 취지 및 보호법익

본죄(사자명예훼손죄)는 공연히 허위의 사실을 적시하여 사자(死者)의 명예를 훼손하는 행위를 처벌하는 범죄이다.

본죄의 보호법익에 대해서는 다양한 견해가 주장되고 있다. 즉, ① 죽은 사람은 형법상 명예의 주체가 되지 않고 형법의 보호대상에도 속할 수 없으므로 유족이 사자에 대해 갖고 있는 추모감정이 보호법익이라는 견해,[1] ② 유족이나 지인을 포함한 일반대중의 추모감정이 보호법익이라는 견해,[2] ③ 본죄의 보호법익은 유족을 포함한 일반대중의 마음속에 자리한 사자에 대한 추모감정을 훼손하는 행위를 방지하면서 동시에 사자에 대한 역사적 평가가 왜곡되지 않도록 하는 데 있다는 견해[3] 등이 주장되고 있으나, ④ 그보다는 역사적 존재로서의 사자 자신의 명예, 즉 사자의 외적 명예가 보호법익이라는 견해[4]가 다수설이다.

다수설에 의하면, 유족의 명예나 유족의 존경심을 본죄의 보호법익으로 한다면 유족이 없는 경우에는 본죄가 성립하지 않게 되어 부당하고, 유족이 있는

1

2

3

---

1 배종대, 형법각론(13판), § 49/1.
2 김성돈, 형법각론(5판), 223.
3 박상기·전지연, 형법학(총론·각론 강의)(4판), 520.
4 김일수·서보학, 새로쓴 형법총론(9판), 167; 손동권·김재윤, 새로운 형법각론, § 14/40; 신동운, 형법각론(2판), 718; 오영근, 형법각론(7판), 179; 이재상·장영민·강동범, 형법각론(12판), § 12/34; 임웅, 형법각론(11정판), 256; 정영일, 형법강의 각론(3판), 92; 정웅석·최창호, 형법각론, 448.

〔한 제 희〕   **105**

경우에는 본죄를 별도로 규정할 필요가 없을 뿐 아니라 본조가 '사자의 명예를 훼손한 자'라고 규정한 것은 사자의 명예를 보호하려는 것이지 유족의 감정을 보호법익으로 한다고 해석할 수는 없다는 취지에서, 본죄는 사람이 사망하였더라도 그의 인격적 가치는 남는 것이므로 역사적 가치로서의 사자의 명예를 보호하는 것이라고 본다.[5]

4　　　판례 역시 사자의 외적 명예를 본죄의 보호법익으로 보고 있다.[6] 다만 본죄는 허위의 사실을 적시한 경우에만 성립하는데, 이는 사자에 대해서도 진실한 비평을 용납하지 않는다면 그에 대한 사회적·역사적 평가가 불가능하게 될 것이기 때문이다.[7]

5　　　결국, 원칙적으로 명예훼손죄는 '사람'의 명예를 대상으로 하므로 사람이 아닌 사자에 대해서는 명예훼손죄가 성립하지 않는 것이나, 사자에 대해 허위의 사실을 적시하는 경우 역사적 가치로서의 사자의 명예가 훼손될 수 있으므로 이를 형법이 보호하기 위해 본죄를 별도로 규정하고 있는 것이다.

II. 입법론

6　　　본죄에 대해서도 몇 가지 입법론이 제기되고 있다. 즉, 유족의 추모감정이 본죄의 보호법익이라는 관점에서 유족의 추모감정을 형법이 보호하여야 할 필요는 없고 형법이 아닌 다른 규범으로 보호하는 것이 바람직하므로 장기적으로 본죄는 폐지함이 바람직하다는 견해,[8] 사자에 대한 명예훼손행위에 대해서는 형벌보다는 민사상 손해배상으로 대응하는 것이 보다 적합하므로 비범죄화가 바람직하다는 견해[9] 등이 그것이다.

---

5 이재상·장영민·강동범, §12/34; 정성근·박광민, 형법각론(전정2판), 215.
6 대판 1983. 10. 25, 83도1520. 「사자 명예훼손죄는 사자에 대한 사회적, 역사적 평가를 보호법익으로 하는 것이므로 그 구성요건으로서의 사실의 적시는 허위의 사실일 것을 요하는바, 피고인이 사망자의 사망사실을 알면서 위 망인은 사망한 것이 아니고 빚 때문에 도망다니며 죽은 척하는 나쁜 놈이라고 함은 공연히 허위의 사실을 적시한 행위로서 사자의 명예를 훼손하였다고 볼 것이다.
　　일본 판례도 같은 입장이다[最判 昭和 27(1952). 3. 7. 刑集 6·3·441].
7 신동운, 717.
8 배종대, §49/1.
9 김성돈, 223.

　　　　　　　　　〔한 제 희〕

반면에 사망한 사람이라 할지라도 그를 무분별하게 매도하여서는 안 된다   **7**
는 일반대중들의 정서는 사회적 공감대를 형성하고 있는 것이며, 이를 무시하는
것은 사회공동체의 정서적 결속을 해체하는 일이고, 사자에 대한 부당한 평가는
역사적 사실을 왜곡할 가능성이 있다는 이유로, 본죄의 입법적 필요성에 의문을
제기하는 것은 타당하지 않다는 견해[10] 역시 주장되고 있다.

Ⅲ. 객관적 구성요건

1. 공연성 및 허위사실 적시

공연성과 허위사실 적시의 의미는 **단순 명예훼손죄**(§307) 부분에서 살펴본   **8**
내용과 동일하다.

적시된 사실이 허위인지 여부를 판단하는 데 있어서도, 제307조 제2항의   **9**
허위사실 적시 명예훼손죄의 경우와 동일한 법리가 적용된다. 즉 적시된 사실의
내용 전체의 취지를 살펴볼 때 세부적인 내용에서 진실과 약간 차이가 나거나
다소 과장된 표현이 있는 정도에 불과하다면 이를 허위라고 볼 수 없으나, 중요
한 부분이 객관적 사실과 합치하지 않는다면 이를 허위라고 보아야 한다.[11]

2. 사자의 명예훼손

'사자'라 함은 사망한 사람을 말하는데, 명예훼손행위의 시점에 사망한 상태   **10**
이어야 한다. 그리고 명예훼손 행위자도 그 범행 시점에 명예 주체의 사망사실
을 인식하고 있어야 한다.[12]

본죄의 객체는 자연인인 사자에 국한되므로, 해산된 법인이나 소멸된 법인   **11**
격 없는 단체의 명예가 훼손되더라도 본죄에 해당되지 않는다.[13]

본죄에서 특히 문제되는 것은, 학문이나 예술의 영역에서 역사적 인물에 대   **12**
한 학술적·예술적 평가나 해석이 사자의 명예를 훼손할 수 있는지 여부이다.

---

10 박상기·전지연, 531.
11 대판 2014. 3. 13, 2013도12430.
12 정영일, 93.
13 김성돈, 223.

〔한 제 희〕

13   판례는 이미 망인이 된 역사적 인물을 모델로 한 드라마에서 허위사실을
적시하여 역사적 사실을 왜곡하는 등의 방법으로 그 모델이 된 인물의 명예를
훼손하는 경우에는, 비록 그것이 예술작품의 창작과 표현 활동의 영역에서 발생
한 일이더라도 본조에 의한 처벌의 대상이 된다고 본다.

14   즉, "역사적 사실은 당대에 있어서도 그 객관적 평가가 쉽지 아니한데다 시
간의 경과에 따라 그 실체적 진실의 확인이 더욱 어려워지는 관계로 이를 소재
로 드라마를 창작, 연출함에 있어서는 명백하여 다툼이 없거나 객관적 자료로
뒷받침되는 단편적 사실만을 묶어 현실감 있는 이야기를 전개해 가기에는 근본
적 한계가 있다 할 것이어서, 그 필연적 현상으로 연출자 등이 역사적 사실에
대한 작가적 해석 및 평가와 예술적 창의력을 발휘하여 허구적 묘사를 통해서
객관적 사실들 사이의 간극을 메우기 마련이라 할 것이고, 합리적인 시청자라면
역사적 사실의 서술을 주로 하는 기록물이 아닌 허구적 성격의 역사드라마의
경우 이를 당연한 전제로 시청할 것으로 예상되는 이상, 위 허구적 묘사가 역사
적 개연성을 잃지 않고 있는 한 그 부분만 따로 떼어 역사적 진실성에 대한 증
명이 없다는 이유로 허위라거나 연출자에게 그 허위의 점에 대한 인식이 있었
다고 단정하여서는 안 된다."

15   따라서 "역사드라마가 그 소재가 된 역사적 인물의 명예를 훼손할 수 있는
허위사실을 적시하였는지 여부를 판단함에 있어서는 적시된 사실의 내용, 진실
이라고 믿게 된 근거나 자료의 신빙성, 예술적 표현의 자유로 얻어지는 가치와
인격권의 보호에 의해 달성되는 가치의 이익형량은 물론 위에서 본 역사드라마
의 특성에 따르는 여러 사정과 드라마의 주된 제작목적, 드라마에 등장하는 역
사적 인물과 사건이 이야기의 중심인지 배경인지 여부, 실존인물에 의한 역사적
사실과 가상인물에 의한 허구적 이야기가 드라마 내에서 차지하는 비중, 드라마
상에서 실존인물과 가상인물이 결합된 구조와 방식, 묘사된 사실이 이야기 전개
상 상당한 정도 허구로 승화되어 시청자의 입장에서 그것이 실제로 일어난 역
사적 사실로 오해되지 않을 정도에 이른 것으로 볼 수 있는지 여부 등이 종합적
으로 고려되어야만 한다."라는 기준을 제시하고 있다.[14]

_____

14 대판 2010. 4. 29, 2007도8411[KBS 역사드라마 '서울 1945'와 관련하여 '장택상, 이승만이 친일
파로서 친일경찰인 A를 통해 정판사(精版社) 사건을 해결하고, 이승만이 여운형의 암살을 암시

IV. 주관적 구성요건

1. 고 의

본죄가 성립하기 위해서는 허위사실을 적시한다는 점, 그리고 사자의 명예 **16** 를 훼손한다는 점에 관한 고의가 필요하다.

적시한 사실이 허위라는 점에 대해서는, 확정적 고의뿐만 아니라 결과 발생 **17** 에 대한 인식이 있고 이를 용인하는 의사인 미필적 고의에 의해서도 가능하다 는 것이 판례의 입장이다.[15]

이러한 판례의 입장과 마찬가지로 행위자가 허위사실에 대해 확정적 또는 **18** 미필적 인식이 필요하다는 견해[16]가 있는가 하면, 적시한 사실이 허위라는 점에 대해서는 확정적 고의를 요하고 미필적 고의로는 충분하지 않다고 보거나,[17] 적 시사실의 허위성에 관해서는 미필적 인식보다는 확실한 인식이 필요하다고 보 는 견해[18]도 주장되고 있다.

행위자가 적시한 사실이 허위라는 것을 인식하였는지 여부는 성질상 외부 **19** 에서 이를 알거나 증명하기 어려우므로, 공표된 사실의 내용과 구체성, 소명자 료의 존재 및 내용, 행위자가 밝히는 사실의 출처 및 인지 경위 등을 토대로 행 위자의 학력, 경력, 사회적 지위, 공표 경위, 시점 및 그로 말미암아 예상되는 파급효과 등의 여러 객관적 사정을 종합하여 판단한다.[19]

적으로 지시하고, A가 이에 부응하여 여운형을 암살하려고 하는 것처럼 묘사'함으로써 공연히 허위사실을 적시하여 위 이승만 등의 명예를 훼손하였다고 기소된 사안에서, 이 드라마가 일제 시대 및 해방전후기를 시대적 배경으로 하여 허구의 가상인물들을 중심인물로 설정하여 그들 간 의 사랑과 우정, 이념적 대립과 가족애 등을 그린 드라마로서, 여기에 등장하는 실존인물로는 이승만, 장택상, 여운형, 김구, 김일성, 박헌영 등이 있는데, 총 71회분(1회당 50분)에 이르는 드 라마의 전체 방영분 중 이승만, 장택상은 제29회분에 이르러서야 처음 등장하고, 이들 실존인물 들이 등장하는 장면의 횟수도 중심인물들에 비하여 현저히 적다고 할 수 있으며, 이들은 중심인 물들 간의 이야기를 연결하는 배경인물로 등장하는 것으로 보일 뿐인 점 등을 감안할 때, 이러 한 역사적 인물들에 대한 어떠한 구체적인 허위사실의 적시가 있었다고 보기 어렵다고 한 사 례]. 본 판결 해설은 신현범, "역사드라마가 허위사실을 적시하였는지 여부에 대한 판단 기준", 해설 84, 법원도서관(2010), 641-666.

15 대판 2014. 3. 13, 2013도12430.
16 손동권·김재윤, §14/42.
17 배종대, §49/2; 이재상·장영민·강동범, §12/35; 정성근·박광민, 224; 정웅석·최창호, 448.
18 김성돈, 223.
19 대판 2014. 3. 13, 2013도12430(서울지방경찰청장이었던 피고인이 경찰관들을 대상으로 한 특별

2. 착 오

20　명예훼손 행위자가 허위사실 적시의 대상인 피해자가 생존자인지 사자인지에 대해 착오한 경우에는 다음과 같이 처리한다.

21　먼저, ① 피해자를 사망한 사람으로 오인하고 허위사실을 적시하였는데 사실은 그가 생존해 있었던 경우에 대해서는, 이는 구성요건적 착오로서 제307조 제2항에 해당하지만 제15조 제1항에 따라 본죄가 성립한다는 견해(통설),[20] 이는 범죄의사가 없는 경우이고 과실범 처벌규정이 없으므로 아무런 죄가 되지 않고 본죄도 성립하지 않는다는 견해[21]가 주장되고 있다.

22　반대로, ② 사실은 사망한 피해자를 생존자인 것으로 오인하고 허위사실을 적시한 경우에 대해서는, 큰 고의는 작은 고의를 포함하므로 가벼운 고의를 인정하여 본죄가 성립한다는 견해(통설),[22] 객체의 불능으로 인해 결과발생이 불가능한 경우로서 제27조가 적용되어 위험성 유무에 따라 불능미수의 가벌성 여부가 문제되나 미수범 처벌규정이 없으므로 아무런 죄가 되지 않고 본죄도 성립하지 않는다는 견해[23]가 있다.

23　그리고 ③ 피해자를 사망한 사람으로 오인하고 사실을 적시하였는데 사실은 그가 생존해 있었던 경우에는, 본죄는 물론 제307조 제1항의 죄도 성립하지 않고,[24] ④ 사실은 사망한 피해자를 생존자인 것으로 오인하고 사실을 적시한 경우에는, 본죄의 구성요건에 해당되지 않으므로 본죄가 성립하지 않는다는 견해(통설),[25] 제307조 제1항의 죄의 불능미수의 문제가 되나 미수범 처벌규정이

교양 과정에서 고 노무현 전 대통령이 자살한 경위에 관해 말하면서 차명계좌가 발견되어 자살에 이르게 된 것이라는 취지로 발언한 사안에서, 피고인의 발언은 단순한 의견 표현이 아니라 허위사실을 적시한 것에 해당하고, 피고인이 자신의 발언내용의 진위를 확인할 수 있는 지위에 있었음에도 이를 확인하지 않은 채 공연히 허위사실을 적시하였다는 점에서 자신의 발언이 허위인 점을 인식하고 있었던 것이라고 본 사례).

20 박상기·전지연, 532; 이재상·장영민·강동범, § 12/35; 정웅석·최창호, 449; 한상훈·안성조, 형법개론(3판), 474; 홍영기, 형법(총론과 각론), § 67/3; 주석형법 〔각칙(4)〕(5판), 529(심담).
21 김성돈, 224.
22 박상기·전지연, 532; 손동권·김재윤, § 40/43; 정웅석·최창호, 449; 한상훈·안성조, 474.
23 김성돈, 224.
24 이재상·장영민·강동범, § 12/35; 한상훈·안성조, 474; 주석형법 〔각칙(4)〕(5판), 529(심담); 주석형법 〔각칙(4)〕(5판), 529(심담)
25 백형구, 형법각론(개정판), 364; 이재상·장영민·강동범, § 12/35; 정성근·박광민, 224.

없어 무죄라는 견해[26]가 있다.

V. 처 벌

2년 이하의 징역이나 금고 또는 500만 원 이하의 벌금에 처한다.   24

〔한 제 희〕

---

26 한상훈·안성조, 474.

제309조(출판물 등에 의한 명예훼손)

① 사람을 비방할 목적으로 신문, 잡지 또는 라디오 기타 출판물에 의하여 제307조 제1항의 죄를 범한 자는 3년 이하의 징역이나 금고 또는 700만원 이하의 벌금에 처한다. 〈개정 1995. 12. 29.〉

② 제1항의 방법으로 제307조 제2항의 죄를 범한 자는 7년 이하의 징역, 10년 이하의 자격정지 또는 1천 500만원 이하의 벌금에 처한다. 〈개정 1995. 12. 29.〉

Ⅰ. 취지 및 보호법익 ································ 112
Ⅱ. 입법론 ··· 113
Ⅲ. 객관적 구성요건 ······························· 113
  1. 신문, 잡지 또는 라디오 기타
    출판물 ··· 113
  2. 공연성 및 사람의 명예훼손 ············ 115
  3. 사실 또는 허위사실의 적시 ············ 116
Ⅳ. 주관적 구성요건 ······························· 117
  1. 고 의 ··· 117
  2. 비방할 목적 ································ 118
Ⅴ. 위법성조각사유 ······························· 127
Ⅵ. 공 범 ··· 127
Ⅶ. 다른 죄와의 관계 ···························· 129
  1. 정보통신망이용촉진및정보보호등에

    관한법률위반(명예훼손)죄와의 관계 ·· 129
  2. 업무방해죄와의 관계 ···················· 129
Ⅷ. 처 벌 ··· 129
Ⅸ. 정보통신망이용촉진및정보보호등에
  관한법률위반(명예훼손)죄 ··············· 130
  1. 취지 및 입법경과 ························· 130
  2. 입법론 ··· 131
  3. 구성요건 ······································ 132
  4. 위법성조각사유 ····························· 135
  5. 기수시기 ······································ 135
  6. 반의사불벌죄 ································ 135
  7. 온라인서비스 제공자의 형사책임 ······ 136
  8. 처 벌 ··· 137

Ⅰ. 취지 및 보호법익

1   본죄[(출판물·라디오)에의한명예훼손죄]는 제307조의 단순 명예훼손죄에 대하여 행위불법이 중하기 때문에 형이 가중되는 가중적 구성요건이다. 형법이 본죄를 단순 명예훼손죄보다 중하게 처벌하는 이유는, 본죄에서의 사실 적시의 방법인 출판물 등의 이용이 그 성질상 다수인이 견문할 수 있는 높은 전파성과 신뢰성 및 장기간의 보존가능성 등으로 인해 피해자에 대한 법익침해의 정도가 더욱 크다는 데 있다.[1]

2   본죄의 보호법익 역시 외적 명예이고, 보호의 정도는 추상적 위험범이다.[2]

---

1 대판 1997. 8. 26, 97도133.
2 오영근, 형법각론(7판), 180.

따라서 출판물에 의하여 사실 또는 허위사실을 적시함으로써 불특정 또는 다수
인이 인식할 수 있는 상태에 이르면 성립하고, 반드시 불특정 또는 다수인에게
그것이 도달하였거나 그러한 사람이 이를 인식하였을 것을 요하지는 않는다.[3]

이와 달리 본죄가 구체적 위험범이라는 견해도 있는데, 이에 따르면 공공연   3
하게 사실이 적시되고 이를 불특정 또는 다수인이 인식함으로써 피해자의 명예
가 훼손될 구체적인 위험이 발생하여야 기수에 이른다고 본다.[4]

II. 입법론

진실 적시 명예훼손죄를 폐지하여야 한다는 입장에서, 이를 폐지하는 이상   4
비방 목적이 추가된 출판물 등에 의한 진실 적시 명예훼손죄(§309①)나 정보통
신망에 의한 진실 적시 명예훼손죄(정통망 §70①) 역시 폐지하여야 한다는 견해[5]
가 제기되고 있다.

이에 따르면, 인터넷을 매체로 하는 온라인 세계가 오프라인 세계보다도 더   5
욱 일상적으로 의사소통이 이루어지는 환경이어서 오프라인의 생활세계와 차별
하여 취급해야 할 이유가 없으므로, 인터넷 환경에서 진실을 적시하는 행위까지
처벌하는 것은 오프라인의 세계에서와 마찬가지 이유로 표현의 자유에 대한 지
나친 제약이라고 한다.

III. 객관적 구성요건

1. 신문, 잡지 또는 라디오 기타 출판물

본죄의 행위수단은 신문, 잡지 또는 라디오 기타 출판물이다. 이는 단순 명   6
예훼손죄에서의 '공연성'에 상응하는 구성요건이므로, 신문, 잡지 또는 라디오
기타 출판물은 불특정 또는 다수인을 향한 것이어야 한다.[6]

---

3 김일수·서보학, 새로쓴 형법총론(9판), 170; 이재상·장영민·강동범, 형법각론(12판), §12/38;
　정성근·박광민, 형법각론(전정2판), 227.
4 배종대, 형법각론(13판), §48/6.
5 김성돈, "진실사실적시명예훼손죄 폐지론", 형사정책연구 27-4, 한국형사정책연구원(2016), 126.
6 정영일, 형법강의 각론(3판), 94.

7   여기서는 특히 '기타 출판물'이 무엇을 의미하는지, 이 부분의 문언이 열거 규정인지 아니면 예시규정인지가 해석상 문제된다.

(1) '기타 출판물'의 의미

8   '기타 출판물'이라 함은 신문, 잡지, 라디오를 제외하고 이와 유사한 성격을 갖는 출판물을 의미한다. 이에 해당한다고 하기 위해서는 그것이 등록·출판된 제본인쇄물이나 제작물은 아니라고 할지라도 적어도 그와 같은 정도의 효용과 기능을 가지고 사실상 출판물로 유통·통용될 수 있는 외관을 가진 인쇄물로 볼 수 있어야 한다.[7]

9   판례가 '기타 출판물'에 해당하지 않는다고 본 것으로는, ① 가로 25㎝ 세로 30㎝의 모조지 위에 사인펜으로 특정인의 인적사항, 인상, 말씨 등을 기재하고 위 사람은 정신분열증 환자로서 무단가출하였으니 연락해 달라는 취지의 내용을 기재한 광고문,[8] ② 가로 25㎝ 세로 35㎝ 정도의 일정한 제호가 표시되었다고 볼 수 없는 낱장의 종이에 단편적으로 피고인의 주장을 광고하는 문안이 인쇄되어 있는 것,[9] ③ 장수가 2장에 불과하고 제본방법도 조잡한 것으로 보이는 최고서 사본,[10] ④ 컴퓨터 워드프로세서로 작성되고 프린트된 A4 용지 7쪽 분량의 인쇄물로서 보통편지봉투에 넣어 우송될 수 있을 정도에 불과한 것[11] 등이 있다.

10   이러한 취지에 비추어 본다면, 단순한 프린트물이나 필경문 또는 손으로 쓴 유인물, 복사물, 컴퓨터 워드프로세서로 작성되어 인쇄된 종이, 비디오 녹화물 등도 본조의 출판물에 해당한다고 보기 힘들 것이다.[12]

(2) TV, 인터넷, 컴퓨터통신, 전자출판물, 영화 등이 '기타 출판물'에 해당하는지 여부

11   본조는 '신문, 잡지 또는 라디오'만 행위수단으로 특정하고 있을 뿐, 이와 비슷한 출판물로 볼 수 있는 다른 매체에 대해서는 따로 특정하지 않은 채 단지 '기타 출판물'의 해석에만 일임하고 있다. 그런데 TV, 인터넷, 컴퓨터통신, 전자

---

7 대판 1997. 8. 26, 97도133; 대판 2000. 2. 11, 99도3048.
8 대판 1986. 3. 25, 85도1143.
9 대판 1998. 10. 9, 97도158.
10 대판 1997. 8. 26, 97도133.
11 대판 2000. 2. 11, 99도3048.
12 정영일, 95.

출판물, 영화 등은 그 성질상 신문, 잡지, 라디오보다 오늘날 더 활발히 이용되면서 오히려 더 많은 다수인이 견문할 수 있는 높은 전파성과 신뢰성 및 장기간의 보존가능성을 갖고 있는 매체들인 점을 감안하면, 이 역시 본조의 '기타 출판물'에 해당한다고 볼 필요성과 여지가 있다. 즉, 본죄의 행위수단들을 따로 정하고 있는 본조를 열거규정으로 볼 것인지 아니면 예시규정으로 볼 것인지 문제된다.

먼저, 본조를 열거규정으로 해석하는 입장에서, ① 이러한 매체들을 '기타 출판물'에 해당한다고 해석하는 것은 피고인에게 불리한 유추해석이어서 허용될 수 없으므로 이들에 의한 사실 적시는 본죄에 해당하지 않고 후술하는 정보통신망 이용촉진 및 정보보호 등에 관한 법률(이하, '정보통신망법'이라 한다.)에 의해 처벌된다는 견해,[13] ② TV는 가장 대표적인 보도매체로서 이에 대한 일반의 신뢰성과 확산성을 생각할 때 이를 본조에서 배제하는 것은 타당하지 않고 이를 통한 명예훼손에 본조를 적용하는 것이 목적론적 해석에 부합한다고 볼 수는 있으나 이를 출판물에 포함하여 해석하는 것은 문언의 가능한 의미를 벗어나 피고인에게 불리한 해석이어서 타당하지 않다는 견해[14] 등이 있다.

그와 반대로, ③ 오늘날 영상매체 및 인터넷의 광범위한 영향력을 고려할 때 본조를 예시규정으로 보아 본조에 TV나 인터넷 등을 포함시키는 것이 오히려 목적론적 해석에 부합한다고 보는 견해[15]가 있고, ④ 본조를 입법적 흠결이라고 보는 견해[16]도 있다.

다만, 위 매체들 중 인터넷과 컴퓨터통신을 이용한 명예훼손행위는 2001년 7월 1일부터 시행되고 있는 정보통신망법에 따라 정보통신망법위반(명예훼손)죄에 해당하게 됨으로써 입법적 해결이 이루어진 상태이다.

2. 공연성 및 사람의 명예훼손

공연성 및 사람의 명예훼손의 의미에 대해서는 **단순 명예훼손죄**(§ 307) 부분에서 살펴본 내용과 동일하다.

12

13

14

15

---

13 김성돈, 형법각론(5판), 226; 오영근, 170; 임웅, 형법각론(11정판), 259; 정성근·박광민, 226.
14 김성돈, 226; 박상기·전지연, 형법학(총론·각론 강의)(4판), 533.
15 김일수·서보학, 169; 정웅석·최창호, 형법각론, 450.
16 임웅, 259.

3. 사실 또는 허위사실의 적시

16   사실 또는 허위사실의 적시의 의미 역시, **단순 명예훼손죄**(§ 307) 부분에서
살펴본 내용과 동일하다.

17   다만 허위사실 적시에 의한 출판물 명예훼손죄와 관련하여, 타인의 발언을
비판할 의도로 출판물에 그 타인의 발언을 그대로 소개한 후 그중 일부분을 부
각시켜 적시하면서 이에 대한 다소 과장되거나 편파적인 내용의 비판을 덧붙인
경우라 해도, 소개된 타인의 발언과의 전체적, 객관적 해석에도 불구하고 그 비
판적 내용의 사실 적시가 허위라고 읽혀지지 않는 한 그 일부의 사실 적시 부분
만을 따로 떼어 허위사실이라고 단정하여서는 안 된다.[17]

18   그리고 신문 등 언론매체의 어떠한 표현행위가 명예훼손으로 문제되는 경
우, 그 표현이 사실을 적시하는 것인가 아니면 단순히 의견 또는 논평을 표명하
는 것인가, 그리고 의견 또는 논평을 표명하는 것이라면 그와 동시에 묵시적으로
라도 그 전제가 되는 사실을 적시하고 있는 것인가 그렇지 아니한가의 구별은,
당해 기사의 객관적인 내용과 아울러 일반의 독자가 보통의 주의로 기사를 접하
는 방법을 전제로 기사에 사용된 어휘의 통상적인 의미, 기사의 전체적인 흐름,
문구의 연결 방법 등을 기준으로 판단하여야 하고, 여기에 당해 기사가 게재된
보다 넓은 문맥이나 배경이 되는 사회적 흐름 등도 함께 고려하여야 한다.[18]

19   또한, 신문 기타 출판물에 명예훼손적 내용을 게재하는 것만으로 명예훼손

---

17 대판 2007. 1. 26, 2004도1632(축산업협동조합중앙회장인 피고인이 농림부장관이 공식 채택한
   수입쇠고기 유통·판매 권장정책 및 농축협 통합정책의 정당성 여부를 문제 삼는 내용의 광고를
   게재하여 농림부장관 등의 명예를 훼손하였다는 사안에서, 피고인이 광고에 농림부장관의 공문
   사본을 그대로 전재하였을 뿐만 아니라 그 공문 중 일부를 발췌, 게재한 사실의 적시가 허위의
   내용이 아님은 물론, 그에 덧붙인 모욕적인 표현으로 말미암아 위 공문의 전체적, 객관적 의미
   에 대한 해석을 그르칠 정도에까지는 이르지 않은 이상, 위 광고에 다소 과장되거나 비방적인
   표현이 들어 있기는 하지만 기재된 사실 전체의 내용은 진실한 것이어서 허위사실 적시로 인한
   출판물 명예훼손죄가 성립하지 않는다고 본 사례).
18 대판 2000. 2. 25, 98도2188[언론사 기자인 피고인이 일장기를 배경으로 시장인 피해자가 두 손
   을 앞으로 모아 힘껏 쥐고 있는 모습이 합성된 사진과 그 하단에 "친일매국"이라고 기입하고 사
   진 중앙 부분에 "A(피해자) 역사관 확인수순", "향토사학자 해직" 등의 문구를 기재한 기사를 작
   성한 사안에서, 그 문맥 및 구조에 비추어 이 사건 합성사진의 영상이나 "친일매국"이라는 문구
   가 위와 같이 적시된 사실을 기초로 의견 내지 논평을 표명하는 것 외에 별도의 사실, 즉 피해
   자가 일장기 앞에서 실제로 충성을 맹세한 일이 있었다거나 피해자가 과거에 친일매국 행위를
   한 바 있다는 등의 사실 자체를 적시하거나 암시하는 것으로 볼 여지는 없다고 한 사례].

의 범행은 종료되는 즉시범이고, 그 이후 신문이나 서적 등을 회수하지 않는 동안 범행이 계속되는 것은 아니다.[19] 이는 정보통신망법의 명예훼손죄도 마찬가지이다.

IV. 주관적 구성요건

1. 고 의

본죄 역시 단순 명예훼손죄의 고의와 마찬가지로, 출판물 등에 의해 진실한 혹은 허위의 사실을 적시한다는 인식이 있어야 한다.[20]　　20

착오와 관련해서는, 허위사실을 진실한 사실로 오인하고 적시한 경우에는 제15조 제1항에 따라 제309조 제1항의 사실 적시에 의한 출판물 명예훼손죄가 성립한다.[21]　　21

한편, 제309조 제2항의 허위사실 적시에 의한 출판물 명예훼손죄의 공소사실 중에는 제309조 제1항의 사실 적시에 의한 출판물 명예훼손죄의 공소사실이나 제307조 제1항의 사실 적시 명예훼손죄의 공소사실도 포함되어 있으므로, 적시한 사실이 허위사실이라는 인식이 없었다면 법원은 공소장변경절차 없이도 제309조 제1항의 사실 적시에 의한 출판물 명예훼손죄로 인정할 수 있고, 나아가 비방의 목적도 인정되지 않으면 심리의 과정에 비추어 피고인의 방어권 행사에 실질적 불이익을 초래할 염려가 없다고 인정되는 때에는 제307조 제1항의 사실 적시 명예훼손죄로 인정할 수도 있다. 그러나 법원이 공소사실의 동일성이 인정되는 범위 내에서 공소가 제기된 범죄사실에 포함된 이보다 가벼운 범죄사실을 공소장변경 없이 직권으로 인정할 수 있는 경우라고 하더라도, 공소가 제기된 범죄사실과 대비하여 볼 때 실제로 인정되는 범죄사실의 사안이 중대하여 공소장이 변경되지 않았다는 이유로 이를 처벌하지 않는다면 적정절차에 의한 신속한 실체적 진실의 발견이라는 형사소송의 목적에 비추어 현저히 정의와 형평에 반하는 것으로 인정되는 경우가 아닌 한, 법원이 직권으로 그 범죄사실을　　22

---

19 대판 2007. 10. 25, 2006도346.
20 오영근, 181.
21 오영근, 181.

인정하지 않았다고 하여 이를 위법한 것이라고까지 볼 수는 없다.[22]

2. 비방할 목적

(1) 의의

23   본조의 출판물 명예훼손죄 및 정보통신망법위반(명예훼손)죄의 경우에는 허위의 사실 또는 진실한 사실의 적시에 대한 고의 외에, 초과주관적 구성요건으로서 특정인을 '비방할 목적'이 필요하다. 출판물 등에 의하여 사실 내지 허위사실을 적시하여 타인의 명예를 훼손하였으나 비방의 목적이 없는 경우에는, 제307조의 단순 명예훼손죄가 성립한다.[23]

24   여기서 '비방할 목적'이란 특정인에 대한 가해의 의사 내지 목적을 의미하는 것이다.[24]

(2) 판단방법

25   사람을 비방할 목적이 있었는지 여부는, 당해 적시 사실의 내용과 성질, 당해 사실의 공표가 이루어진 상대방의 범위, 그 표현의 방법 등 제반 사정을 감안함과 동시에 그 표현에 의하여 훼손되거나 훼손될 수 있는 명예의 침해 정도 등을 비교·고려하여 결정하여야 한다.[25]

26   자신의 주장이 옳다는 것을 공적으로 인정받기 위한 욕심에서 진실이라는 확신이 없는 사실들을 적시하여 함부로 기자들에게 제보하였다면, 제보내용에 관하여 허위의 인식이 있었고 비방할 목적도 인정된다.[26]

---

22 대판 1997. 2. 14, 96도2234.

23 오영근, 181.

24 대판 2010. 11. 25, 2009도12132.

25 대판 2007. 7. 13, 2006도6322(피고인이 A 대학교 정상화추진위원회 공동대표 겸 위 대학교 전직 총장의 자격으로 일간신문에 신문광고를 게재하였는데, 그 신문광고 중에는 관계법령에서 학교 기본재산의 매각을 금지하고 있고 더욱이 위 대학교의 기본재산은 설립자가 각고의 노력으로 마련하여 유지해 온 것임에도 불구하고 위 대학교 이사장인 피해자가 위 대학교의 기본재산을 탈법적으로 매각하고 지방자치단체에 기부한 사실을 숨기면서 오히려 주상복합아파트의 건설을 통하여 개발을 하고 있다고 홍보함으로써 해교행위를 하고 있다는 등 객관적으로 피해자의 사회적 평가를 저하시키는 내용이 포함되어 있고, 이러한 신문광고의 내용은 단순한 의견의 표명이 아니라 구체적으로 사실을 적시한 것에 해당하며, 그 적시된 사실은 객관적 사실에 배치되는 것으로서 허위이고, 피고인에게는 피해자를 비방할 목적이 있었다고 본 사례).

26 대판 2004. 4. 9, 2004도340(X 주식회사가 정부의 보호정책과 권력자의 비호 및 100억 원의 특혜금융에 의하여 급성장하였다거나, 대통령 주치의 A가 X 주식회사의 배후세력으로서 담당검사

　　그리고 독자, 시청자, 청취자 등은 언론매체의 보도내용을 진실로 신뢰하는 **27**
경향이 있고 언론매체는 이러한 신뢰를 기반으로 사회에 대한 비판·감시기능을
수행하는 것이라는 점 등을 고려할 때, 언론매체가 피해자의 명예를 현저하게
훼손할 수 있는 보도내용의 주된 부분이 허위임을 충분히 인식하면서도 이를
보도하였다면 특별한 사정이 없는 한 거기에는 사람을 비방할 목적이 있다고
볼 것이고, 이 경우에는 위법성이 조각될 여지가 없는 것이다.[27]

　　그런데 판례는 '비방할 목적'의 유무를 판단할 때, 제310조 위법성조각사유 **28**
의 요건 중 하나인 '공익성' 유무를 먼저 판단한 후 그 결과에 따라 비로소 '비방
할 목적'의 유무를 판단하는 듯한 논리를 취하고 있다. 즉, 대법원은 "비방할 목
적은 공공의 이익을 위한 것과는 행위자의 주관적 의도의 방향에 있어 서로 상
반되는 관계에 있으므로, 적시한 사실이 공공의 이익에 관한 것인 경우에는 특
별한 사정이 없는 한 비방할 목적은 부인된다고 봄이 상당하고, (중략) 행위자의
주요한 동기 내지 목적이 공공의 이익을 위한 것이라면 부수적으로 다른 사익
적 목적이나 동기가 내포되어 있더라도 비방할 목적이 있다고 보기는 어렵다."
라는 식으로 비방할 목적의 판단방법을 제시하고 있다.[28]

　　이와 같이 판례가 제310조의 공익성 유무를 먼저 판단하여 공익성이 있다 **29**

에게 압력을 넣어 B에 대한 사기 사건을 무혐의 처리되도록 하고, 피고인에게도 전화를 걸어 B
를 봐주라고 요구하였다거나, X 주식회사가 만든 초음파 진단기의 성능이 엉터리라고 피고인이
적시하여 제보한 내용이 모두 허위사실이고, 피고인이 그와 같은 사실을 적시하게 된 동기와 경
위 및 결과를 종합하여 보면 피고인의 주장이 옳다는 것을 공적으로 인정받기 위한 욕심에서 진
실이라는 확신이 없는 사실들을 적시하여 함부로 기자들에게 제보한 사실을 인정할 수 있으므
로, 피고인에게는 적시하여 제보한 내용에 관하여 허위의 인식이 있었으며 비방할 목적도 인정
된다고 본 사례)

27 대판 2008. 11. 27, 2007도5312.
28 대판 1998. 10. 9, 97도158; 대판 2010. 11. 25, 2009도12132; 대판 2014. 5. 29, 2013도3517;
　대판 2020. 3. 2, 2018도15868. 대판 2022. 4. 28, 2020도15738. 다만, 이러한 논리 구성은 범죄
　구성요건을 먼저 판단한 후 위법성을 판단하는 대신 그와는 반대로 위법성을 먼저 판단한 후 범
　죄구성요건을 판단하는 것이어서 자연스러운 논리전개라고 볼 수 없다[권오걸, "형법 제310조의
　적용범위", 형사판례연구 [15], 한국형사판례연구회, 박영사(2007), 185]. 이러한 판례의 논리를,
　행위자에게 비방의 목적이 일부 있었더라도 그 주요한 동기가 공공의 이익을 위한 것이라면 경
　미한 비방 목적은 전체적으로 공익성에 의해 희석되어 그 적시사실이 진실인 한 구성요건에 있
　어서 제307조 제1항의 명예훼손죄가 될 수 있고, 그렇게 되면 위법성에 있어서는 제310조가 적
　용될 수 있다는 의미로 해석하여야 한다는 견해[손동권, "형법 제310조의 실체면과 절차면", 형
　사판례연구 [6], 한국형사판례연구회, 박영사(1998), 215]도 있다.

고 인정하면 그와 대립관계에 있는 비방 목적을 부정하는 대표적인 유형의 사안으로는, 공공의 관심 사안과 관련된 관행이나 문제점 등을 지적하고 이를 개선하고자 하는 목적으로 어떠한 사실을 적시하는 사례를 들 수 있다. 예를 들어, 경찰관 승진시험에 응시하였던 피고인이 1차 필기시험에 합격하여 2차 실기시험을 마치고 최종합격자 발표 전에 일정한 아이디가 있는 사람만이 접근할 수 있는 게시판에 경쟁관계에 있는 피해자의 전력에 관한 글을 게재한 사안에서, 대법원은 피고인의 행위에 대해 공익성이 인정되므로 비방 목적이 부인된다고 판단하였다.[29]

30   결국 이를 종합하면, 비방 목적이나 공익성 유무를 판단할 때, 대법원은 우선 적시된 사실의 진위 여부를 판단한 후, 만약 적시된 사실이 진실이라면 공익성 유무를 판단함으로써 그와 동시에 비방 목적 유무도 결정하고, 만약 적시된 사실이 허위라면 표현 자체에 관한 제반 사정과 명예의 침해 정도 등을 바탕으로 비방 목적 유무를 결정하는 논리를 취하고 있는 것으로 보인다.

(3) 비방할 목적이 인정된 사례

31   ① 한국소비자보호원이 X 우유를 포함한 시판우유를 수거하여 우유의 살균방법에 따른 영양가 등에 대한 시험검사를 실시하고 언론매체를 통하여 시험대상 우유 전제품이 전반적으로 우수하며 시험항목별로 약간의 차이는 있으나 영양가 등 전체적으로 큰 차이가 없는 것으로 분석되었다는 검사결과를 발표하자, 이에 불만을 가진 X 우유의 관계자인 피고인이 '한국소비자보호원의 직원인 A가 취미삼아 연습삼아 시험을 하고 과학술어조차도 자기의 형편대로 해석·사용하였다, 사과도 삶아 먹어야 비타민C가 5배로 증가한다는 식의 분석결과나 장

---

29 대판 2014. 5. 29, 2013도3517(피고인이 위 글을 게시한 것이 경찰관 승진시험의 공정성과 투명성을 제고하고자 하는 의도에서 이루어졌고, 경찰관 승진시험의 공정성과 투명성은 경찰청이나 그 구성원의 관심과 이익에 관한 것일 뿐만 아니라 나아가 국가·사회에서 경찰이 차지하는 위상과 중요성에 비추어 국가·사회 기타 일반 다수인의 이익에 관한 것이라고도 볼 수 있으며, 피고인이 위 글을 통하여 피해자가 승진시험 응시를 위한 요건인 경찰특공대 의무복무기간을 채우지 못해서 응시자격에 문제가 있다는 점을 지적한 것은 경찰관 승진제도의 공정하고 투명한 운영을 위한 것으로서 그 주요한 동기 내지 목적이 공공의 이익을 위한 것이라고 할 수 있으므로, 이와 같이 피고인의 주요한 동기 내지 목적이 공공의 이익을 위한 것이라면 부수적으로 피고인이 위 글을 게시한 것에 다른 목적이나 동기가 내포되어 있더라도 이러한 사정만으로 피고인에게 비방할 목적이 있었다고 단정하기는 어렵다고 본 사례). 이와 달리 원심은 피고인에게 비방할 목적이 인정된다고 판단하였다(서울중앙지판 2013. 2. 20, 2012노4111).

난 같은 무기분석 데이터를 마치 영양과 직결되는 양 발표하고 경제기획원이나 기타 이해관계인의 비위에 맞춰 출세를 꿈꾸어 국민보건에 해를 준다'라는 내용의 광고를 일간신문에 게재한 사안

이와 같은 내용의 광고는 피고인이 자사의 제품인 X 우유의 장점을 선전하 32
기 위하여 한국소비자보호원의 발표내용을 임의로 과장·왜곡하고 발표에 들어 있지 않은 내용을 삽입하는 등의 방법으로 그 광고를 보는 불특정 다수인에게 한국소비자보호원의 발표내용을 본래의 의미나 내용과 전혀 다른 의미나 내용으로 이해되도록 한 것으로서, 피고인이 한국소비자보호원을 비방할 목적으로 출판물에 의하여 공연히 허위의 사실을 적시·유포하여 한국소비자보호원의 명예를 훼손한 것이다.[30]

② 1969년 흑산도 대간첩작전에 참가한 피해자 등이 작전종료 후 사살한 무 33
장공비 및 노획물을 모아놓고 그 앞에서 기념촬영한 사진을 1980년 광주민주화운동 당시 광주 현장에서 촬영한 것이라고 설명하며 월간지 기자에게 전달한 사안

위 사진이 위 월간지에 광주민주화운동 관련 화보의 일부로 게재될 경우 34
마치 피해자들이 1980년 5월 광주민주화운동 당시 공수부대원으로 광주에 출동하여 광주시민을 사살하고 사살된 시민들 앞에서 기념촬영을 한 것처럼 보이게 될 것이므로, 위 사진을 위 기자에게 교부할 당시 피고인에게는 피해자들을 비방할 목적이 있었다고 볼 것이다.[31]

(4) 비방할 목적이 부정된 사례

① 특정 업체나 상품을 이용하고 그 후기를 남기거나 토론하는 경우, 특히 35
소비자가 자신이 겪은 객관적 사실을 바탕으로 인터넷에 사업자에게 불리한 내용의 글을 게시하는 사안

판례는 위와 같은 사안의 경우 적시된 내용이 대체로 진실에 부합하고 지나 36
치게 경멸적인 표현이 없다면 비방 목적을 부정하는 경향이 있는 것으로 보인다.

예를 들어, ⓐ 피해자가 운영하는 X 산후조리원에서 산후조리를 하였던 산 37
모인 피고인이 인터넷 산모 카페 게시판에 'X 산후조리원 측의 막장대응'이라는 제목으로 X 산후조리원과의 이용대금 관련 분쟁내용을 게시한 사안에서 대법원

---

30 대판 1993. 4. 13, 92도3035.
31 대판 1989. 11. 14, 89도1744.

은, 피고인이 위 게시판 등을 통해 적시한 사실은 그가 산후조리원을 실제 이용한 소비자로서 겪은 일과 이에 대한 주관적 평가를 담은 이용후기인 점, 피고인의 글에 다소 과장된 표현이 사용되기도 했지만 이는 피고인이 제기한 불만에 대응하는 피해자의 태도의 문제점을 지적하는 것이고 글에 적시된 주요 내용은 객관적 사실에 부합하는 점, 산후조리원에 관한 정보는 출산을 앞둔 임산부들의 관심과 이익에 관한 것으로 피고인은 자신도 이용 후기를 보고 위 산후조리원을 선택한 것처럼 산후조리원을 이용하려는 임산부의 신중한 선택에 도움을 주기 위해 인터넷에 위 글을 게시하게 됐다고 동기를 밝힌 점, 피고인이 같은 내용의 글을 반복 게시하였지만 이는 자신의 글이 인터넷에서 삭제되거나 게시가 중단된 것에서 기인한 것으로 볼 수 있는 점, 피고인이 게시한 글의 공표 상대방은 인터넷 카페 회원이나 산후조리원 정보를 검색하는 인터넷 사용자들에 한정되고 그렇지 않은 인터넷 사용자들에게 무분별하게 노출되는 것이라고 보기 어려운 점, 산후조리원을 이용한 모든 산모가 만족할 수는 없으므로 영리 목적으로 산후조리 서비스를 제공하는 피해자로서는 불만이 있는 산모들의 자유로운 의사 표명을 어느 정도 수인하여야 하는 점, 산후조리원 이용에 불편을 겪었다는 내용의 글로 피해자의 사회적 평가가 저하한 정도는 인터넷 이용자들의 자유로운 정보 및 의견 교환에 따른 이익에 비해 더 크다고 보기 어려운 점 등에 비추어 보면, 피고인이 적시한 사실은 산후조리원에 대한 정보를 구하고자 하는 임산부의 의사결정에 도움이 되는 정보 및 의견 제공이라는 공공의 이익에 관한 것이라고 봄이 타당하고, 이처럼 피고인의 주요한 동기나 목적이 공공의 이익을 위한 것이라면 부수적으로 산후조리원 이용대금 환불과 같은 다른 사익적 목적이나 동기가 내포되어 있더라도 그러한 사정만으로 피고인에게 비방할 목적이 있다고 보기는 어렵다고 판단하였다.[32]

38   또한, ⓑ 피해자 A가 운영하는 성형외과에서 턱부위 고주파시술을 받았다가 그 결과에 불만을 품은 피고인이 인터넷 포털 사이트의 게시판에 "아.. A씨가 가슴전문이라.. 눈이랑 턱은 그렇게 망쳐놨구나... 몰랐네...", "내 눈은 지방

---

32 대판 2012. 11. 29, 2012도10392. 이와 달리 원심은 인터넷 카페에 게시한 글의 게재 경위, 내용과 표현 방법 등을 볼 때 피고인이 피해자를 비방할 목적으로 위 글을 게재한 것이라고 판단하였다(서울북부지판 2012. 8. 9, 2012노729).

제거를 잘못 했다고... 모양도 이상하다고 다른 병원에서 그러던데... 인생 망쳤음... ㅠㅠ"이라는 글을 게시한 사안에서도, 위 표현물의 공표가 이루어진 상대방은 피해자의 성형시술능력에 관심을 가지고 이에 대해 검색하는 인터넷 사용자들에 한정되고 그렇지 않은 인터넷 사용자들에게 무분별하게 노출되는 것이라고 보기는 어려우며, 그 분량도 각 한 줄에 불과하고, 그 내용 또한 피고인의 입장에서는 피해자의 시술 결과가 만족스럽지 못하다는 주관적인 평가가 주된 부분을 차지하고 있으며, 성형시술을 제공받은 모든 자들이 그 결과에 만족할 수는 없는 것이므로 그러한 불만을 가진 자들이 존재한다는 사실에 의한 피해자의 명예훼손의 정도는 위와 같은 인터넷 이용자들의 자유로운 정보 및 의견교환으로 인한 이익에 비해 더 크다고 보기는 어려우므로 피해자의 입장에서는 어느 정도 그러한 불만을 가진 자들의 자유로운 의사의 표명을 수인하여야 할 것이라는 점을 고려해 볼 때, 위 표현물의 표현방법에 있어서도 인터넷 사용자들의 의사결정에 도움을 주는 범위를 벗어나 인신공격에 이르는 등 과도하게 피해자의 명예를 훼손한 것이라고 보기는 어렵다고 평가할 수 있어, 위 표현물은 전체적으로 보아 피해자로부터 성형시술을 받을 것을 고려하고 있는 다수의 인터넷 사용자들의 의사결정에 도움이 되는 정보 및 의견의 제공이라는 공공의 이익에 관한 것이라고 볼 수 있고, 이와 같이 피고인의 주요한 동기 내지 목적이 공공의 이익을 위한 것이라면 부수적으로 다른 목적이나 동기가 내포되어 있더라도 그러한 사정만으로 피고인에게 비방할 목적이 있었다고 보기는 어렵다고 판단하였다.[33]

② 1987년 국가안전기획부가 당시 집권당 후보자의 대통령 당선을 위하여 마치 북한이 자행한 테러인 것처럼 꾸며 대한항공 858 여객기를 폭파하고 북한

39

---

[33] 대판 2009. 5. 28, 2008도8812. 이와 달리 원심은 위와 같은 적시 사실의 내용과 성질, 당해 공표가 이루어진 상대방의 범위, 그 표현의 방법 등 그 표현 자체에 관한 제반사정을 감안함과 동시에 그 표현에 의하여 훼손될 수 있는 명예 침해의 정도 등을 비교·고려하고, 여기에 피고인이 수사기관 이래 일관되게 자신이 피해자로부터 눈, 턱의 성형수술을 받았으나 부작용이 발생하였음에도 피해자가 자신의 잘못을 인정하지 않아 반성하도록 하기 위해 위와 같은 글을 작성하였다고 진술하고 있는 점 등을 종합하여 보면, 피고인에게는 피해자를 비방할 목적이 있었다고 봄이 상당하다고 판단하였다(서울중앙지판 2008. 9. 11, 2008노1719).
　　본 판결 평석은 심희기, "정보통신망 이용촉진 및 정보보호 등에 관한 법률 – 사람을 비방할 목적의 의미", 특별형법 판례100선, 한국형사판례연구회·대법원 형사법연구회, 박영사(2022), 306-309.

의 소행인 것처럼 날조한 수사결과를 발표하였다는 내용의 소설을 집필·출간함으로써 위 대한항공 858기 폭파 사건의 수사 등을 담당하였던 국가안전기획부 간부와 직원들의 명예를 훼손하였다는 사안

40   위 소설이 일반 독자들에게 소설상의 내용을 진실한 것이라고 주장하는 것이 아니라, 피고인들이 가지고 있는 의혹을 소설의 형식으로 제기하고 있는 것이고, 피고인들이 위 소설을 집필·출간한 행위는 대한항공 858기 폭파 사건에 관한 새로운 진상 규명의 필요성을 사회적으로 호소하기 위한 목적으로 공공의 이익을 위한 것으로 봄이 상당하며, 비방의 목적을 인정할 수 없다.[34]

41   ③ 피해자는 사실은 X 일보의 대표이사로 재직한 사실이 없음에도 'X 일보 대표이사/부회장'이라고 기재된 명함을 가지고 다니면서 피고인 등에게 자신을 X 일보의 대표이사로 소개하였고, 이에 피해자를 X 일보 대표이사로 잘못 알고 Y 시민연대의 공동대표로 추천하고 그 상임대표로 취임하도록 하였다가 뒤늦게 피해자가 X 일보 대표이사가 아니라는 사실을 알게 된 피고인이 이러한 경위를 구체적으로 적시하지는 않은 채 피해자가 Y 시민연대에서 제명되었다는 취지의 글을 게시하면서 '사유: 허위사실 유포'라고 기재한 사안

42   Y 시민연대는 환경단체이므로 피고인에게 있어서 피해자가 X 일보 대표이사인지 여부가 피해자를 위 단체의 공동대표 및 상임대표로 추천하는 데에 결정적인 요소로 작용한 것으로 보이는 점, 그런데 피해자가 X 일보 대표이사가 아님에도 그 대표이사로 기재된 명함을 돌림으로써 '허위사실을 유포'하였다면 그 사실은 환경단체인 Y 시민연대 및 그 회원들 전체의 관심과 이익에 관한 것이라고 볼 것인 점, 피해자는 X 일보 대표이사가 아님에도 그 대표이사로 기재된 명함을 돌리는 등 명예훼손적 표현의 위험을 자초한 측면이 있는 점, 피고인은 Y 시민연대 회원들을 대상으로 하여 위 글을 게시한 것이므로 사실의 공표가 이루어진 상대방의 범위가 넓지는 않은 점, 피고인이 적시한 사실인 '허위사실 유포'는 '거짓의 사실'을 드러낸 것으로 볼 수 없고, 또한 피고인이 피해자가 'X 일보의 대표이사가 아니면서 그 대표이사로 행세하였다'라는 취지로 구체적으로 적시하지도 않았으므로 사실 적시를 이유로 한 피해자의 명예에 대한 침

---

34 대판 2009. 6. 11, 2009도156.

해의 정도가 크다고 할 수도 없는 점, 피고인이 피해자의 인격을 직접 비난하거나 비하하는 표현을 사용하지 않은 점 등에 비추어 보면, 피고인이 적시한 '허위 사실 유포'라는 사실은 Y 시민연대 및 그 구성원들의 공공의 이익에 관한 것으로서, 피고인에게는 피해자를 비방할 목적이 없었다고 봄이 상당하다.[35]

④ X 일보의 기자인 피고인이 X 일보를 반대하는 사람들의 모임인 Y 시민   **43** 모임과 그 회원들이 아파트 단지 등에 배달된 X 일보를 훔친다는 등 Y 시민모임을 비난하는 내용의 기사를 X 일보의 '독자와의 대화'면에 게재한 사안

위 기사는 Y 시민모임의 무차별적인 공격에 대항하여 독자들에게 Y 시민   **44** 모임의 정체와 활동상황에 대해 알려줌으로써 건전한 언론비판의 한계를 일탈한 Y 시민모임 활동의 부당성을 지적하고 X 일보 독자들의 동요를 막기 위한 기사로서, 그 내용이 객관적 사실에 부합할 뿐만 아니라 그 표현방식도 비교적 절제되어 있다면 피고인에게 Y 시민모임 회원들을 비방할 목적이 있었다고 보기는 어렵다.[36]

⑤ 피해자가 교감으로 근무하는 X 여자고등학교 교사인 피고인이 인터넷   **45** 'X 여고 A 학생 살리기 모임' 카페 게시판에 '피고인이 참교육실천보고대회에 참석하여 X 여자고등학교 학생 A에 대한 퇴학처분의 부당함을 알리고 참석자들로부터 A를 살리자는 서명을 받았다'라는 취지의 글을 게재한 사안

다른 여학생에 대한 피해자의 부적절한 행동을 문제 삼은 A에 대하여 결과   **46** 적으로 퇴학처분이 내려짐으로써 그에 대한 구명운동이 일어나게 되었던 것이어서 피고인이 위와 같은 내용의 글을 게재한 것은 피해자가 자초한 면이 없지 않고, 위 글의 표현 자체에도 피해자를 비하하는 구체적 사실에 관한 적시는 되어 있지 않으며, 이러한 피해자와 피고인의 지위, 적시사실의 내용 및 성격, 표현의 방법, 문제된 표현이 전체 글 중에서 차지하는 위치와 비중, 게재 동기와 시기, 게재된 인터넷 사이트 게시판의 성격 등 여러 사정을 종합하여 볼 때, 피고인이 인터넷 사이트에 위와 같은 내용을 게재한 행위는 피해자가 교감으로 근무하고 있는 학교의 A에 대한 퇴학처분의 부당함을 알리고자 하는 것을 주된 목적으로 공공의 이익을 위하여 한 것으로 보이므로, 설사 부수적으로 다른 사

---

35 대판 2011. 6. 10, 2011도1147.
36 대판 2006. 8. 25, 2006도648.

익적 목적이나 동기가 내포되어 있다고 하더라도 이는 공공의 이익에 관한 것으로 봄이 상당하고, 따라서 비방할 목적이 있다고 단정할 수는 없다.[37]

47   ⑥ 국립대학교 교수인 피해자가 제자인 여학생을 성추행하였다는 내용의 글을 지역 여성단체가 자신의 인터넷 홈페이지 또는 소식지에 게재한 사안

48   국립대학교 교수인 피해자의 지위, 적시사실의 내용 및 성격, 표현의 방법, 동기 및 경위 등 제반 사정을 종합하여 볼 때, 비록 성범죄에 관한 내용이어서 명예의 훼손 정도가 심각하다는 점까지를 감안한다 할지라도, 인터넷 홈페이지 또는 소식지에 위와 같은 내용을 게재한 행위는 학내 성폭력 사건의 철저한 진상조사와 처벌, 그리고 학내 성폭력의 근절을 위한 대책마련을 촉구하기 위한 목적으로 공공의 이익을 위한 것으로서, 달리 비방의 목적이 있다고 단정할 수 없다.[38]

49   ⑦ 피고인이 페이스북에 과거 자신이 근무했던 소규모 스타트업 회사의 대표가 회식 자리에서 직원들에게 술을 강권하였다는 취지의 글을 게시한 사안

50   개인적 환경이나 근로 환경에 따라 회식 자리에서의 음주와 관련한 근로자 개인이 느끼는 압박감의 정도가 다를 수 있을 뿐 아니라, 스타트업 기업의 바람직한 사내 문화 등은 스타트업 기업에 종사하거나 종사할 사람들 전체의 관심과 이익에 관한 사항으로서 사회구성원 다수의 공통의 이익과 관련된다고 볼 수 있고, 피고인이 이 사건 게시글이 포함된 전체 글을 게시한 주요한 목적이나 동기가 당시 사회적 관심사로 떠오르던 소위 '직장 갑질'이 소규모 스타트업 기업에도 존재하고 이를 개선해야 한다는 사회적 관심을 환기시키기 위한 것이었다고 봄이 상당하므로, 피고인이 이 사건 회사에서 퇴사한 지 1년 가량 지나 자신의 페이스북에 이 사건 게시글을 게시하였고, 거기에 다소 단정적이고 과장된 표현을 사용하였다고 하더라도 이 사건 게시글의 주요한 목적이나 동기가 피해자를 비방하려는 데에 있다고 단정할 수 없다.[39]

---

37 대판 2006. 10. 26, 2004도5288. 이와 달리 원심은 비방 목적을 인정하였다(서울중앙지판 2004. 8. 3, 2003노10432).

38 대판 2005. 4. 29, 2003도2137. 이와 달리 원심은 피해자에 대한 위와 같은 사실의 적시가 오로지 공공의 이익에 관한 것이라거나 피해자를 비방할 목적이 없었다고 할 수는 없다고 판단하였다(대구지판 2003. 4. 11, 2002노3684).

39 대판 2022. 4. 28, 2020도15738

V. 위법성조각사유

본죄의 경우에도 형법총칙의 일반적인 위법성조각사유에 의해 위법성이 조 51
각될 수 있다. 그러나 본죄는 비방의 목적을 구성요건으로 하기 때문에, 진실성
과 공익성을 요건으로 하는 제310조의 위법성조각사유는 적용되지 않는다.

다만, 판례는 본조의 출판물에 의한 명예훼손행위에 대해 표현의 자유가 지 52
나치게 위축되지 않도록 구성요건 단계에서 '비방할 목적'의 존부를 판단할 때
제310조의 공익성에 해당되는지 여부를 적극적으로 고려하고 있다. 즉 비방의
목적이 인정되면 당연히 공익성을 부인하나, 반대로 공익성이 인정되면 비방의
목적이 존재하지 않는다는 결론에 이르고 있다.[40]

판례의 이러한 논리는 정보통신망법위반(명예훼손)죄의 위법성을 판단하는 53
경우에도 마찬가지인데, 결국 본죄와 정보통신망법위반(명예훼손)죄의 경우 제
310조가 직접적으로는 적용되지 않는다 하더라도, 사실상 제310조의 요건이 충
분히 검토되어 비방 목적 유무가 판단됨으로써 그 결과에 있어서 큰 차이는 없
게 된다는 것이다.

VI. 공 범

본죄는 간접정범에 의해서도 범해질 수 있다. 예를 들어, 타인을 비방할 목 54
적으로 사정을 모르는 기자에게 허위의 기사 재료를 제공하여 언론에 보도되게
한 경우에는 본죄가 성립한다.[41]

---

40 대판 1998. 10. 9, 97도158. 「형법 제309조 제1항 소정의 '사람을 비방할 목적'이란 가해의 의사
내지 목적을 요하는 것으로서 공공의 이익을 위한 것과는 행위자의 주관적 의도의 방향에 있어
서로 상반되는 관계에 있다고 할 것이므로, 형법 제310조의 공공의 이익에 관한 때에는 처벌하
지 아니한다는 규정은 사람을 비방할 목적이 있어야 하는 형법 제309조 제1항 소정의 행위에 대
하여는 적용되지 아니하고 그 목적을 필요로 하지 않는 형법 제307조 제1항의 행위에 한하여 적
용되는 것이고, 반면에 적시한 사실이 공공의 이익에 관한 것인 경우에는 특별한 사정이 없는
한 비방 목적은 부인된다고 봄이 상당하므로 이와 같은 경우에는 형법 제307조 제1항 소정의 명
예훼손죄의 성립 여부가 문제될 수 있고 이에 대하여는 다시 형법 제310조에 의한 위법성 조각
여부가 문제로 될 수 있다.」
41 김신규, 형법각론 강의, 245; 박찬걸, 형법각론(2판), 281; 임웅, 260; 최호진, 형법각론, 257; 한
상훈·안성조, 형법개론(3판), 476; 홍영기, 형법(총론과 각론), § 67/6.

55　　　즉 판례에 따르면, "출판물이 전문가의 검토를 거쳐 출판자의 독자적인 판단으로 만들어지는 경우에는 그로 인하여 명예훼손의 결과가 발생하였다고 하더라도 그 출판물에 기사를 게재한 기자나 출판사 자신이 출판물에 의한 명예훼손의 죄책을 부담할 것이지 그 기사내용을 제공한 제보자에 대하여는 같은 죄의 죄책을 지울 수는 없다." 그러나 "타인을 비방할 목적으로 허위사실인 기사의 재료를 신문기자에게 제공한 경우에 이 기사를 신문지상에 게재하느냐의 여부는 오로지 당해 신문의 편집인의 권한에 속한다고 할 것이나, 이를 편집인이 신문지상에 게재한 이상 이 기사의 게재는 기사재료를 제공한 자의 행위에 기인한 것이므로, 이 기사재료를 제공한 자는 형법 제309조 제2항 소정의 출판물에 의한 명예훼손죄의 죄책을 면할 수 없는 것이다."[42]

56　　　만약 기자가 허위인 사정을 알고도 제보를 기사화하였을 경우에는, 제보자와 기자 사이에 공동정범 또는 교사범과 종범의 관계가 성립한다.[43]

57　　　다만 제보자가 직접 기자 등 언론사에게 제보하지는 않았으나 결과적으로 이것이 언론보도에 이르게 된 경우에는, 다소 달리 판단하여야 한다. 즉 제보자가 기사의 취재·작성과 직접적인 연관이 없는 사람에게 허위의 사실을 알렸을 뿐인 경우에는, 제보자가 피제보자에게 그 알리는 사실이 기사화되도록 특별히 부탁하였다거나 피제보자가 이를 기사화할 것이 고도로 예상되는 등의 특별한 사정이 없는 한, 피제보자가 언론에 공개하거나 기자들에게 취재됨으로써 그 사실이 신문에 게재되어 일반 공중에게 배포되더라도 제보자에게 출판·배포된 기사에 관하여 본죄의 책임을 물을 수는 없다.[44]

---

42 대판 1994. 4. 12, 93도3535; 대판 2009. 11. 12, 2009도8949(피고인이 언론사 기자 A에게 연예인인 피해자 B의 실명을 거론하면서 자신이 B로부터 폭행을 당하여 상해를 입었다는 취지의 허위사실을 적시함으로써, 피해자를 비방할 목적으로 이 사건 기사의 자료를 제공하여 그 내용이 진실한 것으로 오신한 기자 A로 하여금 허위기사를 작성하게 하고 피고인의 용인 아래 그 기사가 공표된 이상, 피고인이 본죄의 죄책을 면할 수 없다고 본 사례).

43 김일수·서보학, 170; 박상기·전지연, 534. 일본 판례의 입장도 같다[大判 大正 15(1926). 5. 17. 刑集 5·168].

44 대판 2002. 6. 28, 2000도3045(의사인 피고인이 의료기기 회사와의 분쟁을 정치적으로 해결하기 위하여 국회의원에게 허위의 사실을 제보하였을 뿐인데 그 국회의원의 발표로 그 사실이 일간신문에 게재된 경우, 피고인에게 본죄가 성립되지 않는다고 본 사례). 본 판결 해설은 이태종, "기자 외의 자에 대한 제보와 출판물에 의한 명예훼손죄", 해설 41, 법원도서관(2002), 591-601.

VII. 다른 죄와의 관계

1. 정보통신망이용촉진및정보보호등에관한법률위반(명예훼손)죄와의 관계

본죄와 정보통신망법위반(명예훼손)죄는 서로 그 구성요건이 유사하지만 　**58**
그 행위수단에 의하여 구분된다. 즉 비방할 목적으로 사실 또는 허위사실을 적
시할 때 '신문, 잡지 또는 라디오 기타 출판물'을 이용한 경우 전자의 죄가, '신
문, 잡지 또는 라디오 기타 출판물'이 아닌 '정보통신망'을 이용한 경우는 후자의
죄가 각각 성립한다.

동일한 내용의 명예훼손행위가 온라인과 오프라인에서 각각 이루어졌다면, 　**59**
본죄와 정보통신망법위반(명예훼손)죄가 각 성립하고, 두 죄는 실체적 경합관계
에 있다.[45]

2. 업무방해죄와의 관계

출판물 등에 의하여 허위의 사실을 적시하여 타인의 명예를 훼손하고 업무를 　**60**
방해한 경우에는, 허위사실 적시에 의한 출판물 명예훼손죄와 업무방해죄(§314①)
의 상상적 경합이 된다.[46]

VIII. 처 벌

사실을 적시하여 본죄를 범한 자는 3년 이하의 징역이나 금고 또는 700만 원 　**61**
이하의 벌금에 처하고(제1항), 허위사실을 적시하여 본죄를 범한 자는 7년 이하의
징역, 10년 이하의 자격정지 또는 1천 500만 원 이하의 벌금에 처한다(제2항).

---

45 신동운, 형법각론(2판), 696.
46 대판 1993. 4. 13, 92도3035.

IX. 정보통신망이용촉진및정보보호등에관한법률위반 (명예훼손)죄

정보통신망 이용촉진 및 정보보호 등에 관한 법률 제70조(벌칙)

① 사람을 비방할 목적으로 정보통신망을 통하여 공공연하게 사실을 드러내어 다른 사람의 명예를 훼손한 자는 3년 이하의 징역 또는 3천만원 이하의 벌금에 처한다. 〈개정 2014. 5. 28.〉

② 사람을 비방할 목적으로 정보통신망을 통하여 공공연하게 거짓의 사실을 드러내어 다른 사람의 명예를 훼손한 자는 7년 이하의 징역, 10년 이하의 자격정지 또는 5천만원 이하의 벌금에 처한다.

③ 제1항과 제2항의 죄는 피해자가 구체적으로 밝힌 의사에 반하여 공소를 제기할 수 없다.

[전문개정 2008. 6. 13.]

1. 취지 및 입법경과

62　　　정보통신망법은 정보통신망의 이용을 촉진하고 정보통신서비스를 이용하는 자의 개인정보를 보호함과 아울러 정보통신망을 건전하고 안전하게 이용할 수 있는 환경을 조성하여 국민생활의 향상과 공공복리의 증진에 이바지함을 목적(§1)으로 제정된 법률로서, 인터넷 등 온라인 공간에서의 명예훼손행위에 대한 가중적 구성요건을 별도로 마련하고 있다.

63　　　이 법은 당초 1986년 5월 12일 「전산망 보급확장과 이용촉진에 관한 법률(법률 제3848호)」로 제정되었다가, 2001년 1월 16일 「정보통신망 이용촉진 및 정보보호 등에 관한 법률(법률 제6360호, 2001. 7. 1. 시행)」로 제목과 조문이 전부 개정되면서 본조와 같은 내용의 처벌규정이 제61조에 신설되었고, 2007년 12월 21일 법률 제8778호(2008. 3. 22. 시행)로 일부 개정되면서 제70조로 조문이 이동하였다.

64　　　온라인 공간에서의 명예훼손행위는 기존의 전통적인 매체에 의한 명예훼손행위가 인터넷 등을 통해 가상공간에서 이루어지는 것을 말한다. 이러한 명예훼손행위는 인터넷 포털 사이트 게시판이나 SNS(Social Networking Service), 모바일 메신저 등에 타인의 명예를 침해할 만한 내용을 게시하거나 사진 또는 동영상을 올리는 등의 다양한 유형으로 행해진다.

65　　　인터넷을 이용한 온라인 공간에서의 명예훼손행위는 현실 공간에서의 명예

훼손행위와 비교할 때 다음과 같은 차이점이 있다. ① 인터넷은 누구나 어디에서나 자유로이 접속할 수 있는 개방성을 갖고 있고, ② 기존의 매체가 일방적인 전달과 수용의 구조를 가졌다면 인터넷은 쌍방적인 전달과 수용의 구조를 가지고 있고, ③ 인터넷에서는 자신의 신분을 노출하지 않을 수 있는 익명성뿐만 아니라 상대방과도 비대면적이라는 특징을 가지고 있고, ④ 인터넷에 올라온 정보는 손쉬운 복사나 전송방법으로 인하여 그 정보가 신속하고 광범위하게 전파될 수 있는 확장성을 특징으로 한다는 점이다.[47]

66   이러한 인터넷의 특성상 다수인의 신속한 의사소통과 방대한 정보유통이 가능해지면서 악의적인 욕설이나 비방을 내용으로 하는 이른바 '악플' 등의 방법에 의한 인격 침해가 빈번하여 이에 대한 규제 필요성이 강조되고 있고,[48] 결국 정보통신망법과 같은 특별법이 제정되기에 이른 것이다.

67   형법의 명예훼손죄와 비교할 때 본죄의 특징은, 사람에 대한 명예훼손행위만을 처벌할 뿐 모욕행위나 사자에 대한 명예훼손행위는 처벌하지 않고, 제309조의 출판물 명예훼손죄와 마찬가지로 비방 목적을 요하는 목적범인 한편 공연성을 따로 요구하며, 제310조와 같은 별도의 위법성조각사유를 두고 있지 않고, 법정형이 상대적으로 무겁다는 점이다.[49] 이는 신문, 잡지, 라디오, 기타 출판물 등에 의한 형법의 명예훼손죄보다 온라인 공간에서의 명예훼손죄를 보다 무겁게 처벌하겠다는 입법자의 의지가 반영된 것이라고 본다.

68   헌법재판소도 익명성·비대면성·전파성이 큰 '정보통신망'이라는 매체의 특성을 고려하여 '비방할 목적'이라는 초과주관적 구성요건과 '공공연한 거짓 사실의 적시'라는 행위태양이 충족되는 범위에서 명예훼손적 표현행위를 한정적으로 규제하는 것이라고 본죄의 입법취지를 설명하고 있다.[50]

2. 입법론

69   기존 매체를 이용한 명예훼손행위는 형법에 규정하고 인터넷 등 온라인 공

---

47 김혜정, "인터넷상 명예훼손·모욕죄의 형사법적 통제에 관한 소고", 홍익법학 12-1(2011), 329.
48 박윤경, "표현의 자유와 명예훼손-인터넷에서의 명예훼손을 중심으로", 법학연구 18-3, 인하대학교 법학연구소(2015), 278.
49 박상기·전지연, 540.
50 헌재 2021. 3. 25, 2015헌바438 등.

간에서의 명예훼손행위는 정보통신망법에 규정하는 현행 법제의 이분법적 구조
가 타당한지 여부에 대해 의문이 제기되기도 한다.

70   즉, 정보통신망법의 명예훼손행위에 대한 처벌규정이 형법의 출판물에 의
한 명예훼손행위에 대한 처벌규정보다 벌금형이 높게 마련된 것 외에는 거의
동일한 내용이라는 점에서 정보통신망법의 명예훼손 처벌규정이 특별규정으로
서의 의미가 없으므로, 온라인 공간에서의 명예훼손행위를 처벌하는 규정을 정
보통신망법과 같이 특별법으로 규제하는 것은 적절하지 않고, 특별형법의 범람
과 일반형법의 사문화(死文化)를 고려할 때 형법전 속으로 편입되어야 한다는 견
해[51]가 주장되고 있다.

3. 구성요건

(1) 정보통신망

71   본죄는 '정보통신망'을 그 수단으로 하는 범죄이다.

72   여기서 '정보통신망'이라 함은 정보통신망법 제2조 제1항 제1호에 규정된
'전기통신사업법 제2조 제2호에 따른 전기통신설비를 이용하거나 전기통신설비
와 컴퓨터 및 컴퓨터의 이용기술을 활용하여 정보를 수집·가공·저장·검색·송
신 또는 수신하는 정보통신체제'를 말하고, '전기통신사업법 제2조 제2호에 따른
전기통신설비'라 함은 '전기통신(유선·무선·광선 또는 그 밖의 전자적 방식으로 부호·문
언·음향 또는 영상을 송신하거나 수신하는 것)을 하기 위한 기계·기구·선로 또는 그
밖에 전기통신에 필요한 설비'를 말한다.

73   이러한 의미의 정보통신망을 이용한다는 것은, 인터넷의 포털사이트 게시
판이나 댓글, 블로그, 카페, 홈페이지, 모바일 메신저, 전자우편 등을 이용하는
것을 말한다.

74   신문, 잡지 등은 전기통신설비를 이용하거나 컴퓨터 및 컴퓨터 이용기술을
활용한 매체가 아니므로, 본죄에서 말하는 정보통신망에 해당되지 않는다.[52]

(2) 공연성

75   본조에서는 형법의 명예훼손죄의 '공연히'와 달리 '공공연하게'라는 표현을

---

51 박윤경(주 48), 283.
52 박상기·전지연, 541.

사용하여 공연성을 구성요건으로 규정하고 있다. 형법에서의 '공연히'라는 표현은 '아무 이유 없이' 또는 '쓸데없이' 등의 뜻으로 오해될 수도 있는 부적절한 표현이라는 지적이 있는데,[53] 본조에서는 이를 반영하여 '공연히'보다는 공연성의 의미가 더 분명히 드러날 수 있는 표현인 '공공연하게'라는 표현을 사용하고 있다. 문언 자체는 차이가 있더라도 그 의미는 형법에서의 '공연히'와 전적으로 동일하다.

제309조 출판물 명예훼손죄의 경우에는 범행수단인 출판물 등이 그 성격상 당연히 공연성을 전제로 하는 것이므로 구성요건으로서 공연성을 별도로 요구하지 않지만, 그와 거의 동일한 내용의 본죄에서는 공연성을 별도의 구성요건으로서 요구하고 있다. 이에 대하여, 이메일이나 인터넷 블로그의 비공개 대화방에서 1:1 비밀대화 도중 어떠한 사실을 적시한 경우에는 공연성을 충족한다고 할 수 없고, 높은 전파성과 공연성이 반드시 비례하지는 않으므로 본죄에 공연성 요건을 별도로 규정한 것이라고 해석하는 견해[54]도 주장된다.

76

(3) 사실 또는 거짓의 사실 적시

본죄의 행위는 정보통신망을 이용해 사실 또는 거짓의 사실을 드러내는 것이다. 이는 형법의 명예훼손죄 부분에서 살펴본 '사실의 적시'나 '허위사실의 적시'와 동일하다.

77

다만 정보통신망을 이용한 사실 적시의 대표적인 유형을 살펴보면, 공적인 인터넷 홈페이지의 게시판 등에 특정인에 대한 어떠한 사실을 적시하는 경우, 개인이 자신의 인터넷 홈페이지나 블로그, 트위터, 페이스북, 카카오톡, 인스타그램과 같은 SNS 등을 통해 특정인에 대한 어떠한 사실을 적시하는 경우, 개인이 명예훼손에 관한 글을 다른 인터넷 사이트에서 '퍼오는 행위'를 하는 경우, 서로 의사연락이 없는 개인들이 특정 개인의 인터넷 홈페이지나 블로그, SNS 등을 통해 명예훼손적인 글을 쓰는 경우 등을 들 수 있다.[55] 인터넷 채팅 사이트에서 대화 도중 명예훼손적인 글을 쓰는 경우도 이에 해당할 수 있다.

78

---

53 오영근, "명예훼손죄의 공연성", 형사판례연구 [1], 한국형사판례연구회, 박영사(1993), 148.
54 박윤경(주 48), 282; 김혜정(주 47), 334.
55 이원상, "허위사실적시에 의한 명예훼손죄의 적용에서 전제사실의 미확정으로 인한 문제점 고찰", 형사판례연구 [22], 한국형사판례연구회, 박영사(2014), 121.

79   인터넷 사이트에 명예훼손적 사실을 적시한 다른 인터넷 사이트나 게시판을 링크만 걸어놓은 경우에도 사실의 적시가 있는 것으로 볼 것인지가 문제된다. 이에 대해서는, 링크되어 있는 것은 한 번의 클릭으로 본래 그 글이 있는 다른 인터넷 사이트나 게시판으로 이동하여 그 내용을 볼 수 있기는 하나, 사실의 적시는 어떠한 사실을 직접 지적하여 표시하는 것을 의미한다는 점을 감안하면, 링크는 단지 위치정보를 제공한 것에 불과하고 직접적으로 사실을 적시한 것이 아니라는 견해[56]가 주장되고 있다.

80   이와 같이 인터넷을 이용한 온라인 공간에서의 명예훼손행위에 대해서는 본조가 적용되지만, 온라인 공간에서의 모욕행위에 대해서는 본조가 적용되지 않고 단지 형법 제311조만 적용된다.

(4) 사람의 명예 훼손

81   본죄 역시 사람의 명예를 훼손하여야 하고, 피해자도 특정되어야 한다.

82   특히, 온라인 공간에서의 명예훼손행위는 인터넷의 익명성이라는 특성상 피해자의 실명이 직접 표시되지 않고 아이디(ID)나 닉네임, 별명 등을 사용하여 피해자를 표시하는 경우가 흔하다. 그러한 방법으로 피해자에 대한 명예훼손적 사실을 적시한 경우, 주위 정황 등에 비추어 아이디나 닉네임, 별명 등만으로도 피해자를 특정할 수 있는 경우라면 피해자가 특정되었다고 보아 본죄가 성립할 수 있다.

83   피해자의 인터넷 아이디만을 알 수 있을 뿐 그 밖의 주위사정을 종합해 보더라도 그와 같은 인터넷 아이디를 가진 사람이 누구인지를 알아차리기 어렵고 달리 이를 추측하여 알 수 있을 만한 아무런 자료가 없는 경우에는, 외적 명예를 보호법익으로 하는 명예훼손죄의 피해자가 특정되었다고 볼 수 없어 특정인에 대한 명예훼손죄는 성립하지 않는다.

84   따라서 피고인이 특정 인터넷 카페의 게시판에 A라는 아이디를 가진 피해자 B에 대한 허위사실을 댓글로 게시하였는데, 회원수가 18,800여 명에 이르는 그 카페 내에서는 실명이 아닌 별명을 사용하도록 되어 있고, 피해자는 카페 내에서 A라는 이름으로만 글을 올려 왔을 뿐 A가 B라는 사람임을 알 수 있는 어

---

56 김혜정(주 47), 336.

떠한 정보도 게시되어 있지 않아 피고인과 피해자 서로 상대방이 실제 누구인 지 알지 못하였다면, A에 대한 댓글만으로 특정한 사람인 B에 대하여 외적 명 예를 보호법익으로 하는 명예훼손죄가 성립한다고 보기는 어렵다.[57]

(5) 비방할 목적

본죄의 '비방할 목적'은, 제309조 출판물 명예훼손죄의 구성요건인 '비방할 목적'과 그 의미가 동일하다. **85**

4. 위법성조각사유

제310조의 위법성조각사유는 사람을 비방할 목적이 있어야 성립하는 본죄 에는 적용되지 않는다.[58] **86**

5. 기수시기

본죄는 정보통신망을 통하여 공공연하게 사실을 드러내는 행위, 즉 게시행 위를 한 때에 즉시 범죄가 성립하고 종료한다. 서적·신문 등 기존의 매체에 명 예훼손적 내용의 글을 게시하는 경우에 그 게시행위로써 명예훼손의 범행은 종 료하는 것이며 그 서적이나 신문을 회수하지 않는 동안 범행이 계속된다고 보 지는 않는다는 점을 고려해 보면, 정보통신망을 이용한 명예훼손의 경우에, 게 시행위 후에도 독자의 접근가능성이 기존의 매체에 비하여 좀 더 높다고 볼 여 지가 있다 하더라도 그러한 정도의 차이만으로 정보통신망을 이용한 명예훼손 의 경우에 범죄의 종료시기가 달라진다고 볼 수는 없기 때문이다.[59] **87**

6. 반의사불벌죄

본죄는 반의사불벌죄로서, 피해자가 구체적으로 밝힌 의사에 반하여 공소 를 제기할 수 없다(§70③). 피해자의 처벌을 희망하는 의사표시가 없어도 공소 를 제기할 수 있지만, 피해자가 처벌을 희망하지 않는 의사표시를 하거나 처벌 **88**

---

57 의정부지판 2015. 6. 5, 2014노2636.
58 대판 2008. 10. 23, 2008도6999.
59 대판 2007. 10. 25, 2006도346. 본 판결 평석은 박정난, "정보통신망법위반(명예훼손)죄의 기수 시기", 형사특별법 판례 50선, 집현재(2020), 76-79.

을 희망하는 의사표시를 철회하게 되면 공소기각의 판결을 선고하여야 하고(형소 § 327(vi)), 피해자의 처벌을 희망하는 의사표시의 철회는 제1심 판결선고 전에 하여야 한다(형소 § 232③).

89　　　헌법재판소는 정보통신망법 제70조 제3항에서 같은 조 제2항의 죄를 친고죄가 아닌 반의사불벌죄로 정함으로 인해 피해자의 의사와 무관하게 제3자의 고발이나 수사기관의 직권에 의한 수사가 개시될 수 있어 표현의 자유 등을 침해한다는 청구취지의 헌법소원 사건에서, "입법자가, 비방할 목적으로 정보통신망을 통하여 공공연하게 거짓의 사실을 적시하여 피해자의 명예를 훼손한 행위로 인해 행위불법과 결과불법이 가중되는 사정, 공소권 행사로 얻을 수 있는 이익과 피해자의 의사에 따라 공소권 행사를 제한함으로써 얻을 수 있는 이익의 조화, 헌법 제21조 제1항과 제4항이 정하고 있는 표현의 자유의 보장과 한계 등을 종합적으로 형량하여, 심판대상조항에서 정보통신망법 제70조 제2항의 죄를 반의사불벌죄로 정한 것이 형벌체계상 균형을 상실하였다고 보기 어렵다."고 판단하였다.[60]

7. 온라인서비스 제공자의 형사책임

90　　　인터넷상에서 정보통신서비스를 제공하는 사업자는 자신이 제공하는 정보통신서비스와 관련하여 범죄행위가 발생한 경우, 이에 대한 형사책임을 부담하여야 하는 경우가 있을 수 있다. 즉, 이는 온라인서비스 제공자가 형사책임의 주체가 될 수 있는가의 문제이다.

91　　　온라인서비스 제공자가 자신이 제공하는 정보통신서비스로 인해 형사책임을 부담하는 범죄의 유형으로는 다음과 같은 세 가지가 있을 수 있다.[61]

92　　　첫 번째 유형은, 온라인서비스 제공자가 콘텐츠 제공자(Contents Provider)인 경우이다. 온라인서비스 제공자가 자신의 콘텐츠가 특정인에 대한 명예훼손적 내용을 담고 있다는 사실을 알면서 이를 정보통신망을 통해 타인에게 제공하였다면, 명예훼손의 고의를 인정할 수 있고 정범으로서의 책임을 지울 수 있을 것

---

60 헌재 2021. 4. 29, 2018헌바113.
61 오경식·황태정·이정훈, "명예훼손과 온라인서비스제공자의 형사책임", 형사정책 22-1, 한국형사정책학회(2010), 262.

이다.

두 번째 유형은, 온라인서비스 제공자가 호스트서비스 제공자(Host Service 　**93**
Provider)인 경우이다. 호스트서비스 제공자는 명예훼손죄의 구성요건적 행위를
스스로 실행하지는 않은 경우이므로, 그에게 정범의 실행지배나 공동정범으로
서의 공동가공의사를 인정하기는 쉽지 않을 것이다. 다만 그가 타인의 불법콘텐
츠를 방치한 점에 관하여 방조범의 성립 여부가 문제될 수 있는데, 그가 불법콘
텐츠의 존재를 인식할 수 있고 그 방지나 제거조치도 가능하다면 불법콘텐츠로
부터 타인의 법익이 침해되는 것을 방지하여야 할 보증인지위에 서게 되므로
방조범이 성립할 수 있다.

세 번째 유형은, 온라인서비스 제공자가 단순한 접속 제공자(Access Provider) 　**94**
에 불과한 경우이다. 온라인서비스 제공자가 단지 타인이 입력한 내용에 대한
접근을 매개하는 것에 불과하다면 그의 책임은 면제된다.

결국, 원칙적으로 온라인서비스 제공자에게 지울 수 있는 형사책임은 부작 　**95**
위에 의한 방조범에 한정되고, 부작위에 의한 방조범이 성립한다고 하기 위해서
는 불법콘텐츠에 대한 접근가능성과 통제가능성이 객관적으로 인정되는 경우이
어야 한다.[62]

8. 처 벌

사실을 드러내어 본죄에 이른 자는 3년 이하의 징역 또는 3천만 원 이하의 　**96**
벌금에 처하고(제1항), 거짓의 사실을 드러내어 본죄에 이른 자는 7년 이하의 징
역, 10년 이하의 자격정지 또는 5천만 원 이하의 벌금에 처한다(제2항).

앞서 살펴본 대로 본죄는 피해자가 구체적으로 밝힌 의사에 반하여 처벌할 　**97**
수 없다(제3항).

〔한 제 회〕

---

62 오경식·황태정·이정훈(주 61), 286.

제310조(위법성의 조각)
제307조 제1항의 행위가 진실한 사실로서 오로지 공공의 이익에 관한 때에는 처벌하지 아니한다.

Ⅰ. 취 지 ·································· 138
Ⅱ. 적용요건 ···························· 140
　1. 제307조 제1항의 행위 ·········· 140
　2. 진실한 사실의 적시 ·············· 141
　3. 오로지 공공의 이익에 관한 때 ······· 146
Ⅲ. 효 과 ······························· 170

1. 실체법적 효과 ····················· 170
2. 소송법적 효과 ····················· 170
Ⅳ. 착 오 ································· 172
　1. 진실성에 관한 착오 ·············· 173
　2. 공익성에 관한 착오 ·············· 175

Ⅰ. 취 지

1 　본조에서는 제307조 제1항의 사실 적시 명예훼손죄에 관한 특유한 위법성 조각사유를 정하고 있다. 제307조 제1항의 사실 적시 명예훼손죄의 경우에는 우선 구성요건이 충족되더라도 그 다음 단계로 위법성 여부가 검토되어야 하는데, 실제 많은 명예훼손죄 사건에서 본조의 위법성조각사유에 해당하는지 여부가 주요한 쟁점이 되고 있다.

2 　명예훼손죄에 이처럼 별도의 위법성조각사유를 두고 있는 취지에 대해서는, ① 명예훼손죄는 사람에 대한 사회적 평가를 그 진위에 관계없이 보호하는 것이나, 한편으로는 헌법이 보장하는 언론의 자유와 표현의 자유를 충분히 보장하기 위해 진실한 사실을 적시한 때에는 본조에 따라 이를 처벌하지 않도록 할 필요가 있는 것이라는 견해,[1] ② 형법상 구성요건 단계에서의 이익형량이 당해 형벌법규에서 법익을 어디까지 보호할 것인가라는 일반적이고 추상적인 수준의 것이라고 한다면 위법성 단계에서의 이익형량은 사회의 구체적인 상황하에서 당사자의 구체적 이익이 서로 충돌하는 경우에 행위자에게도 있을 수 있는 구체적인 이익을 고려하는 특별한 규정의 하나가 본조라는 견해[2] 등이 주장되고

1 이재상·장영민·강동범, 형법각론(12판), §12/27.
2 이용식, "명예훼손행위의 위법성조각사유로서의 공익성 판단과 공적인물 이론", 경찰학논총 5-2,

있다.

헌법재판소도 본조는 언론의 자유와 명예의 보호라는 두 가치를 유형적으 3
로 형량하는 조정을 꾀하는 규정[3]이라고 보면서, 본조의 진실성의 증명과 공공
의 이익이라는 위법성조각 요건을 엄격하게 요구하면 형사제재의 범위는 넓어
지고 언론의 자유가 위축될 수 있음을 고려하여, 명예훼손적 표현에 대한 형사
법을 해석할 때 필요한 세 가지 기준을 제시하고 있다. 즉, ① 그 표현이 진실
한 사실이라는 입증이 없어도 행위자가 진실한 것으로 오인하고 행위를 한 경
우, 그 오인에 정당한 이유가 있는 때에는 명예훼손죄는 성립되지 않는 것으로
해석하여야 한다. ② '오로지 공공의 이익에 관한 때에'라는 요건은 언론의 자유
를 보장한다는 관점에서 그 적용범위를 넓혀야 하는데, 국민의 알권리의 배려라
는 측면에서 객관적으로 국민이 알아야 할 필요가 있는 사실(알권리)에는 공공성
이 인정되어야 하고, 또 사인이라도 그가 관계하는 사회적 활동의 성질과 이로
인하여 사회에 미칠 영향을 헤아려 공공의 이익은 쉽게 수긍할 수 있도록 하여
야 한다. ③ 명예훼손적 표현에서의 '비방할 목적'은 그 폭을 좁히는 제한된 해
석이 필요하고, 법관은 엄격한 증거로써 입증이 되는 경우에 한하여 행위자의
비방 목적을 인정하여야 한다.[4]

경찰학연구소(2010), 118.

3 일본형법 제230조의2(공공의 이해에 관한 경우의 특례)는 "① 전조 제1항의 행위가 공공의 이해
에 관한 사실에 관계되고, 또한 그 목적이 오로지 공익을 위하는 데 있다고 인정되는 경우에는,
사실의 진부(眞否)를 판단하여 진실이라는 증명이 있는 때는, 이를 벌하지 아니한다. ② 전항 규
정의 적용에 관하여는, 공소제기에 이르지 아니한 사람의 범죄행위에 관한 사실은 공공의 이해
에 관한 사실로 본다. ③ 전조 제1항의 행위가 공무원 또는 공선(公選)에 의한 공무원 후보자에
관한 사실에 관계된 경우에는, 사실의 진부를 판단하여 진실이라는 증명이 있는 때는, 이를 벌
하지 아니한다."고 규정하고 있는데, 일본 판례는 본조의 취지에 관하여 "인격권으로서의 개인의
명예의 보호와 헌법 제21조에 의한 정당한 언론의 보장과의 조화를 꾀한 것"이라고 한다[最判
昭和 44(1969). 6. 25. 刑集 23·7·975].

4 헌재 1999. 6. 24, 97헌마265. 이 사건에서 헌법재판소는 언론보도와 관련한 명예훼손행위의 판
단기준도 아울러 제시하고 있다. 즉, "이상의 법리를 공적 인물의 공적인 활동과 관련된 신문보
도에 비추어 생각컨대, 객관적으로 국민이 알아야 할 공공성·사회성을 갖춘 사실(알권리)은 민
주제의 토대인 여론형성이나 공개토론에 기여하므로 형사제재로 인하여 이러한 사안의 게재를
주저하게 만들어서는 안 된다. 신속한 보도를 생명으로 하는 신문의 속성상 허위를 진실한 것으
로 믿고서 한 명예훼손적 표현에 정당성을 인정할 수 있거나, 중요한 내용이 아닌 사소한 부분
에 대한 허위보도는 모두 형사제재의 위협으로부터 자유로워야 한다. 시간과 싸우는 신문보도에
오류를 수반하는 표현은, 사상과 의견에 대한 아무런 제한 없는 자유로운 표현을 보장하는 데
따른 불가피한 결과이고 이러한 표현도 자유토론과 진실확인에 필요한 것이므로 함께 보호되어

4   다만, 본조에 대해서도 입법론으로 부정적인 견해가 제기되기도 한다. 우
선, 본조의 요건 중 하나인 진실한 사실의 적시는 제307조 제1항에서는 구성요
건요소이면서 본조에 의해 위법성조각의 요건이기도 하다는 이중적 지위가 부
여되어 있어 이러한 이중적 지위에서 비롯되는 문제점이 있을 수 있고, 다른 요
건인 공익성이라는 요건은 그 범위가 지나치게 넓고 모호해서 처벌과 불처벌의
한계와 관련하여 예측가능성 내지 법적안정성을 해치므로 죄형법정주의의 명확
성 원칙에 반할 여지가 크다는 견해[5]가 그것이다.

Ⅱ. 적용요건

1. 제307조 제1항의 행위

5   본조는 우선 제307조 제1항에 해당하는 사안에만 적용된다고 규정하고 있
다. 따라서 설령 명예훼손 행위자가 진실한 사실을 적시한 경우라도 제309조
제1항에 해당하는 사안은 본조를 적용할 수 없다. 제309조 제1항은 사람을 비
방할 목적이 있어야 성립하는 반면 본조는 공공의 이익을 위한 때에만 적용되
는 것이므로, 당연히 제309조 제1항에 해당하는 행위에 대해서는 본조가 적용
될 여지가 없다.[6]

6   명예훼손행위에 대하여 본조의 요건이 갖추어진 경우에, 명예훼손행위에
포함되거나 부수되는 모욕행위도 명예훼손행위도 위법성이 조각되는지에 대하
여, 부정하는 견해[7]도 있으나, 두 행위는 불가분의 관계에 있으므로 본조에 의
해 전체적으로 위법성이 조각된다.[8]

야 하기 때문이다. 그러나 허위라는 것을 알거나 진실이라고 믿을 수 있는 정당한 이유가 없는
    데도 진위를 알아보지 않고 게재한 허위보도에 대하여는 면책을 주장할 수 없다."
5 김성돈, "진실사실적시명예훼손죄 폐지론", 형사정책연구 27-4, 한국형사정책연구원(2016), 106.
6 대판 1995. 6. 30, 95도1010; 대판 1998. 10. 9, 97도158.
7 오영근, 형법각론(7판), 177.
8 임웅, 형법각론(11정판), 254.

2. 진실한 사실의 적시

(1) 의의

본조의 문언상 위법성이 조각되기 위해서는 제307조 제1항의 단순한 '사실'   7
을 적시한 것만으로는 부족하고, 그것이 '진실한 사실'이어야 한다. '진실한 사
실'이라 함은 적시된 사실의 중요부분이 진실과 합치되는 사실이라는 의미로서,
세부에 있어서 약간의 차이가 있거나 다소 과장된 표현이 있어도 전체로 보아
진실과 합치되면 진실한 사실이라고 본다(통설[9]·판례[10]).

그런데 판례는 '객관적으로는' 진실한 사실이 아닌 사안에서도, 행위자의 주   8
관적 사정에 따라 이를 진실한 사실로 간주하는 해석을 하기도 한다. 즉, 적시
된 사실이 진실한 것이라는 증명이 없더라도, 행위자가 그 사실을 진실한 것으
로 믿었고, 또 그렇게 믿을 만한 '상당한 이유'가 있는 경우에는 역시 위법성이
조각될 수 있다고 본다.[11]

이와 같은 판례의 이른바 '상당성 법리' 또는 '진실성 간주 법리'에 대해 긍   9
정적인 입장으로는, 허용된 위험설의 입장에서 '상당한 이유'는 본조의 특별한
주관적 정당화요소로서 사실의 진실 여부에 관한 성실한 검토의무나 확인의무
를 가리키는 것이라고 이해하는 견해[12]가 있다.

반대로, 판례의 법리에 비판적인 입장으로는, 본조의 진실성 요건이 위법성   10
조각사유라는 의미는 적시된 사실이 객관적으로 진실한 사실이어야 위법성이
조각될 수 있다는 의미라고 보면서, 적시된 사실이 객관적으로 허위사실인 이상
아무리 진실한 사실이라고 오인하는 데 상당한 이유가 있더라도 그 자체로 위
법성이 조각될 수는 없다는 견해[13]가 주장된다.

한편 객관적 진실의 확인은 때때로 개인의 인식능력의 한계 밖에 있기 때   11

---

9 김신규, 형법각론 강의, 239; 김일수·서보학, 새로쓴 형법총론(9판), 164; 배종대, 형법각론(13판),
  §48/24; 손동권·김재윤, 새로운 형법각론, §14/23; 이재상·장영민·강동범, §12/28; 최호진, 형
  법각론(2판), 243; 한상훈·안성조, 형법개론(3판), 470; 홍영기, 형법(총론과 각론), §66/6.
10 대판 2001. 10. 9, 2001도3594; 대판 2007. 12. 14, 2006도2074; 대판 2022. 2. 11, 2021도10827;
  대판 2022. 7. 28, 2020도8421.
11 대판 1993. 6. 22, 92도3160; 대판 1994. 8. 26, 94도237; 대판 1996. 8. 23, 94도3191.
12 임웅, 253.
13 김성돈, 220. 이 견해에 대해서는 반대로, 주관적인 착오의 문제에 대해 객관적인 위법성의 조각
  그 자체를 인정하는 것이어서 타당하지 않다는 견해(손동권·김재윤, §14/30)도 제기되고 있다.

문에 행위자가 신중하게 사실을 조사했음에도 착오를 일으켰다면 역시 위법성
이 조각될 수 있고, 반면 행위자가 진실 여부에 대해 경솔한 주장을 한 경우에
는 그러하지 않다고 보는 견해[14]도 있다.

(2) 특수한 경우

(가) 언론보도의 진실성

12   앞에서 본 것처럼, 적시된 사실이 진실한 것이라는 증명이 없더라도 행위자
가 그 사실을 진실한 것으로 믿었고, 또 그렇게 믿을 만한 상당한 이유가 있는
경우에는 역시 위법성이 조각될 수 있다는 것이 판례의 확고한 입장이다. 판례
는 이와 같은 논리를 언론보도의 진실성 여부가 문제되는 사안에도 마찬가지로
적용함으로써 '진실한 사실'의 범위를 넓게 보려는 경향이 있다.

13   예를 들어, ① '중앙대 안성캠퍼스 총학생회장인 A가 사망 직전에 마지막으
로 동행한 사람은 B와 국가안전기획부(이하, 안기부라 한다.) 요원인 C였다'라는
취지의 언론보도의 명예훼손 여부가 문제된 사안에서, 이 기사는 당시 평양에서
벌어진 세계청년학생축전에 학생운동권 대표가 비밀리에 참가한 것을 계기로
정부 수사기관과 학생운동권 간의 긴장이 고조되고 있던 시점에서 A가 거문도
의 외딴 해수욕장에서 의문의 변사체로 발견된 것과 관련하여 제기된 의혹들을
취재하여 보도하는 과정에서 작성된 것으로 그 주요 목적이 공공의 이익에 관
한 것으로 볼 수 있고, 위 기사내용이 진실이라는 것을 입증할 증거가 없고, 나
아가 그것이 결국에는 사실과 다른 것으로 밝혀졌다 하더라도 안기부의 추적대
상이었을 것으로 추정되는 A가 거문도에까지 와서 사망하게 된 경위와 그 사망
원인에 의혹이 제기되고 있던 터에 안기부 직원인 C가 여수에서 거문도까지 가
는 배에 A와 동승하였던 것으로 밝혀지고, A와 C의 일행이 거문도에서 함께 동
행하고 있는 것을 보았다는 목격자까지 나왔으나 그들이 석연치 않은 이유로
그 진술을 번복하였던 까닭에 피고인이 위 기사내용을 진실이라고 믿고 보도하
게 되었던 것이므로, 피고인이 그와 같이 믿은 데에는 객관적으로 그럴 만한 상
당한 이유가 있었다 할 것이어서 피고인의 행위는 본조에 따라 처벌할 수 없다
고 판단하였다.[15]

---

14 김일수·서보학, 164.
15 대판 1996. 8. 23, 94도3191. 본 판결 평석은 김재봉, "형법 제310조와 의무합치적 심사", 형사판

다만 판례는, ② 방송사 기자가 학교급식 납품업체 관련 비리를 보도하면   14
서 특정 단체의 기자회견문의 일부를 사실 여부 확인 없이 마치 그가 직접 취재
한 것처럼 보도하였고 이렇게 보도된 사실이 허위였던 경우에는, 그 기자가 그
회견문의 내용을 진실한 것으로 믿을 만한 상당한 이유가 없다고 보았다.[16]

또한 언론보도의 내용이 수사가 진행 중인 피의사실에 관한 것일 경우에는,   15
일반 독자들로서는 보도된 피의사실의 진실 여부를 확인할 수 있는 별다른 방
도가 없을 뿐만 아니라 언론기관이 가지는 권위와 그에 대한 신뢰에 기하여 보
도 내용을 그대로 진실로 받아들이는 경향이 있고, 언론보도가 갖는 광범위하고
도 신속한 전파력으로 인하여 사후 정정보도나 반박보도 등의 조치에 의한 피
해구제만으로는 사실상 충분한 명예회복을 기대할 수 없는 것이 보통이므로, 보
도내용의 진실 여하를 불문하고 그러한 보도 자체만으로도 피의자나 피해자 또
는 그 주변 인물들이 입게 되는 피해의 심각성을 고려할 때, 이러한 피의사실을
보도함에 있어 언론기관으로서는 보도에 앞서 피의사실의 진실성을 뒷받침할
적절하고도 충분한 취재를 하여야 함은 물론이고, 보도내용 또한 객관적이고도
공정하여야 할 뿐만 아니라, 무죄추정의 원칙에 입각하여 보도의 형식 여하를
불문하고 혐의에 불과한 사실에 대하여 유죄를 암시하거나 독자들로 하여금 유
죄의 인상을 줄 우려가 있는 용어나 표현을 사용하여서는 안 된다. 특히 공적
인물이 아닌 사인의 경우 가급적 익명을 사용하는 등 피의자의 신원이 노출되
지 않도록 주의해야 하지만, 한편으로 보도기관은 수사기관과는 달리 사실의 진
위 여부를 확인함에 있어 현실적으로 상당한 제약을 받을 수밖에 없고, 신속한
보도의 필요성이 있을 때에는 그 조사에도 어느 정도 한계가 있을 수밖에 없는
점도 감안하여야 한다.[17]

례연구 [8], 한국형사판례연구회, 박영사(2000), 202-227; 오경식, "출판물에 의한 명예훼손", 형
사판례연구 [6], 한국형사판례연구회, 박영사(1998), 185-202.
16 대판 2007. 5. 10, 2006도8544.
17 대판 1999. 1. 26, 97다10215, 10222(신문기자가 담당검사로부터 취재한 피의사실을 그 진위 여
부에 관한 별도의 조사나 확인 없이 보도하였으나 그 기사가 검사가 소정의 절차에 의하여 행한
발표 및 배포자료를 기초로 객관적으로 작성되어 있는 경우 그 기사내용이 진실이 아니라고 하
여도 위법성이 조각된다고 볼 수 있으나, 기자가 타 신문사의 기사내용과 피의자에 대한 구속영
장 사본만을 열람한 것만으로는 기사내용의 진실성을 담보하기 위하여 필요한 취재를 다한 것이
라고 할 수 없고, 더욱이 피의자가 범행혐의를 받고 있을 뿐임에도 불구하고 마치 기자 자신의
직접취재에 의하여 그 범행이 확인된 것처럼 단정적으로 기사를 게재한 경우에는, 일간신문에

(나) 행정상 공표의 진실성

16   일반인이나 언론기자가 아닌 국가기관이 행정적인 목적으로 어떠한 사실을 적시한 경우, 즉 행정목적을 달성하기 위하여 언론에 보도자료를 제공하는 등 이른바 행정상 공표의 방법으로 실명을 공개함으로써 타인의 명예를 훼손한 경우에도, 그 공표된 사람에 관하여 적시된 사실의 내용이 진실이라는 증명이 없더라도 국가기관이 공표 당시 이를 진실이라고 믿었고, 또 그렇게 믿을 만한 상당한 이유가 있다면 위법성이 조각될 수 있다.

17   다만 판례는, 이와 같은 경우 상당한 이유의 존부를 판단할 때는 실명공표 자체가 매우 신중하게 이루어져야 한다는 요청에서 비롯되는 무거운 주의의무와 공권력의 광범한 사실조사능력, 공표된 사실이 진실하리라는 점에 대한 국민의 강한 기대와 신뢰, 공무원의 비밀엄수의무와 법령준수의무 등에 비추어 사인의 행위에 의한 경우보다는 훨씬 더 엄격한 기준이 요구된다고 하면서, 그 사실이 의심의 여지없이 확실히 진실이라고 믿을 만한 객관적이고도 타당한 확증과 근거가 있는 경우가 아니라면 그러한 상당한 이유가 있다고 할 수 없다고 보고 있다.[18]

(3) 관련 사례

(가) 진실성이 인정된 사례

18   새로 선출된 노동조합 조합장인 피고인이 전임 조합장의 조합자금 사용내역 중 근거자료가 불명확한 부분을 지적하는 대자보를 부착한 사안의 경우, 전임 조합장 재임 당시 조합 운영을 공개하지 않아 오해의 소지가 있었던 터에 공개적으로 회계감사를 한 결과 조합자금 지출에 관한 증빙자료가 부족하거나 의심의 여지가 있는 부분들이 드러나게 되었고, 그중 일부 중요한 부분은 진실한 사실임이 증명될 수 있는 정도로 자료가 확보되어 있어 피고인이 위 대자보에 기재된 내용을 진실이라고 믿게 되었던 것이므로, 피고인이 그와 같이 믿은 데

있어서의 보도의 신속성이란 공익적인 요소를 고려한다고 하더라도 위법성을 조각하게 할 정도에 이른 것이라고 볼 수 없다고 한 사례).

18 대판 1993. 11. 26, 93다18389(지방국세청 소속 공무원들이 통상적인 조사를 다하여 의심스러운 점을 밝혀 보지 않은 채 막연한 의구심에 근거하여 원고가 위장증여자로서 국토이용관리법을 위반하였다는 요지의 조사결과를 보고한 것이라면, 국세청장이 이에 근거한 보도자료의 내용이 진실하다고 믿은 데에는 상당한 이유가 없다고 본 사례).

에는 그럴 만한 상당한 이유가 있었다고 볼 수 있다.[19]

(나) 진실성이 부정된 사례

① 아파트 입주자대표회의 회장 또는 부회장인 피고인들이 전년도 회장 또 는 관리소장인 피해자들이 아파트 관리비를 횡령하였다는 사실을 적시한 사안 [19]

피고인들이 회장 또는 부회장으로 선출될 때까지는 위 아파트 관리와 관련 하여 그 입주자들 사이에 아무런 문제가 없었으나, 피고인들이 선출된 후 별다른 자료의 제시도 없이 전년도 회장과 관리소장인 피해자들에게 비리가 있는 것처 럼 말함으로써 비로소 문제가 되었던 것으로, 피고인들의 문제 제기에 따라 외부 감사를 실시한 결과 일부 회계처리상의 사소한 잘못이 지적되기는 하였으나 피 해자들의 비리는 밝혀지지 않았고, 다시 자체감사를 실시한 결과에서도 아무런 문제가 없다는 결론이 내려졌는데, 그 이후에도 피고인들이 여전히 피해자들에 게 마치 무슨 비리가 있는 것처럼 말하거나 유인물을 배포하였던 것이라면 피고 인들이 적시한 사실이 진실한 것이라고 할 수는 없음은 물론, 설사 피고인들이 피해자들의 비리가 있다고 믿었다고 하더라도 이는 피고인들의 독단적인 추측에 불과한 것일 뿐 그렇게 믿을 만한 상당한 이유가 있었다고 할 수는 없다.[20] [20]

② 재건축조합의 조합원 분담금액과 관련하여 '일반분양아파트 14채의 분 양수입금을 찾아내어 그 수입금으로 조합원들의 분담금을 더 인하할 수 있다'라 는 내용의 안내문을 작성하여 조합원들에게 배포한 사안 [21]

재건축조합의 관리처분총회에서 결의한 조합원 분담금의 금액은 일반분양 아파트 14채의 수입금을 조합의 총 분양수입에 포함하여 산출한 것이기에 일반 분양아파트의 수입금을 나중에 조합이 취득한다 하더라도 당초 결의된 분담금 [22]

---

19 대판 1993. 6. 22, 92도3160. 이와 달리 원심은 피고인이 이 사건 대자보를 부착하게 된 경위에 있어서는 조합을 위한다는 일면이 엿보인다고는 하더라도, 그 기재내용 및 수단 등에 비추어 보면 명예훼손의 범의가 없었다고는 볼 수 없고, 진실한 사실로서 오로지 조합원들의 이익에 관한 때에 해당한다거나 사회상규에 위배되지 아니하는 행위로서 위법성이 없다고 볼 수도 없다고 판단하였다(서울형사지판 1992. 11. 17, 92노5394).

20 대판 1994. 8. 26, 94도237. 이와 달리 원심은 회장 또는 부회장으로 선출된 피고인들이 그 직 책을 수행하는 과정에서 전임 회장으로부터 인수·인계받은 회계장부를 검토한 결과와 사건의 진상을 밝히기 위하여 실시한 공인회계사의 감사자료 등에 의하여 밝혀진 사실을 위 아파트 전 체 입주자들의 공익을 위하여 그들에게 이를 보고·설명한 행위에 불과하고, 피해자들의 명예를 훼손할 의도로 한 행위는 아니라 할 것이어서 그 범죄사실의 증명이 없거나 또는 위법성이 없는 경우에 해당한다고 판단하였다(대구지판 1993. 12. 23, 93노1779).

금액을 더 인하하는 것이 불가능함을 미필적으로라도 인식하고 있었음에도 위와 같은 행위에 이른 것이므로, 이는 허위사실을 적시·유포하여 조합과 조합장 직무대행 A의 업무를 방해함과 동시에 피해자 B의 명예를 훼손한 것이고, 피고인들이 안내문의 내용이 진실이라고 믿을 만한 상당한 이유도 없어 위법성이 조각되지도 않는다.[21]

23   ③ A의 아들인 B는 1993. 10. 21. 징병검사 당시 신장 180㎝, 체중 108㎏로 측정되어 제2국민역에 편입되는 병역처분을 받았고, 1993. 11. 19. 실시한 불시 체중 측정 결과 109㎏, 1998. 12. 2. 117.2㎏, 1999. 7. 26. 116.8㎏로 각각 측정되었고, 그 후 검찰과 국방부가 이른바 병역비리합동수사반을 구성하여 정치인 자제들에 대한 병역면제처분의 비리를 조사할 때 측정한 결과가 114㎏으로 결국 무혐의 처분을 받은 사실, 그 수사결과가 2000. 4. 1.경 대다수의 중앙일간지에 아버지인 A의 이름과 소속 정당, 직위 등과 함께 보도되기까지 하였고, 반면 피고인은 당시 위 수사결과에도 불구하고 B의 병역면제처분에 비리 의혹이 있다고 믿을 만한 정황과 자료를 제시하지 못하고 있었으므로, 피고인은 위 발언 당시 이미 수사당국의 수사결과가 나온 상태에서 새롭게 제기하는 의혹이 진실이라고 믿을 만한 상당한 이유가 있다고 할 수 없다.[22]

3. 오로지 공공의 이익에 관한 때

(1) 의의

24   본조에 의해 위법성이 조각되기 위해서는, 적시된 진실한 사실이 '오로지 공공의 이익에 관한 것'이어야 한다.

25   여기에서 적시된 사실이 '공공의 이익에 관한 것'이라는 말의 의미에 대하여, 판례는 "적시된 사실이 객관적으로 볼 때 공공의 이익에 관한 것으로서, 행위자도 주관적으로 공공의 이익을 위하여 그 사실을 적시한 것이어야 한다."라고 판시하고,[23] 대부분의 학설도 그와 같이 해석한다.[24] 즉, '사실의 공익성'과

---

21 대판 2012. 5. 9, 2010도2690.
22 대판 2003. 2. 20, 2001도6138(전).
23 대판 1996. 10. 25, 95도1473; 대판 2011. 11. 24, 2010도10864; 대판 2022. 2. 11, 2021도10827; 대판 2022. 7. 28, 2020도8421.
24 손동권·김재윤, §14/24; 정성근·박광민, 형법각론(전정2판), 221. 다만, "적시된 사실이 공공의

'목적의 공공성'이 인정되어야 한다.

'공공의 이익'에는 널리 국가, 사회, 그 밖의 일반 다수인의 이익에 관한 것   26
뿐만 아니라, 특정한 사회집단이나 그 구성원 전체의 관심과 이익에 관한 것도
포함된다.[25] 예를 들어, 특정한 아파트의 입주자, 종교 교단, 노동조합 등의 내
부에서 발생하여 그 구성원들의 관심과 이익의 대상이 된 사안들도 '공공의 이
익'에 관한 것이라 볼 수 있다.[26]

대부분의 판례[27]와 학설[28]은 여기서의 '오로지'를 '유일하다'의 의미가 아니   27
라 '주로'라는 의미로 해석하는데, 이를 '주된 동기 내지 목적에서'라는 의미로
이해하는 견해[29]도 있다. 본조의 문구를 문자 그대로 '유일하다'라는 의미로 해
석하게 되면, 실제로는 오직 공익성만으로 명예훼손행위가 행해지는 사안은 거
의 없어 사실상 본조의 적용범위가 극히 협소해질 것이기 때문이다.

따라서 본조의 적용대상을 반드시 공공의 이익을 유일한 동기로 하는 경우에   28
한정할 필요가 없고, 주로 그것이 동기가 되면 충분하다.[30] 행위자의 주요한 목적
이나 동기가 공공의 이익을 위한 것이라면, 부수적으로 다른 사익적 목적이나 동
기가 내포되어 있더라도 본조의 적용을 배제할 수 없다.[31] 그리고 사회 일반의
일부 이익에만 관련된 사항이라도 다른 일반인과의 공동생활에 관계된 사항이라
면 공익성을 지닌다고 할 것이고, 나아가 개인에 관한 사항이더라도 그것이 공공
의 이익과 관련되어 있고 사회적인 관심을 획득한 경우라면 직접적으로 국가·사

이익에 관한 것이라는 의미는 '사실의 적시'가 공공의 이익에 관한 것이라는 의미이다. 왜냐하면
사실 자체는 개인적인 것이라도 그것을 적시하는 것이 공공의 이익을 위한 것인 때에 제310조
가 적용되기 때문이다"라고 다소 달리 표현하는 견해〔오영근, 174〕도 있으나, 판례의 해석과 실
질적인 차이가 있다고 보이지는 않는다.

25 대판 1993. 6. 22, 93도1035(학교법인과 관련된 사례); 대판 1996. 10. 25, 95도1473(재건축조합
과 관련된 사례); 대판 2022. 2. 11, 2021도10827; 대판 2022. 4. 28, 2020도15738; 대판 2022.
7. 28, 2020도8421.
26 일본 판례 중에는 피해자의 사회적 활동의 성질과 사회적 영향력의 크기를 판단기준으로 한 것
이 있다〔最判 昭和 56(1981). 4. 16. 刑集 35·3·84〕.
27 대판 1993. 6. 22, 92도3160; 대판 2004. 10. 15, 2004도3912.
28 배종대, § 48/26; 손동권·김재윤, § 14/26; 오영근, 174; 임웅, 250.
29 신동운, 형법각론(2판), 712.
30 김일수·서보학, 164; 박상기·전지연, 형법학(총론·각론 강의)(4판), 528; 이재상·장영민·강동
범, § 12/29; 임웅, 250.
31 대판 1996. 4. 12, 94도3309; 대판 1996. 10. 25, 95도1473; 대판 1999. 6. 8, 99도1543; 대판
2000. 2. 25, 98도2188; 대판 2022. 2. 11, 2021도10827; 대판 2022. 7. 28, 2020도8421.

회 일반의 이익이나 특정한 사회집단에 관한 것이 아니라는 이유만으로 본조의
적용을 배제할 것은 아니므로, 사인이라도 그가 관계하는 사회적 활동의 성질과
사회에 미칠 영향을 헤아려 공공의 이익에 관련되는지 판단하여야 한다.[32]

29   공공의 이익에 관한 것인지 여부는 적시된 사실 자체의 내용과 성질, 당해
사실의 공표가 이루어진 상대방의 범위, 그 표현의 방법 등 여러 사정을 감안함
과 동시에 그 표현에 의하여 훼손되거나 훼손될 수 있는 명예의 침해 정도 등을
비교·고려하여 결정하여야 한다.[33]

(2) 관련 사례

(가) 공익성이 인정된 사례

30   ① X 협회 이사장선거에 출마한 피고인이 선거 전후에 걸쳐 이사장으로 당
선된 피해자에 관하여 명예훼손적 사실을 적시한 사안

31   피고인이 적시한 사실의 내용이 이사장 입후보자의 경력의 진실성 여부에
관한 것이고 이사장선거에 임하는 대의원들의 공정한 투표를 촉구하는 취지의
내용이라면 이는 X 협회 운영에 관한 공공의 이익을 위한 행위이고, 설령 이에
개인홍보 또는 타인에 대한 비방 등 개인적인 동기가 다소 개재되었다고 하더
라도 피고인의 행위를 공공의 이익을 위한 것으로 보는 데 어떤 장애가 된다고
할 수 없다.[34]

32   ② 피고인들을 포함한 아파트 재건축주택조합의 대의원들이 재건축사업 추
진을 방해해온 피해자의 행위를 조합원들에게 알려 조합원들의 동요를 막기 위
해 유인물을 작성해 배포한 사안

33   피고인들의 행위는 위 조합 또는 조합원들 모두의 이익을 위한 것으로서
'오로지 공공의 이익에 관한 때'에 해당하고, 위 유인물에서 '강탈 도용', '악의에
찬', '행패', '협박과 공포조성에 혈안이다'라는 등의 다소 감정적이고 과격한 표

---

32 대판 2020. 11. 19, 2020도5813(전)(진실한 사실의 적시의 경우에는 형법 제310조의 '공공의 이
   익'도 보다 더 넓게 인정되어야 한다. 특히 공공의 이익관련성 개념이 시대에 따라 변화하고 공
   공의 관심사 역시 상황에 따라 쉴 새 없이 바뀌고 있다는 점을 고려하면, 공적인 인물, 제도 및
   정책 등에 관한 것만을 공공의 이익관련성으로 한정할 것은 아니다); 대판 2022. 4. 28, 2020도
   15738.
33 대판 2004. 10. 15, 2004도3912; 대판 2008. 11. 13, 2008도6342; 대판 2022. 2. 11, 2021도
   10827; 대판 2022. 7. 28, 2020도8421.
34 대판 1997. 4. 11, 97도88.

현방법을 사용하였다고 하여 피고인들이 위 유인물을 제작·배포한 주요한 목적이나 동기가 피해자를 비방하려는 데에 있다고 단정할 수는 없다.[35]

③ 피고인이 피해자와 함께 X 조합 이사장선거에 출마하여 선거운동을 하면서 '조합의 전임 이사장이 대의원총회에서 불신임당하고 업무상의 비리로 인하여 구속된 사실', '피해자가 조합을 상대로 소송을 제기한 사실', '피해자가 전임 이사장과 같은 친목회에 소속하여 있는 등 친밀한 관계를 유지하고 있었던 사실', '피고인이 합동유세를 공개 제의하였는데 피해자가 반응을 보이지 않다가 선거일에 임박해서야 반박한 사실' 등의 내용이 기재된 유인물을 조합원들에게 배포한 사안   34

X 조합은 서울 일원에서 Y 사업을 영위하는 사람들을 조합원으로 하여 Y 사업의 공익성을 발휘하고 조합원 상호 간의 공동복리와 친목도모를 목적으로 설립된 법인으로서 그 조합원 수가 약 4만여 명에 이르고, 조합 이사장은 조합의 업무를 총괄하고 조합을 대표하는 자로서 조합원들이 직선에 의하여 선출하고 그 선거운동을 함에 있어 조합선거관리규정에 의하여 사실 근거가 있는 경우 후보자를 비판하는 내용의 인쇄물을 제작 배포할 수 있으며, 위 선거에서 전임 이사장을 비롯한 조합 집행부의 업무상 비리 등의 문제가 큰 쟁점으로 되었으므로, 이와 같은 조합의 목적과 성격, 이사장의 지위, 그 선출방법과 과정 및 피고인이 이 사건 인쇄물을 작성하게 된 경위와 그 배포 상대방 등의 사정에 비추어 보면, 피고인이 위 인쇄물에서 적시한 사실은 피해자의 조합활동상의 전력에 관한 사실로서 조합원 전체의 관심과 이익에 관한 사항으로 공공의 이익에 관한 것이고, 피고인의 주관적 동기도 상대방 후보자의 조합 이사장으로서의 자질과 전력에 관한 정보를 투표권자인 조합원들에게 제공한다는 측면에서 주로 공공의 이익을 위한 것이었다고 봄이 상당하다.[36]   35

④ 피고인이 종교단체인 X 파를 이단으로 비판하면서 그 실질적 지도자인 피해자의 사생활에 관해 명예훼손적 발언을 한 사안[37]   36

---

35 대판 1996. 10. 25, 95도1473. 본 판결 평석은 손동권, "형법 제310조의 실체면과 절차면", 형사
    판례연구 [6], 한국형사판례연구회, 박영사(1998), 203-222; 이광범, "명예훼손죄에 있어서 위법
    성조각사유 및 그 입증방법", 형사재판의 제문제(1권), 박영사(1997), 131-146.
36 대판 1998. 10. 9, 97도158. 본 판결 평석은 조해섭, "출판물에 의한 명예훼손죄의 구성요건과
    위법성조각", 형사재판의 제문제(2권), 박영사(1999), 57-73.
37 일본 판례 중에는 당시 창가학회 회장의 여성관계의 추문에 관한 기사를 전국적 월간지에 게재

37   피고인이 강연, 대담이나 기고를 통해 위와 같은 발언을 하게 된 경위는 교
회 또는 기독교단체나 텔레비전 방송국, 잡지사 등의 요청에 의한 것이고, 그
강연의 청취자 또한 대부분 기독교 신자들이나 목회자들이며 그 잡지나 텔레비
전 방송도 주로 기독교 신자들이 읽거나 시청하는 것이고, 위 강연, 대담이나
기고한 글의 내용은 주로 X 파의 교리가 기존 기독교의 그것과 어떻게 다르고
그로 인한 폐해는 무엇인가에 관한 것으로서 X 파의 성서관, 하나님관, 구원관,
기도관, 예배관, 교회관, 종말관 등 X 파의 교리 전반에 대한 비판과 피고인이
왜 X 파에 몸담고 있다가 기존 기독교로 복귀하였는가 하는 피고인의 신앙적
역정에 대한 회고로 이루어져 있으며, X 파는 신도들에게 헌금을 하거나 돈을
빌려줄 것을 유도하여 조성한 자금으로 피해자가 운영하는 기업의 사업자금을
조달함으로써 많은 돈을 헌금하거나 대여하게 된 일부 신도들의 가정이 파탄지
경에 이르는 등 피고인이 위와 같은 강연, 대담이나 기고를 할 무렵에는 X 파로
인한 사회적 물의가 적지 않았고, 피해자는 종교계뿐만 아니라 사회 일반에서도
X 파의 실질적 지도자로 알려져 있었던 사실이 인정되는 등 피고인이 적시한
사실이 허위라고 단정할 수 없다면, 피고인이 위 강연, 대담이나 기고한 글 중
에 언급한 피해자의 행태는 객관적으로 볼 때 사회 일반에 상당한 영향력을 행
사하고 있던 그의 사회적 활동에 대한 비판 내지 평가의 한 자료가 될 수 있다
는 의미에서 공공의 이익에 관한 것이라고 봄이 상당하고, 또 피고인으로서도
피해자 개인을 비방할 목적에서라기보다는 기독교 신자 등에게 피해자에 대한
실망이 피고인이 X 파를 떠나게 된 동기의 하나가 되었음을 설명하고 피해자가
지도자로서의 자질이나 덕목이 부족함을 부각함으로써 X 파를 경계하게 할 목
적으로 공공의 이익을 위하여 한 행위라고 볼 수 있다.[38]

한 사안에서, "위 회장은 위 창가학회에서 그 교의를 몸소 실천해야 할 신앙상으로 거의 절대적
인 지도자로서 공사를 불문하고 그 언동이 신도의 정신생활 등에 중대한 영향을 미치는 입장에
있었을 뿐 아니라, 위 종교상 지위를 배경으로 한 직·간접인 정치적 행동 등을 통하여 사회 일
반에 대해서도 적지 않은 영향을 미치고 있었던 점, 위 회장의 추문 상대방이라는 여성 2명도
위 학회 부인회의 간부로 전 국회의원이었던 유력한 회원이었던 점"등을 이유로, 공익성을 인정
한 것이 있다[最判 昭和 56(1981). 4. 16. 刑集 35·3·84(월간 펜 사건].
38 대판 1996. 4. 12, 94도3309. 이와 달리 원심은 어느 교파가 정통이라고 하여 다른 교파를 이단
으로 배척할 헌법상의 권한은 없고, 명예훼손죄에 있어서 비록 범죄자라고 하더라도 그 인격권
은 보장을 받는다고 할 것이며, 피고인이 적시한 사실 자체가 피해자의 사회적 가치 내지 평가
를 침해할 가능성이 있는 내용인데다가 그것이 허위이고, 일개 교파인 X 파와 그 교리, 개인인

⑤ 특정 기독교 교단의 목사들인 피고인들이 교단 내 목회자들에게 보낸 38
유인물에서 다른 목사의 목사안수를 비난한 사안

피고인들이 유인물 배포에 이르게 된 경위와 유인물의 전체적인 내용 등에 39
비추어 보면 피고인들은 자신들에 대한 징계처분을 면하기 위해 이러한 행위를
하였다고 볼 수 있으나, 다른 한편 위 유인물상의 표현은 교단 지방회 A 위원회
또는 그 위원들이 지방회규약을 무시하고 인격적으로 자격 없는 자가 목사안수
를 받도록 하였다는 것을 지적하고 있으므로 적시된 사실이 객관적으로 볼 때
위 교단 또는 지방회 교인들이라는 특정한 사회 집단이나 그 구성원 전체의 관
심과 이익에 관한 것으로서 공공의 이익에 관한 것이라고 할 수 있으며, 적시된
사실의 내용과 성질에 비추어 객관적으로 판단할 때 피고인들의 이러한 행위는
지방회 A 위원들의 전횡을 교단 총회에 대의원으로 참석하는 목회자들에게 널
리 알려 위 유인물에서 지적한 문제들을 교단 안에서 공론화함으로써 교단 또
는 지방회의 내부질서를 바로잡는다는 공공의 이익을 위한 행위로 볼 수 있고,
위 유인물 배포에 피고인들에 대한 징계처분을 면하기 위한 개인적인 동기가
함께 개재되어 있다 하더라도 피고인들의 행위를 공공의 이익을 위한 행위라고
보는 데에 장애가 될 수 없다.[39]

⑥ 새로 선출된 노동조합 조합장인 피고인이 전임 조합장인 피해자의 조합 40
자금 사용내역 중 근거자료가 불명확한 부분을 지적하는 대자보를 부착한 사안

피고인이 조합장으로 당선된 후 실시한 회계감사에서 피해자의 조합자금 41
지출에 문제점들이 발견되어 조합원들에게 이를 알리고자 위 대자보를 부착하

피해자는 엄연히 각자 별개의 인격체임에도 피고인은 피해자에 대한 비판이 X 파의 교리에 대
한 비판인 듯이 혼동하고 있으며, 피고인이 주장하는 바와 같이 피해자가 X 파의 목사라면 그
신분에 비추어 볼 때 사회적 평가를 절하시킬 만한 사소한 사실 적시만으로도 크나큰 인격상의
흠이 될 수 있고, 피고인이 적시한 사실은 X 파의 교리와는 무관한 피해자의 사적인 신상에 관
한 것이어서 그 성격상 공공의 이익과 관련된다고 보이지 않을 뿐만 아니라, 다년간에 걸쳐 수
차 위와 같은 사실 적시를 반복한 점에 비추어 보면, 피고인은 피해자를 의도적으로 비방하려
한 것이라고 판단하였다(대전지판 1994. 11. 25, 94노381).

39 대판 1999. 6. 8, 99도1543. 이와 달리 원심은 피고인들 스스로도 자신들에 대한 제명처분이 교
단 총회에서 가결되지 않도록 하기 위한 개인적인 동기에서 위와 같은 행위를 하였다고 자인하
고 있을 뿐만 아니라, 이 사건 표현은 그 소제목에 피해자의 성명을 바로 기재한 표현의 방법과
이로 인하여 훼손되는 피해자의 명예의 침해 정도가 크다는 점에 비추어 보면, 피고인들의 이
사건 범행이 진실한 사실로서 오로지 교회의 공익에 관한 것으로서 위법성이 조각된다고 보기
어렵다고 판단하였다(부산지판 1999. 3. 26, 98노3803).

게 되었고, 그 내용은 피해자가 조합장으로 재임하는 동안 조합자금이 정상적으로 지출되었는지 여부 등에 관한 것으로서 그 내용과 성질에 비추어 객관적으로 판단할 때 공공의 이익에 관한 것에 해당한다고 봄이 상당하고, 위 대자보의 표현방법이 단순한 회계감사 결과보고서의 형식을 취하지 않고 전임 조합장의 업무집행을 비난하는 형식을 취하였다고 하더라도, 피고인이 조합장으로서 위 대자보를 부착하게 된 목적이 주로 위와 같은 사실들을 조합원들에게 알리기 위한 것인 이상 공공의 이익을 위한 것이라고 볼 수 있다.[40]

42   ⑦ 상가관리회 회장인 피고인이 관리회 결산보고를 하면서 전임 관리회장인 피해자가 체납관리비 등을 둘러싼 분쟁으로 피고인을 폭행하여 유죄판결을 받은 사실을 알린 사안

43   피고인이 위 결산보고서를 통해 알린 피해자의 범죄행위는 피고인이 상가관리회장으로서의 업무를 수행함에 대해 피해자가 폭력을 행사하며 이에 항의하면서 저지른 것으로서 그 실질에 있어서 피고인의 공적 업무를 방해하는 행위이고 단순히 피고인 개인에 대한 사적인 폭력행사에 그친다고 볼 수 없고, 피해자의 범행동기가 된 피고인의 단전·단수 등 조치는 피해자의 고소에 따른 수사 결과 관리회규약에 근거한 정당한 업무집행이라는 이유로 피고인이 무혐의 처분을 받았으며, 그 범행사실마저 부인하면서 이를 다투는 피해자의 행태에 대해 위 상가관리회 및 그 회장인 피고인의 업무수행의 정당성을 옹호함과 아울러 폭력적인 방법으로 이에 맞서는 것은 법적으로 용인되지 않는다는 뜻으로 위 형사재판의 결과만을 위 결산보고서에 간략히 소개하는 형태로 회원들에게 알린 행위이므로 이는 회원 전체의 관심과 이익에 관한 것으로서 공공의 이익에 관한 것이라 할 것이고, 이러한 피고인의 행위는 그 주된 동기가 자신의 업무집행에 대한 회원들의 신뢰를 확보하고 단체의 내부질서를 바로잡아 회원들의 단합을 도모하고자 하는 공공의 이익을 위한 것으로 볼 수 있으며, 설령 거기에 피해자에 대한 개인적인 동기가 함께 개재되어 있다 하더라도 위에서 본 그 주된

---

40 대판 1993. 6. 22, 92도3160. 이와 달리 원심은 피고인이 이 사건 대자보를 부착하게 된 경위에 있어서는 조합을 위한다는 일면이 엿보인다고는 하더라도, 그 기재내용 및 수단 등에 비추어 보면 명예훼손의 범의가 없었다고는 볼 수 없고, 진실한 사실로서 오로지 조합원들의 이익에 관한 때에 해당한다거나 사회상규에 위배되지 아니하는 행위로서 위법성이 없다고 볼 수도 없다고 판단하였다(서울형사지판 1992. 11. 17, 92노5394).

동기와 목적 및 필요성, 적시사실의 내용과 성질, 공표 상대방의 범위와 표현방법, 그로 인한 피해자의 명예훼손의 정도와 보호가치 등의 사정을 종합하여 볼 때 이를 공공의 이익을 위한 행위라고 평가함에 장애가 되지 않는다.[41]

⑧ 아파트 특정 동(棟) 대표인 피고인이 '피해자와 A를 명예훼손으로 고소 하였는데 경찰수사 결과 혐의가 인정되어 검찰청에 기소 의견으로 송치하였다 는 고소사건처리결과를 통지받았고, 앞으로 두 사람은 민사상 위자료까지 부담 하게 되어 매우 안타깝게 생각한다'라는 취지가 기재된 안내문에 경찰로부터 송 부받은 민원사건처리결과통지서 사본을 첨부한 다음 피고인이 거주하는 아파트 같은 동 55세대의 우편함에 1부씩 집어넣어 배포하고, 'A를 명예훼손으로 고소 하였는데 경찰조사에서 A가 피해자가 시키는 대로 하였다고 주장해 피해자와 대질한 결과 피해자가 A에게 시킨 일이라고 자백하여 그간의 모든 일이 거짓임 이 판명되어 형사입건과 재판까지 회부된 해괴한 일이 발생하게 되었다'라는 취 지가 기재된 우편물을 작성하여 위 아파트 동대표 회장 등 17명에게 등기우편 으로 발송한 사안   44

위 각 문건에 기재된 내용은 피해자와 관계된 부분에 있어 대체로 객관적   45
인 사실과 일치하고, 그 적시된 사실이 위 아파트의 동 대표로서 입주자대표회 의의 임원으로 활동한 피고인이 그 재임기간 중 부정과 비리를 저질렀다는 의 혹을 해명하는 것으로서, 피고인은 피해자가 제기한 각종 의혹들이 근거 없는 것임을 입주민들에게 알려 입주민들 내부의 분열과 갈등이 확산되는 것을 방지 하고자 하는 동기에서 위 각 문건을 배포했다고 볼 수 있고, 피고인이 위 각 문 건에 피해자가 명예훼손죄로 입건되고 나아가 약식명령까지 발령받게 되었다고 기재한 다음 그 증빙서류로 위 각 처분결과통지서를 첨부한 것은 어디까지나 피고인에게 부정과 비리 의혹이 있다는 피해자의 주장이 신빙성이 없다는 점을 설득력 있게 하기 위한 방편으로 볼 수 있으므로 위 각 문건에 적시된 사실은 객관적으로 볼 때 공공의 이익에 관한 것이라고 볼 수 있고, 나아가 위 각 문건

---

41 대판 2008. 11. 13, 2008도6342. 이와 달리 원심은 피해자에 대한 위 형사재판이 피고인 개인에 대한 폭행사건임에도 이를 결산보고서에 기재하여 회원들에게 고지한 행위는 상가관리회원 전 체의 관심과 이익에 관한 것으로서 오로지 공공의 이익을 위한 행위에 해당한다고 볼 수 없다고 판단하였다(서울중앙지판 2008. 6. 27, 2008노1215).

〔한 제 희〕   **153**

중 일부는 배포가 이루어진 상대방의 범위가 제한되어 있는 점, 그 표현방법도 일부 안내문에는 '앞으로 두 사람은 민사상 위자료까지 부담하게 되어 매우 안타깝게 생각합니다'라는 부분 외에는 피고인의 개인적 감정을 표출하거나 또는 피해자를 비방하는 표현이 전혀 없고, 다만 일부 문건에는 '음해, 모략, 중상' 등 다소 감정적인 표현이 있기는 하나 그것만으로 피고인의 사익적 동기나 목적이 위 우편물 배포의 주된 동기라고는 보이지 않는 점, 그밖에 피해자의 위 아파트 입주민들 사회에서의 지위, 위 각 문건의 배포로 인하여 훼손되거나 훼손될 수 있는 피해자의 명예의 침해 정도 등 제반 사정을 종합하여 볼 때, 피고인이 위 각 문건을 배포한 행위는 오로지 공공의 이익을 위하여 진실한 사실을 적시한 경우에 해당한다고 보아야 할 것이다.[42]

46
⑨ X 향교재단의 이사장인 피해자가 전임 이사장에 대하여 재임기간 중 재단법인의 재산을 횡령하였다고 고소하였다가 무고죄로 유죄판결을 받게 되자, 피고인들이 피해자의 퇴진을 요구하는 시위를 하면서 피해자가 유죄판결을 받은 사실 등이 포함된 플래카드를 공공장소에 게시하고 구호를 외친 사안

47
개인의 사적인 신상은 그 사회적 활동의 성질이나 사회에 미치는 영향력의 정도 등에 따라 사회적 활동에 대한 비판과 평가의 한 자료가 될 수 있는데, 피해자는 X 향교재단의 이사장 직무를 수행하는 동안 전임 이사장이 재임기간 중 재단법인의 재산을 횡령하였다고 고소하였다가 무고죄로 유죄판결을 받았으므로 이는 X 향교재단 이사장으로서의 활동에 대한 비판과 평가의 자료가 되는 점, X 향교재단의 대표자가 직무 수행에 적합한지 여부는 재단법인의 운영에

---

42 대판 2005. 7. 15, 2004도1388. 이와 달리 원심은 위 안내문의 경우 피고인이 당시 피해자의 동대표 결격사유에 대하여 발언함에 있어서 주된 논점을 벗어나 공연히 피해자의 전과사실 및 폭력성을 강조하였던 점 등에 비추어 그것이 오로지 공공의 이익에 관한 때에 해당한다고 할 수 없고, 위 우편물의 경우에는 피고인이 아파트 입주자대표회의 총무이사로서 적법하게 업무를 수행하였다는 사실을 주민들에게 알리기보다는 피고인이 피해자를 고소한 사건의 처리 결과 피해자에게 혐의가 인정되었다는 것을 주민들에게 알리고자 한 점 등에 비추어 피고인의 행위가 아파트 주민들의 관심과 이익에 관한 것이라고 볼 수 없다고 판단하였다(인천지판 2004. 2. 5, 2003노2690).
본 판결 해설은 강윤구, "가. 형법 제310조의 위법성조각사유에 해당하기 위한 요건 나. 아파트 동대표인 피고인이 자신에 대한 부정비리 의혹을 해명하기 위하여 그 의혹제기자가 명예훼손죄로 입건된 사실 등을 기재한 문서를 아파트 입주민들에게 배포한 행위가 형법 제310조의 위법성조각사유에 해당한다고 한 사례", 해설 59, 법원도서관(2006), 341-363.

관여하는 사람들은 물론이고 이에 관여하지 않는 사람들을 포함한 공동체 전체의 관심과 이익에 관한 사항에 해당한다고 볼 수 있는 점, 피고인들이 피해자의 범행전력을 적시한 것에서 그치지 않고 피해자에 대하여 부정적인 평가를 드러내는 표현을 다소 사용하였다고 하더라도 피고인들이 집회와 시위 과정에서 피해자가 이사장에서 퇴임하는 것이 적정하다는 자신들의 의견을 표명한 것으로 못 볼 바 아니고 피고인들의 주장이 받아들여질 만한 것인지와 무관하게 표현 방법이 지나치게 악의적인 것이라는 등 언론의 자유, 집회와 시위의 자유에 내재된 한계를 넘어 상당성을 상실한 것이라고 볼 만한 사정이 없다면 피고인들은 자신들의 기본권을 행사한 것으로 볼 수도 있는 점 등에 비추어 보면, 피고인들이 피해자에 대하여 사실을 적시한 행위는 오로지 공공의 이익에 관한 것이어서 위법성이 조각된다고 볼 여지가 충분하다.[43]

⑩ 한국노총 X 지역본부 사무처장인 피고인이 피해자가 운영하는 청소대행   **48**
업체가 임금 착취 등 부당노동행위를 하고 근로조건을 이행하지 않고 있다는 내용을 기재한 정책건의서를 지역신문 기자에게 보낸 다음 인터뷰를 진행하여 그 내용이 그 지역신문에 보도되게 한 사안

피고인이 한국노총 X 지역본부 의장의 지시에 의하여 Y 군에서도 인근 Z   **49**
시의 경우와 같이 Y 군 소속이었던 청소차량 운전수 및 환경미화원들에 의하여 설립될 법인에게 생활폐기물 수집, 운반업무를 위탁하는 것이 바람직하다는 취지의 정책건의서를 작성하여 X 도지사, Y 군수 및 Y 군의회에 제출하였고, 피해자 업체의 노조위원장으로부터 제보를 받은 지역신문 기자에게 정책건의를 하게 된 경위를 설명하면서 정책건의서를 보내주게 된 것이며, 이는 한국노총 X 지역본부의 사무처장으로서 그 업무를 수행하는 과정에서 피해자의 업체 소속 근로자들이 기존의 근로조건을 유지할 수 없게 되거나 대량 실직을 하게 되어 Y 군 내 생활폐기물 수집, 운반업무가 마비되는 등 사회적 문제가 야기될 수 있는 상황을 예방하기 위한 목적으로 이루어진 것이어서 공공의 이익에 관한

---

43 대판 2017. 6. 15, 2016도8557. 이와 달리 원심은 피고인들의 행위는 전파가능성이 매우 크고 실제로도 피해자에 대한 사회적 평가가 상당한 정도로 저하된 점, 피고인들이 외친 구호의 내용과 표현방식, 피고인들이 구호를 외치게 된 동기와 목적, 위 구호에 의하여 피해자가 받게 될 불이익 등을 종합하면, 피고인들의 행위가 공공의 이익을 위한 것이라고 인정하기 어렵다고 판단하였다(서울남부지판 2016. 5. 20, 2015노947).

것이고, 피고인의 주관적 동기도 사회적 문제를 미연에 방지하기 위하여 위와 같은 사실을 Y 군민들에게 알리려는 것으로 공공의 이익을 위한 것이었다고 봄이 상당하다.[44]

50   ⑪ 한 초등학교의 여성 기간제 교사가 같은 학교 교장의 차 접대 요구의 부당성을 주장하는 글을 군청 홈페이지에 게시한 사안

51   위 글이 독자들에게 교장이 여성인 기간제 교사에게 차 준비나 차 접대를 채용과 계약유지의 조건으로 내세우고 이를 거부하자 부당한 대우를 하여 사직하도록 하였다는 인상을 줌으로써 위 교장의 명예를 훼손한 사실은 인정되지만, 한편 여성 교원의 차 접대와 관련하여 이 사건 발생 3년 전부터 교육·여성 관련 행정기관에서 이를 금지하는 지침을 내려왔던 점, 교육현장에서의 남녀평등은 중요한 헌법적 가치이고 교육문제는 교육 관련자들만의 문제가 아니라 학부모와 학생 등 국가 사회 일반의 관심사항이며 교육문제에 관하여 정보가 공개되고 공론의 장이 마련될 필요가 있는 점, 이 사건 글이 게재된 이후 교사 업무분장의 잘못과 부적절한 관행에 대하여 시정조치가 이루어진 점 등을 종합하여 보면, 이 사건 글을 게재한 주요 동기 내지 목적은 공공의 이익에 관한 것이라고 볼 수 있다.[45]

52   ⑫ 전교조 X 지부장인 피고인이 X 지역 시의원들이 학교에서 교사들에게 무례한 행동을 한 것을 알리고 이에 대하여 항의함으로써 교사의 권익을 지킨다는 취지로 보도자료를 만들어 배포한 사안

53   위 보도자료에서 적시하고 있는 중요한 사실은, 시의원 A가 여교사에게 아가씨라고 부르며 차를 달라고 한 것, 교감 책상에 앉아 있는 시의원 B에게 항의

---

44 대판 2003. 12. 26, 2003도6036. 이와 달리 원심은 피고인이 위 정책건의서를 위 기자에게 보내고 그 내용에 대하여 인터뷰를 함으로써 그 내용이 신문에 게재되게 한 목적은 피해자 업체 소속 근로자들의 근로조건 유지, 개선을 위한 것이라기보다는 피해자의 경쟁업체 측으로부터 부탁을 받은 피고인이 피해자의 업체가 Y 군과의 사이에 생활폐기물 수집·운반 대행 재계약을 체결하는 것을 막는 동시에 향후 피해자의 업체에서 퇴사하는 근로자들이 설립하려는 법인이 Y 군과의 사이에 생활폐기물 수집·운반 대행 계약을 체결하는 것을 지원하기 위한 목적에서 행해진 것이라는 점에 비추어 피고인에게 명예훼손의 범의와 비방의 목적을 충분히 인정할 수 있다고 판단하였다(춘천지판 2003. 9. 19, 2003노43).
    본 판결 평석은 권오걸, "형법 제310조의 적용범위", 형사판례연구 〔15〕, 한국형사판례연구회, 박영사(2007), 161-196.
45 대판 2008. 7. 10, 2007도9885.

한 교사에게 일부 시의원이 고함을 지르는 등 무례한 행동을 한 것, Y 교육청이 시의원 A의 추궁을 받고 교사들에게 경위서를 제출하도록 한 것 등인데 이러한 사실은 모두 객관적 사실과 일치하며, 교감 책상에 앉아 있던 시의원이 누구였는가 하는 점은 그 기재내용의 전체적인 취지에 비추어 볼 때 당시 상황을 설명하기 위한 세부 묘사에 불과할 뿐 중요한 부분이라고 보기 어려우며, 특히 보도 자료의 내용과 같이 교사들에게 무례한 행동을 하고 Y 교육청에 그 교사들이 불친절하다고 항의하는 등 이 사건의 발단을 제공한 사람이 A였으므로, 보도자료에 그의 이름만이 기재됨으로써 그의 명예가 크게 훼손되었다고 하더라도, 그러한 사정만으로 피고인이 배포한 보도자료가 전체적으로 허위사실에 해당한다고 보기 어렵고, 그렇다면 피고인이 작성한 보도자료의 기재내용은 진실한 사실이고, 이를 배포한 것은 공공의 이익을 위한 것이다.[46]

⑬ 1987년 안기부가 당시 집권당 후보자의 대통령 당선을 위하여 마치 북한이 자행한 테러인 것처럼 꾸며 대한항공 858 여객기를 폭파하고 북한의 소행인 것처럼 날조한 수사결과를 발표하였다는 내용의 소설을 집필·출간한 사안   54

위 소설이 일반 독자들에게 소설상의 내용을 진실한 것이라고 주장하는 것이 아니라 피고인들이 가지고 있는 의혹을 소설의 형식으로 제기하고 있는 것이고, 피고인들이 위 소설을 집필, 출간한 행위는 대한항공 858기 폭파 사건에 관한 새로운 진상 규명의 필요성을 사회적으로 호소하기 위한 목적으로 공공의 이익을 위한 것으로 봄이 상당하며, 비방의 목적을 인정할 수 없다.[47]   55

⑭ 인터넷 유튜브 사이트에 X 회사의 상표인 '정관장'에 관하여 "정관장은 1940년 조선총독부에서 세금수탈을 위하여 만든 홍삼상표, 1940년 일제 강점기 조선총독부는 세금수탈을 목적으로 정관장 상표를 만들었습니다."라는 내용의 영상물을 게시한 사안   56

---

46 대판 2001. 10. 9, 2001도3594. 이와 달리 원심은 피고인이 비록 전교조에 접수된 제보의 사실 확인 업무를 구체적으로 담당하는 지위에 있지는 않았지만, A에게 직접 확인하여 보기만 하면 곧바로 알 수 있는 사실에 관하여 이를 제대로 확인하지 않은 채 전교조 X 지부 사무국장과 교선부장의 말만 믿고 그대로 보도자료를 만들어 언론사에 배포한 것을 두고 피고인에게 위와 같은 기재내용을 사실로 믿을 만한 상당한 이유가 있다고 보기 어렵다고 판단하였다(부산지판 2001. 6. 15, 2000노4196).
47 대판 2009. 6. 11, 2009도156.

57   피고인이 게시한 영상물에는 '1940년 조선총독부가 만든 정관장'이라고만 기재되어 있을 뿐 X 회사가 현재 판매하고 있는 홍삼 제품 '정관장'을 연상할 수 있는 부가적인 표현은 기재되어 있지 않아 영상물의 내용이 홍삼 제품 '정관장'을 지칭하는 것이 아니라 '정관장'이라는 상표의 유래에 관한 것으로 볼 여지가 상당한 점, '정관장'이라는 용어는 1940년대 초 사제홍삼 및 위조 고려삼이 범람하자 조선총독부 전매국이 진품 관제홍삼을 사제홍삼 및 위조 고려삼과 구별하기 위하여 만든 것인데 그 순수한 단어의 의미는 '정부가 관할하는 공장에서 제조, 포장된 진짜 관제품'이라는 의미인 점, 조선총독부가 '정관장'이라는 용어를 통하여 관제홍삼을 사제홍삼 등과 구별하려 한 궁극적인 목적은 관제홍삼의 판매를 통한 세수확보였고 이러한 내용은 언론에 기사화되기도 한 점, X 회사가 사용하는 상표 '정관장'은 1986. 10. 13. 등록된 상표이므로 조선총독부가 만든 용어인 '정관장'과는 구분되나 피고인은 X 회사의 홈페이지에 소개된 '정관장'이라는 용어의 유래와 '정관장' 상표에 대한 인터넷 자료를 통하여 '정관장'이라는 상표가 조선총독부가 1940년경 만든 것을 이어받아 계속하여 사용하여 왔다고 생각하였던 점 등 여러 사정을 종합하면, 피고인의 행위는 본조에 따라 위법성이 조각된다.[48]

58   ⑮ 피해자 재단법인 X가 운영하는 요양시설 Y와 관련하여 '재단법인 X가 아무런 죄도 없는 한센인들을 강제추방하고, 강제추방당한 한센인들이 Y에 입소시켜 줄 것을 호소하자 용역들과 전투경찰 수십 명을 동원하였으며, Y의 부지를 불법으로 팔아치웠고 월 임대료를 이중으로 받아왔음이 확인되었다'라는 내용이 기재된 호소문을 배포한 사안

59   위 호소문은 피고인이 이미 알려졌던 사실 또는 제기되었던 의혹들을 바탕으로 요양시설 Y에서 퇴원조치된 한센병 환자 A의 동의를 받아 그의 명의로 작성하여 발송한 것으로서, 월 임대료 이중수령과 같은 세부적인 내용이 진실임이 확인되지 않고 진실과 약간 차이가 나거나 다소 과장된 표현이 있기는 하나 전체적인 취지에 있어 중요한 부분에서 객관적 사실과 합치하거나 피고인에게 그 내용이 허위라는 점에 대한 인식이 있었다고 보기는 어렵고, 피고인이 위 호소

---

48 전주지판 2017. 6. 8, 2016고정167.

문을 일반에 공개하지 않고 위 요양시설 임원의 선출기관인 Z의 회원들에게만
발송한 사실까지 더해보면, 위 호소문은 퇴원조치된 한센병 환자들을 재입원시
키거나 Y의 내부비리를 고발하기 위한 것으로 이는 최소한 Y 임원의 선출기관
인 Z 구성원의 관심과 이익에 관한 것, 즉 공공의 이익에 관한 것으로서, 피고
인이 이 사건 호소문을 작성하여 발송한 주요한 목적도 공공의 이익에 있었던
것으로 보는 것이 타당하므로, 위법성이 조각된다고 보아야 한다.[49]

⑯ 피고인들이 종중회장 선출을 위한 종친회에서 피해자의 종친회 회장 출   60
마에 반대하면서 "A는 남의 재산을 탈취한 사기꾼이다. 사기꾼은 내려오라."고
말한 사안

피해자에게 특정경제범죄가중처벌등에관한법률위반(횡령)죄의 전과가 있는   61
이상 위 발언이 주요 부분에 있어 객관적 사실에 합치되는 것으로 볼 수 있고,
피해자의 종친회 회장으로서의 적격 여부는 종친회 구성원들 전체의 관심과 이
익에 관한 사항으로서 공익성이 인정된다.[50]

(나) 공익성이 부정된 사례

① 피고인이 자신과 피해자의 직장인 A 공단 전산망의 게시판에 "모 직원   62
은 공단과 직접 관계된 소송사건에서 공단이 신청한 증인으로 법정에 나와 양
심에 따라 사실대로 증언할 것을 선서하였음에도 불구하고 거짓 사실로 증언을
하였고, 그에 따라 위증죄로 고소를 당하여 결국 검찰로부터 기소유예 처분을
받은 바 있습니다. 그럼에도 불구하고 또다시 자신의 양심을 저버리고는 검찰의
기소유예 처분이 마치 헌법상 보장된 기본권을 침해한 것인 양 주장하면서 헌
법재판소에 헌법소원을 제기하였지만 얼마 전에 결국 기각당하고 말았습니다.
이러한 제반 사실은 공직자로서의 품위를 손상시킨 행위인바, 공단은 마땅히 그
에 상응하는 인사조치를 취하여야 할 것으로 판단되어 여론광장을 통해 의견을
개진합니다."라는 내용의 글을 게시한 사안

피해자는 피고인이 제기한 부당전보인사발령규제 재심판정취소소송에 증인   63
으로 출석하여 피고인에게 불리한 내용의 증언을 하였다가 피고인의 위증혐의
고소로 기소유예 처분을 받은 데 이어 헌법소원심판 청구가 기각되었고, 피고인

---

49 대판 2017. 4. 26, 2016도18024.
50 대판 2022. 2. 11, 2021도10827.

은 피해자를 명예훼손 혐의로 고소하였다가 혐의없음 처분을 받은 후 항고와 재항고를 거쳐 헌법소원심판을 청구하였는바, 위와 같은 피고인과 피해자의 관계, 위 게시판 글의 내용이 진실한 사실이기는 하나 피해자를 비방하는 취지가 내용의 주조를 이루고 있는 등 표현의 방법과 위 게시판은 위 공단의 임직원 모두가 열람할 수 있는 점 및 피고인의 범행에 의하여 훼손되거나 훼손될 수 있는 피해자의 명예의 침해 정도 등에 비추어 보면, 이 사건 범행이 오로지 공공의 이익에 관한 것이라고는 할 수 없다.[51]

64   ② "피고인은 벼농사에 우수한 효능을 가진 제초제 신물질을 개발하였는데, 연구소 제초제연구실 실장인 A는 위 제초제에 대하여 특허가 출원되지 않은 약점을 알고 있으면서도 위 제초제에 관하여 다국적기업인 바이엘사와 접촉하고 국내 농약회사들과 공동연구협약을 체결하여 연구기밀을 외부에 알려주었고, 위 제초제를 합성한 피고인에게 그에 대한 연구를 중단시키기 위하여 피고인을 다른 곳으로 쫓아내려고 하고 있다. A는 국가의 업적을 개인의 것으로 이양하는 교묘한 계책을 쓰고 있고, A의 비뚤어진 사고방식과 반국가적 행위를 개선하여 주도록 연구소에 요청하였으나 연구소 당국은 A의 부패된 악습을 덮어주고 변호할 뿐이다."라는 내용의 청원서를 35명에게 발송한 사안

65   피고인이 작성·발송한 청원서의 내용이 진실한 사실로서 시정되어야 할 연구소의 사정이 포함되어 있기는 하나, A를 비방하는 취지가 그 내용의 주조를 이루고 있는 점 등 그 표현의 방법 외에도, 피고인이 위 청원서를 그의 주장을 심사할 수 있는 권한을 가진 사람들에게 발송하여 그 시정을 구하였음에도 불구하고 그러한 조치가 제대로 이루어지지 않았다면 모르되, 감독관청인 과기처 장관에게 보냄과 더불어 막바로 그러한 권한과는 무관한 정치인에게 발송하는 것을 시발로 하여 약간의 시차를 두고 정치인, 언론인, 언론기관 등에게 광범위하게 발송한 사정에 비추어 볼 때, 이 사건 범행이 오로지 공공의 이익에 관한 것이라고는 할 수는 없다.[52]

66   ③ X 회사의 대표이사인 피해자 A에게 압력을 가하여 단체협상에서 양보를 얻어내기 위한 방법의 하나로 위 회사의 다른 직원들과 함께 "X 회사 사장

---

51 대판 2000. 5. 12, 99도5734.
52 대판 1995. 11. 10, 94도1942.

A는 체불임금 지급하고 단체교섭에 성실히 임하라", "노동임금 갈취하는 악덕업
주 A 사장은 각성하라"는 등의 내용이 기재된 현수막과 피켓을 들고 확성기를
사용하여 위와 같은 내용을 반복해서 불특정 다수의 행인을 상대로 소리치면서
위 회사의 정문을 출발하여 부산광역시청을 경유, 부산지방경찰청 앞 인도까지
거리행진을 한 사안

피고인의 이 사건 행위의 동기 및 목적, 당해 사실의 공표가 이루어진 상대   67
방의 범위 등에 비추어 볼 때, 공공의 이익을 위하여 사실을 적시한 것으로 볼
수는 없다.[53]

④ 학원 이사장인 피해자의 주거지인 A 아파트 앞에서 소속 노조원들과 함   68
께 피해자의 집 주소와 "교육을 빙자한 장사꾼"이라는 내용이 적힌 대형 플래카
드와, "유령 동창회비 어디 갔나", "장학기금 바람과 함께 사라졌다", "합법노조
탄압", "부당인사 철회하라", "재단개입 밀실인사 즉각 중단하라", "부패재단 퇴
진" 등의 내용이 적힌 피켓 등을 들고 시위를 한 사안

피고인들이 적시한 사실이 피해자가 거주하는 아파트 주민들과 관련이 있   69
다고 볼 수 없고, 달리 피고인들이 피해자의 집 주소까지 명시하여야 할 사정이
보이지 않는 점 등에 비추어 보면, 피고인들이 피해자가 거주하는 아파트 앞에
서 피해자의 집 주소까지 명시하여 피해자의 명예를 훼손한 것을 두고 오로지
공공의 이익에 관한 것이라고 보기는 어렵다.[54]

⑤ X 주식회사의 노조원들인 피고인들이 국회의원인 피해자의 지역구나 소   70
속 정당의 중앙당사 앞에서 피해자가 노동조합을 탄압하는 악덕 기업주라고 비
방하는 집회를 개최한 사안

피해자가 X 주식회사의 대주주이기는 하나 그 회사의 대표이사직과 이사직   71
을 사임한 후 국회의원으로 활동하며 X 주식회사의 경영에는 직접 관여하지 않
았음에도, 피고인들이 X 주식회사의 사용자 측에 압력을 가하여 단체협상에서

53 대판 2004. 10. 15, 2004도3912.
54 대판 2008. 3. 14, 2006도6049. 이와 달리 원심은 피고인들이 이와 같은 행위를 한 것은 위 학
   원에 대하여 동창회비, 협동조합, 학생식당 등과 관련된 학교 내의 비리의혹을 해소하는 등 학
   교 운영의 공공성, 투명성을 보장할 것을 요구하여 학교가 합리적이고 정상적으로 운영되게 할
   목적으로 이루어진 것이므로, 이는 오로지 공공의 이익에 관한 것에 해당하여 위법성이 조각된
   다고 판단하였다(서울남부지판 2006. 8. 25, 2006노227).

양보를 얻어내기 위한 방법의 하나로 위와 같은 행위를 한 것이라면, 피고인들의 위 행위의 동기 및 목적 등에 비추어 볼 때 피고인들의 행위가 공공의 이익을 위한 것이라고 볼 수 없다.[55]

72   ⑥ 대안학교에서 영어 교과를 담당하는 피고인이 교장인 A가 정신과를 다닌다는 내용의 발언을 하거나 A가 학교 재산을 횡령하였다는 내용의 글을 게시한 사안

73   피고인은 A를 속이고 자신이 별도로 운영하는 교육 콘텐츠 제공 등 업체가 사용권이 있는 영어 교육 프로그램을 도입하면서 이용료를 학생들로부터 지급받은 문제 등으로 A와 대립하면서 학교 운영의 정상화나 학생의 학습권 보장 등의 목적이 아니라 본인의 이익을 추구할 목적으로 A를 비난하는 내용의 위와 같은 행위를 한 것으로, 공공의 이익에 관한 것으로 볼 수 없다.[56]

74   ⑦ 징계 업무 담당 직원인 피고인이 피해자에 대한 징계절차 회부 사실이 기재된 문서를 근무현장 방재실 등의 게시판에 게시한 사안

75   징계혐의 사실은 징계절차를 거친 다음 확정되는 것이므로 징계절차에 회부되었을 뿐인 단계에서 그 사실을 공개함으로써 피해자의 명예를 훼손하는 경우 이를 사회적으로 상당한 행위라고 보기는 어려운 점, 피해자에 대한 징계 의결이 있기 전에 징계절차에 회부되었다는 사실이 공개되는 경우 피해자가 입게 되는 피해의 정도는 가볍지 않은 점 등을 종합하면, 피해자에 대한 징계절차 회부 사실을 공지하는 것이 회사 내부의 원활하고 능률적인 운영의 도모라는 공공의 이익에 관한 것으로 볼 수 없다.[57]

(3) 공인(公人)이나 공적 기관에 대한 명예훼손과 공익성

(가) 미국 연방대법원의 '공인 이론' 관련 논의

76   본조의 위법성조각 요건인 공익성과 관련해서는, 공인이나 공적 기관을 대

---

55 대판 2001. 6. 12, 2001도1012.
56 대판 2021. 1. 14, 2020도8780.
57 대판 2021. 8. 26, 2021도6416. 이와 달리 원심은 징계에 회부되었다는 사실은 그 자체로 사생활에 관한 사항이 아니고 회사의 공적인 절차에 해당하는 것이며, 공적 관심의 대상이라고 봄이 상당하다는 점 등을 종합하면, 위 문서의 내용은 회사 내부의 원활하고 능률적인 운영의 도모라는 공공의 이익에 관한 것이라고 볼 수 있어 위법성이 조각된다고 판단하였다(수원지판 2021. 5. 7, 2020노5182).

상으로 한 명예훼손행위는 공공의 이익과 관련된 사안인 경우가 적지 않을 것이므로 일반인을 대상으로 한 명예훼손행위와는 다른 기준으로 평가할 것인지, 공인이나 공적 기관을 대상으로 한 명예훼손행위에 대해서는 본조의 공익성 요건을 보다 완화해서 적용할 것인지가 문제될 수 있다. 이는 특히 공인이나 공적 기관에 대한 언론보도의 경우에 문제되곤 하는데, 공인이나 공적 기관의 공적 활동이나 정책에 대해서는 국민의 알권리 및 다양한 주장과 의견의 교환을 보장하는 언론과 표현의 자유의 측면에서 언론의 감시와 비판 기능이 충분히 보장될 필요가 있기 때문이다.

　　우리 판례도 기본적으로 공인이나 공적 기관을 대상으로 한 명예훼손행위 **77**
는 일반인을 대상으로 한 사적인 영역의 명예훼손행위와는 다른 기준으로 취급하여야 한다는 입장을 취하고 있다. 즉, "적시된 사실이 공공의 이익에 관한 것인지 여부는 당해 명예훼손적 표현으로 인한 피해자가 공무원 내지 공적 인물과 같은 공인(公人)인지 아니면 사인(私人)에 불과한지 여부, 그 표현이 객관적으로 국민이 알아야 할 공공성, 사회성을 갖춘 공적 관심 사안에 관한 것으로 사회의 여론형성 내지 공개토론에 기여하는 것인지 아니면 순수한 사적인 영역에 속하는 것인지 여부, 피해자가 그와 같은 명예훼손적 표현의 위험을 자초한 것인지 여부, 그리고 그 표현에 의하여 훼손되는 명예의 성격과 그 침해의 정도, 그 표현의 방법과 동기 등 제반 사정을 고려하여 판단하여야 할 것이고, 특히 공인의 공적 활동과 밀접한 관련이 있는 사안에 관하여 진실을 공표한 경우에는 원칙적으로 '공공의 이익'에 관한 것이라는 증명이 있는 것으로 보아야 할 것이다.",[58] "이러한 공적 관심사안에 관하여 진실하거나 진실이라고 봄에 상당한 사실을 공표한 경우에는 그것이 악의적이거나 현저히 상당성을 잃은 공격에 해당하지 않는 한 원칙적으로 공공의 이익에 관한 것이라는 증명이 있는 것으로 보아야 한다."[59]라는 것('악의적 공격의 법리'라고도 한다.)이 판례의 일관된 입장이다.

　　나아가 정부 또는 국가기관의 정책결정이나 업무수행과 관련한 사항에 대 **78**

---

58 대판 2005. 4. 29, 2003도2137. 본 판결 평석은 최우석, "인터넷 홈페이지 또는 소식지에 게재한 내용이 공공의 이익을 위한 것으로서 비방의 목적이 있다고 단정할 수 없다고 한 사례", 정보법 판례백선 I, 박영사(2006), 649-656.

59 대판 2007. 1. 26, 2004도1632.

해서는 더욱 완화된 기준이 적용되는데, "기자회견 등 공개적인 발언으로 인한 명예훼손죄 성립 여부가 문제 되는 경우 발언으로 인한 피해자가 공적 인물인지 사적 인물인지, 발언이 공적인 관심사안에 관한 것인지 순수한 사적인 영역에 속하는 사안에 관한 것인지, 발언이 객관적으로 국민이 알아야 할 공공성이나 사회성을 갖춘 사안에 관한 것으로 여론형성이나 공개토론에 기여하는 것인지 아닌지 등을 따져보아 공적 인물에 대한 공적 관심사안과 사적인 영역에 속하는 사안 사이에 심사기준의 차이를 두어야 한다. 문제 된 표현이 사적인 영역에 속하는 경우에는 표현의 자유보다 명예의 보호라는 인격권이 우선할 수 있으나, 공공적·사회적인 의미를 가진 경우에는 이와 달리 표현의 자유에 대한 제한이 완화되어야 한다. 특히 정부 또는 국가기관의 정책결정이나 업무수행과 관련된 사항은 항상 국민의 감시와 비판의 대상이 되어야 하고, 이러한 감시와 비판은 표현의 자유가 충분히 보장될 때 비로소 정상적으로 이루어질 수 있으며, 정부 또는 국가기관은 형법상 명예훼손죄의 피해자가 될 수 없다. 그러므로 정부 또는 국가기관의 정책결정 또는 업무수행과 관련된 사항을 주된 내용으로 하는 발언으로 정책결정이나 업무수행에 관여한 공직자에 대한 사회적 평가가 다소 저하될 수 있더라도, 발언 내용이 공직자 개인에 대한 악의적이거나 심히 경솔한 공격으로서 현저히 상당성을 잃은 것으로 평가되지 않는 한, 그 발언은 여전히 공공의 이익에 관한 것으로서 공직자 개인에 대한 명예훼손이 된다고 할 수 없다. 이때 그러한 표현이 국가기관에 대한 감시·비판을 벗어나 공직자 개인에 대한 악의적이거나 심히 경솔한 공격으로서 현저히 상당성을 잃은 것인지는 표현의 내용이나 방식, 의혹사항의 내용이나 공익성의 정도, 공직자의 사회적 평가를 저하하는 정도, 사실 확인을 위한 노력의 정도, 그 밖의 주위 여러 사정 등을 종합하여 판단해야 한다."[60]

79   이와 같은 판례의 공인이나 공적 기관에 대한 명예훼손 판단기준 법리는, 미국에서의 공적 인물에 대한 명예훼손에 관한 논의, 이른바 '공인 이론'에서 비롯된 것으로 본다. '공인 이론'은 1964년 미국 연방대법원의 'New York Times Co. v. Sullivan' 판결[61]에서 비롯된 원칙이다. 이 판결 이전의 명예훼손 사건에

---

60 대판 2021. 3. 25, 2016도14995. 같은 취지의 판례로는, 대판 2011. 9. 2, 2010도17237.
61 New York Times Co. v. Sullivan, 376 U.S. 254(1964). 본 판결 평석은 김원근·정주영, 명예훼

서는 피고가 자신이 적시한 내용이 진실하거나 그 행위가 면책특권에 해당한다
는 점을 입증하여야만 손해배상책임을 면할 수 있었으나, 이 판결에서는 '공적
관심사(public issues)'에 관한 명예훼손행위가 '현실적(실질적) 악의(actual malice)에
의하여, 즉 그 내용이 허위임을 알았거나 또는 허위인지 여부에 대하여 무분별
하게 무시하고' 행해졌음을 원고가 명백한 증거에 의해 입증할 수 있어야 손해
배상책임이 가능하다고 판시하였다. '현실적 악의 원칙'이라고도 불리는 이 법리
는 이후 일련의 연방대법원 판결에 의해 '공적 인물(public figure)'에까지 그 적용
범위가 확대되었는데, 공직자뿐만 아니라 정책적 결정과 관련해 사회적 영향력
이 큰 '공적 인물'에 대해서도 자유로운 비판이 필요하고 공적 인물들이 언론매
체에 접근할 기회가 많은 데 상응하여 비판의 폭도 넓어져야 한다는 것이다.[62]

여기서 '공인'은 크게 '공직자'와 '공적 인물'로 구분할 수 있는데, 공직자의   80
대표적인 예로는 선거직 공무원, 검사, 사법부나 입법부 및 행정부의 고위공무
원 등이, 공적 인물로는 유명 연예인, 저명인사, 유명 사회운동가, 기업 또는 지
역사회의 지도자, 유명 작가나 칼럼니스트, 종교지도자, 유명 사건의 변론을 담
당한 변호사 등을 들 수 있다.[63]

결국 공인의 공적 사안에 관한 표현이 문제된 사안에서는, 표현의 자유를   81
위해 '현실적 악의 원칙'에 따라 원고인 공인이 명예훼손적 표현이 '현실적 악의'
에 의해 이루어졌다는 사실을 입증하여야 행위자에게 명예훼손 책임을 지울 수
있다.[64] 'New York Times Co. v. Sullivan' 판결과 '현실적 악의 원칙'은 후속
판결들을 통해 민사소송뿐 아니라 형사소송에도 그대로 적용되고 있고, 다른 여
러 나라의 명예훼손 관련 입법에도 영향을 미쳤다.[65]

독일의 경우에도 '인격영역 이론(人格領域 理論)'이라고 하는 유사한 논의가   82
존재한다. 이는 언론의 자유와 다른 권리가 충돌하는 경우에는 사안별로 이익형
량을 하되, 공적인 사안에 대해서는 언론의 자유가 보다 더 우선시된다는 이론

손, 박영사(2022), 3-17.
62 이부하, "공인의 인격권과 표현의 자유", 서울법학 20-1, 서울시립대 법학연구소(2012), 45.
63 이부하(주 62), 58.
64 윤해성·김재현, "사실적시 명예훼손죄의 비범죄화 논의와 대안에 관한 연구", 한국형사정책연구
   원(2018), 62.
65 이용식(주 2), 107.

을 말한다.[66] 이 이론에 따르면, 피해자가 공인이더라도 성적인 내용과 같은 내
밀한 영역이나 공중에게 노출을 꺼리는 비밀 영역 등에 대한 보도는 엄격한 기
준이 적용되고 개개 사안에 따라 이익형량을 통한 판단이 이루어지는 반면, 사
회적 영역 또는 공개적 영역에서는 원칙적으로 공인을 대상으로 한 보도나 표
현행위는 사인을 대상으로 한 그것보다 폭넓은 보호를 받을 수 있다.[67]

83   본조의 명문에 따르면 사실 적시의 목적이 공익을 위한 것인가가 위법성
유무를 판단하는 기준일 뿐, 피해자가 공적 인물인지의 여부가 직접적인 기준이
되는 것은 아님이 분명하다. 그러나 미국 연방대법원의 공인 이론이 공적 관심
사에 관한 사안이 문제된 경우이고 본조의 공익성은 이 공적 관심사의 개념에
가까운 것이므로, 결국 이 공익 이론이 본조의 공익성을 판단하는 유력한 기준
으로 작용할 수 있다.[68] 다만, 미국에서의 공익 이론에 대해서는 이러한 긍정적
인 평가 외에, 표현의 자유에 대한 절대적 보호를 기반으로 하는 미국 헌법과
일정한 공익적 목적을 위해 제한가능한 기본권으로서의 표현의 자유를 상정하
는 우리 헌법은 상이한 체계를 갖고 있어 우리 사법체계에 이 이론을 그대로 수
용하는 것은 무리라는 평가[69] 역시 존재한다.

84   우리 헌법재판소는 1999년 공인 이론과 유사한 취지의 법리로 명예훼손 사
안을 판단하였고,[70] 곧이어 2002년 대법원도 민사사건에서 동일한 취지의 판결

---

66 허순철, "영국의 명예훼손법 개정과 그 의미", 공법학연구 16-4, 한국비교공법학회(2015), 125.
67 박정난, "사실적시 명예훼손죄의 비범죄화에 관한 입법론적 검토", 법학논총 31-3, 국민대 법학
연구소(2019), 270; 이부하(주 62), 56.
68 이용식(주 2), 115.
69 이부하(주 62), 71.
70 헌재 1999. 6. 24, 97헌마265. 김일성의 죽음을 '애도'한다는 표현을 사용하지 않았음에도 '김일성
애도편지'라는 제목으로 관련 수사상황을 보도한 기자에 대한 명예훼손죄 사건을 검찰이 혐의없
음 처분하자 이에 대한 당부가 문제된 사안에서 헌법재판소는, "언론매체의 명예훼손적 표현에
위에서 본 실정법을 해석·적용할 때에는 언론의 자유와 명예 보호라는 상반되는 헌법상의 두 권
리의 조정 과정에 다음과 같은 사정을 고려하여야 한다. 즉, 당해 표현으로 인한 피해자가 공적
인물인지 아니면 사인인지, 그 표현이 공적인 관심 사안에 관한 것인지 순수한 사적인 영역에 속
하는 사안인지, 피해자가 당해 명예훼손적 표현의 위험을 자초한 것인지, 그 표현이 객관적으로
국민이 알아야 할 공공성·사회성을 갖춘 사실(알권리)로서 여론형성이나 공개토론에 기여하는
것인지 등을 종합하여 구체적인 표현 내용과 방식에 따라 상반되는 두 권리를 유형적으로 형량한
비례관계를 따져 언론의 자유에 대한 한계 설정을 할 필요가 있는 것이다. 공적 인물과 사인, 공
적인 관심 사안과 사적인 영역에 속하는 사안 간에는 심사기준에 차이를 두어야 하고, 더욱이 이
사건과 같은 공적 인물이 그의 공적 활동과 관련된 명예훼손적 표현은 그 제한이 더 완화되어야

을 선고하였다.[71] 이 대법원 판결은 명예훼손의 성립 여부를 판단할 때 공적 관심사안과 사적 관심사안의 구별을 전제로, 공적 관심사안 내지 공적 영역에서의 표현행위는 타인의 명예나 인격을 침해하는 경우라도 어느 정도 보장될 필요가 있어 사적 관심 사안 또는 사적 영역에서와는 다른 기준에 따라 판단해야 한다는 원칙을 처음으로 밝힌 것이다.[72]

그리고 이 대법원 판결은 더 나아가, 공적 관심사안과 사적 관심사안 사이의 입증책임에도 서로 차이를 두는 법리를 제시하고 있다.[73] 다만, 이는 현실적

하는 등 개별사례에서의 이익형량에 따라 그 결론도 달라지게 된다."라고 결정하였다.

71 대판 2002. 1. 22, 2000다37524. '한국논단'이 "노동운동인가, 노동당운동인가?", "공산당이 활개치는 나라", "일부 좌익노조 호화생활해부"라는 제목의 기사들을 통해 전국민주노동조합총연맹, 민주사회를 위한 변호사모임 등을 비판하자 이들 단체들이 '한국논단'의 기사 내용이 명예훼손에 해당한다며 손해배상을 청구한 사안에서 대법원은, "언론·출판의 자유와 명예보호 사이의 한계를 설정함에 있어서 표현된 내용이 사적 관계에 관한 것인가 공적 관계에 관한 것인가에 따라 차이가 있는바, 즉 당해 표현으로 인한 피해자가 공적인 존재인지 사적인 존재인지, 그 표현이 공적인 관심사안에 관한 것인지 순수한 사적인 영역에 속하는 사안에 관한 것인지, 그 표현이 객관적으로 국민이 알아야 할 공공성, 사회성을 갖춘 사안에 관한 것으로 여론형성이나 공개토론에 기여하는 것인지 아닌지 등을 따져보아 공적 존재에 대한 공적 관심사안과 사적인 영역에 속하는 사안 간에는 심사기준에 차이를 두어야 하며, 당해 표현이 사적인 영역에 속하는 사안에 관한 것인 경우에는 언론의 자유보다 명예의 보호라는 인격권이 우선할 수 있으나, 공공적·사회적인 의미를 가진 사안에 관한 것인 경우에는 그 평가를 달리하여야 하고 언론의 자유에 대한 제한이 완화되어야 하며, 피해자가 당해 명예훼손적 표현의 위험을 자초한 것인지의 여부도 또한 고려되어야 한다."라고 판단하였다.

72 이부하(주 62), 65·67.

73 「당해 표현이 공적인 존재의 정치적 이념에 관한 것인 경우, 그 공적인 존재가 가진 국가·사회적 영향력이 크면 클수록 그 존재가 가진 정치적 이념은 국가의 운명에까지 영향을 미치게 되므로 그 존재가 가진 정치적 이념은 더욱 철저히 공개되고 검증되어야 하며, 이에 대한 의문이나 의혹은 그 개연성이 있는 한 광범위하게 문제제기가 허용되어야 하고 공개토론을 받아야 한다. 정확한 논증이나 공적인 판단이 내려지기 전이라 하여 그에 대한 의혹의 제기가 공적 존재의 명예보호라는 이름으로 봉쇄되어서는 안되고 찬반토론을 통한 경쟁과정에서 도태되도록 하는 것이 민주적인데, 사람이나 단체가 가진 정치적 이념은 흔히 위장하는 일이 많을 뿐 아니라 정치적 이념의 성질상 그들이 어떠한 이념을 가지고 있는지를 정확히 증명해 낸다는 것은 거의 불가능한 일이므로 이에 대한 의혹의 제기나 주관적인 평가가 진실에 부합하는지 혹은 진실하다고 믿을 만한 상당한 이유가 있는지를 따짐에 있어서는 일반의 경우에 있어서와 같이 엄격하게 입증해 낼 것을 요구해서는 안되고, 그러한 의혹의 제기나 주관적인 평가를 내릴 수도 있는 구체적 정황의 제시로 입증의 부담을 완화해 주어야 한다. 그리고 그러한 구체적 정황을 입증하는 방법으로는 그들이 해 나온 정치적 주장과 활동 등을 입증함으로써 그들이 가진 정치적 이념을 미루어 판단하도록 할 수 있고, 그들이 해 나온 정치적 주장과 활동을 인정함에 있어서는 공인된 언론의 보도내용이 중요한 자료가 될 수 있으며, 여기에 공지의 사실이나 법원에 현저한 사실도 활용할 수 있으나, 아무리 공적인 존재의 공적인 관심사에 관한 문제의 제기가 널리 허용되어야 한다고 하더라도 구체적 정황의 뒷받침도 없이 악의적으로 모함하는 일이 허용되지 않도

악의 원칙과 같이 입증책임을 피해자에게 전환시키는 정도를 의미하는 것이 아니라, 공적 존재의 정치적 이념에 관한 표현행위에 대해서는 진실에 부합하는지 또는 진실하다고 믿을 만한 상당한 이유가 있는지를 판단할 때 피해자의 입증부담을 다소 완화할 필요가 있다고 본 것이다.[74]

86   이러한 논의는 물론 공적 존재에 대한 언론보도라도 공적 영역에 관한 사안에 대해 위와 같이 달리 취급됨을 의미하는 것이고, 공적 존재의 사적 영역에 속하는 사안에까지 일률적으로 적용되는 것은 아니다. 공적 존재에 대한 언론보도가 공공적이거나 사회적 의미를 가진 사안에 관한 것인 경우에는 언론보도에 대한 제한이 완화되어야 하나, 공적 존재에 대한 언론보도라도 그의 사적 영역에 속하는 사안에 관한 것인 경우에는 언론의 자유보다 개인의 명예 보호라는 인격권이 우선할 수 있기 때문이다.

          (나) 관련 사례

87   이와 같은 '공인 이론'의 법리는 형사사건에서도 그대로 적용된다. 즉, 우리 판례는 공인의 공적 활동과 밀접한 관련이 있는 사안에 관하여 진실한 사실을 적시한 경우에는, 원칙적으로 본조의 공익성이 인정되는 것으로 본다.[75]

88   이와 관련된 사례를 살펴보면 다음과 같다.

89   ① 인터넷신문 기자인 피고인이 시의회의원인 피해자가 시청공무원에게 욕설 등 폭언을 하며 질책하였다는 내용의 기사를 작성하여 보도한 사안

90   피고인이 작성한 위 기사는 시의회의원이 시의회의 조례개정안 심의와 관련하여 시청공무원인 여성복지과장의 설명이 부적절하다는 등의 이유로 공공장소인 시청 복지국장실에서 질책하는 과정에서 욕설 등 폭언을 하였다는 것으로 공직자의 공적 활동과 밀접한 관련이 있는 사안에 관한 것이고, 피해자가 공공

록 경계해야 함은 물론 구체적 정황에 근거한 것이라 하더라도 그 표현방법에 있어서는 상대방의 인격을 존중하는 바탕 위에서 어휘를 선택하여야 하고, 아무리 비판을 받아야 할 사항이 있다고 하더라도 모멸적인 표현으로 모욕을 가하는 일은 허용될 수 없다.」

74 이부하(주 62), 67.

75 대판 2006. 10. 13, 2005도3112. 다만 미국의 경우 공인의 개념을 세분하여 공직자(public official), 전적인 공적 인물(pervasive public figure), 한정적 공적 인물(limited public figure), 사적 인물(private figure) 등으로 구분하여 그 취급을 달리하고 있는데, 우리의 경우 사인을 제외한 이러한 지위에 있는 사람을 모두 '공인'으로만 표현하고 있어 공인의 개념과 관련해 공인의 인정범위가 문제될 수 있다는 견해로는, 배상균, "사실적시 명예훼손행위의 규제 문제와 개선방안에 관한 검토", 형사정책연구 29-3, 한국형사정책연구원(2018), 176.

장소에서 시청공무원에게 욕설 등 폭언을 한 것이 원인이 되어 이루어진 것이 어서 피해자 스스로 명예훼손적 표현의 위험을 유발하였다고 볼 수 있을 뿐 아니라, 기사의 내용도 모두 사실을 그대로 적시한 것으로 달리 피고인이 피해자에 대해 개인적인 감정이 있는 등 피해자를 비방할 만한 동기도 찾아볼 수 없다면, 공직자의 공적 활동과 밀접한 관련이 있는 사안에 관하여 진실을 공표한 기사를 작성한 피고인의 행위는 특별한 사정이 없는 한 공공의 이익에 관한 것으로 보아야 할 것이므로, 피고인에게 피해자를 비방할 목적이 있었다고 인정하기는 어렵다.[76]

② 축산업협동조합중앙회장인 피고인이 농림부장관이 공식 채택한 수입쇠고기 유통·판매 권장정책 및 농축협 통합정책의 정당성 여부를 문제삼는 내용의 광고를 게재하여 농림부장관 등의 명예를 훼손하였다는 사안　　91

피고인이 광고에서 적시한 사실들은 그 내용이 농림부장관이 공식 채택한 수입쇠고기 유통 및 판매의 권장정책에 대한 비판을 주된 내용으로 하고 있고, 국내 여러 일간지에서도 정부의 정책을 비판하며 피고인의 주장에 동조하는 듯한 보도와 사설을 게재하기도 하였으므로 공적 관심사안에 대한 것이고, 비록 피고인이 사용한 표현에 과장되고 모욕적인 용어를 사용한 잘못은 있다 하더라도 그 전체적인 내용의 해석에 있어서는 농림부장관 개인에 대한 비방보다는 공적 기관으로서의 농림부의 구체적 정책 혹은 그 방법론에 대한 비판을 주된 동기 내지 목적으로 하였다고 볼 여지가 더 많은 점 등을 고려할 때, 공공의 이익이 인정된다.[77]　　92

---

76 대판 2006. 10. 13, 2005도3112. 이와 달리 원심은 피고인에게 비방할 목적이 인정된다고 판단하였다(수원지판 2005. 4. 28, 2004노5385).
77 대판 2007. 1. 26, 2004도1632. 이와 달리 원심은 위 광고의 동기, 표현의 부적절함과 방법, 그로 인한 농림부장관의 명예훼손의 점을 들어 비방의 목적에 기한 광고라고 판단하였다(서울고판 2004. 2. 12, 2003노1645).

III. 효 과

1. 실체법적 효과

93   본조에 따라 진실성과 공익성이 인정되는 명예훼손행위는 '처벌하지 아니한다.'

94   본조는 '처벌하지 아니한다'라는 표현을 사용하여, 마치 객관적 처벌조건을 규정한 듯한 규율형식을 보이고 있다.[78] 본조의 법적 성격에 관해서는 ① 구성요건해당성조각설,[79] ② 처벌조각사유설,[80] ③ 위법성조각사유설 등이 대립하는데, 본조의 표제가 '위법성의 조각'이라고 명시되어 있는 이상, '처벌하지 아니한다'의 의미는 위법성이 조각된다는 것임이 명백하고, 학설[81]도 이에 일치한다.

2. 소송법적 효과

95   판례는 본조의 소송법적 효과로서 입증책임이 전환된다는 입장을 취하고 있다(입증책임전환설). 즉, 공연히 사실을 적시하여 사람의 명예를 훼손한 행위가 본조에 따라 위법성이 조각되어 처벌대상이 되지 않기 위해서는, 그것이 진실한 사실로서 오로지 공공의 이익에 관한 때에 해당된다는 점을 명예훼손 행위자가 증명하여야 한다고 본다.[82]

96   이러한 판례의 입장에 대하여, ① 본조는 올바른 정보를 전달함으로써 언론의 자유나 알권리의 증진에 도움이 된다는 적극적 측면을 중시하는 취지의 규정인데 진위 불명한 사실의 적시는 아직 언론의 자유나 알권리의 증진에 도

---

78 신동운, 706.
79 사실의 진실성은 소극적 구성요건요소라는 견해이다.
80 규정의 문언대로 본조는 재판상 진실이라고 증명된 때는 처벌이 부정된다는 견해로, 재판상 증명의 성공·실패는 명예훼손행위가 행해진 후의 사정으로 범죄의 성부와는 관계가 없다는 것을 근거로 한다. 일본 판례는 종래 처벌조각사유설의 입장이었으나[最判 昭和 34(1959). 5. 7. 刑集 13·5·641], 사실의 진실성에 대한 증명이 없는 경우에도 사실을 진실이라고 오신하고 그 오신이 확실한 자료·근거에 비추어 상당한 이유가 있는 때에는 범죄의 고의가 없다고 판시하여 위 입장을 변경하였다[最判 昭和 44(1969). 6. 25. 刑集 23·7·975].
81 김성돈, 216; 김일수·서보학, 165; 박상기·전지연, 529; 배종대, § 48/28; 손동권·김재윤, § 14/28; 신동운, 707; 오영근, 175; 이재상·장영민·강동범, § 12/30; 임웅, 251; 정성근·박광민, 222; 정영일, 99.
82 대판 1996. 10. 25, 95도1473.

움이 되지 않아 진위 불명의 영역에까지 본조를 적용할 수는 없기에 본조는 그
자체로서 입증책임 전환의 법적 근거가 되기에 충분하므로 판례의 견해가 타당
하다고 보는 견해[83]도 있으나, ② 헌법상 무죄추정 원칙에 비추어 위법성조각사
유의 부존재와 사실의 진실성에 대한 입증책임은 여전히 검사에게 있다고 해석
하는 견해[84]가 다수설이다. 다른 입법례에도 본조와 비슷한 취지의 규정들이 존
재하고 그 내용상 이 규정들이 사실의 진실성에 대한 입증책임을 피고인에게 전
환시킨 규정이라고 볼 여지가 있으나,[85] 우리 다수설은 이러한 입법례와 달리
본조에서 단지 위법성조각사유에 관해서만 언급할 뿐 입증책임에 관해서는 별
다른 언급이 없으므로 이를 특별히 입증책임 전환에 관한 규정으로 해석할 근
거는 없다고 보고,[86] 본조를 입증책임 전환에 관한 규정으로 해석하는 것은 일
본의 해석론[87]을 그대로 수용한 것에 불과하여 타당하지 않다고 본다.[88]

즉, 다수설에 따르면 피고인이 본조의 위법성조각사유를 주장하는 경우, 그   97
가 적시한 사실이 진실한 사실이 아니고 공공의 이익과도 관련이 없다는 점은
검사가 입증하여야 하고, 검사가 이러한 입증에 실패한 경우 그 불이익은 검사
가 부담하고 피고인에게 그 이익이 돌아가게 된다.[89]

---

83 신동운, 708.
84 김성돈, 217; 김일수·서보학, 165; 박상기·전지연, 529; 배종대, §48/29; 손동권·김재윤, §14/34;
   오영근, 175; 이재상·장영민·강동범, §12/32; 임웅, 251(특히, 이러한 해석이 언론보도 취재원
   을 보호하기 위하여 언론기자에게 인정되는 취재원 묵비의 관행과도 합치하는 것이라고 본다);
   정성근·박광민, 223; 정영일, 99; 정웅석·최창호, 446; 홍영기, §66/4.
85 일본형법 제230조의2 제1항은 "전조(명예훼손) 제1항의 행위가 공공의 이해에 관한 사실에 관계
   되고, 또한 그 목적이 오로지 공익을 위하는 데 있다고 인정되는 경우에는 사실의 진부를 판단
   하여 진실이라는 증명이 있는 때는, 이를 벌하지 아니한다.", 독일형법 제186조는 "타인에 대한
   관계에서 타인을 경멸하거나 또는 세평을 저하시키기에 적합한 사실을 주장하거나 또는 유포한
   자는 이러한 사실이 증명할 만한 진실이 아닌 경우에는 1년 이하 자유형 또는 벌금형에 처한
   다."라고 각각 규정하고 있다.
86 사실의 증명에 대해 명문의 규정을 두고 있는 입법례에서도 '증명의 주체'에 관해서는 명시하지
   않는 경우가 있다고 보는 견해(신동운, 708)도 있다.
87 일본형법 제130조의2는 "진실이라는 증명이 있는 때는, 이를 벌하지 아니한다."고 되어 있는데,
   적극적으로 진실성의 증명이 되지 않는 경우는 물론 적시사실이 진실일 가능성이 있는 경우에도
   처벌은 부정되지 않는다. 이런 의미에서 입증책임(거증책임)은 피고인에게 전환된다[大塚 外,
   大コン(3版)(12), 39(中森喜彦)]. 다만 사실의 진부에 관해서는 법원에 직권조사의무가 있기 때
   문에, 법원이 증거를 조사하여 진상 규명에 노력하였음에도 진실이라는 것이 확정되지 않은 때
   에는 피고인이 불이익을 진다는 것을 의미한다[最判 昭和 30(1955). 12. 9. 刑集 9·13·2633].
88 오영근, 176.
89 배종대, §48/29.

[한 제 희]

171

98   다만, 판례가 위법성조각사유에 대한 입증책임이 피고인에게 있다고 보면
서도 그 입증 정도에 관하여 합리적 의심을 불가능하게 할 정도까지 피고인이
입증할 책임은 없다고 하고 있는 점[90]에 착안하여, 판례가 절충적 입장을 취하
는 것이라 보는 견해[91]도 있다.

Ⅳ. 착 오

99   본조와 관련된 착오의 문제로서, 적시한 사실이 객관적으로 진실성 또는 공
익성이 인정되지 않음에도 행위자가 이에 대해 착오하여 명예훼손행위로 나아
간 경우에도 위법성이 조각될 수 있는가의 문제가 논의된다.

100   우리 형법은 착오에 관하여 두 가지 규정을 두고 있다. 즉, 하나는 사실의
착오(또는 구성요건의 착오),[92] 다른 하나는 법률의 착오(또는 위법성의 착오, 금지 착
오)[93]이다.

101   본조에 관한 착오는 위법성조각사유의 요건사실 또는 전제사실에 관한 착
오라고 볼 수 있는데, 우리 형법은 위법성조각사유의 요건사실 또는 전제사실에
관한 착오가 사실의 착오와 법률의 착오 중 어디에 해당하는지에 관해 명문의
규정을 두고 있지 않으므로, 그 법적 성격과 효과에 관하여 다양한 학설이 주장
되고 있다.

---

90 대판 1996. 10. 25, 95도1473. 「공연히 사실을 적시하여 사람의 명예를 훼손한 행위가 형법 제310
조의 규정에 따라서 위법성이 조각되어 처벌대상이 되지 않기 위하여는 그것이 진실한 사실로서
오로지 공공의 이익에 관한 때에 해당된다는 점을 행위자가 증명하여야 하는 것이나, 그 증명은
유죄의 인정에 있어 요구되는 것과 같이 법관으로 하여금 의심할 여지가 없을 정도의 확신을 가지
게 하는 증명력을 가진 엄격한 증거에 의하여야 하는 것은 아니라고 할 것이므로, 이 때에는 전문
증거에 대한 증거능력의 제한을 규정한 형사소송법 제310조의2는 적용될 여지가 없다.」

91 오영근, 175.

92 제15조(사실의 착오) ① 특별히 무거운 죄가 되는 사실을 인식하지 못한 행위는 무거운 죄로 벌
하지 아니한다.
② 결과 때문에 형이 무거워지는 죄의 경우에는 그 결과의 발생을 예견할 수 없었을 때에는 무
거운 죄로 벌하지 아니한다.

93 제16조(법률의 착오) 자기의 행위가 법령에 의하여 죄가 되지 아니하는 것으로 오인한 행위는
그 오인에 정당한 이유가 있는 때에 한하여 벌하지 아니한다.

1. 진실성에 관한 착오

먼저, 객관적으로 진실한 사실임에도 행위자가 이를 허위의 사실로 알고 적 **102** 시한 경우에는, 허위사실을 적시한다는 고의가 존재함으로 인해 당연히 본조는 적용되지 않는다.[94]

정작 문제가 될 수 있는 사례는, 객관적으로 허위의 사실임에도 행위자가 **103** 이를 진실한 사실이라고 오인하고 적시한 경우 본조가 적용될 수 있는지의 여 부이다.

앞에서 본 것처럼, 판례는 적시한 사실이 객관적으로 공공의 이익을 위한 **104** 것이고 행위자가 공공의 이익을 위해 그 사실을 적시하면서 이를 진실한 사실 이라고 오인한 데 상당한 이유가 있을 것을 조건으로 위법성이 조각된다[95]고 보고 있다(위법성조각설).[96]

학설로는 다양한 견해들이 주장되고 있는데, ① 다수설은 위법성이 조각될 **105** 수 없다고 본다. 본조의 요건은 위법성조각사유의 요건사실 또는 전제사실이므 로, 이에 관한 착오는 위법성조각사유의 요건사실 또는 전제사실의 착오로 다루 어야 한다고 본다(위법성조각사유의 요건사실 또는 전제사실의 착오설).[97] 이 견해는 다시 크게 두 가지 견해로 나뉘는데, ⓐ 이 착오는 위법성의 착오에 해당하므로 제16조가 적용된다는 견해(엄격책임설)도 있으나, ⓑ 이 착오는 불법 구성에는 영향이 없는 책임조건이지만 법효과에서만은 구성요건적 착오와 같이 취급되어 과실범 또는 과실책임만 인정되나 명예훼손죄에는 과실범 처벌규정이 없으므로 불가벌이라는 견해(법효과제한책임설)가 다수설이다.

다수설과 다른 입장을 취하는 견해들도 있다.   **106**

---

94 김일수·서보학, 167.

95 대판 1993. 6. 22, 92도3160; 대판 1994. 8. 26, 94도237; 대판 1997. 4. 11, 97도88; 대판 2007. 12. 14, 2006도2074.

96 일본 판례는 "진실이라는 것의 증명이 없는 경우에도 행위자가 그 사실이 진실이라고 오신하고, 그 오신한 것에 관하여 확실한 자료, 근거에 비추어 상당한 이유가 있는 때는, 범죄의 고의가 없 어 명예훼손죄는 성립하지 않는다고 해석하는 것이 상당하다"고 판시하여[最判 昭和 44(1969). 6. 25. 刑集 23·7·975], 고의가 조각된다고 한다. 나아가 이러한 오신의 '상당한 이유'의 기준 은 인터넷상의 사실 적시에 관해서도 마찬가지로 적용된다고 한다[最決 平成 22(2010). 3. 15. 刑集 64·2·1].

97 배종대, § 48/30; 신동운, 711; 오영근, 176; 이재상·장영민·강동범, § 12/31; 정웅석·최창호, 446.

107   먼저, ② 본조의 적용을 위한 특별한 주관적 정당화요소로서 '성실한 검토의무'를 인정하여 이를 허용된 위험의 법리와 결합시키면, 진실성에 대한 성실한 검토의무를 이행한 이상 행위반가치가 탈락되므로 위법성이 부정된다는 견해(허용된 위험설)[98]가 있다. 이에 따르면, 상당한 이유가 없거나 신중한 조사를 거치지 않은 채 경솔하게 허위사실을 진실로 오인하고 적시하여 명예를 훼손한 경우에는, 비록 허위사실 적시 명예훼손죄의 고의는 없다 할지라도 단순 명예훼손죄의 고의는 인정될 수 있으므로 단순 명예훼손죄로 의율해야 한다고 본다.[99]

108   다른 견해로는, ③ 진실성 요건은 본조에 규정되어 있기는 하나 사실은 명예훼손죄의 가중 구성요건과 감경 구성요건의 적용을 구분하는 기준일 뿐 위법성조각 여부 자체를 결정하거나 위법성조각사유의 전제사실이 될 수는 없는 것이어서 이에 관한 착오도 위법성조각사유의 전제사실의 착오가 될 수 없고, 오직 제15조 제1항의 적용을 가능하게 하는 근거로서 행위자가 자신의 행위를 허용된 것으로 오인하도록 만든 요인이 된 경우에는 위법성의 착오가 될 수 있다는 견해(위법성착오설)[100]가 있다. 이는 적시된 사실의 진실성은 위법성조각사유이면서도 동시에 단순 명예훼손죄의 구성요건요소인 관계로 진실성에 관한 오인을 단순히 위법성조각사유의 전제사실의 착오라고 단정할 수 없으므로, 결국 허위의 사실을 진실한 사실로 오인한 경우는 제16조의 위법성 착오 문제로 해결하여야 한다고 설명되기도 한다.[101]

109   그리고 ④ 이 경우는 제15조 제1항에 의하여 특별히 무거운 죄가 되는 사실인 허위임을 인식하지 못한 것이어서 무거운 죄인 제307조 제2항이 아니라 제307조 제1항에 해당되고, 이는 결국 본조의 적용대상이 되는 것이므로 적시

---

98 김일수·서보학, 166; 임웅, 253.
99 김일수·서보학, 166.
100 손동권·김재윤, § 14/33.
101 김성돈, 220. 이에 따르면, 먼저 제15조 제1항이 적용되어 제307조 제1항의 객관적 구성요건의
     충족이 인정된다. 다음으로, 행위자가 그 사실을 공공의 이익과 관계되는 것임을 이유로 자신의
     행위가 허용된 것으로 오인한 것임이 확인되어야 한다. 마지막으로, 제16조의 위법성의 착오로
     책임이 조각되려면 자신의 행위가 허용되는 것으로 오인함에 '정당한 이유'가 인정되어야 한다.
     결국 본조의 위법성조각사유 적용과 관련하여 위법성조각사유의 객관적 전제사실의 착오가 문
     제되는 것은, 공익성 요건에 관한 착오가 있는 경우로 국한될 뿐이다. 즉, 공공의 이익에 관계된
     사실이 아님에도 행위자가 공익성에 관해 오인한 경우에만 비로소 위법성조각사유의 전제사실
     의 착오가 되는 것이다.

한 사실이 공공의 이익에 관한 것인지 여부만이 문제된다는 견해[102]도 있다.

2. 공익성에 관한 착오

앞에서 살펴본 것처럼 본조의 공익성의 의미와 관련해서는, 판례와 학설 모두 "적시된 사실이 객관적으로 볼 때 공공의 이익에 관한 것으로서, 행위자도 주관적으로 공공의 이익을 위하여 그 사실을 적시한 것이어야 한다."라고 해석한다. 　110

그렇다면 공익성과 관련하여 논의될 수 있는 착오의 문제는, 객관적으로는 공공의 이익에 관한 사실이 아님에도 행위자가 이를 공공의 이익을 위한 사실이라고 오인하고 이를 적시한 경우 그 효과가 어떠한지의 여부가 될 것이다. 다만, 공익성에 관한 착오 문제가 앞서 살펴본 진실성에 관한 착오 문제와 다른 점은, '진실성'이라는 요건에 비해 '공익성'이라는 요건은 객관적인 사실의 문제라기보다 주관적인 평가의 문제에 가깝다는 점일 것이다. 　111

공익성에 관한 착오 문제에 대해 직접적으로 언급한 판례는 없으나, 학설로는 ① 공익성은 평가적인 개념의 요소이지만 형법적 평가에 관한 것이 아니므로 공익성에 관한 착오는 위법성조각사유의 요건사실 또는 전제사실의 착오라는 견해,[103] ② 진실성에 관한 착오와 마찬가지로 공익성에 관한 착오 역시 위법성조각사유의 전제사실에 대한 착오로서 사실의 착오는 아니지만 사실의 착오와 같이 취급되어야 한다는 견해,[104] ③ 공익성에 관한 착오는 위법성조각사유의 전제조건에 관한 착오의 문제로서 책임고의가 조각되어 제307조 제1항에 해당되지 않고 과실범 처벌규정도 없으므로 불가벌이라는 견해,[105] ④ 공익성에 관한 착오는 법률의 착오에 해당하므로 착오에 정당한 사유가 있는 경우 책임이 조각될 수 있다는 견해[106] 등이 주장되고 있다. 　112

〔한 제 회〕

---

102 박상기·전지연, 529.
103 오영근, 176.
104 이재상·장영민·강동범, §12/31.
105 박상기·전지연, 529.
106 손동권·김재윤, §14/33.

제311조(모욕)

공연히 사람을 모욕한 자는 1년 이하의 징역이나 금고 또는 200만원 이하의 벌금
에 처한다. 〈개정 1995. 12. 29.〉

Ⅰ. 취지 및 보호법익 ·························176
Ⅱ. 입법론 ··································177
　1. 모욕죄 폐지론 ······················177
　2. 사이버모욕죄 신설론 ···············178
Ⅲ. 객관적 구성요건 ······················179
　1. 공연성 ······························179
　2. 사 람 ······························182
　3. 모 욕 ······························185
Ⅳ. 주관적 구성요건 ······················193

Ⅴ. 위법성 ·································193
　1. 제310조의 적용 여부 ···············193
　2. 형법총칙의 위법성조각사유 ·········194
　3. 정당행위 ····························196
Ⅵ. 죄수 및 다른 죄와의 관계 ············206
　1. 죄 수 ······························206
　2. 다른 죄와의 관계 ···················206
Ⅶ. 처 벌 ·································207

Ⅰ. 취지 및 보호법익

1   본죄(모욕죄)는 공연히 사람을 모욕하는 행위를 처벌함으로써, 사람의 외적
명예를 보호하기 위한 범죄이다.

2   보호의 정도에 관하여 구체적 위험범이라는 견해[1]도 있으나, 추상적 위험범
이라고 할 것이다.[2] 판례도 모욕죄의 성격에 관하여, "모욕죄는 피해자의 외부
적 명예를 저하시킬 만한 추상적 판단이나 경멸적 감정을 공연히 표시함으로써
성립하므로, 피해자의 외부적 명예가 현실적으로 침해되거나 구체적·현실적으
로 침해될 위험이 발생하여야 하는 것도 아니다."라고 판시하고 있다.[3]

---

1 배종대, 형법각론(13판), §49/9.
2 김신규, 형법각론 강의, 248; 오영근, 형법각론(7판), 182; 임웅, 형법각론(11정판), 261.
3 대판 2016. 10. 13, 2016도9674; 대판 2017. 4. 13, 2016도15264.

II. 입법론

1. 모욕죄 폐지론

본죄는 역사적 기원을 따져볼 때 주로 왕실 일가나 정부 공직자, 국기 등 국가상징물을 보호하기 위해 존재하여 왔는데, 오랫동안 프랑스와 독일 등에서는 본죄가 인권과 인격권을 위협하는 도구이므로 폐지 또는 개정되어야 한다는 논란이 제기되어 왔고, 실제로 최근 여러 나라에서 그 처벌규정을 폐지하거나 개정하는 사례가 있었다.[4]　　3

이러한 경향을 반영하여 우리 학계에서도 본죄가 헌법상 표현의 자유나 죄형법정주의의 명확성 원칙, 형법의 보충성 원칙 등과 조화를 이룰 수 없으므로 비범죄화가 바람직하다는 견해[5]가 주장되고 있다.　　4

헌법재판소에서도 본죄의 위헌성 여부가 다투어지기도 하였는데, 헌법재판소는 ① 2011. 6. 30, 2009헌바199와 ② 2013. 6. 27, 2012헌바37(재판관 5명 합헌, 3명 위헌의견)에서 헌법에 위배되지 않는다고 판단한 바 있고, 이후 ③ 2016. 3. 31. 2015헌바206 등(재판관 6명 합헌, 3명 위헌의견), ④ 2020. 12. 23, 2017헌바456 등, ⑤ 2021. 9. 30, 2021헌가2, 2021헌바186(재판관 6명 합헌,[6] 3명 위헌　　5

---

4 손태규, "모욕죄 폐지는 가능한가?: 한국과 세계 각국 모욕법의 현황 비교 연구", 공법학연구 19-3, 한국비교공법학회(2018), 250.
5 김성돈, 형법각론(5판), 227.
6 다수의견(합헌)은 다음과 같다.
　「가. 심판대상조항에 관한 선례
　　헌법재판소는 2020. 12. 23. 2017헌바456등 결정에서 심판대상조항이 죄형법정주의의 명확성 원칙 및 과잉금지원칙에 위배되지 않으므로 표현의 자유를 침해하지 않는다고 결정하였으며, 법정의견의 요지는 다음과 같다.
　(1) 죄형법정주의의 명확성원칙 위배 여부
　　모욕죄는 사람의 가치에 대한 사회적 평가인 외부적 명예를 보호법익으로 하고 있고, 명예훼손죄와 달리 구체적 사실의 적시를 요구하지 아니하는 등 입법목적과 취지 등을 종합하여 볼 때, 건전한 상식과 통상적인 법 감정을 가진 일반인이라면 금지되는 행위가 무엇인지를 예측하는 것이 현저히 곤란하다고 보기 어렵다. 또한 대법원은 '모욕'이란 사실을 적시하지 아니하고 단순히 사람의 사회적 평가를 저하시킬 만한 추상적 판단이나 경멸적 감정을 표현하는 것이라고 판시함으로써 모욕의 의미에 대하여 객관적인 해석기준을 제시하고 있으므로, 법집행기관이 심판대상조항을 자의적으로 해석할 염려도 없다. 따라서 심판대상조항은 죄형법정주의의 명확성원칙에 위배되지 않는다.
　(2) 과잉금지원칙 위배 여부
　　사람의 인격을 경멸하는 가치판단의 표시가 공연히 이루어진다면 그 사람의 사회적 가치는

〔한 제 희〕　　　　　　　　　　　　　　**177**

의견7)에서 본조가 죄형법정주의의 명확성원칙 및 과잉금지원칙에 위배되지 않으므로 표현의 자유를 침해하지 않는다고 결정한 선례들과 달리 판단하여야 할 사정변경이나 필요성이 있다고 보기 어렵다고 판시하였다.

2. 사이버모욕죄 신설론

6   오프라인에서의 소통 못지않게 인터넷과 SNS로 대표되는 온라인을 통한 소통이 일상화된 현실에서 온라인에서의 이른바 '악플' 등 부정적인 현상들이 심각한 사회문제로 대두됨에 따라, 본죄에 대한 가중적 구성요건으로서 사이버모

침해되고 사회의 구성원으로서 생활하고 발전해 나갈 가능성도 침해받게 된다. 이러한 모욕행위를 금지할 필요가 있으므로 심판대상조항의 입법목적은 정당하고, 공연히 사람을 모욕하는 행위를 처벌하는 것은 입법목적 달성에 기여하는 적합한 수단이다. 심판대상조항은 모든 모욕적 표현행위를 금지하는 것이 아니라 불특정 또는 다수인이 인식할 수 있는 상태 하에서의 모욕적 표현만을 제한하고, 피해자의 고소가 있어야만 형사처벌이 가능하며, 법정형이 '1년 이하의 징역이나 금고 또는 200만 원 이하의 벌금'으로 규정되어 있어 상한이 비교적 낮고, 집행유예나 선고유예 판결을 선고할 수 있어 비교적 경미한 불법성을 가진 행위에 대하여는 법관의 양형으로 불법과 책임을 일치시킬 수 있다는 점 등에 비추어 보면 필요최소한의 범위 내에서 표현의 자유를 제한하고 있다. 또한 모욕행위가 인터넷 등 정보통신매체를 이용하여 이루어지는 경우에는 전파에 따른 파급효과가 적지 않고 그로 말미암아 개인의 명예가 침해될 우려는 과거보다 훨씬 커지고 있다는 점 등을 고려하면, 심판대상조항에 의한 표현의 자유 제한의 정도가 보호되는 개인의 명예에 비하여 월등하게 크다고 단정하기 어렵다. 결국 심판대상조항은 과잉금지원칙에 위배되지 않는다.
  나. 선례 변경의 필요성 여부
   이 사건에서 위 선례와 달리 판단하여야 할 사정변경이나 필요성이 있다고 보기 어렵다. 따라서 심판대상조항은 죄형법정주의의 명확성원칙 및 과잉금지원칙에 위배되지 않으므로 표현의 자유를 침해하지 않는다.」
 7 반대의견(위헌)은 다음과 같다.
  「심판대상조항의 구성요건해당성은 매우 넓으므로, 상대방의 인격을 허물어뜨릴 정도로 모멸감을 주는 혐오스러운 욕설 외에도 타인에 대한 비판, 풍자ㆍ해학을 담은 문학적 표현, 인터넷상 널리 쓰이는 다소 거친 신조어 등도 모욕죄로 처벌될 수 있다. 구체적인 사회적 해악을 발생시키거나 개인의 명예감정을 심각하게 침해하는 표현을 넘어서 헌법상 보호받아야 할 표현인 단순히 부정적ㆍ비판적 내용이 담긴 판단과 감정표현까지 규제할 수 있으므로 표현행위가 지나치게 위축된다. 이로 인해 자유로운 토론과 비판을 통하여 사회공동체의 문제를 제기하고 건전하게 해소할 가능성이 제한되고, 언론과 사상의 자유시장이 왜곡되며 정치적으로 악용될 우려가 있다. 국가형벌권의 행사는 국가권력행사 중 가장 강력하고 가혹한 강제력에 해당하므로 최소한의 행위에 국한되어야 한다. 단순한 모욕행위에 대하여는 민사적 책임을 지우는 방법 등으로 규제할 수 있음에도 불구하고, 심판대상조항은 경미한 모욕행위, 단순한 추상적 판단이나 우발적 감정의 표현까지 형사처벌하므로 표현의 자유를 지나치게 제한한다. 이와 같이 심판대상조항은 개인의 명예보호와 표현의 자유라는 충돌하는 법익을 비례적으로 형량하지 못하고 후자를 지나치게 제한하므로 과잉금지원칙에 위배된다.」

욕죄를 신설하자는 입법적 논의가 활발하게 이루어지고 있다.[8]

　　그러나 사이버모욕죄를 신설하자는 주장은 이를 반의사불벌죄 내지 비친고   7
죄로 규정하여 국가에 의한 자의적인 형사제재를 보다 자유롭게 하자는 것이어
서 문제가 있고, 현행 형법의 본죄 규정으로도 사이버상에서의 모욕행위를 얼마
든지 처벌할 수 있어 별도의 처벌규정이 있어야 할 이유가 없으며, 현실세계에
서의 모욕행위보다 사이버상에서의 모욕행위가 더 불법성이 크다고 할 만한 뚜
렷한 근거가 없다는 이유 등으로 사이버모욕죄 신설에 반대하는 견해[9] 역시 제
시되고 있다.

Ⅲ. 객관적 구성요건

1. 공연성

(1) 의의

　　본죄도 공연성이라는 요건이 필요한데, 여기서 공연성의 의미는 명예훼손   8
죄의 그것과 동일하다. 다만, 본죄의 구성요건은 명예에 관한 죄 전체의 일반적
포괄규정에 해당하므로 공연성의 의미도 명예훼손죄의 공연성보다는 넓게 이해
하여야 한다는 견해[10]도 주장되고 있다.

　　한편, 제107조와 제108조에 규정된 외국원수나 외국사절에 대한 모욕죄는   9
공연성을 요구하지 않고 있는데,[11] 이를 이유로 입법론적으로 본죄가 반드시 공
연성을 요건으로 하여야 하는지는 의문이라는 견해[12]도 있다.

(2) 전파가능성 이론의 적용 여부

　　명예훼손죄의 공연성에 관한 해석과 마찬가지로, 특정 소수인 앞에서의 모   10
욕행위에 대해서도 전파가능성만 인정되면 공연성이 있다고 볼 것인지가 문제
된다.

---

8 김현철, "사이버모욕죄의 헌법적 쟁점", 공법학연구 10-3, 한국비교공법학회(2009), 205.
9 서보학, "제2장 Ⅴ. 명예에 관한 죄 규정의 개정방안", 형사법개정연구 (Ⅳ): 형법각칙 개정안, 한
　국형사정책연구원(2009), 239.
10 김일수·서보학, 새로쓴 형법총론(9판), 172.
11 김일수·서보학, 173; 이재상·장영민·강동범, 형법각론(12판), §12/44.
12 박상기·전지연, 형법학(총론·각론 강의)(4판), 538.

11   판례는 명예훼손죄에서의 전파가능성 법리는 본죄에도 동일하게 적용된다고
한다.[13]

12   학설로는, 본죄에서는 사실의 적시 자체가 없으므로 전파가능성을 논할 필
요가 없다는 견해[14] 등 본죄에서도 전파가능성 이론은 타당하지 않다는 의견이
다수설이다. 그러나 본죄의 경우 사실 적시 행위가 아니므로 기본적으로는 전파
될 '사실'은 없으나 모욕적인 발언 자체에 어떠한 사실 적시성 내용이 포함되어
있는 경우에는 그 내용이 장차 불특정 또는 다수인에게 전파될 가능성이 있는
것이므로, 본죄에도 전파가능성 이론의 적용이 가능하다고 보는 견해[15]도 주장
되고 있다.

13   그러면 전파가능성 이론을 본죄에도 적용하는 경우, 명예훼손죄는 행위자
가 적시한 사실 중 피해자에 대한 외부적 평가를 저하시킬 만한 '사실' 자체가
전파될 가능성이 있다고 보는 것인데, 사실 적시가 요건이 아닌 본죄에 있어서
는 행위자가 말한 내용 중 어떤 내용이 전파될 가능성이 있다고 볼 것인가가 문
제된다.

14   이에 대해서는, ① 행위자가 말한 '발언내용 자체'가 전파된다는 의견이 있
을 수 있고, ② '행위자가 피해자를 모욕했다는 사실'이 전파된다는 의견[16]이 있
을 수 있고, ③ '모욕행위를 한 사람의 저질성'이 전파된다는 의견[17]이 있을 수

---

13 대판 1984. 4. 10, 83도49(피고인이 피해자들에게 "사이비 기자" 또는 "너 이 쌍년 왔구나"라고
   말한 장소가 여관방 안이고, 그곳에는 피고인과 그의 처, 피해자들과 그들의 딸, 사위, 매형밖에
   없었고, 피고인이 그의 딸과 피해자들의 아들 간의 파탄된 혼인관계를 수습하기 위하여 만나 얘
   기하던 중 감정이 격화되어 위와 같은 발언을 한 것이라면, 위 발언은 불특정 또는 다수인이 인
   식할 수 있는 상태, 또는 불특정 다수인에게 전파될 가능성이 있는 상태에서 이루어진 것이라
   보기 어려워 공연성이 없다고 본 사례); 대판 2022. 6. 16, 2021도15122(피고인들이 자신들의
   주거지인 아파트에서 위층에 사는 피해자가 손님들을 데리고 와 시끄럽게 한다는 이유로 그 음
   향이 거실에 울려 퍼지는 인터폰으로 피해자에게 전화하여 손님과 그 자녀들이 듣고 있는 가운
   데 욕설을 하여 피해자를 모욕한 사안에서, 전파가능성 법리에 따른 공연성 인정 여부 등을 판
   단해야 하는데, 원심이 위와 같은 법리에 따른 심리를 하지 않은 채 본죄의 공연성 및 미필적
   고의가 없다는 이유로 무죄 판단을 한 것은 잘못이라고 보아 원심을 파기환송한 사례).
14 오영근, 183.
15 한제희, "모바일 단체대화방에서의 모욕과 공연성", 형사판례연구 [25], 한국형사판례연구회, 박
   영사(2017), 276.
16 이성기, "경찰관에 대한 모욕죄의 성립과 처벌에 관한 형사법적 검토", 한양법학 25-4(2014), 429.
17 박경신·김가연, "모욕죄의 보호법익 및 법원의 현행 적용방식에 대한 헌법적 평가", 언론과 법
   1-2, 한국언론법학회(2011), 445.

있으며, ④ 피해자가 행위자로부터 저렇게 모욕행위를 당하는 것을 보니 피해
자가 무엇인가 비난받을 행동을 했거나 문제가 있는 사람이 아닌가라는 '중간전
달자의 주관적 생각이나 느낌'이 전파된다는 의견이 있을 수 있다.

생각건대, 위 ②의 경우 행위자의 발언내용 자체가 함께 전파되지 않는다   15
면 단지 행위자가 피해자를 모욕했다는 사실 자체의 전파만으로는 피해자의 외
적 명예가 침해된다고 보기 어렵고, 위 ③의 경우 '모욕행위를 한 사람의 저질
성'은 본죄의 보호법익과는 아무런 관계가 없는 사실이며, 위 ④의 경우에도 행
위자의 발언내용 자체가 함께 전파되지 않는 이상 중간전달자의 주관적 생각이
나 느낌이 전달되는 것만으로는 본죄에서 보호하고자 하는 피해자의 외적 명예
가 침해된다고 볼 수는 없다. 따라서 명예훼손죄에서의 해석과 마찬가지로, 위
①과 같이 행위자가 말한 발언내용 자체가 공연한 상황에 놓이게 될 경우 피해
자의 외적 명예가 침해되는 것이고, 이것이 전파될 가능성이 있는 사실이라고
보아야 할 것이다.[18]

(3) 관련 사례

① 주취자 등이 경찰관의 공무집행에 대항하여 경찰관에게 욕설을 한 행위   16
에 대하여 공무집행방해죄(§136①) 외에 본죄의 성립 여부가 문제되는 사례가
흔하다.

판례에 따르면, 노상에서 경찰관에게 욕설을 하는 경우,[19] 학부모들이 있는   17
초등학교 현관 앞에서 경찰관에게 욕설을 하는 경우[20]에는 본죄의 공연성을 인
정하기에 충분하다고 한다.

반면에 판례는, 다른 일반인이 없이 경찰관들만 있는 장소에서 경찰관에게   18
욕설과 경멸의 언사를 하는 경우에는 모욕의 전파가능성을 부정하는 사례가 많
다. 피고인이 자동차 도난신고를 전화로 하는 과정에서 신고를 접수하는 경찰관
이 피고인을 주취자로 오해하여 주취 여부 등에 관한 질문을 한 데 불만을 품고
해당 지구대 사무실로 찾아가 다른 경찰관 2명이 지켜보는 가운데 신고 접수를
받았던 경찰관에게 "도난신고 냈는데 씨발 거기다 뭐라고"라는 등의 욕설을 한

---

18 한제희(주 15), 269.
19 대판 2014. 5. 29, 2013도5686.
20 대전지판 2013. 3. 13, 2012노303 등.

사안에서, 피고인이 욕설을 한 장소가 지구대 사무실 내부이고, 당시 피고인의 발언을 들었거나 들을 수 있었던 사람들은 지구대 내에 근무하는 경찰관 3명뿐이었으며, 피해자를 제외한 나머지 2명의 경찰관들은 피고인이 발설한 내용을 함부로 전파하지 않을 것으로 기대할 수 있는 직무상 관계에 있는 사람들이므로, 피고인이 위와 같은 욕설을 하였다고 하더라도 공연성이 있다고 보기 어렵다고 판단하였다.[21] 이는 명예훼손죄에서 전파가능성을 판단할 때 명예훼손행위 현장에 있던 사람과 피해자 사이에 특별한 신분관계가 있는 경우 전파가능성이 부정되는 경우의 논리와 같은 맥락에 있는 것이다.

19   ② 인터넷 블로그, SNS, 모바일 메신저 단체대화방 등에서 벌어지는 1:1 또는 소수의 사람들 간의 비공개 대화 과정에서 모욕행위가 이루어진 경우에도, 판례는 전파가능성을 기준으로 공연성 여부를 판단하고 있다.

20   피고인, A, B, C, D, 피해자 E는 가학·피가학 성애를 주제로 한 인터넷 카페의 친목동호회 회원인데, 피고인이 모바일 메신저인 카카오톡의 그룹채팅방에 접속하여 A, B, C, D와 함께 채팅하면서 피해자 E를 성적으로 희화하여 욕설하고 비방하는 내용의 글을 게시하여 모욕하였다는 사안에서, 피고인이 A, B, C, D와 함께 그룹채팅방에서 대화를 하고 그 내용을 퍼트리지 않기로 상호 약속하였다 하더라도 그 사정만으로 A, B, C, D가 대화내용을 불특정 또는 다수인에게 전파할 가능성이 없다고 할 수 없고, A, B, C, D가 피고인과의 대화내용을 타인에게 전파하지 않을 것이라고 볼 만한 특별한 신분관계도 없으며, 그 대화내용도 피해자를 대상으로 한 성적인 욕설과 비방이어서 전파될 가능성이 많은 점 등에 비추어 볼 때, 피고인의 대화내용은 전파될 가능성이 있다는 이유로 공연성이 인정되었다.[22]

2. 사 람

(1) '사람'의 의미

21   여기서의 '사람'도 자연인, 법인, 법인격 없는 단체를 모두 포함한다고 보는

---

21 청주지판 2014. 5. 23, 2013노941. 이와 달리 원심은 공연성이 인정된다고 판단하였다(청주지판 2013. 11. 7, 2013고정712).
22 대판 2016. 8. 29, 2016도4699.

견해가 판례23 및 다수설24이다. 사자는 여기의 사람에 해당하지 않는다.25

다만 형법해석의 엄격성원칙에 따라 본죄의 객체는 자연인에 한정해야 하
고, 법인이나 법인격 없는 단체는 집합명칭에 의한 모욕죄의 문제로 해결하여야
한다는 견해26도 있다.

(2) 집합명칭 내지 집단표시에 의한 모욕

본죄 역시 특정한 사람 또는 법인격을 보유하는 단체에 대하여 사회적 평
가를 저하시킬 만한 경멸적 감정을 표현함으로써 성립하므로 그 피해자는 특정
되어야 하는데, 명예훼손죄에서와 마찬가지로 집합명칭 내지 집단표시에 의한
모욕이 문제될 수 있다.

판례에 따르면, "이른바 집단표시에 의한 모욕은, 모욕의 내용이 그 집단에
속한 특정인에 대한 것이라고는 해석되기 힘들고 집단표시에 의한 비난이 개별
구성원에 이르러서는 비난의 정도가 희석되어 구성원 개개인의 사회적 평가에
영향을 미칠 정도에 이르지 아니한 경우에는 구성원 개개인에 대한 모욕이 성
립되지 않는다고 봄이 원칙이고, 그 비난의 정도가 희석되지 않아 구성원 개개
인의 사회적 평가를 저하시킬 만한 것으로 평가될 경우에는 예외적으로 구성원
개개인에 대한 모욕이 성립할 수 있다. 한편, 구성원 개개인에 대한 것으로 여
겨질 정도로 구성원 수가 적거나 당시의 주위 정황 등으로 보아 집단 내 개별구
성원을 지칭하는 것으로 여겨질 수 있는 때에는 집단 내 개별구성원이 피해자
로서 특정된다고 보아야 할 것인데, 그 구체적인 기준으로는 집단의 크기, 집단
의 성격과 집단 내에서의 피해자의 지위 등을 들 수 있다."고 한다.27

예를 들어, 국회의원인 피고인이 장래 희망이 아나운서인 여학생들에게
"(아나운서 지위를 유지하거나 승진하기 위하여) 다 줄 생각을 해야 하는데, 그래도
아나운서 할 수 있겠느냐? A 여대 이상은 자존심 때문에 그렇게 못하더라."라는
등의 말을 함으로써 8개 공중파 방송 아나운서들로 구성된 B 연합회 회원인 여

23 서울중앙지판 2014. 10. 24, 2014노2406. 일본 판례도 같은 입장이다[最決 昭和 58(1983). 11.
   1. 刑集 37·9·1341(화재해상보험주식회사)].
24 김성돈, 228; 박상기·전지연, 539; 배종대, 형법각론(12판), §49/8; 손동권·김재윤, 새로운 형법
   각론, §14/52; 이재상·장영민·강동범, §12/40; 임웅, 262.
25 김성돈, 228.
26 오영근, 182.
27 대판 2014. 3. 27, 2011도15631.

성 아나운서 154명을 모욕하였다는 내용으로 기소된 사안에서, 집합명칭 내지 집단표시에 의한 본죄의 성립을 부인하였다. 이는 이러한 비하 발언이 여성 아나운서 개개인의 사회적 평가를 저하시킬 정도여야 본죄가 성립하는데, 위 국회의원을 고소한 8개 방송국의 여성 아나운서뿐만 아니라 유선방송에 소속되어 있거나 그 밖의 다양한 형태로 활동하는 여성 아나운서들이 존재하므로 '여성 아나운서'라는 집단 자체의 경계가 불분명하고 그 조직화 및 결속력의 정도 또한 견고하다고 볼 수 없으며, 위 발언으로 인하여 곧바로 위 154명을 비롯한 여성 아나운서들에 대한 기존의 사회적 평가를 근본적으로 변동시킬 것으로 보이지 않고, 위 발언은 여성 아나운서 일반을 대상으로 한 것으로서 그 개별구성원들에 이르러서는 비난의 정도가 희석되어 여성 아나운서 개개인의 사회적 평가에 영향을 미칠 정도에까지는 이르지 않았다는 점 등이 고려된 결론이다.[28]

26   그리고 인터넷 다음 사이트의 아고라 토론방에 "개독알밥 A 꼴통놈들은", "전문시위꾼 A 똘마니들", "존만이들아" 등과 같은 글을 게재하여 인터넷 카페 'A'의 회원인 피해자를 모욕하였다는 사안에서도, 'A'는 불법 과격 폭력시위에 반대하는 사람들이 인터넷 포털사이트 네이버에 개설한 카페로서 누구나 카페에서 제시하는 간단한 질문에 답변하는 절차를 거쳐 비교적 손쉽게 회원으로 가입할 수 있는데 이 사건 당시 회원수가 3만 6천여 명에 달하였고, 회원들은 주로 카페 게시판을 통하여 자유로이 의견을 나누는 방식으로 활동하며 그 과정에서 아이디나 닉네임만을 사용할 뿐 개인의 인적사항이 드러나지 않았으며, 피해자는 이 사건 당시 'A'의 평회원이었다가 그 후 운영자가 되었는데 이 사건 각 글에 피해자를 비롯한 'A'의 특정 회원을 지칭하는 것으로 볼 수 있는 표현은 포함되어 있지 않았으므로, 피고인들이 게재한 위 글은 'A'라는 인터넷 카페의 회원 일반을 대상으로 한 것으로서 그 개별구성원에 불과한 피해자에 이르

---

28 대판 2014. 3. 27, 2011도15631. 이와 달리 원심은 피고인의 이 사건 발언이 여성 아나운서들이라는 집단으로 표시되었고 B 연합회에 등록된 여성 아나운서의 수가 295명에 이르지만, 피고인의 지위와 이 사건 발언을 하게 된 경위, 표현 내용, 여성 아나운서 집단과 피해자들의 업무의 특수성, 피해자들에 대한 일반의 관심, 그리고 피해자들이 생활하는 범위 내의 사람들이 이 사건 발언의 표현 내용과 피해자들을 연결시킬 가능성 등을 종합하여 볼 때, 피고인의 위 발언은 여성 아나운서들 집단의 개별구성원, 적어도 B 연합회에 등록되어 있는 회원들인 이 사건 피해자들에 대한 사회적 평가를 저하시킬 위험성이 있는 경멸적 표현에 해당한다고 판단하였다(서울서부지판 2011. 11. 10, 2011노529).

러서는 비난의 정도가 희석되어 피해자 개인의 사회적 평가에 영향을 미칠 정
도에 이르지 않았다고 볼 여지가 충분하다고 보아, 본죄가 인정되지 않았다.[29]

3. 모 욕

(1) 모욕의 의미

(가) 사람에 대한 경멸의 의사 표시

　모욕이라 함은 사실을 적시하지 않고 사람에 대해 경멸의 의사를 표시하는
것을 말한다(통설[30]·판례[31]). 그리고 본죄에서 피해자의 면전성은 법문상 구성요
건이 아니므로, 모욕행위가 피해자의 면전에서 이루어질 필요는 없고, 피해자가
이를 인식하였을 필요도 없다.[32]

　판례에 따르면, "도둑놈, 죽일놈",[33] "저 망할 년 저기 오네",[34] "너 공무원
맞아, 이거 또라이 아냐",[35] "듣보잡, 함량미달, 함량이 모자라도 창피한 줄 모를
정도로 멍청하게 충성할 사람",[36] "야 이 개같은 잡년아, 시집을 열두 번을 간
년아, 자식도 못 낳는 창녀같은 년",[37] "늙은 화냥년의 간나, 너가 화냥질을 했
잖아",[38] "빨갱이 계집년, 첩년",[39] "애꾸눈, 병신"[40]과 같은 표현들은 추상적 관

27

28

29　대판 2013. 1. 10, 2012도13189. 이와 달리 원심은 피고인들이 'A'의 회원인 피해자를 모욕한 것
　　이라고 판단하였다(서울중앙지판 2012. 10. 17, 2010노4755).
30　김일수·서보학, 172; 이재상·장영민·강동범, §12/41.
31　대판 2021. 3. 25, 2017도17643 등.
32　대판 2004. 6. 25, 2003도4934. 「모욕죄는 사람의 외부적 명예를 저하시킬 만한 추상적 판단을
　　공연히 표시하는 것으로 족하므로, 표시 당시에 제3자가 이를 인식할 수 있는 상태에 있으면 되
　　고 반드시 제3자가 인식함을 요하지 않으며, 피해자가 그 장소에 있을 것을 요하지도 않고 피해
　　자가 이를 인식하였음을 요하지도 않으므로, 행위자가 피해자를 대면할 때만 모욕죄가 성립한다
　　는 상고이유 주장은 받아들일 수 없다.」
　　　일본 판례도 같은 입장이다[大判 大正 4(1915). 6. 8. 法律新聞 1024·31].
33　대판 1961. 2. 24, 4293형상864.
34　대판 1990. 9. 25, 90도873. 이와 달리 원심은 피고인이 피해자의 집을 묻는 구청직원에게 "저
　　망할 년 저기 오네"라고 말한 사실만으로는 피해자를 모욕한 것이라고 보기 어렵다고 판단하였
　　다(대구지판 1990. 2. 2, 89노1711).
35　대판 2011. 3. 9, 2010도16215.
36　대판 2011. 12. 22, 2010도10130.
37　대판 1985. 10. 22, 85도1629. 이와 달리 원심은 이를 사실의 적시에 해당한다고 판단하였다(전
　　주지판 1985. 6. 26, 85도216).
38　대판 1987. 5. 12, 87도739. 이와 달리 원심은 이를 사실의 적시에 해당한다고 판단하였다(춘천
　　지판 1987. 3. 5, 86노382).
39　대판 1981. 11. 24, 81도2280. 이와 달리 원심은 이를 사실의 적시에 해당한다고 판단하였다(서

넘을 사용하여 사람의 인격을 경멸하는 가치판단을 표시한 경우에 해당한다.

29   그리고 병원 간부가 간호과장 등이 있는 장소에서 그 병원 간병인인 피해
자에게 "뚱뚱해서 돼지 같은 것이 자기 몸도 이기지 못한 것이 무슨 남을 돌보
는가, 자기도 환자이면서 지도 치료받지 않으면 죽는다."라고 말한 경우,[41] "용
산구민을 위해서 열심히 일하라고 구청장으로 찍어준 내 손가락을 지금 당장
잘라 버리고 싶은 심정이다. 그 개새끼, 어떻게 인간으로 탈을 쓰고 나서 이렇
게 할 수 있는지 자다가도 벌떡 일어납니다."라고 욕설한 경우,[42] "씹팔놈, 집행
유예 받은 놈이 까분다. 너까지게 무슨 민주화 인사냐."라고 욕설한 경우,[43] 대
학 교수가 "...교수로서의 품격을 의심케 하는 행동을 한다...막무가내로 학교를
파국으로 몰고 간다...추태를 부렸다."라는 내용으로 동료 교수를 비난한 경우[44]
도 모욕에 해당한다.

30   인터넷 사이트에 게시된 글에 댓글을 달아 경멸적인 표현을 사용한 경우에
도 본죄가 성립될 수 있다. 인터넷 언론 사이트에 게재된 '통일의 꽃 A씨 9살 아
들 필리핀서 익사'라는 제목의 기사를 읽고 "통일, 통일하지 마라! 통일에 책임지
지도 못할 빨갱이들이 민족이니 통일이니 입에 붙이고 다닌다. A의 경우 사고
체계가 왜곡되어 있으니 정상적인 결혼 생활이 가능할 수 없다.", "인과응보, 사
필귀정" 등의 댓글을 각각 게시한 경우, 역시 모욕에 해당한다.[45]

      (나) 사람에 대한 사회적 평가를 저하시킬 수 있는 표현

31   명예훼손과 마찬가지로 모욕 역시 사람에 대한 사회적 평가를 저하시킬 수
있는 경멸적 표현이어야 하고, 사회적 평가 저하와 관련 없는 단순한 농담, 무
례, 불친절, 건방진 표현은 모욕이라고 할 수 없다.[46]

32   예를 들어, 택시기사와 요금 문제로 시비를 벌이다 신고를 받고 출동한 경

울형사지판 1981. 7. 14, 80노8212).

40 대판 1994. 10. 25, 94도1770. 이와 달리 원심은 이를 사실의 적시에 해당한다고 판단하였다(서
   울형사지판 1994. 5. 24, 94노660).
41 수원지판 2007. 5. 3, 2007노669.
42 서울서부지판 2006. 12. 20, 2006고정2764.
43 서울중앙지판 2011. 7. 28, 2010고정6847 등.
44 청주지판 2009. 4. 13, 2009고정255.
45 서울중앙지판 2006. 6. 8, 2006노799.
46 김일수·서보학, 172; 손동권·김재윤, §14/55; 오영근, 183; 이재상·장영민·강동범, §12/41.

찰관인 피해자에게 "아이 씨발!"이라고 한 발언에 대해 대법원은, 구체적으로 상대방을 지칭하지 않은 채 단순히 발언자 자신의 불만이나 분노한 감정을 표출하기 위하여 흔히 쓰는 말로서 상대방을 불쾌하게 할 수 있는 무례하고 저속한 표현이기는 하나, 직접적으로 피해자를 특정하여 그의 인격적 가치에 대한 사회적 평가를 저하시킬 만한 경멸적 감정을 표현한 모욕적 언사에 해당한다고 단정하기는 어렵다고 보았다.[47]

유사한 사안이기는 하나, 택시기사와 말다툼하던 중 현장에 출동한 경찰관인 피해자로부터 귀가를 권유받자 화가 나 위 택시기사와 동료 경찰관들이 듣고 있는 가운데 피해자에게 "뭐야. 개새끼야", "뭐 하는 거야. 새끼들아", "씨팔놈들아. 개새끼야"라고 욕설한 사안에서는, 당시 피고인에게 정당한 요금을 지불하게 하고 안전하게 귀가하게 하기 위하여 법집행을 하려는 경찰관 개인을 향하여 경멸적 표현을 담은 욕설을 함으로써 경찰관 개인의 인격적 가치에 대한 평가를 저하시킬 위험이 있는 모욕행위를 하였다고 볼 것이고, 이를 단순히 당시 상황에 대한 분노의 감정을 표출하거나 무례한 언동을 한 정도에 그친 것으로 평가하기는 어렵다고 판단하였다.[48]

또한, '갑질한다'라는 표현은 상대방을 불쾌하게 할 수 있는 다소 무례한 표현이긴 하지만 상대방의 인격적 가치에 대한 사회적 평가를 저하시킬 만한 모욕적 언사에 해당한다고 보기는 어렵다는 것이 판례의 입장이다.[49]

이와 관련된 사례를 더 살펴보면 다음과 같다.

33

34

35

---

47 대판 2015. 12. 24, 2015도6622. 이와 달리 원심은 모욕에 해당한다고 판단하였다(서울중앙지판 2015. 4. 17, 2014노5228).

48 대판 2017. 4. 13, 2016도15264. 이와 달리 원심은 피고인이 경찰관으로부터 택시요금 지불 및 귀가 요청을 받자 화가 나 분노를 표출하는 과정에서 구체적 사실관계 표현 없이 단순 욕설을 반복한 것에 불과하여 이러한 표현이 국가기관인 경찰이 아닌 사인으로서의 경찰관 개인의 외부적 명예를 저하시켰다거나 피고인에게 모욕의 고의가 있었다고 평가하기 어렵고, 당시 경찰서 지구대 앞에 있던 택시기사와 경찰관들은 피고인이 술에 취해 합리적 이유 없이 택시요금을 지불하지 않고 실랑이를 피우다가 경찰관들이 출동한 상황과 피고인이 경찰관들의 정당한 직무집행에 반항하며 욕설을 한 전후 사정을 알고 있었으므로 이들이 피고인의 욕설로 인하여 피해자인 경찰관 개인의 인격적 가치에 대해 부정적인 평가를 할 위험은 없다는 등의 이유로, 이 부분 공소사실을 유죄로 인정한 1심 판결을 파기하고 무죄를 선고하였다(춘천지판 2016. 9. 8, 2015노1372).

49 대판 2019. 5. 30, 2019도1547. 이와 달리 원심은 모욕에 해당한다고 판단하였다(대구지판 2019. 1. 11, 2018노3557).

36   ① 교사인 피해자를 대상으로 하여 방영한 방송 프로그램을 시청한 직후 이 프로그램이 피해자의 입장에서 편파적으로 방송하였다는 이유로 그 방송사 홈페이지의 시청자 의견란에 작성·게시한 글에서 "학교 선생님이 불법주차에 그렇게 소중한 자식을 두고 내리시다니……그렇게 소중한 자식을 범법행위의 변명의 방패로 쓰시다니 정말 대단하십니다. 한 가지 더 견인을 우려해 아이를 두고 내리신 건 아닌지….."라고 표현한 사안(모욕 긍정)

37   이와 같은 표현은 피해자에 대한 사회적 평가를 훼손할 만한 모욕적 언사에 해당한다.[50]

38   ② 임대아파트의 분양전환과 관련하여 임차인인 피고인이 임차인대표회의의 전임 회장인 피해자를 비판하며 '전 회장의 개인적인 의사에 의하여 주택공사의 일방적인 견해에 놀아나고 있기 때문에'라고 기재되어 있는 유인물의 내용을 방송한 사안(모욕 부정)

39   이 유인물의 전후 문맥을 고려하면 '전 회장의 개인적인 의사에 의하여 주택공사의 일방적인 견해에 놀아나고 있기 때문에'의 중심적 의미는 피해자가 개인적 판단에만 기울어서 주택공사와의 관계에서 주민들의 의견을 관철시키지 못하고 주택공사의 견해에만 일방적으로 끌려 다닌다는 취지로 해석함이 상당하고, 피해자가 주택공사와 유착되어 주민들의 이익을 외면한 채 부당한 개인적 이익을 취하고 있는 것처럼 오인받을 수 있는 내용이라고 보기는 어려우며, 다만 그 부분 문안에서 피해자가 주민들의 의견을 반영·관철하지 못한 데 대한 부당성을 지적하고 있으나 이는 피고인이 새로운 임차인대표회의를 구성하게 된 일반적 배경과 그 당위성을 강조하기 위하여 사회적으로 용납할 수 있는 비판을 가한 것으로서 직접적으로 피해자를 겨냥하여 그의 사회적 평가를 저하시킬 만한 추상적 판단이나 그에 대한 경멸적 감정을 표현한 것으로 보기 어렵다.[51]

---

50 대판 2003. 11. 28, 2003도3972. 이와 달리 원심은 피고인이 방송 프로그램을 시청한 후 그에 대한 느낌과 방송사 및 피해자와의 가치관이나 판단의 차이에 따른 자신의 의견을 개진하고 피해자에게 자신의 의견에 대한 반박이나 반론을 구하는 것으로 그 의견의 표현에 있어 부분적으로 부적절하고 과도한 표현을 사용한 것에 불과하다 할 것이고 이로써 곧 사회통념상 피해자의 사회적 평가를 저하시키는 내용의 경멸적 판단을 표시한 것으로 인정하기 어렵다고 판단하였다 (춘천지법 강릉지판 2003. 6. 26, 2003노136).

51 대판 2008. 12. 11, 2008도8917. 이와 달리 원심은 위 표현은 마치 피해자가 모든 절차를 무시하고 임차인대표회의를 운영하면서 주택공사와 유착되어 부당한 이익을 취하고 주민들의 이익

③ A 주식회사의 해고자 신분으로 노동조합 사무장직을 맡아 노조활동을 **40** 하는 피고인이 노사 관계자 140여 명이 있는 가운데 큰 소리로 피고인보다 15세 연장자로서 A 주식회사의 부사장인 피해자를 향해 "야 ○○아, ○○이 여기 있네, 니 이름이 ○○이잖아, ○○아 나오니까 좋지?"라는 등으로 여러 차례 피해자의 이름을 부른 사안(모욕 부정)

A 주식회사는 노사분규로 노조와 사용자가 극심한 대립을 겪고 있고 그러 **41** 한 과정에서 사용자 측의 부당노동행위가 사실로 확인되는 등 노사 간 갈등이 격화된 점, 피해자는 사용자 측 교섭위원들과 함께 노사교섭에 나섰다가 노조 간부 B가 피해자에게 욕설을 하여 교섭이 결렬되었고 그 후 노사 양측이 교섭을 이어나갔으나 피고인과 B가 피해자에게 다시 욕설을 하여 노사교섭이 파행된 점, 피해자 등을 비롯한 관리자 40여 명이 시설관리권 행사 명목으로 노조가 설치한 미승인 게시물을 철거하기 위하여 모이자 이를 제지하기 위해 노조원 100여 명이 모여 서로 대치하였는데 피고인은 사용자 측의 게시물 철거행위가 노조활동을 방해하고 노동운동에 대해 간섭하는 것으로 여겨 화가 나 위와 같이 말하였던 점 및 피고인과 피해자의 관계, 피고인이 이러한 발언을 하게 된 경위, 발언의 의미와 전체적인 맥락, 발언을 한 장소와 발언 전후의 정황을 종합하면, 피고인의 위 발언은 상대방을 불쾌하게 할 수 있는 무례하고 예의에 벗어난 표현이기는 하지만, 객관적으로 피해자의 인격적 가치에 대한 사회적 평가를 저하시킬 만한 모욕적 언사에 해당한다고 보기 어렵다.[52]

④ 아파트 입주자대표회의 감사인 피고인이 관리소장인 피해자의 외부특 **42** 별감사에 관한 업무처리에 항의하기 위해 관리소장실을 방문하여 피해자와 언쟁하다 "야, 이따위로 일할래.", "나이 처먹은 게 무슨 자랑이냐."라고 말한 사안(모욕 부정)

피고인과 피해자의 관계, 피고인이 발언을 하게 된 경위와 발언의 횟수, 발 **43** 언의 의미와 전체적인 맥락, 발언을 한 장소와 발언 전후의 정황 등에 비추어 볼 때, 피고인의 위 발언은 상대방을 불쾌하게 할 수 있는 무례하고 저속한 표

을 도외시한 것처럼 오인받을 수 있는 내용으로 피해자의 사회적 평가를 저하시킬 만한 모욕적인 언사에 해당한다고 판단하였다(광주지판 2008. 9. 19, 2008노1724).
52 대판 2018. 11. 29, 2017도2661. 이와 달리 원심은 모욕에 해당한다고 판단하였다(대전지판 2017. 1. 26, 2016노2191).

현이기는 하나, 객관적으로 피해자의 인격적 가치에 대한 사회적 평가를 저하시킬 만한 모욕적 언사에 해당하지 않는다.[53]

44   ⑤ 인터넷 카페인 'A 추진운동본부'에 접속하여 '자칭 타칭 B(피해자) 하면 떠오르는 키워드!!!'라는 제목의 게시글에 "공황장애 ㅋ"라는 댓글을 작성하여 게시한 사안(모욕 부정)

45   피고인이 피해자가 다른 인터넷 카페에서 다른 회원을 강제탈퇴시킨 후 보여준 태도에 대하여 불만을 갖고 댓글을 게시하게 된 사실, 피고인이 게시한 댓글 내용은 "선무당이 사람 잡는다, 자승자박, 아전인수, 사필귀정, 자업자득, 자중지란, 공황장애 ㅋ"라고 되어 있는 사실, 피고인의 댓글 게시 경위, 댓글의 전체 내용과 표현 방식, 공황장애의 의미 등을 종합하면, 피고인이 댓글로 게시한 "공황장애 ㅋ"라는 표현이 상대방을 불쾌하게 할 수 있는 무례한 표현이기는 하나, 상대방의 인격적 가치에 대한 사회적 평가를 저하시킬 만한 표현에 해당한다고 보기는 어렵다.[54]

46   ⑥ 피해자의 페이스북에 접속하여 "고소해 싸가지 없는 새끼야, 불만이면 또 고소해라...남자새끼가...다 걸고 하는 거지? 배은망덕한 새끼가 어떻게 되는지 보여줄게, 사람새끼가 내뱉을 소리가 있는 거고, 못할 소리가 있는 건데 너 같은 새끼가 감히...못할 소리 배은망덕한 소리 내뱉었으면"이라는 댓글을 게시하여 피해자를 모욕한 사안(모욕 부정)

47   이 사건 표현은 진위 파악 없이 피고인을 다른 사람의 아이디로 작성된 비방댓글의 실제작성자로 몰아간 피해자의 태도에 대한 불만이나 화나는 감정을 표출하고 그에 대한 사과를 강력하게 요구하는 과정에서 부분적으로 사용된 것으로서, 피해자를 불쾌하게 할 수 있는 무례하고 저속한 표현이기는 하지만 피해자의 인격적 가치에 대한 사회적 평가를 저하시킬 만한 경멸적 표현에 해당한다고 단정하기는 어렵다.[55]

---

53 대판 2015. 9. 10, 2015도2229. 이와 달리 원심은 모욕에 해당한다고 판단하였다(의정부지판 2015. 1. 29, 2014노2118).
54 대판 2018. 5. 30, 2016도20890. 이와 달리 원심은 모욕에 해당한다고 판단하였다(의정부지판 2016. 11. 29, 2016노2472).
55 대판 2020. 12. 10, 2020도7988. 이와 달리 원심은 모욕에 해당한다고 판단하였다(서울중앙지판 2020. 6. 2, 2019노3681).

(다) 표현의 구체성

어떠한 표현이 일견 사실을 적시한 경우에 해당하는 것으로 보이더라도, 그 48
것이 구체적인 사실이 아닌 때에는 모욕에 해당할 수 있다.[56] 예를 들어, 어촌
계 임원인 피해자가 피고인의 각종 비행을 확인하여 진정서를 만들면서 그 진
정서에 각 어촌계원의 서명날인을 받으러 돌아다닌 것을 알아차린 피고인이 "아
무것도 아닌 똥꼬다리 같은 놈이 들어와서 잘 운영되어 가는 어촌계를 파괴하
려는데 주민들은 이에 동조 현혹되지 말라."라는 방송을 한 사안의 경우, "아무
것도 아닌 똥꼬다리 같은 놈"과 같은 표현은 모욕적인 언사일 뿐 구체적인 사실
의 적시라고 할 수 없고, "잘 운영되어 가는 어촌계를 파괴하려 한다."라는 표현
도 구체적인 사실의 적시라고는 할 수 없다.[57]

그런데 주의할 것은, 구체적이지 않은 내용의 경멸적 표현을 하였다고 하여 49
모두 모욕에 해당하는 것은 아니라는 점이다. 모욕에 해당하려면 경멸적 표현의
내용이 그래도 어느 정도의 구체성은 띠어야 한다. 즉, 상대방의 기분이 상할
수 있는 표현이라도 그 내용이 너무나 막연하여 모욕에 해당하지 않는 경우도
있다는 것이다. 예를 들어, "부모가 그런 식이니 자식도 그런 것이다"와 같은 표
현은, 이로 인하여 상대방의 기분이 다소 상할 수 있다고 하더라도, 그 내용이
너무나 막연하여 그것만으로 곧 상대방의 명예감정을 해하여 본조를 구성한다
고 보기는 어렵다.[58]

(2) 행위 방법

모욕행위의 방법에는 제한이 없다. 언어에 의할 수도 있고, 문서에 의할 수 50
도 있고, 거동에 의할 수도 있다.[59]

뺨을 때리거나 침을 뱉는 것은 거동에 의한 모욕이 될 수 있는데,[60] 이런 51
경우에는 폭행죄와 본죄의 상상적 경합이 될 수 있다.[61]

상황에 따라 경멸의 뜻이 담겨있는 것으로 볼 수 있는 한, 부작위에 의한 52

---

56 오영근, 184; 이재상·장영민·강동범, §12/41.
57 대판 1989. 3. 14, 88도1397. 이와 달리 원심은 구체적인 사실의 적시라고 보아 명예훼손죄가
성립한다고 판단하였다(대전지판 1988. 4. 28, 86노1165).
58 대판 2007. 2. 22, 2006도8915.
59 김성돈, 229; 정성근·박광민, 형법각론(전정2판), 229.
60 김일수·서보학, 172; 배종대, §49/9; 손동권·김재윤, §14/55; 이재상·장영민·강동범, §12/41.
61 김일수·서보학, 172.

모욕도 가능하다. 공식석상이나 의전행사 등에서 상관에 대하여 당연히 보여야
할 예우를 하지 않는 경우가 그러한 예가 될 수 있다.[62] 다만, 그 행위에는 사람
을 경멸하는 내용이 포함되어야 한다. 그러한 내용이 포함되었는지 여부는 행위
자 또는 피해자의 주관을 기준으로 판단할 것이 아니라, 사회 일반인의 입장에
서 객관적인 의미에 따라 판단하여야 한다.[63]

53   한편, 모욕행위는 간접정범의 형태로도 가능하다.[64]

(3) 기수시점

54   본죄의 기수시점에 대해서는, 추상적 위험범이 다수설[65]이고, 판례[66]도 마
찬가지이다. 즉, 피해자의 외적 명예를 저하시킬 만한 추상적 판단이나 경멸적
감정을 공연히 표시함으로써 성립하므로, 피해자의 외적 명예가 현실적으로 침
해되거나 구체적·현실적으로 침해될 위험이 발생하여야 하는 것은 아니다.

55   다만, 이와 달리 구체적 위험범이라고 보는 견해[67]도 있다.

---

62 김성돈, 229; 김일수·서보학, 172; 임웅, 263.
63 임웅, 263.
64 김성돈, 229.
65 김성돈, 229; 김일수·서보학, 173; 박상기·전지연, 538; 손동권·김재윤, §14/50; 임웅, 261; 정
   성근·박광민, 228; 정웅석·최창호, 456.
66 대판 2016. 10. 13, 2016도9674(피고인이 식당 영업 업무를 방해하고 업주를 폭행하던 중 112
   신고를 받고 출동한 경찰관인 피해자로부터 제지를 당하자 피해자에게 큰 소리로 "젊은 놈의 새
   끼야, 순경새끼, 개새끼야", "씨발 개새끼야, 좆도 아닌 젊은 새끼는 꺼져 새끼야"라고 욕설한 사
   안에서, 그 장소에 있던 사람들이 전후 경과를 지켜보았기 때문에 피고인이 근거 없이 터무니없
   는 욕설을 한다는 사정을 인식할 수 있었다고 하더라도, 그 현장에 식당 손님이나 인근 상인 등
   여러 사람이 있어 공연성 및 전파가능성도 있었다고 보이는 이상, 피해자인 경찰관 개인의 외부
   적 명예를 저하시킬 만한 추상적 위험을 부정할 수는 없다고 본 사례). 이와 달리 원심은, 피고
   인이 경찰관으로부터 소란 행위를 제지당하자 화가 나 분노를 표출하는 과정에서 단순 욕설을
   반복한 것에 불과하여 이러한 표현이 국가기관인 경찰이 아닌 사인으로서의 경찰관 개인의 외부
   적 명예를 저하시켰다거나 피고인에게 모욕의 고의가 있었다고 평가하기 어렵고, 당시 식당 앞
   에 있던 사람들은 경찰관들이 그곳에 출동한 경위, 피고인이 경찰관들의 정당한 직무집행에 반
   항하며 욕설을 한 전후 사정을 알고 있었으므로 이들이 피고인의 욕설로 인하여 피해자인 경찰
   관 개인의 인격적 가치에 대해 부정적인 평가를 할 위험은 없다고 판단하였다(춘천지판 2016.
   6. 9, 2016노288).
67 배종대, §49/9.

Ⅳ. 주관적 구성요건

본죄 역시 객관적 구성요건에 대한 고의가 필요하고, 비방 목적 등의 초과 　　**56**
주관적 구성요건은 필요하지 않다. 따라서 행위자에게는 사람을 모욕한다는 인
식이 있어야 하고, 이는 미필적 고의로도 충분하다.[68]

다만, 본죄는 표현범이므로 고의 이외에 초과주관적 구성요건요소로서 경 　　**57**
멸의 내심적 의사가 요구된다는 견해[69]가 있는데, 이에 대해서는 경멸의 의사는
모욕행위의 개념요소이므로 이를 초과주관적 요소로 파악할 이유는 없다는 반
론[70]도 주장되고 있다.

Ⅴ. 위법성

1. 제310조의 적용 여부

본죄의 경우에는 제310조와 같은 별도의 위법성조각사유가 마련되어 있지 　　**58**
않고, 제310조가 모욕죄에 적용되지 않음은 그 문언상 명백하다. 판례[71]와 대부
분의 학설[72] 역시 마찬가지이다. 다만, 순수한 모욕행위에는 제310조가 적용되
지 않으나, 명예훼손행위에 부수된 모욕행위에 대해서는 제310조에 의해 위법
성이 조각될 수 있다.[73]

다만, 본죄의 위법성 여부를 판단할 때 제310조의 취지를 반영하여, 모욕 　　**59**
행위가 진실한 사실에 관하여 공공의 이익을 위해 행해진 경우에는 제20조의
'사회상규에 반하지 않는 행위'로서 정당행위에 해당하여 위법성이 조각될 수
있다.[74]

---

68 김성돈, 229; 배종대, §49/10; 손동권·김재윤, §14/57; 이재상·장영민·강동범, §12/42; 임웅, 263; 정성근·박광민, 229.
69 김성돈, 229.
70 임웅, 263.
71 대판 2004. 6. 25, 2003도4934.
72 김성돈, 230; 김일수·서보학, 173; 박상기·전지연, 539; 오영근, 254; 이재상·장영민·강동범, §12/43; 임웅, 256; 정성근·박광민, 230; 정웅석·최창호, 456; 한상훈·안성조, 형법개론(3판), 478; 홍영기, 형법(총론과 각론), §67/12.
73 임웅, 254.
74 정영일, 형법강의 각론(3판), 100.

2. 형법총칙의 위법성조각사유

60   앞에서 본 것처럼 본죄의 경우에는 제310조와 같은 별도의 위법성조각사유가 규정되어 있지 않고, 형법총칙에 규정되어 있는 일반적인 위법성조각사유, 즉 피해자의 승낙, 정당방위, 정당행위 등에 의해서만 위법성이 조각될 수 있다.

61   실제 사례에서 본죄의 위법성조각사유로는 정당행위가 대부분을 차지하는데, 정당행위에 관해서는 다음 항에서 따로 살펴보기로 하고, 이번 항에서는 피해자의 승낙과 정당방위에 대해서만 보기로 한다.

(1) 피해자의 승낙

62   앞서 명예훼손죄 부분에서 살펴본 것처럼, 명예는 그 법익 주체가 처분할 수 있는 개인적 법익이므로 피해자의 승낙이 있는 때에는 위법성이 조각된다는 견해[75]가 일반적이나, 명예훼손행위는 피해자의 의사에 반하는 행위만을 의미하므로 피해자의 승낙이 있으면 구성요건해당성 자체가 조각된다는 견해[76]도 논의되고 있다.

63   본죄에 관해서만 피해자의 승낙이 위법성조각사유인지를 별도로 논하는 견해는 많지 않으나, 피해자의 승낙에 의한 모욕행위 역시 위법성이 조각된다는 견해[77]가 있다.

(2) 정당방위

64   본죄의 성립이나 위법성 여부가 자주 다투어지는 사안으로는, 공무원, 특히 경찰관이 공무집행을 수행하는 과정에서 그 상대방이나 관련자 등이 이에 저항하며 경찰관을 상대로 욕설이나 모욕적인 표현 등을 한 경우를 들 수 있다.

65   이러한 사안에서 법원은, 먼저 경찰관의 공무집행이 정당하였는지 여부를 판단하고, 그 공무집행이 위법한 것이라면 이에 대한 저항행위는 정당방위로서 위법성이 조각되므로 그 저항행위에 부수되는 욕설이나 모욕적인 표현 역시 정당방위에 해당한다고 판단한다. 이와 반대로, 그 공무집행이 적법한 것이라면 이에 대한 저항행위는 위법한 것으로 평가되므로 그 저항행위에 부수되는 욕설

---

75 김성돈, 215; 배종대, § 48/22; 신동운, 형법각론(2판), 705; 이재상·장영민·강동범, § 12/25; 임
    웅, 254; 정웅석·최창호, 441.
76 박상기·전지연, 530; 오영근, 173.
77 김성돈, 230; 신동운, 724.

이나 모욕적인 표현에 대해서는 본죄가 성립할 수 있다.[78]

이와 관련한 사례를 한 가지 살펴보기로 한다. 66

① 사안의 요지: 검문 중이던 경찰관들이 자전거를 이용한 날치기사건 범 67
인과 흡사한 인상착의의 피고인이 자전거를 타고 다가오는 것을 발견하고 정지
를 요구하였으나, 피고인이 멈추지 않자 그 앞을 가로막고 소속과 성명을 고지
한 후 검문에 협조해 달라는 취지로 말하였음에도 피고인이 다시 이에 불응하
고 그대로 전진하였고, 다시 피고인을 따라가 재차 앞을 막고 검문에 응하라고
요구하자, 피고인이 경찰관들의 멱살을 잡아 밀치거나 욕설을 하는 등 항의하여
결국 모욕, 공무집행방해, 상해 혐의로 기소되었다.

② 원심의 판단: 불심검문은 상대방의 임의에 맡겨져 있는 이상 질문에 대 68
한 답변을 거부할 의사를 밝힌 상대방에 대하여 유형력을 사용하여 그 진행을
막는 등의 방법은 사실상 답변을 강요하는 것이어서 허용되지 않고, 따라서 경
찰관의 위 제지행위는 불심검문의 한계를 벗어나 위법하므로 직무집행의 적법
성을 전제로 하는 공무집행방해죄는 성립하지 않고, 위법한 공무집행방해죄에
대한 저항행위로 행하여진 상해 및 모욕도 정당방위로서 위법성이 조각된다.[79]

③ 대법원의 판단: 이 사건 범행 장소 인근에서 자전거를 이용한 날치기사 69
건이 발생한 직후 검문을 실시 중이던 경찰관들이 위 날치기사건의 범인과 흡
사한 인상착의의 피고인을 발견하고 앞을 가로막으며 진행을 제지한 행위는 그
범행의 경중, 범행과의 관련성, 상황의 긴박성, 혐의의 정도, 질문의 필요성 등
에 비추어, 그 목적 달성에 필요한 최소한의 범위 내에서 사회통념상 용인될 수
있는 상당한 방법으로 경찰관 직무집행법 제3조 제1항에 규정된 자에 대하여
의심되는 사항에 관한 질문을 하기 위하여 정지시킨 것으로서 적법한 불심검문
이라고 보아야 한다.[80]

---

78 공무집행 중인 경찰관을 대상으로 한 모욕 행위자에 대한 현행범인 체포의 문제점에 관한 연구로
   는, 이성기, "경찰관에 대한 모욕죄의 성립요건과 고소사건 처리에 관한 검토 및 정책제언", 경찰
   의 모욕죄 현행범 체포의 문제점과 개선방안 토론회 자료집, 국가인권위원회(2014); 한제희, "경
   찰관 상대 모욕 현행범인 체포의 요건", 형사판례연구 [23], 한국형사판례연구회, 박영사(2015).
79 인천지판 2010. 4. 30, 2009노4018.
80 대판 2012. 9. 13, 2010도6203. 이후 파기환송심에서 여러 명의 경찰관 앞에서 저지른 피고인의
   행위는 본죄에 해당하고, 경찰관의 위 공무집행이 적법한 이상 본죄에 관하여 정당방위가 성립
   하지 않는다고 판단하였다(인천지판 2013. 2. 7, 2012노2721).

3. 정당행위

70   본죄의 위법성에 관하여 판례는, 어떤 글이 모욕적인 표현을 담고 있는 경우에도 그 글을 게시하게 된 동기나 그 경위 및 배경, 글의 전체적인 취지, 구체적인 표현방법, 전제된 사실의 논리적·객관적 타당성, 그 모욕적 표현이 그 글 전체에서 차지하는 비중과 전체적인 내용과의 연관성 등을 고려하여 볼 때, 그 글이 객관적으로 타당성이 있는 사실을 전제로 하여 그 사실관계나 이를 둘러싼 문제에 관한 자신의 판단과 피해자가 취한 태도 등이 합당한가 하는 데 대한 자신의 의견을 밝히고 자신의 판단과 의견이 타당함을 강조하는 과정에서 부분적으로 모욕적인 표현이 사용된 것에 불과하다면, 다른 특별한 사정이 없는 한 이는 사회상규에 위배되지 아니하는 행위로서 제20조에 의해 위법성이 조각된다고 본다.[81]

71   제20조의 '사회상규에 위배되지 않는 행위'라 함은 법질서 전체의 정신이나 그 배후에 놓여 있는 사회윤리 내지 사회통념에 비추어 용인될 수 있는 행위를 말하고, 어떠한 행위가 사회상규에 위배되지 않는 정당한 행위로서 위법성이 조각되는 것인지는 구체적인 사정 아래서 합목적적, 합리적으로 고찰하여 개별적으로 판단되어야 하므로, 이와 같은 정당행위를 인정하려면 ① 그 행위의 동기나 목적의 정당성, ② 행위의 수단이나 방법의 상당성, ③ 보호이익과 침해이익과의 법익균형성, ④ 긴급성, ⑤ 그 행위 외에 다른 수단이나 방법이 없다는 보충성 등의 요건을 갖추어야 한다.[82]

72   따라서 본죄의 경우에도 피고인과 피해자의 지위와 그 관계, 표현행위를 하게 된 동기, 경위나 배경, 표현의 전체적인 취지와 구체적인 표현방법, 모욕적인 표현의 맥락 그리고 전체적인 내용과의 연관성 등을 종합적으로 고려하여, 모욕적인 표현이 사회상규에 위배되지 않는 행위라면 위법성이 조각된다.[83] 특히 정치, 학문 또는 예술 분야의 비판 내지 논평은 어느 정도의 경멸적 판단이 포함

본 판결 해설은 우인성, "불심검문의 적법 요건 및 그 내용과 한계", 해설 94, 법원도서관 (2013), 842-865.

81 대판 2003. 11. 28, 2003도3972; 대판 2022. 8. 25, 2020도16897; 대판 2022. 10. 27, 2019도14421(노동조합원이 페이스북에 조합 간부를 '악의 축'이라고 적시한 것은 모욕에 해당하지만, 조합 집행부의 공적 활동에 대한 의견 제시 표현이므로 정당행위에 해당할 여지가 크다고 한 사안).

82 서울중앙지판 2010. 1. 21, 2009노3734.

83 대판 2022. 8. 25, 2020도16897; 대판 2022. 10. 27, 2019도14421.

되는 것이 일반적이며, 그것이 공익성을 가질 때에는 역시 사회상규에 위배되지
않는 정당행위로서 위법성이 조각된다.[84]

특히 인터넷상의 SNS 글이나 댓글 등과 관련해서는, 특정 사안에 대한 의   73
견을 공유하는 인터넷 게시판 등의 공간에서 작성된 단문의 글에 모욕적 표현
이 포함되어 있더라도, 그 글이 동조하는 다른 의견들과 연속적·전체적인 측면
에서 볼 때 그 내용이 객관적으로 타당성이 있는 사정에 기초하여 관련 사안에
대한 자신의 판단 내지 피해자의 태도 등이 합당한가 하는 데 대한 자신의 의견
을 강조하거나 압축하여 표현한 것이라고 평가할 수 있고, 그 표현도 주로 피해
자의 행위에 대한 것으로서 지나치게 악의적이지 않다면, 다른 특별한 사정이
없는 한 그 글을 작성한 행위는 사회상규에 위배되지 않는 행위로서 위법성이
조각된다고 보아야 한다.[85]

(1) 정당행위로 인정된 사례

① 자동차 정보 관련 인터넷 언론기사에 "이런걸 기레기라고 하죠?"라는 댓   74
글을 게시한 사안

'기레기'는 기자의 사회적 평가를 저하시킬 만한 추상적 판단이나 경멸적   75
감정을 표현한 모욕적 표현에 해당하나, 피고인은 기사를 본 독자들이 자신의
의견을 자유롭게 펼칠 수 있도록 마련된 '네티즌 댓글' 난에 위 댓글을 게시한
점, 위 기사는 특정 제조사 자동차 부품의 안전성에 대한 논란이 많은 가운데
이를 옹호하는 제목으로 게시되었는데 위 기사가 게재되기 직전 다른 언론사에
서 이와 관련한 부정적인 내용을 방송하였고 위 기사를 읽은 상당수의 독자들
은 위와 같은 방송 내용 등을 근거로 위 기사의 제목과 내용, 이를 작성한 기자
의 행위나 태도를 비판하는 의견이 담긴 댓글을 게시하였으므로 이러한 의견은
어느 정도 객관적으로 타당성 있는 사정에 기초한 것으로 볼 수 있는 점, 위 댓
글의 내용, 작성 시기와 위치, 위 댓글 전후로 게시된 다른 댓글의 내용과 흐름
등에 비추어 볼 때, 위 댓글은 그 전후에 게시된 다른 댓글들과 같은 견지에서
방송 내용 등을 근거로 위 기사의 제목과 내용, 이를 작성한 기자의 행위나 태
도를 비판하는 의견을 강조하거나 압축하여 표현한 것이라고 평가할 수 있고,

---

84 배종대, §49/11; 이재상·장영민·강동범, §12/43.
85 대판 2021. 3. 25, 2017도17643; 대판 2022. 8. 25, 2020도16897.

'기레기'는 기사 및 기자의 행태를 비판하는 글에서 비교적 폭넓게 사용되는 단어이며, 위 기사에 대한 다른 댓글들의 논조 및 내용과 비교할 때 댓글의 표현이 지나치게 악의적이라고 하기도 어려운 점을 종합하면, 위 댓글을 작성한 행위는 사회상규에 위배되지 않는 행위로서 제20조에 의하여 위법성이 조각된다.[86]

76 　　② 인터넷 포털 사이트에 게시된 'A(피해자), 곧 특정 정당에 입당해 국회의원 선거에 출마한다'라는 제목의 기사에 "참 국민을 열받게 만드는 ㄱ같은 녀석… 국민을 우습게 보는 게 대통령과 비슷하구나"라는 댓글을 단 사안

77 　　피고인이 댓글을 단 기사에는 피해자가 국회의원 후보로 출마하려고 한다는 내용과 함께 과거 피해자가 여성 아나운서 관련 발언으로 특정 정당을 탈당하였고 그 후 의원직을 사퇴하였으며 최근 불륜 의혹에 휩싸여 세간의 화제가 되었다는 등 피해자에 대한 부정적인 취지의 내용이 기재되어 있던 점, 피고인은 위 기사에 기재된 내용을 비롯하여 언론 등을 통해서 알게 된 피해자의 과거 행적 등에 기초하여 피해자가 국회의원 선거에 출마하여 국회의원이 되려는 것이 부적절하고 국민을 우습게 보는 행위로 평가될 수 있다는 의견을 표시하는 과정에서 댓글을 기재한 것으로 표현행위의 주된 의도가 단순히 피해자를 비방하려는 것이 아니라 국회의원 후보자가 되려는 피해자의 행위에 대한 의견 내지 판단을 개진하기 위한 것인 점, 피고인이 기재한 내용 중 'ㄱ'의 의미가 '개'를 의미한다고 단정하기 어려운 점 등의 사정을 종합하면, 댓글 표현에 피해자를 비하하는 의미가 일부 있더라도 표현의 정도 및 국회의원 후보에 출마하려는 피해자의 지위, 피해자의 과거 행적에 비추어 피고인의 행위는 사회상규에 위배되지 않는 행위로서 위법성이 조각된다.[87]

78 　　③ 골프클럽 경기보조원들의 구직편의를 위해 제작된 인터넷 사이트의 회원 게시판에 '이상한 나라의 빅토리아'라는 제목으로 "재수 없으면 벌당 잡힘. 규칙도 없음. 아주 조심해야 됨. 부장이나 조장 마주치지 않게 피해서 다녀야 됨. 조장들 한심한 인간들임. 불쌍한 인간임. 잘못 걸리면 공개처형됨."이라는

---

[86] 대판 2021. 3. 25, 2017도17643. 이와 달리 원심은 모욕죄가 성립한다고 판단하였다(대구지판 2017. 10. 20, 2017노2108).

[87] 춘천지판 2017. 6. 14, 2016노792(대판 2017. 9. 7, 2017도10196으로 확정). 이와 달리 원심은 본죄가 성립한다고 판단하였다(춘천지법 원주지판 2016. 7. 21, 2016고정185).

내용으로 특정 골프클럽의 운영상 불합리성과 그 클럽의 조장인 피해자를 비난한 글을 게시한 사안

　피고인이 게시한 글 내용 중 특히, 피해자를 지칭하는 위 골프클럽 조장이 한심하고 불쌍한 인간이라고 표현한 부분은 그 게시글 전체를 두고 보더라도 피해자의 인격적 가치에 대한 사회적 평가를 훼손할 만한 모욕적 언사라고 볼 수는 있지만, 다른 한편으로 위 글은 전체적으로는 피고인이 근무하였던 골프클럽에서 운영된 징벌적 근무제도의 불합리성 및 불공정성에 대한 불만을 토로하는 취지에서 작성된 것으로 글의 전제가 되는 징벌적 근무제도가 실제 운영되어 왔고 그 내용 또한 상당한 정도의 업무강도를 수반하는 것으로 보이므로 그 제도에 대한 피고인의 의견이나 판단 자체가 합리적인 것인지 여부는 차치하고 전혀 터무니없는 것은 아니라는 점, 위 글에서는 피해자를 '조장' 또는 '조장들'이라고만 표현하고 구체적으로 누구라고 지칭하지는 않으면서 그 중 모욕적 표현은 한심하고 불쌍하다는 내용의 1회의 표현에 그쳤고 그 부분이 글 전체에서 차지하는 비중도 크지 않으며 그 표현이 내포하는 모욕의 정도 또한 비공개적인 상황에서는 일상적으로 사용되는 경미한 수준의 것으로서 위 글의 전체적인 내용에서도 크게 벗어난 표현이라고는 보기 어려운 점, 위 글의 게시장소도 골프클럽 경기보조원들 사이에서 각 골프클럽에 대한 정보교환을 통해 구직의 편의 등의 도모를 주된 목적으로 하는 사이트 내 회원 게시판으로 위 글에 대한 댓글을 보아도 위 글이 골프클럽 자체에 대한 불만의 표출 내지 비난으로 받아들여진 것으로 보이는 점 등의 사정에 비추어 볼 때, 피고인이 사용한 표현은 골프클럽 경기보조원인 회원들 사이의 각 골프클럽에 대한 평가 내지 의견교환의 장소에서 피고인이 개인적으로 실제 경험하였던 특정 골프클럽 제도 운영의 불합리성을 비난하고 이를 강조하는 과정에서 그 비난의 대상인 제도의 담당자인 피해자에 대해서도 같은 맥락에서 일부 부적절한 표현을 사용하게 된 것이므로, 사회상규에 위배되지 않는다.[88]

---

[88] 대판 2008. 7. 10, 2008도1433. 원심은 위법성 조각 이전에 '모욕'에 해당하지 않는다고 판단하였는데, 위 게시글의 전체적인 내용이 '규칙이 없어 운이 나쁘면 벌당(징벌적 특근)이나 공개망신을 당할 수 있으니 부장과 조장을 조심하라'는 취지이고, 그 중 피해자를 '불쌍하고 한심하다'라고 표현한 부분은 '처지가 가엾고 애처로우며, 정도에 너무 지나치거나 모자라서 가엾고 딱하거나 기막히다'라는 의미에 불과하여, 위 게시글이 피고인의 의견표현의 자유를 일탈하여 피해

80   ④ 교사인 피해자를 대상으로 하여 방영한 방송 프로그램을 시청한 직후
이 프로그램이 피해자의 입장에서 편파적으로 방송하였다는 이유로 그 방송사
홈페이지의 시청자 의견란에 작성·게시한 글에서 "학교 선생님이 불법주차에
그렇게 소중한 자식을 두고 내리시다니……그렇게 소중한 자식을 범법행위의
변명의 방패로 쓰시다니 정말 대단하십니다. 한 가지 더 견인을 우려해 아이를
두고 내리신 건 아닌지……"라고 표현한 사안

81   위 글은 피고인이 방송 프로그램을 시청한 후 그에 대한 느낌과 이를 방송
한 방송사와 피해자와의 가치관이나 판단의 차이에 따른 자신의 의견을 개진하
고 피해자에게 자신의 의견에 대한 반박이나 반론을 구하는 것이고, 나아가 그
글의 전체적인 내용도 "불법주차와 아이를 차에 두고 내린 어머니로서의 과실이
라는 근본적인 원인제공을 피해자가 하였고 그 방송된 내용은 개인적인 사정임
에도, 피해자는 자신의 잘못은 생각하지 않고 견인업체 등의 잘못을 탓하며 자
신의 범법행위를 변명하고 있다."라는 취지로서 그 전제한 객관적 사실관계는
이미 방송된 프로그램의 내용에 기초한 것이고, 이러한 의견 또는 판단 자체가
합당한 것인지 여부는 차치하고 전혀 터무니없는 것이라고까지 할 수 없으며,
그 방송 후에 시청 홈페이지와 방송사 홈페이지에 그 프로그램의 방영 취지나
피해자의 주장에 찬성하는 글과 함께 피고인의 글과 유사한 취지의 글이 적지
않게 게시된 점도 이를 뒷받침한다고 할 것이고, 특히 "그렇게 소중한 자식을
범법행위의 변명의 방패로 쓰시다니 정말 대단하십니다"라는 표현은 상당히 모
욕적인 언사이기는 하나 그 글 전체에서 차지하는 비중이 크다고는 할 수 없고
그 글의 전체적인 내용에서 크게 벗어나 있는 표현이라고도 할 수 없는 점에 비
추어 보면, 이 사건 피고인의 표현은 이미 방송된 프로그램에 나타난 기본적인
사실을 전제로 한 뒤 그 사실관계나 이를 둘러싼 견인업체와 피해자의 책임 문
제에 관한 자신의 판단과 나아가 이러한 경우에 피해자가 시청 홈페이지 등을
통하여 시장의 공개사과 등을 계속 요구하고 방송에 출연하여 그러한 내용의
주장을 펴는 것이 합당한가 하는 점에 대하여 자신의 의견을 개진하고 피해자
에게 자신의 의견에 대한 반박이나 반론을 구하면서 자신의 판단과 의견의 타

자에 대한 사회적 평가를 훼손한 모욕적 언사라고 보기 어렵다고 하였다(수원지판 2008. 1. 16,
2007노4403).

당함을 강조하는 과정에서 부분적으로 그와 같은 표현을 사용한 것으로서, 사회상규에 위배되지 않는다고 봄이 상당하다.[89]

⑤ 피고인의 인터넷 개인 블로그에 피해자를 사진작가로 소개하는 과정에서 피해자와 말다툼을 하다 화가 나 위 블로그에 "나를 비하하는 메일을 받았다고 한다. 어른으로서 정말 챙피한 행동일 것인데…… . 그 행동에 대한 답변이 또 심심한가", "나는 이 사람의 작품에 대해서 논할 생각도 없었다. 가치도 없으니까", "나는 이 사람에게 얻을려고 하는 것도 목적도 없지만 이런 류의 사람은 자신이 원하는 것을 얻으면 그 뒤엔 싹 돌아선다", "이 사람은 나와의 인연을 끊었음에도 끝까지 자신의 나이를 가지고 위치를 지킬려고 한다, 정말 수치스럽다", "사람을 조롱하듯이 가지고 논다"라는 내용의 글을 게시한 사안

82

피고인은 피해자와의 말다툼 과정에서 화가 나 사건 경위와 내용을 알리면서 자신의 입장을 해명하기 위하여 글을 올린 것이었고, 그 후 글 제목을 수정하면서 글 내용이 피해자를 특정하지 않도록 지칭 대상을 일부 변경하였으며, 그 표현은 다분히 개인적 감정이나 평가·의견을 나타낸 것으로 보이는 점, 게시물들의 전체적 취지는 피고인과 피해자가 다투게 된 경위를 설명하고 그에 대해 피해자가 취한 행위를 적시한 것인데 그와 관련하여 피고인이 피해자와 주고받은 쪽지 등을 그대로 공개함으로써 읽는 사람들로 하여금 피해자의 행위에 대해 객관적 판단을 할 수 있도록 한 점 등을 종합할 때, 피고인이 일부 모욕적 표현으로 볼 수 있는 글을 기재하였더라도 피해자와 온라인상에서 말다툼을 하는 과정에서 감정이나 평가, 피해자가 취한 행동 등에 대한 의견을 밝히고 그 타당함을 강조하는 과정에서 일부 부적절한 표현을 사용한 것에 불과하여, 사회상규에 위배되지 않는다.[90]

83

---

89 대판 2003. 11. 28, 2003도3972. 원심은 위법성 조각 이전에 '모욕'에 해당하지 않는다고 판단하였는데, 피고인이 방송 프로그램을 시청한 후 그에 대한 느낌과 방송사 및 피해자와의 가치관이나 판단의 차이에 따른 자신의 의견을 개진하고 피해자에게 자신의 의견에 대한 반박이나 반론을 구하는 것으로 그 의견의 표현에 있어 부분적으로 부적절하고 과도한 표현을 사용한 것에 불과하다 할 것이고 이로써 곧 사회통념상 피해자의 사회적 평가를 저하시키는 내용의 경멸적 판단을 표시한 것으로 인정하기 어렵다고 보았다(춘천지법 강릉지판 2003. 6. 26, 2003노136).

본 판결 해설은 이동신, "방송국 시사프로그램의 출연자에 대한 모욕적 언사가 포함된 방송국 홈페이지 게시글과 사회상규에 위배되지 아니함을 이유로 한 위법성조각사유의 관계", 해설 48, 법원도서관(2004), 464-483.

90 대전지판 2015. 2. 12, 2014노2096. 이와 달리 원심은 본죄가 성립한다고 판단하였다(대전지법

84   ⑥ 피해자가 운영하는 유치원의 통학버스들이 소음과 주차난 등을 야기하는 데 불만을 품고 인근 주민들과 함께 유치원 부근 주택 외벽에 "안하무인 유치원", "꼴통 유치원", "후안무치 유치원" 등으로 기재된 현수막을 게시한 사안

85   "안하무인", "꼴통", "후안무치"라고 표현한 부분은 일응 피해자의 인격적 가치에 대한 사회적 평가를 훼손할 만한 언사라고 볼 여지가 있으나, 현수막 부착 경위나 배경 등 제반 정황을 고려할 때 피고인은 많은 주민들이 유치원에서 운행하는 통학버스의 매연, 소음 문제로 고통을 호소하고 있는데도 유치원 측이 근본적 대책을 마련하지 않고 있다는 자신의 의견을 개진하고 피해자에게 해결책 마련을 촉구하며 자신의 판단과 의견이 타당하다는 것을 강조하는 과정에서 부분적으로 과장하여 현수막 기재와 같은 표현을 사용하게 된 것으로 보이므로, 피고인의 행위는 사회상규에 위배되지 않는 행위에 해당한다.[91]

86   ⑦ X 대학교 전자결재시스템 전체 공용게시판에 "A 교수(피해자)를 비롯하여 일부 교수들이 중심이 되어 막무가내로 학교를 파국으로 몰고 간다, A 교수가 전체 교수들을 대상으로 막말과 교수로서의 품격을 의심케 하는 행동을 한다.", "A 교수가 비아냥거린다, A 교수가 치기 어린 내용이 많은 글을 올린다, A 교수가 추태를 부렸다, A 교수가 학생들도 교수들의 추태를 다 알게 되었다고 말하는 것은 누군가 계속해서 그 내용을 학생들에게 보여주거나 다운받게 해 주었다는 말이고, A 교수가 이를 시인하는 것은 분명하다, A 교수가 게시판의 내용을 Y 게시판에 옮기겠다고 하는 것은 범죄행위에 앞장서겠다는 것이다."라는 취지의 글을 게시한 사안

87   피고인이 게시한 글 중 특히, 피해자에 대해 '막무가내로 학교를 파국으로 몰고 간다'거나 '추태를 부렸다'라고 표현한 부분은 그 게시글 전체를 두고 보더라도 피해자의 인격적 가치에 대한 사회적 평가를 훼손할 만한 모욕적 언사라고 볼 여지는 있지만, 피고인이 위 게시판에 글을 올리게 된 동기는 X 대학교 내부의 문제로 인하여 교수들 사이에 갈등과 반목이 계속되고 있는 과정에서 교수, 조교, 교직원만이 볼 수 있는 위 게시판에 피해자와 피고인이 서로의 의

서산지판 2014. 7. 4, 2014고정46).
91 의정부지판 2011. 12. 23, 2011노2089. 이와 달리 원심은 본죄가 성립한다고 판단하였다(의정부지법 고양지판 2011. 9. 29, 2011고정1140).

견을 개진하고 상대방의 의견에 대해 조목조목 반박하는 내용의 글을 순차적으로 게시해 온 것으로, 그동안 X 대학교 교수들 간의 갈등 양상과 피해자가 피고인에 대해 한 행동, 피해자가 피고인의 글에 대한 답글로 게시한 글의 내용에 비추어 "A가 교수들을 대상으로 막말과 교수로서의 품격을 의심케 하는 행동을 한다"라는 표현, "A가 비아냥거린다, 치기 어린 내용이 많은 글을 올린다, 추태를 부렸다"라는 표현이 합리적인 판단인지 여부는 차치하고 피고인의 입장에서 전혀 터무니없는 것은 아니라는 점, '추태'라는 표현은 피해자의 견해에 항목별로 답변을 하면서 피해자가 쓴 표현을 인용하여 사용된 점, 또한 피해자가 위 게시판에 게시된 글을 일반 학생들이 볼 수 있는 Y 게시판으로 옮기자는 취지로 올린 부분에 대해 피고인이 교수들 간의 문제는 교수들만의 전용게시판에 게시하도록 하자며 적극적으로 반대 의사를 표시하면서 위 게시판에 있는 글을 Y 게시판으로 옮기는 행위가 '범죄행위'가 될 수 있다는 지적을 한 것으로 볼 수 있는 점, 위와 같은 글의 내용이 피고인이 게시한 글의 전체에서 차지하는 비중도 크지 않은 점, 피고인이 사용한 표현도 그동안 피고인과 피해자가 이 사건 게시판에서 논쟁을 벌인 내력과 수준에 비추어 보았을 때 경미한 수준의 것으로 볼 수 있는 점, 위 글의 게시 장소도 X 대학교의 교수, 교직원, 조교들 사이에서 서로 정보교환, 학교의 운영에 대한 의견교환을 주된 목적으로 하는 인터넷 게시판으로 2005년 12월 말경부터 교수들이 X 대학교의 미래와 나아갈 방향에 대해 개인적인 의견을 밝히고 토론을 벌여 온 점 등의 사정에 비추어 볼 때, 피고인이 위 게시판에 의견을 표현함에 있어 자신의 판단과 의견의 타당함을 강조하는 과정에서 필요하여 부분적으로 모욕적인 표현을 사용한 것에 불과하므로, 사회상규에 위배되지 않는다.[92]

⑧ MBC PD해회의 협회장이던 피고인이 자신의 페이스북(팔로워 304명)에 방송문화진흥회 이사장인 피해자 A에 대하여, "또 나쁜 짓한 거 고발당했다. A. 간첩조작질 공안검사 출신 변호사. 매카시스트. 철면피 파렴치 양두구육..역시 극우부패세력에 대한 기대를 저버리지 않는다. 대한민국의 양심과 양식을 대표하는 인사가 맡아야 할 공영방송 MBC의 감독기관인 방송문화진흥회 이사장 자

88

---

[92] 대판 2009. 9. 10, 2009도5996.

리에 앉아 버티기 농성에 들어간 B 체제를 뒤에서 지탱하고 있다."라는 글을 게시한 사안

89   게시한 글 중 "철면피, 파렴치, 양두구육, 극우부패세력"은 모욕적 표현에 해당하여 본죄의 구성요건이 인정되지만, 위 표현 당시 피고인은 MBC 경영진과 대립하는 관계에 있었는데, MBC를 감독하는 기관인 방송문화진흥회의 이사장인 피해자가 MBC 경영진을 비호한다는 등의 이유로 피해자에 대하여 비판적인 입장에 있었고, 피고인은 피해자가 과거 사학분쟁조정위원회 위원으로 활동할 당시 관여했던 사안과 관련하여 고발을 당하였다는 기사가 보도되자 이를 공유하면서 위 표현이 포함된 글을 게시하였으며, 피고인이 게시한 글의 전체적인 내용은, 피해자가 또 고발당한 것을 보면 피해자는 '대한민국의 양심과 양식을 대표하는 인사가 맡아야 할 공영방송 MBC의 감독기관인 방송문화진흥회 이사장'의 자격이 없고, 피해자가 이사장 자리에 있는 것은 부당하다는 취지로 보이고, '파렴치', '철면피' 또는 '양두구육'은 상황에 따라 우리의 일상생활에서 '부끄러움을 모른다', '지나치게 뻔뻔하다' 또는 '겉 다르고 속 다른 이중성이 있다'는 뜻으로, 특히 언론이나 정치 영역에서 상대방에 대한 비판적 입장을 표명할 때 흔히 비유적으로 사용되는 표현이며, '극우부패세력'은 범죄행위를 연상케 하는 용어가 포함되어 있기는 하지만 이념적 지형이 다른 상대방을 비판할 때 비유적으로 사용되기도 하는 점 등에 비추어, 피고인이 피해자의 공적 활동과 관련한 자신의 의견을 담은 게시글을 작성하면서 위 표현을 한 것은 사회상규에 위배되지 않는 행위로서 제20조에 의하여 위법성이 조각된다고 볼 여지가 크다.[93]

(2) 정당행위로 인정되지 않은 사례

90   ① 피고인이 자신에 대한 형사재판에 출석하여 자신에 대해 불리한 증언을 한 피해자에게 불만을 품고 법정에서 여러 사람이 있는 가운데 피해자에게 "그 딴 식으로 살지 말어! 어? 보험금 가져갔으면 먹고 떨어지라고 내가 말 안 했어! 보험사기 했잖아! 너! 보험사기 안 했어. 너가? 뭘 다쳤어. 니가? 야. 인간아, 인

---

93 대판 2022. 8. 25, 2020도16897. 원심은 위 표현 부분은 유죄, '간첩조작질' 부분은 구체적인 사실을 적시한 것으로 모욕에 해당하지 않는다는 이유로 무죄로 판단하였는데(이유무죄), 본 판결은 이유무죄에 대한 검사의 상고는 이유가 없으나 위 표현 부분과 일죄의 관계에 있어 원심판결을 전부 파기하였다.

간아! 보험금 타 먹었으면 됐지. 증언을 그따위로 해! 내가 남 때렸다고 그래, 그런 식으로 하고 있어! 고소도 했어. 한번 두고 봐. 누가 사기꾼인데, 누구보고 사기꾼 하는 거야? 니가 사기꾼이라 그랬지. 내가 사기꾼이라 그랬어? 보험사기 쳤잖아!"라고 말한 사안

　　피고인은 도로에서 차를 운전하던 중 A가 운전하던 차를 급히 가로막는 바 91람에 그 차에 동승하고 있던 피해자의 치아가 파손되는 상해가 발생하였고 이에 A와 시비가 벌어져 싸우다 각자 상대방에게 상해를 가하였는데, 그 후 피해자가 피고인의 보험회사로부터 보험금을 지급받아 피해자의 교통사고 상해 부분은 불기소되었으나 A에 대한 상해 부분은 피고인과 A가 서로 맞고소를 하고 손해배상청구 소송을 제기함으로써 민·형사상의 분쟁으로 번지기 시작하였고, 피해자가 피고인에 대한 상해 사건의 형사재판에 증인으로 출석하여 피고인에게 불리한 증언을 하고 그 이후에도 그들 간에 민·형사상의 분쟁이 이어짐으로써 피고인과 피해자 및 A의 감정은 극한 상태로까지 악화되었으며, 그러한 상황에서 피고인이 법원청사 엘리베이터 앞에서 우연히 피해자를 마주치게 되자 먼저 시비를 걸어 서로 말다툼을 하며 '보험사기 했잖아, 사기꾼' 등의 모욕적인 발언을 주고받게 된 것이라면, 피고인이 피해자에게 위와 같은 모욕적인 발언을 하게 된 것이 그 당시 피해자 측과 사이의 민·형사상의 제반 분쟁으로 인하여 극하게 감정이 대립된 상태에서 순간적으로 이를 절제하지 못하고 서로 말싸움을 하던 중에 나온 것이라고 하더라도, 그러한 사정만으로는 사회상규에 위배되지 않는 행위에 해당한다고 할 수는 없다.[94]

　　② 인터넷 '메갈리아' 사이트의 자유게시판에 "이거 안가면 마인드씨같은 92한남충한테 임신공격당하고 결혼함"이라고 기재하여 '마인드씨'라는 필명의 웹툰 작가인 피해자를 모욕하였다는 사안

---

94 서울중앙지판 2010. 1. 21, 2009노3734. 이와 달리 원심은 피고인이 피해자에게 '사기꾼' 등의 다소 경멸적인 표현을 사용하기는 하였으나, 그 당시 피고인이 A와 사이의 상해 사건과 관련하여 여러 건의 민·형사 분쟁에 시달리고 있는 상황에서, A의 편에 서서 위 분쟁을 사실상 주도하고 있던 피해자를 우연히 만나 위 분쟁과정에서 서로 주장했던 내용들에 관하여 상호반박을 하면서 순간적으로 감정이 격앙되어 그와 같은 말을 하게 된 것이므로, 이와 같은 피고인의 위 표현의 동기와 경위, 그 표현의 내용과 정도, 피해자의 관계 등에 비추어 볼 때, 피고인의 위와 같은 표현은 사회상규에 반하지 않는다고 판단하였다(서울중앙지판 2009. 10. 30, 2009고단3132).

93   이 사건에서 피고인은, 피해자가 유명 웹툰의 작가로서 공인인 점, 피해자
는 여성을 비하하는 웹툰으로 논란이 되었는데 피해자의 웹툰이 연계된 상품에
대한 불매운동이 벌어졌고 피고인이 여기에 동참하며 다른 회원들을 독려하기
위해 위와 같은 글을 기재한 점, 피고인이 사용한 단어가 신조어로서 일반인이
이에 대한 법리적 판단을 하기는 쉽지 않은 점 등에 비추어 보면 자신의 행위는
사회상규에 반하지 않는 정당행위에 해당한다고 주장하였다.

94   이에 대해 법원은, '한남충'에서 '충'은 벌레라는 뜻으로 부정적인 의미가 강
하고, 위 문구는 객관적으로 피해자의 가치에 대한 사회적 평가를 저하시킬 만한
것에 해당하며, 피고인이 기재한 문구의 구체적인 표현 방법에 비추어 보면 피고
인의 행위는 법질서 전체의 정신이나 그 배후에 놓여 있는 사회윤리 내지 사회
통념에 비추어 용인될 수 있는 행위에 해당한다고 할 수 없다고 판단하였다.[95]

VI. 죄수 및 다른 죄와의 관계

1. 죄 수

95   명예훼손죄와 마찬가지로, 피해자가 여러 명인 경우에는 수개의 본죄가 성
립하고, 행위의 개수에 따라 상상적 경합 또는 실체적 경합이 된다.[96]

2. 다른 죄와의 관계

96   (1) 모욕적 언사와 함께 사실도 적시하여 명예를 훼손하면, 이는 흡수관계
여서 명예훼손죄만 성립한다.[97]

97   (2) 모욕행위의 수단이 폭행죄의 구성요건에도 해당되는 경우에는(예컨대, 거
동에 의한 모욕), 두 죄는 보호법익을 달리하므로 상상적 경합이 된다.[98]

98   (3) 외국원수 또는 외국사절에 대한 모욕에 대해서는 제107조 제2항 또는
제108조 제2항이 적용된다.

---

95 서울서부지판 2017. 7. 13, 2017고정411.
96 김성돈, 230; 임웅, 264.
97 김성돈, 230; 임웅, 264.
98 김일수·서보학, 173; 배종대, §49/12.

VII. 처 벌

1년 이하의 징역이나 금고 또는 200만 원 이하의 벌금에 처한다.[99]   99

〔한 제 희〕

---

[99] 일본 구 형법 제231조(모욕)는 "사실을 적시하지 아니하더라도 공연히 사람을 모욕한 자는 구류 또는 과료에 처한다."고 규정하고 있었으나, 날로 심각해지고 있는 인터넷상의 비방·중상에 대처하기 위하여 2022년 6월 17일 형법을 개정하여(2022년 7월 7일 시행) 모욕죄의 법정형을 "1년 이하의 징역이나 금고 또는 30만 엔 이하의 벌금이나 구류 또는 과료"로 상향하였다. 한편 개정 후의 위 규정의 시행상황과 관련하여, 위 규정이 인터넷상의 비방·중상에 적절하게 대처할 수 있는지 여부, 표현의 자유나 그 밖의 자유에 대하여 부당한 제약이 되지는 않는지 여부 등의 관점에서 외부전문가를 포함하여 검증을 실시하고, 그 결과에 기초하여 적절한 조치를 강구하기로 하였다(부칙 §3).

〔한 제 희〕   **207**

제312조(고소와 피해자의 의사)

① 제308조와 제311조의 죄는 고소가 있어야 공소를 제기할 수 있다. 〈개정 1995. 12. 29.〉

② 제307조와 제309조의 죄는 피해자의 명시한 의사에 반하여 공소를 제기할 수 없다. 〈개정 1993. 12. 29.〉

I. 취 지 ··· 208   III. 반의사불벌죄 ································· 210
II. 친고죄 ·· 209

I. 취 지

1   본조에서는 단순 명예훼손죄와 출판물 명예훼손죄는 반의사불벌죄로, 사자 명예훼손죄와 모욕죄는 친고죄로 각각 규정하고 있다. 이는 명예훼손이나 모욕은 개인적 법익에 대한 범죄이므로 그러한 행위의 형사처벌 여부에 대해서는 피해자의 의사를 최대한 고려한다는 취지이다. 피해자의 의사에 반해 이러한 범죄를 기소하여 결과적으로 사회일반에 공표하는 것이 피해자에게 오히려 불이익이 되거나, 피해자의 의사를 무시해서까지 소추할 필요가 없는 범죄인 경우 친고죄로 구성된다.

2   다만 반의사불벌죄에 관해서는 수사기관이 자의적인 판단에 의해 이른바 '악성 댓글' 등을 작성한 사람을 처벌할 수 있어 수사기관의 자의적인 기소를 가능하게 하므로 기소권한이 남용될 수 있고, 기소될 것을 우려하여 적법한 표현행위도 하지 못하게 할 수 있어 표현의 자유가 위축될 수 있다는 이유로, 단순 명예훼손죄와 출판물 명예훼손죄도 친고죄로 전환하고 반의사불벌죄 조항은 삭제되어야 한다는 견해[1]도 주장되고 있다.

---

1 박윤경, "표현의 자유와 명예훼손-인터넷에서의 명예훼손을 중심으로", 법학연구 18-3, 인하대학교 법학연구소(2015), 285.

II. 친고죄

사자명예훼손죄와 모욕죄는 친고죄이므로, 피해자의 고소가 있어야만 공소   3
를 제기할 수 있다. 명예훼손죄와 모욕죄는 그 구성요건에 차이가 있으나 명예
에 관한 죄인 점에서 양자가 그 성질을 같이하므로, 고소장에 명예훼손죄라는
죄명을 붙이고 명예훼손에 관한 사실을 기재하였으나 그 사실이 명예훼손죄를
구성하지 않고 모욕죄만 구성하는 경우에 그 고소는 모욕죄에 대한 고소로서의
효력을 갖는다.[2]

사자명예훼손죄는 사자의 친족 또는 자손이 고소를 제기할 수 있다(형소 §227).   4
모욕죄는 피해자(형소 §223)나 그 법정대리인(형사소송법 §225①), 피해자가 사망
한 때에는 그 배우자, 직계친족 또는 형제자매가 고소할 수 있다(형소 §225② 본
문. 단, 피해자의 명시한 의사에 반하지 못한다). 다만, 자기 또는 배우자의 직계존속
은 고소하지 못한다(형소 §224).

피해자의 법정대리인이 피의자이거나 법정대리인의 친족이 피의자인 때에   5
는 피해자의 친족은 독립하여 고소할 수 있다(형소 §226). 친고죄에 대해 고소할
자가 없는 경우에 이해관계인의 신청이 있으면 검사는 10일 이내에 고소할 수
있는 자를 지정하여야 한다(형소 §228).

친고죄에 대해서는 범인을 알게 된 날로부터 6월을 경과하면 고소하지 못   6
한다(형소 §230① 본문). 다만, 고소할 수 없는 불가항력의 사유가 있는 때에는 그
사유가 없어진 날로부터 기산한다(형소 §230① 단서).

친고죄에는 고소불가분의 원칙(형소 §233)이 적용되므로, 친고죄의 공범 중   7
그 1인 또는 수인에 대한 고소 또는 그 취소는 다른 공범자에 대해 효력이 있다.[3]

---

2 대판 1981. 6. 23, 81도1250.
3 고소불가분의 원칙은 친고죄에 있어서 고소의 효력이 불가분이라는 원칙을 말한다. 하나의 범죄
사실의 일부에 대한 고소 또는 그 취소는 그 범죄사실의 전부에 대하여 효력이 미치고(객관적
불가분의 원칙), 수인의 공범 중에서 1인이나 일부에 대한 고소 또는 그 취소는 다른 공범자 전
원에게 효력이 미친다(주관적 불가분의 원칙). 이 원칙은, 친고죄의 고소는 소송조건이므로 친고
죄에 대해 일단 고소를 하게 되면 고소권자의 자의에 따라 범죄사실이나 공범자의 일부에 제한
하지 않고 범죄사실의 전부와 공범자 전원에게 고소의 효과가 미치도록 함으로써 국가형벌권 행
사에 불공평한 결과가 초래되지 않도록 하려는 것이다. 형사소송법은 '친고죄의 공범 중 그 1인
또는 수인에 대한 고소 또는 그 취소는 다른 공범자에 대하여도 효력이 있다'라고 하여(형소
§233) 주관적 불가분의 원칙에 대해서만 규정하고 있으나, 객관적 불가분의 원칙도 이론상 당연

8   고소의 취소는 제1심 판결선고 전까지만 할 수 있고(형소 § 232①), 고소를 취소한 자는 다시 고소할 수 없다(형소 § 232②). 고소가 취소된 경우에는 공소기각의 판결을 선고하여야 한다(형소 § 327(v)).

Ⅲ. 반의사불벌죄

9   단순 명예훼손죄와 출판물 명예훼손죄는 피해자의 명시한 의사에 반하여 공소를 제기할 수 없다.

10   피해자의 처벌을 원하는 의사표시가 없어도 공소를 제기할 수 있지만, 피해자가 처벌을 원하지 아니하는 의사표시를 하거나 처벌을 원하는 의사표시를 철회하게 되면 공소기각의 판결을 선고하여야 한다(형소 § 327(vi)).

11   피해자의 처벌을 원하는 의사표시의 철회는 제1심 판결선고 전에 하여야 하고(형소 § 232③), 한번 처벌을 원하지 아니하는 의사표시를 하면 이를 번복할 수 없다(형소 § 232③).

12   그러나 반의사불벌죄에 대해서는 고소불가분의 원칙에 관한 형사소송법 제233조가 준용되지 않는다는 것이 판례의 태도이므로, 반의사불벌죄인 사실 적시 명예훼손죄의 공범 중 그 1인 또는 수인에 대한 고소 또는 그 취소는 다른 공범자에 대하여 효력이 없다.[4]

[한 제 회]

한 것으로 인정된다.

4 대판 1994. 4. 26, 93도1689. 「형사소송법이 고소와 고소취소에 관한 규정을 하면서 제232조 제1항, 제2항에서 고소취소의 시한과 재고소의 금지를 규정하고 제3항에서는 반의사불벌죄에 제1항, 제2항의 규정을 준용하는 규정을 두면서도, 제233조에서 고소와 고소취소의 불가분에 관한 규정을 함에 있어서는 반의사불벌죄에 이를 준용하는 규정을 두지 아니한 것은, 처벌을 희망하지 아니하는 의사표시나 처벌을 희망하는 의사표시의 철회에 관하여 친고죄와는 달리 공범자 간에 불가분의 원칙을 적용하지 아니하고자 함에 있다고 볼 것이지, 입법의 불비로 볼 것은 아니다.」

〔특별법〕 공직선거법

제250조(허위사실공표죄)

① 당선되거나 되게 할 목적으로 연설·방송·신문·통신·잡지·벽보·선전문서 기타의 방법으로 후보자가 되고자 하는 자를 포함한다. 이하 이 조에서 같다)에게 유리하도록 후보자, 후보자의 배우자 또는 직계존비속이나 형제자매의 출생지·가족관계·신분·직업·경력등·재산·행위·소속단체, 특정인 또는 특정단체로부터의 지지여부 등에 관하여 허위의 사실[학력을 게재하는 경우 제64조제1항의 규정에 의한 방법으로 게재하지 아니한 경우를 포함한다]을 공표하거나 공표하게 한 자와 허위의 사실을 게재한 선전문서를 배포할 목적으로 소지한 자는 5년 이하의 징역 또는 3천만원 이하의 벌금에 처한다. 〈개정 1995. 12. 30., 1997. 1. 13., 1997. 11. 14., 1998. 4. 30., 2000. 2. 16., 2004. 3. 12., 2010. 1. 25., 2015. 12. 24.〉

② 당선되지 못하게 할 목적으로 연설·방송·신문·통신·잡지·벽보·선전문서 기타의 방법으로 후보자에게 불리하도록 후보자, 그의 배우자 또는 직계존·비속이나 형제자매에 관하여 허위의 사실을 공표하거나 공표하게 한 자와 허위의 사실을 게재한 선전문서를 배포할 목적으로 소지한 자는 7년 이하의 징역 또는 500만원 이상 3천만원 이하의 벌금에 처한다. 〈개정 1997. 1. 13.〉

③ 당내경선과 관련하여 제1항(제64조제1항의 규정에 따른 방법으로 학력을 게재하지 아니한 경우를 제외한다)에 규정된 행위를 한 자는 3년 이하의 징역 또는 6백만원 이하의 벌금에, 제2항에 규정된 행위를 한 자는 5년 이하의 징역 또는 1천만원 이하의 벌금에 처한다. 이 경우 "후보자" 또는 "후보자(후보자가 되고자 하는 자를 포함한다)"는 "경선후보자"로 본다. 〈신설 2005. 8. 4.〉

[제목개정 2015. 12. 24.]

제251조(후보자비방죄)

당선되거나 되게 하거나 되지 못하게 할 목적으로 연설·방송·신문·통신·잡지·벽보·선전문서 기타의 방법으로 공연히 사실을 적시하여 후보자가 되고자 하는 자를 포함한다), 그의 배우자 또는 직계존·비속이나 형제자매를 비방한 자는 3년 이하의 징역 또는 500만원 이하의 벌금에 처한다. 다만, 진실한 사실로서 공공의 이익에 관한 때에는 처벌하지 아니한다.

Ⅰ. 취지 및 입법경과 ·································· 212
Ⅱ. 허위사실공표죄 ································· 213
　　1. 당선 목적 허위사실공표죄(제1항) ····· 213
　　2. 낙선 목적 허위사실공표죄(제2항) ····· 221
　　3. 당내경선 관련 허위사실공표죄
　　　 (제3항) ··································· 231

Ⅲ. 후보자비방죄 ································· 232
　　1. 구성요건 ······························· 233
　　2. 위법성조각사유 ···················· 239
　　3. 죄　수 ································· 245
　　4. 처　벌 ································· 245

Ⅰ. 취지 및 입법경과

1　　선거와 관련된 명예훼손행위에 대해서는 공직선거법에 특별규정을 두고 있다.

2　　공직선거법은 '깨끗하고 돈 안드는 선거를 구현하기 위하여 선거에 있어서 부정 및 부패의 소지를 근원적으로 제거하고, 국민의 자유롭고 민주적인 의사표현과 선거의 공정성을 보장하며, 각종 선거법을 단일 법으로 통합함으로써 선거관리의 효율성을 제고하는 등 선거제도의 일대 개혁을 통하여 새로운 선거문화의 정착과 민주정치의 실현을 도모하려는 것임'을 제정이유로, 그간 별개의 선거법 체계로 되어 있던 대통령선거법·국회의원선거법·지방의회의원선거법·지방자치단체의장선거법을 하나의 단일 법으로 통합하여 1994년 3월 16일 법률 제4739호 공직선거및선거부정방지법이라는 이름으로 제정되었다가 2005년 8월 4일 법률 제7681호로 명칭이 공직선거법으로 변경되었다. 제정 이래 2022년 2월 16일 법률 제18837호로 개정되기까지 86차례에 걸쳐 크고 작은 개정이 이루어져왔다.

3　　선거와 관련된 명예훼손행위에 대해 적용되는 구성요건은 공직선거법 제250조의 허위사실공표죄와 제251조의 후보자비방죄이다. 양자 모두 일정한 매체 등의 방법을 사용하여 사실을 공표함으로써 성립하고 초과주관적 구성요건요소를 요하는 목적범이라는 점은 공통되지만, 허위사실공표죄의 경우 허위사실의 공표행위를 처벌하고, 후보자비방죄는 사실의 적시행위를 처벌한다는 데 차이가 있다.

II. 허위사실공표죄

허위사실공표죄는 허위사실을 공표하여 후보자에 대한 선거인의 공정한 판   **4**
단에 영향을 미치거나 올바른 판단에 장애를 줄 수 있는 일체의 행위를 처벌함
으로써 공정한 선거를 보장하기 위한 구성요건이다.[1]

공직선거법은 세 가지 유형의 허위사실공표죄를 규정하고 있다. 첫째 당선   **5**
되거나 되게 할 목적으로 후보자에게 유리하도록 허위사실을 공표하는 경우
(§250①), 둘째 당선되지 못하게 할 목적으로 후보자에게 불리하도록 허위사실
을 공표하는 경우(§250②), 셋째 당내경선과 관련하여 제1항 또는 제2항의 행위
를 하는 경우(§250③)이다.

제1항과 제2항의 죄는 공직선거법 제정 당시부터 마련된 규정임에 반해, 제   **6**
3항의 죄는 2004년 3월 12일 정당법 개정 과정에서 정당법 제45조의6(당내경선등
의 허위사실공표죄)에 신설되었다가 선거 관련 법규를 정비하면서 당내경선이 공
직선거와 밀접한 관련이 있다는 점이 고려되어 2005년 8월 4일 법률 제7681호
로 개정될 때 공직선거법으로 옮겨오게 된 구성요건이다.[2]

1. 당선 목적 허위사실공표죄(제1항)

공직선거법 제250조 제1항은 당선운동의 일환으로 후보자에게 유리한 허위   **7**
사실을 공표하지 못하게 함으로써 선거인들이 후보자에 대한 정확한 판단자료
를 갖고 올바른 선택을 할 수 있도록 하기 위한 규정이다.[3]

(1) 구성요건

(가) 객체

허위사실 공표의 객체는 후보자(후보자가 되고자 하는 자를 포함), 그의 배우자   **8**
또는 직계존·비속이나 형제자매의 '출생지·가족관계·신분·직업·경력등·재산
·행위·소속단체, 특정인 또는 특정단체로부터의 지지여부' 등이다.

'후보자'라 함은 특정선거에 관하여 관할선거구 선거관리위원회에 후보자등   **9**

---

1 대검찰청, 공직선거법 벌칙해설(9개정판)(2018), 357.
2 공직선거법 벌칙해설(9개정판), 358·395.
3 공직선거법 벌칙해설(9개정판), 358.

록을 마친 자를 말하고,[4] '후보자가 되고자 하는 자'라 함은 후보자등록을 하지 않았으나 후보자가 될 의사를 가진 자를 말하는데, 그 의사를 반드시 외부에 공표할 필요는 없고 그 의사를 예상할 수 있는 정도이면 충분하다.[5]

10   배우자 또는 직계존·비속이나 형제자매 등은 민법상 개념에 따른다.[6]

11   '출생지·가족관계·신분·직업·경력등·재산·행위·소속단체, 특정인 또는 특정단체로부터의 지지여부'는 제한적 열거로서, 그 외의 사항에 관해 허위사실을 공표하는 경우는 당선 목적 허위사실공표죄에 해당하지 않는다고 본다.[7]

(나) 연설·방송·신문·통신·잡지·벽보·선전문서 기타의 방법

12   허위사실 공표의 수단으로는 연설·방송·신문·통신·잡지·벽보·선전문서 등 법문에 열거된 방법은 물론, 불특정 또는 다수인에게 전달될 수 있는 수단이라면 모두 포함된다.[8]

(다) 유리하도록

13   이는 선거인들이 그 후보자에 대하여 좋은 평가를 내려 그의 당선에 도움을 줄 가능성이 있도록 할 의도라는 의미이다.[9]

(라) 허위의 사실

14   '허위의 사실'이라 함은 객관적 진실에 부합하지 않는 사실로서 선거인으로 하여금 후보자에 대한 정확한 판단을 그르치게 할 수 있을 정도로 구체성을 가진 것이면 충분하다.[10]

15   과거나 현재의 사실뿐 아니라 장래의 사실도 포함되나, 단순히 가치판단이나 평가를 내용으로 하는 의견 표현에 불과한 경우에는 이에 해당하지 않는다.[11] 어떠한 표현이 사실인가 또는 의견인가를 구별함에 있어서는 언어의 통상

---

4 공직선거법 벌칙해설(9개정판), 59.
5 공직선거법 벌칙해설(9개정판), 65.
6 공직선거법 벌칙해설(9개정판), 359.
7 공직선거법 벌칙해설(9개정판), 371.
8 공직선거법 벌칙해설(9개정판), 371.
9 공직선거법 벌칙해설(9개정판), 371.
10 대판 2003. 2. 20, 2001도6138.
11 대판 1998. 9. 22, 98도1992("A 후보자가 도와달라고 요구하였으나 도와주지 못한 것이 죄가 되고 올가미가 되어 구속된 일이 있다."라는 발언의 경우, 그 발언내용 안에 피고인의 가치판단에 관한 의견 진술이 다소 포함되어 있기는 하나 전체적으로 볼 때 A 후보자에 대한 정확한 판단을 그르치게 할 수 있을 정도의 구체성을 가진 사실에 관한 것이라고 본 사례).

적 의미와 용법, 증명가능성, 문제 된 말이 사용된 문맥, 표현이 행해진 사회적 정황 등 전체적 정황을 고려하여야 한다.[12] 나아가 형사처벌 여부가 문제되는 표현이 사실을 드러낸 것인지 아니면 의견이나 추상적 판단을 표명한 것인지를 구별할 때에는 언어의 통상적 의미와 용법, 증명가능성, 문제된 말이 사용된 문맥과 표현의 전체적인 취지, 표현의 경위와 사회적 맥락 등을 고려하여 판단하되, 헌법상 표현의 자유의 우월적 지위, 형벌법규 해석의 원칙에 비추어 어느 범주에 속한다고 단정하기 어려운 표현인 경우에는 원칙적으로 의견이나 추상적 판단을 표명한 것으로 파악하여야 한다.[13]

　　또한 어떠한 표현이 공표된 사실의 내용 전체의 취지를 살펴볼 때 중요한 부분에서 객관적 사실과 합치되는 경우에는, 세부적으로 진실과 약간 차이가 나거나 다소 과장된 표현이 있더라도 이를 허위사실의 공표라고 볼 수 없다.[14] 특히 후보자 토론회의 기능과 특성을 고려할 때 토론회에서 후보자 등이 선거인의 정확한 판단을 그르치게 할 수 있을 정도로 다른 후보자의 견해나 발언을 의도적으로 왜곡한 것이 아니라, 합리적으로 보아 가능한 범위 내에서 다른 후보자의 견해나 발언의 의미를 해석하고 이에 대하여 비판하거나 질문하는 행위는 진실에 반하는 사실을 공표한다는 인식을 가지고 행하는 허위사실 공표행위로 평가할 수 없다고 보아야 하고, 이러한 법리는 다른 후보자의 질문이나 비판에 대해 답변하거나 반론하는 경우에도 마찬가지로 적용되어야 한다.[15]

16

12　대판 2020. 12. 24, 2019도12901.
13　대판 2020. 7. 16, 2019도13328(전); 대판 2020. 12. 24, 2019도12901.
14　대판 2020. 12. 24, 2019도12901.
15　대판 2020. 7. 16, 2019도13328(전)(지방자치단체장 선거의 후보자인 피고인이 사실은 시장으로 재직할 당시 수회에 걸쳐 관할 보건소장 등에게 자신의 친형 A에 대하여 정신보건법에 따른 강제입원 절차를 진행하도록 지시하였음에도 방송사 초청 공직선거 후보자 토론회에서 상대 후보자 B가 위 강제입원 절차 관여 여부에 대하여 한 질문에 이를 부인하면서 A를 정신병원에 입원시키려고 한 적이 없다는 취지로 발언을 함으로써 허위사실을 공표한 사례). 아울러 다수의견은 "공직선거법은 '허위의 사실'과 '사실의 왜곡'을 구분하여 규정하고 있으므로(제8조의4 제1항, 제8조의6 제4항, 제96조 제1항, 제2항 제1호, 제108조 제5항 제2호 등 참조), 적극적으로 표현된 내용에 허위가 없다면 법적으로 공개의무를 부담하지 않는 사항에 관하여 일부 사실을 묵비하였다는 이유만으로 전체 진술을 곧바로 허위로 평가하는 데에는 신중하여야 하고, 토론 중 질문·답변이나 주장·반론하는 과정에서 한 표현이 선거인의 정확한 판단을 그르칠 정도로 의도적으로 사실을 왜곡한 것이 아닌 한, 일부 부정확 또는 다소 과장되었거나 다의적으로 해석될 여지가 있는 경우에도 허위사실 공표행위로 평가하여서는 안 된다."고 한다.
　　본 판결 평석은 이문한, "공직선거법상 허위사실공표죄와 정치적 표현의 자유 - 대법원 2020.

17   어떤 표현이 허위사실을 표명한 것인지 여부는 일반 선거인이 그 표현을 접하는 통상의 방법을 전제로 그 표현의 전체적인 취지와의 연관하에서 표현의 객관적 내용, 사용된 어휘의 통상적인 의미, 문구의 연결방법 등을 종합적으로 고려하여 그 표현이 선거인에게 주는 전체적인 인상을 기준으로 판단하여야 할 것이다.[16]

18   다만, 여기서 말하는 '허위의 사실'은 후보자, 후보자의 배우자 또는 직계존·비속이나 형제자매의 출생지·가족관계·신분·직업·경력등·재산·행위·소속단체, 특정인 또는 특정단체로부터의 지지여부 등에 관한 것만을 말한다.

19   당선 목적 허위사실공표죄와 관련하여 허위의 사실 여부가 문제된 사례를 들어보면 다음과 같다.

   ① 후보자의 '경력등'과 관련된 사안

20   공직선거법 제250조 제1항의 '경력등'이라 함은 후보자의 '경력·학력·학위·상벌'을 말하고(§64⑤), 그중 '경력'은 후보자의 행동이나 사적(事績) 등과 같이 후보자의 실적과 능력으로 인식되어 선거인의 공정한 판단에 영향을 미치는 사항을 말한다.[17] 따라서 선거홍보물 등에 '하버드대 대학원 졸업(공공행정학 석사)'이라는 내용을 게재하면서 그 수학기간을 기재하지 않은 것은 허위사실공표에 해당한다.[18]

21   국회의원 후보자가 국회의원선거 예비후보자 등록신청서 학력란에 'A 고등학교 졸업'이라고 기재한 후 선거관리위원회에 제출하여 그러한 내용이 중앙선거관리위원회 정치포탈사이트 후보자 정보의 기본정보란에 게시되게 하고, 선거방송토론위원회가 주관하는 후보 TV토론회에 참가하여 학력에 관하여 해명하면서 위조된 고등학교 졸업증명서를 진정하게 성립한 문서인 것처럼 펼쳐 보인 것은 허위사실 공표에 해당한다.[19]

---

7. 16. 선고 2019도13328 전원합의체 판결을 중심으로 -", 형사법의 신동향 68, 대검찰청(2020), 302-336.

16 대판 2009. 3. 12, 2009도26.

17 대판 2011. 3. 10, 2010도16942; 대판 2020. 1. 9, 2019도10140.

18 대판 2009. 5. 14, 2009도679.

19 대판 2004. 12. 10, 2004도6450.

② 후보자의 '행위'와 관련된 사안

국회의원 후보자가 행정자치부장관에게 전화를 걸어 A 군 새마을회관 건립 　　22
을 위해 특별교부세 12억 원을 지원하여 줄 것을 요청하였으나, 사실은 그에게
서 지금은 선거기간이니 오해를 살 수 있어 곤란하고 선거가 끝난 후에 군수가
건의하면 전국적으로 지원요청사항을 검토할 때 종합판단하여 지원 여부를 검
토하여 보겠다는 취지의 유보적 답변을 받았을 뿐임에도, "저는 행정자치부장관
으로부터 특별교부세 12억 원의 지원을 약속받은 바 있습니다. 이 교부금으로
새마을 지도자들의 숙원인 새마을 지도자 회관을 건립하고, 노인복지사업을 위
해 사용할 계획입니다."라고 말한 것은 허위사실 공표에 해당한다.[20]

또한 국회의원 후보자가 건설교통부 담당국장에게 고속도로 통행료 폐지를 　　23
건의하기만 하였을 뿐 그로부터 단지 검토하겠다는 답변을 받았을 뿐임에도 선거
공보물과 기자회견을 통해 '울산 - 언양간 고속도로 통행료 폐지 약속(건교부)'이라
고 표현한 것은 허위사실 공표에 해당하고,[21] 국회의원 후보자가 단지 서울시장
으로부터 뉴타운 지정을 검토하겠다는 답변을 받았을 뿐임에도 서울시장이 뉴타
운 지정에 흔쾌히 동의하였다고 선전한 것 역시 허위사실 공표에 해당한다.[22]

③ 의견 표현 여부가 문제된 사안

시장 후보자의 공약 중 일부의 공약이 법령상의 제한이나 현실적인 어려움 　　24
등으로 인하여 중간에 중단되거나 그 공약이 변경됨으로써 당초의 공약에 대하
여 실행에 옮겨 이를 완료하였거나 상당한 정도로 진척되어 당초 약속한 공약
의 취지에 맞게 일을 수행하였다고 볼 수 없음에도, "시장 선거 당시의 100대
공약 중 2가지를 제외한 공약을 모두 이행하였다."라고 말한 것은 가치판단이나
평가를 내용으로 하는 의견 표현이 아니라 허위사실 공표에 해당한다.[23]

(마) 공표, 배포 목적의 소지

'공표'라 함은 불특정 또는 다수인에게 어떠한 사실을 알리는 것을 말한다.[24] 　　25
허위사실공표죄에는 그 법문상 형법의 명예훼손죄나 공직선거법의 후보자비방

---

20 대판 2003. 2. 20, 2001도6138.
21 대판 2009. 3. 12, 2009도26.
22 대판 2009. 10. 29, 2009도4931.
23 대판 2007. 8. 24, 2007도4294.
24 공직선거법 벌칙해설(9개정판), 374.

죄에서와 같은 공연성 요건이 별도로 명시되어 있지는 않은데, 이는 '공표'의 개념에 공연성의 의미가 이미 포함되어 있기 때문이다.

26   판례는 공표를 그 수단이나 방법의 여하를 불문하고 불특정 또는 다수인에게 허위사실을 알리는 것이라고 하면서, 허위사실이 기재된 문서를 선거인들에게 보여주어 읽게 하는 것도 허위사실공표죄에 해당된다고 보았다.[25] 다만 방송토론회에서의 발언이 공표에 해당하는지 여부가 문제된 사안에서, 판례는 수단이나 방법의 여하를 불문하고 의사소통이 공연하게 행하여지는 모든 경우를 허위사실공표죄로 처벌한다면 헌법상 정치적 표현의 자유 및 선거운동의 자유가 지나치게 제한되는 결과가 발생하고, 결국 공직선거법이 선거의 공정성 확보라는 수단을 통하여 달성하고자 하는 목적인 '국민의 자유로운 의사와 민주적인 절차에 의한 선거'를 실현하는 데 장해를 초래할 위험이 있으므로, 후보자등이 후보자 토론회에 참여하여 질문·답변을 하거나 주장·반론을 하는 것은 그것이 토론회의 주제나 맥락과 관련 없이 일방적으로 허위의 사실을 드러내어 알리려는 의도에서 적극적으로 허위사실을 표명한 것이라는 등의 특별한 사정이 없는 한 허위사실공표죄로 처벌할 수 없다고 보아야 한다고 판단하였다.[26]

---

25 대판 1998. 9. 22, 98도1992.
26 대판 2020. 7. 16, 2019도13328(전). 다만, 이러한 다수의견에 반대하는 대법관 5명의 반대의견의 취지는 다음과 같다.
「후보자 토론회는 유권자들에게 매우 강력한 파급력과 영향력을 가지고 있고, 유권자들도 토론회를 후보자의 공직 적격성을 판단하는 데 가장 중요한 정보 제공의 장으로 인식하고 있다. 후보자 토론회에서의 허위사실의 유포 또는 사실의 왜곡은 국민주권과 대의민주주의를 실현하는 핵심 수단인 선거에서 선거의 공정을 침해하여 선거제도의 본래적 기능과 대의민주주의의 본질을 심각하게 훼손한다. 다수의견과 같이 후보자 토론회의 토론과정 중 발언이 적극적·일방적으로 허위사실을 표명하는 것이 아니라는 이유에서 이를 허위사실공표죄로 처벌하지 않고 일률적으로 면죄부를 준다면, 이는 결과적으로 후보자 토론회의 의의와 기능을 소멸시켜 토론회가 가장 효율적이고 선진적인 선거운동으로 기능할 수 없게 만들고, 토론회에서 적극적으로 구체적인 발언을 한 후보자만이 법적 책임을 부담하게 될 위험이 커진다. 이로써 후보자들은 후보자 토론회에서 서로의 장점과 단점을 구체적·적극적으로 드러내지 않은 채 포괄적·소극적으로 불분명하게 지적하게 되고, 토론의 생동감과 적극성은 기대할 수 없게 된다. 결국 실제 선거에서 후보자 토론회가 형식적으로 운영될 수밖에 없다.
방송중계를 전제로 하는 후보자 토론회에서의 발언을 '토론회'라는 측면에만 주목하여 '공표'가 아니라고 보는 것은 '공표'의 의미에 관한 대법원 판례에도 반한다.
후보자 토론회에서 이루어진 발언이 공직선거법 제250조 제1항에서 정한 '공표'에는 해당하나, 개별 사안에 따라 그 허위성 내지 허위성 인식 여부를 엄격하게 판단한 대법원의 확립된 법리는 선거의 공정과 후보자 토론회의 의의 및 기능, 정치적 표현의 자유, 선거운동의 자유 사이에서 적절한 균형을 유지하며 제 기능을 다하고 있다. 다수의견과 같이 '공표'의 범위를 제한하는 해

또한 판례는 단 한 사람에게 알리더라도 그것이 다른 사람들에게 알려질 27
것이 예견될 때에는 공표에 해당하고, 이는 허위사실을 소수의 사람에게 대화로
전하고 그 소수의 사람이 다시 전파하게 될 경우도 마찬가지라고 본다.[27] 공표
된 사실은 불특정 다수인이 알 수 있을 상태에 도달하면 충분하고, 반드시 그들
이 알게 되는 것까지 요하지는 않는다.[28]

공표 외에 '배포 목적의 소지'도 허위사실 공표의 행위태양으로 규정되어 28
있는데, '소지'란 물건의 보관에 관하여 실력지배관계를 갖는 것을 말한다.[29]

(바) 당선되거나 되게 할 목적

당선 목적 허위사실공표죄는 당선되거나 되게 할 목적을 필요로 하는 목적 29
범이다.

이러한 목적은 일반 목적범에서와 마찬가지로 적극적으로 의욕하거나 희망 30
할 필요까지는 없고, 당선되고자 하는 또는 당선되게 한다는 인식만 있으면 충
분하고, 적극적 의욕이나 확정적 인식임을 요하지 않는다. 그러한 목적만 있으
면 되고 본래의 의도대로 당선이 되었는지 여부는 당선 목적 허위사실공표죄의
성립에 영향이 없다.[30]

그리고 이러한 목적은 그것이 유일하고 배타적일 필요는 없고, 다른 목적과 31
결부되어 있어도 상관없다.[31]

(사) 고의

당선되거나 되게 할 목적 이외에 각 행위객체 및 행위태양에 대한 인식이 32
필요하다.[32]

석은 자칫 선거의 공정과 정치적 표현의 자유 사이의 균형을 심각하게 훼손할 수 있다.
공직선거법 제250조 제1항에서 정한 '공표'는 반드시 허위사실을 직접적으로 표현한 경우에 한
정될 것은 아니고, 간접적이고 우회적인 표현에 의하더라도 그 표현된 내용 전체의 취지에 비추
어 그와 같은 허위사실의 존재를 암시하고, 이로써 후보자의 평가에 유리한 영향을 미칠 가능성
이 있을 정도의 구체성이 있으면 충분하다.」
27 대판 2011. 12. 22, 2008도11847(피고인이 인터넷 언론사 기자로부터 전화로 질문을 받게 되자
공소사실 기재와 같은 말을 함으로써 기자로 하여금 피고인의 말이 기사에 게재되게 한 것은,
기자의 질문에 답하는 방법으로 사실을 공표한 것에 해당한다고 본 사례).
28 공직선거법 벌칙해설(9개정판), 374.
29 공직선거법 벌칙해설(9개정판), 375.
30 공직선거법 벌칙해설(9개정판), 376.
31 공직선거법 벌칙해설(9개정판), 376.
32 공직선거법 벌칙해설(9개정판), 376.

33   당선 목적 허위사실공표죄에서는 공표된 사실이 허위라는 것이 구성요건의 내용을 이루는 것이므로, 행위자의 고의의 내용으로서 그 사항이 허위라는 것의 인식이 필요하고, 이러한 주관적 인식의 유무는 그 성질상 외부에서 이를 알거나 입증하기 어려운 이상 공표사실의 내용과 구체성, 소명자료의 존재 및 내용, 피고인이 밝히는 사실의 출처 및 인지경위 등을 토대로 피고인의 학력, 경력, 사회적 지위, 공표 경위, 시점 및 그로 말미암아 객관적으로 예상되는 파급효과 등 제반 사정을 모두 종합하여 규범적으로 이를 판단한다.[33]

34   당선 목적 허위사실공표죄의 고의 유무가 다투어진 사례를 살펴보면 다음과 같다.

35   ① 단지 서울시장으로부터 뉴타운 지정을 검토하겠다는 답변을 받은 것일 뿐임에도 국회의원 후보자가 선거유세 도중 서울시장이 뉴타운 지정에 흔쾌히 동의하였다고 발언한 경우, 서울시장과 피고인의 대화내용, 대화 당시의 분위기, 피고인의 정치경력, 사회적 지위 등을 종합해 보면, 서울시장의 답변은 뉴타운 지정 요청에 대한 의례적 인사 내지 뉴타운 지정 필요성에 대한 공감 정도의 의미에 불과할 뿐 뉴타운 지정에 동의한 것으로는 볼 수 없음을 피고인이 인식할 수 있었다고 할 것이다.[34]

36   ② 피고인의 졸업 이후에 학교 명칭이 4년제 단과대학인 'A 대학'에서 4년제 종합대학인 'A 대학교'로 변경되었음에도 선거벽보 등에 "A 대학교 졸업"이라고 기재한 경우, 교육법 개정 이후 단과대학의 경우에도 '대학'이 아닌 '대학교'라는 명칭이 사용 가능해졌으며, 피고인의 졸업증명서에도 'A 대학교'라고 기재되어 있는 점 등을 종합하면, 피고인에게 허위성에 대한 인식이 있다고 볼 수 없다.[35]

(2) 죄수

37   당선 목적 허위사실공표죄는 공표행위에 의해 범죄가 성립하므로, 여러 개의 공표행위가 각기 따로 이루어진 경우에는 특별한 사정이 없는 한 고의의 단일성을 인정하기 어려워 공표행위마다 별개의 범죄가 성립하고, 공표의 수단이

---

33 대판 2005. 7. 22, 2005도2627.
34 대판 2009. 10. 29, 2009도4931.
35 광주고판 2010. 12. 23, 2010노423.

다르거나 공표의 내용이 다른 경우 각각 실체적 경합에 해당한다.[36]

(3) 처벌

5년 이하의 징역 또는 3천만 원 이하의 벌금에 처한다.   38

2. 낙선 목적 허위사실공표죄(제2항)

공직선거법 제250조 제2항은 당선방해운동의 일환으로 후보자에게 불리한   39
허위의 사실을 공표하여 선거인의 올바른 판단에 영향을 미치는 행위를 규제함
으로써 선거의 공정을 보장하기 위한 규정이다.[37]

(1) 구성요건

(가) 객체, 연설·방송·신문·통신·잡지·벽보·선전문서 기타의 방법, 공표 또는 배포
    목적의 소지

이들의 의미에 대해서는 앞서 당선 목적 허위사실공표죄 부분에서 설명한   40
내용과 동일하다.

다만 당선 목적 허위사실공표죄와는 달리 낙선 목적 허위사실공표죄에서는   41
그 객체를 그 출생지, 소속, 신분, 직업, 재산, 경력등에만 한정하지 않고 있으므
로, 인격, 성격, 품행, 사상, 행위, 가족관계 등 대상자와 관련된 모든 사항이 공
표의 객체가 될 수 있다.[38]

또한, 낙선 목적 허위사실공표죄에서 말하는 '후보자에 관한 사실' 중에는   42

---

36 공직선거법 벌칙해설(9개정판), 378.
37 대판 2018. 9. 28, 2018도10447. 「공직선거에서 후보자를 검증하는 것은 필요하고도 중요한 일
  이므로 후보자의 공직적격성을 의심하게 하는 사정이 있는 경우 이에 대한 문제제기가 쉽게 봉
  쇄되어서는 안 되나, 허위사실공표 행위는 선거의 공정성과 투명성을 훼손하고 선거권자의 올바
  른 의사결정에 혼란을 초래할 위험이 매우 크며, 특히 선거일에 임박하여 후보자 및 그 친인척
  의 비위와 관련된 허위사실을 공표하는 행위는 선거권자의 후보자에 대한 평가에 결정적인 영향
  을 미칠 수 있는 반면, 후보자 측에서는 이를 반박할 기회를 얻지 못해 선거의 결과와 관련하여
  후보자와 선거권자 모두에게 회복할 수 없는 피해를 입힐 가능성이 매우 높고, 나아가 허위사실
  공표 행위가 선거 결과에 결정적인 영향을 미치지 않은 경우에도 이러한 행위는 그 자체로 선거
  권자가 선거 과정에서 흑색선전 등에 영향을 받지 않고 후보자의 자질·식견·공약 등을 비교·검
  토하여 공직적격 후보자에게 투표할 수 있는 기회를 축소·박탈하는 결과를 초래하고, 경우에
  따라서는 선거 이후 그 결과에 대한 정당성 시비를 불러일으키는 등 불필요한 사회적 혼란까지
  발생시킬 수 있으므로, 충분한 검증 없이 명확히 확인되지 않은 후보자 및 그 친인척의 비위 관
  련 의혹을 제기하거나 더 나아가 이를 단정적으로 공표하는 행위는 언론의 자유의 한계를 벗어
  나는 것으로서 엄격히 제한되어야 한다.」
38 공직선거법 벌칙해설(9개정판), 379.

직접 후보자 본인에 관한 사실뿐 아니라 후보자의 소속 정당이나 그 정당의 소속 인사에 관한 사항 등과 같은 간접사실이라도 후보자와 직접적으로 관련된 사실이고 그 공표가 후보자의 당선을 방해하는 성질을 가진 것인 경우에는 '후보자에 관한 사실'에 해당한다고 할 것이지만, 공표된 사실이 후보자와 직접적인 관련이 없어 후보자의 선거에 관한 신용을 실추시키거나 이에 영향을 미치는 것이 아닌 경우에는 여기에 포함되지 않는다.[39]

43   따라서 X 당의 시장 후보자인 A의 낙선을 목적으로 X 당 B 대표의 피습사진을 배경으로 하여 '테러의 배후는? 칼풍'이라는 제목하에 "테러는 상대방을 주범으로 몰아 곤경에 빠뜨리고 동정심을 자극하여 자기세력을 확대하고 공천비리, 성추행, 서민공방 등 불리한 조건을 한번에 무마시킬 수 있는 강력한 신종정치공작", "엄청난 배후가 있는 신종정치공작 칼풍"이라는 등의 글이 기재된 패러디 포스터를 인터넷 게시판에 게시한 경우, 그 포스터의 내용이 비록 A 후보자가 소속된 X 당 및 B 대표에 관한 내용이기는 하지만, 그 내용 중에는 A 후보자와 직접적으로 관련됨으로써 그의 선거에 관한 신용을 실추시키거나 이에 영향을 미칠 수 있는 내용이 포함되어 있지 않으므로 이를 A 후보자에 관한 사실을 공표한 것이라고 보기는 어렵고, 비록 위 포스터에 다른 패러디 포스터(A 후보자가 '근조'라고 쓰인 등을 손에 든 상태에서 웃으며 자전거를 타고 가는 배경사진과 함께 '행복한 A'라는 제목하에 "차떼기, 공천비리, 성추행 모두 잊게 해주시는 대표님 우리 구호 한번 외치죠, B 대표님 고맙습니다"라는 등의 글이 기재된 것)가 함께 게시되기는 하였으나 이 둘은 각각 독립적인 게시물로서 다른 게시물들과 혼재되어 있는 상태이고 하나의 게시물에 다른 게시물을 링크시키는 등 사실상 하나의 게시물로 볼 만한 사정도 찾아볼 수 없으므로, 뒤의 포스터가 앞의 포스터를 A 후보자와 연관시키고 있다고 볼 수도 없다.[40]

(나) 불리하도록

44   이는 선거인들로 하여금 그 후보자에 대하여 좋지 않은 평가를 내리게 하

---

39 대판 2007. 3. 15, 2006도8368.

40 대판 2007. 3. 15, 2006도8368. 이와 달리 원심은 피고인이 A 후보자의 당선을 방해할 목적으로 위 포스터를 게시한 것이고, 이 포스터에 A 후보자가 자전거를 타는 사진이 담긴 다른 포스터도 함께 게시함으로써 A 후보자와 직접 연관시키기도 한 점 등을 이유로 이 포스터가 후보자에 관한 허위사실을 공표한 것에 해당한다고 보았다(서울고판 2006. 11. 2, 2006노1855).

여 그의 당선에 나쁜 영향을 줄 가능성이 있도록 할 의도라는 의미이다.[41]

(다) 허위의 사실

'허위의 사실'의 의미도 앞에서 설명한 내용과 동일하다.   45

낙선 목적 허위사실공표죄와 관련하여 허위의 사실 여부가 문제된 사례를   46
들어보면 다음과 같다.

① 의견 표현 여부가 문제된 사안

상대 후보자인 피해자 A가 그의 선거사무원인 시의원에 대하여 발생한 협   47
박문자와 차량훼손 사건이 피고인 측에서 저지른 것이라는 의혹을 제기하자 피
고인이 "시의원에 대한 위 사건은 A 후보자의 자작극이 아닌가."라고 발언한 경
우, 이는 피해자 측에서 위 사건을 마치 피고인 측에서 저지른 것처럼 수사를
촉구하는 기자회견을 하자 이에 대응하는 과정에서 새로운 사실관계를 추가함
이 없이 단지 자작극이 아닌가 하는 의혹을 제기하는 형식으로 의견을 표현한
것에 불과하다.[42]

이와는 달리, 피고인과 상대 후보자를 포함한 무소속 후보자들의 단일화 문   48
제가 초미의 관심사가 되고 있던 상황에서 상대 후보자가 기자회견을 통해 사
퇴할 의사가 없음을 분명히 밝혔음에도 피고인이 상대 후보자가 사퇴할 것이라
고 발언한 경우, 이러한 발언은 피고인의 단순한 의견이나 예상이 아니라 무소
속 후보자들의 단일화에 관한 구체적 결론이나 이와 관련된 상대 후보자의 구
체적인 사퇴계획이라는 과거 또는 현재의 사실관계에 관하여 진실에 부합하지
않는 사항을 진술한 것이라고 봄이 상당하다.[43]

② 의혹의 제기 또는 소문의 인용과 관련된 사안

어떠한 의혹을 제기하거나 소문이 있다는 사실을 공표한 경우, 그 의혹이나   49
소문의 내용이 허위이면 의혹이나 소문이 있다는 사실 자체는 진실이라 하더라
도 허위사실공표죄가 성립한다.

상대 후보자인 A의 아들 B의 병역면제 처분에 대하여 과거 병역비리합동수   50
사반에서 수사하여 혐의없음 처분된 일이 있고 이 수사결과가 대다수의 중앙일

---

41 공직선거법 벌칙해설(9개정판), 381.
42 대판 2009. 5. 28, 2009도2194.
43 대판 2000. 4. 25, 99도4260.

〔한 제 희〕   **223**

간지에 보도되기까지 하였음에도, 피고인이 후보자합동연설회에서 "여기 계신 모 후보, 의심의 여지가 많은 방법으로 군복무를 완수하지 못하고 의가사 제대 했다고 했고, 그 자식도 (중략) 고의로 체중을 불려 군대에 가지 않았다는 소문 이 많이 있는데, 만일 그것이 사실이라면, 그런 사람이, 어떻게 국가를 위하여 몸을 던져 일하겠다고 나설 수 있는 것인지 묻지 않을 수 없습니다."라고 발언 한 경우, 피고인이 위 수사결과에도 불구하고 B의 병역면제 처분에 비리 의혹 이 있다고 믿을 만한 정황과 자료를 제시하지 못하고 있어 피고인이 새롭게 제 기하는 의혹이 진실이라고 믿을 만한 상당한 이유가 있다고 할 수 없음에도, 그 가 B에 대한 병역면제 처분에 비리가 있다는 의혹을 제기하여 A를 당선되지 못 하게 할 목적으로 발언한 것이므로 이는 허위사실의 공표에 해당한다.[44]

51   유사한 사안으로, "상대 후보자 아들의 병역면제 비리 의혹에 관한 소문이 있는데, 만일 이 소문이 사실이라면 후보자가 어떻게 국가를 위해 일할 수 있겠 냐."라고 발언한 경우, 비록 소문과 함께 가정적 표현을 사용하였지만 선거인들 로 하여금 상대 후보자의 아들의 병역면제 처분에 어떠한 비리가 있다는 의혹 을 갖게 하는 것임이 명백하므로 이는 허위사실의 공표에 해당한다.[45]

52   또한, 'A 후보(피해자)는 미 영주권 문제를 즉각 해명하라'라는 제목으로 "甲 (피고인) 캠프가 받은 제보에 따르면, A 후보는 두 자녀를 미국에서 교육시켜 미 국 영주권을 보유하고 있으며, A 후보 자신 또한 미국에서 근무할 때 미국 영주 권을 보유하였다는 것입니다. (중략) A 후보는 그 자신이 미국 영주권을 보유하 고 있다는 의혹을 사고 있습니다. 만약 이게 사실이라면, A 후보는 서울시 교육

---

44 대판 2003. 2. 20, 2001도6138(전). 「피고인은 위와 같은 발언을 함에 있어 단정적인 표현을 피 하고 '… 그것이 사실이라면'이라는 가정적인 표현을 하였으므로 허위사실의 공표에 해당하지 않는다고 주장하나, 어떤 표현이 허위사실을 표명한 것인지 여부는 일반 선거인이 그 표현을 접 하는 통상의 방법을 전제로 그 표현의 전체적인 취지와의 연관하에서 표현의 객관적 내용, 사용 된 어휘의 통상적인 의미, 문구의 연결방법 등을 종합적으로 고려하여 그 표현이 선거인에게 주 는 전체적인 인상을 기준으로 판단하여야 할 것이므로, 비록 '…라면,'이라는 가정적인 표현을 사용한 경우에도 위와 같은 기준으로 판단하여 허위사실을 표명한 것으로 볼 수 있으면 공직선 거및선거부정방지법 제250조 제2항 위반죄에 해당한다고 할 것이고, 피고인의 발언이 소문을 원 용하면서 가정적인 표현을 사용하고 있지만 위와 같은 기준에 따라 종합적으로 살펴보면 피고인 의 발언은 선거인들로 하여금 A 후보자의 아들의 병역면제 처분에 어떠한 비리가 있다는 의혹 을 갖게 하는 것임이 명백하므로 허위사실의 공표에 해당한다.」

45 대판 2004. 6. 25, 2004도2062.

감 후보가 될 자격이 없습니다."라는 내용으로 작성된 보도자료를 기자들에게 배포한 경우, 피해자가 미국 영주권을 보유한 '의혹'이 있다고 한 발언은 '피해자가 미국 영주권을 보유하고 있다'라는 사실을 공표한 것으로 평가함이 상당하므로, 피해자의 미국 영주권 보유 사실이 허위인지 여부를 판단하여야 한다.[46]

③ 그 밖의 사안

국회의원 A의 측근 B에게 돈을 전달하였다는 제보를 받고 보도 전 사실 여부를 철저하게 확인하지 않은 상태로 국회의원 A가 돈을 받았다고 보도한 경우, 허위사실 공표가 인정된다.[47]   53

상대 후보자가 정당한 사유로 '종합소득세'를 납부하지 않았을 뿐이고 '근로소득세'는 납부하였다는 사실을 알면서도, 그가 '소득세'를 납부하지 않았다는 취지의 연설을 하면서 그 세금이 종합소득세라고 특정하지 않은 것은 허위사실 공표에 해당한다.[48]   54

이미 전임 시장이 쓰레기소각장 사업자를 A 건설로 내정해 둔 것임에도, 후임 시장이 취임 이후 B 건설과 모종의 거래를 통해 이를 뒤집고 사업자를 B 건설로 변경하였다는 취지로 발언한 것은 허위사실을 공표한 것에 해당한다.[49]   55

(라) 당선되지 못하게 할 목적

'당선되지 못하게 할 목적'이라 함은 후보자에 관한 허위의 사실을 공표함으로써 선거인의 정확한 판단을 그르치게 하고 그에 따른 투표의 결과 후보자로 하여금 유효투표의 다수를 얻지 못하게 할 목적을 의미한다.[50]   56

'당선되지 못하게 할 목적'은 허위사실을 공표함으로써 후보자가 당선되지 못하게 한다는 인식만 있으면 충분하고, 결과발생을 적극적으로 의욕하거나 회   57

---

46 대판 2016. 12. 27, 2015도14375. 이와 달리 원심은 피고인이 공표한 사실은 '피해자와 두 자녀가 미국 영주권을 보유하고 있다'라는 사실이 아니라 '피해자와 두 자녀가 미국 영주권을 보유하고 있다는 의혹을 사고 있다'라는 사실이라고 판단하였다(서울고판 2015. 9. 4, 2015노1385).
47 대판 2017. 8. 18, 2017도7854.
48 대판 2002. 5. 24, 2002도39.
49 대판 2015. 10. 29, 2015도8400.
50 대판 2007. 6. 29, 2007도2817(선거일의 투표가 마감된 후 유효투표의 다수를 획득하여 당선인으로 결정된 후보자에 관하여 그 당선을 무효로 되게 할 목적으로 허위의 사실을 공표하였더라도, 이미 투표가 종료된 이상 그러한 행위가 선거인의 판단에 영향을 미치는 방법으로 당해 선거의 공정을 해할 여지는 없는 것이므로 이를 공직선거법 제250조 제2항의 허위사실공표죄로 처벌할 수 없다고 본 사례).

망하는 것일 필요는 없다.[51]

58   언론매체가 특정 후보자나 그 배우자에 관하여 허위사실을 적시한 경우, 국
민의 알권리를 충족시키기 위한 언론매체의 공익적 성격 때문에 낙선 목적을
바로 인정하기는 곤란하지만, 당해 언론매체와 특정 후보자와의 관계, 보도 이
전 최소한의 검증절차도 거치지 않는 등 공익적 활동을 벗어난 악의적인 동기
가 엿보이는 경우에는 낙선 목적을 인정할 수 있다.[52]

      (마) 고의

59   낙선 목적 허위사실공표죄가 성립하기 위해서는 낙선 목적 이외에 각 행위
객체 및 행위태양에 대한 인식을 요하므로, 행위자가 그 사실이 허위라는 점을
인식하였어야 한다.[53] 어떠한 소문을 듣고 그 진실성에 강한 의문을 품고서도
감히 공표한 경우에는 적어도 미필적 고의가 인정될 수 있다.[54]

60   그리고 공표된 구체적 사실이 진실한지를 확인하는 일이 시간적, 물리적,
사회통념상 가능하였다고 인정됨에도, 그러한 확인 노력을 하지 않은 채 당선되
지 못하게 할 목적을 가지고 그 사실의 공표에 적극적으로 나아갔다면 미필적
고의를 인정할 수 있다.[55] 같은 맥락에서, 언론매체가 일방 제보자의 주장을 토
대로 기사를 보도함에 있어 사전에 보도대상인 본인을 상대로 진위 여부를 확
인하는 등 실현 가능한 범위 내에서 제보자 주장의 진위 여부를 확인하는 검증
절차를 거치지 않은 경우에는, 미필적 고의가 인정될 수 있다. 다만 언론매체의
보도내용을 토대로 다시 동일하거나 유사한 사실의 적시가 이루어진 경우, 그
발언자가 사전에 담당기자를 상대로 취재경로와 보도내용의 진위 여부를 확인
함으로써 보도내용을 진실한 것으로 믿을 만한 특별한 사정이 존재하는 경우에
는 고의를 인정하기 어렵다.[56]

61   한편, 공직선거 후보자 합동토론회에 임하는 후보자는 자신에 관한 것이거
나 다른 후보자에 관한 것이거나를 막론하고 모두 진실에 부합하는 주장만을

---

51 대판 2011. 6. 24, 2011도3824.
52 공직선거법 벌칙해설(9개정판), 389.
53 대판 2002. 11. 13, 2001도6292.
54 대결 2001. 4. 10, 2001모193.
55 대판 2011. 12. 22, 2008도11847.
56 공직선거법 벌칙해설(9개정판), 390.

제시하고 자신의 의견을 밝히고 다른 후보자에게 질의하거나 다른 후보자의 질의에 답변함에 있어 분명하고도 정확한 표현을 사용함으로써 선거인이 각 후보자의 자질, 식견 및 견해를 명확하게 파악할 수 있도록 해야 하는 것이 원칙이나, 미리 준비한 자료에 의하여 일방적으로 자신의 의견을 표현하는 연설의 경우와는 달리 후보자 사이에서 주장과 반론, 질의와 대답에 의한 공방이 즉흥적·계속적으로 이루어지는 합동토론회의 특성으로 인하여 위와 같은 표현의 명확성에는 그 한계가 있을 수밖에 없다. 따라서 후보자가 선거인의 정확한 판단을 그르치게 할 수 있을 정도로 다른 후보자의 견해나 발언을 의도적으로 왜곡한 것이 아니라, 합리적으로 보아 가능한 범위 내에서 다른 후보자의 견해나 발언의 의미를 해석하고 이에 대하여 비판하거나 질의하는 행위는, 후보자의 주장이나 질의에 대하여 다른 후보자가 즉시 반론이나 답변을 통하여 자신의 입장을 밝힐 기회가 주어지는 합동토론회의 특성을 고려해 볼 때, 진실에 반하는 사실을 공표한다는 인식을 가지고 행하는 허위사실 적시 행위로 평가할 수 없다고 보아야 한다. 이는 후보자가 자신의 주장을 내세우거나 상대방에게 질의하는 과정에서 한 표현이 선거인의 정확한 판단을 그르칠 정도로 의도적으로 사실을 왜곡한 것이 아닌 이상, 일부 부정확 또는 다소 과장되었거나 다의적으로 해석될 여지가 있는 경우에도 마찬가지이다.[57]

　　다만, 방송토론회라고 하더라도 후보자의 비리 등에 관한 의혹의 제기는 비록 그것이 공직적격 여부의 검증을 위한 것이라고 하더라도 무제한 허용될 수는 없고, 그러한 의혹이 진실인 것으로 믿을 만한 상당한 이유가 있는 경우에 한하여 허용되어야 한다. 따라서 후보자 초청 방송토론회에서 상대 후보자가 민

62

---

57 대판 2007. 7. 13, 2007도2879(방송사 주최 합동토론회에서 상대 후보자가 시장 재직 중에 업무추진비를 1년에 3억씩 12억 원을 써 과다하게 사용하였다고 발언한 사안에서, 피고인이 비록 업무추진비의 규모와 집행내역을 파악함에 있어 부정확한 자료에 의존하여 실제 집행된 예산과 다소 차이가 있다 하더라도, 이는 그 표현이 정확하지 않거나 다소 과장된 것으로 평가될 수 있을지는 몰라도, 피고인이 진실에 반하는 사실을 공표한다는 인식을 가지고 행한 것이라고 단정할 수 없다고 본 사례). 다만 시민단체 주최 후보자 정책토론회에서 상대 후보자가 시장으로 재직하면서 추진한 각종 개발사업을 하나씩 특정하면서 이 사업들을 1개 사업자가 모두 맡고 있다며 특혜 의혹을 제기한 사안에서, 위 사업들을 특정 업체가 모두 맡고 있는 것이 아니므로 허위사실이라고 봄이 상당하고, 토론회의 특성으로 인하여 표현의 명확성에 한계가 있을 수밖에 없는 점을 감안하더라도, 위 발언의 주요 부분이 다소 과장되었거나 다의적으로 해석될 여지가 있는 정도가 아니라는 이유로 허위사실 공표의 고의를 인정한 사례로는, 대판 2011. 6. 30, 2011도4108.

주화운동을 한 것이 아니고 북침설을 주장하여 징역살이를 하였다고 발언하였
다가 상대 후보자와 사회자의 거듭된 사실확인에도 근거를 제시하지 못하고 북
침설 주장 발언을 유지한 경우에는, 허위사실 공표의 고의가 인정된다.[58]

63   낙선 목적 허위사실공표죄의 고의가 인정된 사례를 살펴보면 다음과 같다.

64   ① 언론보도를 인용하여 시장선거의 상대 후보자인 현직 시장이 하수관거
사업과 관련하여 업체로부터 뇌물을 받은 혐의로 수사 중에 있다고 발언한 사안

65   위 발언내용은 선거운동기간 중 매우 중요한 이슈로서 주요 언론매체들을
통해 계속 특보로 보도될 만한 내용임에도 인지도가 상당히 떨어지는 일부 지
역신문에만 보도되었고, 시장 후보자로 나선 피고인으로서는 어렵지 않게 사실
확인을 할 수 있음에도 아무런 확인 없이 위 기사내용을 공표한 것이므로, 허위
사실 공표의 미필적 고의가 있다고 볼 수 있다.[59]

66   ② 군수 선거와 관련하여 '유○○ 후보가 김○○ 후보 매수 시도'라는 내
용의 보도자료를 배포한 사안

67   'A 도의 군수 선거에서 유모 후보가 김모 후보 매수시도 적발'이라는 취지
의 언론기사를 접하고 이는 피고인의 선거구 군수 선거와 관련된 내용이 아님
을 쉽게 알 수 있었음에도, 아무런 확인도 없이 피고인의 선거구 군수 선거의
'유○○ 후보가 김○○ 후보 매수 시도'라는 보도자료를 배포한 것이므로, 이는
허위사실 공표의 미필적 고의가 인정된다.[60]

68   ③ 대통령선거 과정에서 한 정당의 선거운동 조직인 공명선거추진단의 관
계자들인 피고인들이 상대 후보자 A의 아들 B의 과거 특혜채용 의혹이 주요한
선거쟁점으로 대두된 상태에서, 그와 같은 의혹을 뒷받침하는 내용의 제보자료
가 새로이 입수되자 이를 충분히 검증하지 않은 채 이에 터 잡아 선거일에 임
박한 시점에 기자회견 형식으로 허위내용에 불과한 제보사실을 그대로 공표한
사안

69   위 특혜채용 의혹을 뒷받침하는 제보자료의 신빙성에 상당한 의문을 품을
만한 사정들이 있었음에도, 그 진위를 제대로 확인하지 않은 채 급하게 기자회

---

58 대판 2008. 2. 11, 2008도8952.
59 대판 2011. 7. 28, 2011도5071.
60 대판 2015. 1. 29, 2014도16355.

견을 열어 실제로 확인되지 않았거나 확인된 것과 다른 내용을 단정적으로 공표한 점에 비추어, 피고인들이 허위인 제보자료의 내용을 별다른 검증 없이 진실이라고 믿은 데 대한 상당한 이유가 없다.[61]

반면, 고의가 부정된 사례를 살펴보면 다음과 같다.　　　　　　　　　70

① 상대 후보자가 지구당 창당대회를 개최하면서 기존 여권조직 당원 등에게 초청장 대신 배부한 비표(秘標)는 초청장 발송비용을 절약하고 기존 여권조직의 동원능력 및 지지성향 등을 분석하기 위한 것일 뿐 창당대회 참석자들에게 금전적인 대가를 주거나 불참자들에게 불이익을 주기 위한 것이 아님에도, 소위 '딱지'라는 것을 이용한 불법선거운동을 벌이고 있다는 내용의 보도자료를 배포한 사안 　　71

정당의 지구당이 창당대회를 개최하면서 비록 대가 목적이 아니라 분석 목적으로 비표를 배포하였다고 하더라도, 그와 상반된 이해관계를 가지는 정당 소속의 피고인으로서는 비표의 배포 및 회수에 관하여 금품 제공의 목적도 있을 것이라고 의심할 만한 여지가 충분하고 그러한 의심에는 상당한 정도의 근거도 있다고 할 것이므로, 이러한 내용의 보도자료를 공표한 데에는 그 내용이 허위라는 것에 대한 인식이 있었다고 볼 수 없다.[62]　　72

② A 후보가 피고인의 '비행장 이전 법안' 발의 서명요청에 처음에는 응하지 않다가 거듭 요청을 받고 서명한 것이라면, 피고인이 "A 후보가 처음에는 비행장 이전에 반대하였다."라고 발언한 것은 허위의 인식이 없다고 볼 것이다.[63]　　73

③ 피고인이 A 후보가 B 당 후보자들 중 전과가 두 번째로 많다는 인식을 가진 채 연설을 하던 중, "기호 3번 전과가 전국에서 두 번째로 많다고 합니다."라고 불명확하게 발언한 것은 허위의 인식이 있었다고 단정하기 어렵다.[64]　　74

(2) 입증 방법

허위사실공표죄가 성립하기 위해서는 검사가 공표된 사실이 허위라는 점을 적극적으로 증명할 것이 필요하고, 공표한 사실이 진실이라는 증명이 없다는 것　　75

---

61 대판 2018. 9. 28, 2018도10447.
62 대판 2002. 11. 13, 2001도6292. 이와 달리 원심은 피고인에게 위 보도자료의 내용이 허위라는 미필적인 인식이 없었다고 볼 수 없다고 판단하였다(부산고판 2001. 11. 1, 2001노193).
63 대판 2017. 11. 9, 2017도12126.
64 대판 2017. 9. 7, 2017도4235.

만으로는 허위사실공표죄가 성립할 수 없다.[65]

76   다만 의혹사실의 존재를 적극적으로 주장하는 자는 그러한 사실의 존재를 수긍할 만한 소명자료를 제시할 부담을 진다고 할 것이고, 그러한 소명자료를 제시하지 못한다면 달리 그 의혹사실의 존재를 인정할 증거가 없는 한 허위사실 공표로서의 책임을 져야 할 것이다. 이때 피고인이 제시하여야 할 소명자료는 단순히 그런 소문이 있었다는 정도로는 부족하고, 적어도 허위성에 관한 검사의 입증활동이 현실적으로 가능할 정도의 구체성은 갖추어야 할 것이며, 이러한 소명자료의 제시가 없거나 제시된 소명자료의 신빙성이 탄핵된 때에는 허위사실 공표로서의 책임을 져야 한다.[66]

77   다만 제시된 소명자료 등에 의하여 그러한 의혹이 진실인 것으로 믿을만한 상당한 이유가 있는 경우에는, 비록 사후에 그 의혹이 진실이 아닌 것으로 밝혀지더라도 표현의 자유 보장을 위하여 이를 처벌할 수 없다.[67]

(3) 죄수

78   하나의 문서 등으로 허위사실공표와 동시에 후보자비방을 한 경우, 허위사실공표죄와 후보자비방죄는 상상적 경합관계에 있다.[68]

79   허위사실공표죄의 보호법익은 선거의 자유라는 국가적 법익이고 명예훼손죄의 보호법익은 사람의 사회적 평가라는 개인적 법익이므로, 두 죄는 상상적

---

65 대판 2009. 3. 12, 2008도11443.
66 대판 2005. 7. 22, 2005도2627[A 후보를 낙선시킬 목적으로 "박정희 대통령의 스위스 부패자금이 지금 쓰여지고 있는 것이 아닌지 검토가 필요하다. 박정희의 스위스 부패자금이 A에게 전달되었다는 이야기들이 있다."라는 사실의 공표와 관련하여 피고인이 제시하여야 할 소명자료는, 단순히 그런 소문이 있었다는 정도로는 부족하고 적어도 허위성에 관한 검사의 입증활동이 현실적으로 가능할 정도의 구체성은 갖추어야 할 것이며, 이러한 소명자료의 제시가 없거나 제시된 소명자료의 신빙성이 탄핵된 때에는 허위사실 공표로서의 책임을 져야 하는데, 피고인이 제출한 재미언론인이 집필한 저서, 방송토론회 발표자료 또는 신문기사 등은 구체성 있는 소명자료로 볼 수 없다고 한 사례. 이와 달리 원심은 피고인이 구체성 있는 소명자료를 제출하였다는 취지로 판단하였다(서울고판 2005. 4. 12, 2004노2483)]; 대판 2016. 12. 15, 2016도15744[기자인 피고인이 'A 후보의 혐의사실을 확인한 검찰이 A 후보에 대한 소환조사를 계획하였음에도 A 후보가 소환에 응하지 않고 있다'라고 허위보도한 사안에서, 피고인이 그 주장과 같은 구체적인 사실관계의 존재를 수긍할 만한 소명자료(특히 수사 진행상황의 지득 경위 등)를 전혀 제출하지 못하여 검사의 허위성에 관한 증명활동이 현실적으로 불가능하므로 허위사실공표죄의 책임을 질 수밖에 없다고 본 사례].
67 대판 2003. 2. 20, 2001도6138.
68 공직선거법 벌칙해설(9개정판), 395.

경합관계에 있다는 것이 통설 및 판례[69]이다.[70]

(4) 처벌

7년 이하의 징역 또는 500만 원 이상 3천만 원 이하의 벌금에 처한다.   80

3. 당내경선 관련 허위사실공표죄(제3항)

공직선거법 제250조 제3항의 입법취지는 당내경선과 관련하여 경선후보자   81
등에 대한 허위의 사실을 공표하여 선거인의 올바른 판단에 영향을 미치는 행
위를 규제함으로써 당내경선의 공정을 보장하기 위한 것이다.[71]

(1) '당내경선'의 의미

당내경선 관련 허위사실공표죄에서 말하는 '당내경선'의 의미에 대하여, 종   82
래 대법원은 "위 규정에서 말하는 '당내경선'이란 공직선거법 제57조의2 내지 제
57조의5의 규정을 종합하여 볼 때 정당이 공직선거에 추천할 후보자를 선출하
기 위하여 실시하는 선거를 말하며, 공직선거법 제57조의2 제2항에 의하여 당
내경선후보자로 등재된 자를 대상으로 정당의 당헌·당규 또는 경선후보자 간의
서면합의에 따라 실시한 당내경선을 대체하는 여론조사를 포함한다고 할 것이
나, 정당이 선거나 이를 대체하는 여론조사가 아닌 방법으로 공직선거에 추천할
후보자를 결정하는 것은 당내경선에 포함되지 아니한다"라고 판시하여,[72] 정당
이 공직후보자추천심사위원회의 서류심사 및 면접의 방법으로 구의회 비례대표
의원의 정당후보자를 추천한 것은 당내경선에 의한 정당후보자 추천에 해당한
다고 볼 수 없다고 판단하였다. 그런데 최근 공직선거후보자추천관리위원회가
예비후보자들에 대한 서류심사 및 면접을 거쳐 단수후보자를 추천하는 방법으
로 후보자를 선정하는 과정에서 허위사실을 공표한 사안에서, 대법원은 당내경
선 관련 허위사실공표죄의 성립을 인정한 사례가 있으나,[73] 다만 그 판단이유를
명시적으로 밝히지 않아 판례의 태도가 변경된 것인지 여부는 불분명하다.[74]

---

69 서울고판 1998. 2. 1, 98노2077.
70 공직선거법 벌칙해설(9개정판), 395.
71 공직선거법 벌칙해설(9개정판), 395.
72 대판 2007. 11. 16, 2007도6503.
73 대판 2017. 12. 22, 2017도16682.
74 공직선거법 벌칙해설(9개정판), 397.

83　　　당내경선에 임박하여 허위사실을 공표하는 경우, 당내경선 관련 허위사실 공표죄가 성립하는지 아니면 공직선거법 제250조 제1항 또는 제2항의 허위사실 공표죄가 성립하는지 여부가 문제되는데, 표현 문구, 공표 시기, 공표 상대방 등을 종합하여 판단하여야 할 것이다.[75]

(2) 그 밖의 구성요건

84　　　당내경선 관련 허위사실공표죄의 구성요건은 당내경선과 관련하여 당선 목적 허위사실공표 또는 낙선 목적 허위사실공표 행위를 하는 것으로, 각 구성요건의 의미는 앞에서 설명한 것과 같다.

85　　　다만 공직선거법 제250조 제1항에서는 공직선거의 후보자나 후보자가 되고자 하는 자가 학력을 게재하는 경우에는 제64조 제1항의 규정에 의한 방법으로만 게재하도록 규정하고 있으나, 제250조 제3항의 경우에는 이를 따를 필요가 없다는 취지로 규정하고 있다는 점에 유의하여야 한다.[76]

(3) 처벌

86　　　당내경선과 관련하여 당선 목적 허위사실공표 행위를 한 자는 3년 이하의 징역 또는 6백만 원 이하의 벌금, 낙선 목적 허위사실공표 행위를 한 자는 5년 이하의 징역 또는 1천만 원 이하의 벌금에 각각 처한다.

III. 후보자비방죄

87　　　후보자비방죄는 선거와 관련하여 후보자와 그 가족들의 명예를 보호하고 이들에 대한 과도한 인신공격을 방지하여 선거인들로 하여금 후보자에 대하여 올바른 판단을 하게 함으로써 선거의 공정을 보장하기 위한 규정이다.[77]

88　　　허위사실공표죄가 허위사실을 공표하여 인신공격을 하는 것을 규제하나, 후보자비방죄는 사실을 적시하여 비방하는 것을 규제하고 있다. 그리고 허위사실공표죄는 당선 목적과 낙선 목적을 각각 구분하여 구성요건을 따로 마련하고 있으나, 후보자비방죄는 당선 목적이든 낙선 목적이든 상관없이 구성요건이 동일하다.

75　공직선거법 벌칙해설(9개정판), 397.
76　공직선거법 벌칙해설(9개정판), 396.
77　공직선거법 벌칙해설(9개정판), 399.

1. 구성요건

(1) 객체

후보자비방죄의 객체도 후보자(후보자가 되고자 하는 자를 포함), 그의 배우자   89
또는 직계존·비속이나 형제자매이고, 그 의미는 앞서 살펴본 허위사실공표죄에
서의 그것과 동일하다.

법문상 이들과 관련된 사실이면 충분하고 그 내용에는 제한이 없으므로, 그   90
출생지, 소속, 신분, 직업, 재산, 경력뿐만 아니라 인격, 성격, 품행, 사상, 행위,
가족관계 등 그 사람의 모든 사항이 비방의 대상이 된다.[78]

그 후보자 자신에 관한 것뿐 아니라 간접사실이라도 이를 적시하는 것이   91
후보자의 당선을 방해할 염려가 있는 것을 포함하나, 그 후보자의 소속 정당이
나 그 정당의 소속 인사 등에 관한 사항은 그것이 후보자의 당락과 밀접히 관련
되고 있는 것이 아닌 이상, 위 조항의 후보자 비방에 포함되지 않는다.[79]

(2) 공연성

후보자비방죄는 허위사실공표죄와 달리 법문에 공연성을 별도로 규정하고   92
있다. 후보자비방죄의 행위태양은 허위사실공표죄와 같은 '공표'가 아니라 형법
의 명예훼손죄와 같이 '사실의 적시'이므로, 공연성을 따로 명시하여야 할 필요
가 있기 때문이다.

여기서의 공연성은 명예훼손죄에서의 해석과 마찬가지로, 불특정 또는 다수   93
인이 알 수 있는 상태를 의미한다. 전파가능성이 있으면 공연성도 인정되므로,
비록 개별적으로 한 사람에 대하여 사실을 유포하였다 하더라도 그로부터 불특
정 또는 다수인에게 전파될 가능성이 있다면 공연성 요건을 충족한다.[80]

---

78 공직선거법 벌칙해설(9개정판), 401.

79 대판 2007. 3. 15, 2006도8368(X 당의 시장 후보자인 A의 낙선을 목적으로, X 당 B 대표의 피
   습사진을 배경으로 하여 '테러의 배후는? 칼풍'이라는 제목하에 "테러는 상대방을 주범으로 몰아
   곤경에 빠뜨리고 동정심을 자극하여 자기세력을 확대하고 공천비리, 성추행, 서민공방 등 불리
   한 조건을 한번에 무마시킬 수 있는 강력한 신종정치공작", "엄청난 배후가 있는 신종정치공작
   칼풍"이라는 등의 글이 기재된 패러디 포스터를 인터넷 게시판에 게시한 사안에서, 'X 당 B 대
   표 피습사건'이 마치 X 당이 조작한 정치공작인 것처럼 표현하고 있을 뿐 A 후보자에 대하여는
   언급하고 있지 않으므로 이를 A 후보자를 비방한 것으로는 볼 수 없다고 한 사례).

80 공직선거법 벌칙해설(9개정판), 401.

(3) 사실의 적시

94   '사실의 적시' 역시 명예훼손죄의 그것과 의미가 동일하다. 따라서 악행 그 밖의 추행뿐만 아니라 결과에 있어서 사람의 사회적 가치평가를 저하시킬 수 있는 사실로서 후보자의 당선을 방해할 염려가 있으면 충분하고, 가치판단이나 평가를 내용으로 하는 의견 표현인 경우는 이에 해당하지 않는다.[81]

95   허위사실공표죄는 허위사실을 공표하여 인신공격하는 것을 규제하는 반면 후보자비방죄는 진실 여부를 불문하고 사실을 적시하여 비방하는 것을 규제하는데, 후보자비방 행위자의 발언내용이 객관적으로는 진실한 것으로 인정할 수 없으나 행위자가 이를 진실한 것으로 믿었고, 그와 같이 믿음이 정당한 이유가 있는 경우라면 후보자비방죄에 해당한다.[82]

96   사실의 적시로 인정된 사례를 살펴보면 다음과 같다.

97   ① '위증을 교사하고 주가를 조작하였다'라는 취지의 표현은 후보자에 대한 인격적 가치에 대한 사회적 평가를 침해하는 구체적 사실이다.[83]

98   ② "조강지처 버리고 잘된 사내가 없다. A 후보자의 부인은 병원 간판을 'B 클리닉'으로 붙여서 불법을 저질렀음에도 벌금을 낸 적이 없다."라고 한 발언은 피고인의 그 직전 발언인 "A 후보자가 어떻게 이혼을 했는지 입이 부끄러워 이야기하지 않겠다."와 종합해보면, A 후보자가 조강지처를 부당하게 버렸고 그 과정에서 좋지 않은 소문이 있다는 사실을 함축하고 있고, A의 처가 불법을 저질렀음에도 벌금을 내지 않아 나쁘다거나 A가 부당한 영향력을 행사하여 벌금을 안 내고 있다는 사실을 함축하므로, 이는 사실을 적시하여 후보자를 비방한 것이다.[84]

99   ③ 대자보에 후보자들의 전과를 나열한 다음 바로 위에 "후보자들 중에 전과자가 있다는 참으로 어이없고 황당한 사실을 알게 되었습니다. 저는 이런 사실을 모르고 그들의 화려한 언변과 연기에 속고 계실 여러분들을 위해 이렇게 대자보를 붙입니다."라는 문구를 기재한 경우, 이 문구 자체는 의견 표현에 불

---

81 공직선거법 벌칙해설(9개정판), 401.
82 공직선거법 벌칙해설(9개정판), 394.
83 대판 2008. 7. 10, 2008도4080.
84 대판 2002. 6. 14, 2000도4595.

과하다고 볼 수 있으나, 전과사실을 기재하는 동기를 설명하기 위한 것으로서 전과 기재 부분과 불가분의 관계에 있다고 할 것이어서 전체적으로 하나의 사실을 적시한 기재라고 보아야 한다.[85]

④ 전략공천을 받게 된 후보자에 대해 '낙하산', '아바타'라는 표현이 담긴 문자를 발송한 경우, '낙하산', '아바타'라는 표현은 '후보자가 부정하게 공천을 받았다'라는 사실을 함축하고 있는 것으로 볼 수 있어 후보자의 개인 인격과 평판을 훼손시키기에 충분하므로 비방에 해당한다.[86]   100

⑤ 영남 지역 지방자치단체장선거 후보추대대회에서 당 소속 후보 지지발언과 함께 "무소속 A 후보가 15대 총선에 출마하여 고향이 부산이라고 했는데 원적이 전북 ○○이더라. 이 나라는 호남공화국이 되고 있다. B(지역)에서 호남 사람이 시장이 되어서 어떻게 할 것이냐. 종교인으로서 고향 속이고 여기 와서 시장 당선되면 그게 뭐냐?"라고 연설한 경우, 연설의 내용에는 사실과 의견이 혼재되어 있으나, 그 내용이 상대 후보가 출생지를 속였다는 사실과 그에 대한 자신의 부정적 평가를 표시한 것으로서 상호 연관되어 있으므로 이를 전체적으로 보아 사실을 적시하여 비방한 것인지 여부를 판단하여야 할 것인데, 피고인이 적시한 사실이 상대 후보의 공직수행능력에 관련된 것이고 또한 진실이라고 하더라도 이를 부정적으로 평가하는 자신의 의견 표현을 같이 제시함으로써 상대 후보의 도덕성과 공직적합성 등에 관한 사회적 평가를 저하시키려는 의도임이 문맥상 드러나므로, 전체적으로 볼 때 피고인의 위와 같은 연설은 사실을 적시하여 후보자를 비방한 것이라고 할 것이다.[87]   101

다음으로, 사실의 적시로 인정되지 않은 사례를 살펴보면 다음과 같다.   102

① '늙은 딸 주제에', '이 미친 파렴치 할망구', '살인마의 미친 딸 할망구인 듯', '뒈질 때까지 독재한 반란범 딸래미 할멈' 등의 표현은 인격을 폄하하는 표현에 불과하고 단순히 저속한 표현에 해당하여 이를 사실의 적시로 볼 수 없고, "실패한 새비리당 정권의 5년간의 실정에는 나몰라라 하면서", "전부 다 독재자의 딸 할망구 니 탓이다, 5년 동안 나라 살림 거덜내고 국민들 재산 빨아들여 부   103

---

85 대판 2015. 5. 29, 2015도3726.
86 대판 2017. 8. 23, 2017도8820.
87 대판 2000. 9. 5, 99도4832.

자와 대기업에 퍼준 범인이 바로 너, 군사반란범의 딸 할망구 아니었나? ㅋㅋ"라
고 한 부분은 진위 여부를 증거로 입증할 수 없는 내용으로 사실의 적시에 해당
하지 않으며, "친일 매국노 뉴라이또 알바들 동원해서 조작, 비방은 물론이고
지역 감정 조장해서 분열 책동까지"라고 한 부분은 그 전후 표현들이 의견 표명
내지 평가에 불과한 점, 전체적인 의도, 대부분의 단어들이 평가적 의미를 띤
것인 점, '조작'과 '비방'의 구체적인 대상이나 내용이 전혀 나타나 있지 않은 점
을 종합하면 사실의 적시라고 볼 수 없다.[88]

104
      ② 컴퓨터통신에 개설되어 있는 주제토론실에 "X 정당의 대변인 A가 에서
이집을 발간했다는데 나는 X 정당에서 B만큼 싫어하는 사람이 A이기 때문에
그가 책을 썼다는 기사를 읽고 속으로 이런 생각이 들었다. '꼴값 떨고 있네.' X
정당의 논평을 듣고도 눈살을 찌푸리지 않는 사람들이 솔직히 좀 이상하게 보
인다. 그 사팔뜨기가 부천 어디에서 출마한다는데, 당선 여부가 전국에서 가장
궁금한 지역 중의 하나이다. 아무튼 가장 많은 저질 발언을 한 A가 수필집을 썼
다는 말을 들으니 우습다는 생각이 든다.", "정치가 저질이라기보단 A 개인이
저질이어요. Y 정당 대변인이 A만큼 저질적인 발언을 하던가요? A의 수준이 꼭
자해공갈단 수준이라는 생각을 안하십니까?", "A가 저질인 근거를 대보라구요?
A가 과거 전두환 정권에게 붙어 아부했다는 사실을 들은 적이 있지만, 그따위
저질스러운 이야기를 대변인이 해도 되는 것입니까? 그런 놈들은 5·6공 정권에
빌붙어 사는 것이 훨씬 어울리는 인간이어요."라는 내용의 통신문을 게재한 경
우, 이는 그 대부분이 정당 대변인으로서의 A의 발언에 대한 피고인 자신의 경
멸적 평가를 추상적으로 표현한 것이라 할 것이고, "A가 과거 전두환 정권에 붙
어 아부했다.", "그 사팔뜨기가 부천 어디에서 출마한다는데"라는 등의 일부 내
용이 사실의 적시라고 볼 수 있는 것도 있으나 언어의 통상적 의미와 용법, 이
사건 통신문의 문맥, 당시 선거를 앞두고 각 정당 간에 치열한 공방이 있었던
상황 등 전체적 정황을 고려하면 그 부분 역시 평가를 위한 전제로서 구체적 사
실을 나열하였다기보다는 평가의 표현내용을 이루는 것이므로, 전체적으로 볼
때 사실의 적시라고 보기 어렵다.[89]

---

88 대판 2013. 9. 12, 2013도7480.
89 대판 1997. 4. 25, 96도2910.

③ X 당의 시장 후보자인 A의 낙선을 목적으로, A 후보자가 '근조'라고 쓰 105
인 등을 손에 든 상태에서 웃으며 자전거를 타고 가는 배경사진과 함께 '행복한
A'라는 제목하에 "차떼기, 공천비리, 성추행 모두 잊게 해주시는 대표님 우리 구
호 한번 외치죠, B 대표님 고맙습니다."라는 등의 글이 기재된 패러디 포스터를
인터넷 게시판에 게시한 경우, 위 포스터의 문구는 그 문맥이나 정황 등을 고려
하더라도 가치판단이나 평가를 내용으로 하는 의견 표현에 불과하고 사실을 적
시하는 것으로 보기는 어렵다.[90]

(4) 비방

'비방'이라 함은 정당한 이유 없이 상대방을 깎아내리거나 헐뜯어 그 사회 106
적 가치평가를 저하시키는 것을 의미한다.[91] 비방은 주로 남녀관계나 범죄, 비
리 전력 등 사적이거나 내밀한 영역에 속하는 사항을 폭로하거나 공표하는 등
의 방법으로 행해진다.[92] 발언 내용이 비록 경쟁 후보자의 정치적 활동에 관한
것이라고 하더라도, 그 표현방법이나 내용에 비추어 상대방의 정치역량을 객관
적으로 언급한 것이 아니라 이를 인격적으로 비하하는 취지일 경우에는 비방에
해당한다.

그리고 비방의 대상자를 정확히 명시하지는 않았더라도, 여러 가지 사정들 107
을 종합하여 그 비방의 대상자가 누구인지 추측하여 알 수 있으면 충분하다.[93]

비방 여부가 다투어진 사례를 들어보면 다음과 같다. 108

① 국회의원이 공직선거 후보자 추천과정에서 부당하게 영향력을 행사하였 109
다고 지적하면서 '공천을 미끼로 2년간 임금을 수천만원 갈취', '노동력 착취',
'배신과 거짓말', "허위사실을 유포하여 호소인의 사업을 망하게 하였고 가정까
지 파탄에 이르게 하였다."라는 표현을 사용한 것은, 개인의 인격적 측면에서도
부정적 인식을 주기에 충분한 '비방'에 해당한다.[94]

② 'A 후보, 자기부상열차 인천에 빼앗긴 결정 지지 발언'이라는 내용의 문 110
자메시지는, 마치 자기부상열차 시범사업권 시행자가 후보자의 지역구가 아닌

---

90 대판 2007. 3. 15, 2006도8368.
91 대판 2009. 6. 25, 2009도1936.
92 공직선거법 벌칙해설(9개정판), 405.
93 공직선거법 벌칙해설(9개정판), 405.
94 대판 2018. 1. 25, 2016도17405.

인천으로 정해진 것 자체를 A 후보자가 지지하는 발언으로 오해하여 후보자에 대한 강한 반발심을 불러일으킬 수 있고, 후보자의 정치적 활동을 비판적으로 언급하는 정도를 넘어 후보자 개인에 대한 사회적 평가를 왜곡·저하시키는 것으로서 후보자를 비방한 경우에 해당한다.[95]

111   ③ A 후보를 가리키며 "조강지처 버리고 잘된 사내가 없다."라고 한 표현만으로는 추상적인 의견 표시에 불과하지만, 그 직전에 한 "A 후보가 어떻게 이혼을 했는지 그 소문을 이 자리에서 입이 부끄러워서 얘기하지 않겠습니다."라고한 발언과 종합해 보면, 'A 후보가 조강지처를 부당하게 버렸고 그 과정에 관하여는 입에 담기 부끄러울 정도로 좋지 않은 소문이 있다'라는 사실을 함축하고 있으므로, 비록 피고인이 소문에 나도는 구체적인 이혼의 경위를 적시한 것은 아니지만 선거인으로 하여금 후보자가 이혼에 이른 과정을 그릇되게 추단하도록 하여 그의 평가를 저하시킬 수 있다 할 것이어서 이 부분 표현은 사실을 적시하여 후보자를 비방한 것이다. 반면, "상대후보자는 장관 재임 시에 이미 야당에 입당하기로 되어 있었다. 1991년에 부인과 결혼식을 하고 1997년에 혼인신고를 하였다."라는 발언은, 장관의 정당활동이 금지되어 있지 않고 혼인신고를 뒤늦게 하였다는 사실만으로는 후보자의 사회적인 평가가 저하된다고 볼 수 없어 비방이라고 할 수 없다.[96]

(5) 당선되거나 되게 하거나 되지 못하게 할 목적

112   후보자비방죄는 초과주관적 구성요건으로서 '당선되거나 되게 하거나 되지 못하게 할 목적'을 별도로 필요로 한다. 즉, 당선 목적이든 낙선 목적이든 불문한다.

113   이러한 목적에 대해서는 적극적 의욕이나 확정적 인식임을 요하지 않고 미필적 인식이 있으면 충분하고, 이러한 인식이 있었는지 여부는 피고인의 사회적 지위, 피고인과 후보자 또는 경쟁 후보자와의 인적 관계, 행위의 동기 및 경위와 수단, 방법, 행위의 내용과 태양, 상대방의 성격과 범위, 행위 당시의 사회 상황 등 여러 사정을 종합하여 사회통념에 비추어 합리적으로 판단해야 한다.[97]

---

95 대판 2009. 6. 25, 2009도1936.
96 대판 2002. 6. 14, 2000도4595.
97 대판 1997. 4. 25, 96도2910〔컴퓨터통신에 개설되어 있는 주제토론실에 "X 정당의 대변인 A가

그리고 후보자 등 행위객체에 대한 인식과 그들을 비방한다는 데 대한 인 114
식이 있어야 한다. 따라서 선거운동의 목적이 없는 때에는 형법의 명예훼손죄만
성립할 수 있을 뿐이다.[98]

2. 위법성조각사유

후보자비방죄는 형법 제310조와 마찬가지 내용의 위법성조각사유를 별도로 115
마련하고 있다. 즉, 공직선거법 제251조 단서에 따라 적시된 사실이 진실한 사
실로서 공공의 이익에 관한 때에는 위법성이 조각되어 처벌되지 않는다.[99]

판례에 의하면, 후보자비방행위의 위법성이 조각되기 위해서는 적시된 사 116
실이 전체적으로 보아 진실에 부합하고, 그 내용과 성질에 비추어 객관적으로

에세이집을 발간했다는데 나는 X 정당에서 B만큼 싫어하는 사람이 A이기 때문에 그가 책을 썼다는
기사를 읽고 속으로 이런 생각이 들었다. '꼴값 떨고 있네.' X 정당의 논평을 듣고도 눈살을 찌푸리
지 않는 사람들이 솔직히 좀 이상하게 보인다. 그 사팔뜨기가 부천 어디에서 출마한다는데, 당선
여부가 전국에서 가장 궁금한 지역 중의 하나이다. 아무튼 가장 많은 저질 발언을 한 A가 수필집을
썼다는 말을 들으니 우습다는 생각이 든다", "정치가 저질이라기보단 A 개인이 저질이어요. Y 정당
대변인이 A만큼 저질적인 발언을 하던가요? A의 수준이 꼭 자해공갈단 수준이라는 생각을 안하십
니까?", "A가 저질인 근거를 대보라구요? A가 과거 전두환 정권에게 붙어 아부했다는 사실을 들은
적이 있지만, 그따위 저질스러운 이야기를 대변인이 해도 되는 것입니까? 그런 놈들은 5·6공 정권
에 빌붙어 사는 것이 훨씬 어울리는 인간이어요"라는 내용의 통신문을 게재한 사안에서, 피고인의
직업·취미 등 개인적 요소, 피고인이 이 사건 통신문을 게재하게 된 동기(저질 발언을 하는 사람이
수필집을 발간한 것에 대한 비난), 경위(쌍방향적인 컴퓨터통신에 있어 다른 통신가입자의 반박에
대한 대응), 그 후의 태도와 당시의 사회상황 등 여러 사정을 종합하여 보면, 피고인이 이 사건 통
신문을 게재한 것은 자신이 반대하는 정당의 대변인 지위에 있는 사람의 품위 없는 발언을 비난하
고 정당별 의석수 등 전체 선거결과에 대한 관심을 표시한 것일 뿐, 제15대 국회의원 선거에 있어
A라는 특정인을 당선되지 못하게 할 목적으로 한 것이라고 볼 수 없다고 한 사례].
98 공직선거법 벌칙해설(9개정판), 407.
99 그런데 형법 제310조는 '오로지 공공의 이익에 관한 때에는'이라고 규정하고 있는 것과 비교하
여, 공직선거법 제251조 단서에는 '공공의 이익에 관한 때에는'이라고만 되어 있어 '오로지'라는
문구가 없다는 차이가 있다. 이에 대하여 대법원은 "형법 제310조나 구 대통령선거법, 구 국회
의원선거법, 구 지방의회의원선거법하의 규정에 의하여서는 공공의 이익이 적어도 주된 동기가
되어야 하고 부수적으로 사적 이익이 포함되는 경우까지만을 위법성이 조각되는 것으로 해석하
였으므로 적어도 공공의 이익이 사적 이익보다 우월한 경우에만 위법성이 조각되었다고 할 것이
다. 그러나 이러한 해석으로는 선거운동의 자유를 충분히 보장할 수 없고 유권자에게 후보자에
대한 충분한 정보를 제공함으로써 유능하고 적합한 인물이 공직의 담당자로 선출되도록 기여하
는 데 부족하다는 반성적 고려에서 공직선거및선거부정방지법 제251조 단서는 '오로지'라는 단
어를 삭제한 것이라고 할 것이므로, 이제는 진실한 사실의 적시에 관한 한 그것이 반드시 공공
의 이익이 사적 이익보다 우월한 동기가 된 것이 아니더라도 양자가 동시에 존재하고 거기에 상
당성이 인정된다면 위 단서 조항에 의하여 위법성이 조각된다고 보아야 한다."라고 그 취지를
해석하고 있다(대판 1996. 6. 28, 96도977).

볼 때 공공의 이익에 관한 것으로서 행위자도 공공의 이익을 위하여 그 사실을 적시한다는 동기를 가지고 있어야 하되, 반드시 공공의 이익이 사적 이익보다 우월한 동기에서 된 것이 아니더라도 양자가 동시에 존재하고 거기에 상당성이 인정되어야 한다.[100]

117   '진실한 사실'은 세세한 부분에 있어서 약간의 차이가 있거나 다소 과장된 표현이 있어도 전체적으로 보아 객관적 진실에 부합하면 진실한 사실로 본다.[101] 적시한 사실이 진실이라는 점에 관하여 입증이 부족하다면 위법성이 조각되지 않지만,[102] 적시한 사실이 진실한 것이라는 증명이 없더라도 행위자가 진실한 것으로 믿었고 또 그렇게 믿을 만한 상당한 이유가 있는 경우에는 위법성이 조각된다.[103] 또한 제시된 소명자료 등에 의하여 그러한 의혹이 진실인 것으로 믿을 만한 상당한 이유가 있는 경우에는, 비록 사후에 그 의혹이 사실이 아닌 것으로 밝혀지더라도 표현의 자유 보장을 위하여 처벌할 수 없다.[104]

118   '공공의 이익'은 국가, 사회 또는 다수인 일반의 이익에 관한 것임을 요하는데, 특정한 사회집단이나 그 구성원 전체의 관심과 이익에 관한 것도 포함되고,[105] 반드시 후보자 등의 공적생활에 관한 사실만이 아니고 사사로운 행동에 관한 사실이라도 이를 적시하는 것이 공공의 이익을 목적으로 한 것이라면 이에 포함될 수 있다.[106]

119   한편, 공직선거법 제251조 단서의 위법성조각사유가 있음을 알면서도 허위사실공표로 고소한 때에는 무고죄가 성립한다.[107]

---

100 대판 2009. 6. 25, 2009도1936.
101 대판 2004. 10. 27, 2004도3919.
102 대판 2004. 6. 25, 2004도2062.
103 대판 2003. 2. 20, 2001도6138.
104 대판 2003. 2. 20, 2001도6138.
105 대판 1998. 10. 9, 97도158.
106 공직선거법 벌칙해설(9개정판), 408.
107 대판 1998. 3. 22, 97도2956[피고소인이 합동연설회에서 "피고인(고소인)은 ① 국가보안법 위반 전력을 감추기 위하여 본적을 전적하였고 출생연월일을 고쳤으며, ② 건물이 철거된 곳에 위장 전입을 하였다."라고 연설한 내용이 진실인 것으로 보이고, 사실이 그러한 이상 피고소인의 위 연설내용이 진실이라는 것은 피고인이 가장 잘 알고 있을 터이고 후보자가 위와 같은 내용의 연설을 하여도 그 내용이 진실인 이상 상대방 후보의 사회적 활동에 대한 비판 내지 평가의 한 자료가 되어 국민들이 그의 공직후보자로서의 자질과 적격성을 판단하는 데 중요한 자료가 될 뿐만 아니라, 이는 공적 이익에 관한 사실이고 따라서 처벌받지 않으리라는 것은 역시 후보자의

(1) 위법성조각이 인정된 사례

① 영남 지역 지방자치단체장선거 후보추대대회에서 당 소속 후보에 대한 120
지지발언과 함께 "무소속 A 후보가 15대 총선에 출마하여 고향이 부산이라고
했는데 원적이 전북 ○○이더라. 이 나라는 호남공화국이 되고 있다. B(지역)에
서 호남 사람이 시장이 되어서 어떻게 할 것이냐. 종교인으로서 고향 속이고 여
기 와서 시장 당선되면 그게 뭐냐?"라고 연설한 사안

피고인이 위와 같이 연설하게 된 사유 및 위 연설이 지방자치단체장의 선 121
거과정에서 이루어진 점에 비추어, 피고인이 상대 후보가 출신지를 속였다는 사
실을 적시한 것은 전체적으로 볼 때 진실한 사실로서 공공의 이익에 관한 때에
해당하므로 위법성이 조각된다.[108]

② "전과 5범에다가 징역 3년 집행유예 4년형을 받고서도 공식사과 없이 122
부인을 시장선거에 내보낸 사람을 당선시키겠습니까. 지역 국회의원이 전과 5범
에다가 마누라를 시장선거에 내보낸 사람이라면 참 한심합니다."라는 내용의 문
자메시지를 지역주민들에게 전송한 사안

유죄 확정판결의 전과사실이나 부인을 지방선거에 내보냈다는 사실은 공무 123
담임자 적격성을 가늠하는 데 유용한 자료로서 공공의 이익을 위한 것으로 볼
수 있으므로 위법성이 조각된다.[109]

③ 후보자가 연설회에서 상대 후보자가 구의원으로 재직할 당시 구속영장 124
이 신청된 사실이 보도된 신문을 낭독한 사안

공직후보자의 전과는 비록 그것이 종전 공직 수행과정에서의 범죄나 비리 125
와 직접적으로 관련된 것이 아니라도, 공직후보자로서의 자질과 적격성을 판단
하는 데 중요한 자료가 될 뿐만 아니라, 그것은 법원의 최종적 판단까지 받은
것이므로 공적 이익에 관한 사실이다.[110]

한 사람인 피고인이 충분히 알만하다고 보이는바, 이와 같이 피고인이 위법성조각사유가 있음을
알면서도 '피고소인이 허위사실을 공표하였다'라고 고소함으로써 결국 적극적으로 피고소인을
공직선거및부정선거방지법 제251조 단서 소정의 위법성조각사유가 적용되지 않는 같은 법 제
250조의 허위사실공표죄로 처벌되어야 한다고 주장한 것과 같다고 할 것이어서 무고죄에 해당
한다고 본 사례].
108 대판 2000. 9. 5, 99도4832.
109 대판 2017. 5. 17, 2017도2246.
110 대판 1996. 6. 28, 96도977. 이와 달리 원심은 공직선거법 제251조 단서에 따라 공공의 이익에

126　　④ 세무공무원인 후보자가 지방자치단체장선거 후보자 합동연설회에서 상대 후보자가 처 명의로 사업을 하면서 지방세를 체납하였다고 발언한 사안

127　　피고인이 적시한 상대 후보자의 처의 지방세 체납은 객관적 사실에 부합하는 것이고, 또한 후보자 본인이나 생활공동체를 이루고 있는 처의 지방세 체납사실은 후보자의 사회적 활동에 대한 비판 내지 평가의 한 자료가 되어 그의 공직후보자로서의 자질, 준법성 및 공직적격성을 판단하는 데 자료가 될 수 있는 것이므로, 객관적으로 공공의 이익에 관한 사실에 해당하여 위법성이 조각된다.[111]

128　　⑤ "A가 대통령이 되면 안 된다. A 후보 장인이 인민위원장 빨치산 출신인데 애국지사 11명을 죽이고 형무소에서 공산당 만세부르다 죽었다. (중략) 공산당 김정일이가 총애하는 A가 정권잡으면 나는 절대 못산다."라는 발언을 한 사안

129　　연설내용에 일부 과장된 표현이 있다고 할지라도 전체적으로 객관적 진실에 부합하는 내용이고, 한편 피고인이 위 사실을 적시한 것은 상대 후보자에 대한 평가를 저하시키려는 의도가 포함되어 있다고 할지라도 대통령선거에 즈음하여 후보자 가족의 좌익활동 전력에 관하여 언급함으로써 유권자들이 적절하게 선거권을 행사하도록 자료를 제공하려는 공공의 이익 또한 인정되고, 거기에 상당성도 있어 위법성이 조각된다.[112]

130　　⑥ 언론인이 지역신문에 '선출직과 초등학교 졸업장'이라는 제목으로 "초등학교 졸업장을 들고 선출직에 도전하는 것은 유권자들에 대한 예의가 없는 것 아닌가 하고 반문하고 싶은 것이다. 선출직에 도전하면서 초등학교 졸업이 전부라는 것은 그동안 노력을 안 했거나 유권자들을 무시하는 처사라고 말하는 사람들이 많아지고 있다. 이번 총선에 도전하는 한 후보는 경기도의원을 8년 동안 했지만 아직도 초등학교 졸업이 전부다. 이번에도 초등학교 졸업장을 들고 총선

관하여 위법성이 조각된다고 하기 위해서는 후보자의 전과사실이 당해 후보자의 과거 공직 수행 과정에서 저지른 범죄나 비리 등 공직과 직접 관련이 있는 전과에 해당하는 경우에 한정하여 적용하여야 한다고 판단하였다(서울고판 1996. 3. 28, 96노139).

111 대판 2000. 4. 25, 99도4260. 이와 달리 원심은 피고인의 위 연설은 상대 후보자의 자질과 공직 적합성 등 그의 사회적 평가를 해치는 것이라고 판단하였다(광주고판 1999. 8. 26, 99노227).

112 대판 2004. 10. 27, 2004도3919. 이와 달리 원심은 피고인이 적시한 사실이 객관적 진실에 부합 하는 것이라고 볼 자료가 부족하고, 피고인의 연설의 동기, 목적, 내용, 표현 수단, 전후의 정황 등을 종합하여 볼 때 공공의 이익에 관한 때에 해당한다고도 할 수 없어 위법성조각사유의 요건 을 갖추지 못하였다고 판단하였다(대전고판 2004. 6. 18, 2003노604).

에 도전했다. 초등학교 졸업이 전부인 예비후보는 준비되지 않은 후보라고 말하고 싶다. 더 좀 노력하고 공부한 뒤 유권자들 앞에 나와야 한다."라는 내용의 칼럼을 작성한 사안

　　위와 같은 내용은 후보자들에게 계속된 자기발전 노력을 독려함과 동시에 유권자들이 적절하게 선거권을 행사하도록 자료를 제공하려는 공공의 이익을 위한다는 목적도 있었다고 봄이 상당하다.[113]　　131

(2) 위법성조각이 부정된 사례

　　① "A 후보자가 1986. 6.경 국가안전기획부에 근무하면서 B의 부모에 대하여 감시와 협박, 회유 등의 인권탄압을 하였는데 이를 숨기고 시장 선거에 임하고 있다."라는 내용의 보도자료를 배포한 사안　　132

　　보도자료의 내용이 사실임을 인정할 증거가 없고, '가면을 벗어라, 흉악한 과거의 행적' 등의 표현은 인격을 훼손하는 표현인 점 등에 비추어, 위법성이 조각되지 않는다.[114]　　133

　　② 후보자에 관하여 "이런 사람 잡아가지 않나요. 상습도박꾼 패거리의 한 사람이었다. 친구의 부인을 눕혀버려 야단이 난 적도 있었다고 한다."라고 발언한 사안　　134

　　사실은 경쟁 후보자가 도박 전과는 있으나 성폭행 전력이 없어 전체적으로 진실에 부합하지 않고, 다른 후보를 지지하기 위해 경쟁 후보자를 낙선시키려는 사적 이익이 결정적으로 중요한 동기가 된 것으로 볼 것이다.[115]　　135

　　③ 대통령 후보자의 아들이 병역면제 처분을 받은 것은 비리라는 취지로 '179센티미터 45킬로그램 인간미이라'라는 제목의 책자를 출간하고, 179cm의 키에 49kg의 몸무게는 불가능하므로 이러한 조건으로 병역면제를 받은 것은 비리라는 취지로 위 후보자를 반대하는 내용이 포함된 광고물을 일간지에 게재한 사안　　136

　　이는 위 후보자가 대통령으로서의 자질이 부족하다는 의견을 피력한 것에 그친 것이 아니라, 위와 같은 신체조건을 가진 인간이 의학적으로 불가능하다는　　137

---

113 대판 2013. 3. 14, 2013도277.
114 광주고판 2015. 7. 23, 2015노191.
115 광주고판 2015. 4. 30, 2015노79.

사실 이외에 위 후보자의 아들이 그와 같은 신체조건으로 병역면제를 받았으므로 병역비리에 해당한다는 사실, 위 후보자는 아들의 병역면제에 관하여 거짓말하고 있다는 사실 등도 함께 적시한 것이므로, 이것이 진실임을 전제로 피고인의 위 책자 발간과 광고물 게재 행위에 관하여 위법성이 조각된다는 주장은 이유 없다.[116]

138   ④ A 후보자에 관하여 'A 후보, 자기부상열차 인천에 빼앗긴 결정 지지 발언'이라는 내용의 문자메시지를 전송한 사안

139   위와 같은 내용의 문자메시지는 마치 자기부상열차 시범사업권 시행자가 후보자의 지역구가 아닌 인천으로 정해진 것 자체를 A 후보자가 지지하는 발언으로 오해하여 후보자에 대한 강한 반발심을 불러일으킬 수 있고, 후보자의 정치적 활동을 비판적으로 언급하는 정도를 넘어 후보자 개인에 대한 사회적 평가를 왜곡, 저하시키는 것으로서 후보자를 비방한 경우에 해당하고, 목적 또한 사적 이익이 결정적으로 중요한 동기가 되었으므로 위법성이 조각되지 않는다.[117]

140   ⑤ 상대 후보자 A에 관하여 "A가 도와달라고 요구하였으나 도와주지 못한 것이 죄가 되고 올가미가 되어 구속된 일이 있다."라고 발언한 사안

141   이는 공직선거에 입후보하려는 사람의 인품에 관한 것으로서 공직후보자로서의 자질과 적격성을 판단하는 자료가 될 수 있는 점에서 공익적인 면이 없는 것은 아니나, 그를 비방하여 낙선시키고 자신이 지지하는 후보를 당선되도록 하겠다는 사적 이익이 결정적으로 중요한 동기가 되었다고 할 것이어서 양자 사이에 상당성이 인정될 수 없어 위법성이 조각되지 않는다.[118]

142   ⑥ 후보자에 관하여 "조강지처 버리고 잘된 사내가 없다."라고 발언한 사안

143   위 발언 내용은 거기에 통상적으로 함축되는 의미까지 포함하여 볼 때 그것이 진실한 내용이라고 보기 어려울 뿐만 아니라, 그 내용은 후보자의 오래 전의 사생활에 관한 것으로서 그의 인품이나 성향에 관한 정보를 유권자에게 제공한다는 측면에서 공적 이익이 전혀 없다고 할 수는 없지만, 위 후보자에 대한 비방에 의하여 그를 낙선시키고 자신이 지지하는 다른 후보자를 당선시키겠다

---

116 대판 2004. 6. 25, 2004도2062.
117 대판 2009. 6. 25, 2009도1936.
118 대판 1998. 9. 22, 98도1992.

〔한 제 희〕

는 사적 이익이 결정적으로 중요한 동기였다고 할 것이어서 양자 사이에 상당성을 인정할 수 없다.[119]

3. 죄 수

후보자비방죄와 형법의 명예훼손죄는 보호법익과 구성요건의 내용이 서로 다른 별개의 범죄로서 상상적 경합관계에 있다.[120] 이처럼 선거범과 상상적 경합관계에 있는 다른 범죄에 대하여는 제40조에 의하여 그중 가장 무거운 죄에 대하여 정한 형으로 처벌해야 한다. 참고로 공직선거법 제18조 제3항은 선거범이 아닌 다른 죄가 선거범의 양형에 영향을 미치는 것을 최소화하기 위하여 "형법 제38조에도 불구하고 제1항 제3호에 규정된 죄와 다른 죄의 경합범에 대하여는 이를 분리 선고하여야 한다."라고 규정하고 있는데, 선거범과 다른 범죄가 상상적 경합관계에 있는 경우, 그 처벌받는 가장 무거운 죄가 선거범인지 여부를 묻지 않고 선거범과 상상적 경합관계에 있는 모든 죄는 통틀어 선거범으로 취급하여야 한다.[121]

144

그리고 허위사실공표죄로 기소된 사건의 공판과정에서 후보자비방죄로 공소장변경을 허용하는 것은 위법이 아니다.

145

4. 처 벌

3년 이하의 징역 또는 500만 원 이하의 벌금에 처한다.

146

〔한 제 희〕

---

119 대판 2002. 6. 14, 2000도4595.
120 대판 1998. 3. 24, 97도2956.
121 대판 1999. 4. 23, 99도636; 대판 2021. 7. 21, 2018도16587.

제34장 신용, 업무와 경매에 관한 죄

〔총 설〕

I. 규 정 ································· 247 │ II. 법적 성격 ································· 248

I. 규 정

본장은 신용·업무와 경매에 관한 죄를 규정하고 있다. 신용 및 업무에 관 1
한 죄는 사람의 신용을 훼손하거나 업무를 방해한 행위를 처벌하기 위한 규정
이고, 경매에 관한 죄는 경매와 입찰의 공정성을 해한 행위를 처벌하기 위한 규
정이다. 구체적으로 신용훼손죄(§ 313), 업무방해죄(§ 314①), 컴퓨터등손괴·전자
기록등손괴·컴퓨터등장애업무방해죄(§ 314②), 경매·입찰방해죄(§ 315)가 그것이
다. 본장의 조문 구성은 아래 [표 1]과 같다.

자본주의 체제하에서 경제적 활동의 자유와 안전은 사람의 생활수단을 확 2
보하기 위한 전제로서 사회생활과 개인생활을 영위해 나가는 기초가 되므로 형
법은 이를 보호하기 위하여 신용·업무와 경매에 관한 죄를 규정한 것이다.[1] 명
예에 관한 죄가 사람의 인격적 가치에 대한 사회적 평가를 보호하기 위한 규정
이라면, 신용·업무에 관한 죄는 사람의 경제적 활동영역에서의 사회적 신뢰 내
지 사회적·경제적 활동의 안전과 자유를 보호하기 위한 규정이다. 경매는 업무
의 특수한 유형의 하나이다.

---

1 정성근·박광민, 형법각론(전정3판), 212.

〔김 우 진〕   247

[표 1] 제34장 조문 구성

조 문		제 목	구성요건	죄 명	공소시효
§313		신용훼손	ⓐ 허위사실 유포 또는 기타 위계로써 ⓑ 사람의 신용을 ⓒ 훼손	신용훼손	7년
§314	①	업무방해	ⓐ §313의 방법 또는 위력으로써 ⓑ 사람의 업무를 ⓒ 방해	업무방해	7년
	②		ⓐ 정보처리장치 또는 특수매체기록의 손괴, 정보처리장치에 허위의 정보 또는 부정한 명령 입력, 기타 방법으로 ⓑ 정보처리에 장애를 발생하게 하여 ⓒ 사람의 업무를 ⓓ 방해	(컴퓨터등손괴, 전자기록등손괴, 컴퓨터등장애) 업무방해	7년
§315		경매, 입찰의 방해	ⓐ 위계 또는 위력 기타 방법으로 ⓑ 경매 또는 입찰의 공정을 ⓒ 훼손	(경매, 입찰)방해	5년

II. 법적 성격

3   신용·업무와 경매에 관한 죄의 본질을 어떻게 볼 것인지에 관해서는 견해가 나뉜다. ① 재산죄설을 취하는 견해에 의하면 신용·업무와 경매에 관한 죄가 재산을 보호하기 위한 수단으로서 경제활동의 기초가 되는 신용·업무와 경매·입찰의 공정을 보호하는 규정이라는 것이고, ② 재산 및 자유보호설을 취하는 견해에 의하면 신용·업무와 경매에 관한 죄가 사람의 경제적·사회적 활동의 안전과 자유를 확보하는 데 본질이 있는 것으로서 재산죄로서의 성질과 자유에 대한 죄로서의 성질을 모두 가지고 있는 규정이라는 것이다.

4   신용·업무와 경매에 관한 죄의 성격을 어떻게 파악하느냐에 따라 해당 범죄를 해석·적용함에 있어 차이가 발생하게 된다. 위 ①설과 같이 재산범죄의 성격을 가진 것으로 파악하게 되면 신용이나 업무를 재산적이거나 경제적인 것으로 제한하게 되는 반면, 위 ②설과 같이 재산범죄와 자유에 대한 범죄의 성격을 동시에 가진 것으로 파악하게 되면 신용이나 업무의 개념이 더 넓어질 수

있다.[2]

　　그런데 신용훼손이 있다고 하여 바로 재산에 대한 침해가 있다고 할 수는　　5
없는 점, 경제생활에 있어서의 신용도 사회적 평가에 속하는 것이어서 넓은 의
미에 있어서의 명예에 해당하는 점, 업무방해죄에 있어서의 업무는 사람의 인격
활동과 밀접하게 관련되어 있는 점, 경매·입찰의 공정성이 침해되면 개인의 경
제활동의 안전과 자유가 침해되는 점 등을 감안하면, 신용·업무와 경매에 관한
죄는 위 ②설과 같이 개인의 재산과 자유 모두를 보호하는 규정이라고 보는 것
이 타당하다(통설).[3] 다만, 신용·업무와 경매에 관한 죄의 각 구성요건은 구체적
인 보호법익을 달리하는 규정들로서 각각의 법적 성격 역시 상이하다는 점은
염두에 두어야 한다.[4]

〔김 우 진〕

---

2 오영근, 형법각론(6판), 184.
3 김성돈, 형법각론(7판), 254; 배종대, 형법각론(13판), §50/3; 손동권·김재윤, 새로운 형법각론(2판),
　211; 신동운, 형법각론(2판), 778; 오영근, 185; 이재상·장영민·강동범, 형법각론(12판), §13/4;
　임웅, 형법각론(11정판), 265; 정성근·박광민, 213. 한편, 박상기, 형법각론(8판), 195-196 및 박
　상기·전지연, 형법학(총론·각론)(5판), 545는 신용·업무와 경매에 관한 죄를 재산죄로만 파악
　하는 것은 협소하다고 하면서도 그 해당 죄의 성격을 통일적으로 파악하기는 어렵고, 신용훼손
　죄와 업무방해죄는 사회생활상 존중되어야 할 사람의 신용과 자유로운 업무수행을 보호하기 위
　한 자유에 대한 죄, 경매·입찰방해죄는 경매와 입찰이 갖는 공정성에 대한 사회적 신뢰를 저해
　하는 사회적 법익에 대한 죄로 보아야 한다고 주장한다.
4 이재상·장영민·강동범, §13/2; 임웅, 266.

제313조(신용훼손)

허위의 사실을 유포하거나 기타 위계로써 사람의 신용을 훼손한 자는 5년 이하의 징역 또는 1천 500만 원 이하의 벌금에 처한다. 〈개정 1995. 12. 29.〉

Ⅰ. 개 관 ······························· 250
Ⅱ. 구성요건요소 ························ 251
  1. 주체 및 객체 ···················· 251
  2. 행 위 ····························· 252
  3. 고 의 ····························· 258
Ⅲ. 기수시기 ···························· 259

Ⅳ. 죄 수 ······························· 259
Ⅴ. 다른 죄와의 관계 ··················· 260
  1. 명예훼손죄와의 관계 ············· 260
  2. 업무방해죄와의 관계 ············· 261
Ⅵ. 처 벌 ······························· 261

Ⅰ. 개 관

1   본죄(신용훼손죄)는 허위사실을 유포하거나 기타 위계에 의하여 사람의 신용을 훼손함으로써 성립하는 범죄이다. 사람에 대한 사회적 평가를 저하시킨다는 점에서 명예훼손죄와 공통되는 점이 있지만, 명예훼손죄가 사람의 인격적 가치에 대한 평가를 보호하는 것이라면 신용훼손죄는 경제적 지위에 대한 혹은 경제활동영역에서의 사회적 평가를 보호하는 것이라는 점에서 두 죄는 차이가 있다.[1]

2   본죄의 보호법익은 사람의 신용이다.[2] 앞서 본 바와 같이 본죄는 재산범죄로서의 성격과 함께 자유에 대한 범죄로서의 성격도 가지고 있다.[3]

---

[1] 김일수·서보학, 새로쓴 형법각론(9판), 174; 박상기, 형법각론(8판), 195; 박상기·전지연, 형법학(총론·각론)(5판), 546; 배종대, 형법각론(12판), § 51/1; 이재상·장영민·강동범, 형법각론(11판), § 13/5; 주석형법 〔각칙(5)〕(5판), 4(이우철).

[2] 김일수·서보학, 174; 박상기, 196; 박상기·전지연, 546; 배종대, § 51/1; 손동권·김재윤, 새로운 형법각론, § 15/3; 신동운, 형법각론(2판), 778; 오영근, 형법각론(6판), 185; 이재상·장영민·강동범, § 13/6; 임웅, 형법각론(11판), 266; 정성근·박광민, 형법각론(전정3판), 213; 정영일, 형법강의 각론(3판), 103; 홍영기, 형법(총론과 각론), § 68/2.

[3] 참고로 일본형법 각칙 제35장(신용 및 업무에 대한 죄)은 제233조(신용훼손 및 업무방해)에서 "허위의 풍설을 유포하거나 위계로써 사람의 신용을 훼손하거나 그 업무를 방해한 자는 3년 이하의 징역 또는 50만 엔 이하의 벌금에 처한다."고 규정하고, 제234조(위력업무방해)에서 별도로 "위력으로써 사람의 업무를 방해한 자는 전조에 예에 의한다."고 규정하고 있어, 신용훼손죄와 업무방해죄의 죄질과 보호법익을 통일적으로 파악할 것인지 여부에 대하여 견해의 대립이 있다.

II. 구성요건요소

1. 주체 및 객체

(1) 본죄는 비신분범으로서 그 주체에 제한이 없다.[4]　　　　　　　3

(2) 본죄의 객체는 사람의 신용이다. 여기의 사람에는 자연인은 물론이고　　4
법인과 법인격 없는 단체도 독립된 조직체로서 경제적 활동을 하면서 신용의
귀속주체가 될 수 있는 한도 내에서는 포함된다는 것이 통설이다.[5] 이에 대하여
사람은 자연인에 한정하여야 하고, 법인과 법인격 없는 단체에 대하여는 집합명
칭에 의한 신용훼손의 문제로 다루어야 한다는 견해도 있다.[6] 한편 자연인 중에
서 애당초 신용의 주체가 될 수 없는 어린아이는 제외되어야 한다는 견해[7]가 있
는 반면, 유아나 정신병자도 지불능력에 대한 신뢰가 있을 수 있다는 이유로 포
함되어야 한다는 견해[8]도 있다.

'신용'은 경제적 신용, 즉 사람의 지불능력 또는 지불의사에 대한 사회적 신　　5
뢰를 말한다(통설[9] 및 판례[10]). 비슷하거나 혹은 보다 확장된 개념으로 사람의 경

　　판례는 "신용훼손죄는 경제적인 측면에서 사람의 사회적 평가를 보호하기 위한 것"이라고 판시
하고 있는데[最判 平成 15(2003). 3. 11. 刑集 57·3·293], 이는 신용훼손죄의 보호법익을 경제
적 활동의 자유로 본 것으로 해석되고 있다[大塚 外, 大コン(3版)(12), 78(木藤繁夫=河村 博)].
　　한편 일본형법은 2022년 6월 17일 개정(법률 제67호)으로 징역형과 금고형이 '구금형'으로 단
일화되어 형법전의 '징역', '구금', '징역 또는 구금'은 모두 '구금형'으로 개정되었고, 부칙에 의하
여 공포일로부터 3년 이내에 정령으로 정하는 날에 시행 예정이다. 그러나 현재 정령이 제정되
지 않아 시행일은 미정이므로, 본장에서 일본형법 조문을 인용할 때는 현행 조문의 '징역' 등의
용어를 그대로 사용한다.

4　손동권·김재윤, §15/3; 大塚 外, 大コン(3版)(12), 81(坪內利彦=松本 裕).

5　김성돈, 형법각론(7판), 256; 김일수·서보학, 174-175; 박상기, 196; 박상기·전지연, 546; 배종대,
　§51/1; 손동권·김재윤, §15/3; 이재상·장영민·강동범, §13/6; 임웅, 266; 정성근·박광민, 214;
　정영일, 104; 한상훈·안성조, 형법개론(3판), 479; 大塚 外, 大コン(3版)(12), 82(坪內利彦=松本
　裕). 같은 취지의 일본 판례로는 大判 大正 2(1913). 1. 27. 刑錄 19·85; 大判 昭和 7(1932). 10.
　10. 刑集 11·1519; 大判 昭和 12(1937). 3. 17. 刑集 16·6·365 등이 있다.

6　오영근, 185.

7　김성돈, 256; 정성근·박광민, 214.

8　오영근, 185.

9　김성돈, 255; 김일수·서보학, 174; 박상기, 196; 박상기·전지연, 547; 배종대, §51/1; 손동권·김
　재윤, §15/6; 신동운, 778; 오영근, 185; 이재상·장영민·강동범, §13/6; 임웅, 266; 정성근·박
　광민, 213-214; 정영일, 103-104.

10　대판 1969. 1. 21, 68도1660; 대판 2000. 12. 22, 2000도4926; 대판 2007. 9. 6, 2007도3084; 대
　판 2008. 3. 27, 2006도7234; 대판 2011. 5. 13, 2009도5549; 대판 2011. 9. 8, 2011도7262; 대

제적 활동 내지 지위에 대한 사회적 평가 또는 경제적 측면에서의 사람의 명예를 말한다고 보는 견해[11]도 있다.[12] 지불능력이 떨어지면 신용이 낮아지지만 지불능력이 있더라도 지불의사가 없으면 지급이 실현될 수 없어 역시 신용이 낮아지게 되므로 지불능력과 지불의사는 양자택일의 관계가 아니라 모두 신용의 내용을 구성하는 요소가 된다.[13] 신용은 재산 그 자체는 아니다.[14] 또한, 그 신용이 반드시 실제 진가에 어울리는 것이어야 하는 것도 아니다.[15]

2. 행 위

(1) 허위사실의 유포

6   '허위사실'이란 객관적 진실과 다른 내용의 사실을 말한다는 이른바 객관설이 판례,[16] 통설의 견해이며, 객관적 진실과 부합하지 않는 과거 또는 현재의 사실 이외에, 증거에 의한 입증이 가능한 미래의 사실도 여기에 포함된다(통설[17] 및 판례[18]). 장래의 예상을 말하는 방식으로 다른 사람의 신용을 훼손한 경우에는 그 예상의 기초가 된 현재 또는 과거의 사실이 진실에 반하는지 여부에 따라 허위성을

판 2013. 10. 17, 2013도8654.

11 김성돈, 255; 손동권·김재윤, § 15/3; 오영근, 185; 이재상·장영민·강동범, § 13/6; 임웅, 266; 정성근·박광민, 213; 정영일, 103.

12 일본 판례는 신용훼손죄는 경제적인 측면에서의 사람의 사회적 평가를 보호하는 것이라고 하면서, 종래에는 동조에서 말하는 '신용'을 우리 판례와 마찬가지로 해석하였으나[大判 明治 44(1911). 4. 13. 刑錄 17·557; 大判 大正 5(1916). 6. 1. 刑錄 22·854; 大判 昭和 8(1933). 4. 12. 刑集 12·5·413], 그 후 견해를 변경하여 사람의 지불능력 또는 지불의사에 대한 사회적 신용에 한정되어야만 하는 것은 아니고, 판매되는 상품의 품질에 대한 사회적 신용도 포함하는 것으로 해석하고 있다[最判 平成 15(2003). 3. 11. 刑集 57·3·293].

13 김성돈, 255-256; 정성근·박광민, 214; 大塚 外, 大コン(3版)(12), 83(坪內利彦=松本 裕).

14 신동운, 779. 한편, 大塚 外, 大コン(3版)(12), 77(木藤繁夫=河村 博)는 양자를 구별하면서 신용은 경제생활의 전제가 되는 사회적 평가임에 반하여 재산은 경제생활의 결과 얻어진 처분가능한 구체적 이익이라고 한다.

15 大塚 外, 大コン(3版)(12), 83(坪內利彦=松本 裕).

16 대판 1983. 2. 8, 82도2486; 대판 2006. 5. 25, 2004도1313; 대판 2006. 12. 7, 2006도3400.

17 김성돈, 256; 박상기, 197; 박상기·전지연, 546; 배종대, § 51/2; 손동권·김재윤, § 15/4; 정성근·박광민, 214; 정영일, 104; 주석형법 [각칙(5)](5판), 8(이우철). 한편, 신동운, 780-781은 장래의 사실을 적시하더라도 그것이 과거 또는 현재의 사실을 기초로 하거나 이에 대한 주장을 포함하는 경우에는 본죄가 성립할 수 있다고 설명한다.

18 대판 1983. 2. 8, 82도2486; 대판 2004. 4. 9, 2004도165; 대판 2004. 12. 24, 2004도6525; 대판 2005. 6. 24, 2004도8636; 대판 2008. 3. 13, 2008도615; 대판 2008. 3. 27, 2006도7234. 같은 취지의 일본 판례로는 大判 明治 44(1911). 12. 25. 刑錄 17·2317 등이 있다.

판단하여야 한다.[19] 행위자 스스로 만들어낸 것 이외에 다른 사람으로부터 전문한 것도 포함된다.[20] 악사(惡事), 추행의 관념을 내포하고 있어야 할 필요는 없다.[21] 그러나 피고인의 단순한 의견이나 가치판단은 여기에 해당하지 않는다.[22] 어떠한 진술 내용이 사실에 관한 것인지 아니면 의견에 관한 것인지 구별함에 있어서는 언어의 통상적 의미와 용법, 입증가능성, 문제된 진술이 사용된 문맥, 그 표현이 행하여진 사회적 상황 등 전체적 정황을 고려하여 판단하여야 한다.[23]

이와 관련하여 허위사실의 유포를 부정한 판례로는, ① A가 8년 전부터 남 7 편 없이 3자녀를 부양하면서 생계를 꾸려왔고 피고인에 대한 다액의 채무를 담보하기 위해 자신의 아파트와 가재도구까지 피고인에게 제공한 사실이 있다면 피고인이 A를 가리켜 '집도 남편도 없는 과부'라고 한 것이 허위사실이 될 수 없고, 또한 'A가 계주로서 계불입금을 모아서 도망가더라도 책임지고 도와줄 사람이 없다'는 취지로 피고인이 말한 사실이 있다 하더라도 이는 피고인의 A에 대한 개인적 의견이나 평가를 진술한 것에 불과하여 허위사실의 유포라고 볼 수 없다고 한 것,[24] ② 개보수추진위원회 위원인 피고인이 B 회사가 공사를 수행할 자격이 없다고 발언한 것은 전문건설업체인 위 회사로서는 건축공사가 상당한 비중을 차지하는 해당 공사를 수행할 수 없다는 자신의 법률적 의견이나 주장을 표명한 것에 불과하여 허위사실을 유포한 것으로 보기 어렵다고 한 것[25] 등이 있다.

허위사실의 유포를 긍정한 판례로, ① 피고인이 경쟁업체인 C의 거래처에 8 게 'C가 돈이 없어 직원들에게 월급도 줄 수 없고 곧 파산할 것이다'라고 말한

---

19 주석형법 〔각칙(5)〕(5판), 9(이우철); 大塚 外, 大コン(3版)(12), 84(坪內利彦=松本 裕).
20 김성돈, 256; 박상기, 197; 박상기·전지연, 546; 배종대, §51/2; 손동권·김재윤, §15/4; 이재상·장영민·강동범, §13/8; 정성근·박광민, 214; 정영일, 104; 주석형법 〔각칙(5)〕(5판), 8(이우철); 大塚 外, 大コン(3版)(12), 86(坪內利彦=松本 裕).
21 정성근·박광민, 214; 주석형법 〔각칙(5)〕(5판), 8(이우철); 大塚 外, 大コン(3版)(12), 86(坪內利彦=松本 裕).
22 대판 1983. 2. 8, 82도2486; 대판 2004. 4. 9, 2004도165; 대판 2004. 12. 24, 2004도6525; 대판 2005. 6. 24, 2004도8636; 대판 2008. 3. 13, 2008도615; 대판 2008. 3. 27, 2006도7234; 대판 2012. 12. 27, 2010도12811.
23 대판 2005. 6. 24, 2004도8636.
24 대판 1983. 2. 8, 82도2486.
25 대판 2004. 12. 24, 2004도6525.

것은 단순한 의견이나 가치판단을 넘어 허위사실을 유포하여 경쟁업체인 C의 신용을 훼손한 행위에 해당한다고 한 것,[26] ② D 농협이 부실운영으로 수익의 손실을 입은 사실이 없고 D 농협이 이를 인정한 사실이 없음에도 피고인이 선거홍보용 명함 뒷면에 'D 농협 부실운영 관련한 수익손실금 약 1,000억 원 상당을 인정하고 있다' '농협 부실경영 수익손실금 약 1,000억 원 이상 정부로부터 보상받아 주민사업에 쏟아붓겠다'라고 기재한 것은 허위사실의 유포일 뿐 피고인의 가치판단이나 의견제시라고 볼 수 없다고 한 것,[27] ③ E가 당시 타인의 명의로 F 회사의 발행주식을 보유하고 있었고 회장이라는 직함으로 F 회사를 실질적으로 운영하여 골프장 사업을 추진하고 있었음에도 피고인 등이 지역신문 광고란에 E가 F 회사의 주주 및 실경영자로서의 권리와 권한이 없어 향후 E와 관련하여 선의의 피해자가 발생할 경우 F 회사에게 아무런 법적 책임이 없다는 취지로 게시한 글은 허위의 사실에 해당하고 단순히 피고인 등의 E에 대한 가치판단이나 의견에 불과한 것으로 볼 수 없다고 한 것[28] 등이 있다.

9   반드시 기본적인 사실이 허위여야 하는 것은 아니고, 비록 기본적인 사실은 진실이라 하더라도 이에 허위사실을 상당 정도 부가시킴으로써 타인의 신용을 훼손할 위험이 있다면 허위사실에 해당한다.[29] 반면, 그 내용 전체의 취지를 살펴볼 때 중요한 부분이 객관적 사실과 합치되고 단지 세부에 있어 약간의 차이가 있거나 다소 과장된 표현이 있는 정도에 불과하여 타인의 신용을 훼손할 위험이 없다면 허위사실에 해당하지 않는다.[30]

10   한편 허위사실의 '유포'란 객관적인 사실과 다른 사실을 불특정 또는 다수인에게 전파하는 것을 말하며,[31] 행위 당시 행위자가 자신이 유포한 사실이 허위라는 점을 적극적으로 인식하였을 것을 요한다.[32] 반드시 행위자가 직접 불특정 또

---

26 대판 2004. 5. 14, 2004도49.
27 대판 2008. 3. 13, 2008도615.
28 대판 2012. 12. 27, 2010도12811.
29 대판 2006. 12. 7, 2006도3400.
30 대판 2008. 3. 27, 2006도7234; 대판 2016. 3. 24, 2013도13411.
31 대판 2006. 12. 7, 2006도3400. 같은 취지의 일본 판례로는 大判 明治 42(1909). 11. 15. 刑錄 15·15·1589; 大判 明治 44(1911). 12. 25. 刑錄 17·2317; 大判 大正 5(1916). 6. 26. 刑錄 22·1153; 大判 大正 5(1916). 12. 18. 刑錄 22·1909 등이 있다.
32 대판 2006. 5. 25, 2004도1313; 대판 2008. 3. 27, 2006도7234.

는 다수인에게 고지할 필요는 없고, 특정 소수에게 고지하였더라도 그 사실이 순차로 불특정 또는 다수인에게 전파될 것을 인식하고 있었다면 유포에 해당한다.[33] 이와 같이 전파가능성을 이유로 허위사실의 유포를 인정하는 경우, 적어도 범죄구성요건의 주관적 요소로서 미필적 고의가 필요하므로 전파가능성에 대한 인식이 있음은 물론 그 위험을 용인하는 내심의 의사가 있어야 하는데, 행위자가 전파가능성을 용인하고 있었는지 여부는 외부에 나타난 행위의 형태와 행위의 상황 등 구체적인 사정을 기초로 일반인이라면 그 전파가능성을 어떻게 평가할 것인가를 고려하면서 행위자의 입장에서 그 심리상태를 추인함이 상당하다.[34]

　유포의 수단과 방법에는 제한이 없으며, 언어, 문서, 그림, 동작 등 다양한 수단을 이용할 수 있고, 직접적 표현뿐만 아니라 간접적·우회적 표현도 무방하다.[35] 이미 사회 일부에 유포되어 있는 허위사실을 더 넓게 유포시키는 행위도 해당자의 신용을 더욱 저하시킨다는 점에서 허위사실의 유포에 포함된다.[36]　　11

(2) 위계의 사용

　'위계'란 행위자의 행위목적을 달성하기 위하여 상대방에게 오인·착각 또는 부지를 일으키게 하여 이를 이용하는 것을 말하며,[37] 기망은 물론이고 유혹도 포함된다는 것이 다수설의 견해이다.[38] 은밀하게 행하여지든 공공연하게 행하여지든 상관없으며,[39] 위계의 상대방과 피해자가 동일인일 것을 요하지 않는다.[40] 판례 중에는, 피고인이 A 은행 본점 앞으로 'B가 대출금 이자를 연체하여 위 은행의 C 지점장이 3,000만 원의 연체이자를 대납하였다'는 등의 내용을 기재　　12

33　김성돈, 256; 김일수·서보학, 175; 배종대, §51/2; 신동운, 779; 이재상·장영민·강동범, §13/8; 정성근·박광민, 214; 주석형법 [각칙(5)](5판), 9(이우철).

34　대판 2006. 5. 25, 2004도1313.

35　김성돈, 256; 박상기, 197; 박상기·전지연, 546; 배종대, §51/2; 손동권·김재윤, §15/4; 신동운, 779; 오영근, 186; 이재상·장영민·강동범, §13/8; 정성근·박광민, 214; 정영일, 104; 주석형법 [각칙(5)](5판), 9(이우철).

36　주석형법 [각칙(5)](5판), 10(이우철); 大塚 外, 大コン(3版)(12), 87(坪內利彦=松本 裕).

37　대판 2006. 12. 7, 2006도3400.

38　김성돈, 256; 김일수·서보학, 175; 배종대, §51/3; 손동권·김재윤, §15/5; 오영근, 186; 이재상·장영민·강동범, §13/9; 정성근·박광민, 214.

39　김성돈, 256; 김일수·서보학, 175; 배종대, §51/3; 오영근, 186; 이재상·장영민·강동범, §13/9; 정성근·박광민, 214; 정영일, 105; 주석형법 [각칙(5)](5판), 10(이우철).

40　김성돈, 256; 배종대, §51/3; 신동운, 781; 정성근·박광민, 214; 정영일, 105; 주석형법 [각칙(5)](5판), 10(이우철).

〔김 우 진〕　　　　　　　　　　　　　**255**

한 편지를 보냈는데 실제로는 C 지점장이 위 연체이자를 대납한 적이 없다면 피고인의 위와 같은 행위는 편지의 내용을 불특정 또는 다수인에게 전파시킨 경우에 해당한다고 보기는 어렵지만, 그로써 A 은행의 오인 또는 착각 등을 일으켜 위계로써 피해자인 B의 신용을 훼손한 경우에는 해당한다고 한 것이 있다.[41]

13   법문상 '기타 위계'라고 표현되어 있는 점에서 허위사실의 유포도 위계의 한 예시[42]가 될 수 있다.[43]

(3) 신용의 훼손

14   신용의 훼손이란 사람의 지불능력 또는 지불의사에 대한 사회적 신뢰를 손상·저하시키는 것을 말한다. 본죄의 성립에 있어 신용훼손의 결과가 실제로 발생할 것을 요하는 것은 아니며, 신용훼손의 결과를 초래할 위험이 발생하면 충분하다.[44] 예컨대, A 주식회사와 B 주식회사 사이의 물품공급계약과 A 주식회사와 C 주식회사 등 사이의 주식 및 경영권양수도계약이 각 허위임에도 피고인이 인터넷 신문기자에게 'B, C 주식회사 등 채권단이 A 주식회사에 대하여 위 각 계약 등에 기하여 367억 원 상당의 채권을 가지고 있으며, 이를 곧 행사할 것이다'라는 취지로 말하여 그러한 내용의 기사가 게재되도록 한 행위는, 허위사실의 유포로 인하여 A 주식회사의 경제적 신용 훼손을 초래할 위험을 발생시킨 경우에 해당한다.[45]

15   본죄는 업무방해죄와 달리, 타인의 업무를 방해하는 죄가 아니라 그의 신용을 훼손하는 죄라는 점을 유의할 필요가 있다. '신용'은 사람의 직업적 능력이나 수완 등 경제적 활동 전반에 대한 사회적 평가를 의미하지는 않는다.[46] 판례 중에는 피고인의 행위가 신용, 즉 지불능력 또는 지불의사에 대한 사회적 신뢰를 저해하거나 훼손하는 행위가 아니라는 이유로 무죄를 선고한 예가 종종 있다. 예컨대, ① 피고인이 'D가 운영하는 점포의 물건값이 유달리 비싸다'라고 말하였을 때 그 물건의 값은 D의 지불의사에 대한 사회적 신뢰를 훼손하는 것이라

---

41 대판 2006. 12. 7, 2006도3400.
42 대판 1961. 3. 22, 4293형상889.
43 김일수·서보학, 175; 손동권·김재윤, § 15/5; 신동운, 781; 오영근, 186; 임웅, 266; 정영일, 105.
44 대판 2011. 9. 8, 2011도7262; 대판 2013. 10. 17, 2013도8654. 같은 취지의 일본 판례로는 大判 明治 44(1911). 2. 9. 刑錄 17·52; 大判 明治 44(1911). 4. 13. 刑錄 17·557; 大判 大正 2(1913). 1. 27. 刑錄 19·85; 大判 大正 5(1916). 12. 18. 刑錄 22·1909 등이 있다.
45 대판 2011. 9. 8, 2011도7262.
46 김일수·서보학, 174; 정영일, 104.

고 할 수 없다고 한 것,[47] ② 정화조를 포함한 건축공사의 시공 담당 회사의 대표이사인 피고인이 비용을 줄이고자 하는 생각에서 'X 정화조 50ton은 신기술 인정기간이 지나서 신기술 제품이 아닐뿐더러 그 판매가격이 비싸므로 다른 제품으로 대체할 수 있게 해 달라'는 취지의 문서를 작성하여 설계자에게 송부하였다고 하더라도 그것이 X 정화조를 판매하는 E 회사의 지불능력이나 지불의사에 대한 사회적 신뢰를 저해하는 행위라고 보기 어렵다고 한 것,[48] ③ 피고인이 'F가 운영하는 회사가 고객을 현혹하여 저가로 계약한 후 장비의 사양을 축소 또는 은폐하였다'거나 'F가 운영하는 회사가 폐열회수기능이 전혀 없는 수준 이하의 설비를 구매하도록 하여 정당한 성능을 활용하지 못하도록 하고 있다'는 내용의 문서를 위 회사의 거래처에 발송하였다고 하더라도 그것이 F의 지불능력이나 지불의사에 대한 사회적 신뢰를 훼손하는 행위라고 보기 어렵다고 한 것,[49] ④ 피고인이 유포한 사실은 '재개발사업으로 인한 분양수입금이 입금되는 통장의 관리를 G 건설이 조합과 공동으로 하지 않고 G 건설 단독으로 한다'는 취지로서 시공업체인 G 건설의 지불능력 내지 지불의사에 대한 사회적 평가를 저해하는 행위라고 보기 어렵다고 한 것,[50] ⑤ 하수급업자인 피고인이 공사대금 액수 및 변제범위에 관하여 분쟁 중에 있는 하도급업자인 H로부터 자신이 공사대금을 지급받지 못하여 재하수급업자들에게 공사대금을 지급하지 못한다는 취지의 말을 하였다 하더라도 그것이 H의 지불능력 내지 지불의사에 대한 사회적 평가를 훼손한 행위라고 단정할 수 없다고 한 것,[51] ⑥ 피고인이 인터넷에 게시한 글의 내용은 '오피스텔 신축·분양회사의 대표인 I가 평당 1,100만 원의 프리미엄을 받을 의도로 회사가 넘어가기 직전이라며 계약자들을 기만하거나 협박하여 분양계약을 해지하도록 한 후 해지된 오피스텔을 재분양하려고 한다'는 것으로서 이러한 내용의 글을 인터넷에 게시한 것이 I의 지불능력이나 지불의사에 대한 사회적 신뢰를 훼손하는 행위라고 보기 어렵다고 한 것,[52] ⑦ 피고인이

---

47 대판 1969. 1. 21, 68도1660.
48 대판 2006. 5. 25, 2004도1313.
49 대판 2007. 9. 6, 2007도3084.
50 대판 2007. 9. 21, 2007도604.
51 대판 2008. 1. 31, 2007도8321.
52 대판 2008. 3. 27, 2006도7234.

〔김 우 진〕

'J 회사가 듀폰사의 D165V 부직포를 사용하여 제조한 PBD(Plastic Board Drain)는 부직포의 포인트본딩된 부분이 필터로서 역할을 전혀 하지 못하고 너무 큰 입자를 통과시켜 클로깅(clogging) 현상을 발생시키며 다른 나라에서도 그 사용이 금지된 바 있는 제품이다'라는 취지의 편지를 거래처에 발송하여 거래처 관계자로 하여금 읽어보게 한 행위는 업무방해죄에 해당함은 별론으로 하고 이를 가리켜 J 회사의 지불능력이나 지불의사에 대한 사회적 신뢰를 훼손하는 행위로서 신용훼손죄에 해당한다고 보기 어렵다고 한 것,[53] ⑧ 퀵서비스 운영자인 피고인이 배달업무 중 손님의 불만이 예상되는 경우에는 평소 경쟁관계에 있는 K 운영의 퀵서비스 명의로 된 영수증을 작성·교부함으로써 손님들로 하여금 불친절하고 배달을 지연시킨 업체가 K 운영의 퀵서비스인 것처럼 인식하게 한 행위는, 설령 퀵서비스의 주된 계약 내용이 신속하고 친절한 배달이라는 점을 고려하더라도, K의 경제적 신용, 즉 지불능력이나 지불의사에 대한 사회적 신뢰를 저해하는 행위에 해당한다고 보기 어렵다고 한 것[54] 등이 있다.

3. 고 의

16   본죄에 있어서 고의는 반드시 확정적인 것을 요하는 것은 아니고, 허위사실을 유포하거나 기타 위계를 사용한다는 점과 그 결과 다른 사람의 신용을 저하시킬 염려가 있는 상태가 발생한다는 점에 대한 미필적 인식으로도 충분하다.[55] 적극적으로 타인의 신용을 훼손할 목적이 있어야 하는 것은 아니다.[56] 따라서 예컨대, 피고인이 피해자 회사의 부도 가능성이나 피해자 회사가 건축한 아파트의 하자에 관하여 제대로 조사하지 않은 채 단순히 위 아파트의 지하주차장이 침수된 사실 및 아파트 벽면에 크랙이 일부 존재하는 사실만을 가지고 '부도설 파다함' '1995년 고의부도 상황과 비슷함' '원초적인 부실시공' '잔금, 입주 거부하고 끝까지 투쟁' 등의 내용이 담긴 게시물을 인터넷에 올린 것은 피해자 회사의 신용을 훼손한 행위에 해당한다.[57]

---

53 대판 2008. 7. 10, 2006도6264.
54 대판 2011. 5. 13, 2009도5549.
55 대판 2006. 12. 7, 2006도3400.
56 주석형법〔각칙(5)〕(5판), 11(이우철); 大塚 外, 大コン(3版)(12), 89(坪內利彦=松本 裕).
57 대판 2016. 3. 24, 2013도13411.

허위사실을 진실한 것으로 오인하고 유포한 때에는 구성요건적 착오로서   17
고의를 조각하게 되어 불가벌이 된다.[58] 반대로 진실한 사실을 허위사실로 오인
하고 유포한 때에는 본죄의 불능미수가 문제될 수 있으나, 미수범 처벌규정이
없으므로 역시 불가벌이 된다.[59]

Ⅲ. 기수시기

앞서 본 바와 같이 신용훼손의 결과가 실제로 발생하지 않더라도 신용훼손   18
의 결과를 초래할 위험이 발생하면 본죄가 성립한다. 즉, 본죄의 보호정도는 침
해범이 아니라 추상적 위험범이다.[60] 만약 실제로 신용훼손의 결과가 발생할 것
을 요한다고 할 경우, 신용의 특성상 그 결과 발생 여부를 확정하는 것이 매우
곤란할 것이고, 미수범에 관한 처벌규정도 없는 본죄의 대부분을 처벌할 수 없
게 될 것이다.[61] 따라서 신용을 훼손하는 결과가 발생하여야 기수가 되는 것이
아니라 신용을 훼손할 우려가 있는 상태가 발생하면 기수가 된다. 다만, 이러한
상태에도 이르지 못할 경우에는 처벌 대상이 되지 않는다.

Ⅳ. 죄 수

(1) 본죄의 보호법익은 사람의 신용이므로 피해자별로 본죄가 성립한다.[62] 따   19
라서 1개의 행위로 여러 사람의 신용을 훼손한 경우에는 상상적 경합이 된다.[63]

---

58 김성돈, 257; 김일수·서보학, 176; 오영근, 187; 정성근·박광민, 215; 주석형법〔각칙(5)〕(5판),
　11(이우철).

59 오영근, 187; 주석형법〔각칙(5)〕(5판), 11(이우철).

60 판례와 마찬가지로 학설도 대부분 추상적 위험범설을 취하고 있으며〔김성돈, 255; 김일수·서보
　학, 175; 박상기, 197; 박상기·전지연, 546; 손동권·김재윤, §15/7; 오영근, 185; 원혜욱, 형법각
　론, 150; 이재상·장영민·강동범, §13/10; 임웅, 267; 정성근·박광민, 215; 정영일, 105; 주석형
　법〔각칙(5)〕(5판), 11(이우철); 大塚 外, 大コン(3版)(12), 89(坪內利彦=松本 裕)〕, 간혹 구체적
　위험범설을 취하는 경우도 있다(배종대, §51/4; 홍영기, §68/1).

61 김성돈, 257.

62 박상기·전지연, 548; 주석형법〔각칙(5)〕(5판), 11(이우철); 大塚 外, 大コン(3版)(12), 89(坪內利
　彦=松本 裕).

63 大判 明治 44(1911). 4. 13. 刑錄 17·557; 大判 明治 45(1912). 7. 23. 刑錄 18·1095.

20   (2) 반복해서 허위사실을 유포하여 동일인의 신용을 훼손한 경우, 단순일죄
로 보아야 하는 사안도 있을 수 있고 혹은 신용이 반복해서 훼손되었다고 보아
포괄일죄나 경합범으로 보아야 하는 사안도 있을 수 있다.[64]

21   (3) 허위사실 유포와 위계를 한꺼번에 사용하여 다른 사람의 신용을 훼손
한 경우 본죄의 단순일죄가 성립한다는 견해와[65] 포괄일죄가 성립한다는 견해
가[66] 대립한다.

V. 다른 죄와의 관계

1. 명예훼손죄와의 관계

22   공연히 허위의 사실을 적시하여 명예와 신용을 동시에 훼손한 경우, 죄수관
계에 대하여는 견해의 대립이 있다.

23   ① 명예훼손죄(§ 307②)와 본죄의 상상적 경합을 인정하는 견해[67]가 있는 반
면, ② 본죄는 사람의 명예 중 경제생활에서의 명예를 특별히 보호하려는 것으
로서 명예훼손죄와 법조경합의 특별관계에 있어 본죄가 성립할 때에는 명예훼
손죄는 성립하지 않는다는 견해도 있다.[68] 또 다른 견해로는 ③ 본죄에서의 신
용이 사람의 지불능력 또는 지불의사에 대한 사회적 신뢰를 말하는 것으로서
그 범위가 한정적인 데 비하여 명예훼손죄에 있어서의 명예에 포함되는 부분은
이보다 훨씬 넓으므로 행위자가 다른 사람의 지불능력 또는 지불의사에 한정되
는 행위를 하였다면 본죄의 성립만 인정하여야 하겠지만, 동시에 그 이외의 영
역에 관련되는 행위를 하였다면 본죄와 명예훼손죄의 상상적 경합 또는 실체적
경합을 인정함이 상당하다는 견해가 있다.[69] 피고인이 동일한 일시, 장소이기는

---

64 大塚 外, 大コン(3版)(12), 89-90(坪内利彦=松本 裕). 같은 취지의 일본 판례로는 大判 明治
    45(1912). 6. 27. 刑錄 18·927; 大判 大正 2(1913). 1. 27. 刑錄 19·85 등이 있다.

65 大塚 外, 大コン(3版)(12), 90(坪内利彦=松本 裕). 같은 취지의 일본 판례로는 大判 昭和 3(1928).
    7. 14. 刑集 7·8·490 등이 있다.

66 김일수·서보학, 176; 정성근·박광민, 215.

67 박상기, 198; 박상기·전지연, 548; 정성근·박광민, 215.

68 김성돈, 257; 김일수·서보학, 176; 배종대, § 51/5; 오영근, 187; 이재상·장영민·강동범, § 13/11;
    임웅, 267.

69 손동권·김재윤, § 15/8; 신동운, 779.

하지만 A와 B에 대한 각각 별개의 사실을 고지하여 A의 신용을 훼손하고 B의 명예를 훼손하였다면 본죄와 명예훼손죄의 실체적 경합이 인정된다.[70]

한편, 진실한 사실을 적시하여 다른 사람의 명예와 신용을 훼손하였다면 신용훼손죄는 적용 여지가 없으므로 명예훼손죄만 성립하게 될 것이고,[71] 위계를 사용하여 다른 사람의 명예와 신용을 훼손하였다면 위계에 의한 명예훼손죄는 처벌하지 않으므로 본죄만 성립하게 될 것이다.[72]

2. 업무방해죄와의 관계

1개의 행위로써 신용을 훼손하고 동시에 업무를 방해한 경우, 본죄와 업무방해죄(§314①)의 상상적 경합이 된다는 견해[73]와 업무방해죄만 성립한다는 견해[74]가 대립한다.

VI. 처 벌

5년 이하의 징역 또는 1천 500만 원 이하의 벌금에 처한다.

〔김 우 진〕

---

70 대판 2003. 7. 11, 2003도684.
71 김성돈, 257; 김일수·서보학, 176; 박상기, 198; 박상기·전지연, 548; 배종대, §51/5; 손동권·김재윤, §15/8; 이재상·장영민·강동범, §13/11; 임웅, 267; 정성근·박광민, 215-216; 정영일, 104; 주석형법 〔각칙(5)〕(5판), 13(이우철).
72 박상기, 198; 박상기·전지연, 548.
73 김성돈, 257; 김일수·서보학, 176; 박상기·전지연, 548; 신동운, 782-783; 정성근·박광민, 216.
74 오영근, 187.

제314조(업무방해)

① 제313조의 방법 또는 위력으로써 사람의 업무를 방해한 자는 5년 이하의 징역 또는 1천 500만 원 이하의 벌금에 처한다. 〈개정 1995. 12. 29.〉

② 컴퓨터 등 정보처리장치 또는 전자기록 등 특수매체기록을 손괴하거나 정보처리장치에 허위의 정보 또는 부정한 명령을 입력하거나 기타 방법으로 정보처리에 장애를 발생하게 하여 사람의 업무를 방해한 자도 제1항의 형과 같다. 〈신설 1995. 12. 29.〉

Ⅰ. 제1항의 업무방해죄 ····························· 262
  1. 개 관 ··· 262
  2. 구성요건요소 ································· 263
  3. 업무방해행위의 유형 (1): 일반 ···· 309
  4. 업무방해행위의 유형 (2): 쟁의행위 ·· 339
  5. 기수시기 ·· 368
  6. 위법성 및 책임 ······························ 369
  7. 공 범 ··· 378
  8. 죄 수 ··· 382
  9. 다른 죄와의 관계 ··························· 383
  10. 기판력과 면소판결 ······················ 386

  11. 경범죄 처벌법상의 업무방해죄와의
      관계 ·· 390
  12. 본조 제1항의 합헌 여부 ·············· 391
Ⅱ. 제2항의 업무방해죄 ·························· 392
  1. 개 관 ··· 392
  2. 구성요건요소 ································· 393
  3. 죄 수 ··· 406
  4. 다른 죄와의 관계 ························· 406
  5. 공소사실의 특정 ··························· 407
Ⅲ. 처 벌 ··· 408

Ⅰ. 제1항의 업무방해죄

1. 개 관

1   본조 제1항의 업무방해죄(업무방해죄)는 제313조의 방법, 즉 허위사실의 유포나 기타 위계의 방법 또는 위력으로 다른 사람의 업무를 방해한 경우에 성립한다.

2   본죄의 보호법익은 업무와 관련된 사람의 사회적·경제적 활동의 안전과 자유라고 보는 것이 판례[1] 및 다수설[2]의 견해이다. 업무의 자유, 형법상 보호할

---

1 대판 2009. 11. 19, 2009도4166(전); 대판 2009. 11. 26, 2009도8475; 대판 2010. 2. 25, 2008도9049. 다만, 판례 중에는 '업무방해죄의 보호법익이 되는 업무'(대판 2005. 3. 25, 2004도7707) 또는 '업무방해죄의 보호법익으로서의 업무'(대판 2013. 1. 10, 2011도15497)라는 표현을 사용한 것도 있다.

2 김성돈, 형법각론(7판), 258; 김일수·서보학, 새로쓴 형법각론(9판), 176; 박상기, 형법각론(8판),

가치가 있는 사람의 활동의 자유라고 보는 견해도 있는데,[3] 넓게는 다수설과 같은 입장이라고 할 수 있다. 이에 대하여는 업무 자체가 보호법익이라고 보는 견해도 있다.[4] 다만 업무의 개념 자체에 사람이 직업 또는 사회생활상의 지위에 기하여 계속적으로 종사하는 사무나 사업이라는 동적 개념이 내포되어 있다는 점을 고려하면, 사실상 견해의 대립이 있다고 보기 어렵다.[5]

본장 **[총설]**에서 살펴본 바와 같이 본죄는 재산범죄로서의 성격을 가짐과 동시에 자유에 대한 범죄로서의 성격도 가지고 있고, 이는 뒤에서 보는 본조 제2항의 업무방해죄 역시 마찬가지이다.　　　　　　　　　　　　　　　　3

2. 구성요건요소

(1) 주체

본죄는 비신분범으로서 그 주체에 제한이 없다.　　　　　　　　　　　4

(2) 객체

(가) 타인의 업무

(a) 본죄의 객체는 타인의 업무이다. 여기서 말하는 타인은 범인 이외의 자　　5
를 말하며, 자연인과 법인 또는 법인격 없는 단체를 가리킨다.[6] 이와 관련하여 대법원은, 성균관이 재단법인 성균관 설립 이전부터 그것과 별개로 독자적인 존립목적과 대표기관을 보유하고 활동을 하는 등 법인 아닌 사단으로서의 실체를 가지고 존립하여 왔고, 유림회관 내 성균관장실을 사실상 점유, 사용하여 왔으며, 분향례 업무를 독자적으로 수행하여 왔음을 이유로 재단법인 성균관 측의 임원들인 피고인들에 대한 관계에서 성균관 내지 성균관장의 업무는 본죄의 보호객체로서의 타인의 업무에 해당한다고 판단한[7] 바 있다.[8]

200; 정성근·박광민, 형법각론(전정3판), 216.

3 박상기·전지연, 형법학(총론·각론)(5판), 549; 정영일, 형법강의 각론(3판), 105.

4 배종대, 형법각론(13판), §52/2; 오영근, 형법각론(6판), 187; 이재상·장영민·강동범, 형법각론(12판), §13/13; 임웅, 형법각론(11정판), 267.

5 손동권·김재윤, 새로운 형법각론, §15/10.

6 대판 1999. 1. 15, 98도663.

7 대판 2009. 4. 9, 2009도1611.

8 일본형법 각칙 제35장(신용 및 업무에 대한 죄)은 제233조(신용훼손 및 업무방해)에서 "허위의 풍설을 유포하거나 위계로써 사람의 신용을 훼손하거나 그 업무를 방해한 자는 3년 이하의 징역 또는 50만 엔 이하의 벌금에 처한다."고 규정하고, 제234조(위력업무방해)에서 "위력으로써 사람

6   범인 이외의 자의 업무라는 점에서 타인의 업무인지 여부는 일견 명확해 보이지만 하나의 사건에서 타인의 업무는 중첩적으로 존재할 수 있고, 범인과 타인과의 관계, 타인의 업무의 성격 등에 따라 범인의 행위가 일부 타인에 대해서는 업무방해죄를 구성할 수 있는 반면, 다른 타인에 대해서는 그렇지 않을 수 있음을 유념할 필요가 있다.

7   이와 관련한 판례를 보면, ① 회사의 상무이사인 피고인이 직원 신규채용을 위한 면접심사에서 다른 면접위원 중 1인인 비상무이사가 먼저 채점표를 작성하고 퇴장한 상태에서 나머지 면접위원들의 동의를 얻어 자신이 정한 순서대로 최종합격자를 결정한 사안에서, 직원의 신규채용 권한을 가진 회사의 대표이사에게 직원 채용 업무가 귀속되는데 대표이사는 당초의 채용계획에서 정한 최종합격자 결정 방법과는 다르게 상무이사인 피고인이 적합하다고 판단한 응시자를 최종합격자로 채용하는 것을 양해하였으므로 피고인이 대표이사를 오인·착각에 빠뜨렸다거나 그의 부지를 이용하였다고 보기 어렵고, 한편 선택적 공소사실에 의해 본죄의 피해자로 특정된 비상무이사는 직원 신규채용을 위한 면접심사에 참가하였을 뿐이어서 그의 업무는 '직원 채용에 관한 업무'가 아닌 '직원 채용을 위한 면접업무'에 불과하다고 할 것인데 그는 면접을 마치고 채점표를 작성한 뒤 면접장소를 이탈함으로써 자신의 업무를 마쳤으므로 피고인의 행위가 비상무이사에게 오인·착각 또는 부지를 일으켰다고 할 수 없다고 판시[9]한 것,[10] ② 사단법인 한국고미술협회 협회장의 지시에 의해 피고인들을 비롯한 감정위원들이 공모하여 허위의 감정결의서를 작성하고 이에 따라 감정증서가 발

의 업무를 방해한 자는 전조의 예의 의한다."고 규정하고 있다. 위력업무방해죄(§ 234)의 객체로서 단체를 인정한 일본 판례로는 大判 大正 15(1926). 2. 15. 刑集 5·1·30 등이 있다.

9 대판 2017. 5. 30, 2016도18858.

10 다만, 면접위원들의 면접점수를 동의 없이 조작하였다면 이는 면접위원들이 수행하는 면접업무의 적정성 또는 공정성을 침해하는 행위로서 위계에 의한 업무방해죄를 구성하고(대판 2019. 10. 18, 2018도7828의 원심판결인 서울남부지판 2018. 5. 1, 2018노10 참조), 이사장이 기간제 근로자 채용과 관련하여 내부 및 외부 면접위원으로 구성된 면접절차에서 최고 점수를 받은 지원자가 자신이 기대하던 사람이 아니라는 이유로 내부 면접위원을 강하게 질타하여 내부 면접위원으로 하여금 자신의 면접전형 점수를 고쳐 이사장의 의중대로 최고 득점자를 변경하게 하였다면 이는 위력으로써 채용절차와 관련한 내부 면접위원의 공정한 면접전형 업무를 방해한 죄에 해당한다고(대판 2020. 2. 27, 2019도19054의 원심판결인 부산지판 2019. 12. 5, 2019노1702 참조) 할 수 있을 것이다.

급된 사안에서, 원심은 감정결의서 작성권한을 가지고 있는 피고인들을 비롯한 감정위원들이 모두 공모하거나 양해하여 허위로 감정결의서를 작성하였다면 감정증서 발급업무와 관련하여 협회로 하여금 오인·착각 또는 부지를 일으키게 하였다고 볼 수 없고, 감정결의서 작성 이후 감정증서 발급을 결재하는 협회 부회장이나 그 행정실무를 담당하는 직원들이 그와 같은 허위의 사실을 모른 채 업무를 수행하였더라도 이들의 업무는 감정결의서에 기속될 뿐 별도의 재량이 개입될 여지가 없는 보조적·부수적 행위에 불과하므로 이들의 업무처리에 대한 위계가 있었다고 볼 수도 없다는 이유로 무죄를 선고하였으나, 대법원은 피고인들을 비롯한 감정위원들이 협회장의 지시 또는 부탁에 따라 허위의 감정결의서를 작성하여 제출함으로써 협회가 허위의 감정증서를 발급하게 되었다면 피고인들의 위와 같은 허위 감정행위는 협회의 감정증서 발급업무 담당자들로 하여금 진정한 감정결과에 관하여 오인·착각 또는 부지를 일으키게 하는 행위로서 위계에 해당하고, 협회의 감정증서 발급업무 담당자들 모두가 피고인들의 허위 감정행위에 관하여 공모하거나 이를 양해하였다는 사정이 없는 한 그 위계에 의하여 협회의 감정증서 발급업무에 대한 적정성 또는 공정성은 저해되었다고 보아야 한다고 판시한 것[11] 등이 있다. 이와 마찬가지 맥락에서 대법원은 ③ 지방공사의 사장인 피고인이 직원 신규채용 권한을 행사하는 것은 피고인이 공사의 기관으로서의 지위에서 공사의 업무를 집행하는 것이므로 피고인 및 신규채용 시험업무 담당자들이 공모 내지 양해하에 응시자의 필기시험성적을 조작하였다고 하더라도 직원 신규채용 업무와 관련하여 법인인 공사로 하여금 오인·착각 또는 부지를 일으키게 하였다고 할 수 없고, 피고인의 행위에 의하여 시험업무 담당자들이 오인·착각 또는 부지를 일으킨 것도 아니라고 할 것인데, 이처럼 공사의 직원 신규채용 업무와 관련하여 오인·착각 또는 부지를 일으킨 상대방이 있다고 할 수 없다면 피고인 등의 부정행위가 곧 위계에 의한 업무방해죄에 있어서의 위계에 해당한다고 할 수 없다고 판시한 바 있다.[12] 직원 채용과

---

11 대판 2017. 12. 22, 2016도10371.
12 대판 2007. 12. 27, 2005도6404. 본 판결 해설은 박길성, "지방공기업법에 의해 설립된 공사의 신규직원 채용 업무의 주체, 그 사장이 시험업무 담당자들의 양해 하에 부정한 행위를 한 경우 위계에 의한 업무방해죄 성립 여부", 해설 74, 법원도서관(2008), 432-464.

〔김 우 진〕　　　　　　　　　　　　　　**265**

관련하여 필기시험과 면접시험이 별도로 마련되어 있다면, 직원을 채용하는 사업주의 업무를 논외로 하더라도 필기시험에 관여하는 자의 업무와 면접시험에 관여하는 자의 업무는 별개로 취급하여야 할 것[13]이다.[14]

8   (b) 법적 성질이 영조물에 불과한 대학교 자체는 본죄에서의 업무의 주체가 될 수 없다. 예컨대, 대학 편입학업무의 주체는 대학교가 아닌 총장이고, 학생의 성적평가업무의 주체는 대학교가 아닌 담당교수이다.[15] 만일 총장이 대학편입학업무와 관련하여 그 권한 중 일부를 타인에게 위임하였다면 그 수임자는 자신의 명의와 책임으로 수임된 권한을 행사하는 것이므로 그 범위 내에서는 해당 업무를 수임자의 독립된 업무로 봄이 상당하고 위임자인 총장이라 하더라도 이를 방해하여서는 안 된다고 할 것이다.[16] 그러므로 대학교 교수인 피고인이 자신이 강의하는 과목의 시험에서 과락점수를 받은 학생의 성적을 임의로 상향 조정하여 교무처 학적과에 제출함으로써 위 학생이 C학점으로 평가받게 하였다고 하더라도 대학교에 있어서 성적평가업무는 담당교수의 업무에 속한다고 할 것이고, 피고인의 행위는 그 성격상 개별 과목에 대한 성적평가 후에 이루어지는 성적의 취합과 통보 등과 같은 피고인 자신의 성적의 관리업무와 관련된 행위라고 할 것이어서 성적평가업무의 주체가 대학교임을 전제로 피고인

---

13 대판 2010. 3. 25, 2009도8506. 이 사건에서 대법원은 A 조합 직원 신규채용과 관련하여 조합장인 피고인의 지시에 따라 채점업무 담당자들이 필기시험 점수조작행위를 통하여 특정인을 합격시킴으로써 필기시험 합격자를 대상으로 하는 면접시험에 특정인이 응시할 수 있게 하였다면 위와 같은 점수조작행위는 면접위원으로 하여금 면접시험 응시자의 정당한 자격 유무에 관하여 오인·착각 또는 부지를 일으키게 하는 위계에 해당하고, 면접위원이 점수조작행위에 관하여 공모 또는 양해하였다는 등의 특별한 사정이 없는 한 그 위계에 의하여 면접위원이 수행하는 면접업무의 적정성 또는 공정성이 저해된 것이라고 판시하였다.

14 공단 인사 담당자들과 면접위원들이 공모하여 특정인을 합격시키기 위하여 채용절차를 변경하고 면접점수를 조작한 행위는 위와 같은 면접점수를 기초로 최종합격자를 결정하고 공고하는 총무과 직원들로 하여금 최종합격자의 정당한 자격 유무에 관하여 오인·착각 또는 부지를 일으키게 하는 위계에 해당하고, 총무과 직원들이 공모 또는 양해하였다는 등의 특별한 사정이 없는 한 그 위계에 의하여 총무과 직원들이 수행하는 업무의 적정성 또는 공정성이 저해된 것이라고 본 대판 2019. 10. 31, 2019도11651의 원심판결인 인천지판 2019. 7. 19, 2018노3221도 같은 맥락으로 이해할 수 있다.

15 대판 1999. 1. 15, 98도663. 같은 취지에서 대학원 입학전형 업무는 대학원장의 업무라고 판시한 것으로는 대판 1995. 12. 5, 94도1520 참조.

16 이윤승, "대학교 총장이 입학사정위원들에게 허위로 작성된 사정부에 따라 입학사정을 하게 한 행위가 위계에 의한 업무방해죄를 구성하는지 여부", 해설 19-2, 법원행정처(1993), 427-428.

의 행위를 유죄로 인정함은 위법하다.[17] 다만, 판례 중에는 대학교 총장이 대학 입시합격자 가운데 일부가 등록을 하지 않음에 따라 발생한 결원을 보충하기 위하여 신입생을 추가로 모집함에 있어 기부금을 낸 학부모나 교직원 자녀들의 성적 또는 지망학과를 고쳐 석차가 추가 모집인원 범위 내에 들도록 사정부를 허위로 작성한 다음 그 정을 모르는 입학사정위원들에게 제출하여 허위로 작성 된 사정부에 따라 입학사정을 하게 함으로써 위 자녀들을 합격자로 사정하게 하였다면 이는 위계에 의하여 입학사정위원들의 입학사정업무를 방해한 경우에 해당하는데, 비록 원심이 이를 두고 입학사정위원들 및 대학교의 신입생선발업 무를 방해한 것으로 판시하였다고 하더라도 대학교에 대한 업무방해의 점과 입 학사정위원들에 대한 업무방해의 점이 경합범으로 기소된 것으로 보이지 않고, 위와 같이 입학사정위원들에 대한 업무방해가 성립된 이상 대학교의 신입생선 발업무가 방해되었다고 판시한 원심의 잘못은 판결결과에 아무런 영향이 없다 고 한 것이 있다.[18]

(c) 한편 한국해운조합이 선박운항관리자를 선임하고 각 지부에 설치된 운 **9** 항관리실에 배치하여 구체적으로 업무를 수행하게 한 경우, 출항 전 안전점검을 충실히 하고 그 결과를 기재한 서류를 작성 또는 보관하여야 할 선박운항관리 자의 업무는 한국해운조합에 대한 관계에 있어서는 타인의 업무에 해당한다는 것이 판례의 입장이다.[19]

(d) 타인인 피해자는 특정될 수 있어야 하는데,[20] 반드시 피해자의 성명을 **10** 명시하여야 하는 것은 아니라 하더라도 그 표현의 내용을 주위사정과 종합판단 하여 그것이 어느 특정인을 지목하는 것인지를 알아차릴 수 있어야 그 특정인 에 대한 본죄를 구성한다.[21] 예컨대, 피고인이 표현한 '강남에 있는 K 비뇨기과 (꼬집어서 말씀은 못드립니다 -- 현대백화점 근처 -- 신문지상이나 그래도 비뇨기과에서 이름 있는 곳입니다)'라는 내용만으로는 피해자가 특정되었다고 보기 어려워 본죄의 구

---

17 대판 1999. 1. 15, 98도663.
18 대판 1993. 5. 11, 92도255. 본 판결 해설은 이윤승(주 16), 423-429.
19 대판 2015. 10. 29, 2015도7703; 대판 2016. 7. 27, 2015도17290; 대판 2021. 3. 11, 2016도 1102; 대판 2021. 3. 11, 2016도14415; 대판 2021. 4. 29, 2016도439.
20 박상기·전지연, 556.
21 대판 2004. 5. 28, 2004도1616.

성요건해당성이 있다고 보기 어렵다.[22]

11   (e) 본죄에서의 업무는 보호의 객체에 해당하므로 행위주체로서의 지위를 의미하는 업무상횡령죄(§ 356, § 355①), 업무상배임죄(§ 356, § 355②), 업무상과실치사상죄(§ 268), 업무상실화죄(§ 171, § 170) 등에 있어서의 업무나 행위상황을 의미하는 아동혹사죄(§ 274)에 있어서의 업무와 구별된다.[23]

          (나) 업무의 의미

12   (a) 본죄에서 말하는 업무란 직업 또는 사회생활상의 지위에 기하여 계속적으로 종사하는 사무나 사업 일체를 의미한다(통설[24] 및 판례[25]). 즉, 여기에서의 업무는 사회적 지위와 계속성을 본질적 요소로 한다.[26] 사회생활상의 지위에 기한 활동의 대표적인 것이 직업인데, 직업이 업무로서 보호되는 이유는 그것이 생계를 유지하기 위한 중요한 경제활동에 해당함은 물론, 그것을 통해 사람이 사회활동의 일부를 분담하는 역할을 다할 수 있기 때문이다.[27] 이와 관련하여 판례 중에는, 법률이나 관리규약 등의 근거 없이 아파트 관리소장의 주도로 임시로 구성된 원로회의가 입주자대표회의와 부녀회 사이의 분쟁을 중재할 법적인 권한도 없고 분쟁 당사자들로부터 그 중재활동을 승인받지도 못한 상태라면 원로회의의 중재활동이 직업 또는 사회생활상의 지위에 기하여 계속적으로 종사하는 사무나 사업으로서 업무방해죄의 보호대상이 되는 업무에 해당한다고 보기 어렵다고 판시한 것이 있다.[28] 본죄의 업무 해당 여부 판단에 있어서 보수

---

22 대판 2004. 5. 28, 2004도1616.

23 신동운, 형법각론(2판), 786.

24 김성돈, 258; 김일수·서보학, 177; 박상기, 200; 배종대, § 52/3; 손동권·김재윤, § 15/12; 신동운, 785-786; 오영근, 187; 이재상·장영민·강동범, § 13/13; 임웅, 270; 정성근·박광민, 216; 정영일, 106.

25 대판 1989. 3. 28, 89도110; 대판 1993. 2. 9, 92도2929; 대판 1995. 6. 30, 94도3136; 대판 2005. 4. 15, 2004도8701; 대판 2013. 6. 14, 2013도3829; 대판 2017. 11. 9, 2014도3270; 대판 2020. 11. 12, 2016도8627.

26 김성돈, 258; 김일수·서보학, 177; 이재상·장영민·강동범, § 13/13; 정성근·박광민, 216; 박상기, "업무방해죄에서의「업무방해」의 의미 - 소위 위장취업과 업무방해죄 -", 형사판례연구 [2], 한국형사판례연구회, 박영사(1994), 215; 변종필, "업무방해죄에서 업무의 개념과 범위 - 회사의 공장이전사무가 업무방해죄에서의 업무에 해당하는지 여부 -", 형사판례연구 [16], 한국형사판례연구회, 박영사(2008), 110.

27 大塚 外, 大コン(3版)(12), 93(坪內利彦=松本 裕).

28 대판 2008. 11. 13, 2008도7478.

의 유무 또는 영리목적의 유무를 가리지 않는다.[29] 실제 집행하고 있는 업무는
물론, 수행하여야 할 업무도 포함한다.[30]

    직업이나 사회생활상의 지위에 기한 것이 아니라 단순히 개인적인 일상생   **13**
활의 차원에서 행하여지는 사무로 평가될 경우 본죄의 보호대상인 업무로 보기
어렵다는 것이 판례의 입장이다. 판례 중에는, 건물의 점유관리자가 개인적으로
점유관리하는 위 건물에 출입하는 행위 자체는 본조 제1항에서 말하는 업무에
해당한다고 볼 수 없다고 하거나,[31] 건물 지하 주차장 내에 다른 사람이 차량을
무단주차하였다는 이유로 차량 앞범퍼에 쇠사슬로 손수레를 묶어 둔 피고인의
행위가 위력으로써 다른 사람의 운전업무를 방해한 것으로 기소된 사안에서, 위
차량 운전자가 직업이나 사회생활상의 지위에 기한 계속적 사무 또는 사업활동
의 일환으로 위 차량을 건물에 주차해 두었다거나 그 후 위 차량을 운행하려고
한 것으로 보기 어렵고, 오히려 단순한 개인생활상의 행위로 차량을 운전한 것
에 지나지 않는다고 볼 여지가 많은데 그렇다면 위 차량 운전자의 위 차량에 대
한 운전은 업무방해죄의 보호대상이 되는 업무에 해당한다고 보기 어렵다고 한
것이 있다.[32] 골프, 사냥 등 오락을 위한 행위가 업무에 포함되는지 여부에 관
하여는 견해의 대립이 있다.[33]

    (b) 업무는 주된 것이든 부수적인 것이든 가리지 않는다.[34] 일회적인 사무   **14**
라 하더라도 그 자체로서 어느 정도 계속하여 행해지는 것이거나 혹은 그것이

---

29 김일수·서보학, 177; 박상기, 200; 배종대, §52/5; 손동권·김재윤, §15/12; 오영근, 189; 이재상·
    장영민·강동범, §13/13; 임웅, 271; 정성근·박광민, 216; 정영일, 106; 大塚 外, 大コン(3版)(12),
    93(坪內利彦=松本 裕).

30 大塚 外, 大コン(3版)(12), 93(坪內利彦=松本 裕). 같은 취지의 일본 판례로는 最判 昭和 28(1953).
    1. 30. 刑集 7·1·128 등이 있다.

31 대판 1977. 3. 22, 76도2918.

32 대판 2017. 11. 9, 2014도3270. 한편 이와 대비되는 것이 운전기사의 운전인데, 만일 피고인이
    운송업을 하는 피해자의 차량 열쇠를 빼앗아 상당한 시간 동안 차량을 운행하지 못하게 하였다
    면 본죄가 성립될 것이다(대판 2005. 3. 25, 2005도1346 참조).

33 업무에 포함된다는 견해로는 임웅, 271 등이 있고, 포함되지 않는다는 견해로는 김성돈, 258; 김
    일수·서보학, 177; 박상기·전지연, 550; 배종대, §52/4; 손동권·김재윤, §15/12; 신동운, 786;
    이재상·장영민·강동범, §13/14; 정성근·박광민, 217; 정영일, 106; 大塚 外, 大コン(3版)(12),
    92(坪內利彦=松本 裕); 변종필(주 26), 110 등이 있다.

34 대판 1989. 9. 12, 88도1752; 대판 2005. 4. 15, 2004도8701; 대판 2008. 5. 29, 2007도5037. 일
    본 판례도 같은 입장이고[福岡高判 昭和 57(1982). 10. 21. 刑裁月報 14·10·743], 업무의 준비
    행위 등을 포함한다는 판례도 있다[山口地下關支判 昭和 45(1970). 8. 7. 刑裁月報 2·8·857].

직업 또는 사회생활상의 지위에서 계속적으로 행하여 온 본래의 업무수행과 밀접불가분의 관계에서 이루어진 경우 이에 해당한다.[35] 부수적 업무 또는 일회적 사무의 업무 해당성과 관련하여 판례를 살펴보면 아래와 같다.

15   먼저 부수적인 업무 또는 일회적인 사무라 하더라도 본죄의 보호대상인 업무가 될 수 있다고 판시한 것으로는 아래 판례가 있다.

16   ① 경비원은 상사의 명령에 의하여 경비업무 등 노무를 제공하는 자이므로 그가 상사의 명에 의하여 유인물 배부 업무 등을 수행하였다면 그것이 설령 일시적인 것이라 하더라도 본죄의 업무에 해당한다.[36]

17   ② 공장의 주간 조업이 끝났다고 하더라도 공장을 가동하여 제품을 생산, 가공, 판매하는 회사 본래의 주된 영업활동을 원활하게 수행하기 위하여 회사는 공장건물 및 기자재 관리나 당직근무자 등을 통한 공장출입자에 대한 통제를 야간에도 계속하여야 함은 물론 전체 회사 직원들의 출퇴근이 제대로 이루어질 수 있도록 공장 정문의 정상적인 개폐 등에도 만전을 기하여야 하며, 이러한 업무는 회사의 주된 업무와 밀접불가분의 관계에 있으면서 계속적으로 수행되어지는 회사의 부수적 업무로서 본죄의 보호대상인 업무에 해당한다.[37]

18   ③ A 정당 지구당 창당대회는 지구당의 창당업무에 필수불가결한 부수적인 업무로서 본죄의 보호대상인 업무에 해당한다.[38]

19   ④ 종중 정기총회를 주재하는 종중 회장의 의사진행업무 자체는 1회성을 갖는 것이라고 하더라도 그것이 종중 회장으로서의 지위에 기하여 계속적으로 행하여 온 종중 업무수행의 일환으로 행해진 것이라면 본죄의 보호대상이 되는 업무에 해당하고, 위와 같은 종중 회장의 업무는 종중원들에 대한 관계에서는 타인의 업무라고 할 것이다.[39]

20   ⑤ 회사가 사업장의 이전을 계획하고 그 이전에 따른 사업의 지속적인 수행방안, 새 사업장의 신축 및 가동개시와 구 사업장의 폐쇄 및 가동중단 등에

35 대판 1995. 10. 12, 95도1589; 대판 2005. 4. 15, 2004도8701; 대판 2007. 6. 14, 2007도2178; 대판 2011. 8. 18, 2009도6024; 대판 2012. 5. 24, 2009도4141. 일본 판례도 같은 입장이다[大判 大正 10(1921). 10. 24. 刑錄 27·643].
36 대판 1971. 5. 24, 71도399.
37 대판 1992. 2. 11, 91도1834.
38 대판 1994. 4. 12, 94도128.
39 대판 1995. 10. 12, 95도1589.

관한 일련의 경영상 계획의 일환으로서 시간적·절차적으로 일정 기간의 소요가
예상되는 사업장 이전을 추진, 실시하는 행위는 그 자체로서 일정 기간 계속성
을 띤 업무의 성격을 지니고 있을 뿐 아니라 회사의 본래 업무인 목적 사업의
경영과 밀접불가분의 관계에서 그에 수반하여 이루어지는 것으로 볼 수 있으므
로 본죄에 의한 보호의 대상이 되는 업무에 해당한다.[40]

⑥ 공장 굴뚝에 올라가 농성을 벌이고 있는 노조원들의 고공농성을 지지할　　21
목적으로 회사의 승인 없이 고공농성 장소 아래에 설치된 텐트를 회사가 철거
하는 경우, 이러한 철거업무는 일회적인 것이라고 하더라도 본래의 관리 업무수
행의 일환으로 행하여지는 사무로서 본죄에서의 업무에 해당한다.[41]

⑦ 피고인이 5회에 걸쳐 방해한 A 회사 직원들의 토지 출입문 부근에서의　　22
진입도로, 정문개설, 컨테이너설치장소 기반조성 공사 등은 폐기물처리업체인
위 회사의 계속적인 회사 업무 수행의 일환으로 행하여진 것이므로 본죄에 의하
여 보호되는 업무에 해당한다.[42]

⑧ 종전 이사와 감사의 해임 및 후임 이사와 감사의 선임을 목적으로 법원　　23
의 허가결정에 따라 개최된 회사 임시주주총회 자체는 1회성을 갖는 것이라고
하더라도 이는 위 회사가 법인으로서 계속적으로 행하는 업무수행의 일환으로
개최된 것으로서 본죄에 의하여 보호되는 업무에 해당된다.[43]

다음으로, 부수적인 업무 또는 일회적인 사무가 주된 업무와 밀접불가분의　　24
관계에 있지 않는 등으로 본죄의 보호대상인 업무가 될 수 없다고 판시한 것으
로는 아래 판례가 있다.

---

40 대판 2005. 4. 15, 2004도8701. 이와 달리 판례 중에는, 비닐가공공장의 이전과 관련하여 성질상
　새로운 비닐가공업무를 준비하기 위한 일시적인 사무는 될지언정 비닐가공업무에 부수한 계속성
　을 지닌 업무라고 할 수는 없어 그 이전업무를 방해한 행위가 본죄에 해당하지 않는다고 판시한
　것(대판 1985. 4. 9, 84도300)과 전자부품 제조공장의 이전과 관련하여 같은 맥락에서 그 이전업
　무 방해행위가 본죄에 해당하지 않는다고 판시한 것(대판 1989. 9. 12, 88도1752)이 있다. 이에
　대하여 위 2004도8701 판결과 88도1752 판결 모두 부수적 업무로서의 공장이전사무가 본죄의 업
　무에 해당하려면 본래의 업무와의 밀접불가분성 및 계속성을 지녀야 한다는 법리에 있어서는 차
　이가 없다고 하면서, 부수적 업무에 대하여도 계속성을 요구하는 대법원의 태도가 타당한지 의문
　이며, 공장이전사무의 계속성 유무 판단을 위해 공장이전의 세세한 과정과 내용에 지나치게 무게
　를 두는 것은 바람직하지 않다고 지적하는 견해도 있다[변종필(주 26), 115-126 참조].
41 대판 2009. 2. 26, 2007도4607.
42 대판 2011. 4. 14, 2010도13979.
43 대판 2012. 5. 9, 2010도14568.

25   ① 임대를 업으로 하는 A로부터 4층 건물 중 1층을 임차하여 레스토랑 영업을 하던 피고인들과 A 사이에 임대차계약 종료문제로 분쟁이 있던 중 A가 구청장의 조경공사 촉구지시를 받고 피고인들에게 사전 양해를 구함이 없이 위 건물 앞에서 조경공사를 하자 피고인들이 작업장의 전구를 소등하거나 공사 중인 인부들의 앞을 가로막으며 심한 욕설을 하고 이를 제지하는 A를 밀어 넘어뜨렸다고 하더라도 피고인들이 방해하였다는 A의 조경공사업무는 주된 업무인 건물임대업무와 밀접불가분의 관계에 있는 계속적인 부수적 업무라고 볼 수 없고 단순한 일회적인 사무에 불과하여 피고인들을 본죄로 처단할 수 없다.[44]

26   ② 피고인의 집과 경계를 이루어 거주하고 있는 B가 담장을 축조하면서 경계선을 측량하지 않은 채 담을 쌓는다는 이유로 피고인이 공사를 하는 인부들의 몸을 밀쳐 담을 쌓지 못하게 하였다고 하더라도 피고인이 방해하였다는 B의 담장설치업무는 그의 직업 또는 사회생활상의 지위에 기하여 계속적으로 종사하는 사무나 사업이 아니고 단순한 1회적인 사무에 지나지 않으므로 본죄의 보호대상이 되는 업무라고 할 수 없다.[45]

27   ③ 피고인이 방해하였다는 방음벽 설치공사업무는 골재채취업무에 계속적으로 종사하는 자의 업무라거나 골재채취업무와 밀접불가분의 관계에 있는 부수적 업무로서 계속성을 가진 것이라고 볼 수 없다.[46]

28   (c) 추상적이고 관념적인 권리, 권한이나 사회생활상의 지위 그 자체는 본죄의 보호대상이 되는 업무라고 할 수 없다. 예컨대, 피고인들이 일부 점포 소유자들의 동의 없이 그들 소유의 각 점포를 포함한 상가 3층과 4층 전체에 관하여 임대차계약을 체결하고 사우나 설치공사를 함으로써 위 점포 소유자들의 소유권에 기한 점포임대차 등 점포사용수익사업을 방해한 것으로 기소된 사안에서, 대법원은 위 공소사실은 본죄의 보호대상을 점포 소유자들의 구체적이고 계속적인 사회활동으로서의 사무가 아니라 점포의 추상적 소유권 내지 사용수익권으로 파

---

44 대판 1993. 2. 9, 92도2929.
45 대판 1997. 11. 25, 97도2394. 같은 취지로 판시한 것으로 대판 1989. 3. 28, 89도110 참조(이 사건에서 대법원은 C와 피고인 사이의 2년여에 걸친 재판 끝에 해당 토지가 C의 소유로 확정되었다고 하여 C가 그 위에 설치하는 담장공사 자체가 업무가 된다거나 그와 밀접한 부수적인 업무가 된다고 볼 수 없다고 판시하였다).
46 대판 2006. 4. 28, 2004도6738.

악하고 있는데, 점포 소유자들이 점포에 대하여 가지는 소유권 내지 그에 기한 사용수익권은 본죄의 보호대상인 업무에 해당하지 않으므로 위 공소사실은 죄가 되지 않거나 범죄사실의 증명이 없는 때에 해당한다고 판시하였다.[47]

(d) 권리의 행사 또는 의무의 이행에 해당할 뿐이어서 본죄의 보호대상이 되지 않는 경우도 있다. 판례 중에는, 회사 대표이사인 피고인이 회사 주주총회에서 위력으로 개인주주들이 발언권과 의결권을 행사하지 못하게 한 사안에서, 주주로서 주주총회에서 의결권 등을 행사하는 것은 주식의 보유자 자격에서 권리를 행사하는 것에 불과할 뿐 직업 기타 사회생활상의 지위에 기하여 계속적으로 종사하는 사무 또는 사업에 해당한다고 할 수 없다고 한[48] 것,[49] 피고인이 초등학교 교실 안에서 교사에게 욕설을 하거나 학생들에게 욕설을 하여 수업을 할 수 없게 한 사안에서, 초등학생들이 학교에 등교하여 수업을 듣는 것은 헌법 제31조가 정하고 있는 무상으로 초등교육을 받을 권리 및 초·중등학교법 제12조, 제13조가 정하고 있는 국가의 의무교육 실시의무와 부모들의 취학의무 등에 기하여 학생들 본인의 권리를 행사하는 것이거나 국가 내지 부모들의 의무를 이행하는 것에 불과할 뿐 직업 기타 사회생활상의 지위에 기하여 계속적으로 종사하는 사무 또는 사업에 해당한다고 할 수 없다고 한 것[50] 등이 있다.

(e) 위에서 말하는 '사무' 또는 '사업'은 단순히 경제적 활동만이 아니라 정신적 활동을 포함하여 널리 사람이 그 사회생활상의 지위에서 계속적으로 행하는 일체의 사회적 활동을[51] 의미한다.[52]

(다) 업무의 적법성

(a) 본죄의 보호대상이 되는 업무는 일정 기간 사실상 평온하게 이루어져

29

30

31

47　대판 2005. 4. 14, 2004도210.

48　대판 2004. 10. 28, 2004도1256. 이 사건에서 원심은 주주로서 발언권 또는 의결권을 행사하는 것은 주주라는 사회생활상 지위에 기하여 주식을 보유하는 동안 계속되는 것이어서 업무방해죄의 보호대상이 되는 업무라고 판시하였는데, 대법원은 법리오해의 위법이 있음을 이유로 파기하였다.

49　조합원의 서면결의권 행사와 관련하여 같은 취지의 판시로는 대판 2009. 1. 15, 2008도9947 참조.

50　대판 2013. 6. 14, 2013도3829.

51　대판 1995. 10. 12, 95도1589; 대판 2008. 5. 29, 2007도5037; 대판 2009. 11. 26, 2009도8475. 같은 취지의 일본 판례로는 大判 大正 5(1916). 6. 26. 刑錄 22·1153; 大判 大正 10(1921). 10. 24. 刑錄 27·643 등이 있다.

52　뒤에서 보는 바와 같이 판례는 경제적 활동뿐 아니라 시험, 심사, 회의 진행, 투표, 선거 등 비경제적 활동도 본죄의 보호대상으로 보고 있다.

사회적 활동의 기반이 되는 것을 말하는 것으로서[53] 타인의 위법한 행위에 의한 침해로부터 보호할 가치가 있는 것이면 되고 반드시 그 업무가 적법하거나 유효한 것이어야 할 필요가 없으며,[54] 그 업무의 기초가 되는 계약 또는 행정행위 등이 적법하여야 하는 것도 아니다.[55] 이 점에서 공무의 적법성을 엄격하게 요구하는 공무집행방해죄와 구별된다.

32   법률상 보호할 가치가 있는 업무인지 여부를 판단함에 있어 그 업무가 정당한 권리에 기한 것인지 여부는 결정적인 것이 아니므로, 정당한 권리자에 의한 업무라고 하더라도 본죄의 보호대상에서 제외될 수 있다.[56] 반면, 업무의 개시나 수행과정에 실체상 또는 절차상의 하자가 있다고 하더라도 그 정도가 사회생활상 도저히 용인할 수 없는 정도로 반사회성을 띠는 데까지 이르거나 법적 보호라는 측면에서 그와 동등한 평가를 받을 수밖에 없는 경우가 아닌 이상 일정 기

---

53 대판 2007. 8. 23, 2006도3687; 대판 2008. 7. 10, 2008도652; 대판 2020. 11. 12, 2016도8627. 같은 취지의 일본 판례로는 東京高判 昭和 27(1952). 7. 3. 高集 5·7·1134 등이 있다.

54 대판 2015. 4. 23, 2013도9828. 같은 취지의 일본 판례로는 東京地判 昭和 49(1974). 4. 25. 刑裁月報 6·4·475 등이 있다.

55 대판 1991. 6. 28, 91도944; 대판 1995. 6. 30, 94도3136; 대판 2003. 4. 11, 2002도1747; 대판 2007. 12. 27, 2007도4850; 대판 2009. 1. 15, 2008도9410.

56 따라서 판례의 사안들을 통해 볼 수 있듯이, ① 토지소유자로부터 토지를 매수하여 중도금까지 지급하고 토지에 대한 사용권한을 받아 석축공사에 착수한 것이라 하더라도 당시 토지를 점유, 경작 중이던 피고인들에 대한 관계에서 적법한 절차를 거쳐 공사에 착수하였다는 점에 관한 사실을 입증하지 못하는 한 위 공사시행은 본죄에서 말하는 정당한 업무라고 할 수 없고(대판 1972. 5. 9, 72도710), 설령 ② 확정판결에 의하여 소유자 앞으로 토지의 인도집행이 완료되었다고 하더라도 그후 점유자가 다시 해당 토지를 경작함으로써 새로운 점유상태가 형성되었다면 소유자가 다시 적법한 인도절차 없이 해당 토지를 경작하는 것은 정당한 업무수행이라 할 수 없으며(대판 1977. 5. 24, 76도3460), ③ 토지의 실제 소유권자라 하더라도 적법한 절차에 의하여 점유이전을 받지 못한 상태에서 해당 토지에 대한 밭갈이를 시작한 것은 정당한 업무수행이라 할 수 없고 이는 밭갈이 시작 전에 해당 토지를 자경하겠다는 취지의 내용증명우편을 토지 점유자들에게 발송한 사실이 있다고 하더라도 마찬가지이고(대판 1977. 10. 11, 77도2502), ④ 건축공사를 시공하던 甲에 대한 채권자단 대표로부터 A 회사가 공사시공권을 인수하였다 하더라도 적법한 절차를 거쳐 공사현장을 인수받지 아니하고 실력으로 공사현장을 인수받아 공사를 시행하려 한 이상 공사현장에 들어오려는 A 회사의 사람들을 甲이 제지하였다고 하여 A 회사의 정당한 업무를 방해한 것이라고 할 수 없으며(대판 1989. 3. 14, 87도3674), ⑤ 토지나 건물의 실제 소유권자라 하더라도 적법한 절차에 의하여 점유이전을 받지 못한 상태에서 적법한 집행권원도 없이 건물을 철거하는 것은 본죄의 보호대상이 되는 업무라 할 수 없고(대판 2007. 12. 13, 2007도8231), ⑥ 도급인이라 하더라도 수급인으로부터 적법한 절차를 거쳐 공사현장을 인수받지 아니한 채 실력으로 공사현장을 인수받아 공사를 시행하려 한 이상 수급인이 공사현장에 들어오려는 도급인 측 사람들을 제지하였다고 하여 도급인의 정당한 업무를 방해한 것이라고 할 수 없다(대판 2008. 12. 11, 2008도9189).

간 사실상 평온하게 이루어진 업무는 본죄의 보호대상이 된다[57]고 할 것이다.[58] 본죄의 보호대상이 되기 위하여 업무가 갖추어야 할 적법성의 정도는 당해 업무의 성격과 내용에 따라 달라질 수 있다.[59]

(b) 업무의 적법성이 문제된 사안에서, 판례가 본죄의 보호대상인 업무가 　　33
될 수 있다고 판시한 것은 아래와 같다.

① 피고인이 논을 매도하여 매수인이 이를 인도받아 경작하고 있었다면 설　　34
령 그 매매가 무효라고 하더라도 피고인이 매수인의 경작을 방해한 행위는 본
죄에 해당한다.[60]

② 농지의 임대차는 농지개혁법(폐지)[61] 제17조, 제25조에 비추어 무효라고　　35
할 것이지만, 그러한 무효의 임대차계약에 기하여 농지를 점유, 경작하는 행위
는 본조 제1항에서 말하는 업무에 해당한다.[62]

③ 건물의 전차인이 임대인의 승낙 없이 전차하였다고 하더라도 전차인이　　36
불법침탈 등의 방법에 의하여 위 건물의 점유를 개시한 것이 아니고 그동안 평
온하게 음식점 등 영업을 하면서 점유를 계속하여 온 이상 전차인의 업무가 본
죄에 의하여 보호받지 못한다고 단정할 수 없다.[63]

④ 피고인들이 위력으로 피해자의 유림총회 개최업무를 방해하였다면 설령　　37
피해자가 유림대표 선출에 관한 규정에 위배하여 위 총회를 개최하였고 결국
총회의 무기연기가 선언되었다 하더라도 본죄의 성립에 영향이 없다.[64]

⑤ A에 대한 한국방송공사 이사회의 사장임명제청을 위한 심의 또는 의결　　38

---

57 대판 2006. 3. 9, 2006도382; 대판 2007. 12. 27, 2007도4850; 대판 2009. 1. 15, 2008도9410; 대판 2013. 8. 14, 2012도4205; 대판 2015. 4. 23, 2013도9828.
58 박찬걸, "업무방해죄에 있어서 업무의 보호가치에 대한 검토 - 대법원 2011. 10. 13. 선고 2011도 7081 판결을 중심으로 -", 형사판례연구 [21], 한국형사판례연구회, 박영사(2013), 161-162는 사회생활상 용인 가능성 여부를 판단함에 있어 업무의 성격이 자연범적인 것인지 아니면 법정범적인 것인지, 피해자 있는 범죄인지 아니면 피해자 없는 범죄인지 등의 기준이 중요한 역할을 할 수 있을 것이라고 한다.
59 박찬걸(주 58), 155.
60 대판 1969. 5. 27, 69도572.
61 농지개혁법은 1994년 12월 22일 법률 제4817호로 제정된 농지법에 의하여 폐지되었다.
62 대판 1980. 11. 25, 79도1956.
63 대판 1986. 12. 23, 86도1372. 주차장 부지의 전차와 관련하여 같은 취지의 판시로는 대판 2008. 3. 14, 2007도11181 참조.
64 대판 1991. 2. 12, 90도2501.

〔김 우 진〕　　　　　　**275**

과정에 공보처장관의 부당한 압력이 개입되었다고 인정할 자료가 없을 뿐 아니라, 이러한 사유만으로써 위 공사 사장으로 임명된 A의 위 공사 사장으로서의 업무를 본죄의 보호대상인 업무가 되지 못하는 것으로 볼 것도 아니다.[65]

39   ⑥ 직무집행정지 및 대행자선임 가처분 사건 판결에 의하여 선임된 회장 직무대행자가 피해자를 사무총장으로 임명하였고 그의 업무를 피고인이 위력으로 방해하였다면, 그 후 위 가처분 판결이 파기되어 가처분신청이 기각되었다 하여 그 업무가 본죄의 보호대상이 아닌 것으로 된다고 할 수 없다.[66]

40   ⑦ 콜밴 차량에 승객만을 태우는 영업행위가 위법하다고 하더라도 피고인에게 콜밴 차량의 불법·위법 영업행위를 단속할 권한이 부여되어 있지 아니한 이상 피해자가 운전하는 콜밴 차량의 열쇠를 빼앗아 상당한 시간 동안 위 차량을 운행하지 못하게 한 행위는 본죄를 구성한다.[67]

41   ⑧ 비록 공동주택관리규약상 연임제한규정에 따라 동대표로 선출될 자격이 없었다고 하더라도, 실제로 208동의 70세대 중 68세대의 압도적인 지지를 얻어 동대표로 선출되었고 25명의 동대표들 중 16명의 동대표들이 참석한 가운데 13명의 지지를 얻어 입주자대표회장에 선출된 것이라면 그가 업무를 개시한 후 적법한 절차에 따라 소집·개최한 입주자대표회의가 반사회성을 띠는 데까지 이르렀다고 볼 수 없다.[68]

42   ⑨ 피해자가 매장을 운영하면서 그 매장 일부의 분양자인 피고인 등의 동

---

65 대판 1991. 6. 28, 91도944.

66 대판 1998. 8. 25, 98도1155. 아파트 운영위원회 회장에 의해 경리로 임명되고 이후 관리인에 의해 경리로 재임명된 자의 아파트관리업무는 설령 관리인 선임이 의결정족수 충족 요건 미달로 무효가 되었다 하더라도 본죄의 보호대상에서 제외된다고 보기 어렵다고 한 대판 2006. 3. 9, 2006도382 및 대판 2008. 9. 11, 2007도10371, 아파트 입주자대표회의와 아파트 관리회사 사이에 체결된 관리계약이 유효하지 않은 사정이 있다 하더라도 위 관리회사의 경비근무자가 수행하던 아파트 경비업무는 사실상 평온하게 이루어진 것으로서 본죄의 보호대상이 된다고 한 대판 2008. 7. 10, 2008도652 등도 같은 맥락으로 이해할 수 있다.

67 대판 2005. 3. 25, 2005도1346.

68 대판 2007. 5. 10, 2006도9277. 피해자를 대표이사 사장으로 선임한 이사회 결의에 상당한 정도의 하자가 있었다 하더라도 피해자가 이미 전임 사장으로부터 업무를 인계받아 경영권을 사실상 행사하고 있었고 그 후 경찰서의 중재로 피해자가 피고인과 공동으로 경영권을 행사하고 있었다면 피해자의 대표이사 사장으로서의 업무수행이 타인의 위법한 행위에 의한 침해로부터 보호할 가치가 있는 업무에 해당한다고 한 대판 2008. 9. 25, 2007도7622도 같은 맥락으로 이해할 수 있다.

의를 받지 아니하여 그 지분에 해당하는 부분에 대하여는 피고인 등의 소유권을 침해하는 행위에 해당한다 하더라도 피해자의 매장에서의 영업행위가 사실상 평온하게 이루어져 사회적 활동의 기반이 되는 것이 분명한 이상 본죄의 보호대상이 된다.[69]

⑩ 피해자 회사가 피고인이 대표이사로 있는 회사에 토지 및 지상건물을 매도하고 계약금 중 일부만 지급받은 상태에서 피고인 회사로 하여금 온천탕 영업을 하게 하였으나 나머지 대금을 지급받지 못하게 되자 계약을 해제하고 건물명도단행가처분 결정을 받은 후 온천탕 영업을 다시 하게 된 경우, 설령 피해자 회사가 건물명도단행가처분의 집행을 집행관에게 위임하지 아니한 채 건물을 강제로 점유하는 등의 절차상 하자가 있었다 하더라도 그러한 사정만으로 피해자 회사의 온천탕 운영업무가 반사회성을 띠게 되어 본죄의 보호대상에서 제외된다고 보기는 어렵다.[70] **43**

⑪ 한국도로공사가 고속도로 통행료 자동징수시스템을 도입하기 위한 입찰을 실시하면서 업체 선정을 위한 현장성능시험을 시행함에 있어 당시 입찰에 참가한 회사의 하이패스 시스템이 시험에 관한 기본가정 내지 한국도로공사의 제안요청서상 요구되는 기술적 조건을 충족하지 못하였고 입찰참여조건인 TTA(한국정보통신기술협회) 표준을 위반하여 성능시험 자체가 부적합한 것으로 드러났다 하더라도, 위 시험의 개시나 수행과정에서의 하자 정도가 반사회성을 띠는 데까지 이르렀다고 볼 수 없어 한국도로공사의 위 성능시험 업무는 본죄의 보호대상이 된다.[71] **44**

⑫ 피해자가 피고인으로부터 유치원과 어린이집 인가를 빌려 유치원과 어린이집을 운영한 행위가 영유아보육법과 유아교육법에 위배되는 면이 있다 하더라도 이로써 그 업무가 반사회성을 띠게 된다고 볼 수는 없어 형법상 보호대상이 되는 업무에 해당한다.[72] **45**

이와 달리, 어떤 사무나 활동 자체의 위법의 정도가 중하여 사회생활상 도 **46**

69 대판 2008. 9. 11, 2008도5700.
70 대판 2010. 5. 13, 2010도2102.
71 대판 2010. 5. 27, 2008도2344.
72 대판 2014. 2. 27, 2013도15767.

저히 용인될 수 없는 정도로 반사회성을 띠는 데까지 이르거나 법적 보호라는 측면에서 그와 동등한 평가를 받을 수밖에 없는 경우에는 본죄의 보호대상이 되는 업무에 해당한다고 보기 어렵다. 업무의 적법성이 문제된 사안에서, 판례가 그 업무가 사실상 평온하게 이루어져 왔다 하더라도 본죄의 보호대상인 업무가 될 수 없다고 판시한 것은 아래와 같다.

47   ① 의료인이나 의료법인이 아닌 자의 의료기관개설행위는 의료법에 의하여 금지된 행위로서 형사처벌의 대상이 되는 범죄행위에 해당할 뿐 아니라 의료인이나 의료법인이 아닌 자가 의료기관을 개설하여 운영하는 행위는 거기에 따를 수 있는 국민보건상의 위험성에 비추어 사회통념상 도저히 용인될 수 없다고 할 것이므로, 의료인이나 의료법인이 아닌 자가 의료기관을 개설하여 운영하는 행위는 그 위법의 정도가 중하여 사회생활상 도저히 용인될 수 없는 정도로 반사회성을 띠는 경우로서 본죄의 보호대상이 되는 업무에 해당하지 않는다.[73]

48   ② 법원의 직무집행정지 가처분결정에 의하여 직무집행이 정지된 사람이 법원의 결정에 반하여 직무를 수행함으로써 업무를 계속 행하는 경우, 그 업무는 국법질서와 재판의 존엄성을 무시하는 것으로서 비록 그 업무가 반사회성을 띠는 경우라고까지는 할 수 없다고 하더라도 법적 보호라는 측면에서는 그와 동등한 평가를 받을 수밖에 없으므로, 그 업무는 법의 보호를 받을 가치를 상실하였다고 하지 않을 수 없어 본죄에서 말하는 업무에 해당하지 않는다.[74]

49   ③ 공인중개사 등이 아닌 자의 중개업 행위는 법에 의하여 금지된 행위로서 형사처벌의 대상이 되는 범죄행위에 해당하므로, 공인중개사인 피고인이 동업관계의 종료로 부동산중개업을 그만두기로 한 이상 공인중개사가 아닌 종전 동업자의 중개업은 법에 의하여 금지된 행위로서 사회통념상 도저히 용인될 수 없는 정도로 반사회성을 띠는 경우에 해당하여 본죄의 보호대상이 되는 업무라고 볼 수 없다.[75]

---

73 대판 2001. 11. 30, 2001도2015.

74 대판 2002. 8. 23, 2001도5592. 대법원은 그 논거의 하나로서 법원의 가처분결정에 반하는 업무도 본죄에서 말하는 업무라고 하게 되면 이는 한 쪽에서는 법이 금지를 명한 것을 다른 쪽에서는 법이 보호하는 결과가 되어 결국 법질서의 불일치와 혼란을 야기하는 결과에 이를 것이라는 점을 들고 있다.

75 대판 2007. 1. 12, 2006도6599.

〔김 우 진〕

④ 아파트 재건축주택조합이 피고인을 포함하여 재건축결의에 찬성하지 않   50
는 일부 입주자들을 상대로 매도청구권 행사를 원인으로 한 소유권이전등기 및
인도청구의 소를 제기하여 소유권이전등기에 관한 상환이행 및 인도 가집행 판
결을 받았는데 피고인 등이 위 인도집행을 항소심 판결 선고 시까지 정지한다
는 강제집행정지결정을 받자, 재건축조합으로부터 의뢰를 받은 철거업체가 강
제집행정지결정을 받은 세대가 속한 수직 라인을 제외한 나머지 라인 쪽만을
뜯어내는 방식으로 일부 철거를 하고 피고인이 거주하는 아파트 동에 관해서도
위와 같은 방식으로 철거작업을 진행하려 한 행위는 그 자체로 구조적 안정성
에 상당한 문제를 야기할 소지가 있음에도, 철거업체가 강제집행정지결정으로
공사의 진행이 어려워지자 피고인 등을 상대로 구조적 안정성에 대한 불안감을
유발하여 퇴거하게 함으로써 그 부분을 인도받고자 하는 의도로 행한 것으로서
그 위법의 정도가 중하여 본죄의 보호대상이 되는 업무에 해당하지 않는다.[76]

⑤ 도로관리청 또는 그로부터 권한을 위임받아 과적차량 단속을 위한 적재   51
량 측정의 업무를 수행하는 자라 하더라도 적재량 측정을 강제할 수 있는 법령
상 근거가 없는 한 측정에 불응하는 자를 고발하는 것은 별론으로 하고, 측정을
강제하기 위한 조치를 취할 권한은 없으므로 이를 위한 조치가 정당한 업무집행
이라고 볼 수는 없다.[77]

⑥ 성매매알선 등 행위의 처벌에 관한 법률은 성매매알선 등 행위를 한 자   52
및 미수범을 형사처벌하도록 규정하고 있으므로, 성매매알선 등 행위는 법에 의
하여 원천적으로 금지된 행위로서 형사처벌의 대상이 되는 중대한 범죄행위일
뿐 아니라 정의관념상 용인될 수 없는 정도로 반사회성을 띠는 경우에 해당하여
본죄의 보호대상이 되는 업무라고 볼 수 없다.[78]

(c) 양자 사이의 점유 다툼에 있어서는 그 정당한 권한 유무에 관계없이 후   53
속 점유자가 점유를 획득하기 위하여 취한 행위가 정당한 것으로 평가받지 못

---

76 대판 2008. 4. 24, 2008도1723.
77 대판 2010. 6. 10, 2010도935. 박찬걸(주 58), 154는 위 2010도935 판결의 결론은 해당 사안이
   공무집행방해죄로서의 성격을 상대적으로 강하게 띠고 있는 점에서 그 업무의 엄격한 적법성을
   요구한 결과로 이해하고 있다.
78 대판 2011. 10. 13, 2011도7081. 박찬걸(주 58), 162-169는 성매매죄의 비범죄화 필요성, 피해자의
   약자적 지위 등의 고려 필요성 등을 들어 위 2011도7081 판결의 결론에 의문을 제기하고 있다.

하는 것이거나 혹은 후속 점유자가 점유를 획득하였다고 하더라도 그것이 사실
상의 지배상태로 확립되지 않은 상태인 경우에는, 후속 점유자의 점유 획득행위
를 종전 점유자가 방해하거나 후속 점유자의 점유를 종전 점유자가 침탈하더라
도 본죄가 성립되지 않을 수 있다. 물건을 사실상 지배하는 자는 점유권이 있고
(민§192①), 점유자는 그 점유를 부정히 침탈 또는 방해하는 행위에 대하여 자
력으로써 이를 방위할 수 있으며(민§209①), 점유물인 부동산이 침탈되었을 경
우 점유자는 침탈 후 즉시 가해자를 배제하여 이를 탈환할 수 있기 때문이다
(민§209②).

54   이와 관련하여 판례 중에는, ① 피고인 소유의 토지에 타인이 무단으로 가
옥을 신축하려고 기초를 판 것을 피고인이 메워버린 행위는 자신의 소유 및 점
유에 대한 부당한 침탈 또는 방해행위를 배제하기 위한 것으로서 타인의 업무
를 방해한 것으로 보기 어렵다고 하거나,[79] ② 해당 점포가 상가아파트 건물의
공용부분에 설치된 것이고 그에 대한 임대권을 포함한 관리권이 위탁관리회사
로부터 상가아파트 구분소유자들로 구성된 상가아파트자치관리위원회로 이전되
었으며 위 점포에 대한 점유도 열쇠의 보관을 통하여 상가아파트자치관리위원
회로 넘어왔다면, 설령 위 점포에 대한 강제집행 과정에서 위 점포에 대한 점유
가 일시적으로 위탁관리회사에 넘어갔다 하더라도 그것만으로 위탁관리회사의
위 점포에 대한 임대권한이 되살아난다고 할 수 없고, 또한 일시적으로 점유를
회복하여 사실상의 임대를 할 수 있다 하더라도 그러한 사실상의 임대행위를
두고 본죄에서 보호를 필요로 하는 업무라고 보기 어려워, 비록 상가아파트자치
관리위원회 회장인 피고인이 위 점포에 자물쇠와 철창을 설치하여 위 점포를
시정하였다 하더라도 그것이 위탁관리회사의 임대업무를 방해한 것으로 볼 수
없다고 하거나,[80] ③ 비록 토지에 대한 대부계약이 종료되기는 하였지만 피고인
이 그 지상에 창고 및 건물을 소유하면서 토지에 대한 점유를 계속하고 있는 상
태에서 타인이 무단으로 위 건물을 철거하고 위 토지 위에 통로를 개설하자 피
고인이 통로 중앙에 콤바인 등을 가져다 놓는 등의 방법으로 통행을 막은 행위
는 자신의 점유에 대한 부당한 침탈 또는 방해행위를 배제하기 위한 것으로서

---

79 대판 1985. 10. 22, 85도1597.
80 대판 2005. 8. 19, 2004도7133.

타인의 업무를 방해한 것이라고 보기 어렵다고 하거나,[81] ④ 토지의 전소유자가 피고인을 상대로 공사중지가처분을 받은 후 새로이 토지의 소유권을 취득한 자가 토지인도소송 등의 적법한 절차를 거치지 않은 채 토지에 대한 성토공사를 강행하려 하자 피고인이 포클레인 앞을 막아서서 약 1시간 동안 공사를 진행하지 못하게 한 사안에서, 새로이 토지의 소유권을 취득한 자의 성토공사업무는 형법상 보호가치가 있는 업무로 보기 어렵다고 하거나,[82] ⑤ 토지의 유치권자임을 주장하며 장기간 토지를 점유하여 오던 피고인이 토지 소유자로부터 의뢰를 받은 측량업체 소속 기사들이 적법한 절차에 따라 토지 출입 권한을 부여받지 않은 채 측량작업을 위해 해당 토지 안으로 들어오려 하는 것을 막은 행위는 그것이 피고인에게 내려진 공사방해금지가처분에 위반되는지는 별론으로 하고 측량업체 소속 기사들의 정당한 업무를 방해한 것이라고 할 수 없다고 하거나,[83] ⑥ A가 당초 음식점 건물 신축허가를 받은 것과 달리 실제 건물을 신축하면서 건물의 위치를 피고인이 조합장으로 있는 조합 공판장 부지와 가까운 쪽으로 옮기는 바람에 공로에서 음식점 주차장으로 진입하는 공간이 협소하게 되어 위 주차장에 용이하게 진입하려면 인접한 위 공판장 부지를 침범하여 통과하거나 공판장 부지에 차량을 세워두고 음식점을 이용할 수밖에 없는 상황에 이르자 피고인이 이를 막기 위해 그 직원을 시켜 위 음식점과 공판장의 경계 부분에 담장을 설치하게 한 사안에서, A가 영업을 개시하여 1개월 정도의 기간 동안 위 음식점 주차장으로 가려는 차량들이 공판장 부지를 지나다니게 되었다는 사정만으로 A가 일정 기간 사실상 평온하게 공판장 부지를 영업에 필요한 장소로 이용하여 왔다고 보기 어렵고 피고인이 위력으로 A의 업무를 방해한 것이라고 보기 어렵다고 한 것[84] 등이 있다.

---

81 대판 2007. 7. 13, 2006도4893.
82 대판 2008. 10. 23, 2008도7399.
83 대판 2011. 4. 14, 2010도13979. 고소인이 A 시로부터 B 시장 제1지구 건물과 제4지구 건물 사이의 연고 가설공사 허가를 받았다 하더라도 그러한 공사를 함에 있어 피고인들이 점유하는 점포를 철거할 권한이 당연히 생기는 것이 아니므로 위 공사 진행 시 정당한 권한 없이 피고인들의 점포를 철거하려는 것을 피고인들이 방해하였다고 하여 본죄가 성립할 수 없고, 이는 고소인이 피고인들을 상대로 공사방해금지가처분 결정을 받았다고 하더라도 마찬가지라고 판시한 대판 1967. 10. 31, 67도1086도 같은 맥락으로 이해할 수 있다.
84 대판 2012. 8. 30, 2011도15775.

(라) 공무의 포함 여부

55   (a) 본조 제1항은 "제313조의 방법 또는 위력으로써 사람의 업무를 방해한
자는 5년 이하의 징역 또는 1천 5백만 원 이하의 벌금에 처한다."라고 규정하고
있고, 이와는 별도로 제136조 제1항은 "직무를 집행하는 공무원에 대하여 폭행
또는 협박한 자는 5년 이하의 징역 또는 1천만 원 이하의 벌금에 처한다.", 제
137조는 "위계로써 공무원의 직무집행을 방해한 자는 5년 이하의 징역 또는 1천
만 원 이하의 벌금에 처한다."라고 규정하고 있다. 이와 관련하여 직무를 집행
중인 공무원에 대하여 폭행 또는 협박이 아닌 '위력을 행사하거나 허위사실을
유포하여' 그 직무집행을 방해하였다면 본죄가 성립할 수 있는지 여부에 관하여
견해의 대립이 있다.[85]

56   (b) 첫째, 적극설[86]은 공무도 본죄의 업무에 포함된다는 견해로서, 그 논거
로 ① 문리해석상 '업무'에서 공무를 제외할 이유가 없는 점, ② 공무가 업무에
포함되지 않는다고 할 경우 위력으로 공무집행을 방해하더라도 아무 범죄도 성
립하지 아니하여 공무의 보호에 사각지대가 발생하는 점, ③ 본죄와 공무집행
방해죄의 법정형을 비교하면 징역형은 동일하나 선택형인 벌금형에 있어서 본
죄가 오히려 더 중한 점 등을 들고 있다.[87] 이 설에 의하면 공무집행방해죄와
본죄가 경합하는 경우에는 특별관계에 있는 공무집행방해죄만 성립하고, 공무
원의 공무집행임을 모르고 본죄의 고의로 공무를 방해한 경우에는 업무방해죄
로 처벌할 수 있다.

57   둘째, 소극설[88]은 공무는 본죄의 업무에 포함되지 않는다는 견해로서, 그

---

85 시민들의 권리의식이 높아지면서 민원인들이 관공서 주변에서 민원성 시위를 벌이거나 업무 담
   당 공무원에게 도를 넘는 항의나 시비를 하는 경우가 많아지는 한편, 경찰서지구대 등에서 취객
   들이 공무원들을 상대로 소란을 피우는 경우가 빈발하게 되었는데도 이러한 행위들이 폭행·협
   박의 수준에 이르지 않아 공무집행방해죄로 의율할 수 없자 본죄의 적용가능성을 타진하게 되었
   다고 한다[유현종, "공무원에 대하여 업무방해죄가 성립하는지 여부", 해설 82, 법원도서관(2009
   년 하반기), 723].
86 김일수·서보학, 178-179; 이정원·류석준, 형법각론, 222; 임웅, 272; 정영일, 107.
87 大判 明治 42(1909). 2. 19. 刑錄 15·120.
88 김성돈, 261; 김신규, 형법각론 강의, 256; 박상기, 202; 박상기·전지연, 551; 박찬걸, 형법각론
   (2판), 296; 배종대, §52/10; 손동권·김재윤, §15/16; 신동운, 787; 오영근, 190; 원혜욱, 형법각론,
   155; 이재상·장영민·강동범, §13/15; 이형국·김혜경, 형법각론(2판), 267; 정웅석·최창호, 형법
   각론, 466; 최호진, 형법각론, 277; 한상훈·안성조, 형법개론(3판), 481; 홍영기, 형법(총론과 각
   론), §69/8.

논거로 ① 개인적 법익을 보호하기 위한 본죄에서의 업무와 국가적 법익을 보호하기 위한 공무집행방해죄에서의 공무는 준별되어야 하는 점, ② 형법이 공무집행방해죄의 행위유형을 '폭행·협박·위계'로 제한한 것은 국가기관이 개인에 비해 방해에 대처할 능력이 높다는 것을 감안하여 공무집행을 방해하는 행위의 범죄성립요건을 보다 엄격하게 규정하겠다는 취지라고 할 것이므로 폭행·협박에 이르지 않는 위력에 의한 공무집행방해는 별도로 처벌하지 않겠다는 것이 입법자의 의사라고 보아야 하는 점 등을 들고 있다. 이 설에 의하면 공무원의 공무집행임을 모르고 본죄의 고의로 공무를 방해한 경우 무죄로 본다.

　　셋째, 절충설에도 여러 가지가 있는데, ① 업무 자체의 성질과 사회적 활동　　58
으로서의 보호 필요성에 따라 권력적 공무는 공무집행방해죄의 대상이 되고 비권력적 공무는 본죄의 대상이 된다고 보는 공무구별설, ② 공무원이 행하는 공무는 공무집행방해죄의 대상이 되고 비공무원이 행하는 공무는 본죄의 대상이 된다고 보는 신분구별설, ③ 비공무원의 공무 및 비권력적 공무는 본죄의 업무에 포함되고 공무원의 공무는 원칙적으로 본죄의 업무에 포함되지 않지만 폭행·협박에 이르지 않는 위력으로 방해하는 경우에는 본죄의 업무에 포함시켜 처벌함이 타당하다는 한정적극설 등이 있다.[89]

　　일본 판례는 '강제력을 행사하는 권력적 공무'인지를 기준으로 그러한 공무　　59
에 해당하지 않으면 본죄의 업무에 해당한다는 입장인데,[90] 이러한 입장도 절충설의 하나로 볼 수 있다.

　　(c) 이에 대하여 판례는 대판 2009. 11. 19, 2009도4166(전)을 통해 적극설　　60
과는 다른 견해를 취함을 명확히 하였다.[91] 위 전원합의체판결의 다수의견은,

89　주석형법 〔각칙(5)〕(5판), 28-29(이우철); 大塚 外, 大コン(3版)(12), 112-132(佐々木正輝).
90　위력업무방해죄에 관한 最判 昭和 35(1960). 11. 18. 刑集 14·13·1713(국철노조의 조합원이 위력을 행사하여 아오모리 - 하코다테 연락선의 출항을 지연시킨 사안에서, 국철사업의 비권력성·민간철도와의 유사성 등을 이유로 위력업무방해죄의 성립을 인정), 위계업무방해죄에 관한 最決 平成 12(2000). 2. 17. 刑集 54·2·38(공직선거법상의 선거장의 입후보등록수리사무를 지연시킨 사안에서, 강제력을 행사하는 권력적 공무가 아니라는 이유로 위계업무방해죄의 성립을 인정) 등 참조.
91　위 전원합의체 판결〔본 판결 평석은 유헌종(주 85), 721-744〕 이전에 국가기관 또는 공무원의 업무에 대한 본죄 성립 여부를 판단한 대법원 판결들이 있었다. 그중 대판 1996. 1. 26, 95도1959는 대전기관차사무소 소속 공무원들의 업무에 대한 본죄의 성립을 인정하고, 대판 2003. 3. 14, 2002도5883은 철도청의 업무에 대한 본죄의 성립을 인정한 반면, 대판 2000. 10. 24, 2000도2757은 시청 재난관리과 직원들에 대한 피고인의 행위가 위력에 해당한다고 볼 수 없다는 이

"업무방해죄(§ 314)와 별도로 규정한 공무집행방해죄(§ 136①, § 137)에서 '직무의 집행'이란 널리 공무원이 직무상 취급할 수 있는 사무를 행하는 것을 의미하며, 위 죄의 보호법익이 공무원에 의하여 구체적으로 행하여지는 국가 또는 공공기관의 기능을 보호하고자 하는 데 있는 점을 감안할 때 공무원의 직무집행이 적법한 경우에 한하여 공무집행방해죄가 성립하고, 여기에서 적법한 공무집행이란 그 행위가 공무원의 추상적 권한에 속할 뿐 아니라 구체적 직무집행에 관한 법률상 요건과 방식을 갖춘 경우를 가리키는 것인데, 이와 같이 업무방해죄와 공무집행방해죄는 그 보호법익과 보호대상이 다를 뿐 아니라 업무방해죄의 행위유형에 비하여 공무집행방해죄의 행위유형이 보다 제한되어 있는 점(공무집행방해죄는 폭행, 협박에 이른 경우를 구성요건으로 삼고 있을 뿐 이에 이르지 아니하는 위력 등에 의한 경우는 그 구성요건의 대상으로 삼고 있지 않음), 형법은 공무집행방해죄 외에도 직무강요죄(§ 136②), 법정 또는 국회회의장모욕죄(§ 138), 인권옹호직무방해죄(§ 139), 공무상 비밀표시무효죄(§ 140), 부동산강제집행효용침해죄(§ 140의2), 공용서류등 무효죄(§ 141①), 공용물파괴죄(§ 141②), 공무상보관물무효죄(§ 142), 특수공무방해죄(§ 144) 등 여러 가지 유형의 공무방해행위를 처벌하는 규정을 개별적·구체적으로 마련하여 두고 있어 이러한 처벌조항 이외에 공무의 집행을 업무방해죄에 의하여 보호받도록 하여야 할 현실적 필요성이 적은 점 등에 비추어 보면, 형법이 업무방해죄와는 별도로 공무집행방해죄를 규정하고 있는 것은 사적 업무와 공무를 구별하여 공무에 관해서는 공무원에 대한 폭행, 협박 또는 위계의 방법으로 그 집행을 방해하는 경우만을 처벌하겠다는 취지라고 보아야 할 것이고, 따라서 공무원이 직무상 수행하는 공무를 방해하는 행위에 대하여는 업무방해죄로 의율할 수 없다고 해석함이 상당하다."고 설시하였다.

61   이에 대하여 반대의견은, "공무원이 직무상 수행하는 공무 역시 공무원이라는 사회생활상의 지위에서 계속적으로 종사하는 사무이므로 업무방해죄의 '업무'의 개념에 당연히 포섭되고, 업무방해죄의 업무에 공무를 제외한다는 명문의 규정이 없는 이상 공무도 업무방해죄의 업무에 포함된다고 보아야 하며, 업무방

유로, 대판 2007. 9. 20, 2007도5545는 구청 건설과 직원들에 대한 피고인의 행위가 위력에 해당한다고 보기 어렵다는 이유로 본죄의 성립을 인정하지 않았다. 위와 같이 본죄의 성립을 인정한 위 95도1959 판결 및 2002도5883 판결은 위 전원합의체 판결에 의하여 변경되었다.

해죄는 일반적으로 사람의 사회적·경제적 활동의 자유를 보호법익으로 하는 것
인데 공무원 개인에 대하여도 자신의 업무인 공무수행을 통한 인격발현 및 활
동의 자유가 보호되어야 하므로 단순히 공무원이 영위하는 사무가 공무라는 이
유만으로 업무방해죄의 업무에서 배제되어서는 안 된다."고 전제한 뒤, "오늘날
에 있어서 국가 또는 공공기관은 국민에 대하여 강제력의 행사를 되도록 자제
할 뿐 아니라 국민에게 복리후생적 급부 또는 사회생활상 편의 제공 등의 공무
의 범위를 확대시키고 있는데, 이와 같이 공무의 성질상 그 집행을 방해하는 자
를 배제할 수 있는 강제력을 가지지 않은 공무원에 대하여 폭행, 협박에 이르지
않는 위력 등에 의한 저항행위가 있는 경우에는 일반 개인에 대한 업무방해행
위와 아무런 차이가 없어 이러한 공무에 대하여는 그 방해행위가 폭행, 협박에
이르지 않아 공무집행방해죄의 보호를 부여하지 못한다 하더라도 방해행위가
위력에 해당할 경우에는 업무방해죄로 처벌하여야 한다."고 설시하였다.[92]

위 전원합의체 판결의 사안은 지방경찰청 민원실에서 민원인들이 진정사건
의 처리와 관련하여 지방경찰청장과의 면담 등을 요구하면서 이를 제지하는 경
찰관들에게 약 1시간가량 "후레아들놈, 눈깔을 후벼판다" "너 쥐약 먹었냐"는 등
큰소리로 욕설을 하고 행패를 부린 행위에 대하여 경찰관들의 수사 관련 업무
를 방해한 것이라는 이유로 본죄로 의율한 것이었는데, 대법원은 본죄의 성립을
인정한 원심판결을 파기하였다.

62

위 대법원 전원합의체 판결 이후, ① 피고인이 지구대에서 술에 만취된 채
택시기사의 부당한 택시요금 징수를 주장하며 큰소리로 욕설을 하는 등 약 1시
간 동안 소란을 피운 행위가 위력으로 경찰관의 업무를 방해한 행위라는 이유
로 본죄로 기소된 사안,[93] ② 피고인이 도로에서 지나가는 차량들을 상대로 도
난 차량 여부를 확인하던 경찰관에게 아무 이유 없이 큰소리로 욕설을 하고 순
찰차의 보닛 위로 올라가 순찰차가 진행하지 못하게 한 행위가 위력으로 경찰

63

---

92 위 전원합의체 판결의 반대의견은 형법이 컴퓨터 등 정보처리장치에 대한 손괴나 데이터의 부정
조작의 방법에 의한 업무방해죄의 규정을 1995년 신설하면서 같은 내용의 공무집행방해죄를 따
로 규정하지 않은 것은 컴퓨터 등 정보처리장치에 대한 손괴나 데이터의 부정조작의 방법에 의
한 업무방해죄의 규정에 의하여 이러한 방법에 의한 공무방해행위를 처벌할 수 있기 때문이라고
보아야 한다고 한다.
93 대판 2009. 12. 10, 2008도1162.

관의 순찰업무를 방해한 행위라는 이유로 본죄로 기소된 사안,[94] ③ 피고인이
경찰서 지구대에서 그 소속 경찰관들에게 욕설을 하고 행패를 부린 행위가 위
력으로 경찰관들의 소내 근무업무 등을 방해한 행위라는 이유로 본죄로 기소된
사안,[95] ④ 피고인들이 집회참가자들과 함께 A 지방노동청 B 지청 정문 안 공
간에서 연좌한 채 20분 동안 구호를 제창하고 확성기를 이용하여 연설을 하는
등으로 집회를 한 행위가 위력으로 A 지방노동청 B 지청 소속 공무원들의 민원
업무 등을 방해한 행위라는 이유로 본죄로 기소된 사안,[96] ⑤ 피고인이 주민센
터에서 사회복지업무 담당 공무원에게 소리를 지르고 욕설을 하는 등 소란을
피운 행위가 위력으로 담당 공무원의 업무를 방해한 행위라는 이유로 본죄로
기소된 사안,[97] ⑥ 경찰청 민원실에서 말똥을 책상 및 민원실 바닥에 뿌리고 소
리를 지르는 등 난동을 부린 행위가 위력으로 경찰관의 민원접수 업무를 방해
한 행위라는 이유로 본죄로 기소된 사안,[98] ⑦ 피고인들이 새로 A 시 B 구청장
으로 임명된 C의 출근을 저지한 행위가 위력으로 C의 취임식 진행업무를 방해
한 행위라는 이유로 본죄로 기소된 사안,[99] ⑧ 시장 A와 조선회사 관계자들이
'조선소 유치 확정'에 관한 기자회견을 하려고 하자 피고인이 시청 1층 브리핑룸
및 중회의실 출입구를 봉쇄한 행위가 위력으로 시장 A의 기자회견 업무를 방해
한 행위라는 이유로 본죄로 기소된 사안[100] 등에서, 대법원은 위 전원합의체 판
결과 같은 취지에서 본죄의 성립을 부정하였다.

64   (d) 위 전원합의체 판결 이후에 나온 아래 판결에 의하면 대법원은 절충설,
그중에서도 '신분구별설'을 취하고 있다고 볼 여지도 있다. 공무원은 그 업무를
사인에게 위탁하여 수행할 수도 있는데, 이와 같이 사인이 공무원으로부터 위탁
받아 수행하는 업무를 피고인이 방해한 사안과 관련하여 대법원은 다음과 같이
판단하였다. 즉, 지방자치단체 소속 도로보수원으로서 공무원이 아닌 자가 공무
원을 보조 또는 지원하여 하는 볼라드(차량진입금지봉) 설치공사를 피고인이 방해

---

94 대판 2009. 12. 10, 2008도8708.
95 대판 2009. 12. 10, 2009도6994.
96 대판 2009. 12. 24, 2009도6603.
97 대판 2009. 12. 24, 2009도6763.
98 대판 2010. 2. 25, 2008도9049.
99 대판 2010. 5. 13, 2009도13375.
100 대판 2011. 7. 28, 2009도11104.

〔김 우 진〕

한 사안에서, 원심[101]이 지방자치단체 소속 도로보수원이 공무원은 아니지만 볼라드 설치공사 등 업무는 지방자치단체의 공무에 해당하므로 위 설치공사 방해행위를 본죄로 의율할 수 없다고 판단한 데 대하여, 대법원은 형법이 본죄와 별도로 공무집행방해죄를 규정하고 있는 것은 공무에 관해서는 공무원에 대한 폭행, 협박 또는 위계의 방법으로 그 집행을 방해하는 경우에 한하여 처벌하겠다는 취지라고 보아야 함을 전제로, 공무원이 직무상 수행하는 공무를 방해하는 행위에 대해서는 본죄로 의율할 수 없지만 공무원이 아닌 사람이 공무원으로부터 위탁받아 수행하는 업무를 방해한 행위는 본죄로 의율할 수 있다고 판단하였다.[102] 다만, '비공무원이 행하는 공무'라는 말은 그 자체로 모순이라는 비판도 있으므로,[103] 위 사안과 같이 공무원이 아닌 사람이 공무원으로부터 위탁받아 수행하는 업무를 공무가 아니라고 본다면, 대법원의 견해를 소극설로 분류할 수도 있을 것이다.[104]

(e) 이처럼 공무원이 수행하는 직무에 대하여는 본죄로 의율할 수 없다는 점을 감안할 때, 만일 검사가 공무원을 상대로 한 종전의 본죄의 공소사실을 공무집행방해죄의 공소사실로 변경하고자 한다면 이를 허가할 필요가 있다. 대판 2011. 1. 13, 2010도14686은 검사가 '피고인이 지구대 앞 노상에서 순경 A에게 "야 씨발 경찰 이 십새끼들, 다 죽여 버려"라고 욕을 한 후 지구대로 뛰어 들어가 자신의 가방을 경사 B에게 던지며 "야 십새끼들아, 나 수갑 채울 수 있으면 채워 봐"라고 욕을 하고 약 30분가량 소리를 지르는 등 상황근무 중이던 경찰관의 업무를 방해하였다'는 내용의 업무방해죄 공소사실을 '피고인이 지구대에서 상황근

65

---

101 광주지판 2015. 8. 12, 2014노2216. 한편, 원심은 지방자치단체 소속 계약직 도로보수원이 법령의 근거 없이 고용된 사람으로서 형법상 공무원이라고 보기 어렵다는 이유로 공무집행방해죄 역시 성립하지 않는다고 판단하였고, 대법원도 이를 지지하였다.

102 대판 2016. 3. 24, 2015도13448. 한편, 앞서 본 대판 2010. 6. 10, 2010도935 역시 명시적으로 언급하고 있지는 않지만 공무원으로부터 업무를 위탁받아 수행하는 사인의 업무집행을 방해한 경우 본죄가 성립할 수 있음을 전제로 하고 있다.

103 배종대, §52/10; 이재상·장영민·강동범, §13/15.

104 적극설과 소극설은 공무원의 직무수행에 대한 방해행위로 본죄가 성립할 수 있는지 여부만을 다루고 있고 공무집행방해죄의 보호대상인 공무 또는 공무원을 어떻게 정의하는지에 대하여는 아무런 기준을 제시한 바 없는 반면, 절충설은 공무 수행 중인 공무원을 어떻게 정의할 것인지의 관점에서 공무집행방해죄와 본죄의 관계를 논하고 있으므로, 소극설을 취하더라도 공무의 개념에 관하여는 절충설적 입장을 취하는 것도 가능하다는 견해가 있다[유헌종(주 85), 738].

〔김 우 진〕

무를 하고 있던 경사 B에게 "야 십새끼들아, 나 수갑 채울 수 있으면 채워 봐"라고 욕설을 하면서 메고 있던 가방을 B에게 집어던지고 삿대질을 하는 등 폭행함으로써 약 20분에 걸쳐 경찰관 B의 범죄 예방 및 수사에 관한 정당한 직무집행을 방해하였다'는 내용의 공무집행방해죄 공소사실로 공소장변경신청을 하자 원심이 이를 불허가한 후 공소사실이 범죄로 되지 아니하는 경우에 해당한다는 이유로 무죄를 선고한 제1심 판결을 그대로 유지한 데 대하여, 검사가 변경신청한 공소사실은 범행의 일시와 장소, 행위의 내용 등이 대부분 동일하고 다만 행위에 대한 법률적 평가만을 달리하고 있을 뿐이어서 원래의 공소사실과 동일성의 범위를 벗어난 것으로 볼 수 없으므로 원심으로서는 검사의 공소장변경신청을 허가한 후 변경된 공소사실에 대하여 심리판단하였어야 한다는 이유로 파기하였다.

66   (f) 한편, 검사가 공무원을 상대로 한 직무집행 방해행위와 관련하여 공무집행방해죄를 주위적 공소사실, 본죄를 예비적 공소사실로 하여 기소하였는데, 원심이 주위적 공소사실에 대하여는 무죄, 예비적 공소사실에 대하여는 유죄로 판단하여 검사만이 무죄로 판단된 주위적 공소사실의 점에 대하여 상고하고 검사나 피고인이 유죄로 판단된 예비적 공소사실의 점에 대하여 상고하지 않았다고 하더라도, 주위적 공소사실과 동일체의 관계에 있는 예비적 공소사실 부분도 상고심에 이심되어 대법원의 심판대상이 되므로 대법원은 직권으로 예비적 공소사실에 대한 원심의 판단, 즉 공무원이 직무상 수행하는 공무를 방해하는 행위에 대하여 본죄로 의율하여 한 유죄판단을 파기할 수 있다.[105]

(3) 행위

(가) 허위사실의 유포

67   (a) 허위사실의 '유포'란 신용훼손죄에 있어서와 마찬가지로 객관적으로 진실과 부합하지 않는 사실을 불특정 다수인에게 전파하는 것을 의미하는데,[106] 행위자가 행위 당시 자신이 유포한 사실이 허위라는 점을 적극적으로 인식하였을 것을 요한다.[107] 허위의 점에 대한 인식, 즉 범의에 대한 입증책임은 검사에

---

105 대판 2009. 12. 24, 2009도6763; 대판 2010. 1. 14, 2009도6164.
106 대판 1994. 1. 28, 93도1278; 대판 2008. 5. 29, 2008도88; 대판 2012. 12. 13, 2010도8847; 대판 2017. 4. 13, 2016도19159.
107 대판 1994. 1. 28, 93도1278; 대판 2008. 5. 29, 2008도88; 대판 2012. 12. 13, 2010도8847.

게[108] 있다.[109] 불특정 다수인에게 전파하는 것을 의미하므로 특정인에게 허위의 발언을 하였을 뿐 그를 통하여 불특정 다수인에게 전파될 가능성이 없다면 그와 같은 행위는 허위사실의 유포에 해당하지 않는다.[110] 전파가능성을 이유로 허위사실의 유포를 인정하는 경우에는 적어도 이에 관한 미필적 고의가 필요하므로 전파가능성에 대한 인식이 있음은 물론 그 위험을 용인하는 내심의 의사가 있어야 하는데, 행위자가 전파가능성을 용인하고 있었는지의 여부는 외부에 나타난 행위의 형태와 행위의 상황 등 구체적인 사정을 기초로 하여 일반인이라면 그 전파가능성을 어떻게 평가할 것인가를 고려하면서 행위자의 입장에서 그 심리상태를 추인함이 상당하다.[111] 이미 사회 일부에 유포되어 있는 허위사실을 더 넓게 유포시키는 행위도 허위사실의 유포에 포함된다.[112]

　　허위사실의 유포에 해당하는지 여부와 관련하여, 이를 부정한 판례로는, ① 개별난방공사 추진위원회가 아파트 개별난방공사와 관련하여 그 진행상황을 알리기 위해 아파트 6개 동 입구 11곳에 게시한 공고문 위에 피고인이 검은색 매직펜으로 기재한 '거짓말 믿지 마세요'라는 문구는 문구의 형태 및 내용, 기재 방식, 공고문의 게시자 및 내용 등에 비추어 그 자체만으로 허위사실의 유포에 해당한다고 볼 수 없다고 한 것,[113] ② 지역주택조합 설립을 반대하는 피고인들이 현수막을 게시하면서 기재한 '지역주택조합 실패 시 개발투자금 전부 날릴

68

---

108 대판 2010. 10. 28, 2009도4949; 대판 2017. 4. 7, 2016도11215.
109 대판 1994. 1. 28, 93도1278은 대학교 교수로서 여성단체협의회 소비자단체위원장인 피고인이 '국내외 시판 랩의 성분분석에 관한 보고'라는 강연회를 개최함에 있어 A가 제조, 판매하는 피.이.랩 제품과 관련하여 사실과 다른 내용을 발표함으로써 허위사실을 유포하여 A의 피.이.랩 판매업무를 방해하였다고 기소된 사안에서, 원심이 피고인의 연구발표내용이 객관적으로 사실과 전혀 다른 허위의 사항에 속하는 것이고 피고인에게 그 허위라는 점에 대한 인식도 있었다고 보아 유죄로 인정한 조치는 범죄의 성립요건이 되는 사실관계의 인정을 그르친 위법을 저지른 것이라고 판시하였는데, 이는 피고인이 유포한 사실이 허위라는 점을 인식하고 있었다는 입증책임이 검사에게 있음을 전제로 하는 것이다.
110 대판 2000. 9. 26, 99도5403. 이 사건에서 대법원은 피고인이 절두산 순교기념관 담당신부 및 다른 신부에게 'A가 밤늦게 젊은 신부와 집에서 나오는 것을 보았다' 'A가 돈을 벌기 위하여 성지에서 초대전을 가지려 한다'는 등의 허위의 발언을 하여 A의 성화전시회를 위 순교기념관에서 개최하지 못하도록 함으로써 A의 전시회 업무를 방해하였다는 공소사실과 관련하여 피고인이 신부들에게 위와 같은 발언을 하였다 하더라도 그것이 불특정 다수인에게 전파될 가능성이 없어 피고인의 행위는 본죄의 구성요건을 충족한다고 볼 수 없다고 판시하였다.
111 대판 2006. 5. 25, 2004도1313.
112 주석형법 [각칙(5)](5판), 32(이우철).
113 대판 2009. 5. 14, 2009도1721.

수 있으니 주의하세요'라는 문구의 경우 비록 지역주택조합 실패 시 개발투자금 중 일부가 아니라 '전부'를 날릴 수 있다고 기재되어 있기는 하나 이는 피고인들이 자신들이 거주하는 지역에 지역주택조합이 설립되어 주택건설사업이 진행되는 것에 대한 반대의견을 표명하면서 지역주택조합에 투자하였다가 그 사업이 실패할 경우 투자금 손실을 입을 수 있다는 사실을 과장하여 표현한 것에 불과하여 허위사실의 유포에 해당한다고 보기 어렵다고 한 것[114] 등이 있다.

69　　　긍정한 판례로는, 피고인이 운영하는 주식회사가 국내 유일의 상용화된 인터넷 민원증명 발급서비스의 특허권을 보유한 권리자가 아님에도 피고인과 거래하는 기관들에게 '최종 대법원의 상고심에서까지 당사가 모든 소송에서 승소하여 특허권리 소송이 완전하게 종결되었고 이로써 대한민국 유일의 상용화된 인터넷 민원증명 발급서비스의 특허권 보유권리자로서 인정받게 되었습니다' '특히 주식회사 A의 특허권리는 인터넷 증명발급 시스템을 상용화하여 사용할 수 없는 특허이며 (중략)'라는 내용이 기재된 문서를 작성하여 팩스로 전송한 행위는 피해자 주식회사 A의 기술력에 대한 허위사실의 유포에 해당한다고 한 것이 있다.[115]

70　　　(b) '허위사실'의 유포는 객관적으로 진실과 부합하지 않는 사실을 유포하는 것으로서 단순한 의견이나 가치판단을 표시하는 것은 제외된다.[116] 이와 같이 사실의 유포는 가치판단이나 평가를 내용으로 하는 의견표현에 대치되는 것으로서 시간·공간적으로 구체적인 사실관계에 관한 보고 내지 진술을 의미하며 그 표현내용이 증거에 의해 입증가능한 것을 가리킨다.[117] 어떠한 표현행위가 문제가 되는 경우 그것이 사실을 적시하는 것인지 아니면 단순히 의견 또는 논평을 표명하는 것인지, 만약 의견 또는 논평을 표명하는 것이라면 그와 동시에 묵시적으로라도 그 전제가 되는 사실을 적시하고 있는 것인지 그렇지 아니한지의 구별은, 당해 표현행위의 객관적 내용과 아울러 일반인이 보통의 주의로 표현행위를 접하는 방법을 전제로 표현행위에 사용된 어휘의 통상적인 의미, 표현행위의 전체적인 흐름, 문구의 연결방법, 입증가능성 등을 기준으로 판단하여야

114 대판 2017. 4. 13, 2016도19159.
115 대판 2013. 7. 26, 2011도2794.
116 대판 1983. 2. 8, 82도2486; 대판 2005. 6. 10, 2005도89; 대판 2007. 2. 8, 2006도8584; 대판 2021. 9. 30, 2021도6634.
117 대판 2010. 9. 9, 2008도11210.

하고 이와 함께 표현행위의 배경이 되는 사회적 상황 등도 고려하여야 한다.[118]
의견표현과 사실의 적시가 혼재되어 있는 경우에는 이를 전체적으로 보아 범죄
성립 여부를 판단할 것이지 의견표현과 사실의 적시 부분을 분리하여 별개로
범죄 성립 여부를 논할 것은 아니다.[119]

　　반드시 기본적 사실이 허위여야 하는 것은 아니고, 비록 기본적 사실은 허   71
위가 아니라도 이에 허위사실을 상당 정도 부가시킴으로써 타인의 업무를 방해
할 위험이 있다면 허위사실의 유포에 포함된다.[120] 그와 달리 내용 전체의 취지
를 살펴볼 때 중요한 부분이 객관적 사실과 합치되고 단지 세부에 있어 약간의
차이가 있거나 다소 과장된 표현이 있는 정도에 불과하여 타인의 업무를 방해
할 위험이 없다면, 허위사실의 유포에 해당하지 않는다.[121]

　　'세부적인 잘못 및 과장된 표현'과 관련하여 판례는, 전국공무원노동조합 대   72
구경북지역본부장인 피고인이 전국공무원노동조합 부산지역본부 소속 성명불상
자로부터 부산공무원노동조합이 상급단체로 전국공무원노동조합(전공노)과 대한
민국공무원노동조합총연맹(공노총)을 선택하려고 하니 전공노를 홍보할 수 있는
글을 써달라는 부탁을 받고 "한번 상급 단체 결정을 하면 다시 바꾸기 어렵습니
다."라는 제목으로 "대구시청에는 공노총과 전국공무원노동조합이 있습니다. 공
노총 초대위원장이 대구시청 노동조합 A 위원장이었지만, 공노총 대구시청노동
조합이 그동안 보여준 모습에 많은 조합원들은 지금 분노와 실망을 느끼고 있

---

118 대판 2005. 6. 10, 2005도89; 대판 2010. 9. 9, 2008도11210; 대판 2021. 9. 30, 2021도6634.
119 대판 2005. 6. 10, 2005도89. 이 사건에서 원심은 민사사건의 증인으로 출석한 피고인이 소송대
　　리인인 변호사 A의 증인신문 내용에 불만을 품고 A의 사무실 출입구 앞길에서 백지에 붉은색
　　및 검은색 매직펜으로 '증인 인권 무시하는 A는 물러가라' '농민을 무시하는 A는 사죄하라' '변호
　　사 A는 증인들과 사전에 짜고 재판에 임하는가' '거짓말쟁이 A는 짜고서 한 증인에 대하여 해명
　　하라'는 내용의 전단지를 작성하여 출입구 유리창에 부착하는 등 허위사실을 유포하여 A의 변호
　　사 업무를 방해하였다는 공소사실과 관련하여 피고인이 작성한 문구는 순수한 의견의 표현이나
　　가치판단에 불과하여 업무방해죄에서 말하는 허위사실이라고 볼 수 없다고 판단하였는데, 대법
　　원은 피고인이 작성한 문구 중 뒤의 2개는 '변호사 A가 증인들과 짜고 재판에 임했다'는 의미를
　　내포하거나 이를 강하게 암시하는 표현으로서 구체성을 띤 사실을 표현한 것으로 보기에 충분하
　　고 앞의 2개는 사실의 적시와 의견 내지 가치판단이 결합된 표현으로 볼 수 있으나 표현 전체를
　　두고 볼 때 사실의 적시 부분인 '변호사 A가 증인들과 짜고 재판에 임한 것'을 전제로 이에 대한
　　의견이나 가치판단을 추가한 것으로 봄이 상당함을 이유로 원심판결을 파기하였다.
120 대판 2006. 9. 8, 2006도1580; 대판 2021. 9. 30, 2021도6634.
121 대판 2006. 9. 8, 2006도1580; 대판 2021. 9. 30, 2021도6634.

습니다. 조합원을 위한 사회 변혁과 조합원의 지위 향상을 위해 투쟁해야 하는 데, 권력에 아부하는 대구시청 노동조합의 모습이 부끄럽고 실망스러웠기 때문입니다. 그래서 대구시청노동조합 위원장 선거에서는 현 위원장이 출마해서 재선을 한 경우가 없습니다(쟁점 표현). 조합원을 위해 일하지 않는 공노총소속 노동조합 지도부를 조합원들이 더 이상 지지하지 않기 때문입니다. 부산시청공무원 여러분. 한번 상급 단체 결정을 하게 되면 다시 바꾸기가 어렵습니다. 전국공무원노동조합 대구광역시지부는 부산시청 조합원 여러분을 기다리고 있겠습니다."라는 글을 작성하여 게시하게 한 사안에서, 쟁점 표현 부분은 사실에 관한 것이지만 위 글은 의견표현과 사실 적시가 혼재되어 있고 내용 전체의 취지에 비추어 공노총에 대한 비판적인 의견을 표현하는 과정에서 세부적으로 잘못된 사실이나 과장된 표현이 사용된 것이어서 허위사실을 유포하여 업무를 방해할 위험이 발생하였다고 보기 어렵다고 판단하였다.[122]

(나) 위계의 사용

73   (a) '위계'란 신용훼손죄에 있어서와 마찬가지로 행위자가 행위의 목적을 달성하기 위하여 상대방에게 오인·착각 또는 부지를 일으키게 하여 이를 이용하는 것을 의미한다.[123]

74   그런 점에서 인터넷 자유게시판 등에 실제의 객관적인 사실을 게시하는 행위는 설령 그로 인하여 피해자의 업무가 방해된다고 하더라도 위계에 해당하지 않는다.[124] 그 외에도 상대방에게 오인·착각 또는 부지를 일으키게 하는 행위가 아니라면 위계라고 할 수 없다. 따라서 판례의 사안들을 통해 볼 수 있듯이, ① 어장의 대표자였던 피고인이 어장 측에 대한 허위의 채권을 주장하면서 후임 대표자에게 그 인장을 인도하기를 거절함으로써 후임 대표자가 만기 도래한 어장 소유의 수산업협동조합 예탁금을 인출하지 못하였고 어장 소유 선박의 검사를 받지 못한 결과를 초래하였다 하더라도 피고인의 허위주장을 가리켜 위계

---

122 대판 2021. 9. 30, 2021도6634.
123 대판 1992. 6. 9, 91도2221; 대판 2005. 3. 25, 2003도5004; 대판 2007. 6. 14, 2007도2178; 대판 2008. 1. 17, 2006도1721; 대판 2008. 5. 29, 2007도5037; 대판 2009. 4. 23, 2007도9924; 대판 2013. 11. 28, 2013도5117; 대판 2020. 4. 9, 2017도9459; 2020. 11. 12, 2017도7236; 대판 2021. 3. 11, 2016도1102; 대판 2021. 4. 29, 2016도439.
124 대판 2007. 6. 29, 2006도3839.

로써 타인의 업무를 방해한 경우에 해당한다고 할 수 없고,[125] ② 피고인이 과다한 보전처분을 하여 상대방이 해방공탁금을 공탁하고 가압류집행취소결정을 받음으로써 상대방에게 해방공탁금의 민사법정이자 상당의 재산상 손해가 발생하였다고 하더라도, 이는 보전처분이 피보전권리의 존부에 관한 확정적 판단 없이 소명으로 사실을 인정하여 채무자의 재산을 동결하는 등의 처분을 하는 제도라는 점에 기인하는 것으로서 피고인의 권리주장과 이를 확보하기 위한 가압류 절차의 이용이 법원으로 하여금 오인·착각 또는 부지를 일으키게 하고 이를 통해 상대방의 업무를 방해한 경우에 해당한다고 할 수 없으며,[126] ③ 주택재개발조합의 조합장인 피고인이 사무장에게 조합정관 개정 및 조합장 재신임 안건에 대하여 반대한다는 내용이 담긴 조합원 276명 명의의 서면결의서 등을 접수하지 말 것을 지시하여 위 서면결의서 등을 제출한 조합원 276명의 의사를 누락시킨 채 임시총회를 개최하여 위 안건을 통과시켰다고 하더라도, 피고인이 단순히 조합사무장에게 지시하여 조합에 제출된 서면결의서의 접수를 거부하도록 하였다는 것만으로는 그 명의자인 조합원들로 하여금 어떠한 오인·착각 또는 부지를 일으키게 하였다고 보기 어렵다.[127] 또한, 판례 중에는 ④ 피해 회사의 대표이사 또는 사내이사로 재직하였던 피고인이 자리에서 물러난 후 피해 회사가 사용 중인 서비스표를 특허청에 먼저 출원·등록함으로써 위계로써 피해 회사의 업무를 방해하였다고 기소된 사안에서, 상표를 사용하는 자 또는 사용하려는 자는 자기의 상표를 등록받을 수 있어 실제로 상표를 사용한 사실이 있거나 처음으로 사용하였는지 여부는 상표권 발생의 요건으로 볼 수 없다는 등의 이유로 피고인이 피해 회사가 사용 중인 서비스표를 피해 회사보다 시간적으로 먼저 등록출원을 하였다거나 피해 회사가 사용 중인 서비스표의 제작에 실제로는 관여하지 않았으면서도 서비스표 등록출원을 하였다는 등의 사정만으로는 피해 회사에 대한 위계에 해당한다고 단정하기 어렵다고 설시한 것도 있다.[128]

이와 달리 위계라고 인정한 판례의 사안들을 보면, ① 공장 화재로 인하여 75

---

125 대판 1984. 7. 10, 84도638.
126 대판 2008. 1. 31, 2007도8321.
127 대판 2009. 1. 15, 2008도9947.
128 대판 2020. 11. 12, 2017도7236.

체육대회가 취소됨에 따라 노사협의를 거쳐 정상근무하기로 하였음에도 회사 노조 지부장 등인 피고인들이 당일을 휴무로 결정한 후 같은 취지의 유인물을 대의원들에게 배포하여 당일을 유급휴일로 오인한 회사 공장 소속 근로자 1,200여 명으로 하여금 출근하지 않도록 함으로써 회사 공장의 정상 가동을 불가능하게 한 행위는 위계에 의한 업무방해죄를 구성하고,[129] ② 국회의원 비례대표 후보자를 추천하기 위한 당내 경선과정에서 피고인이 선거권자들로부터 인증번호만을 전달받은 뒤 그들 명의로 자신이 지지하는 후보자에게 전자투표를 한 것은 당내 경선업무 관계자들로 하여금 비례대표 후보자의 지지율 등에 관한 사실관계를 오인, 착각하도록 함으로써 경선업무의 적정성이나 공정성을 방해한 경우에 해당한다.[130] 마찬가지로 ③ 피고인들이 실제 선거구 지역에 거주하지 아니하여 여론조사에 응답할 자격이 없거나 중복응답이 되어 여론조사를 왜곡할 위험이 있음을 알면서도 여론조사 관련 ACS(Auto Calling Service. 자동호출서비스)시스템에 성별이나 연령을 허위로 입력한 뒤 자신의 휴대전화로 착신전환하여 ACS 전화가 걸려오자 허위의 응답을 입력함으로써 특정 후보의 지지율을 높이는 행위를 한 것은 경선관리위원회의 공정한 여론조사를 통한 후보자 경선관리업무를 위계로 방해한 경우에 해당한다.[131]

76

　　　(b) 피고인의 위계에 따라 피해자가 그릇된 행위나 처분을 하였다면 위계에 의한 업무방해죄가 성립하지만,[132] 피해자의 행위나 처분이 피고인의 위계에 의한 것이라고 할 수 없다면 위계에 의한 업무방해죄가 성립하지 않는다. 판례 중에는, 피고인들이 노래방 업주인 피해자로 하여금 행정처분을 받게 할 목적으로 피해자 운영의 노래방에서 주류 제공 및 접대부 알선을 요구한 후 경찰에 신고하였다 하더라도, 피해자가 위 사건 이전에도 자신의 노래방에서 주류 판매,

---

129 대판 1992. 3. 31, 92도58.
130 대판 2013. 11. 28, 2013도4178. 같은 취지의 대판 2013. 11. 28, 2013도5117은 국회의원 비례대표 후보자 명단을 확정하기 위한 당내 경선은 정당의 대표자나 대의원을 선출하는 절차와 달리 국회의원 당선으로 연결될 수 있는 중요한 절차로서 직접투표의 원칙이 경선절차의 민주성을 확보하기 위한 최소한의 기준이 된다고 할 수 있는 점 등을 고려할 때, 당내 경선에도 직접·평등·비밀투표 등 일반적인 선거원칙이 그대로 적용되고 대리투표는 허용되지 않는다고 할 것이어서 피고인의 행위는 경선업무의 적정성이나 공정성을 방해한 경우에 해당한다고 판시하였다.
131 대판 2013. 11. 28, 2013도5814.
132 대판 1992. 6. 9, 91도2221.

접대부 알선 행위로 형사처벌 받은 전력이 있는 등 피고인들의 행위로 인하여 피해자가 오인, 착각을 일으켜 종전에 하지 않던 주류 제공 및 접대부 알선을 비로소 하게 된 것으로는 볼 수 없다는 이유로 피고인들의 행위가 위계에 의한 업무방해죄를 구성한다고 할 수 없다고 판시한 것이 있다.[133]

(c) 위계에 의한 행위의 상대방이 업무방해의 피해자와 동일인이 아니더라 도 상관이 없다.[134] 예컨대, 컴퓨터 등 정보처리장치에 정보를 입력하는 등의 행위가 그 입력된 정보 등을 바탕으로 업무를 담당하는 사람의 오인·착각 또는 부지를 일으킬 목적으로 행해진 경우 본죄가 성립하며, 그 행위가 업무를 담당 하는 사람을 직접적인 대상으로 이루어진 것이 아니라고 하여 위계가 아니라고 할 수 없다.[135] 그러나 위와 같은 행위로 말미암아 업무과 관련하여 오인·착각 또는 부지를 일으킨 상대방이 없었던 경우에는 위계가 있었다고 볼 수 없다.[136]

77

일본 판례 중에는 일본전신전화공사에서 가설한 전화회선에 응답신호의 송 출을 저해하는 기능을 가진 매직폰이라는 기구를 부착·사용함으로써 응답신호 의 송출을 방해함과 동시에 발신자 측 전화기에 대한 요금부과장치가 작동되지 않게 한 사안에서 위계를 인정한 것이 있는데,[137] 이는 위계의 대상이 사람이 아니라 요금부과장치인 점에서 위계의 의미를 확장한 것으로 볼 수 있다.

78

(d) 위계는 은밀하게 행하여져도 상관없다.[138] 허위사실의 유포는 위계의 한 예시에 해당하는데,[139] 그렇다고 하여 위계의 방법이 허위사실의 유포와 유 사한 행위로 제한되는 것은 아니다.[140]

79

---

133 대판 2007. 11. 29, 2007도5095.

134 박상기·전지연, 552; 주석형법 〔각칙(5)〕(5판), 35(이우철); 大塚 外, 大コン(3版)(12), 100(坪內 利彦=松本 裕).

135 대판 2013. 11. 28, 2013도4178; 대판 2013. 11. 28, 2013도5117; 대판 2013. 11. 28, 2013도5814.

136 대판 2007. 12. 27, 2005도6404(신규직원 채용권한을 갖고 있는 피고인 및 시험업무 담당자들이 모두 공모 내지 양해하에 시험성적 조작 등의 부정행위를 한 경우, 오인·착각 또는 부지를 일으 킨 상대방이 있다고 할 수 없어 위계에 해당하지 않는다고 한 사례); 대판 2022. 2. 11, 2021도 12394(전화금융사기 조직의 현금 수거책인 피고인이 무매체입금거래의 '1인 1일 100만 원' 한도 제한을 회피하기 위하여 은행 자동화기기에 제3자의 주민등록번호를 입력하는 방법으로 이른바 '쪼개기 송금'을 한 행위가 은행에 대한 위계에 의한 업무방해죄에 해당하지 않는다고 한 사례).

137 最決 昭和 59(1984). 4. 27. 刑集 38·6·2584.

138 大塚 外, 大コン(3版)(12), 103(坪內利彦=松本 裕).

139 대판 1961. 3. 22, 4293형상889.

140 大塚 外, 大コン(3版)(12), 103(坪內利彦=松本 裕).

〔김 우 진〕 **295**

(다) 위력의 사용

80   (a) '위력'이란 사람의 자유의사를 제압·혼란하게 할 만한 일체의 세력 또
는 억압적 방법을 의미한다.[141] 유형적이든 무형적이든 관계없으며, 폭행·협박
은 물론 사회적·경제적·정치적 지위와 권세에 의한 압박 등도 이에 포함된
다.[142] 이러한 위력은 현실적으로 피해자의 자유의사가 제압되어야만 하는 것은
아니지만, 범인의 위세, 사람 수, 주위의 상황 등에 비추어 피해자의 자유의사를
제압하기 충분한 정도가 되어야 하는 것이므로, 그러한 위력에 해당하는지는 범
행의 일시·장소, 범행의 동기, 목적, 인원수, 세력의 태양, 업무의 종류, 피해자
의 지위 등 제반 사정을 고려하여 객관적으로 판단하여야 하고,[143] 피해자 등의
의사에 의해 결정되는 것은 아니다. 피고인들의 행위로 피해자의 자유의사가 제
압당하기 충분하였는지는 피해자의 의사나 진술에만 의존할 것이 아니라 피고
인들의 행위 태양, 피고인들 인원, 성별과 나이 그리고 피해자 측 인원과 지위
등까지 고려해서 객관적으로 판단하여야 한다.[144]

81   예컨대, ① 피고인이 피해자의 차임연체를 이유로 점포 임대차계약을 해지
하기는 하였지만 여전히 피해자가 점포를 점유하고 식당영업을 하고 있는 상태
에서 피해자의 점포에 설치된 간판을 철거한다거나 점포의 출입문을 자물통으
로 채우고 창문에 '폐업'이라는 공고문을 붙인 행위,[145] ② 피고인이 공사감독
자로서의 사회적 지위와 권세에 의한 압박을 통하여 자신이 추천하는 하도급업
체, 납품업체 또는 감리원을 선정하게 하거나 현장소장을 교체하게 한 행위,[146]
③ 퇴사 직전에 회사의 공용폴더로 백업을 하지 않은 자료를 인수인계 없이 삭

---

141 대판 2004. 11. 12, 2004도3324; 대판 2013. 2. 28, 2011도16718; 대판 2017. 11. 9, 2017도
   12541; 대판 2020. 11. 12, 2016도8627; 대판 2021. 7. 8, 2021도3805; 대판 2022. 9. 7, 2021도
   9055. 같은 취지의 일본 판례로는 最判 昭和 28(1953). 1. 30. 刑集 7·1·128; 最判 昭和
   32(1957). 2. 21. 刑集 11·2·877 등이 있다.
142 대판 2005. 3. 25, 2003도5004; 대판 2007. 6. 14, 2007도2178; 대판 2012. 5. 24, 2009도4141;
   대판 2013. 1. 31, 2012도3475; 대판 2020. 11. 12, 2016도8627.
143 대판 2016. 10. 27, 2016도10956.
144 대판 2022. 9. 7, 2021도9055.
145 대판 2005. 3. 10, 2004도341.
146 대판 2007. 6. 14, 2007도2178. 같은 취지에서 대판 2020. 2. 13, 2019도11478은 공정거래위원
   회 임직원이 공정거래위원회의 영향력을 이용하여 특정 기업으로 하여금 공정거래위원회 퇴직
   예정자를 채용하게 한 행위에 대하여 위력에 의한 업무방해죄를 인정하였다.

제한 행위[147] 등은 위력에 의한 업무방해죄에 해당한다.[148] 다만, 단순히 소극적으로 피해자의 요구에 응하지 않은 것만으로는 위력에 해당한다고 보기 어렵다. 따라서 피고인이 피해자로부터 누수방지공사를 위하여 출입문을 열어 달라거나 돌출 천막을 치워 달라는 요구를 받고서 이를 거절하였다 하더라도 그것만으로는 피해자의 자유의사를 제압할 만한 위력을 행사한 것으로 보기 어렵다.[149]

　　(b) 채권자로서의 권리행사의 일환이라 하더라도 그것이 사회통념상 허용　　82
되는 한도를 넘어 과도한 것으로 평가될 경우 위력에 해당할 수 있다. 판례 중에는 우월한 경제적 지위를 가진 대부업자가 그 지위를 이용하여 채무자를 압박하는 방법으로 채권추심행위를 하였다면 이는 위력을 이용한 행위로서 위법하다고 판시한 것이 있다.[150]

　　(c) 위력의 행사로 인해 현실적으로 피해자의 자유의사가 제압될 것을 요하　　83

---

147 대판 2022. 1. 14, 2017도16384. 본 판결의 사안은 C 회사 본부장으로 일했던 A는 B 등 핵심 임직원인 다른 피고인들과 공모하여 비슷한 시기에 함께 퇴사한 뒤 동종업체를 설립해 C 회사와 유사한 영업표지를 제작해 상당 기간 사용하였는데, B 등은 매월 공용폴더에 자료를 백업하도록 한 C 회사 방침에도 불구하고 퇴사 전 3개월간 자료를 백업하지 않고 퇴사 직전 사용하던 노트북을 포맷한 후 인수인계 없이 퇴사하였다는 것이다.

148 최근의 일본 판례로는, '나가라'는 등의 글을 기재한 문서와 인분(人糞)을 넣은 봉투를 외국공관에 우송한 행위〔広島高判 令和 2(2020). 2. 18.(재판소 홈페이지)〕, 자신이 코로나에 걸렸다고 업소에 신고하여 점원들로 하여금 어쩔 수 없이 경찰에 통보하고 업소 내를 소독하게 한 행위〔名古屋高判 令和 2(2020). 9. 17. LEX/DB 25566984〕에 대하여 위력에 의한 업무방해죄를 인정한 것이 있다.

149 대판 2008. 10. 9, 2008도6872.

150 대판 2005. 5. 27, 2004도8447. 원심은 피고인 등의 피해자를 상대로 한 460여 회의 통화 시도 중 실제 통화가 된 것은 19여 회에 불과하고 나머지는 통화가 되지 않거나 피해자가 발신번호를 확인하고 바로 끊어 버린 점, 피고인 등은 오전 8시 이전이나 오후 8시 이후에는 피해자에게 전화를 하지 아니하였고 대부분의 전화를 피해자의 휴대전화에 건 점, 피해자가 연체된 이자의 일부만을 지급한 채 피고인 등의 독촉전화에 대해 알아서 하라는 식의 태도를 보인 점 등을 감안할 때 채권회수를 위하여 피해자에게 전화를 건 피고인의 행위가 피해자의 자유의사를 제압하기에 족한 위력에 해당한다고 보기 어렵다고 판단하였으나, 대법원은 대부업체 직원인 피고인 등이 대출금 200만 원에 대한 이자를 연체하고 있는 소규모 간판업자인 피해자를 상대로 법적 조치를 거론하면서 한 달여에 걸쳐 피해자의 휴대전화로 수백 회에 이르는 전화공세를 한 것은, 이로 인해 피해자가 심리적 압박감과 두려움을 느낄 수밖에 없는 점, 대부업을 이용하는 사람들은 제도권 금융회사에서 소외된 저신용자들로서 사회·경제적으로 곤궁한 약자들인 점 등에 비추어 사회통념상 허용한도를 벗어난 채권추심행위로서 경제적 약자인 피해자의 자유의사를 제압하기에 족한 위력에 해당한다고 판시하였다.
　위 판결의 의미에 관하여는 장상균, "대출금을 회수하기 위한 전화공세와 업무방해죄", 해설 56, 법원도서관(2005년 상반기), 290-302 참조.

는 것은 아니지만, 적어도 자유로운 의사결정이나 행동을 하는 것이 현저히 곤
란하게 되는 정도에는 이르러야 하고, 그 정도의 위력에 해당하는지 여부는 범
행의 일시·장소, 동기와 목적, 인원수 및 행위의 태양, 업무의 종류, 피해자의
지위 등 제반 사정을 고려하여 객관적으로 판단하여야 한다.[151] 또한, 그러한
위력이 반드시 업무에 종사 중인 사람에게 직접 가해지지 않더라도 사람의 자
유의사나 행동을 제압할 만한 일정한 물적 상태를 만들어 그 결과 사람으로 하
여금 자유롭고 정상적인 업무수행 활동을 불가능하게 하거나 현저히 곤란하게
하는 행위를 포함한다.[152] 일정한 물적 상태를 만드는 방식으로 위력이 작용하
는 경우에는 피해자가 위력을 인식할 것을 요하지 아니한다.[153]

84   판례에 의하면, ① 피고인이 피해자들이 경작 중이던 농작물을 트랙터를
이용하여 갈아엎은 다음 그곳에 이랑을 만들고 새로운 농작물을 심어 피해자들
의 자유로운 논밭 경작행위를 불가능하게 하거나 현저히 곤란하게 한 경우,[154]
② 피고인을 포함한 집회 참가자 약 1,500명이 당초 신고한 집회장소를 벗어나
피해자 회사가 운영하는 매장을 둘러싸고 함성을 지르며 매장점거를 계속 시도
하였고 이로 인하여 피해자 회사의 매장을 방문한 손님들의 출입이 현저히 곤
란해진 경우,[155] ③ 정당의 전당대회가 개최되는 전시회장 앞 광장에서 피고인
들이 50명의 집회참가자들과 공모하여 정당 규탄 기자회견을 추진하면서 과격
한 행위로 물리적 충돌이 발생하고 전당대회 개최가 지연되는 등 전당대회 진
행, 당대표·최고위원 선출 등 정당의 업무가 방해되는 결과가 발생한 경우[156]

---

151 대판 1987. 4. 28, 87도453, 87감도41; 대판 2013. 2. 28, 2011도16718; 대판 2017. 11. 9, 2017
   도12541.
152 대판 2009. 9. 10, 2009도5732; 대판 2011. 10. 13, 2009도5698; 대판 2012. 5. 24, 2009도4141;
   대판 2012. 5. 24, 2011도7943; 대법원 2016. 7. 29, 2014도17424. 같은 취지의 일본 판례로는
   最判 昭和 28(1953). 1. 30. 刑集 7·1·128 등이 있다.
153 박진환, "피해자가 회사 내부전산망 전부와 고객관리시스템 중 자유게시판 기능을 사용하지 못
   하도록 피해자의 접속권한을 제한한 행위가 업무방해죄에 해당하는지 여부(특히 위력에 해당하
   는지 여부)", 해설 92, 법원도서관(2012년 상반기), 750(위 2009도4141 판결 해설).
154 대판 2009. 9. 10, 2009도5732.
155 대판 2011. 10. 13, 2009도5698.
156 대판 2022. 6. 16, 2021도16591. 「정치적인 의사표현을 위한 집회나 행위가 헌법 제21조에 따라
   보장되는 정치적 표현의 자유나 헌법 제10조에 내재된 일반적 행동의 자유의 관점 등에서 보호
   받을 가능성이 있더라도 전체 법질서상 용인될 수 없을 정도로 사회적 상당성을 갖추지 못한 때
   에는 그 행위 자체가 위법한 세력의 행사로서 형법 제314조 제1항의 업무방해죄에서 말하는 위

는 위와 같은 피고인의 행위는 위력에 의한 업무방해죄를 구성한다.

반면에, ① 부녀자인 피고인이 논둑에 서서 벼를 베고 있는 두 사람에게 벼 85
를 베기만 하면 좋지 못하다고 말한 경우,[157] ② 상가 관리회사의 임차보증금과
임료의 일방적 인상 등에 대항하기 위하여 상인들이 자발적으로 결성한 협의회
의 임원들인 피고인들이 임료·관리비납입 및 계약갱신 독려차 나온 상가 관리
회사 직원들에게 "너희들이 무엇인데 상인협의회에서 하는 일을 방해하며 협의
회에서 돌리는 유인물을 압수하느냐, 당장 해임시키겠다."는 정도의 욕설을 한
경우,[158] ③ 같은 사건에서 피고인들이 협의회 가입 상인들로부터 임료·관리비
상당액을 직접 징수하여 은행에 예치한 경우,[159] ④ 전체 근로자 50명 중 29명
이 노동조합에 가입하였고 생산직 근로자는 28-29명인 회사의 노동조합 위원장
인 피고인이 다른 2명과 함께 조합원 1명을 대동하고 노동관계 집회에 참석하
기 위하여 3시간 정도 조기 퇴근한 경우,[160] ⑤ 종중이 그 소유 토지 위에 가옥
을 소유하고 있는 마을 주민들에게 그 점유부분을 매도하기로 결의하고 측량신
청을 한 데 대하여 종중의 종손으로서 만 74세 노인인 피고인이 종중이 자신의
동의도 없이 위토인 위 토지를 처분하려 한다고 주장하면서 종중원들, 마을 주
민들 10여 명 및 측량기사 등이 있는 곳에 나타나 측량을 하지 말라고 하고 종
중원들과 서로 욕을 하면서 소리치고 말다툼을 하자 측량기사가 문제가 있는
토지로 생각하고 철수한 경우,[161] ⑥ 피고인이 자발적으로 시위에 참여하는 미
성년 학생들에게 시위 장소까지 버스와 식사를 제공하고 함께 시위를 진행한
경우,[162] ⑦ 47세, 52세의 여성인 피고인들이 서울메트로의 지하철 고속터미널
역사 내의 보행자 통행로 구간 중 일부 공간에 가방 및 의류판매대를 설치하고
무단 점유한 경우[163]는 위력에 의한 업무방해죄를 구성하지 아니한다.

(d) 또한, 위력은 원칙적으로 피해자를 상대로 행사되어야 하지만 제3자를 86

력의 개념에 포섭될 수 있다.」
157 대판 1967. 1. 31, 66도1686.
158 대판 1983. 10. 11, 82도2584.
159 대판 1983. 10. 11, 82도2584.
160 대판 1991. 4. 23, 90도2961.
161 대판 1999. 5. 28, 99도495.
162 대판 2008. 5. 15, 2008도1622.
163 대판 2009. 5. 14, 2009도553.

상대로 간접적으로 행사될 수도 있다. 다만 위력 행사의 상대방이 피해자가 아닌 제3자인 경우, 그로 인해 피해자의 자유의사가 제압될 가능성이 직접적으로 발생함으로써 이를 실질적으로 피해자에 대한 위력의 행사와 동일시할 수 있는 경우가 아니면 피해자에 대하여 본죄가 성립한다고 할 수 없다.[164] 따라서 단순히 제3자에 대한 위력의 행사와 피해자의 업무에 대한 방해의 결과나 위험 사이에 인과관계가 인정된다고 하여 곧바로 피해자에 대한 위력의 행사가 있는 것으로 볼 수는 없다.[165] 제3자에 대한 위력의 행사로 피해자의 자유의사가 직접 제압될 가능성이 있는지 여부는 위력 행사의 의도나 목적, 위력 행사의 상대방인 제3자와 피해자의 관계, 위력의 행사 장소나 방법 등 태양, 제3자에 대한 위력의 행사에 관한 피해자의 인식 여부, 제3자에 대한 위력의 행사로 피해자가 입게 되는 불이익이나 피해의 정도, 피해자에 의한 위력의 배제나 제3자에 대한 보호의 가능성 등을 종합적으로 고려하여 판단하여야 한다.[166] 이와 관련하여 판례는, 인터넷카페 운영진인 피고인들이 카페 회원들과 공모하여 특정 신문들에 광고를 게재하는 광고주들에게 불매운동의 일환으로 지속적·집단적으로 항의전화를 하거나 광고주들의 홈페이지에 항의글을 게시하는 등의 방법으로 광고중단을 압박한 행위는 광고주들의 자유의사를 제압할 만한 세력으로서 위력에 해당한다고 볼 수 있으나(따라서 광고주들에 대한 업무방해죄는 성립한다고 볼 수 있으나), 나아가 피고인들의 행위로 신문사들이 실제 입은 불이익이나 피해의 정도, 그로 인하여 신문사들의 영업활동이나 보도에 관한 자유의사가 제압될 만한 상황에 이르렀는지 등을 밝히지 않고서는 신문사들에 대한 위력의 행사가 있었다고 보기 어렵다(따라서 신문사들에 대하여 본죄는 성립한다고 보기 어렵)고 판시한 바 있다.[167]

87
      (e) 행위자 역시 제3자를 통하여 간접적으로 피해자를 상대로 위력을 행사할 수도 있다.[168] 다만 행위자가 제3자에 대하여 가지는 정당한 권한을 행사한 것으로 볼 수 있는 경우에는, 그 행위의 내용이나 수단 등이 사회통념상 허용될 수

---

164 대판 2016. 7. 29, 2014도17424.
165 대판 2013. 3. 14, 2010도410. 본 판결 평석은 우인성, "특정 신문사들의 광고주에 대한 소비자 불매운동이 특정 신문사들에 대한 업무방해죄를 구성하는지 여부", 올바른 재판 따뜻한 재판: 이인복 대법관 퇴임기념 논문집, 사법발전재단(2016), 380-404.
166 대판 2013. 3. 14, 2010도410.
167 대판 2013. 3. 14, 2010도410.
168 대판 2021. 7. 8, 2021도3805.

없는 등 특별한 사정이 없는 한 위력을 행사한 경우에 해당하지 아니한다.[169] 따라서 제3자로 하여금 상대방에게 어떤 조치를 취하게 하는 등으로 상대방의 업무에 곤란을 야기하거나 그러한 위험이 초래되게 하였다 하더라도, 행위자가 제3자의 의사결정에 관여할 수 있는 권한을 가지고 있거나 그에 대하여 업무상 지시를 할 수 있는 지위에 있는 경우에는 특별한 사정이 없는 한, 본죄를 구성하는 위력을 행사한 것이라고 할 수 없다.[170]

이와 관련하여 판례는, ① 조합 이사장인 피고인이 조합 이사회의 결의에 따라 조합에서 설립한 새마을금고를 상대로 특정 신문에 광고게재를 하지 말도록 권고하는 공문을 전달하여 종전에 단발적으로 특정 신문에 광고를 게재해 오던 새마을금고가 광고를 중단한 경우, 피고인의 권한 행사가 정당한 권한 행사를 빙자하였다거나 사회통념상 용인되는 범위를 넘는 등 특별한 사정이 있는지 여부 등을 심리한 다음, 피고인의 이사회 결의 내용 통보 등의 행위가 특정 신문에 대한 업무방해죄를 구성하는지 판단하여야 한다고 설시한 바 있다.[171] 나아가 판례는, ② A 협회의 지부장인 피고인이 협회 사무실에서 직원들을 불러 모아 상당한 시간 동안 일을 하지 못하게 하면서 회계서류 및 통장을 가져오라는 요구를 하고 직원들이 이를 거부하자 '회장을 고소할 것인데 직원들도 책임을 지게 될 수 있다'고 소리치면서 위세를 보이는 방법으로 협회장의 업무를 방해하였다고 기소된 사안에서, 관련 법령 및 정관 등에 따라 협회의 후원금 등 회계자료를 열람할 권한이 있는 피고인이 회계서류 등의 열람을 요구하는 과정에서 협회 직원들을 불러 모아 상당한 시간 동안 이야기를 하거나 피고인의 요구를 거부하는 직원에게 다소 언성을 높여 책임을 지게 될 수 있다고 이야기한 사정 등만으로는 본죄를 범한 것으로 볼 수 없다고 설시하였다.[172]

88

---

169 대판 2021. 7. 8, 2021도3805.

170 대판 2013. 2. 28, 2011도16718; 대법원 2021. 7. 8, 2021도3805. 위 2011도16718 판결 해설은 우인성, "정당한 권한 행사가 업무방해죄의 위력에 해당하는지 여부", 해설 96, 법원도서관(2013), 547-579.

171 대판 2013. 2. 28, 2011도16718. 지시·감독 등의 관계에서 조합의 의사결정대로 새마을금고가 따라야 하는 구조라면 조합의 의사결정을 새마을금고의 의사결정과 동일시할 수 있어 조합의 새마을금고에 대한 광고 중단 요구는 스스로 광고 게재를 하지 않는다는 의사결정으로 평가할 수도 있을 것이다[우인성(주 170), 575].

172 대판 2021. 7. 8, 2021도3805.

89   일본 판례 중에는 피고인이 인터넷 게시판에 특정 문화센터에 대하여 범죄
를 예고하는 글을 게시하여 이를 본 사람이 강좌 주최자에게 연락하여 강좌의
중지를 요청한 사안에서, 타인의 행위를 이용한 간접적인 위력의 행사를 인정한
것이 있다.[173]

90   (f) 해악을 고지하는 방법으로 위력을 행사하는 경우 위력을 행사하는 상대
방과 위력의 내용인 해악의 상대방은 구별하여야 한다. 만약 피고인이 피해자에
대하여 피해자와 관계있는 제3자에게 해악을 끼치겠다고 고지하는 방법으로 위
력을 행사하였다면, 그 제3자는 위력의 내용인 해악이 미치는 대상일 뿐이고 위
력 행사의 상대방이 되는 것은 아니다.[174]

        (라) 위계와 위력의 구분

91   위계와 위력 모두 사람의 자유의사를 해하는 것이라는 점에서 공통점이 있
다.[175] 양자의 구분과 관련하여 학설은 대체로 행위의 태양 또는 행위의 결과
어느 쪽이든 공연·가시적이면 위력이고, 이들이 비공연·불가시적이면 위계라
는 기준을 택하고 있다.[176] 즉, 가해자의 행위 그 자체든 아니면 그 결과든 업무
수행에 장해가 되는 것을 상대방에게 제시하거나 설정함으로써 상대방의 자유
의사를 제압하는 관계에 있는 것이 위력이고, 상대방에게 그러한 장해의 존재사
실을 일부러 숨기고 상대방의 부지·착오를 이용하는 관계에 있는 것이 위계라
는 것이다.[177] 이를 조금 달리 표현하여 행위가 갖는 유형력 내지 위하력(威嚇
力)에 중점이 있는 것이 위력이고, 행위에 내재된 허위성에 중점이 있는 것이 위
계라고 말할 수도 있을 것이다. 하나의 수단에 위계의 색채와 위력의 색채가 혼
재되어 있는 경우(예컨대, 식품회사에 대한 허위의 독물혼입 통고, 백화점 등에 대한 허위
의 폭파 예고 등), 그 자체가 사람에 대한 협박행위를 구성하고, 그 위하에 의하여
심리적 압박을 받아 업무수행이 저해되므로 위력에 해당한다고 볼 수 있다.[178]
위계와 위력의 위와 같은 차이를 감안할 때, 건물의 다방 부분 임대인인 피고인

---

173 東京高判 平成 20(2008). 5. 19. 東高刑時報 59·1=12·40.
174 대판 2016. 7. 29, 2014도17424.
175 大塚 外, 大コン(3版)(12), 209(佐々木正輝).
176 주석형법 [각칙(5)](5판), 35, 48(이우철); 大塚 外, 大コン(3版)(12), 210(佐々木正輝).
177 大塚 外, 大コン(3版)(12), 210(佐々木正輝).
178 주석형법 [각칙(5)](5판), 48(이우철); 大塚 外, 大コン(3版)(12), 210(佐々木正輝).

들이 임대차기간이 만료되었거나 또는 임대차계약을 위반한 임차인을 상대로 법적 절차에 따라 인도를 구하지 않고 그 직원을 시켜 다방에 출입할 수 있는 셔터문의 개방시간을 종전보다 크게 단축시키거나 다방으로 통하는 배전선을 떼어 전등, 환기장치를 쓰지 못하게 한 행위가 위계로써 임차인의 업무를 방해한 경우에 해당한다고 판시한 대판 1962. 4. 12, 62도17은 의문이다.[179]

이와 같이 위계와 위력은 그 행위의 태양 및 결과가 달라 어떤 행위가 위계에 해당하는지 아니면 위력에 해당하는지는 대체로 구분될 수 있다고 보이지만, 때로 그것이 곤란한 경우가 있고, 특히 피해자 이외에 제3자가 관련이 되는 사안에서는 더욱 그러하다. 다만, 양자를 혼동하였다 하더라도 업무방해라는 결과 인정에는 차이가 없어 판결 결과에는 영향이 없다고 할 수 있다.

이와 관련하여, ① 대판 2005. 3. 25, 2003도5004는 피고인이 지방자치단체로부터 건물을 임차하여 2층에서는 자신이 음악학원을 운영하고 1층은 피해자에게 전대하여 피해자가 미술학원을 운영하도록 하되, 건물의 전대가 금지되어 있었던 관계로 피해자가 운영하는 미술학원의 등록명의도 피고인으로 하였는데, 그 후 피고인과 피해자 사이에서 분쟁이 발생하자 피고인이 자신의 명의로 등록되어 있는 피해자 운영의 학원에 대하여 피해자의 승낙을 받지 아니하고 폐원신고를 한 사안에서, 피고인이 피해자에게 사전에 통고를 한 뒤 폐원신고를 한 이상 피해자에게 오인·착각 또는 부지를 일으켜 이를 이용하여 피해자의 업무를 방해한 것으로 보기는 어렵고, 오히려 피해자가 운영하고 있는 학원이 자신의 명의로 등록되어 있는 지위를 이용하여 임의로 폐원신고를 함으로써 피해자의 업무를 위력으로 방해한 것이라고 하면서,[180] 원심이 피고인의 행위를 위계에 의한 업무방해죄로 평가한 것은 잘못이지만,[181] 원심의 위와 같은 잘못은

92

93

---

[179] 방해행위가 공연하지 않게 행해진 경우라도 위력의 행사가 있었다고 인정한 일본 판례로는 最決 平成 4(1992). 11. 27. 刑集 46·8·623 등이 있다.

[180] 피고인에게는 피해자 운영의 미술학원 등록명의를 유지하여 줄 의무가 있고, 이 의무가 민사상의 채무관계라 보더라도 실질적으로 피해자가 학원을 운영할 수 있도록 등록을 한 것인데도 자신이 그 명의자라는 지위를 이용하여 자신의 요구사항을 주장하면서 등록을 말소하겠다고 언급하는 것은 사회적, 경제적, 정치적 지위와 권세에 의한 압박의 한 예로 볼 수 있다[박종민, "업무방해죄에 있어서 위계 및 위력의 의미", 해설 56, 법원도서관(2005년 상반기), 326-327].

[181] 원심(인천지판 2003. 7. 16, 2003노215)은 위력에 의한 업무방해죄를 인정한 제1심 판결의 범죄사실을 직권으로 정정하여 위계에 의한 업무방해죄를 인정하였다.

〔김 우 진〕   **303**

피고인이 유죄라는 판결 결과에 영향을 미치지는 못했음을 이유로 피고인의 상
고를 기각한 바 있다.

94   마찬가지로, ② 대판 2009. 4. 23, 2007도9924는 피해자가 실질적으로 단
독 운영하여 온 전동지게차 사업과 관련하여 피고인이 위 사업이 자신의 것이
라고 주장하면서 피고인 자신의 명의로 사업자등록이 되어 있고 자신이 상주
하여 지게차 판매 등을 하고 있는 지위를 이용하여 피해자의 사업장 출입을
막을 목적으로 출입문에 설치된 자물쇠의 비밀번호를 변경한 행위는 위력에
의한 업무방해죄를 구성하고, 원심이 이를 위계에 의한 업무방해죄로 본 것은
잘못이지만 본죄를 유죄로 판단한 이상 그러한 잘못은 판결 결과에 영향이 없
다고 판시하였다.

95   반대의 경우로, ③ 대판 2018. 1. 25, 2017도15025는 '피고인이 적법하게
어시장조합의 조합장으로 선출된 사실이 없음에도 위 조합이 당사자인 3건의
소송에서 조합장을 피고인으로 변경하는 당사자표시정정신청을 한 후 그중 2건
의 소 취하를 하여 피해자인 위 조합의 조합장이 소송수행업무를 할 수 없게 하
는 방법으로 위계로써 피해자의 조합장 업무를 방해하였다'는 공소사실에 대하
여, 원심이 '피고인이 적법하게 조합장으로 선출된 것이 아님을 알면서도 외형
상 조합장으로 선출된 상태임을 이용하여 임의로 공소사실 기재 각 소송행위를
함으로써 피해자 조합장의 업무를 위력으로 방해하였다'고 공소장변경 없이 직
권으로 '위계'가 아닌 '위력'에 의한 업무방해죄를 인정한 것은 공소사실 기재 소
송행위에 대한 법적 평가를 달리한 것일 뿐이어서 위법하다고 할 수 없지만, 피
고인의 행위는 '위계'에 의한 업무방해에 해당하여 원심이 '위력'에 의한 업무방
해로 인정한 것이 적절하다고 할 수는 없고, 다만 이는 판결에 영향을 미친 위
법은 아니라고 판시한 바 있다.

      (마) 업무의 방해

96   업무를 방해한다고 함은 기본적으로 업무의 집행 자체를 방해하는 것을 말
하지만, 특정한 업무 그 자체를 방해하는 것뿐 아니라 널리 업무수행의 원활한
진행 내지 그 경영을 저해하는 것도 포함한다.[182] 예컨대, ① 피고인들을 비롯

---

[182] 대판 1999. 5. 14, 98도3767; 대판 2002. 3. 29, 2000도3231; 대판 2005. 4. 15, 2004도8701; 대
    판 2009. 1. 15, 2008도9410; 대판 2012. 5. 24, 2009도4141. 같은 취지의 일본 판례로는 大判

한 노조 간부들이 은행장을 은행장실 바깥으로 나갈 수 없도록 감금하여 은행
장이 전국부점장회의에 예정된 시간에 참석할 수 없도록 한 것은 은행의 정상
적인 업무를 방해한 행위에 해당하고,[183] ② 파업참가 조종사노조 조합원들에
대하여 긴급조정결정이 공표되고 회사로부터 개별적 업무복귀 확인신고 지시가
내려졌음에도 노조 집행부를 구성하는 피고인들이 조합원들로 하여금 위 지시
를 이행하지 않도록 함으로써 회사가 업무복귀 확인신고를 한 조합원을 대상으
로 교육을 실시한 후 항공기 조종업무에 투입하는 등 항공기 운항을 정상화하
려던 일정에 차질이 발생하게 한 것은 회사의 경영업무를 방해한 행위에 해당
하며,[184] ③ 대리점 사업자이자 대리점협의회 집행부 구성원인 피해자가 평소
일정액의 통신망사용료를 지급하고 회사가 제공하는 그룹웨어 전산시스템(회사
업무 내용의 공지, 사원들 간의 업무연락, 업무자료의 제공 등의 기능 수행)과 고객관리 전
산시스템(대리점 사업자들 또는 그들의 일반 영업사원들의 영업활동을 지원하는 기능 수행)
을 이용하여 왔는데, 대리점 사업자들과 회사 사이에 판매수수료율을 둘러싸고
의견대립이 고조되는 과정에서 대리점협의회 집행부가 그룹웨어 전산시스템의
전자메일과 고객관리 전산시스템의 게시판 등을 이용하여 대리점 사업자들에게
행동 방침을 전달하자 회사의 영업지원담당 상무이사이던 피고인이 피해자 등
의 그룹웨어 전산시스템 전체 및 고객관리 전산시스템 중 게시판에 대한 접속
을 차단한 행위는 피해자의 판매업무를 방해한 행위에 해당한다.[185]

또한, 물리적으로 업무수행이 방해를 받지는 않았다 하더라도 업무의 적정
성 내지 공정성이 침해되는 경우에는 본죄가 성립한다.[186] 예컨대, 피고인의 행

97

昭和 8(1933). 4. 12. 刑集 12·413; 最判 昭和 28(1953). 1. 30. 刑集 7·1·128 등이 있다. 이에
대하여 업무의 경영을 저해하는 것까지 포함할 경우 그 범위가 지나치게 포괄적이라는 이유로
업무집행을 구체적으로 방해하는 경우로 제한하여야 한다는 견해도 있다(박상기, 203).

183 대판 2007. 7. 13, 2006도9466.
184 대판 2010. 4. 8, 2007도6754.
185 대판 2012. 5. 24, 2009도4141. 회사 직원으로서 도매점 전산시스템을 관리하던 피고인들이 일
부 도매점들의 위 시스템에 대한 접속을 차단한 행위는 위력으로 해당 도매점들의 업무를 방해
한 행위에 해당한다고 한 대판 2019. 10. 31, 2017도13791도 같은 맥락으로 이해할 수 있다.
186 대판 2006. 12. 21, 2006도4487; 대판 2008. 1. 17, 2006도1721; 대판 2013. 11. 28, 2013도
4178; 대판 2013. 11. 28, 2013도5117; 대판 2020. 4. 9, 2017도9459; 대판 2021. 3. 11, 2016도
1102; 대판 2021. 4. 29, 2016도439. 이에 대하여 업무의 적정성이나 공정성이 침해될 수 있는
행위를 한 경우에도 본죄의 성립을 인정하는 것은 본죄의 적용범위를 지나치게 확대할 우려가
있음을 이유로 판례에 대하여 비판적인 입장을 취하는 견해도 있다(박상기·전지연, 549).

〔김 우 진〕 **305**

위로 인해 시험이 물리적으로 중단된 것은 아니라 하더라도 시험의 공정성이
침해된 경우가 그것이다.

98 　　　본죄의 성립에 있어 업무방해의 결과가 실제로 발생함을 요하는 것은 아니
고 업무방해의 결과를 초래할 위험이 발생하면 충분하다(추상적 위험범).[187] 위와
같은 위험의 발생은 허위사실의 유포 기타 위계 또는 위력으로 인한 것이어야
한다.[188] 다만, 업무방해라는 결과발생의 염려조차 없는 경우에는 본죄가 성립
하지 않는다.[189] 예컨대, 피고인이 피해자가 조경수 운반을 위하여 사용하던 피
고인 소유 토지 위의 현황도로에 축대를 쌓아 그 통행을 막았다고 하더라도 이
미 개설되어 있던 대체도로를 이용하여 조경수 운반차량의 운행이 가능하다면
피해자의 조경수 운반업무 등이 방해되는 결과를 초래할 염려가 발생하지 않았
다고 볼 여지가 충분하다.[190] 마찬가지로 점포에 대한 단전·단수조치가 점포에
대한 휴업신고 이후에 이루어진 것이라면, 위와 같은 단전·단수조치로 인하여
점포 운영업무가 방해되는 결과를 초래할 위험이 생길 수 없으므로 본죄가 성
립하지 않는다.[191]

　　(바) 부작위범

99 　　　본죄와 같이 작위를 내용으로 하는 범죄를 부작위에 의하여 범하는 부진정
부작위범이 성립하기 위해서는 부작위를 실행행위로서의 작위와 동일시할 수
있어야 한다.[192] 이와 관련하여 판례 중에는, 피고인이 A와 사이에 창고 신축에
필요한 형틀공사 계약을 체결한 후 공사를 완료하였음에도 공사대금을 받지 못
하자 토지에 쌓아 둔 건축자재를 치우지 않고 방치한 행위가 위력으로 A의 창

---

187 대판 1960. 8. 3, 4293형상397; 대판 1992. 4. 10, 91도3044; 대판 1997. 3. 11, 96도2801; 대판
　　2002. 3. 29, 2000도3231; 대판 2004. 3. 26, 2003도7927; 대판 2005. 4. 15, 2002도3453; 대판
　　2006. 12. 21, 2006도4487; 대판 2009. 1. 15, 2008도9410; 대판 2012. 5. 24, 2009도4141; 대판
　　2013. 11. 28, 2013도5117; 대판 2020. 4. 9, 2017도9459; 대판 2020. 11. 12, 2016도8627; 대판
　　2021. 3. 11, 2016도1102; 대판 2021. 4. 29, 2016도439. 같은 취지의 일본 판례로는 大判 昭和
　　11(1936). 5. 7. 刑集 15·573; 最判 昭和 28(1953). 1. 30. 刑集 7·1·128 등이 있다.
188 대판 2005. 4. 15, 2002도3453.
189 대판 2005. 10. 27, 2005도5432; 대판 2007. 4. 27, 2006도9028.
190 대판 2007. 4. 27, 2006도9028. 폐기물 운반차량의 통행과 관련하여 같은 취지의 판시로는 대판
　　2009. 1. 30, 2008도10560 참조.
191 대판 2007. 9. 20, 2006도9157.
192 대판 2017. 12. 22, 2017도13211.

고 신축공사 업무를 방해한 것으로 기소된 사안에서, 피고인이 일부러 건축자재를 A의 토지 위에 쌓아 두어 공사현장을 막은 것이 아니라 당초 자신의 공사를 위해 쌓아 두었던 건축자재를 공사 완료 후 치우지 않은 것에 불과하므로 이러한 행위가 본죄의 실행행위로서 A의 업무에 대하여 하는 적극적인 방해행위와 동등한 형법적 가치를 가진다고 볼 수 없어 부작위에 의한 본죄의 성립을 인정할 수 없다고 판시한 것이 있다.[193]

(4) 고의

반드시 업무방해의 목적이나 계획적인 업무방해의 의도가 있어야 고의가 인정되는 것은 아니고 자기의 행위로 인하여 타인의 업무가 방해될 가능성 또는 위험에 대한 인식이나 예견이 있으면 충분하며, 그 인식이나 예견은 확정적인 것은 물론 불확정적인 것이라도 이른바 미필적 고의로 인정될 수 있다.[194] 고의는 내심의 사실이므로 피고인이 이를 부정하는 경우에는 사물의 성질상 이와 상당한 관련성이 있는 간접사실을 증명하는 방법에 의하여 입증할 수밖에 없고, 무엇이 상당한 관련성이 있는 간접사실에 해당할 것인가는 정상적인 경험법칙에 바탕을 두고 치밀한 관찰력이나 분석력에 의하여 사실의 연결상태를 합리적으로 판단하여 정하여야 한다.[195]

고의의 유무와 관련하여 판례 중에는, ① 대학원 박사학위과정 입학시험의 채점위원으로서 채점절차를 완료한 후 채점결과를 변경한 사안에서, 그 경위에 있어 위와 같은 채점결과의 변경에 대하여 대학원위원회 위원장의 사전승낙을 받았다거나 그 동기에 있어 특정인을 부당하게 합격시키기 위한 것이 아니라 대학원생의 결원으로 학교 경영이 어려운 점을 고려한 데서 비롯된 것이라 하더라도 그러한 사정만으로는 피고인에게 대학원위원회의 합격자사정업무를 위계로써 방해한다는 고의가 없었다고 할 수 없다고 한 것[196]이 있는 반면, ② 피고인이 자신의 특허발명에 대하여 진보성이 부정된다는 이유로 특허심판원의

100

101

---

193 대판 2017. 12. 22, 2017도13211.
194 대판 2009. 1. 15, 2008도9410; 대판 2012. 5. 24, 2009도4141; 대판 2012. 5. 24, 2011도7943; 대판 2013. 1. 31, 2012도3475; 대판 2021. 3. 11, 2016도1102; 대판 2021. 3. 11, 2016도14415; 대판 2021. 4. 29, 2016도439. 같은 취지의 일본 판례로는 大判 昭和 11(1936). 5. 7. 刑集 15·573; 最判 昭和 28(1953). 1. 30. 刑集 7·1·128 등이 있다.
195 대판 2013. 7. 26, 2011도2794.
196 대판 1993. 12. 28, 93도2669.

무효심결이 내려진 후 확정되기 전에 A가 생산·판매한 제품이 위 특허권을 침해한 제품이라면서 이를 인터넷을 통하여 적시하는 한편, A의 거래처들에 같은 내용의 내용증명을 발송한 사안에서, 범행 당시 특허발명에 대한 무효심결이 있었다는 사유만으로 심결이 확정되지도 않은 상태에서 피고인이 그 무효사유가 있음을 알고 있었다고 단정하기 어렵고, 더욱이 A의 제품이 특허발명의 특징적 구성을 가지고 있어 특허권을 침해하는 것이라고 판단할 여지가 있었던 점을 고려하면, 피고인에게 위와 같이 적시된 사실이 허위라는 인식 내지 본죄의 고의가 있었다고 보기 어렵다고 한 것도 있다.[197]

102   특히, 방송보도 등과 관련하여 본죄의 고의가 종종 문제되는데, ③ 대판 2011. 9. 2, 2010도17237은 방송국 프로듀서 등인 피고인들이 특정 프로그램 방송보도를 통하여 미국산 쇠고기는 광우병 위험성이 매우 높은 위험한 식품이고 우리나라 사람들이 유전적으로 광우병에 몹시 취약하다는 취지의 허위사실을 유포하여 미국산 쇠고기 수입·판매업자들의 업무를 방해하였다는 내용으로 기소된 사안에서 방송보도의 전체적인 취지와 내용이 미국산 쇠고기의 식품 안전성 문제 및 쇠고기 수입협상의 문제점을 지적하고 협상 체결과 관련한 정부 태도를 비판한 것임을 이유로 피고인들에게 본죄의 고의가 있었다고 볼 수 없다고 판시한 바 있고, ④ 대판 2012. 12. 13, 2010도8847 역시 피고인이 시사교양 프로그램을 통해 A 회사가 제조·판매하는 황토팩 제품에서 검출된 다량의 검은색 자성체가 황토팩 제조 과정에서 유입된 이물질인 쇳가루라는 취지로 보도한 것은 그 중요한 부분이 객관적 사실과 합치되지 아니하는 허위의 사실이기는 하지만, 피고인의 취재 대상 선정 및 취재 방법, A 회사에 대한 취재 및 그에 대한 A 회사의 대응, 황토의 성분에 관한 관련 문헌의 내용 등 여러 사정에 비추어 볼 때 피고인으로서는 보도 당시 보도내용이 진실하다고 믿었고, 그와 같이 믿은 데에 상당한 이유가 있었으므로 피고인에게 허위사실의 유포를 통해 A 회사의 업무를 방해한다는 고의가 있었다고 보기 어렵다고 판시한 바 있다.

---

197 대판 2010. 10. 28, 2009도4949.

3. 업무방해행위의 유형 (1): 일반

판례상 본죄가 인정된 사례는 아주 다양하다. 이를 유형화하는 작업은 각 103
유형별로 발전된 세부적 법리 및 범죄 성립 여부 등을 살펴보는 데 도움이 될
뿐 아니라 새롭게 등장하는 행위유형을 분석하는 데에도 도움이 된다. 아래에서
는 기본적으로 본죄의 보호대상인 업무를 기준으로 유형별로 분류하되, 업무방
해행위 자체에 특색이 있는 경우에는 이에 따라서도 유형을 나누어 검토한다.
한 가지 유념할 것은 본죄의 보호대상인 업무는 아주 광범위하여 아래에서 유
형화를 시도한 업무 이외에도 다양한 형태의 업무가 존재할 수 있다는 점이다.

(1) 신청의 수리 방해

신청인이 신청과 관련하여 허위의 사유를 내세우거나 허위의 자료를 제출 104
하였는데 이를 접수한 기관이 그 사정을 제대로 파악하지 못한 채 신청을 수리
또는 수용한 경우, 신청인이 위계로써 신청 접수기관의 업무를 방해한 것이 아
닌지 문제가 될 수 있다.

이와 관련하여 판례는 상대방의 신청을 받아 일정한 요건 등을 갖춘 경우 105
에 한하여 그 수용 여부를 결정하는 업무에 있어서는, 신청서에 기재된 사유가
사실과 부합하지 않을 수 있음을 전제로 하여 그 요건 등을 심사·판단하는 것
이므로 그 업무 담당자가 사실을 충분히 확인하지 아니한 채 신청인이 제출한
허위의 신청사유나 허위의 소명자료를 가볍게 믿고 수용하였다면, 이는 업무 담
당자의 불충분한 심사에 기인한 것으로서 신청인의 위계가 업무방해의 위험성
을 발생시켰다고 할 수 없다는 입장이다.[198] 다만 신청인이 업무 담당자에게 허
위의 주장을 하면서 이에 부합하는 허위의 소명자료를 첨부하여 제출한 경우,
그 수리 여부를 결정하는 업무 담당자가 관계 규정이 정한 바에 따라 그 요건의

---

198 대판 2010. 2. 25, 2008도4844. 이 사건에서 대법원은 피고인들이 관련 가맹점 24곳에 관한 허
위 상환실적자료를 제출하여 위계로써 한국게임산업개발원의 경품용 상품권 발매업체 지정 심
사업무를 방해하였다는 공소사실과 관련하여, 피고인들이 1차 지정신청을 하면서 일부 조작된
상품권 상환실적자료를 위 개발원에 제출하였는데 당시 위 개발원이 가맹점을 직접 방문하는 등
실사하여 상환실적이 없음을 이유로 부적격 통보를 한 사실이 있음에도 피고인들이 2차 지정신
청을 하면서 5개 가맹점의 상품권 상환실적자료를 추가하였을 뿐 나머지는 1차 지정신청 때의
문서를 그대로 복사하여 제출한 데 대하여 위 개발원이 별다른 지적 없이 상품권 발매업체 지정
예정통보를 한 것은 위 개발원 업무 담당자의 불충분한 심사에 기인한 것으로서 신청인의 위계
가 업무방해의 위험성을 발생시킨 경우에 해당한다고 볼 수 없다고 판시하였다.

존부에 관하여 나름대로 충분히 심사를 하였으나 신청사유 및 소명자료가 허위
임을 발견하지 못하여 그 신청을 수리하게 될 정도에 이르렀다면, 이는 업무 담
당자의 불충분한 심사가 아니라 신청인의 위계에 의하여 업무방해의 위험성이
발생된 것이어서 위계에 의한 업무방해죄가 성립된다.[199] 이는 수사기관을 상대
로 한 허위의 증거제출 또는 인·허가 행정관청을 상대로 한 허위의 신청이 위
계공무집행방해죄를 구성하는지 여부에 관한 판례의 설시와 그 궤를 같이 한
다.[200] 신청의 수리와 관련된 사안 중 논문심사, 채용 또는 승진심사 등과 관련
된 부분은 별도의 항목으로 살펴보기로 한다.

---

199 이에 관한 구체적 사례로서, ① 대판 2004. 3. 26, 2003도7927(이 사건에서 대법원은 피고인이
원심공동피고인의 외국방문비자를 주한외국대사관 영사부에 신청함에 있어 허위의 사실을 기재
하여 신청서를 제출한 데 그치지 않고 그 소명을 위하여 허위로 작성한 서류를 제출하고 원심공
동피고인을 연습시켜 비자 면접 때 허위 답변을 하도록 하였으며, 원심공동피고인의 회사 재직
여부를 묻는 외국대사관 직원의 문의 전화에 대하여 허위 답변을 한 이상, 위계에 의한 업무방
해죄가 성립한다고 판시하였다), ② 대판 2007. 12. 27, 2007도5030(대한주택공사가 시행하는
택지개발사업의 공동택지용지 수의공급업무와 관련하여 택지개발예정지구 지정공고일 이후에
대상토지를 매수하여 관련 규정상 신청자격이 없는 피고인이 계약일자를 위 공고일 이전으로 허
위기재한 매매계약서를 기초로 소유권이전등기를 마친 후 그 등기부등본과 계약일자를 허위로
기재한 소유토지조서를 첨부하여 수의공급신청을 한 이 사건에서, 대법원은 다수의 주택건설업
자들이 많은 필지에 대하여 매매계약을 체결하였다고 주장하면서 공동택지용지 수의공급신청을
하는 상황에서 대한주택공사로서는 토지매도인을 소환할 권한도 없고 일일이 이들을 찾아다니
거나 협조를 요청하여 매매계약일자를 확인할 수 있는 인적, 시간적 여유도 없었음 등을 이유로,
피고인의 수의공급신청행위는 대한주택공사의 공용택지공급업무의 적정성 및 공정성을 해할 위
험을 발생시킨 행위로서 위계에 의한 업무방해죄를 구성한다고 판시하였다. 같은 취지로 판시한
것으로 대판 2007. 8. 23, 2007도2103 및 대판 2008. 7. 10, 2007도5066 각 참조), ③ 대판
2012. 10. 25, 2010도8871(사립학교 임원은 관할청의 승인을 얻어 취임하도록 되어 있는데, 피
고인이 금원을 은행에 예치한 후 질권설정 사실 등을 숨기고 마치 즉시 인출가능한 현금으로서
학교법인의 채무 변제에 사용할 수 있는 금원이 금융기관에 예치된 것과 같은 외형을 만들어 예
금통장을 학교법인 이사회에 제시하고 이사회가 이를 신뢰하여 관할청에 피고인에 대한 학교법
인 이사장 취임 승인 신청을 한 이 사건에서, 대법원은 학교법인 이사회가 피고인으로부터 제출
받은 예금통장을 신뢰하고 즉시 인출이 가능한지 여부에 대한 추가적인 확인을 하지 않았다 하
더라도 이를 불충분한 심사라고 보기 어려우므로, 피고인의 행위는 위계에 의한 업무방해죄에
해당한다고 판시하였다), ④ 대판 2019. 11. 14, 2019도12608의 원심판결인 수원지판 2019. 8.
22, 2019노1488[이 사건에서 원심은 아파트 분양 의사 또는 능력이 없는 사람들로부터 청약통장
(주택법상의 입주자저축증서)을 매수하여 청약통장 명의자 이름으로 아파트 분양신청을 한 후
당첨된 분양권을 제3자에게 매도한 행위는 아파트 공급 시행사들의 공정한 입주자 선정업무를
위계로써 방해한 행위에 해당한다고 판단하였고, 대법원은 이를 지지하였다] 등을 들 수 있다.
200 대판 2010. 10. 28, 2008도9590; 대판 2019. 3. 14, 2018도18646.

(2) 시험, 심사 방해

각종 시험, 학위 논문심사, 학회지 게재 논문심사, 채용 또는 승진심사 등과 관련하여 시험 담당자 또는 심사 담당자의 오인·착각 또는 부지를 일으키게 하는 방법을 사용한 경우, 위계로써 시험 담당자 또는 심사 담당자의 업무를 방해한 것으로 평가될 경우가 많을 것이다. 예컨대, ① 시험과 관련하여 채점절차가 실질적으로 완료되어 채점위원이라고 하더라도 채점상의 착오를 바로 잡기 위한 것이 아닌 한 더 이상 채점결과를 변경할 수 없는 단계에서 일부 응시생들을 합격시킬 목적으로 채점결과를 변경한 행위는 채점행위의 범위를 벗어난 것으로서 대학원위원회의 합격자사정업무를 위계로써 방해한 경우에 해당하고,[201] ② 학위 논문심사와 관련하여 석사학위논문 작성자가 타인에게 단순히 통계처리와 분석, 외국자료의 번역 등만을 의뢰한 것이 아니라 전체 논문의 초안작성을 의뢰하고 그에 따라 작성된 논문의 내용에 약간의 수정만을 가하여 제출한 행위는 위계에 의한 업무방해죄를 구성하며,[202] ③ 학회지 게재 논문심사와 관련하여 다른 사람이 작성한 논문을 피고인이 전혀 수정하지 않은 채 자신을 저작자 명의로 하여 학회지 편집 담당자에게 논문 게재를 요청한 행위는 학회지 편집 담당자의 정상적인 업무처리과정으로는 해당 논문을 타인이 작성한 것인지 여부 등을 밝혀내기 어렵다는 점에서 위계로써 학회지 담당자의 편집 및 출판 업무를 방해한 것으로 봄이 상당하고,[203] ④ 승진심사와 관련하여 다른 사람

---

201 대판 1993. 12. 28, 93도2669. 그밖에 시험과 관련한 것으로, 대판 1991. 11. 12, 91도2211(교수인 피고인 甲이 출제교수들로부터 대학원 신입생 전형 시험문제를 제출받아 알게 된 것을 틈타서 피고인 乙, 丙에게 그 시험문제를 알려주어 그들이 답안쪽지를 작성한 다음 이를 답안지에 그대로 베껴 써서 그 정을 모르는 시험감독관에게 제출하였다면, 이는 위계로써 입시감독업무를 방해한 행위에 해당한다고 판단한 사례); 대판 1994. 3. 11, 93도2305(학부모들인 피고인들이 대학교 교무처장 등에게 자녀들의 부정입학을 청탁하면서 그 대가로 대학교 측에 기부금 명목의 금품을 제공하고, 이에 따라 교무처장 등이 그들의 입학시험성적을 임의로 고쳐 사정부를 허위로 작성한 다음 그 정을 모르는 입학사정위원들에게 제출하여 그들로 하여금 피고인들의 자녀들을 합격자로 사정처리 하게 한 것은, 위계로써 입학사정위원들의 사정업무를 방해한 것이라고 판단한 사례) 등이 있다.

202 대판 1996. 7. 30, 94도2708.

203 대판 2009. 9. 10, 2009도4772. 같은 취지의 판결로는, 대판 2022. 1. 13, 2021도15495(국립대학 교수인 피고인들이 공모하여 2016. 4.경 피고인 甲을 연구주체자로 2016년도 교내학술연구비를 신청한 후 1,000만 원을 수령하여 乙에게 논문을 대신 작성하게 한 후, 2018년 논문의 저자를 피고인들로 기재하여 한국체육과학회지에 등재하게 하고 교내학술연구비 결과물로 제출함으로써, 위계로써 피해자 한국체육과학회지의 편집 및 출판 업무를 방해하고, 대학교 총장의 학술연구비

이 작성한 논문을 피고인 단독 혹은 공동으로 작성한 논문인 것처럼 학술지에 발표한 실적을 부교수 승진심사 서류에 포함하여 제출하였다면 승진 임용을 심사하는 위원들로서는 통상적인 심사절차를 통해서는 피고인의 논문연구실적의 일부가 허위라는 사정을 밝혀내기 어려웠을 것이므로, 설령 당해 논문을 제외한 다른 논문만으로도 부교수 승진 요건을 월등히 충족한다는 사정이 있었다 하더라도 승진심사 업무의 적정성이나 공정성을 해할 위험성이 없었다고 단정할 수 없어 위계에 의한 업무방해죄가 성립한다.[204]

107   한편 채용심사와 관련하여 판례 중에는, ① 회사가 공원모집을 함에 있어 학력, 경력을 기재한 이력서와 생활기록부 등 서류를 교부받고 응모자를 상대로 '노사분규를 어떻게 생각하는가'라는 주관식 시험 등을 보게 한 것은 단순히 응모자의 노동력을 평가하기 위한 것만이 아니라 노사 간의 신뢰 형성 및 기업질서 유지를 위한 응모자의 지능과 경험, 교육 정도, 정직성 및 직장에 대한 적응도 등을 감안하여 근로자로서의 적격성 유무를 결정하기 위한 자료를 얻기 위한 것이라 할 것인데, 피고인이 노동운동을 위하여 노동현장에 취업하고자 하는 상황에서 서울대학교 정치학과에 입학한 학력과 국가보안법위반죄로 처벌받은 전력 때문에 쉽사리 입사할 수 없음을 알고 타인 명의로 허위의 학력과 경력을 기재한 이력서 및 동인의 고등학교 생활기록부 등 서류를 작성 제출하여 시험에 합격하였다면 피고인은 위계로써 회사의 적격 근로자 채용업무를 방해한 것[205]이라고 한 것,[206] ② 러시아 A 아카데미 발급 서류는 러시아에서 인정되는

지원 결과물 심사 및 연구비 사용심사 업무를 방해하였다고 판단한 원심판결을 확정한 사례).
204 대판 2009. 9. 10, 2009도4772. 피고인이 자신이 저작자가 아님에도 공저자로 표시되어 발행된 서적을 마치 자신의 저서인 것처럼 연구업적으로 기재하여 A 대학교 교원업적평가 담당자에게 제출함으로써 교원업적평가 결과를 왜곡한 이상 위계에 의한 업무방해죄가 성립하고, 피고인이 교원재계약을 위한 기준 점수를 월등히 초과하고 있었다는 사정은 이러한 판단에 장애가 되지 않는다고 한 대판 2017. 10. 26, 2016도16031도 같은 맥락으로 이해할 수 있다.
205 대판 1992. 6. 9, 91도2221.
206 취업의 동기에 거짓이 있다고 처벌하는 것은 내심의 의사를 처벌하는 것이 되어 부당하고, 회사가 위장취업자를 가려내기 위하여 한 선발행위는 형법이 보호할 가치가 있는 업무로 보기 어려우며, 대졸학력이 필요 없는 업무에 고학력을 숨긴 것만으로는 회사의 업무가 실질적으로 방해를 받은 것으로 보기 어렵고, 서울대학교 정치학과 입학학력을 가진 자도 공원으로 근무할 노동능력을 가지고 있어 위계에 해당한다고 볼 수 없으며, 회사의 불충분한 심사와 취업지원자의 학력·경력 사칭행위를 비교할 때 회사 측에 귀책사유가 있고, 위장취업은 노동법상 문제로 해결하여야지(계약위반, 입사 후 노동운동의 적법성 등) 형법이 개입하는 것은 형법의 보충성 원칙

박사학위증서가 아닌 단순한 과정 완료 증명서임에도 마치 이것이 정상적인 박사학위증서인 것처럼 피고인이 피해자 학교법인에 조교수 채용 관련 서류로 제출하여 조교수로 임용되었다면 위계로써 위 학교법인의 교수 채용업무를 방해한 것이라고 한 것[207] 등이 있다. 그 외에, ③ 연간 봉사실적 누계시간이 80시간 이상인 학생들을 대상으로 공적심사위원회를 통해 봉사활동시간의 적정성에 관한 자료를 검토·심의하여 그 수상자를 선정하도록 되어 있는 학교장의 봉사상 심사 및 선정 업무는 학생이 제출한 봉사활동확인서의 내용이 진실함을 전제로 이루어지는 것이고, 공적심사위원회 등이 봉사활동확인서의 발급기관에 별도로 문의하여 그 진위 여부 등까지 심사할 의무를 부담한다고 보기 어려우므로 봉사상 수상을 위하여 허위 봉사활동확인서를 제출한 피고인의 행위는 위계에 의한 업무방해죄를 구성한다고 한 것,[208] ④ 국민은행 임직원인 피고인들이 2015년 - 2017년 신입행원 또는 인턴 채용절차 등에서 청탁받은 특정 지원자들을 합격시키고 여성 지원자들의 합격률을 낮추기 위하여 심사위원들이 부여한 평가등급을 임의로 조작한 것은 채용심사위원들의 업무를 방해한 것이라고 판시한 것[209]도 있다.

한편 본죄가 성립하지 않는다고 한 사례로는, ① 시험 출제위원이 문제를 선정한 후 이를 시험실시자에게 제출하기 전에 유출하였다고 하더라도 그러한 행위 자체는 위계를 사용하여 시험실시자의 업무를 방해하는 행위가 아닌 그 준비단계에 불과하며, 그 후 유출된 문제가 시험실시자에게 제출되지도 않았다면 문제유출로 인하여 시험실시 업무가 방해될 추상적 위험조차 있다고 할 수

108

에 어긋난다는 이유로 판례에 대하여 비판적인 입장을 취하는 견해도 있다[박상기, 206; 배종대, §52/13; 주석형법 [각칙(5)](5판), 42-43(이우철)]. 박상기(주 26), 211-221 역시 노동쟁의와 관련하여 사후적으로 제기되는 위장취업의 문제는 판례와 같이 취업 당시의 목적의 불순성을 소급적으로 추적하는 방식이 아니라 근로자로서의 정당한 노동3권의 행사인지를 살피는 방식으로 해결하여야 한다고 주장한다. 김일수·서보학, 177도 판례를 비판하면서, 다만 해당 사안과 달리 타인의 신분·학력과 경력을 차용하는 형태의 위장취업은 본죄를 구성할 수 있다고 보고 있다.

207 대판 2009. 10. 29, 2008도4400. 이 사안에서 볼 수 있는 바와 같이 교수 채용업무의 주체는 대학교가 아닌 학교법인이다.

208 대판 2020. 9. 24, 2017도19283.

209 대판 2022. 1. 4, 2021도10330. 마찬가지로 은행 임직원인 피고인들이 신입행원 채용절차에서 특정 지원자들을 부정하게 합격시킴으로써 위계로써 면접위원들의 면접업무와 해당 은행의 채용업무를 방해하였다고 인정한 판례도 있다(대판 2022. 6. 30, 2021도16473).

〔김 우 진〕 **313**

없어 본죄가 성립하지 않는다고 한 것,[210] ② 동료 교사들과 범위를 나누어 시험문제를 출제하던 피고인이 다른 교사들이 출제할 것으로 예상되는 교과서 문제, 자율학습 프린트 문제 등을 복사하거나 수기로 정리하여 유출하였다고 하더라도 이는 객관적으로 보아 당해 출제교사가 출제할 것이라고 예측되는 순수한 예상문제를 선정하여 수험생이나 그 교습자에게 주는 행위에 불과하여 시험실시업무를 방해하는 행위라고 할 수 없고 피고인이 출제교사 중 1인이라는 사정만으로 달리 볼 것이 아니라고 한 것,[211] ③ 학교 측에서 피고인을 초빙교수 또는 전임교수로 임용하면서 주로 고려한 것은 피고인의 문화예술계 활동경력과 사회적 평판 및 그로 인한 예술경영학과의 인지도 상승이었을 뿐 피고인의 출신고등학교 내지 대학 입학경력은 아니었던 것으로 보이는 점, 피고인이 학사학위를 취득한 미국 퍼시픽 웨스턴(Pacific Western) 대학이 비인증 대학이라는 사정을 피고인 스스로 적극적으로 밝힐 의무가 있다고 보기 어려운 점, 피고인이 위조·변조된 첨부서류를 제출한 바 없는 점 등에서 피고인의 위계가 있었다고 할 수 없고, 설령 피고인의 위계가 있었던 것이라 하더라도 피고인이 제출한 이력서와 성적증명서에 서로 모순이 있어 임용심사업무 담당자가 조금만 주의를 기울였으면 문제를 충분히 인지할 수 있었음에도 담당자의 불충분한 심사로 인하여 피고인의 신청을 믿은 것이어서 신청인인 피고인의 위계가 업무방해의 위험을 발생시켰다고 할 수 없다고 한 것,[212] ④ A 대학교 시간강사 임용과 관련하여 피고인이 허위의 학력이 기재된 이력서를 제출하였을 뿐인데도 임용된 것은 피고인의 문화예술계 활동경력이 학생들에게 도움이 될 것으로 생각한 A 대학교 측 임용심사업무 담당자가 피고인의 미술관 큐레이터 경력을 보고 이력서에 기재한 학력을 믿었기 때문에 학위증이나 졸업증명서를 따로 요구하지 않았던

---

210 대판 1999. 12. 10, 99도3487.
211 대판 1999. 12. 10, 99도3487.
212 대판 2008. 6. 26, 2008도2537(이 사건은 피고인이 이력서에 명문고로 알려진 A 여고를 졸업한 것처럼 허위로 기재하고, 자신이 학사학위를 받은 미국 퍼시픽 웨스턴 대학이 비인증 대학이어서 위 학사학위를 기초로 취득한 B 대학교 석사학위가 취소될 수도 있다는 사정을 밝히지 않았는데, 이력서상 미국 퍼시픽 웨스턴 대학 학사과정 졸업일이 1992. 6.로 기재되어 있는 반면, 위 대학 성적증명서상 학사학위 취득일은 1984. 6. 15.로 다르게 기재되어 있었던 사안이었다). 위계의 유무 및 업무방해의 위험 발생 여부와 관련하여 위 대법원 판결의 결론을 비판하는 견해로 김태명, "업무방해죄의 법적 성질과 결과발생의 요부", 형사판례연구 [18], 한국형사판례연구회, 박영사(2010), 134-142 참조.

사정에 기인한 것으로 학력 관련 서류의 제출을 요구하여 이력서와 대조 심사하였어야 할 임용심사업무 담당자의 불충분한 심사로 인한 것이므로 피고인의 위계행위에 의하여 업무방해의 위험성이 발생하였다고 할 수 없다고 한 것,213 ⑤ A 구태권도연합회 회장 또는 사무국장인 피고인들이 A 구, A 구생활체육회, A 구태권도연합회가 공동 주최하는 A 구청장배 태권도대회를 진행함에 있어 실제로는 출전하지 않은 선수들을 출전한 것처럼 허위 대진표를 작성하고 그 결과 허위 선수와 대진표 구성이 된 선수는 부전승으로 진출하게 됨에도 실제로 경기를 하는 것처럼 보이게 함으로써 A 구, A 구생활체육회 및 A 구태권도연합회의 공정한 대회 진행업무를 방해하였다는 내용으로 기소된 사안에서, 위 태권도대회는 A 구태권도연합회 산하 태권도장 소속 수련생들의 수련성과를 확인하고 수련의욕을 고취시키려는 목적으로 개최된 생활체육행사로서 출전선수들 거의 대부분이 유치원생 또는 초등학생이고 여러 세부 유형으로 조를 나누고 조별 시상을 함으로써 출전선수 전원이 메달을 수여받을 수 있도록 계획된 행사인데, 피고인들은 각 조별 인원이 4명에 못 미쳐 부전승자가 생기는 경우 같은 태권도장에서 지나치게 많은 부전승자가 나오지 않도록 조율하는 등 대진을 구성하면서 다만 위 태권도대회가 외관상 성황리에 개최된 것처럼 보이게 할 목적으로 혹은 폐관하였거나 수련생이 적은 원로 관장들을 예우할 목적으로 원로 관장들의 폐관한 태권도장 등 소속의 가상 선수를 실제 대진상 부전승자의 상대방으로 기재하거나 실제 경기가 치러지지 않는 허위의 조를 만든 다음 그 조의 출전선수 모두를 가상 선수로 기재하는 방법으로 허위 대진표를 작성한 것으로서, 허위 대진표가 승부조작 등 탈법적인 의도나 목적하에 작성된 것이 아니고 순위 등 실제 경기결과에도 아무런 영향을 미치지 못한 점 등에 비추어, 피고인들이 허위 대진표를 작성한 행위로 인하여 위 태권도대회의 진행에 있어 적정성 내지 공정성이 방해되었다고 볼 수 없어 본죄가 성립하지 않는다고 한 것,214 ⑥ 지방공기업 사장인 피고인이 내부 인사규정 변경을 위한 적법한 절차를 거치지 않은 채 채용공고상 자격요건을 무단으로 변경하여 공동피고인을 2급 경력직의 사업처장으로 채용한 행위에 대하여 위계 또는 위력에 의한 업무방해

---

213 대판 2009. 1. 30, 2008도6950.
214 대판 2016. 1. 14, 2014도10752.

죄로 기소된 사안에서, 채용공고가 인사규정에 부합하는지 여부는 서류심사위원과 면접위원의 업무와 무관하고, 피고인들이 서류심사위원과 면접위원에게 오인, 착각 또는 부지를 일으키게 하여 이를 이용하였다고 볼 수 없으며(주위적), 공기업 대표이사인 피고인은 직원 채용 여부에 관한 결정에 있어 인사담당자의 의사결정에 관여할 수 있는 권한을 갖고 있어 관련 업무지시를 위력 행사로 볼 수 없고(예비적), 피고인들이 서류심사위원과 면접위원, 인사담당자의 업무의 공정성·적정성을 해하였거나 이를 해한다는 인식이 있었다고 단정하기 어렵다고 한 것[215] 등이 있다.

(3) 적격자 선정 방해

109   판례 중에 본죄의 성립을 긍정한 것으로는, ① 조합이 단체수의계약 물량을 소속 조합원에게 배정함에 있어 조합원들이 밀봉된 신청서를 조합에 제출하면 조합이 이를 개봉하여 수요처의 요청에 가장 근접한 신청서를 제출한 조합원에게 수의계약 체결의 우선권을 부여하기로 하였는데, 조합원 회사의 대표이사인 피고인이 접수기한 이전에 조합에 접수한 밀봉된 신청서를 접수기한이 경과한 후 개봉한 다음 발주처 측으로부터 추가로 입수한 설계서 등으로 신청서류를 바꾸어 집어넣고 다시 밀봉하여 조합에 제출함으로써 이를 심사하는 조합 이사회 및 이사장으로 하여금 위 밀봉된 내용이 당초 조합에서 확인·접수한 것과 동일한 것으로 오인하게 한 것은 위계에 해당하고, 이로 인하여 수의계약 물량을 배정받을 조합원을 선정하기 위한 조합 이사장 업무의 적정성 내지 공정성을 해할 위험이 발생하였으므로 본죄가 성립한다고 한 것,[216] ② 한국자산관리공사가 공적자금 투입업체의 출자전환주식을 매각하기로 하고 매각업무의 주간사를 선정하는 과정에서, 공사 내부구성원들로 이루어진 1차 선정위원회가 자신이 준수하도록 되어 있는 매각심사소위원회의 평가표에 따를 경우 A 업체의 제안서 심사결과가 경쟁상대인 B 업체보다 불리하다고 판단되자 평가표의 평가항목별 배점을 A 업체에 유리하게 수정하여 A 업체를 1순위, B 업체를 2순위로 선정한 다음 이를 숨긴 채 별도의 민간전문가가 참여하는 2차 선정위원회에 심사결과와 수정된 평가표를 제출하여 평가절차를 진행하게 한 것은, 2차 선

---

215 대판 2022. 6. 9, 2020도16182.
216 대판 2002. 10. 25, 2000도5669.

정위원회의 민간전문가가 매각 주간사를 선정하는 업무의 적정성 내지 공정성을 해할 위험을 발생시킨 행위로서 위계에 의한 업무방해죄에 해당한다고 한 것,[217] ③ 피고인이 해외건설협회로부터 해외건설공사기성실적증명서를 허위로 발급받고 이를 대한건설협회에 제출하여 국가종합전자조달시스템에 입력되게 함으로써 거액의 관급공사 낙찰자격을 획득한 후 한국농어촌공사 A 지사가 발주하는 공사 입찰에 참가하여 공사를 낙찰받은 것은 한국농어촌공사 A 지사 계약담당 직원의 공사계약입찰 및 계약체결에 관한 업무를 방해한 행위로서 위계에 의한 업무방해죄가 성립한다고 한 것[218] 등이 있다.

한편 본죄의 성립을 부정한 것으로는, ① 한국토지공사 지역본부가 중고자동차매매단지를 조성·분양함에 있어 사전에 분양가격을 확정 공고한 다음 유자격 신청자들을 대상으로 무작위 공개추첨의 방식으로 1인의 수분양자를 선정하는 절차를 진행하는데 신청자격이 없는 피고인이 총 12인의 신청자 중 9인의 신청자의 자격과 명의를 이용하여 분양을 신청한 사안에서, 위 분양절차는 공정한 자유경쟁을 통한 적정한 가격형성을 목적으로 하는 입찰절차에 해당하지 않고 피고인이 분양절차에 참가한 것은 9인의 신청자와 맺은 합작투자의 약정에 따른 것으로서 위 분양업무의 주체인 한국토지공사가 허용 내지 예정하고 있던 범위 내의 행위이어서 위 분양업무의 적정성 내지 공정성을 방해하는 행위라고 볼 수 없어 본죄가 성립하지 않는다고 한 것,[219] ② 은행의 시스템사업자 선정을 위한 입찰절차에 있어서 피고인이 실질적인 제안요청사항 초안을 응찰예상업체 직원에게 제안요청서의 공식 배포시기보다 상당기간 전에 미리 알려주었다고 하더라도 사업자 선정을 위한 제안요청서는 해당 사업을 수행하는 데 기술적·경제적으로 가장 우수한 사업자를 선정하기 위한 것으로 이에 따른 제안서 작성에 필요한 기간을 두고 응찰예상업체에 배포되는 것인 점, 제안요청사항에 대하여 하나의 정답만이 있는 것이 아닌 점, 제안요청사항 중 과거 사업실적 제시, 경영진 구성 현황 제시, 관련기술 개발 확보 및 이전 계획, 데이터 센터 및 백업 센터 구축 계획 등은 제안요청사항을 먼저 입수하였다고 하여 준비할 수 있는 사항으

110

---

217 대판 2008. 1. 17, 2006도1721.
218 대판 2013. 1. 16, 2012도12377.
219 대판 2008. 5. 29, 2007도5037.

로 보기 어려운 점 등을 감안하면, 제안요청서나 이에 준하는 자료의 유출로 인하여 바로 해당 입찰 업무를 저지하거나 현실적으로 곤란하게 하는 업무방해죄가 성립된다고 볼 수 없다고 한 것,[220] ③ 건설회사 직원인 피고인 甲, 乙과 건설회사를 위한 홍보업체 직원인 피고인 丙이 주택재개발정비사업조합이 시행하는 주택재개발사업의 시공자로 위 건설회사가 선정되게 하기 위하여 조합원총회 직전에 일부 조합원들에게 현금을 교부하거나 관광지 여행 등의 향응을 제공한 사안에서, 피고인들은 일부 조합원들에게 금품 및 향응을 제공하였을 뿐 그 과정에서 위 건설회사의 시공능력이나 공사비·이주비 등의 공사조건에 관하여 허위사실을 고지하는 등 조합원들로 하여금 입찰에 관한 정보 등과 관련하여 오인·착각 또는 부지를 일으키게 한 것이 아니어서 금품 및 향응을 제공받은 조합원들이 위 건설회사에 유리하게 투표권을 행사하였다고 하더라도 이는 위 조합원들이 피고인들의 부정한 요청에 응한 결과일 뿐이므로 피고인들의 금품 및 향응 제공행위가 시공자 선정업무와 관련하여 조합에게 오인·착각 또는 부지를 일으키게 하였다고 볼 수 없어 본죄가 성립하지 않는다고 한 것[221] 등이 있다.

(4) 소비자불매운동[222]

111   소비자불매운동이란 소비자가 구매력을 무기로 상품이나 용역에 대한 자신들의 선호를 시장에 실질적으로 반영하기 위한 집단적 시도를 말한다.[223] 소비자불매운동은 본래 '공정한 가격으로 양질의 상품 또는 용역을 적절한 유통구조를 통해 적절한 시기에 안전하게 구입하거나 사용할 소비자의 제반 권익을 증진할 목적'에서 행해지는 소비자보호운동의 일환으로서 헌법 제124조를 통하여 제도로서 보장되나, 그와는 다른 측면에서 일반 시민들이 특정한 사회, 경제적 또는 정치적 대의나 가치를 주장·옹호하거나 이를 진작시키기 위한 수단으로서

---

220 대판 2009. 6. 25, 2009도973.
221 대판 2014. 12. 24, 2013도8734. 원심은 피고인들이 금품 및 향응을 제공하여 조합원들을 매수함으로써 조합으로 하여금 조합원들이 위 건설회사의 공사조건 등이 더 유리하다고 평가하였다는 등의 오인·착각 또는 부지를 일으키게 하였고 그로 인하여 조합이 시공자를 선정하는 업무의 수행 또는 그 업무의 적정성 내지 공정성을 해할 위험이 발생하였다고 보아 본죄를 인정하였는데, 대법원은 법리오해의 위법이 있음을 이유로 파기하였다.
222 이것은 본죄의 보호대상인 업무를 기준으로 한 분류가 아니라 업무방해행위를 기준으로 한 분류이다.
223 헌재 2011. 12. 29, 2010헌바54, 407(병합); 대판 2013. 3. 14, 2010도410.

소비자불매운동을 선택하는 경우도 있을 수 있고, 이러한 소비자불매운동 역시 헌법 제124조는 아니더라도 헌법 제21조에 따라 보장되는 정치적 표현의 자유나 헌법 제10조에 내재된 일반적 행동의 자유의 관점 등에서 보호받을 가능성이 있으므로, 단순히 소비자불매운동이 헌법 제124조에 따라 보장되는 소비자보호운동의 요건을 갖추지 못하였다는 이유만으로 곧바로 본조 제1항에서 말하는 위력의 행사에 해당한다고 단정하여서는 안 되고, 그 운동이 헌법상 보장되는 정치적 표현의 자유나 일반적 행동의 자유 등의 점에서도 전체 법질서상 용인될 수 없을 정도로 사회적 상당성을 갖추지 못한 때에 본조 제1항에서 말하는 위력의 개념에 포섭될 수 있다.[224] 따라서 어떠한 소비자불매운동이 위력에 의한 업무방해죄를 구성하는지 여부는 해당 소비자불매운동의 목적, 불매운동에 이르게 된 경위, 대상 기업의 선정이유 및 불매운동의 목적과의 연관성, 대상 기업의 사회·경제적 지위와 그에 비교되는 불매운동의 규모 및 영향력, 불매운동 참여자의 자발성, 불매운동 실행과정에서 다른 폭력행위나 위법행위의 수반 여부, 불매운동의 기간 및 그로 인하여 대상 기업이 입은 불이익이나 피해 정도, 그에 대한 대상 기업의 반응이나 태도 등 제반 사정을 종합적·실질적으로 고려하여 판단하여야 한다.[225]

헌법재판소 역시 소비자보호운동의 일환으로서 행해지는 소비자불매운동이 112 라고 하여 모든 경우에 그 정당성이 인정될 수는 없고, 헌법이나 법률의 규정에 비추어 정당하다고 평가되는 범위에 해당하는 경우에만 형사책임이 면제된다고 하면서, 그 정당성의 요건으로 ① 객관적으로 진실한 사실을 기초로 행해져야 하고, ② 불매운동에 참여하는 소비자의 의사결정의 자유가 보장되어야 하며, ③ 불매운동을 하는 과정에서 폭행, 협박, 기물파손 등 위법한 수단이 동원되지 않아야 하고, ④ 특히 물품 등의 공급자나 사업자 이외의 제3자를 상대로 불매운동을 벌일 경우 그 경위나 과정에서 제3자의 영업의 자유 등 권리를 부당하게 침해하지 않아야 한다고 설시한 바 있다.[226]

앞서 본 바와 같이 판례는 인터넷카페 운영진인 피고인들이 카페 회원들과 113

---

224 대판 2013. 3. 14, 2010도410.
225 대판 2013. 3. 14, 2010도410.
226 헌재 2011. 12. 29, 2010헌바54, 407(병합).

공모하여 특정 신문들에 광고를 게재하는 광고주들에게 광고중단을 압박한 행위는 광고주들의 자유의사를 제압할 만한 세력으로서 위력에 해당한다고 볼 수 있으나, 그로 인해 곧바로 신문사들에 대한 관계에 있어서도 위력의 행사가 있었다고 보기는 어렵다고 판시한 바 있다.[227]

(5) 회의 진행 방해

114   이와 관련한 판례의 사안을 보면, ① 종중원들인 피고인들이 종중 정기총회장에서 종중 집행부와 별도로 준비한 자기들 참배록에 종중원들이 서명하게 하는 한편, 종중 회장의 인사말이 끝날 즈음에 회장의 신임 여부를 묻자는 발언을 하여 지지자들의 동조 연호를 유도하고 부회장이 경과보고를 마치자 발언권도 얻지 않은 채 연단에 올라가 집행부의 보고가 잘못되었다면서 보충설명을 시도하였으며, 집행부 측에서 이를 제지하려 하자 집행부 측 종중원들을 밀어내고 고성을 질러 수십 분 동안 회의장 전체를 통제불능 상태로 만들어 집행부 측으로 하여금 회의 진행을 포기하게 만든 경우,[228] ② 회사 소수주주가 그 대표이사인 대주주와 사이에 회사 운영을 둘러싸고 쟁송관계에 있던 중 주주총회에서 소송에 유리한 자료를 찾는다는 명목으로 자신이 직접 주주총회에 참석하고 있음에도 자신의 주식 중 1주씩에 대한 의결권의 대리행사를 5명에게 위임하여 주주총회에 참석한 그 의결권 대리인들이 그 권한 범위에 속하지 않는 회사 감사보고에 관한 근거서류의 요구 등을 하다가 대표이사로부터 퇴장 요구를 받자 고성과 욕설 등을 사용하여 대표이사로 하여금 주주총회의 개최, 진행을 포기하게 만든 경우,[229] ③ 피고인들이 수십 명의 당권파 중앙위원들 및 당원들과 공동하여 A 당 중앙위원회 회의가 진행되는 단상 앞으로 진출을 시도하면서 이를 제지하는 질서유지인 등을 몸으로 밀치거나 그 단상을 점거하는 등의 행위를 하여 회의를 중단시키고 회의가 속개되지 못하도록 막아 결국 무기한 정회가 선포되도록 한 경우,[230] 모두 위력에 의한 업무방해죄가 성립한다.

(6) 공사 진행 방해

115   이와 관련한 판례의 사안을 보면, ① 피해자 회사의 공사로 인하여 피고인

227 대판 2013. 3. 14, 2010도410.
228 대판 1995. 10. 12, 95도1589.
229 대판 2001. 9. 7, 2001도2917.
230 대판 2013. 11. 28, 2013도4430.

의 건물에 다소 균열이 발생하거나 기존 균열이 심화되고 지반 일부가 침하되었다는 이유로 피고인이 손해배상청구나 공사중지청구 등 정당한 법적 절차를 거치지 않은 채 약 20일가량 피해자 회사의 공사현장에 들어가 욕설을 하면서 작업에 사용되는 장비를 양손으로 붙잡고 주저앉거나 그 장비 앞에 드러눕는 등으로 공사현장에서 진행되는 작업을 하지 못하게 한 경우,[231] ② 아파트 입주자대표회의가 입주자들로부터 공사에 관한 동의를 얻는 과정에 중대한 하자가 있었다는 등의 이유로 피고인들이 아파트 정문 부근에 서서 피해자 회사 직원들에게 공사의 포기를 촉구하면서 공사차량의 아파트 진입을 방해한 경우,[232] ③ 피고인들이 민·군 복합형 관광미항 공사현장에서 침사지 등 설치를 위하여 공사업체의 지시를 받아 골재 투하작업을 하려는 차량 뒤편 골재 투하 지점에 서 있거나 앉아 있는 방법으로 약 35분 동안 공사업체로 하여금 작업을 하지 못하도록 한 경우,[233] ④ 기존건물 철거 공사대금 채권은 토지 자체에 관하여 생긴 것이 아님에도 위 채권을 피담보채권으로 하여 토지에 대한 유치권을 주장하면서 신축공사현장 토지에 컨테이너를 가져다 놓고 공사현장 울타리에 '유치권 행사 중'이라는 표시를 하는 한편, 공사현장 출입구에 승용차를 주차하여 공사차량의 출입을 막는 등으로 피해자의 신축공사 업무를 방해한 경우[234] 등에는 위력에 의한 업무방해죄가 성립한다. 또한, ⑤ 정치적 표현의 자유 행사의 일환이라고 하더라도 도로 가운데 앉거나 선 채로 공사현장에 출입하는 차량의 앞을 가로막아 공사진행을 방해한 경우,[235] 위력에 위한 업무방해죄가 성립할 수 있다.

　　다만 앞서 본 바와 같이, ① 아파트 재건축주택조합이 피고인을 포함하여 재건축결의에 찬성하지 않는 일부 입주자들을 상대로 소유권이전등기에 관한 상환이행 및 인도 가집행 판결을 받았는데 피고인 등이 이에 대하여 강제집행

116

---

231 대판 2005. 4. 29, 2005도1388.
232 대판 2012. 6. 28, 2010도13846.
233 대판 2015. 5. 14, 2013도12530.
234 대판 2020. 5. 28, 2020도3170.
235 대판 2021. 10. 28, 2016도3986. 이 사건에서 원심은 본죄로 기소된 행위가 정치적 표현의 자유 행사의 성격을 띠고 있을 때에는 본조 제1항의 구성요건인 '위력'은 '행위자의 표현행위로 업무 주체의 업무 계속에 관한 자유의사가 제압·혼란될 수 있다고 평가할 수 있는 경우'로 제한하고 '업무방해'는 업무방해의 '구체적이고 현실적이며 무시하지 못할 정도의 위험이 발생한 경우'로 제한하여야 한다면서 피고인에 대하여 무죄를 선고하였는데, 대법원은 법리오해의 위법이 있음을 이유로 파기하였다.

〔김 우 진〕　　　　　　**321**

정지결정을 받자 재건축조합으로부터 의뢰를 받은 철거업체가 강제집행정지결정을 받은 세대가 속한 수직 라인을 제외한 나머지 라인 쪽만을 뜯어내는 방식으로 일부 철거작업을 진행하려 한 행위는 본죄의 보호대상이 되는 업무에 해당하지 않고, 따라서 피고인이 위 철거작업을 방해하였다고 하더라도 본죄가 성립하지 않는다는 것이 판례의 입장이다.[236] 또한 판례에 의하면, ② 수급인의 과도한 공사대금 지급요구에 따라 도급인이 적법하게 공사계약을 해제하고 수급인도 스스로 공사를 중단한 상태에서 도급인이 공사현장에 남아 있는 수급인 소유의 공사자재와 현장사무실로 사용하던 컨테이너 박스를 다른 곳으로 옮겨 놓은 경우,[237] ③ 주민들이 송전탑 설치공사에 대한 정확한 정보를 얻기 전에 시공사가 비산먼지 및 소음 대책, 산사태 또는 낙석 방지조치도 취하지 않은 채 공사를 강행함에 따라 주민들이 이에 항의하고 그 진행을 막기 위하여 공사현장 진입로에 천막을 설치한 경우,[238] ④ 피고인이 자신의 집 건너편 건물에 시공되는 창문으로 인해 자신의 집 내부가 들여다보이는 등 사생활 침해의 우려가 있음을 이유로 위 건물 관리인 등과 불투명한 창문 설치 등의 문제에 관하여 상의한 며칠 후 상의하였던 바와 다르게 공사가 이루어지고 있다는 생각에 공사현장에 가서 인부들에게 공사를 중단하라고 고함을 지른 경우[239] 등에도 본죄가 성립하지 않는다.

(7) 통행 방해[240]

117　　　판례에 의하면, ① 비록 토지 소유자라 하더라도 다른 사람들이 이를 도로의 일부분으로 만들고 통행로로 사용하여 온 데 대하여 적법한 절차에 의하여 문제를 해결하지 않고 도로 중간에 바위를 놓아두거나 이를 파헤치는 등으로 차량의 통행을 방해하게 되면 위 도로에 면해서 여관, 식당 등을 운영하는 사람들의 영업을 방해한 행위로 평가받을 수 있다.[241] 같은 취지에서 ② 공장건물 임차

---

236 대판 2008. 4. 24, 2008도1723.
237 대판 1999. 1. 29, 98도3240.
238 대판 2008. 9. 11, 2008도5793.
239 대판 2016. 10. 27, 2016도10956. 이 사건에서 대법원은 이웃 간의 사소한 시비에 대하여 본죄를 적용하는 것은 신중할 필요가 있다는 점을 명시하고 있다.
240 통행은 주된 업무를 보조하는 수단적 성격을 가지고 있어 통행을 방해하는 행위는 '통행업무'의 방해 대신 '(통행에 의하여 수행되는) 주된 업무'의 방해로 평가되는 경우가 많을 것이다.
241 대판 2002. 4. 26, 2001도6903; 대판 2006. 4. 28, 2004도6738.

인인 피해자가 임대차계약상 의무를 제대로 이행하지 않는다는 이유로 공장건물 소유자인 피고인이 11톤 트럭으로 공장 진입도로를 완전히 막아 피해자 측 차량의 통행을 방해한 경우,[242] ③ 경계측량 결과 피해자가 진입로로 사용하는 토지가 피고인 소유로 확인되었음에도 피해자가 계속하여 피고인 소유의 토지를 무단으로 사용한다는 이유로 피고인이 위 진입로에 차량통행 방지봉을 설치하여 피해자의 차량 통행을 차단한 경우[243]에도 위력에 의한 업무방해죄가 성립한다.

　　다만 예외적인 사정이 있는 경우, 예컨대 ① 피고인이 관상수를 재배·판매하는 농장을 운영하면서 그 소유의 임야에 작업도로를 개설하였고 피해자들이 위 임야에 인접한 밭을 경작하는 과정에서 위 작업도로를 통하여 경운기, 트랙터 등 농기구를 운반하여 왔는데, 위 임야에 불법건축물이 축조되고 관상수가 무단 벌목되는 등의 피해를 입게 됨에 따라 피고인이 위 임야 주변 등을 철제울타리로 둘러치고 입구를 자물쇠로 막음으로써 피해자들이 작업도로를 이용하지 못하고 농사도 짓지 못하게 되었다 하더라도 피해자들이 작업도로를 이용한 횟수가 1년에 10차례 정도에 불과하고 작업도로 개설 전에 존재하였던 기존도로의 복구가 쉽게 이루어질 수 있는 경우라면, 경작업무 방해라는 결과가 발생할 염려가 없어 본죄가 성립하지 않을 수 있다.[244] 또한, ② 도로와 피고인 소유의 대지가 마당으로 통하는 입구 부분을 제외하고는 분명하게 구분되어 있고, 비록 시멘트 포장이 된 위 마당 입구 부분과 도로 사이에 이를 구분하는 뚜렷한 경계가 없어 도로를 통행하는 사람들이 피고인의 마당 중 도로와 접한 부분을 일부 사용하여 왔다고 하더라도 도로의 폭이 대체로 일정하여 도로와 위 마당 부분 사이의 가상의 경계선을 인식할 수 있다면, 피고인이 위 가상의 경계선을 기준으로 피고인의 마당 쪽에 돌들을 놓아 두어 도로와 피고인의 마당을 구분하는 경계로 삼은 행위는 이로 인해 고소인의 공사차량 통행에 지장을 초래하였다고 하더라도 자기 소유, 점유 토지에 대한 사용에 불과하거나 부당한 방해행위를 배제하기 위한 행위로서 본죄가 성립하지 않고,[245] 같은 맥락에서 ③ 일반공중의 통행에 제공된 토지이거나 인접한 토지의 주위토지통행권 등의 대상이 되는

118

242　대판 2005. 9. 28, 2005도5562.
243　대판 2008. 6. 12, 2008도2983.
244　대판 2005. 10. 27, 2005도5432.
245　대판 2009. 1. 30, 2008도8195.

토지가 아니라면 자기가 소유·점유하는 토지에 대한 부당한 방해행위를 배제하기 위하여 그 토지 위에 담장 등을 설치하는 것은, 그것이 결과적으로 인접한 토지 이용자의 업무를 방해하는 결과를 초래하였다고 하더라도, 위력에 의한 업무방해죄를 구성하지 않는다.[246]

(8) 사업 운영 방해

119   판례 중에 위력에 의한 업무방해죄의 성립이 인정된 사례로는, ① 피고인이 이유 없이 음식점에 침입하여 영업용 식탁 2개, 의자 3개 등을 손괴하고 그곳에서 음주 중인 사람들을 구타하여 퇴거하게 하고 음식점 주인에게 폭행을 가할 기세를 보이는 등 약 6시간에 걸쳐 소란을 피운 경우,[247] ② 자신과 타인의 공동소유 관계에 있지만 합의에 의해 타인이 단독 경영하는 다방에 침입하여 상당시간 고성으로 악담을 반복하거나 격외의(상례를 벗어난) 기물을 반입하는 등의 행위를 한 경우,[248] ③ 피고인이 식칼을 들고 피해자가 운영하는 슈퍼마켓 매장을 돌아다니며 손님을 내쫓은 경우,[249] ④ 공유수면점용허가를 받은 마을 주민 대표들과 임대차계약을 체결하고 선착장을 이용하면서 폐석운반 및 판매를 하는 회사의 업무를 방해할 의사로 피고인이 선착장 앞에 위치한 자신의 어업구역 내에 양식장을 설치한다는 구실로 밧줄을 매어 선박의 출입을 방해한 경우,[250] ⑤ 피고인이 피해자의 의뢰에 따라 당초 계약하였던 것보다 용량이 증가된 변압기를 설치한 후 추가적인 공사대금의 지급을 둘러싸고 분쟁이 발생하자 계약서 조항의 '대금을 지급하지 아니할 경우 동의 없이 기계작동을 중지할 수 있다'는 규정을 빌미로 피해자의 반대를 무릅쓰고 변압기의 퓨즈를 떼어가 전원이 들어오지 않게 함으로써 피해자로 하여금 하루 동안 모텔 영업을 하지 못하게 한 경우,[251] ⑥ 피해자 회사가 지방자치단체와 사이에 지하상가의 재개발에 관한 실시협약을 체결하고 민간투자사업 실시계획의 승인을 받아 재개발 업무를 시행하면서 그중 일부 지구에 대한 시설 및 관리운영권을 인계받았는데

---

246 대판 2012. 8. 30, 2011도15775.
247 대판 1959. 7. 31, 4291형상523.
248 대판 1961. 2. 24, 4293형상864.
249 대판 1991. 1. 29, 90도2445.
250 대판 1996. 11. 12, 96도2214.
251 대판 2005. 7. 14, 2005도3529.

피고인이 피해자 회사의 관리운영권 아래 있는 지하상가 점포 2칸을 무단점거하고 여러 시설물들을 설치한 경우,[252] ⑦ 피고인이 건물 지하 1층과 지상 2층, 3층에서 피해자가 임차하여 운영하고 있는 사우나 시설의 잠금장치를 제거하고 무단으로 침입한 후 피해자와의 임대차관계가 존속하고 있음에도 제3자와 새로운 임대차계약을 체결하여 그로 하여금 사우나 시설을 운영하게 하고 피해자의 사우나 출입을 저지한 경우,[253] ⑧ 피고인이 판매회사를 상대로 피고인이 매수한 승용차의 수리와 보상에 관한 책임자 면담을 요구하였으나 판매회사가 응하지 않는다는 이유로 피고인이 매수한 승용차를 위 회사 전시장 건물의 차량용 엘리베이터 앞에 주차하여 다른 차량의 출입을 막고 전시장 1층의 사무실 안에서 고성을 지르는 등 소란을 피운 경우,[254] ⑨ 피고인 등 이전 경영진이 새로 선출된 경영진의 회사 사무실 출입을 저지하면서 업무의 인수인계를 거부하고 각종 회계장부 등 회사 관련 자료를 가지고 나옴으로써 새 경영진이 이전 경영진으로부터 이어받아 장래에 연속적으로 수행하여야 할 회사 업무를 수행하지 못하도록 한 경우,[255] ⑩ 피고인이 이틀에 걸쳐 피해자가 운영하는 병원 원장 진찰실에 여러 시간 동안 머무르면서 '의사가 무능하다'며 소란을 피우고 이로 인하여 피해자가 다른 환자들의 진료를 하지 못하도록 한 경우,[256] ⑪ 피해자 회사가 피고인이 대표이사로 있는 회사에 토지 및 지상건물을 매도하고 계약금 중 일부만 지급받은 상태에서 피고인 회사로 하여금 온천탕 영업을 하게 하였으나 나머지 대금을 지급받지 못하게 되자 계약을 해제하고 건물명도단행가처분 결정을 받은 후 온천탕 영업을 다시 하게 되었는데, 피고인이 위 건물로 통하는 주출입구를 화물차 및 쇠사슬로 가로막고 위 건물 부속주차장이 가처분 대상에서 누락되었음을 틈타 위 주차장에 임의로 '유료주차장'이라는 표지를 설치한 후 차량 한 대당 1만 원씩의 주차비를 요구하여 손님들로 하여금 피해자 회사 직원에게 항의하게 하거나 그냥 돌아가게 한 경우,[257] ⑫ 경정선수들은 서

---

252 대판 2006. 4. 27, 2005도3866.
253 대판 2006. 11. 9, 2006도3626.
254 대판 2008. 3. 14, 2007도11266.
255 대판 2008. 11. 27, 2008도6486.
256 대판 2008. 12. 24, 2008도8006.
257 대판 2010. 5. 13, 2010도2102.

〔김 우 진〕　　　　　　　　　　　　　　　　　　**325**

울올림픽기념국민체육진흥공단과 개별 계약을 체결하고 경기에 출전하는 개인사업자의 지위를 가지고 있음에도 피고인이 경정선수들 단체를 사단법인으로 등록한 다음 일종의 노동조합과 같은 지위를 부여받기 위한 압박 수단으로 경기 직전에 불참 결의를 하고 경정선수들에게 경기 불참을 독려하는 문자메시지를 보낸 경우[258] 등이 있다.

120   위력에 의한 업무방해죄의 성립 여부가 종종 문제되는 것이 단전·단수조치이다. 선행하는 법률상의 분쟁으로 인해 단전·단수조치에 이르게 된 경우, 판례는 그 행위의 적법성에 관하여 다소 엄격한 입장을 취하고 있는 것으로 보인다. 판례 중에서, ① 상가건물의 1층 각 점포로 전기가 인입되어 동일 호수의 2층 및 3층의 점포로 배전되도록 시설이 되어 있는 상황에서 관리업무규정에 위반한 1층 점포에 대하여 단전조치를 취함에 있어 전기가 배전되는 지점이 아닌 인입되는 지점에서 단전조치를 하도록 지시함으로써 동일 호수의 2층 및 3층 점포까지 단전되게 한 경우 위 2층 및 3층 점포에 대하여 본죄가 성립한다고 본 것,[259] 반면에 ② C가 상인들의 자치조직인 상우회 탈퇴의사를 밝힌 이래 계속하여 공과금 및 상우회 운영비를 납부하지 않자 상우회 운영위원회에서 회칙에 따른 규제와 법적 조치를 경고한 후 상우회 직원인 피고인이 C가 퇴근한 후에 C의 점포에 들어가 그곳 천장에 설치되어 있던 전구 8개를 빼내어 가는 방법으로 단전조치를 행한 것은 단순히 위 전구를 다시 끼우기만 하면 원상회복을 할 수 있다는 점 등에 비추어 C의 자유의사를 제압·혼란케 할 정도의 위력에 해당하지 않아 본죄가 성립하지 않는다고 한 것[260] 등은 당연한 결론이라고 할 수 있지만, 계약상 단전조치 등을 취할 수 있도록 예정이 된 경우에도 실제로 이루어진 단전조치 등에 대하여 위력에 의한 업무방해죄의 성립을 인정하는 것이 있다. 단전·단수조치에 관해서는 위법성조각 부분에서 보다 자세하게 살펴보기로 한다.

121   허위사실 유포 또는 위계에 의한 업무방해죄의 성립이 인정된 사례로는, ① 피고인의 구속 형사사건의 변호인으로 선임된 변호사가 피고인에게 무죄판

---

258 대판 2013. 6. 27, 2011도15617.
259 대판 2009. 1. 15, 2008도9410.
260 대판 2010. 10. 14, 2010도7421의 원심판결인 서울중앙지판 2010. 5. 28, 2010노200.

결을 받아주겠다고 약속한 적이 없고 피고인 스스로 범죄사실을 자백하여 유죄의 판결이 확정되었는데도 피고인이 사람들의 통행이 빈번한 변호사 사무실 앞에서 등에 붉은색 페인트로 '변호사는 밝혀라' 위에 덧붙여 '무죄라고 약속하고 이백만 원에 선임했다. 사건담당변호사' 등이라고 기재한 흰 가운을 입고 낚시용 의자에 앉거나 그 장소 주변을 배회하여 피해자의 변호사로서의 업무에 지장을 주거나 지장을 줄 위험을 발생하게 한 경우,[261] ② 한국소비자보호원이 D 우유를 포함하여 시판우유에 대한 시험검사를 실시하고 시험대상우유 전제품이 전반적으로 우수하고 전체적으로 큰 차이가 없는 것으로 분석되었다는 검사결과를 발표하자 피고인이 불만을 품고 자사 제품인 D 우유의 장점을 선전하기 위하여 한국소비자보호원의 발표내용을 임의로 과장·왜곡하고 발표에 들어 있지 아니한 내용을 삽입하는 등의 방법으로 자신의 주장을 광고 형식으로 일간신문에 게재함으로써 그 광고를 보는 불특정다수인에게 한국소비자보호원의 발표를 본래의 의미나 내용과 전혀 다른 의미나 내용으로 이해되도록 하여 한국소비자보호원의 업무를 방해한 경우,[262] ③ 피해자가 대표이사로 있는 회사의 소방사업부장이 소속 직원들에게 허위의 사실을 유포하는 등의 방법으로 직원들로 하여금 집단적으로 사표를 제출하게 함으로써 피해자의 소방사업부 업무의 경영을 저해할 위험성이 발생하게 한 경우,[263] ④ 피고인들이 실제로 물품을 구입할 의도가 없음에도 마치 물품을 구입하려는 것처럼 피해자 영업소 주차장에 차량 수십 대를 2차례에 걸쳐 장시간 주차선을 지키지 않고 주차하여 피해자 영업소 담당자들로 하여금 오인, 착각 등을 일으키게 하고 이로써 물품을 구입하려는 다른 고객들이 주차를 하지 못하게 하여 피해자 영업소의 물품판매업무를 방해한 경우,[264] ⑤ 피고인이 농기계 제조회사로부터 특정 지역에 대한 위탁판매권한을 취득한 피해자로부터 위 지역 중 일부 구역에서 해당 농기계를 판매할 수 있다는 승낙을 받았다가 그 후 다시 위 지역에서 농기계를 판매하지 말라는 요구를 받았음에도 마치 위 지역에서 농기계를 판매할 수 있는 권한이

---

261 대판 1991. 8. 27, 91도1344.
262 대판 1993. 4. 13, 92도3035.
263 대판 2002. 3. 29, 2000도3231.
264 대판 2009. 7. 23, 2008도11407.

있는 것처럼 광고하여 농기계 약 10대를 판매함으로써 농기계 위탁판매권한이 있는 피해자의 업무를 방해한 경우,[265] ⑥ 피고인이 여행을 할 의사가 없으면서 마치 여행을 할 것처럼 여행사 인터넷을 통하여 여행상품에 대한 예약을 한 후 스스로 취소하거나 예약금을 입금하지 아니하여 여행사로 하여금 그 예약을 취소하게 만드는 등으로 여행사의 관련 업무를 방해한 경우,[266] ⑦ 선박운항관리자가 선박을 출항하게 한 후 선장이 제출한 안전점검보고서의 일부 공란을 채워 넣어 마치 출항 전 안전점검이 제대로 이루어진 것처럼 가장하여 안전점검보고서를 운항관리실에 제출하고 선박의 차량 적재 상태 및 과적 여부를 제대로 점검하지 않았음에도 여객선 방문결과 서류에 허위의 내용을 기재한 뒤 이를 운항관리실에 제출하여 한국해운조합의 안전운항관리 업무에 지장을 초래한 경우[267] 등이 있다.

122   대판 2011. 9. 29, 2010도16078은 피고인이 피해자 E 운영의 병원 앞길에서 상복 차림으로 피해자를 비방하는 내용이 기재된 광고판을 몸에 부착하고 불특정 다수의 행인들에게 'E가 피고인의 코를 고의적으로 망가뜨렸다'는 내용의 유인물을 배포하고, 확성기를 이용하여 '파렴치한 인간 E가 내 코를 고의적으로 망가뜨렸다', '파렴치한 의사 E는 각성하라' '돌팔이 의사 E를 시민의 이름으로 추방하자' 등을 소리친 행위에 대하여 허위사실 유포 및 위력으로써 피해자의 업무를 방해한 것이라고 판시하였는데, 행위태양으로 허위사실 유포와 위력 사용을 동시에 인정한 점에서 다소 특이하다.[268]

123   한편 본죄의 성립이 부정된 사례로는, ① 피고인이 새로운 회사를 설립하여 기존 회사의 설비를 옮기고 직원들을 전직시킨 후 기존 회사가 체결하였던 계약의 명의자를 새로운 회사로 변경하게 한 것이 위력에 의하여 기존 회사의 업무를 방해한 것으로 기소된 사안에서, 실질적으로 회사를 운영하는 피고인과 회사의 소유자라고 주장하는 사람 사이에 경영권 분쟁이 발생하여 피고인이 새

---

265 대판 2011. 7. 14, 2011도3782.
266 대판 2013. 3. 14, 2010도410.
267 대판 2015. 10. 29, 2015도7703. 비슷한 취지로 판시한 것으로 대판 2021. 4. 29, 2016도439 참조.
268 한편, 이 사건에서 대법원은 피고인이 병원 앞길에서 평상복 차림으로 '각성하라', '내 코 원상복귀하고 망친 내 인생 돌려달라'는 내용의 입간판을 목에 걸고 말 없이 서 있기만 한 행위는 본죄를 구성하지 않는다고 설시하였다.

로 회사를 설립하고 회사 직원들에게 함께 일해보자고 하면서 이직을 권유한 행위는 회사 직원들의 자유의사를 제압·혼란하게 할 만한 세력을 사용하여 전직하도록 한 행위라고 보기 어렵고, 피고인이 회사 거래처에 메일을 보내 피고인이 세운 회사와 새로 계약을 체결하게 한 행위 역시 거래처가 종전 회사보다는 새로운 회사와 계약관계를 맺는 것이 합리적이라고 판단하였기 때문으로서 피고인이 종전 회사의 업무를 방해하기에 충분한 위력을 행사하였다고 보기 어렵다고 한 경우,[269] ② 피고인이 F와 사이에 피고인 비용으로 F의 인터넷 홈페이지와 온라인 쇼핑몰 사이트를 제작·운영·홍보하고 F로부터 총판가로 물품을 공급받아 위 쇼핑몰 사이트를 통하여 판매함과 아울러 온라인 유통의 우선권을 부여받기로 하는 계약을 체결한 뒤 자신의 비용으로 위 홈페이지 등의 도메인을 등록하고 운영하였는데, 그 후 F가 계약을 위반하여 피고인이 F에게 약 3개월에 걸쳐 위 홈페이지 등의 폐쇄를 예고하면서 시정을 요구하다가 결국 계약해지를 통지함과 아울러 위 홈페이지 등 유지비용의 추가지출을 면하기 위하여 위 홈페이지 등의 운영을 중단하고 폐쇄한 행위는 자신의 권리를 보호하기 위하여 필요한 조치로서 정당한 행위에 해당한다고 한 경우,[270] ③ 피고인으로부터 건물을 임차하여 고시원을 운영하는 G가 임대차기간이 끝났음에도 건물을 인도하지 않는다는 이유로 피고인이 고시원 샤워실 앞 장판을 들어내고 대야를 이용하여 물을 부은 행위는 본죄에서의 위력에 해당한다고 보기 어렵다고 한 경우,[271] ④ 상대방과의 계속적 계약관계를 일방적으로 종료시키거나 상대방이 주문한 수량보다 현저하게 적은 수량을 공급한 행위는 계약상 의무 위반이 되는지 또는 거래상 지위를 이용한 부당한 행위로서 공정거래법위반이 되는지 여부 등은 별론으로 하고 본죄에서의 위력에 해당한다고 보기 어렵다고 한 경우[272] 등이 있다.

(9) 업무의 양도양수 방해

어떠한 업무의 양도양수 여부를 둘러싸고 분쟁이 발생한 경우, 양도인에게 양수인의 업무에 대하여 본죄가 성립하려면 당해 업무에 관한 양도양수 합의의

124

---

269 대판 2009. 8. 20, 2009도2870.
270 대판 2009. 8. 20, 2009도4523.
271 대판 2011. 12. 8, 2011도8047의 원심판결인 서울서부지판 2011. 6. 9, 2011노412.
272 대판 2019. 10. 31, 2017도13791의 원심판결인 서울중앙지판 2017. 8. 18, 2016노4411.

존재가 인정되어야 함은 물론, 그 합의에 따라 당해 업무가 실제로 양수인에게 양도된 후 사실상 평온하게 이루어져 양수인의 사회적 활동의 기반이 됨으로써 타인, 특히 양도인의 위법한 행위에 의한 침해로부터 보호할 가치가 있는 업무라고 볼 수 있을 정도에 이르러야 한다.[273]

125   이와 관련하여 대판 2007. 8. 23, 2006도3687은, 회사의 사실상 1인 주주인 피고인이 양수인에게 회사의 주식 전체를 양도하고서도 여전히 피고인을 회사의 사실상 대표이사로 알고 있는 회계책임자에게 요구하여 회사 법인통장과 법인인감을 받은 후 금원을 인출하여 피고인만 알고 있는 회사의 다른 법인계좌에 입금함으로써 위계에 의하여 회사 대표이사인 양수인의 업무를 방해하였다고 기소된 사안에서, 회사 운영권의 양도양수 합의의 존부 및 효력에 관한 다툼이 있는 상황에서 양수인이 피고인으로부터 법인인감 등을 건네받지 못하자 회사의 명목상 대표이사의 협조를 얻어 인감분실신고를 한 후 새로 만든 법인인감을 이용하여 주식양도신고 및 임원변경등기를 마친 것만으로는 회사 대표이사로서 정상적인 업무에 종사하기 시작하였다거나 그 업무가 양도인에 대한 관계에서 보호할 가치가 있는 정도에 이르렀다고 보기 어려워 양도인인 피고인의 침해행위가 양수인의 업무에 대하여 본죄를 구성하는 것으로 볼 수 없다고 판시하였다.

126   반면에, 대판 2013. 9. 12, 2012도14616은 피고인이 자신의 명의로 개설한 병원을 양도하면서 양수인인 피해자에게 사용을 허락해 준 피고인 명의 은행계좌의 비밀번호를 임의로 바꾸고 세무법인에 보관해 두었던 병원 회계장부를 병원 양도 이후 되돌려 받은 행위는, 예금계좌의 명의인이자 세무법인과의 거래당사자라는 경제적 지위를 이용하여 피해자의 정당한 자유의사를 제압한 것으로서 위력에 의하여 피해자의 정상적인 병원 운영을 방해한 것이라고 판시하였다.

127   한편 업무의 양도양수 과정에서 이루어진 채권 양도와 관련하여 대판 1984. 5. 9, 83도2270은, 피고인이 그가 경영하던 공장을 H에게 양도하면서 미수 외상대금채권 역시 H에게 양도하였다 하더라도 그 양도 통지가 있기 전에는 외상대금채무자들이 피고인에게 채무금을 반환하면 민법상 유효한 변제가 되고 외상대금채무자들로서는 H가 외상대금의 지급을 구하더라도 이를 거부할 권리가

---

273 대판 2007. 8. 23, 2006도3687; 대판 2013. 8. 23, 2011도4763.

있으므로, 피고인이 위 사실을 외상대금채무자들에게 고지함이 없이 직접 외상
대금을 수령한 행위는 위계로써 H의 공장경영업무를 방해한 것이라 할 수 없다
고 판시한 바 있다.

(10) 금융자산 실명 전환 방해

기존의 비실명예금을 합의차명에 의하여 명의대여자의 실명으로 전환한 행 **128**
위가 금융실명거래 및 비밀보장에 관한 긴급재정경제명령에 따른 금융기관의 실
명전환에 관한 업무를 방해한 행위에 해당하는지 여부에 관하여는 대판 1997. 4.
17, 96도3377(전)[274]이 다루고 있다.

위 전원합의체 판결의 다수의견은 기존 비실명자산의 거래자가 위 긴급명 **129**
령의 시행에 따라 이를 실명전환하는 경우 실명전환사무를 처리하는 금융기관
의 업무는 실명전환을 청구하는 자가 권리자의 외관을 가지고 있는지 여부를
확인하고 그의 명의가 위 긴급명령에서 정하고 있는 주민등록표상의 명의 등
실명인지 여부를 확인하는 것일 뿐, 그가 금융자산의 실질적인 권리자인지 여부
를 조사·확인하는 것까지 포함한다고 할 수는 없으므로 기존의 비실명예금을
합의차명에 의하여 명의대여자의 실명으로 전환한 행위는 위 긴급명령에 따른
금융기관의 실명전환에 관한 업무를 방해한 것이라 할 수 없다고 판시하였다.

이에 대하여 반대의견 1은 위 긴급명령 제3조 제1항 소정의 '거래자의 실명 **130**
에 의한 금융거래'라 함은 거래자 자신의 실명에 의한 거래임이 명백하고, 가명
에 의한 거래는 물론 실명거래라도 거래자 자신이 아닌 타인의 실명에 의한 거
래는 포함되지 않는 것이므로 금융기관이 기존 비실명자산에 대하여 실명전환
청구를 받았을 때 실명전환을 청구하는 자가 그 금융자산의 권리자 즉 거래자
인지 여부를 조사·확인하는 업무는 금융기관이 담당하는 실명전환업무의 가장
기본적인 업무 내용을 이루는 것이어서 기존 비실명자산의 권리자 아닌 자가
허위신고로써 그 명의를 전환시켰다면 금융기관의 정상적인 실명전환업무를 방
해한 것으로서 위계에 의한 업무방해에 해당된다고 하였고, 반대의견 2는 위 긴
급명령의 목적이 실지명의의 금융거래를 실시하여 금융거래의 정상화를 기함으
로써 경제정의를 실현하고 국민경제의 건전한 발전을 도모하기 위한 것임을 고

---

274 본 판결 평석은 이근우, "비실명예금의 차명예금전환과 업무방해", 국민과 사법: 윤관 대법원장
　　퇴임기념, 박영사(1999), 786-787.

려한다면 위 긴급명령에서 말하는 실명에 이른바 합의차명은 포함되지 않는다고 보아야 하며, 그런 점에서 금융기관의 기존 비실명자산에 대한 실명전환업무는 그 실질거래자의 실명으로 전환하는 것이 본래의 정상적인 업무이고 합의차명은 실명에 해당되지 아니하므로 합의차명에 의한 실명전환은 금융기관에 대하여 위계에 의한 업무방해가 된다고 하였다.

131　　　　그 밖의 판례 중에는, 피고인이 A 회사의 전무이사로서 1993. 8. 12. 위 긴급재정경제명령이 시행됨에 따라 A 회사에 설치된 금융실명제 대책본부의 본부장으로 임명되어 금융실명제와 관련된 업무를 처리하여 오던 중, 같은 해 8. 13. A 회사 출장소 고객으로부터 가명으로 어음보관계좌를 개설하여 보관하고 있던 CD(양도성예금증서)가 원래부터 위 고객의 다른 실명 어음보관계좌에 보관되어 있었던 것처럼 처리하여 달라는 부탁을 받고 그 취지대로 원장을 조작하고 관련 장표를 작성·정리하게 한 것은 위계로써 A 회사의 실명전환업무 및 전산처리업무를 방해한 것이라고 한 것이 있다.[275]

(11) 투표, 선거 방해

132　　　　투표와 관련하여 판례 중에는, ① 인천 A 구역 주택재개발사업 비상대책위원회의 대표자인 피고인이 총회결의 확인 방법에 관하여 주택재개발조합 관계자들과 다투던 중, 사실은 위 조합의 총회결의 투표함, 서면결의서, 참석자명단 등이 든 상자 하나를 평소 피고인과 친분이 있는 B 변호사 사무실에 맡기더라도, 유사시에는 조합 측의 동의를 얻지 않고 임의로 투표함 등의 보관장소를 옮길 생각이었음에도, 조합장에게 위 투표함을 제3자인 B 변호사 사무실에 맡겨 놓고 조합 측과 비상대책위원회의 합의에 의해서만 이를 옮기기로 하자는 취지로 거짓말을 하여 위 투표함을 B 변호사 사무실로 옮겨 보관하게 한 후 조합 측이 인천지방법원에서 투표함개함등방해금지가처분결정을 받아 이를 집행하려고 하자, 위 변호사 사무실에 보관 중인 투표함 등을 조합 측 동의 없이 몰래 가져간 것은 위계로 위 조합의 투표함 개함 및 총회결의 결과 확인 업무를 방해한 행위에 해당한다고 한 것,[276] ② 아파트 관리규약에 따라 선거관리위원회가 동별 대표자의 해임 여부에 관한 주민투표를 진행하기로 하고 그 직원을

---

275 대판 1995. 11. 14, 95도1729.
276 대판 2004. 10. 15, 2004도4869.

통하여 투표사무를 수행하던 중 피고인들이 합세하여 직원으로부터 강제로 투표자명부를 빼앗고 그 과정에서 일부 피고인들이 직원에게 상해를 가하기까지 함으로써 주민투표가 중단되는 등으로 주민투표 진행에 차질을 초래하였다면 피고인들의 행위는 본죄에 해당할 여지가 충분하다고 한 것[277] 등이 있다.

　　선거와 관련하여서는, ① 피고인이 국회의원 후보자 선출을 위한 당내 경선절차의 정당한 자격이 있는 선거인이 아님을 알면서도 마치 자격 있는 선거인인 것처럼 행세하여 특정 후보를 위하여 투표한 것은 위계에 의하여 A 정당 B 지역구 선거관리위원회의 공정한 선거관리업무를 방해한 것이라고 한 것,[278] ② 선거관리위원의 결원 때문에 선거관리위원회가 임무를 수행할 수 없다 하더라도 이는 선거관리위원을 보충하면 해결될 것이고, 비록 피고인이 입주자대표회의 회장이라고 하더라도 임의로 선거관리위원회를 해산하고 새로이 선거관리위원회를 구성할 권한이 없음에도 피고인이 '아파트 동대표 보궐선거와 관련하여 선거관리위원회 구성원에 결원이 생겨 선거관리위원회를 해산하므로 위 보궐선거는 연기되고 새로이 선거관리위원회를 구성할 것'이라는 내용의 게시물을 공고한 것은 허위사실을 유포하여 선거관리위원회의 정상적인 선거관리업무를 방해한 것이라고 한 것,[279] ③ 피고인들이 A 지역구의 야권 후보 단일화를 위한 ARS(Automatic Response System. 자동응답시스템) 여론조사에 대비하여 2-3주만 사용하는 일반전화를 다수 개통한 후 이를 휴대전화로 착신 전환하여 특정 후보를 지지하는 것으로 중복하여 응답하고, 유효 표본으로 반영될 비율을 높이기 위해 연령대·성별 등을 허위로 응답하는 등의 방법으로 ARS 여론조사결과를 특정 후보에게 유리하게 나오도록 조작한 행위는 공정한 여론조사를 통한 경선관리업무를 위계에 의한 방법으로 방해한 행위에 해당한다고 한 것,[280] ④ 국회의원 비례대표 후보자 추천을 위한 당내 경선에도 직접·평등·비밀 투표 등 일반적인 선거 원칙이 적용되어 대리투표는 허용되지 않는다고 할 것인데 피고인들은 휴대폰인증을 통한 본인확인 절차의 허점을 이용하여 A 정당 선거권자들이 전

---

277 대판 2015. 4. 23, 2013도9828.
278 대판 2006. 5. 11, 2004도6152.
279 대판 2013. 8. 14, 2012도4205.
280 대판 2015. 8. 27, 2014도210.

〔김 우 진〕　　　　　　　　**333**

송받은 인증번호를 온라인투표시스템에 입력하고 대신 투표함으로써 A 정당 업무담당자들로 하여금 마치 선거권자 본인이 투표권을 행사한 것과 같이 오인·착각하게 하였으므로 이는 위계에 해당하고 이로 인하여 경선업무의 적정성이나 공정성이 방해되었다고 한 것,[281] ⑤ 피고인이 아파트 선거관리위원회가 동대표인 자신의 아들을 용역업자 선정과 관련한 금품수수 등을 이유로 해임하고 새로운 동대표 선출을 위한 선거절차를 진행하면서 엘리베이터 게시판에 투표 및 해임결과, 후보자 등록, 투·개표소 관련 공고문 등을 게시하자 아무런 권한 없이 위 문서들을 떼어내어 피고인의 집에 버린 행위는 위력으로 피해자 아파트 선거관리위원회의 선거업무를 방해한 경우에 해당한다고 한 것[282] 등이 있다.

(12) 쟁의행위[283]

134   쟁의행위는 본죄가 문제 되는 행위 중 가장 빈번하게 등장하는 유형이라고 할 수 있다. 이에 관해서는 여러 가지 세부 법리가 발전되어 왔는데, 별도의 항에서 살펴보기로 한다.

(13) 기타

135   판례 중에 본죄의 성립을 인정한 것으로는, ① 전용실시권 없이 의장권만을 경락에 의하여 취득한 자가 전용실시권에 기하여 그 권리범위에 속하는 물품을 제조판매하는 거래처에 대하여 자기에게만 실시권이 있는 양 주장하면서 물품의 제조판매를 중지할 것을 요구하고 불응 시 제재하겠다는 통고문을 발송한 행위는 본죄의 구성요건을 충족할 수 있다고 한 것,[284] ② 한국도로공사가 실시한 A 주식회사의 고속도로 통행요금징수 기계화시스템 설비의 성능 현장평가와 관련하여 A 주식회사와 반대의 이해관계를 가진 B 주식회사 직원들인 피고인들이 위 설비의 특성상 통과 차량 타이어의 접지면이 통상 예정했던 경우와 달라지면 차량판별에 오차가 발생한다는 것을 이용하여 위 설비의 문제점을

---

281 대판 2016. 3. 24, 2015도20101. 같은 취지로 판시한 것으로 대판 2013. 11. 28, 2013도5117 참조.
282 대판 2017. 5. 30, 2016도21551.
283 이것 역시 본죄의 보호대상인 업무를 기준으로 한 분류가 아니라 업무방해행위를 기준으로 한 분류이다.
284 대판 1977. 4. 26, 76도2446. 이 사건에서 대법원은 의장권의 전용실시권을 등록하면 그 실시권자는 그 권리범위에 속하는 사항에 관하여 배타적인 권리를 가지는 것이고 피고인이 의장권을 경락에 의하여 취득하기 전에 그 전 의장권자로부터 의장권에 기한 전용실시권을 설정받아 등록한 자에 대하여는 그 설정기간 동안은 의장권으로써 대항할 수 없다고 판시하였다.

부각시키고자 한국도로공사에 알리지 않은 채 인위적으로 타이어 공기압을 낮추어 접지면을 증가시킨 각종 소형화물차 16대를 준비하여 위 설비를 통과하게 한 행위는 위계를 이용하여 한국도로공사의 현장시험업무에 지장을 줄 위험을 발생시킨 것으로서 본죄를 구성한다고 한 것,[285] ③ 고객으로부터 탁송을 의뢰받아 항공속달에 의한 서류배달을 업무로 하는 피해자 회사의 발송 예정 서류의 포장 안에 피고인이 특정 종교를 비방하는 내용의 영문종교전단을 집어넣어 함께 발송되게 한 경우, 배달받은 사람으로서는 해당 서류뿐 아니라 위 전단도 배달을 의뢰한 고객이 보낸 것으로 오인하게 되고 결국 피해자 회사가 배달 의뢰 고객의 위탁취지에 어긋나게 업무를 처리한 결과가 되므로 피고인의 행위는 피해자 회사의 서류배달업무를 방해한 것이라고 한 것,[286] ④ 피고인이 업무상 재해 판정과 관련하여 근로복지공단 A 지사에 불만을 품고 자신의 추가상병신청 등을 받아들이게 하기 위해 계속적으로 A 지사에 전화를 걸어 반말로 지사장을 바꾸라고 하거나 직원들에게 욕설을 한 행위는 근로복지공단 직원들의 업무를 위력으로 방해한 것이라고 한 것,[287] ⑤ 피해자가 복지관의 신임관장으로서 하는 출근업무는 본죄에서의 업무에 해당하고, 피고인이 복지관 관장실 출입문을 시정하고 피해자를 출입하지 못하도록 한 행위는 피해자의 관장으로서의 출근업무를 위력으로 방해한 것이라고 한 것,[288] ⑥ 특정 회사가 제공하는 게임 사이트에서 정상적인 포커게임을 하고 있는 것처럼 가장하면서 통상적인 업무처리 과정에서 적발해 내기 어려운 사설 프로그램을 이용하여 약관상 양도가 금지되는 포커머니를 약속된 상대방에게 이전하여 준 행위는 위계에 의하여 회사의 정상적인 게임사이트 운영업무를 방해한 것이라고 한 것,[289] ⑦ 피고인들이 공사 측 진행요원의 제지에도 불구하고 징계위원회 회의실에 진입하여 위원장 책상을 밀치거나 욕설을 하고 위원장의 퇴거요구에 불응한 채 회의실을 점

285 대판 1994. 6. 14, 93도288.
286 대판 1999. 5. 14, 98도3767.
287 대판 2007. 9. 7, 2007도5699.
288 대판 2009. 6. 25, 2009도3130.
289 대판 2009. 10. 15, 2007도9334. 이 사건에서 대법원은 피고인들이 개발하여 유포한 프로그램에 입력된 명령이 본조 제2항의 '부정한 명령의 입력'에 해당하지 않고 위 프로그램의 사용으로 인하여 특정 회사가 운영하는 게임서버에 장애가 발생하였다고 볼 수 없다는 점에서 본조 제2항의 업무방해죄는 성립하지 않는다고 설시하였다.

〔김　우　진〕　　　　　　　　**335**

거함으로써 징계위원회가 개최되지 못하게 한 행위는 위력으로써 공사의 징계위원회 업무를 방해한 것이라고 한 것,[290] ⑧ 학교법인 A 학원 운영 문제를 둘러싸고 이사장과 갈등관계에 있던 피고인이 이사장 직인 등을 관리·보관하는 지위에 있음을 이용하여 이사장 직인 등을 감춘 채 이를 이사장에게 인계하지 않은 행위는 이사장의 학원 관련 학사업무를 방해한 행위에 해당한다고 한 것,[291] ⑨ 실제로 자기앞수표를 분실한 바 없음에도 자기앞수표 발행은행에 허위로 사고신고를 하여 이를 접수받은 자기앞수표 발행은행이 자기앞수표에 대한 지급정지를 의뢰하게 한 행위는 위계에 의하여 자기앞수표 발행은행의 사고신고 및 지급정지의뢰, 수표금지급 등의 업무를 방해한 행위에 해당한다고 한 것,[292] ⑩ 피고인이 화물차를 운전하여 건물 경비원이 설치한 차량통제용 철제 바리케이드를 밀치고 건물 구내 안쪽으로 약 50미터 진입한 행위는 실제로 건물 경비원의 경비업무에 방해가 되지 않았다고 하더라도 위 경비원의 경비업무를 방해하는 결과를 초래할 위험을 발생시킨 행위로서 본죄를 구성한다고 한 것,[293] ⑪ 피고인이 상가 4층 및 6층의 각 리모델링에 따른 전기공사를 하면서 상가 다른 층 소유자들의 동의 없이 위 4층 및 6층에서 피고인 전용으로 사용하는 각 전기시설에 공용 전기라인을 연결한 행위는 위계로써 피해자인 상가 관리단의 건물관리업무를 방해한 것이라고 한 것,[294] ⑫ 피고인이 전국재해구호협회의 의뢰에 따라 수재의연금을 접수하고서도 그 일부만 접수된 것처럼 협회에 허위로 통보하고 나머지를 협회에 인계하지 않은 행위는 위 협회로 하여금 접수된 수재의연금의 정확한 규모에 관하여 오인을 일으키게 하여 수재의연금 모집 등의 업무를 방해한 것으로서 위계에 의한 업무방해죄에 해당하고 이를 단순한 부작위나 협조사항 불이행으로 평가할 수 없다고 한 것,[295] ⑬ 상호저축은행 경영진인 피고인이 영업정지가 임박한 상황에서 위 은행에 파견되어 있던 금융감독원 감독관에게 알리지 않은 채 영업마감 후에 전화로 특정 고액 예금

---

290 대판 2009. 12. 24, 2009도7019.
291 대판 2010. 2. 11, 2009도11815.
292 대판 2011. 5. 13, 2010도11054.
293 대판 2011. 7. 14, 2011도3901.
294 대판 2011. 7. 28, 2011도4841의 원심판결인 서울북부지판 2011. 4. 6, 2011노223.
295 대판 2012. 2. 23, 2011도14204.

채권자들에게 영업정지 예정사실을 알려주어 이들로 하여금 위 은행을 방문하여 예금을 인출하도록 한 행위는 영업정지 예정사실 통지에 관한 금융감독원 파견감독관의 부지를 이용한 위계로써 금융감독원 파견감독관의 감독업무를 방해한 행위에 해당한다고 한 것,[296] ⑭ 피고인들이 회사 직원들을 동원하여 조직적으로 수출입서류를 위조하고 회계장부를 조작하는 방법으로 가공매출을 만들어 내고 이러한 매출을 반영한 재무제표를 감사인에게 제출한 행위는 위계로써 감사인의 외부감사업무를 방해한 것이라고 한 것,[297] ⑮ 항공기 회사 부사장인 피고인이 승무원의 기내 서비스가 규정된 방법대로 이루어지지 않는다는 이유로 심하게 화를 내며 해당 승무원을 비행기에서 내리도록 하기 위해 기장에게 요구하여 당시 계류장의 탑승교로부터 분리되어 푸시백(Pushback. 계류장의 항공기를 차량으로 밀어 유도로까지 옮기는 것) 중이던 비행기를 다시 계류장 탑승구 쪽으로 돌아가게 한 사안에서, 피고인이 지상에서 이동하는 항공기의 경로를 함부로 변경하게 한 행위는 위력으로 기장의 항공기 운항 및 기내 안전 통제에 관한 업무를 방해한 행위에 해당한다고 한 것,[298] ⑯ 피해자가 수행 중인 사찰에서 스님을 만나게 해달라고 요청하였으나 거부당하자 일반인의 출입이 금지된 종각에 들어가 10여 분에 걸쳐 북을 강하게 친 행위는 그곳에서 참선과 수양을 하는 피해자의 업무를 방해한 행위에 해당한다고 한 것,[299] ⑰ 포털사이트의 키워드 검색 광고를 정상적으로 이용할 의사 없이 오로지 클릭당 광고비가 과금되는 시스템에 편승하여 경쟁업체에게 광고비가 과금되도록 하고 이로 인해 예치된 광고비 선불금이 소진되어 검색순위에서 사라지도록 하기 위하여 경쟁업체의 키워드 검색 광고를 다수 클릭한 사안에서, 포털사이트의 부정클릭방지시스템에도 불구하고 유효클릭으로 처리되어 요금이 부과된 부분은 위계로써 경쟁업체의 인터넷 광고업무를 방해한 행위에 해당한다(반면, 무효클릭으로 처리되어 요금이 부과되지 않은 부분은 본죄를 구성하지 않는다)고 한 것,[300] ⑱ 화력발전소 탈황

---

[296] 대판 2013. 1. 24, 2012도10629.
[297] 대판 2015. 1. 15, 2014도9691.
[298] 대판 2017. 12. 21, 2015도8335(전).
[299] 대판 2019. 9. 26, 2019도8531의 원심판결인 대구지판 2019. 5. 28, 2019노11. 이 사건에서 대법원은 공소사실 당부 자체는 다루지 않고 국선변호인 미선정으로 인한 소송절차 위법을 이유로 원심판결을 파기하였다.
[300] 대판 2019. 12. 13, 2019도14620.

설비 성능개선용 기자재에 대한 성능시험 측정값을 조작한 시험성적서를 제출함으로써 피해자 회사로 하여금 위 기자재가 성능시험 기준에 부합하는 것으로 오인하게 하여 화력발전소 탈황설비 성능개선 공사의 준공을 승인하게 한 행위는 위계로써 피해자 회사의 화력발전소 탈황설비 성능개선용 기자재 구매 및 성능개선 공사업무를 방해한 행위에 해당한다고 한 것,[301] ⑲ 대입수험생을 가장하여 대입수험생들이 이용하는 인터넷사이트에 경쟁 학원이나 그 소속 강사를 비방하는 게시글, 댓글을 작성하여 올린 행위는 글을 읽는 대입수험생들로 하여금 비방의 대상이 되는 경쟁 학원이나 그 소속 강사에 대한 인상, 강의실력 등에 관한 다른 수험생들의 경험적인 정보 또는 평가를 얻는 것으로 오인, 착각을 일으키게 한 것으로서 위계에 의하여 경쟁 학원과 그 소속 강사의 업무를 방해한 행위에 해당한다고 한 것[302] 등이 있다.

136　　　　한편 본죄의 성립을 부정한 것으로는, ① 임대인으로부터 건물을 임차하여 학원을 운영하던 피고인이 건물을 임대인에게 인도한 이후에도 임대인과의 분쟁을 이유로 자신 명의로 된 학원설립등록을 말소하지 않고 휴원신고를 연장함으로써 새 임차인이 그 건물에서 학원설립등록을 하지 못하도록 하였음을 이유로 위력에 의한 업무방해죄로 기소된 사안에서, 기존의 휴원신고 기간이 만료됨으로 인하여 바로 피고인 명의의 학원설립등록이 자동적으로 말소되는 것인지 여부가 확실하지 않다는 점 등에서 피고인의 휴원연장신고와 새 임차인이 학원설립등록을 하지 못한 점 사이에 인과관계가 있다고 단정하기 어렵고, 피고인이 임대인과의 분쟁상황에서 건물에 대한 학원설립등록을 말소하지 않았다고 하여 그것이 사회통념상 허용되는 범위를 넘어 피고인과 어떠한 직접적인 법률관계도 없는 새 임차인의 자유의사를 제압·혼란하게 할 정도의 위력에 해당한다고 보기 부족하다고 한 것,[303] ② A 회사가 운영하는 사우나에서 시설 및 보일러, 전기 등을 관리하던 피고인이 A 회사가 B에게 사우나를 인계하는 과정에서 자신을 부당하게 해고하였다는 이유로 그곳 보일러 전원 스위치, 광고용 간판 스위치 등이 설치된 전기배전반의 위치와 각 스위치의 작동방법 등을 알려주지

---

301 대판 2020. 1. 30, 2019도17045의 원심판결인 대전고판 2019. 11. 1, 2019노288.
302 대판 2021. 10. 28, 2021도9579의 원심판결인 서울중앙지판 2021. 7. 9, 2020노888.
303 대판 2010. 11. 25, 2010도9186.

않은 행위는 A 회사나 B가 사우나를 운영하려는 자유의사 또는 A 회사가 B에게 사우나의 운영에 관한 업무 인수인계를 정상적으로 해 주려는 자유의사를 제압하기에 충분한 위력에 해당한다고 단정하기 어렵다고 한 것[304] 등이 있다.

4. 업무방해행위의 유형 (2): 쟁의행위

(1) 서설

(가) 근로자의 쟁의행위가 다중의 위력으로 사용자의 업무를 방해한 것이 아닌지 종종 문제가 된다. 본죄에 관한 판례의 상당수가 쟁의행위와 관련된 것이고, 그중에서도 가장 전형적이고 종국적인 쟁의행위라 할 수 있는 파업과 관련한 판례가 많이 축적되어 있다.   137

(나) 쟁의행위란 파업·태업·직장폐쇄 기타 노동관계 당사자(노동조합과 사용자 또는 사용자단체를 말한다. 이하 같다.)가 그 주장[305]을 관철할 목적으로 행하는 행위와 이에 대항하는 행위로서 업무의 정상적인 운영을 저해하는 행위를 말한다[노동조합 및 노동관계조정법(이하, '노동조합법'이라 한다.) §2(vi)].[306] 그중 근로자 또는 노동조합의 쟁의행위는 근로자 또는 노동조합이 근로조건의 결정에 관한 주장을 관철하기 위하여 노동쟁의[307] 과정에서 사용자 업무의 정상적인 운영을 저해하는 행위를 말한다.[308] 따라서 근로조건의 유지 또는 향상을 주된 목적으로 하지 않는 쟁의행위는 노동조합법의 규제대상인 쟁의행위에 해당하지 않는다(다만, 사실상의 쟁의행위로서 본죄의 적용을 받는지는 별개 문제임).[309] 마찬가지로 피   138

---

304 대판 2017. 11. 9, 2017도12541.
305 그 주장이란 노동조합 및 노동관계조정법 제2조 제5호에 규정된 임금·근로시간·복지·해고 기타 대우 등 근로조건에 관한 노동관계 당사자 간의 주장을 의미한다(대판 1991. 1. 23, 90도2852).
306 대판 2003. 12. 26, 2003도1317; 대판 2012. 8. 30, 2010도4420.
307 노동쟁의란 노동관계 당사자 간에 임금·근로시간·복지·해고 기타 대우 등 근로조건의 결정에 관한 주장의 불일치로 인하여 발생한 분쟁상태를 말하며, 이 경우 주장의 불일치란 당사자간에 합의를 위한 노력을 계속하여도 더이상 자주적 교섭에 의한 합의의 여지가 없는 경우를 말한다(노동조합법 §2(v)).
308 대판 2014. 8. 20, 2011도468.
309 대판 1991. 1. 23, 90도2852. 이 사건에서 대법원은 피고인이 노동조합 위원장으로서 조합원들과 함께 한 집단조퇴, 월차유급휴가 신청에 의한 결근 및 집회 등 쟁의행위가 주로 구속 근로자에 대한 항소심 구형량이 1심보다 무거워진 것에 대한 항의와 석방 촉구를 목적으로 한 것이라면 피고인의 행위는 근로조건의 유지 또는 향상을 주된 목적으로 한 쟁의행위라고 할 수 없어 노동조합법의 적용대상인 쟁의행위에 해당하지 않는다고 판시하였다.

〔김 우 진〕   **339**

고인이 근무하는 회사가 정상 가동 중 일방적으로 폐업신고를 하였다면 위 회사는 그 업무의 정상적인 운영을 포기하였다고 볼 수밖에 없으므로 피고인이 다른 근로자들과 함께 농성행위를 하였다 하더라도 그로 말미암아 회사 업무의 정상적인 운영이 저해될 여지가 없어 피고인의 행위는 노동조합법의 규제대상인 쟁의행위에 해당하지 않는다.[310]

139   쟁의행위는 노동쟁의가 발생하였음에도 조정절차에 의하여 해결되지 못하는 경우에 비로소 행할 수 있는데(노동조합법 § 45②), 노동조합법 제2조 제5호의 '노동쟁의'의 정의에서 말하는 근로조건의 결정에 관한 '노동관계 당사자간의 주장'이란 개별적 노동관계와 단체적 노동관계의 어느 것에 관한 주장이라도 포함하는 것이고, 단체협약이나 근로계약상의 권리의 주장(권리쟁의)뿐만 아니라 그것들에 관한 새로운 합의의 형성을 꾀하기 위한 주장(이익쟁의)도 포함하는 것이다.[311]

140   업무시간 중의 시위행위는 적어도 업무의 정상적인 운영을 저해할 위험성이 있다는 점에서 쟁의행위에 해당한다.[312] 그런데 외형적으로는 일견 업무의 정상적인 운영을 저해하는 행위로 보이지 않더라도 쟁의행위로 평가될 수 있는 경우가 있다. 특히, 준법투쟁[313]과 같이 법의 규정을 준수하고 규정대로의 권리행사를 하는 외관을 갖는 경우에도 사용자의 정상적인 업무수행을 저해하는 경우에는 쟁의행위에 해당한다. 예컨대, 연장근로나 휴일근로가 당사자의 합의에 의하여 이루어지는 것이라고 하더라도 근로자들이 통상적으로 해 오던 연장근로 또는 휴일근로를 집단적으로 거부함으로써 회사 업무의 정상운영을 방해하였다면 이는 쟁의행위에 해당한다.[314] 마찬가지로 단체협약에 따른 한국통신공사 사장의 지시로 09:00 이전에 출근하여 업무준비를 한 후 09:00부터 근무를 하도록 되어 있음에도 피고인이 적법한 절차를 거치지 않은 채 조합원들로 하

---

310 대판 1991. 6. 11, 91도204.
311 대판 1990. 5. 15, 90도357; 대판 1990. 9. 28, 90도602; 대판 1991. 3. 27, 90도2528.
312 대판 1992. 12. 8, 92도1645; 대판 2003. 12. 26, 2003도1317; 대판 2008. 6. 26, 2006도5922.
313 준법투쟁이란 근로자들이 그 주장을 관철하기 위하여 집단적으로 평소 잘 지켜지지 않는 법령이나 단체협약 또는 취업규칙 등을 엄격히 지키거나(안전투쟁) 근로자로서의 권리를 행사한다는 명목으로 정시출근, 정시퇴근, 시간외 근로거부, 월차유급휴가 신청 등을 함으로써(권리행사투쟁) 사용자의 업무 운영을 저해하는 행위를 말한다[노동조합 및 노동관계조정법 주해 I, 박영사(2015), 238(신권철·이용구)]. 판례도 같은 취지이다(대판 1991. 11. 8, 91도326).
314 대판 1991. 7. 9, 91도1051; 대판 1991. 10. 22, 91도600; 대판 1996. 2. 27, 95도2970.

여금 집단으로 09:00 정각에 출근하도록 지시하여 수백 명 내지 수천 명의 조합원들이 집단적으로 09:00 정각에 출근함으로써 전화고장수리가 지연되는 등으로 위 공사의 업무수행에 지장을 초래하였다면, 이 역시 실질적으로 피고인 등이 위 공사의 정상적인 업무수행을 저해함으로써 그들의 주장을 관철시키기 위하여 한 쟁의행위라 할 것이다.[315] 업무 관련 규정을 지나치게 철저히 준수하는 방식으로 진행되는 안전운행투쟁도 준법투쟁의 일종으로서 쟁의행위에 해당할 수 있다.[316]

(다) 한편, 쟁의행위의 주체인 근로자의 범위와 관련하여 일반적으로 해고에 의하여 노사관계는 종료되는 것이지만 해고된 근로자라도 상당한 기간 내에 그 해고의 효력을 다투는 경우에는 근로자 또는 조합원으로서의 지위를 인정하여야 한다.[317] 다만 해고처분무효확인소송을 제기하여 해고의 효력을 다툼으로써 노동조합의 조합원인 근로자의 지위를 그대로 가지고 있다 하더라도 사용자로서는 근로자의 정상적인 업무수행을 방해할 수 없는 등의 특별한 경우를 제외하고는 그 사업장 내의 질서유지 등을 위하여 근로자의 개별적인 행위를 규제할 수 있는 것이므로, 설령 피고인이 해고처분무효확인소송을 제기하였다고 하더라도 조합의 대의원이 아닌 피고인이 회사 내의 조합대의원회의에 참석하는 것을 회사로부터 허락받지 못하였음에도 그 의사에 반하여 함부로 들어가고 회사 경비원들의 출입통제업무를 방해한 행위는 본죄에 해당할 수 있다.[318]

141

(2) 쟁의행위의 구성요건해당성

(가) 일반 쟁의행위의 구성요건해당성

(a) 근로자가 사용자에 대한 단체행동권의 행사로서 하는 근로자의 쟁의행위는 본죄를 구성할 수 있다. 다만, 쟁의행위의 본죄 구성요건해당성 문제와 관련하여, 뒤에서 보는 대판 2011. 3. 17, 2007도482(전)을 계기로 그 판단기준에 변화가 생긴 점은 주의를 요한다. 즉 위 2007도482 전원합의체 판결은 파업과 관련하여, 그것이 다중의 위력을 수반한 행위인 이상 원칙적으로 본죄의 구성요

142

---

315 대판 1996. 5. 10, 96도419.
316 대판 2014. 8. 20, 2011도468; 대판 2014. 8. 26, 2012도14654.
317 대판 1991. 11. 8, 91도326; 대판 1992. 5. 8, 91도3051.
318 대판 1991. 9. 10, 91도1666.

건을 충족하는 것으로 보던 종전의 태도를 변경하여 파업이 사용자가 예측할 수 없는 시기에 전격적으로 이루어져 사용자의 사업운영에 심대한 혼란 내지 막대한 손해를 초래하는 등으로 사용자의 사업계속에 관한 자유의사가 제압·혼란될 수 있다고 평가할 수 있는 경우에 비로소 본죄가 성립할 수 있다는 견해를 취하였고, 이후 파업이 아닌 다른 쟁의행위에 대하여도 마찬가지의 태도 변화를 보인 바 있는데, 이에 관해서는 뒤에서 구체적으로 살펴보기로 한다.

143   사용자의 직장폐쇄 등 쟁의행위 역시 노사 간의 교섭태도, 경과, 근로자 측 쟁의행위의 태양, 그로 인하여 사용자 측이 받는 타격의 정도 등에 관한 구체적 사정에 비추어 형평상 근로자 측의 쟁의행위에 대한 대항·방위 수단으로서 상당성이 인정되는 경우에 한하여 정당한 쟁의행위로 평가받을 수 있는데,[319] 사용자의 경우에는 정당한 쟁의행위로 평가받지 못한다고 하더라도 본죄가 성립하는 것은 아니고 노동조합법 등 노동관계 법령에 대한 위반죄가 성립할 뿐이다(그런 의미에서 이하 본죄 성립 여부와 관련하여 논하게 되는 쟁의행위는 근로자의 쟁의행위로 한정함).

144   (b) 쟁의행위는 근로자들이 단결하여 사용자에게 압박을 가하는 것이므로 본질적으로 위력에 의한 업무방해의 요소를 포함하고 있다.[320] 즉 쟁의행위는 근로자가 소극적으로 노무제공을 거부하거나 정지하는 행위만이 아니라 적극적으로 그 주장을 관철하기 위하여 업무의 정상적인 운영을 저해하는 행위까지 포함하는 것으로서,[321] 그것이 위력으로써 사용자의 업무를 방해한 것에 해당하는 경우 본조 제1항이 문제될 수 있으며, 이는 쟁의행위 자체에 성질상 집단성과 단체성이 내포되어 있다는 점을 고려하더라도 마찬가지이다.[322] 다만, 근로자의 단체행동권은 단결권, 단체교섭권과 함께 헌법에 의하여 보장된 권리이므로 단체행동권에 속하는 쟁의행위가 형식적으로는 본죄의 구성요건에 해당하는 경우에도 그것이 근로자의 근로조건의 유지, 개선 기타 근로자의 정당한 이익을 주장하기 위한 상당한 수단인 경우에는 뒤에서 보는 바와 같이 정당행위로서 위법성이 조

---

319 대판 2007. 12. 28, 2007도5204; 대판 2010. 2. 11, 2009도112.
320 대판 2003. 12. 26, 2001도1863; 대판 2004. 11. 12, 2004도3324.
321 대판 1992. 12. 8, 92도1645; 대판 1996. 2. 27, 95도2970; 대판 2004. 9. 23, 2004도3394.
322 대판 1992. 11. 10, 92도1315.

각된다.[323] 헌법재판소는 정당한 쟁의행위의 한계를 벗어나지 않은 집단행동만을 보호하는 것이 근로자들의 기본권을 침해하는 것이 아니라고 판시한 바 있다.[324] 대법원 역시 노동조합의 쟁의행위과정에서 행하여진 행위를 대상으로 한 공소의 제기가 헌법이 보장하는 단체행동권을 본질적으로 침해한 것이 아님은 물론, 헌법 제11조 제1항의 평등의 원칙에 위배되지도 않는다고 보았다.[325]

(c) 준법투쟁이라 하더라도 그것이 업무방해의 수단으로 이용되는 경우에 145 는 정당한 권리행사로 평가할 수 없고 위력에 의한 업무방해죄를 구성한다.[326] 예컨대, 근로기준법상 월차유급휴가[327]의 사용은 근로자의 자유의사에 맡겨진 것으로서 사용자에게 그 시기를 변경할 수 있는 권한조차 없는 것이지만, 정당한 쟁의행위의 목적이 없이 오직 업무방해의 수단으로 이용하기 위하여 다수의 근로자가 집단적으로 일시에 월차유급휴가를 신청하여 일제히 결근함으로써 회사 업무의 정상적인 운영을 저해하였다면 본죄를 구성할 수 있고,[328] 피고인들이 통상적으로 해오던 야간연장근로(잔업) 및 토요일근로(특근)를 거부하여 투쟁할 것을 결의한 후 노조 조합원들에게 잔업 및 특근을 집단적으로 거부할 것을 지시하고 독려한 행위도 본죄에 해당할 여지가 있다.[329] 앞서 언급한 09:00 정시출근에 의한 업무 지연의 경우도 마찬가지이다.[330]

(나) 쟁의행위로서 파업의 구성요건해당성

(a) 노동조합의 통일적인 의사결정에 따라 근로계약상 의무인 노무제공을 146 일시적, 전체적으로 거부하는 쟁의수단인 파업은 소극적 성격을 가지는 것으로

---

323 대판 1991. 11. 8, 91도326.
324 헌재 1998. 7. 16, 97헌바23.
325 대판 1990. 10. 12, 90도1431.
326 이에 대하여는 준법투쟁의 경우 본죄의 성립을 부인하는 것이 타당하다는 견해도 있다(배종대, §52/18; 손동권·김재윤, §15/38).
327 월차유급휴가에 관한 규정은 국제적인 입법례에 맞지 않음을 이유로 2003년 9월 15일 법률 제6974호로 개정된 근로기준법에서는 삭제되었다.
328 대판 1991. 1. 23, 90도2852; 대판 2004. 8. 30, 2003도2146.
329 대판 2014. 6. 12, 2012도2701. 다만, 뒤에서 보는 바와 같이 이 사건에서 대법원은 피고인들이 주도한 잔업 및 특근 거부가 사용자가 예측할 수 없는 시기에 전격적으로 이루어져 그 사업운영에 심대한 혼란 내지 막대한 손해를 초래하였다고 보기 어렵고, 따라서 위와 같은 잔업 및 특근 거부가 사용자의 사업계속에 관한 자유의사를 제압·혼란하게 할 수 있는 위력에 해당한다고 단정할 수 없다고 판단하였다.
330 대판 1996. 5. 10, 96도419.

서, 이와 같이 근로자들이 근무시간에 집단적으로 근무에 임하지 않는 것은 다른 위법요소가 없는 한 근로제공의무의 불이행에 지나지 않지만, 단순한 노무제공의 거부라고 하더라도 그것이 정당한 쟁의행위가 아니면서 위력으로 업무의 정상적인 운영을 방해할 정도에 이르게 되면 본죄를 구성할 수 있다.[331] 즉 집단적 노무제공의 거부가 헌법이 보장하는 근로3권의 내재적 한계를 넘어선 것으로 평가된다면 본죄로 처벌될 수 있으며, 이를 두고 본인의 의사에 반하여 강제노역을 강요하는 것이라고 할 수는 없다.[332]

147   (b) 이와 관련하여, 대판 2011. 3. 17, 2007도482(전) 이전에는 다수의 근로자들이 상호 의사연락하에 집단적으로 작업장을 이탈하거나 통상적으로 실시되던 근로를 거부하는 등 근로의 제공을 거부함으로써 사용자의 생산·판매 등 업무의 정상적인 운영을 저해하여 손해를 발생하게 한 경우 그러한 행위가 노동관계 법령에 따른 정당한 쟁의행위로서 위법성이 조각되는 경우가 아닌 한, 다중의 위력으로써 타인의 업무를 방해하는 행위에 해당하여 본죄를 구성한다고 보는 것이 판례의 기본적인 태도였다.[333] 즉 다중의 위력을 수반하여 파업을 한 이상 본죄의 구성요건을 충족하는 것으로 보되, 다만 정당행위 등 위법성조각사유가 존재할 때에는 본죄가 성립하지 않는 것으로 보았다.

148   이러한 판례의 태도는 대판 2011. 3. 17, 2007도482(전)에 의하여 바뀌게 되었다.[334] 위 전원합의체 판결의 다수의견은, 쟁의행위로서 파업은 단순히 근

---

331 대판 1991. 11. 8, 91도326; 대판 2003. 12. 26, 2001도1863; 대판 2004. 11. 12, 2004도3324.
332 대판 2004. 11. 12, 2004도3324; 대판 2008. 12. 24, 2007도10896.
333 대판 1991. 4. 23, 90도2771; 대판 1991. 11. 8, 91도326; 대판 2004. 5. 27, 2004도689; 대판 2006. 5. 12, 2002도3450; 대판 2006. 5. 25, 2002도5577; 대판 2010. 1. 14, 2008도7134; 대판 2010. 2. 11, 2009도2328.
334 이와 관련하여 헌법재판소도 본조 제1항의 합헌성을 계속 수긍해 오는 가운데, 그 방론으로서 헌재 1998. 7. 16, 97헌바23에서 "연장근로의 거부, 정시출근, 집단적 휴가의 경우와 같이 일면 근로자들의 권리행사로서의 성격을 갖는 쟁의행위에 관하여도 정당성이 인정되지 않는다고 하여 바로 형사처벌할 수 있다는 대법원 판례의 태도는 지나치게 형사처벌의 범위를 확대하여 근로자들의 단체행동권의 행사를 사실상 위축시키는 결과를 초래함으로써 헌법이 단체행동권을 보장하는 취지에 부합하지 않고 근로자들로 하여금 형사처벌의 위협하에 노동에 임하게 하는 측면이 있음"을 언급한 바 있고[위 방론의 분석과 관련하여서는 심희기, "노동자집단의 평화적인 집단적 노무제공의 거부행위와 위력업무방해죄", 형사판례연구 [7], 한국형사판례연구회, 박영사(1999), 278-300 참조], 헌재 2010. 4. 29, 2009헌바168에서 "노동조합법 제4조는 노동조합의 정당한 쟁의행위를 위법성 조각사유로 삼고 있으나, 이것이 단체행동권의 행사로서 적법한 요건을 갖추어 헌법적으로 정당화되는 행위를 범죄행위의 구성요건에 해당하는 행위로 인정하되 다

로계약에 따른 노무의 제공을 거부하는 부작위에 그치지 않고 이를 넘어서 사용자에게 압력을 가하여 근로자의 주장을 관철하고자 집단적으로 노무제공을 중단하는 실력행사이므로 본죄에서 말하는 위력에 해당하는 요소를 포함하고 있다고 할 것이지만, 근로자는 원칙적으로 헌법 제33조 제1항에 의하여 보장된 기본권으로서 근로조건 향상을 위한 자주적인 단결권·단체교섭권 및 단체행동권을 가지므로 쟁의행위로서 파업이 언제나 업무방해죄에 해당하는 것으로 볼 것은 아니고, 전후 사정과 경위 등에 비추어 사용자가 예측할 수 없는 시기에 전격적으로 이루어져 사용자의 사업운영에 심대한 혼란 내지 막대한 손해를 초래하는 등으로 사용자의 사업계속에 관한 자유의사가 제압·혼란될 수 있다고 평가할 수 있는 경우에 비로소 집단적 노무제공의 거부가 위력에 해당하여 본죄가 성립한다고 보는 것이 타당하다는 견해를 표시하였다.[335]

이에 대하여 반대의견은 파업 그 자체만으로는 본죄를 구성할 수 없다는 입장인데, 그 논거는 아래와 같다. ① 다수의견에 따르면 폭력적인 수단이 동원되지 않은 채 단순히 근로자가 사업장에 출근하지 않음으로써 근로제공을 하지 않는 '단순 파업'이라 하더라도 파업은 그 자체로 부작위가 아닌 작위적 행위로 보아야 한다는 것인데, 근로자들이 쟁의행위의 목적에서 집단적으로 근로제공을 거부한 것이라는 사정이 존재한다고 하여 개별적으로 부작위인 근로제공의 거부가 작위로 전환된다고 할 수는 없다. ② 근로자 측에게 위법한 쟁의행위로서 파업을 해서는 안 된다는 작위의무를 인정하는 것은 서로 대립되는 개별적·집단적 법률관계의 당사자 사이에서 상대방 당사자인 사용자 또는 사용자단체

149

만 위법성을 조각하도록 한 취지라고 해석할 수는 없으며, 그러한 해석은 헌법상 기본권의 보호 영역을 하위 법률을 통해 지나치게 축소시키는 것임"을 지적한 바 있다. 그런데 위와 같은 헌법 재판소 결정 이후 대법원이 2007도482 전원합의체 판결을 통하여 기존의 입장을 변경하여 '위력' 개념을 제한적으로 해석하여 구성요건해당성 단계부터 그 적용범위를 축소시켰으므로, 헌법 재판소의 선례가 지적한 단체행동권의 과도한 제한이나 위축가능성의 문제는 해소되었다고 봄이 상당하기 때문에 본조 제1항은 과잉금지원칙에 위배되어 단체행동권을 침해한다고 볼 수 없다(헌재 2022. 5. 26, 2012헌바341).

335 노사 간에 분규가 발생할 경우 파업가능성이 상존한다고 보는 것이 상식적임을 들어 다수의견이 제시하는 예측가능성 여부라는 모호한 기준으로 파업의 불법성 문제를 판단하는 것은 본죄 적용 가능성을 높이는 결과가 될 것이라고 비판하는 견해로 박상기, "파업에 대한 업무방해죄 적용의 문제점", 형사판례연구 [23], 한국형사판례연구회, 박영사(2015), 396-397 참조. 백원기, "쟁의행위로서 파업의 업무방해죄 성립여부에 관한 고찰", 형사판례연구 [20], 한국형사판례연구회, 박영사(2012), 350-385 역시 다수의견에 반대하고 반대의견을 지지하고 있다.

〔김 우 진〕 **345**

에 대하여 당사자 일방인 근로자 측의 채무의 이행을 담보하는 보증인적 지위를 인정하자는 것이어서 받아들일 수 없고, 근로자들의 단순한 근로제공 거부는 그것이 비록 집단적으로 이루어졌다 하더라도 업무방해죄의 실행행위로서 사용자의 업무수행에 대한 적극적인 방해행위로 인한 법익침해와 동등한 형법가치를 가진다고 할 수 없다. ③ 단순 파업이 쟁의행위로서 정당성의 요건을 갖추지 못하고 있더라도 근본적으로 근로자 측의 채무불이행과 다를 바 없으므로 이를 위력의 개념에 포함시키는 것은 죄형법정주의의 관점에서 부당하다. ④ 쟁의행위로서 정당성을 갖추지 못하였다고 하더라도 근로자에게 민사상 채무불이행 책임을 부담시킴과 함께 근로자를 노동조합법위반죄로 처벌할 수 있고 그것으로 충분하다. ⑤ 다수의견이 제시하는 위력의 해당 여부에 관한 판단 기준에 의하더라도 어떠한 경우를 전격적으로 이루어졌다고 볼 수 있을 것인지, 어느 범위까지를 심대한 혼란 또는 막대한 손해로 구분할 수 있을 것인지 반드시 명백한 것은 아니며 구체적 사례에서 자의적인 법적용의 우려가 남을 수밖에 없다.

150   위 전원합의체 판결의 사안은 피고인을 비롯한 전국철도노동조합 집행부가 중앙노동위원회 위원장의 직권중재회부결정에도 불구하고 파업에 돌입할 것을 지시함에 따라 조합원들이 전국 641개 사업장에 출근하지 아니한 채 업무를 거부하여 한국철도공사 KTX 열차 329회, 새마을호 열차 283회의 운행이 중단되도록 함으로써 한국철도공사로 하여금 영업수익 손실과 대체인력 보상금 등 총 135억 원 상당의 손해를 입게 하였다는 것이다. 이에 대하여 다수의견은 한국철도공사로서는 노동조합이 필수공익사업장인 위 사업장에서 구 노동조합법 (2006. 12. 30. 법률 제8158호로 개정되기 전의 것)상 직권중재회부 시 쟁의행위 금지 규정 등을 위반하면서까지 파업을 강행하리라고는 예측할 수 없었고, 파업의 결과 수백 회에 이르는 열차 운행이 중단되어 한국철도공사의 사업운영에 예기치 않은 중대한 손해를 끼쳤음을 이유로 위 파업은 사용자의 자유의사를 제압·혼란케 할 만한 세력으로서 본조 제1항에서 정한 '위력'에 해당한다고 판단하였다. 반면에 반대의견은 '위력'에 해당함을 부인하면서 다수의견의 법리에 비추어 보더라도 위 파업이 예측할 수 없는 시기에 전격적으로 이루어졌다고 볼 수 없고, 파업의 수단 역시 소극적 근로제공 거부에 그친 이상 그 손해가 파업의 전격성에 기한 것이었다고 단정할 수도 없다고 판단하였다.

346   〔김 우 진〕

결국 위 전원합의체 판결에 따르게 되면 근로자들이 다중의 위력을 수반하 151
여 파업을 하였다고 하더라도 당연히 본죄의 구성요건을 충족하는 것으로 볼
수는 없고, 다수의견이 제시한 것과 같은 위력의 해당 기준을 구비하여야 비로
소 본죄의 구성요건을 충족하는 것으로 보게 된다.[336] 이는 파업이 뒤에서 보는
바와 같은 목적 등과 관련한 정당성 요건을 구비하지 못한 경우라 하더라도 마
찬가지이다.

그리고 위 전원합의체 판결은 파업에 관한 본죄의 구성요건해당성 문제를 152
다룬 것이지만, 그 판시사항은 준법투쟁 등을 포함한 다른 쟁의행위에도 확장되
어 적용될 수 있다.

(c) 위 전원합의체 판결 이후 그 판결의 다수의견이 제시한 파업의 위력 해 153
당 여부의 판단기준에 따라 파업 내지 집단적 노무제공 거부에 대한 본죄의 성
립 여부를 판단한 다수의 판결이 형성되었다. 파업이 사용자가 예측할 수 없는
시기에 전격적으로 이루어졌다고 평가하기에 부족함을 이유로 위력에 해당한다
고 볼 수 없다고 한 것,[337] 사용자가 예측할 수 없는 시기에 총파업이 전격적으
로 이루어졌다고 인정하기 어려울 뿐 아니라 총파업으로 사용자의 사업계속에
관한 자유의사가 제압·혼란될 수 있을 정도로 사업운영에 심대한 혼란이나 막
대한 손해가 초래되었다고 속단할 수 없음을 이유로 본죄가 성립할 정도의 위
력이 있었다고 볼 수 없다고 한 것[338] 등을 포함하여 위 전원합의체 판결의 다
수의견에 따른 위력 해당 여부에 관한 판단기준이 각종 사안에서 반영되었다.

그 가운데 구체적으로 본죄의 성립을 인정한 것으로는, ① 피고인 등이 파 154
업의 구호로 내세운 '미국 쇠고기 수입 재협상'이나 '산별 중앙교섭 쟁취'(모든 사
업장에 대하여 산별 중앙교섭을 관철시켜 이를 제도화하겠다는 의미) 등은 각 사업장의
사용자와 근로자들 사이의 합의로 해결할 수 없는 것으로서 각 사업장의 사용
자들로서는 근로자들이 위와 같은 목적으로 단체협약상의 절차를 거치지 아니
하고 전격적으로 노무제공을 거부하리라고는 예측할 수 없었을 것으로 보이므

---

[336] 다만, 위 전원합의체 판결은 파업과 본죄의 관계에 있어 위력의 개념을 '전격성' '사업운영에 심
대한 혼란 내지 막대한 손해 초래' 등으로 제한하고 있는 외에는 종래 취하여 온 위력의 개념을
기본적으로 유지하고 있다고 할 수 있다[박진환(주 153), 762].
[337] 대판 2017. 4. 28, 2015도5826.
[338] 대판 2013. 11. 28, 2012도15108; 대판 2013. 11. 28, 2013도2979.

로 각 기습적 파업행위는 파업행위 당시 사용자의 사업운영에 심대한 혼란 내지 막대한 손해를 초래하는 등으로 사용자의 사업계속에 관한 자유의사를 제압하거나 혼란케 할 만한 세력으로서 위력에 해당한다고 판시한 것,[339] ② 피고인들이 주도한 연대파업은 쟁의행위 찬반투표와 쟁의행위 조정전치 등의 절차를 거치지 않은 채 이루어진 것으로서 파업의 경위와 손실 규모 등에 비추어 사용자가 예측할 수 없는 시기에 전격적으로 이루어져 사용자의 사업운영에 심대한 혼란 내지 막대한 손해를 초래하였음이 분명하므로 위 연대파업은 사용자의 자유의사를 제압·혼란케 할 만한 세력으로서 위력에 해당한다고 보기에 충분하다고 판시한 것,[340] ③ 단체교섭이 결렬된 상태가 아님에도 한국철도공사의 정원감축 등을 내용으로 하는 공공기관 선진화 정책 반대를 주된 목적으로 하여 공동투쟁본부가 정한 일정과 방침에 맞추어 3일간의 순환파업을 통해 여객열차 327대, 화물열차 355대의 운행이 중단되게 하고, 8일간의 전면파업을 통해 여객열차 999대, 화물열차 1,742대의 운행이 중단되게 한 피고인들의 행위는 위력에 의한 업무방해죄를 구성한다고 판시한 것,[341] ④ 노조가 회사가 추진하던 정리해고에 반대하여 총파업을 결의한 후 각 쟁의행위 개시일부터 불과 1일 내지 3일 전에 중앙쟁의대책위원회 또는 대의원대회에서 일정을 결정하여 쟁의행위를 시작한 사안에서, 쟁의행위에 관한 중앙쟁의대책위원회 또는 대의원대회의 결정이 사용자에게 통보되지 않았고 사용자 측과 사전협의를 거치지 않았으므로 회사로서는 소속 근로자들이 통상적인 업무 진행방식에 반하여 집단적으로 쟁의행위를 할 것이라고 예측할 수 없었고, 각 파업행위의 진행과정, 파업진행 상황과 파업의 내용, 파업 전후의 교섭진행경과 등 제반 사정을 종합하면 회사가 예측할 수 없는 시기에 위 쟁의행위가 전격적으로 이루어졌고 그로 인하여 회사의 사업운영에 심대한 혼란 내지 막대한 손해를 초래하였음을 인정할 수 있다고 판시한 것[342] 등이 있다.

---

339 대판 2011. 11. 10, 2011도7045.
340 대판 2012. 5. 10, 2010도15226.
341 대판 2014. 8. 20, 2011도468. 같은 취지로 판시한 것으로 대판 2014. 8. 26, 2012도14654 참조. 위 2011도468 판결 평석은 김선일, "철도 쟁의행위와 업무방해죄", 고요한 정의의 울림: 신영철 대법관 퇴임기념 논문집, 사법발전재단(2015), 767-838.
342 대판 2015. 2. 26, 2012도13173.

이에 반해 본죄의 성립을 부정한 것으로는, ① 피고인이 전국금속노동조합 A 자동차지부 판매위원회 B 지회장으로서 평일 체육대회 개최를 허용할 수 없다는 사측의 반대에도 불구하고 조합원 392명 중 312명이 참석한 가운데 평일에 조합원 체육대회를 개최함으로써 집단적으로 노무제공을 거부하였는데 당일 자동차 판매계약 체결 건수 내지 출고차량 건수가 오히려 전날 대비 더 증가한 사안에서, 피고인이 사용자가 예측할 수 없는 시기에 체육대회를 전격적으로 개최하였다고 볼 수 없고 이로 인하여 사용자의 사업운영에 심대한 혼란 내지 막대한 손해를 초래하였다고 볼 수도 없다고 판시한 것,[343] ② 파업의 주된 목적이 미국산 쇠고기 수입 반대 등으로서 불법파업에 해당한다 하더라도 공소사실에는 근로자 100명 중 2명이 지역집회 참가를 이유로 2시간 파업에 참여하는 등 그 파업규모에 비추어 사용자의 사업운영에 심대한 혼란이나 막대한 손해가 초래되었다고 볼 수 없는 사업장까지 피해 사업장으로 적시되어 있는데 이는 사용자의 사업계속에 관한 자유의사가 제압·혼란될 수 있다고 평가할 수 있는 경우에 해당하지 않는다고 판시한 것,[344] ③ '미국산 쇠고기 수입 반대 내지 재협상 요구' 등을 주된 목적으로 노동조합 산하 전국 사업장에서 총파업을 실시하여 위력으로 사용자의 업무를 방해하였다는 내용으로 기소된 사안에서, 공소사실에는 근로자 182명 중 9명만이 부분파업에 참여하는 등 파업 규모로 보아 사용자의 사업운영에 심대한 혼란이나 막대한 손해가 초래되었다고 볼 수 없는 사업장까지 피해 사업장으로 적시되어 있는데 이는 사용자의 사업계속에 관한 자유의사가 제압·혼란될 수 있는 경우로 평가할 수 없는 여지가 있다고 판시한 것,[345] ④ 노조의 파업은 단체협약 갱신을 위한 쟁의행위의 진행 중 회사가 단체협약안을 부정하는 내용의 일방적인 성과급제를 실시하자 이에 반발하여 실시된 것으로서 노사 간의 단체협약, 성과급제 도입에 관한 그간의 노사 간의 입장차와 그 논의과정을 고려하면 파업의 목적 또한 노조가 궁극적으로 관철하고자 한 단체협약의 갱신과 단절되고 관련 없는 것이라고 보기 어려울 뿐 아니라 회사로서는 노조의 단체협약 갱신을 위한 쟁의행위 중에 일방적으로 성과급제를 실

---

343 대판 2011. 7. 14, 2009도11102.
344 대판 2011. 10. 27, 2009도3390. 같은 취지로 판시한 것으로 대판 2011. 10. 27, 2009도6260 참조.
345 대판 2011. 10. 27, 2010도7733. 같은 취지로 판시한 것으로 대판 2014. 3. 27, 2011도11544 참조.

시할 경우 노조가 파업에 돌입할 것을 충분히 예상할 수 있었다 할 것이므로 피고인들이 주도한 위 파업은 사용자가 예측할 수 없는 시기에 전격적으로 이루어진 것이라고 보기 어려워 위력에 해당한다고 보기 어렵다고 판시한 것,[346] ⑤ 단체교섭의 대상이 될 수 없는 가스산업 선진화 정책에 대한 반대를 주된 목적으로 한 파업의 정당성이 인정되지 않는 것은 맞지만, 피고인들이 파업 찬반투표를 실시하여 과반수의 찬성을 얻었고 파업 기간이 1일에 불과하며 필수유지업무 근무 대상자들은 파업에 참가하지 않고 근무를 계속하였고 파업이 예정되어 있음을 전제로 노사 간에 단체협약 개정 실무교섭을 하기도 한 점 등에 비추어 위 파업으로 말미암아 사용자의 사업운영에 심대한 혼란 내지 막대한 손해가 초래될 위험이 있었다고 하기 어렵고, 사용자의 사업계속에 관한 자유의사가 제압·혼란될 수 있다고 평가할 수 있는 경우에 해당하지 않는다고 볼 여지가 충분하다고 판시한 것[347] 등이 있다.

156   (d) 한편, 위 전원합의체 판결의 판단기준을 파업 내지 집단적 노무제공 거부 이외의 다른 쟁의행위에 확대 적용한 사례로는, ① 비록 상당수의 노조 조합원들이 잔업 및 특근을 거부하기는 하였으나 조합원들 모두가 동시에 일제히 잔업 및 특근을 거부한 적은 없고 사측은 그러한 잔업 및 특근 거부에 대응하여 관리직 사원 등으로 하여금 대신 작업을 진행하게 함과 아울러 신규직원을 고용하여 작업을 하게 함으로써 계속 생산이 이루어졌으며 매출 역시 지속적으로 증가한 사안에서, 피고인들을 비롯한 일부 조합원들의 잔업 및 특근 거부는 사용자가 예측할 수 없는 시기에 전격적으로 이루어져 그 사업운영에 심대한 혼란 내지 막대한 손해를 초래하였다고 보기 어려우므로 피고인들의 잔업 및 특근 거부가 사용자의 사업계속에 관한 자유의사를 제압·혼란케 할 수 있는 위력에 해당한다고 단정할 수 없다고 판시한 것(잔업·특근거부),[348] ② 철도노동조합과 산하 지방본부 간부인 피고인들이 '구내식당 외주화 반대' 등 한국철도공사의 경영권에 속하는 사항을 주장하면서 업무 관련 규정을 지나치게 철저히 준수하는 등의 방법으로 안전운행투쟁을 전개하여 열차가 지연 운행되게 한 사안

---

346 대판 2012. 1. 27, 2009도8917.
347 대판 2014. 11. 13, 2011도393.
348 대판 2014. 6. 12, 2012도2701.

에서, 열차 지연 운행 횟수나 정도(피고인들의 주도로 100여 명의 조합원들이 40일간 안전운행투쟁의 방법으로 열차 56대를 10분에서 46분간 지연 운행) 등에 비추어 안전운행투쟁으로 말미암아 한국철도공사의 사업운영에 심대한 혼란 내지 막대한 손해가 초래될 위험이 있었다고 하기 어렵고 그 결과 한국철도공사의 사업계속에 관한 자유의사가 제압·혼란될 수 있다고 평가할 수 있는 경우에 해당하지 않는다고 볼 여지가 충분하다고 판시한 것(안전운행투쟁),[349] ③ 약 2개월에 걸친 부분파업, 잔업 및 특근거부 등의 쟁의행위가 노동쟁의의 대상이 될 수 없는 사항(노조전임자, 계열사의 라인 증설 등에 관한 요구) 등을 주된 목적으로 하는 것으로서 목적의 정당성을 갖지 못하지만 위 쟁의행위가 노동조합법이 정하는 절차를 모두 거치는 등 쟁의행위에 이르게 된 절차와 경위 및 그에 대한 회사의 대응 등을 종합하면, 위 쟁의행위로 회사가 막대한 혼란 내지 손해를 입게 되었다고 볼 증거가 부족하다고 판시한 것(잔업·특근거부 등)[350] 등이 있다.

(3) 쟁의행위의 정당성

(가) 근로자의 쟁의행위는 그것이 정당한 때에 한하여 형법상의 위법성이 부정되어 처벌되지 않는다.[351] 즉, 형법 제20조의 규정은 노동조합이 쟁의행위로서 노동조합법 제1조[352]의 목적을 달성하기 위하여 한 정당한 행위에 대하여 적용된다(노동조합법 §4 본문). 다만, 어떠한 경우에도 폭력이나 파괴행위는 정당한 행위로 해석되어서는 안 된다(노동조합법 §4 단서).

157

(나) 근로자의 행위가 정당한 쟁의행위에 해당하려면, ① 주체가 단체교섭의 주체로 될 수 있는 자이어야 하고, ② 목적이 근로조건의 향상을 위한 노사 간의 자치적 교섭을 조성하는 데에 있어야 하며, ③ 사용자가 근로자의 근로조건 개선에 관한 구체적인 요구에 대하여 단체교섭을 거부하였을 때 개시하되 특별한 사정이 없는 한 조합원의 찬성결정 등 법령이 규정한 절차를 거쳐야 하

158

---

349 대판 2014. 8. 20, 2011도468. 안전운행투쟁의 방법으로 약 3시간 동안 열차 7대를 11분에서 56분간 지연 운행되게 한 사안에서 같은 취지로 판시한 것으로 대판 2014. 8. 26, 2012도14654 참조.
350 대판 2016. 3. 10, 2013도7186.
351 대판 1990. 10. 12, 90도1431.
352 노동조합법 제1조(목적) 이 법은 헌법에 의한 근로자의 단결권·단체교섭권 및 단체행동권을 보장하여 근로조건의 유지·개선과 근로자의 경제적·사회적 지위의 향상을 도모하고, 노동관계를 공정하게 조정하여 노동쟁의를 예방·해결함으로써 산업평화의 유지와 국민경제의 발전에 이바지함을 목적으로 한다.

고, ④ 수단과 방법이 사용자의 재산권과 조화를 이루어야 함은 물론 폭력의 행
사에 해당하지 아니하여야 하고, 이러한 기준은 적법한 쟁의행위에 통상 수반되
는 부수적 행위의 정당성을 판단할 때도 적용된다.[353]

159   (다) 쟁의행위의 주체는 단체교섭을 하거나 단체협약을 체결할 능력이 있는
자, 즉 노동조합이어야 한다. 다만 노동조합은 노동조합법 제2조 제4호에 규정
된 실질적 요건을 갖춘 조합이면 충분하고, 반드시 노동조합법 제10조 내지 제
12조에 따라 소정의 설립신고를 마치고 신고증을 교부받은 조합이어야 할 필요
까지는 없다.[354] 이와 관련하여 대판 1996. 1. 26, 95도1959는, 쟁의행위의 주체
인 전국기관차협의회는 적법한 절차를 거쳐 쟁의주체로서 조직된 단체가 아니
어서 단체교섭권이 없는 임의단체일 뿐 아니라 해당 쟁의는 전국기관차협의회
중앙본부의 지시에 따른 것으로 쟁의 발생신고 등 적법한 절차를 거치지도 않
았으므로 정당한 쟁의행위로서 위법성이 조각된다고 볼 수 없다고 판시하였다.

160   (라) 쟁의행위의 목적이 근로조건의 향상을 위한 노사 간의 자치적 교섭을
조성하는 것이라 함은 쟁의에 의하여 달성하려는 요구사항이 단체교섭사항이
될 수 있어야 한다는 것을 의미한다.[355] 다시 말해, 단체교섭사항이 될 수 없는
사항을 달성하려는 쟁의행위는 그 목적의 정당성을 인정할 수 없다.[356] 정리해
고나 사업조직의 통폐합, 공기업의 민영화 등 기업의 구조조정 실시 여부는 경
영주체의 고도의 경영상 결단에 속하는 사항으로서 원칙적으로 단체교섭의 대
상이 될 수 없다.[357] 따라서 그것이 긴박한 경영상 필요나 합리적인 이유 없이

---

353 대판 2022. 10. 27, 2019도10516(쟁의행위의 목적 등을 알리기 위해 무단으로 회사 방송실에 들
    어가 문을 잠근 뒤 방송하고 직원들 출입을 막은 행위는 정당행위에 해당한다고 한 사례).
354 주석형법 〔각칙(5)〕(5판), 62(이우철).
355 대판 2004. 11. 12, 2004도3324.
356 대판 2004. 8. 30, 2003도2146.
357 이에 관한 구체적 사례로서, ① 대판 2004. 11. 12, 2004도3324(이 사건에서 대법원은 1997년 외
    환위기 이후 금융기관 구조조정 과정에서 공적자금을 투입하였던 정부가 A 은행의 민영화를 통해
    공적자금을 회수하기로 하고 정부 소유의 A 은행 지분의 매각방침을 결정하자 전국금융산업노동
    조합의 정책 1국장인 피고인 등이 정부의 A 은행 지분 일괄매각방침 철회 등을 요구사항으로 내
    걸고 A 은행의 각 사업장에서 일시에 근로를 거부하는 등의 쟁의행위를 한 것은 사용자인 A 은행
    이 전혀 결정할 권한이 없는 사항이거나 경영주체의 고도의 경영상 결단에 속하는 사항의 관철을
    목적으로 한 것으로서 그 목적이 정당하다고 할 수 없다고 판시하였다), ② 대판 2007. 5. 11,
    2006도9478(이 사건에서 대법원은 피고인들을 포함한 전국철도노동조합원들이 한국철도공사의 신
    규사업 외주화 계획의 철회를 목적으로 쟁의행위를 한 것은 그 목적이 정당하지 못하여 정당한 쟁

불순한 의도로 추진되는 등 특별한 사정이 없는 한, 노동조합이 실질적으로 그 실시 자체를 반대하기 위하여 쟁의행위에 나아갈 경우, 비록 그 실시로 인하여 근로자들의 지위나 근로조건의 변경이 필연적으로 수반된다고 하더라도 그 쟁의행위는 목적의 정당성을 인정받을 수 없다.[358] 여기에서 노동조합이 '실질적으로' 그 실시를 반대한다고 함은 비록 형식적으로는 민영화 등 구조조정을 수용한다고 하면서도 결과적으로 구조조정의 목적을 달성할 수 없게 하는 요구조건을 내세움으로써 실질적으로 구조조정의 반대와 같이 볼 수 있는 경우도 포함한다.[359] 판례 중에는, 정부의 열병합발전소 민영화방침의 철회를 주장하다가 그 방침이 워낙 확고히 추진되자 실질적으로는 민영화 추진 반대를 목적으로 하면서 형식적으로는 공단 측에서 수용하기 힘든 요구사항을 내세워 파업을 개시한 경우, 파업의 목적이 정당하다고 할 수 없다고 한 것이 있다.[360]

정부는 노동관계 당사자 간에 노동관계에 관한 주장이 일치하지 아니할 경우에 노동관계 당사자가 이를 자주적으로 조정할 수 있도록 조력하여 노동쟁의의 신속·공정한 해결에 노력할 책무를 지고 있어 쟁의행위의 당사자인 사용자에 해당하지 않으므로 근로자가 정부를 상대로 정치적 문제에 관한 의사표시를 하는 것은 정당한 쟁의행위의 범위에 포함되지 아니한다.[361] 또한 노동조합은 단체협약의 유효기간 중에 단체협약에서 정한 근로조건 등에 관한 내용의 변경이나 폐지를 요구하는 쟁의행위를 하지 아니하여야 할 이른바 평화의무를 지고 있고, 이러한 평화의무가 노사관계의 안정과 단체협약의 질서형성적 기능을 담

의행위에 해당한다고 할 수 없다고 판시하였다), ③ 대판 2012. 9. 27, 2009도11788(이 사건에서 대법원은 피고인들의 쟁의행위는 그 목적이 사용자의 경영권에 속하는 사항인 팀제 시행 철회를 관철시키기 위한 것이어서 정당한 쟁의행위라고 볼 수 없다고 판시하였다) 등을 들 수 있다.

358 대판 2002. 2. 26, 99도5380; 대판 2003. 7. 11, 2003도2598; 대판 2003. 12. 11, 2001도3429; 대판 2003. 12. 26, 2001도3380; 대판 2011. 1. 27, 2010도11030; 대판 2014. 8. 20, 2011도468; 대판 2015. 2. 26, 2012도13173.

359 대판 2006. 5. 12, 2002도3450.

360 대판 2006. 5. 25, 2002도5577.

361 대판 2000. 9. 5, 99도3865; 대판 2010. 1. 14, 2008도7134(이 사건에서 대법원은 피고인이 전국금속노동조합 간부 등과 공모하여 노조원들로 하여금 '한미 FTA 체결 저지'를 목적으로 근로제공거부를 하게 한 행위는 노동조합이 정치활동의 하나로 국가기관으로 하여금 일정한 행위를 하거나 하지 못하게 할 것을 목적으로 행한 것으로서 노동관계 당사자인 사용자가 법률적, 사실적으로 처리할 수 있는 사항의 범위를 벗어난 이상 그 목적의 정당성을 인정할 수 없다고 판시하였다. 같은 취지로 판시한 것으로 대판 2010. 2. 11, 2009도2328 참조).

보하는 것인 점에 비추어 보면, 단체협약이 체결된 직후 노동조합의 조합원들이 자신들에게 불리하다는 이유만으로 위 단체협약의 무효화를 주장하면서 쟁의행위를 한 경우 그 쟁의행위에 정당성이 있다고 할 수 없다.[362]

162   한편 쟁의행위에서 추구되는 목적이 여러 가지이고 그중 일부가 정당하지 못한 경우에는 주된 목적 내지 진정한 목적의 당부에 의하여 그 쟁의목적의 당부를 판단하여야 하고, 부당한 요구사항을 제외하였더라면 쟁의행위를 하지 않았을 것으로 인정되는 경우에는 그 쟁의행위 전체가 정당성을 갖지 못한다고 보아야 한다.[363] 예컨대, ① 회사의 공장 해외양도와 관련하여 노조 측이 고용 승계 등을 요구하여 노사 양측이 단체교섭을 벌인 결과 고용·노조·단체협약 승계 합의 이후 영업양도계약을 체결하되 노조는 그 외에 다른 요구조건을 제시하지 않기로 하는 단체협약보충협약을 체결하였는데, 그 후 노조 집행부인 피고인 등이 회사 측이 위 보충협약을 위반한 바 없음에도 고용보장과 아울러 보상금의 지급 등을 새로이 요구하고 회사 측이 이를 거절하자 파업에 돌입한 사안에서, 대법원은 노조 측 쟁의행위의 진정한 목적은 보상금 지급을 관철하기 위한 것이라 할 것인데 공장의 영업양도는 회사의 구조조정을 위하여 취해진 조치로서 경영주체의 경영의사 결정에 의한 경영조직의 변경에 해당하고 그 양도대금 또한 영업활동을 통한 수익이라고 볼 수 없어 그 귀속 내지 사용에 관한 결정은 단체교섭사항이 될 수 없음에도 노조가 피고인 등의 주도하에 단체교섭 사항이 될 수 없는 보상금의 지급을 요구하며 이를 관철시킬 목적으로 쟁의행위에 나아간 것은 그 목적에 있어 정당하다고 할 수 없다고 판시하였다.[364] 또한, ② 한국조폐공사 노동조합이 임금 등 근로조건 개선을 내세워 쟁의행위에 돌입하였으나 그 주된 목적이 정부의 공기업 구조조정 및 그 일환으로 추진되는 조폐창 통폐합을 반대하기 위한 대정부 투쟁에 있는 경우,[365] ③ 철도청 소속 근로자의 근로조건 개선도 쟁의행위의 주요 원인의 하나가 되었다 하더라도 쟁의

---

362 대판 2007. 5. 11, 2005도8005.
363 대판 2002. 2. 26, 99도5380; 대판 2003. 12. 11, 2001도3429; 대판 2003. 12. 26, 2001도1863;
     대판 2003. 12. 26, 2001도3380; 대판 2011. 1. 27, 2010도11030; 대판 2014. 8. 20, 2011도468;
     대판 2015. 2. 26, 2012도13173.
364 대판 2001. 5. 8, 99도4659.
365 대판 2002. 2. 26, 99도5380. 같은 취지로 판시한 것으로 대판 2003. 12. 11, 2001도3429 참조.

행위의 직접적이고 주된 목적이 철도 민영화정책을 반대하고 그 정책의 철회를 요구하기 위한 대정부 투쟁에 있는 경우,366 ④ 쟁의행위의 주된 목적이 정부의 산업정책 내지 발전산업 경영주체의 고도의 경영상 결단에 속하는 발전산업 민영화정책을 반대하고 그 정책의 철회를 요구하기 위한 투쟁에 있는 경우,367 ⑤ 한국과학기술원 지부 노조원들의 쟁의행위의 주된 목적이 한국과학기술원의 전기·기계 등 각종 시설관리 부문의 민영화계획 저지에 있는 경우,368 ⑥ 사용자가 처리할 수 없는 사항인 '다른 노조의 파업지원을 위한 동조파업' 또는 사용자의 고유권한에 해당하는 사항인 '사용자단체의 구성'을 쟁의행위의 주된 목적으로 하는 경우,369 ⑦ 조종사노조의 쟁의행위의 주된 목적이 외국인 조종사 채용 동결, 외국인 부기장 채용 제한 등 사용자의 경영권을 본질적으로 침해하는 내용의 관철에 있는 경우,370 ⑧ 회사의 긴박한 경영상 필요에 의하여 실시되는 정리해고 자체를 전혀 수용할 수 없다는 노동조합 측의 입장 관철을 쟁의행위의 주된 목적으로 하는 경우371 등에도 대법원은 쟁의행위의 목적의 정당성을 인정하기 어렵다고 판시하였다.

판례 중에는 경영권의 본질에 속하여 단체교섭의 대상이 될 수 없는 사항에 163 관하여 사용자가 노동조합과 '합의'하여 결정하거나 시행하기로 하는 내용의 단체협약 일부 조항이 존재한다고 하더라도 쉽게 사용자의 경영권의 일부 포기나 중대한 제한을 인정하여서는 안 되고, 단체협약을 체결하게 된 경위와 당시의 상황, 단체협약의 다른 조항과의 관계, 권한에는 책임이 따른다는 원칙에 입각하여 노동조합이 경영에 대한 책임까지도 분담하고 있는지 여부 등을 종합적으로 검토하여 그 조항에 기재된 '합의'의 의미를 해석하여야 한다고 판시한 것도 있다.372

---

366 대판 2003. 2. 28, 2002도5881.
367 대판 2003. 7. 11, 2003도2598.
368 대판 2003. 12. 26, 2001도3380.
369 대판 2004. 8. 30, 2003도2146.
370 대판 2008. 9. 11, 2004도746. 같은 취지로 판시한 것으로 대판 2004. 9. 13, 2004도749 참조.
371 대판 2011. 1. 27, 2010도11030. 본 판결 평석은 노정희, "구조조정 반대를 목적으로 한 쟁의행위의 정당성", 노동법실무연구(1권): 김지형 대법관 퇴임기념(1권), 사법발전재단(2011), 652-675.
372 대판 2002. 2. 26, 99도5380. 단체협약에 '정리해고나 사업장조직 통폐합에 따른 직원의 해고 시 조합과 사전에 합의한다'는 규정이 있기는 하지만, 그와 별개로 '공사의 조직개편 및 정원 변경 시 조합과 사전에 성실히 협의한다' '사용자는 합리적이며 공정한 인사제도를 확립·운영함으로써 직원의 인사관리에 공정성이 보장되도록 하여야 하고, 다만 인사결과에 대하여 조합이 이의

[김 우 진]

164   한편, 노동조합법 제36조[373]에 따라 하나의 지역에 있어서 종업하는 동종의
근로자 중 3분의 2 이상이 하나의 단체협약의 적용을 받게 된 때에는 행정관청
의 결정에 의하여 당해 지역에서 종업하는 다른 동종의 근로자와 그 사용자에
대하여도 그 단체협약이 적용될 수 있는 여지가 있지만, 이러한 단체협약의 지
역적 구속력 결정의 효력은 협약 외 노동조합이 독자적으로 단체교섭권을 행사
하여 이미 별도의 단체협약을 체결하고 그 협약이 유효하게 존속하고 있는 경
우에는 그 노동조합이나 그 구성원인 근로자에게는 미치지 않는다. 따라서 협약
외 노동조합이 위와 같이 별도로 체결하여 적용 받고 있는 단체협약을 갱신하
거나 보다 나은 근로조건을 얻기 위한 단체교섭이나 단체행동을 하는 것을 금
지하거나 제한할 수는 없다.[374]

165   (마) 노동조합원의 찬·반투표절차를 거치지 아니한 쟁의행위의 정당성 유
무에 관해서는 대판 2001. 10. 25, 99도4837(전)[375]을 살펴볼 필요가 있다. 위
전원합의체 판결의 다수의견은, 종전 판례의 견해를 다시 확인한 것으로서 근로
자의 쟁의행위가 형법상 정당행위가 되기 위해서는 그 주체, 목적, 절차, 수단과
방법 등에서 필요한 조건을 모두 구비하여야 하는데, 특히 쟁의행위를 함에 있
어 조합원의 직접·비밀·무기명투표에 의한 찬성결정이라는 절차를 거쳐야 한
다는 노동조합법 제41조 제1항의 규정은 노동조합의 자주적이고 민주적인 운영
을 도모함과 아울러 쟁의행위에 참가한 근로자들이 사후에 그 쟁의행위의 정당
성 유무와 관련하여 어떠한 불이익을 당하지 않도록 그 개시에 관한 조합의사

가 있을 때에는 의견을 제출할 수 있다'는 규정도 있는 이 사건에서, 대법원은 위 첫째 규정은
사용자가 정리해고 등 경영상 결단을 하기 위하여는 반드시 노동조합의 사전동의를 요건으로 한
다는 취지가 아니라 사전에 노동조합에게 해고의 기준 등에 관하여 필요한 의견을 제시할 기회
를 주고 사용자로 하여금 노동조합의 의견을 성실히 참고하게 함으로써 구조조정의 합리성과 공
정성을 담보하고자 하는 '협의'의 취지로 해석함이 상당하다고 설시하였다. 같은 취지로 판시한
것으로 대판 2011. 1. 27, 2010도11030 참조.

373 노동조합법 제36조(지역적 구속력) ① 하나의 지역에 있어서 종업하는 동종의 근로자 3분의 2
이상이 하나의 단체협약의 적용을 받게 된 때에는 행정관청은 당해 단체협약의 당사자의 쌍방
또는 일방의 신청에 의하거나 그 직권으로 노동위원회의 의결을 얻어 당해 지역에서 종업하는
다른 동종의 근로자와 그 사용자에 대하여도 당해 단체협약을 적용한다는 결정을 할 수 있다.
② 행정관청이 제1항의 규정에 의한 결정을 한 때에는 지체없이 이를 공고하여야 한다.

374 대판 1993. 12. 21, 92도2247; 대판 1998. 2. 27, 97도2543.

375 본 판결 평석은 박재필, "노동조합및노동관계조정법 제41조 제1항에 정하여진 노동조합 조합원
의 직접·비밀·무기명투표 절차를 거치지 아니하고 진행된 쟁의행위의 정당성 및 업무방해죄의
성부", 21세기사법의 전개: 송민 최종영 대법원장 재임 기념, 박영사(2005), 491-502.

의 결정에 보다 신중을 기하도록 하기 위하여 마련된 규정이므로 위의 절차를
위반한 쟁의행위는 그 절차를 따를 수 없는 객관적인 사정이 인정되지 아니하
는 한 정당성이 상실된다고 판시하였다. 그러면서 다수의견은 만일 쟁의행위의
개시에 앞서 위 관계 규정에 의한 투표절차를 거치지 않은 경우에도 조합원의
민주적 의사결정이 실질적으로 확보된 때에는 단지 노동조합 내부의 의사형성
과정에 결함이 있는 정도에 불과하다고 하여 쟁의행위의 정당성이 상실되지 않
는 것으로 해석할 경우 위임에 의한 대리투표, 공개결의나 사후결의, 사실상의
찬성간주 등의 방법이 용인되는 결과에 이르게 되는데, 이는 위 관계 규정과 대
법원의 판례취지에 반하는 것이 된다는 점을 지적하고 있다.

　　이에 대하여 반대의견은, 다수의견의 견해는 민사사건이나 행정사건에 있
어서의 쟁의행위의 정당성에 관한 법리로는 일반적으로 타당한 견해이지만, 근
로자들에게 본죄의 형사책임을 묻는 형사사건에 있어서는 반드시 따라야 하는
법리라고는 할 수 없어 쟁의행위를 본죄 등 형사범죄로 처벌함에 있어서는 민
사상 또는 노동법상 쟁의행위를 평가하는 경우에 적용되는 위법성의 기준보다
는 일층 강한 정도의 위법성을 요한다고 하면서(이른바 위법의 상대성론), 쟁의행위
를 포함한 근로자의 단체행동권이 헌법상 보장되고 있는 상황에서 적극적인 위
력이나 위계와 같은 언동이 없이 소극적으로 근로제공을 거부하였을 뿐인 쟁의
행위, 즉 단순파업이나 태업에 대하여 형법상 일반 처벌법규인 본죄로 처벌하는
것은 극히 신중을 기할 필요가 있으므로 쟁의행위의 주체, 목적, 시기, 수단·방
법이 모두 정당하고 단지 일부 절차상의 결함이 있었을 뿐인 경우에는 아주 제
한된 범위에서만 그 위법성을 인정하여야 하고, 따라서 조합원의 찬·반투표절
차 없이 쟁의행위를 개시하였음을 이유로 형법상 본죄의 성립을 인정하는 대상
은 그와 같은 찬·반투표 없이 쟁의행위를 하기로 하는 결정을 주도하거나 그
결정에 적극 관여한 자에 한정되며, 그러한 결정을 주도하거나 적극 관여함이
없이 단순히 노동조합 집행부의 지시에 따라 쟁의행위에 가담한 조합원은 그
대상이 되지 않는 것으로 봄이 상당하다고 판시하였다.[376]

166

---

[376] 위 전원합의체 판결의 반대의견은 노동조합 지부의 간부들(대전지부장, 대전지부 교육선전부장,
　　 대전지부 조사통계부장)로서 그 지부에서의 쟁의행위를 수행하였음에 불과한 피고인들의 쟁의
　　 행위에 대해서는 본죄의 책임을 물을 수 없다는 결론을 도출하였다.

〔김 우 진〕　　　　　　**357**

167   (바) 집회나 시위는 다수인이 공동목적으로 회합하고 공공장소를 행진하거나 위력 또는 기세를 보여 불특정 다수인의 의견에 영향을 주거나 제압을 가하는 행위로서 그 회합에 참가한 다수인이나 참가하지 아니한 불특정 다수인에게 의견을 전달하는 과정에서 어느 정도의 소음이 발생하는 것은 부득이하므로 집회나 시위에 참가하지 아니한 일반 국민도 이를 수인할 의무가 있으며, 그 집회나 시위의 장소, 태양, 내용과 소음 발생의 수단, 방법 및 그 결과 등에 비추어 집회나 시위의 목적 달성의 범위를 넘어 사회통념상 용인될 수 없는 정도로 타인에게 심각한 피해를 주는 소음을 발생시킨 경우에는 위법한 위력의 행사로서 정당행위라고 할 수 없으나, 합리적인 범위에서는 확성기 등 소리를 증폭하는 장치를 사용할 수 있고 확성기 등을 사용한 행위 자체를 위법하다고 할 수는 없다.[377] 법원으로서는 증거법칙에 따라 다양한 증거자료를 종합하여 해당 소음이 수인한도를 넘는 것인지 여부를 판단할 수 있고, 그러한 판단에 있어서 반드시 집회 및 시위에 관한 법률 시행령에서 정하는 소음 측정방법에 따라 측정된 자료만을 사용할 수 있는 것은 아니다.[378] 판례 중에는 피고인의 A 구청 종합민원실 앞 인도에서의 옥외집회 당시 고성능 확성기 등을 사용하여 발생된 소음이 82.9dB 내지 100.1dB에 이르렀고, 청사 내에서의 전화통화·대화 등이 어려웠으며, 밖에서는 부근을 통행하기조차 곤란하였고, 인근 상인들도 소음으로 인한 고통을 호소하는 정도에 이르렀다면, 이는 위력으로 A 구청 인근 상인 및 사무실 종사자들의 업무를 방해한 경우에 해당한다고 판시한 것이 있다.[379]

168   그밖에 쟁의행위의 방법 또는 수단과 관련하여 정당성의 한계를 벗어난 것으로 본 것으로는, ① 피고인 등이 근로자 570여 명과 함께 관리직 사원 400여 명을 힘으로 밀어붙이고 본관 건물 안으로 들어가 출입자들을 통제하며 점거농성을 하던 중 건물 밖으로 나와 시위를 하면서 이를 만류하는 관리직 사원들에게 쇠파이프와 각목을 휘두르거나 건물 옥상에서 콘크리트 조각과 화염병 등을 투척하여 본관 옆 화단에 불을 내는 등으로 관리직 사원들의 업무를 방해한 경우,[380] ② 피고인들이 적법한 절차를 거치지 않고 광업소 통근버스 운행을 방해하거나

---

377 대판 2004. 10. 15, 2004도4467; 대판 2008. 9. 11, 2004도746.
378 대판 2010. 2. 11, 2009도112.
379 대판 2004. 10. 15, 2004도4467.
380 대판 1990. 6. 12, 90도672.

철제 옷장으로 광업소 출입구를 봉쇄하고 바리케이드를 설치한 후 출근한 근로자 300여 명 또는 600여 명이 탈의실에 들어가지 못하도록 하고 근로자들에게 입갱을 하지 말도록 선동하면서 탈의실을 점거농성하여 광업소의 조업을 방해한 경우,[381] ③ 설령 피고인의 주장과 같이 회사 측에서 노조 측의 단체협약 초안문을 빼내어간 행위에 항의하기 위한 수단으로 행하여진 것이라 하더라도 피고인이 오전 10:00부터 10:30까지와 오후 15:00부터 15:30까지 2차례에 걸쳐 노조 간부 등 50여 명을 인솔하여 회사 임원실 앞 복도를 점거한 채 고함을 지르고 북과 꽹과리를 치면서 직원들의 업무를 방해한 경우,[382] ④ 방송국 노동조합이 적법한 절차를 따라 파업결의를 한 후 사태를 지켜보던 중 일부 기자가 징계를 당하자 노조원 40여 명이 파업농성투쟁에 돌입할 것을 결의하고 다른 노조원들과 공동하여 방송국 보도국 사무실 일부를 점거한 채 야간에는 10여 명씩 조를 짜서 교대로 철야농성을 하고 주간에는 다 함께 모여 농성을 하면서 구호를 외치거나 징, 꽹과리를 두드리는 등 소란행위를 계속하고, 농성에 가담하지 아니하고 근무하는 직원들에게 "노조원들과 적이 되려 하느냐"는 등의 야유와 협박을 하며, 그곳에 있는 테렉스기기에 들어가는 테렉스용지를 찢거나 그 작동을 중단시키는 등으로 보도국 사무실과 그 옆 편성제작국의 뉴스보도업무 및 방송프로그램 편성제작업무 등을 방해한 경우[383] 등이 있다.

한편 정당성의 범위 내에 있는 것으로 본 것으로는, ① 시위행위가 병원의 업무개시 전 또는 점심시간을 이용하여 현관 로비에서 이루어졌고 쟁의행위의 방법으로 구호를 외치고 노동가 등 노래를 합창하거나 피켓을 들고 침묵시위를 하며 행진하는 등 폭력행위를 수반하지 아니한 경우,[384] ② 피고인이 공사 노조 간부 등과 함께 6일간 매일 출근시간 전인 08:00경부터 08:50경까지 사이에 공사 본사 1층 현관 및 승강기 앞에서 노조원 6명 내지 10여 명을 동원하여 피켓을 들고 '신규인원 공개채용, 조합원 승진약속 이행' 등의 구호를 외치고 노동가를 제창하였을 뿐 출근하는 직원들을 막아선 바 없고, 24시간 가동되는 본사

169

---

[381] 대판 1990. 7. 10, 90도755. 비슷한 사례에 관하여 판시한 것으로 대판 1992. 8. 14, 91도1277 참조.
[382] 대판 1991. 7. 12, 91도897.
[383] 대판 1992. 5. 8, 91도3051.
[384] 대판 1992. 12. 8, 92도1645.

4층 종합관제실에는 방음장치가 잘 구비되어 있어 피고인 등의 구호와 노동가를 들을 수도 없을 정도였던 경우,[385] ③ 피고인들이 폭력행위를 수반하지 않은 채 대부분 업무 시작 시간 전에 공단건물 밖에서 구호를 외치는 등 시위를 하고 농성기간 중 1층 로비와 10층 복도의 휴게공간의 일부를 주로 업무시간을 마친 야간에 숙소로 사용하여 농성한 경우[386] 등이 있다.

170　　　　(사) 쟁의행위가 정당행위로 위법성이 조각되는 것은 사용자에 대한 관계에서 인정되는 것이므로 쟁의행위가 제3자의 법익을 침해한 경우에는 원칙적으로 정당성이 인정되지 않는다.[387] 예컨대, 도급인은 원칙적으로 수급인 소속 근로자의 사용자가 아니므로 수급인 소속 근로자의 쟁의행위가 도급인의 사업장에서 일어나 도급인의 법익을 침해한 경우에는 사용자인 수급인에 대한 관계에서 쟁의행위의 정당성을 갖추었다는 사정만으로 도급인에 대한 관계에서까지 법령에 의한 정당한 행위로서 위법성이 조각된다고 볼 수는 없다.[388] 다만, 도급인의 사업장은 수급인 소속 근로자들이 실제 근로를 제공하는 장소이고 도급인 역시 수급인 소속 근로자들이 제공하는 근로에 의하여 일정한 이익을 누리고 있다는 점에서 사용자인 수급인에 대하여 정당성을 갖춘 쟁의행위가 도급인의 사업장에서 이루어져 도급인의 법익을 침해하였다고 하여 그것이 항상 위법하다고 볼 것은 아니고, 법질서 전체의 정신이나 그 배후에 놓여 있는 사회윤리 내지 사회통념에 비추어 용인될 수 있는 행위에 해당하는 경우에는 법령에 의한 정당한 행위로서 위법성이 조각된다.[389]

171　　　　(아) 쟁의행위의 정당성 유무는 쟁의행위가 발생한 각 사업장별로 판단하여야 한다. 이른바 '시기집중 동시파업'이란 단위사업장 노동조합의 단체교섭과 쟁의행위 시기를 한 시기로 집중하는 것으로서 만일 원만하게 단체교섭이 타결되

---

385 대판 2004. 9. 23, 2004도3394.
386 대판 2007. 9. 20, 2007도5605.
387 대판 2020. 9. 3, 2015도1927.
388 대판 2020. 9. 3, 2015도1927.
389 대판 2020. 9. 3, 2015도1927. 이 사건에서 대법원은 정당행위 해당 여부를 판단하기 위해서는 쟁의행위의 목적과 경위, 쟁의행위의 방식·기간과 행위 태양, 해당 사업장에서 수행되는 업무의 성격과 사업장의 규모, 쟁의행위에 참여하는 근로자의 수와 이들이 쟁의행위를 행한 장소 또는 시설의 규모·특성과 종래 이용관계, 쟁의행위로 인해 도급인의 시설관리나 업무수행이 제한되는 정도, 도급인 사업장 내에서의 노동조합 활동 관행 등 여러 사정을 종합적으로 고려하여야 한다고 판시하였다.

지 못하여 단위사업장의 노동조합이 쟁의행위에 돌입하게 될 경우 그 시기를 노동조합연맹에서 정한 시기에 맞추어 들어감으로써 파업에 대한 사회적 관심을 이끌어내기 위한 것인데, 각 단위사업장 노동조합의 쟁의행위가 노동조합연맹에서 정한 시기에 맞추어 발생하였다고 하여 그 쟁의행위가 곧 불법으로 되는 것은 아니며, 그 각 쟁의행위의 정당성은 각 단위사업장별로 적법요건을 갖추었는지 여부에 달려있다.[390]

(자) 노동조합 규약에 단체협약안에 대하여 조합원의 결의로 동의를 얻어야 **172** 효력을 갖는다는 내용이 있다면, 비록 조합원들이 노동조합을 결성하면서 단체협약의 체결에 관한 사항을 위원장과 중앙집행위원회에 위임하기로 의결하였다고 하더라도 노동조합 측에서 그와 같이 별도의 위임까지 받았다는 사정을 회사 측에 통보하지 않은 이상, 회사 측으로서는 노사 쌍방 간의 타협과 양보의 결과로 단체협약 요구안에 대하여 합의를 도출하더라도 노동조합 총회에서 그 단체협약안을 받아들이기를 거부하여 단체교섭의 성과를 무로 돌릴 위험성이 있어 최종적인 결정 권한이 확인되지 않은 교섭대표와 성실한 자세로 교섭에 임할 것을 기대할 수 없으므로 노동조합 측에서 회사 측의 단체협약 체결권한에 대한 의문을 해소시켜 줄 수 있음에도 불구하고 이를 해소시키지 않은 채 단체교섭만을 요구하였다면 단체교섭을 위한 진지한 노력을 다하였다고 볼 수 없고, 따라서 그러한 상황에서 가진 단체교섭이 결렬되었다고 하더라도 이를 이유로 하는 쟁의행위는 그 목적과 시기, 절차에 있어서 정당한 쟁의행위라고 볼 수 없다.[391]

(차) 구 노동조합법(2006. 12. 30. 법률 제8158호로 개정되기 전의 것, 이하 같다.) 제 **173** 62조 제3호, 제63조는[392] 필수공익사업에 있어서 노사 양측의 극단적인 이해 대

---

390 대판 2002. 11. 13, 2002도4090; 대판 2011. 11. 10, 2009도3566. 판례의 입장과 달리 근로자의 임금이나 노동시간 등 단위사업장의 근로조건 향상을 위한 파업뿐만 아니라 파견근로자, 정리해고, 실업대책, 비정규직 문제 등 전국적인 차원에서 근로조건 개선을 위한 정치적 파업도 허용되어야 한다는 견해로 박상기, "파업과 업무방해죄", 형사판례연구 [20], 한국형사판례연구회, 박영사(2012), 402-403 참조.
391 대판 2000. 5. 12, 98도3299.
392 구 노동조합법 제62조(중재의 개시) 노동위원회는 다음 각 호의 1에 해당하는 때에는 중재를 행한다.
  3. 제71조 제2항의 규정에 의한 필수공익사업에 있어서 노동위원회 위원장이 특별조정위원회의 권고에 의하여 중재에 회부한다는 결정을 한 때
제63조(중재시의 쟁의행위의 금지)

립과 갈등으로 파업이 빈발하면 공중의 일상생활을 마비시키고 국민경제가 붕괴의 위험에 처할 수 있으므로 노사 간 합의 대신 노동위원회의 중재를 통한 쟁의의 해결이 가능하도록 함으로써 공중의 일상생활을 유지하고 국민경제를 보전하고자 하는 데에 그 입법목적이 있는 것으로서, 만약 지방노동위원회가 중재에 회부한 때로부터 15일 이내에 쟁의행위를 하였다면 그 시기와 절차가 구 노동조합법의 규정을 위반한 것이 되어 정당한 쟁의행위라고 할 수 없다.[393] 한편 구 노동조합법이 2006년 12월 30일 법률 제8158호로 개정되면서 필수공익사업에 대한 직권중재제도가 폐지되었다고 하더라도, 개정된 법률 부칙 제5조에서 "이 법 시행 전에 행한 행위에 대한 벌칙의 적용에 있어서는 종전의 규정에 따른다."고 명문으로 규정하고 있으므로 구 노동조합법에 의해 필수공익사업에 대해 직권중재회부결정이 있었음에도 회부결정 후 15일 이내에 쟁의행위를 한 경우 그 가벌성이 위와 같은 법률의 개정으로 인하여 소멸되었다고 볼 수 없다.[394]

(4) 쟁의행위의 보조수단

174   근로자 또는 노동조합의 쟁의권은 노동력의 집단적 거래로서의 측면을 갖는 단체교섭에 있어서 사용자에게 경제적 압력을 넣는 권리이고, 이러한 경제적 압력을 유지·강화하기 위하여 사용자가 다른 노동력을 사용하거나 거래선을 확보하는 것을 방해할 수 있는 권리이므로 쟁의권에 의하여 보호되는 쟁의행위는 근로자집단이 그 주장을 관철할 목적으로 노무의 제공을 완전 또는 불완전하게 정지하는 행위는 물론, 필요에 따라 위 노무 정지를 유지하기 위한 피케팅[395]이나 보이콧[396]을 포함한다.[397] 특히, 쟁의행위 중 파업은 그 노무 정지의 효율성

노동쟁의가 중재에 회부된 때에는 그 날부터 15일간은 쟁의행위를 할 수 없다.

[393] 대판 2003. 12. 26, 2001도1863; 대판 2004. 9. 23, 2004도3394.
[394] 대판 2008. 12. 24, 2007도10896.
[395] 피케팅이란 파업참가자들의 파업이탈을 감시하고 파업에 참가하지 않은 근로자들이 사업장에 출입하는 것을 저지하거나 파업에 동참할 것을 요구하는 한편, 일반인들로 하여금 노동조합의 요구를 이해하고 지지하도록 문건을 작성하여 게시·비치·배부하는 행위를 말한다[노동조합 및 노동관계조정법 주해 I, 244(신권철·이용구)].
[396] 보이콧이란 근로자들이 사용자가 취급하는 제품의 불매, 시설이용의 거절을 결의하거나 일반인들에게 불매 또는 시설 불이용을 호소하는 행위(1차 보이콧) 또는 사용자와 거래관계에 있는 제3자에게 사용자와의 거래를 단절할 것을 요구하고 이에 불응하는 경우 제3자의 제품 구입이나 그에 대한 노동력의 공급 거부를 호소하는 행위(2차 보이콧)를 말한다[노동조합 및 노동관계조정법 주해 II, 355(정재헌)].
[397] 대판 1990. 5. 15, 90도357.

을 확보, 강화하기 위하여 그 보조수단으로 피케팅, 보이콧을 동반하거나 직장에 체류하여 연좌 농성하는 직장점거398 등을 동반하기도 하므로 그 자체를 위법하다고 할 수는 없다.399

　　그러나 이 경우 피케팅은 파업에 가담하지 않고 조업을 계속하려는 자에 　175
대한 평화적 설득, 구두와 문서에 의한 언어적 설득의 범위 내에서 정당성이 인정되는 것이 원칙이고, 폭행·협박 또는 위력에 의한 실력적 저지나 물리적 강제는 정당화될 수 없다.400 예컨대, ① 피고인들이 병원에서 근무하는 비노조원들을 협박하거나 기물을 손괴하고 사진을 찍으면서 위력을 행사하여 파업에 동참할 것을 강요한 행위는 피케팅의 정당한 범주를 벗어나 병원의 정상적인 조업을 방해하고 사용자의 병원운영을 방해한 행위로서 정당성을 결한 것이고,401 마찬가지로 ② 피고인들이 '전국민주버스노동조합'이라고 프린트 된 검정조끼를 입고 '단결투쟁'이라는 붉은색 띠를 이마에 두른 채 여러 명씩 조를 짜서 각 해당 버스에 탑승하여 운전기사들에게 욕설을 하고 구호를 외치며, 운행정지 중에 운전기사들의 멱살을 잡고 욕설을 하는 등으로 운전기사들의 버스 운행업무를 방해한 행위는 정당한 피케팅의 범위를 벗어나는 위법한 행위에 해당한다.402

　　또한 직장점거 또는 사업장시설의 점거는 파업 시 사용자에 의한 방해를 막　176
고 상황에 기민하게 대처하기 위하여 퇴거하지 않고 사용자의 의사에 반하여 직장에 체류하는 쟁의수단이므로, 사용자 측의 점유, 출입이나 관리지배를 완전히 배제하지 않고 그 조업도 방해하지 않는 부분적·병존적 점거일 경우에 한하여 정당성이 인정되는 것이고, 이를 넘어 사용자의 기업시설을 전면적, 배타적으로 점거하여 조합원 이외의 자의 출입을 저지하거나 사용자 측의 관리지배를 배제하여 업무의 중단 또는 혼란을 야기하는 것과 같은 행위는 사용자의 시설관리권능에 대한 침해로서 정당화될 수 없다.403 이에 관하여는 앞서 언급한 점거농성 관

---

398 직장점거란 쟁의기간 중에 근로자들이 그 결속을 공고히 함으로써 이탈 내지 붕괴를 막거나 비조합원 등의 대체인력에 의한 조업을 저지하기 위하여 기업시설을 점거하는 행위를 말한다[노동조합 및 노동관계조정법 주해 I, 243(신권철·이용구); 大塚 外, 大コン(3版)(12), 232(佐々木正輝)].
399 대판 2003. 12. 26, 2003도1317.
400 대판 1990. 10. 12, 90도1431; 대판 2003. 12. 26, 2003도1317; 대판 2006. 8. 24, 2006도3552.
401 대판 2003. 12. 26, 2003도1317.
402 대판 2008. 6. 26, 2006도5922.
403 대판 1990. 5. 15, 90도357; 대판 1990. 10. 12, 90도1431; 대판 1991. 6. 11, 91도383; 대판

런 판례들이 참고가 될 수 있으며, 그 외에도 예컨대, ③ 보험회사의 노조 쟁의대
책위원회의 총무가 쟁의대책위원 등과 공모공동하여 일요일을 제외한 1주일 동안
매일 약 1,500명 내지 2,000명의 노조원들을 동원하여 18:00경에 회사 건물 1층
로비에서 정기적으로 당일 참가노조원의 총회를 갖고, 그 이전 근무시간에는 쟁
의대책위원회에서 지정한 대로 건물 1층 로비, 5층 계약부 영업장 등의 사무실
앞 복도 등에 플래카드와 대자보를 붙이고 다수의 인원으로 농성장을 점거하여
고객 및 근무사원들의 통행을 방해하는 한편, 영업대 등을 점거하거나 사무실 진
입을 시도하면서 관리직사원들과 몸싸움과 욕설 등을 하고 수시로 다수인원이 이
동하면서 엘리베이터를 사용하여 타인이 이용하지 못하도록 하며, 복도를 점거하
고 출입문을 다중의 힘으로 봉쇄하여 감금하는 등의 방법으로 점거농성을 하였다
면, 이러한 쟁의행위는 직장 또는 사업장시설의 전면적 또는 배타적인 점거에 해
당하여 정당성을 인정하기 어렵고,[404] 마찬가지로 ④ 피고인들이 병원의 출입구
이자 외래·입원환자의 접수업무를 하고 있는 병원 1층 로비에서 4개월 이상 숙
식을 하고 노동가 등을 외치면서 계속하여 철야농성을 하여 상당수의 외래진료환
자를 돌아가게 하고 입원환자들마저 퇴원하게 하여 병원의 업무를 방해함으로써
조업 중단에 이르게 하였다면, 이 역시 사실상 병원을 전면적·배타적으로 점거한
행위로서 위법하다[405]고 판시한 것이 있다. 반면, ⑤ 피고인들을 비롯한 노동조
합의 조합원들이 A 협회의 사무실 일부를 점거하였으나 위 부분은 전체 약 40평
의 사무실 내부에 칸막이로 구분되어 있는 약 15평의 공간으로서 협회 직원들이
나 임원들이 통상적인 업무를 수행하는 공간이 아니라 비상근인 협회장과 임원들
이 1달에 1-2회 정도 임원회의 등을 하는 공간인데, 위 사무실 일부 점거기간 동
안 협회장과 임원들이 위 공간을 사용할 수 없게 되어 음식점 등에서 임원회의를
개최하게 된 정도라면, 피고인들의 점거행위는 사용자 측의 출입이나 관리지배를
배제하지 않는 부분적, 병존적 점거에 지나지 않는 것으로서 그로 인한 불편은 사
용자가 수인하여야 할 범위 내라고 봄이 상당하다고 판시한 것도 있다.[406]

    2003. 12. 26, 2003도1317; 대판 2004. 5. 27, 2004도689; 대판 2006. 8. 24, 2006도3552; 대판
    2007. 12. 28, 2007도5204; 대판 2021. 9. 16, 2015도12632.
404 대판 1991. 6. 11, 91도383.
405 대판 2003. 12. 26, 2003도1317.
406 대판 2007. 12. 28, 2007도5204. 본 판결 평석은 김선수, "직장점거, 직장폐쇄 및 퇴거불응죄 관련

보이콧의 경우에도 폭행·협박·허위선전 등 위법한 실력행사나 위력에 의 　177
하지 않아야 정당성을 인정할 수 있을 것이다.[407]

(5) 기타

(가) 노동쟁의는 특별한 사정이 없는 한 조정절차를 거쳐야 하지만, 노동조 　178
합이 노동위원회에 노동쟁의 조정신청을 하여 조정절차가 마쳐지거나 조정이
종료되지 아니한 채 조정기간이 끝나면 노동위원회의 조정결정이 없더라도 조
정절차를 거친 것으로 보아야 한다.[408] 한편 노동조합법 제45조의 조정전치에
관한 규정의 취지는 분쟁을 사전 조정하여 쟁의행위 발생을 회피하는 기회를
주려는 데에 있는 것이지 쟁의행위 자체를 금지하려는 데에 있는 것이 아니므
로, 쟁의행위가 조정전치의 규정에 따른 절차를 거치지 아니하였다고 하여 무조
건 정당성이 결여된 쟁의행위라고 볼 것은 아니고 그 위반행위로 말미암아 사
회·경제적 안전이나 사용자의 사업운영에 예기치 않은 혼란이나 손해를 끼치는
등 부당한 결과를 초래할 우려가 있는지의 여부 등 구체적 사정을 살펴서 그 정
당성 유무를 가려 형사상 죄책 유무를 판단하여야 한다.[409]

(나) 노동조합법 시행령 제17조에서 규정하고 있는 쟁의행위의 일시·장소· 　179
참가인원 및 그 방법에 관한 서면신고의무는 쟁의행위를 함에 있어 그 세부적·
형식적 절차를 규정한 것에 불과하여 쟁의행위에 적법성을 부여하기 위하여 필
요한 본질적인 요소라고 할 것은 아니므로, 노동쟁의 조정신청이나 조합원들에
대한 쟁의행위 찬반투표 등의 절차를 거친 후 이루어진 쟁의행위에 대하여 위
와 같은 신고절차의 미준수만을 이유로 그 정당성을 부정할 수는 없다.[410]

　　판결 검토", 노동법실무연구(1권): 김지형 대법관 퇴임기념(1권), 사법발전재단(2011), 590-616.
407　주석형법 [각칙(5)](5판), 67(이우철).
408　대판 2001. 6. 26, 2000도2871; 대판 2003. 12. 26, 2001도1863; 대판 2004. 9. 13, 2004도749
　　　[이 사건에서 대법원은 노동위원회로부터 조정신청 사건이 조정대상이 아니어서 계속적인 교섭
　　　에 의한 당사자 간 자주적인 노력(임금협약 사항) 또는 노사협의(단체협약 사항) 등을 통해 해결
　　　하라는 권고를 받았다면 조정종결원인과 관계없이 조정은 종료된 것이므로 조정절차를 거친 것
　　　으로 보아야 한다고 판시하였다]; 대판 2008. 9. 11, 2004도746.
409　대판 2000. 10. 13, 99도4812; 대판 2004. 5. 27, 2004도689.
410　대판 2007. 12. 28, 2007도5204. 노동조합법 시행 전 노동쟁의조정법 당시의 신고절차의 미준수
　　　에 관하여 같은 취지로 판시한 대판 1992. 9. 22, 92도1855의 평석과 관련하여 김대휘, "쟁의행
　　　위에 있어서 업무방해와 정당성", 형사판례연구 [2], 한국형사판례연구회, 박영사(1994), 66-89
　　　참조.

〔김 우 진〕

180   (다) 근로자가 노동조합을 조직하거나 가입했을 때에는 단체행동권으로서
쟁의권과 조합활동권이 있음은 노동조합법 제4조가 '노동조합이 단체교섭·쟁의
행위 기타의 행위로서 제1조의 목적을 달성하기 위하여 한 정당한 행위' 전반에
대하여 형사면책을 할 것을 확인하고 특별히 쟁의행위로서 정당한 것이라고 한정
하지 않고 있다는 점에서 분명할 뿐 아니라, 실제상으로도 쟁의행위와 단체교섭
이외의 단결체의 행동(전형적으로 유인물 배포, 집회, 머리띠 착용 등)을 일정한 범위
내에서 보장할 필요성이 있다는 점에서 이를 인정하여야 한다.[411] 이러한 조합활
동권도 쟁의권과 함께 정당성이 있는 범위 내에서 형사면책이 된다.[412]

181   조합활동권에 의한 조합활동이 정당성을 인정받으려면, 첫째 행위의 성질
상 노동조합의 활동으로 볼 수 있거나 노동조합의 묵시적인 수권 또는 승인을
받았다고 볼 수 있어야 하고, 둘째 근로조건의 유지·개선과 근로자의 경제적
지위의 향상을 도모하기 위하여 필요하고 근로자들의 단결강화에 도움이 되는
행위이어야 하며, 셋째 취업규칙이나 단체협약에 별도의 허용규정이 있거나 관
행 또는 사용자의 승낙이 있는 경우 외에는 취업시간 외에 행하여져야 하고, 사
업장 내의 조합활동에 있어서는 사용자의 시설관리권에 바탕을 둔 합리적인 규
율이나 제약에 따라야 하며, 폭력과 파괴행위 등의 방법에 의하지 않는 것이어
야 한다는 요건을 모두 갖추어야 한다.[413] 이에 관한 판례를 보면, ① 피고인들
이 근무시간 중에 조합간부들과 공동하여 지하철공사의 사무실 내의 집기 등을

---

411 대판 1990. 5. 15, 90도357.
412 대판 1990. 5. 15, 90도357. 조합활동인지 아니면 쟁의행위인지 구분하기가 쉽지 않은 경우도
있는데, 이와 관련하여 판례 중에는, 농성·시위의 목적이 임금인상 등 근로조건에 관한 노동조
합의 주장을 관철하는 데에 있었고, 그 수단에 있어서도 비록 정상근무를 마친 조합원들에 의하
여 행해지긴 하였으나 일과시간 중에 또는 회사 내부의 근무지침에 위반하여 근무 후 퇴근을 거
부하면서 회사 본관건물 일부를 점거한 채 또는 공장 내에서 구호를 외치고 노래를 부르며 농성
또는 시위를 하여 회사의 정상적인 업무 운영이 일부 저해되는 결과를 발생하게 하였다면, 그러
한 농성·시위는 단순한 노동조합의 목적달성을 위한 통상적인 조합활동이라기보다는 쟁의행위
라고 보아야 할 것이라고 판시한 것(대판 1992. 9. 22, 91다4317), 산업별 노조 지부 산하 지회
를 위하여 산업별 노조가 주체가 되어 사용자와 사이에 진행하던 단체교섭이 결렬되자 지회 및
그 소속 조합원들이 그 주장을 관철할 목적으로 거행한 집회 형식의 쟁의행위에 산업별 노조 지
부 조합원들이 참여한 행위는 지회 및 그 소속 조합원들의 쟁의행위를 지원·조력하기 위한 산
업별 노조의 조합활동으로서의 성격을 가진다고 할 것이라고 판시한 것(대판 2020. 7. 9, 2015
도6173) 등이 있다.
413 대판 1992. 4. 10, 91도3044; 대판 1994. 2. 22, 93도613; 대판 2004. 5. 27, 2004도689.

부수고 적색 페인트, 스프레이로 복도계단과 사무실 벽 등 200여 군데에 '노동해방' '양키고홈' 등의 낙서를 하여 수리비 4,290만 원이 소요되는 재물손괴를 한 것은 조합활동권의 정당성의 범위 밖에 속한다거나,[414] ② 전보된 노조원의 원직 복귀를 요구하였으나 거절당하고 그 과정에서 노조원이 폭행당하였음을 구실로 노조 간부 및 노조원 80여 명과 농성에 돌입한 후 병원 복도를 점거하여 철야농성을 하면서 노래와 구호를 부르고 인사계장 등이 농성 중인 노조원들에게 대기발령통지서 및 해고예고통지서를 전달하려고 하자 위 통지서를 탈취하는 한편, 병원 2층 로비에서 집회를 하면서 로비로 통하는 문을 닫아 출입자를 통제하거나 배식대를 선회하며 직원들에게 욕설을 하는 등 배식작업을 방해하거나 병원장을 방에서 나오지 못하게 한 것은 다중의 위력을 앞세워 근무 중인 병원 직원들의 업무를 적극적으로 방해한 행위로서 노동조합활동의 정당성의 범위를 벗어난 것이라고[415] 판시한 것이 있다. 반면에, ③ 노조 사무국장, 쟁의부장, 부위원장인 피고인들이 쟁의발생신고를 한 후 회사 측과 협상이 이루어지지 않자 쟁의행위 돌입 여부에 대한 찬반투표 실시를 위하여 회사에 대하여 2회에 걸쳐 서면으로 노조 임시총회 개최에 대한 협조를 요청하였으나 회사 측에서 이를 거부하자 야간근무조합원들을 포함한 전체 조합원이 참석할 수 있도록 오전 근무시간 중에 회사 본관 앞 광장에서 노동조합 임시총회를 개최하고 3시간에 걸친 투표 후 1시간의 여흥시간을 가진 사안과 관련하여, 조합원 투표가 쟁의행위를 하기 위한 필수적 요건이라는 점, 2회의 서면통보를 통해 회사가 이에 대비할 여유가 충분히 있었던 점, 전체 조합원이 총회에 참석하기 위해서는 야간근무가 끝나고 주간근무가 시작되는 교대시간에 총회를 소집하는 것이 필요하였던 점, 쟁의행위 개시 여부를 결정하기 위해 의견교환 등이 필요하였을 것으로 보이는 점, 1시간의 여흥은 임시총회 중 찬반투표를 실시하고 남는 시간에 부수적으로 치러진 행사로서 전체 예정시간 중의 일부 시간 안에 치러진 데 불과한 점 등을 고려하면 위 임시총회 개최행위는 전체적으로 정당한 노동조합활동에 해당한다고 볼 수 있다고 판시한 것도 있다.[416] 그리고 ④ 조합활동이

---

414 대판 1990. 5. 15, 90도357.
415 대판 1992. 4. 10, 91도3044.
416 대판 1994. 2. 22, 93도613.

근무시간 외에 사업장 밖에서 이루어진 경우라 하더라도 사용자의 이익을 배려해야 할 근로자의 근로계약상 성실의무는 거기까지도 미친다고 보아야 하므로 그 점도 이행되어야 한다.[417]

182 　　　(라) 노동조합이 파업을 예고한 상황에서 파업 예정일 하루 전에 사용자인 공사 측 교섭위원(기술본부장)이 산하 부서 직원들을 상대로 설명회 등 특별교육을 실시하려고 하자 노동조합 간부인 피고인들이 직원들의 교육장 진입을 막는 등 위력으로 위 교섭위원의 업무를 방해하였다는 내용으로 기소된 사안에서, 대법원은 비록 특별교육이 파업이 임박한 시기에 예정된 것이라고 하더라도 그것이 공사의 전반적 현황과 파업이 미치는 영향을 토대로 파업 참여에 신중할 것을 호소·설득하는 등 사용자 입장에서 노동조합이 예정한 파업방침에 대하여 비판적 견해를 표명한 것으로서 사용자 측에 허용된 언론의 자유의 범위를 벗어난 것이라고 보기 어려운 측면이 있다면 이를 두고 '근로자가 노동조합을 운영하는 것을 지배하거나 이에 개입하는 행위'라고 단정해서는 곤란하다고 판시한 바 있다.[418]

5. 기수시기

183 　　　앞서 본 바와 같이 본죄는 업무를 방해할 우려가 있는 상태가 발생하면 충분한 추상적 위험범이다.[419] 본죄의 기수 여부와 관련하여, 대판 2017. 2. 21, 2016도15144는 피고인이 게임회사들이 제작한 모바일게임의 이용자들의 게임머니나 능력치를 높게 할 수 있는 변조된 게임프로그램을 불상의 해외 인터넷사이트에서 다운로드받은 다음 모바일 어플리케이션 수정 프로그램을 이용하여 피고인이 위와 같은 게임프로그램을 제공한다는 것을 나타내는 문구가 게임프

---

417 대판 1990. 5. 15, 90도357.
418 대판 2013. 1. 31, 2012도3475. 이 사건에서 원심은 위 특별교육이 노동조합 운영에 대한 지배·개입의 부당노동행위로서 보호대상이 되는 업무에 해당하지 않는다고 판단하였는데, 대법원은 법리오해의 위법이 있음을 이유로 파기하였다. 같은 취지로 판시한 것으로 대판 2013. 1. 10, 2011도15497 및 대판 2016. 6. 23, 2013도6617 각 참조.
419 판례와 마찬가지로 학설은 대부분 추상적 위험범설을 취하고 있다[김성돈, 263; 김일수·서보학, 181; 박상기, 198; 박상기·전지연, 557; 손동권·김재윤, §15/25; 신동운, 792; 오영근, 192; 이재상·장영민·강동범, §13/19; 임웅, 273; 정성근·박광민, 216; 정영일, 110; 大塚 外, 大コン(3版)(12), 219(坪內利彦=松本 裕), 132(佐々木正輝)]. 다만, 구체적 위험범설을 취하거나(배종대, §52/15) 침해범설을 취하는 견해[김태명(주 212), 123-133]도 있다.

로그램 실행 시 화면에 나올 수 있도록 게임프로그램을 변조한 후, 피고인이 직접 개설한 모바일 어플리케이션 공유사이트 게시판에 접속한 사람들로 하여금 이를 공유할 수 있도록 위와 같이 변조한 게임프로그램들을 게시·유포하여 위계로써 게임회사들의 정상적인 영업업무를 방해하였다고 기소된 사안에서, 게임이용자가 변조된 게임프로그램을 자신의 모바일 기기에 설치하고 이를 실행하여 게임서버에 접속할 때 게임회사로서는 변조된 게임프로그램을 설치·실행하여 서버에 접속한 게임이용자와 정상적인 게임프로그램을 설치·실행하여 서버에 접속한 게임이용자를 구별할 수 없게 되므로 게임이용자가 변조된 게임프로그램을 설치·실행하여 게임서버에 접속하여야 비로소 게임회사에 대한 위계에 의한 업무방해죄가 성립한다고 설시한 뒤, 피고인이 어떠한 방법으로 변조된 게임프로그램을 실행하여 그 게임서버에 접속하였는지에 관한 특정 없이 피고인이 변조된 게임프로그램을 게시·유포하였다는 공소사실 기재 행위만으로는 위계에 의한 업무방해죄가 성립한다고 볼 수 없다고 판단하였다. 본죄에는 미수범 규정이 없으므로 어떤 행위가 타인의 업무를 방해할 우려가 있는 상태에도 이르지 못할 경우 처벌 대상이 되지 않는다.

6. 위법성 및 책임

(1) 위법성조각사유

(가) 정당행위

(a) 제20조 소정의 '사회상규에 위배되지 아니하는 행위'라 함은 법질서 전체의 정신이나 그 배후에 놓여 있는 사회윤리 내지 사회통념에 비추어 용인될 수 있는 행위를 말한다.[420] 어떠한 행위가 사회상규에 위배되지 않는 정당한 행위로서 위법성이 조각되는 것인지는 구체적인 사정 아래에서 합목적적, 합리적으로 고찰하여 개별적으로 판단하여야 하는데, 정당행위로 인정되기 위해서는, 첫째 그 행위의 동기나 목적의 정당성, 둘째 행위의 수단이나 방법의 상당성, 셋째 보호이익과 침해이익과의 법익균형성, 넷째 긴급성, 다섯째 그 행위 이외의 다른 수단이나 방법이 없다는 보충성 등의 요건을 갖추어야 한다.[421]

184

---

420 대판 2007. 12. 27, 2007도4850; 대판 2020. 9. 24, 2017도2076.
421 대판 1996. 11. 12, 96도2214; 대판 2009. 1. 15, 2008도9410; 대판 2020. 9. 24, 2017도2076.

〔김 우 진〕　　　　　　　　　　　　　　　　　　　　**369**

185   (b) 정당행위 여부가 문제로 되는 것 중 하나가 단전·단수조치이다. 단전·단수조치가 근거규정 등에 따른 조치 내지 권리행사로 볼 수 있는 경우 정당행위로 평가하는 것이 판례의 기본적 입장이지만, 근거규정 등에 따른 권리행사라고 하여 당연히 그 정당성을 인정하는 것은 아니라고 보인다.

186   판례 중에는, ① 피고인이 시장번영회의 회장으로서 시장번영회에서 제정하여 시행 중인 관리규정을 위반하여 칸막이를 천장에까지 설치한 일부 점포주들에 대하여 단전조치를 취한 것은 관리규정에 따라 상품진열 및 시설물 높이를 규제함으로써 시장기능을 확립하기 위하여 적법한 절차를 거쳐 시행한 것이고, 그 수단이나 방법에 있어서도 번영회를 운영하기 위한 효과적인 규제수단으로서 회원들의 동의를 얻어 시행되고 있는 관리규정에 따라 전기공급자의 지위에서 그 공급을 거절한 것이므로 정당하다거나,[422] ② 백화점 입주상인들이 영업을 하지 않고 매장 내에서 점거 농성만을 하면서 매장 내의 기존의 전기시설에 임의로 전선을 연결하여 각종 전열기구를 사용하는 등 화재위험이 높아 백화점 경영 회사의 대표이사인 피고인이 단전조치를 취한 것은 그 조치 당시 보호받을 업무가 존재하지 않았을 뿐 아니라 화재예방 등 건물의 안전관리를 위한 정당한 권한 행사 범위 내의 행위에 해당하여 본죄를 구성한다고 볼 수 없다거나,[423] ③ 피고인이 백화점에서 점포를 운영하는 상인들로 구성된 번영회의 회장으로서 백화점 내 번영회 소유의 점포를 임차하여 볼링장 영업을 하던 A가 영업부진으로 8년여에 걸쳐 약 5,500만 원의 차임과 약 1억 3,400만 원의 관리비를 연체함에 따라 A에게 연체된 관리비 등의 지급을 독촉하는 한편 관리비를 연체할 경우 단전·단수·영업정지 등 조치를 취할 수 있게 되어 있는 관리규정에 따라 수차례 단전·단수를 경고하였는데, A가 적자운영을 이유로 휴업통보를 한 뒤 무기한 휴업에 들어가자 무단 방치된 건물의 안전 우려 등을 이유로 위 볼링장에 대하여 단전·단수와 출입문폐쇄 조치를 취한 것은 관리규정 등에 터 잡은 행위일 뿐 아니라 사회통념상 허용될 만한 정도의 상당성이 있는 행위로서 정당행위에 해당한다거나,[424] ④ 3개월 이상 관리비 연체 시 단수·단전 등

422 대판 1994. 4. 15, 93도2899.
423 대판 1995. 6. 30, 94도3136.
424 대판 2000. 3. 10, 2000도257.

의 불이익조치를 취할 수 있도록 규정하고 있는 관리규약에 따라 시장번영회가 이사회를 열어 관리비 고액체납자에 대하여 법적 조치와 함께 단수·단전 등의 조치를 병행하기로 결의하고 그 회장인 피고인이 고액체납자들의 점포에 대하여 단전조치를 취한 경우, 이는 시장번영회의 관리규약에 따라 체납된 관리비를 효율적으로 징수하기 위한 제재수단으로 이사회의 결의에 따라서 적법하게 실시된 것이어서 정당행위에 해당한다는[425] 취지로 판시하였다.

그러나 이와는 달리, ① 피고인이 건물 관리규정에 따라 체납관리비 미납을 이유로 단전조치를 한 것이라 하더라도 피고인이 전 소유자의 체납관리비채무의 승계 여부 또는 적법한 승계범위를 확인하려는 피해자의 정당한 요구를 거부한 채 일방적으로 전 소유자의 체납관리비 전부를 부과하고 이를 납부받기 위해 단전조치를 한 것은 정당행위에 해당한다고 볼 수 없다거나,[426] ② 호텔 내 주점의 임대인이 임차인의 차임 연체를 이유로 계약서상의 '차임을 2개월 이상 연체하면 임대인이 임대차계약을 해지하고 단전·단수조치를 할 수 있다'는 규정에 따라 위 주점에 대하여 단전·단수조치를 취한 경우, 약정 기간이 만료되었고 임대차보증금도 차임연체 등으로 공제되어 이미 남아 있지 않은 상태에서 미리 예고한 후 단전·단수조치를 하였다면 정당행위에 해당하는 것으로 볼 여지가 있지만, 약정 기간이 만료되지 않았고 임대차보증금도 상당한 액수가 남아 있는 상태에서 계약해지의 의사표시와 경고만을 한 후 단전·단수조치를 하였다면 이는 임차인의 권리를 합리적인 범위를 벗어나 과도하게 침해하거나 제한하는 것으로 사회통념상 현저하게 타당성을 잃은 것이어서 정당행위로 볼 수 없다거나,[427] ③ 아파트형 공장의 임대회사 대표자인 피고인이 공장 302호 임차인인 피해자에게 단전조치를 취하면서 관리비 지불 약속이라도 하면 전기를 공급하겠다고 하였음에도 피해자가 이를 거부하였고 단전한 기간이 3일 정도밖에 되지 않는다고 하더라도 피고인의 단전조치가 공익보호를 위해 필요하고도 적합한 조치이었다거나, 피해자의 관리비 체납을 수인하지 못할 정도로 피고인이 궁박한 상황에 있었고 그 권리를 확보하기 위하여 다른 적법한 절차를 취하

187

---

425 대판 2004. 8. 20, 2003도4732.
426 대판 2006. 2. 9, 2005도9518.
427 대판 2007. 9. 20, 2006도9157.

〔김 우 진〕

는 것이 매우 곤란하였다는 등의 사정이 엿보이지 않는 이상 위 단전조치가 사
회상규에 위배되지 아니하는 정당행위라고 할 수 없다[428]는 취지로 판시한 것
도 있다. 그리고 이러한 맥락에서 대법원은, ④ 피고인이 시장번영회 회장으로
서 시장번영회 총회결의를 거쳤다 하더라도 피해자가 시장번영회를 상대로 잦
은 진정을 하고 협조를 하지 않는다는 이유로 피해자 소유 점포에 대하여 정당
한 권한 없이 단전조치를 취한 행위는 위력에 의한 업무방해죄를 구성하고,[429]
⑤ 임대료, 관리비 등을 연체할 경우 단전조치 등을 할 수 있다는 규정이 임대
차계약서에 존재한다 하더라도 임대료나 관리비를 단 1회도 연체한 적이 없는
피해자가 임대차계약의 종료 후 임대료와 관리비를 인상하는 내용의 갱신계약
여부에 관한 의사표시나 인도의무를 지체하고 있다는 이유만으로 그 종료일로
부터 16일 만에 피해자의 사무실에 대하여 단전조치를 취한 행위는 사회상규에
위배되지 아니하는 정당행위라고 할 수 없다[430]고 판시하였다.

188   한편, 단전·단수조치를 취하기 전에 거쳐야 할 절차를 흠결하였다면 그로
인해 단전·단수조치가 위법하다는 평가를 받을 수도 있다. 예컨대, 상가번영회
정관에 '고유업종의 해석에 혼란의 여지가 있는 점포에 대하여는 상가번영회 운
영위원회 결정에 따르며, 타 점포의 업종을 침해하여 영업을 하여 타 점포에 피
해를 줄 우려가 있다고 인정될 때에는 상가번영회의 결정으로 단전, 단수 등의
조치를 취한다'고 규정하고 있는 경우 운영위원회는 기존 점포 수분양자들의 영
업이 기득권이 있는 고유업종에 해당하는지 여부에 관하여만 결정할 권한이 있
을 뿐 기득권이 있는 타 점포의 업종을 침해하였거나 중복업종임을 전제로 한
단전·단수 등의 조치는 취할 수 없고, 그러한 조치는 반드시 상가번영회 총회
의 의결에 따라야 하는 것으로 해석함이 상당하므로 상가번영회 회장이 총회의
결의 없이 운영위원회 결의만으로 피해자의 미용실에 대하여 단전조치를 취한
것은 위법하다.[431]

189   (c) 아마도 정당행위 여부가 가장 빈번하게 문제로 되는 것은 쟁의행위일

---

428 대판 2008. 4. 24, 2007도3147. 다만, 이 사건에서 피고인이 단전조치를 취할 수 있는 근거가 되
    는 별도의 규약 등은 존재하지 아니하였다.
429 대판 1983. 11. 8, 83도1798.
430 대판 2006. 4. 27, 2005도8074.
431 대판 2003. 2. 11, 2002도5200.

것이다.[432] 이에 관해서는 이미 앞서 살펴본 바 있으므로 다시 상론하지 않는
다. 다만, 문제는 노동관계 법령을 다소 위반하거나 정당성 요건을 일부 구비하
지 못한 쟁의행위에 대하여도 위법성조각을 인정할 수 있는지 여부이다. 보충성
의 원칙이 적용되는 형사문제에서는 위와 같은 경우에도 당연히 위법성조각의
가능성이 긍정되어야 한다고 보는 견해도 있다.[433] 다만, 판례는 보다 엄격한
입장을 취하고 있다. 앞서 본 바와 같이 판례는 쟁의행위의 목적으로 근로조건
의 유지 또는 향상을 요구하고 있고, 쟁의행위를 함에 있어 조합원의 직접·비
밀·무기명투표에 의한 찬성결정이라는 절차를 거쳐야 한다는 입장을 취하고 있
으며, 수단과 방법에 있어서도 예컨대, 직장 점거의 경우 사용자 측의 점유를
전면적으로 배제하지 않고 그 조업도 방해하지 않는 부분적·병존적 점거에 한
하여 그 정당성을 인정하고 있다.

　　(d) 그 외에 정당행위 여부가 문제로 된 다음과 같은 사안들, 즉 ① 한국도 190
로공사가 실시한 A 주식회사의 고속도로 통행요금징수 기계화시스템 설비의 성
능 현장평가와 관련하여 A 주식회사와 반대의 이해관계를 가진 B 주식회사 직
원들인 피고인들이 위 설비의 특성상 통과 차량 타이어의 접지면이 통상 예정
했던 경우와 달라지면 차량판별에 오차가 발생한다는 것을 이용하여 위 설비의
문제점을 부각시키고자 한국도로공사에 알리지 않은 채 인위적으로 타이어 공
기압을 낮추어 접지면을 증가시킨 각종 소형화물차 16대를 준비하여 위 설비를
통과하게 한 경우,[434] ② 아파트 입주자대표회의의 임원 또는 아파트 입주자대
표회의로부터 새롭게 관리업무를 위임받은 아파트관리회사의 직원들인 피고인

---

432 대판 2011. 3. 17, 2007도482(전)의 반대의견이 지적하는 바와 같이 우리나라에 도입되기 전 프
　　랑스, 일본 등 외국 입법례를 보더라도 위력에 의한 업무방해죄는 원래 노동운동을 금압하기 위
　　한 것이었다는 점에서 이와 관련된 사안에서 정당행위 여부가 많이 문제될 것이다[본죄의 연혁
　　및 입법례에 관하여는 박상기(주 335), 387-390 참조]. 다만, 위 반대의견의 지적은 프랑스형법
　　의 규정을 면밀하게 검토하지 못한 데에서 비롯된 오류라고 주장하면서 문제가 된 프랑스형법
　　규정이 목적범의 형태로 범죄의 성립범위를 제한하고 있었고 행위의 태양 역시 한정하고 있었다
　　는 점, 실제로 프랑스가 노동자의 노동권을 강력하게 보장하는 노동법을 시행하고 있는 대표적
　　인 국가 중 하나라는 점 등을 들어 문제가 된 프랑스형법 규정이 노동운동을 근원적으로 탄압하
　　기 위한 것이었다고 보는 것은 타당하지 않다고 하는 견해도 있다[백원기(주 335), 368].
433 손동권·김재윤, §15/36.
434 대판 1994. 6. 14, 93도288. 이 사건에서 대법원은 피고인들이 차량 운행이 가능한 범위 내에서
　　또는 한국공업표준협회의 적정공기압 규정치 내에서 타이어의 공기압을 낮춘 것이라고 하여 피
　　고인들의 행위가 위법성이 없다고 할 수 없다고 판시하였다.

〔김 우 진〕 **373**

들이 기존 관리회사의 직원들로부터 계속 업무집행을 제지받던 중 기존 관리회사를 상대로 자신들의 업무집행에 대한 방해행위 중단을 요구하는 것을 넘어서서 기존 관리회사의 관리비 고지서를 빼앗거나 사무실의 집기 등을 들어낸 경우,[435] ③ 피고인이 판매회사를 상대로 피고인이 매수한 승용차의 수리와 보상에 관한 책임자 면담을 요구하였으나 판매회사가 응하지 않는다는 이유로 피고인이 매수한 승용차를 위 회사 전시장 건물의 차량용 엘리베이터 앞에 주차하여 다른 차량의 출입을 막고 전시장 1층의 사무실 안에서 고성을 지르는 등 소란을 피운 경우,[436] ④ 수급인 회사의 대표이사인 피고인이 공사에 관한 하자보수비가 공사잔대금 채권액을 상당한 정도로 초과한다는 것을 예상하면서도 공사잔대금 및 도급인 회사에 청구할 근거가 없는 추가공사대금의 지급을 요구하면서 공사현장을 점거하고 도급인 회사의 출입을 통제한 경우[437] 등에서, 대법원은 정당행위에 해당하지 않는다고 판단하였다.

(나) 정당방위

191   제21조 소정의 정당방위가 성립하려면, 침해행위에 의하여 침해되는 법익의 종류, 정도, 침해의 방법, 침해행위의 완급과 방위행위에 의하여 침해될 법익의 종류, 정도 등 일체의 구체적 사정들을 참작하여 방위행위가 사회적으로 상당한 것이어야 한다.[438]

192   판례 중에는, ① 설령 확정판결에 의하여 소유자 앞으로 토지의 인도집행이 완료되었다고 하더라도 종전부터 그 토지를 경작하던 점유자가 파종한 보리가 30cm 이상 성장되어 있었던 이상 점유자에게 그 보리를 수확할 권한이 있으므로 소유자가 쟁기질을 하여 성장한 보리를 갈아엎지 못하도록 점유자가 소 앞을 가로막고 쟁기를 잡아당기는 등의 행위를 한 것은 점유자의 재산에 대한

---

435 대판 2006. 4. 13, 2003도3902.
436 대판 2008. 3. 14, 2007도11266.
437 대판 2014. 5. 29, 2012도8288. 이 사건에서 대법원은 건물신축 도급계약에서 수급인이 공사를 완료하였더라도 신축된 건물에 있는 하자 및 손해에 상응하는 금액이 공사잔대금 이상이어서 도급인이 수급인에 대한 하자보수청구권 내지 하자보수에 갈음한 손해배상채권 등에 기하여 수급인의 공사잔대금 채권 전부에 대하여 동시이행의 항변을 한 때에는 수급인은 도급인에 대하여 하자보수의무나 하자보수에 갈음한 손해배상의무 등에 관한 이행의 제공을 하지 아니한 이상 공사잔대금 채권에 기한 유치권을 행사할 수 없다고 판시하였다.
438 대판 2007. 3. 29, 2006도9307; 대판 2009. 1. 15, 2008도9410; 대판 2011. 4. 14, 2010도13979.

현재의 부당한 침해를 막기 위한 행위로서 정당방위에 해당한다고 한 것,[439] ② 송전탑 설치공사 강행으로 인하여 비산먼지·소음 등이 다량 발생하고, 산사태 또는 낙석의 위험을 방지하기 위한 조치를 취하지 아니하여 주민들의 생명이나 신체 또는 재산에 직접적·간접적인 피해가 발생할 수 있는 위험성이 명백히 존재하며, 주민들이 공사에 대한 정확한 정보를 얻기 전에 시공사가 공사를 강행하는 바람에 정당한 절차에 따라 그러한 위험을 효과적으로 제거하기 위한 조치를 취할 겨를이 없는 상황이었다면, 위 공사 진행에 항의하고 이를 막기 위하여 공사현장 진입로에 천막을 설치한 행위는 주민들의 현재의 부당한 법익 침해를 방위하기 위하여 필요한 상당한 행위로서 정당방위에 해당한다고 한 것[440] 등이 있다.

(다) 자구행위

제23조의 자구행위라 함은 법정절차에 의하여 청구권을 보전하기 불능한 경우에 그 청구권의 실행불능 또는 현저한 실행곤란을 피하기 위한 상당한 행위를 말한다.[441] 따라서 법정절차에 따라 자신의 권리를 보전하거나 상대방의 업무를 배제하는 것이 불가능하거나 현저히 곤란하지 않았음에도 위계·위력 등을 사용하여 상대방의 업무를 방해한 행위는 위법하다. 예컨대, ① 피고인들로부터 건물 지하실을 임차하여 다방을 운영하던 임차인의 임대차기간이 만료되었거나 또는 임차인이 계약에 위반하여 타인에게 전대하려고 한다거나 불법으로 내부수리를 하였다 하더라도 피고인들이 법적 절차에 따라 인도를 구하지 않고 그 직원을 시켜 다방에 출입할 수 있는 셔터문의 개방시간을 종전보다 크게 단축시키거나 다방으로 통하는 배전선을 떼어 전등, 환기장치를 쓰지 못하게 한 경우 임차인의 업무를 방해한 행위에 해당하고,[442] ② 토지에 관하여 유치권을 가지고 있지 않던 피고인이 법원으로부터 공사수급인 등의 위 토지로의 출입 등 방해금지가처분결정을 받고서도 유치권자임을 주장하며 공사를 방해한 경우 자구행위에 해당한다고 볼 수 없다.[443]

193

---

439 대판 1977. 5. 24, 76도3460.
440 대판 2008. 9. 11, 2008도5793.
441 대판 2008. 7. 10, 2008도652; 대판 2011. 4. 14, 2010도13979.
442 대판 1962. 4. 12, 62도17.
443 대판 2011. 4. 14, 2010도13979.

(라) 피해자의 승낙444

194   제24조 소정의 피해자의 승낙에 의한 것으로서 위법성이 조각된다고 한 예
로, 피고인이 계원들로 하여금 피해자 대신 피고인을 계주로 믿게 하여 계금을
지급하고 불입금을 지급받음으로써 위계를 사용하여 피해자의 계 운영업무를
방해한 것으로 기소된 사안에서, 피고인에 대하여 다액의 채무를 부담하고 있던
피해자가 채권확보를 위한 피고인의 요구를 거절할 수 없어 피고인이 계주의
업무를 대행하는 것을 승인 내지 묵인한 사실이 인정됨을 이유로 피고인의 행
위는 이른바 피해자의 승낙이 있었던 경우로서 위법성이 조각되어 본죄가 성립
하지 않는다고 판시한 것이 있다.445

195   반면에 위법성이 조각되지 않는다고 한 예로, 임대차계약서에는 일정한 경
우 임대인이 임차인을 상대로 단전조치 등을 할 수 있다는 규정이 있으나 피해
자는 임대차계약 종료 후 갱신계약에 관한 의사표시 혹은 인도의무를 지체하였
을 뿐 임대료, 관리비의 연체 등 위 규정에서 정한 위반행위를 한 적이 없기 때
문에 단전조치에 관한 계약상의 근거가 없고, 설령 계약상의 근거가 있다 하더
라도 피해자의 승낙은 언제든지 철회할 수 있는 것이므로 이 사건에 있어서와
같이 피해자 측이 단전조치에 대하여 즉각 항의하였다면 그 승낙은 이미 철회
된 것으로 보아야 하며, 피해자가 종전에도 같은 이유로 피고인에 의한 단전조
치를 당한 경험이 있다거나 이 사건 단전조치 전 수십 차례에 걸쳐 피고인으로
부터 단전조치를 통지받았다거나, 혹은 피고인에게 기한유예 요청을 하였다는
사정만으로는 이 사건 단전조치를 묵시적으로 승낙하였던 것으로 볼 수도 없어
이 사건 단전조치를 피해자의 승낙에 의한 행위로서 무죄라고 볼 수 없다고 판
시한 것이 있다.446

(2) 위법성의 착오

196   제16조에서 "자기의 행위가 법령에 의하여 죄가 되지 아니하는 것으로 오
인한 행위는 그 오인에 정당한 이유가 있는 때에 한하여 벌하지 아니한다."고

---

444 피해자의 승낙은 위법성조각사유가 아닌 구성요건해당성조각사유라고 주장하는 견해도 있다(오
    영근, 193).
445 대판 1983. 2. 8, 82도2486.
446 대판 2006. 4. 27, 2005도8074.

규정하고 있는 것은 단순한 법률의 부지를 말하는 것이 아니고, 일반적으로 범죄가 되는 경우이지만 자기의 특수한 경우에는 법령에 의하여 허용된 행위로서 죄가 되지 아니한다고 그릇 인식하고 그와 같이 그릇 인식함에 정당한 이유가 있는 경우에는 벌하지 않는다는 취지이다.[447] 그리고 정당한 이유가 있는지 여부는 행위자가 자기 행위의 위법 가능성에 대해 신중하게 판단하고 확인해 보는 등으로 위와 같은 착오를 피하기 위한 진지한 노력을 하였더라면 스스로의 행위에 대하여 위법성을 인식할 수 있었음에도 이를 다하지 아니한 결과 그 행위의 위법성을 인식하지 못한 것인지 여부에 따라 판단하여야 할 것이고, 이러한 위법성의 인식에 필요한 노력의 정도는 구체적인 행위의 정황과 행위자 개인의 인식능력 그리고 행위자가 속한 사회집단에 따라 달리 평가되어야 한다.[448]

　　이와 관련하여 판례 중에는, ① 임대를 업으로 하는 자가 임차인으로 하여금 계약상의 의무이행을 강요하기 위한 수단으로 계약서의 조항을 근거로 임차물에 대하여 일방적으로 단전·단수조치를 함에 있어 자신의 행위가 죄가 되지 않는다고 오인하였다 하더라도, 특별한 사정이 없는 한 그 오인에는 정당한 이유가 있다고 볼 수 없다고 한[449] 것,[450] ② 노동조합 간부들인 피고인들이 사용자 측에서 설명회를 빙자하여 조합원들이 파업을 하지 못하게 할 의도로 특별교육을 시킨다고 스스로 판단한 후 설명회 개최를 저지한 것은 설명회 개최가 부당노동행위에 해당한다는 착오를 피하기 위한 진지한 노력을 다한 것으로 볼 수 없어 설령 설명회 개최가 부당노동행위에 해당한다고 오인하였다 하더라도

---

447 대판 2006. 4. 27, 2005도8074; 대판 2013. 1. 10, 2011도15497.
448 대판 2013. 1. 10, 2011도15497.
449 대판 2007. 9. 20, 2006도9157.
450 그러한 결론의 근거로는 ① 임차인을 보호하기 위한 여러 제도가 마련되어 있는 상황에서 임대인으로서는 임대차 법률관계가 전적으로 사적 자치에 맡겨져 있지 않음을 인식하고 임차인에 대한 자신의 조치가 국가 법질서가 용인하는 테두리 내에 있는지 여부를 살펴볼 주의의무가 있는 점, ② 구성원 사이의 관계가 수평적이고 공동의 이익 보호와 효율적 관리를 위해 사적 자치를 보다 넓게 인정할 필요가 있는 집합건물·상가에서의 임대차 관계와 달리 불평등계약이 이루어지기 쉬운 일반 임대차 관계에서는 임대인에 의한 단전·단수 등 조치를 허용하는 규정은 엄격하게 해석할 필요가 있는 점, ③ 피고인은 호텔 경영에 경험이 많은 자로서 호텔 내부시설의 임대차와 관련하여 계약조항만을 근거로 한 단전조치의 위법성에 관하여 의문을 가질 수 있는 충분한 계기가 있었다고 할 수 있는 점 등을 들 수 있다[박길성, "호텔 내 주점의 차임 등 연체를 이유로 한 임대인의 단전·단수 조치가 정당한 이유 있는 법률의 착오 및 정당행위에 해당하는지 여부", 해설 74, 법원도서관(2007년 하반기), 332-340].

〔김 우 진〕   **377**

거기에 정당한 이유가 있다고 할 수 없다고 한 것[451] 등이 있다.

(3) 책임

198   적법행위의 기대가능성이 없는 경우에는 책임이 인정되지 않는다. 이와 관련하여, 고등학교 입학시험에 응시한 수험생으로서 자기 자신이 부정한 방법으로 탐지한 것이 아니라 단지 자신의 누이가 어떠한 경위로 입수하였는지 모르는 상태에서 누이로부터 출제될 시험문제를 받아 그 답을 암기하고 그 암기한 대로 고등학교 입학시험 답안을 작성하여 제출한 경우, 위와 같이 암기한 답을 그 입학시험 답안지에 기재하여서는 안 된다는 것을 일반수험생에게 기대한다는 것은 보통의 경우 도저히 불가능하므로 본죄가 성립하지 않는다고 한 대법원 판결이 있다.[452]

7. 공 범

199   (1) 제30조의 공동정범은 공동가공의 의사와 그 공동의사에 기한 기능적 행위지배를 통한 범죄 실행이라는 주관적·객관적 요건을 충족함으로써 성립하는데, 공모자 중 구성요건행위 일부를 직접 분담하여 실행하지 아니한 사람도 위 요건의 충족 여부에 따라 이른바 공모공동정범으로서의 죄책을 질 수도 있다. 이 경우 전체 범죄에 있어서 그가 차지하는 지위, 역할이나 범죄 경과에 대한 지배 내지 장악력 등을 종합할 때 단순한 공모자에 그치는 것이 아니라 범죄에 대한 본질적 기여를 통한 기능적 행위지배가 존재하는 것으로 인정되는 경우이어야 한다.[453] 특히, 쟁의행위가 본죄를 구성하는 경우 다수인의 공동정범 형태를 띠는 경우가 빈번하다. 예컨대, 피고인들이 노조 간부로서 다른 노조원들과 함께 의료보험조합 사무실을 전면적·배타적으로 점거하는 한편, 노조원들을 동원하여 구호와 노동가 등을 제창하고 위 의료보험조합 대표이사에게 욕설을 하거나 사무원들을 사무실 밖으로 쫓아내는 등의 방법으로 위력을 행사하여 위 의료보험조합의 각종 업무를 방해한 것으로 기소된 사안에서, 대법원은 피고인

---

451 대판 2013. 1. 10, 2011도15497. 본 판결 해설은 박진환, "사용자의 표현의 자유와 부당노동행위 여부: 파업결정이 난 상황에서 사용자가 순회설명회를 개최한 행위가 지배·개입의 부당노동행위로 볼 수 있는지(부정)", 해설 96, 법원도서관(2013), 945-1017.
452 대판 1966. 3. 22, 65도1164.
453 대판 2011. 1. 27, 2010도11030; 대판 2011. 10. 27, 2010도7733; 대판 2013. 3. 14, 2010도410.

들의 공모에 의한 범죄의 성립을 인정하였다.[454] 또한 대법원은 산업별 노조의 부위원장인 피고인이 공장점거파업 중인 회사 노조(산업별 노조의 지부)와 공모하여 위력으로 회사의 생산 및 공장시설관리 업무를 방해한 것으로 기소된 사안에서, 지부 파업 경위 및 진행 과정, 산업별 노조와 지부의 관계 및 산업별 노조의 파업지원 경위, 피고인이 산업별 노조의 활동을 결정하는 중앙집행위원회 및 상무집행위원회 의사결정 과정에 참석하였을 뿐 아니라 공장점거파업이 진행 중인 회사 공장에 상주하면서 현장을 촬영하는 등 상황을 파악하고 점거농성 근로자들을 격려하는 역할을 수행한 점 등에 비추어 피고인은 지부의 불법파업으로 인한 업무방해행위에 대한 암묵적인 공모는 물론 그 범행에 대한 본질적 기여를 통한 기능적 행위지배를 한 자에 해당한다고 판시하였다.[455] 공동가공의 의사는 공동의 의사로 특정한 범죄행위를 하기 위하여 일체가 되어 서로 다른 사람의 행위를 이용하여 자기의 의사를 실행에 옮기는 것을 내용으로 하는 것인데, 이러한 공동가공의 의사는 타인의 범행을 인식하면서도 이를 제지하지 아니하고 용인하는 것만으로는 부족하지만 반드시 사전에 치밀한 범행계획의 공모에까지 이를 필요는 없고 공범자 각자가 공범자들 사이에 구성요건을 이루거나 구성요건에 본질적으로 관련된 행위를 분담한다는 상호이해가 있으면 충분하다.[456]

　　(2) 비록 전체의 모의과정이 없었다고 하더라도 수인 사이에 순차적으로 또는 암묵적으로 상통하여 그 의사의 결합이 이루어지면 공모관계가 성립한다.[457] 대법원은 피고인이 해당 파업이 정당한 파업이 아니라는 점을 알면서도 그 파업을 전후하여 투쟁지침을 하달하고 매장 주변에서 연대집회를 개최하게 하는 등 조합원들의 업무방해행위를 적극 도운 사안에서, 피고인과 조합원들 사이에 순차적 또는 암묵적으로 서로의 의사가 상통하여 불법파업에 대한 포괄적 또는 개별적인 의사의 연락이나 인식이 있었고 피고인이 일정한 역할을 분담하였다고 할 것이어서 피고인은 업무방해에 대한 공모공동정범에 해당한다고 판단하였다.[458]

200

454 대판 1992. 11. 10, 92도1315.
455 대판 2011. 10. 27, 2010도7733.
456 대판 2013. 1. 16, 2012도12377.
457 대판 1994. 3. 11, 93도2305; 대판 2011. 11. 10, 2009도3566.
458 대판 2011. 11. 10, 2009도3566.

〔김 우 진〕　　　　　　　　　**379**

201   (3) 한편, 범죄의 수단과 태양, 가담하는 인원과 그 성향, 범행 시간과 장소의 특성, 범행과정에서 타인과의 접촉 가능성과 예상되는 반응 등 제반 상황에 비추어, 공모자들이 공모한 범행을 수행하거나 목적 달성을 위해 나아가는 도중에 부수적인 다른 범죄가 파생되리라고 예상하거나 충분히 예상할 수 있음에도 그 가능성을 외면한 채 이를 방지하기에 족한 합리적인 조치를 취하지 아니하고 공모한 범행에 나아갔다가 결국 예상된 범행들이 발생하였다면, 비록 파생적인 범행 하나하나에 대하여 개별적인 의사의 연락이 없었다 하더라도 당초의 공모자들 사이에 그 범행 전부에 대하여 암묵적인 공모는 물론 그에 대한 본질적 기여를 통한 기능적 행위지배가 존재한다고 보아야 할 것이다.[459] 이와 관련하여 피고인들이 집단적인 폭행, 협박, 손괴, 방화 등으로 공공의 안녕질서에 직접적인 위협을 끼칠 것이 명백한 시위에 참석하였음을 이유로 시위참가자들 중 일부가 피해자 A 재단과 서울특별시가 공동 주관하는 행사의 무대단상을 점거하여 위 행사의 준비 및 진행업무를 위력으로 방해한 범행에 대하여 피고인들에게 공모공동정범으로서의 책임을 인정한 대법원 판결이 있다.[460]

202   (4) 승계적 공동정범과 관련하여 판례 중에는, 대학교 입시에서 수험생의 학부모들로부터 청탁을 받은 甲 교수가 실기시험 채점위원으로서 청탁 대상 수험생들의 실기시험 점수를 높게 주는 한편, 위 수험생들로 하여금 영어 주관식 답안지에 비밀표시를 하도록 해 놓고 그 채점위원이 될 것으로 예상되는 乙 교수에게 비밀표시 된 답안지 채점을 부정하게 하는 등 위계의 방법으로 부정합격 시키도록 하자고 부탁하여 乙이 승낙하였는데, 그 후 乙이 채점위원에 포함되지 못함에 따라 채점위원이 된 丙 교수에게 乙이 부정채점을 청탁하였으나 丙이 이를 거절하고 즉시 대학교 교무처장에게 신고함으로써 더 이상 입시부정행위를 할 수 없게 된 사안에서, 乙의 범행 가담 이후 대학교 총장의 입시관리업무가 방해될 만한 행위가 없어 본죄의 기수로 논할 수 없으므로 丙에게 부정청탁을 하였으나 뜻을 이루지 못한 乙의 행위에 대하여 본죄의 죄책을 지울 수 없다고 한 예가 있다.[461]

---

459 대판 2007. 4. 26, 2007도428; 대판 2009. 2. 26, 2007도4607; 대판 2011. 5. 13, 2010도16170.
460 대판 2011. 5. 13, 2010도16170.
461 대판 1994. 12. 2, 94도2510. 본 판결 해설은 정장오, "승계적 공동정범의 성립범위", 해설 22,

(5) 쟁의행위가 본죄를 구성하는 경우 제3자가 그러한 사정을 알면서 쟁의　**203**
행위의 실행을 용이하게 하였다면, 본죄의 방조범이 성립할 수 있다. 그러나 헌
법이 규정하고 있는 노동3권을 실질적으로 보장하기 위해서는 근로자나 노동조
합이 노동3권을 행사할 때 제3자의 조력을 폭넓게 받을 수 있도록 할 필요가 있
는 점, 근로자나 노동조합에 조력하는 제3자에게도 헌법상 표현의 자유나 일반적
행동의 자유가 있는 점 등을 고려하여 위법한 쟁의행위에 대한 조력행위가 업
무방해방조죄에 해당하는지 여부를 판단할 때는 헌법이 보장하는 위와 같은 기
본권이 위축되지 않도록 신중하게 접근하여야 한다는 것이 판례의 입장이다.[462]

(6) 다른 피고인을 공범으로 포함한 공소사실과 관련하여, 다른 피고인과의　**204**
공모관계가 인정되지 않는다 하더라도 당해 피고인 자신의 범죄사실은 인정될
경우 다른 피고인을 공범으로 포함한 공소사실과 다른 피고인을 제외한 범죄사
실은 그 동일성이 인정되는 범위일 뿐만 아니라 당해 피고인에 대하여 위 범죄
사실을 인정하더라도 당해 피고인의 방어권 행사에 실질적인 불이익을 초래할
염려가 있다고 보이지 않는다면, 다른 피고인과의 공모관계가 인정되지 않음을
이유로 당해 피고인에 대하여 무죄를 선고할 것이 아니라 공소사실의 동일성이
인정되는 범위 내에서 당해 피고인의 범죄 성립 여부를 판단하여야 한다.[463]

(7) 본죄는 간접정범의 형태로 범하여질 수도 있다. 이와 관련하여 판례 중　**205**

법원행정처(1995), 595-605.

[462] 대판 2021. 9. 16, 2015도12632. 이 사건에서 대법원은 전국금속노동조합 A 회사 비정규직지회
조합원 900여 명이 사내하청 근로자의 정규직 전환 등을 요구하며 25일간 A 회사 생산라인을
점거하고 그 가동을 중단시키는 쟁의행위를 전개하는 과정에서 전국금속노동조합 미조직비정규
국장인 피고인이 ① A 회사 정문 앞 집회에 참가하여 점거 농성을 지원하고, ② 점거 농성장에
들어가 농성 중인 조합원들을 독려하고, ③ 전국금속노동조합 공문을 비정규직지회에 전달함으
로써 비정규직지회 조합원들의 업무방해 범행을 방조하였다는 공소사실과 관련하여, 방조범이
성립하려면 방조행위가 정범의 범죄 실현과 밀접한 관련이 있고 정범으로 하여금 구체적 위험을
실현시키거나 범죄결과를 발생시킬 기회를 높이는 등으로 정범의 범죄 실현에 현실적인 기여를
하였다고 평가할 수 있어야 한다면서, 피고인의 위 ② 행위는 생산라인 점거 현장에서 직접 이
루어진 것으로서 정범의 범죄 실현과 밀접한 관련성을 가지고 정범으로 하여금 그 범행을 더욱
유지·강화시킨 행위에 해당하므로 업무방해방조로 볼 수 있으나, 위 ① 행위는 이로 인해 조합
원들에게 일정 정도 영향력을 미쳤다고 하더라도 이는 조합원들의 쟁의행위를 지지하는 과정에
서 발생한 간접적이고 부수적인 결과에 불과하다는 점에서, 위 ③ 행위는 피고인의 통상적인 활
동에 불과하고 이를 통해 생산라인 점거 자체를 직접 독려하거나 지지하였다고 보기 어렵다는
점에서 위 각 행위는 업무방해방조에 해당한다고 단정하기 어렵다고 판시하였다.

[463] 대판 2013. 7. 25, 2013도69.

에는, ① 피고인이 국회 문화관광위원회 소속 국회의원에게 그 보좌관을 통하여 피해 회사에 관한 허위의 비위자료를 제공하여 이를 진실한 것으로 믿은 국회의원으로 하여금 피고인 제공의 자료를 근거로 한 허위사실을 보도자료 등을 통하여 공표하게 함으로써 국회의원을 이용하여 피해 회사의 방송국개국업무를 방해하였다고 판단한 것,[464] ② 피고인들이 광고중단 압박운동의 목적으로 만들어진 인터넷상 조직의 운영진으로서 직접 광고주들 명단을 게재하거나 광고중단 압박행위를 하도록 독려하거나 광고주들의 홈페이지 운영에 지장을 초래할 수 있는 자동접속프로그램을 유포하는 등의 방법으로 광고중단 압박운동 참여자들의 개별적인 전화걸기 행위가 집단적인 광고중단의 압박이 되도록 조직한 행위는 본죄를 범할 의사 없이 광고중단 압박운동에 참여한(업무방해의 의사에 대한 명백한 증명이 없는 참여자들의 개별적 전화걸기 행위 자체는 소비자불매운동의 일환으로 이루어진 적법한 행위임) 사람들을 자신들의 위력 행사에 이용한 것으로서 이른바 간접정범을 통하여 그 범행을 실행한 경우에 해당한다고 판단한 것[465] 등이 있다.

8. 죄 수

206   (1) 1개의 행위로 다수인의 업무를 방해한 경우에는 피해를 입은 업무의 수만큼 본죄가 성립하고, 그들 사이에는 상상적 경합이 된다.[466] 판례도 피고인이 자신 소유의 임야 주변에 철제울타리를 설치함으로써 임야 내에 개설된 작업도로를 사용하지 못하게 하여 그 임야에 인접한 밭을 경작하면서 작업도로를 통해 농기구 등을 운반해 온 피해자들 각자의 경작업무를 방해한 경우, 1개의 행위가 수개의 죄에 해당하는 제40조 소정의 상상적 경합관계에 있다고 판단하였다.[467]

207   (2) 반복해서 허위사실을 유포하여 동일인의 업무를 방해한 경우, 단순일죄로 보아야 하는 사안도 있을 수 있고 혹은 포괄일죄나 경합범으로 보아야 하는 사안도 있을 수 있음은 앞서 신용훼손죄에서 살펴본 바와 같다.[468]

---

464 대판 2009. 1. 30, 2008도7736.
465 대판 2013. 3. 14, 2010도410.
466 大塚 外, 大コン(3版)(12), 107(坪內利彦=松本 裕). 일본 판례도 같은 입장이다〔大判 昭和 9(1934). 5. 12. 刑集 13·8·603〕.
467 대판 2005. 10. 27, 2005도5432; 대판 2017. 9. 21, 2017도11687.
468 大塚 外, 大コン(3版)(12), 107(坪內利彦=松本 裕).

(3) 허위사실 유포와 위계로써 또는 위계와 위력으로써 타인의 업무를 방해   208
한 경우에는, 본죄의 단순일죄를 구성한다는 것이 다수설의 견해이다.[469]

9. 다른 죄와의 관계

(1) 명예훼손죄와의 관계

피해자를 비방할 목적으로 출판물에 의하여 공연히 허위의 사실을 적시 · 유   209
포함으로써 피해자의 명예를 훼손하고(§ 309②) 업무를 방해한 경우, 1개의 행위
가 2개의 죄에 해당하는 제40조 소정의 상상적 경합관계에 있다.[470] 이처럼 공
연히 허위사실을 적시 · 유포하여 피해자의 명예를 훼손하고 피해자의 업무를 방
해한 죄가 상상적 경합관계에 있음에도 두 죄를 실체적 경합관계에 있다고 보
아 경합범 가중을 하게 되면, 판결에 영향을 미친 위법을 범한 것이 되어 파기
사유가 된다.[471]

(2) 폭행죄와의 관계

이른바 '불가벌적 수반행위'란 법조경합의 한 형태인 흡수관계에 속하는 것   210
으로서 행위자가 특정한 죄를 범하면, 비록 논리필연적인 것은 아니지만, 일반
적 · 전형적으로 다른 구성요건을 충족하고 이때 그 구성요건의 불법이나 책임
내용이 주된 범죄에 비하여 경미하기 때문에 처벌이 별도로 고려되지 않는 경
우를 말하는데, 본죄와 폭행죄(§ 260)는 구성요건과 보호법익을 달리하고 있고
본죄의 성립에 일반적 · 전형적으로 사람에 대한 폭행행위를 수반하는 것은 아니
며, 폭행행위가 본죄에 비하여 별도로 고려되지 않을 만큼 경미한 것이라고 할
수도 없으므로, 설령 피해자에 대한 폭행행위가 동일한 피해자에 대하여 본죄의
수단이 되었다고 하더라도 그러한 폭행행위가 이른바 '불가벌적 수반행위'에 해
당하여 본죄에 대하여 흡수관계에 있다고 볼 수는 없다.[472] 같은 맥락에서 폭력

---

469 김성돈, 266; 주석형법 [각칙(5)](5판), 77(이우철); 大塚 外, 大コン(3版)(12), 107(坪內利彦=松
    本 裕). 일본 판례도 같은 입장이다[大判 明治 44(1911). 12. 25. 刑錄 17 · 2321].
470 대판 1993. 4. 13, 92도3035; 대판 2007. 2. 23, 2005도10233; 대판 2007. 11. 15, 2007도7140.
471 대판 2007. 11. 15, 2007도7140. 일본 판례도 같은 입장이다[大判 大正 5(1916). 6. 26. 刑錄 22 ·
    1153; 大判 大正 10(1921). 10. 24. 刑錄 27 · 643].
472 대판 2012. 10. 11, 2012도1895. 피고인들이 피해자의 택시운행을 방해하는 과정에서 피해자에
    대한 폭행행위가 있었던 이 사건에서, 원심은 폭행행위는 본죄의 행위 태양인 '위력으로써 업무
    를 방해하는 행위'의 일부를 구성하는 것으로서 본죄에 흡수되어 본죄 1죄만이 성립한다고 판단

행위 등 처벌에 관한 법률 제2조 제1항[473]에 열거되어 있지 않은 업무방해의 범행을 같은 조항에 열거된 각개 범죄행위와 포괄하여 같은 조항 소정의 상습폭력죄의 포괄일죄로 처단할 수는 없다.[474]

(3) 협박죄 및 공갈죄와의 관계

211   피고인이 슈퍼마켓 사무실에서 식칼을 들고 피해자를 협박한 행위와 식칼을 들고 매장을 돌아다니며 손님을 내쫓아 그의 영업을 방해한 행위는 별개의 행위로서 실체적 경합관계에 있다.[475] 또한 업무방해의 과정에서 행하여진 협박행위가 업무방해의 죄에 대하여 별도로 고려되지 않을 만큼 경미한 것이라고 할 수 없는 경우, 그러한 협박행위가 이른바 '불가벌적 수반행위'에 해당하여 본죄에 대하여 흡수관계에 있다고 보기는 어려울 것이다.[476] 한편, 업무방해행위가 공갈의 수단으로 사용된 경우 본죄와 공갈죄(§350①)의 실체적 경합이 된다.[477]

(4) 손괴죄와의 관계

212   피고인들이 노조원들로 하여금 전면파업에 돌입하게 하여 위력으로 사용자의 업무를 방해한 행위, 그리고 일부 겹치는 시기에 수차에 걸쳐 난방공급을 중단하여 각종 시설물과 장비를 손괴한 행위는 본죄와 손괴죄(§366)는 실체적 경합범으로서 업무방해의 포괄일죄나 상상적 경합범이라고 할 수 없다.[478] 이와 비슷하게, 공동재물손괴의 범행은 업무방해의 과정에서 그 소란의 일환으로 저지른 것이기는 하지만, 두 죄의 피해자가 다를 뿐 아니라 업무방해의 범행은 공동재물손괴의 범행 외에 장시간에 걸쳐 집단적으로 A 공사 사업본부장실을 점거하고 구호를 제창하는 등의 위력을 행사하는 방법으로 저지른 것이어서 행위의 태양이 다르다는 이유로 두 죄가 실체적 경합관계에 있다고 한 대법원 판결

한 데 대하여, 대법원은 피고인들이 공동폭행의 방법으로 피해자의 택시운행업무를 방해하였다면 피고인들의 공동폭행이라는 1개의 행위가 폭력행위등처벌에관한법률위반(공동폭행)죄와 본죄의 구성요건을 충족하는 경우에 해당하여 두 죄는 상상적 경합의 관계에 있다고 보아야 한다고 판시하였다.

473 이 조항은 2016년 1월 6일 법률 제13718호로 개정된 법률에서는 삭제되었다.

474 대판 1998. 7. 14, 98도1579.

475 대판 1991. 1. 29, 90도2445.

476 대판 2009. 10. 29, 2009도10340.

477 정성근·박광민, 223. 일본 판례도 같은 입장이다[大判 大正 2(1913). 11. 5. 刑錄 19·1114; 東京地判 昭和 40(1965). 6. 26. 下刑集 7·6·1319].

478 대판 2003. 12. 26, 2001도3380.

도 있다.[479] 앞서 본 협박죄와 마찬가지로 업무방해의 과정에서 행하여진 손괴행위가 업무방해의 죄에 대하여 별도로 고려되지 않을 만큼 경미한 것이라고 할 수 없는 경우, 그러한 손괴행위가 이른바 '불가벌적 수반행위'에 해당하여 본죄에 대하여 흡수관계에 있다고 보기는 어려울 것이다.[480]

(5) 일반교통방해죄와의 관계

도로 부지 소유자인 피고인들이 주민들에 의한 도로침식을 막는다는 명분으로 기왕에 주민 20여 세대가 통행하고 연탄 및 쓰레기 운반차량이 왕래하던 도로에 말뚝을 박고 철조망을 쳐서 차량이 통행하지 못하게 함으로써 피해자의 여관 신축업무에 지장을 초래한 경우, 일반교통방해죄(§185)와 본죄의 상상적 경합이 된다.[481]   213

(6) 배임죄와의 관계

업무방해행위가 동시에 배임행위에 해당하는 경우에는, 배임죄(§355②)와 본죄의 상상적 경합이 된다.[482]   214

(7) 특별법위반의 죄와의 관계

(가) 본죄와 구 기부금품모집규제법(2006. 3. 24. 법률 제7908호로 개정되기 전의 것, 이하 같다.) 제15조[483] 위반죄는 각기 구성요건을 달리하는 범죄로서 서로 보호법익을 달리하고 있어 법조경합관계에 있다고 할 수 없다.[484]   215

(나) 공직선거후보자를 추천하기 위한 정당의 당내 경선과 관련하여 경선운   216

---

479 대판 2007. 5. 11, 2006도9478.
480 대판 2009. 10. 29, 2009도10340.
481 대판 1989. 6. 27, 88도2264.
482 김성돈, 266.
483 구 기부금품모집규제법 제15조(벌칙) ① 다음 각 호의 1에 해당하는 자는 3년 이하의 징역 또는 3,000만 원 이하의 벌금에 처한다.
　　5. 기부금품을 목적 외의 용도로 사용한 자
484 대판 2012. 2. 23, 2011도14204. 피고인이 전국재해구호협회의 의뢰에 따라 수재의연금을 접수하고서도 그 일부만 접수된 것처럼 협회에 허위로 통보하고 나머지를 협회에 인계하지 않음으로써 위 협회로 하여금 접수된 수재의연금의 정확한 규모에 관하여 오인을 일으키게 하여 수재의연금 모집 등의 업무를 방해한 이 사건에서, 피고인의 행위를 구 기부금품모집규제법 제15조 제1항 제5호 위반죄로 처벌하는 것은 별론으로 하고 본죄로 의율할 수는 없다는 피고인의 주장에 관하여 원심은 두 죄가 구성요건을 달리하는 별개의 범죄로서 서로 보호법익을 달리하여 법조경합관계가 아닌 실체적 경합관계로 봄이 상당하다고 판시하였고, 대법원은 두 죄가 법조경합관계가 아니라는 원심의 판단을 수긍하였다.

〔김 우 진〕   **385**

동 또는 교통을 방해하거나 위계·사술 그 밖의 부정한 방법으로 당내 경선의
자유를 방해하는 행위를 처벌하는 공직선거법 제237조 제5항 제2호[485]의 선거
의 자유방해죄와 본조 제1항의 업무방해죄는 그 보호법익과 구성요건을 서로
달리하는 것이어서 후자가 전자에 흡수되는 법조경합관계라 볼 수 없고, 따라서
본죄로 공소가 제기된 후에 공직선거법에 정당의 당내 경선의 자유방해행위에
대한 공직선거법 제237조 제5항 제2호의 처벌규정이 신설되었다고 하여 이를
범행 후 법령개폐로 인하여 형이 폐지된 때에 해당한다고 볼 수 없다.[486]

10. 기판력과 면소판결

217   (1) 공소사실에 대하여 이미 확정판결이 있는 때에는 면소판결을 선고하여
야 한다(형소 § 326(i)). 확정판결에는 확정된 약식명령도 포함되며,[487] 어떤 죄에
대한 확정판결의 기판력은 그와 포괄일죄의 관계에 있는 다른 죄에 대하여도
미친다.[488]

218   이와 관련한 판례를 보면, ① 피고인이 2010. 2. 8.경부터 2010. 6. 24.경까
지 회사 본사 옆 도로에 회사 등을 비방하는 글씨가 적힌 탱크로리를 장기간 불
법주차하면서 탱크로리 앞유리창을 통해 볼 수 있도록 운전석 앞에 식칼이 직
각으로 꽂혀 세워져 있는 도마를 올려놓아 마치 피고인의 요구를 들어주지 않
으면 극단적인 행동을 할 것 같은 태도를 보였으며, 2010. 2. 10.경부터 2010.
6. 3.경까지 범죄일람표 기재와 같이 총 9회에 걸쳐 회사 본사 사옥 진입을 시
도하거나 회사 회장 등이 퇴근할 때 고함을 치며 접근을 시도하는 등 2010. 2.
8.경부터 2010. 6. 24.경까지 위력을 행사하여 회사 관계자의 건조물 관리 및

---

485 공직선거법 제237조(선거의 자유방해죄) ⑤ 당내경선과 관련하여 다음 각 호의 어느 하나에 해
   당하는 자는 5년 이하의 징역 또는 1천만 원 이하의 벌금에 처한다.
      2. 경선운동 또는 교통을 방해하거나 위계·사술 그 밖의 부정한 방법으로 당내경선의 자유를
      방해한 자
486 대판 2006. 6. 15, 2006도1667. 이 사건은 전국 동시지방선거에 앞선 정당의 도지사 후보자 당
   내 경선에서 전체 선거인단의 50%를 차지하는 '도민참여선거인단'에 특정인을 지지하는 자들이
   많이 포함되도록 하기 위하여 지구당 간부들이 추첨한 접수증을 미리 준비한 바꿔치기용 접수증
   으로 교체하여 추첨위원들에게 전달함으로써 위계에 의하여 당의 도지사 후보자 경선업무의 정
   당한 수행을 방해한 사안이었다.
487 대판 2001. 12. 24, 2001도205; 대판 2016. 2. 18, 2015도18875.
488 대판 2007. 7. 26, 2007도4404.

경비 업무를 방해하였다고 기소된 사안에서, 피고인이 2010. 8. 13. 약식명령을 발령받아 그 무렵 확정된 경범죄처벌법위반의 범죄사실은 '피고인이 2010. 6. 3. 회사 본사 옆 도로에서 회장과의 면담을 요청하며 피고인의 탱크로리에 도마와 칼을 들고 올라가 회장이 면담에 응하지 않으면 손가락을 잘라 자해하겠다고 농성하던 중 피고인이 방심한 틈을 타 경찰관이 칼을 치우자 도마를 이용해 자신의 왼손 검지를 내리쳐 자해하는 등 소란을 피워 주위 사람들에게 불안감을 조성하였다'는 것이고 위와 같이 약식명령이 확정된 경범죄처벌법위반의 범죄사실과 그 발령 전 이루어진 공소사실 중 범죄일람표 9번 기재 '피고인이 2010. 6. 3. 탱크로리 차량에 올라가 2시간 30분간 회장 면담을 요구하면서 도마를 사용하여 자해하는 등의 방법으로 업무를 방해한 부분'은 그 기초가 되는 사회적 사실관계가 동일하므로 위 부분 공소사실은 확정판결이 있는 때에 해당하여 형사소송법 제326조 제1호에 의하여 면소를 선고하여야 하고, 위 부분 공소사실과 나머지 공소사실은 동일 죄명에 해당하는 수개의 행위를 단일하고 계속된 범의하에 일정 기간 계속하여 행하고 그 피해법익도 동일한 경우에 해당하여 포괄일죄를 구성하므로 공소사실 모두에 대하여 면소를 선고함이 타당하다고 판시한 것이 있고,[489] 비슷한 취지에서 ② 피고인에 대하여 판결이 확정된 본죄의 범죄사실은 '피고인이 A 아파트의 긴급 입주자대표회의에서 적법하게 회장으로 선출된 사실이 없음에도 입주자대표회의 회장을 자칭하면서 ⓐ 2001. 1. 29. 08:45경부터 2001. 2. 2. 11:00경까지 위 아파트 관리사무실에서 주민 10여 명을 대동하고 나타나 관리소장인 피해자의 책상을 차지하고 사무실 내 캐비닛의 시정장치를 임의로 교환하고 관리실 직원들에게 관리소장의 지시를 받으면 해고하겠다는 등의 협박과 회유를 하면서 관리사무실을 점거하여 피해자의 정당한 아파트 관리업무를 방해하고, ⓑ 2001. 2. 5. 08:45경부터 같은 달 11.경까지 같은 장소에서 주민 약 6명을 대동하고 관리사무실을 점거한 채 피해자의 출입을 막는 등 피해자의 정당한 아파트 관리업무를 방해하였다'는 것이고, 새로 기소된 본죄의 공소사실은 '피고인이 A 아파트 입주자대표회의에서 적법한 절차에 의하지 아니하고 자치회장으로 선출된 것을 기화로 ⓐ 2001. 2. 일

---

489 대판 2014. 2. 13, 2012도10864.

자불상경 아파트 관리실에서 아파트 동대표 몇 명과 함께 잠긴 관리소장 책상 및 캐비닛의 시정장치를 쇠톱으로 자른 다음 그 속에 있던 아파트 관리 관련서류를 들고 나와 위력으로 피해자의 아파트 관리업무를 방해하고, ⓑ 같은 달 12. 신용협동조합 사무실에서 아파트 관리비 통장의 인감을 임의로 변경하고 관리비 예금계좌에서 금원을 인출하여 연료비로 사용하는 등 위계로써 피해자의 아파트 관리업무를 방해하였다'는 것인데, 판결이 확정된 본죄의 범죄사실과 새로 기소된 본죄의 공소사실은 그 범행일시와 장소가 동일하거나 근접하여 있고, 피해법익도 동일하여 단일하고 계속된 범의하에 일정기간 계속하여 이루어진 일련의 행위라 할 것이므로 포괄하여 피해자에 대하여 본죄를 구성한다고 봄이 상당하고, 따라서 확정판결의 기판력은 그와 포괄일죄의 관계에 있는 새로 기소된 공소사실에 미치게 되어 위 공소사실에 대하여는 면소의 판결을 하여야 한다고 판시한 것이 있다.[490]

219   한편, 판례 중에는 ③ 피해자에 대한 폭행죄의 확정된 약식명령으로 인해 피해자에 대한 본죄의 공소사실에 대하여 확정판결이 있는 때에 해당하게 되었으므로 본죄의 공소사실에 대하여 면소판결을 선고하여야 한다고 한 것도 있다.[491]

220   (2) 상상적 경합관계에 있는 1죄에 대한 확정판결의 기판력은 다른 죄에 대하여도 미친다.[492] 이와 관련하여 판례 중에는, 피고인이 이미 '2015. 4. 16. 13:30경부터 15:00경 사이에 A 업체 사무실에서 피해자 C, D 등에게 욕설을 하는 등 큰소리를 지르고 돌아다니며 위력으로 업무를 방해하였다'는 범죄사실로 유죄판결을 받아 확정되었는데, 다시 '2015. 4. 16. 13:10경부터 14:30경까지 A 업체 사무실에서 직원들에게 행패를 부리면서 피해자 B의 업무를 방해하였다'는 공소사실로 기소된 사안에서, 공소사실과 확정판결의 범죄사실이 그 범행일시와 장소가 동일하고 범행시간도 같은 시간대라고 보아 무리가 없으며 범행내

---

490 대판 2003. 9. 5, 2003도2136.
491 대판 2019. 12. 27, 2019도15090. 이 사건에서 대법원은 피해자를 폭행한 행위와 피해자의 마트 영업업무를 방해한 행위의 일시, 장소가 동일하고 범행동기도 동일하며 폭행행위가 업무방해행위의 수단으로 이용되었다고 볼 수 있는 점 등에 비추어, 폭행죄와 본죄의 기본적 사실관계가 동일하다고 본 원심의 판단을 지지하였다. 같은 취지에서 상해죄와 본죄의 기본적 사실관계가 동일하여 상해죄의 확정된 약식명령으로 인해 본죄의 공소사실에 대하여 확정판결이 있는 때에 해당하게 되었다고 본 것으로는 대판 2020. 11. 5, 2020도10177 참조.
492 대판 2011. 2. 24, 2010도13801.

용 역시 본질적으로 다르지 않아 결국 양자는 동일한 기회에 동일한 장소에서 다수의 피해자를 상대로 한 위력에 의한 업무방해행위로서 사회관념상 1개의 행위로 평가할 수 있어 상상적 경합관계에 있으므로 확정판결의 기판력은 새로 기소된 업무방해의 공소사실에 미친다고 판시한 것이 있다.[493]

(3) 비록 형식적으로는 공소사실과 확정판결의 범죄사실이 서로 다른 사건 221 인 것처럼 보인다 하더라도 사건의 경위, 피고인의 구체적 행위, 착오 기재 가능성 등에 비추어 동일한 사건으로 볼 여지가 있다면 이를 밝힌 후 면소판결 여부를 가려야 한다는 것이 판례의 입장이다. 예컨대, 피고인에 대한 '업무방해' 및 '공무집행방해'의 공소사실이 이미 경범죄 처벌법에 의하여 범칙금을 납부한[494] 범칙행위인 '음주소란 등'과 동일사건일 여지가 있는 사안에서(범칙행위는 '피고인이 2009. 10. 13. A 지구대 내에서 음주소란 등 행위를 하였다'는 것이고 피고인에 대한 업무방해 및 공무집행방해의 공소사실은 '피고인이 2009. 10. 10. 21:00경 피해자 운영의 호프집에서 옆 좌석 손님에게 시비를 걸고 멱살을 잡아 흔드는 등 행패를 부려 피해자가 제지하려 하였으나 계속하여 소리를 지르는 등 난동을 부려 위력으로 피해자의 업무를 방해하였다' '피고인은 같은 날 21:30경 신고를 받고 출동한 A 지구대 소속 경찰공무원들에 의해 현행범으로 체포되어 지구대로 연행된 뒤 그곳에서 사건 처리중인 경찰관 1에게 욕설을 하며 발로 왼쪽 정강이를 걷어차고 이를 제지하려는 경찰관 2의 멱살을 잡아 흔들고 경찰관 3에게 욕설을 하며 발로 배를 걷어차는 등 폭행함으로써 경찰공무원들의 신고사건 처리업무 및 현행범인 수사업무에 관한 정당한 직무집행을 방해하였다'는 것인데, 위 범칙행위 일자인 2009. 10. 13.은 제반 사정에 비추어 볼 때 2009. 10. 10.의 착오 기재일 가능성이 크다는 것임), 대법원은 이러한 경우 원심으로서는 소극적 소송조건인 확정판결의 존부에 관하여 직권으로 심리하여 판단하여야 한다고 판시하였다.[495]

(4) 이처럼 범칙금을 납부한 범칙행위와 동일한 범죄행위에 대하여 본죄로 222

---

493 대판 2017. 9. 21, 2017도11687.
494 경범죄 처벌법상 범칙금제도는 범칙행위에 대하여 형사절차에 앞서 경찰서장 등의 통고처분에 의하여 일정액의 범칙금을 납부하는 기회를 부여하여 그 범칙금을 납부하는 사람에 대하여는 기소를 하지 아니하고 사건을 간이하고 신속, 적정하게 처리하는 제도로서 해당 범칙금을 납부하면 그 범칙행위에 대하여 다시 처벌받지 않게 됨으로써(경범 §8③, §9③) 범칙금의 납부에 확정판결에 준하는 효력이 인정된다(대판 2011. 4. 28, 2009도12249; 대판 2020. 7. 29, 2020도4738).
495 대판 2011. 1. 27, 2010도11987.

공소가 제기된 경우 면소판결을 선고하여야 하는 것과 달리, 통고처분이 있었지만 아직 범칙금을 납부하지 않은 상태에서 경찰서장이 즉결심판을 청구하지 않고 검사가 범칙행위와 동일한 범죄행위에 대하여 본죄로 공소를 제기한 경우 그러한 공소제기는 그 절차가 법률의 규정에 위반되어 무효인 때에 해당하므로 공소를 기각하여야 한다.[496]

11. 경범죄 처벌법상의 업무방해죄와의 관계

223   경범죄 처벌법 제3조 제2항 제3호는 '(업무방해) 못된 장난 등으로 다른 사람, 단체 또는 공무수행 중인 자의 업무를 방해한 사람'을 처벌하는 규정(명확성 원칙에 위반되지 않는다는 이유로 헌재 2022. 11. 24, 2021헌마426에 의해 헌법심판청구 기각)을 두고 있는데, 본죄와의 관계가 문제된다.

224   경범죄 처벌법에서 말하는 '못된 장난'이란 일시적인 장난으로서 그다지 악의를 가지고 하지는 않은 행위를 말한다.[497] 따라서 경범죄 처벌법상의 '못된 장난'은 범행의 태양, 범인의 의도, 업무방해의 정도 등에 있어서 본죄의 위계나 위력 등에 미치지 못하는 행위라 할 수 있고, 위 '못된 장난 등'에는 타인의 업무를 방해할 수 있는 행위로서 본죄에 해당하지 않는 일체의 행위가 포함된다고 할 수 있다.[498] 이러한 점에서 경범죄 처벌법상의 업무방해죄는 본죄와는 보충규정의 관계에 있다고 할 것이다.[499] 따라서 어떠한 행위가 본죄에 해당하는지 아니면 경범죄 처벌법상의 업무방해죄에 해당하는지를 판단함에 있어서는 그 사용된 수단이 위계나 위력에 해당하는지 여부를 먼저 검토하고(해당하면 본죄가 성립함), 그것에 해당하지 않는 경우에 경범죄 처벌법상의 '못된 장난'에 해

---

[496] 대판 2020. 7. 29, 2020도4738. 이 사건에서 대법원은 경찰서장이 범칙행위에 대하여 통고처분을 한 이상, 범칙자의 절차적 지위를 보장하기 위하여 경찰서장은 통고처분에서 정한 범칙금 납부기간까지는 원칙적으로 즉결심판을 청구할 수 없고 검사도 동일한 범칙행위에 대하여 공소를 제기할 수 없다고 보아야 하며, 나아가 범칙자가 범칙금 납부기간이 지나도록 범칙금을 납부하지 아니하였을 때에도 경찰서장이 즉결심판을 청구하여야 하고 검사는 동일한 범칙행위에 대하여 공소를 제기할 수 없다고 봄이 타당하다고 설시하였다.

[497] 大塚 外, 大コン(3版)(12), 103(坪內利彦=松本 裕). 그 예시로서 강연자에게 후추를 뿌려 재채기를 유발하는 행위 등을 들고 있다.

[498] 大塚 外, 大コン(3版)(12), 104(坪內利彦=松本 裕).

[499] 大塚 外, 大コン(3版)(12), 103(坪內利彦=松本 裕). 일본 판례도 같은 입장이다[東京高判 平成 21 (2009). 3. 12. 高集 62·1·21].

당하는지 여부를 검토하는 것이 올바른 사고의 순서가 될 것이다.[500] 물론 본죄
가 성립할 수 있음에도 일단 경범죄 처벌법을 위반한 죄로 처리된 경우 재차 기
소된 본죄의 공소사실에 대하여는 그 기초가 되는 사회적 사실관계가 동일함을
이유로 면소판결을 선고하여야 할 수도 있음은 앞서 본 바와 같다.

12. 본조 제1항의 합헌 여부

(1) 본조 제1항의 구성요건은 '위계' '위력' '업무' '방해' 등 다소 광범위하거　225
나 한계가 뚜렷하지 않은 객체 및 행위유형을 포함하고 있는데, 이것이 죄형법정
주의의 핵심원칙인 명확성의 원칙 등에 반하는 것은 아닌지 문제가 될 수 있다.

(2) 이와 관련하여 본조 제1항의 죄형법정주의 위배 여부에 관한 헌재 2011.　226
12. 29, 2010헌바54, 407(병합)은, 본조 제1항에서의 '위계'란 사람을 속이거나
유혹하거나 사람의 착오·부지를 이용하는 일체의 수단을 의미하고, '위력'이란
사람의 의사의 자유를 제압, 혼란케 할 만한 유형·무형의 일체의 세력을 의미
하며, '업무'란 사람이 그 사회적 지위에 있어서 계속적으로 종사하는 사무 또는
사업을 의미하고, '방해'란 업무에 어떤 지장을 주거나 지장을 줄 위험을 발생하
게 하는 것을 의미하는 것으로서 위 조항은 그 의미나 해석에 있어서 건전한 상
식과 통상적인 법 감정을 가진 일반인이 능히 인식할 수 있고 법집행기관이나
법원의 해석에 의하여 합리적으로 보충될 수 있으므로 명확성 원칙에 위배되지
않는다고 판시하였다.

(3) 또한, 보다 구체적으로 쟁의행위에 대한 본죄 성립 여부와 관련하여 본　227
조 제1항 중 '위력으로써 사람의 업무를 방해한 자' 부분의 죄형법정주의 위배
여부에 관한 헌재 2010. 4. 29, 2009헌바168의 취지는 아래와 같다.

먼저, 명확성 원칙 위반 여부와 관련하여 본죄의 보호법익, 같이 규정된 다　228
른 행위태양인 '허위사실의 유포'나 '위계' 그리고 본조 제1항과 함께 같은 장에
규정되어 있는 신용훼손죄나 경매방해죄의 해석, 그 외 형사법상의 폭력, 폭행,
협박 등의 개념과 관련하여 볼 때 일반적으로 '위력'이란 사람의 의사의 자유를
제압, 혼란케 할 만한 일체의 세력을 의미하고, '업무'란 사람이 그 사회적 지위
에 있어서 계속적으로 종사하는 사무 또는 사업을 의미하며, 이러한 해석은 건

---

500 박종민(주 180), 320.

전한 상식과 통상적인 법 감정을 가진 일반인으로서도 능히 인식할 수 있는 것
으로서 죄형법정주의의 명확성의 원칙에 위반된다고 할 수 없다.[501] 다음, 헌법
상 단체행동권 침해 여부와 관련하여 본죄는 모든 쟁의행위에 대하여 무조건
적용되는 것이 아니라, 단체행동권의 내재적 한계를 넘어 정당성이 없다고 판단
되는 쟁의행위에 대하여만 적용되는 것임이 명백하므로, 그 목적이나 방법 및
절차상 한계를 넘어 업무방해의 결과를 야기하는 쟁의행위에 대하여만 본조 제
1항을 적용하여 형사처벌 하는 것은 헌법상 단체행동권을 침해한 것으로 볼 수
없다. 한편, 평등원칙 위반 여부와 관련하여 본죄는 다른 노동관련 법규와 그
보호법익이나 죄질이 다르고 법정형을 정함에 있어서 고려해야 할 여러 가지
요소도 근본적으로 같지 않으므로 본조 제1항이 다른 범죄자와의 관계에 있어
서 평등원칙에 반하는 것으로 볼 수 없다.

II. 제2항의 업무방해죄

1. 개 관

229   본조 제2항의 업무방해죄[(컴퓨터등손괴·전자기록등손괴·컴퓨터등장애)업무방해죄]
는 컴퓨터 등 정보처리장치 또는 전자기록 등 특수매체기록을 손괴하거나 정보
처리장치에 허위의 정보 또는 부정한 명령을 입력하거나 기타 방법으로 정보처
리에 장애를 발생하게 하여 사람의 업무를 방해한 경우에 성립한다.

230   본죄는 우리 사회의 산업화·정보화 추세에 따라 컴퓨터 등 정보처리장치와
전자기록 등 특수매체기록이 중요한 업무수행의 도구로서 널리 보급되고 이와
함께 위 정보처리장치와 특수매체기록을 매개로 한 신종범죄 피해가 극히 중대
하고 광범위한 성격을 띠게 됨에 따라 이에 효과적으로 대처하기 위하여 소위
컴퓨터범죄의 한 유형으로 1995년 12월 29일 형법 개정 시 처음 도입한 것이
다.[502] 컴퓨터시스템을 손상시키거나 기타 불법적인 방법으로 정보처리에 장애

---

501 같은 취지로 판시한 것으로 헌재 1998. 7. 16, 97헌바23 참조.
502 1995년 12월 29일 형법 개정 당시 (컴퓨터등손괴, 전자기록등손괴, 컴퓨터등장애)업무방해죄
   (§ 314②) 이외에도 컴퓨터등사용사기죄(§ 347의2), (편지, 문서, 도화, 전자기록등)내용탐지죄
   (§ 316②), 공전자기록등(위작, 변작)죄(§ 227의2), 사전자기록등(위작, 변작)죄(§ 232의2) 등이 신
   설되었다.

를 발생시키는 경우 그 실질은 본조 제1항의 업무방해죄와 동일하지만 본조 제
1항의 업무방해죄에 있어서의 위계·위력이 그 대상으로 사람을 전제하고 있어
컴퓨터 사용의 방해나 데이터의 부정조작이 업무방해죄를 구성하는지 여부에
대하여 이론상 문제점이 있었기 때문에 별개의 구성요건을 신설하게 된 것이
다.[503] 즉, 본조 제2항의 업무방해죄 신설을 통해 컴퓨터 사용의 방해나 데이터
의 부정조작이 업무방해죄를 구성하는지 여부에 대한 해석상의 문제점을 입법
적으로 해결하고 구성요건을 명확히 한 것이다.[504]

　　본죄의 법정형은 본조 제1항 업무방해죄의 법정형과 동일하다. 이에 대하 　　**231**
여는 컴퓨터 등 정보처리장치를 이용한 업무방해죄는 질적으로나 양적으로 심
각한 손해를 일으킬 가능성이 높고, 특히 업무처리가 전산망으로 일원화되고 있
는 상황에서 일시에 중대한 결과를 초래할 가능성이 있으므로 법정형을 높일
필요가 있다는 견해가 있다.[505]

　　본죄의 보호법익은 기본적으로 본조 제1항 관련 부분에서 언급한 바와 같 　　**232**
은 업무와 관련된 사람의 사회적·경제적 활동의 안전과 자유이고, 보다 구체적
으로는 원활한 정보처리를 통한 업무 관련 활동의 안전과 자유이다.[506]

2. 구성요건요소

(1) 주체

　　본죄는 비신분범으로서 그 주체에 제한이 없다. 즉, 본죄는 프로그래머, 자 　　**233**
료를 정보처리장치에 입력하는 오퍼레이터, 자료처리 담당자, 정보처리장치의
터미널 사용자가 범할 수 있을 뿐 아니라 일반인도 직접 또는 위 사람들을 도구
로 이용하여 범할 수 있다.[507]

---

503 주석형법 〔각칙(5)〕(5판), 79(이우철).
504 김성돈, 267; 손동권·김재윤, §15/28; 신동운, 794; 이재상·장영민·강동범, §13/21; 정성근·박
　　광민, 223.
505 정성근·박광민, 223.
506 본죄의 보호법익을 업무라고 보는 견해도 있고(손동권·김재윤, §15/28; 오영근, 195; 이재상·
　　장영민·강동범, §13/21; 임웅, 274), 원활한 정보처리에 의한 경제적·행정적 이익이라고 보는
　　견해도 있다(박상기, 207; 박상기·전지연, 559).
507 박상기·전지연, 563.

(2) 객체

234 행위의 객체는 본조 제1항에서와 마찬가지로 타인의 업무이지만, 업무방해라는 결과에 이르는 보다 직접적이고 구체적인 행위의 대상은 정보처리장치와 특수매체기록이라고 할 것인데, 그 소유권이 누구에게 있는지는 문제가 되지 않고, 따라서 행위자의 소유인 경우에도 본죄가 성립할 수 있다.[508] 다만, 본죄의 성질상 범인 이외의 타인의 업무에 사용되는 것이어야 한다.[509] 공무에 사용되는 정보처리장치나 특수매체기록도 포함된다고 하는 견해[510]와 순수하게 공무에 사용되는 정보처리장치나 특수매체기록은 포함되지 않는다고 하는 견해[511]가 대립하고 있다.

235 '컴퓨터 등 정보처리장치'란 자동적으로 계산이나 데이터처리를 할 수 있는 전자장치로서 하드웨어와 소프트웨어[512]를 모두 포함한다.[513] 그리고 하드웨어는 처리장치(Processor), 기억장치(Memory), 입출력장치(Input/Output) 등으로 구성된다.[514] 어느 정도 독립성을 가지고 업무를 좌우할 정도의 정보처리, 판단, 제어 등에 사용되는 것이어야 하므로 휴대용 계산기, 휴대용 전자사전, 자동카메라, 자동개찰기 등의 내부에 장착되어 특정한 기능만을 수행하는 마이크로프로세서는 여기에 포함되지 않는다.[515] 업무와 관계없는 개인 또는 가정용 PC 역시 본죄의 객체가 아니다.[516] 정보처리가 가능한 것이어야 하므로 컴퓨터 주변장치나 전송제어장치 중 별도의 처리장치가 없는 마우스, 메모리확장카드 등은

---

508 김성돈, 267; 오영근, 196; 이재상·장영민·강동범, §13/22; 정성근·박광민, 224; 정영일, 113; 주석형법 〔각칙(5)〕(5판), 80(이우철).
509 김일수·서보학, 183.
510 김일수·서보학, 184; 박상기, 207-209; 박상기·전지연, 561-562; 손동권·김재윤, §15/30; 이재상·장영민·강동범, §13/22; 임웅, 275; 정성근·박광민, 224; 정영일, 114.
511 배종대, §52/23; 오영근, 195.
512 김일수·서보학, 183; 배종대, §52/20; 손동권·김재윤, §15/30; 신동운, 795; 정영일, 113. 이와 달리 소프트웨어는 정보처리장치가 아니라 전자기록 등 특수매체기록에 해당한다고 보는 견해도 있다(김성돈, 267; 박상기, 208; 박상기·전지연, 559-560; 오영근, 196; 임웅, 275; 정성근·박광민, 224).
513 대판 2004. 7. 9, 2002도631; 대판 2012. 5. 24, 2011도7943.
514 주석형법 〔각칙(5)〕(5판), 80(이우철).
515 김성돈, 267; 배종대, §52/21; 손동권·김재윤, §15/30; 오영근, 195; 이재상·장영민·강동범, §13/22; 임웅, 275; 정성근·박광민, 224; 정영일, 113; 大塚 外, 大コ)(3版)(12), 248(鶴田六郞=河村 博).
516 김성돈, 267; 박상기, 209; 정성근·박광민, 224; 주석형법 〔각칙(5)〕(5판), 81(이우철).

본체와 결합되지 않고 별도로 거래되는 한 정보처리장치라고 할 수 없다.[517] 투입되는 요금이나 신용공여의 한도에서 기계적으로 사용자에게 편의를 제공하는 공중전화기, 자동판매기 등도 정보처리장치라 할 수 없다.[518]

'전자기록 등 특수매체기록'이란 사람의 지각으로 인식할 수 없는 방식에 236
의하여 만들어진 기록으로서 정보처리장치에 의한 정보처리에 사용되는 것을
의미한다.[519] 법문상 전자기록이 특수매체기록의 한 예시가 될 수 있는데, 전자
기록은 반도체메모리 등과 같은 전자방식 및 신용카드 등과 같은 자기방식에
의한 기록을 말하기 때문에 특수매체기록은 그 외의 광기술, 레이저기술이나 생
체기술 등을 이용한 기록을 의미한다고 볼 수 있다.[520] 정보처리장치에서 사용
되는 것이 아닌 녹음테이프, 녹화필름이나 마이크로필름 등은 특수매체기록에
서 제외된다.[521] 여기에서 기록의 의미와 관련하여, ① 수록된 정보가 아닌 매
체는 포함되지 않는다고 하는 견해,[522] ② 수록된 정보뿐만 아니라 정보를 수록
하고 있는 매체도 포함된다고 하는 견해,[523] ③ 정보 그 자체나 매체 그 자체를
뜻하는 것이 아니라 일정한 기록매체 위에 정보가 보존되어 있는 상태를 말한
다고 하는 견해[524] 등이 대립하고 있다. 한편, 기록이라고 하기 위하여는 어느
정도 영속성이 있어야 하므로 통신 중의 데이터나 중앙처리장치(CPU) 또는 임의
추출기억장치(RAM)에서 처리 중인 데이터는 여기에 포함되지 않는다.[525]

---

517 주석형법 [각칙(5)](5판), 81(이우철).
518 공중전화기, 자동판매기 등에 허위의 정보를 입력하여 재물 또는 재산상 이익을 취하는 경우 편
의시설부정이용죄(§348의2)가 성립할 수 있을 뿐이다[오영근, 195; 주석형법 [각칙(5)](5판), 81
(이우철)].
519 김일수·서보학, 183; 신동운, 795.
520 김성돈, 268; 김일수·서보학, 183; 박상기, 208; 박상기·전지연, 560; 배종대, §52/21; 손동권·김
재윤, §15/30; 이재상·장영민·강동범, §13/22; 정성근·박광민, 224; 정영일, 113.
521 김성돈, 268; 김일수·서보학, 183-184; 배종대, §52/21; 손동권·김재윤, §15/30; 정성근·박광
민, 225; 정영일, 113.
522 오영근, 196.
523 임웅, 275.
524 김성돈, 268; 김일수·서보학, 183; 정성근·박광민, 224; 정영일, 113; 주석형법 [각칙(5)](5판),
81(이우철).
525 김성돈, 268; 김일수·서보학, 183; 손동권·김재윤, §15/30; 정성근·박광민, 224-225; 정영일,
113; 주석형법 [각칙(5)](5판), 82(이우철).

[김 우 진] **395**

(3) 행위

(가) 서설

237   컴퓨터 등 정보처리장치 또는 전자기록 등 특수매체기록을 손괴하거나 정보처리장치에 허위의 정보 또는 부정한 명령을 입력하거나 기타 방법으로 정보처리에 장애를 발생하게 하여 타인의 업무를 방해하는 것이다. 기본적 구성요건 행위는 업무방해이며, 정보처리장치 또는 특수매체기록에 대한 가해행위와 정보처리의 장애는 중첩적으로 연결된 행위수단의 일종이다.[526]

(나) 정보처리장치 또는 특수매체기록에 대한 가해

238   '손괴'란 유형력을 행사하여 물리적으로 파괴·멸실시키는 것뿐 아니라 전자기록의 소거나 자력에 의한 교란도 포함하고,[527] 물을 쏟아 사용하지 못하게 하는 것도 포함한다.[528] 예컨대, 병원 컴퓨터의 메인 서버에 접속하여 전산 관리 파일을 삭제하는 방법으로 환자관리 및 진료 등의 업무를 방해한 경우가 그것이다.[529]

239   '허위의 정보 또는 부정한 명령의 입력'이란 객관적으로 진실에 반하는 내용의 정보를 입력하거나 정보처리장치를 운영하는 본래의 목적과 상이한 명령을 입력하는 것을 의미한다.[530] 정보의 허위성 여부에 대한 판단은 처분권한이 있는 사람의 주관적 관점이 아닌 객관적 관점에서 판단하여야 한다.[531]

240   이와 관련된 판례를 보면, ① 홈페이지를 관리 운영할 권한이 없는 자가 정보처리장치에 입력되어 있던 관리자의 아이디와 비밀번호를 무단으로 변경하는 행위는 정보처리장치에 부정한 명령을 입력하여 정당한 아이디와 비밀번호로 정보처리장치에 접속할 수 없게 만드는 행위에 해당한다고 판시하였다.[532] 또

---

526 김일수·서보학, 184; 주석형법 〔각칙(5)〕(5판), 83(이우철).
527 대판 2012. 5. 24, 2011도7943.
528 손동권·김재윤, §15/31; 주석형법 〔각칙(5)〕(5판), 83(이우철).
529 대판 2011. 1. 13, 2010도13226의 제1심 판결인 부산지법 동부지판 2010. 3. 17, 2009고단568. 이 사건에서 대법원은 피고인이 공소사실 기재 범행을 저질렀다고 인정할 충분한 증거가 없다는 이유로 제1심 판결을 파기한 원심판결을 지지하였다.
530 대판 2012. 5. 24, 2011도7943; 대판 2020. 2. 13, 2019도12194; 대판 2022. 5. 12, 2021도1533.
531 박상기·전지연, 560.
532 대판 2006. 3. 10, 2005도382. 대학 컴퓨터시스템의 각종 서버를 관리하던 피고인이 전보발령을 받아 더 이상 웹서버를 관리 운영할 권한이 없는 상태에서 웹서버의 홈페이지 관리자 계정에 접속하여 그 관리자 아이디와 비밀번호를 무단으로 변경한 이 사건에서, 대법원은 이러한 행위는 피고인이 웹서버를 관리 운영할 정당한 권한이 있는 동안 입력하여 두었던 홈페이지 관리자의 아이디와 비밀번호를 단지 후임자 등에게 알려주지 아니한 행위와는 다르다고 판시하였다. 같은

한, ② 조합장인 피고인이 조합 감사가 자신에 대한 탄핵을 주도함을 알고 그
탄핵자료 수집을 저지하기 위하여 조합사무실에 있던 컴퓨터 중 경리 여직원이
사용하던 컴퓨터에 자신만이 아는 비밀번호를 설정하고(㉮행위), 조합업무 담당
자가 사용하던 컴퓨터의 하드디스크를 분리하여 사무실 금고에 보관한(㉯행위)
사안에서, 담당직원의 정상적인 업무수행을 방해할 의도에서 담당직원의 의사
와 상관없이 함부로 컴퓨터에 비밀번호를 설정한 위 ㉮행위는 '허위의 정보 또
는 부정한 명령의 입력'에 해당하고 컴퓨터 하드디스크를 분리·보관한 위 ㉯행
위는 '손괴'에 해당한다고 판시하였다.[533] 그 외에 실제 입금하지 않으면서도 입
금하는 것처럼 은행 전산기록을 조작하거나 학교 성적과 관련된 전산기록을 변
경·조작하는 것은 '허위의 정보'의 입력에, 컴퓨터 바이러스 등 악성코드를 침
투시키는 것은 '부정한 명령'의 입력에 해당할 수 있을 것이다.[534] 입력의 방법
은 단말기, 키보드에 의한 것이든, 파일복제 등 프로그램 주입에 의한 것이든,
스캐너, 음성인식장치 등 특별한 입력장치에 의한 것이든 묻지 않는다.[535]

　　한편 대법원 판례 중에는, ① 포털사이트에서의 상위노출 조작과 관련하여,   241
피고인들이 공모하여 네이버에 특정 게시물이 우선적으로 노출될 수 있도록 조
작하는 프로그램(상위노출 프로그램)의 이용권을 판매하고 구매자로 하여금 위 프
로그램을 실행하게 하여 특정 게시글이 검색순위 상위에 노출될 수 있도록 조
작하였다는 공소사실에 대하여, 상위노출 프로그램의 구매자들이 위 프로그램
을 실행하여 피해회사의 서버에 허위의 정보를 전송하는 등 정보처리에 장애를
발생하게 하는 행위를 하여야 컴퓨터등장애업무방해죄의 실행의 착수에 이르는
데, 위 프로그램의 구매자들이 언제, 어디에서 위 프로그램 작업을 실행하였는
지, 구매자들이 어떠한 내용의 허위정보를 얼마나 전송하였는지에 관하여는 조
사되지 않은 점, 위 상위노출 프로그램의 작업시작 여부는 결국 구매자의 의사
에 달려 있는데, 구매자들이 최초 사용권한을 부여받은 뒤에는 피고인들이 관리

　　취지로 판시한 것으로 대판 2007. 3. 16, 2006도6663 참조.
533 대판 2012. 5. 24, 2011도7943.
534 김성돈, 268; 김일수·서보학, 184; 배종대, §52/22; 손동권·김재윤, §15/31; 신동운, 795; 임웅,
　　276; 정성근·박광민, 225; 최호진, "인터넷 검색광고의 부정클릭과 부정한 명령입력", 형사판례
　　연구 [23], 한국형사판례연구회, 박영사(2015), 448.
535 주석형법 [각칙(5)](5판), 85(이우철).

〔김 우 진〕   **397**

하는 서버와 별도 연결 없이도 자신들의 PC 또는 모바일에서 허위정보 전송작업
을 수행할 수 있는 점, 구매자들이 실제 프로그램을 실행하였는지에 관한 기록은
피고인들의 데이터베이스 서버에 남지 않아 이를 확인할 수 없는 것으로 보이
는 점 등에 비추어 공소사실의 입증이 부족하다고 보아 무죄를 선고한 원심판결
을 그대로 유지한 것이 있다.[536]

242   또한, ② 여행업 대표와 임직원인 피고인들이 경쟁 업체인 피해자 회사의
'바로예약' 모바일 어플리케이션인 '야놀자'를 영업을 위하여 내부 공유하고 있음
을 기화로 1시간마다 피해자 회사의 전국 제휴 숙박업소의 업체명 등을 확인하
기 위하여 자체 개발한 '야놀자 크롤링(crawling. 프로그램을 통해 웹 공간을 돌아다니
며 데이터를 긁어와 수집·가공하는 것) 파일'을 이용하여 피해자 회사의 모바일앱용
API(Application Programming Interface) 서버에 접속하여 일정한 위도, 경도의 반경
1,000km 내에 있는 모든 숙박업소 정보를 요청하는 부정한 명령을 입력하는 방
법으로 통상적인 이용 범위를 초과한 대량 호출을 발생시켜 피해자 회사의 서
버의 접속이 중단되어 이용자들이 서버에 접속하지 못하도록 하여 피해자 회사
의 숙박 예약에 관한 업무를 방해하였다는 이유로 컴퓨터등장애업무방해죄로
기소된 사안에서, 위 API 서버의 사용목적은 주어진 명령구문에 대응하는 숙박
업소 정보를 반환하는 것으로서 피고인들은 위 서버의 본래의 목적에 따라 숙
박업소의 정보를 전송받고자 위 서버의 명령구문들에 거리 정보 1000km 등의
정보를 입력하여 전국 숙박업소의 정보를 전송받았으므로 이는 '허위의 정보 또
는 부정한 명령의 입력'에 해당하지 않고, 당시 접속 횟수가 증가한 것은 자연
이용자 증가에 따른 것이었을 가능성을 배제할 수 없는데다가 접속 장애가 일
어난 일자들의 초당 최다 접속횟수(30명대)는 접속 장애가 일어나지 않은 날의
초당 최다 접속횟수보다 적고 피해자 회사의 서버는 초당 50명의 동시접속자를
수용할 수 있게 설계되어 있는 점에 비추어 위 크롤링 프로그램을 이용한 접속
으로 인하여 위 API 서버의 접속에 장애가 발생하였다고 단정할 수 없으며, 피
고인들이 위 크롤링 프로그램을 이용한 목적은 피해자 회사의 데이터베이스를
확보하여 경쟁사인 피해자 회사의 사업 현황을 파악하고 이를 업무에 참고하고

---

536 대판 2021. 4. 29, 2020도15674.

자 함에 있었으므로, 그 접속으로 인한 장애의 발생 가능성을 미필적으로나마 인식하고 용인하였다고 보기 어렵다는 이유로 무죄를 선고한 원심판결을 그대로 유지한 것이 있다.[537]

그리고 '기타 방법'이란 컴퓨터의 정보처리에 장애를 초래하는 가해수단으로서 컴퓨터의 작동에 직접·간접으로 영향을 미치는 일체의 행위를 말한다.[538] 전원의 차단, 저압의 배전, 통신회선의 절단, 온도·습도 등의 작동환경파괴, 대량정보 또는 처리불능정보의 입력, 대량동시접속으로 인한 서버의 다운 등이 여기에 해당할 수 있을 것이다.[539] 다만, 컴퓨터 운영자(오퍼레이터)를 폭행·협박하거나 컴퓨터실을 점거하는 것은 그것이 정보처리장치에 대한 것이라기보다 사람이나 공간에 대한 것이라 할 것이므로 본죄가 아닌 본조 제1항에 해당할 것이다.[540] 참고로, 정보통신망 이용촉진 및 정보보호 등에 관한 법률(이하, '정보통신망법'이라 한다.) 제70조의2(§48② 위반), 제71조 제1항 제10호(§48③ 위반)〔정보통신망법위반(정보통신망침해등)죄〕[541]도 악성프로그램을 전달·유포하거나 정보통신망에 장애가 발생하게 한 행위를 처벌하는 규정을 두고 있다.[542]

243

---

537 대판 2022. 5. 12, 2021도1533.

538 대판 2004. 7. 9, 2002도631; 대판 2010. 9. 30, 2009도12238; 대판 2012. 5. 24, 2011도7943; 대판 2020. 2. 13, 2019도12194; 대판 2022. 5. 12, 2021도1533.

539 김성돈, 268; 김일수·서보학, 185; 배종대, §52/22; 손동권·김재윤, §15/31; 신동운, 795-796; 이재상·장영민·강동범, §13/23; 임웅, 276; 정성근·박광민, 225; 정영일, 114; 주석형법〔각칙(5)〕(5판), 85(이우철); 大塚 外, 大コ〃(2版)(13), 250(鶴田六郎=河村 博).

540 주석형법〔각칙(5)〕(5판), 85-86(이우철).

541 정보통신망법 제48조(정보통신망 침해행위 등의 금지) ② 누구든지 정당한 사유 없이 정보통신시스템, 데이터 또는 프로그램 등을 훼손·멸실·변경·위조하거나 그 운용을 방해할 수 있는 프로그램(이하 "악성프로그램"이라 한다)을 전달 또는 유포하여서는 아니 된다.
③ 누구든지 정보통신망의 안정적 운영을 방해할 목적으로 대량의 신호 또는 데이터를 보내거나 부정한 명령을 처리하도록 하는 등의 방법으로 정보통신망에 장애가 발생하게 하여서는 아니 된다.
제70조의2(벌칙) 제48조 제2항을 위반하여 악성프로그램을 전달 또는 유포하는 자는 7년 이하의 징역 또는 7천만 원 이하의 벌금에 처한다.
제71조(벌칙) ① 다음 각 호의 어느 하나에 해당하는 자는 5년 이하의 징역 또는 5천만 원 이하의 벌금에 처한다.
10. 제48조 제3항을 위반하여 정보통신망에 장애가 발생하게 한 자

542 이와 관련된 판례로는, ① 정보통신망법 제48조 제2항에 관한 대판 2019. 12. 12, 2017도16520 (자동 회원가입, 자동 방문 및 이웃신청 등의 기능을 이용하여 네이버 카페나 블로그 등에 자동적으로 게시 글과 댓글을 등록하고 쪽지와 초대장을 발송하는 등의 작업을 반복 수행하도록 설계된 프로그램은 '악성프로그램'에 해당한다고 단정하기 어렵다고 한 사례)〔정보통신망법 제48조

244   한편, 컴퓨터에 의하여 정보를 처리할 권한이 없는 자가 자신의 자료를 처리
하기 위하여 컴퓨터를 사용한 경우(권한 없는 정보의 입력·변경)도 부정한 명령의
입력에 해당하는지 여부에 관하여, ① 이를 긍정하는 견해와 ② 부정하는 견해
가 대립하고 있다. 위 ①의 긍정하는 견해는 2001년 12월 9일 형법 개정에 따라
제347조의2(컴퓨터등사용사기)에 '권한 없는 정보의 입력·변경에 의한 정보처리'가
추가되었으므로 규정의 통일성을 위하여 본죄에도 위와 같은 행위가 포함되어야
한다는 점을 들고 있고,543 위 ②의 부정하는 견해는 단지 정보를 처리할 권한이
있는지 여부에 따라 동일한 자료를 입력한 행위에 대한 평가가 달라지는 것은 타
당하지 않다는 점을 들고 있다.544 판례는 '권한 없는 정보의 입력·변경에 의한
정보처리' 규정이 제347조의2에 추가되기 전의 동 조항의 법령해석과 관련하여
프로그램 자체는 변경(조작)함이 없이 명령을 입력(사용)할 권한 없는 자가 명령을
입력하는 것도 부정한 명령의 입력에 포함된다고 판시한 바 있다.545 그런데 본
죄가 성립하기 위하여는 '부정한 명령의 입력'에서 더 나아가 정보처리의 장애가

제2항 위반죄는 정보통신시스템, 데이터 또는 프로그램 등(이하 '정보통신시스템 등'이라 한다)
을 훼손·멸실·변경·위조하거나 그 운용을 방해할 수 있는 프로그램(이하 '악성프로그램'이라
한다)이 정보통신시스템 등에 미치는 영향을 고려하여 악성프로그램을 전달 또는 유포하는 행위
만으로 범죄 성립을 인정하고, 그로 인하여 정보통신시스템 등의 훼손·멸실·변경·위조 또는
그 운용을 방해하는 결과가 발생할 것을 요하지 않으며, 이러한 '악성프로그램'에 해당하는지 여
부는 프로그램 자체를 기준으로 하되, 그 사용용도 및 기술적 구성, 작동 방식, 정보통신시스템
등에 미치는 영향, 프로그램 설치에 대한 운용자의 동의 여부 등을 종합적으로 고려하여 판단하
여야 한다], ② 정보통신망법 제48조 제3항에 관한 대판 2013. 3. 14, 2010도410(정보통신망법
제48조 제3항은 "누구든지 정보통신망의 안정적 운영을 방해할 목적으로 대량의 신호 또는 데이
터를 보내거나 부정한 명령을 처리하도록 하는 등의 방법으로 정보통신망에 장애가 발생하게 하
여서는 아니 된다."라고 규정하고 있고, 이는 정보통신망의 안정적 운영 내지 적정한 작동을 보
호하기 위한 규정이므로, 위 죄가 성립하기 위해서는 정보통신망이 그 사용목적에 부합하는 기
능을 하지 못하거나 사용목적과 다른 기능을 하는 등 정보통신망의 장애가 현실적으로 발생하였
을 것을 요한다고 할 것이다) 등이 있다.
   한편 어떤 행위가 컴퓨터등장애업무방해죄와 위 정보통신망법 제48조 제3항을 위반한 정보통
신망법위반(정보통신망침해등)죄의 구성요건을 동시에 충족하는 경우, 두 죄는 상상적 경합관계
에 해당되어 보다 형이 무거운 정보통신망법위반(정보통신망침해등)죄에 정한 형으로 처벌한다
[위 2010도410 판결의 제1심 판결인 서울중앙지판 2009. 2. 19, 2008고단5024, 2008고단5623
(병합) 참조].
543 오영근, 196.
544 김일수·서보학, 185.
545 대판 2003. 1. 10, 2002도2363. 이 사건은 타인의 인적 사항을 도용하여 타인 명의로 발급받은
   신용카드의 번호와 그 비밀번호를 인터넷사이트에 입력함으로써 재산상 이익을 취득한 사안이
   었다.

현실적으로 발생하였을 것을 요하므로 비록 권한 없는 자에 의한 정보의 입력행
위 등이 부정한 명령의 입력에 해당한다고 하더라도 본죄를 구성한다고까지 보기
는 어려울 것이다.[546]

(다) 정보처리의 장애 발생

본죄가 성립하기 위하여는 위와 같은 가해행위의 결과 정보처리장치가 그
사용목적에 부합하는 기능을 하지 못하거나 사용목적과 다른 기능을 하는 등
정보처리의 장애가 현실적으로 발생하였을 것을 요한다(판례[547]).[548] '사용목적
에 부합하는 기능을 하지 못한다'는 것은 사용자가 구체적인 업무수행에서 당해
정보처리장치를 사용하여 실현하려는 목적에 적합한 동작을 하지 못하는 것을
의미하고, '사용목적과 다른 기능을 한다'는 것은 당해 정보처리장치의 사용 목
적에 부합하지 않는 동작을 하는 것을 의미한다.[549] 따라서 전원을 절단하였으
나 자동전원공급장치에 의하여 전원이 공급됨으로써 또는 처리불능자료를 입력
하였으나 컴퓨터의 자체 검색기능에 의하여 처리될 자료에서 배제됨으로써 정
보처리가 제대로 이루어진 경우 본죄는 성립하지 않는다.[550] 장애는 일시적인
것이라도 좋지만 시간이나 비용을 크게 들이지 않고 제거할 수 있는 것이라면
여기에 해당하지 않는다.[551] 정보처리의 장애가 현실적으로 발생하였는지 여부
는 컴퓨터시스템 자체에 어떤 문제가 발생하였는지의 관점이 아니라 컴퓨터시
스템 이용자의 입장에서 의도한 대로 정보처리를 할 수 없게 되었는지의 관점
에서 파악함이 상당하다.[552]

이와 관련하여 판례 중에는, ① 메인 컴퓨터의 비밀번호는 시스템관리자가

245

246

---

546 주석형법 〔각칙(5)〕(5판), 85(이우철).
547 대판 2004. 7. 9, 2002도631; 대판 2009. 4. 9, 2008도11978; 대판 2010. 9. 30, 2009도12238; 대판 2013. 3. 14, 2010도410; 대판 2020. 2. 13, 2019도12194; 대판 2022. 5. 12, 2021도1533.
548 학설 중에는 허위정보나 부정한 명령을 입력하는 경우에는 정보처리장치에 장애가 발생할 필요
가 없지만 기타 방법의 경우에는 정보처리장치에 장애가 현실적으로 발생하여야 한다고 보는 견
해도 있다(오영근, 196).
549 주석형법 〔각칙(5)〕(5판), 86(이우철).
550 박상기·전지연, 561; 주석형법 〔각칙(5)〕(5판), 87(이우철).
551 김일수·서보학, 185; 주석형법 〔각칙(5)〕(5판), 88(이우철).
552 권순익, "권한 없는 자가 컴퓨터시스템에 접속하여 그 관리자의 아이디와 비밀번호를 무단으로
변경하는 행위가 형법 제314조 제2항의 컴퓨터 등 장애 업무방해죄를 구성하는지의 여부", 해설
62, 법원도서관(2006년 상반기), 387.

시스템에 접근하기 위하여 사용하는 보안 수단에 불과하므로 단순히 메인 컴퓨터의 비밀번호를 알려주지 않은 것만으로는 정보처리장치의 작동에 직접 영향을 주어 그 사용목적에 부합하는 기능을 하지 못하게 하거나 사용목적과 다른 기능을 하게 하였다고 볼 수 없어 본죄로 의율할 수 없다고 한 것,[553] ② 피고인들이 불특정 다수의 인터넷 이용자들에게 배포한 '업링크솔루션'이라는 프로그램은 네이버 포털사이트 서버가 이용자의 컴퓨터에 HTML(Hypertext Markup Language. 인터넷 홈페이지의 하이퍼텍스트 문서를 만들기 위해 사용되는 기본 언어) 파일 등 네이버 홈페이지의 정보를 전송하는 데에는 아무런 영향을 주지 않고, 다만 이용자의 동의에 따라 위 프로그램이 설치된 컴퓨터 화면에서만 네이버 화면이 전송받은 원래 모습과는 달리 피고인들의 광고가 대체 혹은 삽입된 형태로 나타나도록 하는 것에 불과하므로, 이것만으로는 정보처리장치의 작동에 직접·간접으로 영향을 주어 그 사용목적에 부합하는 기능을 하지 못하게 하거나 사용목적과 다른 기능을 하게 하였다고 볼 수 없어 본죄로 의율할 수 없다고 한 것,[554] 반면에 ③ 피고인이 악성 프로그램을 이용하여 그것이 설치된 컴퓨터 사용자들이 실제로 인터넷 포털사이트 '네이버' 검색창에 해당 검색어로 검색하거나 검색 결과에서 해당 스폰서링크를 클릭하지 않았음에도 그와 같이 검색하고 클릭한 것처럼 네이버의 관련 시스템 서버에 허위의 신호를 발송하는 방법으로

---

[553] 대판 2004. 7. 9, 2002도631. 여기에서 말하는 메인 컴퓨터의 비밀번호란 피고인이 관리한 웹서버의 루트패스워드를 말하는 것으로서 메인 컴퓨터의 부팅이나 프로그램 복구, 새로운 소프트웨어 설치 등의 경우에만 필요하고 평상시의 일반적인 업무수행에는 필요하지 않은 것이어서 웹서버의 루트패스워드를 알지 못한다고 하더라도 현재 구동중인 웹서버에는 아무런 영향을 미치지 아니하고 일반인들이 웹페이지에 접속하는 데에도 아무런 지장이 없다. 다만, 웹서버가 바이러스 감염이나 전원공급의 차단 등으로 인하여 다운되었다면 로그온을 하기 위하여 루트패스워드가 필요할 수 있겠지만 이것은 루트패스워드의 필요성을 말하는 것일 뿐 루트패스워드의 불고지로 인하여 컴퓨터의 장애를 초래한 것이라고 할 수는 없다[김대원, "메인컴퓨터의 비밀번호를 후임자에게 알려주지 않은 시스템관리자의 행위가 컴퓨터등장애업무방해죄에 해당하는지 여부", 해설 53, 법원도서관(2004년 하반기), 457, 465].

[554] 대판 2010. 9. 30, 2009도12238. 이 사건은 피고인들의 '업링크솔루션'이 설치된 컴퓨터로 네이버에 접속할 경우 네이버 화면에 네이버 회사 광고가 나타나는 것이 아니라, 네이버 회사의 배너광고를 같은 크기의 피고인들의 배너광고로 대체하는 방식(이른바 '대체광고 방식'), 화면의 여백에 피고인들의 배너광고를 노출시키는 방식(이른바 '여백광고 방식'), 검색창에 키워드를 입력하면 검색결과 화면의 최상단에 위치한 검색창과 네이버 회사의 키워드광고 사이에 피고인들의 키워드광고를 삽입하는 방식(이른바 '키워드삽입광고 방식')에 의하여 피고인들의 광고가 대체 혹은 삽입된 형태로 나타난 사안이었다.

정보처리에 장애를 발생하게 하였다고 하여 기소된 사안에서, 피고인의 행위는 객관적으로 진실에 반하는 내용의 정보인 '허위의 정보'를 입력한 것에 해당하고, 그 결과 네이버의 관련 시스템 서버에서 실제적으로 검색어가 입력되거나 특정 스폰서링크가 클릭된 것으로 인식하여 그에 따른 정보처리가 이루어졌으므로 이는 네이버의 관련 시스템 등 정보처리장치가 그 사용목적에 부합하는 기능을 하지 못하거나 사용목적과 다른 기능을 함으로써 정보처리의 장애가 현실적으로 발생한 것이라고 한 것,[555] ④ 피고인이 입력한 부정한 명령으로 인해 가상화폐 거래소 계정에 허위의 토큰이 생성되었다면 이는 거래소의 정보처리장치가 그 사용목적에 부합하는 기능을 하지 못하거나 사용목적과 다른 기능을 한 것에 해당하므로 위 거래소 정보처리의 장애가 현실적으로 발생한 것이라고 한 것[556] 등이 있다.

(라) 업무의 방해

본죄는 가해행위에 의하여 정보처리에 장애가 발생함으로써 타인의 업무가 방해되어야 성립한다. 다만, 업무방해의 결과가 실제로 발생하여야 하는 것은 아니며, 업무방해의 결과를 초래할 위험이 발생하면 충분하다[557](추상적 위험범).[558] 따라서 일정시기에 활동하여 자료를 파괴하는 형태의 시한폭탄형 바이러스를 주입하여 컴퓨터를 감염시킨 경우, 감염시킨 때에 바로 기수가 된다.[559] 또한 전자기록을 삭제한 경우 그로 인해 업무방해의 결과를 초래할 위험이 발생한 이상 복제사본(backup copy)이 마련되어 있더라도 본죄가 성립하고,[560] 웹서버를 관리 운영할 권한이 없는 사람이 웹서버의 홈페이지 관리자 계정에 접속하여

247

---

555 대판 2013. 3. 28, 2010도14607. 이와 달리 자동프로그램에 의한 '해당 검색어의 입력 및 클릭'
　　이 포털사이트 네이버의 입장에서는 허위의 정보의 입력이 아닌 진실한 정보의 입력에 해당한다
　　고 보는 견해로는 최호진(주 534), 451 참조.
　　　본 판결 평석은 신동일, "악성프로그램을 통한 부정클릭의 죄책", 특별형법 판례100선, 한국형
　　사판례연구회·대법원 형사법연구회, 박영사(2022), 314-317; 최호진(주 534), 431-456.
556 대판 2019. 9. 25, 2019도8952의 원심판결인 서울고판 2019. 6. 19, 2019노642.
557 대판 2013. 3. 28, 2010도14607; 대판 2020. 2. 13, 2019도12194.
558 판례와 마찬가지로 학설은 대부분 추상적 위험범설을 취하고 있다[김성돈, 269; 김일수·서보학,
　　185; 박상기, 210; 박상기·전지연, 561; 손동권·김재윤, §15/31; 신동운, 796; 오영근, 197; 이재
　　상·장영민·강동범, §13/25; 임웅, 276; 정성근·박광민, 224; 정영일, 113; 최호진(주 534), 449].
　　다만, 구체적 위험범이라는 견해도 있다(배종대, §52/23; 홍영기, §69/15).
559 김일수·서보학, 185.
560 박상기·전지연, 561.

그 관리자 아이디와 비밀번호를 무단으로 변경한 경우 프로그램을 초기화하는
방법으로 쉽게 그 관리자의 아이디와 비밀번호를 복구할 수 있다고 하더라도
역시 본죄가 성립한다.[561]

248   업무의 의미, 보호의 대상이 되는 업무, 방해의 의미 등은 본조 제1항에서
살펴본 것과 동일하다.

249   이와 관련하여 판례 중에는, ① 포털사이트 운영회사의 통계집계시스템 서
버에 허위의 클릭정보를 전송하여 검색순위 결정 과정에서 위와 같이 전송된
허위의 클릭정보가 실제로 통계에 반영됨으로써 정보처리에 장애가 현실적으로
발생하였다면 피고인이 허위의 클릭정보를 전송한 행위는 허위의 정보 또는 부
정한 명령을 입력한 것에 해당하고 그로 인하여 실제로 검색순위의 변동을 초
래하지는 않았다고 하더라도 본죄가 성립한다고 한 것,[562] ② 피고인들이 자신
들이 근무하는 회사와 업무를 제휴한 ISP(Internet Service Provider. 인터넷서비스 제
공자)의 도메인 네임 서버에 키워드서비스 프로그램을 설치하면서 ISP 몰래
IP(Internet Protocol) 주소를 변경하는 기능(일명 하이재킹기능)을 삽입한 후 이를 통
해 인터넷 이용자들이 웹브라우저의 주소 입력창에 한글단어를 입력할 경우 경
쟁업체의 플러그인 프로그램에 의하여 가공되는 인터넷주소 형식의 질의어에
대응하는 IP 주소를 회신하여야 할 ISP의 도메인 네임 서버로 하여금 피고인들
회사의 키워드 네임 서버 등의 IP 주소를 회신하도록 한 사안에서, 원심은 피고
인들의 행위가 ISP의 업무를 방해한 것이라고 볼 수 있을 뿐 경쟁업체의 업무를
방해한 것이라고 볼 수 없다고 판단하였지만, 대법원은 피고인들이 그 키워드서
비스 프로그램을 통하여 ISP의 도메인 네임 서버에 부정한 명령을 입력하여 ISP
의 도메인 네임 서버 등 정보처리장치에 장애를 발생하게 하였고 이러한 피고
인들의 행위로 인하여 경쟁업체는 그 키워드서비스 제공 등 업무를 방해받은
것으로 보아야 한다고 판단한 것,[563] ③ 피고인들이 제작하여 판매한 프로그램

---

561 대판 2006. 3. 10, 2005도382. 본 판결 해설은 권순익, "권한 없는 자가 컴퓨터시스템에 접속하
   여 그 관리자의 아이디와 비밀번호를 무단으로 변경하는 행위가 형법 제314조 제2항의 컴퓨터
   등 장애 업무방해죄를 구성하는지의 여부", 해설 62, 법원도서관(2006), 377-390.
562 대판 2009. 4. 9, 2008도11978.
563 대판 2011. 3. 10, 2008도12119. 한편, 같은 사건에서 피고인들이 피고인들 회사의 플러그인 프
   로그램을 이용하여 경쟁업체 플러그인 프로그램이 가공한 정보 중 일부를 임의 변형하여 경쟁업

은 IP 재배정 - 클릭 - 웹브라우저 리셋의 과정을 반복하는 기능을 통해 실제로 사용자가 키워드 검색을 하지 않았음에도 마치 사용자가 키워드를 검색하고 관련 링크를 클릭한 것처럼 포털사이트 검색시스템에 허위의 클릭정보를 보내 검색순위를 상승시키는 프로그램으로서 이로 인해 검색통계의 왜곡 등 정보처리에 장애가 발생하였고 포털사이트 검색서비스 제공 업무가 방해되었다고 인정한 것,[564] ④ 소위 킹크랩 프로그램(사용자가 실제 포털사이트에 접속하여 클릭을 하지 않았음에도 마치 사용자가 포털사이트 기사 및 댓글을 확인한 후 공감/비공감 클릭을 한 것처럼 킹크랩 서버에 저장된 다수의 ID와 비밀번호를 이용하여 포털사이트 서버에 자동·반복적으로 공감/비공감 클릭신호를 전송하는 프로그램)을 이용한 피고인들의 댓글 순위 조작 작업은 허위의 정보나 부정한 명령을 입력하여 정보처리에 장애를 발생하게 함으로써 포털사이트의 댓글 순위 산정 업무를 방해한 것에 해당한다고 인정한 것[565] 등이 있다.

(4) 고의

자기의 행위로 인하여 타인의 업무가 방해될 가능성 또는 위험에 대한 인식이나 예견이 있으면 충분하며 그 인식이나 예견은 확정적인 것은 물론 미필적인 것으로도 충분하다.

250

체 키워드 네임 서버가 아닌 피고인들 회사의 키워드 네임 서버로 함부로 이동시키는 기능[일명 DNS(Digital Nervous System. 문자로 된 인터넷 주소를 숫자로 된 IP 주소로 바꿔주는 시스템) 응답패킷변조기능] 등을 통하여 경쟁업체 플러그인 프로그램이 가공한 인터넷주소 형식의 질의어에 대응하는 IP 주소를 임의로 피고인들 회사의 키워드 네임 서버 등의 IP 주소로 변경한 행위와 관련하여, 원심은 피고인들의 행위가 ISP의 업무를 방해하거나 이용자의 컴퓨터에 장애를 발생하게 한 것일 뿐 경쟁업체의 업무를 방해한 것이라고 볼 수 없다고 판단하였지만, 대법원은 피고인들이 피고인들 회사 플러그인 프로그램에 위와 같은 DNS 응답패킷변조기능이 포함되어 있음을 알지 못하는 컴퓨터 이용자들에게 그 기능을 제대로 알리지 않은 채 피고인들 회사의 플러그인 프로그램을 설치하도록 하고 위와 같은 DNS 응답패킷변조기능을 통하여 도메인 네임 서버로부터 회신된 경쟁업체 키워드 네임 서버의 IP 주소를 피고인들 회사의 키워드 네임 서버 등의 IP 주소로 변경함으로써 키워드가 경쟁업체 키워드 네임 서버가 아닌 피고인들 회사의 키워드 네임 서버 등으로 이동되도록 한 것으로서 피고인들의 행위는 본조 제1항의 위계로써 경쟁업체의 키워드서비스 제공 등 업무를 방해한 것으로 보아야 한다고 판시하였다.

564 대판 2019. 7. 4, 2019도3483의 원심판결인 서울동부지판 2019. 2. 14, 2018노685.
565 대판 2020. 2. 13, 2019도12194; 대판 2021. 7. 21, 2020도16062.

3. 죄 수

251   1개의 정보처리장치에 수차 반복하여 허위의 정보나 부정한 명령을 입력한 것이 시간적으로 연속되고 고의가 동일한 경우 단순일죄가 된다고 하는 견해[566]도 있고, 포괄일죄가 된다고 하는 견해[567]도 있다.

4. 다른 죄와의 관계

(1) 제1항의 업무방해죄와의 관계

252   본죄는 본조 제1항의 행위태양에 포함되기 어려운 행위에 의한 업무방해죄를 처벌하기 위한 것으로서 본죄의 보호대상이 되는 업무가 본조 제1항 업무방해죄의 보호대상이 되는 업무와 엄격하게 구별되지는 않는다.[568] 두 죄의 관계와 관련하여, 본죄가 본조 제1항 업무방해죄에 대한 특별구성요건의 관계에 있어 본죄가 성립하는 경우에는 본조 제1항 업무방해죄는 성립하지 않는다는 것이 다수설의 견해이다.[569] 다만 학설 중에는 중간 담당자를 기망하여 컴퓨터에 의한 업무방해를 하는 경우, 침해되는 업무에 따라 그 업무가 일반 업무인 경우에는 본죄가 본조 제1항 업무방해죄에 대하여 보충적인 관계에 있어 본조 제1항 업무방해죄만 성립하고, 그 업무가 공무인 경우에는 본죄와 본조 제1항 업무방해죄의 상상적 경합이 된다고 보는 견해도 있다.[570]

253   판례는 앞서 본 바와 같이 입력된 정보 등을 바탕으로 업무를 담당하는 사람의 오인, 착각 등을 일으키기 위한 방법의 일부로서 정보처리장치에 허위의 정보 등을 입력하는 행위가 이루어진 경우, 본조 제1항의 업무방해죄가 성립한다는 입장이다.[571]

---

566 김일수·서보학, 186; 정성근·박광민, 227.
567 김성돈, 269.
568 박진환(주 147), 776.
569 김성돈, 269; 손동권·김재윤, §15/40; 오영근, 197; 이재상·장영민·강동범, §13/27; 임웅, 276; 정성근·박광민, 227; 주석형법 〔각칙(5)〕(5판), 91(이우철); 大塚 外, 大コン(3版)(12), 253(鶴田六郎=河村 博).
570 박상기·전지연, 563-564.
571 대판 2013. 11. 28, 2013도4178; 대판 2013. 11. 28, 2013도5117; 대판 2013. 11. 28, 2013도5814(이 사건에서 대법원은 피고인들이 성별이나 연령을 허위로 입력한 상대방은 ACS시스템이지만, 피고인들이 단순히 ACS시스템에 허위의 응답을 입력한 행위만 한 것이 아니라 실제 선거구 지역에 거주하지 아니하여 여론조사에 응답할 자격이 없거나 중복응답이 되어 여론조사를 왜

어떤 행위가 본죄에 해당함에도 이를 본조 제1항의 업무방해죄로 의율하는 **254**
것은 잘못이지만, 두 죄는 그 법정형에 차이가 없어 위와 같은 법령적용의 잘못
은 판결 결과에는 영향이 없다고 할 수 있다.[572]

(2) 손괴죄와의 관계

컴퓨터를 손괴하거나 전자기록을 소거하여 본죄를 범한 경우 손괴죄(§366) **255**
와의 상상적 경합이 된다고 하는 견해[573]와 손괴죄는 본죄에 흡수되어 본죄만
성립한다고 하는 견해[574]가 대립한다.

(3) 배임죄와의 관계

본죄에 의한 업무방해행위가 동시에 배임행위에 해당할 때에는 배임죄(§355②) **256**
와의 상상적 경합이 된다.[575]

5. 공소사실의 특정

본죄는 피해자의 업무를 보호객체로 삼고 있는데, 불특정 다수인이 그 업무 **257**
처리를 위하여 사용하는 컴퓨터 등 정보처리장치를 대상으로 하여 본죄가 저질
러지고 공소사실이 ISP 혹은 경쟁업체가 아닌 컴퓨터 등 정보처리장치 사용자
를 피해자로 지목하는 경우, 최소한 컴퓨터 등 정보처리장치를 이용한 업무의
주체가 구체적으로 누구인지, 나아가 그 업무가 본죄의 보호객체인 업무에 해당
하는지를 심리·판단할 수 있을 정도로 특정되어야 하고, 이에 이르지 못한 경
우에는 공소사실로서 적법하게 특정되었다고 보기 어렵다.[576] 예컨대, 피고인들

곡할 위험이 있음을 알면서도 여론조사에 참여하기 위하여 미리 자신의 휴대전화를 착신전환해
둔 후 ACS 전화가 걸려오자 고의로 허위의 응답을 입력함으로써 특정 후보의 지지율을 높이는
방법으로 경선관리위원회의 공정한 여론조사를 통한 후보자 경선관리업무에 위험을 초래하였으
므로, 피고인들의 일련의 행위는 단순히 정보처리장치를 부정 조작한 수준을 넘어 사람에 의하
여 이루어지는 여론조사를 통한 경선관리업무를 위계로 방해하였다고 평가할 여지가 충분하고
ACS시스템에 대한 허위 입력은 전체적인 위계의 행위태양 중 일부분일 뿐 아니라 경선을 통한
후보자 확정과정에서 부분적 도구에 불과하다고 판시하였다).

572 대판 2012. 5. 24, 2011도7943.
573 손동권·김재윤, §15/40; 이재상·장영민·강동범, §13/27.
574 김성돈, 269-270; 김일수·서보학, 186; 박상기, 210; 박상기·전지연, 563; 배종대, §52/22; 신동
　　운, 795; 오영근, 197; 임웅, 276; 정성근·박광민, 227.
575 김성돈, 269; 김일수·서보학, 186; 정성근·박광민, 227.
576 대판 2009. 3. 12, 2008도11187; 대판 2011. 3. 10, 2008도12119; 대판 2011. 5. 13, 2008도
　　10116.

〔김 우 진〕　　　　　　　　　　　　　　　　　　　　**407**

이 개발한 프로그램이 통상의 무료 악성프로그램 치료용 프로그램인 것처럼 홍보하면서 프로그램 배포 웹사이트를 통하여 불특정 다수의 인터넷이용자들을 상대로 프로그램 약 1,825만 개를 배포하여 그 프로그램이 설치된 각 컴퓨터에서는 경쟁업체의 각 플러그인 프로그램이 정상적으로 작동되거나 설치되지 못하도록 하고, 시작페이지를 고정시킴으로써 컴퓨터 등 정보처리장치에 허위의 정보 또는 부정한 명령을 입력하거나 기타 방법으로 정보처리에 장애를 발생하게 함으로써 경쟁업체 플러그인 프로그램을 설치·사용하거나 설치하려고 하는 컴퓨터 사용자들의 컴퓨터 사용에 관한 업무를 방해하였다는 공소사실의 경우, 이러한 공소사실만으로는 '피해자인 컴퓨터 사용자들'이 누구이며 그 숫자가 몇 명인지조차 특정되어 있지 않아 몇 개의 컴퓨터 등 장애 업무방해죄를 공소제기한 것인지 알 수 없고, 또한 막연히 컴퓨터를 사용하는 것 자체만으로는 업무에 해당한다고 볼 수 없는데 공소사실은 '컴퓨터 사용자들의 컴퓨터 사용에 관한 업무'라고만 표시하고 있어 방해된 업무의 내용이 구체적으로 무엇인지 알 수 없고 본죄의 보호객체인 업무에 해당하는지를 심리·판단할 수 없으므로 위 공소사실은 공소장에 구체적인 범죄사실의 기재가 없어 공소제기의 절차가 법률의 규정에 위반하여 무효인 때에 해당한다.[577]

Ⅲ. 처 벌

258   본조 제1항 및 제2항의 범죄는 모두 5년 이하의 징역 또는 1천 500만 원이하의 벌금에 각 처한다.

〔김 우 진〕

---

[577] 대판 2009. 3. 12, 2008도11187.

제315조(경매, 입찰방해죄)

위계 또는 위력 기타 방법으로 경매 또는 입찰의 공정을 해한 자는 2년 이하의 징역 또는 700만원 이하의 벌금에 처한다. 〈개정 1985. 12. 29.〉

Ⅰ. 의의와 보호법익 ························ 409
Ⅱ. 구성요건 ······························· 410
　1. 객체 - 경매·입찰 ················· 410
　2. 행 위 ······························· 412
　3. 담합행위 ··························· 415
Ⅲ. 기수시기 ······························ 423
Ⅳ. 죄수 및 다른 죄와의 관계 ·········· 424
　1. 죄 수 ······························ 424
　2. 다른 죄와의 관계 ················· 425
Ⅴ. 처 벌 ································· 426

Ⅰ. 의의와 보호법익

본죄〔(경매·입찰)방해죄〕는 위계 또는 위력 기타 방법으로 경매 또는 입찰의 공정을 해함으로써 성립하는 범죄이다. 본죄는 경매·입찰업무를 보호하는 업무방해죄로서의 성격을 가지고 있는데,[1] 그 행위가 경제적 활동에 미치는 영향을 고려하여 업무방해죄와 별도의 규정을 두고 있다고 본다.[2]   1

통설[3]은 본죄의 보호법익을 경매·입찰의 공정이라고 한다.[4] 경매·입찰의 공정성을 통해 실현된 개인의 경제활동의 안전과 자유로 보는 견해[5]도 있다. 경매·입찰이 공정이란 경매·입찰이 적정한 가격을 형성하여 낙찰될 수 있도록 안전하고 자유로운 경쟁상태를 유지하는 것, 특히 그 과정과 절차의 공정성, 가격 결정의 공정성, 방법의 공정성을 의미한다.[6]   2

본죄를 공무방해죄의 일종으로 규정하고 있는 일본형법[7]과는 달리 우리 형   3

---

1 오영근, 형법각론(6판), 198.
2 신동운, 형법각론(2판), 796.
3 김신규, 형법각론 강의, 263; 박찬걸, 형법각론(2판), 309; 이재상·장영민·강동범, 형법각론(12판), §13/28; 이형국·김혜경, 형법각론(2판), 277; 정성근·정준섭, 형법강의 각론(2판), 166; 정웅석·최창호, 형법각론, 483; 주석형법 〔각칙(5)〕, 93(이우철).
4 일본 판례도 같은 입장이다〔最決 昭和 39(1964). 10. 13. 刑集 18·8·507; 最判 昭和 41(1966). 9. 16. 刑集 20·7·790.
5 김일수·서보학, 새로쓴 형법각론(9판), 186.
6 김일수·서보학, 186.
7 일본형법 각칙 제5장(공무의 집행을 방해하는 죄) 제96조의6(공계약관계경매등방해) ① 위계 또

법은 개인적 법익에 관한 죄로 규정하고, 국가나 공공단체의 경매·입찰과 사인의 경매·입찰을 모두 보호대상으로 하고 있다. 따라서 본죄는 자유에 대한 죄로서의 성격과 재산죄로서의 성격을 함께 가지는 범죄라고 이해하여야 할 것이다. 본죄와 특별관계에 있는 것으로서, 건설공사의 입찰에 적용되는 건설산업기본법상 입찰방해죄(동법 § 95)가 있다(후술).

4   통설은 본죄를 추상적 위험범이라고 보고,[8] 판례도 결과의 불공정성이 현실화될 필요는 없다고 한다.[9] 이에 대하여 본죄를 구체적 위험범으로 이해하고, 경매·입찰의 공정성 침해에 대한 구체적 위험이 있어야 기수가 된다고 보는 견해도 있다.[10]

II. 구성요건

1. 객체 – 경매·입찰

5   본죄의 객체는 경매, 입찰이다. 경매란 2인 이상의 원매자로부터 구두로 청약을 받고 최고가격을 부른 청약자에게 매도를 승낙함으로써 매매를 성립(경락)시키는 매매를 말한다.[11] 입찰이란 경쟁계약에서 경쟁에 참가한 다수의 응모자로부터 문서로 계약의 내용을 표시하게 하여 가장 유리한 청약자를 상대방으로 하여 계약을 체결(낙찰)하는 것을 말한다.[12] 경매는 경쟁자들이 서로 상대방의 청약조건을 알 수 있는 반면, 입찰은 경쟁자들이 서로의 청약조건을 알 수 없다는 점에 차이가 있다.

6   경매·입찰의 종류는 묻지 않으며, 국가나 공공단체에 의한 것이건 개인이

는 위력으로써 공의 경매 또는 입찰에서 계약을 체결하기 위한 것의 공정을 해할 행위를 한 자는 3년 이하의 징역 또는 250만 엔 이하의 벌금에 처하거나 이를 병과한다.
  ② 공정한 가격을 해하거나 이익을 얻을 목적으로 담합한 자도 전항과 마찬가지이다.
 8 김신돈, 형법각론(5판), 247; 박상기·전지연, 형법학(총론·각론 강의)(4판), 559; 오영근, 198; 이형국·김혜경, 277; 임웅, 형법각론(12정판), 284; 정성근·박광민, 형법각론(전정2판), 212; 정웅석·최창호, 483; 최호진, 형법각론, 297.
 9 대판 2007. 5. 31, 2006도8070; 대판 2010. 10. 14, 2010도4940.
 10 배종대, 형법각론(13판), § 53/3; 홍영기, 형법(총론과 각론), § 70/1.
 11 東京高判 昭和 40(1965). 5. 28. 高刑集 18·4·273.
 12 이재상·장영민·강동범, § 13/28; 홍영기, § 70/2.

실시하는 것이건 관계없다.[13] 입찰시행자가 입찰을 실시할 법적 의무에 기하여 시행한 입찰이어야 할 필요는 없다.[14] 입찰은 반드시 최고가 또는 최저가 낙찰 이라는 가격만을 중심으로 하는 것이 아니라 경쟁의 공정성이 지켜지는 가운데 입찰자 중 입찰 시행자에게 가장 유리한 입찰참가인을 낙찰자로 하는 것까지를 포괄하는 개념으로 볼 것이고, 최저가 낙찰이 아닌 협상에 의한 계약체결의 경 우도 포함하는 것으로 해석될 수 있다.[15]

　　헌법재판소는 입찰조항의 의미 내용은 건전한 상식과 통상적인 법감정을　　7 가진 사람을 기준으로 하여 합리적으로 파악될 수 있어 수범자로서도 이러한 사정을 충분히 예측할 수 있다고 판단되며, 법원의 판례 등에 의하여 그에 관한 구체적이고 종합적인 해석기준이 제시되고 있어 법집행기관이 자의적으로 확대 하여 해석할 염려도 없으므로 죄형법정주의의 명확성원칙에 위배되지 않는다고 하였다. 또한, 사인의 경우에도 일단 입찰을 시행하는 이상, 국가나 공공단체와 마찬가지로 입찰참여자의 자유경쟁에 대한 신뢰 및 입찰시행자의 최적 조건의 계약자 선택을 보호할 필요가 있고, 이를 형사처벌을 통하여 확보하려는 것이 우리나라 형법 제정 시 구 형법상 국가나 공공단체의 입찰에 대하여만 적용되 던 것을 사인에 의한 입찰까지 확대한 입법자의 의사라고 보아야 할 것이라고 하여, 입찰의 법적의무가 없는 사인이 시행한 입찰방해 행위를 방지하기 위한 방법으로서 형사처벌을 선택한 것이 과도하다고 보기는 어렵다고 하였다.[16]

　　다만, 입찰방해죄가 성립하려면 최소한 적법하고 유효한 입찰절차의 존재　　8 가 전제되어야 한다. ① 실제로는 수의계약을 체결하면서 형식적인 입찰서류만 을 작성하여 입찰이 있었던 것처럼 조작하는 경우,[17] ② 재입찰 시행 직전에 다 른 입찰자들을 돌려보냄으로써 결국 재입찰이 실시되지 않은 경우,[18] ③ 공정한 자유경쟁을 통한 적정한 가격형성을 목적으로 하는 입찰절차가 아니라 공적·사

---

13 일반경쟁입찰인지 지정경쟁입찰인지를 불문한다고 하는 일본 판례로는 東京高判 昭和 40(1965). 5. 28. 高刑集 18·4·273.
14 대판 2007. 5. 31, 2006도8070.
15 헌재 2014. 3. 27, 2011헌바126. 일본 판례로는 最判 昭和 33(1958). 4. 25. 刑集 12·6·1180.
16 헌재 2014. 3. 27, 2011헌바126.
17 대판 2001. 2. 29, 2000도4700; 대판 2005. 3. 25, 2004도5731. 일본 판례로는 東京高判 昭和 36(1961). 5. 4. 東判 12·5·59.
18 대판 2005. 9. 9, 2005도3857.

적 경제주체의 임의의 선택에 따른 계약체결의 과정인 경우[19] 등과 같이, 방해 대상이 되는 경매·입찰절차가 현실적으로 존재하지 않은 경우에는, 공정한 경쟁을 해하는 행위가 개재되었다 하여 입찰방해죄로 처벌할 수는 없다 할 것이다. 예를 들어, ④ 한국토지공사 경북지사가 폐기물 최종처리시설 부지를 조성·분양함에 있어 사전에 그 분양가격을 14,684,000,000원으로 확정 공고한 다음, 포항 시장의 심의 및 추천을 받아 신청예약금 730,000,000원을 납부한 분양신청자들을 대상으로 하여 추첨의 방식으로 1인의 당첨자를 선정하는 것에 불과한 분양절차는 공정한 자유경쟁을 통한 적정한 가격형성을 목적으로 하는 입찰절차에 해당한다고 볼 수 없다고 하였다.[20]

2. 행 위

9   위계 또는 위력 기타 방법으로 경매 또는 입찰의 공정을 해하는 것이다.

(1) 위계 또는 위력 기타 방법

10   위계나 위력의 의미는 신용훼손죄(§ 313)나 업무방해죄(§ 314①)의 내용과 같다. 위계는 상대방의 착오나 부지를 이용하는 것을 말하고, 위력이란 사람의 자유의사를 제압·혼란케 할 만한 일체의 유형적 또는 무형적 세력을 말하는 것으로서, 폭행·협박은 물론 사회적·경제적·정치적 지위와 권세에 의한 압력 등을 포함하는 것이다.

11   판례는 ① 입찰장소의 주변을 에워싸고 사람의 출입을 막아 입찰에 참가하려는 사람이 참석하지 못하게 한 행위,[21] ② 경매신청에 나서려는 사람들을 경매법정 밖으로 밀어내어 남은 사람 단독으로 경매절차에 참여토록 한 행위[22] 등은 위력에 해당한다고 한다.[23]

12   그리고 ① 허위의 공사대금 채권으로 부동산 경매신청 과정에 유치권신고

---

19 대판 2008. 5. 29, 2007도5037[이 판례에 대한 해설은 천대엽, "추첨방식 입찰에서의 위계와 입찰방해죄의 성부", 해설 76, 법원도서관(2008), 442-455]; 대판 2008. 12. 24, 2007도9287.

20 대판 2008. 12. 24, 2007도9287.

21 대판 1993. 2. 23, 92도3395.

22 대판 1990. 10. 30, 90도2022.

23 일본 판례로는 東京高判 昭和 57(1982). 3. 4. 高檢速報 2561; 東京高判 昭和 56(1981). 6. 16. 判タ 459·151; 京都地判 昭和 58(1983). 8. 1. 刑裁月報 15·7=8·387; 福岡地判 平成 2(1990). 2. 21. 判時 1399·143.

를 한 경우,[24] ② 지명경쟁입찰의 시행자인 법인의 대표자가 특정인과 공모하여 그 특정인이 낙찰자로 선정될 수 있도록 예정가격을 알려주고 그 특정인은 나머지 입찰참가인들과 담합하여 입찰에 응한 경우,[25] ③ 피고인들이 공모하여 이 사건 주택재개발정비사업조합의 입찰공고와 건설업자들의 입찰이 이미 진행된 상태에서 조합원들에게 금품을 제공하여 그들로부터 시공자 선정에 관한 서면 결의서 등을 징구함으로써 입찰의 공정을 해한 경우,[26] ④ 입찰에 참가한 다른 건설업자의 입찰행위를 방해하는 경우뿐만 아니라 입찰에 참가할 가능성이 있는 다른 건설업자의 입찰 참가 여부 결정 등에 영향을 미침으로써 입찰행위를 방해한 경우[27] 등은 위계의 방법에 해당된다.

위계 또는 위력은 행위수단 및 방법의 예시에 해당하므로 이외의 기타 방법으로도 가능하다. 13

(2) 공정을 해하는 행위

'경매 또는 입찰의 공정을 해하는 행위'란 공정한 자유경쟁을 방해할 염려 14 가 있는 상태를 발생시키는 것, 즉 공정한 자유경쟁을 통한 적정한 가격형성에 부당한 영향을 주는 상태를 발생시키는 것을 말하고, 그 행위에는 가격결정에 관한 행위뿐만 아니라 경쟁의 절차나 방법 등 공정한 경쟁방법을 해하는 행위도 포함한다.[28]

적정한 가격의 의미에 대하여는, 객관적으로 산정한 결과 도출되는 공정한 15 가격이 아니라, 자유로운 경쟁의 구체적인 진행과정에서 얻어지는 가격인 경쟁가격을 의미한다고 보는 견해(경쟁가격설)[29]가 다수설이다. 따라서 낙찰가격이 입찰시행자의 예정가격에 달하였다고 하더라도 그것이 공정한 자유경쟁에 의한 가격형성이 방해된 상태에서 형성된 가격이라면 입찰방해죄의 성립이 가능하다.[30]

---

24 대판 2008. 2. 1, 2007도6062.
25 대판 2007. 5. 31, 2006도8070. 일본 판례로는 最決 昭和 37(1962). 2. 9. 刑集 16·2·54; 甲府地判 昭和 43(1968). 12. 18. 下刑集 10·12·1239; 最判 平成 10(1998). 7. 14. 刑集 52·5·343.
26 대판 2013. 10. 17, 2013도6966.
27 대판 2015. 12. 24, 2015도13946.
28 대판 1971. 4. 30, 71도519; 대판 2009. 5. 14, 2008도11361.
29 김성돈, 249; 박상기·전지연, 247; 배종대, §53/2; 오영근, 188; 이재상·장영민·강동범, §13/29; 임웅, 284; 이형국·김혜경, 278; 정성근·정준섭, 167; 정웅석·최창호, 483; 최호진, 301.
30 경쟁가격설에 의한 일본 판례로는, 最判 昭和 19(1944). 4. 28. 刑集 23·97.

16   판례도 경쟁가격설의 입장이다. ① 피고인의 행위가 설사 유찰방지를 위한
수단에 지나지 않는 것으로서 입찰가격에 있어서 국가의 이익을 해하거나 입찰
자에게 부당한 이익을 얻게 하는 것이 아니었고, 그 낙찰가격도 세무서의 사정
가격보다 높은 가격이었다 할지라도 실질적으로는 입찰자의 단독입찰을 경쟁입
찰인것 같이 가장하여 그 입찰 가격으로서 입찰자에게 낙찰되게 하였다면, 경쟁
입찰의 방법을 해한 것이어서 입찰방해죄에 해당한다고 하고,[31] ② 건설산업기
본법 제95조 제1호에 의한 입찰방해죄의 해석과 관련하여서도, '부당한 이득'이
나 '공정한 가격' 등은 모두 건설업자들 사이에 담합행위를 하지 아니한 가운데
자유로운 경쟁입찰을 통하여 결정되는 낙찰가를 전제로 한 것으로서 그와 같은
자유로운 경쟁입찰을 통하여 결정되는 낙찰가를 '공정한 가격'으로 보고 담합행
위를 통하여 그와 같은 '공정한 가격'보다 높은 가격으로 낙찰을 받는 경우 그
차액 상당이 '부당한 이득'이 된다고 해석한다.[32] 또한, ③ 입찰 참가회사들이
모두 입찰예정가격을 훨씬 넘는 가격으로 각 응찰한 결과 A 회사가 입찰예정가
격의 6배를 넘는 가격으로 낙찰을 받았다고 하더라도, 피고인은 실제로 B 회사
를 대리한 C와의 담합에 따를 의사가 없으면서도 자기가 경영하는 D 회사가 위
입찰을 포기하는 것으로 C와 담합을 하는 한편, C에게 A 회사가 실제로는 피고
인이 지배·경영하는 회사임을 숨기고 A 회사의 대표이사인 E에게 떡값조로 돈
을 주면 A 회사가 입찰에 참가하는 것을 포기하게 할 수 있다는 등 허위의 조
언을 하였고, E 또한 실제로는 C의 담합 제의에 응할 의사가 없으면서도 마치
이에 응할 듯한 태도를 보여 C 등 B 회사 측을 기망하였으며, 피고인과 E의 위
와 같은 기망행위는 B 회사의 이 사건 입찰가격을 결과적으로 A 회사보다 저가
로 결정함에 영향을 미친 것이라고 할 것이어서, 이러한 피고인, E, C의 행위는
위 입찰의 공정을 해하는 것으로서 입찰방해죄에 해당한다고 판단하였다.[33]

17   이에 대하여, 입찰제도라고 하여 무한정하고 절대적인 자유경쟁이 허용되
는 것은 아니므로, 경매·입찰에 의하여 형성되는 경쟁가격도 시장가격의 상대
적인 반영일 때 적정성을 보장받을 수 있다는 점에서 사회적으로 적정한 이윤

---

31 대판 1971. 4. 30, 71도519.
32 대판 1999. 10. 12, 99도2309; 대판 2015. 12. 24, 2015도13946.
33 대판 2006. 6. 9, 2005도8498.

이 고려되는 시장가격 또는 평균적인 시장가격을 의미한다고 보는 견해도 있다
(시장가격설).[34]

　　입찰방해죄는 추상적 위험범이므로 본죄의 성립을 위하여 공정한 가격이　　　**18**
수치적으로 확정될 필요는 없을 것이다.[35]

3. 담합행위

(1) 담합의 개념

　　'담합'이란 경매·입찰의 경쟁에 참가하는 사람 상호 간에 통모하여 특정한　　　**19**
자에게 경락·낙찰되도록 하기 위해서 나머지 참가자는 일정한 가격 이상 또는
그 이하로 호가 또는 입찰하지 않을 것을 협정하는 것을 의미한다.[36] 반드시
입찰 참가자 전원 사이에 담합이 이루어질 필요는 없고, 일부 사이에만 이루어
진 경우도 담합행위가 될 수 있다.[37] 가장경쟁자를 조작하여 단독입찰이면서도
경쟁입찰인 것처럼 입찰을 가장하는 행위(가장입찰), 수인의 입찰자 중 1인만 입
찰케 하고 나머지는 입찰을 포기할 것을 모의하는 것(단독입찰)도 담합행위에
해당한다.

　　담합은 과잉 저가수주 경쟁으로 인한 기업의 공멸을 피하기 위하기 위하여,　　　**20**
기업의 경영 전략적 측면에서, 불황 시 경영난에 직면한 기업이 운영자금을 긴
급히 확보할 목적으로, 또는 공공사업 등 수요독점 시장에서 적정 수익을 확보
할 수 있는 가격 수준을 상호 조정하기 위하여 이루어진다.[38]

　　담합은 다양한 방식으로 이루어질 수 있는데, 일반적으로는 가담자들 간 협　　　**21**
상에 의하여 이루어지지만, 입찰참가 예정업체에 대한 경제적 이익을 제공하는
매수형 담합이나, 폭행·협박 등으로 위장입찰 또는 입찰 포기를 강요하는 위협
형 담합도 있다. 외관상 경쟁입찰이 행해지는 것처럼 들러리로 참가하면서 금원
이나 물건의 공급 등을 보장하는 보상형 담합, 담합 참여 기업들이 순번을 정하

34　김일수·서보학, 187; 정영일, 형법강의 각론(3판), 118; 홍영기, §70/6.
35　주해형법 〔각칙(5)〕(5판), 100(이우철). 일본 판례로는 最決 昭和 58(1983). 5. 9. 刑集 37·4·
　　401.
36　最決 昭和 28(1953). 12. 10. 刑集 7·12·2418.
37　대판 2006. 12. 22, 2004도2581.
38　박강우, "경매입찰방해죄와 담합행위의 형법적 규율", 법학연구 27-2, 충북대학교 법학연구소
　　(2016), 214-215.

여 돌아가면서 낙찰자를 밀어주는 연대형 담합, 특정 고객층이나 지역을 기준으로 할당하여 여러 건의 사업을 나눠먹기 식으로 동시에 여러 기업이 발주받는 시장분할형 담합 등으로 그 유형을 분류하는 견해도 있다.[39]

22   담합과 구별되는 것으로, 이른바 '신탁입찰'이 있다. 이는 내부적으로 각자가 일정한 지분을 가지고 입찰에 참가하지만 1인을 대표자로 하여 단독으로 입찰케 하는 경우를 말한다. 이는 경쟁입찰의 한 방법으로 입찰방해죄에 해당하지 않는다.[40]

23   판례는 일부 입찰자가 단순히 정보를 교환하여 응찰가격을 조정하는 것까지 건설산업기본법 제59조 제1호에서 규정하고 있는 위 행위에 포함된다고 할 수는 없다고 하였다.[41]

(2) 담합과 본죄의 성립에 관한 학설과 판례의 태도

24   담합행위를 입찰방해죄의 처벌대상으로 명문화하고 있는 일본형법(§ 96의6①)과 달리 우리 형법은 본죄의 행위유형으로 담합을 명문화하고 있지 않다.

25   그러나 공정한 가격형성을 방해하거나 부당한 이익을 취하기 위한 목적으로 행해진 담합행위는 '위계'[42] 또는 '기타 방법'[43]으로 경매 또는 입찰의 공정을 해한 것으로서 본죄가 성립한다는 점에 대하여는 이견을 찾을 수 없다.

26   다만 다수설은 담합행위가 지나친 출혈경쟁을 피하기 위한 목적으로 상거래 질서에 비추어 상당한 수단으로 이루어져 일반거래의 관념상 정당한 행위로 인정되는 경우에는, 사회상규에 위배되지 않는 행위로서 위법성이 조각된다고 본다.[44] 이와는 달리 담합의 주목적이 단지 기업이윤을 고려한 적정선에서 무모한 출혈경쟁을 방지하기 위한 것이고, 일반 거래통념상 인정되는 범위 내에서 입찰자 상호 간에 의사의 타진과 절충을 한 것에 불과한 경우에는, 입찰 자체의 공정을 해한 것이 아니므로 구성요건해당성을 부인하는 견해도 있다.[45]

---

39 박강우(주 38), 216-217.
40 대판 1957. 10. 21, 4290민상368.
41 대판 1997. 3. 28, 95도1199. 건설산업기본법 제59조 제1호는 "건설업자로서 경쟁입찰에 있어서 입찰자간에 공모하여 미리 조작한 가격으로 입찰한 자"를 처벌하고 있다.
42 김성돈, 248; 박상기·전지연, 248; 이재상·장영민·강동범, § 13/32; 임웅, 285.
43 신동운, 799.
44 김성돈, 250; 김일수·서보학, 188-189; 오영근, 200; 임웅, 285.
45 이정원, 형법각론, 234. 배종대, § 53/5와 박상기·전지연, 248은 입찰의 공정을 해하였다고 보기

본죄에서 '경매 또는 입찰의 공정을 해하는' 행위는 구성요건요소에 해당한 **27**
다. 담합은 다양한 유형의 행위를 일컫는 개념이라고 할 것인데, 대부분의 담합
행위가 위계 또는 기타의 방법으로 경매·입찰의 공정을 해하는 행위에 해당할
가능성이 크다고 하더라도, 담합에 해당하는 모든 유형의 행위 자체가 본죄의
구성요건적 행위에 해당한다고 보기는 어렵다. 따라서 담합이 경매나 입찰의 공
정을 해하는 행위로 평가되지 않는 경우에는, 본죄의 구성요건에 해당되지 않는
다고 보는 견해가 타당하다고 생각된다.[46]

물론, 담합이 경매나 입찰의 공정을 해하는 행위에 해당하는지를 판단함에 **28**
있어서 단순히 담합 목적이 예정가격 안에서 과도한 출혈경쟁을 방지하기 위한
것이라거나, 낙찰가격이 예정가격 내로 결정되었다는 점만으로 본죄의 성립을
부정하여서는 안 될 것이다. 경매나 입찰의 공정성은 가격형성에서의 공정성뿐
만 아니라 방식에서의 적정성을 포함하는 개념으로, 공정한 경쟁입찰의 방법을
해하는 행위 역시 '공정을 해하는' 행위에 해당할 것이기 때문이다. 따라서 예정
가격 내의 행위로서 출혈경쟁을 피하기 위한 목적이라고 하더라도 입찰 방식의
적정성을 해함으로써 절차의 공정을 해한 것이라고 평가될 수 있는 담합행위는
입찰방해죄를 구성한다고 보아야 한다.

판례 역시 같은 태도라고 이해할 수 있다. 과거 판례 중에는, 담합의 목적 **29**
이 가격을 올려 주문자의 이익을 해하려는 것이 아니고 주문자의 예정가격 내
에서 무모한 경쟁을 방지하고자 담합한 경우에는 담합자끼리 금품의 수수가 있
었어도 입찰 자체의 공정을 해하였다고는 볼 수 없다고 판시함으로써, 가격형
성에서의 공정성을 침해했는지 만을 기준으로 입찰방해죄 성립 여부를 판단한
듯한 태도를 보이기도 하였다.[47] 그러나 그 이후의 판례들은 일관되게 입찰방
해죄는 위태범으로서 결과의 불공정이 현실적으로 나타나는 것을 요하는 것이

어려우므로 본죄가 성립하지 않는다고 설명한다.
46 독점규제 및 공정거래에 관한 법률 제40조 제1항의 입찰에 관한 부당한 공동행위 역시 모든 공
　동행위를 금지하는 것이 아니라 '부당하게 경쟁을 제한하는' 공동행위를 금지하고 있고, 부당한
　공동행위의 성립을 위해서는 경쟁제한성에 대한 분석이 필요한 것으로 보고 있다[신동권, 독점
　규제법(3판), 박영사(2020), 446].
47 대판 1959. 7. 24, 4291형상224[이에 대한 평석은 계창업, "담합입찰행위와 범죄의 성부", 서울
　대학교 법학(Vol. 1, No. 2), 456-464]; 대판 1971. 4. 20, 70도2241.

아니며,[48] 그 행위에는 가격을 결정하는 데 있어서 뿐만 아니라 적법하고 공정한 경쟁방법을 해하는 행위도 포함되므로, 그 행위가 설사 동업자 사이의 무모한 출혈경쟁을 방지하기 위한 수단에 불과하여 입찰가격에 있어 입찰실시자의 이익을 해하거나 입찰자에게 부당한 이익을 얻게 하는 것이 아니었다 하더라도 실질적으로는 단독입찰을 하면서 경쟁입찰인 것같이 가장하였다면 그 입찰가격으로서 낙찰하게 한 점에서 경쟁입찰의 방법을 해한 것이 되어 입찰의 공정을 해한 것이라고 판시하고 있다.[49]

30   본죄가 성립하기 위하여 담합에 따른 대가가 교부되었을 것을 필요로 하지는 않는다. 경매·입찰의 실시자가 담합행위를 알았다거나, 담합의 목적이 달성되었는지, 담합으로 인하여 낙찰가격에 영향을 미쳐 부당한 이득을 얻었는지 여부도 본죄의 성립에 영향을 미치지 않는다.[50]

(3) 담합과 본죄 성립에 관한 판례의 사례

31   먼저, 판례가 입찰방해죄의 성립을 긍정한 사례는 다음과 같다.

32   ① 입찰자들 상호 간에 특정업체가 낙찰받기로 하는 담합이 이루어진 상태에서 일부 입찰자가 자신이 낙찰받기 위하여 담합을 파기하고 당초의 합의에 따르지 아니한 채 낙찰받기로 한 특정업체보다 저가로 입찰하였다면, 이러한 일부 입찰자의 행위는 위와 같은 담합을 이용하여 낙찰을 받은 것이라는 점에서 적법하고 공정한 경쟁방법을 해한 것이 되고, 따라서 이러한 일부 입찰자의 행위 역시 입찰방해죄에 해당한다.[51]

33   ② 지명경쟁입찰의 시행자인 법인의 대표자가 특정인과 공모하여 그 특정인이 낙찰자로 선정될 수 있도록 예정가격을 알려 주고 그 특정인은 나머지 입찰참가인들과 담합하여 입찰에 응하였다면, 입찰의 실시 없이 서류상으로만 입찰의 근거를 조작한 경우와는 달리 현실로 실시된 입찰의 공정을 해하는 것으로 평가되어 입찰방해죄가 성립한다.[52]

---

48 같은 취지의 일본 판례로는 福岡高判 昭和 29(1954). 11. 30. 高刑集 7·10·1610.
49 대판 1971. 4. 30, 71도519; 대판 1976. 7. 13, 74도717; 대판 1983. 1. 18, 81도824; 대판 1988. 3. 8, 87도2646; 대판 1994. 11. 8, 94도2142; 대판 2003. 9. 26, 2002도3924 등.
50 같은 취지의 일본 판례로는 最決 昭和 23(1948). 12. 10. 刑集 7·12·2418; 最決 昭和 34(1959). 5. 28. 刑集 13.5.833.
51 대판 2010. 10. 14, 2010도4940.
52 대판 2007. 5. 31, 2006도8070.

③ 피고인이 투찰을 함에 있어서 다른 피고인들과 가격을 합의하고, 낙찰 **34** 이 되면 특정 업체에서 공사를 모두 하기로 하는 등의 담합행위를 한 이상 '적법하고 공정한 경쟁방법'을 해하는 행위로서 입찰의 공정을 해하는 경우에 해당하는 것이고, 위와 같이 담합하여 투찰행위를 함으로써 위태범인 입찰방해죄가 성립하는 것이며, 결과적으로 위 투찰에 참여한 업체의 수가 많아서 실제로 가격형성에 부당한 영향을 주지 않았다고 하여 입찰방해죄의 성립을 방해할 수는 없는 것이다.[53]

④ 피고인들이 A 공사협회 부산지부 소속 일부 회원으로 구성된 협력회의 **35** 회장과 총무로서 공모하여, 위 지부회원들만이 수주할 수 있는 B 공사에서 발주하는 일정 공사금액 이하의 부산시내 전기공사를 자유경쟁에 기하여 입찰할 경우 예정가에 훨씬 못미치는 가격으로 수주를 하게 되는 결과를 방지하고 이를 개개 회사의 이익으로 돌리고자, 각 회원사들의 동의를 얻어 회원사들이 추첨에 기하여 순번제로 단독응찰하고 나머지 일부 회원사는 이에 들러리를 서는 방식으로 사실상 단독으로 입찰하는 한편, 낙찰한 회사는 도급액의 10%를 협력회기금으로 납부하여 연말에 분배하는 방법으로 떡값을 주어 각 회원사들이 순번에 기하여 사실상 단독낙찰하게 하였다면, 피고인들의 행위는 위계로써 입찰의 공정을 해한 경우에 해당한다.[54]

⑤ 피고인 乙, 丙은 피고인 甲 및 제1심 공동피고인 丁과 순차 통모하여 입 **36** 찰에서 낙찰확률을 높이기 위해 피고인 乙, 丙이 운영하는 회사와 A 물산 등 여러 회사가 각자 입찰에 참가하되 어느 회사라도 낙찰될 경우 동업하여 새로운 회사를 설립하고 그 회사로 하여금 이 사건 휴게소를 운영하기로 합의한 후 입찰에 참가한 경우 이는 실질적으로는 하나의 회사가 입찰에 참가한 것이면서도 단지 낙찰확률을 높이기 위해 다수의 회사가 입찰에 참가한 것처럼 가장한 것에 불과한 것일 뿐 아니라, 그와 같이 하여 낙찰된 후 새로운 회사로 하여금 이 사건 휴게소를 운영하도록 하는 것은 당초 연간 매출액 30억 원 이상이라는 요건으로 입찰참가자격을 제한하였던 것이나 재무평가(서류심사)를 통해 상위 50% 순위 이상의 회사를 선발하였던 취지를 잠탈하는 것으로서, 적법하고 공정한 경

---

53 대판 2009. 5. 14, 2008도11361.
54 대판 1991. 10. 22, 91도1961.

쟁방법을 해하여 입찰의 공정을 해한 것으로 보아야 한다.[55]

37   ⑥ 입찰 방식이 발주자가 미리 공개한 10개의 복수예비가격에서 무작위로 3개의 예비가격을 추첨하여 합한 후 다시 3으로 나누어 평균가격을 산출하고, 그 평균가격의 90%를 입찰기준금액으로 정하여 입찰 당일 입찰자 중에서 위 입찰기준금액을 상회함과 동시에 그에 가장 근접한 가격으로 입찰한 자를 낙찰자로 정하여 향후 2년 동안 그 지역에서 시공되는 단가 5,000만 원 이하의 전기공사를 독점하고, 그 공사대금은 처음 낙찰 당시 정해진 낙찰률에 따라 지급받게 되어 있자, 피고인들은 공모하여 A는 형식상 입찰에 참가하되 복수예비가격 중 최소가격 3개가 추첨되거나 또는 그 다음 최소가격 3개가 추첨되었을 때에만 낙찰받을 수 있는 가격을 써넣음으로써 사실상 입찰을 포기하고, 피고인들은 1개 지역씩 자신이 낙찰받을 지역을 정하여 복수예비가격 중 최대가격으로 3개가 추첨되었을 경우 또는 그에 근접한 경우에만 낙찰될 수 있는 가격을 써넣어 최대한 높은 가격으로 응찰하고, 나머지 입찰 참가자들은 공소외인과 같이 도저히 낙찰받을 수 없는 가격을 써넣어 실질적으로 단독입찰을 경쟁입찰인 것처럼 가장하여 피고인들이 각 1개 지역씩을 낙찰받고, A는 입찰을 포기한 대가로 1억 원을 지급받은 경우, 피고인들의 위와 같은 행위는 적법하고 공정한 경쟁방법을 해치고 적정한 가격형성을 방해한 것이 되어 입찰의 공정을 해하였다.[56]

38   반면, 다음과 같은 경우에는 입찰방해죄의 성립을 부정하였다.

39   ① 담합이 있고 그에 따른 담합금이 수수되었다 하더라도 입찰시행자의 이익을 해함이 없이 자유로운 경쟁을 한 것과 동일한 결과로 되는 경우에는 입찰의 공정을 해할 위험성이 없다고 할 것인바, 입찰에 참가한 甲, 乙, 丙, 丁, 戊의 5개 회사 중에서 甲 회사의 전무인 피고인이 담합한 것은 乙 회사가 들러리로 세운 丙 회사뿐이며 乙, 戊 회사와는 담합이 이루어지지 아니하여 그들의 투찰가격은 모두 입찰예정가격을 넘고 있으며, 피고인 역시 乙 회사 등으로부터 확답을 못 얻어 불안한 나머지 당초 예정한 것보다 훨씬 높은 가격으로 응찰하였고, 丙 회사 등이 乙 회사의 들러리로 입찰에 참가하게 된 사정을 몰랐다면 비

---

55 대판 2006. 12. 22, 2004도2581. 본 판결 해설은 노경필, "입찰방해죄의 성립을 인정한 사례", 해설 66, 법원도서관(2007), 320-330.
56 대판 2001. 6. 29, 99도4525.

록 피고인이 담합을 제의하였으나 실질적인 입찰참가자인 乙, 戊 회사 등이 이를 받아들이지 않은 이상 그들을 형식적으로 입찰에 참가하게 하여 피고인의 실질적인 단독입찰을 경쟁입찰로 가장한 것이라고 볼 수 없고, 결국은 자유경쟁을 한 것과 동일한 결과로 되어 위 丙 회사가 부정한 이익을 받았다 하더라도 그것만으로는 입찰방해죄가 성립한다고 볼 수 없다.[57]

② 입찰방해행위가 있다고 하기 위해서는 그 방해의 대상이 되는 입찰절차가 존재하여야 하므로, 위와 같이 공정한 자유경쟁을 통한 적정한 가격형성을 목적으로 하는 입찰절차가 아니라 공적·사적 경제주체의 임의의 선택에 따른 계약체결의 과정에 공정한 경쟁을 해하는 행위가 개재되었다 하여 입찰방해죄로 처벌할 수는 없다. 한국토지공사 지역본부가 중고자동차매매단지를 분양하기 위하여 유자격 신청자들을 대상으로 무작위 공개추첨하여 1인의 수분양자를 선정하는 절차를 진행하는데, 신청자격이 없는 피고인이 총 12인의 신청자 중 9인의 신청자의 자격과 명의를 빌려 그 당첨확률을 약 75%까지 인위적으로 높여 분양을 신청한 사안에서, 위 분양절차는 공정한 자유경쟁을 통한 적정한 가격형성을 목적으로 하는 입찰절차에 해당하지 않고, 피고인이 분양절차에 참가한 것은 9인의 신청자와 맺은 합작투자의 약정에 따른 것으로서 위 분양업무의 주체인 한국토지공사가 예정하고 있던 범위 내의 행위이므로, 위 추첨방식의 분양업무의 적정성과 공정성 등을 방해하는 행위라고 볼 수 없어 입찰방해죄나 업무방해죄가 성립하지 않는다고 하였다.[58]

③ 입찰자들의 전부 또는 일부 사이에서 담합을 시도하는 행위가 있었을 뿐 실제로 담합이 이루어지지 못하였고, 또 위계 또는 위력 기타의 방법으로 담합이 이루어진 것과 같은 결과를 얻어내거나 다른 입찰자들의 응찰 내지 투찰행위를 저지하려는 시도가 있었지만 역시 그 위계 또는 위력 등의 정도가 담합이 이루어진 것과 같은 결과를 얻어내거나 그들의 응찰 내지 투찰행위를 저지할 정도에 이르지 못하였고 또 실제로 방해된 바도 없다면, 이로써 공정한 자유경쟁을 방해할 염려가 있는 상태 즉, 공정한 자유경쟁을 통한 적정한 가격형성에 부당한 영향을 주는 상태를 발생시켜 그 입찰의 공정을 해하였다고 볼 수 없

40

41

---

57 대판 1983. 1. 18, 81도824.
58 대판 2008. 5. 29, 2007도5037.

어, 이는 입찰방해미수행위에 불과하고 입찰방해죄의 기수에 이르렀다고 할 수는 없다고 하였다.[59]

(4) 본죄와 독점규제및공정거래에관한법률위반죄, 건설산업기본법위반죄

(가) 독점규제및공정거래에관한법율위반죄

42   경매·입찰담합의 경우 독점규제및공정거래에관한법률위반죄가 성립할 수 있다. 독점규제 및 공정거래에 관한 법률(이하, 공정거래법이라고 한다.) 제40조 제1항은 "사업자는 계약·협정·결의 또는 그 밖의 어떠한 방법으로도 다른 사업자와 공동으로 부당하게 경쟁을 제한하는 다음 각 호의 어느 하나에 해당하는 행위를 할 것을 합의(이하 "부당한 공동행위"라 한다)하거나 다른 사업자로 하여금 이를 하도록 하여서는 아니 된다."고 규정하고, 같은 항 제8호에서 "입찰 또는 경매를 할 때 낙찰자, 경락자, 입찰가격, 낙찰가격 또는 경락가격, 그 밖에 대통령령으로 정하는 사항을 결정하는 행위"를 규정한다. 공정거래법 제40조 제1항을 위반한 경우 위반행위에 대한 시정조치(공정거래법 § 42①), 과징금(§ 43), 그리고 3년 이하의 징역 또는 2억원 이하의 벌금(§ 124①(ix))이 가능하다. 다만, 공정거래법위반죄는 공정거래위원회의 고발이 있어야 공소를 제기할 수 있다(§ 129①).

43   실무상 경매·입찰담합은 공정거래법을 중심으로 행정처분 및 형사처벌이 이루어지고 있다. 이는 공정거래법위반죄의 법정형이 형법상 경매·입찰방해죄보다 높고, 은밀한 성격을 가지는 담합을 적발하고 조사함에 있어서는 전문적인 지식을 보유한 기관에 의한 규제가 더 적합하며, 제재의 효율성 측면에서도 형벌보다 과징금에 의한 억제효과가 더 높을 수도 있다는 점 등을 이유로 한다.[60]

(나) 건설산업기본법위반죄

44   건설공사의 입찰에 있어 입찰의 공정을 해치는 행위에 대하여 건설업자들을 특별히 가중처벌하기 위한 규정으로는 건설산업기본법 제95조가 있다. 동조는 "건설공사의 입찰에서 다음 각 호의 어느 하나에 해당하는 행위를 한 자는

---

59 대판 2003. 9. 26, 2002도3924. 「미수범 처벌규정은 없으므로 결국 입찰방해죄로 처벌할 수 없다.」
60 이에 대하여, 형법상 본죄의 벌금형이 상향조정되었고, 전속고발권으로 인하여 형벌부과에 한계가 있으며, 입찰담합의 폐해에 대한 인식 부족으로 형벌 부과, 특히 자유형에 의한 처벌이 잘 이루어지지 않고 있다는 점에서 형법의 적용이 더욱 필요하다는 주장도 있다[이상현, "입찰담합: 입찰/경매 방해죄(형법 제315조)의 엄격한 적용대상", 형사법연구 21-2, 한국형사법학회(2009), 79-98 참조].

5년 이하의 징역 또는 2억원 이하의 벌금에 처한다."고 규정하고, 제1호에서 "부당한 이익을 취득하거나 공정한 가격 결정을 방해할 목적으로 입찰자가 서로 공모하여 미리 조작한 가격으로 입찰한 자", 제2호 "다른 건설업자의 견적을 제출한 자", 제3호 "위계 또는 위력, 그 밖의 방법으로 다른 건설업자의 입찰행위를 방해한 자"를 규정한다. 따라서 건설산업기본법 소정의 건설업자가 부당한 이익을 취득하거나 공정한 가격 결정을 방해할 목적으로 담합한 경우에는, 본죄와 특별관계에 있는 건설산업기본법위반죄가 성립한다.

Ⅲ. 기수시기

본죄는 추상적 위험범이므로 위계 또는 위력을 사용하여 경매·입찰의 공정을 해하는 행위가 있으면 기수가 되고, 공정성이 방해되는 결과가 현실적으로 나타날 필요는 없다.[61] 예를 들어 지명경쟁입찰에서 담합 요구에 응하지 않으려는 자에게 담합에 응하지 않으면 신체의 안전을 보장하지 못한다고 협박하였다면, 협박행위 시에 기수가 될 수 있고,[62] 참가자들 간의 합의에 의한 담합행위의 경우에는 참가자들이 통모하여 경매·입찰에 참가한 때 기수가 된다고 할 것이다.[63] 담합의 내용에 따라 현실적으로 행동할 것을 요하지도 않는다.[64]   **45**

다만, 공정을 해하는 행위에 착수하였으나 행위 자체가 완성되지 못한 경우에는 기수가 될 수 없고 미수에 불과하다. 예를 들어 다른 입찰자들의 응찰 내지 투찰행위를 저지하려는 시도가 있었지만 그 위계 또는 위력 등의 정도가 담합이 이루어진 것과 같은 결과를 얻어내거나 그들의 응찰 내지 투찰행위를 저지할 정도에 이르지 못한 경우[65]에는 입찰방해미수행위에 불과하며, 본죄의 미수범 처벌규정은 없으므로 입찰방해죄로 처벌할 수 없다.   **46**

이에 대하여 본죄를 구체적 위험범으로 보고 담합으로 경매·입찰의 공정을   **47**

---

61 대판 2010. 10. 14, 2010도4940(입찰방해죄). 일본 판례도 같은 취지이다[最判 昭和 32(1957). 1. 22. 刑集 11·1·50; 最判 昭和 32(1957). 12. 13. 刑集 11·13·3207].
62 주석형법 [각칙(5)](5판), 101(이우철).
63 김성돈, 249.
64 김성돈, 249.
65 대판 2003. 9. 26, 2002도3924.

[강 수 진]   **423**

침해할 구체적 위험이 있어야 한다고 보는 견해도 있다.[66]

48   담합으로 인한 본죄의 기수시기에 대하여 보다 더 구체적으로 살펴보면, 일
반적으로는 투찰 시를 기수시기로 볼 수 있을 것이나,[67] 합의 내용을 기초로 하
여 그에 따라 예정된 실행행위의 구체적 범위 및 태양, 합의 등에 따른 경쟁제한
효과의 확정적 발생 여부 등 여러 요소를 종합적으로 고려하여 사안별로 개별
적·구체적으로 판단할 필요가 있다.[68] 예를 들어 담합 당사자들이 직접 입찰에
나선 것이 아니라 조합을 입찰 참여자로 내세웠고, 향후 조합이 입찰계약을 체결
하여 확정되는 물량을 조합원들에게 분할하는 물량분할 합의까지 포함된 내용의
담합이라면, 투찰 시가 아닌 입찰계약 시를 기수시기로 볼 수 있을 것이다. 위와
같은 경우 기수시기는, 당사자 간 합의에서 정한 일련의 행위 중 특정 시점 이후
의 행위는 추가적인 경쟁제한적 효과(위험성)를 가진다고 보기 어려운 최종시점으
로 특정할 수 있을 것인데, 위 사안에서는 투찰 시 또는 입찰계약 체결 후 물량
배분 시가 아닌, 그 중간 시점인 입찰계약 체결 시라고 볼 수 있기 때문이다.[69]

49   본죄는 위계·위력에 의한 방해행위로 인하여 범죄가 기수에 이름과 동시에
범죄가 종료되는 상태범이라고 볼 수 있다. 따라서 기수와 동시에 공소시효가 진
행된다고 보아야 할 것이고, 그 이후에는 공범의 성립도 불가능하다고 할 것이다.

Ⅳ. 죄수 및 다른 죄와의 관계

1. 죄 수

50   본죄는 경매와 입찰의 개수를 기준으로 죄수를 결정한다. 동일한 구성요건
적 행위로 여러 개의 서로 다른 경매·입찰에 참가한 경우에는 상상적 경합관계
에 있게 된다.[70]

---

66 배종대, § 53/3.
67 대판 2015. 5. 28, 2015두37396. 공정거래법위반이 문제된 사안이나, 입찰담합의 구체적인 내용
   별로 본죄의 기수시기를 검토함에 있어서는 판시내용을 참고할 수 있을 것이다.
68 대판 2015. 5. 28, 2015두37396.
69 대판 2015. 2. 12, 2013도6169. 이에 대한 상세는 강우찬, "담합의 종기와 관련한 몇 가지 쟁점
   에 대한 소고", 경쟁법연구(Vol. 32), 한국경쟁법학회(2015), 57-60.
70 주석형법 [각칙(5)](5판), 105(이우철).

다만, 이른바 '계속적 담합'의 경우에는 여러 개의 경매·입찰에 참가하더라 51
도 포괄하여 일죄만 성립할 수 있다. 대법원은 공정거래법상의 부당한 공동행위
여부를 판단함에 있어, 사업자들이 단기간에 걸쳐 여러 차례 합의를 해 온 경우
에도, 그 합의가 단일한 의사에 기초하여 동일한 목적을 수행하기 위한 것으로
서 끊임없이 계속 실행되어 왔다면, 그 각 합의의 구체적인 내용이나 구성원 등
에 일부 변경이 있었다고 하더라도, 특별한 사정이 없는 한 그와 같은 일련의
합의는 전체적으로 하나의 부당한 공동행위로 본다.[71] 이러한 법리는 입찰담합
형식의 부당한 공동행위에도 적용된다. 즉 동일 또는 유사한 입찰절차에 관한
합의로서 단일한 의사에 의하여 동일한 목적을 가지고 단절됨이 없이 실행되어
오고 있었고, 사업자들 사이에 매년 입찰담합을 시행하겠다는 암묵적 합의가 존
재한다면 이는 전체적으로 하나의 부당한 공동행위가 된다고 보고 있다.[72]

2. 다른 죄와의 관계

(1) 업무방해죄와의 관계

본죄는 업무방해죄(§314)와 특별관계에 있으므로 본죄가 성립하는 경우에는 52
업무방해죄는 별도로 성립하지 않는다.

(2) 위계공무집행방해죄와의 관계

법원 경매업무를 담당하는 집행관의 구체적인 직무집행을 저지하거나 현실 53
적으로 곤란하게 하고, 동시에 입찰의 공정을 해하는 행위를 한 경우, 본죄와
위계공무집행방해죄(§137)의 관계가 문제된다. 위와 같은 경우 두 죄는 상상적
경합관계에 있다고 할 것이다.[73] 다만 경매업무 담당 집행관의 구체적인 직무집
행을 저지하거나 현실적으로 곤란하게 하는 데까지는 이르지 않고 경매의 공정
을 해하는 정도에 그친 때에는 경매·입찰방해죄만 성립하고, 위계공무집행방해
죄는 성립하지 않는다고 할 것이다.[74]

---

71 대판 2006. 3. 24, 2004두11275; 대판 2008. 9. 25, 2007도3756; 대판 2009. 6. 25, 2008두17035
   등. 일본 판례로는 仙台高秋田支判 昭和 29(1954). 9. 7. 裁判特報 1·6·221.
72 대판 2015. 2. 12, 2013도6169; 대판 2015. 5. 28, 2015두37396 등.
73 김성돈, 250.
74 대판 2000. 3. 24, 2000도102.

(3) 특별법위반의 죄와의 관계

54   건설산업기본법 제95조 위반죄는 건설공사의 입찰에 있어 입찰의 공정을 해치는 행위를 하는 건설업자들을 특별히 가중처벌하기 위한 것으로서 본죄의 특별규정이라고 할 것이다.[75] 따라서 건설산업기본법 소정의 건설업자가 본죄의 행위를 한 경우에는 건설산업기본법위반죄가 성립한다.[76] 그리고 건설산업기본법에서 '입찰행위'를 방해한다 함은 형법상의 입찰방해죄의 구성요건을 충족함을 의미하는 것으로, 건설산업기본법 제95조 제3호 소정의 '입찰행위'의 개념은 형법상 입찰방해죄에서의 '입찰'과 동일한 개념이다.[77]

55   위에서 살펴본 입찰담합에 관한 공정거래법위반죄와 본죄는 규정 내용이 완전히 일치하는 것은 아니지만, 동일한 사항을 규율대상으로 삼는 병존적인 형법 법규라고 이해하여야 할 것이다. 다만, 본죄는 담합 이외의 방식의 방해행위를 포함한다는 점에서 공정거래법위반죄보다 더 넓은 범위의 행위태양을 규율하고 있다.

V. 처 벌

56   2년 이하의 징역 또는 700만 원 이하의 벌금에 처한다.

〔강 수 진〕

---

75 대판 2007. 7. 26, 2007도2032.
76 대판 2008. 9. 11, 2008도3932.
77 대판 2000. 11. 30, 2001도2423.

제35장 비밀침해의 죄

〔총 설〕

Ⅰ. 규 정 ·· 427
Ⅱ. 연 혁 ·· 431
Ⅲ. 보호법익 및 보호의 정도 ················ 433

1. 보호법익 ··· 433
2. 보호의 정도 ···································· 437
Ⅳ. 입법론 ··· 438

Ⅰ. 규 정

본장은 비밀침해의 죄에 대하여 규정하고 있으며, 구체적으로는 비밀침해   1
(§316), 업무상비밀누설(§317), 고소(§318)가 규정되어 있다. 본장의 조문 구성은
아래 [표 1]과 같다.

본장의 죄는 비밀을 침해하는 방법에 따라 ① 봉함 기타 비밀장치한 사람의   2
편지 등을 개봉하는 행위(§316①), ② 봉함 기타 비밀장치한 편지, 특수매체기록
등을 기술적 수단을 이용하여 그 내용을 알아내는 행위(§316②), ③ 의사, 종교의
직에 있는 자 등이 그 직무상 지득한 사람의 비밀을 누설하는 행위(§317)로 나누
어 볼 수 있다. 즉, 비밀을 지득(知得)할 수 있는 특수한 신분을 가진 사람이 이
를 누설한 경우로 한정된다.

개인의 비밀은 매우 광범위하고 주관적이기 때문에 형법에 의해 일반적·포   3
괄적으로 보호하기는 어렵고, 그중 가장 중요한 침해유형에 대하여서만 형법이
규정하고 있는 것이다.[1] 이에 대해 개인의 비밀을 지키는 것은 원칙적으로 개개
인의 책임에 맡겨져 있고, 봉함 기타 비밀장치한 사람의 편지 등을 개봉하는 행

---

1 정영일, 형법강의 각론(3판), 220.

위를 내용으로 하는 제316조 제1항의 비밀침해죄는 비밀 자체에 대한 보호가 아니라 비밀유지장치를 보호하는 형태를 취하고 있는 것으로 보아 개인의 비밀 침해에 대해 형법적 개입을 가능하면 억제하려는 형법의 태도를 알 수 있다는 견해도 있다.[2]

[표 1] 제35장 조문 구성

조 문		제 목	구성요건	죄 명	공소시효
§316	①	비밀침해	ⓐ 봉함 기타 비밀장치한 사람의 편지, 문서, 도화를 ⓑ 개봉	(편지, 문서, 도화) 개봉	5년
	②		ⓐ 봉함 기타 비밀장치한 사람의 편지, 문서, 도화, 전자기록등 특수매체기록을 ⓑ 기술적 수단을 이용하여 그 내용을 알아냄	(편지, 문서, 도화, 전자기록등)내용탐지	5년
§317	①	업무상비밀누설	ⓐ 의사, 한의사, 치과의사, 약제사, 약종상, 조산사, 변호사, 변리사, 공인회계사, 공증인, 대서업자, 그 직무상 보조자, 차등의 직에 있던 자가 ⓑ 직무처리 중 지득한 타인의 비밀을 ⓒ 누설	업무상비밀누설	5년
	②		ⓐ 종교의 직에 있는 자, 있던 자가 ⓑ 직무상 지득한 사람의 비밀을 ⓒ 누설		
§318		고소	본장은 고소가 있어야 공소제기		

4   본장의 죄는 친고죄(§318)이고, 미수범 처벌규정은 없다.

5   산업화, 정보화의 가속화와 더불어 개인의 사생활과 경제생활에 대한 보호의 필요성이 강조됨에 따라 각종 특별법이 여러 가지 비밀침해 범죄를 새로이 규정하고 있다. 이 경우에는 형법상의 비밀침해 범죄와 달리 양벌규정이 적용될 가능성이 있다는 점에 주목할 필요가 있다.[3]

---

2 신동운, 형법각론(2판), 802.
3 신동운, 804.

　　우편물의 검열 또는 전기통신의 감청을 하거나 공개되지 아니한 타인 간의　　　6
대화를 녹음 또는 청취하는 행위 등은 통신비밀보호법(§3, §11, §14, §16)(본장
[특별법 I] 부분 참조), 전기통신사업자가 취급 중에 있는 통신의 비밀을 침해하거
나 누설하는 행위 등은 전기통신사업법(§83, §94, §95),[4] 정보통신망에 의해 처리·
보관 또는 전송되는 타인의 비밀을 침해·도용 또는 누설하는 행위 등은 정보통
신망 이용촉진 및 정보보호 등에 관한 법률(§49, §71),[5] 영업비밀을 누설한 행위는
부정경쟁방지 및 영업비밀보호에 관한 법률(이하, '부정경쟁방지법'이라 한다.)(§18)
(본장 [특별법 II] 부분 참조), 산업기술의 유출 및 침해행위는 산업기술의 유출방
지 및 보호에 관한 법률(§14, §36),[6] 업무상 알게 된 개인정보를 누설하는 행위

---

[4] 전기통신사업법 제83조(통신비밀의 보호) ① 누구든지 전기통신사업자가 취급 중에 있는 통신의
　비밀을 침해하거나 누설하여서는 아니 된다.
　② 전기통신업무에 종사하는 사람 또는 종사하였던 사람은 그 재직 중에 통신에 관하여 알게 된
　타인의 비밀을 누설하여서는 아니 된다.
　제94조(벌칙) 다음 각 호의 어느 하나에 해당하는 자는 5년 이하의 징역 또는 2억원 이하의 벌
　금에 처한다.
　　2. 제83조제2항을 위반하여 재직 중에 통신에 관하여 알게 된 타인의 비밀을 누설한 자
　제95조(벌칙) 다음 각 호의 어느 하나에 해당하는 자는 3년 이하의 징역 또는 1억5천만원 이하
　의 벌금에 처한다.
　　7. 제83조제1항을 위반하여 전기통신사업자가 취급 중에 있는 통신의 비밀을 침해하거나 누설
　　한 자
[5] 정보통신망 이용촉진 및 정보보호 등에 관한 법률 제49조(비밀 등의 보호) 누구든지 정보통신망
　에 의하여 처리·보관 또는 전송되는 타인의 정보를 훼손하거나 타인의 비밀을 침해·도용 또는
　누설하여서는 아니 된다.
　제71조(벌칙) ① 다음 각 호의 어느 하나에 해당하는 자는 5년 이하의 징역 또는 5천만원 이하
　의 벌금에 처한다.
　　11. 제49조를 위반하여 타인의 정보를 훼손하거나 타인의 비밀을 침해·도용 또는 누설한 자
[6] 산업기술의 유출방지 및 보호에 관한 법률 제14조(산업기술의 유출 및 침해행위 금지)　구든지
　다음 각 호의 어느 하나에 해당하는 행위를 하여서는 아니 된다.
　　1. 절취·기망·협박 그 밖의 부정한 방법으로 대상기관의 산업기술을 취득하는 행위 또는 그
　　취득한 산업기술을 사용하거나 공개(비밀을 유지하면서 특정인에게 알리는 것을 포함한다.
　　이하 같다)하는 행위
　제36조(벌칙) ① 국가핵심기술을 외국에서 사용하거나 사용되게 할 목적으로 제14조제1호부터
　제3호까지의 어느 하나에 해당하는 행위를 한 자는 3년 이상의 유기징역에 처한다. 이 경우 15
　억원 이하의 벌금을 병과한다.
　② 산업기술을 외국에서 사용하거나 사용되게 할 목적으로 제14조 각 호(제4호를 제외한다)의
　어느 하나에 해당하는 행위를 한 자(제1항에 해당하는 행위를 한 자는 제외한다)는 15년 이하의
　징역 또는 15억원 이하의 벌금에 처한다.
　③ 제14조 각 호(제4호·제6호·제6호의2 및 제8호는 제외한다)의 어느 하나에 해당하는 행위를
　한 자는 10년 이하의 징역 또는 10억원 이하의 벌금에 처한다.

등은 개인정보 보호법(§59, §71),[7] 우편관서 및 서신송달업자가 재직 중 알게 된 우편 또는 서신에 관한 타인의 비밀을 누설하거나 취급 중인 서신의 비밀을 침해한 행위 등은 우편법(§3, §51, §51의2),[8] 성폭력범죄 피해자의 신원과 사생활의 비밀을 누설한 행위 등은 성폭력범죄의 처벌 등에 관한 특례법(§24, §50)[9]에서

---

④ 제14조제4호 및 제8호의 어느 하나에 해당하는 행위를 한 자는 3년 이하의 징역 또는 3억원 이하의 벌금에 처한다.
⑤ 제1항부터 제4항까지의 죄를 범한 자가 그 범죄행위로 인하여 얻은 재산은 이를 몰수한다. 다만, 그 전부 또는 일부를 몰수할 수 없는 때에는 그 가액을 추징한다.
⑥ 제34조의 규정을 위반하여 비밀을 누설하거나 도용한 자는 5년 이하의 징역이나 10년 이하의 자격정지 또는 5천만원 이하의 벌금에 처한다.
⑦ 제1항부터 제3항까지의 미수범은 처벌한다.
⑧ 제2항부터 제4항까지의 규정에 따른 징역형과 벌금형은 이를 병과할 수 있다.
7 개인정보 보호법 제59조(금지행위) 개인정보를 처리하거나 처리하였던 자는 다음 각 호의 어느 하나에 해당하는 행위를 하여서는 아니 된다.
   2. 업무상 알게 된 개인정보를 누설하거나 권한 없이 다른 사람이 이용하도록 제공하는 행위
제71조(벌칙) 다음 각 호의 어느 하나에 해당하는 자는 5년 이하의 징역 또는 5천만원 이하의 벌금에 처한다.
   5. 제59조제2호를 위반하여 업무상 알게 된 개인정보를 누설하거나 권한 없이 다른 사람이 이용하도록 제공한 자 및 그 사정을 알면서도 영리 또는 부정한 목적으로 개인정보를 제공받은 자
8 우편법 제3조(우편물 등의 비밀 보장) 우편업무 또는 제45조의2에 따른 서신송달업에 종사하는 자나 종사하였던 자는 재직 중에 우편 또는 서신에 관하여 알게 된 타인의 비밀을 누설하여서는 아니 된다.
우편법 제51조(서신의 비밀침해의 죄) ① 우편관서 및 서신송달업자가 취급 중인 서신의 비밀을 침해한 자는 3년 이하의 징역 또는 3천만원 이하의 벌금에 처한다.
② 우편업무 및 서신송달업무에 종사하는 자가 제1항의 행위를 하였을 경우에는 5년 이하의 징역 또는 5천만원 이하의 벌금에 처한다.
9 우편법 제51조의2(비밀 누설의 죄) 제3조를 위반하여 비밀을 누설한 자는 5년 이하의 징역 또는 5천만원 이하의 벌금에 처한다.
성폭력범죄의 처벌 등에 관한 특례법 제24조(피해자의 신원과 사생활 비밀 누설 금지) ① 성폭력범죄의 수사 또는 재판을 담당하거나 이에 관여하는 공무원 또는 그 직에 있었던 사람은 피해자의 주소, 성명, 나이, 직업, 학교, 용모, 그 밖에 피해자를 특정하여 파악할 수 있게 하는 인적사항과 사진 등 또는 그 피해자의 사생활에 관한 비밀을 공개하거나 다른 사람에게 누설하여서는 아니 된다.
② 누구든지 제1항에 따른 피해자의 주소, 성명, 나이, 직업, 학교, 용모, 그 밖에 피해자를 특정하여 파악할 수 있는 인적사항이나 사진 등을 피해자의 동의를 받지 아니하고 신문 등 인쇄물에 싣거나 「방송법」 제2조제1호에 따른 방송 또는 정보통신망을 통하여 공개하여서는 아니 된다.
제50조(벌칙) ② 다음 각 호의 어느 하나에 해당하는 자는 3년 이하의 징역 또는 3천만원 이하의 벌금에 처한다.
   1. 제24조제1항 또는 제38조제2항에 따른 피해자의 신원과 사생활 비밀 누설 금지 의무를 위반한 자
   2. 제24조제2항을 위반하여 피해자의 인적사항과 사진 등을 공개한 자

각각 규정하고 있다.

II. 연 혁

　　헌법 제17조는 "모든 국민은 사생활의 비밀과 자유를 침해받지 아니한다."　　7
고 규정하고, 헌법 제18조는 "모든 국민은 통신의 비밀을 침해받지 아니한다."
고 규정한다. 본장의 죄는 헌법이 보장하고 있는 사생활의 비밀과 자유 및 통신
의 비밀을 형법에 의해 실현하는 규정이다.[10] 사람이 갖고 있는 법익 가운데 생
명·신체·자유 다음으로 중요한 것이 사생활의 평온이다. 사생활의 평온은 인
간의 존엄성 보장과 행복추구의 필수적인 전제조건이 되는 중요한 법익이다. 사
람이 사생활을 함에 있어서 갖게 되는 비밀이 보호받지 못한다면 사생활의 평
온은 유지될 수 없다. 본장의 비밀침해의 죄는 개인의 사생활의 비밀을 침해하
는 것을 내용으로 하는 범죄이다.

　　의용형법은 비밀침해의 죄를 사회적 법익에 대한 죄로 편제하였으나, 형법　　8
은 개인적 법익에 대한 죄로 편제하여 그 보호법익이 개인의 사생활의 비밀임
을 분명히 하였다. 이러한 편제는 해당 기본권의 순수한 사적 성격을 인정하여
변화된 권리의식과 법적 사고를 법제도에 반영하고 있다는 견해가 있다.[11]

　　본장의 죄는 봉함된 편지를 개봉하는 행위를 처벌대상에 포함하고 있어서　　9
사생활의 평온을 보호하는 외에 통신의 자유를 보호하는 죄로서의 성질을 부차
적으로 가지고 있었는데, 1993년 12월 27일 법률 제4650호로 공포되고 1994년
6월 28일부터 시행된 통신비밀보호법에서 우편물에 대하여 당사자의 동의 없이

10　대판 2013. 6. 27, 2012다31628. 「헌법 제10조 제1문은 "모든 국민은 인간으로서의 존엄과 가치
　　를 가지며, 행복을 추구할 권리를 가진다.", 헌법 제17조는 "모든 국민은 사생활의 비밀과 자유
　　를 침해받지 아니한다.", 헌법 제17조, 제21조 제4항은 "언론·출판은 타인의 명예나 권리 또는
　　공중도덕이나 사회윤리를 침해하여서는 아니된다. 언론·출판이 타인의 명예나 권리를 침해한
　　때에는 피해자는 이에 대한 피해의 배상을 청구할 수 있다."고 규정하고 있고, 형법 제316조, 제
　　317조에는 개인의 사생활의 비밀과 평온을 보호하기 위하여 일정한 개인의 비밀을 침해하거나
　　누설하는 행위를 처벌하는 규정을 두고 있다. 이러한 여러 규정을 종합하여 보면, 사람은 자신
　　의 사생활의 비밀에 관한 사항을 함부로 타인에게 공개당하지 아니할 법적 이익을 가진다고 할
　　것이므로, 개인의 사생활의 비밀에 관한 사항은 그것이 공공의 이해와 관련되어 공중의 정당한
　　관심의 대상이 되는 사항이 아닌 한, 비밀로서 보호되어야 한다.」
11　정영일, 220.

이를 개봉하거나 기타 방법으로 그 내용을 지득 또는 채록하거나 유치하는 행
위 및 그 알게 된 통신 또는 대화의 내용을 공개하거나 누설한 행위를 범죄로
규정하여 처벌(통비 §2(vi), §3, §16)함으로써 본장의 죄는 사생활의 비밀과 평온
을 보호하는 죄로서의 성질을 보다 분명히 가지게 되었다는 견해가 있다.[12]

10   1995년 12월 29일 형법 개정은 제316조 중 '신서'를 '편지'로, '개피'를 '개봉'
으로 고쳐 어려운 법률용어를 알기 쉬운 일상용어로 표현을 정리하였다. 또한,
제317조 중 '조산원'을 '조산사'로 변경하였다.[13] 그리고 개정 전의 제316조는 신
서 등을 개피하지 않고 기술적 수단을 이용하여 그 내용을 알아낸 경우에는 처
벌할 수 없다는 비판에 따라 그 미비점을 보완하기 위하여 제316조 제2항을 신
설하였다. 또한 신설한 제316조 제2항의 객체에 전자기록등 특수매체기록을 추
가하여 녹음테이프, 녹화필름 또는 컴퓨터디스크 등에 수록된 비밀에 대해서도
형법에 의한 비밀의 보호가 미칠 수 있도록 하였다.[14] 그리고 제316조, 제317조
의 벌금의 단위를 '환'에서 '원'으로 고치고 그 액수를 상향 조정하였다. 또한, 제
318조 중 '논한다'를 '공소를 제기할 수 있다'로 고쳤다.

11   비밀침해죄와 비밀누설죄는 로마법과 게르만법에서부터 처벌되어 오던 오
랜 역사를 가진 범죄이다. 로마법과 게르만법에서는 타인의 문서를 개봉하는 것
을 사기의 일종으로 보거나 인격침해죄(injuria)로 파악하고 있었다.

12   1794년의 프로이센 일반란트법은 편지개봉죄는 재산죄의 일종으로 규정하
면서(§1370, §1371) 비밀누설죄를 국가적 범죄인 준공무원 범죄로 규정하여(§505
이하) 두 죄로 분리하였고, 이러한 태도가 1813년의 바이에른형법과 1851년의
프로이센형법까지 유지되었다. 다만, 프로이센형법에서 비밀침해죄는 명예에 대
한 죄(§155)로서의 성질을 가지게 되었다. 그러나 사생활의 비밀은 형법이 보호
해야 할 독립된 보호법익이 되어야 한다는 사실이 포이에르바흐(Feuerbach) 등에
의해 주장되었고, 1871년의 독일형법은 가벌적 사리(私利)행위(strafbare Eigennutz)
및 사람의 비밀침해의 장(각칙 제25장)에서 편지개봉죄(§299)와 비밀누설죄(§300)

---

12 주석형법 [각칙(5)](5판), 108(이우철).
13 이는 1987년 11월 28일 법률 제3948호로 공포되고 1988년 3월 29일 시행된 의료법에 따라 '조
   산원'의 명칭이 '조산사'로 변경된 때문이다.
14 법무부, 형법개정법률안 제안이유서(1992. 10), 166.

를 함께 규정하였다. 현행 독일형법도 이를 제15장 사생활과 비밀침해의 죄에서 규정하고 개인의 비밀보호를 강화하기 위하여 도청·녹음의 죄(§ 201)와 기업비밀도용죄(§ 204)까지 신설하였다.

프랑스형법은 공무원에 의한 주거평온침해(§ 432-8)와 통신비밀침해(§ 432-9)는 공무원의 권한남용죄의 일종으로, 개인에 의한 사생활침해(§ 226-1), 사적 비밀이용(§ 226-2), 주거침입(§ 226-4)은 인격에 대한 죄 중 사생활침해죄로 나누어 규정하고 있다.   **13**

일본형법은 신서(편지)개봉죄(§ 133)와 비밀누설죄(§ 134)[15]를 제13장 비밀침해의 죄 중에 함께 규정하면서 사회적 법익에 대한 죄 중에 규정하고 있다. 다만, 일본 개정형법초안은 비밀침해의 죄를 제35장에서 개인적 법익에 대한 죄로 규정하고 있다.[16]   **14**

III. 보호법익 및 보호의 정도

1. 보호법익

본장의 죄의 보호법익은 ① 개인의 비밀이라는 것이 통설이다.[17] 이에 대하여, ② 사생활의 평온이 보호법익이라는 견해가 있다.[18] 이 견해는 비밀침해   **15**

---

15 일본형법 제133조(신서개봉) 정당한 이유 없이 봉함한 신서를 개봉한 자는 1년 이하의 징역 또는 20만 엔 이하의 벌금에 처한다.
제134조(비밀누설) ① 의사, 약제사, 의약품판매업자, 조산사, 변호사, 변호인, 공중인 또는 이러한 직에 있었던 자가 정당한 이유 없이 그 업무상 취급한 것에 관하여 지득한 타인의 비밀을 누설한 때는 6월 이하의 징역 또는 10만엔 이하의 벌금에 처한다.
② 종교, 기도나 제사의 직에 있는 자 또는 그러한 직에 있던 자가 정당한 이유 없이 그 업무상 취급한 것에 관하여 지득한 타인의 비밀을 누설한 때에도 전항과 마찬가지이다.
참고로 2022년 6월 17일 일본형법 개정(법률 제67호)으로 징역형과 금고형이 '구금형'으로 단일화되어 형법전의 '징역', '구금', '징역 또는 구금'은 모두 '구금형'으로 개정되었고, 부칙에 의하여 공포일로부터 3년 이내에 정령으로 정하는 날에 시행 예정이다. 그러나 현재 정령이 제정되지 않아 시행일은 미정이므로, 본장에서 일본형법 조문을 인용할 때는 현행 조문의 '징역' 등의 용어를 그대로 사용한다.
16 비밀침해의 죄의 연혁 및 입법례에 관하여는, 이재상·장영민·강동범, 형법각론(12판), § 14/2; 정성근·박광민, 형법각론(4판), 237.
17 김신규, 형법각론 강의 267; 박찬걸, 형법각론(2판), 314; 이재상·장영민·강동범, § 14/3; 이형국·김혜경, 형법각론(2판), 282; 정성근·정준섭, 형법강의 각론(2판), 168; 최호진, 형법각론, 302.
18 김일수·서보학, 새로쓴 형법각론(9판), 190.

〔조 재 빈〕   **433**

죄(§ 316)의 보호법익은 개인이 관심을 갖고 있는 비밀과 관련된 사생활의 평온, 즉 사생활의 영역 중 편지, 문서 또는 도화를 공개하지 않은 상태로 간직·유지함으로써 개인이 얻을 수 있는 정신적 평온이고, 업무상비밀누설죄(§ 317)의 보호법익은 특정사실의 비밀유지와 관련된 사생활의 평온, 즉 사생활의 영역 중 특수한 신분을 가진 자에게 부득이 의뢰인으로서 알리게 된 비밀을 더 이상 공개되지 않은 상태에 머물게 함으로써 개인이 얻을 수 있는 정신적 평온이라고 한다. 또 다른 견해는 ③ 사생활과 무관한 내용을 적은 관공서에 보내는 편지 등도 행위객체에 포함된다는 점, 여기의 비밀은 내용상의 비밀일 필요는 없고 단순히 봉한 상태이기 때문에 비밀이라고 인정하는 형식적인 의미밖에 지니지 않는다는 점 등을 고려할 때 비밀침해죄(§ 316)의 보호법익은 개인의 비밀이라기 보다는 자기가 작성하였거나 소유·보관하는 편지 또는 문서 등에 대한 배타적 권리, 즉 타인에게 그 내용이 알려지는 것을 차단하거나 혹은 특정인에게만 그 내용인식을 허용할 수 있는 권리로 보는 것이 정확하다고 주장한다.[19] 이 견해는 업무상비밀누설죄(§ 317)의 보호법익도 개인의 사생활이고 개인의 비밀은 보호대상이라고 보는 것이 정확하다고 주장한다. 또 다른 견해는 ④ 정보에 관한 자기결정권, 즉 자신의 개인적 생활에 관한 사실관계가 언제 어느 범위까지 공개될 것인가의 여부를 스스로 결정할 권리가 본장의 죄의 보호법익이라고 한다.[20]

16   비밀의 주체에 대하여는 자연인에 국한된다는 견해[21]와 자연인 이외에 법인 및 법인격 없는 단체를 모두 포함한다는 견해[22]가 대립한다. 자연인에 국한된다는 견해는 법인이나 법인격 없는 단체는 영업비밀의 주체가 될 수 있을지언정 이들에게 인간의 존엄과 인격적 가치를 보호하려는 프라이버시를 인정할수 없고, 제316조가 '사람'의 편지 등으로 규정하고 있으므로 비밀의 주체는 자

---

19 박상기·전지연, 형법학(총론·각론 강의)(4판), 563.
20 김성천·김형준, 형법각론(6판), 276-277은 비밀침해죄(§ 316)의 보호법익은 '비밀장치가 되어 있는 정보의 불가침성'이라고 한다.
21 김성돈, 형법각론(5판), 253; 박동률·임상규, 판례중심 형법각론, 201; 박상기, 형법각론(8판), 217; 박찬걸, 314; 오영근, 형법각론(4판), 192; 원혜욱, 형법각론, 165; 임웅, 형법각론(9정판), 274.
22 김선복, 신형법각론, 224; 김성천·김형준, 277; 김신규, 267; 배종대, 형법각론(13판), § 55/1; 손동권·김재윤, 새로운 형법각론, § 17/4; 이재상·장영민·강동범, § 14/7; 이영란, 형법학(각론강의), 229; 이정원·류석준, 형법각론, 232; 정성근·박광민, 253; 정웅석·최창호, 형법각론, 487; 정영일, 221.

연인에 국한된다고 해야 한다고 주장한다.[23]

　　더 나아가 본장의 죄의 보호법익에 국가 또는 공공단체의 비밀도 포함되는　　　　17
지에 대하여 견해의 대립이 있다. 국가 또는 공공단체의 비밀도 포함된다는 다
수설의 견해[24]는 제316조 제1항의 죄는 봉함 기타 비밀장치한 타인의 편지, 문
서 또는 도화를 개봉함으로써 성립하는 추상적 위험범이므로 편지 등에 포함되
어 있는 비밀의 내용은 문제되지 않는 점, 본죄는 개인 사이의 편지 교환뿐만
아니라 기업 간 또는 정부기관 사이의 편지교류도 보호해야 한다는 점 등을 강
조한다. 이 견해 중 일부는 국가 또는 공공단체의 비밀도 개인이 간직하고 보관
하는 것이면 본죄의 보호대상이 된다고 해석하기도 하고,[25] 일부는 형법이 간첩
죄(§98), 외교상 비밀누설죄(§113), 공무상비밀누설죄(§127), 공무상비밀장치침해
죄(§104②), 공무상비밀탐지죄(§104③) 등을 규정하여 국가 또는 지방자치단체의
비밀이 별도로 보호되고 있지만, 비밀침해의 죄가 보호하는 개인의 비밀 속에는
개인의 사적 생활에 관한 비밀뿐만 아니라 공적 생활상의 비밀도 포함될 수 있
다는 점에 주의할 필요가 있다고 주장한다.[26] 국가 또는 공공단체의 비밀은 포
함되지 않는다는 견해[27]는 형법이 비밀침해의 죄를 개인적 법익에 대한 죄로
규정하고 친고죄로 하고 있다는 점, 본죄의 성격이 개인의 사생활의 비밀보호에
있다는 점, 사람의 개념 속에 국가나 공공단체를 포함시키기 어렵고, 국가나 공
공단체가 사생활의 비밀을 가질 수 없다는 점 등을 강조한다.[28]

---

23 박상기, 217(자연인 이외의 경우에는 비밀의 주체가 무엇을 의미하는지 명확하지 않다. 본죄의
　피해자를 의미한다고 보기도 어렵고, 행위객체의 작성주체를 의미한다고 보는 것도 현실적으로
　불가능하다); 임웅, 274(법인에게 온 편지는 법인의 기관인 자연인의 비밀로서 보호된다).
24 김선복, 224; 김성천·김형준, 277-278; 김신규, 268; 박찬걸, 315; 손동권·김재윤, §17/4; 원형
　식, 판례중심 형법각론, 131; 원혜욱, 164-165; 이재상·장영민·강동범, §14/7; 이영란, 229; 이
　정원·류석준, 232; 이형국, 형법각론, 284; 정영일, 221.
25 김일수·서보학, 191; 김성돈, 253(비밀의 주체에 국가나 공공단체 등이 포함되는지의 문제와 비
　밀의 내용에 국가나 공공단체 등의 비밀이 포함되는지의 문제는 구별되어야 하기 때문에 비밀의
　주체를 개인에 한정하면서 그 비밀을 개인이 간직하고 있으면 그 내용이 국가나 공공단체 등의
　비밀이어도 상관없는 것으로 해석하는 것이 타당하다).
26 신동운, 802.
27 박상기, 217; 박동률·임상규, 201; 배종대, §54/3; 오영근, 193; 정성근·박광민, 253; 진계호·이
　존걸, 형법각론(6판), 268.
28 박상기, 217(보호대상으로서의 비밀과 행위객체에 수록된 비밀은 구별되어야 하고, 전자의 경우
　에 국가 또는 공공단체의 비밀은 포함되지 않고, 후자의 경우에는 국가 또는 공공단체의 비밀이
　포함될 수 있다); 정성근·박광민, 253(개인적 비밀이면 편지의 발신인·수신인의 어느 하나가

18   또한 업무상비밀누설죄(§317)의 경우, 사람의 비밀과 관련된 업무에 종사하
는 사람의 비밀유지에 대한 사회 일반인의 신뢰도 부차적인 보호법익에 해당하
는지에 대해 견해의 대립이 있다. 다수설[29]은 사회의 중요 직업에 종사하는 사
람이 업무로 인해 알게 된 비밀을 누설하지 않는다는 데에 대한 일반인의 신뢰
가 있을 때 개인의 프라이버시권도 보장될 수 있기 때문에 사회 일반인의 신뢰
도 본죄의 부차적인 보호법익이라고 주장한다.[30] 이러한 의미에서 본죄의 보호
법익은 '개인이 숨김없이 비밀을 이야기하고 일반이 신뢰하는 사회에서 중요한
직업에 종사하는 사람에 의하여 침해되어서는 안 되는 개인의 비밀'이라고 설명
하기도 한다.[31] 이에 대해 사회일반인의 신뢰를 보호법익이라고 하면 본죄는 사
회적 법익에 대한 죄로서의 성격을 갖게 되어 친고죄로 규정한 것과 맞지 않는
다거나,[32] '부차적인 것'은 얼마든지 추가하여 덧붙일 수 있고, 형법해석에 특별
한 도움도 되지 않는 그런 내용이 모여서 '강한 형법'의 빌미를 제공할 수 있으
며, 직업상 타인의 비밀을 쉽게 접할 수 있는 일정한 사람들에게 특별한 보호의
무를 부과하는 것은 지극히 당연한 일이고, 그것은 그만큼 다른 사람에 비해 비
밀침해 위험성이 높기 때문이지 일반인이 그들을 신뢰하기 때문이라고 말하기
는 곤란하다는 견해[33]도 있다.

19   이에 대하여 하급심[34]은 제317조 제1항에 정한 업무상비밀누설죄의 보호법
익은 '개인의 사생활의 비밀과 평온'이고, 보호되는 비밀의 주체는 어디까지나
개인이며, 비밀 주체의 의사와 무관하게 국가의 일방적인 소추가 이루어지는 것
을 막기 위하여 친고죄로 규정되어 있는 점, 제317조 제1항에 정한 업무상비밀

국가 또는 공공단체인지는 묻지 않고 그 내용도 개인생활·공적 생활에 관한 것임을 불문한다);
진계호·이존걸, 268.

29 김성돈 256; 김신규, 268; 김일수·서보학, 195; 박상기, 223; 박상기·전지연, 567; 이영란, 234;
임웅, 281; 정성근·박광민, 257; 정영일, 226; 정웅석·최창호, 487.

30 김성돈, 252; 이재상·장영민·강동범, §14/17; 이형국·김혜경, 282; 최호진, 302.

31 이재상·장영민·강동범, §14/17은 개인의 비밀만을 보호법익으로 한다면 그것을 이러한 직업에
종사하는 자에 대하여만 보호해야 할 이유가 없으므로 비밀누설죄는 이러한 직업에 종사하는 사
람이 그 업무처리 중에 지득한 타인의 비밀을 지켜야 하는 데 대한 일반의 이익도 보호법익이
된다고 한다.

32 오영근, 196.

33 배종대, §54/4.

34 서울고판 2018. 1. 30, 2016노3983.

누설죄는 본장에 규정되어 있는데, 형법이 제24장 이하에서 개인적 법익에 관한 죄를 규정하고 있는 체계에 비추어 보더라도, 제317조 제1항의 업무상비밀누설죄에 의하여 보호되는 법익에 해당 직업 종사자에 대한 사회적 신뢰라는 법익이 포함된다고 보기는 어렵다고 판시하였다.

2. 보호의 정도

비밀이 보호받는 정도에 대하여 다수설[35]은 제316조 제2항은 침해범이고, 제316조 제1항, 제317조는 모두 추상적 위험범이라고 본다. 제316조 제2항은 "그 내용을 알아낸 자"라고 규정하고 있으므로 침해범이고, 제316조 제1항, 제317조의 구성요건이 각각 "개봉한 자" 또는 "누설한 때"라고 되어 있으므로 개봉행위 또는 누설행위가 있으면 범죄가 완성되어 기수가 되는 추상적 위험범이라고 해석하는 것이 타당하다는 것이다. 이에 대해 제316조 제1항, 제317조를 구체적 위험범으로 제한 해석하는 것이 법치국가적 형법정신에 부합된다고 하는 견해[36]와 제316조 제1항은 추상적 위험범이고, 제317조는 구체적 위험범이라는 견해[37]가 있다. 또한 제316조 제2항은 그 내용을 알아내야 하므로 침해범이라고 하지만 그 내용을 알아낸다는 것은 그 내용을 인식하는 것으로 충분하고, 그 의미까지 이해할 필요는 없기 때문에 추상적 위험범이라고 해야 한다는 견해가 있다.[38]

20

---

35 김성돈, 252; 김성천·김형준, 278, 283; 김신규, 268; 박찬걸, 315; 임웅, 272, 281; 정성근·박광민, 251; 정영일, 221, 226; 진계호·이존걸, 268.
36 배종대, §54/4.
37 김일수·서보학, 190; 손동권·김재윤, §17/7, §17/21.
38 박상기, 219-220(내용을 알아낸 경우는 물론 언제든지 내용을 알 수 있는 상태로 타인의 비밀이 담긴 내용물을 확보한 경우에도 본죄의 기수범이라고 보아야 한다고 한다. 특히 특수매체기록 등에 대해서는 그 특성상 행위자가 내용을 인식하지 못하고서도 비밀침해의 가능성이 크기 때문에 본죄는 행위객체의 내용을 알 수 있는 상태에서 성립한다고 해석하여야 한다); 오영근, 194-195(예를 들어 특수매체기록을 컴퓨터 화면에 띄우기만 하고 그 내용을 보지 못한 경우에는 본죄가 성립할 수 없지만, 화면에 띄워진 내용을 보았으면 그 내용을 이해하지 못하여 비밀이 침해되지 않더라도 본죄가 성립한다고 해야 하기 때문이다).

Ⅳ. 입법론

21   형법이 개인의 사생활의 비밀을 보호하는 데는 한계가 있다. 즉 사생활의
비밀을 침해하는 경우에는 언제나 처벌되는 것이 아니라, 그것이 일정한 방법에
의하여 침해되거나 또는 사회생활을 하면서 개인의 비밀을 공개하지 않아야 할
사람에 의하여 누설되는 때에만 범죄로 된다. 그러나 비밀침해의 죄에 관한 형
법의 규정은 현대사회에 이르러 기술적으로 다양하게 행하여지는 사생활의 비
밀에 대한 침해로부터 개인의 자유를 보호하는 데 충분하지 못하다는 비판을
받고 있다.[39]

22   전통적인 편지, 문서 또는 도화 등에 기재된 비밀보다는 사인 간의 대화를
녹음하거나 도청하는 방법에 의하여 사생활의 비밀이 침해되는 경우가 많은 현
실에 비추어 사인 간의 대화의 비밀을 보호할 필요성이 높다. 이에 따라 1992년
에 확정된 형법개정법률안은 공개되지 아니한 타인 간의 대화를 녹음하거나 기
계적 수단을 이용하여 청취한 자를 처벌하는 '대화비밀침해죄'를 신설할 것을
제안하였다.[40]

23   그러나 이러한 제안은 1995년의 형법개정에 반영되지 않고 1993년 12월 27
일 법률 제4650호로 제정되어 시행된 통신비밀보호법 제3조, 제14조가 대화비
밀의 침해를 금지하고, 제16조에 그 위반행위를 처벌하는 규정을 둠으로써 행정
형법의 형식으로 입법화되었다.[41]

24   개인적인 생활이나 이와 결합된 소통과정에서 행한 대화가 녹음되거나 도
청되어서는 사생활의 비밀이 보장될 수 없음은 현대사회에서 자명하다. 말에는
말한 사람의 인격이 표현되는 것이므로 사람은 누구나 자기가 한 말이 미치는
범위와 그 말의 녹음 여부를 스스로 결정할 수 있어야 한다. 이러한 의미에서
공개되지 아니한 다른 사람의 대화를 녹음하거나 기계적 수단에 의하여 도청하
는 것을 처벌하는 통신비밀보호법 제16조, 제3조의 대화비밀침해죄는 형법에

---

39 이재상·장영민·강동범, §14/4.
40 안 제183조(대화비밀침해) 공개되지 아니한 타인간의 대화를 녹음하거나 기계적 수단을 이용하
    여 청취한 자는 3년 이하의 징역이나 금고 또는 500만원 이하의 벌금에 처한다[법무부, 형법개
    정법률안 제안이유서(1992. 10), 166].
41 임웅, 278.

규정해야 한다는 견해가 있다.[42]

　　이에 더하여 전보·전화의 통신비밀보호는 전기통신사업법(§ 83), 영업비밀 　25
누설은 부정경쟁방지법(§ 18)에서 규율하고 있으나 이러한 행위도 형법에서 규정
함이 타당하다는 견해도 있다.[43]

　　비밀누설죄의 주체에 대하여도 현행형법이 의사, 한의사, 치과의사, 약제사, 　26
약종상, 조산사, 변호사, 변리사, 공인회계사, 공증인, 대서업자, 종교의 직에 있
는 자 등으로 한정적으로 열거하고 있어 본죄의 주체를 명백히 하는 점에서 장
점이 있는 것은 사실이나, 이에 대하여는 사회의 변천에 따라 새로이 등장하는
신뢰관계에 의하여 다른 사람의 비밀을 알게 되는 직업에 종사하는 사람을 모
두 규정할 수는 없는 문제점이 있다.

　　이에 대하여 업무상 타인의 비밀을 지득할 만한 위치에 있는 업무자들을 　27
현재와 같이 제한적으로 열거하는 것보다는 예시적으로 열거하는 것이 바람직
하다고 하면서, 비밀누설죄의 주체에 변호사 아닌 변호인이나 소송대리인(형소
§ 31, 민소 § 88)이 제외된 것은 입법의 불비이고, 카운슬러, 세무사, 관세사, 노무
사 또는 신용정보회사 종업원과 같이 현대사회에 이르러 새로 등장한 타인의
비밀을 알게 되는 업무에 종사하는 자를 포함시켜야 한다는 견해가 있다.[44] 더
나아가 비밀누설죄의 주체가 지득한 비밀을 관리하는 자(예: 병원에서 환자기록을
관리하는 직원)도 포함시킬 필요가 있다는 견해도 있다.[45] 1992년 형법개정법률안
은 비밀누설죄의 주체를 '의료업무, 법률업무, 회계업무 기타 의뢰자와의 신뢰관
계에 의하여 사람의 비밀을 알게 되는 업무에 종사하는 자' 등으로 포괄적 규정
방식으로 규정하도록 제안한 바 있다.[46]

---

42 이재상·장영민·강동범, § 14/5-6은 독일형법 제201조, 스위스형법 제179조의 2와 오스트리아형
　　법 제119조, 제120조도 대화비밀침해죄를 규정하고 있다고 한다.
43 정성근·박광민, 252.
44 김일수·서보학, 195; 박상기, 223; 배종대, § 56/4; 오영근, 197; 이재상·장영민·강동범, § 14/6;
　　정성근·박광민, 252.
45 박상기·전지연, 568. 독일형법 제203조는 수의사도 포함하고 있다고 한다.
46 안 제184조(업무상비밀누설) ① 의료업무, 법률업무, 회계업무 기타 의뢰자와의 신뢰관계에 의
　　하여 사람의 비밀을 알게 되는 업무에 종사하는 자나 그 직무상의 보조자 또는 그러한 직에 있
　　던 자가 그 업무처리 중에 알게 된 사람의 비밀을 누설한 때에는 3년이하의 징역이나 금고 또는
　　700만원이하의 벌금에 처한다. ② 종교의 직에 있는 자 또는 있던 자가 그 직무상 알게 된 사람의
　　비밀을 누설한 때에도 제1항의 형과 같다[법무부, 형법개정법률안 제안이유서(1992. 10), 166-167].

28   또한, 1992년 형법개정법률안은 기업비밀누설·탐지죄를 신설할 것인가에
관하여 위원회안에서는 기업의 기술인 경영에 관한 비밀을 보호해야 한다는 점
에 의견일치를 보았으나, 조정단계에서 기술과 경영에 관한 비밀을 포함한 기업
비밀의 철저한 보호는 외국의 기술과 경영기법을 적극 도입해야 하는 우리의
현실에 적합하지 않고 취업의 자유를 제한할 우려가 있다는 문제점이 제기되었
고, 특히 1991년 12월 31일 부정경쟁방지법의 개정에 의하여 동법 18조에서 기
업의 생산기술에 관한 영업비밀을 누설하는 행위를 처벌하는 규정을 마련한 점
을 고려하여 형법에서는 이에 관한 규정을 두지 않기로 하였다.[47]

                                                    〔조 재 빈〕

---

47 논의된 기업비밀누설·탐지죄의 규정은 "① 기업의 임원 또는 직원이 생산방법 기타 기술이나
   경영에 관한 기업의 비밀을 누설한 때에는 3년이하의 징역이나 금고 또는 250만원이하의 벌금
   에 처한다. ② 생산방법 기타 기술이나 경영에 관한 기업의 비밀을 탐지한 자도 제1항의 형과
   같다."는 내용이다〔법무부, 형법개정법률안 제안이유서(1992. 10), 165〕.

제316조(비밀침해)

① 봉함 기타 비밀장치한 사람의 편지, 문서 또는 도화를 개봉한 자는 3년 이하의 징역 또는 500만원 이하의 벌금에 처한다. 〈개정 1995. 12. 29.〉

② 봉함 기타 비밀장치한 사람의 편지, 문서, 도화 또는 전자기록등 특수매체기록을 기술적 수단을 이용하여 그 내용을 알아낸 자도 제1항의 형과 같다. 〈신설 1995. 12. 29.〉

Ⅰ. 취 지 ·· 441
Ⅱ. 객 체 ·· 441
  1. 봉함 기타 비밀장치한 ························ 442
  2. 편지, 문서, 도화 ······························ 444
  3. 전자기록등 특수매체기록 ················ 447
Ⅲ. 행 위 ·· 449
  1. 개 봉 ··· 450
  2. 기술적 수단을 이용하여 그 내용을
    알아내는 행위 ·································· 451
Ⅳ. 고 의 ·· 454

Ⅴ. 위법성 ·· 455
  1. 피해자의 승낙 ·································· 455
  2. 정당행위 ·· 457
  3. 긴급피난 ·· 459
Ⅵ. 다른 죄와의 관계 ································· 459
  1. 손괴죄와의 관계 ····························· 459
  2. 절도죄, 횡령죄 및 사기죄와의 관계 ·· 460
  3. 공무상비밀표시무효죄와의 관계 ······· 461
  4. 특별법위반의 죄와의 관계 ·············· 461
Ⅶ. 처 벌 ··· 461

Ⅰ. 취 지

본죄는 봉함 기타 비밀장치한 사람의 편지, 문서 또는 도화를 개봉한 행위 (제1항)〔(편지·문서·도화)개봉죄〕와 봉함 기타 비밀장치한 사람의 편지, 문서, 도화 또는 전자기록등 특수매체기록을 기술적 수단을 이용하여 그 내용을 알아낸 행위(제2항)〔(편지·문서·도화·전자기록등)내용탐지죄〕를 처벌함으로써, 개인의 사생활의 비밀을 보호하기 위한 범죄이다.

1

Ⅱ. 객 체

본죄의 객체는 봉함 기타 비밀장치한 사람의 편지, 문서, 도화 또는 전자기록등 특수매체기록이다. 1995년 12월 29일의 개정형법은 제316조 중 '신서'를 '편지'로 고치고, 제316조 제2항을 신설하면서 본죄의 객체에 '전자기록등 특수

2

매체기록'을 추가하였다.

1. 봉함 기타 비밀장치한

3　　본죄의 객체가 되려면 편지, 문서, 도화 또는 전자기록등 특수매체기록에 봉함 기타 비밀장치가 되어 있어야 한다. 비밀의 주체가 비밀유지를 위해 비밀장치를 한 경우에 본죄의 객체가 될 수 있다. 비밀의 주체가 아닌 다른 사람이 비밀유지를 위한 것이 아닌 다른 목적으로 비밀장치를 하였다면 본죄의 처벌대상이 아니다. 따라서 편지의 작성자가 아닌 자가 편지의 산일(散逸)을 막을 목적으로 비밀장치를 하였더라도 본조의 보호대상이 아니다.[1]

4　　또한, 무봉함 우편엽서, 무봉함 서장(書狀) 또는 일반에 공개된 특수매체기록 등과 같이 봉함이나 비밀장치가 되어 있지 아니한 것은 본죄의 객체가 아니다. 비밀장치가 되어 있는지 아닌지는 일반적인 사회통념에 따라 결정한다. 문서 등을 단순히 접어놓는다든가 리본이나 노끈을 가지고 쉽게 풀 수 있는 상태로 묶어 놓은 것은 비밀장치에 해당하지 않는다고 볼 것이지만, 박리식(剝離式) 우편엽서는 봉함을 한 편지에 해당한다.[2]

5　　판례는 특별한 사정이 없는 한 본죄의 객체가 되는 문서 등은 봉함 기타 비밀장치가 됨으로써 피해자의 비밀유지 의사가 외부적·객관적으로 표시되는 것으로 충분하고, 나아가 피해자가 그 문서 등의 내용에 관하여 비밀로 유지할 이익이 있을 것까지 요구하는 것은 아니라고 한다.[3] 또한, 피해자가 서랍에 잠금장치를 함으로써 통상적으로 객관적으로 그 내용물을 쉽게 볼 수 없도록 외부에 의사를 표시하였다면 비밀유지 의사는 충분히 표시되었다고 해석한다.[4]

6　　'봉함'은 외부포장을 파손하지 않고서는 그 내용을 알 수 없도록 일체의 장치를 한 것을 말한다. 즉, 제3자의 용이한 접근을 방지할 목적으로 행위객체에

---

1 大塚 外, 大コン(3版)(7), 355(米澤敏雄).
2 주석형법 [각칙(5)](5판), 117(이우철). 봉함된 편지의 의의와 이것에 해당하지 않는다고 한 일본 판례로는 東京高判 昭和 30(1955). 2. 9. 高檢速報 485.
3 대판 2015. 6. 24, 2015도345. 피고인이 열쇠수리업자로 하여금 관리사무소 내에 있던 시정된 책상 서랍, 캐비넷 등의 자물쇠를 절단하거나 열게 한 다음 그 안에 보관된 아파트 회계서류 등을 꺼내어 열람한 이상, 위 서류 등의 내용이 비밀로 유지할 이익이 있는지 여부와 상관없이 문서개봉죄에 해당한다고 판단하였다.
4 대판 2008. 11. 27, 2008도9071.

직접 장치한 것을 의미한다.[5] 봉투를 풀, 셀로판테이프 그 밖의 접착물로 붙인
것이 전형적인 예이나, 끈으로 묶어 놓은 것[6]도 포함된다. 봉인(封印) 유무를 불
문하며 개봉함에 있어 반드시 내용물의 훼손이 야기되는 경우일 필요도 없다.[7]
편지 등과 일체를 이룬 외부포장을 말하므로 편지를 책상 서랍 등에 넣어서 시
정한 경우에는 봉함이라 하기 어렵다.[8]

　　'기타 비밀장치'는 봉함 이외의 방법으로 외포를 만들거나 그 밖의 특수한　　　7
방법으로 그 내용을 알아보지 못하게 하는 일체의 장치를 말한다. 형법은 '기타
비밀장치'라는 일반조항을 사용하여 널리 비밀을 보호하려 하고 있다.[9] 위와 같
이 편지를 비밀장치한 용기 속에 넣어둔 경우나 책상서랍 등에 넣어 시정한 경
우에 '기타 비밀장치'에 해당할 수 있다는 것이 통설과 판례[10]이다. 예컨대, 잠
겨진 용기나 금고, 서류가방 또는 장롱 속에 들어 있는 편지 등도 '기타 비밀장
치'에 해당할 수 있다. 이 경우 잠겨진 용기나 금고, 서류가방 등을 여는 것만으
로 본죄가 성립한다.

　　통설은 '기타 비밀장치'는 목적물 자체를 비밀장치한 경우로 국한하여 볼　　　8
수 없고, 봉함은 비밀장치의 예시에 불과하므로 목적물에 직접 비밀장치를 하였
거나 아니면 용기 안에 보관하는 방법을 사용하였거나 불문하는 것으로 보아야
한다고 주장한다. 이에 대하여 '기타 비밀장치'는 목적물 자체를 비밀장치한 경
우만을 의미하고, 목적물을 다른 용기 예컨대 금고, 열쇠잠금장치가 있는 서랍,
작은 함 속에 넣어 둔 경우에는 그 용기를 여는 것만으로는 개봉하였다고 볼 수
없다는 견해가 있다.[11] 그렇다고 하여 잠긴 방 안에 봉함되지 아니한 상태로 있
는 문서까지 비밀장치된 문서라고 할 수는 없다.[12]

　　판례는 2단 서랍의 윗칸은 잠금장치가 되어 있지 않고 아랫칸만 잠금장치　　　9

5　박상기·전지연, 형법학(총론·각론 강의)(4판), 564.
6　리본이나 노끈을 가지고 쉽게 풀 수 있는 상태로 묶어 놓는 것이 아니라 사회통념상 비밀의 주
　　체가 비밀유지를 위해 봉투 등을 쉽게 풀 수 없도록 묶어둔 경우를 말한다.
7　박상기·전지연, 564; 정영일, 형법강의 각론(3판), 222.
8　大塚 外, 大コン(3版)(7), 356(米澤敏雄).
9　대판 2008. 11. 27, 2008도9071.
10　대판 2015. 6. 24, 2015도345.
11　유기천, 형법학(각론강의 상)(전정신판), 152-153.
12　박상기·전지연, 564; 주석형법 [각칙(5)](5판), 116(이우철).

가 되어 있는 경우에도 아랫칸을 '기타 비밀장치'에 해당한다고 한다.[13]

10 　　특수매체기록에 있어서 비밀장치는 기록에 대한 권한 없는 사람의 접근을 방지하거나 곤란하게 하기 위한 장치를 말한다. 즉, 컴퓨터나 기록 자체가 시정되어 있는 경우는 물론, 정보의 호출을 위하여 패스워드, 비밀번호,[14] 전자카드, 지문인식·음성인식·홍채인식 체제와 같은 특수한 작동체계를 마련한 경우를 포함한다.[15] 그러나 컴퓨터나 기록에 금지 또는 허가가 필요하다고 기재한 것만으로는 비밀장치를 한 경우에 해당하지 않는다.[16]

2. 편지, 문서, 도화

(1) 편지

11 　　'편지'는 특정인이 다른 특정인에게 의사를 전달하는 문서를 말한다.[17] 특정인은 다수여도 상관없고,[18] 자연인이든, 법인이든, 법인격 없는 단체이든 묻지아니하고, 발신인이 익명인 편지나 거짓 명칭을 사용한 편지도 본죄의 보호를받는다.[19] 편지는 의사를 전달하는 문서라야 하므로 소포 우편물·도면·사진·원고 등은 편지가 아니다.[20] 발송 전후, 발송 도중임을 묻지 않으나, 수신인이

---

13 대판 2008. 11. 27, 2008도9071. 서랍이 2단으로 되어 있어 그 중 아랫칸의 윗부분이 막혀 있지 않아 윗칸을 밖으로 빼내면 아랫칸의 내용물을 쉽게 볼 수 있는 구조로 되어 있는 서랍이라고 하더라도, 피해자가 아랫칸에 잠금장치를 하였고 통상적으로 서랍의 윗칸을 빼어 잠금장치된 아 랫칸 내용물을 볼 수 있는 구조라거나 그와 같은 방법으로 볼 수 있다는 것을 예상할 수 없어 객관적으로 그 내용물을 쉽게 볼 수 없도록 외부에 의사를 표시하였다면, 아랫칸은 윗칸에 잠금 장치가 되어 있는지 여부에 관계없이 그 자체로서 비밀장치에 해당한다고 판단하였다.

14 대판 2022. 3. 31, 2021도8900. 「전자기록등내용탐지죄의 보호법익과 그 침해행위의 태양 및 가 벌성 등에 비추어 볼 때, 피해자의 아이디, 비밀번호는 전자방식에 의하여 피해자의 노트북 컴 퓨터에 저장된 기록으로서 형법 제316조 제2항의 '전자기록 등 특수매체기록'에 해당한다.」

15 서울동부지판 2007. 7. 5, 2007노318. 컴퓨터 관련 솔루션 개발업체의 대표이사가 회사의 영업차 장으로 근무하던 피해자가 회사의 이익을 빼돌린다는 소문을 확인할 목적으로 비밀번호가 설정 되어 있는 피해자가 사용하던 컴퓨터의 본체를 손으로 뜯어내고 그 안에 들어 있는 하드디스크를 떼어낸 뒤, 다른 컴퓨터에 연결하여 하드디스크에 저장되어 있는 파일 중 'ㅇㅇ'이란 단어로 파일 검색을 하여 피해자의 메신저 대화 내용과 이메일 등을 출력하여 그 내용을 알아낸 경우, 비밀번 호를 설정해 둔 컴퓨터의 하드디스크는 비밀장치한 전자기록에 해당한다고 판단하였다.

16 김일수·서보학, 새로쓴 형법각론(9판), 192; 이재상·장영민·강동범, 형법각론(12판), §14/10.

17 大判 明治 37(1904). 12. 8. 刑錄 10·2381; 大判 明治 40(1907). 9. 26. 刑錄 13·1002.

18 오영근, 형법각론(4판), 193.

19 大塚 外, 大コン(3版)(7), 344(米澤敏雄).

20 김성돈, 형법각론(5판), 254; 정성근·박광민, 형법각론(4판), 253.

열람한 이후에는 원칙적으로 본죄의 객체가 아니다.[21] 다만 수신인이 열람 후 다시 봉함을 하였다면, 본죄의 객체가 될 수 있다는 견해도 있다.[22]

그리고 편지가 우편관서의 취급 중에 있을 때에는 우편법이 우선 적용되어 12 형이 가중되고 본죄의 적용은 배제된다.[23] 편지의 전달 방법은 묻지 않으므로 우편에 의해 송달되거나, 사자에 의해 보내지거나, 작성자 본인이 직접 상대방에게 교부하는 것도 포함되고, 그냥 두고 온 편지도 상관없다.[24]

본죄의 보호법익에 국가나 지방자치단체의 비밀이 포함되지 않는다는 견해 13 도, 개인이 국가나 지방자치단체에 발송하거나 국가나 지방자치단체가 개인에게 발송한 편지는 본죄의 '편지'에 해당한다고 해석하면서, 개인의 비밀이 기재되어 있을 가능성이 있는 법원으로부터 송달된 공소장이나 건강진단의 결과를 기재한 보건소의 문서 등을 예로 든다. 그러나 발신인·수신인이 모두 국가 또는 지방자치단체인 경우에는 본죄의 보호대상에서 제외된다.[25]

판례는 국가기관인 법원이 개인에게 송달한 대체집행결정정본을 개봉한 사 14 람에게 편지개봉(신서개피)의 고의를 인정하고 있다.[26] 그 외에도 달서구청장이 개인에게 송달한 재산세납부고지서 우편물을 개봉한 경우,[27] 마포세무서장이 개인에게 송달한 체납자료 등의 신용정보기관 제공 예고통지 일반우편물을 개봉한 경우,[28] 각각 편지개봉죄를 인정하였다.

(2) 문서

'문서'란 편지가 아닌 것으로서 문자 기타의 발음부호에 의하여 특정인의 15 의사를 표시한 것을 말한다.[29] 공문서이든 사문서이든 묻지 아니한다. 일기장,

---

21 김성돈, 254; 김일수·서보학, 191; 박상기·전지연, 564. 정영일, 222은 수령인이 내용을 본 후에는 수령인의 지득 여부와 관계없이 본죄의 객체가 되지 않는다고 한다.

22 大塚 外, 大コン(3版)(7), 354(米澤敏雄).

23 정성근·박광민, 253; 박상기·전지연, 564. 김성돈, 254는 편지가 우편관서의 취급 중에 있을 때에는 우편법 제48조(우편물개피훼손의 죄), 제49조(전용물건손상의 죄), 제51조(신서의 비밀침해의 죄), 제51조의2(비밀누설의 죄) 등이 적용된다고 한다.

24 大塚 外, 大コン(3版)(7), 353(米澤敏雄).

25 大塚 外, 大コン(3版)(7), 353(米澤敏雄).

26 대판 1984. 6. 12, 84도620.

27 대구지법 서부지판 2014. 11. 28, 2014고정824.

28 서울중앙지판 2012. 7. 13, 2012노545.

29 大判 明治 43(1910). 9. 30. 刑錄 16·1572.

메모장, 계산서, 유언서, 원고가 여기에 해당한다. 문서위조죄에서의 문서와 같이 증명적 기능을 요하지 않는다.[30] 그러나 문서는 개인과 밀접한 관련을 갖는 의사표현을 담은 내용이어야지 우표나 현금을 넣은 봉투처럼 봉함이 내용인식을 방지하기 위한 목적이 아닌 경우에는 그 내용물은 본죄의 행위객체에 포함되지 않는다.[31]

(3) 도화

16 '도화'는 도면과 그림을 말하고, 시각이나 촉각 등 감각적 인식의 대상으로서 제작된 물건을 말한다.[32] 다수설[33]은 도화에는 사람의 의사가 표시되어 있어야 한다고 주장한다. 이 견해에 따르면 주로 그림에 의해 의사를 표시하는 설계도, 위치도, 안내도, 약도, 도표 등이 도화에 포함되지만, 사진, 도표라도 사람의 의사가 표시된 것이 아니면 여기서의 도화는 아니다. 이에 대하여 소수설[34]은 도화는 사람의 의사가 표현된 것임을 요하지 않으며, 단순히 그림으로 표시된 사진이나 도표로 충분하다고 주장한다. 예컨대, 사진이나 그림으로 자신의 불륜 등 이중생활을 은밀하게 보관하는 사람의 비밀이 여기에서 배제될 이유가 없기 때문이라고 한다.[35]

17 이와 관련하여 피해자 소유의 휴대폰 안에 보관하고 있던 사진을 휴대폰 보안장치를 열어 확인한 사람에게 도화개봉죄를 인정한 하급심의 약식명령이 있다.[36]

---

30 김성돈, 254; 박상기·전지연, 564; 오영근, 194; 임웅, 형법각론(9정판), 275; 정성근·박광민, 253; 정영일, 223.
31 박상기·전지연, 564.
32 오영근, 194.
33 김선복, 신형법각론, 226; 김성천·김형준, 형법각론(6판), 279; 김신규, 형법각론, 262; 김일수·서보학, 191; 김성돈, 254; 박찬걸, 형법각론, 276; 배종대, 형법각론(13판), §55/2; 백형구, 형법각론, 396; 손동권·김재윤, 새로운 형법각론, §17/5; 신동운, 형법각론(2판), 808; 원형식, 판례중심 형법각론, 132; 원혜욱, 형법각론, 165; 이재상·장영민·강동범, §14/9; 이형국, 형법각론, 285; 정성근·박광민, 253; 정웅석·최창호, 형법각론, 488-489; 진계호·이존걸, 형법각론(6판), 269.
34 박동률·임상규, 판례중심 형법각론, 202; 박상기·전지연, 564[꼭 의사표현을 그 내용으로 하지 않더라도 타인의 접근이나 인식을 배제할 이익을 가지고 있으면 된다고 본다. 기념사진 등과 같은 것이 그 예이고, 봉한 상태로 보관되어 있다 하더라도 일반의 접근이 용이한 물건은 본죄의 도화에 해당되지 않는다(예: 포스터, 사진엽서)]; 오영근, 194; 이정원·류석준, 233; 임웅, 275; 정영일, 223.
35 이정원·류석준, 233.
36 의정부지판 2018. 3. 6, 2017고약19324. 피고인이 전 남편인 피해자와 상간녀에 대한 민사소송

또한, 문자나 상형적 부호 등으로 사람의 생각이 표현되지 아니한 물체, 예   **18**
컨대 우표, 담뱃갑, 지폐, 주화 등은 봉함이나 비밀장치가 되어 있다 할지라도
본죄의 객체에 해당하지 않는다.[37]

그리고 본죄의 편지나 문서 등은 객관적으로 보아 개인의 사생활의 비밀을   **19**
포함하고 있는 것이라고 해야 한다. 따라서 광고물임이 분명한 편지를 개봉한
경우에는 비밀침해의 추상적 위험성조차 없으므로 본죄가 성립하지 않는다.[38]

3. 전자기록등 특수매체기록

'특수매체기록'이란 사람의 지각에 의하여 인식할 수 없는 방식으로 작성된   **20**
기록으로서, 컴퓨터 등 정보처리장치에 의한 정보처리에 제공되는 것을 말한다.
특수매체기록은 전자기록과 기타의 특수매체기록으로 구분된다. '전자기록'은
전기적 기록과 자기적 기록을 모두 포함한다. 이러한 전자기록은 그 자체로는
물적 실체를 가진 것이 아니어서 별도의 표시·출력장치를 통하지 아니하고는
보거나 읽을 수 없고, 그 생성 과정에 여러 사람의 의사나 행위가 개재됨은 물
론 추가 입력한 정보가 프로그램에 의하여 자동으로 기존의 정보와 결합하여
새로운 전자기록을 작출하는 경우도 적지 않으며, 그 이용 과정을 보아도 그 자
체로서 객관적·고정적 의미를 가지면서 독립적으로 쓰이는 것이 아니라 개인
또는 법인이 전자적 방식에 의한 정보의 생성·처리·저장·출력을 목적으로 구
축하여 설치·운영하는 시스템에서 쓰임으로써 예정된 증명적 기능을 수행한
다.[39] 따라서 그 자체로서 객관적·고정적 의미를 가지면서 독립적으로 쓰이는
것이 아니라 개인 또는 법인이 전자적 방식에 의한 정보의 생성·처리·저장·출
력을 목적으로 구축하여 설치·운영하는 시스템에서 쓰임으로써 예정된 증명적
기능을 수행하는 것은 전자기록에 포함되므로,[40] 인터넷 계정의 아이디나 비밀

의 증거자료로 제출하기 위하여 피해자 소유의 휴대폰 안에 보관하고 있던 사진 28매를 휴대폰
보안 장치를 열어 확인한 후 카카오톡 메신저를 통해 피고인의 휴대폰으로 전송한 사안에 대하
여 도화개봉죄를 인정하였다.
37 주석형법 [각칙(5)](5판), 114(이우철).
38 오영근, 194; 정영일, 223.
39 대판 2005. 6. 9, 2004도6132(§ 227의2의 공전자기록등위작죄); 대판 2020. 8. 27, 2019도11294
   (전)(§ 232의2의 사전자기록등위작죄); 대판 2022. 3. 31, 2021노8900(전자기록등내용탐지죄).
40 대판 2008. 6. 12, 2008도938(사전자기록등위작죄); 대판 2022. 3. 31, 2021노8900(전자기록등내

번호도 전자기록에 포함된다.[41] 그 밖의 특수매체기록에는 광기술이나 레이저 기술을 이용한 기록이 포함된다.

21   본죄의 취지가 사람의 지각으로 인식할 수 없는 기록에 대한 비밀보호에 있으므로 녹음테이프, 녹화필름, 컴퓨터디스크, CD롬, DVD, USB, CF, 플로피디스크, ZIP디스크, 자기테이프, 음반, 마이크로필름 등과 같이 기록을 포함하고 있는 물건도 특수매체기록에 해당한다는 것이 통설이다.[42] 이에 반하여 특수매체기록에 수록된 정보가 아니라 컴퓨터디스켓, 녹화필름 등 정보를 수록하고 있는 매체는 포함되지 않는다는 견해가 있다.[43] 또한, 마이크로필름 기록은 단순한 문자의 축소 및 그 기계적 확대에 의한 재생용의 기록으로 보아야 하므로 마이크로필름 기록은 문서의 일종일 뿐 특수매체기록에는 포함되지 않는다는 견해가 있다.[44] 이러한 기록들은 사람의 지각으로는 그 내용을 인식할 수 없기 때문에 기술적 수단을 이용하지 않고는 비밀의 침해가 불가능한 대상들이다.[45]

22   특수매체기록의 소유권이 누구에게 있는가는 문제되지 않는다.[46] 하급심에서는 피해자가 소유자인 조합의 이사로서 업무상 개인적으로 사용하던 컴퓨터의 하드디스크에 파일을 저장하여 두고 컴퓨터에 비밀번호를 설정해 두었다면, 이 파일은 피해자가 기록으로서의 효용을 지배·관리하면서 비밀장치한 특수매체기록에 해당된다고 판단한 바 있다.[47]

23   특수매체기록은 기록의 일종으로 사람의 생각(의사나 관념)이 기록되어 있다는 점에서 문서와 비슷하나, 문자가 그 밖의 가독적 부호가 아니라 전자적 또는 자기적 신호 등에 의하여 기록된 것이라는 점에서 문서와 구별된다.[48] 이러한

용탐지죄).

41 대판 2022. 3. 31, 2021노8900.

42 김성천·김형준, 279; 김일수·서보학, 192; 배종대, §55/14; 손동권·김재윤, §17/8; 임웅, 275; 정성근·박광민, 253-254; 정영일, 223.

43 오영근, 185.

44 신동운, 811.

45 박상기·전지연, 565.

46 오영근, 185.

47 서울중앙지판 2010. 11. 19, 2010노3743(피고인이 조합의 이사였던 피해자가 사용하던 비밀번호가 설정되어 있는 조합 소유의 컴퓨터 본체를 컴퓨터 하드디스크 복원점에 들고 가 그 컴퓨터의 하드디스크에 저장되어 있는 전자기록인 위 조합의 거래처, 광고문구, 디자인로고 등의 파일을 다른 저장매체에 복사한 뒤 열어본 사안에서 전자기록등내용탐지죄를 인정하였다).

48 신동운, 811.

특수매체기록을 문서에 준하여 취급할 필요가 있는 점을 고려하여 1995년 12월 29일 개정형법은 본죄의 객체에 이를 포함시켰다. 그러나 특수매체기록은 편지나 문서, 도화 등과 달리 그 외부포장을 개봉하더라도 내용을 바로 인식할 수 없는 특성이 있기 때문에 본조 제1항의 객체에서 제외하고, 기술적 수단을 이용하여 그 내용을 알아내는 본조 제2항의 객체로만 규정하였다.[49]

　　인터넷이나 그 밖의 전기통신을 통해 전송 중인 데이타가 특수매체기록에 해당할 수 있는 지가 문제되나, 유체물에 고착되지 아니한 채로 전송 중인 데이타는 아직 기록에 해당한다고 할 수 없다. 전송 중인 데이타는 형법이 아닌 통신비밀보호법(§3, §16)에 의한 감청의 대상이 되고,[50] 이 법에 의하여 보호받게 된다.[51] 이메일은 따로 보관된 것이 아닌 한 특수매체기록에 포함되지 않는다. 타인의 이메일이나 컴퓨터의 문서파일을 임의로 열어 보는 행위는 정보통신망이용촉진및정보보호등에관한법률위반(정보통신망침해등)죄(§49, §71①(xi))에 해당한다.[52]　24

Ⅲ. 행 위

　　본죄의 행위는 '개봉'하는 것(제1항)과 '기술적 수단을 이용하여 그 내용을 알아내는 행위'(제2항)이다. 이는 사람의 편지, 문서, 도화 또는 전자기록 등 특수매체기록에 대한 '봉함 기타 비밀장치'의 효과를 제거하는 것을 말한다.[53]　25

---

49 주석형법 〔각칙(5)〕(5판), 115(이우철).
50 신동운, 812; 주석형법 〔각칙(5)〕(5판), 115(이우철).
51 대판 2012. 10. 25, 2012도4644는 '감청'은 전자적 방식에 의하여 모든 종류의 음향·문언·부호 또는 영상을 송신하거나 수신하는 전기통신에 대하여 당사자의 동의 없이 전자장치·기계장치 등을 사용하여 통신의 음향·문언·부호·영상을 청취·공독하여 그 내용을 지득 또는 채록하거나 전기통신의 송·수신을 방해하는 것을 말하는 것이다. 그런데 해당 규정의 문언이 송신하거나 수신하는 전기통신 행위를 감청의 대상으로 규정하고 있을 뿐 송·수신이 완료되어 보관 중인 전기통신 내용은 그 대상으로 규정하지 않은 점, 일반적으로 감청은 다른 사람의 대화나 통신 내용을 몰래 엿듣는 행위를 의미하는 점 등을 고려하여 보면, 통신비밀보호법상의 '감청'이란 그 대상이 되는 전기통신의 송·수신과 동시에 이루어지는 경우만을 의미하고, 이미 수신이 완료된 전기통신의 내용을 지득하는 등의 행위는 포함되지 않는다고 판시하였다.
52 정영일, 223.
53 대판 2012. 12. 13, 2010도10576. 본 판결 해설 및 평석은 김지나, "정보통신망 이용촉진 및 정보 보호 등에 관한 법률상 타인의 비밀 '누설'의 의미", 특별형법 판례100선, 한국형사판례연구회·대

1. 개 봉

26   '개봉'은 봉함 기타 비밀장치를 파훼(破毁)하여 편지, 문서 또는 도화의 내용을 알 수 있는 상태에 두는 것을 말한다.[54] 개봉의 방법은 묻지 않는다. 반드시 비밀장치를 제거하거나 손괴할 것을 요하는 것도 아니다. 봉투의 붙인 부분을 뜯거나 시정을 열거나 묶어둔 끈을 푸는 것으로 충분하다.[55] 다만 여기서의 '파훼'는 물리적 손괴만을 의미하는 것은 아니며, 봉함 기타 비밀장치의 원상태를 변경한다는 의미이다.[56] 파훼 행위 자체는 반드시 필요하므로 풀로 붙여 놓은 봉투가 저절로 개봉된 상태에서 편지를 읽는 행위는 본죄에 해당하지 않는다. 그리고 제3자가 개봉한 후 다시 봉함하여 둔 것을 다른 사람이 개봉한다면 본죄에 해당한다.[57]

27   개봉 이외의 방법으로 그 내용을 아는 것, 예컨대 투시기를 통하여 내용을 읽어보는 것은 본조 제2항에 해당한다. 그리고 문서를 찢거나 태우면 문서손괴죄(§ 366)가 될 뿐이다.

28   통설은 편지 등의 개봉행위가 있을 때 본조 제1항의 죄가 완성되고, 행위자가 그 내용을 인식하였을 것을 요하지 않는다. 따라서 개봉하였으나 그 내용을 보지 못하였거나 개봉한 내용이 해독할 수 없는 외국어나 암호로 되어 있어서 그 내용을 인식하지 못하였다고 하더라도 본조 제1항의 죄는 성립한다.[58] 즉, 본조 제1항의 죄는 추상적 위험범이므로 개봉함으로써 기수가 된다. 그러므로 개봉하여 이를 사진촬영하고 그 필름을 제3자에게 건네주었다면 이는 본죄의

법원 형사법연구회, 박영사(2022), 326-329; 박진환, "정보통신망 이용촉진 및 정보보호 등에 관한 법률 제71조 제11호, 제49조에 규정된 '정보통신망에 의하여 처리·보관 또는 전송되는 타인의 비밀 누설'의 의미", 해설 94, 법원도서관(2013), 1010-1051; 박형준, "정보통신망법 제49조 비밀누설행위의 범위", 고요한 정의의 울림: 신영철 대법관 퇴임기념 논문집, 사법발전재단(2015), 616-642.

54 정성근·정준섭, 형법강의 각론(2판), 170; 西田 外, 注釈刑法(2), 312(樋口亮介).

55 김일수·서보학, 192; 이재상·장영민·강동범, § 14/12.

56 신동운, 809; 大塚 外, 大コン(3版)(7), 356(米澤敏雄).

57 주석형법 〔각칙(5)〕(5판), 117(이우철).

58 김선복, 227; 김성천·김형준, 280; 김신규, 263; 김일수·서보학, 192; 김성돈, 254-255; 박동률·임상규, 202; 박찬걸, 276-277; 백형구, 397; 신동운, 809; 원형식, 132-133; 원혜욱, 165; 유기천, 153; 오영근, 194; 이재상·장영민·강동범, § 14/12; 이형국, 286; 임웅, 275; 정성근·박광민, 254; 정영일, 224; 정웅석·최창호, 489; 진계호·이존걸, 270.

행위에 해당한다. 그러나 필름을 받아 이를 인화하여 그 내용을 인식한 제3자는 개봉하지 않았으므로 본조 제1항의 죄의 행위자가 아니다.[59]

개봉의 결과 내용인식이 가능한 상태에 있어야 하므로 개봉하였어도 또다 [29] 시 봉함된 상태일 경우에는 아직 개봉된 것이라고 볼 수 없다.[60] 겹겹이 봉함되어 있는 경우에는 마지막 봉함을 개봉함으로써 본죄가 성립한다.[61] 이에 대하여 본조 제1항의 죄를 구체적 위험범으로 보고 편지 등을 개봉하여 비밀이 침해될 구체적 위험이 야기됨으로써 기수가 되고, 만일 개봉하였더라도 그러한 위험이 없으면 기수가 되지 않는다는 견해도 있다.[62]

개봉은 행위자 본인에 의해서 뿐만 아니라 간접정범의 형태로도 가능하다. [30] 그러므로 선의의 제3자(예: 열쇠공)에게 열게 하는 방법으로 행하여질 수 있다.[63]

2. 기술적 수단을 이용하여 그 내용을 알아내는 행위

'기술적 수단을 이용하여 그 내용을 알아내는 행위'는 봉함 기타 비밀장치 [31] 한 타인의 편지, 문서, 도화 또는 전자기록등 특수매체기록을 개봉하지 않고 원형 그대로 둔 채 기술적 수단을 이용하여 그 내용을 알아내는 경우이다.[64] 그 행위의 대상은 봉함 기타 비밀장치된 타인의 편지 등이므로, 별도의 비밀장치가 된 것으로 볼 수 없는 피해자의 인터넷 계정의 아이디 및 비밀번호를 피해자의 컴퓨터에 해킹프로그램을 몰래 설치하여 알아내었다고 하더라도 전자기록등내용탐지죄가 성립하지 않는다.[65]

인식의 수단이 되는 '기술적 수단'은 편지, 문서, 도화의 경우에는 투시장치 [32] 에의 투과, 화학적 반응의 이용, 컴퓨터의 사용 등 물리적·화학적 방법 등을 사용할 수 있다. 특수매체기록의 경우에는 비밀소지자의 패스워드나 비밀번호를

---

59 박상기·전지연, 565.
60 박상기·전지연, 565.
61 정영일, 224.
62 배종대, §55/8.
63 박상기·전지연, 565; 정영일, 224.
64 김일수·서보학, 192.
65 대판 2022. 3. 30, 2021노8900. 다만, 피고인이 위와 같이 해킹하여 몰래 알아낸 아이디 등을 이용해 피해자의 계정 등에 접속한 행위 및 이를 통해 피해자와 다른 사람들 사이의 대화내용 등을 다운로드받은 행위는 정보통신망이용촉진및정보보호등에관한법률위반(정보통신망침해등)죄 및 전자기록등내용탐지죄에 해당되어 원심에서 유죄가 선고되었다.

이용하여 컴퓨터 등으로 특수매체기록의 내용을 탐지해 내는 경우가 이에 해당한다.66

33   하급심은 ① 컴퓨터 주변에 있던 메모지에 적힌 컴퓨터 로그인 비밀번호를 이용한 경우,67 ② 컴퓨터에 설정된 비밀번호를 해제한 경우,68 ③ 컴퓨터에 설정된 암호를 윈도우 설치디스크를 이용하여 변경한 후 로그인하여 데이터를 복사하여 가져간 경우,69 ④ 컴퓨터 하드디스크에 저장되어 있는 전자기록인 파일을 다른 저장매체에 복사한 뒤 열어본 경우,70 ⑤ 컴퓨터 수리에 사용하는 iODD 외장하드디스크를 컴퓨터에 연결하여 부팅하는 방식으로 윈도우 로그인 암호를 우회하여 컴퓨터 내 하드디스크에 접근하여 저장된 자료를 열람, 복사한 경우71 등에서 기술적 수단을 이용하여 특수매체기록의 내용을 알아낸 것으로 인정하고 있다.

---

66 신동운, 812.
67 피고인이 피해자 소유의 컴퓨터 주변에 있던 메모지에 컴퓨터 로그인 비밀번호가 적혀 있는 것을 발견하고 이를 이용하여 위 컴퓨터에 로그인한 후 컴퓨터 내에 있던 피해자의 병원 운영 회계자료, 환자 개인정보, 병원자료 등을 열람한 사안에서, 전자기록등내용탐지죄를 인정하였다(서울중앙지판 2019. 4. 18, 2018고정2463).
68 피고인이 피해자의 컴퓨터에 설정되어 있던 비밀번호를 해제한 후 그 컴퓨터 내에 저장되어 있던 피해자가 작성한 편지 및 우리모두복지재단의 기안문서 등을 열람한 사안에서, 전자기록등내용탐지죄를 인정하였다(서울중앙지판 2011. 9. 15, 2011고정3390).
69 피고인 甲이 피고인 乙에게 피해자들이 운영하는 회사들과의 계약을 해지하고 타이어 금형제조를 직영으로 하라고 지시하면서 고객 회사의 영업비밀 보호 등에 필요한 조치를 취할 것을 지시하고, 이에 피고인 乙이 직원들에게 피해자들의 사무실에 있는 컴퓨터에 접속하여 데이터를 복사할 것을 지시하여 직원들이 피해자들이 운영하는 회사의 직원들이 사용하던 컴퓨터에 설정된 암호를 윈도우 설치디스크를 이용하여 변경한 후 로그인하여 타이어 금형 제조에 필요한 설계프로그램 및 도면 등의 데이터를 복사해 간 사안에서, 전자기록등내용탐지죄를 인정하였다(광주지판 2018. 10. 25, 2018노3176).
70 서울중앙지판 2010. 11. 19, 2010노3743.
71 피고인들이 회사의 대표이사가 사용하는 노트북 컴퓨터에 저장된 사측의 노동조합 관련 활동, 임금 내역 등 노동조합 활동에 필요할 것으로 생각되는 자료의 내용을 확인하기로 마음먹고, 컴퓨터 수리에 사용하는 iODD 외장하드디스크를 컴퓨터에 연결하면 암호를 입력하지 않고도 해당 컴퓨터를 부팅하고 저장된 자료를 열람, 복사할 수 있음을 이용하여, iODD 외장하드디스크를 피해자의 노트북컴퓨터에 연결하여 부팅하는 방식으로 윈도우 로그인 암호를 우회하여 노트북컴퓨터 내 하드디스크에 접근한 다음, 위 노트북컴퓨터 하드디스크 내에 보관 중이던 회사 경영전략, 고객만족, 급여관련업무 등 약 1,600개 파일을 피고인들 소유의 USB 디스크 및 외장하드에 저장한 후 위 회사 공용컴퓨터에 위 USB 및 외장하드를 연결하여 위와 같이 USB 및 외장하드에 저장한 자료들을 열람한 사안에서, 전자기록등내용탐지죄를 인정하였다(서울남부지판 2015. 2. 4, 2015노314).

'기술적 수단'이란 어느 정도의 수준에 이른 기술적 수단을 의미한다. 단순 **34**
히 봉투를 햇빛이나 불빛에 비추어보는 정도로는 부족하고, 물에 적셔 내용을
인식하거나 일정한 도구를 사용하여 알아내는 정도에 이르러야 한다. 전자기록
등 특수매체기록은 감각기관을 통해 직접 인식할 수 없으므로 그 내용을 알아
낸 것은 그 자체가 기술적 수단을 이용하는 것이라고 할 수 있다.[72]

본조 제2항의 죄는 침해범이므로 기술적 수단을 이용하는 경우에는 개봉의 **35**
경우와 달리 행위자가 편지, 문서, 도화, 전자기록등 특수매체기록의 비밀장치
해제행위를 넘어서서 내용을 지득하는 행위까지 있어야 한다. 본조 제2항의 죄
는 미수범을 처벌하지 않으므로 기술적 수단을 이용하는 것만으로는 본죄가 성
립하지 않는다.[73]

그러나 본항의 행위객체를 사진촬영하거나 녹화, 복사하여 즉시 내용을 인 **36**
식하려고 하지 않고 이를 보관하는 경우에는 미수(불처벌)에 불과한 것인지에 의
문을 제기하면서, 타인의 교사를 받아 이러한 행위를 한 경우에는 어느 누구도
처벌되지 않는 결과가 되어 처벌상의 허점이 생긴다고 하는 견해가 있다. 이 견
해는 본조 제2항의 죄를 추상적 위험범으로 보아 내용인식의 단계에까지는 이
르지 않았더라도 언제든지 내용을 알 수 있는 상태로 타인의 비밀이 담긴 내용
물을 확보한 경우에도 본조 제2항의 죄의 기수에 이른 것으로 보아야 한다고
주장한다. 특히 특수매체기록에 대해서는 그 특성상 행위자가 내용을 인식하지
못하고서도 비밀침해의 가능성이 크기 때문에, 본조 제2항의 죄는 행위객체의
내용을 알 수 있는 상태에서 성립한다고 해석해야 한다고 강조한다.[74]

전자기록등 특수매체기록을 무단복사하는 행위, 타인의 전산망에 무단으로 **37**
접근하는 행위(이른바, 컴퓨터 해킹)는 형법상 처벌되지 않는다. 다만, 복사한 파일
을 판독하거나 타인의 컴퓨터에 수록된 파일을 열람하는 행위는 내용을 알아내
는 것이므로 본조 제2항의 죄가 성립한다.[75] 해킹을 해서 재산상의 이익을 얻으
면 컴퓨터등사용사기죄(§347의2)가 된다. 또한 타인의 컴퓨터(전산망)에 침입하여

---

72 오영근, 194; 신동운, 812.
73 진계호·이존걸, 270은 입법론으로는 미수범의 처벌규정을 두는 것이 타당하다고 한다.
74 박상기·전지연, 565.
75 김일수·서보학, 192; 신동운, 812-813.

전자기록을 소거 또는 교란하는데 그친 때에는, 본조 제2항의 죄에 해당하지 않고 손괴죄(§366) 또는 컴퓨터손괴등업무방해죄(§314②)의 문제가 된다.[76]

38   전산망에 의하여 처리·보관·전송되는 타인의 정보를 훼손하거나 비밀을 침해·도용·누설하는 행위에 대해서는 특별법인 정보통신망 이용촉진 및 정보보호에 관한 법률(이하, 정보통신망법이라 한다.)의 무거운 형벌[77]이 적용되므로, 전송 중인 이메일을 가로채어 읽는 행위, 해킹에 의한 비밀침해, 전자문서 등 손괴는 정보통신망법이 우선 적용된다.[78] 반면, 전기통신을 통한 대화의 비밀은 통신비밀보호법이 보장하고 있다(§16(i)). 예컨대, 컴퓨터통신망의 대화방 또는 인터넷상의 IRC(Internet Relay Chatting)에서의 대화를 불법으로 도청하는 행위가 그것이다.[79]

39   본조 제2항은 본조 제1항에 대하여 보충관계에 있다. 본조 제2항은 본조 제1항의 개봉행위에 의하여 포착되지 않는 행위를 처벌하기 위하여 신설된 것이기 때문이다. 따라서 비밀장치를 해제하는 개봉행위가 인정되면 이후에 일어나는 내용지득행위는 불가벌적 사후행위가 된다. 다만, 전자기록등 특수매체기록의 경우에는 개봉행위를 설정할 수 없기 때문에 처음부터 본조 제2항이 적용된다. 봉함된 특수매체기록의 외포를 개봉한 후 이를 기술적 수단을 이용하여 판독하였다고 하여도 개봉행위를 처벌하는 본조 제1항이 적용될 여지는 없다. 특수매체기록이 본조 제1항의 행위객체로 규정되어 있지 않기 때문이다.[80]

Ⅳ. 고 의

40   본죄는 행위자가 봉함 기타 비밀장치한 사람의 편지, 문서, 도화 또는 전자기록등 특수매체기록을 개봉하거나 기술적 수단을 이용하여 그 내용을 알아낸다는 인식과 의사를 내용으로 하는 고의가 있어야 성립한다. 미필적 고의로도

---

76 김성돈, 255; 임웅, 276; 정성근·박광민, 255. 서울중앙지판 2010. 11. 19, 2010노3743도 같은 취지이다.
77 정보통신망법 제71조(벌칙) 다음 각호의 어느 하나에 해당하는 자는 5년 이하의 징역 또는 5천만원 이하의 벌금에 처한다.
78 김성돈, 255; 김일수·서보학, 193; 박상기·전지연, 566; 정성근·박광민, 255.
79 김일수·서보학, 193.
80 신동운, 813.

충분하다.

행위자가 타인에게 온 편지, 문서, 도화를 자기에게 온 것으로 잘못 알고 **41**
편지 등을 개봉하거나 그 내용을 인식한 경우에는 구성요건적 사실의 착오이므
로 고의가 조각된다(§13). 이 경우 행위자에게 과실이 있더라도 본죄는 과실범
처벌 규정이 없으므로 불가벌이다. 판례는 대체집행사건의 채무자의 승계인 앞
으로 우송된 결정정본을 평소 동명으로 호명되고 있는 자기의 장남 앞으로 온
편지인 줄 알고서 개봉하였다며 고의를 부인하는 행위자에게 서류의 송달시기
와 송달장소, 발송관서, 수송달자의 성명으로 보아 해당 서류는 행위자가 신청
한 대체집행사건에 관하여 채무자의 승계인에게 송달되는 소송서류라는 사실을
능히 알고 있었다고 보는 것이 경험칙에 합치된다고 하면서 고의를 인정하였
다.[81] 또한 자기에게 온 편지를 타인의 편지로 오인하고 개봉한 때에는 본죄의
불능미수가 문제될 수 있으나, 본죄의 미수를 처벌하는 규정이 없으므로 역시
불가벌이다.[82] 돈이 들어있는 줄 알고 개봉하였으나 편지만 들어있어서 이를 읽
어 본 경우에 본죄의 성립 여부가 문제된다. 본죄는 행위자가 자신을 수신인으
로 하지 않는 편지나 문서 등임을 알면서 이를 개봉하거나 내용을 지득하는 행
위를 문제삼고 있으므로 개봉하는 당시에 이러한 의사를 가지고 있지 아니한
위의 행위에는 본죄의 고의가 인정되지 않는다고 보아야 한다.[83]

타인에게 온 편지이거나 타인이 수령자인 문서, 도화이지만 자신이 이를 개 **42**
봉할 권한이 있다고 믿고 개봉한 경우, 예컨대 남편이 처에게 온 편지를 뜯어
볼 권한이 있다고 믿고 뜯은 때에는 고의는 존재하나 위법성조각사유에 대한
착오로서 그 오인에 정당한 이유가 있는 경우에 한하여 책임이 조각된다(§16).

V. 위법성

1. 피해자의 승낙

비밀침해에 대한 피해자의 동의나 승낙이 있는 경우에 구성요건해당성이 **43**

---

81 대판 1984. 6. 12, 84도620.
82 오영근, 195.
83 박상기·전지연, 566; 정영일, 224; 주석형법 〔각칙(5)〕(5판), 120(이우철).

배제된다는 견해[84]와 위법성이 조각된다는 견해[85]가 대립하고 있다. 본죄의 실행행위는 모두 피해자의 의사에 반하여 개봉하거나 그 내용을 알아내는 것이라고 해야 하므로, 피해자의 동의나 승낙이 있는 경우에는 구성요건해당성을 배제하는 '양해'가 된다는 것이 다수설이다. '승낙'과 '양해'를 굳이 구별해야 할 실익이 있는 것도 아니고 범죄체계론상의 논쟁에 불과하므로 피해자의 승낙이 있는 경우에는 위법성이 조각된다는 것이 소수설이다.[86]

44   편지의 경우 승낙을 할 수 있는 권리자가 누구인가에 관하여 견해의 대립이 있다. 통설[87]은 편지의 비밀은 발신인과 수신인이 공유하기 때문에 발신 또는 도착 전후를 묻지 않고 양자가 모두 권리자라고 한다. 이에 대하여 발신인은 언제나 권리자이고 수신인은 발신된 이후부터 권리자라고 하는 견해,[88] 발신인은 언제나 권리자이고 수신인은 도착한 이후부터 권리자라고 하는 견해,[89] 편지가 수신인에게 도달할 때까지는 발신인, 도달 후에는 수신인에게 각각 승낙의 권리가 있다는 견해[90]가 있다.

45   편지 등의 개봉에 대하여 승낙할 수 있는 권리자는 반드시 본죄의 피해자인 고소권자와 동일할 필요는 없다. 개봉에 대한 승낙은 개별적·구체적으로 이

---

84 김성돈, 255; 김성천·김형준, 281; 김신규, 264-265; 김일수·서보학, 193; 박동률·임상규, 204; 손동권·김재윤, § 17/12; 원형식, 133; 원혜욱, 166; 이재상·장영민·강동범, § 14/15; 이형국, 287; 이형국·김혜경, 형법각론(2판), 287; 임웅, 276; 오영근, 195; 정성근·박광민, 255; 정영일, 225; 정웅석·최창호, 490; 최호진, 형법각론, 304.

85 배종대, § 55/10; 백형구, 399; 신동운, 809; 유기천, 153-154.

86 피해자의 승낙이 구성요건을 배제한다는 견해는 종래 소수설의 입장이었으나 현재는 다수설인 것으로 보인다. 오영근, 195는 위법성조각사유설을 여전히 다수설로 표시하고 있으나, 주석형법[각칙(5)](5판), 121(이우철)은 구성요건배제설을 통설이라고 표시하고 있다.

87 박상기·전지연, 566-567[제316조는 구성요건의 내용상 개인의 사생활을 직접 보호하기보다는 목적물에의 접근차단을 통해 이를 보호하는 규정이므로 본죄의 피해자는 법익의 귀속주체로서 목적물의 처분권을 갖는 자뿐만 아니라 목적물의 내용을 결정한 자(발신인 혹은 작성자)도 포함된다고 보아야 한다]; 신동운, 810(편지개봉죄의 고소권자는 비밀의 주체를 표준으로 판단해야 하며, 편지의 소유권이나 비밀장치에의 접근가능성 여하에 영향을 받지 않는다); 오영근, 196(본죄의 보호법익이 재산권이 아닌 타인의 비밀이고, 본죄의 객체는 '타인 소유의'가 아닌 '타인의' 편지 등이므로 통설이 타당하다).

88 서일교, 형법각론, 89; 황산덕, 형법각론(6정판), 249.

89 염정철, 형법연구, 법전출판사(1980), 352.

90 이정원·류석준, 형법각론, 236-237; 이재상·장영민·강동범, § 14/16(이 견해를 독일의 통설로 소개하면서 이는 편지의 처분권이 누구에게 있느냐에 따라 고소권자를 결정하려는 것이지만 본죄의 피해자가 편지의 처분권자와 일치한다고 할 수는 없다고 한다).

루어져도 좋고 개괄적으로(예컨대, 비서에게 자기 명의의 편지 전부의 개봉을 의뢰하는 것) 이루어져도 좋다.[91]

　　부부 사이에서도 원칙적으로는 배우자의 편지 등을 개봉한 경우에 본죄의 　　**46**
위법성이 인정된다. 그러나 상대방이 장기 출타 중이거나 상대방 앞으로 속달된
지급편지나 전보 등 긴급을 요하는 경우 또는 일상가사상의 편지 등인 경우, 그
개봉이 상대방이 추정적 의사와 합치할 때에는 추정적 승낙에 의해 위법성이
조각될 수 있다.[92] 성년인 자녀의 경우에도 원칙적으로 부모가 자녀의 편지 등
을 개봉한 경우에 본죄의 위법성이 인정되나, 경우에 따라 추정적 승낙이나 사
회상규에 위배되지 않는 행위로서 위법성이 조각될 수 있다.[93]

2. 정당행위

　　비밀침해행위는 법령에 근거한 행위인 경우에 위법성이 조각될 수 있다. 　　**47**
가장 광범위한 법령에 의한 정당행위는 통신비밀보호법(§3, §5, §7)이 제공한다.
이제까지 가장 포괄적인 제한법률이었던 임시우편단속법은 통신비밀보호법(법률
4650호 부칙 ②)에 의해 폐지되었다.[94] 형의 집행 및 수용자의 처우에 관한 법률
제41조, 제43조, 제44조에 기한 교도관의 접견참여, 수형자 또는 미결수용자에
대한 서신의 검열 또는 전화통화의 감청, 형사소송법 제107조, 제120조, 제219
조에 기한 피의자·피고인에 대한 우체물 또는 전기통신에 대한 압수 또는 제출
명령, 압수·수색영장 집행시 건정을 열거나 봉함 기타 필요한 처분, 우편법 제
28조, 제35조에 기한 법규 위반 우편물의 개봉 또는 반환 불능 우편물의 개봉,
군사법원법 제147조에 기한 피고사건과 관계가 있는 우편물 압수, 통신비밀보
호법 제3조, 제5조, 제7조에 기한 통신제한조치로서의 우편물의 검열 또는 전기
통신의 감청 등이 법령에 근거한 행위이다.

---

91 이재상·장영민·강동범, §14/16; 주석형법〔각칙(5)〕(5판), 122(이우철).
92 김성돈 255; 김일수·서보학, 194; 손동권·김재윤, §17/12; 신동운, 809-810(사생활의 비밀을 충
　실히 보호해야 한다는 점에서 추정적 승낙의 요건은 신중하게 검토할 필요가 있다); 이재상·장
　영민·강동범, §14/15; 정영일 225.
93 오영근 195; 임웅, 277; 한상훈·안성조, 형법개론(3판), 486.
94 배종대, §55/10; 신동운, 809(자녀의 연령, 발신인, 긴급성 등 여러 가지 사정을 고려하여 친권
　자가 행한 편지 개봉행위는 법령에 의하여 위법성이 조각된다).

48   그러나 제3자가 전화통화 당사자 일방의 동의를 받고 그 통화내용을 녹음
한 경우에도, 그 상대방의 동의가 없는 이상 사생활 및 통신의 자유 신장을 목
적으로 제정된 통신비밀보호법의 취지에 비추어 동법 제3조 제1항 위반죄가 성
립한다.[95] 그러나 3명의 대화자 중 1명이 그 대화를 몰래 녹음한 경우에는 다른
두 사람의 발언은 그 녹음자에 대한 관계에서 '타인의 대화'라고 할 수 없으므로
통신비밀보호법 제3조 제1항에 위배된다고 할 수 없다.[96]

49   친권자가 '미성년인' 자녀의 편지를 개봉하는 행위가 법령에 의한 행위로
위법성이 조각되는지 여부에 대하여 견해의 대립이 있다. 다수설[97]은 민법 제
913조[98]를 근거로 자녀의 보호·교양을 위한 조치하고 보아 법령에 의한 행위로
위법성이 조각된다고 주장한다. 이에 대하여 소수설[99]은 편지개봉 등의 지나친
수단을 사용하지 않고 보호·교양하는 것이 민법 제913조의 취지이므로 친권 속
에는 자녀의 편지를 개봉할 일반적 권리가 포함되어 있지 않다고 보아 법령에
의한 행위로 위법성이 조각되지 않는다고 주장한다. 이 견해는 친권자라 하더라
도 원칙적으로 자녀의 사적 비밀과 관련된 사생활의 평온을 함부로 교란해서는
안 되고, 다만 자녀의 인격적 성숙을 위해 특별히 문제되는 편지를 개봉한 경우
에는 경미한 법익충돌이라는 관점에서 정당화된다고 한다.[100]

50   판례는 회사의 직원이 회사의 이익을 빼돌린다는 소문을 확인할 목적으로
피해자가 비밀번호를 설정하여 비밀장치한 전자기록인 개인용 컴퓨터의 하드디
스크를 검색하여 그 내용을 알아낸 행위가 사회상규에 위배되지 않는 행위로서
제20조의 정당행위에 해당된다고 판단하였다.[101]

---

95 대판 2002. 10. 8, 2002도123. 본 판결 평석은 하태훈, "통화자일방의 동의를 받은 제3자의 전화
   녹음과 통신비밀보호법위반", 형사재판의 제문제(4권), 박영사(2003), 311-328.
96 대판 2006. 10. 12, 2006도4981.
97 김성돈, 256; 박상기·전지연, 566; 오영근 195; 이재상·장영민·강동범, §14/15; 임웅, 277.
98 민법 제913조(보호, 교양의 권리의무) 친권자는 자를 보호하고 교양할 권리의무가 있다.
99 배종대, §55/12; 손동권·김재윤, §17/12.
100 김일수·서보학, 194; 정영일, 225(미성년자의 보호·교양을 위해 부득이한 경우는 사회상규에
    위배되지 아니하는 행위로서 정당행위에 해당된다고 할 수 있다).
101 대판 2009. 12. 24, 2007도6243. 컴퓨터 관련 솔루션 개발업체의 대표이사가 회사의 영업차장으
    로 근무하던 피해자가 회사의 이익을 빼돌린다는 소문을 확인할 목적으로 피해자가 사용하던 컴
    퓨터의 하드디스크에 저장되어 있는 파일 중 '어헤드원'이란 단어로 파일검색을 하여 피해자의 메
    신저 대화 내용과 이메일 등을 출력하여 그 내용을 알아낸 경우, ① 피고인이 피해자가 사용하던
    컴퓨터의 하드디스크를 검사할 무렵 피해자의 업무상배임 혐의가 구체적이고 합리적으로 의심되

3. 긴급피난

편지를 개봉하는 것이 자기 또는 타인의 법익에 대한 현재의 위난을 피하 　51
기 위한 행위인 때에는 긴급피난으로서 위법성이 조각되는 경우가 있을 수 있
다. 예를 들어, 제반사정으로 판단할 때 위험물이 들어 있을 개연성이 높다든가,
유괴범이라고 추측되는 자가 보낸 편지일 가능성이 있는 경우 등을 생각할 수
있다.[102]

VI. 다른 죄와의 관계

1. 손괴죄와의 관계

타인에게 온 봉함된 편지를 편지봉투만을 찢어서 몰래 읽어 보고 제자리에 　52
둔 경우에 대하여 손괴행위는 법조경합 중 흡수관계에 해당하므로 본죄에 흡수되
어 본죄만 성립된다는 것이 다수설[103]이다. 이에 대하여 본죄의 법정형(3년 이하의
징역 또는 금고 또는 500만 원 이하의 벌금)보다 손괴죄(§366)의 법정형(3년 이하의 징역
또는 700만 원 이하의 벌금)이 더 무거우므로 손괴죄가 본죄에 흡수될 수는 없으므로
본죄가 손괴죄에 흡수되어 손괴죄만 성립한다고 주장하는 견해가 있다.[104]

는 상황이었고, 그럼에도 불구하고 피해자가 이를 부인하고 있어 회사의 대표이사인 피고인으로
서는 피해자가 회사의 무형자산이나 거래처를 빼돌리고 있는지 긴급히 확인하고 이에 대처할 필
요가 있었던 점, ② 피고인은 피해자의 컴퓨터 하드디스크에 저장된 정보의 내용을 전부 열람한
것이 아니라 의심이 가는 '어헤드윈'이라는 단어로 검색되는 정보만을 열람함으로써 조사의 범위
를 업무와 관련된 것으로 한정한 점, ③ 피해자는 입사할 때에 회사 소유의 컴퓨터를 무단으로
사용하지 않고 업무와 관련된 결과물을 모두 회사에 귀속시키겠다고 약정하였을 뿐만 아니라, 위
컴퓨터에 피해자의 혐의와 관련된 자료가 저장되어 있을 개연성이 컸던 점, ④ 그리하여 위와 같
이 검색해 본 결과 회사의 고객들을 빼돌릴 목적으로 작성된 '어헤드윈' 명의의 견적서, 계약서와
'어헤드윈' 명의로 계약을 빼돌렸다는 취지의 메신저 대화자료, 이메일 송신자료 등이 발견된 점,
⑤ 또한 회사의 모든 업무가 컴퓨터로 처리되고 그 업무에 관한 정보가 컴퓨터에 보관되고 있는
현재의 사무환경하에서 부하 직원의 회사에 대한 범죄 혐의가 드러나는 경우 피고인과 같은 감독
자에 대하여는 회사의 유지·존속 및 손해방지 등을 위해서 그러한 정보에 대한 접근이 허용될
필요가 있는 점 등을 종합하여 볼 때, 피고인의 행위는 사회통념상 허용될 수 있는 상당성이 있
는 행위로서 제20조에 정하여진 정당행위에 해당하여 위법성이 조각된다고 판단하였다.
102 주석형법 [각칙(5)](5판), 122(이우철); 大塚 外, 大コン(3版)(7), 359(米澤敏雄).
103 김성돈 256; 임웅, 277; 진계호·이존걸, 272(타인의 편지봉투만을 찢어 읽어보고 제자리에 둔
　경우는 효용을 해한 것이라고 할 수 없다).
104 오영근, 195-196.

53   타인에게 온 봉함된 편지를 몰래 읽어 본 후 편지 자체를 찢어버리거나 은
닉한 경우에 대하여, 편지개봉죄와 문서손괴죄의 실체적 경합이 된다는 견해[105]
와 사회통념상 하나의 행위라고 할 수 있기 때문에 편지개봉죄와 문서손괴죄의
상상적 경합이 된다는 견해[106]가 대립하고 있다.

54   편지를 개봉하지 않고 찢거나 태웠을 경우에는 문서손괴죄만 성립된다.[107]

55   또한 타인의 컴퓨터(전산망)에 침입하여 전자기록을 소거 또는 교란하는데
그친 때에는 본죄에 해당하지 않고 전자기록등손괴죄(§366) 또는 컴퓨터등손괴
업무방해죄(§314②)의 문제가 된다.[108]

2. 절도죄, 횡령죄 및 사기죄와의 관계

56   편지 등을 절취 또는 횡령한 후에 개봉한 때에는 절도죄 또는 횡령죄와 본
죄의 실체적 경합이 된다는 견해가 다수설[109]이다.[110] 이에 대하여 절도죄 또는
횡령죄만 성립하고 본죄는 불가벌적 사후행위에 해당한다는 견해,[111] 절도죄 또
는 횡령죄와 본죄가 상상적 경합에 해당한다는 견해[112]가 각각 대립한다.[113] 봉
투 안에 현금이 들어 있다고 생각하고 이를 취득하기 위하여 개봉하였으나, 현
금이 아니라 편지가 들어 있는 경우에는 절도미수죄만이 성립한다.[114]

57   해킹을 해서 재산상의 이익을 얻으면 컴퓨터등사용사기죄(§347의2)가 된다.

---

105 임웅, 277.
106 오영근, 195-196; 진계호·이존걸, 272.
107 주석형법 〔각칙(5)〕(5판), 123(이우철).
108 김성돈, 255; 임웅, 276; 정성근·박광민, 255. 피고인이 피해자에게 전혀 알리지 아니한 채 컴퓨
    터 본체를 서울 용산구 소재 전자상가에 가지고 가서 파일을 열어보거나 삭제한 사실을 인정할
    수 있으므로 피고인이 피해자의 승낙 없이 이를 열어보거나 삭제한 행위는 전자기록등내용탐지
    죄 및 전자기록등손괴죄를 구성한다(서울중앙지판 2010. 11. 19, 2010노3743).
109 김성돈, 256; 임웅, 277; 진계호·이존걸, 272.
110 大判 大正 9(1920). 6. 22. 刑錄 26·398.
111 박상기·전지연, 567.
112 이형국, 287.
113 독일의 판례 가운데에는, 편지를 개봉함으로써 타인의 비밀을 침해한 후에 그 편지를 영득한 행
    위에 관하여, 개봉한 시점에서 이미 횡령의 의사가 있었던 경우에는, 비밀침해죄(§202)와 횡령
    죄(§246)가 각 성립하고, 두 죄는 상상적 경합관계에 있다고 본 것이 있다(BGH, 09.12.1976 - 4 StR
    582/76).
114 박상기·전지연, 567.

〔조 재 빈〕

3. 공무상비밀표시무효죄와의 관계

공무원이 그 직무에 관해 봉함 기타 비밀장치한 문서, 도화 또는 전자기록 **58**
등 특수매체기록을 기술적 수단을 이용하여 그 내용을 알아낸 경우에는 본조
제2항의 죄가 아닌 공무상비밀표시무효죄(§140③)가 성립한다.

4. 특별법위반의 죄와의 관계

우편관서 또는 서신송달업자가 취급 중인 우편물 또는 서신을 정당한 사유 **59**
없이 개봉한 행위는 특별법인 우편법 제48조가 본조 제1항보다 우선 적용된다.
그리고 정보통신망에 의하여 처리, 보관 또는 전송되는 타인의 비밀을 침해하
는 행위는 특별법인 정보통신망법 제71조, 제49조가 본조 제2항보다 우선 적용
된다.[115]

VII. 처 벌

3년 이하의 징역이나 금고 또는 500만 원 이하의 벌금에 처한다. **60**
본죄의 행위에는 손괴행위를 수반하는 경우가 적지 않을 것으로 보이는데 **61**
도 손괴죄의 법정형(3년 이하의 징역 또는 700만 원 이하의 벌금)보다 가벼운 것은 문
제가 있다.[116]

〔조 재 빈〕

---

115 배종대, §55/17.
116 주석형법 〔각칙(5)〕(5판), 123(이우철).

제317조(업무상비밀누설)

① 의사, 한의사, 치과의사, 약제사, 약종상, 조산사, 변호사, 변리사, 공인회계사, 공증인, 대서업자나 그 직무상 보조자 또는 차등의 직에 있던 자가 그 직무처리중 지득한 타인의 비밀을 누설한 때에는 3년 이하의 징역이나 금고, 10년 이하의 자격정지 또는 700만원 이하의 벌금에 처한다. 〈개정 1995. 12. 29., 1997. 12. 13.〉
② 종교의 직에 있는 자 또는 있던 자가 그 직무상 지득한 사람의 비밀을 누설한 때에도 전항의 형과 같다.

Ⅰ. 취 지 ·········· 462
Ⅱ. 주 체 ·········· 463
  1. 진정신분범 ·········· 463
  2. 의사, 한의사, 치과의사 등 ·········· 465
  3. 종교의 직 ·········· 467
Ⅲ. 객 체 ·········· 467
  1. 직무처리 중 또는 직무상 지득한 ·········· 467
  2. 타인의(비밀의 주체) ·········· 468
  3. 비밀의 개념 ·········· 471
  4. 비밀의 요건 ·········· 472
  5. 비밀의 내용 ·········· 475
Ⅳ. 행위 및 기수시기 ·········· 476

  1. 행 위 ·········· 476
  2. 기수시기 ·········· 478
Ⅴ. 고 의 ·········· 478
Ⅵ. 위법성 ·········· 479
  1. 피해자의 승낙 ·········· 479
  2. 정당행위 ·········· 480
  3. 긴급피난 ·········· 482
  4. 증언거부권자의 증언 ·········· 482
Ⅶ. 다른 죄와의 관계 ·········· 484
  1. 명예훼손죄와의 관계 ·········· 484
  2. 특별법위반의 죄와의 관계 ·········· 484
Ⅷ. 처 벌 ·········· 485

Ⅰ. 취 지

1   본죄(업무상비밀누설죄)는 의사, 한의사, 치과의사, 약제사, 약종상, 조산사, 변호사, 변리사, 공인회계사, 공증인, 대서업자나 그 직무상 보조자 또는 차등(此等)의 직에 있던 자가 그 직무처리 중 지득한 타인의 비밀을 누설한 행위(제1항)와 종교의 직에 있는 자 또는 있던 자가 그 직무상 지득한 사람의 비밀을 누설한 행위(제2항)를 처벌함으로써, 개인의 사생활의 비밀을 보호하고 부차적으로는 이러한 직업에 종사하는 사람이 그 업무처리 중에 지득한 타인의 비밀을 지켜야 하는 데 대한 사회 일반인의 신뢰를 보호하기 위한 범죄이다.

II. 주 체

1. 진정신분범

본죄의 주체는 의사, 한의사, 치과의사, 약제사, 약종상, 조산사, 변호사, 변   2
리사, 공인회계사, 공증인, 대서업자나 그 직무상 보조자 또는 이와 같은 직에 있
던 자, 종교의 직에 있는 자 또는 있던 자에 제한된다.[1] 여기에 열거되지 아니한
일반인은 본죄의 정범이 될 수 없다. 이러한 의미에서 본죄는 진정신분범이다.

비신분자가 자신이 지득한 타인의 비밀을 누설한 경우에는 명예훼손죄나   3
신용훼손죄가 성립할 수 있을 뿐이다.[2]

한편, 각종 특별법에서 일정한 업무 관련자의 비밀누설행위를 처벌하는 규   4
정을 두고 있다. 세무사 또는 세무사였던 자, 그 사무직원 또는 사무직원이었던
자의 비밀누설은 세무사법(§11, §22①(ii)), 개업공인중개사, 소속공인중개사의 비
밀누설은 공인중개사법(§29②, §49①(①(ix))), 우편업무 또는 서신송달업에 종사하
는 자나 종사하였던 자의 비밀누설은 우편법(§51의2, §3), 이용자의 개인정보를
취급하고 있거나 취급하였던 자의 비밀누설 또는 정보보호 관리체계 인증업무
·개인정보보호 관리체계 인증업무·정보보호시스템의 평가업무·명예훼손 분쟁
조정부의 분쟁조정업무에 종사하는 자나 종사하였던 자의 비밀누설은 정보통신
망 이용촉진 및 정보보호 등에 관한 법률(이하, 정보통신망법이라 한다.)(§71, §28의2,
§72, §66), 정신질환자 또는 정신건강증진시설과 관련된 업무를 수행하고 있거나
수행하였던 자의 비밀누설은 정신건강증진 및 정신질환자 복지서비스 지원에
관한 법률(§85, §71)에 의하여 처벌된다. 그 외에도 감염병의 예방 및 관리에 관
한 법률, 금융실명거래 및 비밀보장에 관한 법률, 부정경쟁방지 및 영업비밀보
호에 관한 법률(이하, 부정경쟁방지법이라 한다.), 성폭력방지 및 피해자보호 등에
관한 법률, 저작권법, 전기통신사업법, 컴퓨터프로그램보호법, 통신비밀보호법,
후천성면역결핍증 예방법 등의 법률에서도 일정한 자의 비밀누설 행위를 처벌
하는 규정을 두고 있다.[3] 다만, 법무사법 제27조는 법무사의 비밀누설금지를 규

---

1 最決 平成 24(2012). 2. 13. 刑集 66·4·405; 奈良地判 平成 12(2000). 4. 15. 判時 2048·135.
2 김일수·서보학, 새로쓴 형법각론(9판), 194; 정영일, 형법강의 각론(3판), 226.
3 신동운, 형법각론(2판), 814; 주석형법 [각칙(5)](5판), 125(이우철).

정하고 있으나, 그 위반행위에 대하여 벌칙규정이 없는 불완전법규이다.[4]

5　　공무원 또는 공무원이었던 자가 법령에 의한 직무상 비밀을 누설한 때에는 공무상비밀누설죄(§127)가 성립한다. 범죄수사에 관한 직무를 행하는 자가 직무상 지득한 피의사실을 공판청구 전에 공표하는 행위를 처벌하는 피의사실공표죄(§126)도 실질적으로는 공무상비밀누설죄의 범주에 들어간다.[5] 외교상의 기밀을 누설한 때에는 외교상기밀누설죄(§113①)가 성립한다.

6　　본죄의 주체는 직무의 성질상 타인의 비밀을 지득할 기회가 많을 뿐만 아니라 직무를 수행하려면 의뢰자의 비밀을 알아야 할 필요도 있다. 한편, 이러한 사람들이 지득한 비밀을 누설하게 되면 개인의 사생활이 현저히 침해되는 외에 일반인들이 이들의 직무를 믿고 이용할 수 없게 되어 이들이 수행하는 직무의 사회적 기능이 현저히 위축된다.[6] 본죄의 주체는 대체로 형사소송법 제149조에 의하여 증언거부권자로 규정되어 있다.[7]

7　　본죄의 성질이 자수범인지 여부에 대하여 견해의 대립이 있다. ① 자수범설[8]은 본죄에 열거된 신분자가 아닌 자는 간접정범이 될 수 없으므로 본죄는 자수범이라고 주장한다. 이에 대하여, ② 비자수범설[9]은 행위주체가 그 사정을 모르는 신분자나 비신분자를 생명 있는 도구로 이용하여 간접정범의 형태로 본죄의 보호법익인 개인의 비밀을 침해할 수도 있으므로 본죄는 자수범이 아니라고 주장한다. 본죄의 주체로 열거되지 아니한 비신분자는 본죄의 직접정범은 물론 간접정범도 될 수 없으므로 위 ①의 자수범설이 타당하다. 비신분자가 본죄의 신분자를 교사·방조하여 업무상 비밀을 누설하도록 한 경우에, 정범은 신분자

4 임웅, 형법각론(9정판), 281.
5 임웅, 282.
6 주석형법 〔각칙(5)〕(5판), 124(이우철).
7 임웅, 282. 형사소송법 제149조는 세무사, 간호사까지 증언거부권자로 규정하고 있다.
8 김선복, 신형법각론, 229; 배종대, 형법각론(13판), §56/3; 백형구, 형법각론, 400; 유기천, 형법학(각론강의 상)(전정신판), 155; 이재상·장영민·강동범, 형법각론(12판), §14/18; 이형국·김혜경, 형법각론(2판), 289; 임웅, 281; 정웅석·최창호, 형법각론, 491; 진계호·이존걸, 형법각론(6판), 274; 최호진, 형법각론, 309.
9 김성천·김형준, 형법각론(6판), 284; 김신규, 형법각론, 268; 김일수·서보학, 195; 김성돈, 형법각론(5판), 257; 손동권·김재윤, 새로운 형법각론, §17/16; 오영근, 형법각론(4판), 197; 이정원·류석준, 형법각론, 238; 정성근·박광민, 형법각론(4판), 257; 정성근·정준섭, 형법각론(2판), 172; 정영일, 226; 홍영기, 형법(총론과 각론), §73/2.

이고 비신분자는 교사범이나 방조범에 해당한다고 보아야 한다.[10]

본죄는 직무상 지득한 비밀을 누설하는 행위를 처벌하고 있을 뿐 비밀을   8
누설받은 상대방을 처벌하는 규정을 두고 있지 않다. 직무수행자가 비밀을 누
설하는 행위와 상대방이 직무수행자로부터 비밀을 누설받는 행위는 필요적 공
범의 한 유형인 대향범 관계에 있다.[11] 2인 이상의 서로 대향된 행위의 존재를
필요로 하는 대향범에 대하여는 공범에 관한 형법총칙 규정이 적용될 수 없으
므로, 비밀을 누설받은 자에 대하여는 공범에 관한 형법총칙 규정이 적용될 수
없다.[12]

판례는 세무사의 사무직원으로부터 그가 직무상 보관하고 있던 임대사업자   9
등의 인적사항, 사업자소재지가 기재된 서면을 교부받은 행위가 세무사법상 직
무상 비밀누설죄의 공동정범에 해당하지 않고,[13] 세무공무원이 국세청의 홈텍스
시스템이나 자료상 연계분석 시스템 등에 접속하여 취득한 과세정보자료를 제
공받은 행위가 정보통신망위반죄의 공동정범에 해당하지 않는다고 판단한다.[14]
또한, 변호사 사무실 직원이 법원공무원에게 부탁하여 수사 중인 사건의 체포영
장 발부자 53명의 명단을 교부받은 행위가 공무상비밀누설교사죄에 해당하지
않는다고 판단한다.[15]

2. 의사, 한의사, 치과의사 등

본조 제1항의 주체는 의사, 한의사, 치과의사, 약제사, 약종상, 조산사, 변호   10
사, 변리사, 공인회계사, 공증인, 대서업자 등이다. 이들은 관계법령에 의하여
면허나 인·허가를 받는 등 자격을 부여받은 업무종사자 또는 이러한 업무에 종
사하였던 자이다. 의사, 한의사, 치과의사, 조산사는 보건복지부장관의 면허를
받은 자를 말한다. 수의사는 직무상 사람의 비밀을 알 기회가 적으므로 해당되
지 않는다.[16] 약제사는 약사의 이전 용어로 약사법에 따른 약사와 한약사를 말

---

10 박상기·전지연, 형법학(총론·각론 강의)(4판), 568; 정영일, 226.
11 신동운, 817.
12 주석형법 〔각칙(5)〕(5판), 126(이우철).
13 대판 2007. 10. 25, 2007도6712.
14 대판 2017. 6. 19, 2017도4240.
15 대판 2011. 4. 28, 2009도3642.
16 그러나 독일형법 제203조는 수의사도 포함하고 있다.

하고 이들도 보건복지부장관의 면허를 받아야 한다.[17] 약종상은 의약품 판매의
허가를 받은 자에 한한다. 변호사, 변리사는 등록되어 있는 자에 한하고, 공증
인은 공증인법에 따라 법무부장관의 임명을 받은 자이며, 대서업자는 법무사,
행정서사, 사법서사를 말한다.[18]

11   업무종사자뿐만 아니라 그 '직무상 보조자'도 본죄의 주체에 해당한다. 예를
들어, 의사의 조수, 변호사 사무소의 사무장 등을 말한다. 직무상 보조자는 반드
시 업무종사자에 고용되어 있거나 직업으로 보조하는 자일 필요가 없다. 업무와
관련하여 지득하게 되는 비밀을 보호하여야 한다는 점에 비추어 볼 때, 견습이나
자원에 의한 보조자나 아르바이트로 보조하는 자도 본죄의 주체에 해당한다.[19]

12   하급심은 환자의 치아 상태를 타인에게 말해 준 치과의 실장으로 근무하는
치위생사,[20] 환자의 임신사실을 환자의 지인에게 말해 준 산부인과에서 행정직
으로 근무하는 자[21]가 본죄의 주체에 해당한다고 판단하였다.

13   간호사 또는 간호조무사는 의사의 직무보조자가 아니라는 견해[22]와 직무보
조자에 해당한다는 견해[23]가 대립한다. 간호사도 의료법이 규정하고 있는 별개
의 의료인으로서 의사, 치과의사, 한의사의 지도하에 시행하는 진료의 보조 외
에도 환자의 간호요구에 대한 관찰, 자료수집, 간호판단 및 요양을 위한 간호,
간호 요구자에 대한 교육, 상담 및 건강증진을 위한 활동의 기획과 수행, 그 밖
의 대통령령으로 정하는 보건활동, 간호조무사가 수행하는 업무보조에 대한 지
도 등 독자적인 업무를 임무로 한다(의료법 § 2) 또한 간호사는 의사와 동일하게
정보누설금지의무를 부담하고 이를 위반할 경우 처벌되므로(의료법 § 19, § 88), 간
호사 또는 간호조무사가 의사 등의 지도하에 시행하는 진료의 보조 임무를 수
행할 때에는 의사 등의 직무보조자에 해당하지만, 그 외의 독자적인 임무를 수

17 소득세법 시행규칙(기획재정부령 731호) [별지 서식 제19호의2] 의료업자 수입금액 검토표의 작
   성방법에서 "한의원은 고용의사란에 '한의사'를, 외래의사란에 '약제사'를 적습니다."라고 표시하
   고 있다.
18 김성돈, 형법각론(5판), 257.
19 주석형법 [각칙(5)](5판), 126(이우철).
20 인천지법 부천지판 2013. 10. 31, 2013고정1629.
21 수원지법 안산지판 2016. 4. 25, 2016고약4678.
22 김일수·서보학, 195; 박찬걸, 형법각론, 279; 정웅석·최창호, 491.
23 김신규, 269; 박상기·전지연, 567; 오영근, 197; 임웅, 281.

행할 때에는 의사 등의 직무보조자에 해당한다고 보기 어렵다.

3. 종교의 직

본조 제2항의 주체는 종교의 직에 있는 자 또는 있던 자이다. 신부, 목사, 　14
전도사, 승려 등 종교단체에서 사제의 직무를 수행하는 자를 말한다. 무당, 점
술가는 포함되지 않는다.[24] 종교의 직에 종사하는 자는 국가에 의하여 면허나
자격이 부여되는 것은 아니지만 개인의 종교적·정신적 영역에 있어서의 비밀은
특히 보호할 필요가 있다는 점에서, 형법은 종교의 직에 있거나 있던 자를 국가
가 면허 등을 부여한 업무종사자와 같은 비중으로 취급하고 있다.[25]

III. 객 체

본죄의 객체는 본죄의 주체가 그 직무처리 중 지득한 '타인의 비밀'(제1항)　15
또는 직무상 지득한 '사람의 비밀'(제2항)이다.

1. 직무처리 중 또는 직무상 지득한

본죄의 비밀은 그 직무처리 중 지득(知得)한 것(제1항)이거나 그 직무상 지득　16
한 것(제2항)이어야 한다. 직무처리 중 또는 직무상 알게 된 비밀인 이상, 알게
된 원인, 기회, 방법, 경로는 묻지 않는다. 비밀주체의 명시적·묵시적 고지에 의
한 것이건, 부지불식간에 또는 우연한 발견에 의해 알게 된 것이건, 비밀주체가
모르는 사이에 자기의 실험이나 판단에 의해 알게 된 것이건 상관없다. 다만, 직
무처리나 직무수행과 그로 인해 알게 된 비밀 사이에는 인과관계 및 직접성(밀접
성)이 있어야 한다.[26] 비밀의 전달자와 비밀의 주체가 일치할 것도 요하지 않는
다. 비밀주체는 물론 다른 사람으로부터 지득한 비밀이어도 상관없다.[27]

그러나 직무처리와 관계없이 알게 된 사실(예컨대, 제3자와 담소 중에 알게 된　17

---

24 진계호·이존걸, 274.
25 주석형법 〔각칙(5)〕(5판), 127(이우철).
26 김일수·서보학, 197.
27 오영근, 198.

비밀, 이웃사람으로서 알게 되거나 술집 등에서 우연히 엿들어서 알게 된 사항)은 그것이 비밀에 속한다 하여도 본죄의 비밀에는 해당하지 않는다.[28] 직무상 취급하게 된 경위는 의뢰에 의하든, 사무관리에 의하든 상관없다.[29]

18   하급심은 변호사의 업무를 보조하는 사람이 변호사의 의뢰인이었던 사람을 상대로 고소장을 제출하면서 의뢰인의 구속적부심사와 관련하여 알게 된 합의서를 사본하여 첨부·제출한 사안에서, 업무상 지득한 비밀임을 인정하였다.[30]

19   의사에 의한 비밀누설은 환자 등으로부터 진찰·치료를 의뢰받아 이를 행하는 과정에서 알게 된 환자의 비밀을 누설하는 것이 전형적인 형태이지만, 일본의 판례는 정신과 의사가 소년사건에 대해 가정법원으로부터 감정을 의뢰받아 소년과의 의뢰관계·신뢰관계가 있다고 보기 어려운 사안에서, 감정대상인 소년 본인의 비밀 외에 감정을 행하는 과정에서 가정법원이 감정자료로 제공한 사건기록 사본에 기재되어 있어 알게 된 그 친부의 비밀도 본죄의 비밀에 포함된다고 한다.[31]

2. 타인의(비밀의 주체)

20   본죄의 비밀은 타인에 관한 것이어야 한다. 본조 제1항의 '타인'과 본조 제2항의 '사람'은 같은 의미이다. '타인'은 행위자뿐 아니라 공범자도 제외한 다른 사람이다.

21   본죄의 비밀의 주체를 자연인에 한정할 것인가에 대해 견해의 대립이 있다. ① 긍정설[32]은 법인이나 법인격 없는 단체는 영업비밀의 주체가 될 수 있을지언정 이들에게 프라이버시를 인정할 수 없고, 본조가 '타인' 또는 '사람'의 비밀로 규정하고 있으므로 비밀의 주체는 자연인에 국한된다고 주장한다. ② 부정설[33]

---

28 신동운, 816; 이재상·장영민·강동범, § 14/22; 정영일, 227.

29 大塚 外, 大コン(3版)(7), 369(米澤敏雄).

30 서울남부지판 2012. 9. 7, 2011노1757. 피고인은 본건 합의서 소지 이후에 변호사가 선임되었다고 주장하였으나, 인정되지 아니하였다.

31 最決 平成 24(2012). 2. 13. 刑集 66·4·405.

32 오영근, 192, 198은 법인 또는 법인격 없는 단체는 영업비밀의 주체성을 인정하면 족하다고 한다.

33 김성돈, 258; 김성천·김형준, 285; 김일수·서보학, 196; 배종대, § 56/5; 백형구, 400-401; 손동권·김재윤, § 17/18; 신동운, 815; 이재상·장영민·강동범, § 14/20; 이정원·류석준, 239; 정성근·박광민, 258; 홍영기, § 73/4.

은 비밀의 주체는 자연인, 법인, 법인격 없는 단체 등을 모두 포함한다고 주장한다(통설).

　국가 또는 지방자치단체의 비밀도 본죄의 비밀에 포함되는지에 대하여도 견 **22**
해의 대립이 있다. ① 다수설[34]은 본죄는 개인의 비밀을 보호하기 위한 죄이고
친고죄이기 때문에 본죄의 보호법익은 개인의 비밀에 제한하는 것이 타당하고,
본죄의 행위주체에 해당하는 직업인과 국가 또는 지방자치단체의 비밀은 직접적
인 관계가 없으므로 포함시키지 않는 것이 타당하다고 한다. 국가나 지방자치단
체가 비밀의 주체인 경우에는 형법의 경우 간첩죄(§98), 외교상기밀누설죄(§113),
공무상비밀누설죄(§127) 등이 성립하고, 국가보안법상의 국가기밀누설죄, 군사기
밀보호법상의 군사기밀누설죄 등 특별법에도 국가의 비밀을 보호하기 위한 별도
의 규정이 있으므로 국가 또는 지방자치단체는 본죄의 비밀의 주체가 아니라고
주장한다.[35] 이에 대하여, ② 국가의 기밀이라 할지라도 외교상의 비밀 등과 같
이 다른 조문에 의하여 보호받는 것은 제외되지만 그 이외의 국가나 공무상의
비밀을 제외할 아무런 근거가 없다고 주장하는 견해,[36] ③ 국가의 비밀은 국가적
법익으로 별도의 규정을 통하여 보호되고 있으므로 본죄의 비밀에 포함되지 않
지만 공공단체의 비밀은 본죄의 비밀에 포함시키는 것이 타당하다는 견해[37]가
있다. 위 ③의 견해는 공공단체, 예컨대 농협중앙회, 적십자사, 국립대학 등의
비밀은 국가의 비밀과 같이 특별히 보호되고 있지 않고, 또한 공공단체의 비밀을
법인이나 단체의 비밀과 달리 취급해야 할 아무런 이유도 없다고 한다.[38]

　다만 개인의 비밀이 동시에 국가나 지방자치단체의 비밀이 되는 경우에, 그 **23**
개인의 비밀을 보호하는 결과로서 국가나 지방자치단체의 비밀이 보호대상에
포함될 수 있다.

---

34 김선복, 230; 김성돈, 258; 김성천·김형준, 285; 김일수·서보학, 196-197; 박찬걸, 280; 배종대,
　§56/5; 백형구, 401; 손동권·김재윤, §17/18; 신동운, 815; 이재상·장영민·강동범, §14/20; 이
　형국, 형법각론, 290; 정성근·박광민, 258; 정웅석·최창호, 491; 진계호·이존걸, 275.
35 주석형법 〔각칙(5)〕(5판), 130(이우철).
36 원형식, 판례중심 형법각론, 135; 유기천, 154. 일본 판례도 포함된다는 입장이다[最決 昭和 52
　(1977). 12. 19. 刑集 31·7·1053.; 最決 昭和 53(1978). 5. 31. 刑集 32·3·457].
37 이정원·류석준, 239-240.
38 이정원·류석준, 239-240은 "공공단체는 그 특성상 국민에 대하여 투명성을 확보해야 한다. 그러
　나 이러한 문제점은 본죄의 비밀개념의 범위에 의하여 충분히 해결된다. 비밀주체에게 보호가치
　있는 이익이 되는 사실만이 본죄의 비밀에 해당하기 때문이다."라고 한다.

24   비밀의 주체가 사망한 경우에 그 사자(死者)가 본죄의 비밀주체가 될 수 있
는지에 대하여 견해의 대립이 있다. ① 긍정설[39]은 비밀유지에 대한 일반인의
신뢰도 본죄의 부차적인 보호법익이고, 비밀주체가 사망하더라도 개인의 인격
적 이익을 보호할 필요성은 계속되므로 사자도 비밀주체가 될 수 있다고 주장
한다.[40] 이 견해는 독일형법 제203조 제4항은 명문으로 비밀의 주체가 사망한
이후에도 업무상비밀누설죄의 성립을 인정하고 있다고 설명한다.[41] ② 부정
설[42]은 사자에게는 비밀이익을 확인할 수 없으므로 본죄의 '타인'은 현존함을 요
한다고 주장한다. 해산된 단체의 경우도 사자와 마찬가지의 문제가 있다.[43]

25   이와 관련하여, 본죄의 타인에는 '사자'가 포함되지 않지만 의료인의 비밀누
설의무를 규정한 구 의료법 제19조[44]에서 정한 '다른 사람'에는 생존하는 개인
이외에 '사망한 사람'도 포함된다고 판단한 원심[45](제1심은 본죄 및 의료법위반죄 모

---

39 김성돈, 258; 박상기·전지연, 568; 이정원·류석준, 240; 정영일, 227; 홍영기, §73/4.

40 일본에서는 '사람(人)'에는 사자가 포함되지 않는다는 것이 통설이지만[大塚 外, 大コン(3版)(7),
    368(米澤敏雄)], 의료·법률·종교관계자를 종말기에 이용하는 경우에 사자에 대한 비밀의 보호
    가 보장되지 않는다고 하면 이러한 전문직의 이용이 크게 저해될 것임에 비추어, 사자도 포함되
    어야 한다는 견해[西田 外, 注釋刑法(2), 317(樋口亮介)]도 있다.

41 이정원·류석준, 240.

42 김일수·서보학, 196; 배종대, §56/5; 백형구, 401; 신동운, 815; 정성근·박광민, 258; 진계호·이
    존걸, 275.

43 신동운, 815.

44 구 의료법 제19조(정보 누설 금지) ① 의료인이나 의료기관 종사자는 이 법이나 다른 법령에 특
    별히 규정된 경우 외에는 의료·조산 또는 간호업무나 제17조에 따른 진단서·검안서·증명서 작
    성·교부 업무, 제18조에 따른 처방전 작성·교부 업무, 제21조에 따른 진료기록 열람·사본 교부
    업무, 제22조제2항에 따른 진료기록부등 보존 업무 및 제23조에 따른 전자의무기록 작성·보관·관
    리 업무를 하면서 알게 된 다른 사람의 정보를 누설하거나 발표하지 못한다.
    ② 제58조제2항에 따라 의료기관 인증에 관한 업무에 종사하는 자 또는 종사하였던 자는 그 업무
    를 하면서 알게 된 정보를 다른 사람에게 누설하거나 부당한 목적으로 사용하여서는 아니 된다.

45 서울고판 2018. 1. 30, 2016노3983. 의사인 피고인이 인터넷 커뮤니티 사이트 게시판에 피해자
    의 위장관 유착박리 수술 사실, 피해자의 수술 마취 동의서, 피해자의 수술 부위 장기 사진과 간
    호일지, 2009년경 내장비만으로 지방흡입 수술을 한 사실과 당시 체중, BMI 등 개인 정보를 임
    의로 게시함으로써 본조 제1항에서 금지하고 있는 업무상 비밀누설행위를 하였다는 사안에서,
    특별한 규정 없이 본조 제1항에서 정한 '타인'의 범위를 확대해석하여 이미 사망한 사람까지 포
    함시키는 것은 죄형법정주의에 반하는 것으로서 허용될 수 없는 점, 본조 제1항에 정한 업무상
    비밀누설죄의 보호법익은 '개인의 사생활의 비밀과 평온'으로서, 본죄에 의하여 보호되는 비밀의
    주체는 어디까지나 개인이며, 본죄는 비밀 주체의 의사와 무관하게 국가의 일방적인 소추가 이
    루어지는 것을 막기 위하여 친고죄로 규정되어 있는 점, 본죄의 행위의 객체인 '비밀'로 인식되
    기 위해서는 본인이 비밀로 할 것을 원할 뿐 아니라 객관적으로도 비밀로 할 이익이 있는 것이
    어야 하고, 이는 행위자와 공범자를 제외한 타인에 관한 것이어야 하는데 사망한 사람에게는 그

두 무죄 선고)에 대하여, 대법원은 피고인만이 상고한 의료법위반죄에 대한 원심의 판단을 수긍하였는데,[46] 상고의 대상이 아닌 본죄에서의 '타인'에 '사자'가 포함되는지는 명시적으로 판단하지 않았다.

3. 비밀의 개념

본죄의 객체는 직무처리 중 또는 직무상 지득한 타인의 '비밀'이다. '비밀'은 　26
일반적으로 알려지지 않은 사실 또는 특정인이나 일정한 범위의 사람에게만 알려진 사실로서 이를 다른 사람에게 알리지 않는 것이 본인에게 이익이 있는 것을 의미한다.[47]

비밀은 일반적으로 알려지지 아니한 사실이어야 한다(비공개성). 일반적으로 　27
알려진 공지의 사실은 비밀이 될 수 없다. 공지의 사실은 이를 알지 못하는 사

와 같은 비밀이익을 확인할 수 없으므로, 이 점에서도 사망한 사람은 본죄의 비밀의 주체가 될 수 없는 점, 형사소송법 225조 2항 본문은 "피해자가 사망한 때에는 그 배우자, 직계친족 또는 형제자매는 고소할 수 있다."고 규정하고 있으나, 이 사건과 같이 '비밀의 주체가 이미 사망한 이후에 비밀의 누설행위가 이루어진 경우'에는 위 규정이 적용될 수 없어 결국 고소권자에 관하여는 아무런 근거규정이 없게 된다고 볼 수밖에 없는바, 그러한 규정체계에 비추어 보더라도 본죄에서 비밀의 주체로 정한 '타인'에는 이미 사망한 사람은 포함되지 않는다고 보는 것이 체계적이고도 논리적인 해석인 점, 본조 제1항에 정한 업무상비밀누설죄는 형법 제35장 비밀침해의 죄에 규정되어 있는데, 형법이 제24장 이하에서 개인적 법익에 관한 죄를 규정하고 있는 체계에 비추어 보더라도, 본조 제1항의 업무상비밀누설죄에 의하여 보호되는 법익에 해당 직업 종사자에 대한 사회적 신뢰라는 법익이 포함된다고 보기는 어려운 점, 우리 형법이 독일형법과 같이 사자의 비밀을 누설하는 행위를 별도로 처벌하는 명문의 규정을 두고 있지 않은 점 등을 종합하면, 본죄의 '타인'은 생존하는 사람만을 의미하는 것으로 해석하는 것이 타당하다고 판단하였다.
46 대판 2018. 5. 11, 2018도2844. 「형법상 업무상비밀누설죄가 개인적 법익에 관한 규정인 것과 달리, 구 의료법 제19조가 의료인의 비밀누설을 금지하고 있는 것은 단지 환자 개인의 사생활의 비밀만을 보호하기 위한 것이라고 보기는 어렵고, 의료의 질을 높이고 의료기술을 발전시키는 등 환자에게 최선의 의료서비스를 제공하기 위하여 의료인의 자격을 엄격하게 제한하고 의료인에게 높은 수준의 의무를 부과함으로써 국민의 건강 보호 및 증진이라는 사회적 법익도 보호하기 위한 것이라고 봄이 타당하므로 의료인과 환자 사이에 형성된 신뢰관계와 이에 기초한 의료인의 비밀누설 금지의무는 환자가 사망한 후에도 그 본질적인 내용이 변한다고 볼 수는 없다. 개인의 인격적 이익을 보호할 필요성은 그의 사망으로 없어지는 것이 아니다. 사람의 사망 후에 사적 영역이 무분별하게 폭로되고 그의 생활상이 왜곡된다면 살아있는 동안 인간의 존엄과 가치를 보장하는 것이 무의미해질 수 있다. 사람은 적어도 사망 후에 인격이 중대하게 훼손되거나 자신의 생활상이 심각하게 왜곡되지 않을 것이라고 신뢰하고 그러한 기대 속에서 살 수 있는 경우에만 인간으로서의 존엄과 가치가 실효성 있게 보장되고 있다고 말할 수 있다. 구 의료법 제19조에서 정한 '다른 사람'에는 생존하는 개인 이외에 이미 사망한 사람도 포함된다고 보아야 한다.」
47 대판 2012. 12. 13, 2010도10576; 대판 2012. 1. 12, 2010도2212; 대판 2007. 6. 28, 2006도6389; 대판 2006. 3. 24, 2005도7309.

람에 대해서도 비밀이라고 할 수 없다. 그러나 단순히 소문 정도에 지나지 않는 경우나 세평에 올라 있더라도 아직 공지의 정도에 이르지 아니하면 비밀에 해당한다. 일반적으로 알려져 있지 않는 한 일부의 특정인에게 알려져 있는 사실이라 할지라도 아직 모르는 사람에 대하여는 여전히 비밀이 된다. 비밀의 내용에 관련된 자, 즉 비밀의 주체가 비밀의 존재를 알지 못한 경우도 비밀에 포함된다.[48] 비밀의 대상은 오직 사실이다. 허위의 사실이나 가치판단은 경우에 따라 명예훼손이나 모욕은 될 수 있을지언정 비밀누설의 대상은 될 수 없다.[49]

28   비밀은 이를 다른 사람에게 알리지 않는 것이 본인에게 이익이 되는 것을 말한다(비밀이익). 비밀로 유지하는 것에 이익이 있다 함은 반드시 경제적 이익이 있음을 요하지 않는다. 감추어진 정신적·육체적 결함과 같이 본인 자신은 의식하지 않더라도 이를 다른 사람에게 알리지 않는 것이 본인에게 이익이 되는 한에서는 비밀이 될 수 있다.[50]

29   비밀이익이 인정되려면 비밀누설에 대비하여 법적 보호를 제공해야 할 정도로 비밀로 유지하는 것에 타당하고도 상당한 이유가 있어야 한다. 생활의 평온이 법적으로 보호할 가치가 있는 이상 적법한 사실 이외에 위법한 사실도 비밀이 될 수 있다. 예를 들어, 범죄를 범한 사람이 그 사실을 변호사에게 고백한 경우에 그 범죄사실도 비밀로 보호된다.[51]

4. 비밀의 요건

(1) 학설 및 판례

30   비밀의 요건은, ① '주관적인 비밀유지 의사'와 '객관적인 비밀유지 이익'을 함께 고려해야 한다는 것이 통설(절충설 내지 결합설)이다.[52] 비밀은 개인의 사생활의 영역에 속하므로 개인의 의사를 중점적으로 고려하여야 하지만, 그 비밀의

---

48 신동운, 814; 이재상·장영민·강동범, §14/19; 정성근·박광민, 258.

49 김일수·서보학, 196; 정영일, 227.

50 신동운, 814.

51 신동운, 814-815.

52 김신복, 230; 김성돈, 258; 김성천·김형준, 285; 김신규, 269; 김일수·서보학, 196; 박상기·전지연, 568; 박동률·임상규, 판례중심 형법각론, 204; 배종대, §56/6; 백형구, 401; 손동권·김재윤, §17/18; 신동운, 815; 오영근, 197; 원형식, 136; 이재상·장영민·강동범, §14/21; 이형국, 290; 임웅, 282; 정성근·박광민, 258; 정웅석·최창호, 491; 진계호·이존걸, 275.

범위가 개인의 의사에 따라 부당하게 자의적으로 확대되는 것을 막기 위해 일정한 비밀유지 이익이 있는가를 고려해야 한다는 것이다. 즉, 본인이 비밀로 할 것을 원할 뿐만 아니라 객관적으로도 비밀로 할 이익이 있어야 한다. 이 견해는 본죄의 법정형(3년 이하의 징역이나 금고, 10년 이하의 자격정지 또는 700만 원 이하의 벌금)이 사실적시 명예훼손죄의 법정형(2년 이하의 징역이나 금고 또는 500만 원 이하의 벌금)보다 무겁게 규정되어 있다는 점, 사람마다 비밀이기를 바라는 정도가 다양하기 때문에 오히려 객관적 표준이 필요하다는 점, 타인에게 알려지지 않는 데 대하여 객관적으로 상당한 이익이 없는 한 비밀로 보호할 가치가 없고 본인의 자의적 비밀유지 의사는 비밀유지 이익에 의해 제한되어야 한다는 점 등을 고려하면 절충설이 타당하다고 주장한다.[53]

　　이에 대하여, ② 주관설[54]은 본인이 비밀로 하기를 원하는 사실은 모두 비밀이 된다는 것이다. 주관설을 취하는 입장에서는 본죄가 어디까지나 개인의 사생활의 평온을 침해하는 죄로서 반드시 어떤 구체적인 이익을 전제로 하지 않는다고 본다. 나아가 사람마다 비밀로 보호되기를 바라는 정도가 다양하기 때문에 비밀의 객관적 표준을 세우기가 어렵다고 주장한다.[55] 또한, 주관설에 의하면 선행과 같이 객관적으로 비밀이라고 할 수 없는 것도 본인이 공개되지 않기를 원하면 비밀이 되어 비밀의 개념이 너무 넓어진다.[56] 　　31

　　③ 객관설[57]은 일반인이 객관적으로 비밀로 삼을 만하다고 생각하는 사실이어야 비밀에 해당한다고 보는 견해이다. 객관설에 의해도 본인이 비밀로 보호하기를 원하지 않는 사실도 비밀이라고 하게 되어 역시 비밀의 개념이 너무 확대된다.[58] 　　32

　　④ 확장적 절충설은 본인이 주관적으로 비밀로 삼고자 하는 것과 객관적으로 일반인들이 비밀로 삼을 만하다고 생각하는 것을 모두 비밀로 보아야 한다는 견해이다.[59] 　　33

---

53 김성돈, 258; 신동운, 815.
54 이건호, 형법학개론, 515.
55 신동운, 815.
56 오영근, 197.
57 남흥우, 형법강의(각론), 104-105.
58 오영근, 197.
59 신동운, 815.

34   공무상비밀누설죄, 산업재해보상보험법위반죄 등과 관련한 사례에서 판례
도 비밀주체의 주관적 이익 이외에 실질적으로 그것을 비밀로서 보호할 가치가
있다고 인정할 수 있는 것이어야 한다고 판시하고 있다(위 ①의 입장).[60] 즉 판례
는 경찰관인 피고인이 국회의원의 비서관으로부터 제보를 받아 A 시장의 정치
자금법위반 혐의에 관하여 수사하면서 형사사법정보시스템에서 출력한 검사의
수사지휘서를 국회의원의 비서관에게 교부하고 수사진행상황을 설명한 사안에
서, "수사지휘서와 수사상황 설명을 공무상비밀로 인정하면서 '법령에 의한 직
무상 비밀'이란 반드시 법령에서 비밀로 규정되었거나 비밀로 분류 명시된 사항
에 한정되지 않고, 정치·군사·외교·경제·사회적 필요에 따라 비밀로 된 사항
은 물론 정부나 공무소 또는 국민이 객관적, 일반적인 입장에서 외부에 알려지
지 않는 것에 상당한 이익이 있는 사항도 포함하나, 실질적으로 그것을 비밀로
서 보호할 가치가 있다고 인정할 수 있는 것이어야 한다."고 판단하였다.[61]

(2) 비밀유지 의사와 이익

35   '주관적 비밀유지 의사'는 피해자로서의 비밀주체가 자신과 관련된 어떤 사
실을 비밀로 하기를 원하거나 요구하는 주관적 의사이다. 비밀유지 의사는 명시
적으로 표시될 필요는 없고 현존하기만 하면 충분하다. 이러한 의사는 보통 비
밀로 해야 할 사실의 자연적 성질로부터 추론된다. 즉, 비밀주체의 전력과 관련
하여 부담이 될 만한 사정이나 건강악화, 사업상의 실패, 남의 얘깃거리가 될
만한 가정의 불상사 등이면 비밀주체의 비밀유지의사는 현존하는 것으로 본
다.[62] 비밀유지 의사가 필요하다고 하여 반드시 본인이 비밀을 인식할 것을 요

---

60 대판 2015. 7. 9, 2013도13070. 「산업재해보상보험법 제21조는 "근로복지공단의 임직원이나 그
   직에 있었던 자는 그 직무상 알게 된 비밀을 누설하여서는 아니된다."고 규정하고, 제127조 제3
   항은 위 조항을 위반하여 비밀을 누설한 자를 처벌하도록 규정하고 있다. 위 규정들은 비밀의
   누설에 의하여 위협받는 근로복지공단의 기능을 보호하기 위한 것이므로, 여기에서 '직무상 알
   게 된 비밀'은 근로복지공단의 목적 달성을 위하여 실질적으로 그것을 비밀로서 보호할 가치가
   있는 것이어야 하고, 단순히 공단이 보유한 자료가 법령이나 근로복지공단의 내규에서 정한 절
   차를 밟지 않고 부적정한 방법으로 외부에 유출된 사실이 알려짐으로써 근로복지공단의 공신력
   이 저하될 우려가 있다는 사정만으로 근로복지공단의 기능이 위협을 받게 된다고는 볼 수 없다.」
      대판 1996. 5. 10, 95도780; 대판 2003. 6. 13, 2001도1343; 대판 2003. 12. 26, 2002도7339도
   같은 취지이다.
61 대판 2018. 2. 13, 2014도11441.
62 김일수·서보학, 196; 정영일, 227.

하는 것도 아니다. 본인이 비밀을 모른 때에는 그의 추정적 의사가 문제된다.[63] 이러한 비밀유지 의사는 미성년자나 정신이상자들도 가질 수 있다.

'객관적 비밀유지 이익'은 어떤 사실의 비밀유지에 관해 개인이 자신의 입　　**36** 장에서 갖고 있는 어떤 합리적 이익을 말한다. 여기서는 어떤 사실이 사생활의 비밀로서 내용적인 적성을 갖고 있느냐는 '비밀적격성'과, 그것을 피해자 본인의 비밀로서 보호해 주어야 할 필요성이 있느냐는 '비밀필요성'이 판단기준이 된다.[64] 반드시 공공의 이익으로 승인되거나 경제적으로 가치 있는 이익이어야만 비밀적격성을 갖는 것은 아니다. 공적 생활에 관한 비밀도 개인의 비밀에 관련된 것인 한 비밀적격성을 갖는다. 사소한 비밀은 비밀필요성이 없으므로 비밀유지 이익이 부인된다.[65] 다만, 여기서의 객관적 비밀유지 이익이란 본인의 비밀유지의 의사가 언제나 합리적이고 법률상 정당할 것을 요구하는 것은 아니다. 소극적으로 그의 자의에 대한 한계로서의 기능을 가질 뿐이다.[66]

5. 비밀의 내용

본죄의 비밀은 본인의 신상이나 가족관계, 직업, 과거행적, 현재의 생활관　　**37** 계 등 개인적 사정과 관련되는 사실이어야 한다. 기업비밀이나 영업비밀은 개인의 사생활에 관한 것이 아니므로 본죄의 비밀에 해당하지 않는다.[67] 기업의 임원 또는 직원으로서 그 기업에 유용한 기술상의 영업비밀을 정당한 이유 없이 제3자에게 누설한 자는 부정경쟁방지법에 의하여 처벌된다(§18).[68]

본죄의 비밀은 본죄의 주체에게 직무취급을 위탁한 본인에 대한 것이어야　　**38** 한다. 직무과정에서 본인 이외의 자에 대한 비밀을 알았다고 하여도 그 비밀은 본조에 의하여 누설이 금지되는 타인의 비밀이 아니다. 예를 들어, 의사가 식중독환자를 치료하는 과정에서 어느 식당의 도시락이 식중독의 원인이라는 사실을 알거나, 변호사가 사실조사결과 의뢰인의 상대방이 사기꾼이라는 사실을 알

---

63 이재상·장영민·강동범, §14/21.
64 김일수·서보학, 196; 정영일, 227.
65 김일수·서보학, 196.
66 이재상·장영민·강동범, §14/21.
67 박상기·전지연, 568은 비밀은 개인에 관한 것뿐만이 아니라 기업비밀이나 단체의 비밀, 거래상의 비밀 등을 모두 포함한다고 한다.
68 주석형법 〔각칙(5)〕(5판), 130(이우철).

고 이를 누설하였다고 하더라도 본죄에 해당하지 아니한다.[69]

39   본죄의 비밀에 공적 생활의 비밀도 포함되는지 여부에 대하여 견해의 대립이 있다. 개인의 비밀인 이상 그 내용은 문제되지 않고 사생활은 물론 공적 생활에 관한 비밀도 포함된다는 견해[70]가 있다. 이에 대하여 본죄의 보호법익이 사생활의 비밀이라는 점, 본죄의 주체가 의사 등 타인의 사생활의 비밀과 접촉하기 쉬운 직무에 종사하는 사람으로 한정되어 있는 점, 본죄의 객체가 직무처리 중 지득한 비밀로 한정되는 점 등을 근거로 공적 생활의 비밀은 포함되지 않는다는 반대 견해도 있다. 그러나 반대 견해에서도 사생활의 비밀과 공적 생활의 비밀의 한계가 반드시 명확하지 않기 때문에, 전적으로 공적 생활의 비밀은 제외되지만 공적 생활의 비밀이 동시에 사생활에도 관련되는 경우에는 본죄의 비밀에 해당한다고 본다.[71]

Ⅳ. 행위 및 기수시기

1. 행 위

40   본죄의 행위는 지득한 타인의 비밀을 누설하는 것이다. '누설'은 비밀에 속하는 사실을 아직 알지 못하는 제3자에게 이를 알려주는 일체의 행위를 말한다.[72] 본인에게 고하는 것은 누설이 아니다.

41   개인정보보호법위반 사건과 관련하여 하급심은 감사 업무를 담당하는 상급기관의 목사인 피고인이 헌금 횡령 의혹이 있는 목사인 피해자를 감사하면서 피해자의 성명, 직책, 계좌번호 등이 기재된 보고서를 작성하여 피해자가 목사로 있는 교회의 재무 장로에게 전달한 사안에서, 재무 장로는 피해자의 성명, 직책, 계좌번호 등을 이미 알고 있었다고 보이므로 감사보고서를 재무 장로에게 전달한 행위를 '누설'에 해당한다고 보기 어렵다고 판시하였다.[73]

---

69 大塚 外, 大コン(3版)(7), 368(米澤敏雄).
70 김성돈, 258; 배종대, § 56/5; 손동권·김재윤, § 17/18; 이재상·장영민·강동범, § 14/20; 정성근·박광민, 258.
71 大塚 外, 大コン(3版)(7), 369(米澤敏雄).
72 대판 2015. 7. 9, 2013도13070.
73 대구지판 2017. 4. 7. 2016노4637.

'제3자'가 비밀유지의무를 지는 자라고 하더라도 누설이 된다. 제3자의 범위 **42**
에는 부모형제, 배우자, 자녀도 비밀로 하여야 하는 경우에는 포함된다고 보아야
한다.[74] 다만, 비밀주체의 의사에 비추어 비밀을 알아도 좋을 범위의 사람은 여
기서 말하는 제3자가 될 수 없다. 예를 들어, 치료를 의뢰한 환자의 의사에 비추
어 볼 때 환자의 비밀을 안 의사가 치료상 필요에 의해 간호사에게 사실을 고지
한 경우나 변호사에게 소송을 의뢰한 의뢰인의 의사에 비추어 볼 때 소송 관련
비밀을 알게 된 변호사가 소송 수행상 필요에 의해 자신의 사무장이나 직원에게
사실을 고지했더라도 누설이 되지 않는다.[75] 판례는 병원에서 분실된 진료기록
의 일부를 당사자가 법원에 증거로 제출하는 것은 누설이 아니라고 한다.[76]

상대방이 본인 이외의 다른 사람인 한, 1인인지 다수인지는 묻지 않는다.[77] **43**
다만, 공연히 비밀을 누설하여 사람의 명예를 훼손한 때에는 본죄와 명예훼손죄
의 상상적 경합이 된다.[78] 이미 비밀을 알고 있는 사람에게 알려주는 것은 누설
이 아니다. 비밀침해의 새로운 위험이 발생하지 않기 때문이다.[79]

누설의 방법에는 제한이 없다. 구두의 고지, 서면에 의한 통지, 서류를 열 **44**
람시키는 등 모든 방법이 가능하다. 부작위에 의한 누설도 가능하다. 타인의 비
밀사항이 기재된 서류를 방치하여 제3자(예: 기자)가 열람하도록 한 경우가 이에
해당한다.[80] 간접정범의 형태에 의한 누설도 가능하다.[81] 남에게 알리지 않을
것을 조건으로 고지했어도 누설이 된다.[82]

누설은 어느 누구에게 속하는 비밀이라는 점이 알려질 수 있을 정도로 구 **45**
체적인 고지를 필요로 한다. 막연한 표현이나 익명의 표현은 본죄의 누설에 해
당되지 않는다. 즉, 행위자가 학술논문을 쓰면서 직무처리상 지득한 타인의 비

---

74 박상기·전지연, 569.
75 김일수·서보학, 197. 정영일, 228은 이런 경우에는 본죄의 구성요건해당성이 조각된다고 한다.
76 대판 1992. 5. 22, 91다39320. 원고들을 처음 진료한 병원에서 보관 중 분실된 의무기록일지의
   일부인 '방사선과 보고서'를 당사자가 법원에 증거로 제출하는 것이 본죄에 해당된다고 볼 수 없
   다고 판단하였다.
77 김성돈, 258; 배종대, §56/8; 신동운, 816; 정성근·박광민, 259.
78 배종대, §56/8; 신동운, 816; 이재상·장영민·강동범, §14/23; 정성근·박광민, 259.
79 신동운, 816; 정영일, 228.
80 이재상·장영민·강동범, §14/23; 정성근·박광민, 259; 대판 2008. 4. 24, 2006도8644.
81 오영근, 198.
82 김일수·서보학, 197.

밀에 속하는 사례를 다루더라도 피해자를 익명으로 표현했다면 비밀누설이라고
할 수 없다.[83] 하지만 익명의 표현이라도 일반인이 별 어려움 없이 누구를 지칭
하는 것인지 알 수 있는 경우에는 본죄의 누설에 해당된다고 봄이 타당하다.[84]

2. 기수시기

46   본죄의 기수시기에 대하여는 견해의 대립이 있다. ① 구체적 위험범설[85]은
누설행위에 의해 비밀이 상대방인 제3자에게 도달한 때에 기수가 된다고 한다.
이 견해는 상대방이 그 내용을 인식할 가능성만 있으면 비록 현실적으로 비밀
이 침해되지 않았더라도 구체적인 위험성은 존재한다고 본다. 따라서 비밀의 현
실적인 인식이 있을 것을 요하지 않는다. ② 추상적 위험범설[86]은 비밀을 누설
한 때에 기수가 되고 내용이 상대방에게 도달되거나 고지된 내용을 인식하였음
을 요하지 않는다고 한다. 추상적 위험범설을 취하면서도, ⓐ 상대방이 내용을
현실적으로 인식하였을 것을 필요로 하지 않으므로 비밀이 상대방에게 도달하
면 기수가 된다는 견해(통설)[87]가 있고, ⓑ 상대방이 비밀의 내용을 인식해야 누
설이 기수에 이른다고 하는 견해[88]가 있다. 후자는 비밀을 누설하는 편지를 발
송하거나 상대방에게 도달한 단계에서는 본죄의 기수가 될 수 없고, 상대방이
내용을 인식한 단계에서야 누설이 기수에 이르게 되며, 다만 비밀의 내용을 인
식하면 충분하고 그 의미를 이해할 필요까지는 없다고 한다.

47   본죄의 미수범은 처벌하지 않는다.

V. 고 의

48   본죄의 고의는 행위자가 직무수행자로서의 신분이 있다는 것을 인식하고 직
무처리 중 또는 직무상 지득한 비밀을 누설한다는 것을 인식·인용하는 것이다.

83 김일수·서보학, 197.
84 정영일, 228.
85 김일수·서보학, 197-198; 백형구, 402; 손동권·김재윤, §17/21; 원혜욱, 형법각론, 168.
86 김성돈, 258; 임웅, 283; 정성근·박광민, 259.
87 박상기·전지연, 569; 이재상·장영민·강동범, §14/23; 이정원·류석준, 241; 이형국, 290; 정영
   일, 228; 정웅석·최창호, 492; 진계호·이존걸, 276.
88 오영근, 198; 이형국·김혜경, 291.

행위자가 자신에게 직무수행자로서의 신분이 없다고 오인하였다면 이는 구 49
성요건적 착오로서 고의가 조각된다.

행위자가 직무처리 중 또는 직무상 지득한 비밀을 직무처리 중 또는 직무 50
상 지득한 비밀이 아니라고 오인하여 누설한 경우나 행위자가 지득한 사실이
비밀임에도 비밀이 아니라고 오인하여 누설한 경우에는 과실범이 되지만, 본죄
는 과실범에 대한 처벌규정이 없으므로 불가벌이다.[89]

행위자가 스스로 본죄의 신분에 해당한다고 착오를 일으킨 경우에는 불능 51
미수(§27)가 될 것이나, 본죄는 미수범을 처벌하지 않고 있으므로 불가벌이다.[90]
행위자가 누설의 상대방이 아직 비밀을 알지 못하고 있다고 오인하여 타인의
비밀을 알려주었는데 상대방이 이미 그 비밀을 알고 있었다면 역시 불능미수가
될 것이다. 행위자가 업무상 지득한 비밀이라고 생각하고 누설하였으나 업무상
지득한 비밀이 아닌 경우에도 마찬가지이다.[91]

행위자가 자기에게 비밀유지의무가 있음을 알지 못하거나 비밀을 누설할 52
권리가 있다고 믿고 누설한 경우에는, 법률의 착오로서 그 오인에 정당한 이유
가 있는 때에 한하여 본죄가 성립하지 않게 될 것이다(§16).

VI. 위법성

1. 피해자의 승낙

비밀의 주체인 본인의 승낙이 있는 경우에는 구성요건해당성이 조각된다는 53
견해[92]와 위법성이 조각된다는 견해[93]가 대립한다. 다수설은 비밀의 주체가 비

---

89 오영근, 198은 A가 결핵에 걸려 있지만 그것이 비밀이 아니라고 생각한 경우와 같이 비밀의 내
　용은 인식하였으나 비밀이 아니라고 오인한 경우에는 법률의 착오가 문제될 것이라고 한다.
90 박상기·전지연, 569.
91 주석형법 〔각칙(5)〕(5판), 133(이우철).
92 김선복, 231; 김성천·김형준, 288; 김신규, 270; 박동률·임상규, 204; 손동권·김재윤, §17/23
　(비밀의 누설행위는 상대방의 의사에 반하는 경우를 개념내용으로 포섭하기 때문이다); 신동운,
　818; 오영근, 199; 원혜욱, 169; 이재상·장영민·강동범, §14/25; 이정원·류석준, 242; 이형국,
　291; 임웅, 283; 정성근·박광민, 259; 정웅석·최창호, 492; 진계호·이존걸, 277; 최호진, 311.
93 김성돈, 259; 배종대, §56/10(피해자승낙이론에서 양해개념을 인정할 필요가 없다는 것이 일관
　된 생각이다); 백형구, 403(비밀의 누설이 본인의 의사에 반한다는 것은 본죄의 구성요건이 아니
　므로 본인의 승낙이 있는 경우에도 비밀누설죄의 구성요건에는 해당한다); 유기천, 156(비밀은

밀의 고지에 대해 승낙을 함으로써 주관적인 비밀이익을 포기하여 비밀성이 사라지기 때문에 처음부터 구성요건해당성이 없는 양해가 된다고 한다. 이에 대하여 소수설은 개인의 비밀뿐만 아니라 부차적으로 일정한 직무수행자의 비밀유지의무에 대한 일반인의 신뢰도 본죄의 보호법익으로 인정하는 한 피해자의 동의로 인해 불법이 모두 제거되는 것은 아니기 때문에 피해자의 동의가 있는 경우에는 위법성이 조각되는 것으로 해석해야 한다고 주장한다.

54   피해자의 승낙의 예로는, 의사가 의료보험조합에 진료비 청구를 위하여 환자의 질병에 대한 정보를 제공하는 경우를 생각할 수 있다. 다만 이 경우에도 이익교량의 원칙이 존중되어야 하며, 비밀침해가 필요최소한의 범위 내에 그쳐야 할 것이다.[94]

2. 정당행위

55   법령에 의하여 비밀의 고지가 의무로 되어 있는 때에는 정당행위로서 위법성이 조각된다. 예를 들어, 의사 등은 감염병의 예방 및 관리에 관한 법률 제11조에 의하여 전염병환자를, 결핵예방법 8조에 의하여 결핵환자를, 후천성면역결핍증예방법 제5조에 의하여 감염인을 관할 보건소장에게 신고할 의무가 있다. 국가보안법 제10조에 따른 범죄고지도 이에 해당한다.[95] 의사 등이 형사소송법 제149조[96] 단서 후단에 따라 중대한 공익상의 필요가 있어 증언하면서 비밀을 누설한 행위 등은 법령에 의한 행위로 위법성이 조각된다.[97]

56   변호사가 소송수행을 위해 업무상 지득한 타인의 비밀을 누설하는 경우에 그 행위의 위법성이 조각될 것인지가 문제된다. 이 문제는 본죄를 내세워 변호사가 소송에서 진실을 밝히지 않는 경우에 형사처벌의 대상이 될 것인가 하는 형태로도 제기된다. 예를 들어, 변호인이 피고인을 위하여 변호하는 과정에서 피고

일종의 포기할 수 있는 법익으로서 이런 때에는 위법성이 조각된다고 생각된다).

94 주석형법 〔각칙(5)〕(5판), 136(이우철).

95 김일수·서보학, 198.

96 형사소송법 제149조(업무상비밀과 증언거부) 변호사, 변리사, 공증인, 공인회계사, 세무사, 대서업자, 의사, 한의사, 치과의사, 약사, 약종상, 조산사, 간호사, 종교의 직에 있는 자 또는 이러한 직에 있던 자가 그 업무상 위탁을 받은 관계로 알게 된 사실로서 타인의 비밀에 관한 것은 증언을 거부할 수 있다. 단, 본인의 승낙이 있거나 중대한 공익상 필요있는 때에는 예외로 한다.

97 김일수·서보학, 198; 오영근, 199.

인이 진범이 아니라 진범을 위하여 피고인이 범인인 것처럼 허위자백하여 재판
받고 있음을 알게 된 경우에 이를 재판부에 알리는 행위가 본죄를 구성할 것인
지 문제된다. 역으로 변호인이 본죄를 내세워 피고인의 허위자백을 재판부에 알
리지 않는 행위가 진범을 위한 범인은닉죄(§ 151①)에 해당할 것인지 문제된다.

　　형사변호인의 기본적인 임무가 피고인 또는 피의자를 보호하고 그의 이익　57
을 대변하는 것이라고 하더라도, 그러한 이익은 법적으로 보호받을 가치가 있는
정당한 이익으로 제한된다.[98] 따라서 변호인이 피고인의 허위자백을 재판부에
알리는 행위는 정당한 변호행위로서 위법성이 조각된다.[99]

　　그러나 변호인이 피고인의 허위자백을 유지하는 행위는 위법성이 조각되지　58
않는다. 변호인의 비밀유지의무는 변호인이 직무처리 중 지득한 비밀을 다른 곳
에 누설하지 않을 소극적 의무를 말하는 것일 뿐이다. 진범을 은폐하는 허위자
백을 피고인으로 하여금 적극적으로 유지하게 하는 행위는 변호인의 비밀유지
의무에 의하여 정당화될 수 없으므로 범인은닉죄가 성립한다.[100]

　　이혼소송을 담당하고 있는 변호사가 상대방의 생리적 결함을 법정에서 공　59
개하는 것도 업무로 인한 행위로서 위법성이 조각된다.[101]

　　민법 제913조에 의한 친권의 행사로서 부모가 의사 등에게 자녀의 비밀을　60
물은 경우 이에 응해 당해 부모에게 그 자녀의 비밀을 고지하더라도 자녀의 보

98 대판 2012. 8. 30, 2012도6027. 甲이 수사기관 및 법원에 출석하여 乙 등의 사기 범행을 자신이
　저질렀다는 취지로 허위자백하였는데, 그 후 甲의 사기 피고사건 변호인으로 선임된 피고인이
　甲과 공모하여 진범 乙 등을 은폐하는 허위자백을 유지하게 함으로써 범인을 도피하게 하였다는
　내용으로 기소된 사안에서, 피고인이 변호인으로서 단순히 甲의 이익을 위한 적절한 변론과 그
　에 필요한 활동을 하는 데 그치지 아니하고, 甲과 乙 사이에 부정한 거래가 진행 중이며 甲 피
　고사건의 수임과 변론이 거래의 향배와 불가결한 관련이 있을 것임을 분명히 인식하고도 乙에게
　서 甲 피고사건을 수임하고, 그들의 합의가 성사되도록 도왔으며, 스스로 합의금의 일부를 예치
　하는 방안까지 용인하고 합의서를 작성하는 등으로 甲과 乙의 거래관계에 깊숙이 관여한 행위를
　정당한 변론권의 범위 내에 속한다고 평가할 수 없고, 나아가 변호인의 비밀유지의무는 변호인
　이 업무상 알게 된 비밀을 다른 곳에 누설하지 않을 소극적 의무를 말하는 것일 뿐 진범을 은폐
　하는 허위자백을 적극적으로 유지하게 한 행위가 변호인의 비밀유지의무에 의하여 정당화될 수
　없다고 하면서, 한편으로 피고인의 행위는 정범인 甲에게 결의를 강화하게 한 방조행위로 평가
　될 수 있다는 이유로 범인도피방조죄를 인정하였다.
99 신동운, 818.
100 신동운, 818.
101 김성돈, 259; 김일수·서보학, 198; 이재상·장영민·강동범, § 14/26; 정성근·박광민, 259; 이에
　대하여 오영근, 199는 이 경우는 긴급피난에 해당하다고 설명한다.

호, 교양상 필요하다고 인정되는 범위에서는 허용될 수 있다.[102]

61   일본 판례 중에는 의사가 필요한 치료 또는 검사의 과정에서 채취한 환자의 소변으로부터 위법한 약물의 성분이 검출된 경우 이를 수사기관에 통보하는 것은 정당행위로서 허용되는 것이므로 의사의 비밀유지의무에 위반하지 않는다고 판단한 사례가 있다.[103]

3. 긴급피난

62   타인의 생명, 신체 또는 자유에 대한 위난을 피하기 위해 피해자의 비밀을 누설한 경우는 긴급피난에 해당될 수 있다. 환자의 성병·에이즈 감염사실을 알게 된 의사가 환자의 애인이나 약혼자 또는 배우자에게 그 사실을 고지한 경우,[104] 자신이 진료한 적이 있는 여자환자와 결혼하려는 아들을 저지하기 위해서 난치의 질환을 알린 경우,[105] 운전사의 간질병을 치료하고 사고를 피하기 위하여 관계관청에 신고한 경우[106]가 그 예이다.

4. 증언거부권자의 증언

63   변호사 등 본죄의 주체는 소송법상(민소 §315, 형소 §149) 일반적으로 업무상 알게 된 타인의 비밀에 대한 증언거부권을 가진다. 그럼에도 불구하고 이들이 증언거부권을 행사하지 아니하고 증언하여 타인의 비밀을 누설한 경우 위법성이 조각되는가에 대하여는 견해가 대립되고 있다.

64   ① 통설은 위법성이 조각된다고 한다. 다만, 이에 대해서도 견해가 나뉘어 있다. 우선, ⓐ 법질서가 국민에게 서로 모순되는 의무를 과할 수 없는 이상 증언거부권을 행사하지 아니하면 증언의무가 있으므로 이 때에는 비밀을 지킬 의무로부터 벗어나서 위법성이 조각된다고 보는 견해[107]가 있다. 이 견해는 의사,

---

102 最決 平成 17(2005). 7. 19. 刑集 59·6·600(치료 중에 필로폰 사용이 판명된 경우에 환자의 동의 없이 경찰에 통보한 것이 적법하다고 한 사례).

103 最決 平成 7(1995). 7. 19. 刑集 59·6·600.

104 손동권·김재윤, §17/23; 정영일, 228. 독일의 하급심 판례 가운데에는, 그와 같은 경우가 긴급피난(§34)으로서 정당화된다고 본 것이 있다(OLG Frankfurt, 08.07.1999 - 8 U 67/99).

105 임웅, 283.

106 이재상·장영민·강동범, §14/26.

107 김선복, 231-232; 김성돈, 259; 박찬걸, 280-281; 배종대, §56/11(형사소송법 제149조가 '증언을

변호인 등의 증언거부권은 권리일 뿐 의무는 아니고, 모든 국민은 국가의 사법 작용이 적정하게 이루어지도록 협조하여야 할 의무를 지고 있으므로 실체진실 발견에 대한 협조의무는 비밀보호의무보다 우선한다고 주장한다.

이에 대하여, ⓑ 증언거부권의 포기로 인한 본죄의 성립 여부는 공익과 사   65
익의 비교형량을 통하여 긴급피난 등으로 위법성이 조각된다고 하는 견해[108]가
있다. 이 견해는 비교형량되는 이익은 실체진실 발견이라는 소송법상의 이익과
개인의 비밀보호라는 이익인데, 형사소송법 제149조 단서가 중대한 공익상의
필요가 있는 경우에는 증언거부권을 인정하지 않는 것은 개인의 비밀보다 중대
한 공익을 보호한다는 이익형량이 반영된 것이라고 할 수 있으므로 이러한 이
익형량의 원리는 증언거부권을 포기하고 증언한 경우에도 그대로 적용되어야
하지만, 매우 경미한 사건에서 개인에게 중대한 비밀을 폭로하는 행위는 허용되
지 않는다고 보아야 한다고 주장한다.[109]

이에 반하여, ② 증언거부권을 인정하여 묵비의무를 보장하고 있는 이상   66
그 요건이 존재함에도 불구하고 자의로 증언한 때는 본죄의 성립을 인정해야
한다는 견해[110]가 있다. 이 견해는 소송법상 증언거부권의 취지는 타인과 특별
한 신뢰관계에 있는 자는 비밀주체의 이익을 위해 그 비밀을 털어 놓지 않아도
좋다는 데 있고, 이 경우 묵비의무를 증언의무보다 우위에 둔 것이 법질서의 기
본골격이고 이 한도에서 국법질서 간의 모순은 발견되지 않으며, 묵비의무를 진
본죄의 주체가 임의로 증언거부권을 포기하고 묵비의무를 위반하여 타인의 비
밀에 속한 사실을 진술했다면, 그것이 단지 소송절차에서 이루어졌다는 이유만

거부할 수 있다'는 임의규정으로 그 결정을 증인에게 맡겨 놓고 있는 이상 증언거부권을 행사하
지 않은 증인의 결정도 존중되어야 하고 이것에 관한 처벌은 모순이다); 백형구, 403-404; 손동
권·김재윤, §17/24; 원형식, 136; 원혜욱, 169; 이재상·장영민·강동범, §14/27; 정성근·박광
민, 260; 정웅석·최창호, 493; 진계호·이존걸, 277.
108 김성천·김형준, 287-288; 박동률·임상규, 204-205(본 견해를 이익형량설이라고 한다); 박상기·전
지연, 570; 오영근, 199-200(무조건 위법성이 조각되는 것이 아니라 이익형량이라는 일정한 조건
하에 긴급피난 혹은 사회상규에 위배되지 않는 행위로 위법성이 조각된다고 해야 한다); 유기천,
156-157; 이형국·김혜경, 292(비교형량하여 공익이 보다 중할 경우에만 법령에 의한 행위로서
위법성이 조각된다); 임웅, 283-284.
109 김신규, 271은 일종의 의무의 충돌로서 위법성이 조각된다고 한다.
110 김일수·서보학, 198. 이형국, 291(증언거절권을 포기해야 할 만한 공익상의 중대한 이유가 존재
하지 아니하는 한 이를 포기하고 증언을 통하여 타인의 비밀을 침해하는 행위는 위법을 면할 수
없다고 봄이 타당하다).

으로 정당화될 수는 없다고 주장한다.[111]

67   변호사 등 직무수행자가 민사소송에서 보수를 청구하기 위하여 의뢰인의 비밀을 진술하는 경우, 형사절차에서 자신의 무죄를 입증하기 위하여 의뢰인의 비밀을 진술하는 경우, 의사가 간질병 환자의 운전을 금하기 위하여 그의 병력을 환자의 친족에게 알리는 경우 등은 소위 의무의 충돌에 해당하는 예이다. 이러한 경우에는 각각 업무로 인한 행위(§ 20), 정당방위(§ 21), 긴급피난(§ 22) 등에 의하여 위법성이 조각될 여지가 있지만, 언제나 이익교량의 원칙을 특별히 고려하여야 한다.[112]

Ⅶ. 다른 죄와의 관계

1. 명예훼손죄와의 관계

68   본죄의 주체가 직무처리 중 또는 직무상 알게 된 타인의 비밀을 공연하게 누설하여 타인의 명예를 훼손한 경우에는 본죄와 명예훼손죄의 상상적 경합이 된다.[113]

69   하급심은 변호사가 인터넷 개인 블로그에 피해자로부터 의뢰받은 형사고소 사건과 관련하여 피해자의 성명, 학력, 경제상황, 사건 개요 등이 기재된 성폭력 피해자 법률구조신청서와 피해자의 성명, 고소한 범죄사실, 수사경과 및 처분 내용 등이 기재된 불기소이유통지서를 게재한 사안에서 본죄와 명예훼손죄의 상상적 경합을 인정하였다.[114]

2. 특별법위반의 죄와의 관계

70   의사, 한의사, 치과의사, 조산사가 그 직무처리 중 지득한 타인의 비밀을 누설한 때에는 특별법인 의료법 제88조, 제19조가 본조 제1항보다 우선 적용되는

---

111 이재상·장영민·강동범, § 14/27은 이 견해가 독일의 통설의 태도라고 한다.
112 주석형법 〔각칙(5)〕(5판), 135-136(이우철). 일본 판례도 같은 입장이다〔大判 昭和 5(1930). 2. 7. 刑集 9·51〕.
113 정영일, 229.
114 서울중앙지판 2015. 5. 7, 2015고약7807.

지 여부에 대하여 특별히 논의된 바는 없으나, 최근 의사가 치료를 받던 사자의 비밀을 누설한 행위에 대하여 검사가 형법상 본죄와 의료법위반죄의 상상적 경합으로 기소한 사안에 대하여, 대법원이 본조 제1항의 타인에는 사자가 포함되지 않으므로 그 성립을 부정하고, 의료법 제88조, 제19조만을 인정한 원심을 확정한 바 있다.[115]

Ⅷ. 처 벌

3년 이하의 징역이나 금고, 10년 이하의 자격정지 또는 700만원 이하의 벌   71
금에 처한다.

〔조 재 빈〕

---

[115] 대판 2018. 5. 11, 2018도2844. 원심은 두 죄의 관계가 상상적 경합관계라고 보았다(서울고판 2018. 1. 30, 2016노3983).

제318조(고소)
본장의 죄는 고소가 있어야 공소를 제기할 수 있다. 〈개정 1995. 12. 29.〉

Ⅰ. 취 지 ································ 486   1. 비밀침해죄의 경우 ···················· 486
Ⅱ. 고소권자 ···························· 486   2. 업무상비밀누설죄의 경우 ············ 488

Ⅰ. 취 지

1   형법은 비밀침해죄(§316)와 업무상비밀누설죄(§317)가 개인적 법익 가운데 비교적 경미한 법익을 침해하는 범죄이고, 국가의 일방적인 소추의 결과로 비밀이 공개되어 오히려 피해자에게 불이익을 초래할 수도 있다는 점을 고려하여 이를 친고죄로 규정하고 있다.[1] 친고죄에 있어서 고소권자는 원칙적으로 범죄로 인한 피해자이다(형소 §223). 피해자의 법정대리인은 독립하여 고소할 수 있고(형소 §225조①), 피해자가 사망한 때에는 그 배우자, 직계친족 또는 형제자매가 고소할 수 있다. 다만, 이 경우 피해자의 명시한 의사에 반하지 못한다(형소 §225②).

2   친고죄에는 고소불가분의 원칙이 적용된다(형소 §233). 따라서 위 죄의 공범 중 그 1인 또는 수인에 대한 고소 또는 그 취소는 다른 공범자에 대하여 효력이 있다.

Ⅱ. 고소권자

1. 비밀침해죄의 경우

3   비밀침해죄의 경우에 고소권자는 원칙적으로 편지, 문서, 도화, 전자기록등

---

[1] 김일수·서보학, 새로쓴 형법각론(9판), 194; 신동운, 형법각론(2판), 803. 일본형법 제135조도 신서개봉죄(§133)와 비밀누설죄(§134)를 친고죄로 규정하고 있는데, 그 취지는 마찬가지라고 한다[大塚 外, 大コン(3版)(7), 379(米澤敏雄)].

특수매체기록에 대한 처분권을 가지는 피해자가 된다. 그런데 편지를 객체로 하는 비밀침해죄의 경우에 고소권자의 범위에 견해의 대립이 있다.

① 통설은 편지의 비밀은 발신인과 수신인이 공유하기 때문에 발신 또는 4 도착 전후를 묻지 않고 양자가 모두 고소권을 가진다고 한다.[2] 이 견해는 제 316조는 구성요건의 내용상 개인의 사생활을 직접 보호하기보다는 목적물에의 접근차단을 통해 이를 보호하는 규정이므로 본죄의 피해자는 법익의 귀속주체로서 목적물의 처분권을 갖는 자뿐만 아니라 목적물의 내용을 결정한 자(발신인 혹은 작성자)도 포함된다고 보아야 한다거나, 편지개봉죄의 고소권자는 비밀의 주체를 표준으로 판단해야 하며, 편지의 소유권이나 비밀장치에의 접근가능성 여하에 영향을 받지 않는다고 보고 편지 내용에 관하여 수신인이 가지는 비밀 이익은 편지의 도달 유무에 관계없이 형법적으로 보호할 가치가 있다거나, 글의 내용에 상대방이 있는 경우의 비밀은 양자에게 공통되는 이해관계가 있다거나, 본죄의 보호법익은 재산권이 아닌 타인의 비밀이고, 본죄의 객체는 '타인 소유의'가 아닌 '타인의' 편지 등이므로 통설이 타당하다고 설명한다.

이에 대하여, ② 편지가 수신인에게 도달할 때까지는 발신인, 도달 후에는 5 수신인이 각각 고소권자라는 견해[3]가 있다. 이 견해는 비밀침해죄에서의 피해자는 비밀의 주체인데, 본죄는 비밀개념을 봉함 기타 비밀장치라는 형식적 의미로 규정하였으므로 본죄의 피해자는 실질적인 비밀주체와 관계없이 형식적인 봉함 기타 비밀장치에 대한 권한에 의하여 결정되어야 한다고 주장한다. 즉 봉함된 편지를 개봉함으로써 타인의 비밀을 침해하는 경우에 편지의 내용과 관련된 모든 자가 비밀침해죄의 피해자가 될 수는 없고, 편지의 내용과 관련된

---

2 김선복, 신형법각론, 228; 김성돈, 형법각론(5판), 256; 김성천·김형준, 형법각론(6판), 282; 김신규, 형법각론, 265-266; 김일수·서보학, 194; 박동률·임상규, 판례중심 형법각론, 203; 박상기·전지연, 형법학(총론·각론 강의)(4판), 566-567; 박찬걸, 형법각론, 278; 배종대, 형법각론(13판), §55/12; 백형구, 형법각론, 399; 손동권·김재윤, 새로운 형법각론, §17/13; 신동운, 810; 오영근, 형법각론(4판), 196; 원형식, 판례중심 형법각론, 134; 원혜욱, 형법각론, 167; 이영란, 형법학(각론 강의), 233; 이재상·장영민·강동범, 형법각론(12판), §14/16; 이형국, 형법각론, 288; 임웅, 형법각론(9정판), 277; 정성근·박광민, 형법각론(4판), 256; 정웅석·최창호, 형법각론, 490; 진계호·이존걸, 형법각론(6판), 272-273.
3 이정원·류석준, 형법각론, 236-237; 이재상·장영민·강동범, §14/16(이 견해를 독일의 통설로 소개하면서 이는 편지의 처분권이 누구에게 있느냐에 따라 고소권자를 결정하려는 것이지만 본죄의 피해자가 편지의 처분권자와 일치한다고 할 수는 없다고 한다).

자 또는 도달시점 이전의 수신인은 형사소송법 제228조[4]에서의 이해관계인[5]이 될 수 있을 뿐이다. 또한, 편지의 수신인이 편지를 수신한 이후에는 더 이상 봉함 기타 비밀장치라는 형식적인 비밀에 대한 발신인의 권한이 인정될 수 없다. 다만, 편지의 도달시점 이전에는 수신인 이외의 다른 사람이 편지내용에 접근하는 것을 원치 않는 발신인의 봉함 기타 비밀장치에 대한 권한이 인정된다고 한다.

6   그 외에도, ③ 발신인은 언제나 고소권자이고 편지가 완성된 것으로서 발신된 이상 그 도착 전후를 불문하고 수신인도 고소권자라고 하는 견해,[6] ④ 발신인은 언제나 고소권자이고 수신인은 도착한 이후부터 고소권자라고 하는 견해[7]가 있다.

7   발신자와 수신자는 함께 고소해야 할 필요는 없고, 어느 한쪽이 고소하면 충분하다. 또 발신자 또는 수신자의 한쪽이 국가나 지방자치단체인 경우 고소권자는 개인에 한정되어야 할 것이다.[8]

2. 업무상비밀누설죄의 경우

8   업무상비밀누설죄의 경우에도 고소권자가 누구인지 문제된다. 먼저 직무수행자에게 업무를 의뢰한 본인은 비밀의 주체로서 피해자가 되어 고소권을 가진다. 다음으로, 피해자의 법정대리인이나 사망한 피해자의 배우자, 직계친족 또는 형제자매 등에게 고소권이 인정되는 경우가 있다.[9]

9   이에 더하여 비밀을 누설한 사실에 의하여 직접적으로 피해를 입은 자는 모두 고소권을 가진다고 하는 견해가 있다. 이는 일본의 통설[10]로서, 의사가 환자의 정신적·신체적 결함을 누설한 경우에, 그 환자 본인뿐만 아니라 환자의

---

4 형사소송법 제228조(고소권자의 지정) 친고죄에 대하여 고소할 자가 없는 경우에 이해관계인의 신청이 있으면 검사는 10일 이내에 고소할 수 있는 자를 지정하여야 한다.

5 이정원·류석준, 236은 발신인과 수신인이 없는 일반 문서나 도화 등의 경우에도 문서나 도화 등에 대하여 권한있는 사람만이 피해자가 되며, 그 이외에 예컨대 문서나 도화에서 직접 표시된 다른 사람은 해당 비밀침해죄와 관련하여 단지 이해관계인에 불과하다고 한다.

6 서일교, 형법각론, 89; 정영일, 형법강의 각론(3판), 229; 황산덕, 형법각론(6정판), 249.

7 염정철, 형법연구, 법전출판사(1980), 352.

8 大塚 外, 大コン(3版)(7), 380(米澤敏雄).

9 신동운, 819.

10 大塚 外, 大コン(3版)(7), 380(米澤敏雄).

근친자도 고소권을 가지는 것이 마땅하다는 것이다.[11]

　　일본의 판례 중에는 "의사가 의사로서의 지식, 경험에 기해 진단을 포함한　　　10
의학적 판단을 내용으로 하는 감정을 명받은 경우에는 감정대상자 본인(소년)의
비밀 외에 그 감정을 행하는 과정에서 알게 된 감정대상자 본인 이외의 자(소년
의 친부)의 비밀도 포함된다고 보아야 한다. 따라서 이러한 비밀이 누설된 자는
형사소송법 제223조에서 말하는 '범죄로 인한 피해자'에 해당하여 고소권을 갖
는다고 해석된다."고 한 것이 있다.[12]

〔조 재 빈〕

---

11 신동운, 819.
12 最決 平成 24(2012). 2. 13. 刑集 66·4·405. 위 판례와 관련하여, 감정을 의뢰하고 관련 자료를
　　제공한 가정법원에게도 고소권을 인정할 수 있다는 견해〔西田 外, 注釈刑法(2), 324(樋口亮介)〕
　　도 있다.

〔특별법 I〕 통신비밀보호법

제3조(통신 및 대화비밀의 보호) ① 누구든지 이 법과 형사소송법 또는 군사법원법의 규정에 의하지 아니하고는 우편물의 검열·전기통신의 감청 또는 통신사실확인자료의 제공을 하거나 공개되지 아니한 타인간의 대화를 녹음 또는 청취하지 못한다. 다만, 다음 각호의 경우에는 당해 법률이 정하는 바에 의한다. 〈개정 2000. 12. 29., 2001. 12. 29., 2004. 1. 29., 2005. 3. 31., 2007. 12. 21., 2009. 11. 2.〉

  1. 환부우편물등의 처리

  2. 수출입우편물에 대한 검사

  3. 구속 또는 복역중인 사람에 대한 통신

  4. 파산선고를 받은 자에 대한 통신

  5. 혼신제거등을 위한 전파감시

② 우편물의 검열 또는 전기통신의 감청(이하 "통신제한조치"라 한다)은 범죄수사 또는 국가안전보장을 위하여 보충적인 수단으로 이용되어야 하며, 국민의 통신비밀에 대한 침해가 최소한에 그치도록 노력하여야 한다. 〈신설 2001. 12. 29.〉

제16조(벌칙) ① 다음 각 호의 어느 하나에 해당하는 자는 1년 이상 10년 이하의 징역과 5년 이하의 자격정지에 처한다. 〈개정 2014. 1. 14., 2018. 3. 20.〉

  1. 제3조의 규정에 위반하여 우편물의 검열 또는 전기통신의 감청을 하거나 공개되지 아니한 타인간의 대화를 녹음 또는 청취한 자

  2. 제1호에 따라 알게 된 통신 또는 대화의 내용을 공개하거나 누설한 자

② 다음 각호의 1에 해당하는 자는 10년 이하의 징역에 처한다. 〈개정 2005. 5. 26.〉

  1. (생략)

  2. 제11조제1항(제14조제2항의 규정에 의하여 적용하는 경우 및 제13조의5의 규정에 의하여 준용되는 경우를 포함한다)의 규정에 위반한 자

③ 제11조제2항(제13조의5의 규정에 의하여 준용되는 경우를 포함한다)의 규정에 위반한 자는 7년 이하의 징역에 처한다. 〈개정 2005. 5. 26.〉

④ 제11조제3항(제14조제2항의 규정에 의하여 적용하는 경우 및 제13조의5의 규

정에 의하여 준용되는 경우를 포함한다)의 규정에 위반한 자는 5년 이하의 징역에 처한다. 〈개정 2005. 5. 26.〉

[전문개정 2001. 12. 29.]

Ⅰ. 목　적 ……………………………… 491
Ⅱ. 개념과 정의 ………………………… 492
Ⅲ. 통신 및 대화비밀의 보호 ………… 493
　1. 규　정 …………………………… 493
　2. 전기통신의 감청 ………………… 494
　3. 타인간의 대화 ………………… 495
　4. 녹음 및 청취의 범위 …………… 497
Ⅳ. 통신제한조치의 대상범죄 및 허가 …… 497
　1. 대상범죄 ………………………… 497
　2. 허가 요건 및 절차 ……………… 499
　3. 긴급통신제한조치 ……………… 501
Ⅴ. 통신제한조치의 집행 및 통지 …… 502
　1. 통신제한조치의 집행 …………… 502
　2. 통신제한조치의 집행에 관한 통지 …… 503

　3. 압수·수색·검증의 집행에 관한
　　통지 ……………………………… 503
　4. 통지대상자의 문제 ……………… 505
Ⅵ. 통신사실 확인자료제공의 절차 및
　통지 ………………………………… 506
　1. 통신사실 확인자료제공의 절차 …… 506
　2. 통신사실 확인자료제공의 통지 …… 508
Ⅶ. 타인의 대화비밀 침해금지 ………… 510
Ⅷ. 비밀준수의 의무 …………………… 511
Ⅸ. 증거능력의 제한 및 증거사용의 제한 … 511
　1. 증거능력의 제한 ………………… 511
　2. 증거사용의 제한 ………………… 513
Ⅹ. 통신비밀보호법위반죄 ……………… 515

Ⅰ. 목　적

헌법 제18조는 "모든 국민은 통신의 비밀을 침해받지 아니한다."고 규정하여 통신의 비밀 보호를 그 핵심내용으로 하는 통신의 자유를 기본권으로 보장하고 있다. 이러한 헌법정신을 구현하기 위해 제정된 통신비밀보호법은 통신 및 대화의 비밀과 자유에 대한 제한은 그 대상을 한정하고 엄격한 법적 절차를 거치도록 함으로써 통신의 비밀을 보호하고 통신의 자유를 신장함을 목적으로 한다(§1).

본법은 제15대 대통령선거를 앞둔 1992년 12월경에 발생한 '부산 초원복집 사건'이 계기가 되어 1993년 12월 27일에 제정되었다.[1]

1　박상기·전지연·한상훈, 형사특별법(2판), 152.

II. 개념과 정의

3   본법에서 말하는 '통신'이라 함은 우편물 및 전기통신을 말하고(§ 2(i)), '우편물'은 우편법에 의한 통상우편물과 소포우편물을 말하며(§ 2(ii)), '전기통신'은 전화 · 전자우편 · 회원제정보서비스 · 모사전송 · 무선호출 등과 같이 유선 · 무선 · 광선 및 기타의 전자적 방식에 의하여 모든 종류의 음향 · 문언 · 부호 또는 영상을 송신하거나 수신하는 것을 말한다. 예컨대, 무전기와 같은 무선전화기를 이용한 통화가 '전기통신'에 해당한다(§ 2(iii)).[2] '전자우편'은 컴퓨터 통신망을 통해서 메시지를 전송하는 것 또는 전송된 메시지를 말한다(§ 2(ix)). '회원제정보서비스'는 특정의 회원이나 계약자에게 제공하는 정보서비스 또는 그와 같은 네트워크의 방식을 말한다(§ 2(x)).

4   본법의 '검열'은 우편물에 대하여 당사자의 동의 없이 이를 개봉하거나 기타의 방법으로 그 내용을 지득 또는 채록하거나 유치하는 것을 말하고(§ 2(xi)), '감청'은 전기통신에 대하여 당사자의 동의 없이 전자장치 · 기계장치 등을 사용하여 통신의 음향 · 문언 · 부호 · 영상을 청취 · 공독하여 그 내용을 지득 또는 채록하거나 전기통신의 송 · 수신을 방해하는 것을 말한다(§ 2(xii)). 여기의 '당사자'는 우편물의 발송인과 수취인, 전기통신의 송신인과 수신인을 말한다(§ 2(iv)).

5   본법의 '감청설비'라 함은 대화 또는 전기통신의 감청에 사용될 수 있는 전자장치 · 기계장치 기타 설비를 말한다. 다만, 전기통신 기기 · 기구 또는 그 부품으로서 일반적으로 사용되는 것 및 청각교정을 위한 보청기 또는 이와 유사한 용도로 일반적으로 사용되는 것 중에서, 대통령령이 정하는 것은 제외한다(§ 2(xiii)). '불법감청설비탐지'라 함은 본법의 규정에 의하지 아니하고 행하는 감청 또는 대화의 청취에 사용되는 설비를 탐지하는 것을 말한다(§ 2(xiii의2)).

6   '전기통신의 감청'은 위 '감청' 규정의 문언이 송신하거나 수신하는 전기통신 행위를 감청의 대상으로 규정하고 있을 뿐 송 · 수신이 완료되어 보관 중인 전기통신 내용은 그 대상으로 규정하지 않은 점, 일반적으로 감청은 다른 사람의 대화나 통신 내용을 몰래 엿듣는 행위를 의미하는 점 등을 고려하여 보면, 전기통신이 이루어지고 있는 상황에서 실시간으로 그 전기통신의 내용을 지득 · 채

---

2 대판 2003. 11. 13, 2001도6213.

록하는 경우와 통신의 송·수신을 직접적으로 방해하는 경우를 의미하는 것이지, 이미 수신이 완료된 전기통신에 관하여 남아 있는 기록이나 내용을 열어보는 등의 행위는 포함하지 않는다 할 것이다.[3]

이미 수신이 완료된 전기통신에 관하여 남아 있는 기록이나 내용을 열어보는 등의 행위태양은 우편물에 대하여 당사자의 동의 없이 개봉하는 등의 행위를 규정한 '검열'에 가까운 것이지만, 전자우편의 검열은 통신제한조치 허가 등 본법에 의한 규율대상에 포함되지 않음이 법문의 규정상 명백하다.[4]　　7

III. 통신 및 대화비밀의 보호

1. 규　정

누구든지 통신비밀보호법과 형사소송법 또는 군사법원법의 규정에 의하지　　8
아니하고는 우편물의 검열·전기통신의 감청 또는 통신사실확인자료의 제공을 하거나 공개되지 아니한 '타인간의 대화'를 녹음 또는 청취하지 못한다(§3① 본

3　대판 2012. 10. 25, 2012도4644; 대판 2012. 11. 29, 2010도9007; 대판 2016. 10. 13, 2016도
　8137(이적단체 구성으로 인한 국가보안법위반 사안에서 수사기관은 통신제한조치허가서 사본을
　카카오에 교부하였는데 카카오는 카카오톡 대화를 실시간 감청할 수 있는 설비를 보유하고 있지
　않았다. 당시 카카오톡은 가입자들이 문언 등을 송수신하며 대화하는 과정에서 그 내용이 전자
　정보의 형태로 서버에 저장되었다가 3-7일 후에 삭제되는 방식으로 운영되었다. 이에 카카오는
　위 허가서에 기재된 기간 동안 3-7일마다 정기적으로 서버에 저장된 위 전자정보 중 이 사건 대
　상자들의 대화내용 부분을 추출한 다음 이를 수사기관에 제공하였다. 이 사건 통신제한조치허가
　서에 기재된 통신제한 조치의 종류는 전기통신의 '감청'이므로, 수사기관으로부터 집행위탁을 받
　은 카카오는 통신비밀보호법이 정한 '감청'의 방식, 즉 전자장치 등을 사용하여 실시간으로 이
　사건 대상자들이 카카오톡에서 송·수신하는 음향·문언·부호·영상을 청취·공독하여 그 내용을
　지득 또는 채록하는 방식으로 통신제한조치를 집행하여야 하고 임의로 선택한 다른 방식으로 집
　행하여서는 아니된다고 할 것이다. 그런데도 카카오는 이 사건 통신제한조치허가서에 기재된 기
　간 동안, 이미 수신이 완료되어 전자정보의 형태로 서버에 저장되어 있던 것을 3~7일마다 정기
　적으로 추출하여 수사기관에 제공하는 방식으로 통신제한조치를 집행하였다. 이러한 카카오의
　집행은 동시성 또는 현재성 요건을 충족하지 못해 통신비밀보호법이 정한 '감청'이라고 볼 수 없
　으므로 이 사건 통신제한조치허가서에 기재된 방식을 따르지 않은 것으로서 위법하다고 할 것이
　다. 따라서 이 사건 카카오톡 대화내용은 적법절차의 실질적 내용을 침해하는 것으로 위법하게
　수집된 증거라 할 것이므로 유죄 인정의 증거로 삼을 수 없다).
　위 2016도8137 판결 해설은 박성윤, "통신제한조치의 집행으로 수집된 카카오톡 대화내용의
　증거능력", 해설 110, 법원도서관(2017), 745-760.
4　대판 2012. 11. 29, 2010도9007.

문). 다만, ① 환부우편물 등의 처리,[5] ② 수출입우편물에 대한 검사,[6] ③ 구속 또는 복역 중인 사람에 대한 통신,[7] ④ 파산선고를 받은 자에 대한 통신,[8] ⑤ 혼신제거 등을 위한 전파감시[9] 의 경우에는 당해 법률이 정하는 바에 의한다(§3① 단서).

9   이러한 우편물의 검열 또는 전기통신의 감청(통신제한조치)은 범죄수사 또는 국가안전보장을 위하여 보충적인 수단으로 이용되어야 하며, 국민의 통신비밀에 대한 침해가 최소한에 그치도록 노력하여야 한다(§3②).

2. 전기통신의 감청

10   '전기통신의 감청'은 제3자가 전기통신의 당사자인 송신인과 수신인의 동의를 받지 아니하고 전기통신 내용을 녹음하는 등의 행위를 하는 것을 말한다. 따라서 전기통신에 해당하는 전화통화 당사자의 일방이 상대방 모르게 통화내용을 녹음하는 것은 본법의 감청에 해당하지 않고, 제3자의 경우는 설령 전화통화 당사자 일방의 동의를 받고 그 통화 내용을 녹음하였다 하더라도 그 상대방의 동의가 없었던 이상, 이는 본법의 감청에 해당한다.[10]

(1) 불법감청에 해당한다고 한 사례

11   판례는 ① 렉카 회사가 무전기를 이용하여 한국도로공사의 상황실과 순찰차간의 무선전화통화를 청취한 경우, 무전기를 설치함에 있어 한국도로공사의 정당한 계통을 밟은 결재가 있었던 것이 아닌 이상 전기통신의 당사자인 한국도로공사의 동의가 있었다고 볼 수 없으므로 불법감청에 해당한다고 판시

---

5 우편법 제28조·제32조·제35조·제36조 등의 규정에 의하여 폭발물 등 우편금제품이 들어 있다고 의심되는 소포우편물(이와 유사한 우편물을 포함한다)을 개피하는 경우, 수취인에게 배달할 수 없거나 수취인이 수령을 거부한 우편물을 발송인에게 환부하는 경우, 발송인의 주소·성명이 누락된 우편물로서 수취인이 수취를 거부하여 환부하는 때에 그 주소·성명을 알기 위하여 개피하는 경우 또는 유가물이 든 환부불능우편물을 처리하는 경우.

6 관세법 제256조·제257조 등의 규정에 의한 신서 외의 우편물에 대한 통관검사절차.

7 형사소송법 제91조, 군사법원법 제131조,「형의 집행 및 수용자의 처우에 관한 법률」제41조·제43조·제44조 및 「군에서의 형의 집행 및 군수용자의 처우에 관한 법률」제42조·제44조 및 제45조에 따른 구속 또는 복역중인 사람에 대한 통신의 관리.

8 「채무자 회생 및 파산에 관한 법률」제484조의 규정에 의하여 파산선고를 받은 자에게 보내온 통신을 파산관재인이 수령하는 경우.

9 전파법 제49조 내지 제51조의 규정에 의한 혼신제거등 전파질서유지를 위한 전파감시의 경우.

10 대판 2002. 10. 8, 2002도123; 대판 2019. 3. 14, 2015도1900; 대판 2022. 10. 27, 2022도9877.

하였다.[11]

　　또한, ② 수사기관이 구속 수감된 자에게 그의 압수된 휴대전화를 제공하 [12]
여 피고인과 통화하고 피고인의 범행에 관한 통화 내용을 녹음하게 한 행위는
수사기관이 주체가 되어 수감자의 동의만을 받고 상대방의 동의가 없는 상태에
서 그들의 통화 내용을 녹음한 것으로 불법감청에 해당하고,[12] ③ 비공개 조치
된 채 송출되는 인터넷개인방송을 방송자 허락 없이 제3자가 비정상적인 방법
으로 시청·청취·녹음·녹화하는 행위는 불법감청에 해당한다[13]고 판시하였다.

(2) 불법감청에 해당하지 않는다고 한 사례

　　판례는 ① 3인 간의 대화에서 그중 두 사람이 대화 내용을 녹음하였다고 [13]
하더라도 그 녹음파일은 통신비밀보호법에서 규정한 '타인간의 대화'를 녹음한
경우에 해당하지 않고, 이들이 다른 사람의 권유 또는 지시에 따라 녹음을 하였
다고 하더라도 위 두 사람이 녹음의 주체이므로 제3자의 녹음행위로 볼 수 없
다고 판시하였다.[14]

　　또한, ② 골프장 운영업체가 예약전용 전화선에 녹취시스템을 설치하여 예약 [14]
담당직원과 고객 간의 골프장 예약에 관한 통화내용을 녹취한 행위는 골프장 운
영업체가 통화의 당사자로서 통화내용을 녹음한 때에 해당한다고 판시하였다.[15]

3. 타인간의 대화

(1) '타인간'의 의미

　　'공개되지 아니한 타인간의 대화를 녹음 또는 청취하지 못한다'는 것은 대 [15]
화에 원래부터 참여하지 않은 제3자가 그 대화를 하는 타인간의 발언을 녹음
또는 청취해서는 아니된다는 취지이다.[16] 3인 간의 대화에서 그중 한 사람이 그
대화를 녹음 또는 청취하는 경우에 다른 두 사람의 발언은 그 녹음자 또는 청취
자에 대한 관계에서 '타인간의 대화'라고 할 수 없다.[17]

---

11 대판 2003. 11. 13, 2001도6213.
12 대판 2010. 10. 14, 2010도9016.
13 대판 2022. 10. 27, 2022도9877(방송자의 승낙이 있으면 불법감청이 아님).
14 대판 2019. 3. 14, 2015도1900.
15 대판 2008. 10. 23, 2008도1237.
16 대판 2006. 10. 12, 2006도4981; 대판 2014. 5. 16, 2013도16404; 대판 2016. 5. 12, 2013도15616.
17 대판 2006. 10. 12, 2006도4981.

(가) 부정한 사례

16   판례는 택시운전기사인 피고인이 자신의 택시에 승차한 피해자들에게 질문
하여 피해자들의 지속적인 답변을 유도하는 등의 방법으로 피해자들과의 대화
를 이어나가면서 피고인이 피해자들 몰래 피해자들의 대화를 소형 촬영기와 무
선 통신장치를 이용하여 실시간으로 중계하는 방식으로 인터넷을 통하여 불특
정 다수의 시청자에게 공개한 사안에서, 피고인은 피해자들과 함께 대화를 나눈
당사자일 뿐 제3자가 아니라고 판시하였다.[18]

(나) 긍정한 사례

17   판례는 피고인이 휴대폰의 녹음기능을 작동시킨 상태로 재단법인 이사장실
에서 집무 중이던 이사장의 휴대폰으로 전화를 걸어 약 8분간 전화통화를 마친
다음 상대방에 대한 예우 차원에서 바로 전화통화를 끊지 않고 있던 중, 평소
친분이 있는 방송사 기획홍보본부장이 이사장과 인사를 나누면서 방송사 전략
기획부장을 소개하는 목소리가 피고인의 휴대폰을 통해 들려오고, 때마침 이사
장이 실수로 휴대폰의 통화종료 버튼을 누르지 아니한 채 이를 이사장실 내의
탁자 위에 놓아두자, 이사장의 휴대폰과 통화연결상태에 있는 휴대폰을 이용하
여 이 사건 대화를 청취 녹음한 사안에서, 피고인은 대화의 당사자가 아닌 제3
자에 해당한다고 판시하였다.[19]

(2) '대화'의 의미

18   본법에서 보호하는 타인간의 '대화'는 원칙적으로 현장에 있는 당사자들이
육성으로 말을 주고받는 의사소통행위를 가리킨다. 따라서 사람의 육성이 아닌
사물에서 발생하는 음향은 타인간의 '대화'에 해당하지 않는다. 또한, 사람의 목
소리라고 하더라도 상대방에게 의사를 전달하는 말이 아닌 단순한 비명소리나
탄식 등은 타인과 의사소통을 하기 위한 것이 아니라면 특별한 사정이 없는 한
타인간의 '대화'에 해당한다고 볼 수 없다.[20]

19   판례는 음식점 내부 천장에 감시용 카메라 및 계산대 위 천장 틈새에 도청

---

18 대판 2014. 5. 16, 2013도16404.
19 대판 2016. 5. 12, 2013도15616.
20 대판 2017. 3. 15, 2016도19843. 본 판결 평석은 김정환, "대화가 아닌 사람의 목소리를 청취한
   내용의 진술에 대해서 비교형량을 통한 증거능력판단", 법조 730, 법조협회((2019. 8), 435-465.

마이크를 은닉하여 설치하고 손님으로 온 타인간의 대화를 녹음하려 시도하거나 청취한 사안에서, 손님인 피해자 등의 대화는 '공개되지 아니한 타인간의 대화'에 해당한다고 판시하였다.[21]

4. 녹음 및 청취의 범위

본법 제3조 제1항의 녹음 및 청취와 관련하여, 가청거리 내에서 우연히 타인간의 대화를 청취하게 된 경우까지 처벌 대상인지가 다소 불분명하였으나, 대법원은 "누구든지 공개되지 아니한 타인간의 대화를 녹음하거나 전자장치 또는 기계적 수단을 이용하여 청취할 수 없다."고 규정한 본법 제14조와의 체계적 해석상 금지되는 청취행위는 '전자장치 또는 기계적 수단을 이용한 경우'로 제한된다고 판시하였다.[22] 나아가 가청거리 내에서 타인간의 대화를 청취하게 된 경우 이를 녹음하는 것이 허용되는지에 대하여 판례는, 가청거리 내에서 타인간의 대화를 청취할 수 있었다는 이유만으로 언제나 그 대화의 녹음이 허용되는 것은 아니고, 발언자의 의사와 기대, 대화의 내용과 목적, 상대방의 수, 장소의 성격과 규모, 출입의 통제 정도, 청중의 자격 제한 등 객관적인 상황을 종합적으로 고려하여 일반 공중이 알 수 있도록 공개된 대화로 볼 수 없다면 이에 대한 녹음은 금지된다고 판시하였다.[23]

Ⅳ. 통신제한조치의 대상범죄 및 허가

1. 대상범죄

통신제한조치는 다음 각 호의 범죄를 계획 또는 실행하고 있거나 실행하였다고 의심할 만한 충분한 이유가 있고 다른 방법으로는 그 범죄의 실행을 저지

---

21 대판 2007. 12. 27, 2007도9053.
22 대판 2022. 8. 31, 2020도1007.
23 대판 2022. 8. 31, 2020도1007. 피고인이 사무실에서 A, B, C 등이 게임을 하면서 한 대화 내용을 휴대전화로 녹음하여 제3자에게 전송한 사안에서, 제1심은 피고인이 가청거리 내에 있었으므로 위 대화 내용은 '공개되지 아니한 타인간의 대화'가 아니라는 이유로 무죄를 선고하였으나, 원심은 피고인이 가청거리 내에 있어 이를 들을 수 있었다고 하더라도, 대화의 내용, 성질, 당사자들의 의도 등에 비추어 일반 공중이 알도록 되어 있지 아니므로 피고인이 '공개되지 아니한 타인간의 대화'를 녹음한 경우에 해당한다고 판단하였는데, 대법원은 원심의 판단을 수긍하였다.

하거나 범인의 체포 또는 증거의 수집이 어려운 경우에 한하여 허가할 수 있다(§5①).[24]

1. 형법 제2편 중 제1장 내란의 죄, 제2장 외환의 죄 중 제92조 내지 제101조의 죄, 제4장 국교에 관한 죄 중 제107조, 제108조, 제111조 내지 제113조의 죄, 제5장 공안을 해하는 죄 중 제114조, 제115조의 죄, 제6장 폭발물에 관한 죄, 제7장 공무원의 직무에 관한 죄 중 제127조, 제129조 내지 제133조의 죄, 제9장 도주와 범인은닉의 죄, 제13장 방화와 실화의 죄 중 제164조 내지 제167조・제172조 내지 제173조・제174조 및 제175조의 죄, 제17장 아편에 관한 죄, 제18장 통화에 관한 죄, 제19장 유가증권, 우표와 인지에 관한 죄 중 제214조 내지 제217조, 제223조(제214조 내지 제217조의 미수범에 한한다) 및 제224조(제214조 및 제215조의 예비・음모에 한한다), 제24장 살인의 죄, 제29장 체포와 감금의 죄, 제30장 협박의 죄 중 제283조제1항, 제284조, 제285조(제283조제1항, 제284조의 상습범에 한한다), 제286조[제283조제1항, 제284조, 제285조(제283조제1항, 제284조의 상습범에 한한다)의 미수범에 한한다]의 죄, 제31장 약취(略取), 유인(誘引) 및 인신매매의 죄, 제32장 강간과 추행의 죄 중 제297조 내지 제301조의2, 제305조의 죄, 제34장 신용, 업무와 경매에 관한 죄 중 제315조의 죄, 제37장 권리행사를 방해하는 죄 중 제324조의2 내지 제324조의4・제324조의5(제324조의2 내지 제324조의4의 미수범에 한한다)의 죄, 제38장 절도와 강도의 죄 중 제329조 내지 제331조, 제332조(제329조 내지 제331조의 상습범에 한한다), 제333조 내지 제341조, 제342조[제329조 내지 제331조, 제332조(제329조 내지 제331조의 상습범에 한한다), 제333조 내지 제341조의 미수범에 한한다]의 죄, 제39장 사기와 공갈의 죄 중 제350조, 제350조의2, 제351조(제350조, 제350조의2의 상습범에 한정한다), 제352조(제350조, 제350조의2의 미수범에 한정한다)의 죄, 제41장 장물에 관한 죄 중 제363조의 죄

2. 군형법 제2편 중 제1장 반란의 죄, 제2장 이적의 죄, 제3장 지휘권 남용의 죄, 제4장 지휘관의 항복과 도피의 죄, 제5장 수소이탈의 죄, 제7장 군무태만의 죄 중 제42조의 죄, 제8장 항명의 죄, 제9장 폭행・협박・상해와 살인의 죄, 제11장 군용물에 관한 죄, 제12장 위령의 죄 중 제78조・제80조・제81조의 죄

3. 국가보안법에 규정된 범죄

4. 군사기밀보호법에 규정된 범죄

5. 「군사기지 및 군사시설 보호법」에 규정된 범죄

6. 마약류관리에관한법률에 규정된 범죄 중 제58조 내지 제62조의 죄

7. 폭력행위등처벌에관한법률에 규정된 범죄 중 제4조 및 제5조의 죄

---

24 그 외 대통령령이 정하는 정보수사기관의 장은 국가안전보장에 상당한 위험이 예상되는 경우 또는 「국민보호와 공공안전을 위한 테러방지법」 제2조제6호의 대테러활동에 필요한 경우에 한하여 그 위해를 방지하기 위하여 이에 관한 정보수집이 특히 필요한 때에는 통신제한조치를 할 수 있다(통비 §7①).

         〔조 재 빈〕

8. 「총포·도검·화약류 등의 안전관리에 관한 법률」에 규정된 범죄 중 제70조 및 제71조제1호 내지 제3호의 죄

9. 「특정범죄 가중처벌 등에 관한 법률」에 규정된 범죄 중 제2조 내지 제8조, 제11조, 제12조의 죄

10. 특정경제범죄가중처벌등에관한법률에 규정된 범죄 중 제3조 내지 제9조의 죄

11. 제1호와 제2호의 죄에 대한 가중처벌을 규정하는 법률에 위반하는 범죄

12. 「국제상거래에 있어서 외국공무원에 대한 뇌물방지법」에 규정된 범죄 중 제3조 및 제4조의 죄

2. 허가 요건 및 절차

(1) 허가 요건

통신제한조치는 제5조 제1항의 요건에 해당하는 자가 발송·수취하거나 송·수신하는 특정한 우편물이나 전기통신 또는 그 해당자가 일정한 기간에 걸쳐 발송·수취하거나 송·수신하는 우편물이나 전기통신을 대상으로 허가될 수 있다(§5②).　　　　　　　　　　　　　　　　　　　　　　　　　　　　　**22**

인터넷 통신망을 통한 송·수신은 전기통신에 해당하므로 인터넷 통신망을 통하여 흐르는 전기신호 형태의 패킷(packet)을 중간에 확보하여 그 내용을 지득하는 이른바 '패킷 감청'도 제5조 제1항에서 정한 요건을 갖추는 경우에는 다른 특별한 사정이 없는 한 허용된다.[25] 그런데 헌법재판소는 2018년 8월 30일 본법(1993. 12. 27. 법률 제4650호로 제정된 것) 제5조 제2항 중 '인터넷회선을 통하여 송·수신하는 전기통신'에 관한 부분은 과잉금지원칙을 위반한다는 이유로 헌법에 합치되지 아니한다(위 법률조항은 2020. 3. 31.을 시한으로 개정될 때까지 계속 적용한다)는 헌법불합치 결정을 하였다.[26] 즉, 헌법재판소는 위 법률조항은 인터넷회선 감청의 특성을 고려하여 그 집행 단계나 집행 이후에 수사기관의 권한 남용을 통제하고 관련 기본권의 침해를 최소화하기 위한 제도적 조치가 제대로 마련되어 있지 않은 상태에서, 범죄수사 목적을 이유로 인터넷회선 감청을 통신제한조치 허가 대상 중 하나로 정하고 있으므로 침해의 최소성 요건을 충족한다고 할 수 없고, 이러한 여건하에서 인터넷회선의 감청을 허용하는 것은 개인의 통신 및 사생활의 비밀과 자유에 심각한 위협을 초래하게 되므로 위 법률조항　　**23**

---

25 대판 2012. 10. 11, 2012도7455.
26 헌재 2018. 8. 30, 2016헌마263.

으로 인하여 달성하려는 공익과 제한되는 사익 사이의 법익 균형성도 인정되지 아니하므로, 위 법률조항은 과잉금지원칙에 위반하는 것으로 청구인의 기본권을 침해한다고 결정하였다. 이에 따라 2020년 3월 24일 본법이 개정되어 패킷 감청의 근거 및 취득자료 관리조문(§ 12의2[27])이 신설되었다.

(2) 허가 절차

24   검사(군검사 포함)는 제5조 제1항의 요건이 구비된 경우에는 법원(군사법원 포함)에 대하여 각 피의자별 또는 각 피내사자별로 통신제한조치를 허가하여 줄 것을 청구할 수 있다(§ 6①).

25   사법경찰관(군사법경찰관 포함)은 제5조 제1항의 요건이 구비된 경우에는 검

---

27 통신비밀보호법 제12조의2(범죄수사를 위하여 인터넷 회선에 대한 통신제한조치로 취득한 자료의 관리) ① 검사는 인터넷 회선을 통하여 송신·수신하는 전기통신을 대상으로 제6조 또는 제8조(제5조제1항의 요건에 해당하는 사람에 대한 긴급통신제한조치에 한정한다)에 따른 통신제한조치를 집행한 경우 그 전기통신을 제12조제1호에 따라 사용하거나 사용을 위하여 보관(이하 이 조에서 "보관등"이라 한다)하고자 하는 때에는 집행종료일부터 14일 이내에 보관등이 필요한 전기통신을 선별하여 통신제한조치를 허가한 법원에 보관등의 승인을 청구하여야 한다.
② 사법경찰관은 인터넷 회선을 통하여 송신·수신하는 전기통신을 대상으로 제6조 또는 제8조(제5조제1항의 요건에 해당하는 사람에 대한 긴급통신제한조치에 한정한다)에 따른 통신제한조치를 집행한 경우 그 전기통신의 보관등을 하고자 하는 때에는 집행종료일부터 14일 이내에 보관등이 필요한 전기통신을 선별하여 검사에게 보관등의 승인을 신청하고, 검사는 신청일부터 7일 이내에 통신제한조치를 허가한 법원에 그 승인을 청구할 수 있다.
③ 제1항 및 제2항에 따른 승인청구는 통신제한조치의 집행 경위, 취득한 결과의 요지, 보관등이 필요한 이유를 기재한 서면으로 하여야 하며, 다음 각 호의 서류를 첨부하여야 한다.
  1. 청구이유에 대한 소명자료
  2. 보관등이 필요한 전기통신의 목록
  3. 보관등이 필요한 전기통신. 다만, 일정 용량의 파일 단위로 분할하는 등 적절한 방법으로 정보저장매체에 저장·봉인하여 제출하여야 한다.
④ 법원은 청구가 이유 있다고 인정하는 경우에는 보관등을 승인하고 이를 증명하는 서류(이하 이 조에서 "승인서"라 한다)를 발부하며, 청구가 이유 없다고 인정하는 경우에는 청구를 기각하고 이를 청구인에게 통지한다.
⑤ 검사 또는 사법경찰관은 제1항에 따른 청구나 제2항에 따른 신청을 하지 아니하는 경우에는 집행종료일부터 14일(검사가 사법경찰관의 신청을 기각한 경우에는 그 날부터 7일) 이내에 통신제한조치로 취득한 전기통신을 폐기하여야 하고, 법원에 승인청구를 한 경우(취득한 전기통신의 일부에 대해서만 청구한 경우를 포함한다)에는 제4항에 따라 법원으로부터 승인서를 발부받거나 청구기각의 통지를 받은 날부터 7일 이내에 승인을 받지 못한 전기통신을 폐기하여야 한다.
⑥ 검사 또는 사법경찰관은 제5항에 따라 통신제한조치로 취득한 전기통신을 폐기한 때에는 폐기의 이유와 범위 및 일시 등을 기재한 폐기결과보고서를 작성하여 피의자의 수사기록 또는 피내사자의 내사사건기록에 첨부하고, 폐기일부터 7일 이내에 통신제한조치를 허가한 법원에 송부하여야 한다.
[본조신설 2020. 3. 24.]

사에 대하여 각 피의자별 또는 각 피내사자별로 통신제한조치에 대한 허가를 신청하고, 검사는 법원에 대하여 그 허가를 청구할 수 있다(§6②).

제1항 및 제2항의 통신제한조치청구는 필요한 통신제한조치의 종류·그 목 **26** 적·대상·범위·기간·집행장소·방법 및 당해 통신제한조치가 제5조 제1항의 허가요건을 충족하는 사유 등의 청구이유를 기재한 서면(청구서)으로 하여야 하며, 청구이유에 대한 소명자료를 첨부하여야 한다. 이 경우 동일한 범죄사실에 대하여 그 피의자 또는 피내사자에 대하여 통신제한조치의 허가를 청구하였거나 허가받은 사실이 있는 때에는 다시 통신제한조치를 청구하는 취지 및 이유를 기재하여야 한다(§6④).

3. 긴급통신제한조치

검사, 사법경찰관 또는 정보수사기관의 장은 국가안보를 위협하는 음모행 **27** 위, 직접적인 사망이나 심각한 상해의 위험을 야기할 수 있는 범죄 또는 조직범죄 등 중대한 범죄의 계획이나 실행 등 긴박한 상황에 있고 제5조 제1항 또는 제7조 제1항 제1호의 규정에 의한 요건을 구비한 자에 대하여 제6조 또는 제7조 제1항 및 제3항의 규정에 의한 절차를 거칠 수 없는 긴급한 사유가 있는 때에는 법원의 허가 없이 통신제한조치를 할 수 있다(§8①).

검사, 사법경찰관 또는 정보수사기관의 장은 제1항의 규정에 의한 통신제 **28** 한조치(긴급통신제한조치)의 집행착수 후 지체없이 제6조 및 제7조 제3항의 규정에 의하여 법원에 허가청구를 하여야 하며, 그 긴급통신제한조치를 한 때부터 36시간 이내에 법원의 허가를 받지 못한 때에는 즉시 이를 중지하여야 한다(통비 §8②).

사법경찰관이 긴급통신제한조치를 할 경우에는 미리 검사의 지휘를 받아야 **29** 한다. 다만, 특히 급속을 요하여 미리 지휘를 받을 수 없는 사유가 있는 경우에는 긴급통신제한조치의 집행착수 후 지체없이 검사의 승인을 얻어야 한다(통비 §8③).

V. 통신제한조치의 집행 및 통지

1. 통신제한조치의 집행

30   본법 제6조 내지 제8조의 통신제한조치는 이를 청구 또는 신청한 검사·사법 경찰관 또는 정보수사기관의 장이 집행한다. 이 경우 체신관서 기타 관련기관 등 (통신기관 등)에 그 집행을 위탁하거나 집행에 관한 협조를 요청할 수 있다(§9①).

31   통신제한조치의 집행을 위탁하거나 집행에 관한 협조를 요청하는 자는 통신기관등에 통신제한조치허가서 또는 긴급감청서 등의 표지의 사본을 교부하여야 하며, 이를 위탁받거나 이에 관한 협조요청을 받은 자는 통신제한조치허가서 또는 긴급감청서등의 표지 사본을 대통령령이 정하는 기간 동안 보존하여야 한다(§9조②).

32   통신제한조치를 집행하는 자와 이를 위탁받거나 이에 관한 협조요청을 받은 자는 당해 통신제한조치를 청구한 목적과 그 집행 또는 협조일시 및 대상을 기재한 대장을 대통령령이 정하는 기간 동안 비치하여야 한다(§9③).

33   통신기관등은 통신제한조치허가서 또는 긴급감청서 등에 기재된 통신제한조치 대상자의 전화번호 등이 사실과 일치하지 않을 경우에는 그 집행을 거부할 수 있으며, 어떠한 경우에도 전기통신에 사용되는 비밀번호를 누설할 수 없다.

34   판례는 제9조 제1항 후문 등에서 체신관서 기타 관련기관 등(통신기관 등)에 대한 집행위탁이나 협조요청 및 대장 비치의무 등을 규정하고 있는 것은, 우편물의 검열 또는 전기통신의 감청(통신제한조치)의 경우 해당 우편이나 전기통신의 역무를 담당하는 통신기관의 협조가 없이는 사실상 집행이 불가능하다는 점 등을 고려하여, 검사·사법경찰관 또는 정보수사기관의 장이 통신기관 등에 집행을 위탁하거나 집행에 관한 협조를 요청할 수 있음을 명확히 하는 한편 통신기관 등으로 하여금 대장을 작성하여 비치하도록 함으로써 사후 통제를 할 수 있도록 한 취지라고 판시하고 있다.[28]

---

28 대판 2015. 1. 22, 2014도10978(전).

2. 통신제한조치의 집행에 관한 통지

검사는 제6조 제1항 및 제8조 제1항의 규정에 의한 통신제한조치를 집행한 35 사건에 관하여 공소를 제기하거나, 공소의 제기 또는 입건을 하지 아니하는 처분(기소중지 결정 제외)을 한 때에는 그 처분을 한 날부터 30일 이내에 우편물 검열의 경우에는 그 대상자에게, 감청의 경우에는 그 대상이 된 전기통신의 가입자에게 통신제한조치를 집행한 사실과 집행기관 및 그 기간 등을 서면으로 통지하여야 한다. 다만, 고위공직자범죄수사처 검사는 고위공직자범죄수사처 설치 및 운영에 관한 법률 제26조 제1항에 따라 서울중앙지방검찰청 소속 검사에게 관계 서류와 증거물을 송부한 사건에 관하여 이를 처리하는 검사로부터 공소를 제기하거나 제기하지 아니하는 처분(기소중지결정, 참고인중지결정 제외)의 통보를 받은 경우에도 그 통보를 받은 날부터 30일 이내에 서면으로 통지하여야 한다 (§9의2①).

사법경찰관은 제6조 제1항 및 제8조 제1항의 규정에 의한 통신제한조치를 36 집행한 사건에 관하여 검사로부터 공소를 제기하거나 제기하지 아니하는 처분(기소중지 또는 참고인중지 결정 제외)의 통보를 받거나 검찰송치를 하지 아니하는 처분(수사중지 결정 제외) 또는 내사사건에 관하여 입건하지 아니하는 처분을 한 때에는 그 날부터 30일 이내에 우편물 검열의 경우에는 그 대상자에게, 감청의 경우에는 그 대상이 된 전기통신의 가입자에게 통신제한조치를 집행한 사실과 집행기관 및 그 기간 등을 서면으로 통지하여야 한다(§9의2②).

정보수사기관의 장은 제7조 제1항 제1호 본문 및 제8조 제1항의 규정에 의한 37 통신제한조치를 종료한 날부터 30일 이내에 우편물 검열의 경우에는 그 대상자에게, 감청의 경우에는 그 대상이 된 전기통신의 가입자에게 통신제한조치를 집행한 사실과 집행기관 및 그 기간 등을 서면으로 통지하여야 한다(§9의2③).

3. 압수·수색·검증의 집행에 관한 통지

검사는 송·수신이 완료된 전기통신에 대하여 압수·수색·검증을 집행한 38 경우 그 사건에 관하여 공소를 제기하거나 공소의 제기 또는 입건을 하지 아니하는 처분(기소중지결정, 참고인중지결정 제외)을 한 때에는 그 처분을 한 날부터 30

일 이내에 수사대상이 된 가입자에게 압수·수색·검증을 집행한 사실을 서면으로 통지하여야 한다. 다만, 고위공직자범죄수사처 검사는 고위공직자범죄수사처 설치 및 운영에 관한 법률 제26조 제1항에 따라 서울중앙지방검찰청 소속 검사에게 관계 서류와 증거물을 송부한 사건에 관하여 이를 처리하는 검사로부터 공소를 제기하거나 제기하지 아니하는 처분(기소중지결정, 참고인중지결정 제외)의 통보를 받은 경우에도 그 통보를 받은 날부터 30일 이내에 서면으로 통지하여야 한다(§9의3①).

39   사법경찰관은 송·수신이 완료된 전기통신에 대하여 압수·수색·검증을 집행한 경우 그 사건에 관하여 검사로부터 공소를 제기하거나 제기하지 아니하는 처분(기소중지 또는 참고인중지 결정 제외)의 통보를 받거나 검찰송치를 하지 아니하는 처분(수사중지 결정 제외) 또는 내사사건에 관하여 입건하지 아니하는 처분을 한 때에는 그 날부터 30일 이내에 수사대상이 된 가입자에게 압수·수색·검증을 집행한 사실을 서면으로 통지하여야 한다(§9의3②).

40   판례는 "본법 제9조의3은 전기통신에 대한 압수·수색 집행사실의 가입자에 대한 통지에 관하여 별도의 규정을 두어 통지의 주체를 수사기관으로 한정하고 통지의 시기도 압수·수색 직후가 아닌 일정 기간 이후로 규정하고 있는데, 이는 전기통신에 대한 압수·수색의 대상이 된 자의 알권리와 수사상 기밀유지의 필요성을 함께 고려한 것으로 보이고, 이러한 입법 목적을 달성하기 위해서는 제9조의3 이외의 다른 법률에 기하여 수사기관 이외의 제3자가 전기통신에 대한 압수·수색 사항을 가입자에게 별도로 통지하는 것은 제한할 필요가 있는 점, 정보통신망 이용촉진 및 정보보호 등에 관한 법률(이하, 정보통신망법이라 한다.) 제5조는 정보통신망 이용촉진 및 정보보호 등에 관하여 다른 법률에서 특별히 규정된 경우 이외에는 이 법으로 정하는 바에 따른다고 규정하고 있어, 다른 법률이 제3자에 대한 개인정보 제공 현황의 통지에 관하여 달리 규정하고 있는 경우에는 정보통신망법의 적용이 배제되는데, 전기통신에 대한 압수·수색 집행사실의 통지에 관하여 통지의 주체, 시기, 절차를 별도로 규정한 제9조의3은 정보통신망법 제30조 제2항 제2호, 제4항의 특칙에 해당하는 점, 전기통신에 대한 압수·수색 시 수사기관은 가입자의 전기통신 일시, 상대방의 가입자번호, 사용도수 등 통신사실 확인자료에 해당하는 사항 또한 제공받게 되므로 전기통신에

대한 압수·수색은 통신사실 확인자료 제공과 불가분적으로 결합되어 있고, 송·수신이 완료된 전기통신에 대한 압수·수색에 관하여 본법 제11조 제2항[29]이 직접 준용되지는 아니하나, 전기통신사업자가 통신사실 확인자료 제공 사항에 관하여는 비밀준수의무를 부담하면서도 통신사실 확인자료 제공 사항과 불가분적으로 결합된 전기통신에 대한 압수·수색 사항에 대하여는 비밀준수의무를 부담하지 아니한다고 보면 통신사실 확인자료 제공 사항에 관한 비밀준수의 취지가 몰각되므로, 통신사실 확인자료 제공 사항과 마찬가지로 전기통신에 대한 압수·수색 사항에 관하여도 전기통신사업자가 비밀준수의무를 부담한다고 볼 것인 점 등을 종합적으로 고려하면, 전기통신사업자는 정보통신망법 제30조 제2항 제2호, 제4항에 기한 이용자의 이메일 압수·수색 사항의 열람 제공 요구에 응할 의무가 없다."고 판시하였다.[30]

4. 통지대상자의 문제

통지대상자의 범위를 확대하는 방안을 검토할 필요가 있다는 의견이 있다.[31] 이 견해는 현재 통지대상자가 우편물 검열대상자나 전기통신의 가입자 또는 수사대상인 된 가입자에 국한되고 있으므로 당해 대상자의 상대방은 집행사실을 전혀 알 수 없는 문제점이 있다고 하면서, 감청이나 압수·수색 대상자의 상대방 입장에서 보면 영장 없이 자신의 대화가 감청을 당하거나 자신의 이메일 등 전기통신자료가 압수·수색을 당한 결과가 된다는 것이다. 그러나 수사기관에서 대상자나 가입자의 상대방에게 통지를 하게 되면 대상자가 피의자였던 사실 등 대상자가 원치 않는 사실이 상대방에게 공개되어 또 다른 피해가 발생할 우려가 농후하고, 대상자의 상대방에게 통지를 하지 않더라도 그 상대방의 법익침해 정도는 미약하며, 일반 압수·수색의 경우에도 대상자에게는 수많은 다른 사람들이 보내온 서신 등이 있으나 그 상대방에게 통보를 하지는 않고 있고, 감청이나 압수·수색 대상자의 상대방 입장에서 보더라도 대상자의 범죄행

41

29　통신제한조치에 관여한 통신기관의 직원 또는 그 직에 있었던 자는 통신제한조치에 관한 사항을 외부에 공개하거나 누설하여서는 아니된다.
30　대판 2015. 2. 12, 2011다76617.
31　박상기·전지연·한상훈, 형사특별법(2판), 162.

위 등으로 인해 영장이 발부된 상태이므로 영장 없이 감청을 당하거나 압수·수색을 당한 것으로 보는 것은 무리가 있으며, 본법 제11조,[32] 제13조의5[33] 등은 수사기관, 통신기관 및 누구든지 통신제한조치 등으로 알게 된 내용을 공개하거나 누설하지 못하도록 하고 있는 점 등을 종합하면, 통지대상자를 확대하는 것은 신중을 기할 필요가 있다고 할 것이다.

VI. 통신사실 확인자료제공의 절차 및 통지

1. 통신사실 확인자료제공의 절차

42   검사 또는 사법경찰관은 수사 또는 형의 집행을 위하여 필요한 경우 전기통신사업법에 의한 전기통신사업자(전기통신사업자)에게 통신사실 확인자료의 열람이나 제출(통신사실 확인자료제공)을 요청할 수 있다(§13①). 검사 또는 사법경찰관은 제1항에도 불구하고 수사를 위하여 통신사실확인자료 중 제2조 제11호 바목·사목 중 실시간 추적자료, 특정한 기지국에 대한 통신사실확인자료가 필요한 경우에는 다른 방법으로는 범죄의 실행을 저지하기 어렵거나 범인의 발견·확보 또는 증거의 수집·보전이 어려운 경우에만 전기통신사업자에게 해당 자료의 열람이나 제출을 요청할 수 있다. 다만, 제5조 제1항 각 호의 어느 하나에 해당하는 범죄 또는 전기통신을 수단으로 하는 범죄에 대한 통신사실확인자료가 필요한 경우에는 제1항에 따라 열람이나 제출을 요청할 수 있다(§13②).[34]

---

32 통신비밀보호법 제11조(비밀준수의 의무) ① 통신제한조치의 허가·집행·통보 및 각종 서류작성 등에 관여한 공무원 또는 그 직에 있었던 자는 직무상 알게 된 통신제한조치에 관한 사항을 외부에 공개하거나 누설하여서는 아니된다.
  ② 통신제한조치에 관여한 통신기관의 직원 또는 그 직에 있었던 자는 통신제한조치에 관한 사항을 외부에 공개하거나 누설하여서는 아니된다.
  ③ 제1항 및 제2항에 규정된 자 외에 누구든지 이 법에 따른 통신제한조치로 알게 된 내용을 이 법에 따라 사용하는 경우 외에는 이를 외부에 공개하거나 누설하여서는 아니 된다.
  ④ 법원에서의 통신제한조치의 허가절차·허가여부·허가내용 등의 비밀유지에 관하여 필요한 사항은 대법원규칙으로 정한다.
33 통신비밀보호법 제13조의5(비밀준수의무 및 자료의 사용 제한) 제11조 및 제12조의 규정은 제13조의 규정에 의한 통신사실 확인자료제공 및 제13조의4의 규정에 의한 통신사실 확인자료제공에 따른 비밀준수의무 및 통신사실확인자료의 사용제한에 관하여 이를 각각 준용한다.
34 본 조항은 ① 헌재 2018. 6. 28, 2012헌마191, 550, 2014헌마357(병합)[통신비밀보호법(2005. 5. 26. 법률 제7503호로 개정된 것) 제13조 제1항 중 '검사 또는 사법경찰관은 수사를 위하여 필

통신사실 확인자료제공을 요청하는 경우에는 요청사유, 해당 가입자와의 연 　43
관성 및 필요한 자료의 범위를 기록한 서면으로 관할 지방법원(보통군사법원 포함)
또는 지원의 허가를 받아야 한다. 다만, 관할 지방법원 또는 지원의 허가를 받
을 수 없는 긴급한 사유가 있는 때에는 통신사실 확인자료제공을 요청한 후 지
체 없이 그 허가를 받아 전기통신사업자에게 송부하여야 한다(§13③). 긴급한 사
유로 통신사실확인자료를 제공받았으나 지방법원 또는 지원의 허가를 받지 못한
경우에는 지체 없이 제공받은 통신사실확인자료를 폐기하여야 한다(§13④).

검사 또는 사법경찰관은 통신사실 확인자료제공을 받은 때에는 해당 통신 　44
사실 확인자료제공요청사실 등 필요한 사항을 기재한 대장과 통신사실 확인자
료제공요청서 등 관련자료를 소속기관에 비치하여야 한다(§13⑤). 지방법원 또

요한 경우 전기통신사업법에 의한 전기통신사업자에게 제2조 제11호 바목, 사목의 통신사실 확
인자료의 열람이나 제출을 요청할 수 있다' 부분은 헌법에 합치되지 아니한다. 위 법률조항은
2020. 3. 31.을 시한으로 개정될 때까지 계속 적용한다.](헌법재판소는 수사기관은 위치정보 추
적자료를 통해 특정 시간대 정보주체의 위치 및 이동상황에 대한 정보를 취득할 수 있으므로 위
치정보 추적자료는 충분한 보호가 필요한 민감한 정보에 해당되는 점, 그럼에도 이 사건 요청조
항은 수사기관의 광범위한 위치정보 추적자료 제공요청을 허용하여 정보주체의 기본권을 과도
하게 제한하는 점, 위치정보 추적자료의 제공요청과 관련하여서는 실시간 위치추적 또는 불특정
다수에 대한 위치추적의 경우 보충성 요건을 추가하거나 대상범죄의 경중에 따라 보충성 요건을
차등적으로 적용함으로써 수사에 지장을 초래하지 않으면서도 정보주체의 기본권을 덜 침해하
는 수단이 존재하는 점, 수사기관의 위치정보 추적자료 제공요청에 대해 법원의 허가를 거치도
록 규정하고 있으나 수사의 필요성만을 그 요건으로 하고 있어 절차적 통제마저도 제대로 이루
어지기 어려운 현실인 점 등을 고려할 때, 이 사건 요청조항은 과잉금지원칙에 반하여 청구인들
의 개인정보자기결정권과 통신의 자유를 침해한다고 결정하였다.)과 ② 헌재 2018. 6. 28, 2012
헌마538[통신비밀보호법(2005. 5. 26. 법률 제7503호로 개정된 것) 제13조 제1항 중 '검사 또는
사법경찰관은 수사를 위하여 필요한 경우 전기통신사업법에 의한 전기통신사업자에게 제2조 제
11호 가목 내지 라목의 통신사실 확인자료의 열람이나 제출을 요청할 수 있다' 부분은 헌법에
합치되지 아니한다. 위 법률조항은 2020. 3. 31.을 시한으로 개정될 때까지 계속 적용한다.][헌
법재판소는 이동전화의 이용과 관련하여 필연적으로 발생하는 통신사실 확인자료는 비록 비내
용적 정보이지만 여러 정보의 결합과 분석을 통해 정보주체에 관한 정보를 유추해낼 수 있는 민
감한 정보인 점, 수사기관의 통신사실 확인자료 제공요청에 대해 법원의 허가를 거치도록 규정
하고 있으나 수사의 필요성만을 그 요건으로 하고 있어 제대로 된 통제가 이루어지기 어려운
점, 기지국수사의 허용과 관련하여서는 유괴·납치·성폭력범죄 등 강력범죄나 국가안보를 위협
하는 각종 범죄와 같이 피의자나 피해자의 통신사실 확인자료가 반드시 필요한 범죄로 그 대상
을 한정하는 방안 또는 다른 방법으로는 범죄수사가 어려운 경우(보충성)를 요건으로 추가하는
방안 등을 검토함으로써 수사에 지장을 초래하지 않으면서도 불특정 다수의 기본권을 덜 침해하
는 수단이 존재하는 점을 고려할 때, 이 사건 요청조항은 과잉금지원칙에 반하여 청구인의 개인
정보자기결정권과 통신의 자유를 침해한다고 결정하였다.]에 따라, 2019년 12월 31일 법률 제
16849호로 신설되었다.

는 지원은 통신사실 확인자료제공 요청허가청구를 받은 현황, 이를 허가한 현황 및 관련된 자료를 보존하여야 한다(§13⑥). 전기통신사업자는 검사, 사법경찰관 또는 정보수사기관의 장에게 통신사실 확인자료를 제공한 때에는 자료제공현황 등을 연 2회 과학기술정보통신부장관에게 보고하고, 해당 통신사실 확인자료 제공사실등 필요한 사항을 기재한 대장과 통신사실 확인자료제공요청서 등 관련자료를 통신사실 확인자료를 제공한 날부터 7년간 비치하여야 한다(§13⑦).

45   법원은 재판상 필요한 경우에는 민사소송법 제294조 또는 형사소송법 제272조의 규정에 의하여 전기통신사업자에게 통신사실확인자료제공을 요청할 수 있다(§13의2).

46   정보수사기관의 장은 국가안전보장에 대한 위해를 방지하기 위하여 정보수집이 필요한 경우 전기통신사업자에게 통신사실 확인자료제공을 요청할 수 있다(§13의4①).

2. 통신사실 확인자료제공의 통지

47   검사 또는 사법경찰관은 제13조의 규정에 의하여 통신사실 확인자료제공을 받은 사건에 관하여 공소를 제기하거나, 공소제기·검찰송치를 하지 아니하는 처분(기소중지·참고인중지 또는 수사중지 결정 제외) 또는 입건을 하지 아니하는 처분을 한 경우에는 그 처분을 한 날부터 30일 이내에 통신사실 확인자료제공을 받은 사실과 제공요청기관 및 그 기간 등을 통신사실 확인자료제공의 대상이 된 당사자에게 서면으로 통지하여야 한다. 고위공직자범죄수사처 검사가 고위공직자범죄수사처 설치 및 운영에 관한 법률 제26조 제1항에 따라 서울중앙지방검찰청 소속 검사에게 관계 서류와 증거물을 송부한 사건에 관하여 이를 처리하는 검사로부터 공소를 제기하거나 제기하지 아니하는 처분(기소중지 또는 참고인중지 결정 제외)의 통보를 받은 경우, 사법경찰관이 형사소송법 제245조의5 제1호에 따라 검사에게 송치한 사건으로서 검사로부터 공소를 제기하거나 제기하지 아니하는 처분(기소중지 또는 참고인중지 결정 제외)의 통보를 받은 경우에는 그 통보를 받은 날부터 30일 이내에 서면으로 통지하여야 한다(§13의3①(i)).

48   기소중지·참고인중지 또는 수사중지 결정을 한 경우에는 그 결정을 한 날부터 1년(§6⑧ 각 호의 어느 하나에 해당하는 범죄인 경우에는 3년)이 경과한 때부터

30일 이내에 서면으로 통지하여야 한다. 다만, 고위공직자범죄수사처 검사가 고위공직자범죄수사처 설치 및 운영에 관한 법률 제26조 제1항에 따라 서울중앙지방검찰청 소속 검사에게 관계 서류와 증거물을 송부한 사건에 관하여 이를 처리하는 검사로부터 기소중지 또는 참고인중지 결정의 통보를 받은 경우, 사법경찰관이 형사소송법 제245조의5 제1호에 따라 검사에게 송치한 사건으로서 검사로부터 기소중지 또는 참고인중지 결정의 통보를 받은 경우에는 그 통보를 받은 날로부터 1년(§6⑧ 각 호의 어느 하나에 해당하는 범죄인 경우에는 3년)이 경과한 때부터 30일 이내에 서면으로 통지하여야 한다(§13의3①(ii)).

　　또한, 수사가 진행 중인 경우에는 통신사실 확인자료제공을 받은 날부터 1년(§6⑧ 각 호의 어느 하나에 해당하는 범죄인 경우에는 3년)이 경과한 때부터 30일 이내에 서면으로 통지하여야 한다(§13의3①(iii)).　　49

　　제13조 제1항 제2호 및 제3호에도 불구하고 국가의 안전보장, 공공의 안녕질서를 위태롭게 할 우려가 있는 경우, 피해자 또는 그 밖의 사건관계인의 생명이나 신체의 안전을 위협할 우려가 있는 경우, 증거인멸·도주·증인 위협 등 공정한 사법절차의 진행을 방해할 우려가 있는 경우, 피의자·피해자 또는 그 밖의 사건관계인의 명예나 사생활을 침해할 우려가 있는 경우에는 그 사유가 해소될 때까지 그 통지를 유예할 수 있다(§13의3②). 검사 또는 사법경찰관은 제2항에 따라 통지를 유예하려는 경우에는 소명자료를 첨부하여 미리 관할 지방검찰청 검사장의 승인을 받아야 한다. 다만, 고위공직자범죄수사처 검사가 제2항에 따라 통지를 유예하려는 경우에는 소명자료를 첨부하여 미리 수사처장의 승인을 받아야 한다(§13의3③).　　50

　　검사 또는 사법경찰관은 제2항의 사유가 해소된 때에는 그 날부터 30일 이내에 제1항에 따른 통지를 하여야 한다(§13의3④). 제1항 또는 제4항에 따라 검사 또는 사법경찰관으로부터 통신사실 확인자료제공을 받은 사실 등을 통지받은 당사자는 해당 통신사실 확인자료제공을 요청한 사유를 알려주도록 서면으로 신청할 수 있다(§13의3⑤). 제5항에 따른 신청을 받은 검사 또는 사법경찰관은 제2항 각 호의 어느 하나에 해당하는 경우를 제외하고는 그 신청을 받은 날부터 30일 이내에 해당 통신사실 확인자료제공 요청의 사유를 서면으로 통지하여야 한다(§13의3⑥).　　51

〔조 재 빈〕　　　　　　　　**509**

52   제1항부터 제5항까지에서 규정한 사항 외에 통신사실 확인자료제공을 받은
사실 등에 관하여는 제9조의2(제3항 제외)를 준용한다(§ 13의3⑦).[35]

VII. 타인의 대화비밀 침해금지

53   누구든지 공개되지 아니한 타인간의 대화를 녹음하거나 전자장치 또는 기
계적 수단을 이용하여 청취할 수 없다(§ 14①). 제4조(불법검열에 의한 우편물의 내용
과 불법감청에 의한 전기통신내용의 증거사용 금지), 제5조(범죄수사를 위한 통신제한조치
의 허가요건), 제6조(범죄수사를 위한 통신제한조치의 허가절차), 제7조(국가안보를 위한
통신제한조치), 제8조(긴급통신제한조치), 제9조(통신제한조치의 집행) 제1항 전단 및
제3항, 제9조의2(통신제한조치의 집행에 관한 통지), 제11조(비밀준수의 의무) 제1항·
제3항·제4항 및 제12조(통신제한조치로 취득한 자료의 사용제한)의 규정은 제14조
제1항의 규정에 의한 녹음 또는 청취에 관하여 이를 적용한다(§ 14②).

54   판례는 '대화의 녹음·청취'에 관하여 본법 제14조 제2항은 제9조 제1항 전
문을 적용하여 집행주체가 집행한다고 규정한다고 규정하면서도, 통신기관 등
에 대한 집행위탁이나 협조요청에 관한 제9조 제1항 후문을 적용하지 않고 있
으나, 이는 '대화의 녹음·청취'의 경우 통신제한조치와 달리 통신기관의 업무와
관련이 적다는 점을 고려한 것일 뿐이므로, 반드시 집행주체가 '대화의 녹음·청
취'를 직접 수행하여야 하는 것은 아니다. 따라서 집행주체가 제3자의 도움을
받지 않고서는 '대화의 녹음·청취'가 사실상 불가능하거나 곤란한 사정이 있는
경우에는 비례의 원칙에 위배되지 않는 한 제3자에게 집행을 위탁하거나 그로
부터 협조를 받아 '대화의 녹음·청취'를 할 수 있다고 봄이 타당하고, 그 경우에
통신기관 등이 아닌 일반 사인에게 대장을 작성하여 비치할 의무가 있다고 볼
것은 아니라고 판시하였다.[36]

---

35 헌재 2018. 6. 28, 2012헌마191[통신비밀보호법(2005. 5. 26. 법률 제7503호로 개정된 것) 제13
   조의3 제1항 중 제2조 제11호 바목, 사목의 통신사실 확인자료에 관한 부분은 헌법에 합치되지
   아니한다. 위 법률조항은 2020. 3. 31.을 시한으로 개정될 때까지 계속 적용한다.]에 따라, 2019
   년 12월 31일 법률 제16849호로 제2항 내지 제6항이 신설되었다.
36 대판 2015. 1. 22, 2014도10978(전).

VIII. 비밀준수의 의무

통신제한조치의 허가·집행·통보 및 각종 서류작성 등에 관여한 공무원 또 55
는 그 직에 있었던 자는 직무상 알게 된 통신제한조치에 관한 사항을 외부에 공
개하거나 누설하여서는 아니된다(§ 11①). 통신제한조치에 관여한 통신기관의 직
원 또는 그 직에 있었던 자는 통신제한조치에 관한 사항을 외부에 공개하거나
누설하여서는 아니된다(§ 11②). 위 제1항 및 제2항에 규정된 자 외에 누구든지
이 법에 따른 통신제한조치로 알게 된 내용을 이 법에 따라 사용하는 경우 외에
는 이를 외부에 공개하거나 누설하여서는 아니 된다(§ 11③). 법원에서의 통신제
한조치의 허가절차·허가여부·허가내용 등의 비밀유지에 관하여 필요한 사항은
대법원규칙으로 정한다(§ 11④).

본법 제11조의 규정은 제13조의 규정에 의한 통신사실 확인자료제공 및 제 56
13조의4의 규정에 의한 통신사실 확인자료제공에 따른 비밀준수의무에 관하여
이를 각각 준용한다(§ 13의5).

IX. 증거능력의 제한 및 증거사용의 제한

1. 증거능력의 제한

본법 제3조의 규정에 위반하여, 불법검열에 의하여 취득한 우편물이나 그 57
내용 및 불법감청에 의하여 지득 또는 채록된 전기통신의 내용은 재판 또는 징
계절차에서 증거로 사용할 수 없다(§ 4). 사생활 및 통신의 불가침을 국민의 기
본권의 하나로 선언하고 있는 헌법규정과 통신비밀의 보호와 통신의 자유 신장
을 목적으로 제정된 본법의 취지에 비추어 볼 때 피고인이나 변호인이 이를 증
거로 함에 동의하였다고 하더라도 달리 볼 것은 아니다.[37]

판례는 수사기관이 제3자로부터 피고인의 범행에 대한 진술을 들은 다음 58
추가적인 증거를 확보할 목적으로 구속수감되어 있던 A에게 그의 압수된 휴대
전화를 제공하여 그로 하여금 피고인과 통화하고 피고인의 본건 범행에 관한

---

[37] 대판 2002. 10. 8, 2002도123; 대판 2009. 12. 24, 2009도11401; 대판 2010. 10. 14, 2010도
9016; 대판 2019. 3. 14, 2015도1900.

통화내용을 녹음하게 한 사안에서, 수사기관이 구속수감된 자로 하여금 피고인의 범행에 관한 통화내용을 녹음하게 한 행위는 수사기관 스스로가 주체가 되어 구속수감된 자의 동의만을 받고 상대방인 피고인의 동의가 없는 상태에서 그들의 통화내용을 녹음한 것으로서 범죄수사를 위한 통신제한조치의 허가 등을 받지 아니한 불법감청에 해당한다고 보아야 할 것이므로 그 녹음 자체는 물론이고 이를 근거로 작성된 수사보고의 기재 내용과 첨부 녹취록 및 첨부 엠피(mp)3파일도 모두 피고인과 변호인의 증거동의에 상관없이 증거능력이 없다고 판시하였다.[38]

59   본법에서 말하는 타인간의 '대화'에 해당하지 않는 '사물에서 발생하는 음향'이나 '상대방에게 의사를 전달하는 말이 아닌 단순한 비명소리나 탄식 등인 사람의 목소리' 등을 형사절차에서 증거로 사용할 수 있는지는 개별적인 사안에서 효과적인 형사소추와 형사절차상 진실발견이라는 공익과 개인의 인격적 이익 등의 보호이익을 비교형량하여 결정하여야 한다. 대화에 속하지 않는 사람의 목소리를 녹음하거나 청취하는 행위가 개인의 사생활의 비밀과 자유 또는 인격권을 중대하게 침해하여 사회통념상 허용되는 한도를 벗어난 것이라면, 단지 형사소추에 필요한 증거라는 사정만을 들어 곧바로 형사소송에서 진실발견이라는 공익이 개인의 인격적 이익 등 보호이익보다 우월한 것으로 섣불리 단정해서는 안 된다. 그러나 그러한 한도를 벗어난 것이 아니라면 위와 같은 소리를 들었다는 진술을 형사절차에서 증거로 사용할 수 있다.[39]

60   판례는 구 특정경제범죄가중처벌등에관한법률위반(공갈) 피고사건에서, 피

38 대판 2010. 10. 14, 2010도9016.
39 대판 2017. 3. 15, 2016도19843. 제3자가 평소 친분이 있던 피해자와 통화를 마친 후 전화가 끊기지 않은 상태에서 휴대전화를 통하여 1-2분간 '악'하는 소리와 '우당탕' 소리를 들었다고 진술한 사안에서, '악'하는 소리와 '우당탕' 소리는 특별한 사정이 없는 한 본법의 '타인간의 대화'에 해당하지 않고, 위와 같은 소리는 막연히 몸싸움이 있었다는 것 외에 사생활에 관한 다른 정보는 제공하지 않는 점, 제3자가 소리를 들은 시간이 길지 않은 점, 소리를 듣게 된 동기와 상황, 제3자와 피해자의 관계 등을 종합하면, 위 소리는 본법에서 보호하는 '타인간의 대화'에 준하는 것으로 보아 증거능력을 부정할 만한 특별한 사정이 있다고 보기도 어려우며, 제3자의 청취행위가 피해자 등의 사생활의 영역에 관계된 것이라 하더라도, 위와 같은 청취 내용과 시간, 경위 등에 비추어 보면 개인의 인격적 이익 등을 형사절차상의 공익과 비교형량하여 보면, 제3자의 위 진술을 상해 부분에 관한 증거로 사용하는 것이 피해자 등의 사생활의 비밀과 자유 또는 인격권을 위법하게 침해한다고 볼 수 없어 그 증거의 제출은 허용된다고 판단하였다.

해자 토지구획정리사업조합의 대표자 A가 디지털 녹음기로 피고인과의 대화를 녹음한 후 저장된 녹음파일 원본을 컴퓨터에 복사하고 디지털 녹음기의 파일 원본을 삭제한 다음 대화를 다시 녹음하는 과정을 반복하여 작성한 녹음파일 사본과 해당 녹취록의 증거능력이 문제된 사안에서, 제반 사정에 비추어 녹음파일 사본은 타인간의 대화를 녹음한 것이 아니므로 타인의 대화비밀 침해를 규정한 본법 제14조의 적용 대상이 아니고, 복사 과정에서 편집되는 등의 인위적 개작 없이 원본 내용 그대로 복사된 것으로 대화자들이 진술한 대로 녹음된 것이 인정되며, 녹음 경위, 대화 장소, 내용 및 대화자 사이의 관계 등에 비추어 그 진술이 특히 신빙할 수 있는 상태하에서 행하여진 것으로 인정된다는 이유로, 녹음파일 사본과 녹취록의 증거능력을 인정하였다.[40]

2. 증거사용의 제한

본법 제9조의 규정에 의한 통신제한조치의 집행으로 인하여 취득된 우편물 또는 그 내용과 전기통신의 내용은 ① 통신제한조치의 목적이 된 제5조 제1항에 규정된 범죄나 이와 관련되는 범죄를 수사·소추하거나 그 범죄를 예방하기 위하여 사용하는 경우, ② 제1호의 범죄로 인한 징계절차에 사용하는 경우, ③ 통신의 당사자가 제기하는 손해배상소송에서 사용하는 경우, ④ 기타 다른 법률의 규정에 의하여 사용하는 경우 외에는 사용할 수 없다(§ 12). 본법 제12조의 규정은 제13조의 규정에 의한 통신사실 확인자료제공 및 제13조의4의 규정에 의한 통신사실 확인자료제공에 따른 통신사실 확인자료의 사용제한에 관하여 이를 준용한다(§ 13의5).

통신사실 확인자료 제공요청에 의하여 취득한 통화내역 등 통신사실 확인자료를 범죄의 수사·소추를 위하여 사용하는 경우, 대상범죄는 통신사실 확인자료 제공요청의 목적이 된 범죄 및 이와 관련된 범죄에 한정되어야 한다. 여기서 통신사실 확인자료 제공요청의 목적이 된 범죄와 '관련된 범죄'란 통신사실 확인자료제공요청 허가서에 기재한 혐의사실과 '객관적 관련성'이 있고, 자료제공 요청대상자와 피의자 사이에 '인적 관련성'이 있는 범죄를 의미한다. 그중 혐

61

62

---

40 대판 2012. 9. 13, 2012도7461.

의사실과의 '객관적 관련성'은, 통신사실 확인자료제공요청 허가서에 기재된 혐의사실 자체 또는 그와 기본적 사실관계가 동일한 범행과 직접 관련되어 있는 경우는 물론 범행 동기와 경위, 범행 수단 및 방법, 범행 시간과 장소 등을 증명하기 위한 간접증거나 정황증거 등으로 사용될 수 있는 경우에도 인정될 수 있다. 다만, 본법이 통신사실 확인자료의 사용범위를 제한하고 있는 것은 특정한 혐의사실을 전제로 제공된 통신사실 확인자료가 별건의 범죄사실을 수사하거나 소추하는데 이용되는 것을 방지함으로써 통신의 비밀과 자유에 대한 제한을 최소화하는데 입법 취지가 있다. 따라서 그 관련성은 통신사실 확인자료제공요청 허가서에 기재된 혐의사실의 내용과 수사의 대상 및 수사 경위 등을 종합하여 구체적·개별적 연관관계가 있는 경우에만 인정되고, 혐의사실과 단순히 동종 또는 유사 범행이라는 사유만으로 관련성이 있는 것은 아니다. 그리고 피의자와 사이의 '인적 관련성'은 통신사실 확인자료제공요청 허가서에 기재된 대상자의 공동정범이나 교사범 등 공범이나 간접정범은 물론 필요적 공범 등에 대한 피고사건에 대해서도 인정될 수 있다.[41]

63   판례는 ① 甲의 국가보안법위반죄에 대한 증거의 수집을 위하여 발부된 통신제한조치허가서에 의하여 피고인과 乙 사이 또는 피고인과 丙 사이의 통화내용을 감청하여 작성한 녹취서는 위 통신제한조치의 목적이 된 甲의 국가보안법위반죄나 그와 관련된 범죄를 위하여 사용되어야 하고, 피고인의 국가보안법위반죄에 대한 증거로 사용될 수 없다고 판시하였다.[42]

64   또한, ② 甲과 乙에 대한 공직선거법위반 사건의 수사과정에서 확보한 통화내역은 본법에 따라 법원의 허가를 받았다고 하더라도 피고인에 대한 공소사실은 甲과 乙에 대한 공직선거법위반죄와는 아무 관련이 없으므로 이를 피고인에 대한 공소사실을 입증하는 증거로 사용할 수 없다고 판시하였다.[43]

65   판례는 통신제한조치로 취득한 본건 편지의 존재 및 일부 내용이 이미 압

41 대판 2017. 1. 25, 2016도13489. 본 판결 평석은 이완규, "영장에 의해 취득한 통신사실확인자료 증거사용 제한 규정의 문제점", 형사판례연구 [26], 한국형사판례연구회, 박영사(2018), 395-438.
42 대판 2002. 12. 22, 2000도5461. 본 판결 해설은 노만경, "검사 작성의 피의자신문조서의 일부를 발췌한 초본의 증거능력과 통신제한조치허가서의 통신제한조치대상자가 아닌 자들 사이의 전기통신에 대한 감청에 의하여 수집된 증거의 사용범위", 해설 43, 법원도서관(2003), 649-664.
43 대판 2014. 10. 27, 2014도2121.

수·수색영장 청구과정에서 언론에 공개되었고, 그 이후 피고인들이 이를 기자 간담회에서 공개하게 된 것은 야당의 공세에 대한 해명 차원에서 이루어진 것 이며, 본건 편지가 북한의 대남공작 차원에서 보내진 것이라 할지라도, 이러한 사정들은 본법 제12조 소정의 예외 사유 어디에도 해당하지 않으므로, 그러한 사정만으로는 통신제한조치에 의하여 압수된 본건 편지 내용을 공개하는 것이 정당화될 수 없다고 판시하였다.[44]

X. 통신비밀보호법위반죄

본법 제16조 제1항 제1호는 우편물의 검열 또는 전기통신의 감청을 하거나 공개되지 아니한 타인간의 대화를 녹음 또는 청취한 행위를 처벌하는 규정이고, 제2호는 우편물의 검열 또는 전기통신의 감청을 하거나 공개되지 아니한 타인 간의 대화를 녹음 또는 청취하여 알게 된 내용을 공개하거나 누설하는 행위를 처벌하는 규정이다(각 1년 이상 10년 이하의 징역과 5년 이하의 자격정지). 제2항 제2 호(10년 이하의 징역), 제3항(7년 이하의 징역) 및 제4항(5년 이하의 징역)은 통신제한 조치에 관여한 자가 비밀준수의무를 위반하여 통신제한조치에 관한 사항을 외 부에 공개하거나 누설하는 행위를 처벌하는 규정이다.[45]

판례는 ① 방송사 기자인 피고인이 구 국가안전기획부 내 정보수집팀이 대 기업 고위관계자와 모 중앙일간지 사주 간의 사적 대화를 불법 녹음하여 생성한 녹음테이프와 녹취보고서로서, 1997년 제15대 대통령 선거를 앞두고 위 대기업의 여야 후보 진영에 대한 정치자금 지원 문제 및 정치인과 검찰 고위관계자에 대한 이른바 추석 떡값 지원 문제 등을 논의한 대화가 담겨 있는 도청자료를 입수한 후 그 내용을 자사의 방송프로그램을 통하여 공개한 사안에서, 피고인이 국가기 관의 불법 녹음을 고발하기 위하여 불가피하게 위 도청자료에 담겨있던 대화 내 용을 공개하였다고 보기 어렵고, 위 대화가 보도 시점으로부터 약 8년 전에 이루 어져 그 내용이 보도 당시의 정치질서 전개에 직접적인 영향력을 미친다고 보기 어려운 사정 등을 고려할 때 위 대화 내용이 비상한 공적 관심의 대상이 되는 경

66

67

---

44 대판 1999. 4. 23, 99도636.
45 박상기·전지연·한상훈, 형사특별법(2판), 163.

우에 해당한다고 보기도 어려우며, 피고인이 위 도청자료의 취득에 적극적·주도적으로 관여하였다고 보는 것이 타당하고, 이를 보도하면서 대화 당사자들의 실명과 구체적인 대화 내용을 그대로 공개함으로써 수단이나 방법의 상당성을 결여하였으며, 위 보도와 관련된 모든 사정을 종합하여 볼 때 위 보도에 의하여 얻어지는 이익 및 가치가 통신비밀이 유지됨으로써 얻어지는 이익 및 가치보다 우월하다고 볼 수 없다는 이유로, 피고인의 공개행위가 제20조의 정당행위에 해당하지 않는다고 판시하였다.[46]

68　　　또한, ② 국회의원인 피고인이 구 국가안전기획부 내 정보수집팀이 대기업 고위관계자와 모 중앙일간지 사주 간의 사적 대화를 불법 녹음한 자료를 입수한 후 그 대화내용과, 위 대기업으로부터 이른바 떡값 명목의 금품을 수수하였다는 검사들의 실명이 게재된 보도자료를 작성하여 자신의 인터넷 홈페이지에 게재하

---

46 대판 2011. 3. 17, 2006도8839(전). 「(가) 통신비밀보호법은 같은 법 및 형사소송법 또는 군사법원법의 규정에 의하지 아니한 우편물의 검열 또는 전기통신의 감청, 공개되지 아니한 타인 간의 대화의 녹음 또는 청취행위 등 통신비밀에 속하는 내용을 수집하는 행위(이하 이러한 행위들을 '불법 감청·녹음 등'이라고 한다)를 금지하고 이를 위반한 행위를 처벌하는 한편(제3조 제1항, 제16조 제1항 제1호), 불법 감청·녹음 등에 의하여 수집된 통신 또는 대화의 내용을 공개하거나 누설하는 행위를 동일한 형으로 처벌하도록 규정하고 있다(제16조 제1항 제2호). 이와 같이 통신비밀보호법이 통신비밀의 공개·누설행위를 불법 감청·녹음 등의 행위와 똑같이 처벌대상으로 하고 법정형도 동일하게 규정하고 있는 것은, 통신비밀의 침해로 수집된 정보의 내용에 관계없이 정보 자체의 사용을 금지함으로써 당초 존재하지 아니하였어야 할 불법의 결과를 용인하지 않겠다는 취지이고, 이는 불법의 결과를 이용하여 이익을 얻는 것을 금지함과 아울러 그러한 행위의 유인마저 없애겠다는 정책적 고려에 기인한 것이다.
(나) 불법 감청·녹음 등에 관여하지 아니한 언론기관이, 그 통신 또는 대화의 내용이 불법 감청·녹음 등에 의하여 수집된 것이라는 사정을 알면서도 이를 보도하여 공개하는 행위가 형법 제20조의 정당행위로서 위법성이 조각된다고 하기 위해서는, 첫째 보도의 목적이 불법 감청·녹음 등의 범죄가 저질러졌다는 사실 자체를 고발하기 위한 것으로 그 과정에서 불가피하게 통신 또는 대화의 내용을 공개할 수밖에 없는 경우이거나, 불법 감청·녹음 등에 의하여 수집된 통신 또는 대화의 내용이 이를 공개하지 아니하면 공중의 생명·신체·재산 기타 공익에 대한 중대한 침해가 발생할 가능성이 현저한 경우 등과 같이 비상한 공적 관심의 대상이 되는 경우에 해당하여야 하고, 둘째 언론기관이 불법 감청·녹음 등의 결과물을 취득할 때 위법한 방법을 사용하거나 적극적·주도적으로 관여하여서는 아니 되며, 셋째 보도가 불법 감청·녹음 등의 사실을 고발하거나 비상한 공적 관심사항을 알리기 위한 목적을 달성하는 데 필요한 부분에 한정되는 등 통신비밀의 침해를 최소화하는 방법으로 이루어져야 하고, 넷째 언론이 그 내용을 보도함으로써 얻어지는 이익 및 가치가 통신비밀의 보호에 의하여 달성되는 이익 및 가치를 초과하여야 한다. 여기서 이익의 비교·형량은, 불법 감청·녹음된 타인 간의 통신 또는 대화가 이루어진 경위와 목적, 통신 또는 대화의 내용, 통신 또는 대화 당사자의 지위 내지 공적 인물로서의 성격, 불법 감청·녹음 등의 주체와 그러한 행위의 동기 및 경위, 언론기관이 불법 감청·녹음 등의 결과물을 취득하게 된 경위와 보도의 목적, 보도의 내용 및 보도로 인하여 침해되는 이익 등 제반 사정을 종합적으로 고려하여 정하여야 한다.」

였다고 하여 본법 위반으로 기소된 사안에서, 같은 취지로 피고인의 행위를 제20조의 정당행위에 해당한다고 볼 수 없다고 판단하였다.[47]

    본법에 의하여 처벌되는 모든 범죄유형에 대한 미수범은 처벌한다(§ 18). 그러나 구체적으로 미수범의 성립을 상정하기 어려운 행위유형도 있다. 예를 들면, 통신제한조치허가서 또는 긴급감청서 등의 표지의 사본을 보존하지 않은 죄(§ 17① (i))의 미수형태는 어떠한 경우인지 불분명하다. 본법 제17조 제1항 제2호의 경우도 마찬가지이다.[48]

〔조 재 빈〕

---

47 대판 2011. 5. 13, 2009도14442.
48 박상기·전지연·한상훈, 형사특별법(2판), 164.

[특별법 II] 부정경쟁방지 및 영업비밀보호에 관한 법률

제18조(벌칙) ① 영업비밀을 외국에서 사용하거나 외국에서 사용될 것임을 알면서도 다음 각 호의 어느 하나에 해당하는 행위를 한 자는 15년 이하의 징역 또는 15억원 이하의 벌금에 처한다. 다만, 벌금형에 처하는 경우 위반행위로 인한 재산상 이득액의 10배에 해당하는 금액이 15억원을 초과하면 그 재산상 이득액의 2배 이상 10배 이하의 벌금에 처한다. 〈개정 2019. 1. 8.〉

　1. 부정한 이익을 얻거나 영업비밀 보유자에 손해를 입힐 목적으로 한 다음 각목의 어느 하나에 해당하는 행위

　　가. 영업비밀을 취득·사용하거나 제3자에게 누설하는 행위

　　나. 영업비밀을 지정된 장소 밖으로 무단으로 유출하는 행위

　　다. 영업비밀 보유자로부터 영업비밀을 삭제하거나 반환할 것을 요구받고도 이를 계속 보유하는 행위

　2. 절취·기망·협박, 그 밖의 부정한 수단으로 영업비밀을 취득하는 행위

　3. 제1호 또는 제2호에 해당하는 행위가 개입된 사실을 알면서도 그 영업비밀을 취득하거나 사용(제13조제1항에 따라 허용된 범위에서의 사용은 제외한다)하는 행위

② 제1항 각 호의 어느 하나에 해당하는 행위를 한 자는 10년 이하의 징역 또는 5억원 이하의 벌금에 처한다. 다만, 벌금형에 처하는 경우 위반행위로 인한 재산상 이득액의 10배에 해당하는 금액이 5억원을 초과하면 그 재산상 이득액의 2배 이상 10배 이하의 벌금에 처한다. 〈개정 2019. 1. 8.〉

③ (생략)

④ (생략)

⑤ 제1항과 제2항의 징역과 벌금은 병과(倂科)할 수 있다. 〈개정 2013. 7. 30.〉

[전문개정 2007. 12. 21.]

제18조의2(미수) 제18조제1항 및 제2항의 미수범은 처벌한다.

[전문개정 2007. 12. 21.]

제18조의3(예비·음모) ① 제18조제1항의 죄를 범할 목적으로 예비 또는 음모한 자는 3년 이하의 징역 또는 3천만원 이하의 벌금에 처한다.〈개정 2019. 1. 8.〉 ② 제18조제2항의 죄를 범할 목적으로 예비 또는 음모한 자는 2년 이하의 징역 또는 2천만원 이하의 벌금에 처한다. 〈개정 2019. 1. 8.〉
[전문개정 2007. 12. 21.]

제19조(양벌규정) 법인의 대표자나 법인 또는 개인의 대리인, 사용인, 그 밖의 종업원이 그 법인 또는 개인의 업무에 관하여 제18조제1항부터 제4항까지의 어느 하나에 해당하는 위반행위를 하면 그 행위자를 벌하는 외에 그 법인 또는 개인에게도 해당 조문의 벌금형을 과(科)한다. 다만, 법인 또는 개인이 그 위반행위를 방지하기 위하여 해당 업무에 관하여 상당한 주의와 감독을 게을리하지 아니한 경우에는 그러하지 아니하다. 〈개정 2013. 7. 30.〉
[전문개정 2008. 12. 26.]

I. 연 혁 - 영업비밀 보호 관련 ·············· 519
II. 영업비밀 보호의 취지 ···················· 521
III. 영업비밀의 의의 ························· 522
　1. 영업비밀의 비밀성 ··················· 522
　2. 영업비밀의 경제성 ··················· 524
　3. 영업비밀의 관리성 ··················· 524
　4. 영업활동에 유용한 기술상 또는
　　경영상의 정보 ······················· 526
IV. 영업비밀의 귀속 ························· 527
V. 비밀유지의무 ···························· 529

　1. 비밀유지의무의 발생 ················· 529
　2. 퇴직 후의 비밀유지의무 ············· 531
　3. 퇴직 후의 경업금지 ················· 531
VI. 영업비밀침해 입증의 어려움 ··········· 533
VII. 영업비밀의 침해행위 ·················· 534
　1. 개 요 ······························ 534
　2. 일반 영업비밀 침해(§18②) ·········· 535
　3. 해외사용 목적 영업비밀 침해
　　(§18①) ···························· 541
　4. 처 벌 ······························ 542

I. 연 혁 - 영업비밀 보호 관련

부정경쟁방지 및 영업비밀보호에 관한 법률은 1961년 12월 30일에 제정되어 1962년 1일 1일부터 시행되었는데, 1991년 12월 31일 영업비밀 보호에 관한 규정이 신설되었다. 이는 과학기술투자의 확대와 기술혁신에 따라 산출되는 기술상·경영상 유용한 정보(영업비밀)의 중요성이 높아지고 있으므로 영업비밀의

1

도용 등 침해행위를 방지하여 기업 간의 건전한 경쟁질서를 확립하기 위함이었다. 이어 1998년 12월 31일에는 영업비밀의 보호에 관한 내용의 비중이 커지고 있는 점을 반영하여 법의 제명을 '부정경쟁방지법'에서 '부정경쟁방지 및 영업비밀보호에 관한 법률'(이하, 부정경쟁방지법이라 한다.)로 변경하는 한편, 당시 우리 기업의 기술수준이 향상되고 국제교류가 증대됨에 따라 핵심기술의 유출 등 영업비밀 침해행위의 증가가 우려되는 상황에 효율적으로 대처할 수 있도록 손해액 산정에 관한 특칙 신설, 벌칙 강화 등 관련 규정을 보완하였다.

2　　　2004년 1월 20일에는 기업의 영업비밀 보호를 강화하기 위하여 기업의 영업비밀 침해행위의 처벌대상을 모든 위반자로 확대하고, 보호되는 기업의 영업비밀에 경영상 영업비밀을 추가하며, 기업의 영업비밀을 침해한 자에 대한 형사처벌을 강화하는 한편, 친고죄 규정을 삭제하고 미수범과 예비·음모자를 처벌하는 등의 개정이 이루어졌다.

3　　　2009년 12월 30일에는 막대한 국가 이익의 손실과 함께 국가 경쟁력의 저하로 이어지는 국내기술의 해외유출을 방지하기 위하여 외국에서 사용될 것임을 알면서 기업의 영업비밀을 취득·사용한 자에 대해서도 이를 제3자에게 누설한 자와 동일하게 처벌하도록 하였다.

4　　　2013년 7월 30일에는 영업비밀 침해 관련 소송 시 영업비밀 보유사실의 입증 부담을 완화하기 위하여 영업비밀 원본증명제도를 도입하고, 개인의 경제활동이 활발해지고 이에 맞추어 기업 외에 개인이나 비영리기관이 보유한 영업비밀 보호의 필요성이 증대됨에 따라 개인이나 비영리기관의 영업비밀을 유출한 자도 형사처벌의 대상으로 포함시키는 등 제도개선을 하였다.

5　　　2015년 1월 28일에는 비밀유지에 필요한 '상당한 노력'을 '합리적인 노력'으로 완화하고, 원본증명서를 발급받은 자가 원본등록된 정보를 보유하는 것으로 추정하는 규정을 신설함으로써 중소기업의 영업비밀 보호를 강화하고 영업비밀 보유자의 입증곤란을 완화하였다.[1]

---

1 그 외에도 2007년 12월 21일에는 기업의 중요하고 유용한 경제적 가치를 가지는 영업비밀이 외국으로 유출되는 사례가 빠른 속도로 늘어나고 있음에 따라 영업비밀을 외국으로 유출하는 자에 대한 징역형의 법정형을 상향조정하였고, 2011년 12월 2일에는 '대한민국과 미합중국 간의 자유무역협정 및 대한민국과 미합중국 간의 자유무역협정에 관한 서한교환'의 합의 사항에 따라 법원으로 하여금 부정경쟁행위 등으로 인한 침해에 관한 소송에서 당사자가 제출한 준비서면 등에

2019년 1월 8일에는 비밀유지에 필요한 '합리적 노력'이 없더라도 비밀로 6
유지되었다면 영업비밀로 인정받을 수 있도록 영업비밀의 요건을 완화하고, 영
업비밀 침해행위에 대해 손해액의 3배의 범위에서 징벌적 손해배상제도를 도입
하며, 영업비밀 침해행위의 유형을 확대하고, 영업비밀 유출에 대한 벌칙 수준
을 상향하였다.

II. 영업비밀 보호의 취지

글로벌 경쟁시대에 있어 특정 국가의 국제경쟁력은 기업이 가진 첨단기술 7
정보의 총체적 가치에 의해 좌우되는 경향이 점차로 짙어지고 있다. 이런 정보
들에 대하여 해당 보유자는 특허법 소정의 절차에 따라 특허출원하여 그 기술
정보를 일반 공중에 공개한 대가로 일정 기간 독점권을 확보하기도 한다. 그러
나 경영판단의 차원에서 볼 때 그와 같은 공개가 부적절하다고 판단되면, 당사
자는 이를 영업비밀로 분류하여 비공개상태 하에서 영구히 관리하는 경우도 많
다. 이렇게 특허출원되지 않고 영업비밀로 간직된 정보라도 그에 대한 다른 경
제주체의 부당한 침해를 방치할 경우에는 공정한 경쟁질서가 무너질 것임은 자
명하다.[2]

이처럼 부정경쟁방지법상 영업비밀에 대한 보호는 연구개발의 결과 얻게 8
된 기술정보나 상당한 경험을 통해서 얻게 된 경영정보를 법적으로 보호해 줌
으로써 보다 적극적으로 연구개발 투자를 하도록 유도하고, 그럼으로써 기술의
발전 또는 더 나아가 산업의 발전을 유도하기 위한 것이다.[3]

그러나 영업비밀의 법적 보호를 통해서 기술의 발전 또는 산업의 발전을 유 9
도한다고 하는 법정책적 목표의 달성은 결코 쉽지 않다. 영업비밀의 보호가 미약
할 때에는 교묘한 산업스파이나 기술인력의 부당한 스카우트가 성행할 것이고,

영업비밀이 포함되어 있고 그 영업비밀이 공개되면 당사자의 영업에 지장을 줄 우려가 있는 경
우 등에는 당사자의 신청에 따라 결정으로 해당 영업비밀을 알게 된 자에게 소송 수행 외의 목
적으로 영업비밀을 사용하는 행위 등을 하지 아니할 것을 명할 수 있는 비밀유지명령제도를 도
입하고, 비밀유지명령 신청 및 취소와 관련된 절차 등을 규정하였다.
2 정상조·박준석, 지식재산권법(4판), 홍문사(2019), 677.
3 정상조·박준석, 지식재산권법(4판), 677.

그와 반대로 영업비밀의 보호가 지나치게 강력하게 되면 부당한 경쟁제한을 초래하여 영업의 자유가 제한되거나 직업선택의 자유가 침해되어 오히려 산업발전에 악영향을 미치게 되기 때문이다. 결국, 영업비밀 보호의 법정책적 목표의 달성은 영업비밀보유자의 이익과 종업원 또는 경쟁업자의 이익의 균형된 보호를 이룰 수 있는 내용과 범위로 영업비밀을 보호해 줌으로써만 가능한 것이다.[4]

10　　　판례는 영업비밀 침해행위를 금지시키는 것은 침해행위자가 그러한 침해행위에 의하여 공정한 경쟁자보다 '유리한 출발(headstart)' 내지 '시간절약(lead time)'이라는 우월한 위치에서 부당하게 이익을 취하지 못하도록 하고, 영업비밀 보유자로 하여금 그러한 침해가 없었더라면 원래 있었을 위치로 되돌아갈 수 있게 하는 데에 그 목적이 있다 할 것이므로, 영업비밀 침해행위의 금지는 이러한 목적을 달성하는 데 필요한 시간적 범위 내에서 기술의 급속한 발달상황 및 변론에 나타난 침해행위자의 인적·물적 시설 등을 고려하여 침해행위자나 다른 공정한 경쟁자가 독자적인 개발이나 역설계와 같은 합법적인 방법에 의하여 그 영업비밀을 취득하는 데 필요한 시간에 상당한 기간 동안으로 제한하여야 하고, 영구적인 금지는 제재적인 성격을 가지게 될 뿐만 아니라 자유로운 경쟁을 조장하고 종업원들이 그들의 지식과 능력을 발휘할 수 있게 하려는 공공의 이익과 상치되어 허용될 수 없다고 한다.[5]

III. 영업비밀의 의의

11　　　본법에서 말하는 '영업비밀'이라 함은 공공연히 알려져 있지 아니하고 독립된 경제적 가치를 가지는 것으로서, 비밀로 관리된 생산방법, 판매방법, 그 밖에 영업활동에 유용한 기술상 또는 경영상의 정보를 말한다(§ 2(ii)).

1. 영업비밀의 비밀성

12　　　영업비밀로 보호받기 위해서는 해당 정보가 '공연히 알려져 있지 아니할 것'을 요한다. 이는 영업비밀의 요건으로서 비공지성 또는 비밀성이라고 한다.

---

4 정상조·박준석, 지식재산권법(4판), 677.
5 대판 1996. 12. 23, 96다16605; 대판 1998. 2. 13, 97다24528; 대판 2009. 3. 16, 2008마1097.

비밀로 관리하는 노력을 해왔다는 사실만으로는 부족하고, 해당 정보가 간행물 등의 매체에 실리는 등 불특정 다수인에게 알려져 있지 않기 때문에 보유자를 통하지 아니하고는 정보를 통상 입수할 수 없는 객관적 비밀성이 요구된다.[6]

　보유자 이외의 주체가 해당 정보를 알고 있다고 하더라도 비밀유지의무가 있는 경우에는 비밀성을 유지하는 것이라고 보아야 한다.[7] 한편, 영업비밀에 해당되는 기술이나 정보가 비밀성을 상실하고 일반 공중에 공개되면 영업비밀로서의 보호를 받을 수 없게 된다.[8] 하나의 발명에 대해서는 1개의 권리만이 성립할 수 있는 특허와 달리, 비밀보유자 이외의 제3자도 동일한 정보를 지득하고 있으나 그 또한 이를 자신만의 영업비밀로서 관리하고 있어서 그 정보가 아직 일반 공중에게는 알려지지 않았다면, 여전히 각자의 영업비밀로서 비밀성이 인정된다.[9]

　특허출원을 하기 위한 특허출원서에는 발명의 명세서와 필요한 도면 및 요약서를 첨부하여야 하고, 발명의 상세한 설명에는 그 발명이 속하는 기술 분야에서 통상의 지식을 가진 자가 용이하게 실시할 수 있을 정도로 그 발명의 목적·구성 및 효과를 기재하여야 하며, 특허청구 범위에는 발명이 명확하고 간결하게 그 구성에 없어서는 아니되는 사항을 기재하여야 하므로, 그 기술 분야에서 통상의 지식을 가진 자라면 누구든지 공개된 자료를 보고 실시할 수 있다 할 것이므로 비밀성은 상실된 것으로 보아야 할 것이다.[10] 다만 공지된 정보를 단순히 조합한 것은 그 자체로는 비밀성을 인정하기 어렵지만, 공지된 정보에 자신의 영업활동의 결과를 더하여 분석하고 가공한 정보는 영업비밀성을 인정할 수 있을 것이다.[11]

6　대판 2009. 7. 9, 2006도7916; 대판 2020. 2. 27, 2016도14642.

7　최정열·이규호, 부정경쟁방지법(3판), 진원사(2019), 279.

8　정상조·박준석, 지식재산권법(4판), 679는 영업비밀에 관한 사용허락계약(trade secret license)이 체결된 후에 일반 공중에 공개되어 비밀성을 상실하게 된 경우에 더 이상 사용료(royalty)를 받을 수 없는가의 문제는 일률적으로 말하기 어렵고, 계약체결당사자들의 의사가 무엇인지 구체적으로 살펴보아야 할 것이라고 한다.

9　최정열·이규호, 부정경쟁방지법(3판), 279.

10　대판 2004. 9. 23, 2002다60610; 대판 2011. 2. 10, 2010고합408, 1120. 그러나 손승우, 지식재산권법의 이해(3판), 도서출판 동방문화사(2019), 391은 특허출원을 위해 출원서를 제출한 후에도 해당 출원정보가 공개되기 전이라면 비공지성은 만족된다고 볼 수 있다고 한다.

11　최정열·이규호, 부정경쟁방지법(3판), 279.

2. 영업비밀의 경제성

15　　영업비밀은 '독립된 경제적 가치'를 가진 정보를 말한다. '독립된 경제적 가치'를 가진다는 것은 그 정보의 보유자가 그 정보의 사용을 통해 경쟁자에 대하여 경쟁상의 이익을 얻을 수 있거나 또는 그 정보의 취득이나 개발을 위해 상당한 비용이나 노력이 필요하다는 것을 말한다.[12] 어떠한 정보가 위와 같은 요건을 모두 갖추었다면 바로 영업활동에 이용될 수 있을 정도의 완성된 단계에 이르지 못하였거나, 실제 제3자에게 아무런 도움을 준 바 없거나, 누구나 시제품만 있으면 실험을 통하여 알아낼 수 있는 정보라고 하더라도 해당 정보를 영업비밀로 보는데 장애가 되는 것은 아니다.[13] 그러나 본법의 목적에 비추어, 예컨대 탈세방법, 공해물질을 단속에 걸리지 않고 배출하는 방법 등 반사회적인 정보는 보호의 대상이 되는 영업비밀이 될 수 없다.[14]

3. 영업비밀의 관리성

16　　영업비밀은 비밀로서 관리되고 유지되는 한도에서 본법의 보호를 받을 수 있고, 영업비밀로 관리되고 있지 않거나 영업비밀 보유자의 의사에 반하여 비밀유지의무가 없는 불특정 다수인에게 공개된 경우에는 더 이상 영업비밀로서 인정될 수 없다.[15] 이때 영업비밀로서 관리된다는 것은 영업비밀 보유자의 주관적 인식이나 의사와 무관하게, 객관적으로 그 정보가 비밀로 유지·관리되고 있으며, 또 제3자가 그 비밀성을 객관적으로 인식할 수 있어야 한다.[16]

17　　영업비밀로 보호받기 위한 비밀관리 노력의 구체적인 예로는 직원교육, 문서관리규칙 제정, 영업비밀 분류 및 표시, 비밀유지의무 부여 및 전직금지계약

---

12 대판 2009. 7. 9, 2006도7916.
13 대판 2008. 2. 15, 2005도6223.
14 조영선, 지적재산권법(4판), 박영사(2019), 520-521.
15 최정열·이규호, 부정경쟁방지법(3판), 291.
16 대판 2008. 7. 10, 2008도3435. 조영선, 지적재산권법(4판), 521은 2019년 개정법이 '합리적 노력에 의해' 영업비밀로 유지될 것이라는 요건을 '영업비밀로 관리된'으로 변경하였으나, 영업비밀의 요건에서 '비밀관리의 노력 및 정도'를 보지 않고 영업비밀로 보호하는 것은 비교법적으로 이례에 속하는 점, 어차피 종래 법원이 '합리적인 노력'에 관하여 영업비밀 보유자의 능력이나 규모 등을 고려하여 탄력적 판단을 해 온 점을 감안하면, 법 개정에도 불구하고 이에 대한 법원의 판단기준이 크게 바뀔 것으로는 예상되지 않는다고 한다.

체결, 출입통제, 네트워크 및 저장매체에 대한 보안, 주요시설의 분리, 퇴직자 관리 등을 들 수 있다.[17]

　　2015년 개정 이전에는 '상당한 노력에 의하여 비밀로 유지된' 정보를 영업 비밀로 정의하였다. 당시 판례는 해당 정보가 비밀이라고 인식될 수 있는 표시를 하거나 고지를 하고, 그 정보에 접근할 수 있는 대상자나 접근 방법을 제한하거나 그 정보에 접근한 자에게 비밀준수의무를 부과하는 등 객관적으로 그 정보가 비밀로 유지·관리되고 있다는 사실이 인식가능한 상태인 경우에 비밀관리성을 인정하였다.[18] 또한, 이러한 유지·관리를 위한 노력이 상당했는지는 영업비밀 보유자의 예방조치의 구체적 내용, 해당 정보에 접근을 허용할 영업상의 필요성, 영업비밀 보유자와 침해자 사이의 신뢰관계와 그 정도, 영업비밀의 경제적 가치, 영업비밀 보유자의 사업 규모와 경제적 능력 등을 종합적으로 고려해야 한다고 판시하였다.[19]

18

　　그러나 고주파 수술기의 제조방법에 관한 문서에 비밀유지의무가 부과되지 아니하였고, 고주파 수술기의 부품 구성 및 부품 소자의 규격 값이 용이하게 파악될 수 있는 경우,[20] 회사의 프로그램 개발업무를 수행하던 피고인들이 입사 시 영업비밀유지 서약서를 작성하고, 퇴사 시에는 기업비밀은 회사의 자산이므로 반출하지 않았음으로 확인한다는 기업비밀보호 서약서를 작성하였더라도 회사가 프로그램 파일의 비밀을 유지함에 필요한 별다른 보안장치나 보안관리규정을 두고 있지 않았고, 중요도에 따라 프로그램파일을 분류하거나 대외비 또는 기밀자료라는 특별한 표시를 하지도 않았으며, 연구원들이 회사의 파일서버에 자유롭게 접근할 수 있어서 저장된 정보를 별다른 제한없이 열람·복사할 수 있었고, 복사된 저장매체도 언제든지 반출할 수 있었던 경우[21] 등은 비밀유지의

19

---

17 손승우, 지식재산권법의 이해(3판), 393-394. 조영선, 지적재산권법(4판), 522는 비밀유지 노력으로 인정될 수 있는 유형으로는 영업비밀이 저장되어 있는 매체에 물리적인 접근을 막는 조치를 취해 두거나 보관 시스템을 구축하는 행위, 업무상 영업비밀에 접근 가능한 종업원에게 근로계약 등을 통해 비밀유지의무를 부과하고 관리·감독하는 행위, 거래 상대방 등에게 계약을 통해 비밀유지의무를 부과하는 행위 등을 들 수 있다고 한다.
18 대판 2012. 6. 28, 2011도3657.
19 대판 2019. 10. 31, 2017도13791.
20 대판 2010. 12. 23, 2008다44542.
21 대판 2010. 7. 15, 2008도9066.

상당성을 인정하지 않았다.

20   2015년 개정 이후에는 비밀관리성 요건을 완화하여 '합리적 노력에 의하여 비밀로 유지된' 정보를 영업비밀로 정의하였다. 이는 미국의 통일영업비밀법 (Uniform Trade Secret Act)과 미국의 연방법인 경제스파이법(Economic Espionage Act) 의 비밀관리성 요건을 모델로 한 것이다.[22] 2015년 개정법은 자금사정이 좋지 않은 중소기업 가운데에는 기술개발에만 치중하고 영업비밀 보호를 위한 충분한 시스템을 구축하지 못한 나머지 영업비밀을 유출당하고도 '비밀관리성'을 인정받지 못하는 사례가 다수 있었던 사정을 고려하여 중소기업을 보호하는 데 일조할 수 있도록 한 것이다.

21   하급심 판례는 비밀로 유지하기 위한 '합리적 노력'을 기울였는지 여부는 해당 정보에 대한 접근을 제한하는 등의 조치를 통해 객관적으로 정보가 비밀로 유지·관리되고 있다는 사실이 인식 가능한 상태가 유지되고 있는지 여부를 해당 정보에 대한 ① 물리적·기술적 관리, ② 인적·법적 관리, ③ 조직적 관리가 이루어졌는지 여부에 따라 판단하되, 각 조치가 '합리적'이었는지 여부는 영업비밀 보유 기업의 규모, 해당 정보의 성질과 가치, 해당 정보에 일상적인 접근을 허용하여야 할 영업상의 필요성이 존재하는지 여부, 영업비밀 보유자와 침해자 사이의 신뢰관계의 정도, 과거에 영업비밀을 침해당한 전력이 있는지 여부 등을 종합적으로 고려해 판단해야 할 것이라고 판단하였다.[23]

        연혁에서 살펴본 바와 같이 2019년 1월 8일 법개정으로 '합리적 노력에 의하여 비밀로 유지된'이 '비밀로 관리된'으로 변경되어 영업비밀의 관리성 요건이 완화되었다.

4. 영업활동에 유용한 기술상 또는 경영상의 정보

22   영업비밀은 생산방법, 판매방법, 그 밖에 영업활동에 유용한 기술상 또는 경영상의 정보를 말한다.

23   '영업활동에 유용한'이라 함은 '영업상 활용될 수 있는 경제적 가치를 가지는 것'을 의미한다. 여기서의 '영업'의 개념은 반드시 '영리목적사업'에 한정되지 않

---

22 최정열·이규호, 부정경쟁방지법(3판), 293.
23 의정부지판 2016. 9. 27, 2016노1670.

고, 경제적 수지계산 위에서 행하는 사업 일반을 가리키는 것으로 이해된다.[24] 경제적 '유용성'은 절대적인 것을 의미하는 것은 아니고 상대적인 것이며, 그 정도도 높게 보아서는 안된다. 따라서 영업비밀을 보유함으로써 지니게 되는 경쟁사업자에 대한 우위가 매우 근소한 것인 경우에도 경제적 유용성은 인정될 수 있으며, 이러한 경쟁의 우위가 영구적일 필요도 없고, 일정기간 약간이라도 경쟁상의 우위를 점할 수 있는 정보면 충분하다.[25] 상품개발계획 또는 판매계획 등과 같이 영업활동에 직접 이용되는 성질의 정보는 물론이고, 그 밖에 경쟁관계에 있는 상대방에게 유용하게 활용될 수 있는 정보, 상대방이 알면 경쟁의 우위가 사라지는 정보는 모두 경제성이 있다.[26] 기업의 영업범위 이외의 정보가 영업비밀이 되느냐는 논란이 있지만 장래의 영업에 관계가 있는 유용한 정보는 포함된다고 하겠다.[27]

영업비밀로서 보호받을 수 있는 '기술상의 정보'는 기계의 설계도, 제품의 제조방법, 연구개발 보고서 및 실험데이터, 물질의 배합 방법, 컴퓨터프로그램, 건축디자인 등 기능성 있는 디자인, 공개전의 특허 출원정보 등 공업기술에 사용되는 일체의 지식을 말한다.[28] '경영상의 정보'는 영업으로서의 경제활동에 사용되는 지식으로서, 경쟁회사가 보유하고 있지 않은 고객명부, 기업의 주요 계획, 매뉴얼류, 상품의 가격산정기준, 급여의 산정, 재무경리, 경영분석 등이 모두 여기에 속한다.[29]

IV. 영업비밀의 귀속

근로자가 회사에 근무하면서 지득하게 된 업무상 지식이 모두 회사의 영업비밀로 인정되는 것은 아니다. 근로자가 근로계약에 따라 직장에서 근무하기 전부터 가지고 있던 학력과 경력 과정에서 취득한 지식이나 정보는 물론, 직장에

24

25

---

24 조영선, 지적재산권법(4판), 522.
25 최정열·이규호, 부정경쟁방지법(3판), 288.
26 최정열·이규호, 부정경쟁방지법(3판), 288.
27 손승우, 지식재산권법의 이해(3판), 395.
28 손승우, 지식재산권법의 이해(3판), 383-385; 조영선, 지적재산권법(4판), 522.
29 손승우, 지식재산권법의 이해(3판), 385-387; 조영선, 지적재산권법(4판), 522.

서의 근무 내용 등에 비추어 경험이나 독자적인 연구 등에 의하여 체득하게 된 일반적인 지식, 기술, 경험, 친분관계 등은 비록 해당 회사의 교육이나 업무과정에서 취득하게 된 것이 바탕이라고 하더라도 그 자신에게 귀속되는 인격적 성질의 것이지 회사의 영업비밀이라 할 수 없다.[30]

26   다만 일반적 지식이라 하더라도 근로자의 기억만으로는 알 수 없고 회사의 소유인 특정한 도면, 계산식, 일람표 등을 참조해야만 알 수 있는 경우에는, 근로자에게 인격적으로 귀속되는 것이라고 보기 어렵다.[31] 판례는 근로자가 영업비밀의 일부를 직접 연구·개발하였다고 하여 근로자에게 귀속되는 것이라 할 수 없고, 해당 정보의 성질에 따라 회사에 고용되어 급여를 받으면서 담당한 업무 그 자체이고, 회사의 기자재와 연구 설비 및 다른 연구원의 연구 결과를 참조하여 연구한 것이며, 근로자가 일반적인 지식, 기술, 경험 등을 활용하여 쉽게 알 수 있는 것이 아닌 이상 회사의 영업비밀이 된다고 판시하였다.[32]

27   기업이 근로자와의 사이에 영업비밀의 귀속에 관한 계약을 해 둔 경우에는 그 계약에 따른다. 그러나 종업원의 직무범위와도 무관하고 기업의 시설이나 근무시간 밖에서 개발된 기술이나 정보의 경우에는, 계약의 자유보다는 경쟁의 자유 내지 직업선택의 자유를 중시해서 계약의 효력을 부인해야 할 경우도 있을 것이다. 또한, 근로계약이 해지된 이후에 착안하게 된 기술에 대해서까지 기업이 권리를 가지도록 한 계약조항도 마찬가지로 공서양속에 반하여 무효라고 볼 수 있다.[33]

28   영업비밀의 귀속에 관한 명시적인 계약이 없는 경우에는 근로계약의 해석 문제와 본법의 해석 문제가 발생한다. 영업비밀이 특허법상의 발명이나 저작물에 해당될 수 있고, 근로자가 개발한 기술에 대해서 특허출원하거나 저작물로 공표한 경우에는 각 해당 법률규정에 따라 그에 대한 권리가 귀속된다. 즉 특허법은 특약이 없는 한 근로자의 직무상 발명이 근로자에 귀속된다(발명진흥법 §10, §15)고 보는데 반해서, 저작권법은 특약이 없는 한 근로자가 직무상 저작한 저

---

30 최정열·이규호, 부정경쟁방지법(3판), 309.
31 최정열·이규호, 부정경쟁방지법(3판), 309.
32 대판 1996. 12. 23, 96다16605.
33 정상조·박준석, 지식재산권법(4판), 687.

                            〔조 재 빈〕

작물이 사용자 또는 기업에 귀속된다고 본다(저작권법 §9).[34] 종업원이 개발한 기술이나 정보가 비밀로 유지되어 본법상 보호될 수 있는 영업비밀에 해당하는 경우에는, 사용자 또는 기업과의 계약에 의해서 그 귀속을 정하지 않는 한 그 비밀성의 특성으로 인해서 종업원이 개발한 기술이나 정보는 일단 그 근로자에게 귀속된다고 해석된다. 다만, 근로자가 스스로 개발한 기술이나 정보를 사용자 또는 기업에 알리거나 직무상 사용하는 과정에서 그에 대한 권리의 귀속에 관한 명시적 또는 묵시적 합의가 이루어지는 경우가 많을 것이다. 특히 첨단기술과 지적 산물에 관한 기업의 투자경향에 비추어 볼 때, 근로자가 그 직무범위 내에서 기업의 시설과 근무시간을 이용하여 개발하게 된 영업비밀은 기업에 이전하기로 하는 묵시적 합의가 있다고 볼 수 있는 경우가 많을 것이다.[35]

V. 비밀유지의무

본법은 절취, 기망, 협박, 그 밖의 부정한 수단이나 비밀유지의무위반 등으로 영업비밀을 취득하거나 그와 같이 취득한 영업비밀을 사용·공개하는 행위를 영업비밀침해행위로 규정하고 있다(§2(iii)). 제3자가 절취, 기망, 협박 등의 수단에 의해서 영업비밀을 취득하거나 사용·공개하는 경우에는 보호대상이 무엇인지 그리고 침해행위가 무엇인지 판단하는 것이 비교적 쉽지만, 영업비밀보유자의 종업원과 같이 일정한 계약관계에 있는 내부자에 의해서 영업비밀이 침해되었다고 주장하는 경우에는 과연 종업원의 일반지식과 영업비밀을 어떻게 구별하고 종업원이 어떠한 범위의 비밀유지의무를 부담하는지의 문제가 어려운 문제로 제기된다. 따라서 영업비밀침해의 판단은 비밀유지의무를 확인하는 것으로부터 시작된다.[36]

29

1. 비밀유지의무의 발생

종업원이 고용주와의 사이에 체결한 근로계약이나 취업규칙에 명백히 영업

30

34　정상조·박준석, 지식재산권법(4판), 688.
35　정상조·박준석, 지식재산권법(4판), 688.
36　정상조·박준석, 지식재산권법(4판), 689.

비밀누설금지 등의 비밀유지의무가 규정되어 있는 경우에는, 계약위반과 영업
비밀침해의 책임을 추궁할 수 있음에 이론의 여지가 없다.[37]

31   그러나 근로계약이나 취업규칙에서 비밀유지의무를 명백히 규정하고 있지
않은 경우에는, 본법 제2조 제3호 라목에서 '계약관계 등에 따라 영업비밀을 비
밀로서 유지하여야 할 의무가 있는 자가 부정한 이익을 얻거나 그 영업비밀의
보유자에게 손해를 입힐 목적으로 그 영업비밀을 사용하거나 공개하는 행위'를
영업비밀침해행위 중 하나로 규정하고 있으므로, 이를 근거로 종업원은 근로계
약기간 중 영업비밀침해 행위가 금지된다고 볼 수 있다.[38] 판례도 '계약관계 등
에 따라 영업비밀을 비밀로서 유지하여야 할 의무'라 함은 계약관계의 존속 중
은 물론 종료 후라도 또한 반드시 명시적으로 계약에 의하여 비밀유지의무를
부담하기로 약정한 경우뿐만 아니라 인적 신뢰관계의 특성 등에 비추어 신의칙
상 또는 묵시적으로 그러한 의무를 부담하기로 약정하였다고 보아야 할 경우를
포함한다고 판시하였다.[39]

32   다만 근로계약 등에 명시적인 비밀유지의무 규정이 없으면 종업원이 지켜
야 할 구체적인 비밀유지의무의 범위가 불분명하게 되기 때문에, 영업비밀보유
자가 주장하는 영업비밀침해행위가 묵시적 비밀유지의무의 범위 내에 속하는
것이라는 것을 입증하기 어려운 경우도 있을 것이다. 영미에서도 종업원의 묵시
적 비밀유지의무를 인정하고 있다.[40]

33   판례는 피고인이 회사의 직원으로서 재직 당시 영업비밀과 관련하여 계약
등 어떠한 명시적 비밀유지의무를 부과받은 사실이 없을 뿐만 아니라, 조관공정
에서 일하는 조관기술자일 뿐, 다심관 생산의 전반적인 공정에 관여하고 있지도
않았으며, 영업비밀에 관한 보안교육을 받거나 전직을 제한하는 요구를 받은 사
실도 없으므로 피고인은 본법상의 계약관계 등에 의하여 비밀유지의무가 부과

---

37 정상조·박준석, 지식재산권법(4판), 689.
38 정상조·박준석, 지식재산권법(4판), 689-690은 근로계약에 비밀유지의무가 명시되어 있지 아니
    한 경우에도 예컨대 이사 등의 임원에 대해서는 명시적으로 비밀유지의무가 부과되어 있고(상
    §382의4, §415) 일반 근로자에 대하여는 근로계약에 기한 근로자의 성실의무의 내용으로서 비
    밀유지의무가 있다고 보는 것이 일반적인 견해라고 한다.
39 대판 1996. 12. 23, 96다16605.
40 정상조·박준석, 지식재산권법(4판), 690.

된 자에 해당하지 않는다고 판단하였다.[41]

2. 퇴직 후의 비밀유지의무

근로계약과 비밀유지의무의 성질 및 영업비밀보유자의 배타적 지배권의 속 　34
성을 고려해 볼 때, 근로계약 만료 후의 비밀유지의무에 관한 특약이 없더라도
종업원은 퇴직 후에 그 고용주 또는 영업비밀의 보유자를 해하지 아니할 의무
를 가진다고 보는 것이 타당하다.[42]

판례도 '계약관계 등에 따라 영업비밀을 비밀로서 유지하여야 할 의무'는 　35
반드시 명시적으로 계약에 의하여 비밀유지의무를 무담하기로 약정한 경우뿐만
아니라 인적 신뢰관계의 특성 등에 비추어 신의칙상 또는 묵시적으로 그러한
의무를 부담하기로 약정하였다고 보아야 할 경우를 포함하며, 계약관계의 존속
중은 물론 종료 후에도 없어진다고 보기 어렵다는 취지로 판시하였다.[43] 다만
영업비밀 침해행위의 금지는 기술의 급속한 발달상황 및 변론에 나타난 침해행
위자의 인적·물적 시설 등을 고려하여 침해행위자나 다른 공정한 경쟁자가 독
자적인 개발이나 역설계와 같은 합법적인 방법에 의하여 그 영업비밀을 취득하
는 데 필요한 시간에 상당한 기간 동안으로 제한하여야 하고, 영구적인 금지는
제재적인 성격을 가지게 될 뿐만 아니라 자유로운 경쟁을 조장하고 종업원들이
그들의 지식과 능력을 발휘할 수 있게 하려는 공공의 이익과 상치되어 허용될
수 없다고 판시한다.[44]

미국의 하급심판례의 입장도 계약상의 명시적 비밀유지의무뿐만 아니라 묵 　36
시적 비밀유지의무도 종업원의 퇴직 후에까지 적용된다.[45]

3. 퇴직 후의 경업금지

퇴직 후에 경쟁업체에의 취직을 금지하거나 경쟁적인 영업의 수행을 금지 　37
하는 소위 경업금지의무에 관한 계약조항이 있는 경우, 특히 경업금지의무의 기

---

41 대판 2003. 1. 24, 2001도4331.
42 정상조·박준석, 지식재산권법(4판), 691.
43 대판 1996. 12. 23, 96다16605.
44 대판 1996. 12. 23, 96다16605; 대판 1998. 2. 13, 97다24528; 대판 2009. 3. 16, 2008마1097.
45 정상조·박준석, 지식재산권법(4판), 691.

간이나 보상 여부 또는 지역 및 영업의 범위 등이 제한되어 구체화되어 있지 않은 경우에는 그러한 경업금지의무의 강제로 인해서 직업선택의 자유가 침해될 수 있다.[46]

38　　판례는 ① 근로자가 전직한 회사에서 영업비밀과 관련된 업무에 종사하는 것을 금지하지 않고서는 회사의 영업비밀을 보호할 수 없다고 인정되는 경우에는 구체적인 전직금지약정이 없다고 하더라도 본법 제10조 제1항에 의한 침해행위의 금지 또는 예방 및 이를 위하여 필요한 조치 중의 하나로서 그 근로자로 하여금 전직한 회사에서 영업비밀과 관련된 업무에 종사하는 것을 금지하도록 하는 조치를 취할 수 있다고 판시하였고,[47] ② 경업금지 약정이 직업선택의 자유와 근로자의 권리 등을 제한하는 의미가 있으므로 근로자가 사용자와의 약정에 의하여 경업금지기간을 정한 경우에도 보호할 가치 있는 사용자의 이익, 근로자의 퇴직전 지위, 퇴직 경위, 근로자에 대한 대상 제공 여부 등 제반 사정을 고려하여 약정한 경업금지기간이 과도하게 장기라고 인정될 때에는 적당한 범위로 경업금지기간을 제한할 수 있다고 판시하였다.[48]

39　　또한, ③ 영업비밀 침해행위의 금지는 공정하고 자유로운 경쟁의 보장 및 인적 신뢰관계의 보호 등의 목적을 달성함에 필요한 시간적 범위 내로 제한되어야 하고, 그 범위를 정함에 있어서는 영업비밀인 기술정보의 내용과 난이도, 영업비밀 보유자의 기술정보 취득에 소요된 기간과 비용, 영업비밀의 유지에 기울인 노력과 방법, 침해자들이나 다른 공정한 경쟁자가 독자적인 개발이나 역설계와 같은 합법적인 방법에 의하여 그 기술정보를 취득하는데 필요한 시간, 침해자가 종업원인 경우에는 사용자와의 관계에서 그에 종속하여 근무하였던 기간, 담당 업무나 직책, 영업비밀에의 접근 정도, 영업비밀보호에 관한 내규나 약정, 종업원이었던 자의 생계활동 및 직업선택의 자유와 영업활동의 자유, 지적재산권의 일종으로서 존속기간이 정해져 있는 특허권 등의 보호기간과의 비교, 그 밖에 심문에 나타난 당사자의 인적·물적 시설 등을 고려하여 합리적으로 결정하여야 한다고 판시하였다.[49]

---

46 정상조·박준석, 지식재산권법(4판), 693.
47 대결 2003. 7. 16, 2002마4380.
48 대결 2007. 3. 29, 2006마1303.
49 대판 1998. 2. 13, 97다24528; 대결 2017. 4. 13, 2016마1630; 대결 2019. 3. 14, 2018마7100.

미국 미시건주의 독점규제법은 퇴직 후의 종업원의 영업비밀누설 등의 금지 **40**
또는 경업금지를 내용으로 하는 계약조항은 그 금지기간, 지역적 제한, 금지하는
영업의 종류 등을 고려해 볼 때 합리적이라고 판단되는 경우에 한하여 유효하고,
불합리하다고 판단되는 한도에서는 법원이 합리적이라고 판단되는 내용으로 당
해 계약조항의 효력을 제한할 수 있는 재량을 가지도록 규정하고 있다.[50]

VI. 영업비밀침해 입증의 어려움

문제된 정보가 영업비밀에 해당되고 영업비밀보유자와 침해자와의 사이에 **41**
비밀유지의무가 있다거나 비밀을 침해해서는 아니 될 관계가 있음을 입증한 경
우에도, 영업비밀보유자로서는 침해자가 허락없이 자신의 영업비밀을 절취했거
나 이용했다는 사실을 입증해야 한다.[51]

영업비밀의 취득, 사용, 공개를 입증함에 있어서는 영업비밀의 무형성이라 **42**
고 하는 특징으로 인하여 대부분의 경우에 직접증거를 제시하는 것은 거의 불
가능하고, 주변의 정황사실을 뒷받침하는 간접증거가 유일한 증거가 될 수 있
다. 영업비밀침해에 관한 직접증거의 대부분은 침해자의 수중에 있고, 영업비밀
이라고 하는 무형재산을 부정취득하거나 사용 또는 공개하는 것을 보았다고 하
는 증인도 없는 경우가 많을 것이며, 더욱이 비밀유지의무를 가진 종업원이 스
스로 영업비밀을 공개했다고 자백하는 경우도 드물기 때문이다.[52]

미국 법원이 설시한 영업비밀의 취득, 사용, 공개를 인정할 수 있는 중요한 **43**
정황사실들로는 영업비밀보유자와 종업원 사이의 오랜 기간의 근로계약관계,
문제된 제품들의 동일성 또는 경쟁업체의 부당히 '유리한 출발(head start)'이나
'기획에서 제품화까지의 시간절약(lead time)' 등을 들 수 있다.[53]

---

50 정상조·박준석, 지식재산권법(4판), 693.
51 정상조·박준석, 지식재산권법(4판), 694.
52 정상조·박준석, 지식재산권법(4판), 694.
53 정상조·박준석, 지식재산권법(4판), 694.

VII. 영업비밀의 침해행위

1. 개　요

44　　본법 제18조 제1항의 부정경쟁방지법위반(영업비밀국외누설등)죄는 영업비밀을 외국에서 사용하거나 외국에서 사용될 것임을 알면서 제2항에 해당하는 행위를 한 자를 가중처벌하는 규정이다.

45　　제18조 제2항의 부정경쟁방지법위반(영업비밀누설등)죄는 ① 부정한 이익을 얻거나 영업비밀 보유자에게 손해를 입힐 목적으로 영업비밀을 취득·사용하거나 제3자에게 누설하는 행위, 영업비밀을 지정된 장소 밖으로 무단으로 유출하는 행위, 영업비밀 보유자로부터 영업비밀을 삭제하거나 반환할 것을 요구받고도 이를 계속 보유하는 행위(§18①(i)), ② 절취·기망·협박, 그 밖의 부정한 수단으로 영업비밀을 취득하는 행위(§18①(ii)), ③ 위 ① 또는 ②의 행위가 개입된 사실을 알면서도 그 영업비밀을 취득하거나 사용하는(§13①[54]에 따라 허용된 범위에서의 사용은 제외) 행위(§18①(iii))를 처벌하는 규정이다.

46　　실무상으로는 영업비밀에 해당하는 정보를 부정취득하거나 외부로 무단 반출하는 경우에는 본법뿐만 아니라 업무상배임죄(§356, §355②)로도 처벌한다.

47　　판례에 의하면, ① 회사직원이 재직 중에 영업비밀 또는 영업상 주요한 자산을 경쟁업체에 유출하거나 스스로의 이익을 위하여 이용할 목적으로 무단으로 반출하였다면, 타인의 사무를 처리하는 자로서 업무상의 임무에 위배하여 유출 또는 반출한 것이어서 유출 또는 반출 시에 업무상배임죄의 기수가 된다.

48　　또한, ② 회사직원이 영업비밀 등을 적법하게 반출하여 반출행위가 업무상배임죄에 해당하지 않는 경우라도, 퇴사 시에 영업비밀 등을 회사에 반환하거나 폐기할 의무가 있음에도 경쟁업체에 유출하거나 스스로의 이익을 위하여 이용할 목적으로 이를 반환하거나 폐기하지 아니하였다면, 이러한 행위 역시 퇴사

---

54 부정경쟁방지법 제13조(선의자에 관한 특례) ① 거래에 의하여 영업비밀을 정당하게 취득한 자가 그 거래에 의하여 허용된 범위에서 그 영업비밀을 사용하거나 공개하는 행위에 대하여는 제10조부터 제12조까지의 규정을 적용하지 아니한다.
② 제1항에서 "영업비밀을 정당하게 취득한 자"란 제2조제3호다목 또는 바목에서 영업비밀을 취득할 당시에 그 영업비밀이 부정하게 공개된 사실 또는 영업비밀의 부정취득행위나 부정공개행위가 개입된 사실을 중대한 과실 없이 알지 못하고 그 영업비밀을 취득한 자를 말한다.

시에 업무상배임죄의 기수가 된다.[55]

　업무상배임죄와 부정경쟁방지법위반(영업비밀국외누설등)죄는 상상적 경합 관계이다.[56]

49

2. 일반 영업비밀 침해(§18②)

(1) 부정한 이익을 얻거나 영업비밀 보유자에 손해를 입힐 목적으로

　본법상 영업비밀을 취득·사용하거나 제3자에게 누설하거나 영업비밀을 지정된 장소 밖으로 무단으로 유출하거나 영업비밀 보유자로부터 영업비밀을 삭제하거나 반환할 것을 요구받고도 이를 계속 보유하는 행위는 부정한 이익을 얻거나 영업비밀 보유자에게 손해를 입힐 목적을 요한다. 즉 본죄는 고의 외에 '부정한 이익을 얻거나 영업비밀 보유자에 손해를 입힐 목적'을 범죄성립요건으로 하는 목적범이고, 그와 같은 목적은 반드시 적극적 의욕이나 확정적 인식이 아니더라도 미필적 인식으로도 된다.[57]

50

　'부정한 이익을 얻을 목적'이란 공서양속이나 신의칙에 반하는 부당한 이익을 얻을 목적을 의미한다. 스스로 부정한 이익을 얻을 목적만이 아니라 제3자에게 부정한 이익을 얻게 할 목적도 포함된다고 해석된다. '영업비밀 보유자에 손해를 입힐 목적'이란 영업비밀 보유자에게 재산상의 손해, 신용의 훼손 기타 유무형의 손해를 가할 목적을 모두 포함한다. 현실적으로 손해가 발생해야 하는 것은 아니다.[58] 판례는 그 목적이 있었는지 여부는 피고인의 직업, 경력, 행위의 동기 및 경위와 수단, 방법, 그리고 영업비밀 보유기업과 영업비밀을 취득한 제3자의 관계 등 여러 사정을 종합하여 사회통념에 비추어 합리적으로 판단하여야 한다고 판시하였다.[59]

51

---

55 대판 2003. 10. 30, 2003도4382; 대판 2008. 4. 24, 2006도9089; 대판 2009. 10. 15, 2008도9433; 대판 2017. 6. 29, 2017도3808; 대판 2021. 5. 7, 2020도17853.
56 대판 2008. 12. 24, 2008도9169.
57 대판 2007. 4. 26, 2006도5080; 대판 2018. 7. 12, 2015도464.
58 최정열·이규호, 부정경쟁방지법(3판), 506-507.
59 대판 2018. 7. 12, 2015도464. 본 판결 해설은 손천우, "산업기술의 유출방지 및 보호에 관한 법률 및 부정경쟁방지 및 영업비밀보호에 관한 법률 위반죄의 구성요건인 목적의 판단 기준", 해설 118, 법원도서관(2019), 457-488.

(2) 영업비밀을 취득·사용하거나 제3자에게 누설

(가) 영업비밀의 '취득'

52 　　영업비밀의 '취득'이란 도면, 사진, 녹음테이프, 필름, 전산정보처리조직에 의하여 처리할 수 있는 형태로 작성된 파일 등 유체물의 점유를 취득하는 형태는 물론이고, 그 외에 유체물의 점유를 취득함이 없이 영업비밀 자체를 직접 인식하고 기억하는 형태 또는 영업비밀을 알고 있는 사람을 고용하는 형태로도 이루어질 수 있다. 그러나 어느 경우에나 사회통념상 영업비밀을 자신의 것으로 만들어 이를 사용할 수 있는 상태가 되었다면 영업비밀을 취득하였다고 할 것이다.[60]

53 　　이에 대하여 영업비밀의 '취득'은 절취, 기망, 협박 등과 같이 부정한 수단에 의하여 자기 또는 제3자로 하여금 영업비밀을 지득하게 하거나, 영업비밀이 기록된 서류나 전자기록매체 혹은 영업비밀이 구현된 물건 등의 점유를 취득하거나 취득하게 하는 것을 말한다고 하는 견해가 있다.[61] 이 견해는 본법 제2조 제3호 가 내지 다목이 절취, 기망, 협박 등 부정한 수단에 의한 영업비밀 취득만을 영업비밀 침해행위로 규정하고 있으므로, 본조의 해석에 있어서도 취득의 경우에는 이와 같은 부정한 수단에 의하여 취득하는 경우만을 말한다고 해석해야 할 것이라고 주장한다.[62] 그러나 판례는 본죄는 '부정한 이익을 얻거나 영업비밀 보유자에게 손해를 입힐 목적으로' 영업비밀을 취득·사용하는 행위를 처벌하도록 규정하고 있을 뿐이고, 영업비밀을 취득하는 행위의 수단과 방법에 대해서는 특별한 제한이 없으므로 영업비밀부정사용죄의 대상이 되는 영업비밀은 본법 제2조 제3호 가목에 정한 '절취, 기망, 협박, 그 밖의 부정한 수단으로 취득'된 영업비밀임을 전제로 하지 않는다고 판단하였다.[63]

54 　　판례는 피고인이 다른 사람의 아이디와 비밀번호로 회사의 사내망에 접속하여 영업비밀인 도면들을 자신의 업무용 컴퓨터로 다운로드받음으로써 그 영업비밀을 자신의 지배영역 내로 옮겨와 자신의 것으로 사용할 수 있게 되었으

---

60 대판 1998. 6. 9, 98다1928(회사가 다른 업체의 영업비밀에 해당하는 기술정보를 습득한 자를 스카우트하였다면, 특별한 사정이 없는 한 그 회사는 그 영업비밀을 취득하였다고 보아야 한다); 대판 2008. 12. 24, 2008도9169; 대판 2009. 10. 15, 2008도9433.
61 최정열·이규호, 부정경쟁방지법(3판), 507.
62 최정열·이규호, 부정경쟁방지법(3판), 508.
63 대판 2009. 7. 9, 2006도7916.

므로 당해 영업비밀을 취득하였다고 보았으나,[64] 기업의 직원으로서 영업비밀을 인지하여 이를 사용할 수 있는 사람이 이를 외부로 무단 반출한 행위는 업무상 배임죄에 해당할 수 있음은 별론으로 하고 영업비밀의 취득에는 해당하지 않으므로, 피고인이 영업비밀을 회사에서 사용하던 이메일 계정에서 개인적으로 사용하던 이메일 계정으로 송부한 행위는 영업비밀의 취득에 해당하지 않는다고 판시하였다.[65]

(나) 영업비밀의 '사용'

영업비밀의 '사용'은 영업비밀 본래의 사용 목적에 따라 이를 상품의 생산·판매 등의 영업활동에 이용하거나 연구·개발사업 등에 활용하는 등으로 기업활동에 직접 또는 간접적으로 사용되는 행위로서 구체적으로 특정이 가능한 행위를 가리킨다. 그리고 당해 영업비밀이 관계된 영업활동에 어떻게 이용 또는 활용되었는지가 영업비밀 본래의 용법 및 속성, 관계된 영업활동의 내용, 진행 정도 등 구체적인 상황 아래에서 어느 정도 특정이 가능한 상태라고 한다면 그 영업비밀을 사용한 것으로 보아야 한다.[66] 그리고 영업비밀인 기술을 단순 모방하여 제품을 생산하는 경우뿐 아니라, 타인의 영업비밀을 참조하여 시행착오를 줄이거나 필요한 실험을 생략하는 경우 등과 같이 제품 개발에 소요되는 시간과 비용을 절약하는 경우 또한 영업비밀의 사용에 해당한다.[67] 제2조 제3호의 각 목에 규정된 사용행위를 모두 포함한다고 할 것이다.[68]

판례는 구 부정경쟁방지법(2004. 1. 20. 법률 제7095호로 개정되기 전의 것)에는 기업의 전·현직 임원 또는 직원의 영업비밀 누설행위만을 처벌하고 기타 영업비밀 부정취득행위 및 부정사용행위를 처벌하는 규정은 없었으나, 구 부정경쟁방지법(2007. 12. 21. 법률 제8767호로 개정되기 전의 것) 제18조 제2항은 "누구든지 부정한 이익을 얻거나 기업에 손해를 가할 목적으로 그 기업에 유용한 영업비밀을 취득·사용하거나 제3자에게 누설한 자는 5년 이하의 징역 또는 그 재산상 이득액의 2배 이상 10배 이하에 상당하는 벌금에 처한다"고 규정하고 있다. 그

---

64 대판 2008. 12. 24, 2008도9169.
65 대판 2008. 4. 10, 2008도679.
66 대판 1998. 6. 9, 98다1928; 대판 2009. 10. 15, 2008도9433.
67 대판 2019. 9. 10, 2017다34981.
68 최정열·이규호, 부정경쟁방지법(3판), 508.

입법 취지는 기업의 영업비밀 침해행위의 처벌대상을 확대함으로써 기업의 영업비밀 보호를 강화하는 데 있고, 그 부칙 제2항은 '이 법 시행전에 종전의 제18조 제1항 및 제2항의 규정을 위반한 자에 대해서는 종전의 규정에 의한다'고만 규정하고 있을 뿐이므로, 개정법 시행 전에 취득한 영업비밀이라 하더라도 개정법 시행 후에 이를 부정사용하는 행위는 개정법 제18조 제2항의 적용대상이 된다고 해석함이 상당하다고 판시하였다.[69]

57　　　　영업비밀부정사용죄에 있어서는 행위자가 당해 영업비밀과 관계된 영업활동에 이용 혹은 활용할 의사 아래 그 영업활동에 근접한 시기에 영업비밀을 열람하는 행위(영업비밀이 전자파일의 형태인 경우에는 저장의 단계를 넘어서 해당 전자파일을 실행하는 행위)를 하였다면 그 실행의 착수가 있다.[70]

58　　　　부정한 이익을 얻거나 영업비밀 보유자에게 손해를 입힐 목적으로 그 보유자에게 유용한 영업비밀이 담겨있는 타인의 재물을 절취한 후 그 영업비밀을 사용하는 경우, 영업비밀의 부정사용행위는 새로운 법익의 침해로 보아야 하므로 이와 같은 부정사용행위가 절도범행의 불가벌적 사후행위가 되는 것은 아니고 별도로 본법의 영업비밀부정사용죄가 성립한다.[71]

　　　　(다) 영업비밀의 '누설'

59　　　　영업비밀을 제3자에게 '누설'한다는 것은 영업비밀에 속하는 사실을 그 영업비밀을 알지 못하는 제3자에게 알려주는 일체의 행위를 말한다.

60　　　　판례는 발명자주의에 따라 직무발명을 한 종업원에게 발명에 대한 권리가 귀속되는 이상 위 권리가 아직 사용자 등에게 승계되기 전 상태에서는 유기적으로 결합된 전체로서의 발명의 내용 그 자체가 사용자 등의 영업비밀로 된다고 볼 수는 없으므로, 직무발명에 대한 권리를 사용자 등에게 승계한다는 취지를 정한 약정 또는 근무규정의 적용을 받는 종업원 등이 비밀유지 및 이전절차협력의 의무를 이행하지 아니한 채 직무발명의 내용이 공개되도록 하는 행위를 발명진흥법 제58조 제1항, 제19조에 위배되는 행위로 의율하거나, 또는 직무발명의 내

---

69 대판 2009. 7. 9, 2006도7916.
70 대판 2009. 10. 15, 2008도9433. 본 판결 해설은 남양우, "부정경쟁방지 및 영업비밀보호에 관한 법률상의 영업비밀 부정사용등 죄에 관한 사례", 해설 82, 법원도서관(2010), 778-814.
71 대판 2008. 9. 11, 2008도5364.

용 공개에 의하여 그에 내재되어 있었던 사용자 등의 개개의 기술상의 정보 등이 공개되었음을 문제삼아 누설된 사용자 등의 기술상의 정보 등을 개별적으로 특정하여 본법상 영업비밀 누설행위로 의율할 수 있음은 별론으로 하고, 특별한 사정이 없는 한 그와 같은 직무발명의 내용 공개가 바로 본법 제18조 제2항에서 정한 영업비밀 누설에도 해당한다고 볼 수는 없다고 판시하였다.[72]

(3) 영업비밀을 지정된 장소 밖으로 무단으로 유출

본 규정은 영업비밀로 보호받기 위한 비밀관리 노력 중 장소적 관리를 두 텁게 보호하려는 규정으로 보인다. 영업비밀 보유자가 영업비밀을 지정된 장소에 보관하고 통상의 장소와 분리하여 별도의 보안체계를 적용한 경우에, 해당 영업비밀을 그 지정된 장소 밖으로 무단 유출한 행위를 처벌하고자 하는 것으로 해석된다.

61

장소를 지정하여 영업비밀이 관리된다는 것은 영업비밀 보유자의 주관적 인식이나 의사와 무관하게, 제3자가 객관적으로 인식할 수 있어야 한다. 통상적으로 지정된 장소는 그 출입이 제한되고, 출입 시에는 별도의 절차가 요구되며, 출입하는 경우에도 카메라폰의 사용·반입이 제한되고 감시카메라가 설치되어 있으며, 직원교육을 통해 영업비밀이 지정된 장소에 존재하고 특별히 관리된다는 사실이 공지되고, 이러한 내용은 문서관리규정 등에 명문화되어 있을 가능성이 높다. 영업비밀 보유자의 경제력과 규모 등에 따라 장소적 관리의 정도는 다를 수 있을 것이다.

62

(4) 영업비밀 보유자로부터 영업비밀을 삭제하거나 반환할 것을 요구받고도 이를 계속 보유

본 규정은 영업비밀이 유출되거나 누설된 경우에 영업비밀 보유자가 향후 예상되는 손해를 막기 위해 유출되거나 누설된 영업비밀을 취득하거나 관리하는 자를 상대로 해당 영업비밀의 삭제나 반환을 요구할 수 있게 하고, 이에 응하지 않은 경우를 처벌하기 위한 것으로 보인다. 영업비밀 보유자는 영업비밀을 적법하게 반출하거나 관리하던 직원이 퇴사한 경우에 해당 직원을 상대로 영업비밀을 삭제하거나 반환할 것을 요구할 수 있고, 이에 불응하고 영업비밀을 계

63

---

72 대판 2012. 11. 15, 2012도6676.

속 보유한 직원은 본 규정의 처벌대상이 된다. 또한, 고의 또는 중과실로 영업
비밀을 부정하게 취득한 사람도 영업비밀 보유자의 요구를 받고도 이를 계속
보유하는 경우 처벌대상이 된다고 할 것이다.

(5) 절취·기망·협박, 그 밖의 부정한 수단으로 영업비밀을 취득

64　　　　본법이 예시하고 있는 영업비밀의 부정취득은 영업비밀을 절취, 기망, 협박
이나 그 밖의 부정한 수단을 통하여 취득하는 것이다. 여기서 '절취'란 영업비밀
의 보유자의 점유에 속하는 정보를 그 점유자의 의사에 반하여 취득하는 것을
말한다. '기망'에 의한 영업비밀의 취득은, 예컨대 영업비밀 보유자에게 일정한
대가를 지불하겠다고 거짓말을 하거나 또는 영업비밀을 준수하겠다고 거짓말을
하면서 영업비밀이 포함된 제안서 등을 제출하게 하여 영업비밀을 취득하는 행
위 등을 말한다. 그 밖에 납품업체에 대하여 영업비밀을 개시하지 아니하면 납품
거래를 끊는 등 재산상 손해를 입게 하겠다고 하여 영업비밀을 취득하는 경우에
는, '협박'에 의한 영업비밀 취득에 해당할 수 있을 것이다. '그 밖의 부정한 수단'
으로는, 예를 들어 영업비밀 보유회사의 내부자와 공모하여 그로 하여금 영업비
밀을 유출하게 하거나 영업비밀을 보관 또는 관리하는 자가 해당 영업비밀의 반
환을 거부하고 제3자에게 유출하는 횡령행위, 퇴사 전에 사용하던 컴퓨터 계정
이 소멸되지 않았음을 기회로 그 계정을 이용하여 퇴사 전에 회사의 서버 등에
접속하여 영업비밀 정보 등을 다운로드받는 행위 등이 포함될 수 있다.[73]

65　　　　판례는 '부정한 수단'이라 함은 절취, 기망, 협작 등 형법상의 범죄를 구성하
는 행위뿐만 아니라 비밀유지의무의 위반 또는 그 위반의 유인 등 건전한 거래질
서의 유지 내지 공정한 경쟁의 이념에 비추어 위에 열거한 행위에 준하는 선량한
풍속 그 밖의 사회질서에 반하는 일체의 행위나 수단을 말한다고 판시하였다.[74]
또한, 영업비밀을 부정취득한 자는 취득한 영업비밀을 실제 사용하였는지에 관계
없이 부정취득행위 그 자체만으로 영업비밀의 경제적 가치를 손상시킴으로써 영
업비밀 보유자의 영업상 이익을 침해하여 손해를 입힌다고 보아야 한다.[75]

---

73 최정열·이규호, 부정경쟁방지법(3판), 311-312.
74 대판 1996. 12. 23, 96다16605.
75 대판 2011. 7. 14, 2009다12528.

(6) 위 행위가 개입된 사실을 알면서도 그 영업비밀을 취득하거나 사용

본 규정은 부정한 이익을 얻거나 영업비밀 보유자에게 손해를 입힐 목적으로 영업비밀을 취득·사용하거나 제3자에게 누설하거나 영업비밀을 지정된 장소 밖으로 무단으로 유출하거나 영업비밀 보유자로부터 영업비밀을 삭제하거나 반환할 것을 요구받고도 이를 계속 보유하는 행위(§18①(i)) 또는 절취, 기망, 협박, 그 밖의 부정한 수단으로 영업비밀을 취득하는 행위(§18①(ii))가 개입된 사실을 알면서도 그 영업비밀을 취득하거나 사용한 행위를 처벌대상으로 한다. 영업비밀을 취득하거나 사용하는 자가 직접 부정 취득한 경우뿐만 아니라 영업비밀이 자신에게 도달하기까지 그 영업비밀의 거래나 유통과정의 어느 단계에서든 상기의 불법행위가 개입된 사실을 안 경우에 이를 처벌하고자 하는 것이다.

66

3. 해외사용 목적 영업비밀 침해(§18①)

영업비밀을 외국에서 사용하거나 외국에서 사용될 것임을 알면서도 영업비밀을 침해하는 경우에는 다른 경우보다 법정형을 가중하였다. 이는 최근에 국내의 기술수준이 높아짐에 따라 첨단 국내 기술의 불법 해외 유출로 인하여 개별 기업뿐만 아니라 관련 국내 산업의 국제 경쟁력에도 나쁜 영향을 미치는 일이 증가함에 따라 해외 유출 목적의 영업비밀 침해에 대하여 그 위법성이 더욱 크다고 보아 보다 엄하게 처벌하기 위한 것이다.[76] 본법에서는 산업기술의 유출방지 및 보호에 관한 법률과 달리 외국에서 사용하거나 외국에서 사용될 것 알면 될 뿐이고 그러한 목적이 있음을 요하지는 않는다.[77]

67

---

76 최정열·이규호, 부정경쟁방지법(3판), 511.
77 대판 2018. 7. 12, 2015도464. 「산업기술의 유출방지 및 보호에 관한 법률 제36조 제1항 위반의 죄는 고의 외에 '외국에서 사용하거나 사용되게 할 목적'을 추가적인 범죄성립요건으로 하는 목적범이므로 이러한 목적이 있었다는 점을 검사가 증명해야 하고, 외국에 있는 사람에게 산업기술을 보냈다는 사실만으로 그에게 위와 같은 목적이 있었다고 추정해서는 안되며, 행위자에게 위와 같은 목적이 있음을 증명할 직접증거가 없는 때에는 산업기술 및 비밀유지의무를 인정할 여러 사정들에 더하여 피고인의 직업, 경력, 행위의 동기 및 경위와 수단, 방법, 그리고 산업기술 보유기업과 산업기술을 취득한 제3자와의 관계, 외국에 보내게 된 경위 등 여러 사정을 종합하여 사회통념에 비추어 합리적으로 판단하여야 한다.」

4. 처 벌

68　　(1) 본법 제18조 제1항 위반죄에 대해서는 15년 이하의 징역 또는 15억 원이하의 벌금에 처한다. 다만, 벌금형에 처하는 경우 위반행위로 인한 재산상 이득액의 10배에 해당하는 금액이 15억 원을 초과하면 그 재산상 이득액의 2배이상 10배 이하의 벌금에 처한다(§18①).

69　　제18조 제2항 위반죄에 대해서는 10년 이하의 징역 또는 5억 원 이하의 벌금에 처한다. 다만, 벌금형에 처하는 경우 위반행위로 인한 재산상 이득액의 10배에 해당하는 금액이 5억 원을 초과하면 그 재산상 이득액의 2배 이상 10배이하의 벌금에 처한다(§18②).

70　　(2) 제18조 제1항 및 제2항의 미수범은 처벌한다(§18의2).

71　　(3) 제18조 제1항의 죄를 범할 목적으로 예비 또는 음모한 자에 대해서는 3년이하의 징역 또는 3천만 원 이하의 벌금(§18의3①)에, 제2항의 죄를 범할 목적으로 예비 또는 음모한 자는 2년 이하의 징역 또는 2천만 원 이하의 벌금(§18의3②)에 각 처한다. '예비'라 함은 영업비밀을 침해하기 위해서 행하는 준비행위로서, 침해의 착수에 이르지 아니한 것을 말한다. 예비한 후 침해의 착수에 이르면 예비행위는 독립해서 처벌대상이 되지 아니한다. '음모'라 함은 2인 이상의 사이에 행하여지는 영업비밀 침해를 하기 위한 모의를 말한다. 음모한 후 영업비밀 침해의 착수에 이르면 음모행위는 독립해서 처벌의 대상이 되지 아니한다.[78]

72　　법인의 대표자나 법인 또는 개인의 대리인, 사용인, 그 밖의 종업원이 그법인 또는 개인의 업무에 관하여 제18조의 영업비밀 침해의 어느 하나에 해당하는 위반행위를 하면 그 행위자를 벌하는 외에 그 법인 또는 개인에게도 해당조문의 벌금형을 과한다(§19 본문). 다만, 영업비밀 침해행위를 한 종업원의 사용자가 단순히 사용자의 지위에 그치지 않고 종업원의 영업비밀 침해행위를 공모하거나 교사 또는 방조한 경우에는 본조의 양벌규정에 의할 것이 아니라 형법상의 공범에 관한 규정에 따라 공모공동정범, 교사범 또는 방조범으로 처벌해야 할 것이다.[79] 그러나 영업비밀 침해행위를 한 종업원의 사용자인 법인 또는

---

78 최정열·이규호, 부정경쟁방지법(3판), 514.
79 최정열·이규호, 부정경쟁방지법(3판), 514.

개인이 그 위반행위를 방지하기 위하여 해당 업무에 관하여 상당한 주의와 감독을 게을리하지 아니한 경우에는 본조의 양벌규정을 적용할 수 없다(§ 19 단서).

〔조 재 빈〕

제36장 주거침입의 죄

〔총 설〕

I. 규 정 ························ 545
II. 연 혁 ······················· 547
III. 보호법익 ···················· 549
  1. 구주거권설 ················ 550
  2. 신주거권설 ················ 550
  3. 사실상 평온설 ············· 552
  4. 절충설(결합설) ············· 556
  5. 구분설(개별화설, 복합설) ········ 556
  6. 판 례 ···················· 557
  7. 보호의 정도 ··············· 559
IV. 입법론 ····················· 559

I. 규 정

본장은 주거침입의 죄에 대하여 규정하고 있는데, 구체적으로는 주거침입   **1**
(§ 319①), 퇴거불응(§ 319②), 특수주거침입·특수퇴거불응(§ 320), 주거·신체수색(§ 321),
미수범(§ 322)이 규정되어 있다. 본장의 조문 구성은 아래 [표 1]과 같다.

주거침입의 죄의 기본적 구성요건은 주거침입죄와 퇴거불응죄이다. 주거침   **2**
입죄와 퇴거불응죄는 주거의 평온을 침해하는 성격을 가진 점에서는 공통되지
만, 실행행위가 다른 독립적 범죄유형이다. 주거·신체수색죄도 독립적 범죄유
형이다. 특수주거침입죄와 특수퇴거불응죄는 주거침입·퇴거불응죄에 비해 불
법이 가중된 범죄유형이다.[1] 본장의 죄는 모든 경우에 미수범을 처벌하나, 친고
죄는 아니다.

---

1 김성돈, 형법각론(5판), 262; 오영근, 형법각론(4판), 200.

[표 1] 제36장 조문 구성

조 문		제 목	구성요건	죄 명	공소시효
§319	①	주거침입	ⓐ 사람의 주거, 관리하는 건조물, 선박이나 항공기 또는 점유하는 방실에 ⓑ 침입	(주거, 건조물, 선박, 항공기, 방실)침입	5년
	②	퇴거불응	ⓐ ①의 장소에서 ⓑ 퇴거요구를 받고 응하지 아니함	퇴거불응	5년
§320		특수주거침입	ⓐ 단체 또는 다중의 위력을 보이거나 위험한 물건을 휴대하여 ⓑ §319의 죄를 범함	특수(§319 각 죄명)	7년
§321		주거·신체 수색	ⓐ 사람의 신체, 주거, 관리하는 건조물, 자동차, 선박이나 항공기 또는 점유하는 방실을 ⓑ 수색	(신체, 주거, 건조물, 자동차, 선박, 항공기, 방실)수색	5년
§322		미수범	§319 내지 §321의 미수	(§319 내지 §321 각 죄명)미수	

3   폭력행위 등 처벌에 관한 법률(이하, 폭력행위처벌법이라 한다.)은 ① 2인 이상이 공동하여 주거침입 또는 퇴거불응의 죄를 범한 경우를 가중처벌(§2②)하고, ② 폭력행위처벌법을 위반하여 2회 이상 징역형을 받은 사람이 다시 주거침입죄와 퇴거불응죄를 범하여 누범으로 처벌할 경우에 가중처벌(§2③)하며, ③ 폭력행위처벌법을 위반하여 2회 이상 징역형을 받은 사람이 다시 특수주거침입죄와 특수퇴거불응죄를 범하여 누범으로 처벌할 경우에 가중처벌(§3④(i))하고, ④ 폭력행위처벌법에 규정된 범죄를 목적으로 하는 단체 또는 집단을 구성하거나 그러한 단체 또는 집단에 가입한 사람이 단체 또는 집단의 위력을 과시하거나 단체 또는 집단의 존속·유지를 위하여, 2명 이상이 공동하여 주거침입죄와 퇴거불응죄를 범하였거나 폭력행위처벌법을 위반하여 2회 이상 징역형을 받은 사람이 다시 주거침입죄와 퇴거불응죄를 범하여 누범으로 처벌할 경우이거나 폭력행위처벌법을 위반하여 2회 이상 징역형을 받은 사람이 다시 특수주거침입죄와 특수퇴거불응죄를 범하여 누범으로 처벌할 경우에는 가중처벌(§4②(ii))한다.

4   성폭력범죄의 처벌 등에 관한 특례법(이하, 성폭력처벌법이라 한다.)은 자기의

성적 욕망을 만족시킬 목적으로 화장실, 목욕장·목욕실 또는 발한실, 모유수유
시설, 탈의실 등 불특정 다수가 이용하는 다중이용장소에 침입 또는 퇴거불응하
는 경우를 처벌(§12)하고 있다.

II. 연 혁

　헌법 제16조는 "모든 국민은 주거의 자유를 침해받지 아니한다. 주거에 대　　**5**
한 압수나 수색을 할 때에는 검사의 신청에 의하여 법관이 발부한 영장을 제시
하여야 한다."고 규정한다. 주거침입의 죄는 헌법이 보장하고 있는 국민의 주거
의 자유와 침해의 배제를 형법에 의해 실현하는 규정이다.

　인간이 그 존엄과 가치를 향유하면서 인격을 자유롭게 발전할 수 있게 하　　**6**
기 위하여는 모든 사람이 불법한 침입으로부터 보호받을 수 있는 장소가 보장
되어야 한다. 주거 등 일정한 공간에서 평안하게 머물거나 그 공간을 사용할 수
있는 권리는 인간생활의 기본적 조건이고 나아가 행복을 추구할 수 있는 기초
가 된다. 주거침입의 죄는 개인생활 또는 업무활동의 근거가 되는 일정한 구획
된 장소의 평온과 안전을 침해하는 범죄이다.

　주거침입죄를 어느 범위에서 처벌하며 이를 형법에 어떻게 규정할 것인가는　　**7**
입법례에 따라 차이가 있다. 영미에서는 주거침입죄를 목적범에 한정하여 범죄
를 목적으로 하는 주거침입만을 처벌하고 있다.[2] 대륙법계에서 주거침입죄가 독
립된 형법상의 범죄로 처벌되기 시작한 것은 1794년 프로이센 일반란트법(§525
이하 가택권침해죄)부터라고 한다.[3] 그 전에는 주로 민사벌의 대상이었다. 1871년
독일형법 제123조는 주거침입죄를 소요죄와 함께 공공의 질서에 대한 범죄로
규정하였다.[4] 그러나 독일형법의 해석에 있어서는 주거침입죄를 공공의 질서에
대한 죄가 아니라 개인의 주거권을 보호법익으로 하는 개인의 자유에 대한 범
죄로 이해하는데 의견이 일치하고 있다.[5] 1810년 프랑스형법 제184조는 주거침

2　이재상·장영민·강동범, 형법각론(12판), §15/2; 정영일, 형법강의 각론(3판), 231.
3　김일수, 한국형법 III [각론 상](개정판), 박영사(1993), 474.
4　배종대, 형법각론(13판). §57/2; 이재상·장영민·강동범, §15/2; 정영일, 231.
5　이재상·장영민·강동범, §15/2.

입죄를 개인에 대한 직권남용죄로 규정하였다.[6]

8 　　조선시대의 대명률에도 주거침입죄에 대한 규정이 있다. 즉 밤에 정당한 이유 없이 타인의 집에 들어간(夜無故入人家) 자는 장(杖) 팔십의 형에 처하고, 집 주인이 즉시 그를 죽이더라도 논죄하지 않는다. 그러나 사로잡아 제멋대로 때려 죽이거나 다치게 하면 싸우다 사람을 죽이거나 상해한 죄(鬪殺傷罪)에서 2등급을 줄이고, 고의로 죽이면 장(杖) 일백 도(徒) 삼년의 형에 처하도록 규정하였다.[7]

9 　　의용형법과 현행 일본형법 제130조는 주거침입의 죄를 사회적 법익에 대한 죄로 편제[8]하였으나, 우리 형법은 개인적 법익에 대한 죄로 편제하였다. 주거침입죄는 공공의 질서 또는 사회질서를 보호하기 위한 범죄가 아니라 개인의 주거의 자유라는 특수한 성질의 인격적 법익을 보호하기 위한 개인적 법익에 대한 죄라고 할 것이므로 형법의 이러한 태도는 타당하다.[9]

10 　　1995년 12월 29일 개정형법은 제319조의 객체에서 '저택'을 삭제하고 '항공기'를 추가하였다. 또한, 제321조의 죄명을 주거수색죄에서 주거·신체수색죄로 변경하고 그 객체에 '저택'을 삭제하는 대신 '자동차'와 '항공기'를 추가하였다. '저택'을 삭제한 것은 저택과 건조물을 별도로 규정하여 저택이란 주거에 사용할 목적으로 건축되었으나 주거에 사용되지 않는 가옥을 말하고 건조물은 저택 이외의 일체의 건물을 말한다고 해석해야 하는 것 자체가 무의미한 기교에 불과하고, 저택과 건조물을 구별할 필요가 없기 때문이다. '간수하는'을 '관리하는'으로 고친 것은 알기 쉬운 일상용어로 표현을 정리한 것이다. 또한, 본죄의 객체에 '항공기'를 추가한 것은 항공기도 일단 출발하면 외계와 격리된다는 점에

---

6 배종대, §57/2.
7 한상권 외, 대명률직해 3, 한국고전번역원(2018), 267.
8 일본형법 각칙 제12장(주거를 침해하는 죄) 제130조(주거침입등)는 "정당한 이유 없이 사람의 주거 또는 사람이 간수하는 저택, 건조물 또는 함선에 침입하거나 요구를 받았음에도 불구하고 이들 장소로부터 퇴거하지 아니한 자는 3년 이하의 징역 또는 10만 엔 이하의 벌금에 처한다."고 규정하고 있는데, 일본에서도 이를 개인적 법익에 대한 죄로 해석하는 데 다툼이 없다. 참고로 2022년 6월 17일 일본형법 개정(법률 제67호)으로 징역형과 금고형이 '구금형'으로 단일화되어 형법전의 '징역', '구금', '징역 또는 구금'은 모두 '구금형'으로 개정되었고, 부칙에 의하여 공포일로부터 3년 이내에 정령으로 정하는 날에 시행 예정이다. 그러나 현재 정령이 제정되지 않아 시행일은 미정이므로, 본장에서 일본형법 조문을 인용할 때는 현행 조문의 '징역' 등의 용어를 그대로 사용한다.
9 이재상·장영민·강동범, §15/2; 정영일, 231.

서 선박과 유사하고 항공기의 평온도 보호할 필요가 있다는 점에 이유가 있다. 그리고 주거·신체수색죄의 객체에 '자동차'와 '항공기'를 추가한 것은 불법한 수색으로부터 장소적 평온을 보호해야 할 필요성을 자동차와 항공기의 경우에도 부정할 수 없기 때문이다.[10]

주거침입죄는 다른 범죄를 범하기 위한 수단으로 행해지는 일이 많다. 본래의 주된 범죄와 그 수단이 되는 범죄를 가리켜서 견련범(牽連犯)이라고 한다. 일본형법은 견련범을 과형상 일죄로 파악하고 있다(§54조①후단). 이러한 입법례에 따르면 목적범죄의 수단이 되는 주거침입죄는 목적범죄와 견련범 관계에 있어서 양자는 과형상 일죄를 이룬다.[11] 그러나 우리 형법은 견련범 형태의 과형상 일죄를 인정하지 않는다. 따라서 수단이 되는 주거침입죄는 독자적 성격을 가지게 되고, 수단이 되는 주거침입죄와 목적이 되는 주된 범죄는 원칙적으로 실체적 경합관계에 서게 된다.[12]

예외적으로 입법자가 주거침입죄를 그 목적범죄와 결합시켜 하나의 독립한 범죄로 규정하는 경우에는 단순일죄가 성립한다. 이 경우 주거침입죄는 가중적 구성요건요소로서 당해 결합범에 흡수되어 독자적인 의미를 갖지 않는다. 야간주거침입절도죄(§330), 특수절도죄(§331), 특수강도죄(§334①), 성폭력처벌법에 의한 특수강간·강제추행죄(§3) 등이 그 예이다.[13]

11

12

III. 보호법익

주거침입의 죄의 보호법익이 자유권적 성질을 가진 인격적 법익이라는 데는 의문이 없다. 그러나 그 구체적 내용을 어떻게 파악할 것인가에 대하여는 견해가 대립되고 있다(주거침입죄를 중심으로 살펴본다).[14]

13

---

10 법무부, 형법개정법률안 제안이유서(1992. 10), 162.
11 일본형법 제54조(1개의 행위가 2개 이상의 죄명에 해당하는 경우 등의 처리) ① 1개의 행위가 2개 이상의 죄명에 해당하거나 또는 범죄의 수단 또는 결과인 행위가 다른 죄명에 해당하는 때에는 그 가장 중한 형에 따라 처단한다.
12 신동운, 형법각론(2판), 823.
13 신동운, 823.
14 주석형법 [각칙(5)](5판), 141(이우철)은 이러한 대립은 복수의 주거자가 있는 경우 주거침입죄의 성립범위, 사법상 권리없이 주거를 점유하는 자에 대한 주거침입죄의 성립 여부, 본죄의 행

1. 구주거권설

14   주거침입죄의 보호법익을 주거권으로 보되, 오직 가장 또는 호주만이 주거권을 가진다고 본다. 이 견해는 '주거권'을 '가장의 지위에 있는 자가 가지는 주거의 출입과 수색에 대한 허락권 또는 허가권'으로 이해하고, 주거침입을 주거권자의 주거권을 침해하는 범죄로 파악하였다.

15   이 견해에 대해서는 기본적으로 민법상 주거권이라는 형식적 권리개념을 기준으로 하여 형법상 범죄의 성립 여부를 판단하는 것은 형법규정의 취지에 충실하지 못한 해석이고,[15] 모든 범죄를 권리침해로 파악하려는 19세기적 법사상에 집착하는 흠이 있으며, 가장의 지위에 있는 자만 주거의 출입에 대한 허가권을 가지고 있다고 보는 점에서 헌법상 평등의 원칙에 반하는 흠이 있고,[16] 아내의 간통죄를 편법적으로 처벌하기 위해 고안된 이론이며, 호주가 집에서 간통한 경우에는 주거침입죄가 성립하지 않는다고 하는 위헌적 사고에 기초하고 있다는 비판[17]이 가해지고 있다.

16   구법시대의 판례[18]가 취한 입장이지만 현재는 이 견해를 주장하는 학자는 없다.[19]

2. 신주거권설

17   주거침입죄의 보호법익을 주거권[20]이라고 보되, 호주만의 권리가 아니라

위태양인 '침입'의 개념(의사의 침해인가, 평온의 침해인가), 주거침입죄의 법적 성격(침해범이며 결과범인가, 형식범이며 추상적 위험범인가) 등의 문제에서 차이가 있게 된다고 하지만, 각각의 견해 모두 사안에 따라 개별적으로 예외를 인정하는 등 유연한 자세를 취하고 있어 보호법익에 대한 견해의 대립만으로 위 문제에 대한 해답을 획일적으로 설명하기는 곤란하다고 한다.

15 정영일, 233.

16 신동운, 820.

17 오영근, 형법각론(4판), 201.

18 정성근·박광민, 형법각론(4판), 260-261은 구법하의 판례는 처와 간통할 목적으로 처의 승낙을 받고 들어간 경우와 처의 안내를 받고 그의 부(夫)를 살해할 목적으로 주거에 들어간 경우에 부(夫)의 주거권을 침해하였다는 이유로 본죄의 성립을 인정하였다고 한다.

19 배종대, §57/5는 일본의 통설은 아직도 이 견해의 입장에서 주거권을 가장이 타인의 주거출입과 수색을 허락할 수 있는 가부장적 권리로 파악하고 있으나, 이것은 일본처럼 전체주의 성향이 사회저변에 짙게 깔려 있는 곳에서나 통용될 수 있는 견해라고 한다. 그러나 지금의 일본 통설은 신주거권설의 입장이다[西田 外, 注釈刑法(3), 290(小林憲太郞)].

20 이정원·류석준, 244-245. 박상기·전지연, 형법학(총론·각론 강의)(4판), 571은 여기에서 의미하

모든 구성원의 권리로 파악한다. 이 견해[21]는 '주거권'을 '일정한 공간을 지배하고 그 공간에서 마음대로 활동할 수 있는 권능'[22] 또는 '사람이 주거의 평온을 확보하고 권한 없는 타인의 침입에 의하여 이를 방해받지 않는 권리' 또는 '주거 안에서 권한 없는 사람의 존재에 의하여 방해받지 않을 이익'을 의미한다고 이해한다. 즉, 주거권은 개인이 그의 보호구역 안에 다른 사람이 들어오거나 체류해도 되는가를 결정할 수 있는 자유를 의미한다고 본다.[23]

이 견해는 주거침입죄의 보호법익을 주거권이라고 보는 경우에도 주거권의 내용을 사실상의 주거의 평온을 유지할 개인의 권리라고 이해할 때에는, 보호법익이 주거권인가 또는 사실상의 주거의 평온인가의 문제는 결국 사실상의 주거의 평온을 내용으로 하는 권리를 인정할 수 있는가에 귀착된다고 하면서, ① 보호법익을 사실상의 주거의 평온이라고 해석하면 주거침입죄는 개인적 법익에 대한 죄라고 하기보다는 공공의 질서에 대한 죄로서의 성질이 강조된다고 할 수 있고, ② 주거권은 주거의 평온에 대한 결정의 자유를 내용으로 하는 고유한 성질의 인격적 자유권이므로 그 내용이 반드시 불분명하다고 할 수 없으며, ③ 주거의 자유는 헌법에 의하여 보장되고 있는 기본권이므로 주거의 평온을 유지하는 것이 권리가 된다는 것을 부정해야 할 이유는 없고, ④ 보호법익을 주거에서의 공동생활자 전원의 평온이라고 하여도 주거에서의 사실상의 평온이 유지되는가는 법익주체의 의사와 관계없이 판단할 수는 없으므로 주거침입죄의 보호법익은 주거권이라고 해석함이 타당하다고 주장한다.[24] 또한, 주거침입죄는 마치 절도죄가 타인으로부터 소유권자를 보호하듯이 타인으로부터 자기의 주거공간을 침해받지 않아야 한다는 법적 지위를 보호하기 위한 것이라고 볼 수 있고, 이러한 법적 지위는 반드시 실질적인 의미를 지니기보다는 형식적인 의미를 지

18

는 주거권은 실정법적 개념이 아님을 주의해야 한다고 한다.

21 김선복, 신형법각론, 233; 박상기·전지연, 572; 원형식, 판례중심 형법각론, 139; 이재상·장영민·강동범, §15/7.

22 김일수·서보학, 새로쓴 형법각론(9판), 200(주거권을 널리 주거의 평온, 즉 타인의 침입을 허용하지 않는 사생활의 향유가 기대되는 구획된 장소에서 자기 의사의 자유로운 결정 및 자유로운 활동의 이익을 말한다); 오영근, 201.

23 배종대, §57/5(신주거권설에서의 주거권은 말 그대로 집에 대한 권리이다); 이재상·장영민·강동범, §15/5.

24 이재상·장영민·강동범, §15/7.

니므로, 즉 허락 없이 타인의 주거에 들어감으로써 주거권이 침해되었다고 보는 것이 타당하므로 보호법익은 주거권설에 따라 해석하는 것이 타당하다고 주장하기도 한다.[25] 이 견해에 따르면 주거권자의 주거권을 침해한 이상 사실상 주거를 지키고 있는 사람의 승낙을 받고 들어간 때에도 주거침입죄는 성립한다고 한다.[26] 이 견해는 독일의 통설[27]이자 일본의 다수설[28]이다.

19   이 견해에 대해서는 형법적 보호가치가 적법한 권리에서 나오는 것이 아니라 실질적인 정당성에서 나오는 것이라는 점을 올바로 파악할 수 없게 되는 문제점이 생긴다는 비판,[29] 주거권은 주거를 지배하고 있는 사실관계를 말하므로 주거권이라는 법적 권리는 인정되지 않고, 주거권의 내용이 반드시 명확한 것은 아니며 또한, 누가 주거권의 주체인가에 대한 새로운 문제를 야기하고 있으며, '사실상 평온설'보다 처벌 범위가 확대될 위험이 있고, 주거 등에의 출입을 허용하는 자유라는 것이 과연 권리로서의 성격을 가지고 있는지 분명하지 않다는 비판,[30] 단순히 건조물 등에의 출입을 허용할 것인가라는 형식적 관점만을 중시하는 문제점이 있으며, 공공 건조물에는 개인이 출입 여부를 결정할 수 없으므로 이론의 타당성에 의문이 있다는 비판,[31] 임대차기간 만료 후에는 임차인이 주거 등을 사실상 평온하게 이용·관리·지배하고 있는 상태를 보호할 수 없으며, 주거침입죄의 성부가 주거권자의 의사에 종속하여 다른 주거자의 승낙을 받고 들어간(사실상의 평온이 침해되지 않는) 경우에도 주거침입죄를 인정해야 하는 불합리성이 있다는 비판[32] 등이 제기되고 있다.

3. 사실상 평온설

20   주거침입죄의 보호법익은 권리로서의 주거권이 아니라 '주거를 지배하고 있

25 박상기·전지연, 572.
26 이재상·장영민·강동범, § 15/7.
27 오영근, 201; 이재상·장영민·강동범, § 15/5.
28 大塚 外, 大コン(3版)(7), 271(毛利晴光).
29 김성돈, 260.
30 박상기·전지연, 571.
31 신동운, 821.
32 김일수·서보학, 201(부모가 교제를 금하는 친구들을 자녀가 허락 없이 집에 초청해 놀거나 공부하는 경우에도 주거권설에 따르면 주거침입죄가 성립한다고 해야 하기 때문에 주거권설은 법현실과 부합하지 않는다); 정성근·박광민, 261.

는 공동생활자 모두의 사실상의 평온'이라는 것이다. 다수설[33]과 판례(후술)의 태도이다. 이 견해는 주거침입죄에 의하여 보호하고자 하는 것은 주거자의 주거권, 즉 주거자가 거주할 '법률상의 권리 또는 권한'이 아니라, 주거자가 사생활에 있어서 '사실상' 누리고 있는 주거의 평온이라고 한다.[34]

또한 이 견해 중 신주거권설에서의 주거권은 말 그대로 '집에 대한 권리'인 반면, '사실상 평온설'에서의 보호법익은 거주권, 즉 '살 수 있는 권리'로 파악하는 입장은, 거주권은 일정한 장소에 대한 사실상의 지배로부터 발생하고, 그 장소에 거주하는 공동생활자 전원이 타인의 침해를 받지 않을 수 있는 사실상의 평온을 내용으로 하며, 거주권은 일정한 주거를 사실상 관리·지배하는 공동생활자 전원이 평등하게 향유하는 것이고 가부장적으로 일인이 독점할 수 있는 성질은 아니라고 설명한다.[35] 따라서 주거에 대한 사실상의 지배가 있으면 정당한 권원이 없더라도 보호된다. 또한, 사실상의 주거자 또는 관리자의 승낙을 받고 타인 소유의 주거에 들어가는 것은 주거의 사실상 평온을 해하는 것이 아니므로 주거침입죄가 성립하지 않는다.[36] 일단 적법하게 거주를 개시한 후에 그 권한을 상실하여 사법상 불법점유가 되더라도 권리자가 이를 배제하기 위하여 정당한 절차에 의하지 아니하고 그 주거 또는 건조물에 침입한 경우에는 주거침입죄가 성립한다.[37]

더 나아가 주거침입죄의 성부는 전적으로 주거출입 자체에 대한 거주자나 관리자의 승낙 여부에 달려 있으며, 혹 출입자가 다른 진의나 목적을 숨기고 있었다고 할지라도 출입 자체에 승낙이 있었다면 사실상의 평온에 대한 침해는 없는 것으로 보아야 한다. 또한, 복수거주자가 있는 경우에도 현실적으로 한 사람의 승낙을 받고 평온히 주거에 출입한 경우에는 주거침입죄가 성립하지 않는

21

22

33 김성돈, 261; 김성천·김형준, 형법각론(6판), 289; 김신규, 형법각론, 274; 김일수·서보학, 201; 박동률·임상규, 판례중심 형법각론, 206; 박찬걸, 형법각론, 282; 배종대, §57/8; 백형구, 형법각론, 386; 손동권·김재윤, 새로운 형법각론(2판), 248; 신동운, 821; 오영근, 203; 원혜욱, 형법각론, 171; 이형국, 형법각론, 295; 이형국·김혜경, 형법각론(2판), 293; 정성근·박광민, 262; 정영일, 233; 정웅석·최창호, 형법각론, 494-495; 진계호·이존걸, 형법각론(6판), 279; 최호진, 형법각론, 313; 홍영기, 형법(총론과 각론), §71/2.
34 임웅, 형법각론(9정판), 285-286.
35 배종대, §57/6.
36 김일수·서보학, 199.
37 대판 1983. 3. 8, 82도1363.

것으로 보아야 한다.[38]

23   이 견해는 주거권자의 승낙이 있는지의 여부에 따라 주거침입죄의 성부가
판단되는 것이 아니고, 주거의 공동생활자 전원의 의사와 함께 행위자의 목적이
나 행위의 양태, 주거권자의 승낙 여부 등 제반 요소가 구체적·종합적으로 고
려되어 판단되게 된다. 전체적으로 보아 '주거권설'보다 주거침입죄의 성립범위
가 더 좁게 인정되는 결과가 될 것이다.[39]

24   이 견해는 주거침입죄가 주거를 불가침의 영역으로 규정하고 있는 것은 주
거 내에서의 사생활의 평온을 보호하려는 데 그 목적이 있고, 또 그렇게 보는
것이 법 현실에 가장 부합하기 때문이며, 사실상의 평온이 단순한 사실관계가
아니라 법적 관계의 성질을 가지고 있다고 해서 주거권을 보호법익으로 삼아야
할 필연적인 이유가 발생하는 것은 아니고, 사실상의 평온에 대한 침해가 있었
는가의 여부는 결국 거주자나 관리자의 의사에 달려 있기 때문에 주거침입죄를
사회적 법익으로 변질시킨다는 비판은 전혀 근거가 없으므로 주거침입죄의 보
호법익을 사실상의 평온이라고 해석함이 타당하다고 주장한다.[40] 또한, 주거권
은 법적 성질이 명백하지 아니하므로 권리로서의 위치조차 불분명한 주거권이
라는 개념을 사용하는 것은 옳다고 할 수 없고, 주거권의 침해라는 사고는 모든
범죄를 권리의 침해로 보는 19세기 초의 낡은 사상의 잔재에 지나지 않는다는
것을 근거로 통설이 주거침입죄의 보호법익을 사실상의 평온이라고 해석한다고
설명하기도 한다.[41]

25   더 나아가 우리 형법은 각칙 제36장에서 주거침입의 죄를 개인적 법익에
대한 범죄로 분명하게 규정하고 있어서 '사실상 평온설'을 취하더라도 주거침입

---

38 김일수·서보학, 201.
39 정영일, 232-233은 주거침입죄에 관한 형법규정의 독자적 성격을 고려한다면, 주거의 사실상 평
   온을 보호법익으로 이해하는 것이 기본적으로 타당하나, 여러 판단요소들 중 주거권자의 승낙
   여부를 우선적으로 고려하여 주거침입죄의 성립 여부를 판단하는 것이 적절하다고 한다. 이에
   반하여 오영근, 202는 주거침입죄는 목적의 위법성이나 행위의 태양이 주거의 사실상 평온을 해
   하는지 여부에 의해 결정되고, 주거권자의 의사나 승낙 유무는 그 판단자료가 되는데 불과하다
   고 한다.
40 김일수·서보학, 201; 정영일, 233(주거의 사실상 평온을 본죄의 보호법익으로 이해하면, 경우에
   따라서는 결과적으로 주거침입죄를 개인적 법익이 아니라 사회적 법익에 관한 범죄로 취급하게
   되는 상황이 야기될 수 있다는 점을 부인할 수 없다).
41 이재상·장영민·강동범, §15/6.

죄가 사회적 법익에 관한 범죄로 변질될 염려는 없고, 제319조 제1항은 '점유하는 방실'도 주거침입죄의 객체에 포함시키고 있는데, 이는 권리 여부를 묻지 않고 '점유한다'는 사실상의 지배상태에 주목하는 태도로서 '사실상 평온설'에 입각한 것이라고 설명하는 견해도 있다.[42]

이 견해 중에는 주거권을 주거침입죄의 간접적 보호법익이라고 주장하는 의견도 있다. 즉 '주거권설'은 주거침입죄의 보호법익을 형식적으로 파악한 것이고, '사실상 평온설'은 실질적으로 파악한 것으로 볼 수 있다고 전제하면서, 주거침입죄는 일정한 주거 그 자체를 보호대상으로 하는 것이 아니라 그 안에 사는 사람들의 평온한 삶을 위한 것으로 보는 것이 옳다고 한다. 말하자면 목적은 공동생활자의 사실상의 평온이고, 주거권의 보호는 그것을 위한 수단에 지나지 않으므로 주거권은 주거침입죄의 간접적 보호법익이라고 할 수 있다는 것이다.[43]

이 견해는 더 나아가 '사실상 평온설'에서 복수주거자가 있을 경우에 그들 모두의 승낙이 있어야 주거침입죄가 성립하지 않는 것으로 본 것(남편이나 처의 부재중에 간통 목적으로 어느 일방의 승낙만 받고 주거에 들어간 경우에 주거침입죄의 성립을 인정)은 주거침입죄의 보호법익을 실질적으로 파악한 본래 입장에 어긋난다고 주장한다. 행위불법은 행위 그 자체로서 평가되어야지 목적의 적법 여부로부터 영향을 받아서는 안 되고, 그런 목적을 알았더라면 다른 일방이 승낙하지 않았을 것이라는 논리는 사후적으로 처벌구실을 찾기 위한 억지논리에 지나지 않는다고 한다. 누구든 어느 한 사람의 승낙만 있으면 주거의 사실상 평온이 침해되었다고 보기는 어렵고, 복수의 주거자 모두의 승낙을 받아야 주거침입의 위법성이 없다는 견해는 보편화하기 힘든 지극히 비현실적인 주장이라고 비판한다. 실제로 그렇게 하고 타인의 주거에 출입하는 사람은 아무도 없고, 이제는 간통죄가 폐지되었기 때문에 민사불법(손해배상)으로 처리하면 될 일이라고 주장한다.[44]

이 견해에 대하여는 보호법익을 사실상 주거의 평온이라고 해석하면 주거침입죄는 개인적 법익에 대한 죄가 아니라 공공의 질서에 대한 죄로서의 성질

26

27

28

---

42 신동운, 821.
43 배종대, § 57/8.
44 배종대, § 57/9.

을 가지는 것이고,[45] 사생활의 평온을 향유하는 것은 단순한 사실관계만이 아니
라 법적 관계일 수도 있다는 점을 간과하고 있고, 주거 등 일정한 장소에서의
평온을 공동생활자 전원의 것으로만 파악하고 법익주체 개인의 의사를 떼어 놓
음으로써 본죄에서 개인적 법익을 보호하는 죄형법규보다 사회적 법익을 보호
하는 죄형법규의 측면이 두드러져 만족스럽지 못하다는 비판이 제기된다.[46]

4. 절충설(결합설)

29   주거권을 주된 보호법익으로 하고 여기에 사실상 평온을 절충시켜, 일정하
게 구획된 개인의 생활 또는 업무의 장소에서 개인이 누릴 수 있는 법적 지위
내지 사실상의 평온을 보호법익으로 보는 견해이다.[47] 이 견해는 주거권이나 사
실상의 평온만을 보호법익으로 볼 때 생길 수 있는 문제점을 양자를 절충함으
로써 제거할 수 있다는 이유를 그 근거로 한다.[48]

30   이에 대하여, 주거권에 사실상의 평온을 절충함으로써 양설이 갖는 문제점
을 제거할 수 있다고 하나 주거권을 보호법익에 포함시키는 이상 주거권설이
갖는 문제점은 여전히 남는다는 비판이 제기된다.[49]

5. 구분설(개별화설, 복합설)

31   주거침입죄의 입법취지는 '개인의 사생활(privacy)'의 보호에 있는 만큼, 그
보호법익은 주거 내지 건조물의 종류를 구분하여 고찰함이 타당하다고 보는 견
해[50]이다. 즉 주거를 개인의 사적 장소(주택, 연구실, 하숙방 등)와 공중이 자유로
이 출입할 수 있도록 개방된 장소(백화점, 관공서, 공공도서관, 극장, 음식점 등)로 구
분하여, 전자의 장소는 개인의 사생활을 보호할 필요성이 있으므로 그 보호법익
은 '주거의 사실상의 평온'이라고 함이 타당하고, 후자의 장소는 개인의 사생활
과는 무관한 영역이므로 그 보호법익이 '업무상의 평온과 비밀'이라고 함이 타

---

45 박상기·전지연, 571.
46 김일수·서보학, 199.
47 김일수, 한국형법 Ⅲ [각론 상](개정판), 472; 진계호, 형법각론(5판), 265.
48 김일수·서보학, 200.
49 김성돈, 261; 김일수·서보학, 201; 정성근·박광민, 262.
50 임웅, 286-287.

당하다는 것이다. 이 견해는 위 각 장소는 그 성격이 전혀 다르다는 점을 간과
해서는 안 되고(소위 '사물논리적 구조의 사상'), 각각의 장소에 합당한 보호법익을
도출함이 마땅하다고 주장한다.

　　이 견해는 독일에서 주장된 학설로서 독일형법에서 주거침입죄의 객체가　32
주거인 경우에는 사적 비밀, 사무소인 경우에는 사무소의 비밀과 업무, 공무나
교통을 위해 폐쇄된 구역인 경우에는 국가적 비밀 또는 공무, 울타리 쳐진 토
지인 경우에는 주거권자의 형식적인 법적 지위가 보호법익이라고 설명하기도
한다.[51]

　　이 견해에 대하여는 주거침입죄의 보호법익을 비밀로 파악하는 잘못이 있　33
고, 주거침입죄에서만 객체에 따라 보호법익을 달리 파악하는 것은 문제라고 할
수 있다는 비판,[52] 법률상 일정한 주거의 사회적 기능을 규범적으로 세분하는
것 자체가 이미 어려움이 있을 뿐만 아니라 또한, 그것이 실질적으로 침해되어
야만 주거침입죄가 성립한다고 보아야 할 근거도 찾기 어렵고, 그 정도의 실질
적 보호는 주거공간의 종류를 구별하지 않는 '사실상 평온설'에 의해서도 얼마
든지 달성될 수 있을 것으로 판단된다는 비판,[53] 불필요하게 보호법익을 세분함
으로써 주거공간의 침입이 있더라도 각 공간에 상응하는 이러한 구체적인 보호
법익의 침해가 없는 경우에는 주거침입죄의 성립을 부인하여야 하는 문제점이
있다는 비판[54] 등이 제기된다.

6. 판　례

　　대법원은 사적 생활관계에 있어서 사실상 누리고 있는 주거의 평온, 즉 '사　34
실상의 주거의 평온'을 주거침입죄의 보호법익이라고 일관되게 판시하고 있다
(사실상 평온설). 이는 주거를 점유할 법적 권한이 없더라도 사실상의 권한이 있
는 거주자가 주거에서 누리는 사실적 지배·관리관계가 평온하게 유지되는 상태
를 말한다. 외부인이 무단으로 주거에 출입하게 되면 이러한 사실상 주거의 평

---

51 오영근, 203.
52 오영근, 203.
53 박상기·전지연, 572; 배종대, §57/7; 정성근·박광민, 262.
54 박상기·전지연, 572.

온이 깨어지는 것이다. 이러한 보호법익은 주거를 점유하는 사실상태를 바탕으로 발생하는 것으로서 사실적 성질을 가진다.[55] 일본 판례는 처음에는 구주거권설의 입장[56]이다가 그 후 한때 우리 대법원과 같은 사실상 평온설에 입각한 판례도 있었으나,[57] 최근에는 신주거권설에 보다 친화적인 입장[58]인 것으로 평가된다.[59]

35   판례의 입장에 따르면, ① 행위자가 주거에 출입할 생각이 없이 신체의 일부만 타인의 주거 안에 들여놓았다고 해도 거주자가 누리는 사실상 주거의 평온을 해할 수 있는 정도에 이르렀다면 주거침입죄는 기수에 이른다. 반드시 행위자의 신체의 전부가 타인의 주거 안으로 들어가야만 성립하는 것은 아니다.[60] ② 주거의 거주자 또는 건물의 관리자가 주거에 거주하거나 건조물 등을 간수할 법률상 정당한 권리를 가지고 있는지는 주거침입죄의 성립을 좌우하지 않는다.[61] 일단 적법하게 거주나 관리를 개시한 후에 그 권원을 상실하여 사법상 불법점유가 되었다고 하더라도 적법한 절차에 의하여 그 점유를 풀지 않는 한 주거 또는 건조물 등은 거주자 또는 관리자의 점유하에 있다. 이러한 경우 주거 또는 건조물의 사실상 평온은 보호되어야 하므로 권리자가 부적법 상태를 배제하려고 정당한 절차에 따르지 않고 그 주거 또는 건조물에 들어간 경우에는 주거침입죄가 성립한다.[62] ③ 동업자들이 공동관리 중인 건조물은 동업자들의 공동점유하에 있다. 따라서 동업자들 사이에 분규가 발생한 상황에서 공동점유자 중의 1명이 다른 공동점유자의 의사에 반하여 건조물에 임의로 출입하였다 해도 건조물침입죄는 성립하지 않는다.[63] ④ 공동거주자 중 주거 내에 현재하는 거주자의 현실적인 승낙을 받아 통상적인 출입방법에 따라 들어갔다면, 설령 그

---

55 대판 2021. 9. 9, 2020도12630(전); 대판 2022. 3. 24, 2017도18272(전).
56 大判 大正 7(1918). 12. 6. 刑錄 24·1506; 大判 昭和 14(1939). 12. 22. 刑集 18·565.
57 最決 昭和 28(1953). 5. 14. 刑集 7·5·1042; 最決 昭和 49(1974). 5. 31. 裁判集(刑事) 192·571; 最判 昭和 51(1976). 3. 4. 刑集 30·2·79.
58 最判 平成 20(2008). 4. 11. 刑集 62·5·1217; 最判 平成 21(2009). 11. 30. 刑集 63·9·1765(각 주거 등에 들어가 유인물을 게시하는 행위에 대하여 주거침입죄를 인정한 사례).
59 西田 外, 注釈刑法(2), 290(小林憲太郎).
60 대판 1995. 9. 15, 94도2561.
61 最決 昭和 28(1953). 5. 14. 刑集 7·5·1042.
62 대판 1983. 3. 8, 82도1363.
63 대판 1982. 4. 27, 81도2956.

것이 부재중인 다른 거주자의 의사에 반하는 것으로 추정된다고 하더라도 주거
침입죄의 보호법익인 사실상 주거의 평온을 깨트렸다고 볼 수는 없다.[64]

7. 보호의 정도

주거침입죄의 보호의 정도에 대해서는 ① 침해범설[65]과 ② 추상적 위험범
설[66]이 대립한다. 위 ①의 침해범설에 의하면 보호법익의 침해가 있어야 기수
가 되고, 보호법익이 침해될 위험성이 있는 경우에는 미수가 된다고 한다. 이
견해는 주거침입죄가 미수범을 처벌하고 있고, 주거침입행위가 있음에도 불구
하고 주거의 평온이 침해되지 않는 경우는 없으므로 침해범설이 타당하다고 주
장한다.

36

이에 반하여, 위 ②의 추상적 위험범설은 보호법익의 침해 여부와 상관없
이 침입행위가 완성되면 보호법익이 침해될 위험성이 있으므로 그 자체가 기수
가 되고, 미수는 침입행위가 완성되지 못한 경우라고 하게 된다.

37

판례는 주거의 사실상 평온이 침해되었다고 볼 수 있는 이상 신체의 일부
만 들어가도 주거침입죄가 기수가 된다고 하므로, 침해범설에 입각하고 있는 것
으로 보인다.[67]

38

Ⅳ. 입법론

주거침입죄의 취지가 개인의 사생활의 보호에 있는 만큼, 비밀침해죄에
맞추어 주거침입죄도 친고죄나 반의사불벌죄로 규정함이 타당하다는 견해가
있다.[68]

39

---

64 대판 2021. 9. 9, 2020도12630(전). 종전에는 행위자가 간통을 목적으로 상간자인 배우자의 동
   의를 얻어 주거에 들어가는 행위는 다른 배우자의 주거의 평온을 해치는 것이 되어 주거침입죄
   가 성립한다고 보았다(대판 1984. 2. 26, 83도685).
65 김일수·서보학, 201; 오영근, 203; 임웅, 288; 정성근·박광민, 262; 홍영기, §71/1.
66 김성돈, 263(추상적 위험범이자 거동범이라고 보는 견해가 통설이지만, 이 견해는 미수범 처벌
   규정의 존재를 설득력있게 설명할 수 없기 때문에 '침입'을 본죄의 독자적 결과로 이해해야 하
   고, 따라서 주거침입죄는 추상적 위험범이면서도 결과범으로 보는 것이 타당하다); 손동권·김재
   윤, 257; 이재상·장영민·강동범, §15/7; 정영일, 233.
67 대판 1995. 9. 15, 94도2561.
68 임웅, 287.

〔조 재 빈〕

40   1992년의 형법개정법률안도 주거침입죄, 퇴거불응죄, 주거등수색죄 및 그
미수범을 반의사불벌죄로 규정할 것을 제안하였다. 주거침입죄와 퇴거불응죄
등은 비교적 경미한 범죄이므로 피해자의 명시한 의사에 반하여 처벌할 필요가
없다는 점과 이를 친고죄로 규정하고 있는 외국의 입법례(독형 § 123, 스위스형법
§ 186, 오스트리아형법 § 109)도 고려한 것이다.[69]

41   1992년의 형법개정법률안은 진정부작위범에 대하여는 미수범이 있을 수 없
다는 다수설의 태도를 반영하여 퇴거불응죄에 대한 미수범 처벌규정을 삭제할
것도 제안하였다. 또한, 직접 신체 자체를 수색하는 경우까지 포함한다는 점에
서 주거수색죄와는 성질을 달리한다고 할 수 있기 때문에 신체수색의 경우는
소지품수색의 경우를 포함하여 주거수색죄 등과는 항을 달리하여 규정할 필요
가 있다고 제안하였다.[70]

〔조 재 빈〕

---

69 법무부, 형법개정법률안 제안이유서(1992. 10), 164는 검토안에서는 주거침입죄는 절도 등의 수
   단이 되는 경우가 많으므로 반의사불벌죄에서 제외해야 한다는 의견을 제시하였으나 입증부족
   의 경우를 고려하여 반의사불벌죄에서 제외하는 것은 타당하지 않다는 이유로 채택되지 않았다
   고 한다.
70 법무부, 형법개정법률안 제안이유서(1992. 10), 163-164.

제319조(주거침입, 퇴거불응)

① 사람의 주거, 관리하는 건조물, 선박이나 항공기 또는 점유하는 방실에 침입한 자는 3년 이하의 징역 또는 500만원 이하의 벌금에 처한다. 〈개정 1995. 12. 29.〉

② 전항의 장소에서 퇴거요구를 받고도 응하지 아니한 자도 전항의 형과 같다.

Ⅰ. 취 지 ·· 561
Ⅱ. 객 체 ·· 561
　1. 사람의 주거 ······························ 562
　2. 관리하는 건조물, 선박, 항공기 ········ 571
　3. 점유하는 방실 ··························· 577
Ⅲ. 행 위 ·· 579
　1. 침 입 ······································ 579
　2. 실행의 착수 및 기수시기 ·············· 612
Ⅳ. 고 의 ·· 616
Ⅴ. 위법성 ··· 617
　1. 피해자의 승낙 ··························· 617
　2. 정당행위 ································· 618
　3. 긴급행위 등 ····························· 626
　4. 헌법상의 표현의 자유와의 관계 ······ 626
Ⅵ. 죄수 및 다른 죄와의 관계 ·············· 627
　1. 죄 수 ······································ 627
　2. 다른 죄와의 관계 ······················ 629
Ⅶ. 퇴거불응죄(제2항) ························· 635
　1. 의 의 ······································ 635
　2. 주체 및 객체 ··························· 636
　3. 행 위 ······································ 637
　4. 고 의 ······································ 643
　5. 합헌성 ································· 643
Ⅷ. 처 벌 ·· 645

Ⅰ. 취 지

본죄[1]는 사람의 주거, 관리하는 건조물, 선박이나 항공기 또는 점유하는 방 　1
실에 침입한 행위(제1항)[(주거·건조물·선박·항공기·방실)침입죄]와 사람의 주거, 관
리하는 건조물, 선박이나 항공기 또는 점유하는 방실에서 퇴거요구를 받고도 응
하지 아니한 행위(제2항)(퇴거불응죄)를 처벌함으로써, 주거의 사실상의 평온을 보
호하기 위한 범죄이다.

Ⅱ. 객 체

본죄의 객체는 사람의 주거, 관리하는 건조물, 선박이나 항공기 또는 점유 　2

---

1 여기에서는 제1항의 주거등침입죄와 제2항의 퇴거불응죄를 구분하여 사용하되, 두 죄에 공통되는 부분에 대해서는 두 죄를 합하여 '본죄'라고 한다. 그리고 제1항의 '주거등침입죄'의 경우, 공통되는 부분에 대해서는 '주거침입죄'라고만 하고, 개별적인 부분에 대해서는 주거침입죄, 건조물침입죄 등 개별 죄명을 사용한다.

하는 방실이다.[2] 1995년 12월 29일 개정형법은 본조의 객체에서 '저택'을 삭제하고 '항공기'를 추가하였다. 또한, 제321조(주거·신체 수색)의 객체에 '저택'을 삭제하는 대신 '자동차'와 '항공기'를 추가하였다.

1. 사람의 주거

(1) 사람의

3　　'사람의 주거'에서 '사람'은 범인 이외의 다른 사람을 말한다. 행위자가 그 주거에서 단독으로 거주하고 있거나 다른 사람과 공동으로 생활하고[3] 있다면 그 주거는 다른 사람의 주거에 해당하지 않는다.

4　　공동생활을 하고 있었던 주거라 할지라도 그로부터 이탈하거나[4] 주거 등에 대한 사실상의 지배·관리를 상실한 경우 등 특별한 사정이 있는 경우[5]에는, 그 주거를 자기의 주거라고 주장할 수 없다. 가출한 자녀가 야간에 절도의 목적으로 종래 함께 살던 부모 집에 침입하였다면, 주거침입이 인정되어 야간주거침입절도죄(§ 330)가 성립하게 된다.[6] 또한, 별거 중인 남편이 처가 부정행위를 하는 현장에 대한 촬영을 하기 위하여 처가 거주하는 자기 소유의 가옥에 침입하는 경우에도 주거침입죄가 성립한다.[7]

5　　사자(死者)는 여기의 '사람'에 포함되지 않음이 원칙이나, 피해자를 유인하여

---

2 배종대, 형법각론(13판), § 58/7은 "'주거, 건조물, 방실' 등의 법 개념은 우리의 일상 언어개념과 전혀 맞지 않는데 이는 일본형법 제130조(주거침입죄)가 쓰고 있는 개념을 무비판적으로 모방함으로써 생긴 결과이다. '건조물'의 의미는 주거를 제외한 일체의 건물과 그 부속물로 제한적으로 해석할 이유가 없고, '방실'은 비록 사전에 있는 말이긴 하지만 일본식으로 만들어진 조어이고, 방(房)이면 방이고, 실(室)이면 실이지 같은 의미의 두 말을 겹친 방실은 불필요한 중복에 지나지 않을 뿐이다. 비판적인 검토를 거쳐서 우리의 언어감각에 맞는 적합한 개념으로 고쳐야 한다."고 한다.
3 대판 1982. 4. 27, 81도2956(공동관리 중인 건조물에 공동점유자 중의 1인이 임의로 출입하였더라도 건조물침입죄가 성립하지 않는다); 대판 2012. 12. 27, 2010도16537(피해자와 피고인이 동거하는 주거는 타인의 주거에 해당하지 않는다).
4 김성돈, 형법각론(5판), 263; 김일수·서보학, 새로쓴 형법각론(9판), 202; 신동운, 형법각론(2판), 828; 임웅, 형법각론(9정판), 289; 정성근·박광민, 형법각론(4판), 263.
5 대판 2021. 9. 9, 2020도6085(전).
6 김성돈, 263; 김일수·서보학, 202; 신동운, 828. 일본 판례로는 最判 昭和 23(1948). 11. 25. 刑集 2·12·1649(가출한 피고인이 아버지 집에 공범과 함께 강도 목적으로 침입한 사안).
7 김성돈, 263; 김일수·서보학, 202; 정영일, 형법강의 각론(3판), 234; 주석형법 〔각칙(5)〕(5판), 144(이우철). 일본 판례로는 東京高判 昭和 58(1983). 1. 20. 判時 1088·147.

살해한 후 곧이어 피해자가 살던 가옥에 들어간 행위가 주거침입죄를 구성할 수 있다는 견해가 있다.8 이 견해는 피해자의 주거 상태는 피해자가 살해되기 전과 후 사이에 변화가 없고, 피해자가 사망하였다는 사실은 범인만이 알고 있는 상태라면 사회통념상 피해자가 살해되기 전에 누리고 있던 사실상의 평온이 계속된다고 볼 수 있으며, 이 경우 사망자에 대해 주거의 사실상의 평온을 인정하는 것과 같은 결과에 이를 수 있지만, 사망자에 대한 절도죄를 인정하는 것과 같은 취지에서 주거침입죄를 인정할 수 있다고 본다.

(2) 주거의 개념

6 '사람의 주거'란 ① 사람이 기거하고 침식에 사용되는 장소를 말한다는 다수설9과 ② 사람이 일상생활을 영위하기 위하여 점거하는 장소면 충분하고 반드시 침식에 사용되는 장소일 것을 요하지 않는다는 소수설10이 대립한다.

7 소수설은 법률에 주거 이외의 행위 대상범위가 매우 넓게 규정되어 있으므로 침식을 요건으로 하여 굳이 주거의 범위를 좁게 잡아야 할 이유가 없고, 점거만 하고 침식은 하지 않는 장소가 여기의 주거에 해당하지 않는다면 뒤의 어느 한 요건에 해당되어야 하는데 그렇게 이론 구성해야 할 필요가 없다는 것이다.11

8 이에 대하여 다수설은 형법이 관리하는 건조물이나 점유하는 방실을 별도로 규정하고 있기 때문에 다른 객체와 대비하여 해석하자면, 주거의 개념은 제한적으로 기거하고 침식에 사용하는 장소로 해석함이 타당하다고 한다. 따라서

---

8 신동운, 828; 大塚 外, 大ㄱㄴ(3版)(7), 289(毛利晴光). 일본 판례로는 東京高判 昭和 57(1982). 1. 21. 刑裁月報 14·1=2·1.

9 김성돈, 263; 김신규, 형법각론, 276; 김일수·서보학, 202; 박동률·임상규, 판례중심 형법각론, 206; 박상기·전지연, 형법학(총론·각론 강의)(4판), 573; 박찬걸, 형법각론, 284; 백형구, 형법각론, 387; 손동권·김재윤, 새로운 형법각론(2판), 250(다수설과 소수설 모두 주거침입죄가 성립하는 것은 공통이기 때문에 구분실익은 거의 없다); 오영근, 형법각론(4판), 203; 유기천, 형법학(각론강의 상)(전정신판), 162; 이영란, 형법학(각론 강의), 240; 이형국, 형법각론, 296; 이형국·김혜경, 형법각론(2판), 295; 임웅, 288; 정성근·박광민, 263; 정영일, 233; 정웅석·최창호, 형법각론, 495; 진계호·이존걸, 형법각론(6판), 281; 최호진, 형법각론, 314.

10 김선복, 신형법각론, 234; 김성천·김형준, 형법각론(6판), 291; 배종대, §58/2; 신동운, 826; 원혜욱, 형법각론, 172(주거에 단순히 가옥 자체만이 아니라 그 정원 등 위요지가 포함된다는 점을 고려할 때 주거는 일상생활을 영위하는 장소로 해석하는 것이 타당하다); 이재상·장영민·강동범, 형법각론(12판), §15/8; 이정원·류석준, 형법각론, 247.

11 배종대, §58/2. 일본 판례로는 広島高判 昭和 51(1976). 4. 1. 高刑集 29·2·240; 名古屋地判 平成 7(1995). 10. 31. 判時 1552·153.

기와침식에 사용되는 것이라면 건조물일 필요가 없고, 배나 자동차 등도 주거에 해당할 수 있다고 한다. 역으로 기와침식에 사용되지 않는 점포, 사무실, 연구실은 주거라고는 말할 수 없고, 건조물 또는 방실에 해당될 수 있을 뿐이다.[12]

9   일본에서도 마찬가지의 학설 대립이 있는데,[13] 하급심 판례 중에는 상업용 점포나 사무실, 연구실을 주거로 본 것[14]이 있는가 하면 건조물로 본 것[15]도 있다.

10   기거침식에 사용되는 것이면 별장, 선박, 차량, 계단, 복도, 지하실, 차고, 토굴 등도 주거에 해당될 수 있다.[16] 영구적일 필요가 없으므로 낮에만 기거하는 곳,[17] 휴가기간 동안 일시적으로 설치한 텐트, 별장과 같이 일시적으로 사용되는 곳 또는 주거용 차량 역시 주거에 해당한다.[18] 다만, 별장의 경우 계절적으로 전혀 사용하지 않는 기간 동안은 주거가 아니라 건조물에 해당한다.[19] 주택건조물의 전부가 아니라 일실(一室)이어도 좋다.[20] 하나의 건물 중 구획된 부분도 각각 독립하여 주거가 될 수 있으므로, 주거와 임대점포, 임대사무실 등이 병존하는 이른바 주상복합건물에 대해서는 독립한 전용부분 각각의 성격에 따라 주거인가 건조물인가를 판단해야 한다.[21] 영구적으로 사용할 필요는 없으나 점유하는 방실과의 관계상 다소의 시간적 계속성이 요구된다고 본다.[22] 따라서 빌딩사무실, 실험실, 점포와 호텔·여관의 한 방과 같이 하룻밤 숙박이나 단시간

---

12 정성근·박광민, 263(우리 형법과 달리 독일형법 제123조는 점유하는 방실이 없고 주거라고 규정하고 있다고 한다); 주석형법 〔각칙(5)〕(5판), 146(이우철).

13 西田 外, 注釈刑法(2), 299(小林憲太郎).

14 札幌高函館支判 昭和 27(1952). 11. 5. 高刑集 5·11·1985; 名古屋高判 昭和 26(1951). 3. 3. 高刑集 4·2·148; 東京高判 平成 11(1999). 7. 16. 東京高検速報 3094.

15 大阪地判 平成 20(2008). 12. 12. 미등재(변호사사무실); 青森地判 平成 21(2009). 11. 19. 미등재(대학연구실)〔西田 外, 注釈刑法(2), 299(小林憲太郎)〕.

16 이재상·장영민·강동범, § 15/8; 정성근·박광민, 263; 정영일, 234.

17 손동권·김재윤, 250; 정성근·박광민, 263.

18 박상기·전지연, 573; 배종대, § 58/2; 손동권·김재윤, 250; 신동운, 827(자동차라 할지라도 캠핑용 자동차와 같이 일상생활에 사용되는 경우라면 주거에 해당한다); 오영근, 203(주거용 차량의 주거공간은 동산에 속하지만 주거에 해당한다); 이재상·장영민·강동범, § 15/8.

19 주석형법 〔각칙(5)〕(5판), 146(이우철).

20 김일수·서보학, 202.

21 大塚 外, 大コン(3版)(7), 281(毛利晴光).

22 김성돈, 263; 신동운, 826-827(주거에의 거주가 일시적인지 계속적인지는 묻지 않는다. 주거에의 거주가 어느 정도 계속되어야만 주거침입죄의 객체에 해당하지 않겠는가 하는 의문이 생길 수 있으나 우리 형법은 '점유하는 방실'도 주거침입죄의 객체로 규정하고 있으므로 이러한 의문은 입법적으로 해결되어 있다); 정성근·박광민, 263; 정영일, 233.

의 휴식을 위해 사용되는 장소는 주거가 아니라 점유하는 방실에 해당한다.[23]

주거인 한 거주자가 항상 현존할 필요가 없으며, 일시 외출 중이거나 장기 해외출장으로 집을 비웠더라도 주거이다.[24] 주거의 설비·구조 여하도 묻지 않으므로 반드시 건조물에 한정되지 않고, 천막집, 판자집, 토굴이라도 어느 정도 주거로서의 설비를 갖추고 있는 한 주거에 해당한다.[25] 그러나 야외의 토관, 빈집, 가출자가 기거하고 있는 지하도는 주거가 아니다.[26]

(3) 주거의 소유관계 불문, 점유의 적법성 불요

본죄의 보호법익은 주거의 사실상의 평온이므로 주거의 소유관계는 묻지 않으며, 주거는 반드시 적법하게 점유된 것이 아니라도 상관없다.[27] 타인 소유뿐만 아니라 자기 소유의 주거도 본죄의 객체가 된다.[28] 차가(借家)인 경우에는 가옥의 소유자나 임대인에 대해서도 임차인의 주거로서 보호된다. 또한, 주거가 적법하게 시작된 이상 이를테면 임대차기간 경과 후의 점유계속처럼 도중에 권원 없이 불법한 점유가 된다 하더라도 사실상의 점유상태가 주거로서 보호된다.[29]

판례는 주거자 또는 간수자가 건조물 등에 거주 또는 간수할 권리를 가지

11

12

13

---

23 배종대, §58/6; 이재상·장영민·강동범, §15/8; 정성근·박광민, 263.
24 김일수·서보학, 202; 배종대, §58/2(1995년 개정 이전의 형법에서는 현재 사람이 주거로 사용하지 않는 집의 경우, 이를 '간수하는 저택'이라고 하여 별도로 규정하였는데 이제는 현재의 거주 여부와 상관없이 모두 사람의 주거에 포함되는 것으로 되었다); 신동운, 827; 오영근, 203; 이재상·장영민·강동범, §15/8; 정성근·박광민, 263; 정영일, 234.
   한편 판례도, "주거는 반드시 주거자가 현주함을 필요치 않으며 일시부재의 장소도 주거가 된다. 또 소위 간수라 함은 사실상의 관리를 말하며 반드시 저택 건조물 선박에 밀접하여 행하여야 하는 것이 아니며, 계속적인 것도 필요치 않다는 것은 오늘날의 정설이다. 따라서 6.25 사변 중 난을 피하기 위하여 공가로 된 가옥은 당해 가옥의 점유자가 그 점유를 포기한 것이 아니고 사실상 점유가 일시 이탈되었음에 불과하여 점유의 의사가 계속될 뿐만 아니라 그 후 수복으로 인하여 군경 또는 관계행정기관이 이를 관리수호에 임한 바 있으므로 설사 가주의 복귀 이전이라 하여도 이를 간수 없는 건조물이라 할 수 없다."는 취지로 판시하였다(대판 1957. 4. 12, 4289형상350).
25 김성돈, 263; 김일수·서보학, 202; 배종대, §58/2; 신동운, 827; 이재상·장영민·강동범, §15/8; 정성근·박광민, 263; 정영일, 234.
26 김성돈, 263; 신동운, 827; 정성근·박광민, 263.
27 배종대, §58/2; 임웅, 289; 정성근·박광민, 263; 정영일, 234. 일본 판례로는 札幌高函館支判 昭和 25(1950). 11. 22. 特報 14·222.
28 오영근, 203-204. 우리 판례(대판 1989. 9. 12, 89도889)와 일본 판례[大判 昭和 3(1928). 2. 14. 法律新聞 2866·11]도 같은 입장이다.
29 김일수·서보학, 202; 정성근·박광민, 263; 정영일, 234.

고 있는가의 여부는 범죄의 성립을 좌우하는 것이 아니며, 점유할 권리가 없는 자의 점유라고 하더라도 그 주거의 평온은 보호되어야 할 것이므로, 부적법한 점유를 배제할 권리를 가진 자도 정당한 절차에 의하지 아니하고 그 권리를 자력으로 구제하기 위해 주거에 함부로 들어가면 주거침입이 된다고 판시한다.[30]

14　　　　즉 판례는 ① 약 270명의 승려와 신도들이 피고인의 주지 취임을 반대하면서 사찰경내를 굳게 지키고 있는 상황을 알면서, 피고인이 약 37명 가량의 일반 승려들을 규합하여 이들과 함께 날이 채 새기도 전에 잠겨진 뒷문을 넘어 들어가거나 정문에 설치된 철조망을 걷어 내고 정문을 통과하는 방법으로 사찰 경내로 난입했다면, 그러한 피고인 등의 행위는 종법(宗法)에 따른 검수절차를 통한 주지직 취임의 한계를 일탈한 것이고, 전임 주지 측의 사찰경내에 대한 사실상 점유의 평온을 침해한 것으로 주거침입죄가 성립한다고 판시하였고,[31] ② '에바다사태 해결을 위한 공동대책위원회' 측에서 2002. 2. 9. 법원으로부터 농아원을 점거 중인 일부 농아원생 및 직원들에 대하여 위 공동대책위원회 측 이사 등의 농아원 출입을 방해하여서는 아니된다는 등의 출입방해금지가처분결정을 받았다고 하더라도 구 재단 측이 위 공동대책위원회의 진입을 저지하면서 농아원을 사실상 관리하는 상황에서는 설사 구 재단 측이 농아원을 관리할 법률상의 권한을 상실하였다고 하더라도 피고인들이 구 재단 측의 점유를 배제하기 위하여 관계법령에 의한 정당한 절차에 의하지 아니한 채 구 재단 측을 물리적으로 제압함으로써 건조물에 침입한 이상 건조물침입죄를 구성한다고 판시하였다.[32]

15　　　　또한, ③ 건물에 대한 경락허가결정이 당연무효라고 하더라도 이에 기한 인도명령에 의한 집행으로서 일단 건물의 점유가 경락인에게 이전된 이상 건물에 소유자가 들어가거나[33] 또는 ④ 방에 대한 명도집행이 위법한 소송의 판결에 기인한 것이라 하더라도 일단 동 집행에 의하여 적법하게 해당 방실에 대한 점유를 취득한 이상 그의 점유 중인 방실에 소유자가 무단히 들어간 경우[34]에

---

30 일본 판례도 같은 입장이다[最決 昭和 28(1953). 5. 14. 刑集 7·5·1042; 最決 昭和 49(1974). 5. 31. 裁判集(刑事) 192·571; 東京高判 昭和 27(1952). 12. 23. 判タ 27·66].

31 대판 1983. 3. 8, 82도1363.

32 대판 2007. 7. 27, 2006도3137.

33 대판 1984. 4. 24, 83도1429; 대판 1985. 3. 26, 85도122; 대판 1987. 11. 10, 87도1760.

34 대판 1958. 12. 12, 4291형상454.

도 주거침입죄가 성립한다.

    반면에, 주택의 매수인이 계약금과 중도금을 지급하고서 그 주택을 명도받   16
아 점유하고 있던 중 위 매매계약을 해제하고 중도금반환청구소송을 제기하여
얻은 그 승소판결에 기하여 강제집행에 착수한 이후에 매도인이 매수인이 잠가
놓은 위 주택의 출입문을 열고 들어간 경우라면, 매도인으로서는 매수인이 그
주택에 대한 모든 권리를 포기한 것으로 알고 그 주택에 들어간 것이라고 할 수
있을 뿐만 아니라, 또한 그 주택에 대하여 보호받아야 할 피해자의 주거에 대한
평온상태는 소멸되었다고 볼 수 있으므로 매도인의 행위는 주거침입죄를 구성
하지 아니한다.[35] 적법한 임대차기간이 종료한 후 계속 점유하고 있는 건물에
대하여 소유자가 마음대로 건물출입문에 판자를 대어 폐쇄한 것을 임차인이 자
력으로 뜯고 들어갔다고 해서 주거침입죄가 성립한다고 볼 수 없다.[36]

(4) 주거의 위요지

    주거는 단순히 주거에 사용하는 가옥이나 건조물만을 말하는 것이 아니라   17
그 부속물인 복도, 계단, 지하실, 차고, 정원, 마당, 뒤뜰, 담장과 방 사이의 좁
은 통로,[37] 사찰의 경내[38] 등 그 위요지(圍繞地)를 포함한다(통설[39] 및 판례[40]). 본
조 제1항에서 규정하고 있는 주거침입죄의 행위객체에는 '위요지'를 명문화하고
있지 않지만, 대법원은 1967년도 첫 판결[41] 이래로 일관되게 '위요지'를 주거침
입죄의 행위객체로 인정하고 있다.[42]

---

35 대판 1987. 5. 12, 87도3.

36 대판 1973. 6. 26, 73도460.

37 대판 2001. 4. 24, 2001도1092(이미 수일 전에 2차례에 걸쳐 피해자를 강간하였던 피고인이 대
    문을 몰래 열고 들어와 담장과 피해자가 거주하던 방 사이의 좁은 통로에서 창문을 통하여 방안
    을 엿보던 상황이라면 피해자의 주거에 대한 사실상 평온상태가 침해된 것으로, 피고인의 위와
    같은 행위는 주거침입죄에 해당한다).

38 대판 1983. 3. 8, 82도1363.

39 김일수·서보학, 202; 이재상·장영민·강동범, §15/8

40 대판 2001. 4. 24, 2001도1092; 대판 2009. 8. 20, 2009도3452. 일본 판례[最判 昭和 25(1950).
    9. 27. 刑集 4·9·1783; 最判 昭和 44(1969). 4. 2. 刑集 23·5·685; 最判 昭和 51(1976). 3. 4.
    刑集 30·2·79]도 같은 입장이다.

41 대판 1967. 10. 26, 67도1439(절취의 목적으로 중구청 정원에 침입한 사례).

42 홍승희, "주거침입죄의 객체 - 위요지", 형법판례 150선, 한국형사판례연구회, 박영사(2016), 216
    은 '위요지'의 기준이 불명확한 상태에서 '위요지'의 범위를 폭넓게 인정하게 되면 주거침입죄 성
    립이 확장됨으로써 시민의 자유영역이 지나치게 축소된다는 점에서 논란의 여지가 있다고 한다.

18　　　　'위요지'가 되기 위해서는 ① 가옥에 인접한 주변 토지로서, ② 거주자가 외
부와의 경계에 문과 담 등을 설치하여, ③ 그 토지가 가옥의 이용을 위하여 제
공되었음이 명확히 드러나야 한다.[43]

19　　　　주거에 인접한 위요지의 경우 당연히 주거에 포함되는 개념이고, 주거 및
건조물과 병렬하는 독립적인 개념은 아니다. 즉 위요지란 주거 및 건조물에 부
속된 개념으로서 주거침입죄 규정에서 명문화하고 있는 객체인 '주거, 건조물
등'이 주(主)가 되는 것이고, 이를 전제로 하여 인접한 공간이어야 주거침입죄의
행위객체로서의 '위요지'로 인정되는 것이다.[44]

20　　　　위요지의 범위를 축소하기 위해서 판례는 문과 담[45] 같은 설치를 통해 외
부와의 경계를 표시하도록 하고 있다.[46] 이는 위요지의 형식적인 요건으로 이해
될 수 있다. 판례는 이에 더하여 실질적인 요건으로 그 토지가 가옥 또는 건조
물의 이용에 제공되고 있음을 명확히 드러내도록 하고 있다.[47]

43　대판 2005. 10. 7, 2005도5351. 피고인들이 건물신축 공사현장에 무단으로 들어간 뒤 타워크레
　　인에 올라가 이를 점거한 사안에서, 타워크레인은 건설기계의 일종으로서 작업을 위하여 토지에
　　고정되었을 뿐이고 운전실은 기계를 운전하기 위한 작업공간 그 자체이지 건조물침입죄의 객체
　　인 건조물에 해당하지 아니하고, 피고인들이 위 공사현장에 컨테이너 박스 등으로 가설된 현장
　　사무실 또는 경비실 자체에 들어가지 아니하였다면, 피고인들이 위 공사현장의 구내에 들어간
　　행위를 위 공사현장 구내에 있는 건조물인 위 각 현장사무실 또는 경비실에 침입한 행위로 보거
　　나, 위 공사현장 구내에 있는 건축 중인 건물에 침입한 행위로 볼 수 없다고 판단하였다.

44　홍승희(주 42), 216-217.

45　일본 판례는 외부에서 보이지 않는 부지에 주차된 수사차량을 확인할 목적으로 경찰서의 담 위
　　에 올라간 행위에 대하여, "본건 담은 본건 청사건물과 그 부지를 다른 것과 명확히 구분함과 동
　　시에 외부로부터의 간섭을 배제하는 작용을 하고 있어 그야말로 본건 청사건물의 이용을 위하
　　여 제공되어 있는 공작물로서 형법 제130조에서 말하는 '건조물'의 일부를 구성하는 것으로서 건
　　조물침입죄의 객체에 해당한다고 해석하는 것이 상당하다"고 판시하면서, 건조물침입죄의 성립
　　을 인정하였다[最決 平成 21(2009). 7. 13. 刑集 63·6·590].

46　대판 2004. 6. 10, 2003도6133[피고인이 2002. 11. 4. 다른 1,000여명의 전공노 소속 공무원들과
　　함께 '전국공무원 노동자대회 전야제'에 참가하기 위하여 들어간 대학교 종합운동장은 대학교의
　　강의동을 비롯한 건조물에 인접한 부분이고, 대학교와 외부와의 경계에는 정문을 비롯하여 문과
　　담 등이 설치되어 있어 대학교 구내와 외부와는 명확히 구분되어 있으며 당시 전공노 소속 공무
　　원들 1,000여명이 전야제 등을 하면서 구호를 외치고 노동가를 불렀다는 것이므로, 대학교 종합
　　운동장을 위요지로 보고 사실상의 평온이 해하여졌다는 이유로 피고인의 위 행위에 대하여 폭력
　　행위등처벌에관한법률위반(건조물침입)의 점을 유죄로 인정]. 이에 대하여 경계를 인식할 수 있
　　으면 족하고 담장이나 장애물 유무는 묻지 않는다는 견해도 있다(오영근, 204).
　　　　위 판결 해설은 최수환, "건조물침입죄에 있어서 건조물과 위요지의 의미", 해설 50, 법원도서
　　관(2004), 645-652.

47　홍승희(주 42), 217. 이러한 실질적 요건은 위요지가 주거 및 건조물, 즉 '사실상 평온'과 밀접한 관

더 나아가 대법원은 최근 위요지의 요건을 한층 더 구체화하여 일반인들로 21
하여금 주거자 및 관리자로부터 출입이 제한되는 공간임을 쉽게 알 수 있도록 그
의사표시[48]를 객관적으로 명확히 하도록 요건화하여 위요지를 제한하고 있다.[49]
즉 건조물의 이용에 기여하는 인접의 부속 토지라고 하더라도 인적 또는 물적 설
비 등에 의한 구획 내지 통제가 없어 통상의 보행으로 그 경계를 쉽사리 넘을 수
있는 정도라고 한다면 일반적으로 외부인의 출입이 제한된다는 사정이 객관적으
로 명확하게 드러났다고 보기 어려우므로, 이는 위요지에 해당하지 않는다.[50]

또한 관리자가 일정한 토지와 외부의 경계에 인적 또는 물적 설비를 갖추 22
고 외부인의 출입을 제한하고 있더라도 그 토지에 인접하여 건조물로서의 요건
을 갖춘 구조물이 존재하지 않는다면, 이러한 토지는 건조물침입죄의 객체인 위
요지에 해당하지 않는다.[51]

그러나 경계울타리의 설치가 가설적 구조로 되어 있고, 그 설치기간도 처음부 23
터 일시적인 것으로 예정되어 있었다고 하여 위요지로 볼 수 없는 것은 아니다.[52]

련이 있음을 드러내는 것으로서 보호범위의 명확성 측면에 기여하고 있는 것으로 보인다고 한다.

48 일본 판례 중에도 피고인이 정당한 이유 없이 피해자 집 부지 안에 있는 주차장 출입구로부터
집 욕실 부근 바깥창문까지 침입하였다는 사안에서, 피고인이 침입하였다는 장소에 한정해서 보
면 울타리가 쳐져 있어 피해자 집에서만 이용하고 외부인은 출입금지한다는 거주자의 의사가 명
시되어 있는 장소(일부만 울타리가 쳐있음)라고는 보기 어렵다는 이유로 주거침입죄의 성립을
부정한 것[大阪高判 令和 3(2021). 7. 16. LEX/DB 25590287]이 있는데, 위요지의 범위를 거주
자의 의사에 비추어 제한적으로 해석한 판례로 평가된다.

49 홍승희(주 42), 217.

50 대판 2010. 4. 29, 2009도14643. 차량 통행이 빈번한 도로에 바로 접하여 있고, 도로에서 주거용
건물, 축사 4동 및 비닐하우스 2동으로 이루어진 시설로 들어가는 입구 등에 그 출입을 통제하
는 문이나 담 기타 인적·물적 설비가 전혀 없고 노폭 5m 정도의 통로를 통하여 누구나 축사
앞 공터에 이르기까지 자유롭게 드나들 수 있는 사실 등을 이유로, 차를 몰고 위 통로로 진입하
여 축사 앞 공터까지 들어간 행위는 주거침입에 해당하지 아니한다고 판단하였다.

51 대판 2017. 12. 22, 2017도690. 피고인들이 공사현장에 들어 가 이 사건 타워의 계단을 통해 타
워 상단부에 올라 간 사안에서, 위 타워는 석유정제시설 중 하나인 개질시설로서 사람이 기거하
거나 출입을 목적으로 사용되는 장소가 아니고, 당시 위 타워는 아직 신축 중인 상태의 철골구
조물로 기둥과 계단 외에 벽이나 천정이라고 볼 수 있는 시설은 갖추어지지 않았으며, 그에 대
한 접근이나 출입을 제한하는 시설도 없는 상태여서 건조물침입죄의 객체인 건조물로서의 요건
을 갖추었다고 볼 수 없는 바, 위 공사현장도 이러한 건조물의 이용을 위하여 제공되는 토지, 즉
위요지라고 볼 수 없고, 위 공사현장에는 현장사무실이나 경비실 외에 별도의 건조물은 없었으
므로 위 공사현장이 현장사무실이나 경비실의 이용을 위하여 제공된 토지라고 보기 어려우므로
피고인들이 이 사건 공사현장에 출입한 행위는 건조물침입죄가 성립할 수 없다고 판단하였다.

52 주석형법 [각칙(5)](5판), 147(이우철).

24　　　다가구용 단독주택이나 다세대주택·연립주택·아파트 등 공동주택 안에서 공용으로 사용하는 현관,[53] 엘리베이터,[54] 계단[55]과 복도[56]는 주거로 사용하는 각 가구 또는 세대의 전용 부분에 필수적으로 부속하는 부분으로서 그 거주자들에 의하여 일상생활에서 감시·관리가 예정되어 있고 사실상의 주거의 평온을 보호할 필요성이 있는 부분이다. 그러므로 다가구용 단독주택이나 공동주택의 내부에 있는 공용 계단과 복도 등은 특별한 규정이 없는 한, 사람의 주거에 부속한 위요지로서 '사람의 주거'에 해당한다.[57] 거주자가 아닌 외부인이 공동주택의 공용 부분에 출입한 것이 공동주택 거주자들에 대한 주거침입에 해당하는지 여부를 판단함에 있어서도, 그 공용 부분이 일반 공중에 출입이 허용된 공간이 아니고 주거로 사용되는 각 가구 또는 세대의 전용 부분에 필수적으로 부속하는 부분으로서 거주자들 또는 관리자에 의하여 외부인의 출입에 대한 통제·관리가 예정되어 있어 거주자들의 사실상 주거의 평온을 보호할 필요성이 있는 부분인지, 공동주택의 거주자들이나 관리자가 평소 외부인이 그곳에 출입하는 것을 통제·관리하였는지 등의 사정과 외부인의 출입 목적 및 경위, 출입의 태양과 출입한 시간 등을 종합적으로 고려하여 '주거의 사실상의 평온상태를 침해하였는지'의 관점에서 객관적·외형적으로 판단하여야 한다.[58]

25　　　주거의 사생활의 평온을 폭넓게 보호하기 위해 공동주택의 공용공간에 대해서는 원칙적으로 외부인의 출입은 엄격히 제한되고, 특히 주거건조물의 내부에 있는 실내 공용공간은 보안통제장치 여부를 불문하고 그 출입은 원칙적으로 제한되어 있다는 인식에 기초하여 주거침입죄의 성부가 판단되어야 한다.[59] 즉, 원칙적으로 출입에 대한 명시적 동의 없는 외부인의 출입은 '주거침입'으로 간주되어야 하나, 현실적으로 일부 공동주거권자의 명시적 동의는 물론이고 묵시

---

53 대판 2022. 1. 27, 2021도15507.
54 대판 2009. 9. 10, 2009도4335.
55 대판 2009. 8. 20, 2009도3452.
56 대판 2016. 12. 27, 2016도16676(원심판결 광주지판 2016. 10. 5, 2016노2044).
57 신동운, 827-828. 그러나 대판 2008. 4. 10, 2008도1464는 아파트 내부의 계단을 거쳐 독립된 세대 현관 앞에 이르러 초인종을 누른 행위에 대한 주거침입을 인정하지 않았다.
58 대판 2022. 1. 27, 2021도15507.
59 홍승희, "공동주택의 공용공간에 대한 주거침입죄의 해석", 형사판례연구 [21], 한국형사판례연구회, 박영사(2013), 196-197.

적 동의가 추정될 수 있는 경우에는 그 출입에 대해서는 주거침입을 구성하지 않는 것이 보다 일반적이고 상식적일 것이다. 그러나 명시적 동의 없는 묵시적 동의의 추정만 있는 상태에서, 추후 명시적 반대의사를 확인하였다면 출입 후 곧바로 퇴거하여야 하며, 이에 불응 시 퇴거불응죄가 성립할 수 있다. 또한, 모든 공동주거권자의 묵시적 반대 내지 명시적 반대가 확인되었음에도 주거건조물에 들어간 행위는 이미 공용공간에 진입한 이상 주거침입죄에 해당한다고 볼 수 있다.[60]

이에 대하여 위와 같은 공용부분이나 공동주택인 건물 자체의 위요지는 모두 관리하는 건조물의 일부로 보는 것이 타당하다는 견해도 있다.[61]

26

2. 관리하는 건조물, 선박, 항공기

(1) 관리하는

'관리'란 타인이 건조물에 함부로 침입하거나 체재하는 것을 방지하는 등 건조물을 사실상 관리·지배하는 것을 의미한다.[62] 함부로 타인이 침해하는 것을 방지하는 데 충분한 인적·물적 설비를 갖출 것을 요한다. 따라서 수위나 경비원 또는 관리인을 둔 경우는 물론, 사람이 기거하지 않더라도 자물쇠를 잠그거나 문에 못질을 해 둔 경우는 관리에 해당하지만,[63] 단순히 출입금지의 표지를 해 둔 것만으로는 관리라고 할 수 없다.[64] 사무적으로만 관리되는 건조물은 본죄의 객체가 될 수 없으며,[65] 관리는 반드시 근접한 장소에서 행해질 것을 요하지 않는다.[66] 또한 타인의 침입을 불가능 또는 곤란하게 할 정도의 설비가 있음을 요하지 않고, 또 그 설비가 저택·건조물 또는 선박과 장소적으로 결합되

27

---

60 홍승희(주 42), 195-196.

61 大塚 外, 大コン(3版)(7), 285(毛利晴光).

62 헌재 2012. 5. 31, 2011헌바135. 일본 판례로는 最判 昭和 59(1984). 12. 18. 刑集 38·12·3026.

63 오영근, 204; 정영일, 234(공사장의 각종 가건물이나 시장의 점포 등이 이에 해당한다).

64 김성돈, 264; 김일수·서보학, 203; 배종대, §58/3; 손동권·김재윤, 251; 이재상·장영민·강동범, §15/9; 임웅, 289; 정성근·박광민, 264; 정영일, 234. 이에 대하여 오영근, 204는 관리자의 의사가 표시되어 있는 한 관리라고 할 수 있다고 하고, 일본 판례 중에도 부지 주위의 펜스에 출입문이 있다고 하여 바로 관리되지 않는다고 할 수 없다고 한 것〔最判 平成 20(2008). 4. 11. 刑集 62·5·1217〕이 있다.

65 오영근, 204.

66 정성근·박광민, 264.

어 있어야 하는 것도 아니다.[67] 건조물에 사람이 현존할 필요도 없다.[68]

28   대법원은 지하수 물탱크시설을 '관리하는' 건조물에 해당하지 않는다고 판시한 원심의 판단이 옳다고 하였는데,[69] 이 사건의 원심[70]은 물탱크시설이 철근으로 기둥을 세우고 그 위에 철판 천정을 만든 후 천정 위에 두 개의 물탱크를 올려놓은 구조물로서 토지에 정착되어 있는 사실을 인정하였으나, 피해자 측에 의해 관리되지 않았다고 인정하였다.

29   다른 사람이 살지 아니하고 관리하지 아니하는 집 또는 그 울타리 안이나 건조물·배·자동차 안에 정당한 이유 없이 들어간 행위는 주거침입죄가 아니라 경범죄 처벌법 제3조 제1항 제1호[71]에 해당되고,[72] 출입이 금지된 구역이나 시설 또는 장소에 정당한 이유 없이 들어간 행위는 건조물침입죄가 아니라 동법 제3조 제1항 제37호[73] 위반죄에 해당될 뿐이다(다만, 관리하는 건조물 등은 건조물침입죄 성립).[74]

---

67 이재상·장영민·강동범, §15/9.
68 김성돈, 264; 손동권·김재윤, 251.
69 대판 2007. 12. 13, 2007도7247.
70 전주지판 2007. 8. 9, 2006노303.「물탱크시설이 철근으로 기둥을 세우고 그 위에 철판 천정을 만든 후 천정 위에 두 개의 물탱크를 올려놓은 구조물로서 토지에 정착되어 있는 사실은 인정되나, 건조물침입죄는 타인이 '관리하는' 건조물에 침입하여 그 건조물의 사실상의 평온을 해하는 경우에만 성립한다고 할 것인 바, 위 물탱크시설은 기둥과 천정으로 이루어져 있고 일반인의 출입을 제한하기 위한 별도의 시설이나 장치가 없이 개방되어 있는 상태에 있었고 출입 제한을 뜻하는 팻말도 부착되어 있지 아니한 점, 회사의 부도로 2003.경부터 이 사건 부동산에서 축사 운영이 이루어지지 않고 있었던 점, 위 물탱크시설 자체는 경매대상 목록에 포함되어 있지는 않지만 위 물탱크시설이 위치한 토지를 포함한 회사 소유의 부동산에 대하여 2003. 3.경부터 임의경매절차가 개시되고 피고인이 이를 낙찰받아 2004. 10. 20.경 소유권을 취득하여 점유하게 되었으나 2004. 11. 8.과 같은 달 26.경 피해자로부터 '미경매된 건물, 시설, 차량, 물품은 일체 사용을 금할 것'을 요구하는 취지의 내용증명우편을 받을 때까지 이 사건 물탱크시설이 피해자 측에 의하여 계속하여 관리되고 있었다고 볼 자료가 없는 점을 종합하면, 이 사건 물탱크시설이 건조물침입죄의 객체가 되는 '관리하는 건조물'에 해당한다고 보기 어렵다.」
71 경범죄 처벌법 제3조(경범죄의 종류) ① 다음 각 호의 어느 하나에 해당하는 사람은 10만원 이하의 벌금, 구류 또는 과료(科料)의 형으로 처벌한다.
    1. (빈집 등에의 침입) 다른 사람이 살지 아니하고 관리하지 아니하는 집 또는 그 울타리·건조물(건조물)·배·자동차 안에 정당한 이유 없이 들어간 사람
72 주석형법〔각칙(5)〕(5판), 148(이우철).
73 경범죄 처벌법 제3조(경범죄의 종류) ① 다음 각 호의 어느 하나에 해당하는 사람은 10만원 이하의 벌금, 구류 또는 과료(科料)의 형으로 처벌한다.
    37. (무단 출입) 출입이 금지된 구역이나 시설 또는 장소에 정당한 이유 없이 들어간 사람
74 각 경범죄처벌법위반죄는 건조물침입죄의 보충규정이다〔西田 外, 注釈刑法(2), 308(小林憲太郎)〕.

동업자들 사이에 분규가 발생한 상황에서 공동점유자 중의 1명이 다른 공 　30
동점유자의 의사에 반하여 건조물에 임의로 출입하였다 해도 건조물침입죄는
성립하지 않는다.[75]

관공서의 출입구나 계단, 역 구내, 백화점 등 공중에게 개방되고 사실상 사 　31
람의 출입이 자유로운 장소도 그곳이 일반인에게 개방되어 있는 이유는 그 집
무와 관련하여 정상적인 용무를 가진 사람들의 출입 편의를 도모하기 위한 것
에 지나지 않으므로 관리되지 않는 장소라고 할 수 없다.[76]

(2) 건조물

'건조물'이란 '주거'를 제외한 일체의 건물과 이에 부속된 구조물 및 그 위요 　32
지를 의미한다.[77] '건조물'이라고 할 수 있으려면 일반적으로 주위벽 또는 기둥과
지붕[78] 또는 천정으로 구성된 구조물로서 사람이 기거하거나 출입할 수 있는 장
소를 말하며, 반드시 영구적인 구조물일 것을 요하지 않는다.[79] 즉, 주거에 사용
할 목적으로 건축된 가옥, 빈 집 또는 폐쇄된 별장, 연수기간 동안 사용하는 회
사의 연수원 부속 기숙사는 물론, 학교·백화점·공장·창고·극장·교회[80]·사찰·
실내주차장·대학 강의실[81]·관공서의 청사[82] 또는 이용을 중단한 골프장의 골프
클럽하우스와 골프텔[83] 등이 여기에 해당한다.[84] 그러나 벽·기둥·지붕·천장 등

---

75 대판 1982. 4. 27, 81도2956. 「이건 건조물은 동업자들의 공동점유하에 있었다 할 것인바 공동
　관리 중인 건조물에 공동점유자 중의 1인이 임의로 출입하였다 하여 건조물침입죄를 구성한다
　할 수는 없으므로 본건 창고를 고소인들만이 관리하고 있음을 전제로 건조물 침입에 관하여 무
　죄를 선고한 원심판결을 비난하는 논지는 채용할 수 없다.」
76 最判 昭和 24(1949). 6. 16. 刑集 3·7·1070; 最判 昭和 34(1959). 7. 24. 刑集 13·8·1176.
77 헌재 2012. 5. 31, 2011헌바135.
78 오영근, 204는 지붕이 있음을 요하지 않는다고 한다.
79 대판 1989. 2. 28, 88도2430(이 사건 담배점포는 알미늄 샷시로 된 구조물이긴 하나 주위벽과
　지붕으로 구성되어 사람이 그 내부에서 기거하거나 출입할 수 있을 뿐 아니라 실제로 피해자는
　그 내부에 담배, 복권 기타잡화 등을 진열해 놓고 판매하는 일상생활을 영위해 오면서 침식의
　장소로도 사용해왔음을 알 수 있으므로, 위 점포는 주거침입의 객체가 될 수 있는 건조물에 해
　당한다); 대판 2005. 10. 7, 2005도5351.
80 대판 1992. 4. 28, 91도2309.
81 대판 1992. 9. 25, 92도1520.
82 헌재 2012. 5. 31, 2011헌바135. 일본 판례로는 最判 昭和 24(1949). 6. 16. 刑集 3·7·1070; 最
　判 昭和 34(1959). 7. 24. 刑集 13·8·1176.
83 대판 2020. 3. 12, 2019도16484.
84 이재상·장영민·강동범, §15/10.

을 완전히 갖추지 못한 건축 중인 건축물은 건조물에 해당하지 않는다.[85]

33   판례는 골리앗 크레인[86]의 경우, 선박건조자재운반용으로 회사 제1도크에 고정 설치되어 82미터 높이에 있는 폭 8미터, 길이 140미터 되는 상판과 상판하부의 기계실, 상판에서 기계실로 통하는 넓이 10평 정도 되는 방실 및 기계실 하부의 운전실 등으로 구성되어 있고, 평소 그 운전을 위해 1, 2명의 직원이 그곳에 근무하며 인가자 이외의 출입을 금지하는 특별통제구역으로 설정되어 있으며, 사건 당시 위와 같은 출입통제를 위해 승강기의 전원을 차단하고 비상계단의 출입문을 열 수 없도록 하여 두었다는 것이므로 위 골리앗크레인은 간수하는 '건조물'에 해당하지만, 건설기계의 일종인 타워크레인[87]은 동력을 사용하여 중량물을 매달아 상하 및 좌우로 운반하는 것을 목적으로 하는 기계 또는 기계장치로서 구조상 철골로 된 수직기둥(마스트) 위에 기사 1명이 의자에 앉아서 작업을 하는 조종석이 있고 투명한 창문으로 둘러져 있는 0.5평이 채 안되는 운전실과 철제 난간들이 설치되어 있을 뿐 따로 기둥이나 벽이 있는 공간이 난 방실은 있지 아니하므로 건조물침입죄의 객체인 '건조물'에 해당하지 않는다고 한다.

34   앞에서 대법원이 철근으로 기둥을 세우고 그 위에 철판 천정을 만든 후 천정 위에 두 개의 물탱크를 올려놓은 구조물로서 토지에 정착되어 있는 지하수 물탱크시설을 위와 같이 '관리하는' 건조물에 해당하지 않는다고 판시한 것[88]에 대해 마치 지하수 물탱크시설이 '건조물'에 해당하지 않는다고 해석하는 일부 견해는 잘못된 것으로 보인다.

35   건조물의 부속물과 정원 등 건조물의 '위요지'도 포함된다. 건조물의 일부를 이루는 지붕은 물론 출입구, 복도, 외부 계단도 건조물에 포함되고, 본 건물과 지붕으로 연결된 역의 홈도 건조물에 해당한다. 담장도 건조물의 일부를 구성하여 건조물침입죄의 객체가 될 수 있다.[89] 대법원은 피해자 소유의 축사 건물 및 그 부지를 임의경매절차에서 매수한 사람이 위 부지 밖에 설치된 피해자 소유의 소독시설을 통로로 삼아 위 축사건물에 출입한 경우, 위 소독시설은 피해자 소유의

---

85 오영근, 204.
86 대판 1991. 6. 11, 91도753.
87 대판 2005. 10. 7, 2005도5351.
88 대판 2007. 12. 13, 2007도7247.
89 정성근·박광민, 264; 주석형법 〔각칙(5)〕(5판), 149(이우철).

별개의 토지 위에 존재하는 독립된 건조물이고 축사 자체의 효용에 제공된 종물이 아니므로 피고인의 행위는 건조물침입죄에 해당한다고 판시하였다.[90]

    건조물의 위요지가 되기 위해서는 건조물에 인접한 토지로서 관리자가 외부와의 경계에 문과 담 등을 설치하여 그 토지가 건조물의 이용을 위하여 제공되었다는 것이 명확히 드러나야 한다.[91] 화단의 설치, 수목의 식재 등으로 담장의 설치를 대체하는 경우에도, 건조물에 인접한 그 주변 토지가 건물, 화단, 수목 등으로 둘러싸여 건조물의 이용에 제공되었다는 것이 명확히 드러난다면 위요지가 될 수 있다.[92] 그러나 건조물의 이용에 기여하는 인접의 부속 토지라고 하더라도 인적 또는 물적 설비 등에 의한 구획 내지 통제가 없어 통상의 보행으로 그 경계를 쉽사리 넘을 수 있는 정도라고 한다면, 일반적으로 외부인의 출입이 제한된다는 사정이 객관적으로 명확하게 드러났다고 보기 어려우므로, 이는 위요지에 해당하지 않는다.[93] 판례는 피고인들이 골프장 부지에 설치된 사드(THAAD: 고고도 미사일 방어 체계)기지 외곽 철조망을 미리 준비한 각목과 장갑을 이용해 통과하여 300m 정도 진행하다가 내곽 철조망에 도착하자 미리 준비한 모포와 장갑을 이용해 통과하여 사드기지 내부 1km 지점까지 진입함으로써 대한민국 육군과 주한미군이 관리하는 건조물에 침입하였다고 하여 폭력행위등처벌에관한법률위반(공동주거침입)[94]으로 기소된 사안에서, 위 사드기지는 더 이상 골프장으로 사용되고 있지 않을 뿐만 아니라 이미 사드발사대 2대가 반입되어 이를 운용하기 위한 병력이 골프장으로 이용될 당시의 클럽하우스, 골프텔

---

90 대판 2007. 12. 13, 2007도7247.

91 대판 2004. 6. 10, 2003도6133; 대판 2005. 10. 7, 2005도5351. 박상기·전지연, 573은 다가구용 단독주택이나 공동주택 내부에 있는 엘리베이터, 공용계단과 복도 등을 관리하는 건조물의 위요지로 설명하고 있다. 오영근, 204은 건조물에 담장 등 침입을 막기 위한 설비가 되어 있음을 요하지 않는다고 주장한다.

92 대판 2010. 3. 11, 2009도12609(병원의 건물들과 화단, 그리고 화단에 식재된 수목들이 둘러싸고 있으면서 병원 외부와의 경계 역할을 하고 있는 건물의 앞 또는 옆 마당으로부터의 퇴거요구에 불응한 것은 퇴거불응죄에 해당한다고 한 사례).

93 대판 2010. 4. 29, 2009도14643(차량 통행이 빈번한 도로에 바로 접하여 있고, 도로에서 주거용 건물, 축사 4동 및 비닐하우스 2동으로 이루어진 시설로 들어가는 입구 등에 그 출입을 통제하는 문이나 담 기타 인적·물적 설비가 전혀 없고 노폭 5m 정도의 통로를 통하여 누구나 축사 앞 공터에 이르기까지 자유롭게 드나들 수 있는 사실 등을 이유로, 차를 몰고 위 통로로 진입하여 축사 앞 공터까지 들어간 행위는 주거침입에 해당한다고 본 사례).

94 이하, 폭력행위 등 처벌에 관한 법률은 폭력행위처벌법이라 한다.

〔조 재 빈〕   **575**

등의 건축물에 주둔하고 있었고, 군 당국은 외부인 출입을 엄격히 금지하기 위하여 사드기지의 경계에 외곽 철조망과 내곽 철조망을 2중으로 설치하여 외부인의 접근을 철저하게 통제하고 있었으므로, 위 사드기지의 부지는 기지 내 건물의 위요지에 해당한다고 판시하였다.[95]

37   건조물은 부동산에 한하는지 여부에 대하여 견해의 대립이 있다. 주거와 달리 건조물은 부동산에 제한하지 않을 수 없다는 견해[96]는 건조물이라고 하기 위해서는 지붕이 있고 담 또는 기둥으로 지지되어 토지에 정착하고 있어 사람이 출입할 수 있을 것을 요한다. 따라서 지붕, 담, 기둥 등으로 토지에 정착하지 않은 천막, 사람이 출입할 수 없는 견사, 물탱크시설, 타워크레인 등은 건조물이라고 할 수 없다고 주장한다. 이에 대하여 부동산이라고 할 수 없는 건조물도 건조물이라고 해야 한다는 견해[97]는 비닐하우스, 일시적으로 설치해 놓은 선전용 부스나 버스표·담배 등을 판매하기 위해 설치해 놓은 간이건조물 등도 건조물이라 할 수 있다고 주장한다.

38   판례는 부동산이 아닌 비닐하우스,[98] 알루미늄 샷시로 설치된 담배점포[99] 등도 본조의 건조물에 해당한다고 보고 있다.

39   건조물이라고 하기 위해서는 담 또는 기둥으로 토지에 정착되어 있어야 한다. 따라서 버스를 개조하여 식당으로 사용하는 식당버스의 경우 토지에 정착되어야 건조물에 해당된다. 토지에 정착되어 있지 않다면 경우에 따라 점유하는 방실이라고 할 수도 있다는 견해도 있다.[100]

(3) 선박

40   '선박'은 수상교통의 수단으로 사용되는 제조물을 의미한다. 그 크기를 묻지

---

95 대판 2020. 3. 12, 2019도16484. 다만 무죄를 선고했던 원심은, 골프코스와 클럽하우스, 식당(그늘집) 등의 관계는 코스 부지가 '주'이고, 클럽하우스와 식당(그늘집)은 일반적으로 골프코스의 이용을 보다 쾌적한 것으로 하기 위한 '부속시설'에 불과하므로 코스 부지를 부속시설인 클럽하우스와 식당(그늘집)의 위요지에 해당한다고 보기 어려운 점, 골프코스는 사드발사대 배치를 위한 주된 공간이고, 골프클럽하우스와 골프텔, 식당(그늘집)은 대한민국 육군과 주한미군이 사드운용에 이용하는 건조물이라기보다 숙박을 위한 부속시설에 불과한 점 등의 이유를 들어, 피고인들이 침입한 골프코스는 사드기지 내 건물의 위요지에 해당하지 않는다고 판단하였다.
96 손동권·김재윤, 251; 이재상·장영민·강동범, § 15/10; 임웅, 289.
97 오영근, 204.
98 대판 2007. 3. 15, 2006도7044.
99 대판 1989. 2. 28, 88도2430.
100 오영근, 204-205.

않지만, 적어도 사람의 주거에 사용될 수 있는 정도의 규모는 되어야 한다는 것이 통설이다. 그러므로 놀이용 소형 모터보트, 카누는 이에 해당되지 않는다고 본다.[101] 선박은 일단 출항하면 지상으로부터 분리되어 그 평온·안전을 보호해야 할 특별한 필요성이 있고, 또 어떠한 사고가 발생하는 경우에 그 결과가 중대하게 되므로 본죄의 객체로 규정된 것이다.[102]

(4) 항공기

'항공기'란 사람의 조종에 의하여 공중을 운행하는 기기를 말한다. 적어도 41
사람의 주거에 사용될 수 있는 정도의 규모는 되어야 한다. 비행기, 비행선, 헬리콥터, 우주선, 우주왕복선 등을 말한다.[103] 따라서 1회용 경비행기는 이에 해당하지 않는다고 본다.[104]

'항공기'도 일단 출발하면 외계와 격리된다는 점에서 선박과 유사하고 항공 42
기의 평온도 보호할 필요성이 있고, 또 어떠한 사고가 발생하는 경우에 그 결과가 중대하게 되므로 1995년 12월 29일 형법개정을 통해 본죄의 객체로 규정되었다.[105]

(5) 기타

자동차, 기차, 지하철전동차는 본죄의 객체에 해당하지 않는다.[106] 그러나 43
주거·식당·카페 등으로 사용하는 자동차나 기차는 주거·관리하는 건조물 또는 점유하는 방실이 될 수도 있다.[107]

3. 점유하는 방실

'점유하는 방실'[108]은 건조물 내에서 사실상 지배·관리되는 일정한 구획을 44

---

101 김성돈, 264; 김일수·서보학, 203; 박상기·전지연, 573; 배종대, §58/5; 신동운, 828; 오영근, 205; 이재상·장영민·강동범, §15/10; 임웅, 289; 정성근·박광민, 264; 정영일, 235.
102 신동운, 828-829.
103 김일수·서보학, 203; 정성근·박광민, 264; 정영일, 235[기구(氣球)도 항공기에 해당한다고 한다].
104 오영근, 205.
105 신동운, 829.
106 대판 2015. 4. 23, 2014도655. 지하철 내에서 판매행위를 하다가 철도보안관에게 적발되어 퇴거를 요구당하였음에도 이에 불응한 경우, 지하철전동차가 아니라 지하철역 밖으로 퇴거요구에 불응한 것이라는 이유로 퇴거불응죄를 인정하였다.
107 오영근, 205.
108 신동운, 829는 "일본형법 제130조는 주거침입죄의 객체를 주거, 간수하는 저택, 건조물, 함선으

말한다. 학설 중에는 주거나 관리하는 건조물 규모에 해당하지 않는 그 밖의 모든 축조물을 포함한다는 견해가 있다.[109] 점포·사무실·연구실은 물론 호텔이나 여관의 투숙 중인 방, 건축공사장의 임시가건물,[110] 오피스텔의 방이나 하숙방[111] 등이 여기에 속한다.[112] 또한 방실은 '건조물' 내의 한 부분이어야 하므로, 자동차나 기계의 운전실은 이에 해당하지 않는다고 본다. 물론 대형플랜트 시설의 중앙통제실은 본죄의 객체에 해당된다고 할 것이다.[113]

45   판례는 가옥 가운데 명도받은 몇 개의 방,[114] 모텔의 비어있는 객실,[115] 산후조리원의 입원실,[116] 화장실 이용자가 평온하게 사용 중인 건조물에 설치된 화장실 용변칸,[117] 회사 내 감사실[118] 등을 점유하는 방실로 인정하였다.

로 한정하고 있다. 이와 관련하여 주거침입죄의 객체가 어디까지를 포함하는지를 놓고 논의가 제기되고 있다. 예컨대, 대형빌딩의 외부에서 빌딩 안으로 침입하는 행위는 건조물침입죄에 해당한다. 그러나 빌딩 안에서 빌딩 내의 사무실로 침입하는 행위가 건조물침입에 해당할 것인지 문제되었다. 일본 개정형법가안은 이러한 문제점을 입법적으로 해결하기 위하여 '점유하는 방실'을 주거침입죄의 객체에 추가하였다. 우리 입법자는 가안의 입법례를 참고하여 '점유하는 방실'을 주거침입죄의 객체로 명시하고 있다."고 설명한다.

109 김일수·서보학, 203.
110 김성돈, 264.
111 정영일, 235.
112 이재상·장영민·강동범, § 15/11.
113 정영일, 235.
114 대판 1965. 1. 26, 64도587. 「피고인이 그 소유 가실을 A에게 매도하고 그 소유권등기까지 완료하였으나 아직 명도치 않고 계속 점유 사용 중인데 피고인이 전세준 방 2칸 부분은 A가 전세금을 대립변제하여 전세든 자를 명도시키고 그 명도된 방 가운데 점포로 쓰던 부분의 방문에 못을 박아 막으려고 한 사실 등을 보아 위 방 2칸은 사실상 A의 간수 아래 있는 방이라고 인정할 수 있다.」
115 대판 2011. 4. 14, 2011도300. 「피고인이 피해자가 운영하는 모텔의 비어있는 객실에 주간에 들어간 다음 야간에 절취행위를 한 경우에는 야간방실침입절도에 해당하지 않는다.」
116 대판 2018. 4. 10, 2017도16256(대전지판 2017. 9. 20, 2016노3790). 「피해자는 조리원 측과 산후조리원 이용계약을 체결하고 그 계약 내용에 따라 413호실을 사용하게 된 것이므로, 피해자가 사용하는 입원실은 피해자가 점유하는 방실에 해당하고, 조리원 직원이 산모 및 신생아의 관리나 입원실의 청소 등을 위하여 입원실에 출입할 수 있다 하더라도 이는 방실의 점유자인 피해자의 승낙이나 동의를 받아야 적법한 것이며, 피해자의 승낙이나 동의 없이 피해자의 입원실을 출입하였을 경우에는 피해자의 입원실에서의 사실상의 평온을 해치는 것으로서 방실침입죄에 해당한다.」
117 ① 대판 2012. 8. 23, 2012도815(원심판결 대전고판 2011. 11. 23, 2011노432)〔빌딩 1층의 여자화장실에 피해자가 들어가는 것을 보고 피고인이 뒤따라 들어가 화장실 출입문을 잠근 후, 용변칸에서 나오는 피해자에게 폭행, 협박을 가하여 화장실 바닥에 눕도록 한 다음 강간하고, 그 장면을 휴대전화에 내장된 동영상 촬영장치로 촬영한 사안에서, 이 사건 범행장소는 그 입구에 명백하게 여성용이라고 표시되어 있는 여자화장실인 사실을 인정할 수 있는바, 이와 같은 여자화

학설 중에는 선박·항공기 내의 승무원실, 객실 등도 점유하는 방실이 될 46
수 있기 때문에 반드시 건조물 내의 구획이어야 할 필요는 없다는 견해가 있
다.[119] 또한, 룸싸롱·노래방·비디오방의 구획된 공간과 같이 단지 일시적인 휴
식이나 오락에 공하는 장소로서 주거의 이익이 없는 곳은 점유하는 방실에 해
당하지 않는다는 견해도 있다.[120]

Ⅲ. 행 위

1. 침 입

(1) 침입의 개념

일반적으로 '침입'은 침범하여 들어가는 것을 말하고, '침범'은 남의 영토나 47
구역, 권리 따위를 함부로 쳐들어가 해치거나 건드리는 것을 말한다.[121] 따라서
주거 등 침입은 주거 등에 거주하거나 건조물 등을 관리 또는 점유하는 사람 이
외의 사람이 함부로 주거 등에 쳐들어가 가는 것을 말하는데, 주거침입죄의 구
성요건적 행위인 '침입'은 주거침입죄의 보호법익과의 관계에서 그 의미를 해석
하여야 한다.[122]

장실의 경우 여성이나 유아 등의 사용이 허용될 뿐, 성인 남성의 출입은 원칙상 허용되지 않는
다고 할 것이고(반드시 용변칸 안이 아니더라도 그 이용자가 탈의 등 남자에게 보이기를 꺼리는
행위를 할 수 있으므로 여자화장실 전체에 대하여 출입이 금지된다고 보아야 한다), 더욱이 성
인 남성이 여자화장실을 이용하는 여성을 강간하는 등 범죄의 목적으로 출입하는 것이 허용되지
아니함에는 의문의 여지가 없다. 따라서 피고인이 이 사건 강간범행을 위하여 여자화장실에 들
어간 행위는 빌딩의 소유자나 관리자의 의사에 반하고 그 평온을 해하였을 뿐만 아니라, 여자화
장실을 이용하던 피해자가 평온하게 사용 중인 '점유하는 방실'을 피고인이 의사에 반하여 침입
함으로써 피해자의 평온도 해하였다 할 것이다. 결국, 피고인의 여자화장실 침입은 건조물 내지
'점유하는 방실'에 침입한 경우에 해당한다], ② 대판 2003. 5. 30, 2003도1256(피고인이 피해자
가 사용 중인 공중화장실의 용변칸에 노크하여 남편으로 오인한 피해자가 용변칸을 열자 강간할
의도로 용변칸에 들어간 것이라면, 피해자가 명시적 또는 묵시적으로 이를 승낙하였다고 볼 수
없어 주거침입죄에 해당한다).
118 대판 2011. 8. 18, 2010도9570(주식회사의 감사인 피고인이 회사 경영진과의 불화로 한 달 가까
　　이 결근하다가 자신의 출입카드가 정지되어 있는데도 이른 아침에 경비원에게서 출입증을 받아
　　컴퓨터 하드디스크를 절취하기 위해 회사 감사실에 들어간 행위는 방실침입죄가 성립한다).
119 오영근, 205.
120 이정원·류석준, 249.
121 인터넷 다음 국어사전 참조.
122 대판 2021. 9. 9, 2020도12630(전).

48   즉 '침입'의 의의에 관하여는, 주거침입죄의 보호법익에 관한 대립에 대응하여 '의사침해설'과 '평온침해설'로 대별할 수 있다. ① '의사침해설'은 침입을 주거자, 관리자 등의 의사에 반하여 들어가는 것으로 보는 견해로서 주거권설에 대응하는 데 비해, ② '평온침해설'은 침입을 주거 등의 사실상의 평온을 침해하는 태양으로 들어가는 것으로 보는 견해로서 사실상의 평온설에 대응함이 원칙이다.[123]

49   그러나 종래 학설은 '의사'를 중시하여, 일반적으로 신주거권설을 취하는 견해는 '침입'에 대하여 '주거권자의 의사'에 반하여 들어가는 것을 말한다고 하고,[124] 사실상 평온설을 취하는 견해는 '침입'에 대하여 주거에 대한 결정의 자유를 가진 '주거자·관리자 또는 점유자의 명시적 의사 또는 추정적 의사'에 반하여 들어가는 것을 말한다고 한다.[125]

50   판례는 기존에 일관하여 주거침입죄가 '사실상의 주거의 평온을 보호법익으로 하는 것'이라고 하면서도, 주거침입죄에 있어서 '침입'이라 함은 "거주자 또는 간수자의 의사에 반하여 들어가면 족한 것이고 어떤 저항을 받는 것을 요하지 않으며, 일반적으로 개방되어 있는 장소라도 필요가 있을 때는 관리자가 그 출입을 금지 내지 제한할 수 있는 것이므로 그 출입금지 내지 제한하는 의사에 반하여 무리하게 주거 또는 건조물 구내에 들어간다면 주거침입죄를 구성한다."고 판시하였다.[126]

51   그러나 최근 대법원 전원합의체 판결은 기존의 태도를 변경하며, 주거침입죄의 구성요건적 행위인 '침입'은 주거침입죄의 보호법익과의 관계에서 해석하여야 하므로, '침입'이란 거주자가 주거에서 누리는 사실상의 평온상태를 해치는 행위태양으로 주거에 들어가는 것을 의미하고, '침입'에 해당하는지 여부는 출입 당시 객관적·외형적으로 드러난 행위태양을 기준으로 판단함이 원칙이며, 사실상의 평온을 해치는 행위태양으로 주거에 들어가는 것이라면 특별한 사정이 없는 한 거주자의 의사에 반하는 것이겠지만, 단순히 주거에 들어가는 행위 자체가 거주자의 의사에 반한다는 거주자의 주관적 사정만으로 바로 '침입'에 해당

---

123 주석형법 〔각칙(5)〕(5판), 151; 大塚 外, 大コン(3版)(7), 299(毛利晴光).
124 박상기·전지연, 574; 이재상·장영민·강동범, § 15/12.
125 김일수·서보학, 203; 정성근·박광민, 265.
126 대판 1983. 3. 8, 82도1363.

한다고 볼 수 없다고 판시하였다.[127] 나아가 대법원은 '침입'에 해당한다고 인정하기 위해서는 거주자의 의사에 반한다는 사정만으로는 부족하고, 주거의 형태와 용도·성질, 외부인의 출입에 대한 통제·관리상태, 출입의 경위와 태양 등을 종합적으로 고려하여 객관적·외형적으로 판단할 때 주거의 사실상의 평온상태를 해치는 경우에 이르러야 한다고 판시하였다.[128] 이에 따라 외부인이 공동거주자 중 주거 내에 현재하는 거주자로부터 현실적인 승낙을 받아 통상적인 출입방법에 따라 주거에 들어간 경우라면, 특별한 사정이 없는 한 사실상의 평온상태를 해치는 행위태양으로 주거에 들어간 것이라고 볼 수 없으므로 주거침입죄에서 규정하고 있는 '침입'행위에 해당하지 않는다고 판시하였다.[129] 이처럼 대법원에서 '침입'에 대한 입장을 변경한 후에는, 위 전원합의체 판결과 마찬가지로 침입은 거주자가 주거에서 누리는 사실상의 평온상태를 해치는 행위태양으로 주거에 들어가는 것을 의미한다는 견해[130]가 늘고 있다.

　　일본의 최근 판례 중에는 '침입'의 의의에 관하여 의사침해설적 입장을 취하면서도 사생활의 평온에 대하여 배려한 것이 적지 않다.[131]

52

127　대판 2021. 9. 9, 2020도12630(전). 이에 대하여 반대의견은 종전과 같이 의사침해설의 입장에서, "주거침입죄는 거주자의 의사에 반하여 주거에 들어가는 경우에 성립한다. 주거침입죄는 사람의 주거에 침입한 경우, 즉 거주자 외의 사람이 거주자의 승낙 없이 무단으로 주거에 출입하는 경우에 성립하는 것이다. 거주자는 주거에 대한 출입이 자신의 의사대로 통제되고 지배·관리되어야 주거 내에서 평온을 누릴 수 있다. 이러한 점에서 주거침입죄의 보호법익인 '사실상 주거의 평온'은 '법익의 귀속주체인 거주자의 주거에 대한 지배·관리, 즉 주거에 대한 출입의 통제가 자유롭게 유지되는 상태'를 말한다고 할 것이다. 이러한 주거에 대한 지배·관리 내지 출입통제의 방식은 거주자의 의사 및 의사 표명을 통하여 이루어지게 된다. 따라서 주거침입죄에 있어 침입은 '거주자의 의사에 반하여 주거에 들어가는 것'이라고 해석하여야 한다."고 주장한다.

128　대판 2022. 1. 27, 2021도15507.

129　대판 2021. 9. 9, 2020도12630(전).

130　한상훈·안성조, 형법개론(3판), 491; 홍영기, 형법(총론과 각론), §71/9.

131　일본 판례는 ① ATM기 이용객의 카드 비밀번호를 몰래 촬영한 목적으로 ATM기가 설치된 영업 중의 은행에 들어간 사안에서, 위와 같이 들어간 행위는 "그곳 관리권자인 은행지점장의 의사에 반하는 것이 명백하기 때문에 들어간 외관이 일반현금자동지불기 이용객의 그것과 특별히 다른 것이 없더라도 건조물침입죄가 성립한다."고 판시하였고[最決 平成 19(2007). 7. 2. 刑集 61·5·379], ② 이라크파병에 반대하는 취지의 유인물을 우편함에 넣을 목적으로 철망펜스 등으로 둘러싸인 부지 내에 있는 자위대 숙사 현관문 앞까지 들어간 사안에서, 관리자의 의사를 침해하였을 뿐 아니라 위 숙사에서 생활하는 사람들의 평온도 침해하였다고 판시하였고[最判 平成 20(2008). 4. 11. 刑集 62·5·1217], ③ 공산당의 전단지를 각 세대에 배포할 목적으로 분양맨션의 현관 홀, 엘리베이터, 7층부터 3층까지의 각 층 복도 등에 들어간 사안에서, "본건 맨션의 구조 및 관리상황, 현관 홀 안의 상황, 위 전단지의 기재내용, 들어간 목적 등에 비추어 들어간 행

(2) 침입의 태양 및 방법

53   '침입'은 신체적 침입을 의미하므로 행위자의 신체가 주거에 들어가지 않으면 안 된다. 따라서 밖에서 돌, 오물, 막대기 등을 주거에 던져 넣거나 소리를 지르거나 창문으로 주거를 들여다보거나 전화를 계속 거는 것은 침입이라고 할 수 없다.[132]

54   신체의 일부만 들어가도 침입이 되는 지 여부가 문제된다. ① 통설[133]은 '침입'과 '침입시도' 내지 '침입행위'는 구별되어야 하고, 주거침입죄를 계속범이라고 보는 점[134]에서 주거침입죄의 미수를 처벌하고 있는 형법의 태도를 보면 신체의 전부가 들어가야 '침입'이라고 할 수 있다고 주장한다(전부침입설). ② 소수설[135]은 신체의 일부만 들어가도 침입이 된다고 주장한다(일부침입설). 이 견해는 신체의 일부가 들어가더라도 주거권이 침해될 수 있고, 본죄의 미수·기수를 주거침입이라는 결과가 발생했는지를 기준으로 하여 판단해야 한다면, 신체의 일부가 들어간 것도 주거침입에 해당한다고 주장한다. 일본의 통설은 전부침입설[136]인데 비하여, 독일의 통설은 일부침입설[137]의 입장이라고 한다.

55   판례는 주거침입죄는 신체의 일부만 타인의 주거 안으로 들어갔다고 하더라도 거주자가 누리는 사실상의 주거의 평온을 해할 수 있는 정도에 이르렀다면 범죄구성요건을 충족하여 기수에 이른 것이라고 보아야 하고, 주거침입죄의 범의는 반드시 신체의 전부가 타인의 주거 안으로 들어간다는 인식이 있어야만 하는 것이 아니라 신체의 일부라도 타인의 주거 안으로 들어간다는 인식이 있

위가 본건 관리조합의 의사에 반하는 것임이 명백하고, 피고인도 이를 인식하고 있었다고 인정된다."며 건조물침입죄가 성립한다고 판시하면서, 나아가 본건에서는 표현 그 자체를 처벌하는 것에 대한 헌법적합성이 문제되지만, "본건 관리조합의 의사에 반하여 들어가는 것은 관리조합의 관리권을 침해하는 것일 뿐만 아니라 거기에서 사적 생활을 영위하는 사람의 사생활의 평온을 침해하는 것이라고 하지 않을 수 없다."고 판시하였다[最判 平成 21(2009). 11. 30. 刑集 63·9·1765].

132 김성돈, 265; 오영근, 205; 이재상·장영민·강동범, §15/12; 정성근·박광민, 265.
133 김성돈, 265; 김신규, 278; 백형구, 389; 원혜욱, 174; 유기천, 164; 이재상·장영민·강동범, §15/12; 이형국, 299; 정성근·박광민, 265; 진계호·이존걸, 287.
134 最判 昭和 31(1956). 8. 22. 刑集 10·8·1237.
135 김선복, 236; 김일수·서보학, 203; 신동운, 829; 이정원·류석준, 251; 정영일, 236.
136 西田 外, 注釈刑法(2), 304(小林憲太郎). 일본에서는 전부침입설, 일부침입설 외에 신체의 대부분이 들어갔을 때 기수가 된다는 견해도 있다.
137 배종대, §58/8; 이재상·장영민·강동범, §15/12.

으면 족하다고 판시하여 위 ②의 소수설과 같은 입장이다.[138]

'침입'의 방법에는 제한이 없다.[139] 몰래 들어가든 공공연히 들어가든, 열린 56 문으로 들어가든 장애를 넘고 폭력적으로 들어가든 관계가 없다.[140] 다만 들어갈 때 어떠한 저항이나 제지를 받을 것을 요하지는 않지만, 거주자가 주거에서 누리는 사실상의 평온상태를 해치는 행위태양으로 주거에 들어가야 하고, '침입'에 해당하는지 여부는 출입 당시 객관적·외형적으로 드러난 행위태양을 기준으로 판단함이 원칙이다. 사실상의 평온을 해치는 행위태양으로 주거에 들어가는 것이라면 특별한 사정이 없는 한 거주자의 의사에 반하는 것이겠지만, 단순히 주거에 들어가는 행위 자체가 거주자의 의사에 반한다는 거주자의 주관적 사정만으로 바로 '침입'에 해당한다고 볼 수 없다.[141] 종래 판례는 대학교가 교내에서의 집회를 허용하지 아니하고 집회와 관련된 외부인의 출입을 금지하였는데도 집회를 위하여 그 대학교에 들어간 것이라면, 비록 대학교에 들어갈 때 구체적으로 제지를 받지 아니하였더라도 대학교 관리자의 의사에 반하여 건조물에 들어간 것으로서 건조물침입죄가 성립한다고 판시하였다.[142]

침입은 외부로부터의 침입에 제한된다. 판례는 처음부터 주거의 안에 있는 57 자가 사후에 범죄의사가 생긴 때에는 침입이라고 할 수 없다고 판시한다.[143] 이

---

138 대판 1995. 9. 15, 94도2561(야간에 타인의 집의 창문을 열고 집안으로 얼굴을 들이미는 등의 행위를 하였다면 피고인이 자신의 신체의 일부가 집안으로 들어간다는 인식하에 하였더라도 주거침입죄의 범의는 인정되고, 또한 비록 신체의 일부만 집안으로 들어갔다고 하더라도 사실상의 주거의 평온을 해하였다면 단순주거침입죄는 기수에 이르렀다). 본 판결 평석은 오영근, "주거침입죄의 성립범위", 형사판례연구 [8], 한국형사판례연구회, 박영사(2000), 228-248.

139 침입은 통상 육상을 통한 침입이겠으나, 해상에서 직접 침입하거나 공중에서 주거 등으로 접근하여 낙하하는 방법으로 침입할 수도 있다. 그러나 단순히 정찰비행하는 것만으로는 주거침입죄가 성립한다고 할 수는 없을 것이다[西田 外, 注釈刑法(2), 305(小林憲太郎)].

140 김성돈, 264; 김일수·서보학, 203; 오영근, 205; 이재상·장영민·강동범, §15/12.

141 대판 2021. 9. 9, 2020도12630(전). 이에 반하여 김성돈, 264-265는 의사에 반해서 들어가면 평온·공연하게 혹은 열린 문으로 들어간 때에도 침입이 된다고 하고, 이와 같은 일본 판례로는 東京高判 昭和 27(1952). 4. 24. 高刑集 5·5·666; 東京高判 昭和 39(1964). 9. 22. 高刑集 17·6·563.

142 대판 2004. 8. 30, 2004도3212. 한편 학교 교정이 애초에 주민들에게 개방되어 있는 경우에는 구내로 들어간 것만으로는 부족하고, 구내의 건조물 등 시설에 무단으로 들어간 경우에만 건조물침입죄가 성립한다는 견해(정영일, 236)도 있다.

143 대판 1984. 2. 14, 83도2897(피고인이 인근에 사는 친척인 피해자의 집에 잠시 들어가 있는 동안에 피해자에게 돈을 갚기 위하여 찾아온 피해자의 다른 친척의 돈을 절취하였다면, 피고인이 당초부터 불법목적을 가지고 피해자의 집에 들어갔거나 그의 의사에 반하여 그의 집에 들어간

미 주거 안에 있는 사람은 퇴거불응죄를 범할 수 있을 뿐이다.[144] 적법하게 들어간 공간 내에서 다른 곳으로 옮기는 것도 침입이 될 수 없다.[145] 일단 허가를 받고 안으로 들어온 이상 퇴거불응죄가 성립하지 않는 한 침입이 되지 아니한다. 따라서 죄수가 교도소의 다른 감방에 들어가거나, 공무원이 권한 없이 상사나 동료의 방에 들어가는 것은 침입이라고 할 수 없다.[146] 그러나 적법하게 들어간 공간 내에서 옮겨간 다른 공간이 독립적으로 구획된 공간이고 출입이 무상으로 이루어질 수 있는 것이 아니라면 침입이 될 수도 있다.[147] 호텔 투숙객이 다른 객실에 들어가거나 남자가 엿볼 목적으로 여자화장실에 들어가는 것, 민원인이 출입이 금지된 부서에 허락없이 들어가는 것 등이 그 예이다.[148]

58　　　　다른 사람의 주택에 무단 침입한 범죄사실로 이미 유죄판결을 받은 사람이 그 판결이 확정된 후에도 퇴거하지 않은 채 계속하여 당해 주택에 거주한 경우, 위 판결 확정 이후의 행위는 별도의 주거침입죄를 구성한다.[149]

59　　　　부작위에 의해서도 침입이 가능한지에 대하여 견해의 대립이 있다. ① 긍정설[150]은 침입은 부작위에 의해서도 가능하고, 형법이 주거침입죄 이외에 별도로 진정부작위범인 퇴거불응죄를 규정하고 있으므로, 여기에서는 주로 부진정부작위범 형식이 문제된다고 한다. 예컨대 주거에 대한 보증인이 제3자의 침입을 방지하지 아니한 경우 또는 허가를 받고 들어온 자가 그 시간을 넘어서 머무르거나, 주거권자의 의사에 반하여 침입한 것을 사후에 알고도 그대로 있는 경우가 여기에 해당한다고 주장한다. 이 견해는 부작위에 의한 침입은 주거자의 퇴거요구가 없다는 점에서 퇴거불응죄와 구별된다고 한다. 이에 대하여 ② 부정설[151]은 주거

　　　　것이 아니어서 주거침입죄에 해당하지 않는다).

144　오영근, 205.

145　김성돈, 265.

146　오영근, 205은 이 경우에도 방실침입죄는 성립할 수 있다고 한다.

147　김성돈, 265. 적법하게 주거 등의 일부에 들어간 후 거주자 또는 관리권자의 의사에 반해서 다른 부분에 들어간 것이 침입에 해당한다고 한 일본 판례로는 名古屋高金沢支判 昭和 28(1953). 2. 28. 高刑集 6·5·621.

148　김일수·서보학, 204.

149　대판 2008. 5. 8, 2007도11322.

150　김성돈, 265; 김신규, 278; 김일수·서보학, 207; 박찬걸, 287; 배종대, § 58/15(실제로 이런 경우가 문제될 수 있는 가능성은 그렇게 많지 않을 것으로 생각된다); 손동권·김재윤, 252; 이재상·장영민·강동범, § 15/20; 정성근·박광민, 267; 진계호·이존걸, 287.

151　박상기·전지연, 574; 백형구, 389(주거에 침입하는 행위가 없었기 때문이라고 한다); 이정원·류

침입죄의 경우 부작위는 주거침입에 대한 방조에 불과하다고 주장한다. 이 견해는 체류시간을 정하여 주거에 들어오는 것을 허락하였다는 것은 그 시간 이후에는 퇴거를 요구하는 의미가 내포되어 있기 때문에 허가를 받고 들어온 자가 시간을 넘어 머무를 경우에는 퇴거불응죄에 해당한다고 보는 것이 타당하다고 한다.

(3) 주거자, 관리자, 점유자의 의사

(가) 주거자, 관리자, 점유자

침입은 '거주자가 주거에서 누리는 사실상의 평온상태를 해치는 행위태양으로 주거에 들어가는 것'을 의미하고, 사실상의 평온상태를 해치는 행위태양으로 주거에 들어가는 것이라면 대체로 거주자의 의사에 반하는 것이므로,[152] 침입에 해당하는지 여부를 판단함에 있어서는 출입 당시 객관적·외형적으로 드러난 행위태양 외에 주거자, 관리자, 점유자의 의사 또는 추정적 의사 또한 중요한 의미를 갖는다. 60

(a) 의의

주거자, 관리자, 점유자는 주거 등에 대한 출입과 체류를 결정하거나 허용할 수 있는 사람을 말한다. '주거자'는 현실로 주거에 거주함으로써 그 장소에 대하여 사생활 보호(privacy)의 이익을 가진 사람이다.[153] 주거에서 일상적으로 거주하는 사람을 말하고 주거를 사실상 관리할 수 있는 능력을 갖지 않는 유아, 아동 등은 제외된다.[154] 하지만 침입행위 당시에 주거에 현재하는 사람만을 말하는 것은 아니다. 따라서 부(夫)가 부재중인 경우에는 현재하는 처뿐만 아니라 그 부도 주거자이며, 집주인의 가족이 부재중인 경우에는 집을 보고 있는 가정부뿐만 아니라 그 집의 가족들도 주거자라고 보아야 한다.[155] '관리자'는 건조물·선박·항공기의 보존·출입 등의 책임을 지는 사람을 말한다. 경찰서 청사는 경찰서장, 61

석준, 258.

152 대판 2021. 9. 9, 2020도12630(전).

153 이재상·장영민·강동범, §15/13은 주거자, 관리자, 점유자의 권한을 주거권으로 파악하고 주거권은 주거에 입주함으로써 취득하여 퇴거하면 없어지는 권리라고 설명한다. 이에 대하여 오영근, 206은 주거권설에 의할 경우에는 주거권자라는 개념을 사용하지만, 주거의 사실상 평온설에 의할 경우에는 주거자 또는 거주자라는 사실상의 개념을 사용해야 한다며, 예컨대 집주인 A가 외출 중이고 가정부 B가 집을 지키고 있을 때 침입에서 중요한 것은 주거권자인 A가 아니라 사실상 거주자인 B의 의사라고 설명한다.

154 大塚 外, 大コン(3版)(7), 305(毛利晴光).

155 정영일, 236.

대학의 건물은 학장, 우체국 청사는 우체국장, 역사는 역장 등이 해당된다.[156] 실제로 주거할 필요는 없다. 단순히 현실로 감시의 임무를 맡고 있는 사람만을 가리키는 것은 아니고, 직책상 관리자의 위치에 있는 사람도 이에 포함된다. 예컨대, 시장은 퇴청 후에도 시청건물의 관리인이다.[157] 판례는 직장노조원들이 농성을 목적으로 학생회의 동의를 얻어 학생회관에 들어간 경우, 학생회관의 관리권은 그 대학 당국에 귀속된다고 보아야 하므로 학생회의 동의가 있어 그 침입이 위법하지 않다고 믿었다 하더라도 이에 정당한 사유가 있다고 볼 수 없어 주거침입죄를 구성한다고 판시하였다.[158] 또한, 숙직원이나 수위 등은 관리자가 아니므로 가령 수위 등이 들어가는 것을 묵인 또는 승낙했더라도 관리자의 의사에 반하는 것이 명백한 경우라면 본죄가 성립한다.[159] '점유자'는 방실을 법적 또는 사실적으로 지배·사용하는 자를 말한다.[160]

62   주거자 등은 반드시 소유자이거나 직접 점유자일 필요가 없고, 사실상 주거·점유·관리하고 있으면 된다. 주거자 등은 적법한 점유개시로 거주하면 충분하고, 계속 거주·점유할 권리가 있는가는 문제되지 않는다. 그러나 애당초 위법하게 주거를 점유한 자는 주거자라 할 수 없다.[161]

63   헌법재판소는 ① 청구인 조합원들이 피해자가 경락받아 소유하는 아파트에 대해 유치권을 주장하면서 자물쇠수리공을 불러 현관문을 강제로 열고 들어가 공동으로 피해자의 주거에 침입하였다는 폭력행위처벌법위반(공동주거침입) 혐의에 대해 기소유예처분을 받자 헌법소원심판청구를 한 사안에서, 청구인들이 유치권을 행사하고 있었던 점, 피해자가 물리력을 이용하여 점유를 시도한 점 등에 비추어 보면, 피해자에게 평온한 주거상태가 형성되었다고 인정할 증거가 부족함에도 청구인들에게 주거침입 혐의를 인정한 검사의 기소유예처분은 청구

---

156 주석형법〔각칙(5)〕(5판), 155(이우철). 이와 관련된 일본 판례로는 大判 昭和 5(1930). 12. 13. 刑集 9·899(町長); 東京高判 昭和 27(1952). 4. 24. 高刑集 5·5·666(경찰서장); 最判 昭和 51(1976). 3. 4. 刑集 30·2·79(대학장); 最判 昭和 58(1983). 4. 8. 刑集 37·3·215(우체국장); 最判 昭和 59(1984). 12. 18. 刑集 38·12·3026(역장).
157 김일수·서보학, 205; 정영일, 236.
158 대판 1995. 4. 14, 95도12.
159 大塚 外, 大コン(3版)(7), 308(毛利晴光). 일본 판례로는 最判 昭和 58(1983). 4. 8. 刑集 37·3·215.
160 김일수·서보학, 205; 정영일, 236.
161 배종대, § 58/9; 이재상·장영민·강동범, § 15/13; 정성근·박광민, 265.

인들의 평등권과 행복추구권을 침해하였다고 결정하였다.[162]

64

또한, ② 청구인들이 탁구장을 폐쇄한다는 내용의 알림장이 부착되어 있음에도 이미 소지하고 있던 열쇠를 이용하여 출입문을 열고 안으로 들어가고, 탁구장의 출입문 잠금장치가 전자번호 방식으로 바뀌어 잠겨 있는 것을 확인하고도 잠금장치를 풀어 문을 연 후 안으로 들어간 폭력행위처벌법위반(공동건조물침입) 혐의에 대하여 기소유예처분을 받자 헌법소원심판청구를 한 사안에서, 고소인이 운영위원회 총회를 거쳐 청산절차를 밟아 위 탁구장을 양수한 것이 법적으로 무효가 된다 하더라도, 만약 그가 일응 적법한 절차에 따라 위 탁구장에 대한 점유를 이전받았음이 입증되었다면, 권리자인 청구인들이 법에 정하여진 절차에 의하지 않고 위 탁구장에 진입한 것이 건조물침입죄가 된다고 볼 여지도 없지는 않을 것이나, 위 탁구장의 관리·운영에 관하여 분쟁이 생기기 이전에는 청구인들을 포함한 동호회 회원들이 자유롭게 위 탁구장에 출입하여 이를 이용하고 있었던 점, 위 탁구장에 관한 임대차계약서의 임차인 명의가 고소인으로 되어 있다고 볼 증거는 없는 점, 그리고 고소인에 대한 위 탁구장 양도의 근거가 된 운영위원회 임시총회 결의의 법적 효력에 관한 다툼의 진행 경과 등에 비추어볼 때, 청구인들을 포함한 동호회 회원들은 위 탁구장의 관리·운영권에 관한 분쟁이 있기 전부터 위 탁구장을 총유적으로 점유하고 있었다고 할 것이며, 이에 더하여 고소인이 일방적으로 출입문 잠금 장치를 교체하는 등의 폐쇄 조치를 한 사정만 있을 뿐이므로 청구인들이 탁구장의 출입문을 열고 진입할 때에 그에 관한 자신들의 점유가 사실상 평온한 고소인의 단독 점유로 이전되었음을 전제로 '타인이 관리하는' 건조물에 들어간다는 범의가 있었다고 보기는 어렵다고 결정하였다.[163]

---

162 헌재 2019. 7. 25, 2018헌마795. 「피해자가 이 사건 아파트의 소유자이기는 하나 이 사건 조합이 피해자의 소유권 취득 이전부터 유치권을 행사하고 있었으므로 피해자의 점유권한이 제한되어 있었고, 그 상태에서 피해자가 조합의 유치권이 침해된다는 사정을 알면서 자물쇠를 해체하고 아파트에 들어갔으므로 피해자의 점유 시도가 적법한 절차에 따라 평온하게 진행되었다고 볼 수 없고, 피해자가 아파트에 들어간 지 불과 스무 시간 후에 청구인들이 피해자의 점유 시도의 부당성을 주장하면서 아파트에 들어갔으므로 그 사이에 피해자에게 평온한 주거상태가 형성되었다고 보기도 어렵다. 따라서 현재까지의 수사결과만으로는 청구인들이 피해자의 의사에 반하여 이 사건 아파트에 들어갔다 하더라도 피해자의 주거의 평온이 침해되었다고 단정하기는 어렵다.」
163 헌재 2010. 9. 30, 2009헌마580.

65   주거자 등의 부탁으로 일시적으로 출입구를 지키고 있는 자도 원칙적으로
주거자 등에 포함되지 않는다. 이러한 자의 동의로 출입한 때에도 주거자 등의
의사에 반하면 침입이 된다.[164] 주거자 등이 출입을 타인에게 위탁한 때에도 위
탁의 범위 내에서 주거침입죄는 성립하지 아니한다. 아이나 가정부에게 집을 보
게 한 경우가 이에 해당한다.[165] 그러나 위탁이 없거나 그 범위를 넘을 경우에
는 수탁자의 승낙을 받고 들어가도 주거침입죄가 성립한다.[166]

66   차가(借家)의 경우 가옥의 소유자나 제3자에 대한 관계에서는 임차인만이
출입과 체재를 결정할 권한이 있다. 즉, 임대차 계약에 의하여 거주하는 자도
주거자가 된다.[167] 적법하게 점유를 개시하여 사실상 거주하는 이상 점유할 권
리의 유무는 불문하므로 임대차기간이 경과한 후에도 동일하다. 판례는 임대차
기간이 종료한 이후에 임차인이 계속 점유하고 있는 건물에 대해 소유자가 임
차인의 허락을 받지 않고 출입하면 주거침입죄가 성립하지만,[168] 적법한 임대차
기간이 종료한 후 계속 점유하고 있는 건물에 대하여 소유자가 마음대로 건물
출입문에 판자를 대어 폐쇄한 것을 임차인이 자력으로 판자를 뜯어 건물에 들
어갔다 하여도 주거침입죄는 성립하지 않는다[169]고 판시하였다.

67   다만, 호텔과 여관의 방실은 투숙객·소유자 모두 제3자에 대해서 출입 여
부에 대한 결정권한이 있다.[170] 그러나 호텔과 여관의 소유자와 투숙객 사이의
내부관계에서는 투숙객이 소유자에 대하여 출입 여부에 대한 결정권한이 있다
고 할 것이다.[171]

(b) 동일 가구 내 공동거주자의 경우(주거권의 경합)

68   같은 가구 내 공동거주자 중 한 사람이 법률적인 근거나 그 밖의 정당한 이
유 없이 다른 공동거주자가 공동생활의 장소에 출입하는 것을 금지한 경우, 다른

---

164 정성근·박광민, 265-266.
165 정성근·박광민, 266.
166 이재상·장영민·강동범, § 15/16.
167 정성근·박광민, 266.
168 대판 1987. 5. 12, 89도889.
169 대판 1973. 6. 26, 73도460.
170 이재상·장영민·강동범, § 15/14는 이는 소유자와 투숙객 사이의 묵시적 합의에 근거한다고 설
   명한다.
171 정성근·박광민, 266.

공동거주자가 이에 대항하여 공동생활의 장소에 들어갔더라도 이는 사전 양해된 공동주거의 취지와 특성에 맞추어 공동생활의 장소를 이용하기 위한 방편에 불과할 뿐, 그의 출입을 금지한 공동거주자의 사실상 주거의 평온이라는 법익을 침해하는 행위라고는 볼 수 없으므로 주거침입죄는 성립하지 않는다. 설령 그 공동거주자가 공동생활의 장소에 출입하기 위하여 출입문의 잠금장치를 손괴하는 등 다소간의 물리력을 행사하여 그 출입을 금지한 공동거주자의 사실상 평온상태를 해쳤더라도 그러한 행위 자체를 처벌하는 별도의 규정에 따라 처벌될 수 있음은 별론으로 하고, 주거침입죄가 성립하지 아니함은 마찬가지이다.[172]

　　공동거주자 중 한 사람의 승낙에 따른 외부인의 공동생활 장소의 출입 및 이용행위가 외부인의 출입을 승낙한 공동거주자의 통상적인 공동생활 장소의 출입 및 이용행위의 일환이자 이에 수반되는 행위로 평가할 수 있는 경우에는, 이러한 외부인의 행위는 전체적으로 그 공동거주자의 행위와 동일하게 평가할 수 있다.[173]　69

　　주거자 등이 여러 사람인 경우 그중 1인의 승낙을 받아 타인의 주거 등에 들어갔으나 다른 주거자 등의 의사에 반할 때, 특히 남편의 부재중 간통의 목적으로 처의 승낙을 얻어 주거에 들어간 때 주거침입죄가 성립하는지에 대하여 견해의 대립이 있다.　70

　　① 소수설[174]은 복수의 주거자 등이 있을 때에는 주거자 개개인의 사생활　71

---

172 대판 2021. 9. 9, 2020도6085(전).

173 대판 2021. 9. 9, 2020도6085(전). 「공동거주자 중 한 사람이 법률적인 근거 기타 정당한 이유 없이 다른 공동거주자가 공동생활의 장소에 출입하는 것을 금지하고, 이에 대항하여 다른 공동거주자가 공동생활의 장소에 들어가는 과정에서 그의 출입을 금지한 공동거주자의 사실상 평온상태를 해쳤더라도 주거침입죄가 성립하지 않는 경우로서, 그 공동거주자의 승낙을 받아 공동생활의 장소에 함께 들어간 외부인의 출입 및 이용행위가 전체적으로 그의 출입을 승낙한 공동거주자의 통상적인 공동생활 장소의 출입 및 이용행위의 일환이자 이에 수반되는 행위로 평가할 수 있는 경우라면, 이를 금지하는 공동거주자의 사실상 평온상태를 해쳤음에도 불구하고 그 외부인에 대하여도 역시 주거침입죄가 성립하지 않는다고 봄이 타당하다.」

174 김선복, 238; 김성돈, 267-268; 김성천·김형준, 301; 손동권·김재윤, 256; 이재상·장영민·강동범, §15/15; 이정원·류석준, 255; 임웅, 292; 정성근·박광민, 266; 정영일, 237-238[원래 의용형법시대의 판례에서는 이런 경우에 이른바 구(舊)주거권설에 입각하여 주거침입죄의 보호법익을 주거권으로 보고 주거권의 주체인 부(夫)의 주거권이 침해된 것이므로 주거침입죄의 성립을 인정하였었다. 간통죄의 고소기간이나 공소시효가 지난 후에는 간통죄의 처벌이 어려우므로 이러한 해석을 통하여 행위자를 처벌하고자 했던 것으로 볼 수 있다. 이 경우 주거의 사실상 평온을 해하지는 않았다고 볼 여지도 있지만, 사실상 평온설에 따르더라도 주거의 구성원 모두의 현실적·추정적 동의 유무를 고려해야 한다고 보면 주거의 구성원 모두의 동의하에 주거에 들어간

의 평온을 보호해야 하므로 그 출입을 위하여 원칙적으로 주거자 모두의 허락을 필요로 한다고 본다.[175]

72   이에 대하여, ② 다수설[176]은 복수의 주거자 등은 각자 독자적으로 타인의 출입과 체재를 통제할 수 있다고 보아야 하므로 주거자나 가족 중 일부의 승낙을 받고 주거에 들어간 경우에는 비록 위법한 목적이 있더라도 사실상 주거의 평온이 침해된 것으로 볼 수 없기 때문에 원칙적으로 위법하지 않다고 한다. 이 견해는 남편의 출타 중 현실의 주거자인 처가 승낙한 경우, 그 승낙은 주거의 평온에 관해 최종적으로 유효할 뿐만 아니라 부재중인 남편의 개인적 주거의 사실상 평온이 침해되었다고 할 수 없다고 주장한다.

73   더 나아가 복수의 거주자가 있는 경우 현존하는 거주자의 동의를 받고 들어간 경우에는 부재중인 거주자의 의사에 반한다 하더라도 주거의 사실상의 평온이 깨졌다고 할 수 없으므로 언제나 주거침입죄가 성립하지 않는다고 해야

경우에는 주거의 구성원인 부나 자녀 등 가족의 동의를 기대하기 어려우므로 주거침입죄가 성립한다고 봄이 타당하다. 물론 이러한 해석은 가족주의·집단주의적 색채를 띠고 있기는 하지만, 타인이 주거의 구성원 중 일부의 승낙만을 받고 주거에 들어가 불법을 행하였을 때, 특히 그 불법이 간통과 같이 가정의 평온을 직접적으로 파괴하는 경우에는 주거의 구성원 전체의 입장에서 주거의 사실상 평온이 침해된다는 점을 부인할 수 없다].

175 소수설 중에는 "주거에 수인이 같이 거주하는 때에는 각자가 모두 주거권을 가진다. 예컨대 부부가 같은 집에서 살고 있거나, 수인이 같은 방에서 하숙하거나, 여러 세대가 같은 집에 사는 경우에 그 공동사용 부분에 대하여는 각자가 완전한 주거권을 가지고 다른 사람의 출입과 체재에 동의할 수 있다. 다만 이 경우에는 각자의 주거권은 다른 사람의 권리를 침해해서는 안 된다는 제한을 받게 되고, 다른 주거권자의 동의를 기대할 수 없는 때에는 단독으로 출입을 허락할 수 없게 된다. 그러므로 부부는 일방이 부재중에 손님을 초대할 수는 있지만 간통을 하기 위하여 다른 사람이 들어오도록 할 수는 없고, 따라서 이 경우에 일방의 승낙을 받고 들어가도 주거침입죄가 성립한다."는 견해(이재상·장영민·강동범, § 15/15; 정성근·박광민, 266), ② 다른 주거자가 그 주거 내에 현존함에도 불구하고 그 사실을 모르거나 알면서 일부러 공동주거자 중의 한 사람만의 동의를 받은 경우에는 공동주거자의 현실적 의사에 반하므로 주거침입죄가 성립하고, 공동주거자가 부재중인 경우에도 공동주거자의 추정적 의사에 반한다면 주거침입죄가 성립한다고 보는 것이 타당하다는 견해(김성돈, 267-268), ③ "이 경우에는 각자는 제3자의 주거출입을 허락할 권리가 있다. 대표적인 예가 부부간의 경우이고, 이는 부부관계의 본질과 평등원칙으로부터 도출된다. 이러한 결론은 부부 가운데 누가 그 주거공간의 소유권자 또는 임차인인가를 불문한다. 그러나 부부 가운데 어느 누구도 일방의 의사를 무시하고 일방적·자의적으로 주거권을 행사할 수는 없다. 여기에는 기대가능성의 원칙이 지켜져야 한다. 즉, 부부 중 일방의 허락의사가 기대될 수 없음에도 불구하고 타인의 주거 내 출입을 허락할 수는 없다."는 견해(박상기·전지연, 276-268) 등이 있다.

176 김신규, 280; 김일수·서보학, 205; 박찬걸, 290; 배종대, § 58/10; 백형구, 388; 이형국, 298; 정웅석·최창호, 497; 진계호·이존걸, 286.

한다는 견해가 있다.[177] 이 견해는 거주자들은 공동사용 부분에 대하여 자신이 사용할 권리뿐만 아니라 다른 사람의 사용을 수인할 의무도 부담하고 있기 때문에 반대하는 거주자가 현존하는 경우에도 무조건 주거침입죄를 인정해서는 안 되고, 복수의 거주자와의 관계, 출입동기, 출입방법 등 행위당시의 상황 등을 종합적으로 고려하여 침입 여부를 결정해야 한다고 주장한다.

판례는 ① 피고인이 피해자의 부재중에 피해자의 처와 혼외 성관계를 가질 목적으로 피해자의 처가 열어 준 현관 출입문을 통하여 피해자와 피해자의 처가 공동으로 생활하는 아파트에 들어간 사안에서, "피고인이 피해자의 부재중에 피해자의 처로부터 현실적인 승낙을 받아 통상적인 출입방법에 따라 주거에 들어갔으므로 주거의 사실상 평온상태를 해치는 행위태양으로 주거에 들어간 것이 아니어서 주거에 침입한 것으로 볼 수 없고, 설령 피고인의 주거 출입이 부재중인 피해자의 의사에 반하는 것으로 추정되더라도 그것이 사실상 주거의 평온을 보호법익으로 하는 주거침입죄의 성립 여부에 영향을 미치지 않는다."고 판시하였다. "공동주거의 경우에는 여러 사람이 하나의 생활공간에서 거주하는 성질에 비추어 공동거주자 각자는 다른 거주자와의 관계로 인하여 주거에서 누리는 사실상 주거의 평온이라는 법익이 일정 부분 제약될 수밖에 없고, 공동거주자는 공동주거관계를 형성하면서 이러한 사정을 서로 용인하였다고 보아야 한다."[178]는 것이다.[179]

74

---

[177] 오영근, 207.
[178] 대판 2021. 9. 9, 2020도 12630(전). 「공동거주자 중 주거 내에 현재하는 거주자의 현실적인 승낙을 받아 통상적인 출입방법에 따라 들어갔다면, 설령 그것이 부재중인 다른 거주자의 의사에 반하는 것으로 추정된다고 하더라도 주거침입죄의 보호법익인 사실상 주거의 평온을 깨트렸다고 볼 수는 없다. 만일 외부인의 출입에 대하여 공동거주자 중 주거 내에 현재하는 거주자의 승낙을 받아 통상적인 출입방법에 따라 들어갔음에도 불구하고 그것이 부재중인 다른 거주자의 의사에 반하는 것으로 추정된다는 사정만으로 주거침입죄의 성립을 인정하게 되면, 주거침입죄를 의사의 자유를 침해하는 범죄의 일종으로 보는 것이 되어 주거침입죄가 보호하고자 하는 법익의 범위를 넘어서게 되고, '평온의 침해' 내용이 주관화·관념화되며, 출입 당시 현실적으로 존재하지 않는, 부재중인 거주자의 추정적 의사에 따라 주거침입죄의 성립 여부가 좌우되어 범죄 성립 여부가 명확하지 않고 가벌성의 범위가 지나치게 넓어지게 되어 부당한 결과를 가져오게 된다.」
[179] 독일에서도 복수의 주거권자 가운데 일부의 허락을 받고 주거에 들어간 경우가 침입에 해당되는지에 관해서는 견해의 대립이 있는데, 하급심 판례 가운데에는 일찍이 주거공동체를 이루는 공동거주자는 주거의 공용공간에 관해서는 동등한 주거권을 가지는 점을 전제로 해서, 공동거주자는 다른 공동거주자에 의해 기대될 수 없는 타인의 출입을 허락할 수 없는 한편, 공동거주자의 허락을 받고 주거에 들어온 자를 그 출입이 기대될 수 있는 것인 한에서는, 다른 공동거주자가 퇴거시킬 수 없다고 본 것이 있다(OLG Hamm, 22.04.1965 - 2 Vs 1/65).

[조 재 빈] 591

75　　　　종전의 판례는 이와는 달리, "주거침입죄의 보호법익이 주거권이라는 법적 개념이 아니고 사적 생활관계에 있어서의 사실상의 주거의 자유와 평온이라 할 것인데, 그 주거에서 공동생활을 하고 있는 전원이 평온을 누릴 권리가 있다고 할 것이니 복수의 주거권자가 있는 경우에 한 사람의 승낙이 다른 거주자의 의사에 직접·간접으로 반하는 경우에는 그에 의한 주거의 출입은 그 의사에 반한 사람의 주거의 평온, 즉 주거의 지배·관리의 평온을 해치는 결과가 되므로 주거침입죄가 성립한다 할 것이며, 동거자 중 1명이 부재중인 경우라 할지라도 주거의 지배·관리 관계가 외관상 존재하는 상태로 인정되는 한 이러한 법리에 영향이 없다. 그리하여 남편이 일시 부재중 간통의 목적으로 그 처의 승낙을 얻어 주거에 들어간 경우라도 남편의 주거에 대한 지배·관리 관계는 여전히 존속한다고 봄이 옳고, 사회통념상 간통의 목적으로 주거에 들어오는 것은 남편의 의사에 반한다고 보여지므로 처의 승낙을 얻었다 하더라도 남편의 주거의 사실상의 평온은 깨졌다고 할 것이므로 이러한 경우에는 주거침입죄가 성립한다."고 판시한 바 있었다.[180]

76　　　　또한 판례는, ② 피고인 甲은 처 A와의 불화로 인해 A와 공동생활을 영위하던 아파트에서 짐 일부를 챙겨 나왔는데, 그 후 자신의 부모인 피고인 乙, 丙과 함께 아파트에 찾아가 출입문을 열 것을 요구하였으나 A는 외출한 상태로 A의 동생인 B가 출입문에 설치된 체인형 걸쇠를 걸어 "언니가 귀가하면 오라."며 문을 열어 주지 않자 공동하여 걸쇠를 손괴한 후 아파트에 침입하였다고 하여 폭력행위처벌법위반(공동주거침입)으로 기소된 사안에서, 검사가 제출한 증거만으로는 甲이 아파트에서의 공동생활관계에서 이탈하였다거나 그에 대한 지배·관리를 상실하였다고 보기 어렵고, 공동거주자인 A나 그로부터 출입관리를 위탁받은 B가 공동거주자인 甲의 출입을 금지할 법률적인 근거 기타 정당한 이유가 인정되지 않으므로, 아파트에 대한 공동거주자의 지위를 계속 유지하고 있던 甲이 아파트에 출입하는 과정에서 정당한 이유 없이 이를 금지하는 B의 조치에 대항하여 걸쇠를 손괴하는 등 물리력을 행사하였다고 하여 주거침입죄가 성립한다고 볼 수 없고, 한편 乙, 丙은 공동거주자이자 아들인 甲의 공동주거인 아파트에 출입함에 있어 B의 정당한 이유 없는 출입금지 조치에 대항하여 아파트

---

180 대결 1958. 5. 23, 4291형상117; 대판 1969. 9. 23, 69도1130; 대판 1984. 2. 26, 83도685. 일본 판례로는 名古屋高判 昭和 24(1949). 10. 6. 特報 1·172.

에 출입하는 데에 가담한 것으로 볼 수 있고, 그 과정에서 甲이 걸쇠를 손괴하는 등 물리력을 행사하고 乙도 이에 가담함으로써 공동으로 재물손괴 범죄를 저질렀으나 乙의 행위는 그 실질에 있어 甲의 행위에 편승, 가담한 것에 불과하므로, 乙, 丙이 아파트에 출입한 행위 자체는 전체적으로 공동거주자인 甲이 아파트에 출입하고 이를 이용하는 행위의 일환이자 이에 수반되어 이루어진 것에 해당한다고 평가할 수 있어 乙, 丙에 대하여도 폭력행위처벌법위반(공동주거침입)죄가 성립하지 않는다[181]고 판시하였다.[182]

그 밖에 판례는, ③ 2인 이상이 하나의 공간에서 공동생활을 하고 있는 경우에는 각자 주거의 평온을 누릴 권리가 있으므로, 근로자들이 사용자가 제3자와 공동으로 관리·사용하는 공간을 사용자에 대한 정당한 쟁의행위를 이유로 관리자의 의사에 반하여 침입·점거한 경우, 비록 그 공간의 점거가 사용자에

77

---

[181] 대판 2021. 9. 9, 2020도6085(전)의 다수의견의 요지는 다음과 같다. 「(나) 공동거주자 중 한 사람이 법률적인 근거 기타 정당한 이유 없이 다른 공동거주자가 공동생활의 장소에 출입하는 것을 금지한 경우, 다른 공동거주자가 이에 대항하여 공동생활의 장소에 들어갔더라도 이는 사전 양해된 공동주거의 취지 및 특성에 맞추어 공동생활의 장소를 이용하기 위한 방편에 불과할 뿐, 그의 출입을 금지한 공동거주자의 사실상 주거의 평온이라는 법익을 침해하는 행위라고는 볼 수 없으므로 주거침입죄는 성립하지 않는다. 설령 그 공동거주자가 공동생활의 장소에 출입하기 위하여 출입문의 잠금장치를 손괴하는 등 다소간의 물리력을 행사하여 그 출입을 금지한 공동거주자의 사실상 평온상태를 해쳤더라도 그러한 행위 자체를 처벌하는 별도의 규정에 따라 처벌될 수 있음은 별론으로 하고, 주거침입죄가 성립하지 아니함은 마찬가지이다.
(다) 공동거주자 각자가 상호 용인한 통상적인 공동생활 장소의 출입 및 이용행위의 내용과 범위는 공동주거의 형태와 성질, 공동주거를 형성하게 된 경위 등에 따라 개별적·구체적으로 살펴보아야 한다. 공동거주자 중 한 사람의 승낙에 따른 외부인의 공동생활 장소의 출입 및 이용행위가 외부인의 출입을 승낙한 공동거주자의 통상적인 공동생활 장소의 출입 및 이용행위의 일환이자 이에 수반되는 행위로 평가할 수 있는 경우에는 이러한 외부인의 행위는 전체적으로 그 공동거주자의 행위와 동일하게 평가할 수 있다.」

[182] 위 2020도6085(전)의 반대의견의 요지는 다음과 같다. 「(가) 대법원은 2021. 9. 9. 선고 2020도12630 전원합의체 판결로 주거침입죄의 보호법익이 '주거권'이 아니고 '사실상 주거의 평온'이라는 점을 재확인하였다. 이는 공동주거의 경우에도 동일하다.
(나) 주거 내에 현재하는 공동거주자가 출입을 금지하였는데도 불구하고 폭력적인 방법 또는 비정상적인 경로로 공동주거에 출입한 경우는 출입 당시 객관적·외형적으로 드러난 행위태양에 비추어 주거 내에 현재하는 공동거주자의 평온상태를 명백히 해치는 것이어서 침입행위에 해당하므로 주거침입죄가 성립한다. 그러한 주거침입행위자가 스스로 집을 나간 공동거주자이거나, 그 공동거주자로부터 승낙을 받은 외부인이라 하여도 마찬가지이다.
(다) 다수의견은 행위자가 공동으로 거주하거나 관리 또는 점유하는 주거 등에 다른 공동거주자의 사실상 평온상태를 해치는 행위태양으로 출입하더라도 주거침입죄를 구성하지 않는다고 하나, 찬성할 수 없다.」

〔조 재 빈〕   **593**

대한 관계에서 정당한 쟁의행위로 평가될 여지가 있다 하여도 이를 공동으로 관리·사용하는 제3자의 명시적 또는 추정적인 승낙이 없는 이상 제3자에 대하여서까지 이를 정당행위라고 하여 주거침입의 위법성이 조각된다고 볼 수는 없다고 판시하였다.[183]

78   그러나 이와는 달리, ① 공동거주자가 아닌 경우[184]는 물론, ② 짧은 기간 동안만 함께 생활하였을 뿐인 경우[185]에 각 주거의 사실상 평온상태를 해치는 방법으로 들어갔다면, 주거침입죄가 성립한다고 할 것이다.

       (c) 공동주택의 공용 부분의 경우

79   공동주택 안에서 공용으로 사용되는 현관, 엘리베이트, 계단, 복도 등도 주거에 해당함은 앞서 살펴본 바와 같다. 이러한 공동주택의 공용 부분에 거주자가 아닌 외부인이 출입한 것이 공동주택 거주자들에 대한 주거침입에 해당하는지 여부를 판단함에 있어서는, 그 공용 부분이 일반 공중에 출입이 허용된 공간이 아니고 주거로 사용되는 각 가구 또는 세대의 전용 부분에 필수적으로 부속하는 부분으로서 거주자들 또는 관리자에 의하여 외부인의 출입에 대한 통제·관리가 예정되어 있어 거주자들의 사실상 주거의 평온을 보호할 필요성이 있는

---

183 대판 2010. 3. 11, 2009도5008.

184 대판 2021. 10. 28, 2021도9242. 피고인이 자신의 장인인 피해자가 거주하는 처갓집에 들어간 사안에서, ① 피고인은 자신과 다툰 후 집을 나간 처를 만나기 위해 피해자가 거주하는 처갓집(이하, '이 사건 집'이라고 한다.)을 방문하여 그 안으로 들어간 것으로서, 피고인은 이 사건 집의 공동거주자가 아닌 점, ② 피고인은 이 사건 범행 전 피해자 측에게 '처가 지금 오지 않으면 이 사건 집에 가서 휘발유를 뿌리겠다'는 취지의 문자메시지를 보냈고, 이에 피해자와 가족들이 피고인을 피해 이 사건 집을 비웠음에도 피고인은 휘발유로 추정되는 물질을 소지한 채 이 사건 집을 방문하였고, 피해자 측에게 '이 사건 집을 부수고 불을 지르겠다'는 취지의 문자메시지 등을 보냈을 뿐더러 이 사건 집에 들어가는 과정에서 창문을 깨뜨리기도 하였는바, 피고인은 피해자가 이 사건 집에서 누리는 사실상의 평온상태를 해치는 행위태양으로 이 사건 집에 들어간 점 등에 비추어, 주거침입죄를 유죄로 인정한 사례이다.

185 대판 2021. 12. 30, 2021도13639. ① 피고인은 2020. 11. 초순 피해자를 알게 되어 교제하기 시작하였고 같은 달 중순부터 2020. 12. 31.까지 1개월 조금 넘는 기간 동안 피해자의 집에서 함께 생활한 점, ② 피고인은 수사기관부터 원심 법정에 이르기까지 주거지를 자신이 일하는 사무실 방 또는 주민등록지(피해자의 집과 무관한 장소) 중 한 곳으로만 진술하였던 점, ③ 피고인은 피해자가 집을 비운 틈을 이용해 아파트 1층 베란다를 타고 올라가 2층에 있는 피해자의 집 거실 베란다 문을 열고 피해자의 집 안으로 들어간 점 등에 비추어 보면, 주거침입죄의 성립을 인정한 원심의 판단이 타당하다고 한 사례이다. 위 판결은 이 사건은 공동거주자 중 한 사람이 공동생활의 장소에 들어간 경우 주거침입죄의 성립을 부정한 대판 2021. 9. 9, 2020도6085(전)과는 사안을 달리한다는 점을 강조하고 있다.

부분인지, 공동주택의 거주자들이나 관리자가 평소 외부인이 그곳에 출입하는 것을 통제·관리하였는지 등의 사정과 외부인의 출입 목적 및 경위, 출입의 태양과 출입한 시간 등을 종합적으로 고려하여 '주거의 사실상의 평온상태를 침해하였는지'의 관점에서 객관적·외형적으로 판단하여야 한다.[186]

구체적으로 판례는, ① 공동현관의 경우, "그것이 주거로 사용하는 각 세대의 전용 부분에 필수적으로 부속하는 부분으로 거주자와 관리자에게만 부여된 비밀번호를 출입문에 입력하여야만 출입할 수 있거나, 외부인의 출입을 통제·관리하기 위한 취지의 표시나 경비원이 존재하는 등 외형적으로 외부인의 무단출입을 통제·관리하고 있는 사정이 존재하고, 외부인이 이를 인식하고서도 그 출입에 관한 거주자나 관리자의 승낙이 없음은 물론, 거주자와의 관계 기타 출입의 필요 등에 비추어 보더라도 정당한 이유 없이 비밀번호를 임의로 입력하거나 조작하는 등의 방법으로 거주자나 관리자 모르게 공동현관에 출입한 경우와 같이, 그 출입 목적 및 경위, 출입의 태양과 출입한 시간 등을 종합적으로 고려할 때 공동주택 거주자의 사실상 주거의 평온상태를 해치는 행위태양으로 볼 수 있는 경우라면 공동주택 거주자들에 대한 주거침입에 해당한다."고 판시하였다.[187] 그리고 ② 엘리베이터,[188] ③ 계단,[189] ④ 복도[190]의 경우도 각 주거로 사용하는

---

186 대판 2022. 1. 27, 2021도15507.

187 대판 2022. 1. 27, 2021도15507(피고인이 피해자와 약 2개월 정도 교제하다가 다투어 헤어진 지 약 7개월이 경과한 후에, 심야시간에 교제하면서 알게 된 피해자의 집이 속한 아파트의 공동출입문의 비밀번호를 입력하여 위 아파트에 들어가 엘리베이터를 이용하여 피해자의 집 앞에 이르러 약 1분간 피해자의 집 현관문의 비밀번호를 수차례 눌러 피해자의 집 안에 들어가려고 시도하였으나, 피해자가 '누구세요?'라고 말하자 놀라서 피해자와 대면도 하지 않은 채 도주한 사안에서, 주거침입죄를 인정); 대판 2022. 8. 25, 2022도3801(추행 목적으로 CCTV가 설치된 아파트 1층 공동현관 내 및 엘리베이터앞까지 따라 들어간 사안에서, 주거침입죄를 인정).

188 대판 2009. 9. 10, 2009도4335. 피고인이 강간할 목적으로 피해자를 따라 피해자가 거주하는 아파트 내부의 엘리베이터에 탄 다음 그 안에서 폭행을 가하여 반항을 억압한 후 계단으로 끌고 가 피해자를 강간하고 상해를 입힌 사안에서, 피고인이 피해자를 강간할 목적으로 피해자를 따라 피해자가 거주하는 공용부분에 들어온 행위는 주거침입행위이므로, 성폭력범죄의 처벌 및 피해자보호 등에 관한 법률 제5조 제1항(현 성폭력범죄의 처벌 등에 관한 특례법 §3①)에 정한 주거침입범의 신분을 가지게 되었다고 판단하였다.

189 대판 2009. 8. 20, 2009도3452(다가구용 단독주택인 빌라의 잠기지 않은 대문을 열고 들어가 공용 계단으로 빌라 3층까지 올라갔다가 1층으로 내려온 사안에서, 주거침입죄의 성립을 인정). 본 판결 해설은 서경환, "공동주택 안의 공용 계단·복도와 주거침입죄의 객체인 '사람의 주거'", 해설 82, 법원도서관(2010), 745-754.

190 대판 2016. 12. 27, 2016도16676(원심판결 광주지판 2016. 10. 5, 2016노2044). 「피고인이 피해

각 가구 또는 세대의 전용 부분에 필수적으로 부속하는 부분으로서 그 거주자들에 의하여 일상생활에서 감시·관리가 예정되어 있고 사실상의 주거의 평온을 보호할 필요성이 있는 부분이므로, 거주자의 명시적·묵시적 의사에 반하여 침입하는 행위는 주거침입죄를 구성한다고 판시하였다.

(나) 의사

81   주거자, 관리자, 점유자의 의사에 반하여 사실상의 평온상태를 해치는 방법으로 들어간 때에만 침입이 된다. 거주자 등의 의사에 따라 들어간 때는 물론, 의사에 반하여 들어갔으나 사실상의 평온상태를 해치지 않는 방법으로 들어간 때에는 침입이라고 할 수 없다.

82   주거자 등의 동의나 승낙은 주거침입죄의 성부에 어떤 의미를 가지는가에 대하여는 견해의 대립이 있다. 침입의 개념에 관하여 '의사침해설'의 입장에 서면 승낙의 유무는 침입의 성부 즉 주거침입죄의 성부에 직접 관련되는 것이고, '평온침해설'의 입장에 서면 승낙의 유무는 침입의 성부의 판단자료에 불과하므로 주거침입죄의 성부에 직접 관련되는 것은 아니다. 그러나 침입의 개념에 관하여 '의사침해설'과 '평온침해설' 어느 설을 취하든 들어가는 행위에 대하여 주거자 등의 승낙이 있는 경우, 주거침입죄가 성립하지 않는다고 하는 점에 있어서는 이론이 없다.[191]

83   다만, 주거자 등의 승낙을 위법성조각사유[192]로 볼 것인지 구성요건해당성을 조각하는 양해[193]로 볼 것인지에 대하여 견해의 대립이 있다. 후자가 다수설이다.

84   동의나 승낙은 반드시 명시적으로 행해질 것을 요하지 않고 주위의 사정으로 미루어 이해될 수 있는 것이면 충분하다.[194] 일반적 또는 묵시적 허용이 있다고 보여지는 경우에는 주거침입이 될 수 없다. 다방, 당구장, 독서실 등의 영

자의 주거에 평소 다녀가는 사이이고, 당시 이 사건 아파트 안으로 들어가지 않았다 하더라도, 피해자의 집 앞 복도는 아파트 안에서 공용으로 사용하는 곳이고, 피고인이 피해자의 집 앞 복도에서 욕설을 하고 아파트 현관문을 발로 차는 등 소란을 피운 행위는 피해자의 명시적 또는 추정적 의사에 반하는 것이므로 주거침입죄에 해당하고, 이에 대한 피고인의 고의도 인정할 수 있다. 또한 피고인의 위와 같은 행위가 사회상규에 반하지 않는 행위에 해당한다고도 볼 수 없다.」

191 大塚 外, 大コン(3版)(7), 304(毛利晴光).
192 배종대, §58/17은 범죄체계론상 승낙과 양해를 구별하여 위법성조각사유와 구성요건해당성조각사유를 구별해야 할 실익이 없다고 한다.
193 손동권·김재윤, 253; 이재상·장영민·강동범, §15/17.
194 김일수·서보학, 205.

업소가 들어서 있는 건물 중 공용으로 사용되는 계단과 복도는 주·야간을 막론하고 관리자의 명시적 승낙이 없어도 누구나 자유롭게 통행할 수 있는 곳이라 할 것이므로, 관리자가 1층 출입문을 특별히 시정하지 않는 한 그 출입에 관하여 관리자나 소유자의 묵시적 승낙이 있다고 봄이 상당하여 그 출입행위는 주거침입죄를 구성하지 않는다고 할 것이다.

일반적으로 개방되어 있는 장소라도 필요가 있을 때에는 관리자가 그 출입을 금지하거나 제한할 수 있으므로, 시설의 일부를 파괴하거나 흉기를 소지하거나 다수의 위력으로써 무리하게 들어가면 주거침입죄가 성립한다.[195] 판례는 ① 교회가 교인들의 총유에 속하는 것으로서 교인들 모두가 사용수익권을 갖고 있고, 출입이 묵시적으로 승락되어 있는 장소이나, 교회당회가 피고인의 교회출입이 교회의 평온을 해할 것이라고 판단하여 그 출입을 금지하도록 한 것이라면 그 퇴거요구에 불응한 피고인의 행위는 퇴거불응죄에 해당하고,[196] ② 대학교가 한국대학총학생회연합의 행사개최를 불허하고 외부인의 출입을 금지하는 한편 경찰에 시설물의 보호를 위한 경비지원을 요청하였음에도 피고인이 다른 많은 학생들과 함께 위 행사에 참여하거나 주최하기 위하여 대학교에 들어간 것이라면, 들어갈 당시 경찰공무원 또는 대학교 교직원들로부터 구체적으로 출입을 제지당하지 아니하였다고 하더라도 대학교 관리자의 의사에 반하여 다중의 위력으로써 건조물인 대학교에 침입한 것이라고 판시하였다.[197]

---

195 福岡高判 昭和 57(1982). 12. 16. 判タ 494·140.

196 대판 1992. 4. 28, 91도2309.

197 대판 2003. 5. 13, 2003도604. 그 외 사찰 경내에 대하여는 대판 1983. 3. 8, 82도1363, 노조원이 회사에 출입한 것에 대하여는 대판 2016. 3. 10, 2013도7186(원심판결 대구지판 2013. 5. 24, 2012노789))(① 사측에서 고용한 경비용역직원들에 의하여 회사 내로의 출입이 통제되고 있는 상황에서 피고인들을 포함한 60여명의 조합원들이 힘을 합하여 출입문을 흔들고, 설치되어 있던 바리케이트를 밀고, 진입을 막으려는 경비용역직원들과 다수 대 다수의 형태로 상당한 몸싸움을 하면서 결국 경비용역직원들의 저지를 뚫고 회사 안으로 진입한 행위는 서로간의 신체적 훼손이 따를 수도 있는 위험한 행동으로 이는 물리력을 이용하여 상대의 의사를 제압한 것으로 폭력적 방법이라고 평가되는 점, ② 위와 같이 폭력적 방법으로 회사 내로 침입한 경우에는 직장폐쇄의 적법 여부가 건조물침입죄의 성부를 가르는 전제가 될 수 없는 점, ③ 조합원 수십명과 함께 회사 내로 진입하여 주차장, 사업장 내 마당에서 집회나 농성을 하며 약 9시간 정도 머물다가 사측이 대표이사 면담 노력 약속을 하자 퇴거한 사정에 비추어 볼 때, 피고인들의 진입 목적이 노조사무실, 기숙사, 식당 등 조합활동이나 후생복리를 위한 시설에 출입하여 이를 사용하기 위한 것이 아니라 조합원들의 출입을 막고 있는 사측에 대항하여 회사를 점거하는 위세를 보이고, 대표이사와의 면담이라는 자신들의 의사를 관철하기 위한 수단으로 이루어진 것으로 보이는 점 등

85

86   주변 사정에 따라서는 거주자 등의 의사가 추정될 수도 있다. 거주자 등에게 묻기만 하였다면 양해했을 것으로 인정될 때에는 묵시적 동의를 인정할 수 있다.[198] 그러나 거주자 등의 반대의사가 추정될 수도 있다.[199]

87   판례는 ① 피고인 등과 피해자 등이 아파트의 매매계약 당사자로서 법률관계를 맺어 온 점을 고려한다면, 가령 피해자와의 매매계약의 해제문제를 해결하기 위하여 피고인 등이 주거에 들어간 이후 문제 해결이 여의치 아니하여 소란을 피우는 등의 사태가 발생하였다 하더라도, 피고인 등이 당초부터 내심으로 그와 같은 재물을 손괴하는 등 소란을 피울 목적이 있었다는 등 피고인 등이 주거에 들어가는 행위가 피해자 등의 명시적·묵시적 의사에 반함을 객관적으로 인정할 만한 사정이 인정되지 않는다면, 이를 주거침입죄로 의율할 수는 없다고 판시하였다.[200] 그러나 ② 입주자대표회의가 입주자 등이 아닌 자(이하, '외부인' 이라 한다.)의 단지 안 주차장에 대한 출입을 금지하는 결정을 하고 그 사실을 외부인에게 통보하였음에도 외부인이 입주자대표회의의 결정에 반하여 그 주차장에 들어갔다면, 출입 당시 관리자로부터 구체적인 제지를 받지 않았다고 하더라도 그 주차장의 관리권자인 입주자대표회의의 의사에 반하여 들어간 것이므로 건조물침입죄가 성립한다고 판시하였다.[201]

88   승낙을 얻어 주거 등의 일부에 들어간 후에, 다시 주거자 등의 의사에 반하여 다른 부분에 들어간다면 침입에 해당한다.[202]

을 종합하면, 피고인들의 위와 같은 회사 내로의 진입행위 및 점거행위는 타인의 사실상의 주거의 평온을 해한 것이라고 봄이 상당하다).
198 이재상·장영민·강동범, §15/17.
199 대판 2003. 5. 30, 2003도1256.
200 대판 1993. 3. 23, 92도455.
201 대판 2021. 1. 14, 2017도2132(세차업자인 피고인이 '피고인의 아파트 지하주차장 출입을 금지' 하는 입주자대표회의의 결정과 법원의 출입금지가처분결정에 반하여 일부 입주자 등과 체결한 세차 용역계약의 이행을 위하여 아파트 지하주차장에 들어간 행위에 대하여, 건조물침입죄의 성립이 인정된 사안). 「설령 외부인이 일부 입주자 등의 승낙을 받고 단지 안의 주차장에 들어갔다고 하더라도 개별 입주자 등은 그 주차장에 대한 본질적인 권리가 침해되지 않는 한 입주자대표회의 단지 안의 주차장 관리에 관한 결정에 따를 의무가 있으므로 건조물침입죄의 성립에 영향이 없다. 외부인의 단지 안의 주차장 출입을 금지하는 입주자대표회의의 결정이 개별 입주자 등의 본질적인 권리를 침해하는지 여부는 주차장의 유지 및 운영에 관한 관계규정의 내용, 주차장의 본래 사용용도와 목적, 입주자 등 사이의 관계, 입주자 등과 외부인 사이의 관계, 외부인의 출입 목적과 출입 방법 등을 종합적으로 고려하여 판단하여야 한다.」
202 이재상·장영민·강동범, §15/17; 大塚 外, 大コン(3版)(7), 314(毛利晴光). 일본 판례로는 大判

주거 등에 주거자 등이 있지 않는 경우에는 추정적 승낙 또는 포괄적 승낙   **89**
이 있으면 주거침입죄는 성립되지 않는다.[203] '추정적 승낙'은 주거 등에 있다고
가정하는 경우에 주거 등에 들어가는 것에 동의를 하였을 것을 추측되는 것을
말하고, '포괄적 승낙'은 주거 등에 들어갈 때에 개별적으로 행하여져야 하는 승
낙을 미리 포괄적으로 부여하는 것을 말한다.[204] 포괄적 승낙은 명시적으로 행
하여지는 경우도 있고, 묵시적으로 행하여지는 경우도 있으나, 어느 경우에나
승낙이 사전에 존재하는 점에서 추정적 승낙과 구별되며, 추정적 승낙에 있어서
는 그 유무가 문제로 됨에 비하여 포괄적 승낙에 있어서는 그 범위가 문제로 된
다. 포괄적 승낙의 범위 외라고 인정되는 경우에도 추정적 승낙이 있다고 인정
되는 경우도 있을 수 있다.[205] 일반인의 출입이 예상되는 관공서, 공공시설, 영
업시간 중의 점포 등에 관하여는 포괄적 승낙이 있다고 설명되는 경우도 있지
만, 묵시의 포괄적 승낙의 유무에 관한 판단은 추정적 승낙의 존부에 관한 판단
과 사실상 중복된다. 추정적 승낙의 유무에 관한 판단을 함에 있어서는 주거자
등이 행위자의 본래의 목적을 알았다면 동의하였을 것인가라는 기준이 사용되
는 경우가 많으므로 기망에 의한 승낙의 문제와 상통하는 면이 있다.[206]

(a) 강박에 의한 의사표시

주거자 등의 의사표시는 자율적인 의사결정에 기초한 것이어야 하기 때문   **90**
에 승낙의 의사표시가 강박에 의한 것일 경우에는 무효이므로 주거침입죄가 성
립한다.[207]

판례는 피고인이 피해자의 옛 애인 및 '사진 찍은 자'로 1인 2역을 수행하면   **91**
서 그 사정을 알지 못하는 피해자에게 그 요구에 응하지 않으면 불륜 정황을 담
은 사진을 피해자의 집으로 보내고 옛 애인과 성관계를 맺은 사실을 남편과 가
족들에게 알리겠다는 취지로 협박을 가하여 이에 속아 겁을 먹은 피해자로부터
승낙을 얻고 피해자의 주거에 들어갔다고 하더라도, 그 승낙의 의사표시는 기망

昭和 5(1930). 8. 5. 刑集 9·541; 最判 昭和 27(1952). 5. 2. 刑集 6·5·721.
203 東京高判 昭和 27(1952). 4. 24. 高刑集 5·5·666.
204 大塚 外, 大コン(3版)(7), 311(毛利晴光).
205 大塚 外, 大コン(3版)(7), 311(毛利晴光).
206 주석형법 〔각칙(5)〕(5판), 158(이우철).
207 김일수·서보학, 205; 배종대, §58/13; 이재상·장영민·강동범, §15/18. 일본 판례로는 最判 昭和
    25(1950). 10. 11. 刑集 4·10·2012(다수의 위력에 의하여 시장부인이 가택수색을 승낙한 사례).

및 협박에 의한 것으로서 무효이므로 주거침입죄가 성립한다고 판시하였다.[208]

(b) 기망에 의한 의사표시

92   형식적으로는 동의가 있는 때에도 기망에 의하여 동의가 얻어진 경우, 즉 위조한 입장권을 제시하고 입장하거나 외판원이 여론조사를 하러 나왔다고 기망하고 문을 열게 하여 타인의 아파트에 들어가거나 전기검침원을 가장하고 들어가거나 외판원이 아파트 관리사무소 직원을 사칭하여 들어가거나 경찰이 염탐을 목적으로 외판원을 가장하여 들어 온 경우에, 피해자의 동의에도 불구하고 주거침입죄가 성립하는지 여부에 대하여 견해의 대립이 있다.

93   ① 긍정설[209]은 거주자 등이 기망당한 사실을 인식하였다면 승낙을 하지 않았을 것이므로 결과적으로 거주자 등의 권리가 침해된 것으로 보아야 한다는 것이다. 이 견해는 기망에 의하여 거주자 등의 동의를 얻은 경우에도 행위자는 피해자의 진정한 의사에 반하여 주거에 들어간 것이므로 주거침입죄의 불법을 실현한 것이고, 착오에 의한 동의는 무효라고 주장한다.[210] 이 견해를 취하는 다른 학자[211]는 기망에 의한 의사표시가 단순히 동기의 착오에 불과한 정도라면, 예컨대 외판원이 외판원임을 밝히면서 오늘은 특별사은품을 가져왔다고 속이자 집주인이 그 사은품을 기대하여 문을 열어 준 경우, 그 효과는 인정될 수 있다고 주장한다. 이 경우에 동의의 의사표시가 있은 여부는 형식적 의사가 아

---

208 대판 2007. 1. 25, 2006도5979.

209 김선복, 238; 김성천·김형준, 298; 박동률·임상규, 210; 박찬걸, 288; 배종대, §58/13; 손동권·김재윤, 253(부정설이 강박에 의한 의사표시의 경우에는 그 유효성을 부정하고 기망에 의한 의사표시는 단순한 동기의 착오에 불과하다고 주장하지만, 기망에 의한 것과 강박에 의한 것을 구분하는 것은 설득력이 없고 기망에 의한 의사표시를 단순히 동기의 착오로 평가하는 것도 타당하지 않다); 오영근, 207; 이영란, 244; 정영일, 236-237; 정웅석·최창호, 498; 진계호·이존걸, 283.

210 最判 昭和 23(1948). 5. 20. 刑集 2·5·489(강도살인의 목적을 가지고 타인의 점포에 침입한 사례); 最判 昭和 24(1949). 7. 22. 刑集 3·8·1363(강도의 의도를 숨기고 인사를 하자 집주인이 들어오라고 한 것을 기화로 침입한 사례).

211 김신규, 283(기망·착오로 인한 동의의 경우에는 중대한 동기의 착오로 인한 동의와 그렇지 않은 단순한 동기의 착오로 구분하여 주거침입죄의 성립여부를 판단하는 것이 합리적이라고 생각된다. 전자의 경우에는 동의 자체가 무효이므로 주거자의 의사에 반하므로 주거침입죄가 성립하게 된다. 예컨대 강도의 목적으로 가스검침원을 가장하여 침입한 경우를 들 수 있다. 이와 달리 단순한 동기의 착오에 불과한 경우인, 예컨대 방문판매원이 소포배달을 사칭하여 주거에 들어온 경우에는 주거자의 현실적 의사에 반하지도 않고 주거의 사실상의 평온도 깨뜨리지 않았으므로 주거침입죄는 성립하지 않는다); 손동권·김재윤, 253.

니라 결과에서 확인된 실질적인 의사를 중시하여 판단하여야 한다는 것이다.

　　이에 대하여, ② 부정설[212]은 피해자의 동의가 양해로 해석되어야 하고, 양 **94**
해의 성질상 승낙의 경우와는 달리 기망에 의한 동의도 하자가 있기는 하나 의
사에 반하는 것이 아니므로 주거침입죄가 성립하지 않는다는 것이다. 즉 출입을
허락하는 동기에는 착오가 있었지만 출입 자체에 대한 의사표시가 있는 경우에
는 주거의 사실상 평온이 침해되었다고 볼 수 없고, 또한 단순한 동기의 착오는
승낙의 유효성에 영향을 미치지 않는다고 한다.[213] 이 견해는 동의를 받아서 들
어간 경우에는 주거권자의 현실적 의사에 반하였다고 할 수 없고, 주거권자의
진의는 가설에 불과하며 진의를 기준으로 할 때에 주거침입죄는 주거권을 보호
하는 범죄가 아니라 강요죄 유사의 구성요건으로 변질될 우려가 있고, 긍정설에
의하면 주거침입죄의 가벌성이 증명할 수 없는 전제에 좌우되어 남용될 위험이
있다고[214] 주장한다.[215]

　　판례는 종래 위 ①의 긍정설의 입장을 취하고 있었다.[216] 즉, ⓐ 일반인의 **95**

212　김성돈, 265-266(다만, 이러한 결론은 행위자가 범죄목적 없이 상대방에게 자신의 진정한 동기
　　를 숨기는 경우를 전제로 한다); 김일수·서보학, 205-206; 원형식, 146; 원혜욱, 177; 이재상·장
　　영민·강동범, §15/18; 임웅, 290.
213　김일수·서보학, 205.
214　이재상·장영민·강동범, §15/18.
215　부정설 중에는, "기망에 의한 동의는 효력이 없다는 것이 긍정설의 논거이나 주거권자가 출입을
　　명시적으로 허락한 이상 강요에 의한 것이 아니므로 허락의 동기는 주거침입죄의 성립 여부와는
　　무관한 것으로 보아야 한다. 즉 행위자가 사람의 동일성에 관한 기망을 통하여 주거권자로부터
　　출입을 허가받은 이상 비록 그 기망이 출입허가에 결정적인 요인이 되었다고 할지라도 양해로서
　　유효한 것이다. 행위자가 예컨대 자신의 이름을 정확히 밝힌 경우와 같이 자신의 동일성에 관하
　　여 기망하지는 않았으나 자신이 찾아온 이유를 기망한 경우에도 다르지 않다. 이것은 주거침입
　　죄는 주거권자의 반대 의사가 실제적으로 침해된 경우에만 성립하는 것을 의미한다. 여기서 주
　　거권자가 양해를 표시하면서 그가 사실을 알았다면 반대되는 의사가 형성되었을 것이라는 경우
　　에도 마찬가지이다. 이와 같이 현실적 반대의사가 존재하여야 양해가 부정된다. 예컨대, 집의 초
　　인종이 울리자 단순히 열림장치를 누르는 경우와 같이 자신의 주거권과 관련하여 자신에게 부여
　　된 일정한 사람만 출입할 수 있도록 하는 선택가능성을 사용하지 않은 사람은 어떤 현실적 반대
　　의사를 가지고 있는 것이 아니다. 그는 어떤 구체적인 사람과 관련하여 도대체 일정한 표상을
　　지니고 있지 않다. 따라서 그는 단지 그가 누구이던지 간에 초인종을 눌렀던 사람에게 들어오는
　　것을 허용한 것이다. 결국 초인종을 누른 것이 확신하지는 않지만 A라고 예상하면서 문을 열어
　　주었으나 그것이 사실은 B였던 경우에, 그의 처분은 들어오는 사람에 대한 표상은 가지고 있었
　　지만 이를 현실적 반대의사로 나타난 것이 아니므로 양해의 유효성을 배제하지는 못한다."는 견
　　해(박상기·전지연, 574-575)도 있다.
216　김성돈, 266은 기망에 의한 동의가 있더라도 주거침입죄를 인정하는 것이 (종래의) 판례의 태도
　　라고 하면서 소개되고 있는 사례들은 행위자에게 불법목적이 있는 경우로서 범죄목적 없이 상대

출입이 허용된 음식점이라 하더라도 영업주의 명시적 또는 추정적 의사에 반하여 들어간 것이라면 주거침입죄가 성립되는 바, 기관장들의 조찬모임에서의 대화내용을 도청하기 위한 도청장치를 설치할 목적으로 손님을 가장하여 그 조찬모임 장소인 음식점에 들어간 경우에는 영업주가 그 출입을 허용하지 않았을 것으로 보는 것이 경험칙에 부합하므로 그와 같은 행위는 주거침입죄가 성립한다고 판시하였다(이른바 '부산 초원복집' 사건).[217] 그 외에, ⓑ 대리시험을 보기 위해 고사장에 출입한 경우,[218] 회의장에 도청기를 몰래 설치하기 위해 들어간 경우,[219] ⓒ 부녀로 하여금 노크의 상대방이 남편인줄 착각하고 공중화장실 용변칸의 문을 열게 한 경우,[220] ⓓ 피해자의 옛 애인 및 '사진 찍은 자'로 1인 2역을 수행하면서 그 사정을 모르는 피해자로부터 승낙을 얻고 피해자의 주거에 들어간 경우[221] 등에 주거침입죄의 성립을 인정하였다.[222]

96　　　그러나 대법원은 최근 '주거침입죄에서 침입에 해당하는지는 출입 당시 객관적·외형적으로 드러난 행위 태양에 비추어 볼 때 사실상의 평온상태가 침해되었는지에 따라 판단하여야 한다'는 대판 2021. 9. 9, 2020도12630(전)의 선고 법리에 따라, 종래의 '부산 초원복집 사건' 판결을 변경하여, "행위자가 거주자의 승낙을 받아 주거에 들어갔으나 범죄 등을 목적으로 한 출입이거나 거주자가 행위자의 실제 출입 목적을 알았더라면 출입을 승낙하지 않았을 것이라는 사정이 인정되는 경우 행위자의 출입행위가 주거침입죄에서 규정하는 침입행위에 해당하려면, 출입하려는 주거 등의 형태와 용도·성질, 외부인에 대한 출입의 통제·관리방식과 상태, 행위자의 출입 경위와 방법 등을 종합적으로 고려하여 행위자의 출입 당시 객관적·외형적으로 드러난 행위 태양에 비추어 주거의 사실

방에게 자신의 진정한 동기를 숨기는 경우를 전제로 하는 본건 논의와 그 유형을 달리하는 것임을 주의해야 한다고 한다.

217 대판 1997. 3. 28, 95도2674. 본 판결 평석은 하태훈, "승낙의 의사표시의 흠결과 주거침입죄의 성부", 형사판례연구 〔6〕, 한국형사판례연구회, 박영사(1998), 223-238.

218 대판 1967. 12. 19, 67도1281.

219 대판 1978. 10. 10, 75도2665.

220 대판 2003. 5. 30, 2003도1256.

221 대판 2007. 1. 25, 2006도5979.

222 일본 판례도 강도살인의 목적으로 고객을 가장하여 점포에 침입한 사안과 강도의 의도를 숨기고 "안녕하세요"라고 인사하여 그 집의 사람이 "들어오세요"라고 대답하자 이에 응해 주거에 들어간 사안에서, 건조물침입죄의 성립을 인정하였다〔最判 昭和 24(1949). 7. 22. 刑集 3·8·1363〕.

　　　　　　　　〔조 재 빈〕

상 평온상태가 침해되었다고 평가되어야 한다. 이때 거주자의 의사도 고려되지만 주거 등의 형태와 용도·성질, 외부인에 대한 출입의 통제·관리방식과 상태 등 출입 당시 상황에 따라 그 정도는 달리 평가될 수 있다. 일반인의 출입이 허용된 음식점에 영업주의 승낙을 받아 통상적인 출입방법으로 들어갔다면 특별한 사정이 없는 한 주거침입죄에서 규정하는 침입행위에 해당하지 않는다. 설령 행위자가 범죄 등을 목적으로 음식점에 출입하였거나 영업주가 행위자의 실제 출입 목적을 알았더라면 출입을 승낙하지 않았을 것이라는 사정이 인정되더라도 그러한 사정만으로는 출입 당시 객관적·외형적으로 드러난 행위 태양에 비추어 사실상의 평온상태를 해치는 방법으로 음식점에 들어갔다고 평가할 수 없으므로 침입행위에 해당하지 않는다."고 판시하였다.[223]

　　나아가 대법원은, "관리자에 의해 출입이 통제되는 건조물에 관리자의 승낙을 받아 건조물에 통상적인 출입방법으로 들어갔다면, 이러한 승낙의 의사표시에 기망이나 착오 등의 하자가 있더라도 특별한 사정이 없는 한 형법 제319조 제1항에서 정한 건조물침입죄가 성립하지 않는다. 이러한 경우 관리자의 현실적인 승낙이 있었으므로 가정적·추정적 의사는 고려할 필요가 없다. 단순히 승낙의 동기에 착오가 있다고 해서 승낙의 유효성에 영향을 미치지 않으므로, 관리자가 행위자의 실제 출입 목적을 알았더라면 출입을 승낙하지 않았을 사정이 있더라도 건조물침입죄가 성립한다고 볼 수 없다. 나아가 관리자의 현실적인 승낙을 받아 통상적인 출입방법에 따라 건조물에 들어간 경우에는 출입 당시 객관적·외형적으로 드러난 행위태양에 비추어 사실상의 평온상태를 해치는 모습으로 건조물에 들어간 것이라고 평가할 수도 없다."고 판시하여,[224] 통상 일반인의 출입이 허용되는 식당이나 관공서 등의 경우 원칙적으로 위 ②의 부정설

97

---

[223] 대판 2022. 3. 24, 2017도18272(전). 이러한 다수의견에 대하여, '사실상의 평온상태를 해치는 모습'이라는 의미는 추상적이고 불명확하여 다양한 해석이 가능하므로, 사실상의 평온상태가 침해되었는지에 따라 침입 여부를 판단하더라도 거주자에 의사에 반하는지를 가장 기본적이고 중요한 요소로 삼아 주거침입죄의 성립 여부를 판단하여야 하는데, 이 사건에서 피고인들이 영업주의 현실적인 승낙을 받아 음식점에 들어갔으므로 기본적으로 영업주의 의사에 반하지 않을 뿐만 아니라, 사실상의 평온상태가 침해되었다고 볼 수 없어, 피고인들에 대해서는 주거침입죄가 성립하지 않는다는 별개의견이 있다.

[224] 대판 2022. 3. 30, 2018도15213(방송 제작자인 피고인들이 구치소장의 허가 없이 구치소에 수용 중인 사람을 취재하기 위하여 접견신청인으로 접견허가를 받은 다음 명함지갑 형태의 녹음·녹화 장비를 몰래 소지한 채 접견담당 교도관의 승낙을 받아 접견실에 들어가 수용자를 취재한 사안).

의 입장임을 재차 확인하였다.

　　(c) 범죄 또는 금지행위를 할 목적으로 일반적 출입이 허용되지 않는 주거 등에
　　　출입한 경우

98　　　주거 등에 들어가는 행위가 주거자 등의 의사에 반하였는지 여부를 판단함
에 있어서 행위자의 본래의 목적이 중요한 역할을 한다. 영장 없이 장물수색을
위하여 공장에 들어간 경우나 일반인이 현행범인체포를 목적으로 승낙 없이 타
인의 주거에 들어간 경우 등 행위자의 본래의 목적이 불법이 아닌 경우에도 침
입행위가 될 수는 있지만, 주거침입죄의 성부와 관련하여 특히 문제가 되는 것
은 행위자가 범죄나 금지된 행위를 할 목적으로 주거 등에 들어간 경우이다.[225]

99　　　먼저, 주거자의 허락 없이 범죄 목적으로 들어간 경우에는 당연히 주거침입
죄가 성립한다.[226]

100　　　외견상 범죄 목적이 드러나거나 침입방법 자체가 일반적인 허가에 해당하
지 않는 것이 분명한 경우에도 주거침입죄가 성립한다.[227] 위 2017도18272 전
원합의체 판결 이전에도 판례는, ① 평소 무상출입하던 이웃집이라 하더라도
절도의 목적으로 피해자의 승낙 없이 그 주거에 들어간 경우에는 주거침입죄를
인정하고,[228] ② 개방되어 있는 장소에 대한 관리자의 출입제한에도 불구하고
다중이 고함이나 소란을 피우면서 건조물에 들어가는 것은 건조물침입죄를 구
성하며,[229] ③ 피고인이 피해자가 사용 중인 공중화장실의 용변 칸에 노크하여

---

225 주석형법 〔각칙(5)〕(5판), 159-160(이우철)은 행위자가 범죄목적을 숨기고 주거자 등으로부터 승
　　낙을 받아 주거 등에 들어간 경우에는 기망에 의한 승낙의 문제로 되고, 추정적 승낙의 유무에
　　관한 판단에 있어서는 '주거자 등이 행위자의 본래의 목적을 알았다면 승낙하였을 것인가'라는
　　기준이 사용되는 경우가 많다고 한다.
226 임웅, 291.
227 박상기·전지연, 576.
228 대판 1983. 7. 12, 83도1394.
229 대판 1996. 5. 10, 96도419. 「피고인을 비롯한 수십여 명의 조합원들이 정보통신부 직원들의 제
　　지 및 퇴거요구에도 불구하고 정보통신부가 입주하여 있는 한국전기통신공사 청사건물의 12층
　　내지 14층의 각 층에서 점거농성하면서 집단적으로 장관퇴진 등의 구호를 외치고, 그 후에도 정
　　보통신부 장관비서실에서 비서실 비서관 등의 제지 및 퇴거요구에도 불구하고 고함을 치고 소란
　　을 피웠다면 건조물침입죄는 성립한다 할 것이고 설사 정보통신부 건물에의 출입목적이 정보통
　　신부의 정책에 대한 항의를 위한 것이라 하더라도 그 죄의 성립에 영향을 주는 것은 아니라 할
　　것이고, 한국통신 외국인 접견실에서 개최한 이사회의 의결이 소론 주장과 같은 범죄행위에 해
　　당한다고 할 수도 없을 뿐 아니라 피고인을 비롯한 수십여 명의 조합원들은 위 접견실의 출입문
　　을 발로차고 주먹으로 치면서 부수려고 하다가 마침내는 이사회가 개최되고 있던 회의장에 난입

남편으로 오인한 피해자가 용변 칸 문을 열자 강간할 의도로 용변 칸에 들어간
때에는 주거침입죄에 해당하고,[230] ④ 일반적으로 출입이 허가된 건물이라 하
여도 피고인이 출입 금지된 시간에 담벽을 넘어 들어간 후 창문을 연 후 이를
통해 건조물에 들어간 것이라면 그 침입방법 자체가 일반적인 허가에 해당되지
않는 것이 분명하게 나타난 것이므로 건조물침입죄가 성립하며,[231] ⑤ 거주자
나 관리자와의 관계 등으로 평소 그 건조물에 출입이 허용된 사람이라 하더라
도 주거에 들어간 행위가 거주자나 관리자의 명시적 또는 추정적 의사에 반함
에도 불구하고 감행된 것이라면 주거침입죄는 성립하고, 출입문을 통한 정상적
인 출입이 아닌 때에는 특별한 사정이 없는 한 그 침입 방법 자체에 의하여 거
주자 등의 의사에 반한다고 할 수 있다[232]고 판시하였다.

　　다음으로, 일반적 출입이 허용되지 않는 주거 등지에 절도, 강도, 손괴, 폭행,　　101
방화, 도청장치 설치, 대리시험 응시, 산업스파이 등의 범죄를 행할 목적을 숨기
고 주거자 등의 명시적·추정적 승낙을 받아 들어간 때에 주거침입죄가 성립하는
지에 대하여 견해의 대립이 있다.

　　① 긍정설[233]은 범죄 목적이 있는 경우에는 주거자의 진의에 반할 뿐만 아　　102
니라 개인의 사생활(privacy) 보호를 위해 주거침입을 긍정해야 한다고 한다. 이

하여 회의를 진행 중이던 이사 11명을 둘러싸고 고함을 지르며 회의장 내 기물을 부수었던 사실
을 인정할 수 있는바 그와 같은 행위가 소론과 같이 정당방위나 정당한 조합활동에 해당한다고
는 볼 수 없으며, 전남대학교 강당에서의 한국전기통신공사 노동조합 전국대의원대회가 비록 노
동조합활동의 일환으로 행하여진 것이고 정책에 항의하기 위한 것이라 하더라도 학교 측의 장소
사용불허 통보를 받고서 수위들의 출입제지에도 불구하고 강당의 출입문을 무단히 열고 들어간
것이라면 건조물침입죄가 성립한다 할 것이고 그것이 정당행위에 해당한다고 할 수 없다.」
230 대판 2003. 5. 30, 2003도1256.
231 대판 1990. 3. 13, 90도173.
232 대판 1995. 9. 15, 94도3336; 대판 2007. 3. 15, 2006도7079; 대판 2007. 8. 23, 2007도2595(회
장으로서 사실상 피해 회사를 퇴사한 이상 피고인은 더 이상 피해 회사의 승낙 없이는 사무실을
출입할 수 없게 되었다고 봄이 상당하고, 이후 사무실에 나타나지 않다가 약 20일이 지나서 피
해 회사의 명시적인 의사에 반하여 비정상적인 방법으로 사무실에 들어간 행위는 방실침입죄에
해당한다); 대판 2011. 8. 18, 2010도9570(주식회사의 감사인 피고인이 회사 경영진과의 불화로
한 달 가까이 결근하다가 자신의 출입카드가 정지되어 있는데도 이른 아침에 경비원에게서 출입
증을 받아 컴퓨터 하드디스크를 절취하기 위해 회사 감사실에 들어간 행위는 수단과 방법의 상
당성을 결여하여 방실침입죄가 성립한다).
233 김선복, 238; 김성천·김형준, 300; 김신규, 283; 박찬걸, 288; 원형식, 146; 임웅, 291; 신동운, 830;
정영일, 237; 진계호·이존걸, 284.

〔조 재 빈〕　　　　　　**605**

견해는 동의권자가 그 진의를 알았더라면 동의를 하지 않았을 것이라고 판단될 때에는 주거침입죄가 성립하고, 주거자 등의 의사에 반하는지의 여부는 형식적 의사표시 외에 침입행위 후에 나타난 결과 등도 함께 고려하여 실질적으로 판단되어야 한다고 주장한다. 예를 들어, 일반인의 출입이 허용되지 않은 타인의 주거에 범죄나 범법(犯法)의 목적을 갖고 들어간 경우에는 주거자의 형식적 의사표시와 관계없이 주거침입죄가 성립한다고 보아야 한다는 것이다.[234]

103   이에 대하여, ② 부정설[235]은 앞의 기망에 의한 의사표시의 경우와 같이 설사 주거자가 행위자의 범죄 목적을 모르고 출입을 허락했다 할지라도 주거출입 '자체'에 대한 승낙이 있는 이상 주거의 평온은 침해되지 않았고, 따라서 주거침입은 성립하지 않는다고 한다. 다만 이 견해도 강간의 의도를 가진 범인을 남편으로 오인하여 피해자가 문을 열어 준 경우에는, 출입 '자체'에 대한 피해자의 명시적 또는 묵시적 승낙이 없어 주거침입죄가 성립한다고 주장한다.[236]

104   판례는 종래 위 ①의 긍정설의 입장이었다. 즉, ⓐ 대리응시자들이 대리시험을 치기 위해 시험장에 들어간 경우,[237] ⓑ 회의장소에 도청기를 몰래 설치하기 위해 들어간 경우,[238] ⓒ 부녀로 하여금 노크의 상대방이 남편인 줄 착각하고 공중화장실 용변 칸의 문을 열게 한 경우,[239] ⓓ 피해자의 옛 애인 및 '사진 찍은 자'로 1인 2역을 수행하면서 그 사정을 모르는 피해자로부터 승낙을 얻고 강간할 의도로 피해자의 주거에 들어간 경우,[240] ⓔ 피고인이 피해자와 이웃 사이어서 평소 무상출입하던 관계에 있던 이웃집에 절도의 목적으로 피해자의 승낙 없이 들어간 경우,[241] ⓕ 피고인이 피해자인 금남여객자동차주식회사에서 버

234 정영일, 237.
235 김일수·서보학, 206; 박상기·전지연, 575; 이형국, 298.
236 김일수·서보학, 206.
237 대판 1967. 12. 19, 67도1281. 정영일, 238-239는 대리시험을 치루기 위해 원래의 응시자를 대신하여 다른 사람이 시험장에 들어간 경우 그 사람에게는 시험장출입이 허용된 것이 아니므로 당연히 본죄가 인정되는 것이고, 설사 그 사람이 대리시험의 불법한 목적으로 들어간 것이 아니고 예컨대 시험장을 구경하기 위해서 또는 응시자를 격려하기 위해서 들어간 경우라 하더라도 본죄는 성립되는 것으로 보아야 한다고 한다.
238 대판 1978. 10. 10, 75도2665.
239 대판 2003. 5. 30, 2003도1256.
240 대판 2007. 1. 25, 2006도5979.
241 대판 1983. 7. 12, 83도1394.

스차장으로 근무하는 관계로 그 회사의 차고나 사무실에 출입할 수 있다 하더라도 절도의 목적으로 들어간 경우,[242] ⑧ 피고인이 직원으로서 피해자 운영의 공장에 출입할 권한이 있었으나 피해자의 허락 없이 피해자 소유 기계류를 반출하기 위하여 공장에 들어간 경우,[243] ⓗ 피고인이 작업계약의 관계로 수시 지점장실에 출입하여 왔으며 또 출입할 수 있는 지위에 있었다 하더라도 폭행의 목적으로 지점장실에 들어간 경우[244] 등에는 주거침입죄의 성립을 인정하였다.

그런데 위 '(b) 기망에 의한 의사표시'에서 살펴본 바와 같이 대법원은 견해를 변경하여, 피고인들이 피고인들과 기자가 대화하는 장면을 기자와 음식점 영업주 몰래 촬영하기 위해 카메라를 설치하려고 음식점에 들어간 사안에서, 주거침입죄의 성립을 부정하였다.[245]   105

같은 취지에서 대법원은, ⓐ 방송 제작자인 피고인들이 구치소장의 허가 없이 구치소에 수용 중인 사람을 취재하기 위하여 접견신청인으로 접견허가를 받은 다음 명함지갑 형태의 녹음·녹화장비를 몰래 소지한 채 접견담당 교도관의 승낙을 받아 접견실에 들어가 수용자를 취재한 사안,[246] 마찬가지로 ⓑ 시사프로그램의 제작진이 구치소장의 허가 없이 구치소에 수용 중인 사람을 취재하기 위하여 접견신청서에 수용자의 지인이라고 기재하고, 반입이 금지된 녹음·녹화기능이 내장된 안경을 착용하고 접견실에 들어가 수용자를 접견하면서 대화 장면과 내용을 촬영하고 녹음한 사안[247]에서, 각기 위 사정을 구치소장이나   106

---

242 대판 1979. 10. 30, 79도1882.
243 대판 2012. 4. 12, 2012도976.
244 대판 1955. 12. 23, 4288형상25.
245 대판 2022. 3. 24, 2017도18272(전). 대법원은 이 판결에 대하여, ① 대판 2021. 9. 9, 2020도12630(전)의 취지에 따라 사실상의 평온상태가 침해되었는지를 기준으로 주거침입죄의 성립 여부를 판단하면서 이에 관한 구체적인 고려요소를 제시하였고, ② 이러한 판단기준과 고려요소에 따라 일반인의 출입이 허용된 음식점에 영업주의 승낙을 받아 들어간 경우에는 설령 영업주가 몰래카메라 설치라는 실제 출입 목적을 알았더라면 출입을 승낙하지 않았으리라는 사정이 인정되더라도 사실상의 평온상태가 침해되었다고 볼 수 없으므로 주거침입죄가 성립하지 않는다는 결론을 내렸으며, ③ 위 2020도12630 전원합의체 판결의 취지대로 주거침입죄의 보호법익의 관점에서 침입의 의미와 판단기준을 객관화하여 사실상의 평온상태가 침해되었는지에 따라 주거침입죄의 성립 여부를 판단하여야 한다는 원칙을 재확인하였다는 데 의의가 있다고 평가하고 있다(위 판결 보도자료 참조).
246 대판 2022. 3. 30, 2018도15213. 이 판결은 위계공무집행방해죄도 성립하지 않는다고 판단하였다.
247 대판 2022. 4. 28, 2020도8030. 이 판결은 위계공무집행방해죄도 성립하지 않는다고 판단하였다.

〔조 재 빈〕   **607**

교도관이 알았더라면 피고인들이 이를 소지한 채 구치소에 출입하는 것을 승낙하지 않았을 것으로 보이나, 이러한 사정은 승낙의 동기가 착오가 있는 것에 지나지 않아 피고인들이 구치소장이나 교도관의 의사에 반하여 구치소에 출입하거나 사실상의 평온상태를 해치는 모습으로 서울구치소에 침입한 것으로 평가할 수 없다고 판단하였다.

107　　　또한, ⓒ 피고인의 점포를 임차하여 카페를 운영하던 임차인 A가 영업을 중단하고 피고인에게 영업중단 사실을 고지하면서 점포의 열쇠를 교부하자 피고인이 위 열쇠로 점포의 출입문을 열고 들어가 그곳에 있던 A 소유의 집기 등을 임의로 철거한 사안에서, A가 피고인에게 위 열쇠를 교부함으로써 출입을 승낙하였고, 피고인이 이러한 A의 승낙 아래 통상적인 출입방법에 따라 위 점포에 들어간 이상 사실상의 평온상태를 해치는 행위태양으로 위 점포에 들어갔다고 볼 수 없으므로 건조물침입죄에서 규정하는 침입행위에 해당하지 않고, 설령 피고인이 A의 의사에 반하여 집기 등을 철거할 목적으로 들어간 것이어서 A가 이러한 사정을 알았더라면 피고인의 출입을 승낙하지 않을 것이라는 사정이 인정되더라도, 그러한 사정만으로 사실상의 평온상태를 해치는 행위태양으로 위 점포에 출입하였다고 평가할 수 없다고 판단하였다.[248] 이러한 판례의 흐름에 비추어 판례는 위 ②의 부정설의 입장으로 평가할 수 있다.

108　　　한편, 범죄의 목적으로 들어갔다고 하여 언제나 동의가 없다고 해야 하는 것은 아니다. 뇌물을 공여하거나 전달하기 위하여 동의권자의 동의를 받고 주거에 들어간 경우에는 뇌물을 수수받는 자의 의사에 반하는 침입이 될 수 없고, 따라서 개인의 사생활(privacy)과는 무관하기 때문에 주거침입죄가 성립하지 않는다.[249] 들어간 다음에 그 자의 목적을 거주자가 알고서는 퇴거를 요구하였다면 퇴거불응죄가 성립하는 것으로 봄이 타당하다.[250]

　　　(d) 범죄 또는 금지행위를 할 목적으로 일반적 출입이 허용된 장소에 출입한 경우

109　　　개별적인 자격을 문제 삼지 않고 일반인의 출입을 허용하고 있는 공개된

---

248 대판 2022. 7. 28, 2022도419. 함께 기소된 재물손괴죄는 유죄로 인정되었다.
249 김성돈, 266; 손동권·김재윤, 253; 임웅, 291; 정성근·박광민, 267.
250 대판 1979. 10. 30, 79도1882.

장소, 예컨대 극장, 역, 슈퍼마켓, 은행, 음식점, 관공서, 호텔, 백화점 등에 들어가는 경우에는 건물 소유자·관리인의 의사 또는 추정적 의사에 반하지 않는다. 그러한 공공장소에 적법하게 들어간 다음에 행위자에게 절도, 강도 또는 폭행 등의 불법한 목적이 생긴 경우는, 주거침입죄의 성부와 무관하다.[251] 그러나 처음부터 공공장소에 범죄 또는 금지행위를 할 목적을 가지고 출입한 경우에 주거침입죄가 성립하는지에 대하여는 견해의 대립이 있다.

① 긍정설[252]은 공공장소라 할지라도 불법한 목적으로 침입한 이상 주거침입죄가 성립한다고 한다. 이 견해는 범죄목적을 숨긴 사람이 사적 장소의 출입 여부에 대해 동의절차를 거친 경우 동의권자의 실질적인 의사를 평가하여 주거침입죄가 된다고 한다면 공공장소 중에도 동의권자가 현실적으로 없는 곳(공원, 길거리 등)이 아닌 한 출입이 개방된 곳이라고 해서 동의권자의 실질적인 의사를 묻지 않는 것은 사례의 평등취급에 어긋나고, 행위자가 현실적으로 실행에 옮긴 외부적인 범죄가 없다고 해서 형법적 평가가 달라지는 것은 아니며(사건은 대부분 인지조차 되지 않을 것이다.), 특히 주거침입죄를 추상적 위험범이라고 해석하는 한 행위자가 범죄목적을 숨기고 어떤 장소에 들어가면 그 공간의 사실상의 평온을 해할 위험 여부와 상관없이 주거침입죄가 성립한다고 주장한다. 110

② 부정설[253]은 출입 자체가 너무 보편적이어서 목적이 불법하다는 것만으로는 주거침입죄의 '침입'이 되거나 평온을 해한다고 할 수 없기 때문에 주거침입죄가 성립하지 않는다고 한다. 이 견해는 일반적 허가가 있는 경우에 단순히 그 허가를 불법한 목적으로 남용했다는 이유만으로 주거침입이 된다는 것은 부당하다고 주장한다.[254] 111

---

251 정영일, 238.

252 김성돈, 267; 김성천·김형준, 300(범죄의 목적을 가지고 있으면 그 의도가 사실상의 주거의 평온을 해치는 나쁜 기운을 내뿜게 되므로 주거침입으로 보는 것이 타당하다).

253 김선복, 239; 김신규, 284; 김일수·서보학, 206; 박상기·전지연, 575; 박동률·임상규, 210; 박찬걸, 288; 배종대, §58/14; 백형구, 388-389; 손동권·김재윤, 254(개인적 주거의 경우에는 범죄목적으로 들어간 경우에 대체적으로 침입을 인정할 수 있는 것과는 달리, 일반인의 출입이 허가되어 있는 장소의 경우에는 단순히 범죄목적으로 들어갔다는 것이 침입을 긍정하는 일반요소가 될 수는 없다); 오영근, 207; 원형식, 146; 원혜욱, 175-176; 이재상·장영민·강동범, §15/19; 이정원·류석준, 257; 이형국, 298; 임웅, 291-92; 정성근·박광민, 267; 정영일, 238; 정웅석·최창호, 499; 진계호·이존걸, 285.

254 부정설 중에는 ① "절도의 목적으로 백화점에 들어가거나 도청하기 위하여 음식점에 들어가는

112   판례는 종래 위 ①의 긍정설의 입장이었다. 즉, ⓐ 대통령 선거를 앞두고 부산지역 기관장의 조찬모임에서의 대화 내용을 녹음하기 위한 도청장치를 설치할 목적으로 손님을 가장하여 모임장소인 음식점에 미리 들어간 경우는 영업주가 그 출입을 허용하지 않았을 것으로 보는 것이 경험칙에 부합하므로 주거침입죄가 성립하고,[255] ⓑ 일반인의 출입이 허용된 건조물이라고 하더라도 관리자의 명시적 또는 추정적 의사에 반하여 그곳에 들어간 것이라면 건조물침입죄가 성립하는 것이므로, 촉석루 내 의기사(義妓祠)에 보관 중이던 공용물건인 논개영정을 적법한 권한 없이 강제로 철거할 목적으로 의기사에 들어간 행위는 건조물침입에 해당한다고 판시하였다.[256]

113   그러나 앞서 살펴본 바와 같이 대법원은 견해를 변경하여, ⓐ 피고인들이 피고인들과 기자가 대화하는 장면을 기자와 음식점 영업주 몰래 촬영하기 위해 카메라를 설치하려고 음식점에 들어간 경우,[257] ⓑ 불법시위 목적으로 일반적으로 출입이 허용되어 개방된 시청사 로비에 관리자의 출입 제한이나 제지가 없는 상태에서 통상적인 방법으로 들어간 경우,[258] ⓒ 컴퓨터를 이용하는 여성

것은 주거침입죄를 구성하지 않는다."는 견해(이재상·장영민·강동범, § 15/19), ② "대리시험을 보려고 시험장에 들어가거나, 출입이 금지된 시간에 들어가는 행위는 그 자체가 피해자의 의사에 반한다고 할 수 있기 때문에 본죄(건조물침입죄)가 성립한다고 할 수 있다. 이 경우에도 부정한 목적 때문이 아니라 수험생이 아닌 다른 사람이 들어가는 것 그 자체가 피해자의 의사에 반하기 때문이다. 이에 비해 도청장치를 설치하기 위해 일반에 공개된 회의장이나 음식점에 들어간 경우, 거주자의 의사에 반하는 것은 행위자가 '들어가는 것'이 아니라 '도청장치를 설치하는 것'이므로 이 경우 본죄가 성립하지 않는다고 해야 한다. 강도를 하기 위해 무장을 하고 은행에 들어가는 경우에서도 은행의 의사에 반하는 것은 '무장을 하고 들어오는 것'이 아니라 '강도행위'이므로 본죄가 성립하지 않는다고 해야 할 것이다. 무장한 군인이 예금을 인출하기 위해 은행에 들어오는 것은 은행의 의사에 반하지 않기 때문이다."라고 주장한다. 또 다른 학자는 이 경우는 "보호법익이 특정인의 사생활(privacy) 보호에 있는 것이 아니라 불특정·다수인과 관계된 '업무상의 평온과 비밀'에 있으므로, 범죄목적을 가지고 '출입한 행위'만으로는 주거침입죄가 성립하지 않는다. 공중이 자유로이 출입할 수 있는 장소의 관리자는 출입하는 개개인을 선별함이 없이 불특정·다수인의 출입에 대하여 '포괄적·묵시적 양해의사'를 갖고 있는 것으로 보아야 한다. 출입하는 목적을 묻지 않고 출입을 포괄적으로 양해하는 것으로 관리자의 의사를 이해하는 한, 범죄목적으로 들어간 경우라 할지라도 관리자의 의사에 반한 '침입'행위로 파악할 것은 아니라고 하겠다. 그러나 목적한 범죄를 실현하는 행위가 있다면, 업무상의 평온과 비밀을 침해한 행위가 있는 것으로서 주거침입죄가 성립한다."는 견해(오영근, 208) 등이 있다.

255 대판 1997. 3. 28, 95도2674.
256 대판 2007. 3. 15, 2006도7079.
257 대판 2022. 3. 24, 2017도18272(전)(주거침입죄).
258 대판 2022. 6. 16, 2021도7087(건조물침입죄)(피고인들이 공동하여 A 시청에 이르러 150여 명의

의 몸을 훔쳐볼 목적으로 PC방에 통상적인 방법으로 들어간 경우,[259] ⓓ 추행 목적으로 상가 1층 엘리베이트 앞까지 따라 들어간 경우,[260] ⓔ 시위 목적으로 홈플러스에 영업시간에 손님들이 이용하는 정문과 매장 입구를 차례로 통과하여 2층 매장에 들어갔으나, 보안요원 등에게 제지를 받거나 보안요원이 자리를 비운 때를 노려 몰래 들어가는 등 특별한 조치를 취하지도 않은 경우[261]에는 주거침입죄나 건조물침입죄의 성립을 부정하였다(위 ②의 부정설의 입장).

　　그러나 공중의 출입이 개방된 장소라도 특별히 개인적으로 내려진 출입금지에 위반하였거나,[262] 일반적이지 않은 시간·방법으로 출입하면, 예컨대 출입이 금지된 시간에 들어가거나[263] 출입금지 장소로 들어가거나 복면·흉기를 소지한 경우,[264] 은행 강도를 위하여 낮 시간에 비상출입구의 문을 부수고 은행에 들어간 경우,[265] 당연히 주거침입죄가 성립한다. 또한, 수십 명의 노동조합 조합

114

조합원들과 함께 시청 1층 로비로 들어가 바닥에 앉아 구호를 외치며 소란을 피움으로써 시청 건물 관리자의 의사에 반하여 건조물에 침입하였다고 기소된 사안에서, 당시 피고인들 등 조합 원들은 시청 1층 중앙현관을 통해 1층 로비에 들어가면서 공무원 등으로부터 아무런 제지를 받지 않았고, 다수의 힘 또는 위세를 이용하여 들어간 정황이 없었다는 이유 등을 들어, 관리자의 의사를 주된 근거로 유죄를 인정한 원심판결을 파기환송한 사례).

259 대판 2022. 6. 9, 2022도4239(건조물침입죄).
260 대판 2022. 8. 25, 2022도3801(건조물침입죄).
261 대판 2022. 9. 7, 2021도9055(건조물침입죄).
262 대판 2003. 5. 13, 2003도604(대학교가 한국대학총학생회연합의 행사개최를 불허하고 외부인의 출입을 금지하는 한편 경찰에 시설물의 보호를 위한 경비지원을 요청하였음에도 피고인이 다른 많은 학생들과 함께 위 행사에 참여하거나 주최하기 위하여 대학교에 들어간 것이라면 들어갈 당시 경찰공무원 또는 대학교 교직원들로부터 구체적으로 출입을 제지당하지 아니하였다고 하더라도 대학교 관리자의 의사에 반하여 다중의 위력으로써 건조물인 대학교에 침입한 것이라고 한 사례).
263 대판 1956. 12. 7, 4289형상272(주택을 사무실로 사용하고 있어 일반인이 무상출입하고 있는 장소라도 야간 10시 통행금지시간이 가까워 외문을 폐쇄하고 취침 중임을 인식함에도 불구하고 주거인의 의사에 반하여 현관문을 밀고 실내에 돌입하면 주거침입죄를 구성한다고 한 사례).
264 대판 1995. 9. 15, 94도3336(원심판결 서울고판 1994. 11. 25, 94노2177).「피고인과 피해자의 결혼을 중매해 준 일이 있는 A는 피고인을 만나 원만한 가정생활을 약속하면 반환한다는 조건으로 피고인이 소지한 아파트의 열쇠를 교부받아 보관하게 되었고, 그 즈음부터 쌍방 간 별다른 합의 없이도 피고인은 종전에 살던 부모의 집에 가서 살고 피해자는 본건 아파트에서 그대로 살게 된 사실, 피고인이 그 후 피해자와 다시 동거할 의사를 보이지도 않고 그 열쇠의 반환을 요구하지도 않자 A는 그 열쇠를 피해자에게 교부하여 그 이래 피해자가 이를 계속 보관해 온 사실을 각 인정할 수 있는 바, 이에 의하면 본건 아파트는 가사 피고인의 짐이 그곳에 있다거나 그 임차인이 피고인이라고 하더라도 피해자의 주거일 뿐 피고인의 주거라고는 할 수 없으므로 피고인이 거기에 들어간 행위는 피해자의 주거의 평온을 침해한 것이어서 주거침입죄에 해당된다.」
265 정영일, 240.

원들이 장관퇴진 등의 고함소리를 지르고 소란을 피우면서 관리자의 출입제지에도 불구하고 정보통신부가 입주해 있는 한국전기통신공사 청사건물에 집단으로 난입하거나,[266] 일반적으로 출입이 허가된 여객터미널 건물이라 하더라도 피고인이 출입이 금지된 시간에 그 건물 담벽에 있던 드럼통을 딛고 담벽을 넘어 들어간 후 그곳 마당에 있던 아이스박스통과 삽을 같은 건물 화장실 유리창문 아래에 놓고 올라가 위 창문을 연 후 이를 통해 들어가는[267] 등 일반적 출입이 아닌 때에는 침입이 된다.[268]

2. 실행의 착수 및 기수시기

115　　주거침입죄의 미수범은 처벌되므로(§ 322) 그 실행의 착수 및 기수시기가 문제된다.

(1) 실행의 착수시기

116　　주거침입죄의 실행의 착수가 인정되기 위해서는 사실상의 평온을 해치는 방법으로 주거나 관리하는 건조물 등에 들어가는 행위를 개시한 때로서, 구성요건의 일부를 실현하는 행위까지 요하는 것은 아니고, 구성요건의 실현에 이르는 현실적·객관적 위험성을 갖는 행위를 개시하는 것으로 충분하다.[269] 판례에 따르면, ① 행위자가 주거침입의 고의를 갖고 주거의 문을 열거나 문의 시정장치를 부순 행위,[270] ② 야간에 아파트에 침입하여 물건을 훔칠 의도하에 아파트의 베란다 철제난간까지 올라가 유리 창문을 열려고 시도한 행위,[271] ③ 다세대 주택의 건물에 들어가 타인의 재물을 절취할 목적으로 출입문이 열려 있으면 안으로 들어갈 생각으로 각 호실의 출입문을 당겨본 행위,[272] ④ 창문이 열려있으면 안으로 들어가겠다는 의사하에 아파트의 창문을 열어보는 행위[273] 등 침입

---

266 대판 1983. 3. 8, 82도1363; 대판 1996. 5. 10, 96도419.
267 대판 1990. 9. 13, 90도173.
268 일본 판례는 침입이란 "관리자의 의사에 반하여 들어가는 것"이라고 정의하면서, 관리자의 의사에 반한 것인지 여부는 "당해 건조물의 성질, 사용목적, 관리상황, 관리권자의 태도, 출입목적 등"을 판단기준으로 하고 있다[最判 昭和 58(1983). 4. 8. 刑集 37·3·215].
269 대판 2003. 10. 24, 2003도4417; 대판 2008. 3. 27, 2008도917.
270 대판 1995. 9. 15, 94도2561.
271 대판 2003. 10. 24, 2003도4417.
272 대판 2006. 9. 14, 2006도2824.
273 대판 2010. 11. 25, 2010도13245.

을 위한 구체적 행위를 개시한 경우에 실행의 착수가 인정된다.

그러나 ① 침입대상인 아파트에 사람이 있는지 확인하기 위해 그 집의 초 　117
인종을 누르는 행위,[274] ② 야간에 다세대주택 2층의 불이 꺼져있는 것을 보고
물건을 절취하기 위하여 가스배관을 타고 올라가 발은 1층 방범창을 딛고 두
손은 1층과 2층 사이에 있는 가스배관을 잡고 있던 상태에서 순찰 중이던 경찰
관에게 발각되자 그냥 뛰어내린 행위,[275] ③ 공사의 현장사무실 또는 경비실이
아닌 외곽에 담장이 설치되고 경비를 둔 공사현장에 들어간 행위[276]만으로는
아직 침입의 현실적 위험성을 포함하는 행위를 시작하였다거나 주거의 사실상
의 평온을 침해할 객관적인 위험성을 포함하는 행위를 한 것으로 볼 수 없어 실
행의 착수를 부정하였다.[277]

(2) 기수시기

본죄의 기수가 성립하기 위해서는 신체의 전부가 들어갈 것을 요하는지에 　118
대하여 견해의 대립이 있다.

첫째, 일부침입설[278]은 행위자의 신체 전부가 아닌 일부만 주거 등에 들어 　119
가도 기수가 된다는 견해이다. 이 견해가 독일의 통설이고, 우리나라의 소수설
과 판례의 입장이다. 이 견해는 창문 안으로 머리를 들이밀거나, 문을 닫지 못
하도록 집 안으로 발을 들이민 경우에도 주거침입죄의 기수가 된다고 한다. 이
견해는 사실상의 평온은 반드시 행위자의 신체가 전부 다 주거 안으로 들어가
야만 침해되는 것은 아니므로 일부만 들어갔더라도 사실상의 평온을 해칠 정도
에 이르렀다면 기수가 된다고 주장한다. 또한 전부침입설에 따르면 행위자가 처
음부터 신체의 일부만을 들어갈 의도로 행동할 경우에는 미수범도 성립하지 않
는다는 결론에 이르기 때문에 부당하고, 일부침입설에 의할 경우에도 미수범은

---

274 대판 2008. 4. 10, 2008도1464.
275 대판 2008. 3. 27, 2008도917.
276 대판 2005. 10. 7, 2005도5351.
277 김성돈, 268-269는 "공동주택의 공용부분(계단이나 복도, 엘리베이터)도 '주거'라고 보는 최근의 판
례에 따르면, 공동주택의 계단이나 복도에 진입한 행위는 이미 주거에 진입한 것이므로 그 자체만
으로는 주거침입 '기수'를 인정할 수도 있다. 하지만 대법원이 법익침해에 대한 위험성 여부를 기
준으로 삼아 실행의 착수 인정 여부를 판단한 것은 공용부분의 주거성을 인정한 판례가 나오기 전
의 일이었다. 이 때문에 행위자가 공용부분인 주거 안에 완전히 진입한 이후의 상태에 대해서도
종래 취해왔던 침해범설의 입장을 일관되게 유지할 수 있을 것인지는 의문이다."라고 한다.
278 김선복, 236; 김성천·김형준, 303; 김신규, 286; 박찬걸, 293-294; 최호진, 320.

성립할 수 있으므로 미수범 처벌규정이 있다는 점이 논리필연적으로 전부침입설을 취할 이유는 되지 않는다고[279] 비판한다.[280]

120   둘째, 전부침입설[281]은 신체의 전부가 주거 등에 들어가야 기수가 되고, 신체의 일부가 들어간 경우 미수범에 해당된다는 견해이다. 전부침입설의 근거에 대해서는 다양한 의견이 있는데, 예컨대 "① 독일과 달리 우리 형법에는 주거침입죄의 미수범 처벌규정이 있으므로 문을 열고(실행의 착수), 신체의 일부가 들어간 후, 신체의 전부가 들어가, 집 안에 머문 후, 퇴거하는(종료) 과정에서 기수시기를 '신체의 전부가 들어가' 혹은 '집 안에 머문 후'라고 하는 것이 좀 더 자연스러운 해석이고, 주거의 사실상 평온은 주거 안을 들여다보거나 주거에 돌을 던지는 등 침입 이외의 방법으로도 침해될 수 있으므로 주거침입죄에서는 보호법익의 침해보다는 침입이라는 구성요건적 행위의 종료 여부를 기준으로 기수·미수를 정하는 것이 더 자연스러우며, 독일형법상 주거침입죄의 행위 태양은 '침범(eindringen)'이므로 일부침입설이 타당할 수도 있으나 우리 형법의 행위 태양은 '침입'이므로 신체의 일부가 들어간 경우에 침범, 신체의 전부가 들어간 경우에 침입이라고 하는 것이 좀 더 자연스럽다."는 견해[282]가 있다.[283]

---

279 박상기·전지연, 578.

280 일부침입설 중에는, ① "신체의 일부만이 주거에 침입한 경우에는 원칙적으로 미수범이 성립한다고 봄이 타당하지만 기수·미수는 단순히 신체의 전부 또는 일부의 침입인지에 따라 판단되는 것은 아니며, 보호법익인 주거의 사실상의 평온이 침해되었는지의 여부와 관련하여 판단되어야 한다고 본다. 예컨대 주거자의 의사에 반하여 남의 집 마당에 몇 걸음 들어갔으나 상황이 여의치 않은 것을 알아채고 그대로 물러 나왔다면, 주거의 평온이 '사실상' 깨어진 정도는 아니므로 주거침입죄의 미수에 불과하다고 보아야 하고, 신체의 전부가 들어갔다는 이유만으로 기수가 된다는 것은 법 감정상 용납하기가 어렵다(현저성의 원칙). 주거침입죄의 성격을 추상적 위험범으로 파악하는 이상, 반드시 신체의 전부가 침입하여야만 기수가 되는 것으로 볼 필요는 없다. 구체적인 상황에 따라서는 신체의 일부만이 주거에 들어간 경우에도, 기수가 인정될 수 있다고 본다. 즉, 신체의 일부만이 침입하였더라도 주거의 사실상 평온을 해한 경우에는 기수범이 될 수도 있다."는 견해(정영일, 240-241), ② "주거침입죄의 보호법익이 사실상의 평온이고 보호의 정도는 침해범이라고 한다면, 타인의 주거에 신체의 전부가 들어갔다고 하더라도 주거의 '사실상의' 평온이 침해되었다고 볼 수 있기 이전의 단계에 불과하다면 주거침입죄의 미수가 되고, 주거의 평온이 사실상 침해되었을 때 기수가 된다고 함이 타당하다."는 견해(임웅, 293) 등이 있다.

281 김성돈, 268; 김일수·서보학, 207; 박동률·임상규, 215; 백형구, 389; 손동권·김재윤, 257; 오영근, 211; 원형식, 149; 원혜욱, 174; 유기천, 164; 정성근·정준섭, 형법강의 각론(2판), 178; 정웅석·최창호, 501; 진계호·이존걸, 287.

282 오영근, 211.

283 전부침입설 중에는, ① "일부침입설은 기수와 미수의 구별이 불분명하고, 보호법익과 기수시기는 직접적 관련성이 없다고 비판한다. 이 견해에 따르면 처음부터 신체의 일부만 들어갈 의사로

판례는 주거침입죄는 사실상의 주거의 평온을 보호법익으로 하는 것이므 121
로, 반드시 행위자의 신체의 전부가 범행의 목적인 타인의 주거 안으로 들어가
야만 성립하는 것이 아니라 신체의 일부만 타인의 주거 안에 들어갔다고 하더
라도 거주자가 누리는 사실상의 주거의 평온을 해할 수 있는 정도에 이르렀다
면 범죄구성요건을 충족하는 것이라고 보아야 하고, 따라서 주거침입죄의 범의
는 반드시 신체의 전부가 타인의 주거 안으로 들어간다는 인식이 있어야만 하
는 것이 아니라 신체의 일부라도 타인의 주거 안으로 들어간다는 인식이 있으
면 족하므로 야간에 타인의 집의 창문을 열고 집안으로 얼굴을 들이미는 등의
행위를 한 경우에는 기수에 이르고, 신체의 극히 일부분이 주거 안으로 들어갔
지만 사실상 주거의 평온을 해하는 정도에 이르지 아니하였다면 미수에 그친다
고 판시하였다.[284]

(3) 계속범 여부

주거침입죄는 계속범(통설[285] 및 판례[286])이므로 사실상 주거의 평온이 침해 122
된 상태가 어느 정도 계속되어야 한다. 사실상 주거의 평온에 대한 침해가 계속
되는 동안 주거침입죄가 계속하여 성립한다. 침입행위는 퇴거하든가 새로이 체
류의 승낙이 있을 때까지 계속된다.[287] 따라서 공소시효의 기산점은 주거침입행
위의 종료 시가 되고, 퇴거하기까지 주거의 장기점거를 지원하는 일체의 행위는
주거침입죄의 방조범이 되며, 주거자는 주거침입행위의 종료 시까지, 즉 퇴거

신체의 일부만이 들어간 경우에는 미수의 고의만이 있으므로 본죄의 기수범은 물론 미수범도 성
립하지 않는다."는 견해(박상기·전지연, 578), ② "대법원이 침해범설에 입각하여 보호법익의 침
해 여부에 따라 기수와 미수를 판단하는 태도를 취하여 신체의 일부만 들어가도 보호법익의 침
해가 인정되는 이상 기수를 인정하지만, 이러한 논리에 따르면 신체의 전부가 들어가도 주거의
사실상의 평온이라는 보호법익의 침해가 없으면 미수가 될 뿐이라고 해야 하므로 '침입'이라는
문언에 반할 수 있다. 계속범인 주거침입죄의 경우 신체의 일부가 주거에 들어간 상태에서 주거
의 사실상의 평온의 침해가 시간적으로 계속되는 경우를 생각하기도 어렵다. 주거침입죄는 추상
적 위험범으로 해석하는 것이 타당하고, 이에 따르면 주거의 사실상의 평온상태가 현실적으로
침해되었는지의 여부는 기수와 미수 판단에 영향을 주지 못한다. 오히려 기수와 미수의 구별은
구성요건적 결과인 침입의 가부에 따라 신체의 전부침입이 완성된 경우가 기수로 되며, 그렇지
못한 경우는 미수가 된다고 해야 한다."는 견해(김성돈, 268) 등이 있다.

284 대판 1995. 9. 15, 94도2561.
285 김일수·서보학, 207-208; 신동운, 830; 오영근, 211; 정성근·박광민, 267; 정영일, 240.
286 서울중앙지판 2007. 1. 17, 2006노1060; 서울북부지판 2008. 9. 2, 2008노777. 일본 판례도 같은
　　취지이다[最判 昭和 31(1956). 8. 22. 刑集 10·8·1237].
287 김일수·서보학, 208.

시까지 정당방위로서 무단점거자를 강제로 축출할 수 있다.[288]

123   침입이 완성된 이상 그 후 퇴거시키더라도 주거침입죄 이외에 적법하게 주거에 들어간 경우를 전제로 하는 퇴거불응죄는 성립하지 않는다.[289] 즉, 기수 이후에 퇴거요구에 불응한 경우에도 별도로 퇴거불응죄가 성립하지 않는다.[290] 다만 다른 사람의 주택에 무단 침입한 범죄사실로 이미 유죄판결을 받은 사람이 그 판결이 확정된 후에도 퇴거하지 않은 채 계속하여 당해 주택에 거주한 경우에는, 그 판결 확정 이후의 행위는 별도의 주거침입죄를 구성한다.[291]

Ⅳ. 고 의

124   주거침입죄의 고의의 범위에 대해서는 기수시기에 대하여 일부침입설과 전부침입설 중 어느 것을 따르느냐에 따라 달라진다.[292]

125   전부침입설을 따르면 신체의 전부가 타인의 주거에 들어간다는 인식·인용이 있어야 한다. 그러나 일부침입설과 판례에 따르면, 주거침입죄의 고의는 반드시 신체의 전부가 타인의 주거 안으로 들어간다는 인식이 있어야만 하는 것이 아니라 신체의 일부라도 타인의 주거 안으로 들어간다는 인식이 있으면 충분하다.[293]

126   행위자는 거주자, 관리자, 점유자의 의사 내지 추정적 의사에 반하여 타인의 주거 등에 들어가는 점에 대한 인식과 의사가 있어야 하고(통설[294] 및 판례[295]),

---

288 오영근, 211; 임웅, 294.

289 김성돈, 268; 정성근·박광민, 267-268.

290 손동권·김재윤, 260.

291 대판 2008. 5. 8, 2007도11322; 서울북부지판 2008. 9. 2, 2008노777(2년여의 기간 동안 계속 타인의 주택에 거주함으로써 이루어진 주거침입행위 중 일부 기간의 행위에 대하여 먼저 유죄판결이 확정된 후, 판결확정 전의 다른 일부 기간의 주거침입행위가 다시 기소된 사안에서, 이는 판결이 확정된 주거침입죄와 포괄일죄의 관계이므로 확정판결의 기판력이 미친다고 한 사례).

292 오영근, 208.

293 대판 1995. 9. 15, 94도2561.

294 김성돈, 269; 김일수·서보학, 208; 박상기·전지연, 577; 배종대, § 58/16; 손동권·김재윤, 258; 신동운, 830; 이재상·장영민·강동범, § 15/21; 임웅, 294; 정성근·박광민, 268.

295 대판 2014. 2. 13, 2013도4299. 「건조물에 들어간 행위는 건조물 관리자의 명시적 또는 추정적 의사에 반함에도 감행된 것이면 건조물침입죄가 성립한다고 할 것인데, 이 경우 행위자는 자신의 행위가 관리자의 그러한 의사에 반한다는 점을 인식하여야 할 것이다. A 공장은 일반인에게

미필적 고의로도 충분하다.

고의 유무는 침해행위 시의 제반 사정에 토대하여 판단해야 한다. 예컨대   127
이혼 후 자녀를 양육하지 아니하는 모(母)가 부(父)의 허락 없이 주거에 들어간
경우에는, 자녀들의 양육상태나 모가 자녀들의 양육에 관여한 정도, 모의 양육에
대한 자녀들의 태도나 이혼 후 모의 자녀면접교섭권이 제한 내지는 배제된 적이
있는지 등의 사정을 고려하여 주거침입죄의 고의 유무가 판단되어야 한다.[296]

행위자가 거주자 등의 의사에 반하지 않는다고 생각하여 들어갔으나 사실   128
은 거주자 등의 의사에 반하는 경우에는, 구성요건의 착오에 해당하여 고의가
조각된다(§13). 행위자가 거주자 등의 의사에 반하지 않으나 거주자 등의 의사
에 반한다고 생각하면서 주거 등에 들어갔다면, 불능미수(§27)가 되어 위험성이
있는 때에는 처벌될 것이다. 행위자가 거주자 등의 의사에 반하지만 정당한 출
입권한이 있다고 생각하고 침입한 경우에는, 법률의 착오로서 그 오인에 정당한
이유가 있는 때에 한하여 주거침입죄가 성립하지 않게 될 것이다(§16). 판례는
학생회관의 관리권은 그 대학당국에 귀속된다고 보아야 하므로 학생회의 동의
가 있어 그 침입이 위법하지 않다고 믿었다 하더라도 이에 정당한 사유가 있다
고 볼 수 없어 주거침입죄를 구성한다고 판시하였다.[297]

V. 위법성

1. 피해자의 승낙

주거침입죄는 주거자 등의 의사에 반한 침입을 구성요건적 행위로 하고 있   129
으므로 피해자의 승낙이 있는 경우에 대하여는 앞서 '**주거자, 관리자, 점유자의**
의사' 부분에서 설명하였다.

개방된 장소가 아니어서 피해자 회사로부터 그 출입허가를 받지 아니한 이상 함부로 출입할 수
없음에도 피고인은 피해자 회사로부터 정상적인 출입허가를 받지 아니한 채 A 공장에 출입하였
고 피해자 회사로부터 명시적인 퇴거요청을 받았음에도 이에 응하지 아니하였으므로, 피고인으
로서는 피해자 회사의 명시적 또는 묵시적 의사에 반하여 A 공장에 침입한다는 점에 관한 인식
이 있었다고 봄이 상당하다.」
296 대판 2003. 11. 28, 2003도5931.
297 대판 1995. 4. 14, 95도12.

2. 정당행위

(1) 법령에 의한 행위

130   주거침입죄도 위법성조각사유가 있으면 적법하게 되어 범죄가 성립하지 아니한다. 주거침입죄에 있어서 위법성조각사유의 대표적인 예로 법령에 근거를 가진 행위를 들 수 있다. 즉, 주거권에 우월하는 적법한 권한에 의하여 주거에 들어가는 것은 위법하다고 할 수 없다. 그것이 공법상의 권한이든 사법상의 권한이든 묻지 아니한다.[298]

131   검사나 사법경찰관이 형사소송법상의 강제처분을 하기 위해 타인의 주거에 들어가는 행위, 즉 체포영장이나 구속영장을 집행하거나 긴급체포, 현행범인 체포를 위해 필요한 경우 타인의 주거 등에 출입한 행위 또는 압수·수색·검증영장의 집행을 위해서 타인의 주거 등에 출입한 행위(형소 § 215, § 216, § 217, § 219, § 222, § 120①, § 125)는 모두 법령에 의한 행위로서 위법성이 조각된다.

132   집행관이 민사소송법상의 강제집행에 의한 압류·가처분을 위해 타인의 주거에 들어가는 행위(민집 § 5)나 친권자가 민법에 따라 자녀를 징계하기 위해 자녀의 자취방에 들어가는 행위도 법령에 의한 행위로서 위법성이 조각된다.

133   출입국관리법(§ 51①, ③)에 의한 보호에 있어서도 용의자에 대한 긴급보호를 위해 그의 주거에 들어간 것이라면, 그 긴급보호가 적법한 이상 법령에 의한 행위로서 위법성이 조각된다.[299]

134   사인(私人)이 현행범인 체포를 위해 주거자의 의사에 반하여 타인의 주거에 침입한 경우,[300] 위법성이 조각되는지에 대하여 견해의 대립이 있다. ① 부정설[301]은 사인이 현행범인을 체포함에 있어서 법령에 의하여 허용되는 행위는 현행범인을 체포하기 위하여 직접 필요한 행위, 즉 저항하는 범인을 체포하기 위한 폭력의 사용 또는 협박행위, 경찰관에게 인도하기까지의 체포·감금행위 등에 국한되므로 사인이 현행범을 체포하기 위하여 타인의 주거에 침입한 행위

---

298 이재상·장영민·강동범, § 15/22-23.
299 헌재 2012. 8. 23, 2008헌마430.
300 은닉장물을 발견하기 위해서 함부로 주거에 들어가는 경우도 이와 동일하게 설명하는 견해로는 배종대, § 58/18; 정성근·박광민, 268.
301 김선복, 240; 배종대, § 58/18; 임웅, 295; 정성근·박광민, 268; 진계호·이존걸, 288.

는 그 한계를 벗어난 행위로서 위법하다고 본다.[302] ② 긍정설[303]은 사인이 현행범 체포를 위해 타인의 주거에 들어간 행위 당시의 구체적 사정을 고려하여 위법성조각이 가능하다고 한다. 이 견해는 현행범 체포행위의 정당성 판단은 물론이고 주거침입죄의 위법성조각 여부에 대해서는 정당행위의 일반적 요건 충족 여부가 관건이 된다고 주장한다.[304] 판례는 자기 소유의 임야에 심어 둔 밤나무를 손괴한 현행범인을 추적하여 그 범인의 아버지 집에 들어가서 그 아버지와 시비 끝에 상해를 입힌 경우에는, 아버지에 대한 상해죄는 물론이고 주거침입의 위법성도 조각되지 아니한다고 판시하였다.[305]

(2) 사회상규에 위배되지 아니하는 행위

(가) 긍정 사례

사회상규에 반하지 않는 주거침입도 위법하다고 할 수 없다. 판례는 ① 함께 술을 마시고 피해자의 집 앞길에서 피해자가 사소한 일로 피고인을 폭행하였으므로 상호 간에 시비를 하다가 피해자가 집으로 들어가자 피고인도 술에 취하여 피해자에게 얻어맞아 가면서 피해자의 집까지 따라 들어가서 때리는 이유를 따지었던 경우에 피고인이 피해자의 집에 따라 들어간 행위,[306] ② 이혼 후 자녀를 직접 양육하지 아니하는 부모 중 일방은 자녀와 직접 면접·서신교환 또는 접촉하는 권리인 면접교섭권을 가지므로, 이혼 후 자녀를 양육하지 아니하는 어머니로서 초등학생인 자녀들의 목욕과 집안청소, 음식장만을 위하여 전 남편이 없는 상태에서 1시간가량 전 남편의 주거에 들어간 행위[307]에 대하여는 위

135

302　침입의 목적이 정당하다고 하더라도 그것만으로는 침입행위의 위법성이 조각되지 않는다고 한 일본 판례로는 最判 昭和 25(1950). 9. 27. 刑集 4·9·1783; 名古屋高判 昭和 26(1951). 3. 3. 高刑集 4·2·148; 最判 昭和 32(1957). 9. 6. 刑集 11·9·2155; 札幌高判 昭和 30(1955). 8. 23. 高刑集 8·6·845.

303　김성돈, 269; 김신규, 287(구체적 사정에 따라서는 사회상규 또는 긴급피난에 해당하여 위법성이 조각될 수 있다고 보아야 한다); 백형구, 390; 오영근, 209.

304　김성돈, 269.

305　대판 1965. 12. 21, 65도899.

306　대판 1967. 9. 26, 67도1089.

307　대판 2003. 11. 28, 2003도5931. 「피고인은 이혼을 한 후로도 자녀들과 서로 편지나 이메일을 주고받아 오면서 자녀들의 유치원 졸업식, 초등학교 입학식, 학예발표회 등에 참석하였고, 토요일에는 자녀들을 만나 여의도광장, 보라매공원, 서울대캠퍼스 등에 데리고 다니면서 야외학습을 하거나 사진을 찍는 등으로 지내왔으며, 그 동안 자녀의 유치원 원비나 식사비를 대는 등 자녀들에 대한 양육비로 상당한 금원을 지출하기도 하였고, 이 사건 주거에 들어가서 자녀들이 먹을

법성이 없어 본죄가 성립되지 않는다고 한다.

136   또한, ③ 연립주택 아래층에 사는 피해자가 위층 피고인의 집으로 통하는 상수도관의 밸브를 임의로 잠근 후 이를 피고인에게 알리지 않아 하루 동안 수돗물이 나오지 않은 고통을 겪었던 피고인이 상수도관의 밸브를 확인하고 이를 열기 위하여 부득이 피해자의 집에 들어간 행위는 피해자의 주거생활의 평온이 다소 침해되는 것을 정당화할 만한 이유가 될 수 있다고 보여지고, 오전 9시경 피해자의 집을 방문하여 문은 열어 주었으나 출입을 거부하는 피해자를 밀치는 것 외에 다른 행동을 하지 않았고 이로 인하여 피해자에게 별다른 피해가 발생하지 않은 점, 피해자 역시 피고인이 자신의 집에 들어오는 것을 적극적으로 제지하지 않았고 당일 출동한 경찰관들에게 피고인을 처벌해 달라는 요청을 하지 않은 점 등 여러 사정에 비추어 보면, 피고인의 행위가 그 수단과 방법에 있어서 상당성이 인정된다고 보여질 뿐만 아니라 긴급하고 불가피한 수단이었다고 할 것이므로, 피고인이 피해자의 주거에 침입한 행위는 제20조의 '사회상규에 위배되지 않는 행위'에 해당한다고 판시하였다.[308]

137   헌법재판소도 ④ 청구인이 피해자의 주거에 수도관을 고치러 갈 목적으로 피해자의 동의를 구하지 아니하고 열린 현관문으로 들어간 주거침입행위에 대하여 기소유예처분을 받고 헌법소원심판을 제기한 사안에서, 청구인의 식당으로 수돗물을 공급하는 물탱크와 수도관 밸브가 이 사건 건물 옥상에 설치되어 있고, 옥상에 출입하기 위해서는 반드시 위 건물의 2층 거실과 부엌을 통과하여야만 하는 경우, 그 물탱크 등의 이상 유무의 확인이나 고장의 수리를 위한 이

음식을 만들거나, 청소, 빨래, 학습지도 등을 하며 자녀들을 돌보아 온 사실, 피고인은 사건당일 아무도 없는 이 사건 주거에 자녀들을 데리고 문을 열고 들어가 1시간 가량 있으면서 자녀들에 대하여 목욕을 시켜주고 집안청소를 하거나 음식을 장만하여 준 사실 등을 알아 볼 수 있고, 피고인의 자녀들에 대한 면접교섭이 제한되거나 배제되었다고 볼 사정을 찾아볼 수 없는바, 비록 피해자가 그 동안 피고인이 이 사건 주거에 들어오는 것을 싫어하여 왔고 사건 당시에도 피고인이 피해자 등의 명시적인 허락을 받지는 않았다 하더라도, 위와 같이, 피고인은 이혼을 한 후로도 자녀들의 어머니로서 자녀들의 원만한 성장과 복지를 위하여 피해자 등이 없는 상태에서 이 사건 주거에 짧은 시간 동안 들어가 자녀들의 양육에 필요한 최소한의 행위만을 한 점 및 자녀들의 연령, 그 동안의 양육과정 및 현재의 양육상태, 가정환경, 피고인이 이 사건 주거에 들어간 경위 등 여러 사정을 종합하여 볼 때, 이 사건 당시 피고인에게는 주거침입죄의 고의가 없거나 아니면 피고인이 이 사건 주거에 들어간 행위는 자녀들의 양육을 위하여 사회통념상 허용된다고 볼 수 있는 상당한 행위에 해당한다고 볼 여지가 많다.」
308 대판 2004. 2. 13, 2003도7393.

사건 건물의 2층 거실과 부엌의 출입은 그로 인하여 주거의 평온을 심하게 침해하는 것이 아닌 경우에는 특별한 사정이 없으면 허용되어야 한다고 보는 것이 타당한바, 위 건물 2층에 거주하는 피해자가 1층 청구인의 식당으로 통하는 수도관의 밸브를 임의로 잠근 후 이를 청구인에게 알리지 않아, 며칠 동안 수돗물이 나오지 않은 고통을 겪었던 청구인이 수도관의 밸브를 확인하고 이를 열기 위하여 부득이 피해자의 주거에 들어간 것이므로, 이는 피해자의 주거생활의 평온이 다소 침해되는 것을 정당화할 만한 이유가 될 수 있다고 보이고, 청구인이 피해자의 주거에 들어간 시간은 19:00경으로 아직 해가 지지 않은 시각이었으며, 청구인은 열려 있는 현관문을 통하여 피해자의 주거에 들어갔을 뿐만 아니라 당시 피해자의 주거에는 사람이 없었고, 청구인을 발견한 피해자가 나가라며 소리를 지르자 별다른 저항 없이 곧바로 피해자의 주거에서 나왔을 뿐, 다른 행동을 하지 않았고 이로 인하여 피해자에게 별다른 피해가 발생하지 않은 점 등 여러 사정에 비추어 보면, 청구인의 위와 같은 행위가 그 수단과 방법에 있어서 상당성이 인정된다고 보일 뿐만 아니라 긴급하고 불가피한 수단이었다고 할 것이므로, 청구인이 피해자의 주거에 침입한 행위는 제20조의 '사회상규에 위배되지 않는 행위'에 해당한다고 결정하였다.[309]

(나) 부정 사례

판례는 ① 피고인이 동리 부녀자에 대한 욕설을 따지기 위하여 동리 부녀자 10여명과 작당하여 야간에 피해자의 집에 몰려 들어갔다면, 이는 주거자의 의사에 반한다는 인식 아래 한 것으로 위법하고,[310] ② 처가 가출하여 다른 남자와 동거를 하면서 간통을 하였을 것이라는 추측하에 간통의 증거를 확보하기 위하여 동거하고 있는 셋방의 잠겨 있는 문을 열고 침입한 행위는 위법하며,[311] ③ 피고인들이 피해자가 주택 내의 피해자의 방에서 간통을 할 것이라는 추측하에 이혼소송에 사용할 증거자료 수집을 목적으로 피해자의 간통 현장을 직접 목격하고 그 사진을 촬영하기 위하여 주택에 침입한 행위는 목적이 피해자의 주거생활의 평온이라는 법익침해를 정당화할 만한 이유가 될 수 없을 뿐 아니

138

---

309 헌재 2015. 4. 30, 2014헌마953.
310 대판 1983. 10. 11, 83도2230.
311 대판 2004. 11. 26, 2004도5148.

라, 피고인들의 행위가 그 수단과 방법에 있어서 상당성이 인정된다고 보기도 어려우며, 피해자의 간통 또는 불륜관계에 관한 증거수집을 위하여 주거침입이 긴급하고 불가피한 수단이었다고 볼 수도 없으므로 피고인들의 주거침입행위는 제20조의 정당행위로 볼 수 없고,[312] ④ 평소 음식점을 종종 이용하여 오던 기관장들의 조찬모임이 예약되어 있어 그 모임에서의 대화내용을 도청하기 위한 도청용 송신기를 설치할 목적으로 피고인들이 손님을 가장하여 음식점에 들어간 행위가 정당행위로 인정되기 위하여는 행위의 동기나 목적의 정당성뿐만 아니라 행위의 수단이나 방법의 상당성, 보호법익과 침해이익과의 법익균형성, 긴급성, 보충성 등의 요건을 갖추어야 할 것인데, 피고인들의 행위가 비록 불법선거운동을 적발하려는 목적으로 이루어진 것이라고 하더라도, 타인의 주거에 도청장치를 설치하는 행위는 그 수단과 방법의 상당성을 결여하는 것으로서 정당행위에 해당하지 않으며,[313] ⑤ 주식회사의 감사인 피고인이 회사 경영진과의 불화로 한 달 가까이 결근하다가 자신의 출입카드가 정지되어 있는데도 이른 아침에 경비원에게서 출입증을 받아 컴퓨터 하드디스크를 절취하기 위해 회사 감사실에 들어간 행위는 수단과 방법의 상당성을 결여하여 정당행위에 해당하지 않고,[314] ⑥ 건물에 관한 채권을 가지고 있다고 하더라도 유치권을 취득하기 위하여 정당한 법적 절차가 아닌 불법적인 방법으로 건물을 점거하는 것까지 허용될 수는 없으므로, 관리자의 승낙 없는 점거행위는 건조물침입죄를 구성할 뿐 정당행위에 해당하는 것으로 볼 수 없다[315]고 판시하였다.

(다) 권리행사의 경우

채권자가 채권을 변제받기 위하여 채무자의 의사에 반하여 채무자의 집에 들어가는 때에는 위법성이 조각되는지 여부에 대하여 견해의 대립이 있다. ① 긍정설[316]은 사회상규에 반하지 않으면 위법성이 조각된다고 주장한다. ② 부정설[317]은 비록 채무변제를 독촉하기 위한 정당한 목적이 있더라도 타인의 사생

---

312 대판 2003. 9. 26, 2003도3000.
313 대판 1997. 3. 28, 95도2674.
314 대판 2011. 8. 18, 2010도9570.
315 대판 2007. 4. 12, 2007도654.
316 김일수·서보학, 208(경미한 법익충돌에 의한 정당행위이다); 이형국, 299; 정성근·박광민, 269.
317 김선복, 240; 박상기·전지연, 577; 배종대, §58/18; 백형구, 391; 이영란, 245; 이재상·장영민·강동범, §15/23; 임웅, 295; 정영일, 241; 진계호·이존걸, 288.

활을 침해하는 주거침입의 수단은 사회상규에 위배된다고 보아 위법성이 조각되지 않는다고 주장한다. ③ 절충설[318]은 구체적 사정을 종합하여 결정해야 한다고 주장한다. 이 견해는 정당한 목적이라 하더라도 채무독촉의 방법이 주거의 평온을 해하는 것은 사회상규를 벗어나서 허용되지 않는다고 보는 것이 일반적이지만, 구체적 사정에 따라서는 수단의 상당성, 긴급성, 불가피성에 의해 사회상규에 반하지 않는다고 주장한다. 왜냐하면 예컨대 채무자가 재산을 처분하고 곧 도주한다는 소식을 들은 채권자가 재산을 처분하려고 짐을 싣는 행위를 저지하거나, 채무자의 집을 찾아갔으나 만나주지 않는 경우에 채무변제를 독촉·설득하기 위해 침입하는 경우 등에서는 사회상규에 반하지 않는 정당행위라고 보아야 하기 때문이라고 한다.[319]

　　판례[320]는 권리자가 자신의 권리를 실행하기 위한 것일지라도 법정절차에 　140
의하지 않고 건조물에 침입하면 주거침입죄가 성립한다고 한다(위 ②의 부정설의 입장).

(3) 노동쟁의행위

　　노동조합 및 노동관계조정법(이하, 노동조합법이라 한다.) 제4조는 "형법 제20　141
조의 규정은 노동조합이 단체교섭·쟁의행위 기타의 행위로서 제1조의 목적을 달성하기 위하여 한 정당한 행위에 대하여 적용된다. 다만, 어떠한 경우에도 폭력이나 파괴행위는 정당한 행위로 해석되어서는 아니된다."고 규정하고 있다. 따라서 노동조합법상의 쟁의행위를 위해 승낙을 받지 않고 타인의 주거에 들어가는 것 등은 그것이 권리남용에 해당되지 않으면 주거침입죄가 성립하지 않는다.[321] 하지만 쟁의행위 자체가 위법하게 되면 위법성조각의 여지가 없다.[322]

　　근로자들의 직장 또는 사업장시설의 점거는 적극적인 쟁의행위의 한 형태　142
이다. 직장이나 사업장시설의 점거 범위가 직장 또는 사업장시설의 일부분이고,

318　김신규, 288; 손동권·김재윤, 259; 오영근, 209.
319　김신규, 288.
320　대판 2008. 5. 8, 2007도11322.
321　岡山地判 昭和 46(1971). 5. 29. 刑裁月報 3·5·721; 大阪地判 昭和 50(1975). 5. 27. 判時 786·22; 東京地八王子支判 平成 16(2004). 12. 16. 判夕 1177·133.
322　배종대, §58/17. 일본 판례로는 最判 昭和 42(1967). 2. 7. 刑集 21·1·19; 最判 昭和 48(1973). 4. 25. 刑集 27·3·418; 最判 昭和 52(1977). 5. 4. 刑集 31·3·182; 最決 昭和 53(1978). 11. 25 刑集 32·8·1855.

사용자 측의 출입이나 관리지배를 배제하지 않는 병존적 점거에 지나지 않을 때에는 정당한 쟁의행위로 볼 수 있다. 그러나 이와 달리 직장 또는 사업장시설을 전면적·배타적으로 점거하여 조합원 이외의 자의 출입을 저지하거나, 사용자 측의 관리지배를 배제하여 업무의 중단 또는 혼란을 야기하게 하는 것과 같은 행위는 정당성의 한계를 벗어난 것이어서 위법성이 조각되지 않으면 건조물 침입죄가 성립한다.[323]

143　　판례에 의하면, ① 피고인이 조합원의 자격으로서 회사 내 노조사무실에 들어가는 것은 정당한 행위로서 회사 측에서 이를 제지할 수 없으므로 비록 해고는 되었으나 그 효력을 다투는 근로자가 조합원의 자격으로서 노조사무실 출입목적으로 경비원의 제지를 뿌리치고 회사 내로 들어가는 것은 건조물침입죄로 벌할 수 없고,[324] ② 사용자의 직장폐쇄가 정당한 쟁의행위로 인정되지 아니하는 때에는 다른 특별한 사정이 없는 한 근로자가 평소 출입이 허용되는 사업장 안에 들어가는 행위는 주거침입죄를 구성하지 아니한다.[325] ③ 산업별 노동조합 간부가 소속 지회 회사의 산업안전보건법위반 사실의 증거수집 등을 할 목적으로 소속 지회 사업장인 생산공장에 들어간 경우, 그 이전에도 관리자 측의 별다른 제지 없이 현장순회를 해 왔던 점, 그 공장의 시설이나 설비를 작동시키지 않은 채 단지 그 상태를 눈으로 살펴보았을 뿐으로 그 시간도 30분 내지 40분 정도에 그친 점, 이러한 현장순회 과정에서 회사 측을 폭행·협박하거나 강제적인 물리력을 행사한 바 없고, 근무 중인 근로자들의 업무를 방해하거나 소란을 피운 사실도 없었던 점 등에 비추어 볼 때, 그들의 행위는 근로조건의 유지·개선을 위한 조합활동으로서의 필요성이 인정되고, 그러한 활동으로 인하여 회사 측의 시설관리권의 본질적인 부분을 침해하였다고 볼 수 없어 정당행위에 해당하므로 폭력행위처벌법(공동주거침입)죄가 성립하지 않는다.[326]

144　　반면에, ① 해고의 효력을 다투는 근로자이지만 조합의 대의원이 아닌 근로자가 회사의 의사에 반하여 회사경비원의 제지를 뿌리치고 회사 내의 조합대

---

323 대판 2012. 5. 24, 2010도9963.
324 대판 1991. 11. 8, 91도326.
325 대판 2002. 9. 24, 2002도2243.
326 대판 2020. 7. 29, 2017도2478.

의원회의에 참석하여 회사경비원의 출입통제업무를 방해한 것은 건조물침입죄와 업무방해죄에 해당하고,[327] ② 해고근로자가 노조원들에 의한 회사 점거 중 노조간부들이 무단으로 점거하여 노조의 임시사무실로 사용하고 있는 회사의 사무실에 출입한 경우 이러한 출입은 관리자인 회사측의 의사 내지 추정적 의사에 반하므로 건조물침입죄가 성립하며,[328] ③ 회사 측이 행정관청에 직장폐쇄를 신고하고 공장을 점거중인 노동조합원들에게 퇴거를 요구하는 등으로 회사 측 관리자 외의 출입을 금지하는 의사를 표시하였음에도 피고인들이 노동조합원들의 승낙을 얻어 전국공무원노동조합 교육활동의 일환으로 평화적인 방법에 의해 회사 측의 의사에 반하여 공장에 들어간 경우 정당행위에 해당한다고 볼 수 없어 건조물침입죄가 성립하고,[329] ④ 전국노동조합대표자회의 등이 특정 대학교 총장에게 전국노동자대회 등 개최를 위한 장소사용 허가를 요청하였다가 명시적으로 불허통보를 받았음에도 대회 개최를 위하여 각 대학교에 들어간 행위는 건조물침입죄에 해당한다.[330]

또한 판례는, ⑤ 2인 이상이 하나의 공간에서 공동생활을 하고 있는 경우에는 각자 주거의 평온을 누릴 권리가 있으므로, 사용자가 제3자와 공동으로 관리·사용하는 공간을 사용자에 대한 정당한 쟁의행위를 이유로 관리자의 의사에 반하여 침입·점거한 경우, 비록 그 공간의 점거가 사용자에 대한 관계에서 정당한 쟁의행위로 평가될 여지가 있다 하여도 이를 공동으로 관리·사용하는 제3자의 명시적 또는 추정적인 승낙이 없는 이상 제3자에 대하여서까지 이를 정당행위라고 하여 주거침입의 위법성이 조각된다고 볼 수는 없다고 판시하였다.[331] 그리고 ⑥ 근로자들의 직장점거가 쟁의행위를 시작할 당시에는 적법한 것이었다 하더라도 사용자가 이에 대응하여 적법하게 직장폐쇄를 하게 되면, 사용자의 직장에 대한 물권적 지배권이 전면적으로 회복되므로 사용자는 점거중인 근로자들에 대하여 정당하게 사업장으로부터 퇴거할 것을 요구할 수 있는 바, 퇴거 요구를 받은 이후의 직장점거는 위법하게 되므로 적법하게 직장폐쇄를 단행한

145

---

327 대판 1991. 9. 10, 91도1666.
328 대판 1994. 2. 8, 93도120.
329 대판 2012. 5. 24, 2010도9963.
330 대판 2008. 11. 13, 2006도755.
331 대판 2010. 3. 11, 2009도5008.

사용자로부터 퇴거요구를 받고도 불응한 채 직장점거를 계속한 행위는 퇴거불
응죄를 구성한다고 판시하였다.[332]

3. 긴급행위 등

146   주거침입행위가 정당방위, 긴급피난, 자구행위 등에 해당하면 위법성이 조
각된다. 맹견의 추적을 받거나 강도를 피하여 타인의 가옥에 몸을 피한 경우에
는, 긴급피난에 해당하여 위법성이 조각된다.[333] 타인의 주거에 불이 났기 때문
에 불을 끄기 위해 다른 이웃집의 슬라브지붕 위에 올라가 물을 뿌린 행위는,
긴급피난 또는 피해자의 추정적 의사에 의해 위법성이 조각될 수 있다.[334]

147   사법상의 권리자라 할지라도 주거침입죄와 관련하여 자구행위를 할 수 없
다.[335] 주거침입죄는 사실상 주거의 평온을 보호법익으로 하고 있으며, 그 거주
자 또는 관리자가 건조물 등에 거주 또는 관리할 권리를 가지고 있는가의 여부
는 주거침입죄의 성립을 좌우하기 않기 때문이다. 건물에 대한 경락허가결정이
당연무효라고 하더라도 이에 기한 인도명령에 의한 집행으로서 일단 건물의 점
유가 경락인에게 이전된 이상, 점유할 권리 없는 자의 점유라 하여도 그 주거의
평온은 보호되므로 권리자가 그 권리실행으로서 자력구제의 수단으로 건조물에
침입하였다면 건조물침입죄가 성립한다.[336]

4. 헌법상의 표현의 자유와의 관계

148   일본 판례는 전단지를 배포하기 위하여 공용주택에 들어간 사안, 예컨대
① 이라크파병에 반대하는 취지의 전단지를 우편함에 넣을 목적으로 철망펜스
등으로 둘러싸인 부지 내에 있는 자위대 숙사 현관문 앞까지 들어가거나, ② 공
산당의 전단지를 각 세대에 배포할 목적으로 분양맨션의 현관 홀, 엘리베이터,
7층부터 3층까지의 각 층 복도 등에 들어간 사안에서 주거(건조물)침입죄에 해
당한다고 판시하고 있는데, 이와 관련하여 침입행위의 위법성조각 여부를 헌법

---

332 대판 1991. 8. 13, 91도1324.
333 김성돈, 269; 배종대, § 58/18; 신동운, 831; 이재상·장영민·강동범, § 15/22; 정성근·박광민, 269.
334 김일수·서보학, 209.
335 주석형법 〔각칙(5)〕(5판), 164(이우철).
336 대판 1985. 3. 26, 85도122.

상의 표현의 자유와의 이익형량에 따라 판단하고 있다. 즉 최고재판소는 위 ①
의 사안과 관련하여, "표현의 자유는 민주주의 사회에서 특히 중요한 권리로서
존중되어야 함이 명백하고, 피고인들이 그 정치적 의견을 기재한 전단지를 배포
한 것은 표현의 자유의 행사라고 할 수 있다. 그러나 헌법 제21조 제1항도 표현
의 자유를 절대무제한으로 보장하는 것이 아니라 공공의 복지를 위해 필요하고
합리적인 제한을 시인하고 있어, 비록 사상을 외부에 발표하기 위한 수단이더라
도 그 수단이 타인의 권리를 부당하게 침해하는 것과 같은 것은 허용되지 않는
다고 할 것이다. 본건에서는 표현 그 자체를 처벌하는 것의 헌법적합성이 문제
된 것이 아니라 표현의 수단, 즉 전단지의 배포를 위해 '사람이 간수하는 저택'
에 관리자의 승낙 없이 들어가는 것을 처벌하는 것의 헌법적합성이 문제되는데,
본건에서 피고인들이 들어간 장소는 방위청의 직원 및 그 가족이 사적 생활을
영위하는 집합주택의 공용부분 및 그 부지이고, 자위대·방위청 당국이 그와 같
은 장소로서 관리하고 있던 곳으로, 일반적으로 타인이 자유롭게 출입할 수 있
는 장소가 아니다. 비록 표현의 자유의 행사를 위해서라 하더라도 그와 같은 장
소에 관리자의 의사에 반하여 들어가는 것은 관리권자의 관리권을 침해할 뿐
아니라 거기서 사적 생활을 영위하는 사람의 사생활의 평온을 침해하는 것이라
고 아니할 수 없다. 따라서 본건 피고인들의 행위에 대하여 형법 제130조 전단
의 죄(주거침입죄)를 묻는 것은 헌법 제21조 제1항(표현의 자유)에 위반하는 것은
아니다."라고 판시하였다.[337]

VI. 죄수 및 다른 죄와의 관계

1. 죄 수

주거침입죄는 주거에 침입함으로써 성립하고 퇴거한 때에 종료하므로 그 149
후 다시 침입하면 별도의 주거침입이 된다.[338] 짧은 시간 내에 밀집해 있는 주
택이나 아파트의 한 동, 같은 건물 안의 수개의 점포를 차례로 침입한 경우에

---

337 最判 平成 20(2008). 4. 11. 刑集 62·5·1217.
338 김성돈, 270; 정성근·박광민, 269.

는, 포괄일죄의 요건을 구비하여도 주거침입죄의 보호법익이 각 주거의 사실상
의 평온으로서 그 불법이 1개로 총합될 수 있는 양적인 성질을 가진 것이 아니
므로 수개의 주거침입이 인정되고,[339] 각 죄가 법률상 1개의 행위에 의해 이루
어진 것이라면 상상적 경합이 될 수 있다.[340]

150   주거침입죄는 계속범[341]이므로 사실상 주거의 평온에 대한 침해가 계속되
는 동안 주거침입죄가 계속하여 성립하는 바, 주거침입죄의 기수 이후에 퇴거요
구에 불응한 경우에도 별도로 퇴거불응죄가 성립하지 않는다.[342] 퇴거하기까지
주거의 장기점거를 지원하는 일체의 행위는 주거침입죄의 방조범이 된다. 주거
침입죄는 계속범이므로 주거침입 후 나왔다가 다시 들어간 경우 포괄일죄가 된
다.[343] 이에 대해서는 퇴거불응죄를 인정하기 위해서는 퇴거불응자의 들어간 행
위가 주거침입죄를 구성하지 않는다는 것, 즉 적법하게 또는 고의 없이 들어간
것을 검사가 입증해야만 하는데, 이와 같은 입증은 실제상 용이하지 않은 경우
가 적지 않을 뿐만 아니라 이론적으로 퇴거불응자의 당초의 들어간 행위가 주
거침입죄를 구성하는지 여하가 증거상 도저히 불명인 경우에는 퇴거불응죄도
인정할 수 없게 되는 불합리가 생긴다는 지적도 있다.[344]

151   다만 다른 사람의 주택에 무단 침입한 범죄사실로 이미 유죄판결을 받은
사람이 그 판결이 확정된 후에도 퇴거하지 않은 채 계속하여 그 주택에 거주한
경우에는, 판결 확정 이후의 주거침입행위 및 그로 인한 위법상태가 계속되고
있기 때문에 별도의 주거침입죄가 된다.[345]

339 札幌高函館支判 昭和 25(1950). 11. 22. 特報 14·222; 名古屋地判 平成 7(1995). 10. 31. 判時
    1552·153; 東京高判 昭和 27(1952). 4. 16. 特報 29·138, 東時 2·6.
340 김성돈, 270; 김일수·서보학, 209(일신전속적 법익을 보호하는 죄형법규이기 때문이다). 일본
    판례로는 東京地判 昭和 57(1982). 2. 2. 刑裁月報 14·1=2·187.
341 김일수·서보학, 207-208; 신동운, 830; 오영근, 211; 정성근·박광민, 267; 정영일, 240.
342 손동권·김재윤, 260.
343 오영근, 211.
344 大塚 外, 大コン(3版)(7), 327(毛利晴光).
345 대판 2008. 5. 8, 2007도11322.

2. 다른 죄와의 관계

(1) 주거침입을 위한 수단으로 다른 죄를 범한 경우

주거침입죄는 주거침입을 위한 수단으로 범한 재물손괴, 폭행, 협박죄와 상 **152**
상적 경합이 된다.[346] 이에 대하여 주거에 침입하기 위하여 자물쇠를 부수는 등
손괴행위를 하면, 주거침입죄와 재물손괴죄의 실체적 경합이 된다고 하는 견해
도 있다.[347] 야간에 건조물의 일부를 손괴하고 주거에 침입하여 절취하면, 제
331조 제1항의 특수절도죄가 성립한다.

(2) 주거침입을 수단으로 다른 죄를 범한 경우

주거침입죄는 다른 범죄를 범하기 위한 수단으로 행해지는 일이 많다. 본 **153**
래의 주된 범죄와 그 수단이 되는 범죄를 가리켜서 견련범이라고 하는데,[348] 일
본형법과 달리 우리 형법은 견련범 형태를 인정하지 않으므로 수단이 되는 주
거침입죄는 독자적 성격을 가지게 되고, 수단이 되는 주거침입죄와 목적이 되는
주된 범죄는 원칙적으로 실체적 경합관계에 서게 된다.[349] 그 죄를 범하기 위하
여 주거에 침입하였는가 또는 주거에 침입한 기회에 그 죄를 범하였는가는 묻
지 아니한다. 따라서 절도, 강도, 살인 등을 위하여 주거에 침입한 경우[350]는 물
론, 주거에 침입하여 모욕, 강간 또는 폭행한 때에도 두 죄는 실체적 경합[351]이
된다.[352]

주간에 주거에 침입하여 야간에 타인의 재물을 절취한 경우에는 주거침입 **154**
죄와 절도죄의 경합범이 될 뿐이다. 판례는 형법은 제329조에서 절도죄를 규정
하고 곧바로 제330조에서 야간주거침입절도죄를 규정하고 있을 뿐, 야간절도죄
에 관하여는 처벌규정을 별도로 두고 있지 아니하므로 이러한 제330조의 규정

---

346 김성돈, 270; 김일수·서보학, 209; 박상기·전지연, 579; 손동권·김재윤, 260; 오영근, 211; 정영
　일, 247.
347 임웅, 296.
348 最判 昭和 28(1953). 2. 20. 裁判集(刑事) 74·179.
349 김성돈, 270; 김일수·서보학, 209; 박상기·전지연, 579; 신동운, 823; 정영일, 247.
350 대판 1988. 12. 13, 88도1807(강간죄); 대판 2015. 10. 15, 2015도8169(상습절도죄와 주간 주거
　침입죄).
351 이재상·장영민·강동범, §15/24; 정영일, 247.
352 일본 판례는 주거(건조물)침입죄와 소요죄(일본형법 §106 소란죄)는 상상적 경합[大判 大正 8
　(1919). 5. 23. 刑錄 25·673], 실화죄(§116)[仙台高判 昭和 29(1954). 9. 28. 裁特 1·6·270], 공
　무집행방해죄(§95①)[大判 明治 43(1910). 11. 10. 刑錄 16·1915]는 실체적 경합관계라고 한다.

형식과 그 구성요건의 문언에 비추어 보면, 형법은 야간에 이루어지는 주거침입 행위의 위험성에 주목하여 그러한 행위를 수반한 절도를 야간주거침입절도죄로 무겁게 처벌하고 있는 것으로 보아야 하고, 주거침입이 주간에 이루어지는 경우에는 야간주거침입절도죄가 성립하지 않는다고 해석하는 것이 타당하다고 판시하였다.[353]

155   또한, '주간에' 아파트 출입문 시정장치를 손괴하다가 발각되어 도주한 피고인들이 특수절도미수죄로 기소되었으나 '실행의 착수'가 없었다는 이유로 제331조 제2항의 특수절도죄의 점에 대해 무죄를 선고한 원심의 판단을 수긍한 사안에서 대법원은, 제331조 제2항의 특수절도에 있어서 주거침입은 그 구성요건이 아니므로, 절도범인이 그 범행수단으로 주거침입을 한 경우에 그 주거침입행위는 절도죄에 흡수되지 아니하고 별개로 주거침입죄를 구성하여 절도죄와는 실체적 경합의 관계에 있게 되고, 2인 이상이 합동하여 야간이 아닌 주간에 절도의 목적으로 타인의 주거에 침입하였다 하여도 아직 절취할 물건의 물색행위를 시작하기 전이라면 특수절도죄의 실행에는 착수한 것으로 볼 수 없는 것이어서 주거침입죄의 성립 여부만이 문제될 뿐 특수절도미수죄가 성립하지는 않는다고 판시하였다.[354]

(3) 주거침입을 구성요건으로 하는 경우

156   주거침입죄를 그 목적범죄와 결합시켜 하나의 독립한 범죄로 규정하는 경우에는, 주거침입이 가중적 구성요건 요소로서 당해 결합범에 흡수되어 독자적인 의미를 갖지 않으므로[355] 별도로 주거침입죄가 성립하지 않는다. 야간을 구성요건요소로 하는 야간주거침입절도(§330), 특수절도죄(§331), 특수강도죄(§334①), 성폭력범죄의 처벌 등에 관한 특례법(이하, 성폭력처벌법이라 한다.)에 의한 특수강간·강제추행죄(§3) 등의 경우에는 주거침입죄가 이들 범죄에 법조경합의 관계로 흡수된다.[356] 따라서 야간에 타인의 재물을 절취할 목적으로 사람의 주거에

---

353 대판 2011. 4. 14, 2011도300, 2011감도5. 본 판결 해설은 고종영, "주간에 사람의 주거 등에 침입하여 야간에 타인의 재물을 절취한 행위를 형법 제330조의 야간주거침입절도죄로 처벌할 수 있는지 여부", 해설 88, 법원도서관(2011), 616-627.
354 대판 2009. 12. 24, 2009도9667.
355 신동운, 823; 정영일, 247.
356 정영일, 247; 주석형법 [각칙(5)](5판), 168(이우철).

침입한 경우에는 주거에 침입한 단계에서 이미 야간주거침입절도 범죄행위의 실행에 착수한 것이라고 보아야 한다.[357] 야간에 건조물의 일부를 손괴하고 주거에 침입한 후 절취를 한 경우에는 특수절도죄만 성립한다. 그리고 현실적으로 절취목적물에 접근하지 못하였다 하더라도 야간에 타인의 주거에 침입하여 건조물의 일부인 방문고리를 손괴하였다면 제331조의 특수절도죄의 실행에 착수한 것이다.[358] 판례는 강도상해죄에 있어서의 강도는 제334조 제1항 특수강도도 포함된다고 보아야 하고, 제334조 제1항 특수강도죄는 '주거침입'이라는 요건을 포함하고 있으므로 제334조 제1항 특수강도죄가 성립할 경우 '주거침입죄'는 별도로 처벌할 수 없고, 제334조 제1항 특수강도에 의한 강도상해가 성립할 경우에도 별도로 '주거침입죄'를 처벌할 수 없다고 보아야 한다고 판시하였다.[359] 또한, 야간주거침입강도죄는 시간적으로 주거침입행위가 선행되므로 주거침입을 한 때에 본죄의 실행에 착수한 것으로 볼 것이다.[360]

주거침입죄를 범한 사람이 강간이나 강제추행 등 성폭력범죄를 범한 경우에도 성폭력처벌법 제3조 제1항 위반죄의 1죄만 성립한다.[361] 성폭력처벌법위반죄의 실행의 착수시기는 성폭력범죄의 실행에 나아간 때로 보아야 하므로, 그 실행의 착수에 이르지 못한 경우에는 주거침입죄로 의율하여 처단된다.[362] 그러나 강간죄 등을 범한 자가 그 피해자의 주거에 침입한 경우에는, 강간죄 등과 주거침입죄 등의 실체적 경합범이 된다.[363]

---

[357] 대판 2010. 11. 25, 2010도13245.

[358] 대판 1977. 7. 26, 77도1802.

[359] 대판 2012. 12. 27, 2012도12777.

[360] 대판 1992. 7. 28, 92도917. 본 판결 평석은 여훈구, "특수강도죄의 실행의 착수시기", 형사판례연구 [7], 한국형사판례연구회, 박영사(1999), 355-366.

[361] 대판 2012. 3. 15, 2012도914.

[362] 대판 2003. 5. 16, 2003도1455.

[363] 대판 2021. 8. 12, 2020도17796.「피고인이 주점에서 술을 마시던 중 화장실을 간다고 하여 자신을 남자화장실 앞까지 부축해준 피해자를 그 주점의 여자화장실로 끌고 가 여자화장실의 문을 잠근 후 강제로 입맞춤을 하고, 이에 피해자가 저항하자 피해자를 여자화장실 용변 칸으로 밀어 넣고 유사강간하려고 하였으나 미수에 그친 사안에서 피고인이 피해자를 화장실로 끌고 들어갈 때 이미 피해자에게 유사강간 등의 성범죄를 의욕하였다고 보이고, 피고인의 이와 같은 강제적인 물리력의 행사는 유사강간을 위하여 피해자의 항거를 불능하게 하거나 현저히 곤란하게 할 정도의 폭행 또는 협박을 개시한 경우에 해당한다고 봄이 타당하다. 성폭력범죄의 처벌 등에 관한 특례법위반(주거침입유사강간)죄는 먼저 주거침입죄를 범한 후 유사강간 행위에 나아갈 때 비로소 성립되는데, 피고인은 여자화장실에 들어가기 전에 이미 유사강간죄의 실행행위를 착수하였으므로

〔조재빈〕　　　　　　　　　　　　　　**631**

(4) 상습절도죄와의 관계

158   절도죄의 경우 주거침입이 수단으로 사용되는 경우가 많아 절도죄와 주거
침입죄의 관계가 문제된다. 판례에 따르면, 제330조에 규정된 야간주거침입절
도죄 및 제331조 제1항에 규정된 특수절도(야간손괴침입절도)죄를 제외하고 일반
적으로 주거침입은 절도죄의 구성요건이 아니므로, 절도범인이 범행수단으로
주거침입을 한 경우에, 주거침입행위는 절도죄에 흡수되지 아니하고 별개로 주
거침입죄를 구성하여 절도죄와는 실체적 경합의 관계에 서는 것이 원칙이다. 또
제332조는 상습으로 단순절도(§329), 야간주거침입절도(§330)와 특수절도(§331)
및 자동차등불법사용(§331의2)의 죄를 범한 자는 그 죄에 정한 각 형의 2분의 1
을 가중하여 처벌하도록 규정하고 있으므로, 위 규정은 주거침입을 구성요건으
로 하지 않는 상습단순절도와 주거침입을 구성요건으로 하고 있는 상습야간주
거침입절도 또는 상습특수절도(야간손괴침입절도)에 대한 취급을 달리하여, 주거
침입을 구성요건으로 하고 있는 상습야간주거침입절도 또는 상습특수절도(야간
손괴침입절도)를 더 무거운 법정형을 기준으로 가중처벌하고 있다. 따라서 상습으
로 단순절도를 범한 범인이 상습적인 절도범행의 수단으로 주간(낮)에 주거침입
을 한 경우에, 주간 주거침입행위의 위법성에 대한 평가가 제332조, 제329조의
구성요건적 평가에 포함되어 있다고 볼 수 없다. 그러므로 제332조에 규정된
상습절도죄를 범한 범인이 범행의 수단으로 주간에 주거침입을 한 경우, 주간
주거침입행위는 상습절도죄와 별개로 주거침입죄를 구성한다. 또한 제332조에
규정된 상습절도죄를 범한 범인이 그 범행 외에 상습적인 절도의 목적으로 주
간에 주거침입을 하였다가 절도에 이르지 아니하고 주거침입에 그친 경우에도,
주간 주거침입행위는 상습절도죄와 별개로 주거침입죄를 구성한다.[364]

159   종전의 대법원 전원합의체[365]는 특정범죄 가중처벌 등에 관한 법률(이하, 특
정범죄가중법이라 한다.) 제5조의4 제1항[366]에 규정된 상습절도 등 죄를 범한 범인

결국 피고인이 그 실행행위에 착수할 때에는 성폭력범죄의 처벌 등에 관한 특례법위반(주거침입
유사강간)죄를 범할 수 있는 지위 즉, '주거침입죄를 범한 자'에 해당되지 아니한다.」

364 대판 2015. 10. 15, 2015도8169.

365 대판 1984. 12. 26, 84도1573(전).

366 2016년 1월 6일 삭제되었는데, 구 조문은 "상습적으로 형법 제329조부터 제331조까지의 죄 또
는 그 미수죄를 범한 사람은 무기 또는 3년 이상의 징역에 처한다."라고 규정하고 있었다.

이 그 범행의 수단으로 주거침입을 한 경우에, 주거침입행위는 상습절도 등 죄에 흡수되어 위 법조에 규정된 상습절도 등 죄의 1죄만이 성립하고 별개로 주거침입죄를 구성하지 않으며, 또한 위 상습절도 등 죄를 범한 범인이 그 범행 외에 상습적인 절도의 목적으로 주거침입을 하였다가 절도에 이르지 아니하고 주거침입에 그친 경우에도, 그것이 절도 상습성의 발현이라고 보여지는 이상 주거침입행위는 다른 상습절도 등 죄에 흡수되어 위 법조에 규정된 상습절도 등의 1죄만을 구성하고 이 상습절도 등 죄와 별개로 주거침입죄를 구성하지 않는다고 판시하였다.[367] 그 후 대법원은 같은 태도를 계속 견지해 왔으나, 2015년 2월 26일 위 법률 규정이 평등의 원칙에 위반되어 위헌이라는 헌법재판소의 결정[368]이 있은 후 위와 같이 견해를 수정하였다.

한편, 특정범죄가중법 제5조의4 제5항[369] 위반죄를 범한 절도범인이 그 범행 수단으로 주간에 주거침입을 한 경우, 위 위반죄는 상습성을 요건으로 하지 않고 범죄경력과 누범가중에 해당함을 요건으로 할 뿐이므로 위 위반죄와 주거침입죄

160

---

[367] 위 전원합의체 판결의 반대의견은 "법률에 특별히 규정된 경우를 제외하고는 주거침입죄는 그 목적여하에 불구하고 그 목적하는 죄와 별도로 성립하는 것이며 그 목적 때문에 주거침입죄의 성립여부에 영향을 받을 리 없다 할 것이므로, 원래 별개의 주거침입죄를 유독 그가 목적하는 상습절도의 경우에만 동 상습절도 등 죄에 흡수 내지 포괄된다고 볼 수는 없다."고 하였고, 또 다른 반대의견은 "위 법 제5조의4 제1항은 상습으로 절도죄를 범한 자를 가중처벌함으로써 사회질서를 유지하려는 형사정책적인 고려에서 나온 규정으로 동 조항을 구성하는 행위는 거기에 열기되어 있는 형법 제329조 내지 제331조의 죄 또는 그 미수죄에 한정하고 있으므로, 형법 제319조의 주거침입죄는 비록 상습성의 발현으로서의 절도목적의 주거침입이라 하여도 거기에 열리되어 있지 않은 이상 위 법조에 포함시켜 처벌할 수 없다."고 하였다.

[368] 헌법재판소는 위 법률이 별도의 가중적 구성요건표지를 규정하지 않은 채 형법 조항과 똑같은 구성요건을 규정하면서 법정형만 상향 조정하여 어느 조항으로 기소하는지에 따라 벌금형의 선고 여부가 결정되고, 선고형에 있어서도 심각한 형의 불균형을 초래하게 함으로써 형사특별법으로서 갖추어야 할 형벌체계상의 정당성과 균형을 잃어 인간의 존엄성과 가치를 보장하는 헌법의 기본원리에 위배될 뿐만 아니라 그 내용에 있어서도 평등원칙에 위반되어 위헌이라고 결정하였다(헌재 2015. 2. 26, 2014헌가16, 19, 23).

[369] 특정범죄가중법 제5조의4(상습 강도·절도죄 등의 가중처벌) ⑤ 형법 제329조부터 제331조까지, 제333조부터 제336조까지 및 제340조·제362조의 죄 또는 그 미수죄로 세 번 이상 징역형을 받은 사람이 다시 이들 죄를 범하여 누범(累犯)으로 처벌하는 경우에는 다음 각 호의 구분에 따라 가중처벌한다.
　1. 형법 제329조부터 제331조까지의 죄(미수범을 포함한다)를 범한 경우에는 2년 이상 20년 이하의 징역에 처한다.
　2. 형법 제333조부터 제336조까지의 죄 및 제340조제1항의 죄(미수범을 포함한다)를 범한 경우에는 무기 또는 10년 이상의 징역에 처한다.
　3. 형법 제362조의 죄를 범한 경우에는 2년 이상 20년 이하의 징역에 처한다.

는 실체적 경합관계에 있다.[370] 그러나 판례는 특정범죄가중법 제5조의4 제6
항[371]에 규정된 상습절도 등 죄를 범한 범인이 그 범행의 수단으로 주거침입을
한 경우에, 주거침입행위는 상습절도 등 죄에 흡수되어 위 조문에 규정된 상습절
도 등 죄의 1죄만이 성립하고 별개로 주거침입죄를 구성하지 않으며, 또한 위 상
습절도 등 죄를 범한 범인이 그 범행 외에 상습적인 절도의 목적으로 주거침입을
하였다가 절도에 이르지 아니하고 주거침입에 그친 경우에도, 그것이 절도 상습
성의 발현이라고 보이는 이상 주거침입행위는 다른 상습절도 등 죄에 흡수되어
위 조문에 규정된 상습절도 등 죄의 1죄만을 구성하고 상습절도 등 죄와 별개로
주거침입죄를 구성하지 않는다고 판시하였다.[372] 이 판례의 태도는 주거침입행위
가 상습절도죄에 흡수된다는 입장을 취하고 있음에 대해 형법상의 상습절도죄에
대한 판례[373]는 주간주거침입행위는 단순상습절도죄에 흡수되지 않고 독자적으로
성립하여 실체적 경합관계에 선다는 입장을 취하고 있어 서로 조화되지 않으므로
후자에 맞게 변경되어야 하는 것이 맞다는 견해가 있다.[374] 이 견해는 이와 같은
판례의 어긋남은 이례적이므로, 특정범죄가중법 제5조의4 제6항이 두 번 이상의
실형 복역을 마친 범죄인이 다시 재범의 위험성을 현실화하여 상습절도죄를 범한
경우에 대해 사실상 보안처분으로서의 기능을 수행하고 있다는 점에서 보면 이해
하지 못할 바도 아니지만,[375] 법령해석의 통일이라는 관점에서 볼 때 상습절도죄

---

370 대판 2008. 11. 27, 2008도7820.
371 특정범죄가중법 제5조의4(상습 강도·절도죄 등의 가중처벌) ⑥ 상습적으로 형법 제329조부터
　　제331조까지의 죄나 그 미수죄 또는 제2항의 죄로 두 번 이상 실형을 선고받고 그 집행이 끝나
　　거나 면제된 후 3년 이내에 다시 상습적으로 형법 제329조부터 제331조까지의 죄나 그 미수죄
　　또는 제2항의 죄를 범한 경우에는 3년 이상 25년 이하의 징역에 처한다.
　　　신동운, 825는 "특정범죄가중법 제5조의4 제6항은 상습절도범이 두 번 이상 실형을 선고받고
　　형의 집행을 받았음에도 불구하고 다시 상습절도를 범한 경우를 3년 이상 25년 이하의 중형으
　　로 가중처벌한다. 특정범죄가중법 제5조의4 제6항은 2005년 '사회보호법'이 폐지될 때 재범자에
　　대한 보호감호를 폐지하면서 그에 대한 대체방안으로 도입되었다. '사회보호법'상의 보호감호가
　　재범의 위험성 인정된 범죄인에 대한 보안처분으로서의 격리처분이라면, 특정범죄가중법 제5조의4
　　제6항은 재범의 위험성이 현실화된 범죄인에게 장기간의 징역형을 부과함으로써 보호감호와 비
　　슷한 격리효과를 거둘 수 있도록 하는 법적 장치이다."라고 한다.
372 대판 2017. 7. 11, 2017도4044. 일본 판례도 같은 입장이다[大判 昭和 7(1932). 3. 18. 刑集 11·
　　253; 大阪高判 昭和 50(1975). 5. 2. 判タ 326·343].
373 대판 2015. 10. 15, 2015도8169.
374 신동운, 825-826.
375 신동운, 826은 형벌가중을 통해 보호감호의 기능을 수행하려는 특정범죄가중법 제5조의4 제6항

와 주거침입죄 사이의 죄수관계는 일관되게 제시되어야 한다고 주장한다.

Ⅶ. 퇴거불응죄(제2항)

1. 의 의

퇴거불응죄는 사람의 주거, 관리하는 건조물, 선박, 항공기 또는 점유하는　　**161**
방실에서 퇴거요구를 받고 응하지 아니함으로써 성립하는 범죄이다. 행위자가
일단 처음에는 주거자 등의 동의를 받는 등 적법하게 또는 과실로(예컨대, 아파트
에서 자기 집인 줄 잘못 알고 들어간 경우) 타인의 주거에 들어간 경우에 성립하는 범
죄이다.[376] 처음부터 주거자 등의 의사에 반하여 타인의 주거 등에 들어간 경우
에는, 그 후 퇴거요구에 불응하더라도 주거침입죄만 성립하고 따로 퇴거불응죄
가 성립하지 않는다.[377] 본조 제1항과 제2항은 법조경합 중 보충관계에 있는 것
으로 이해해야 한다.[378]

퇴거불응죄의 보호법익은 '주거의 사실상의 평온'이라는 견해와 '주거권'이　　**162**
라는 견해 등이 대립하고 있고, 보호의 정도에 대하여도 '침해범설'과 '추상적 위
험범설'이 대립하고 있다. 이에 대해서는 주거침입죄에서 본 바와 같다.

퇴거불응죄는 퇴거에 응하지 않았다는 부작위에 의해 성립하는 범죄로 우　　**163**
리 형법에 몇 개 안되는 진정부작위범 중 하나이고 거동범이다.[379] 퇴거불응죄
는 기수가 된 이후에도 퇴거불응이 계속되는 동안 범죄가 종료되지 않고 퇴거
한 이후에 범죄가 종료되는 계속범이다.[380]

의 가혹함을 다소라도 완화하려는 시도라고 판례를 선해할 수도 있기 때문이라고 한다.
376 박상기·전지연, 579; 정영일, 242.
377 손동권·김재윤, 260; 신동운, 832; 이재상·장영민·강동범, §15/25; 임웅, 296-297; 정영일, 247.
　　일본 판례로는 最判 昭和 31(1956). 8. 22. 刑集 10·8·1237; 東京高判 昭和 50(1975). 12. 4. 判
　　時 808·109.
378 임웅, 297; 정영일, 247.
379 배종대, §59/1; 오영근, 213.
380 배종대, §59/1; 신동운, 832; 오영근, 212.

2. 주체 및 객체

(1) 주체

164   퇴거불응죄의 주체는 퇴거를 요구받고 퇴거하지 않는 자이다. 즉, 타인의 주거, 관리하는 건조물, 선박, 항공기 또는 점유하는 방실에 적법하게 또는 과실로 들어간 후 퇴거요구자의 퇴거요구에 불응하는 모든 자이다.

(2) 객체

165   객체는 주거침입죄의 경우와 동일하다.[381] 판례는 ① 퇴거불응죄에 있어서 '건조물'이라 함은 단순히 건조물 그 자체만을 말하는 것이 아니고 위요지를 포함하고, '위요지'가 되기 위해서는 건조물에 인접한 그 주변 토지로서 관리자가 외부와의 경계에 문과 담 등을 설치하여 그 토지가 건조물의 이용을 위하여 제공되었다는 것이 명확히 드러나야 할 것인데, 화단의 설치, 수목의 식재 등으로 담장의 설치를 대체하는 경우에도 건조물에 인접한 그 주변 토지가 건물, 화단, 수목 등으로 둘러싸여 건조물의 이용에 제공되었다는 것이 명확히 드러난다면 위요지가 될 수 있다고 하면서, 이 사건 시위 장소인 병원 부지의 안쪽에 위치하여 병원 건물들의 앞 또는 옆 마당과 같은 역할을 하고 있는 장소와 병원 외부 사이에 문이나 담이 설치되어 있지 아니하고 또 관리자가 있어 시위 장소에 일반인의 출입을 제한하고 있지는 아니하나, 시위 장소를 병원의 건물들과 화단, 그리고 화단에 식재된 수목들이 둘러싸고 있으면서 병원 외부와의 경계 역할을 하고 있는 사실, 시위 장소가 각 병원 건물의 앞 또는 옆 마당으로서 병원 각 건물로 오가는 통행로 등으로 이용되고 있는 사실 등에 비추어 보면 시위 장소가 병원 건물의 이용에 제공되었다는 것이 명확히 드러난다고 할 것이므로 이 사건 시위 장소는 병원 건물의 위요지에 해당한다고 판시하였고,[382] ② 피고인이 예배의 목적이 아니라 교회의 예배를 방해하여 교회의 평온을 해할 목적으로 교회에 출입하는 것이 판명되어 교회건물의 관리주체라고 할 수 있는 교회당회에서 피고인에 대한 교회출입금지의결을 하고, 이에 따라 교회의 관리인이 피고인에게 퇴거를 요구하게 된 사실을 알 수 있는 바, 피고인의 교회출입을 막으려는 교

---

381 김성돈, 271; 정성근·박광민, 270.
382 대판 2010. 3. 11, 2009도12609.

회의 의사는 명백히 나타난 것이기 때문에 그 의사결정이 절차위배 등으로 교회
법상 당연무효인가 여부는 별론으로 하고 그 의사에 기하여 퇴거요구를 한 것은
정당하고 이에 불응하여 퇴거를 하지 아니한 것이라면 퇴거불응죄가 성립됨에
아무런 영향이 없다고 하면서, 사회통념상 현관도 건물의 일부임이 분명한 것이
므로 피고인이 교회 건물의 현관에 들어간 이상 그곳에서 교회 관리인의 퇴거요
구를 받고 이에 응하지 않았다면 퇴거불응죄가 성립한다고 판시하였다.[383]

헌법재판소는 '관공서의 청사'는 주거가 아닌 곳으로서 사람이 출입하거나 **166**
그곳에 머무를 수 있는 구조와 인적·물적 설비를 갖추고, 관리자에 의하여 사
실상 지배·관리되고 있는 점, 건조물에 대한 퇴거불응죄가 '관리하는 건조물'의
사실상 평온을 보호법익으로 하는데 관공서의 사실상 평온도 당연히 보호되어
야 하는 점 등에 비추어 보면, 관공서의 청사 역시 본죄의 '관리하는 건조물'에
해당함은 누구나 예측할 수 있다고 결정하였다.[384]

3. 행 위

퇴거불응죄의 행위는 퇴거를 요구받고 퇴거하지 아니하는 것이다. 퇴거를 **167**
요구받고 퇴거하지 않는 부작위 자체가 범죄로 되므로 애당초 주거자의 의사에
반하여 들어간 때에는 퇴거요구가 있어도 주거침입죄가 될 뿐이다.[385]

주거침입죄에서의 침입이 신체가 주거에 들어가야 함을 의미하는 것과 마 **168**
찬가지로 퇴거불응죄의 '퇴거' 역시 행위자의 신체가 타인의 주거 등에서 나감
을 의미한다.[386] 따라서 퇴거요구를 받고 건물의 열쇠를 반환한 다음 건물에서
나가면서 가재도구 등을 남겨 둔 경우는 퇴거불응죄가 성립하지 않는다.[387]

(1) 퇴거요구

퇴거요구는 주거자, 관리자, 점유자 또는 이러한 자의 위임을 받은 자 또는 **169**
대리인 등이 할 수 있다. 반드시 그가 성인일 것도 요하지 않는다.[388] 주거자인

383 대판 1992. 4. 28, 91도2309.
384 헌재 2012. 5. 31, 2011헌바135.
385 김성돈, 271; 정성근·박광민, 270.
386 김성돈, 272; 오영근, 213; 이재상·장영민·강동범, §15/26. 헌재 2012. 4. 24, 2011헌바48도 같
　은 입장이다.
387 대판 2007. 11. 15, 2007도6990.
388 박상기·전지연, 579; 이재상·장영민·강동범, §15/26. 일본 판례로는 大判 大正 15(1926). 10.

이상 주거에 대한 법적 권한이 없는 자도 퇴거요구를 할 수 있다. 따라서 임대차계약해지 후 임대인이 가옥의 명도를 요구함에도 불구하고 임차인이 불응하는 경우에 임차인이 주거자이므로 임차인이 퇴거요구자이고, 임대인은 주거자에 해당될 수 없다.[389]

170   퇴거요구는 정당한 퇴거요구에 국한되고, 정당하지 않은 퇴거요구에 응하지 않은 경우는 퇴거불응죄가 성립하지 않는다.[390] 판례는 피고인이 지하철 내에서 승객들에게 무릎보호대를 판매하는 행위를 하다가 철도보안관에게 적발되어 즉시 지하철역 밖으로 퇴거를 요구당하였음에도 이에 불응한 사안에서, 철도보안관은 철도안전법령에 따라 피고인을 지하철역 밖으로 퇴거시킬 수 있는 정당한 권한이 있으므로 이에 불응한 피고인에 대하여는 퇴거불응죄가 성립한다고 판시하였다.[391]

171   다만, 권리자라도 사회관념상 합리성을 인정받을 수 없는 정도의 퇴거요구는 할 수 없다고 본다. 예컨대 채권자가 변제청구를 위하여 주거의 안전을 해하지 않는 정도에서 채무자의 주거에 머무는 경우에는, 채무자의 퇴거요구가 있는 때에도 퇴거불응죄를 구성하지 않는다.[392] 그러나 채권자가 장기간에 걸쳐 농성전술로 주거의 평온을 해할 때에는 퇴거불응죄를 구성한다.[393]

172   판례는 교회당회가 예배방해의 목적으로 교회에 들어온 자에 대한 퇴거요구를 할 수 있다고 보았고,[394] 사용자는 폐쇄된 직장을 점거한 근로자에 대하여 퇴거요구를 할 수 있다고 보았다.[395]

173   퇴거요구는 1회로써 충분하고 반복할 필요는 없다. 명시적 요구에 한한다는 견해[396]와 명시적 요구뿐만 아니라 묵시적 요구도 포함한다는 견해[397]의 대

5. 刑集 5·438; 東京高判 昭和 39(1964). 7. 22. 下刑集 6·7=8·803; 大判 昭和 5(1930). 12. 13. 刑集 9·899.
389 김성돈, 271; 임웅, 297; 정영일, 243.
390 손동권·김재윤, 260; 신동운, 833; 오영근, 213.
391 대판 2015. 4. 23, 2014도655.
392 김성돈, 271.
393 정성근·박광민, 270.
394 대판 1992. 4. 28, 91도2309.
395 대판 1991. 8. 13, 91도1324.
396 배종대, §59/2; 정성근·박광민, 270.
397 김성돈, 271; 김일수·서보학, 210; 신동운, 833; 오영근, 213; 임웅, 297; 정영일, 243(상대방이

립이 있다. 전자는 적극적인 침해가 아니므로 적법하게 들어간 자에 대해서는
퇴거의사가 분명해야 하기 때문이라고 주장한다.

　　퇴거요구의 방법은 제한이 없으므로 구두, 문서 이외에 거동으로도 가능하　　**174**
다.[398] 퇴거요구는 공법상 또는 사법상의 권리에 의하여 제한되는 경우가 있다.
예컨대, 음식점에서 식사하고 있는 사람은 식사를 마칠 때까지 퇴거요구에 응할
필요가 없다.[399] 적법한 권한을 행사하기 위해 주거에 들어온 자에 대해서는 퇴
거의 요구를 할 수 없다고 본다. 예컨대, 체포·구속 또는 압수·수색의 영장을
집행하기 위해 주거에 들어온 사법경찰관에게 주거자가 퇴거의 요구를 할 수는
없는 것이다.[400]

　　일본에서는 퇴거요구의 정당성을 구성요건해당성의 문제로 볼 것인지 아니　　**175**
면 위법성의 문제로 볼 것인지, 즉 부당한 퇴거요구에 대해서는 퇴거의무가 없
으므로 진정부작위범의 실행행위로서의 퇴거불응에 해당하지 아니하여 퇴거불
응죄의 구성요건에 해당하지 않는다고 해석할 것인지, 아니면 일응 퇴거의 의무
는 유형적으로 발생하여 있어 그 퇴거불응은 구성요건에 해당하지만 퇴거요구
의 부당성과의 관계에서 당해 퇴거불응의 위법성이 조각된다고 해석할 것인지
와 관련하여 후자의 견해가 다수설이다.[401]

　　일반적으로 개방되어 있는 장소라 하더라도 관리자가 필요에 따라 그 출입　　**176**
을 제한할 수 있는 것이므로 관리자의 퇴거요구에도 불구하고 건조물에서 퇴거
하지 않는 것은 사실상 건조물의 평온을 해하는 것으로서 퇴거불응죄를 구성한
다.[402] 헌법재판소는 관공서 청사의 사무실, 현관, 복도 등이 업무시간 중에 일
반인에게 개방되어 있어 일반인이 출입하거나 체재할 수 있다고 하더라도, 이는
일반인이 관공서에서 정상적인 용무를 보기 위해 관공서의 사무실 등에 출입하
거나 체재할 필요가 있어 청사 관리자에 의하여 미리 포괄적·묵시적인 승낙이

　　인식할 수 있는 정도에 이르러야 한다고 한다). 퇴거요구가 반드시 명시적일 필요는 없다는 점
　　을 인정한 일본 판례로는 大阪高判 昭和 57(1982). 5. 13. 刑事裁判資料 246·379.
398 오영근, 213; 임웅, 297.
399 배종대, §59/2; 이재상·장영민·강동범, §15/26; 정성근·박광민, 270-271.
400 김일수·서보학, 210; 정영일, 243.
401 大塚 外, 大コン(3版)(7), 336(毛利晴光).
402 대판 2010. 3. 11. 2009도12609.

이루어져서 허용된 것에 불과하므로, 일반인의 관공서에의 출입이나 체재가 허용된다고 하더라도 정당한 용무의 범위를 벗어나거나 다른 목적을 위하여 출입하거나 체재하는 것은 위와 같은 포괄적·묵시적인 승낙의 범위를 넘는 것으로서 관리자의 별도의 승낙이 없는 한 함부로 출입하거나 체제할 수 없고, 관리자가 그러한 사람의 출입이나 체재를 금지하거나 제한할 수 있다고 결정하였다.[403]

(2) 퇴거불응

177   퇴거불응은 사람의 주거 등에 처음에는 적법하게 또는 과실로 들어간 자가 주거자 등의 퇴거요구를 받고 퇴거할 수 있음에도 불구하고 이에 응하지 않고 부작위로 대응하는 것을 말한다. 일단 퇴거요구를 받은 자는 비록 그 때까지 적법하게 주거공간에 체류하던 자라도 즉시 퇴거해야 한다.[404] 만약 유책한 지체가 있게 되면 일단 퇴거불응이 된다.[405] 퇴거하지 아니하는 동안 퇴거불응의 부작위행위는 종료하지 않고 계속되는 것이므로 퇴거불응으로 기수가 된 이후에도 퇴거하기까지는 퇴거요구자의 주거 등의 평온에 대한 위법한 공격으로 간주되며, 주거자 등은 정당방위를 할 수 있다.[406]

178   부작위범의 성격상 행위자는 퇴거의 작위의무를 이행할 수 있는 일반적·개별적 행위가능성이 있어야 거기에 대한 불응이 구성요건적 부작위가 된다.[407] 퇴거요구가 인간 일반으로서 또는 행위자 개인으로서 실현 불가능한 것이면 퇴거불응죄는 성립하지 않는다.[408] 따라서 달리는 기차나 운항 중인 선박이나 항공기에서 내리라고 하거나 깊은 밤 외딴 집에서 나가라고 하거나 옷을 벗고 있는 사람에게 나가라고 해서 나가지 않았다고 퇴거불응이 되는 것은 아니다.[409] 퇴거불응죄는 퇴거할 수 있음에도 불구하고 퇴거요구에 응하지 아니할 때 완성되는 것이다. 따라서 상대방이 거동이 어려운 사정이 있거나 목욕탕에서 옷을

403 헌재 2012. 5. 31, 2011헌바135.
404 김일수·서보학, 210; 박상기·전지연, 580. 일본 판례로는 東京高判 昭和 45(1970). 10. 2. 高刑集 23·4·640.
405 김일수·서보학, 210. 일본 판례로는 東京地判 昭和 46(1971). 4. 17. 刑裁月報 3·4·527.
406 김일수·서보학, 210; 임웅, 297.
407 김일수·서보학, 210-211. 헌재 2012. 5. 31, 2011헌바135는 퇴거요구를 받은 자가 퇴거요구에 응할 수 있는 객관적·주관적 사정하에 있어야 한다고 한다.
408 배종대, §59/3.
409 김성돈, 272; 박상기·전지연, 580; 배종대, §59/3; 정성근·박광민, 271.

모두 벗고 있는 경우에는, 퇴거요구 후 시간이 지체되었을지라도 퇴거의 요구에 응할 수 있는 시간 동안은 위법한 체류라고 할 수 없다.[410]

퇴거에 불응할 정당한 사유가 없어야 하고, 정당한 사유가 있는 경우에는 179 퇴거불응죄가 성립하지 않는다.[411] 피해자가 피고인의 아들로부터 금원을 차용하고도 차용증이나 영수증이 없음을 기화로 채무를 부인하면서 피고인을 만나주지도 않으려고 할 뿐만 아니라, 피고인이 담을 넘어 피해자의 주거에 침입한 것으로 단정하고 경찰관을 동원하여 몰아내려고 하므로 분노를 이기지 못하여 퇴거요구에 응하지 않았다고 하더라도, 그러한 동기나 목적이 피해자의 주거생활의 평온이라는 법익침해를 정당화할 만한 이유가 될 수는 없다.[412]

(3) 노동쟁의행위

노동쟁의의 일환으로 사용자 측이 행한 직장폐쇄에 불응하여 근로자 측이 180 직장점거를 한 경우에 퇴거불응죄가 성립할 것인지 문제된다. 사용자의 직장폐쇄는 노사 간의 교섭태도, 경과, 근로자 측 쟁의행위의 태양, 그로 인하여 사용자 측이 받는 타격의 정도 등에 관한 구체적인 사정에 비추어 형평의 견지에서 근로자 측의 쟁의행위에 대한 대항·방위 수단으로서 상당성이 인정되는 경우에 한하여 정당한 쟁의행위로 평가받을 수 있다.[413]

근로자들의 직장점거가 쟁의의 목적달성을 위하여 필요한 범위 내에서 제한 181 적으로 개시되었다면 그 직장점거 행위는 적법하다. 그러나 사용자가 이에 대응하여 적법하게 직장폐쇄를 하게 되면, 사용자의 사업장에 대한 물권적 지배권이 전면적으로 회복되므로 사용자는 점거 중인 근로자들에 대하여 정당하게 사업장으로부터의 퇴거를 요구할 수 있게 된다. 그 결과 퇴거를 요구받은 이후의 근로자 측의 직장점거 행위는 위법하다. 적법하게 직장폐쇄를 단행한 사용자로부터 퇴거요구를 받고도 불응한 채 직장점거를 계속하는 행위는 퇴거불응죄에 해당한다.[414]

그러나 사용자의 직장폐쇄가 정당한 쟁의행위로 인정되지 아니하는 때에는 182 사정이 다르다. 판례는 협회 측이 노사 간 교섭에 있어서 소극적이었고, 협회

---

410 김일수·서보학, 211; 오영근, 243.
411 오영근, 213.
412 대판 2005. 2. 18, 2004도8587.
413 신동운, 833. 일본 판례로는 最判 昭和 53(1978). 3. 3. 刑集 32·2·97.
414 대판 1991. 8. 13, 91도1324; 대판 2002. 9. 24, 2002도2243; 대판 2007. 3. 29, 2006도9307.

직원들인 노동조합 조합원들이 파업을 하더라도 즉각적으로 노사 간 교섭력의 균형이 깨진다거나 협회의 업무수행에 현저한 지장을 초래하거나 회복할 수 없는 손해가 발생할 염려가 있다는 등의 사정을 찾아볼 수 없는 상황에서 노동조합지부가 파업에 돌입한 지 불과 4시간 만에 협회가 바로 직장폐쇄 조치를 취한 것은 근로자 측의 쟁의행위에 대한 대항·방위 수단으로서의 상당성이 인정될 수 없어 직장폐쇄는 정당한 쟁의행위로 인정되지 아니하므로, 협회가 직장폐쇄를 이유로 적법한 쟁의행위로서 사업장을 점거 중인 근로자들에게 퇴거요구를 한 것이라면, 피고인들이 이에 불응한 채 직장점거를 계속하였다 하더라도 퇴거불응죄가 성립하지 아니한다고 판시하였다.[415]

(4) 미수범 처벌규정 및 기수시기

183   제322조는 "본장의 미수범은 처벌한다."고 규정하여 퇴거불응죄의 미수범도 처벌하는 것처럼 보인다. 퇴거불응죄의 미수범이 가능한가에 대해서는 ① 긍정설[416]과 ② 부정설(다수설)[417]의 대립이 있다.

184   위 ①의 긍정설은 퇴거불응이 주거의 사실상 평온을 침해했다고 할 만한 단계에 이르기 전에 주거 밖으로 강제로 쫓겨나간 경우에는 퇴거불응죄의 미수범이 성립할 수 있다고 한다. 즉 행위자가 퇴거요구를 받고 이에 응하지 않는 것이 퇴거불응죄의 실행의 착수이고, 퇴거에 필요한 시간이 어느 정도 경과함으로써 기수에 이른다고 본다.[418] 이 견해는 체포·감금죄와 마찬가지로 퇴거불응죄에서도 퇴거불응 후 어느 정도의 시간이 지난 때에 기수에 이른다고 하는 것이 미수

---

415 대판 2007. 12. 28, 2007도5204.
416 오영근, 213-214; 임웅, 297; 정영일, 244[예를 들어, A의 집 대문이 열려 있어 신문보급소장(B)이 들어가 A에게 신문구독을 권하면서 얘기를 나누다가 A와 말다툼을 하게 되어 A가 B에게 나가달라고 요구하였으나 B가 화가 나 더 따지려고 버틸 기세를 보이자 A가 자기네 셰퍼드를 풀어놓았고 이에 놀란 B가 부리나케 도망한 경우에는 B에게 퇴거불응의 고의가 인정되지만 퇴거불응이 기수에 이르렀다고 보기는 어려우므로 본죄의 미수범을 인정할 수 있다고 생각한다. 퇴거요구를 받고 퇴거에 필요한 시간이 경과하기 전에 쫓겨난 경우를 본죄의 미수의 예로 드는 경우도 있으나, 그런 경우에는 퇴거요구를 받은 사람이 퇴거의 의사를 갖고는 있는 것이므로 퇴거불응의 고의를 인정할 수 없어 본죄의 미수가 될 수 없다고 봄이 타당하다].
417 김일수·서보학, 211; 박상기·전지연, 580; 배종대, §59/4; 신동운, 834; 이영란, 248; 이재상·장영민·강동범, §15/27; 정성근·박광민, 271.
418 일본 판례는 퇴거요구 후 퇴거에 필요한 일정한 조건(일정시간의 경과 등)이 충족된 단계에 이르러야 기수가 된다고 한다[東京高判 昭和 45(1970). 10. 2. 高刑集 23·4·640(필요한 체류시간의 경과를 부정); 東京地判 昭和 46(1971). 4. 17. 刑月 3·4·527(긍정)].

범 처벌규정을 의미있게 해석하는 것이라고 할 수 있고, 퇴거요구가 없음에도 불구하고 있다고 생각하면서 불응한 경우와 같이 퇴거불응죄의 불능미수가 성립할 수 있으며, 퇴거불응죄는 순수한 거동범이 아니라 부진정거동범이어서 구성요건적 결과발생이 가능하므로 미수의 성립이 가능하다고 주장한다.[419]

위 ②의 부정설은 퇴거불응죄는 진정부작위범이자 거동범으로서 퇴거요구에 대한 불응이 있는 즉시 주거의 평온에 대한 침해가 있어 기수가 되고, 그 이후의 불응상태는 계속범이기 때문에 미수는 상상하기 어렵다고 한다. 이 견해는 퇴거불응죄의 미수범규정은 퇴거불응죄에 적용되지 않는다고 보고, 입법의 불찰로 보는 것이 타당하다고 주장한다.[420]

185

4. 고 의

퇴거불응죄는 고의범이므로 행위자는 주거자 등의 퇴거요구를 받고 응하지 아니한다는 사실에 대한 인식과 의사가 있어야 한다. 즉, 주거자 등의 퇴거요구가 있다는 사실과 그러한 요구가 정당한 요구라는 사실 및 자신의 체류에 대한 정당성이 결여되어 있다는 사실을 인식하였음에도 불구하고 퇴거요구에 불응하려는 의사가 있어야 한다.[421]

186

5. 합헌성

헌법재판소는 ① 청구인이 2010. 2. 24. 21:45경 고등법원 형사과 사무실에서 경비관리원인 피해자로부터 업무시간이 지났으니 나가 달라는 요구를 받고도 2010. 2. 25. 01:50경 경찰관이 도착할 때까지 버티고 앉아 정당한 이유 없이 피해자의 퇴거요구에 불응한 사안에서, 이 사건 법률조항(§319②. 이하, 본조라고 한다.)에서 규정하고 있는 '관리하는 건조물'의 의미는 사실상 사람이 지배·관

187

---

419 손동권·김재윤, 262는 퇴거불응죄는 거동범의 형태로 된 진정부작위범이기 때문에 장애미수범의 성립가능성은 거의 없으나, 예외적으로 불능미수의 성립가능성은 인정되어야 한다고 한다. 다수설이 단순한 불응만으로 기수를 인정한다면, 결과발생이 원래 불가능한 경우에는 - 처벌되지 않는 불능범이 아니라 - 위험성 있는 불능미수가 인정되는 것이 타당할 것이라고 한다.

420 김성돈, 272는 퇴거불응죄를 추상적 위험범으로 이해하는 한 기수/미수의 문제를 보호법익의 문제와 직결시킬 수는 없고, 구성요건적 결과발생은 요하지 않는 거동범의 형식으로 되어 있는 이상 미수가 성립할 여지가 없으므로 부정설이 타당하다고 한다.

421 김일수·서보학, 211.

리하는 주거를 제외한 일체의 건물과 그 부속물 및 위요지임을 충분히 예측할 수 있고, 관공서의 청사도 여기에 해당함이 명확하며, 본조는 사실상 주거의 평온을 보호법익으로 하고 있는 점, 퇴거요구권자나 퇴거불응자의 신분에 아무런 제한을 규정하지 않고 있는 점 등에 비추어 보건대, 누구라도 주거 등 사실상의 평온을 해하면 퇴거불응죄로 처벌할 수 있음을 예측할 수 있어, 관공서에서 정당한 이유 없이 퇴거에 불응하는 경우 퇴거불응죄가 성립할 수 있음은 의문의 여지가 없으므로, 본조는 죄형법정주의의 명확성원칙에 위배되지 아니한다고 결정하였다.[422]

188   또한 헌법재판소는, ② 청구인이 청구인의 아버지가 운영하는 법무사 사무실에 찾아갔다가 청구인의 아버지 및 사무실 직원으로부터 나가달라는 요구를 받았음에도 이에 응하지 아니한 사안에서, "ⓐ 본조에서 규정하고 있는 '퇴거요구를 받고 응하지 아니한 자'는 그 사전적 의미와 보호법익 등에 비추어 보면, 타인의 주거 등에 적법하게 또는 과실로 들어간 자가 거주자 등의 퇴거요구를 받고 이에 응하여야 할 책임이 있음에도 그 장소에서 퇴거하지 아니하는 것을 의미함을 알 수 있다. 또한, 본조는 퇴거요구권자나 퇴거불응자의 신분에 아무런 제한을 두고 있지 아니한 바, 직계혈족이나 기타 친족 간이라고 하더라도 장소를 공동으로 점유하고 있지 아니한 경우에는 퇴거불응죄가 성립할 수 있음은 의문의 여지가 없으므로, 본조는 죄형법정주의의 명확성원칙에 위배되지 아니한다. ⓑ 본조는 주거 등의 사실상 평온을 보호하기 위한 것으로서 입법 목적의 정당성이 인정되고, 타인의 주거 등에서 퇴거요구를 받고도 이에 응하지 아니한 자를 처벌하는 것은 입법목적 달성에 기여하는 적합한 수단이 된다. 친족 간의 퇴거불응죄에 대한 소추조건의 설정 여부에 대하여는 입법자의 광범위한 재량이 허용되는 점 등을 고려할 때 본조가 입법목적의 달성에 필요한 범위를 넘어 지나치게 규제하는 것이라 할 수 없으므로 피해의 최소성도 인정된다."고 결정하였다.[423]

---

[422] 헌재 2012. 5. 31, 2011헌바135.
[423] 헌재 2012. 4. 24, 2011헌바48.

Ⅷ. 처 벌

3년 이하의 징역 또는 500만 원 이하의 벌금에 처한다(§319).　189
본죄는 미수범을 처벌한다(§322).　190

〔조 재 빈〕

제320조(특수주거침입)

단체 또는 다중의 위력을 보이거나 위험한 물건을 휴대하여 전조의 죄를 범한 때에는 5년 이하의 징역에 처한다.

I. 취 지 ·· 646
II. 단체 또는 다중의 위력을 보임 ·········· 648
III. 위험한 물건을 휴대 ···························· 650
IV. 처 벌 ··· 651

I. 취 지

1   본죄는 단체 또는 다중의 위력을 보이거나 위험한 물건을 휴대하여 주거침입죄를 범하거나[특수(주거·건조물·선박·항공기·방실)침입죄] 또는 퇴거불응죄를 범함으로써(특수퇴거불응죄) 성립한다. 본죄는 주거침입죄와 퇴거불응죄에 대하여 행위실행의 방법으로 인하여 불법이 가중되는 가중적 구성요건이다.[1] 즉, 가중의 근거는 결과 때문이 아니라 위험성이 높은 행위의 수단과 방법이 추가됨으로써 법익 위해의 위험이 높아지기 때문이다.[2] 개정 전 폭력행위 등 처벌에 관한 법률(이하, 폭력행위처벌법이라 한다.) 제3조 제1항[3]은 단체나 다중의 위력으로써 또는 흉기 기타 위험한 물건을 휴대하여 제319조의 죄를 범한 자를 가중처벌하고 있었다. 당시 판례[4]는 군수가 부군수 등과 함께 군수불신임결의안을 채택하려는 군의회 의원들의 직무집행을 군청 직원들을 동원하여 실력으로 저지하려고 공모한 다음, 구내방송을 통하여 청사 내에 있는 직원 150여 명을 집합시켜 그들로 하여금 의원들이 본회의장에 들어가려는 것을 계단에서부터 가로막아 입장하지 못하게 하고 의원들이 소회의실에 들어가 의사를 진행하려 하자 다시

---

1 김성돈, 형법각론(5판), 272; 박상기·전지연, 형법학(총론·각론 강의)(4판), 580; 손동권·김재윤, 새로운 형법각론, § 18/29; 오영근, 형법각론(4판), 214(실행행위의 위험성이 커 불법이 가중되었다); 이재상·장영민·강동범, 형법각론(12판), § 15/28; 임웅, 형법각론(9정판), 298(방법적 가중유형이다); 정성근·박광민, 형법각론(4판), 271.
2 김일수·서보학, 새로쓴 형법각론(9판), 212.
3 헌재 2015. 9. 24, 2015헌가17 등 위헌결정에 따라 2016년 1월 6일 법률 제13718호에 의하여 삭제되었다.
4 대판 1998. 5. 12, 98도662.

직원 50여 명으로 하여금 그곳에 난입, 회의장을 점거하게 하여 의사진행을 못하게 함으로써 다중의 위력으로 군의회 의원들이 점유하는 방실인 의회 소회의 실에 침입한 사안에서, 폭력행위처벌법 제3조 제1항의 규정을 본조에 대한 특별규정이라고 판시하였다.

또한, 판례는 '야간에 흉기를 휴대하여 제319조의 죄를 범한 자'라고 하여 **2** 공소를 제기한 공소사실 중에는 제319조 제1항의 주거침입죄의 공소사실도 포함되어 있는 것이라고 보아야 할 것이고, 이 경우 법원이 주거침입의 사실을 인정하더라도 피고인의 방어에 실질적 불이익을 초래할 염려는 없는 것이므로 흉기휴대 사실이 인정되지 아니할 때에는 법원은 공소장변경절차 없이도 제319조 제1항 위반의 공소사실에 관하여 심리판단할 수 있다고 판시하였다.[5]

한편, 폭력행위처벌법 제2조 제2항 제1호는 다중의 위력에 이르지 못하였 **3** 으나 2인 이상이 공동하여 주거침입·퇴거불응죄를 범하는 경우를 가중처벌하고 있다. 1992년의 형법개정법률안은 특수주거침입죄에 2인 이상이 합동한 경우를 포함하였다.[6] 폭력행위처벌법은 이외에 폭력행위처벌법을 위반하여 2회 이상 징역형을 받은 사람이 다시 제319조의 죄를 범하거나[7] 본조의 죄를 범하여[8] 누범으로 처벌할 경우에는 가중처벌한다.

디엔에이신원확인정보의 이용 및 보호에 관한 법률(이하, 디엔에이법이라 한다.) **4** 제5조 제1항 제4의2호는 본죄와 본죄의 미수범에 대하여는 디엔에이감식시료를 채취할 수 있다고 규정한다. 헌법재판소는 청구인들이 노점 추가 설치를 요구

---

5 대판 1990. 4. 24, 90도401.
6 법무부, 형법개정법률안 제안이유서(1992. 10), 163은 폭력행위처벌법 제2조 제2항의 취지를 살리기 위한 것이라고 설명한다.
7 폭력행위처벌법 제2조(폭행 등) ③ 이 법(「형법」 각 해당 조항 및 각 해당 조항의 상습범, 특수범, 상습특수범, 각 해당 조항의 상습범의 미수범, 특수범의 미수범, 상습특수범의 미수범을 포함한다)을 위반하여 2회 이상 징역형을 받은 사람이 다시 제2항 각 호에 규정된 죄를 범하여 누범(累犯)으로 처벌할 경우에는 다음 각 호의 구분에 따라 가중처벌한다.
　　1. 제2항제1호에 규정된 죄를 범한 사람: 7년 이하의 징역
8 폭력행위처벌법 제3조(집단적 폭행 등) ④ 이 법(「형법」 각 해당 조항 및 각 해당 조항의 상습범, 특수범, 상습특수범, 각 해당 조항의 상습범의 미수범, 특수범의 미수범, 상습특수범의 미수범을 포함한다)을 위반하여 2회 이상 징역형을 받은 사람이 다시 다음 각 호의 죄를 범하여 누범으로 처벌할 경우에는 다음 각 호의 구분에 따라 가중처벌한다.
　　1. 「형법」 제261조(특수폭행)(제260조제1항의 죄를 범한 경우에 한정한다), 제284조(특수협박)(제283조제1항의 죄를 범한 경우에 한정한다), 제320조(특수주거침입) 또는 제369조제1항(특수손괴)의 죄: 1년 이상 12년 이하의 징역

[조 재 빈] **647**

하는 과정에서 매장 직원들의 제지에도 불구하고 수십명의 A 노련 회원들과 함께 다중의 위력으로써 B 아울렛 매장 안에 침입하여 폭력행위처벌법위반(집단·흉기등주거침입)의 점을 포함한 범죄사실에 대하여 유죄판결이 확정된 후 디엔에이법에 따라 디엔에이감식시료가 채취된 사안에서, "① 디엔에이감식시료 채취 조항은 특정범죄를 저지른 사람의 디엔에이신원확인정보를 확보하여 데이터베이스로 관리함으로써, 범죄 수사 및 예방의 효과를 높이기 위한 것으로 입법목적의 정당성 및 수단의 적합성이 인정되고, ② 디엔에이감식시료 채취 조항의 대상범죄인 제320조의 특수주거침입죄는 그 행위 태양, 수법 등에서 다른 범죄에 비하여 위험성이 높을 뿐만 아니라 절도, 강도, 성범죄 등 재범의 가능성이 높은 다른 강력범죄로 이어질 가능성이 상당한 점, ③ 판사가 채취영장을 발부하는 단계에서 채취의 필요성과 상당성을 판단하면서 재범의 위험성도 충분히 고려할 수 있는 점, ④ 디엔에이감식시료 채취 과정에서 채취대상자의 신체나 명예에 대한 침해를 최소화하는 방법이나 절차가 마련되어 있는 점 등을 고려해 볼 때, 디엔에이감식시료 채취 조항은 침해의 최소성 요건을 충족한다. ⑤ 디엔에이감식시료 채취 조항에 의하여 제한되는 신체의 자유의 정도가 범죄수사 및 범죄예방 등에 기여하고자 하는 공익에 비하여 크다고 할 수 없으므로, 법익의 균형성도 인정된다. 따라서 디엔에이감식시료 채취 조항이 과잉금지원칙을 위반하여 청구인들의 신체의 자유를 침해한다고 볼 수 없다."고 결정하였다.[9]

II. 단체 또는 다중의 위력을 보임

5   본죄의 첫 번째 가중 사유는 단체 또는 다중의 위력을 보이는 것이다.

6   '단체'는 공동의 목적 아래 특정 다수인에 의하여 이루어진 계속적이고도 최소한의 통솔체제를 갖춘 조직화된 결합체를 말한다.[10] 공동의 목적은 합법적인가 불법적인가를 묻지 않는다. 따라서 범죄를 목적으로 하는 단체뿐만 아니라 법인·노동조합[11]·정당 기타 사회단체도 여기에 포함된다. 구성원의 수는 단체

9 헌재 2018. 8. 30, 2016헌마344, 2017헌마630.
10 헌재 2008. 11. 27, 2007헌가24.
11 대판 1955. 12. 23, 4288형상25.

로서의 위력을 가질 수 있을 정도의 다수이어야 하지만, 그 위력을 보일 수 있는 한 구성원이 현실적으로 동일 장소에 집합할 필요는 없고, 소집 또는 연락에 의하여 집합할 가능성이 있으면 충분하다. 단체는 어느 정도의 시간적 계속성과 조직성을 갖추어야 한다. 따라서 시위대 같은 일시적인 조직체는 비록 조직성을 갖고 있어도 단체가 아니고, 조직 없는 집합체는 비록 약간의 계속성을 갖고 있어도 단체가 아니다.

　'다중'은 단체를 이루지 못한 다수인의 집합을 말하는 것으로, 이는 결국 집단적 위력을 보일 정도의 다수 혹은 사람의 수에 의해 압력을 느끼게 해 불안을 줄 정도의 다수를 의미한다.[12] 집합한 사람들 사이에 공동의 목적이 있거나, 그 목적이 적법하거나, 계속적인 조직체로 구성되어 있음을 요하지 않는다. 어떤 집단이나 조직의 힘을 배경으로 하는 경우, 불과 수명만이 모인 경우라도 구체적 상황에서 사람의 의사를 제압하기에 충분한 때에는 이에 해당한다.[13] 다중은 단체의 경우와 달리 다수인이 일시적으로 모인 집합체이므로 동일 장소에 현실적으로 집합할 것이 요구된다. 본죄의 '다중'은 소요죄에 있어서와 같이 일정한 지방의 평온을 해할 정도에 이를 필요가 없다.

　'위력'은 사람의 의사를 제압하기에 충분한 유·무형의 힘을 말한다. 단체 또는 다중의 '위력'이란 단체 또는 다중의 형태로 집결한 다수 인원으로 사람의 의사를 제압하기에 충분한 세력을 지칭하는 것으로서, 그 인원수가 다수에 해당하는가는 행위 당시의 여러 사정을 참작하여 결정하여야 할 것이며, 이 경우 상대방의 의사가 현실적으로 제압될 것을 요하지는 않는다고 할 것이지만 상대방의 의사를 제압할 만한 세력을 인식시킬 정도는 되어야 한다.[14]

　판례는 피고인들과 함께 교육장과의 면담을 요구하며 군 교육청을 항의 방문하고 교육장 부속실에 들어간 사람들은 모두 15명 정도에 불과하였고, 자유스러운 분위기에서 다소 느슨하게 집회를 가졌으며, 이 과정에서 교육청 관계자들과 별다른 물리적 충돌이 없었고, 약 1시간 30분가량 지나도 교육장이 들어오지 않자 조용히 해산한 사정을 종합하면, 피고인들의 행위는 '다중의 위력'을 행사

7

8

9

---

12 대판 2004. 3. 26, 2004도234; 대판 2006. 2. 10, 2005도174; 대판 2008. 7. 10, 2007도9885.
13 대판 2004. 3. 26, 2004도234.
14 대판 2006. 2. 10, 2005도174.

한 경우에 해당하지 않는다고 판시하였다.[15]

10   단체 또는 다중의 경우에는 그 위력을 '보이면' 되므로 전원이 주거에 침입하거나 퇴거에 불응할 것을 요하지 않으며, 그 가운데 1인만 주거에 침입하거나 퇴거에 불응한 때에도 본죄가 성립한다.[16]

Ⅲ. 위험한 물건을 휴대

11   본죄의 두 번째 가중 사유는 위험한 물건을 휴대하는 것이다.

12   '위험한 물건'이라 함은 흉기는 아니라고 하더라도 널리 사람의 생명, 신체에 해를 가하는데 사용할 수 있는 일체의 물건을 포함한다고 할 것이므로, 본래 살상용·파괴용으로 만들어진 것뿐만 아니라 다른 목적으로 만들어진 칼, 가위, 유리병, 각종 공구, 자동차 등은 물론 화학약품 또는 사주된 동물 등도 그것이 사람의 생명·신체에 해를 가하는데 사용될 수 있다면 위험한 물건에 해당한다. 한편, 이러한 물건을 '휴대하여'라는 말은 소지뿐만 아니라 널리 이용한다는 뜻도 포함하고 있다.[17] 다만, 위험한 물건에의 해당 여부를 결정함에 있어서는 구체적인 상황에 따라 사회통념에 비추어 그 물건을 사용하면 그 상대방이나 제3자가 생명 또는 신체에 위험을 느낄 수 있는지 여부에 따라야 한다.[18]

13   위험한 물건은 처음부터 가지고 있어도 되고, 침입한 집에 있는 위험한 물건을 나중에 휴대해도 상관없다(통설[19]).[20] 위험한 물건을 휴대한다는 사실에 대한

---

15 대판 2006. 2. 10, 2005도174(건조물 침입에 가담한 자가 50여명에 이른다 하더라도 경찰서 진입과정에 별다른 물리적 접촉이 없었고, 피고인들이 항의를 표명하는 과정에 특별한 유형력의 행사가 없었으므로, '다중의 위력을 행사한 경우'에 해당하지 아니한다고 판단한 원심의 판단이 옳다고 보았다); 대판 2008. 7. 10, 2007도9885.

16 김성돈, 272; 김일수·서보학, 212; 배종대, 형법각론(13판), § 59/6; 손동권·김재윤, § 18/29; 오영근, 214; 이재상·장영민·강동범, § 15/28; 임웅, 298; 정영일, 형법강의 각론(3판), 245.

17 대판 1984. 10. 23, 84도2001; 대판 1997. 5. 30, 97도597; 대판 2002. 9. 6, 2002도2812.

18 대판 1981. 7. 28, 81도1046; 대판 1989. 12. 22, 89도1570; 대판 2008. 1. 17, 2007도9624; 대판 2010. 4. 29, 2010도930; 대판 2010. 11. 11, 2010도10256.

19 김성돈, 273; 김일수·서보학, 212; 배종대, § 59/6; 손동권·김재윤, § 18/29; 오영근, 214(주거에 침입한 다음 그곳에 있는 위험한 물건을 집어든 경우에 불법영득의 의사로 절취하였다면 본죄와 절도의 죄가 상상적 경합이 된다); 이재상·장영민·강동범, § 15/28; 임웅, 298; 정성근·박광민, 271.

20 의정부지판 2017. 8. 31. 2017재고단7(피고인이 피해자로부터 나가달라는 요구를 받았음에도 불

인식·인용으로 충분하고, 위험한 물건을 주거침입에 사용할 고의는 필요하지 않다.[21] 그것을 상대방에게 꺼내 보이거나 피해자가 인식하지 않아도 괜찮다.[22]

판례는 흉기가 보관되어 있던 차량은 피고인 등이 침입한 건물로부터 약 30 내지 50미터 떨어진 거리에 있었고, 차량 안에 남아 있던 다른 피고인들은 만약의 사태에 대비하면서 차량 안에 남아서 유심히 주의의 동태를 살피다가 피고인 등이 도망치는 모습을 발견하고서는 그대로 차를 운전하여 도주한 사안에서, 위험한 물건을 휴대하여 타인의 건조물에 침입하기로 공모한 후 그 일부는 밖에서 망을 보고 나머지 일부만이 건조물 안으로 들어갔을 경우에 있어서 특수주거침입죄의 구성요건이 충족되었다고 볼 수 있는지의 여부는, 직접 건조물에 들어간 범인을 기준으로 하여 그 범인이 위험한 물건을 휴대하였느냐에 따라 결정해야 한다고 판시하였다.[23] 또한 판례는 피고인이 버섯을 채취하러 산에 가면서 칼을 휴대한 것일 뿐 주거침입에 사용할 의도 아래 이를 소지한 것이 아니고 주거침입시에 사용한 것도 아닌 사안에서, '흉기 기타 위험한 물건을 휴대하여 그 죄를 범한 자'란 범행현장에서 그 범행에 사용하려는 의도 아래 흉기를 소지하거나 몸에 지니는 경우를 가리키는 것이지 그 범행과는 전혀 무관하게 우연히 이를 소지하게 된 경우까지를 포함하는 것은 아니라고 판시하였다.[24]

14

Ⅳ. 처 벌

5년 이하의 징역에 처하고(§320), 본죄의 미수범은 처벌한다(§322).

15

〔조 재 빈〕

구하고 마시고 있던 커피 잔을 바닥에 던지면서 주방 싱크대에 있던 흉기인 과도를 집어 들고 '이 자리에서 확 찔러 죽어버리겠다'라고 소리치며 피고인의 복부 부위를 찔러 자해를 하려고 하고, 계속하여 흉기인 빵을 자를 때 쓰는 칼을 집어 들고 자해를 시도하는 행동을 하면서 정당한 사유 없이 피해자의 퇴거요구에 불응한 사례).

21 임웅, 298.
22 김성돈, 273; 김일수·서보학, 212; 배종대, §59/6; 손동권·김재윤, §18/29; 이재상·장영민·강동범, §15/28; 정성근·박광민, 271.
23 대판 1994. 10. 11, 94도1991.
24 대판 1990. 4. 24, 90도401.

제321조(주거·신체 수색)

사람의 신체, 주거, 관리하는 건조물, 자동차, 선박이나 항공기 또는 점유하는 방실을 수색한 자는 3년 이하의 징역에 처한다. 〈개정 1995. 12. 29.〉
[제목개정 1995. 12. 29.]

Ⅰ. 취 지 ·················· 652
Ⅱ. 객체 및 행위 ·········· 653
　1. 객 체 ················ 653
　2. 행 위 ················ 654
Ⅲ. 위법성 ················ 656
Ⅳ. 처 벌 ················ 657

Ⅰ. 취 지

1　　본죄[(신체·주거·건조물·자동차·선박·항공기·방실)수색죄]는 사람의 신체를 수색하거나 주거, 관리하는 건조물, 자동차, 선박이나 항공기 또는 점유하는 방실을 수색함으로써 성립한다.

2　　헌법은 신체의 자유, 주거의 자유와 사생활의 비밀과 자유를 기본권으로 보장하고 있다. 특히, 주거의 자유에 대해 헌법은 영장주의를 천명하고 있다. 본죄는 제124조가 규정한 불법체포·감금죄와 함께 헌법과 형사소송법이 정하는 영장주의를 실효성 있게 보장하기 위하여 마련된 범죄유형이다.[1]

3　　본죄는 제124조가 규정한 불법체포·감금죄와 달리 신분범이 아니므로 압수·수색 등 강제력의 행사와 관련이 있는 공무원에 한정되지 않고 일반인도 본죄의 주체가 될 수 있다.[2] 본죄의 주체에 사인뿐 아니라 수사기관 등 공무원이 포함되므로, 본죄는 헌법과 형사소송법이 정하는 영장주의를 간접적으로 담보하려는 의미를 갖게 된다.[3]

4　　본죄에는 단순한 주거수색과 달리 그 대상과 보호법익이 다른 신체수색이라는 이질적 요소가 들어 있으므로 단순히 주거의 평온만이 아니라 개인의 신

---

1 신동운, 형법각론(2판), 835; 주석형법 〔각칙(5)〕(5판), 179(이우철).
2 신동운, 835.
3 헌재 2019. 7. 25, 2018헌가7, 2018헌바228.

체적 자유와 안전 및 사적 비밀도 보호법익이 된다.[4]

II. 객체 및 행위

1. 객 체

　주거침입죄와 비교해 볼 때, 본죄의 객체에는 주거침입죄의 행위 객체 외에 　　5
사람의 '신체'와 '자동차'가 추가되어 있다.

　1995년 12월 29일 형법 개정으로 객체에 '자동차'와 '항공기'가 추가되었다. 　　6
불법한 수색으로부터 장소적 평온을 보호해야 할 필요성을 자동차와 항공기의
경우에도 부정할 수 없기 때문이다.[5] 1992년의 형법개정법률안은 직접 신체 자
체를 수색하는 경우를 포함하므로 주거수색죄와는 성질을 달리한다고 할 수 있
기 때문에 신체수색죄에 소지품수색의 경우를 포함하여 제2항에서 별도로 규정
할 것을 제안하였다.[6]

　또한, 본죄의 법정형에는 징역형만 규정되고 벌금형이 제외되어 있다. 일상 　　7
생활의 다양한 영역에서 신체의 자유, 주거의 자유, 사생활의 비밀과 자유가 침
해될 수 있음을 감안하여 입법자가 보호범위와 처벌정도를 강화한 것이라고 할
수 있다.[7]

　본죄는 신체에 대한 수색행위와 건조물 등에 대한 수색행위로 나누어 볼 　　8
수 있다. 본죄의 객체는 우선 사람의 신체이다. 사람의 신체에 대하여 직접적으
로 조사가 행하여짐을 요한다.[8] 이 경우 보호법익은 사실상의 주거의 평온이 아

4　김성돈, 형법각론(5판), 273(본죄를 추상적 위험범이자 결과범으로 본다); 김일수·서보학, 새로
　쓴 형법각론(9판), 212; 손동권·김재윤, 새로운 형법각론, §18/31; 정성근·박광민, 형법각론(4판),
　272. 임웅, 형법각론(9정판), 299는 본죄의 보호법익을 '주거의 사실상의 평온 또는 신체의 불가
　침성'이고 보호의 정도는 '침해범'이라고 한다.
5　법무부, 형법개정법률안 제안이유서(1992. 10), 163.
6　법무부, 형법개정법률안 제안이유서(1992. 10), 163-164.
7　신동운, 835.
8　판례는 ① 농구장에서 일행과 함께 농구를 하다가 피고인의 외투 속에 있던 돈이 없어졌다는 이
　유로 그 곳을 지나가던 피해자를 농구장 쪽으로 데려와 "너 내 돈 훔쳐갔지, 내 옷에 손 넣는
　것 봤다, 어디다가 숨겼을 것 같다, 신발에 숨긴 것 아니냐."고 하면서 손으로 피해자의 목부터
　다리 부위까지 툭툭 치고 만지면서 몸을 뒤지고, 돈이 나오지 않자 피해자로 하여금 신발, 양말
　을 벗게 하여 확인하는 방법으로 피해자의 신체를 수색한 사안에서 유죄를 선고하였고(광주지판

니라 사생활의 자유 및 신체의 완전성 내지 불가침성이지만 행위유형이 수색이라는 점에서 본죄에 함께 규정되어 있다.[9] 본죄의 객체로서 두 번째 유형은 주거, 관리하는 건조물, 자동차, 선박이나 항공기 또는 점유하는 방실이다. 이들 객체의 개념은 주거침입죄의 경우와 같지만, 본죄의 객체에 '자동차'가 추가되어 있는 점을 주의할 필요가 있다.[10]

2. 행 위

9 　　본죄의 실행행위는 '수색'이다.

10 　　'수색'은 사람 또는 물건을 발견하기 위하여 사람의 신체 또는 일정한 장소를 적극적으로 조사하는 것을 말한다. 이 경우 수색은 개인의 사생활 영역을 보호하려는 본장의 입법취지에 비추어 볼 때, 신체수색을 당하는 상대방이나 건조물 등의 주거자, 관리자의 의사에 반하는 것이어야 한다.[11] '수색'은 피해자의 사생활 영역에 대한 물리력의 행사로 이루어지는 것이어서 피해자가 느끼는 공포심, 불쾌감, 그리고 저항감은 어느 행위태양에 의하더라도 가볍다고 보기 어렵고, 피해자의 사적 영역 또한 더 깊이 침해될 수 있다. 또한, 수색행위의 속성상 절도행위나 주거권자의 정당한 퇴거요구에 불응하는 행위 등 다른 죄와 결합하여 피해자의 보호법익에 추가적인 침해를 초래할 수 있는 가능성도 결코 낮지 않다.[12] 본죄는 '적법하게' 주거 등에 들어간 자가 '불법하게' 사람의 신체, 주거, 관리하는 건조물, 자동차, 선박이나 항공기 또는 점유하는 방실을 수색하는 경우에 성립한다.

11 　　헌법재판소는 경비원이 연구소 앞에 위치한 중앙도서관 옥상에 냉동창고를 설치하기 위하여 성명불상의 인부들이 이동시켜 놓은 청구인 소유의 승용차를 원 상태로 이동시키려 하였으나 동 차량이 움직이지 않자, 철사를 이용하여 조수

2019. 6. 20, 2019고단1007), ② 고물상 앞에서 피해자를 발견하자 피해자가 피고인의 고물수집용 리어카를 파손한다고 생각하여 그 도구를 찾아내기로 마음먹고 "야, 이리로 와 봐"라고 말하며 피해자를 불러 세운 다음 손으로 피해자의 작업복 주머니를 뒤져 피해자의 신체를 수색한 피고인에게 유죄를 선고하였다(대구지법 서부지판 2011. 2. 18, 201고단2257).

9 주석형법 〔각칙(5)〕(5판), 179(이우철).
10 주석형법 〔각칙(5)〕(5판), 179(이우철).
11 주석형법 〔각칙(5)〕(5판), 179(이우철).
12 헌재 2019. 7. 25, 2018헌가7, 2018헌바228.

석 문을 열어 동 차량 내부를 확인하던 중 뒷좌석에 공기총이 있는 것을 발견하고 112신고를 한 자동차수색행위에 대하여 검사가 혐의없음 불기소처분하자 청구인이 헌법소원심판청구한 사안에서, 청구인 소유의 승용차는 항상 연구소 앞 주차구획선이 그려있지 않은 곳에 주차되어 있었고, 공기총은 검정색 가죽집에 싸여져 승용차 뒷좌석 밑바닥에 있었으며, 경비원은 청구인의 승용차가 통행을 방해하므로 다른 경비원이 철사로 조수석 문을 열어준 뒤 사이드 브레이크를 풀어 이동시키려 하던 중 뒷좌석에 골프채가방 같은 것을 발견하고는 동료 경비원이 이를 총이라고 하기에 신고하였을 뿐이라는 것이므로 경비원으로서는 통행에 방해가 되는 차량의 이동이라는 정당행위를 하는 과정에서 청구인의 승용차를 열게 되었다 할 것이고, 그 후에는 차량 내부를 조사하거나 수색하였다기 보다는 브레이크를 푸는 과정에서 우연히 총을 발견하여 이를 건드리거나 확인하지 않은 채 경찰에 신고하였던 것이므로, 경비원에게 차량 내부 수색의 범의가 없었음은 물론 수색의 행위도 하지 않은 것으로 보아야 할 것이라고 결정하였다.[13]

본죄는 영장 없이 신체나 건조물 등을 수색하는 경우에 대비하려는 취지이므로 위법하게 주거, 건조물 등에 침입하여 신체나 주거 등을 수색한 경우에는, 주거침입죄와 본죄가 순차적으로 성립하며, 두 죄는 실체적 경합관계에 있다는 통설[14]과 본죄만이 성립한다는 소수설[15]이 대립하고 있다. 소수설은 본죄의 형벌이 더 무겁고, 예컨대 주거 밖에서 망원경을 통하여 주거를 수색한 경우와 같이 주거에 들어가지 않고 조사하는 경우에는 본죄가 성립하지 않으며, 주거침입죄는 계속범이고 주거침입죄가 계속되는 동안 주거수색죄가 이루어지기 때문이라고 주장한다. 12

주거를 수색함에 있어서 내부에 있는 사람의 신체를 아울러 수색한 때에는 포괄일죄가 될 뿐이라는 견해도 있다.[16] 절도나 강도의 목적으로 주거나 자동차 13

---

13 헌재 2001. 9. 27, 2001헌마377.
14 김성돈, 273; 김일수·서보학, 213; 박상기·전지연, 형법학(총론·각론 강의)(4판), 581; 배종대, 형법각론(13판), §59/7; 손동권·김재윤, §18/32; 신동운, 835-836; 이재상·장영민·강동범, 형법각론(12판), §15/29; 임웅, 300; 정성근·박광민, 272; 정영일, 형법강의 각론(3판), 247(주거침입을 위하여 주거를 수색한 경우에도 주거침입죄와 주거수색죄의 경합범이 인정된다).
15 오영근, 형법각론(4판), 215.
16 진계호·이존걸, 형법각론(6판), 293.

에 침입하여 실내의 금품을 물색하는 경우에 해당하는 수색행위는 불가벌적 수반행위로서 절도·강도죄에 흡수된다.[17]

14　　본죄는 고의범이므로 사람의 신체·주거 등을 수색한다는 사실에 대한 인식과 의사를 내용으로 하는 고의가 필요하다.

III. 위법성

15　　본죄도 위법성조각사유가 있으면 적법하게 되어 범죄가 성립하지 아니한다. 형사소송법, 민사집행법 등에 따른 적법한 수색은 법령에 의한 행위로서 위법성이 조각된다. 피해자의 동의가 있는 경우에는, 구성요건해당성을 배제하는 양해라는 견해(다수설)[18]와 위법성을 조각하는 사유가 된다는 견해(소수설)[19]가 대립하고 있다.

16　　현행범인은 누구든지 체포할 수 있다. 현행범 체포 시에 검사 또는 사법경찰관은 체포현장에서 수색을 할 수 있다. 그러나 사인(私人)에게는 수색이 허용되지 않는다. 다만, 정당방위나 긴급피난의 경우에는 신체나 주거 등에 대한 수색이 허용될 것이다. 사인에 의한 자구행위로서의 수색은 제23조가 규정한 자구행위의 요건 또는 민법 제209조가 규정한 자력구제의 요건을 갖춘 경우[20]가 아니면 허용되지 않는다.[21]

17　　정당한 목적을 달성하기 위한 수색이라고 하더라도 그 절차와 수단이 사회

---

17 김성돈, 273; 김일수·서보학, 213; 박상기·전지연, 581; 배종대, §59/7; 오영근, 215; 임웅, 300; 정성근·박광민, 272; 정영일, 247.

18 김성돈, 273(본죄의 불법이 피해자의 의사에 반하는 것을 본질적인 내용으로 한다); 손동권·김재윤, §18/32; 오영근, 214-215; 정성근·박광민, 272.

19 배종대, §59/7; 임웅, 299('수색'이란 행위가 상대방의 의사에 반할 것을 개념요소로 한다고 보지는 않기 때문이다).

20 대판 2017. 9. 7, 2017도9999. 집행관이 집행채권자인 조합 소유 아파트에서 유치권을 주장하는 피고인을 상대로 부동산인도집행을 실시하자, 피고인이 이에 불만을 갖고 아파트 출입문과 잠금장치를 훼손하며 강제로 개방하고 아파트에 들어갔다고 하여 재물손괴 및 건조물침입으로 기소된 사안에서, 피고인이 아파트에 들어갈 당시에는 이미 조합이 집행관으로부터 아파트를 인도받은 후 출입문의 잠금 장치를 교체하는 등으로 그 점유가 확립된 상태여서 점유권 침해의 현장성 내지 추적가능성이 있다고 보기 어려워 점유를 실력에 의하여 탈환한 피고인의 행위가 민법상 자력구제에 해당하지 않는다고 판시하였다.

21 신동운, 836.

통념상 용인되지 않는 경우에는 수색행위의 위법성이 조각되지 않는다.

판례는 회사의 정기주주총회에 적법하게 참석한 주주라고 할지라도 주주총 **18**
회장에서의 질문, 의사진행 발언, 의결권의 행사 등의 주주총회에서의 통상적인
권리행사 범위를 넘어서서 회사의 구체적인 회계장부나 서류철 등을 열람하기
위하여는 별도로 상법 제466조(주주의 회계장부열람권) 등에 정해진 바에 따라 회
사에 대하여 그 열람을 청구하여야 하고, 만일 회사에서 정당한 이유 없이 이를
거부하는 경우에는 법원에 그 이행을 청구하여 그 결과에 따라 회계장부 등을
열람할 수 있을 뿐 주주총회 장소라고 하여 회사측의 의사에 반하여 회사의 회
계장부를 강제로 찾아 열람할 수는 없다고 할 것이며, 설사 회사 측이 회사 운영
을 부실하게 하여 소수주주들에게 손해를 입게 하였다고 하더라도 위와 같은 사
정만으로 주주총회에 참석한 주주가 강제로 사무실을 뒤져 회계장부를 찾아내는
것이 사회통념상 용인되는 정당행위로 되는 것은 아니어서 방실수색죄에 해당한
다고 판시하였다.[22]

Ⅳ. 처 벌

3년 이하의 징역에 처하고(§ 321), 본죄의 미수범은 처벌한다(§ 322). **19**

헌법재판소는 피고인이 피해자에게 부동산 매매계약서를 달라고 하며 피해 **20**
자 주거지의 안방, 작은방, 거실 등에 들어가 서랍과 장롱을 뒤져 물건을 꺼내
어 놓는 등 피해자의 주거를 수색한 사안[23]과 청구인이 세금신고에 필요한 자
신의 서류를 찾기 위해 피해자 소유 승용차의 운전석 문을 열고 안으로 들어가
차량 내를 뒤지는 방법으로 승용차를 수색한 사안[24]에 대하여, 2019년 7월 25일
관여 재판관 8인의 전원일치 의견으로 사람의 신체, 주거, 자동차 등을 수색하

22 대판 2001. 9. 7, 2001도2917.
23 헌재 2019. 7. 25, 2018헌가7(제청법원은 당해사건 계속 중인 2018년 4월 6일 본조에 대하여 직
   권으로 위헌법률심판제청을 하였다).
24 헌재 2019. 7. 25. 2018헌바228. 청구인은 2017. 11. 8. 법원에서 자동차수색죄로 징역 6월에
   집행유예 2년을 선고받아 항소하였으나 2018. 2. 7. 항소심에서 항소기각 판결을 받았다. 이후
   청구인은 상고하여 상고심 계속 중인 2018. 3. 2. 본조에 대하여 위헌법률심판제청을 신청하였
   으나, 2018. 5. 11. 상고와 제청신청이 모두 기각되자 2018. 6. 5. 이 사건 헌법소원심판을 청구
   하였다.

는 행위를 3년 이하의 징역에 처하도록 규정한 본조 중 '주거' 및 '자동차'에 관한 부분이 헌법에 위반되지 않는다는 결정을 선고하였다.[25]

21   결정이유의 요지는 첫째, 책임과 형벌 간의 비례원칙에 위배된다고 볼 수 없다는 것이다. 구체적으로 "① 심판대상조항은 헌법과 형사소송법이 정하는 영장주의를 간접적으로 담보하는 의미를 가지는 점, 주거의 사실상의 평온, 사생활의 비밀과 자유와 같은 보호법익이 현대사회에서 중요한 가치로 기능하는 점 등을 고려하면 주거, 자동차와 같은 사적 공간에 대한 수색행위는 일반예방적 효과가 있는 형벌로 처벌할 필요성이 충분히 인정된다. ② 1995년 12월 29일 법률 제5057호로 형법을 개정할 당시 정부가 제출한 개정법률안은 심판대상조항에 벌금형을 선택형으로 규정하고자 하였으나, 국회 논의 과정에서 심판대상조항에 대하여는 보다 엄하게 규율하고자 징역형만을 법정형으로 정하는 것을 통과되었다. ③ 수색행위는 피해자의 사생활 영역에 대한 물리력의 행사로 이루어지는 것이어서 피해자가 느끼는 공포심, 불쾌감, 저항감은 어느 행위태양에 의하더라도 가볍다고 보기 어렵다. ④ 심판대상조항은 징역형의 하한에 제한을 두고 있지 않아 법원은 구체적 사안에서 수색행위의 동기 및 태양, 보호법익의 침해 정도 등을 고려하여 충분히 죄질과 행위자의 책임에 따른 형벌을 과할 수 있다. 따라서 심판대상조항이 징역형만을 법정형으로 정하고 있다 하더라도 입법재량의 범위를 벗어났다거나 법정형이 지나치게 과중하다고 보기 어렵다."고 판단하였다.

22   둘째, 형벌체계의 정당성과 균형성을 상실하여 평등원칙 위배된다고 할 수 없다는 것이다. 구체적으로 "① 주거침입죄나 퇴거불응죄(§319)와 달리 심판대상조항의 '수색'은 피해자의 의사에 반하는, 행위자의 적극적인 조사행위로서 필연적으로 피해자의 사생활 영역에 대한 물리력의 행사를 수반하므로 피해자는 더 큰 공포심과 불쾌감을 느낄 수 있으며, 피해자의 사적 영역 또한, 더 깊이 침해될 수 있다. 따라서 심판대상조항이 주거침입죄나 퇴거불응죄와 달리 징역형만을 법정형으로 정한 것은 위와 같은 보호법익의 침해 정도 및 죄질의 차이를 고려한 입법자의 결단으로 보인다. ② 절도의 고의로 타인의 주거, 자동차 등을

---

25 헌재 2019. 7. 25, 2018헌가7, 2018헌바228.

수색한 경우, 절도의 고의 없이 수색행위만을 한 경우보다 중하게 처벌할 필요성이 있음에도 불구하고, 심판대상조항과는 달리 절도죄(§ 329)는 선택형으로 벌금형을 두고 있어 형벌체계의 균형성을 상실한 것으로 보이는 측면이 있다. 그러나 형벌체계의 균형성 상실 여부에 대한 판단은 죄질과 보호법익이 유사한 범죄에 대한 형벌과의 비교를 통하여 이루어지는 것이므로, 재산권을 보호법익으로 하는 절도죄와 사생활의 비밀과 자유 등을 보호법익으로 하는 심판대상조항의 법정형을 평면적으로 비교하는 것은 적절하지 않다. 설령 절도죄와 심판대상조항의 법정형을 비교한다고 하더라도, 절도죄가 언제나 주거, 자동차에 대한 수색을 수반하는 것은 아니고, 경제적 가치가 미미한 재산권에 대한 침해와 같이 사생활의 비밀과 자유 등에 대한 침해보다 책임이 가벼운 경우도 상정할 수 있으므로, 절도죄에 선택형으로 벌금형을 규정하면서도 심판대상조항에는 징역형만 규정한 것에는 수긍할만한 합리적인 이유가 있다. ③ 청구인은 심판대상조항이 자동차등불법사용죄(§ 331의2)와 비교할 때 죄질이 현저히 낮음에도 불구하고 징역형으로만 의율되고 있어 형벌체계상 불합리하다고 주장하나, 자동차 등 불법사용죄의 보호법익은 자동차 등에 대한 사용권이므로, 심판대상조항과는 보호법익과 죄질이 전혀 달라 심판대상조항이 평등원칙에 반한다고 할 수도 없다. 따라서 심판대상조항이 현저히 형벌체계상의 정당성과 균형성을 상실하여 평등원칙에 위배된다고 할 수 없다."고 판단하였다.

〔조 재 빈〕

제322조(미수범)
본장의 미수범은 처벌한다.

1   (1) 제319조 제1항의 주거침입죄의 기수시점에 대하여는 앞서 본 바와 같이 견해의 대립이 있다. 일부침입설[1]은 행위자의 신체 전부가 아닌 일부만 주거 등에 들어가도 기수가 된다는 견해이고, 독일의 통설이며 우리나라의 소수설과 판례의 입장이다. 전부침입설[2]은 신체의 전부가 주거 등에 들어가야 기수가 되고 신체의 일부가 들어간 경우 미수범에 해당된다는 견해이고, 일본의 통설이다.[3]

2   판례는 주거침입죄는 사실상의 주거의 평온을 보호법익으로 하는 것이므로, 반드시 행위자의 신체의 전부가 범행의 목적인 타인의 주거 안으로 들어가야만 성립하는 것이 아니라 신체의 일부만 타인의 주거 안에 들어갔다고 하더라도 거주자가 누리는 사실상의 주거의 평온을 해할 수 있는 정도에 이르렀다면 범죄구성요건을 충족하는 것이라고 보아야 하고, 따라서 주거침입죄의 범의는 반드시 신체의 전부가 타인의 주거 안으로 들어간다는 인식이 있어야만 하는 것이 아니라 신체의 일부라도 타인의 주거 안으로 들어간다는 인식이 있으면 족하므로 야간에 타인의 집의 창문을 열고 집안으로 얼굴을 들이미는 등의 행위를 한 경우에는 본죄의 기수에 이르고, 신체의 극히 일부분이 주거 안으로 들어갔지만 사실상 주거의 평온을 해하는 정도에 이르지 아니하였다면 주거침입죄의 미수에 그친다고 판시하였다.[4]

3   또한, 판례는 주거침입죄의 실행의 착수가 인정되기 위해서는 주거자, 관리자 또는 점유자 등의 의사에 반하여 주거나 관리하는 건조물 등에 들어가는 행위, 즉 구성요건의 일부를 실현하는 행위까지 요하는 것은 아니고, 구성요건의

---

1 김신규, 형법각론, 286.
2 김성돈, 형법각론(5판), 268; 김일수·서보학, 새로쓴 형법각론(9판), 207; 오영근, 형법각론(4판), 211.
3 大塚 外, 大コン(3版)(7), 343(毛利晴光).
4 대판 1995. 9. 15, 94도2561.

실현에 이르는 현실적·객관적 위험성을 갖는 행위를 개시하는 것으로 충분하다고 판시하면서,[5] 행위자가 주거침입의 고의를 갖고 주거의 문을 열거나, 문의 시정장치를 부수거나,[6] 야간에 아파트에 침입하여 물건을 훔칠 의도하에 아파트의 베란다 철제난간까지 올라가 유리 창문을 열려고 시도하거나[7] 또는 다세대주택의 건물에 들어가 타인의 재물을 절취할 목적으로 출입문이 열려 있으면 안으로 들어갈 생각으로 각 호실의 출입문을 당겨본 행위,[8] 창문이 열려있으면 안으로 들어가겠다는 의사 하에 아파트의 창문을 열어보는 행위[9] 등 침입을 위한 구체적 행위를 개시한 경우에 주거침입죄의 실행의 착수가 인정된다고 한다.

그러나 침입대상인 아파트에 사람이 있는지 확인하기 위해 그 집의 초인종을 누르는 행위,[10] 야간에 다세대주택 2층의 불이 꺼져있는 것을 보고 물건을 절취하기 위하여 가스배관을 타고 올라가, 발은 1층 방범창을 딛고 두 손은 1층과 2층 사이에 있는 가스배관을 잡고 있던 상태에서 순찰 중이던 경찰관에게 발각되자 그냥 뛰어내린 행위,[11] 공사의 현장사무실 또는 경비실이 아닌 외곽에 담장이 설치되고 경비를 둔 공사현장에 들어간 행위[12]만으로는 아직 침입의 현실적 위험성을 포함하는 행위를 시작하였다거나 주거의 사실상의 평온을 침해할 객관적인 위험성을 포함하는 행위를 한 것으로 볼 수 없어 주거침입죄의 실행의 착수를 부정하였다. 4

(2) 제319조 제2항의 퇴거불응죄의 경우에는 미수범이 가능한지 견해의 대립이 있으나, 다수설은 이를 부정한다(**퇴거불응죄** 부분 참조). 1992년의 형법개정법률안은 진정부작위범에 대하여는 미수범이 있을 수 없다는 다수설의 태도에 따라 퇴거불응죄에 대한 미수범 처벌규정을 삭제하였다.[13] 5

(3) 제320조의 특수주거침입등죄는 주거침입·퇴거불응죄의 행위실행의 방 6

---

5 대판 2003. 10. 24, 2003도4417.
6 대판 1995. 9. 15, 94도2561.
7 대판 2003. 10. 24, 2003도4417.
8 대판 2006. 9. 14, 2006도2824.
9 대판 2010. 11. 25, 2010도13245.
10 대판 2008. 4. 10, 2008도1464.
11 대판 2008. 3. 27, 2008도917.
12 대판 2005. 10. 7, 2005도5351.
13 법무부, 형법개정법률안 제안이유서(1992. 10), 164.

〔조 재 빈〕   **661**

법으로 인하여 불법이 가중된 경우이므로 주거침입죄나 퇴거불응죄의 실행의 착수에 관한 기준이 그대로 적용된다.

7　　(4) 제321조의 신체등수색죄의 경우에는, 실행의 착수시기는 수색을 개시한 때이므로, 신체수색을 위해 위법하게 남의 통행을 제지하거나 주거수색을 위해 위법하게 남의 주거에 침입했을지라도 폭행죄나 주거침입죄의 실행의 착수가 있을 뿐 아직 신체등수색죄의 실행의 착수에는 이르지 않았다고 보아야 하고, 구성요건적 결과, 즉 신체적 안전·주거의 평온에 대한 교란이나 사적 비밀의 훼손이 발생하였을 때 기수에 이른 것으로 보아야 한다는 견해[14]가 있다. 이에 대해서는 주거침입죄에 대한 판례 이론을 원용하여, 일단 사람의 신체나 일정장소에 수색행위가 개시되었다면 그 순간 기수에 이른다고 보되, 그 수색행위가 극히 초기단계에 그쳐서 사생활의 자유나 신체의 완전성을 해하는 정도에 이르지 아니하였다면 미수에 그친다고 볼 것이라는 반론이 있을 수 있다는 견해[15]가 있다.

〔조 재 빈〕

---

14 김일수·서보학, 213; 정성근·박광민, 형법각론(4판), 272.
15 주석형법 〔각칙(5)〕(5판), 182(이우철).

[부록] 제10권(각칙 7) 조문 구성

I. 제33장 명예에 관한 죄

조 문		제 목	구성요건	죄 명	공소시효
§307	①	명예훼손	ⓐ 공연히 ⓑ 사실을 적시하여 ⓒ 사람의 명예를 ⓓ 훼손	명예훼손	5년
	②		ⓐ 공연히 ⓑ 허위의 사실을 적시하여 ⓒ 사람의 명예를 ⓓ 훼손		7년
§308		사자의 명예훼손	ⓐ 공연히 ⓑ 허위의 사실을 적시하여 ⓒ 사자의 명예를 ⓓ 훼손	사자명예훼손	5년
§309	①	출판물 등에 의한 명예훼손	ⓐ 사람을 비방할 목적으로 ⓑ 출판물에 의하여 ⓒ §307①의 명예훼손	(출판물, 라디오)에 의한명예훼손	5년
	②		ⓐ 사람을 비방할 목적으로 ⓑ 출판물에 의하여 ⓒ §307②의 명예훼손		7년
§310		위법성의 조각	ⓐ §307①의 명예훼손 ⓑ 진실한 사실로서 ⓒ 오로지 공공의 이익에 관한 때		
§311		모욕	ⓐ 공연히 ⓑ 사람을 ⓒ 모욕	모욕	5년
§312	①	고소와 피해자의 의사	§308, §311(친고죄)		
	②		§307, §309(반의사불벌죄)		

II. 제34장 신용, 업무와 경매에 관한 죄

조 문		제 목	구성요건	죄 명	공소시효
§313		신용훼손	ⓐ 허위사실 유포 또는 기타 위계로써 ⓑ 사람의 신용을 ⓒ 훼손	신용훼손	7년
§314	①	업무방해	ⓐ §313의 방법 또는 위력으로써 ⓑ 사람의 업무를 ⓒ 방해	업무방해	7년
	②		ⓐ 정보처리장치 또는 특수매체기록의 손괴, 정보처리장치에 허위의 정보 또는 부정한 명령 입력, 기타 방법으로 ⓑ 정보처리에 장애를 발생하게 하여 ⓒ 사람의 업무를 ⓓ 방해	(컴퓨터등손괴, 전자기록등손괴, 컴퓨터등장애) 업무방해	7년
§315		경매, 입찰의 방해	ⓐ 위계 또는 위력 기타 방법으로 ⓑ 경매 또는 입찰의 공정을 ⓒ 훼손	(경매, 입찰)방해	5년

III. 제35장 비밀침해의 죄

조 문		제 목	구성요건	죄 명	공소시효
§316	①	비밀침해	ⓐ 봉함 기타 비밀장치한 사람의 편지, 문서, 도화를 ⓑ 개봉	(편지, 문서, 도화) 개봉	5년
	②		ⓐ 봉함 기타 비밀장치한 사람의 편지, 문서, 도화, 전자기록등 특수매체기록을 ⓑ 기술적 수단을 이용하여 그 내용을 알아냄	(편지, 문서, 도화, 전자기록등)내용탐지	5년
§317	①	업무상비밀누설	ⓐ 의사, 한의사, 치과의사, 약제사, 약종상, 조산사, 변호사, 변리사, 공인회계사, 공증인, 대서업자, 그 직무상 보조자, 차등의 직에 있던 자가 ⓑ 직무처리 중 지득한 타인의 비밀을 ⓒ 누설	업무상비밀누설	5년

조　문	제　목	구성요건	죄　명	공소시효
②		ⓐ 종교의 직에 있는 자, 있던 자가 ⓑ 직무상 지득한 사람의 비밀을 ⓒ 누설		5년
§318	고소	본장은 고소가 있어야 공소제기		

Ⅳ. 제36장 주거침입의 죄

조　문	제　목	구성요건	죄　명	공소시효
§319 ①	주거침입	ⓐ 사람의 주거, 관리하는 건조물, 선박이나 항공기 또는 점유하 는 방실에 ⓑ 침입	(주거, 건조물, 선박, 항공기, 방실)침입	5년
②	퇴거불응	ⓐ ①의 장소에서 ⓑ 퇴거요구를 받고 응하지 아니함	퇴거불응	5년
§320	특수주거침입	ⓐ 단체 또는 다중의 위력을 보이 거나 위험한 물건을 휴대하여 ⓑ §319 죄를 범함	특수(§319 각 죄명)	7년
§321	주거·신체 수색	ⓐ 사람의 신체, 주거, 관리하는 건조물, 자동차, 선박이나 항공 기 또는 점유하는 방실을 ⓑ 수색	(신체, 주거, 건조물, 자동차, 선박, 항공기, 방실)수색	5년
§322	미수범	§319 내지 §321의 미수	(§319 내지 §321 각 죄명)미수	

사항색인

[ㄱ]

가치중립적 표현　§307/123
간접정범　§309/54, §311/53, §314/205,
　§316/30, §317/7 44
개봉　§316/26
객관적 관련성　[35-특-I]/62
거동범　§319/163
건조물　§319/32
견련범　§319/153, [36-총]/11
경매　§315/5
(경매·입찰)방해죄　§315/1
경쟁가격설　§315/16
경제적 신용　§313/5
계속범　§319/122, §319/163
공공의 이익　§310/24
공모공동정범　§314/199
공무　§314/55
공무집행방해죄　§314/61
공소사실의 특정　§314/257
공연성　§307/18, §308/8, §311/8
공연성에 대한 고의　§307/232
공익성　§309/28
공익성에 관한 착오　§310/110
공인 이론　§310/76
공정을 해하는 행위　§315/14
공지의 사실　§307/155
과잉금지원칙　§311/5
관련된 범죄　[35-특-I]/62
구성요건적 착오　§308/21, §313/17,
　§317/49
구성요건해당성　§314/146

구성요건해당성조각사유　§314/194
국회의원의 면책특권　§307/263
기능적 행위지배　§314/199
기대가능성　§314/198
기수시기　§314/183, §315/45
기술적 수단　§316/34
기판력　§314/217
긴급피난　§316/51, §317/62
긴급행위　§319/146

[ㄴ]

내적 명예　[33-총]/27
노동쟁의행위　§319/141 180
누설　§317/40

[ㄷ]

다소 과장된 표현　§307/170
다중　§320/7
단체　§320/6
담합행위　§315/19
대명률　[36-총]/8
대전 법조비리 사건　§307/216
대한항공 858기 폭파 사건　§309/40, §310/55
대향범　§317/8
도화　§316/11
동기의 착오　§319/93 106

[ㅁ]

면소판결　§314/217
명예　§307/218, [33-총]/26
명예감정　[33-총]/29

명예권   [33-총]/1
명예훼손죄   § 307/1
명확성원칙   § 311/5
모욕   § 311/27
모욕죄   § 311/1
모욕죄 폐지론   § 311/3
목적범   [35-특-II]/50
문서   § 316/11
미필적 고의   § 307/225, § 308/17, § 311/56,
    § 314/100, § 316/40, § 319/126

[ㅂ]
반의사불벌죄   § 312/9
방조범   § 314/203
법령에 의한 행위   § 319/130
법률의 착오   § 310/100, § 317/52, § 319/128
법조경합   § 307/293, § 313/23, § 316/52,
    § 319/156, § 319/161
보증인지위   § 309/93
보호할 가치 있는 업무   § 314/32
봉함 기타 비밀장치   § 316/3
부산 초원복집 사건   § 319/95 96, [35-특-I]/2
부작위   § 311/52, § 317/44, § 319/59 167
부작위에 의한 방조범   § 309/95
부정경쟁방지및영업비밀에관한법률위반(영업
    비밀국외누설등)죄   [35-특-II]/44
부정한 명령   § 314/240
부존재 입증   § 307/182
부진정부작위범   § 314/99
불가벌적 사후행위   § 316/39, [35-특-II]/58
불가벌적 수반행위   § 314/210, § 321/13
불고불리의 원칙   § 307/294
불능미수   § 308/22, § 313/17, § 319/128
불특정 또는 다수인   § 307/22
비공개 대화방   § 307/66
비공개성   § 317/27
비례원칙   § 321/21
비밀   § 317/26
비밀유지 의사   § 317/30
비밀유지의무   [35-특-II]/29

비밀이익   § 317/28
비방할 목적   § 309/23

[ㅅ]
사생활의 자유   [35-총]/7
사실 적시 명예훼손죄   § 307/2, § 310/1
사실상 평온설   [36-총]/20
사실의 적시   § 307/80
사실의 착오   § 307/256, § 310/100
사이버모욕죄   § 311/6
사자(死者)   § 307/193, § 308/10, § 317/24
사자명예훼손죄   § 308/1
사회상규   § 314/184, § 315/26
사회상규에 위배되지 않는 행위   § 307/270,
    § 311/71, § 319/135
상당성 법리   § 310/9
상상적 경합   [33-특]/144
상태범   § 315/49
선박   § 319/40
세월호 사건   § 307/202 213
소비자불매운동   § 314/111
손괴   § 314/238
수색   § 321/9
승계적 공동정범   § 314/202
시장가격설   § 315/17
신용   § 313/4
신용훼손죄   § 313/1
(신체·주거·건조물·자동차·선박·항공기·방
    실)수색죄   § 321/1
신탁입찰   § 315/22
실체적 경합   § 314/215

[ㅇ]
악의적 공격의 법리   § 310/77
알권리   § 307/262, § 310/3 76
양벌규정   [35-총]/5
양해   § 316/43, § 317/53, § 319/83
언론보도   § 310/12
업무   § 314/5
업무 방해   § 314/96

업무로 인한 행위 §307/260

업무방해방조죄 §314/203

업무방해죄 §314/1

업무방해행위의 유형 §314/103

업무상비밀누설죄 §317/1

역사적 인물 §308/12

연속범 §307/289

열거규정 §309/12

영업비밀 [35-특-II]/11

영업비밀 침해행위 [35-특-II]/44

예시규정 §309/13

온라인서비스 제공자 §309/91

외적 명예 §309/2, [33-총]/28

위계 §313/12, §314/73, §315/10

위력 §314/80, §315/10, §320/8

위법성의 착오 §314/196

위법성조각사유 §307/258, §309/51, §310/1
105, §311/58, §314/184, §319/83

위법의 상대성론 §314/166

위요지 §319/17

위험한 물건 §320/12

유추해석 §309/12

의견 표현 §307/84

의무의 충돌 §317/67

의사침해설 §319/48

이익형량의 원리 §317/65

인격권 [33-총]/2

인격영역 이론 §310/82

인식할 수 있는 상태 §307/29

인적 관련성 [35-특-I]/62

인적 처벌조각사유 §307/263

일신전속적 법익 §307/289

입력 §314/239

입증가능성 §307/112

입증책임 §307/178

입증책임전환설 §310/95

입찰 §315/5

[ㅈ]

자구행위 §314/193, §319/147

자수범 §317/7

쟁의행위 §314/138

전자기록 등 특수매체기록 §314/236, §316/20

전제사실의 착오설 §310/105

전파가능성 §307/42, §313/10

전파가능성 이론 §307/33, §311/10

점유하는 방실 §319/44

정당방위 §307/285, §311/64, §314/191

정당행위 §307/260, §311/70, §314/170
184, §316/47, §317/55, §319/130, §321/18

정보처리의 장애 발생 §314/245

정보통신망이용촉진및정보보호등에관한법률위
반(명예훼손)죄 §309/62

정신적 살인 §307/7

죄형법정주의 §307/77, §311/5, §314/225

주거 §319/3

(주거·건조물·선박·항공기·방실)침입죄
§319/1

주거권의 경합 §319/68

즉시범 §309/19

증언거부권 §317/63

지정고의 §307/243

직무부수행위 §307/267

직접인식상태설 §307/30

진실 적시 명예훼손죄 §307/3

진실성 간주 법리 §310/9

진실성에 관한 착오 §310/102

진정부작위범 §319/163

진정신분범 §317/2

집단표시 §307/207, §311/23

집합명칭 §307/207, §311/23

[ㅊ]

초과주관적 구성요건 §309/23

추상적 위험범 §307/221, §309/2, §311/2
54, §313/18, §314/247, §315/4, §316/28,
§321/4, [33-총]/35, [35-총]/20

추정적 승낙 §316/46, §319/89

추정적 의사 §319/60

출판물 §309/6

(출판물·라디오)에의한명예훼손죄　　§309/1
친고죄　　§312/3, §318/2
침입　　§319/47
침해범　　§316/35, [35-총]/20, [36-총]/38

[ㅋ]
(컴퓨터등손괴·전자기록등손괴·컴퓨터등장애)
　　업무방해죄　　§314/229
컴퓨터 등 정보처리장치　　§314/235

[ㅌ]
타인간의 대화　　[35-특-Ⅰ]/8
통신사실 확인자료제공　　[35-특-Ⅰ]/42
통신의 자유　　[35-총]/9
통신제한조치　　[35-특-Ⅰ]/21
퇴거불응　　§319/177
퇴거불응죄　　§319/161
특수(주거·건조물·선박·항공기·방실)침입죄
　　§320/1
특수퇴거불응죄　　§320/1

[ㅍ]
파업　　§314/146 174
패킷 감청　　[35-특-Ⅰ]/23
편지　　§316/11
(편지·문서·도화)개봉죄　　§316/1
(편지·문서·도화·전자기록등)내용탐지죄

§316/1
평등원칙　　§321/22
평온침해설　　§319/48
포괄일죄　　§313/21, §314/217, §319/150,
　　§321/13
포괄적 승낙　　§319/89
표현범　　§311/57
표현의 자유　　§307/3, §319/148
피해자 특정　　§307/203
피해자의 동의　　§321/15
피해자의 승낙　　§307/288, §311/62,
　　§314/194, §316/43, §317/53, §319/129

[ㅎ]
항공기　　§319/41
행정상 공표　　§310/16
허위사실　　§307/168
허위사실 유포　　§313/6, §314/67
허위사실 적시　　§308/8
허위사실 적시 명예훼손죄　　§307/2
허위사실공표죄　　[33-특]/4
허위의 정보　　§314/240
현실적 악의 원칙　　§310/79
확정적 고의　　§307/225, §308/17
후보자비방죄　　[33-특]/87
훼손　　§307/220, §313/14
휴대　　§320/12

판례색인

(판례 옆의 §과 고딕 글자는 판례가 소재한 조문(또는 총설)의 위치를, 옆의 명조 숫자는
방주번호를 나타낸다 예컨대, [33-총]은 제33장 [총설]을, [35-특-II]은 제35장 [특별법 II]을 나타낸다)

[헌법재판소]

헌재 1998. 7. 16, 97헌바23 ·····················
················· § 314/144 148 228

헌재 1999. 6. 24, 97헌마265 ········ § 310/3 84

헌재 2001. 7. 19, 2000헌마546 ······· [33-총]/2

헌재 2001. 9. 27, 2001헌마377 ········ § 321/11

헌재 2008. 11. 27, 2007헌가24 ·········· § 320/6

헌재 2010. 4. 29, 2009헌바168 ·················
················· § 314/148 227

헌재 2010. 9. 30, 2009헌마580 ······· § 319/64

헌재 2011. 12. 29, 2010헌바54, 407(병합) ·····
················· § 314/226 111 112

헌재 2012. 4. 24, 2011헌바48 ·· § 319/168 188

헌재 2012. 5. 31, 2011헌바135 ·················
············ § 319/27 32 166 176 178 187

헌재 2012. 8. 23, 2008헌마430 ······ § 319/133

헌재 2013. 12. 26, 2009헌마747 ······ § 307/249

헌재 2014. 3. 27, 2011헌바126 ······· § 315/6 7

헌재 2015. 2. 26, 2014헌가16, 19, 23 ·········
················· § 319/159

헌재 2015. 4. 30, 2014헌마953 ······· § 319/137

헌재 2015. 9. 24, 2015헌가17 ············ § 320/1

헌재 2016. 2. 25, 2013헌바105 ·········· § 307/9

헌재 2018. 6. 28, 2012헌마191, 550, 2014헌마
357(병합) ····························· [35-특-I]/38 48

헌재 2018. 6. 28, 2012헌마538 ··· [35-특-I]/38

헌재 2018. 8. 30, 2016헌마263 ··· [35-특-I]/19

헌재 2018. 8. 30, 2016헌마344, 2017헌마630
················· § 320/4

헌재 2019. 7. 25, 2018헌가7, 2018헌바228 ···
················· § 321/3 10 20

헌재 2019. 7. 25, 2018헌마795 ········ § 319/63

헌재 2019. 7. 25, 2018헌바228 ········ § 321/20

헌재 2021. 2. 25, 2016헌바84 ·········· § 307/15

헌재 2021. 2. 25, 2017헌마1113 ········ § 307/12

헌재 2021. 3. 25, 2015헌바438 ········ § 309/68

헌재 2021. 4. 29, 2018헌바113 ········ § 309/89

헌재 2022. 5. 26, 2012헌바341 ······ § 314/148

헌재 2022. 11. 24, 2021헌마426 ······· § 314/223

[대법원]

대판 1955. 12. 23, 4288형상25 ·····················
················· § 319/104, § 320/6

대판 1956. 4. 22, 4287형상36 ········ § 307/226

대판 1956. 12. 7, 4289형상272 ······ § 319/114

대판 1957. 4. 12, 4289형상350 ········ § 319/11

대판 1957. 10. 21, 4290민상368 ········ § 315/22

대결 1958. 5. 23, 4291형상117 ········ § 319/75

대판 1958. 12. 12, 4291형상454 ········ § 319/15

대판 1959. 7. 24, 4291형상224 ········ § 315/29

대판 1959. 7. 31, 4291형상523 ······· § 314/119

대판 1960. 8. 3, 4293형상397 ········ § 314/98

대판 1961. 2. 24, 4293형상864 ······················
············ § 307/106, § 311/28, § 314/119

대판 1961. 3. 22, 4293형상889 ······················
················· § 313/13, § 314/79

대판 1962. 4. 12, 62도17 ········ § 314/91 193

대판 1965. 1. 26, 64도587 ············ § 319/45

대판 1965. 12. 21, 65도899 ············ § 319/134

대판 1966. 3. 22, 65도1164 ········· § 314/198

대판 1967. 1. 31, 66도1686 ·········· § 314/85

대판 1967. 9. 26, 67도1089 ·········· § 319/135

대판 1967. 10. 26, 67도1439 ············· § 319/17
대판 1967. 10. 31, 67도1086 ············· § 314/54
대판 1967. 12. 19, 67도1281 ····· § 319/95 104
대판 1968. 12. 24, 68도1569 ············· § 307/34
대판 1969. 1. 21, 68도1660 ··········· § 313/5 15
대판 1969. 5. 27, 69도572 ·············· § 314/34
대판 1969. 9. 23, 69도1130 ············· § 319/75
대판 1971. 4. 20, 70도2241 ············· § 315/29
대판 1971. 4. 30, 71도519 ····· § 315/14 16 29
대판 1971. 5. 24, 71도399 ·············· § 314/16
대판 1972. 5. 9, 72도710 ·············· § 314/32
대판 1972. 5. 31, 70도1859 ············ § 307/294
대판 1973. 6. 26, 73도460 ········· § 319/16 66
대판 1976. 7. 13, 74도717 ·············· § 315/29
대판 1977. 3. 22, 76도2918 ············· § 314/13
대판 1977. 4. 26, 76도2446 ············ § 314/135
대판 1977. 5. 24, 76도3460 ······ § 314/32 192
대판 1977. 7. 26, 77도1802 ············ § 319/156
대판 1977. 10. 11, 77도2502 ············· § 314/32
대판 1978. 10. 10, 75도2665 ······ § 319/95 104
대판 1979. 10. 30, 79도1882 ····· § 319/104 108
대판 1980. 11. 25, 79도1956 ············· § 314/35
대판 1981. 6. 23, 81도1250 ·····························
··· § 307/295, § 312/3
대판 1981. 7. 28, 81도1046 ············· § 320/12
대판 1981. 8. 25, 81도149 ············· § 307/166
대판 1981. 10. 27, 81도1023 ············· § 307/59
대판 1981. 11. 24, 81도2280 ·····························
···································· § 307/105 107, § 311/28
대판 1982. 4. 27, 81도2956 ·····························
···································· § 319/3 30, [36-총]/35
대판 1982. 11. 9, 82도1256 ············ § 307/204
대판 1983. 1. 18, 81도824 ··········· § 315/29 39
대판 1983. 2. 8, 82도2486 ·····························
······························· § 313/6 7, § 314/70 194
대판 1983. 3. 8, 82도1363 ·····························
······ § 319/14 17 50 85 114, [36-총]/21 35
대판 1983. 7. 12, 83도1394 ····· § 319/100 104
대판 1983. 8. 23, 83도1017 ·····························
································ § 307/152 153 228

대판 1983. 10. 11, 82도2584 ············· § 314/85
대판 1983. 10. 11, 83도2222 ············· § 307/38
대판 1983. 10. 11, 83도2230 ············ § 319/138
대판 1983. 10. 25, 83도1520 ·············· § 308/3
대판 1983. 10. 25, 83도2190 ············· § 307/58
대판 1983. 11. 8, 83도1798 ············ § 314/187
대판 1984. 2. 14, 83도2897 ············· § 319/57
대판 1984. 2. 26, 83도685 ·····························
································ § 319/75, [36-총]/35
대판 1984. 2. 28, 83도891 ············· § 307/61
대판 1984. 2. 28, 83도3124 ············· § 307/25
대판 1984. 3. 27, 84도86 ·············· § 307/28
대판 1984. 4. 10, 83도49 ·············· § 311/11
대판 1984. 4. 24, 83도1429 ············· § 319/15
대판 1984. 5. 9, 83도2270 ············ § 314/127
대판 1984. 6. 12, 84도620 ········· § 316/14 41
대판 1984. 7. 10, 84도638 ············· § 314/74
대판 1984. 10. 23, 84도2001 ············· § 320/12
대판 1984. 12. 26, 84도1573(전) ····· § 319/159
대판 1985. 3. 26, 85도122 ········· § 319/15 147
대판 1985. 4. 9, 84도300 ············· § 314/20
대판 1985. 4. 23, 85도431 ·····························
································ § 307/53 130 141
대판 1985. 5. 28, 85도588 ············ § 307/227
대판 1985. 10. 22, 85도1597 ············· § 314/54
대판 1985. 10. 22, 85도1629 ·····························
······························· § 307/106, § 311/28
대판 1985. 11. 26, 85도2037 ············· § 307/27
대판 1985. 12. 10, 84도2380 ············· § 307/35
대판 1986. 3. 25, 85도1143 ············· § 309/9
대판 1986. 10. 14, 86도1341 ············ § 307/276
대판 1986. 12. 23, 86도1372 ············· § 314/36
대판 1987. 4. 28, 87도453, 87감도41 ···········
································ § 314/83
대판 1987. 5. 12, 87도3 ················· § 319/16
대판 1987. 5. 12, 87도739 ·····························
··········· § 307/106, § 311/28, [33-총]/33 330
대판 1987. 5. 12, 89도889 ············· § 319/66
대판 1987. 11. 10, 87도1760 ············· § 319/15
대판 1988. 3. 8, 87도2646 ············· § 315/29

대판 1988. 12. 13, 88도1807 ············ § 319/149

대판 1989. 2. 14, 88도899 ············· § 307/270

대판 1989. 2. 28, 88도2430 ········· § 319/32 38

대판 1989. 3. 14, 87도3674 ············· § 314/32

대판 1989. 3. 14, 88도1397 ············· § 311/48

대판 1989. 3. 28, 89도110 ········· § 314/12 26

대판 1989. 6. 27, 88도2264 ············ § 314/213

대판 1989. 7. 11, 89도886 ············· § 307/47

대판 1989. 9. 12, 88도1752 ······· § 314/14 20

대판 1989. 9. 12, 89도889 ············· § 319/12

대판 1989. 11. 14, 89도1744 ·······················

················· § 307/205, § 309/34

대판 1989. 12. 22, 89도1570 ············· § 320/12

대판 1990. 3. 13, 90도173 ············· § 319/100

대판 1990. 4. 24, 90도401 ········· § 320/2 14

대판 1990. 4. 27, 89도1467 ······ § 307/62 280

대판 1990. 5. 15, 90도357 ·······················

················· § 314/139 174 176 180 181

대판 1990. 6. 12, 90도672 ············· § 314/168

대판 1990. 7. 10, 90도755 ············· § 314/168

대판 1990. 7. 24, 90도1167 ········ § 307/23 37

대판 1990. 9. 13, 90도173 ············· § 319/114

대판 1990. 9. 25, 90도873 ·······················

···························· § 307/106, § 311/28

대판 1990. 9. 28, 90도602 ············· § 314/139

대판 1990. 10. 12, 90도1431 ·······················

··························· § 314/144 157 175 176

대판 1990. 10. 30, 90도2022 ············· § 315/11

대판 1990. 12. 26, 90도2473 ·······················

····························· § 307/23 26 272

대판 1991. 1. 23, 90도2852 ····· § 314/138 145

대판 1991. 1. 29, 90도2445 ····· § 314/119 211

대판 1991. 2. 12, 90도2501 ············· § 314/37

대판 1991. 3. 27, 90도2528 ············ § 314/139

대판 1991. 4. 23, 90도2771 ············ § 314/147

대판 1991. 4. 23, 90도2961 ············· § 314/85

대판 1991. 5. 14, 91도420 ············· § 307/137

대판 1991. 6. 11, 91도204 ············· § 314/138

대판 1991. 6. 11, 91도383 ············· § 314/176

대판 1991. 6. 11, 91도753 ············· § 319/33

대판 1991. 6. 25, 91도347 ········ § 307/24 166

대판 1991. 6. 28, 91도944 ············· § 314/31 38

대판 1991. 7. 9, 91도1051 ············· § 314/140

대판 1991. 7. 12, 91도897 ············· § 314/168

대판 1991. 8. 13, 91도1324 ·······················

························· § 319/145 172 181

대판 1991. 8. 27, 91도1344 ············ § 314/121

대판 1991. 9. 10, 91도1666 ·······················

·············· § 314/141, § 319/144

대판 1991. 10. 22, 91도600 ············· § 314/140

대판 1991. 10. 22, 91도1961 ············· § 315/35

대판 1991. 11. 8, 91도326 ·······················

····· § 314/140 141 144 146 147, § 319/143

대판 1991. 11. 12, 91도2211 ············· § 314/106

대판 1992. 2. 11, 91도1834 ············· § 314/17

대판 1992. 3. 31, 92도58 ············· § 314/75

대판 1992. 4. 10, 91도3044 ······ § 314/98 181

대판 1992. 4. 28, 91도2309 ·······················

························· § 319/32 85 165 172

대판 1992. 5. 8, 91도3051 ····· § 314/141 168

대판 1992. 5. 22, 91다39320 ············· § 317/42

대판 1992. 6. 9, 91도2221 ·······················

························· § 314/7376 107

대판 1992. 7. 28, 92도917 ············· § 319/156

대판 1992. 8. 14, 91도1277 ············· § 314/168

대판 1992. 9. 22, 91다4317 ············· § 314/180

대판 1992. 9. 22, 91도3317 ····· § 307/267 269

대판 1992. 9. 22, 92도1855 ············· § 314/179

대판 1992. 9. 25, 92도1520 ············· § 319/32

대판 1992. 11. 10, 92도1315 ····· § 314/144 199

대판 1992. 12. 8, 92도1645 ·······················

························· § 314/140 144 169

대판 1993. 2. 9, 92도2929 ········ § 314/12 25

대판 1993. 2. 23, 92도3395 ············· § 315/11

대판 1993. 3. 23, 92도455 ·······················

························· § 307/40 155, § 319/87

대판 1993. 4. 13, 92도3035 ·······················

·············· § 309/32 60, § 314/121 209

대판 1993. 5. 11, 92도255 ··················· § 314/8

대판 1993. 6. 22, 92도3160 ·······················

················· § 310/**8 18 27 41** 104
대판 1993. 6. 22, 93도1035 ············· § 310/26
대판 1993. 11. 26, 93다18389 ············ § 310/17
대판 1993. 12. 21, 92도2247 ············· § 314/164
대판 1993. 12. 28, 93도2669 ····· § 314/**101** 106
대판 1994. 1. 28, 93도1278 ············· § 314/67
대판 1994. 2. 8, 93도120 ·············· § 319/144
대판 1994. 2. 22, 93도613 ·············· § 314/181
대판 1994. 3. 11, 93도2305 ···· § 314/**106** 200
대판 1994. 4. 12, 93도3535 ····················
················· § 307/**156**, § 309/55
대판 1994. 4. 12, 94도128 ············· § 314/18
대판 1994. 4. 15, 93도2899 ············· § 314/186
대판 1994. 4. 26, 93도1689 ············· § 312/12
대판 1994. 6. 14, 93도288 ······· § 314/**135** 190
대판 1994. 6. 28, 93도696 ············· § 307/124
대판 1994. 8. 26, 94도237 ····· § 310/**8** 20 104
대판 1994. 9. 30, 94도1880 ······· § 307/**23** 39
대판 1994. 10. 11, 94도1991 ············· § 320/14
대판 1994. 10. 25, 94도1770 ·················
················· § 307/**106**, § 311/28
대판 1994. 11. 8, 94도2142 ············· § 315/29
대판 1994. 12. 2, 94도2510 ············· § 314/202
대판 1995. 3. 17, 93도923 ············· § 307/278
대판 1995. 4. 14, 95도12 ·········· § 319/**61** 128
대판 1995. 6. 30, 94도3136 ·· § 314/**12** 31 186
대판 1995. 6. 30, 95도1010 ················ § 310/5
대판 1995. 9. 15, 94도2561 ············· § 319/55
116 121 125, § 322/**2** 3, [36-총]/**35** 38
대판 1995. 9. 15, 94도3336 ···· § 319/**100** 114
대판 1995. 10. 12, 95도1589 ·················
················· § 314/**14** 19 30 114
대판 1995. 11. 10, 94도1942 ············· § 310/65
대판 1995. 11. 14, 95도1729 ············· § 314/131
대판 1995. 12. 5, 94도1520 ············· § 314/8
대판 1996. 1. 26, 95도1959 ······ § 314/**60** 159
대판 1996. 2. 27, 95도2970 ···· § 314/**140** 144
대판 1996. 4. 12, 94도3309 ·················
················· § 307/**240**, § 310/**28** 37
대판 1996. 5. 10, 95도780 ·········· § 317/34

대판 1996. 5. 10, 96도419 ·················
················· § 314/**140** 145, § 319/**100** 114
대판 1996. 6. 28, 96도977 ··· [33-특]/**115** 125
대판 1996. 7. 12, 96도1007 ············· § 307/51
대판 1996. 7. 30, 94도2708 ············· § 314/106
대판 1996. 8. 23, 94도3191 ··········· § 310/**8** 13
대판 1996. 10. 25, 95도1473 ·················
················· § 310/**25** 26 28 33 95 98
대판 1996. 11. 12, 96도2214 ····· § 314/**119** 184
대판 1996. 12. 23, 96다16605 ·················
················· [35-특-Ⅱ]/**10** 26 31 35 65
대판 1997. 2. 14, 96도2234 ·················
················· § 307/**291**, § 309/22
대판 1997. 3. 11, 96도2801 ············· § 314/98
대판 1997. 3. 28, 95도2674 ·················
················· § 319/**95** 112 138
대판 1997. 3. 28, 95도1199 ············· § 315/23
대판 1997. 4. 11, 97도88 ·········· § 310/**31** 104
대판 1997. 4. 17, 96도3377 ············· § 314/128
대판 1997. 4. 25, 96도2910 ·· [33-특]/**104** 113
대판 1997. 5. 30, 97도597 ············· § 320/12
대판 1997. 8. 26, 97도133 ·········· § 309/**1** 8 9
대판 1997. 11. 25, 97도2394 ············· § 314/26
대판 1998. 2. 13, 97다24528 ·················
················· [35-특-Ⅱ]/**10** 35 39
대판 1998. 2. 27, 97도2543 ············· § 314/164
대판 1998. 3. 22, 97도2956 ·········· [33-특]/119
대판 1998. 3. 24, 97도2956 ·················
················· § 307/**82** 88 301, [33-특]/**144**
대판 1998. 5. 12, 98도662 ············· § 320/1
대판 1998. 6. 9, 98다1928 ·· [35-특-Ⅱ]/**52** 55
대판 1998. 7. 14, 98도1579 ············· § 314/210
대판 1998. 8. 25, 98도1155 ············· § 314/39
대판 1998. 9. 22, 98도1992 ·················
················· [33-특]/**15** 26 141
대판 1998. 10. 9, 97도158 ·················
····· § 309/**9** 28 52, § 310/**5** 35, [33-특]/**118**
대판 1999. 1. 15, 98도663 ············· § 314/**5** 8
대판 1999. 1. 26, 97다10215 ·················
················· § 307/**170**, § 310/15

대판 1999. 1. 29, 98도3240 ············ § 314/116
대판 1999. 4. 23, 99도636 ·····················
················· [33-특]/144, [35-특-I]/60
대판 1999. 5. 14, 98도3767 ······ § 314/96 135
대판 1999. 5. 28, 99도495 ············ § 314/85
대판 1999. 6. 8, 99도1543 ········ § 310/28 39
대판 1999. 10. 12, 99도2309 ·········· § 315/16
대판 1999. 12. 10, 99도3487 ··········· § 314/80
대판 2000. 2. 11, 99도3048 ·· § 307/8, § 309/9
대판 2000. 2. 11, 99도4579 ·········· § 307/48
대판 2000. 2. 25, 98도2188 ·················
············· § 307/96, § 309/18, § 310/28
대판 2000. 2. 25, 99도4757 ·········· § 307/171
대판 2000. 3. 10, 2000도257 ·········· § 314/186
대판 2000. 3. 24, 2000도102 ··········· § 315/53
대판 2000. 4. 25, 99도4260 ···· [33-특]/48 127
대판 2000. 5. 12, 98도3299 ·········· § 314/172
대판 2000. 5. 12, 99도5734 ·····················
··················· § 307/166, § 310/63
대판 2000. 5. 16, 99도5622 ········ § 307/21 69
대판 2000. 9. 5, 99도3865 ··········· § 314/161
대판 2000. 9. 5, 99도4832 ·· [33-특]/101 121
대판 2000. 9. 26, 99도5403 ··········· § 314/67
대판 2000. 10. 10, 99도5407 ·····················
························· § 307/197 203 211
대판 2000. 10. 13, 99도4812 ··········· § 314/178
대판 2000. 10. 24, 2000도2757 ·········· § 314/60
대판 2000. 11. 30, 2001도2423 ·········· § 315/54
대판 2000. 12. 22, 2000도4926 ··········· § 313/5
대판 2001. 2. 29, 2000도4700 ··········· § 315/8
대결 2001. 4. 10, 2001모193 ········· [33-특]/59
대판 2001. 4. 24, 2001도1092 ·········· § 319/17
대판 2001. 5. 8, 99도4659 ············ § 314/162
대판 2001. 6. 12, 2001도1012 ········· § 310/71
대판 2001. 6. 26, 2000도2871 ·········· § 314/178
대판 2001. 6. 29, 99도4525 ··········· § 315/37
대판 2001. 9. 7, 2001도2917 ···················
····················· § 314/114, § 321/18
대판 2001. 10. 9, 2001도3594 ······ § 310/7 53
대판 2001. 10. 25, 99도4837 ··········· § 314/165
대판 2001. 11. 27, 2001도5008 ········ § 307/292
대판 2001. 11. 30, 2001도2015 ·········· § 314/47
대판 2001. 12. 24, 2001도205 ·········· § 314/217
대판 2002. 1. 22, 2000다37524 ·················
·························· § 307/86, § 310/84
대판 2002. 2. 26, 99도5380 ····················
···················· § 314/160 162 163
대판 2002. 3. 29, 2000도3231 ··················
···················· § 314/96 98 121
대판 2002. 4. 26, 2001도6903 ········ § 314/117
대판 2002. 5. 24, 2002도39 ··········· [33-특]/54
대판 2002. 6. 14, 2000도4595 ·················
··················· [33-특]/98 111 143
대판 2002. 6. 28, 2000도3045 ········· § 309/57
대판 2002. 8. 23, 2001도5592 ··········· § 314/48
대판 2002. 9. 6, 2002도2812 ··········· § 320/12
대판 2002. 9. 24, 2002도2243 ·· § 319/143 181
대판 2002. 10. 8, 2002도123 ··················
··················· § 316/48, [35-특-I]/9 53
대판 2002. 10. 25, 2000도5669 ········· § 314/109
대판 2002. 11. 13, 2001도6292 ·· [33-특]/59 72
대판 2002. 11. 13, 2002도4090 ·········· § 314/171
대판 2002. 12. 22, 2000도5461 ···· [35-특-I]/59
대판 2002. 12. 24, 2000다14613 ······· § 307/118
대판 2003. 1. 10, 2002도2363 ········· § 314/244
대판 2003. 1. 24, 2001도4331 ···· [35-특-II]/33
대판 2003. 2. 11, 2002도5200 ·········· § 314/188
대판 2003. 2. 20, 2001도6138 ··················
§ 307/203, § 310/23, [33-특]/14 22 50 77 117
대판 2003. 2. 28, 2002도5881 ········ § 314/162
대판 2003. 3. 14, 2002도5883 ··········· § 314/60
대판 2003. 4. 11, 2002도1747 ··········· § 314/31
대판 2003. 5. 13, 2002도7420 ········ § 307/110
대판 2003. 5. 13, 2003도604 ···· § 319/85 114
대판 2003. 5. 16, 2003도1455 ········· § 319/157
대판 2003. 5. 30, 2003도1256 ··················
·············· § 319/45 86 95 100 104
대판 2003. 6. 13, 2001도1343 ··········· § 317/34
대판 2003. 6. 24, 2003도1868 ··········· § 307/94
대판 2003. 7. 11, 2003도684 ··········· § 313/23

대판 2003. 7. 11, 2003도2598 ·· § 314/160 162
대결 2003. 7. 16, 2002마4380 ······· [35-특]/38
대판 2003. 9. 2, 2002다63558 ·····················
·· § 307/210 216
대판 2003. 9. 5, 2003도2136 ········· § 314/218
대판 2003. 9. 26, 2003도3000 ········· § 319/138
대판 2003. 9. 26, 2002도3924 ·····················
·· § 315/29 41 46
대판 2003. 10. 24, 2003도4417 ·····················
····························· § 319/116, § 322/3
대판 2003. 10. 30, 2003도4382 ···· [35-특-II]/48
대판 2003. 11. 13, 2001도6213 ·····················
··· [35-특-I]/3 10
대판 2003. 11. 28, 2003도3972 ·····················
·· § 311/37 70 81
대판 2003. 11. 28, 2003도5931 ·· § 319/127 135
대판 2003. 12. 11, 2001도3429 ·· § 314/160 162
대판 2003. 12. 26, 2001도1863 ·····················
····················· § 314/115 117 133 144 149
대판 2003. 12. 26, 2001도3380 ·····················
······························· § 314/162 165 212
대판 2003. 12. 26, 2002도7339 ········· § 317/34
대판 2003. 12. 26, 2003도1317 ·····················
···················· § 314/138 140 174 175 176
대판 2003. 12. 26, 2003도6036 ··········· § 310/49
대판 2004. 2. 13, 2003도7393 ········· § 319/136
대판 2004. 3. 26, 2003도7927 ··· § 314/98 105
대판 2004. 3. 26, 2004도234 ·············· § 320/7
대판 2004. 4. 9, 2004도165 ·············· § 313/6
대판 2004. 4. 9, 2004도340 ·····················
···················· § 307/230 236, § 309/26
대판 2004. 5. 14, 2004도49 ·············· § 313/8
대판 2004. 5. 27, 2004도689 ·····················
···························· § 314/147 176 178 181
대판 2004. 5. 28, 2004도1616 ··········· § 314/10
대판 2004. 6. 10, 2003도6133 ····· § 319/20 36
대판 2004. 6. 25, 2003도4934 ·····················
··· § 307/222 271 282 285 287, § 311/27 58
대판 2004. 6. 25, 2004도2062 ·····················
···································· [33-특]/51 117 137

대판 2004. 7. 9, 2002도631 ·····················
······················ § 314/235 243 245 246
대판 2004. 8. 20, 2003도4732 ········· § 314/186
대판 2004. 8. 30, 2003도2146 ·····················
···························· § 314/145 160 162
대판 2004. 8. 30, 2004도3212 ········· § 319/56
대판 2004. 9. 13, 2004도749 ··· § 314/162 178
대판 2004. 9. 23, 2002다60610 ·· [35-특-II]/14
대판 2004. 9. 23, 2004도3394 ·····················
···························· § 314/144 169 173
대판 2004. 10. 15, 2004도3912 ·····················
································· § 310/27 29 67
대판 2004. 10. 15, 2004도4467 ········· § 314/167
대판 2004. 10. 15, 2004도4869 ········· § 314/132
대판 2004. 10. 27, 2004도3919 ·····················
·································· [33-특]/117 129
대판 2004. 10. 28, 2004도1256 ··········· § 314/29
대판 2004. 11. 12, 2003다69942 ······· § 307/197
대판 2004. 11. 12, 2004도3324 ·····················
·························· § 314/80 144 146 160
대판 2004. 11. 26, 2004도5148 ········· § 319/138
대판 2004. 12. 10, 2004도6450 ······· [33-특]/21
대판 2004. 12. 24, 2004도6525 ········· § 313/6 7
대판 2005. 2. 18, 2004도8587 ········· § 319/179
대판 2005. 3. 10, 2004도341 ············· § 314/81
대판 2005. 3. 25, 2003도5004 ·····················
································· § 314/73 80 93
대판 2005. 3. 25, 2004도5731 ············· § 315/8
대판 2005. 3. 25, 2004도7707 ············· § 314/2
대판 2005. 3. 25, 2005도1346 ····· § 314/13 40
대판 2005. 4. 14, 2004도210 ············· § 314/28
대판 2005. 4. 15, 2002도3453 ··········· § 314/98
대판 2005. 4. 15, 2004도8701 ·····················
······························ § 314/12 14 20 96
대판 2005. 4. 29, 2003도2137 ·····················
······························ § 309/48, § 310/77
대판 2005. 4. 29, 2005도1388 ········· § 314/115
대판 2005. 5. 27, 2004도8447 ········· § 314/82
대판 2005. 6. 9, 2004도6132 ··········· § 316/20
대판 2005. 6. 10, 2005도89 ·············· § 314/70

대판 2005. 6. 24, 2004도8636 ············· § 313/6
대판 2005. 7. 14, 2005도3529 ········ § 314/119
대판 2005. 7. 15, 2004도1388 ········ § 310/45
대판 2005. 7. 22, 2005도2627 ·····················
··················· § 307/144 182, [33-특]/33 76
대판 2005. 8. 19, 2004도7133 ········· § 314/54
대판 2005. 9. 9, 2005도3857 ············· § 315/8
대판 2005. 9. 28, 2005도5562 ········· § 314/117
대판 2005. 10. 7, 2005도5351 ····················
··············· § 319/18 32 33 36 117, § 322/4
대판 2005. 10. 27, 2005도5432 ···················
···························· § 314/98 118 206
대판 2005. 12. 9, 2004도2880 ········· § 307/41
대판 2006. 2. 9, 2005도9518 ········· § 314/187
대판 2006. 2. 10, 2005도174 ······· § 320/7 8 9
대판 2006. 3. 9, 2006도382 ······ § 314/32 39
대판 2006. 3. 10, 2005도382 ··· § 314/240 247
대판 2006. 3. 24, 2005도7309 ········· § 317/26
대판 2006. 3. 24, 2004두11275 ········ § 315/51
대판 2006. 4. 13, 2003도3902 ········ § 314/190
대판 2006. 4. 27, 2005도3866 ········ § 314/119
대판 2006. 4. 27, 2005도8074 ····················
···························· § 314/187 195 196
대판 2006. 4. 28, 2004도6738 ··· § 314/27 117
대판 2006. 5. 11, 2004도6152 ········ § 314/133
대판 2006. 5. 12, 2002도3450 ·· § 314/147 160
대판 2006. 5. 25, 2002도5577 ·· § 314/147 160
대판 2006. 5. 25, 2004도1313 ····················
·························· § 313/6 10 15, § 314/67
대판 2006. 5. 25, 2005도2049 ·········· § 307/54
대판 2006. 6. 9, 2005도8498 ·········· § 315/16
대판 2006. 6. 15, 2006도1667 ········ § 314/216
대판 2006. 8. 24, 2006도3552 ·· § 314/175 176
대판 2006. 8. 25, 2006도648 ·········· § 309/44
대판 2006. 9. 8, 2006도1580 ·········· § 314/71
대판 2006. 9. 14, 2006도2824 ····················
····················· § 319/116, § 322/3
대판 2006. 9. 22, 2006도4407 ········· § 307/46
대판 2006. 10. 12, 2006도4981 ···················
··················· § 316/48, [35-특-I]/11

대판 2006. 10. 13, 2005도3112 ····· § 310/87 90
대판 2006. 10. 26, 2004도5288 ·········· § 309/46
대판 2006. 11. 9, 2006도3626 ········ § 314/119
대판 2006. 12. 7, 2006도3400 ····················
···························· § 313/6 9 10 12 16
대판 2006. 12. 21, 2006도4487 ····· § 314/97 98
대판 2006. 12. 22, 2004도2581 ····· § 315/19 36
대판 2007. 1. 12, 2005다57752 ···················
···························· § 307/263 268
대판 2007. 1. 12, 2006도6599 ·········· § 314/49
대판 2007. 1. 25, 2006도5979 ····················
···························· § 319/91 95 104
대판 2007. 1. 26, 2004도1632 ····················
···························· § 309/17, § 310/77 92
대판 2007. 2. 8, 2006도8584 ·········· § 314/70
대판 2007. 2. 22, 2006도8915 ·········· § 311/49
대판 2007. 2. 23, 2005도10233 ···················
···························· § 307/300, § 314/209
대판 2007. 3. 15, 2006도7044 ·········· § 319/38
대판 2007. 3. 15, 2006도7079 ·· § 319/100 112
대판 2007. 3. 15, 2006도8368 ····················
···························· [33-특]/42 43 91 105
대판 2007. 3. 16, 2006도6663 ········ § 314/240
대판 2007. 3. 29, 2006도9307 ····················
···························· § 314/191, § 319/181
대결 2007. 3. 29, 2006마1303 ········ [35-특]/38
대판 2007. 4. 12, 2007도654 ·········· § 319/138
대판 2007. 4. 26, 2006도5080 ···· [35-특-II]/50
대판 2007. 4. 26, 2007도428 ·········· § 314/201
대판 2007. 4. 27, 2006도9028 ·········· § 314/98
대판 2007. 5. 10, 2006도8544 ·········· § 310/14
대판 2007. 5. 10, 2006도9277 ·········· § 314/41
대판 2007. 5. 10, 2007도1307 ······· § 307/151
대판 2007. 5. 11, 2005도8005 ········ § 314/161
대판 2007. 5. 11, 2006도9478 ·· § 314/160 212
대판 2007. 5. 31, 2006도8070 ·····················
···························· § 315/4 6 12 33
대판 2007. 6. 14, 2007도2178 ····················
···························· § 314/14 73 80
대판 2007. 6. 15, 2004도4573 ········ § 307/126

대판 2007. 6. 28, 2006도6389 ·········· § 317/26
대판 2007. 6. 29, 2006도3839 ·········· § 314/74
대판 2007. 6. 29, 2007도2817 ·········· [33-특]/56
대판 2007. 7. 13, 2006도4893 ·········· § 314/54
대판 2007. 7. 13, 2006도6322 ·········· § 309/25
대판 2007. 7. 13, 2006도9466 ·········· § 314/96
대판 2007. 7. 13, 2007도2879 ·········· [33-특]/61
대판 2007. 7. 26, 2007도2032 ·········· § 315/54
대판 2007. 7. 26, 2007도4404 ········ § 314/217
대판 2007. 7. 27, 2006도3137 ·········· § 319/14
대판 2007. 8. 23, 2006도3687 ·················
·················· § 314/31 124 125
대판 2007. 8. 23, 2007도2103 ········ § 314/105
대판 2007. 8. 23, 2007도2595 ········ § 319/100
대판 2007. 8. 24, 2007도4294 ········ [33-특]/24
대판 2007. 9. 6, 2007도3084 ····· § 313/5 15
대판 2007. 9. 7, 2007도5699 ····· § 314/135
대판 2007. 9. 20, 2006도9157 ················
·················· § 314/98 187 197
대판 2007. 9. 20, 2007도5545 ·········· § 314/60
대판 2007. 9. 20, 2007도5605 ········ § 314/169
대판 2007. 9. 21, 2007도604 ············· § 313/15
대판 2007. 10. 25, 2006도346 ······ § 309/19 87
대판 2007. 10. 25, 2007도5077 ········ § 307/122
대판 2007. 10. 25, 2007도6712 ············· § 317/9
대판 2007. 10. 26, 2006도5924 ····················
·················· § 307/100 132 163
대판 2007. 11. 15, 2007도6990 ····· § 319/168
대판 2007. 11. 15, 2007도7140 ················
·················· § 306/299, § 314/209
대판 2007. 11. 16, 2007도6503 ······· [33-특]/82
대판 2007. 11. 29, 2007도5095 ········· § 314/76
대판 2007. 12. 13, 2007도7247 ················
·················· § 319/28 34 35
대판 2007. 12. 13, 2007도8231 ·········· § 314/32
대판 2007. 12. 14, 2006도2074 ····· § 310/7 104
대판 2007. 12. 27, 2005도6404 ····· § 314/7 77
대판 2007. 12. 27, 2007도4850 ················
·················· § 314/31 32 184
대판 2007. 12. 27, 2007도5030 ········ § 314/105

대판 2007. 12. 27, 2007도9053 ····· [35-특-I]/15
대판 2007. 12. 28, 2007도5204 ···················
·················· § 314/143 176 179, § 319/182
대판 2008. 1. 17, 2006도1721 ···················
·················· § 314/73 97 109
대판 2008. 1. 17, 2007도9624 ·········· § 320/12
대판 2008. 1. 31, 2007도8321 ···················
·················· § 313/15, § 314/74
대판 2008. 2. 1, 2007도6062 ·········· § 315/12
대판 2008. 2. 11, 2008도8952 ········ [33-특]/62
대판 2008. 2. 14, 2007도8155 ·········· § 307/66
대판 2008. 2. 15, 2005도6223 ····· [35-특-II]/15
대판 2008. 3. 13, 2008도615 ·········· § 313/6 8
대판 2008. 3. 14, 2006도6049 ·········· § 310/69
대판 2008. 3. 14, 2007도11181 ········ § 314/36
대판 2008. 3. 14, 2007도11266 ···················
·················· § 314/119 190
대판 2008. 3. 27, 2006도7234 ···················
·················· § 313/5 6 9 10 15
대판 2008. 3. 27, 2008도917 ···················
·················· § 319/116 117, § 322/4
대판 2008. 4. 10, 2008도679 ····· [35-특-II]/54
대판 2008. 4. 10, 2008도1464 ···················
·················· § 319/24 117, § 322/4
대판 2008. 4. 24, 2006도8644 ·········· § 317/44
대판 2008. 4. 24, 2006도9089 ···· [35-특-II]/48
대판 2008. 4. 24, 2007도3147 ········ § 314/187
대판 2008. 4. 24, 2008도1723 ··· § 314/50 116
대판 2008. 5. 8, 2007도11322 ···················
·················· § 319/58 123 140 151
대판 2008. 5. 15, 2008도1622 ·········· § 314/57
대판 2008. 5. 29, 2007도5037 ···················
·················· § 314/14 30 73 110, § 315/8 40
대판 2008. 5. 29, 2008도88 ·········· § 314/67
대판 2008. 6. 12, 2008도938 ·········· § 316/20
대판 2008. 6. 12, 2008도1421 ········ § 307/178
대판 2008. 6. 12, 2008도2983 ········ § 314/117
대판 2008. 6. 26, 2006도5922 ·· § 314/140 175
대판 2008. 6. 26, 2008도2537 ········ § 314/108
대판 2008. 7. 10, 2006도6264 ·········· § 313/15

대판 2008. 7. 10, 2007도5066 ········ § 314/105
대판 2008. 7. 10, 2007도9885 ·························
··· § 310/51, § 320/7 9
대판 2008. 7. 10, 2008도652 ·························
··· § 314/31 39 164
대판 2008. 7. 10, 2008도1433 ········· § 311/79
대판 2008. 7. 10, 2008도2422 ·· § 307/138 155
대판 2008. 7. 10, 2008도3435 ···· [35-특-II]/16
대판 2008. 7. 10, 2008도4080 ······· [33-특]/97
대판 2008. 9. 11, 2004도746 ·························
··· § 314/162 167 178
대판 2008. 9. 11, 2007도10371 ········ § 314/39
대판 2008. 9. 11, 2008도3932 ··········· § 315/54
대판 2008. 9. 11, 2008도5364 ···· [35-특-II]/58
대판 2008. 9. 11, 2008도5700 ··········· § 314/42
대판 2008. 9. 11, 2008도5793 ·· § 314/116 192
대판 2008. 9. 25, 2007도3756 ··········· § 315/51
대판 2008. 9. 25, 2007도7622 ··········· § 314/41
대판 2008. 10. 9, 2007도1220 ·· § 307/162 291
대판 2008. 10. 9, 2008도6872 ··········· § 314/81
대판 2008. 10. 23, 2008도1237 ···· [35-특-I]/10
대판 2008. 10. 23, 2008도6515 ·· § 307/152 234
대판 2008. 10. 23, 2008도6999 ········· § 309/86
대판 2008. 10. 23, 2008도7399 ········· § 314/54
대판 2008. 11. 13, 2006도755 ··········· § 319/144
대판 2008. 11. 13, 2006도7915 ·····················
··· § 307/102 182 188
대판 2008. 11. 13, 2008도6342 ····· § 310/29 43
대판 2008. 11. 13, 2008도7478 ··········· § 314/12
대판 2008. 11. 27, 2007도5312 ·····················
··· § 307/142 143, § 309/27
대판 2008. 11. 27, 2008도6486 ········ § 314/119
대판 2008. 11. 27, 2008도6728 ··· § 307/89 123
대판 2008. 11. 27, 2008도7820 ········· § 319/160
대판 2008. 11. 27, 2008도9071 ····· § 316/5 7 9
대판 2008. 12. 11, 2008도8917 ··········· § 311/39
대판 2008. 12. 11, 2008도9189 ··········· § 314/32
대판 2008. 12. 24, 2007도9287 ············ § 315/8
대판 2008. 12. 24, 2007도10896 ·····················
··· § 314/146 173
대판 2008. 12. 24, 2008도8006 ········· § 314/119
대판 2008. 12. 24, 2008도9169 ·····················
··· [35-특-II]/49 52 54
대판 2009. 1. 15, 2008도9410 ·····················
········· § 314/31 32 96 98 100 120 184 191
대판 2009. 1. 15, 2008도9947 ····· § 314/29 74
대판 2009. 1. 30, 2008도6950 ········ § 314/108
대판 2009. 1. 30, 2008도7736 ········ § 314/205
대판 2009. 1. 30, 2008도8195 ········ § 314/118
대판 2009. 1. 30, 2008도10560 ········· § 314/98
대판 2009. 2. 26, 2007도4607 ··· § 314/21 201
대판 2009. 3. 12, 2008도11187 ······ § 314/257
대판 2009. 3. 12, 2008도11443 ······ [33-특]/75
대판 2009. 3. 12, 2009도26 ······ [33-특]/17 23
대판 2009. 3. 16, 2008마1097 ·····················
··· [35-특-II]/10 35
대판 2009. 4. 9, 2008도11978 ·····················
··· § 314/245 249
대판 2009. 4. 9, 2009도1611 ············· § 314/5
대판 2009. 4. 23, 2007도9924 ···· § 314/73 94
대판 2009. 5. 14, 2008도11361 ··· § 315/14 34
대판 2009. 5. 14, 2009도553 ··········· § 314/85
대판 2009. 5. 14, 2009도679 ······· [33-특]/20
대판 2009. 5. 14, 2009도1721 ·········· § 314/68
대판 2009. 5. 28, 2008도8812 ··········· § 309/38
대판 2009. 5. 28, 2009도2194 ······· [33-특]/47
대판 2009. 6. 11, 2009도156 ·····················
·············· § 307/150, § 309/40, § 310/55
대판 2009. 6. 25, 2008두17035 ········· § 315/51
대판 2009. 6. 25, 2009도973 ··········· § 314/110
대판 2009. 6. 25, 2009도1936 ·····················
··· [33-특]/106 110 116 139
대판 2009. 6. 25, 2009도3130 ········· § 314/135
대판 2009. 7. 9, 2006도7916 ·····················
··· [35-특-II]/12 15 53 56
대판 2009. 7. 23, 2008도11407 ······ § 314/121
대판 2009. 8. 20, 2009도2870 ······· § 314/123
대판 2009. 8. 20, 2009도3452 ·····················
··· § 319/17 24 80
대판 2009. 8. 20, 2009도4523 ········ § 314/123

대판 2009. 9. 10, 2009도4335 ····· § 319/24 80

대판 2009. 9. 10, 2009도4772 ······ § 314/106

대판 2009. 9. 10, 2009도5732 ····· § 314/83 84

대판 2009. 9. 10, 2009도5996 ·········· § 311/87

대판 2009. 9. 24, 2009도6687 ········ § 307/134

대판 2009. 10. 15, 2007도9334 ····· § 314/135

대판 2009. 10. 15, 2008도9433 ·····················

································· [35-특-II]/48 52 55 57

대판 2009. 10. 29, 2008도4400 ········ § 314/107

대판 2009. 10. 29, 2009도4783 ········ § 307/284

대판 2009. 10. 29, 2009도4931 ·· [33-특]/23 35

대판 2009. 10. 29, 2009도10340 ·················

································· § 314/211 212

대판 2009. 11. 12, 2009도8949 ·········· § 309/55

대판 2009. 11. 19, 2009도4166 ······ § 314/2 60

대판 2009. 11. 26, 2009도8475 ····· § 314/2 30

대판 2009. 12. 10, 2008도1162 ······· § 314/63

대판 2009. 12. 10, 2008도8708 ·········· § 314/63

대판 2009. 12. 10, 2009도6994 ·········· § 314/63

대판 2009. 12. 24, 2007도6243 ·········· § 316/50

대판 2009. 12. 24, 2009도6603 ·········· § 314/63

대판 2009. 12. 24, 2009도6763 ····· § 314/63 66

대판 2009. 12. 24, 2009도7019 ········ § 314/135

대판 2009. 12. 24, 2009도9667 ········ § 319/155

대판 2009. 12. 24, 2009도11401 · [35-특-I]/53

대판 2010. 1. 14, 2008도7134 ·· § 314/147 161

대판 2010. 1. 14, 2009도6164 ········ § 314/66

대판 2010. 2. 11, 2009도112 ··· § 314/143 167

대판 2010. 2. 11, 2009도2328 ·· § 314/147 161

대판 2010. 2. 11, 2009도11815 ······ § 314/135

대판 2010. 2. 25, 2008도4844 ········ § 314/105

대판 2010. 2. 25, 2008도9049 ····· § 314/2 63

대판 2010. 3. 11, 2009도5008 ··· § 319/77 145

대판 2010. 3. 11, 2009도12609 ···················

································· § 319/36 165 176

대판 2010. 3. 25, 2009도8506 ·········· § 314/7

대판 2010. 4. 8, 2007도6754 ·········· § 314/96

대판 2010. 4. 29, 2007도8411 ·········· § 308/15

대판 2010. 4. 29, 2009도14643 ··· § 319/21 36

대판 2010. 4. 29, 2010도930 ·········· § 320/12

대판 2010. 5. 13, 2009도13375 ········· § 314/63

대판 2010. 5. 13, 2010도2102 ·· § 314/43 119

대판 2010. 5. 27, 2008도2344 ·········· § 314/44

대판 2010. 6. 10, 2010도935 ······ § 314/51 64

대판 2010. 7. 15, 2008도9066 ·· [35-특-II]/18

대판 2010. 9. 9, 2008도11210 ········· § 314/70

대판 2010. 9. 30, 2009도12238 ·················

································· § 314/243 245 246

대판 2010. 10. 14, 2010도4940 ·· § 315/4 32 45

대판 2010. 10. 14, 2010도7421 ········· § 314/92

대판 2010. 10. 14, 2010도9016 ·················

································· [35-특-I]/9 53 54

대판 2010. 10. 28, 2008도9590 ········ § 314/105

대판 2010. 10. 28, 2009도4949 ·················

································· § 307/244, § 314/67 101

대판 2010. 10. 28, 2010도2877 ········ § 307/228

대판 2010. 11. 11, 2010도10256 ······· § 320/12

대판 2010. 11. 25, 2009도12132 ·················

································· § 307/186, § 309/24 28

대판 2010. 11. 25, 2010도9186 ········· § 314/136

대판 2010. 11. 25, 2010도13245 ·················

································· § 319/116 156, § 322/3

대판 2010. 12. 23, 2008다44542 ·· [35-특-II]/18

대판 2011. 1. 13, 2010도13226 ······· § 314/238

대판 2011. 1. 13, 2010도14686 ········ § 314/65

대판 2011. 1. 27, 2010도11030 ·················

································· § 314/160 162 163 199

대판 2011. 1. 27, 2010도11987 ······ § 314/221

대판 2011. 2. 10, 2010고합408, 1120 ···········

································· [35-특-II]/14

대판 2011. 2. 24, 2010도13801 ······ § 314/220

대판 2011. 3. 9, 2010도16215 ·················

································· § 307/106, § 311/28

대판 2011. 3. 10, 2008도12119 ·················

································· § 314/249 257

대판 2011. 3. 10, 2010도16942 ····· [33-특]/20

대판 2011. 3. 17, 2006도8839(전) ················

································· [35-특-I]/62

대판 2011. 3. 17, 2007도482 ·················

································· § 314/142 147 148 189

대판 2011. 4. 14, 2010도13979 ························
·· § 314/21 54 161 193
대판 2011. 4. 14, 2011도300, 2011감도5 ·····
··· § 319/45 154
대판 2011. 4. 28, 2009도3642 ··········· § 317/9
대판 2011. 4. 28, 2009도12249 ······ § 314/221
대판 2011. 5. 13, 2008도10116 ······ § 314/257
대판 2011. 5. 13, 2009도5549 ··· § 313/5 15
대판 2011. 5. 13, 2009도14442 ···············
·································· § 307/267, [35-특-I]/62
대판 2011. 5. 13, 2010도11054 ······ § 314/135
대판 2011. 5. 13, 2010도16170 ······ § 314/201
대판 2011. 6. 10, 2011도1147 ········· § 309/42
대판 2011. 6. 24, 2011도3824 ····· [33-특]/57
대판 2011. 6. 30, 2011도4108 ······· [33-특]/61
대판 2011. 7. 14, 2009다12528 ·· [35-특-II]/65
대판 2011. 7. 14, 2009도11102 ······ § 314/155
대판 2011. 7. 14, 2011도3782 ········ § 314/121
대판 2011. 7. 14, 2011도3901 ········ § 314/135
대판 2011. 7. 28, 2009도11104 ········· § 314/63
대판 2011. 7. 28, 2011도4841 ········ § 314/135
대판 2011. 7. 28, 2011도5071 ······· [33-특]/65
대판 2011. 8. 18, 2009도6024 ··········· § 314/14
대판 2011. 8. 18, 2010도9570 ···············
··································· § 319/45 99 138
대판 2011. 8. 18, 2011도6904 ········· § 307/125
대판 2011. 9. 2, 2009다52649 ···············
··································· § 307/165 183
대판 2011. 9. 2, 2010도17237 ···············
········ § 307/82 88 202, § 310/78, § 314/102
대판 2011. 9. 8, 2010도7497 ···· § 307/22 60
대판 2011. 9. 8, 2011도7262 ··· § 313/5 14
대판 2011. 9. 29, 2010도16078 ······ § 314/122
대판 2011. 10. 13, 2009도5698 ··· § 314/83 84
대판 2011. 10. 13, 2011도7081 ·········· § 314/52
대판 2011. 10. 27, 2009도3390 ········ § 314/155
대판 2011. 10. 27, 2009도6260 ······· § 314/155
대판 2011. 10. 27, 2010도7733 ·· § 314/155 199
대판 2011. 10. 27, 2011도9033 ········ § 307/136
대판 2011. 11. 10, 2009도3566 ·· § 314/171 200

대판 2011. 11. 10, 2011도7045 ········ § 314/154
대판 2011. 11. 24, 2010도10864 ········ § 310/25
대판 2011. 12. 8, 2011도8047 ········ § 314/123
대판 2011. 12. 22, 2008도11847 ···············
·· [33-특]/27 60
대판 2011. 12. 22, 2010도10130 ···············
··································· § 307/106, § 311/28
대판 2012. 1. 12, 2010도2212 ········· § 317/26
대판 2012. 1. 27, 2009도8917 ········· § 314/155
대판 2012. 2. 23, 2011도14204 ···············
································· § 314/135 215
대판 2012. 3. 15, 2012도914 ········· § 319/157
대판 2012. 4. 12, 2012도976 ········· § 319/104
대판 2012. 5. 9, 2010도2690 ········· § 310/22
대판 2012. 5. 9, 2010도14568 ········· § 314/23
대판 2012. 5. 10, 2010도15226 ········ § 314/154
대판 2012. 5. 24, 2009도4141 ···············
·························· § 314/16 80 83 96 98 100
대판 2012. 5. 24, 2010도9963 ·· § 319/142 144
대판 2012. 5. 24, 2011도7943 ···············
···· § 314/83 100 235 238 239 240 243 254
대판 2012. 6. 28, 2010도13846 ······· § 314/115
대판 2012. 6. 28, 2011도3657 ···· [35-특-II]/18
대판 2012. 8. 23, 2012도815 ··········· § 319/45
대판 2012. 8. 30, 2010도4420 ········· § 314/138
대판 2012. 8. 30, 2011도15775 ·· § 314/54 118
대판 2012. 8. 30, 2012도6027 ·········· § 317/57
대판 2012. 9. 13, 2010도6203 ········· § 311/69
대판 2012. 9. 13, 2012도7461 ···· [35-특-I]/56
대판 2012. 9. 27, 2009도11788 ······· § 314/160
대판 2012. 10. 11, 2012도1895 ········ § 314/210
대판 2012. 10. 11, 2012도7455 ···· [35-특-I]/19
대판 2012. 10. 25, 2010도8871 ········ § 314/105
대판 2012. 10. 25, 2012도4644 ···············
····································· § 316/24, [35-특-I]/6
대판 2012. 11. 15, 2012도6676 ···· [35-특-II]/60
대판 2012. 11. 29, 2010도9007 ···· [35-특-I]/6 7
대판 2012. 11. 29, 2012도10392 ········ § 309/37
대판 2012. 12. 13, 2010도8847 ··· § 314/67 102
대판 2012. 12. 13, 2010도10576 ···············

································· § 316/25, § 317/26
대판 2012. 12. 27, 2010도12811 ······ § 313/6 8
대판 2012. 12. 27, 2010도16537 ········· § 319/3
대판 2012. 12. 27, 2012도12777 ······ § 319/156
대판 2013. 1. 10, 2011도15497 ·················
····························· § 314/2 182 196 197
대판 2013. 1. 10, 2012도13189 ········ § 311/26
대판 2013. 1. 16, 2012도12377 ·················
································· § 314/109 199
대판 2013. 1. 24, 2012도10629 ······ § 314/135
대판 2013. 1. 31, 2012도3475 ·················
································· § 314/80 100 182
대판 2013. 2. 28, 2011도16718 ·················
···························· § 314/80 83 87 88
대판 2013. 3. 14, 2010도410 ·················
···· § 314/86 111 113 121 199 205 243 245
대판 2013. 3. 14, 2013도277 ······· [33-특]/131
대판 2013. 3. 28, 2010도14607 ················
································· § 314/246 247
대판 2013. 6. 14, 2013도3829 ····· § 314/12 29
대판 2013. 6. 27, 2011도15617 ······ § 314/119
대판 2013. 6. 27, 2012다31628 ····· [35-총]/7
대판 2013. 7. 25, 2013도69 ············· § 314/204
대판 2013. 7. 26, 2011도2794 ··· § 314/69 100
대판 2013. 8. 14, 2012도4205 ··· § 314/32 133
대판 2013. 8. 23, 2011도4763 ········· § 314/124
대판 2013. 9. 12, 2012도14616 ······ § 314/126
대판 2013. 9. 12, 2013도7480 ····· [33-특]/103
대판 2013. 10. 17, 2013도6966 ··········· § 315/12
대판 2013. 10. 17, 2013도8654 ······· § 313/5 14
대판 2013. 11. 28, 2012도15108 ······· § 314/153
대판 2013. 11. 28, 2013도2979 ······· § 314/153
대판 2013. 11. 28, 2013도4178 ··············
································· § 314/75 77 97 253
대판 2013. 11. 28, 2013도4430 ········ § 314/114
대판 2013. 11. 28, 2013도5117 ··············
················ § 314/73 75 77 97 98 133 253
대판 2013. 11. 28, 2013도5814 ··············
······························ § 314/75 77 253
대판 2014. 2. 13, 2012도10864 ······ § 314/218

대판 2014. 2. 13, 2013도4299 ········ § 319/126
대판 2014. 2. 27, 2013도15767 ········ § 314/45
대판 2014. 3. 13, 2013도12430 ·················
························ § 307/172 225, § 308/9 17 19
대판 2014. 3. 27, 2011도11226 ·················
································· § 307/127 204
대판 2014. 3. 27, 2011도11544 ······ § 314/155
대판 2014. 3. 27, 2011도15631 ··· § 311/24 25
대판 2014. 5. 16, 2013도16404 ·················
································· [35-특]/11 12
대판 2014. 5. 29, 2012도8288 ········ § 314/190
대판 2014. 5. 29, 2013도3517 ······ § 309/28 29
대판 2014. 5. 29, 2013도5686 ··········· § 311/15
대판 2014. 6. 12, 2012도2701 ·· § 314/145 156
대판 2014. 8. 20, 2011도468 ·················
················ § 314/138 140 154 156 160 162
대판 2014. 8. 26, 2012도14654 ·················
································· § 314/140 154 156
대판 2014. 9. 4, 2012도13718 ·················
····························· § 307/158 160 171 175 178
대판 2014. 10. 27, 2014도2121 ···· [35-특]/59
대결 2014. 10. 27, 2014모1107 ········· § 307/216
대판 2014. 11. 13, 2011도393 ··········· § 314/155
대판 2014. 12. 24, 2013도8734 ········ § 314/110
대판 2015. 1. 15, 2014도9691 ········ § 314/135
대판 2015. 1. 22, 2014도10978(전) ··············
································· [35-특]/30 50
대판 2015. 1. 29, 2014도16355 ······ [33-특]/67
대판 2015. 2. 12, 2011다76617 ··· [35-특]/36
대판 2015. 2. 12, 2013도6169 ····· § 315/48 51
대판 2015. 2. 26, 2012도13173 ·················
································· § 314/154 160 162
대판 2015. 4. 23, 2013도9828 ·················
································· § 314/31 32 132
대판 2015. 4. 23, 2014도655 ····· § 319/43 170
대판 2015. 5. 14, 2013도12530 ······· § 314/115
대판 2015. 5. 28, 2015두37396 ··· § 315/48 51
대판 2015. 5. 29, 2015도3726 ······· [33-특]/99
대판 2015. 6. 24, 2015도345 ··········· § 316/5 7
대판 2015. 7. 9, 2013도13070 ··· § 317/34 40

대판 2015. 8. 27, 2014도210 ········· § 314/133
대판 2015. 9. 10, 2015도2229 ········· § 311/43
대판 2015. 10. 15, 2015도8169 ·················
················· § 319/153 158 160
대판 2015. 10. 29, 2015도7703 ······· § 314/9 121
대판 2015. 10. 29, 2015도8400 ······· [33-특]/55
대판 2015. 12. 24, 2015도6622 ········· § 311/32
대판 2015. 12. 24, 2015도13946 ··· § 315/12 16
대판 2016. 1. 14, 2014도10752 ······· § 314/108
대판 2016. 2. 18, 2015도18875 ······· § 314/217
대판 2016. 3. 10, 2013도7186 ···············
················· § 314/156, § 319/85
대판 2016. 3. 24, 2013도13411 ···· § 313/9 16
대판 2016. 3. 24, 2015도13448 ········· § 314/64
대판 2016. 3. 24, 2015도20101 ······· § 314/133
대판 2016. 5. 12, 2013도15616 ···············
················· [35-특-I]/11 13
대판 2016. 6. 23, 2013도6617 ······· § 314/182
대판 2016. 7. 27, 2015도17290 ········· § 314/9
대판 2016. 7. 29, 2014도17424 ·· § 314/86 90
대판 2016. 8. 29, 2016도4699 ········· § 311/20
대판 2016. 10. 13, 2016도8137 ······ [35-특-I]/6
대판 2016. 10. 13, 2016도9674 ···············
················· § 311/2 54, [33-총]/35
대판 2016. 10. 27, 2016도10956 ·· § 314/80 116
대판 2016. 12. 15, 2016도15744 ······ [33-특]/76
대판 2016. 12. 27, 2014도15290 ······· § 307/199
대판 2016. 12. 27, 2015도14375 ······ [33-특]/52
대판 2016. 12. 27, 2016도16676 ··· § 319/24 80
대판 2017. 1. 25, 2016도13489 ··· [35-특-I]/58
대판 2017. 2. 21, 2016도15144 ······· § 314/183
대판 2017. 3. 15, 2016도19843 ···············
················· [35-특-I]/14 55
대판 2017. 4. 7, 2016도11215 ···············
················· § 307/170 178, § 314/67
대판 2017. 4. 13, 2016도15264 ····· § 311/2 33
대판 2017. 4. 13, 2016도19159 ··· § 314/67 68
대결 2017. 4. 13, 2016마1630 ··· [35-특-II]/39
대판 2017. 4. 26, 2016도18024 ···············
················· § 307/169, § 310/59

대판 2017. 4. 28, 2015도5826 ········· § 314/153
대판 2017. 5. 11, 2016도19255 ···············
················· § 307/87 147 148
대판 2017. 5. 17, 2017도2246 ····· [33-특]/123
대판 2017. 5. 30, 2016도18858 ········· § 314/7
대판 2017. 5. 30, 2016도21551 ······· § 314/133
대판 2017. 6. 15, 2016도8557 ········· § 310/47
대판 2017. 6. 19, 2017도4240 ··········· § 317/9
대판 2017. 6. 29, 2017도3808 ··· [35-특-II]/48
대판 2017. 7. 11, 2017도4044 ········· § 319/160
대판 2017. 8. 18, 2017도7854 ······ [33-특]/53
대판 2017. 8. 23, 2017도8820 ····· [33-특]/100
대판 2017. 9. 7, 2016도15819 ·· § 307/70 238
대판 2017. 9. 7, 2017도4235 ······· [33-특]/74
대판 2017. 9. 7, 2017도9999 ········· § 321/16
대판 2017. 9. 7, 2017도10196 ······· § 311/77
대판 2017. 9. 21, 2017도11687 ···············
················· § 314/206 220
대판 2017. 10. 26, 2016도16031 ······ § 314/106
대판 2017. 11. 9, 2014도3270 ····· § 314/12 13
대판 2017. 11. 9, 2017도12126 ······ [33-특]/73
대판 2017. 11. 9, 2017도12541 ···············
················· § 314/80 82 136
대판 2017. 12. 5, 2017도15628 ··· § 307/87 98
대판 2017. 12. 21, 2015도8335 ········· § 314/135
대판 2017. 12. 22, 2016도10371 ········· § 314/7
대판 2017. 12. 22, 2017도690 ··········· § 319/22
대판 2017. 12. 22, 2017도13211 ······· § 314/99
대판 2017. 12. 22, 2017도16682 ····· [33-특]/82
대판 2018. 1. 25, 2016도17405 ···· [33-특]/109
대판 2018. 1. 25, 2017도15025 ········· § 314/95
대판 2018. 2. 13, 2014도11441 ······· § 317/34
대판 2018. 3. 29, 2017도20409 ······· § 307/67
대판 2018. 4. 10, 2017도16256 ······· § 319/45
대판 2018. 4. 12, 2015다45857 ······· § 307/206
대판 2018. 5. 11, 2018도2844 ····· § 317/25 70
대판 2018. 5. 30, 2016도20890 ········· § 311/45
대판 2018. 5. 30, 2017도607 ········· § 307/108
대판 2018. 6. 15, 2018도4200 ·· § 307/224 227
대판 2018. 7. 12, 2015도464 ···············

························· [35-특-II]/50 51 67
대판 2018. 9. 28, 2018도10447 ················
························· [33-특]/39 69
대판 2018. 10. 30, 2014다61654(전) ··············
······················ § 307/119, [33-총]/36
대판 2018. 11. 1, 2016도10912(전) ··············
···························· § 307/183
대판 2018. 11. 29, 2016도14678 ················
······················· § 307/203 213
대판 2018. 11. 29, 2017도2661 ········· § 311/41
대결 2019. 2. 22, 2019도790 ··········· § 307/67
대판 2019. 3. 14, 2015도1900 ··············
···························· [35-특-I]/9 10 53
대판 2019. 3. 14, 2018도18646 ······ § 314/105
대결 2019. 3. 14, 2018마7100 ···· [35-특-II]/39
대판 2019. 4. 25, 2019도1162 ········· § 307/252
대판 2019. 5. 30, 2019도1547 ········· § 311/34
대판 2019. 7. 4, 2019도3483 ········ § 314/249
대결 2019. 7. 5, 2019도6916 ·········· § 307/67
대판 2019. 9. 10, 2017다34981 ·· [35-특-II]/55
대판 2019. 9. 25, 2019도8952 ········· § 314/247
대판 2019. 9. 26, 2019도8531 ········· § 314/135
대판 2019. 10. 17, 2019도10981 ······ § 307/254
대판 2019. 10. 18, 2018도7828 ············· § 314/7
대판 2019. 10. 31, 2017도13791 ·····················
················· § 314/96 123, [35-특-II]/18
대판 2019. 10. 31, 2019도11651 ··········· § 314/7
대판 2019. 11. 14, 2019도12608 ······· § 314/105
대판 2019. 12. 12, 2017도16520 ······ § 314/243
대판 2019. 12. 13, 2019도14620 ······ § 314/135
대판 2019. 12. 27, 2019도15090 ······ § 314/219
대판 2020. 1. 9, 2019도10140 ······ [33-특]/20
대판 2020. 1. 30, 2019도17045 ······ § 314/135
대판 2020. 2. 13, 2019도11478 ········· § 314/81
대판 2020. 2. 13, 2019도12194 ···················
················· § 314/239 242 244 246 248
대판 2020. 2. 27, 2016도14642 ·· [35-특-II]/12
대판 2020. 2. 27, 2019도19054 ··········· § 314/7
대판 2020. 3. 2, 2018도15868 ········· § 309/28
대판 2020. 3. 12, 2019도16484 ··· § 319/32 36

대판 2020. 4. 9, 2017도9459 ·················
···························· § 314/73 97 98
대판 2020. 5. 28, 2019도12750 ······ § 307/206
대판 2020. 5. 28, 2020도3170 ········ § 314/115
대판 2020. 7. 9, 2015도6173 ········ § 314/180
대판 2020. 7. 16, 2019도13328 ················
···························· [33-특]/15 16 26
대판 2020. 7. 29, 2017도2478 ········ § 319/143
대판 2020. 7. 29, 2020도4738 ·· § 314/221 222
대판 2020. 8. 27, 2019도11294 ········ § 316/20
대판 2020. 9. 3, 2015도1927 ········ § 314/170
대판 2020. 9. 24, 2017도2076 ········ § 314/184
대판 2020. 9. 24, 2017도19283 ······ § 314/107
대판 2020. 11. 5, 2020도10177 ······ § 314/219
대판 2020. 11. 12, 2016도8627 ················
···························· § 314/12 31 80 98
대판 2020. 11. 12, 2017도7236 ······ § 314/74
대판 2020. 11. 19, 2020도5813 ··········· § 307/34
43 52 72 221 231, § 310/28, [33-총]/35
대판 2020. 12. 10, 2019도12282 ········ § 307/72
대판 2020. 12. 10, 2020도7988 ·········· § 311/47
대판 2020. 12. 24, 2019도12901 ················
···························· [33-특]/15 16
대판 2020. 12. 30, 2015도12933 ··· § 307/44 72
대판 2020. 12. 30, 2015도15619 ······ § 307/57
대판 2020. 12. 30, 2018도11720 ······ § 307/49
대판 2021. 1. 14, 2017도2132 ·········· § 319/87
대판 2021. 1. 14, 2020도8780 ······ § 310/73
대판 2021. 3. 11, 2016도1102 ·················
···························· § 314/9 73 97 98 100
대판 2021. 3. 11, 2016도14415 ··· § 314/9 100
대판 2021. 3. 25, 2016도14995 ················
···················· § 307/145 199 202, § 310/78
대판 2021. 3. 25, 2017도17643 ·················
···························· § 311/27 73 75
대판 2021. 4. 8, 2020도18437 ··· § 307/55 72
대판 2021. 4. 29, 2016도439 ·················
···················· § 314/9 73 97 98 100 121
대판 2021. 4. 29, 2020도15674 ······ § 314/241
대판 2021. 4. 29, 2021도1677 ·················

·························· § 307/43 45 63 72
대판 2021. 5. 7, 2020도17853 ·· [35-특-II]/48
대판 2021. 7. 8, 2021도3805 ······················
······························ § 314/80 87 88
대판 2021. 7. 21, 2018도16587 ···· [33-특]/144
대판 2021. 7. 21, 2020도16062 ······ § 314/249
대판 2021. 8. 12, 2020도17796 ······ § 319/157
대판 2021. 8. 26, 2021도6416 ······· § 310/73
대판 2021. 9. 9, 2020도6085 ····················
······························ § 319/4 68 69 76 78
대판 2021. 9. 9, 2020도12630(전) ·· § 319/47
　　51 56 60 74 96 105, [36-총]/34 35
대판 2021. 9. 16, 2015도12632 ···················
······························ § 314/176 203
대판 2021. 9. 16, 2020도12861 ······ § 307/120
대판 2021. 9. 30, 2021도6634 ····················
······························ § 314/70 71 72
대판 2021. 10. 14, 2020도11004 ··· § 307/43 64
대판 2021. 10. 28, 2016도3986 ········· § 314/115
대판 2021. 10. 28, 2021도9242 ·········· § 319/78
대판 2021. 10. 28, 2021도9579 ······· § 314/135
대판 2021. 12. 30, 2021도13639 ····· § 319/78
대판 2022. 1. 4, 2021도10330 ······ § 314/107
대판 2022. 1. 14, 2017도16384 ········· § 314/81
대판 2022. 1. 27, 2021도15507 ···················
······························ § 319/24 51 79 80
대판 2022. 2. 11, 2021도10827 ···················
······················ § 310/7 25 26 28 29 61
대판 2022. 2. 11, 2021도12394 ········· § 314/77
대판 2022. 3. 24, 2017도18272(전) ···············
······················ § 319/105 113, [36-총]/34
대판 2022. 3. 30, 2018도15213 ·· § 319/96 106
대판 2022. 3. 31, 2021도8900 ····················
······························ § 316/10 20 31
대판 2022. 4. 14, 2021도17744 ···················
······························ § 307/152 153 228
대판 2022. 4. 28, 2020도8030 ········· § 319/106
대판 2022. 4. 28, 2020도15738 ···················
······················ § 309/28 50, § 310/26 28
대판 2022. 4. 28, 2021도1089 ··· § 307/89 224

대판 2022. 5. 12, 2021도1533 ····················
······················ § 314/239 242 243 245
대판 2022. 5. 13, 2020도15642 ······· § 307/104
대판 2022. 5. 13, 2020도15643 ···················
······························ § 307/88 105 112
대판 2022. 6. 9, 2020도16182 ······· § 314/108
대판 2022. 6. 9, 2022도4239 ······· § 319/113
대판 2022. 6. 16, 2021도7087 ········ § 319/113
대판 2022. 6. 16, 2021도15122 ········· § 311/11
대판 2022. 6. 16, 2021도16591 ········· § 314/84
대판 2022. 6. 30, 2021도16473 ······ § 314/107
대판 2022. 7. 28, 2020도8336 ···················
······························ § 307/43 230 231 242
대판 2022. 7. 28, 2020도8421 ···················
······························ § 310/7 25 26 28 29
대판 2022. 7. 28, 2022도419 ··· § 319/106 107
대판 2022. 8. 25, 2020도16897 ···················
······························ § 311/70 72 73 89
대판 2022. 8. 25, 2022도3801 ··· § 319/81 113
대판 2022. 8. 31, 2020도1007 ····· [35-특-I]/20
대판 2022. 9. 7, 2021도9055 ····················
······················ § 314/80, § 319/113
대판 2022. 10. 27, 2019도10516 ····· § 314/158
대판 2022. 10. 27, 2019도14421 ·· § 311/70 72
대판 2022. 10. 27, 2022도9877 ···················
······························ [35-특-I]/10 12

[고등법원]
서울고판 1994. 11. 25, 94노2177 ····· § 319/114
서울고판 1996. 3. 28, 96노139 ···· [33-특]/125
서울고판 1998. 2. 1, 98노2077 ···· [33-특]/79
광주고판 1999. 8. 26, 99노227 ···· [33-특]/127
서울고판 2000. 2. 10, 98나56579 ···· § 307/118
부산고판 2001. 11. 1, 2001노193 ·· [33-특]/72
서울고판 2004. 2. 12, 2003노1645 ··· § 310/92
대전고판 2004. 6. 18, 2003노604 ·················
······························ [33-특]/129
서울고판 2005. 4. 12, 2004노2483 ···············
······························ § 307/144, [33-특]/76
서울고판 2006. 11. 2, 2006노1855 ················

······································ [33-특]/43
서울고판 2007. 6. 13, 2006노2570 ·· §307/143
광주고판 2010. 12. 23, 2010노423 ·· [33-특]/36
부산고판 2011. 5. 24, 2011노5 ······· §307/125
대전고판 2011. 11. 23, 2011노432 ····· §319/45
서울고판 2014. 8. 8, 2013나38444 ·········
··································· §307/119
광주고판 2015. 4. 30, 2015노79 ·· [33-특]/135
광주고판 2015. 7. 23, 2015노191 ·················
··································· [33-특]/133
서울고판 2015. 9. 4, 2015노1385 ·················
································· [33-특]/52
서울고판 2016. 9. 8, 2016노506 ················
····························· §307/145 202
서울고판 2018. 1. 30, 2016노3983 ················
························· §317/25 71, [35-총]/19
서울고판 2019. 6. 19, 2019노642 ··· §314/246
대전고판 2019. 11. 1, 2019노288 ··· §314/135

[지방법원]
춘천지법 강릉지판 2003. 6. 26, 2003노136 ··
······························· §311/37 81
부산지법 동부지판 2010. 3. 17, 2009고단568
····························· §314/238
대구지법 서부지판 2011. 2. 18, 201고단2257
····························· §321/8
의정부지법 고양지판 2011. 9. 29, 2011고정1140
····························· §311/85
인천지법 부천지판 2013. 10. 31, 2013고정1629
····························· §317/12
대전지법 서산지판 2014. 7. 4, 2014고정46
····························· §311/83
대구지법 서부지판 2014. 11. 28, 2014고정824
····························· §316/14
서울중앙지판 2015. 5. 7, 2015고약7807 ······
····························· §317/69
수원지법 안산지판 2016. 4. 25, 2016고약4678
····························· §317/12
춘천지법 원주지판 2016. 7. 21, 2016고정185
····························· §311/77

춘천지법 강릉지판 2021. 12. 9, 2020노538 ··
····························· §307/153

[독일 판례]
BGH, 09.01.1954 - 1 StR 260/53 ··· §307/217
BGH, 18.11.1957 - GSSt 2/57 ······· [33-총]/33
BGH, 09.12.1976 - 4 StR 582/76 ··· §316/56
BGH, 19.01.1989 - 1 StR 641/88 ·· §307/217
OLG Hamm, 22.04.1965 - 2 Vs 1/65 ··········
····························· §319/74
OLG Frankfurt, 08.07.1998 - 8 U 67/99 ······
····························· §317/62

[일본 판례]
大判 明治 37(1904). 12. 8. 刑錄 10 · 2381 ····
····························· §316/11
大判 明治 40(1907). 9. 26. 刑錄 13 · 1002 ····
····························· §316/10
大判 明治 42(1909). 2. 19. 刑錄 15 · 120 ······
····························· §314/56
大判 明治 42(1909). 11. 15. 刑錄 15 · 15 · 1589
····························· §313/10
大判 明治 43(1910). 9. 30. 刑錄 16 · 1572 ···
····························· §316/15
大判 明治 43(1910). 11. 10. 刑錄 16 · 1915 ····
····························· §319/153
大判 明治 44(1911). 2. 9. 刑錄 17 · 52 ········
····························· §313/14
大判 明治 44(1911). 4. 13. 刑錄 17 · 557 ······
····························· §313/5 14 19
大判 明治 44(1911). 12. 25. 刑錄 17 · 2317 ····
····························· §313/6 10
大判 明治 44(1911). 12. 25. 刑錄 17 · 2321 ···
····························· §314/208
大判 明治 45(1912). 6. 27. 刑錄 18 · 927 ······
····························· §307/22 289, §313/20
大判 明治 45(1912). 7. 23. 刑錄 18 · 1095 ····
····························· §313/19
大判 大正 2(1913). 1. 27. 刑錄 19 · 85 ··········
····························· §313/4 14 20

大判 大正 2(1913). 11. 5. 刑錄 19·1114 ……
……………………………………… § 314/211

大判 大正 3(1914). 11. 26. 刑錄 20·2265 ……
……………………………………… § 307/293

大判 大正 4(1915). 6. 8. 法律新聞 1024·31.
……………………………………… § 311/27

大判 大正 5(1916). 5. 25. 刑錄 22·816 ………
…………………………… [33-총]/30, § 307/25

大判 大正 5(1916). 6. 1. 刑錄 22·854 ………
…………………… § 307/122 297, § 313/5

大判 大正 5(1916). 6. 26. 刑錄 22·1153 ……
…… § 307/219 297, § 313/10, § 314/30 09

大判 大正 5(1916). 12. 18. 刑錄 22·1909 ……
……………………………………… § 313/10 14

大判 大正 6(1917). 7. 3. 刑錄 23·782 ………
……………………………………… § 307/31 221

大判 大正 7(1918). 12. 6. 刑錄 24·1506 ……
……………………………………… [36-총]/34

大判 大正 8(1919). 4. 18. 法律新聞 1556·25
……………………………… § 307/34 35

大判 大正 8(1919). 5. 23. 刑錄 25·673 ………
……………………………………… § 319/153

大判 大正 9(1920). 6. 22. 刑錄 26·398 ………
……………………………………… § 316/56

大判 大正 10(1921). 10. 24. 刑錄 27·643 ……
……………………………… § 314/14 30 209

大判 大正 12(1923). 5. 24. 刑集 2·437 ………
……………………………………… § 307/70 149

大判 大正 12(1923). 6. 4. 刑集 2·486 ………
……………………………………… § 307/22

大判 大正 15(1926). 2. 15. 刑集 5·1·30 ……
……………………………………… § 314/5

大判 大正 15(1926). 5. 17. 刑集 5·168 ………
……………………………………… § 309/56

大判 大正 15(1926). 7. 5. 刑集 5·303 ………
…………………………… § 307/80, [33-총]/30

大判 大正 15(1926). 10. 5. 刑集 5·438 ………
……………………………………… § 319/169

大判 昭和 3(1928). 2. 14. 法律新聞 2866·11
……………………………………… § 319/12

大判 昭和 3(1928). 7. 14. 刑集 7·8·490 ……
……………………………………… § 313/21

大判 昭和 5(1930). 2. 7. 刑集 9·51 …………
……………………………………… § 317/67

大判 昭和 5(1930). 8. 5. 刑集 9·541 ………
……………………………………… § 319/88

大判 昭和 5(1930). 9. 1. 刑集 9·640 ………
……………………………………… § 307/265

大判 昭和 5(1930). 12. 13. 刑集 9·899 ………
……………………………………… § 319/61 169

大判 昭和 7(1932). 3. 18. 刑集 11·253 ………
……………………………………… § 319/160

大判 昭和 7(1932). 7. 11. 刑集 11·1250 ………
……………………………………… § 307/105

大判 昭和 7(1932). 10. 10. 刑集 11·1519 ……
……………………………………… § 313/4

大判 昭和 8(1933). 2. 15. 刑集 12·120 ………
……………………………………… § 307/110

大判 昭和 8(1933). 4. 12. 刑集 12·5·413 …
……………………………………… § 313/5

大判 昭和 8(1933). 4. 12. 刑集 12·413 ………
……………………………………… § 314/96

大判 昭和 9(1934). 5. 12. 刑集 13·8·603 …
……………………………………… § 314/206

大判 昭和 9(1934). 6. 29. 刑集 13·904 ………
……………………………………… § 307/288

大判 昭和 10(1935). 4. 1. 刑集 14·363 ……
……………………………………… § 307/155

大判 昭和 11(1936). 5. 7. 刑集 15·573 ………
……………………………………… § 314/98 100

大判 昭和 12(1937). 3. 17. 刑集 16·6·365 ··
……………………………………… § 313/4

大判 昭和 12(1937). 11. 19. 刑集 16·1513 …
……………………………………… § 307/58

大判 昭和 13(1938). 2. 28. 刑集 17·141 ……
……………………………………… § 307/221

大判 昭和 13(1938). 7. 14. 刑集 17·608 ……
……………………………………… § 307/224

大判 昭和 14(1939). 12. 22. 刑集 18·565 ……
……………………………………… [36-총]/34

最判 昭和 19(1944). 4. 28. 刑集 23·97 ·······
·· § 315/15

最判 昭和 23(1948). 5. 20. 刑集 2·5·489 ···
·· § 319/93

最判 昭和 23(1948). 11. 25. 刑集 2·12·1649
·· § 319/4

最決 昭和 23(1948). 12. 10. 刑集 7·12·2418
·· § 315/30

最判 昭和 24(1949). 6. 16. 刑集 3·7·1070 ··
·· § 319/31 32

最判 昭和 24(1949). 7. 22. 刑集 3·8·1363 ··
·· § 319/93 95

最判 昭和 25(1950). 9. 27. 刑集 4·9·1783 ··
·· § 319/17 134

最判 昭和 25(1950). 10. 11. 刑集 4·10·2012
·· § 319/90

最判 昭和 27(1952). 3. 7. 刑集 6·3·441 ···
·································· § 307/193 260, § 308/4

最判 昭和 27(1952). 5. 2. 刑集 6·5·721 ···
·· § 319/88

最判 昭和 28(1953). 1. 30. 刑集 7·1·128 ···
···························· § 314/12 80 83 96 98 100

最判 昭和 28(1953). 2. 20. 裁判集(刑事) 74·
179 ································· § 319/153

最決 昭和 28(1953). 5. 14. 刑集 7·5·1042 ··
······················· § 319/13, [36-총]/34 35

最決 昭和 28(1953). 12. 10. 刑集 7·12·2418
·· § 315/19

最判 昭和 28(1953). 12. 15. 刑集 7·12·2436
·· § 307/204

最判 昭和 30(1955). 12. 9. 刑集 9 · 13 · 2633
·· § 310/96

最判 昭和 31(1956). 8. 22. 刑集 10·8·1237
································· § 319/54 122 161

最判 昭和 32(1957). 1. 22. 刑集 11·1·50 ···
·· § 315/45

最判 昭和 32(1957). 2. 21. 刑集 11·2·877 ··
·· § 314/80

最判 昭和 32(1957). 9. 6. 刑集 11·9·2155
·· § 319/134

最判 昭和 32(1957). 12. 13. 刑集 11·13·3207
·· § 315/45

最判 昭和 33(1958). 4. 25. 刑集 12·6·1180
·· § 315/6

最決 昭和 34(1959). 2. 19. 刑集 13·2·186 ··
·· § 307/58

最判 昭和 34(1959). 5. 7. 刑集 13·5·641 ··
····························· § 307/34, § 310/94

最決 昭和 34(1959). 5. 28. 刑集 13.5.833 ····
·· § 315/30

最判 昭和 34(1959). 7. 24. 刑集 13·8·1176
·· § 319/31 32

最決 昭和 34(1959). 12. 25. 刑集 13·13·3360
·· § 307/58

最判 昭和 35(1960). 11. 18. 刑集 14·13·1713
·· § 314/59

最判 昭和 36(1961). 10. 13. 刑集 15·9·1586
·· § 307/21

最決 昭和 37(1962). 2. 9. 刑集 16·2·54 ···
·· § 315/12

最決 昭和 39(1964). 10. 13. 刑集 18·8·507 ··
·· § 315/2

最判 昭和 41(1966). 9. 16. 刑集 20·7·790 ··
·· § 315/2

最判 昭和 42(1967). 2. 7. 刑集 21·1·19 ···
·· § 319/141

最決 昭和 43(1968). 1. 18. 刑集 22·1·7 ·····
·· § 307/141

最判 昭和 44(1969). 4. 2. 刑集 23·5·685 ··
·· § 319/17

最判 昭和 44(1969). 6. 25. 刑集 23·7·975 ··
·· § 310/3 94 104

最判 昭和 48(1973). 4. 25. 刑集 27·3·418 ··
·· § 319/141

最決 昭和 49(1974). 5. 31. 裁判集(刑事) 192·
571 ····················· [36-총]/34, § 319/13

最判 昭和 51(1976). 3. 4. 刑集 30·2·79 ···
····················· § 319/17 61, [36-총]/34

最決 昭和 51(1976). 3. 23. 刑集 30·2·229 ··
·· § 307/260

最判 昭和 52(1977). 5. 4. 刑集 31·3·182 ··
··· § 319/141

最決 昭和 52(1977). 12. 19. 刑集 31·7·1053.
··· § 317/22

最判 昭和 53(1978). 3. 3. 刑集 32·2·97 ···
··· § 319/180

最決 昭和 53(1978). 5. 31. 刑集 32·3·457 ··
··· § 317/22

最決 昭和 53(1978). 11. 25 刑集 32·8·1855
··· § 319/141

最判 昭和 56(1981). 4. 16. 刑集 35·3·84 ···
··· § 310/26 36

最判 昭和 58(1983). 4. 8. 刑集 37·3·215 ··
··· § 319/61 114

最決 昭和 58(1983). 5. 9. 刑集 37·4·401 ··
··· § 315/18

最決 昭和 58(1983). 11. 1. 刑集 37·9·1341
························· § 307/197, § 311/21

最決 昭和 59(1984). 4. 27. 刑集 38·6·2584
··· § 314/52

最判 昭和 59(1984). 12. 18. 刑集 38·12·3026
·································· § 319/27 61

最決 平成 4(1992). 11. 27. 刑集 46·8·623 ···
··· § 314/91

最決 平成 7(1995). 7. 19. 刑集 59·6·600 ···
··· § 317/61

最判 平成 10(1998). 7. 14. 刑集 52·5·343 ··
··· § 315/12

最決 平成 12(2000). 2. 17. 刑集 54·2·38 ···
··· § 314/59

最判 平成 15(2003). 3. 11. 刑集 57·3·293 ··
··· § 313/2 5

最決 平成 17(2005). 7. 19. 刑集 59·6·600 ··
··· § 317/60

最決 平成 19(2007). 7. 2. 刑集 61·5·379 ··
··· § 319/52

最判 平成 20(2008). 4. 11. 刑集 62·5·1217
··················· § 319/27 52 148, [36-총]/34

最決 平成 21(2009). 7. 13. 刑集 63·6·590 ··
··· § 319/20

最判 平成 21(2009). 11. 30. 刑集 63·9·1765
··························· § 319/52, [36-총]/34

最決 平成 22(2010). 3. 15. 刑集 64·2·1 ·····
··· § 310/104

最決 平成 24(2012). 2. 13. 刑集 66·4·405 ··
··························· § 317/2 19, § 318/10

名古屋高判 昭和 24(1949). 10. 6. 特報 1·172
··· § 319/75

名古屋高判 昭和 26(1951). 3. 3. 高刑集 4·2·
148 ·· § 319/9 134

東京高判 昭和 27(1952). 4. 16. 特報 29·138,
東時 2·6 ··································· § 319/149

東京高判 昭和 27(1952). 4. 24. 高刑集 5·5·
666 ·································· § 319/56 61 89

東京高判 昭和 27(1952). 7. 3. 高集 5·7·1134
··· § 314/31

東京高判 昭和 27(1952). 12. 23. 判タ 27·66
··· § 319/13

東京高判 昭和 28(1953). 6. 29. 特報 36·134
··· § 307/31

仙台高判 昭和 29(1954). 9. 28. 裁特 1·6·270
··· § 319/153

福岡高判 昭和 29(1954). 11. 30. 高刑集 7·10·
1610 ·· § 315/29

東京高判 昭和 30(1955). 2. 9. 高検速報 485
··· § 316/4

札幌高判 昭和 30(1955). 8. 23. 高刑集 8·6·
845 ·· § 319/134

東京高判 昭和 33(1958). 7. 15. 高刑集 11·7·
394 ·· § 307/124

東京高判 昭和 35(1960). 8. 25. 下刑集 2·
7=8·1023 ··································· § 307/289

東京高判 昭和 36(1961). 5. 4. 東判 12·5·59
··· § 315/8

東京高判 昭和 39(1964). 7. 22. 下刑集 6·7=
8·803 ·································· § 319/169

東京高判 昭和 39(1964). 9. 22. 高刑集 17·6·
563 ·· § 319/56

東京高判 昭和 40(1965). 5. 28. 高刑集 18·4·

273 ··· §315/5 6

東京高判 昭和 41(1966). 9. 30. 高刑集 19·6·
683 ······································· §307/289

東京高判 昭和 45(1970). 10. 2. 高刑集 23·4·
640 ································· §319/177 184

大阪高判 昭和 50(1975). 5. 2. 判タ 326·343
··· §319/160

東京高判 昭和 50(1975). 12. 4. 判時 808·109
··· §319/161

広島高判 昭和 51(1976). 4. 1. 高刑集 29·2·
240 ····································· §319/7

東京高判 昭和 56(1981). 6. 16. 判タ 459·151
··· §315/11

東京高判 昭和 57(1982). 1. 21. 刑裁月報 14·
1＝2·1 ································· §319/5

東京高判 昭和 57(1982). 3. 4. 高検速報 2561
··· §315/11

大阪高判 昭和 57(1982). 5. 13. 刑事裁判資料
246·379 ······························· §319/173

福岡高判 昭和 57(1982). 10. 21. 刑裁月報 14·
10·743 ································· §314/14

福岡高判 昭和 57(1982). 12. 16. 判タ 494·140
··· §319/85

東京高判 昭和 58(1983). 1. 20. 判時 1088·147
··· §319/4

東京高判 昭和 58(1983). 4. 27. 高刑集 36·1·
27 ····································· §307/58

東京高判 平成 11(1999). 7. 16. 東京高検速報
3094 ··································· §319/9

大阪高判 平成 16(2004). 4. 22. 高刑集 57·2·1
··· §307/221

東京高判 平成 20(2008). 5. 19. 東高刑時報 59·
1＝12·40 ····························· §314/89

東京高判 平成 21(2009). 3. 12. 高集 62·1·21
··· §314/224

広島高判 令和 2(2020). 2. 18. ········· §314/81

名古屋高判 令和 2(2020). 9. 17. LEX/DB
25566984 ····························· §314/81

大阪高判 令和 3(2021). 7. 16. LEX/DB
25590287 ····························· §319/21

東京地判 昭和 40(1965). 6. 26. 下刑集 7·6·
1319 ··································· §314/211

甲府地判 昭和 43(1968). 12. 18. 下刑集 10·
12·1239 ······························· §315/12

東京地判 昭和 46(1971). 4. 17. 刑裁月報 3·
4·527 ··························· §319/177 184

東京地判 昭和 49(1974). 4. 25. 刑裁月報 6·
4·475 ································· §314/31

大阪地判 昭和 50(1975). 5. 27. 判時 786·22
··· §319/141

岡山地判 昭和 46(1971). 5. 29. 刑裁月報 3·
5·721 ································· §319/141

東京地判 昭和 57(1982). 2. 2. 刑裁月報 14·
1＝2·187 ······························· §319/149

京都地判 昭和 58(1983). 8. 1. 刑裁月報 15·
7＝8·387 ····························· §315/11

福岡地判 平成 2(1990). 2. 21. 判時 1399·143
··· §315/11

名古屋地判 平成 7(1995). 10. 31. 判時 1552·
153 ································· §319/7 149

奈良地判 平成 12(2000). 4. 15. 判時 2048·135
··· §317/2

大阪地判 平成 20(2008). 12. 12. 미등재 ········
··· §319/9

青森地判 平成 21(2009). 11. 19. 미등재 ········
··· §319/9

[미국 판례]

New York Times Co. v. Sullivan, 376 U.S.
254(1964) ····························· §310/79